U0802502

普通高等教育案例版系列教材

供临床、预防、基础、口腔、麻醉、影像、检验、护理、法医等专业使用

药 理 学

案例版

第2版

主　　编　吴基良　罗健东

副 主 编　李悦山　吴蓝鸥　吴宜艳　陈正爱　金　英　闵　清

编　　委（以姓氏笔画为序）

马世玉　湖北科技学院(原咸宁学院)
马松涛　成都医学院
王　芳　华中科技大学
王垣芳　滨州医学院
毛新民　新疆医科大学
艾永循　江汉大学
叶少剑　江汉大学
包金风　徐州医学院
吕俊华　暨南大学
刘　红　湖北民族学院
刘　超　湖北科技学院(原咸宁学院)
许　勇　滨州医学院
李悦山　广州医学院
李琳琳　新疆医科大学
肖军花　华中科技大学
吴宜艳　牡丹江医学院
吴基良　湖北科技学院(原咸宁学院)
吴蓝鸥　昆明医学院
闵　清　湖北科技学院(原咸宁学院)
张丹参　河北北方学院
陈正爱　延边大学
欧阳昌汉　湖北科技学院(原咸宁学院)
罗健东　广州医学院
金　英　辽宁医学院
郑　敏　湖北科技学院(原咸宁学院)
宜　全　广州医学院
宛　蕾　贵阳医学院
赵容杰　牡丹江医学院
胡长平　中南大学
胡旺平　湖北科技学院(原咸宁学院)
胡霞敏　武汉科技大学
夏安周　徐州医学院
崔　燎　广东医学院
鄢友娥　武汉大学
蔡　飞　湖北科技学院(原咸宁学院)
谭　艳　湖北医药学院
潘德顺　广东药学院

科 学 出 版 社

北 京

郑 重 声 明

为顺应教学改革潮流和改进现有的教学模式，适应目前高等医学院校的教育现状，提高医学教育质量，培养具有创新精神和创新能力的医学人才，科学出版社在充分调研的基础上，首创案例与教学内容相结合的编写形式，组织编写了国内首套案例版系列教材。案例教学在医学教育中，是培养高素质、创新型和实用型医学人才的有效途径。

案例版教材版权所有，其内容和引用案例的编写模式受法律保护，一切抄袭、模仿和盗版等侵权行为及不正当竞争行为，将被追究法律责任。

图书在版编目(CIP)数据

药理学：案例版 / 吴基良，罗健东主编．—2版．—北京：科学出版社，2012.1

ISBN 978-7-03-033240-0

Ⅰ．药… Ⅱ．①吴… ②罗… Ⅲ．药理学-医学院校-教材 Ⅳ．R96

中国版本图书馆CIP数据核字(2011)第280014号

责任编辑：朱 华 邹梦娜 / 责任校对：刘亚琦

责任印制：霍 兵 / 封面设计：范璧合

科学出版社 出版

北京东黄城根北街16号

邮政编码：100717

http://www.sciencep.com

天津市新科印刷有限公司 印刷

科学出版社发行 各地新华书店经销

*

2007年8月第 一 版 开本：850×1168 1/16

2012年1月第 二 版 印张：24 1/2

2024年3月第二十九次印刷 字数：883 000

定价：79.00元

(如有印装质量问题，我社负责调换)

前　言

科学出版社案例版《药理学》教材第1版出版发行已经4年多，为适应医学科学技术进步的发展，紧跟医药学知识更新的步伐，对案例版《药理学》第1版进行再版。本次修订突出“三基”(基础理论、基本知识、基本技能)和体现“五性”(思想性、科学性、先进性、启发性、适用性)；注重创新能力和实践能力的培养；力求反映药理学知识的更新变化，体现药理学教学方法和教学手段的改进。编写时与临床紧密结合，在保留药理学教学大纲规定理论知识的基础上，增加临床真实案例或问题，内容紧跟研究生入学考试和国家执业药师资格考试案例分析的命题方向；同时体现双语教学特点，采用英文介绍每个章节的内容，置于每章后面。

本教材第2版分为八篇50章，第一篇一～四章为药理学总论；第二篇五～十一章为作用于外周神经系统的药物；第三篇十二～十九章为作用于中枢神经系统的药物；第四篇二十～二十七章为治疗心血管系统疾病的药物；第五篇二十八～三十一章为作用于血液和内脏系统的药物；第六篇三十二～三十五章为作用于内分泌系统的药物；第七篇三十六～四十五章为化学治疗药物；第八篇四十六～五十章为其他治疗药物。第2版在章节次序和内容上与第1版有较大的不同，将第1版中的抗疟药、抗阿米巴药及抗滴虫病药、抗血吸虫病药及抗丝虫病药和抗肠蠕虫药合并为抗寄生虫药；新增加了肾素-血管紧张素系统药理、作用于男性生殖系统的药物、治疗骨质疏松的药物和基因治疗的药物4章。修订并增加了部分临床案例，删除了第1版中常用药物的制剂和用法，将第1版中的推荐阅读进行合并，放在第2版的附录中。

在第2版修订前，收集了使用本教材的多所院校教师和学生的意见和建议，在此向关心和帮助本教材修订工作的同行和广大师生表示衷心感谢。本书的编辑出版得到了各参编单位的大力支持，各位编委在修订过程中尽职尽责，在此表示由衷感谢。本书的校订过程中，科学出版社及湖北科技学院(原咸宁学院)药学院药理学教研室的老师们做了大量的编务和协助工作，在此一并致谢。同时，我们也要真诚地感谢本书第1版编写时，王巧云、邢淑华、朱健平、李万平、李笑萍、肖顺汉、张树平、陈美娟、秦大莲等几位教授给予的帮助和支持。

限于我们的学识和编写水平，加之时间仓促，不足之处在所难免，恳请各位读者批评指正。

吴基良　罗健东
2011年12月

目　　录

第一篇　总　　论

第二篇　作用于外周神经系统的药物

第三篇　作用于中枢神经系统的药物

第七篇 化学治疗药物

第八篇 其他治疗药物

第一篇　总　　论

第一章　绪　　论

问题

1. 何谓药理学？为什么医学生必须学习药理学？

2. 如何理解药理学是一门桥梁科学？

3. 药物是如何研究发现的？药物成为药品必须经过哪些研究程序？

一、药理学的性质与任务

药理学(pharmacology)是研究药物与机体(包括病原体)之间的相互作用及其作用规律的科学。

药品(medicine)是药物(天然药、化学药、生物药等)制成一定的剂型,投放市场进行交易,并规定有适应证或者功能主治、用法和用量的一种特殊商品。

药物(drug)是指能够影响机体器官生理功能和(或)细胞代谢活动,用于预防、诊断、治疗疾病和计划生育等方面的物质。毒物(poison)是指对机体能产生毒害作用、损害机体健康的化学物质。一般来说,药物对用药者有益,安全范围较大,使用剂量过大时对机体可能有毒性作用;毒物的安全范围小,在使用较小剂量时即对机体有明显的毒性作用,针对特定情况使用特定剂量的某些毒物时,也可能会产生治疗作用。因此,药物和毒物之间并无明确界限。

按药物的管理分为普通药和特殊药。特殊药指由国家药品行政管理部门指定单位生产、管理、经营和特定层次的医生使用的药物,这类药物包括麻醉性药品、精神药品、剧毒药品、放射性药品;其他药物为普通药物。按药物的使用分为处方药与非处方药。处方药(prescription drug, Rx)是指必须凭执业医师和执业助理医师处方方可购买、调配和使用的药品;非处方药(nonprescription drug)是指由国家药品监督管理部门公布的,不需要凭执业医师和执业助理医师处方,消费者可以自行判断、购买和使用的药品。在国外又称之为“柜台药”(over the counter drugs),简称 OTC,已成为全球非处方药的标识。

药理学的研究内容包括:①药物效应动力学(pharmacodynamics),简称药效学,主要研究药物对机体的作用,包括药物的药理作用、作用机制、临床应用和不良反应等;②药物代谢动力学(pharmacokinetics),简称药动学,主要研究机体对药物的作用,包括药物在体内的吸收、分布、生物转化和排泄过程,特别是血药浓度随时间变化的规律等。

药理学的学科任务包括:①阐明药物与机体相互作用的基本规律和原理,作为临床药物治疗学的基础,指导临床合理用药,使药物发挥最佳疗效,减少不良反应;②研究开发新药,发现药物新用途,推动医药学的发展;③为探索生命科学提供重要的科学依据和研究方法,促进生命科学的发展。

二、药理学发展简史

药理学的发展是与药物的发现、发展紧密联系在一起的,没有药物就没有药理学。远古时代人们为了生存,从生产、生活经验中认识到某些天然物质可以治疗疾病与伤痛,古代药物都来源于植物、动物和矿物等天然物质。我国是一个古老的药物大国,在数千年的药物发展文明史中,中华民族作出了杰出贡献,世界上最早的医学理论和药典都是中国的,中国对世界药学的历史性贡献是无与伦比的。早在公元一世纪前后,我国就出现了药物学著作《神农本草经》,全书收载药物 365 种,其中不少药物沿用至今,如大黄导泻、麻黄平喘、海藻治瘿、楝实祛虫、柳皮退热、常山截疟等。《神农本草经》被历代学者不断修订和增补,于唐代(公元 659 年)时期出版的《新修本草》是我国第一部由政府颁发的药典,也是世界上第一部由政府颁发的药典,收载天然药物 884 种,比西方最早的纽伦堡药典早 883 年。明代(公元 1596 年)伟大的药物学家李时珍历时 27 年,编写了一部闻名于世的药物学巨著《本草纲目》,全书 52 卷,约 190 万字,收载药物 1892 种,方剂 11 000 余条,附插图 1160 幅,在国际上有七种文字译本流传。此外,埃及的《埃泊斯医药籍》、希腊医生狄奥斯库编著的《古代药物学》和罗马医生盖林编著的《药物学》等都曾在药理学的发展中做出过巨大贡献。

18世纪，生理学和化学的发展为现代药理学的兴起奠定了基础。意大利生理学家 F. Fontana（1720～1805）通过动物实验对千余种药物进行了毒性测试，得出了天然药物都有其活性成分，选择作用于机体某个部位而引起典型反应的客观结论。这一结论以后为德国化学家 F. W. Serturner(1783～1841)首先从罂粟中分离提纯吗啡所证实。

19世纪，现代药理学问世。药理学作为一门独立的学科应从德国 R. Buchheim 教授(1820～1879)算起，他建立了第一个药理实验室，写出了第一本药理学教科书，也是世界上第一位药理学教授。其学生 O. Schmiedeberg（1838～1921）继续发展了实验药理学，开始研究药物的作用部位，被称为器官药理学。19世纪初叶，有机化学的发展为药理学研究提供了条件，人们不断从植物中提取出活性成分，得到纯度较高的药物，如依米丁、奎宁、士的宁、可卡因等。1878年，英国生理学家 J. N. Langley 根据阿托品与毛果芸香碱对猫唾液分泌影响的研究，提出了受体概念，为受体学说的建立奠定了基础。

20世纪，化学制药技术的发展和药物构效关系的阐明，使药理学的研究进入了一个新的阶段。人工合成的化合物和化学修饰天然有效成分的产物被视为发展新药的重要来源。如1909年，德国微生物学家 P. Ehrlich 从近千种有机砷化合物中筛选出对治疗梅毒有效的新胂凡纳明。1935年，他的同胞 Domagk 发现磺胺类可以治疗细菌感染。1940年，英国微生物学家 H. W. Florey 在 A. Flemimng 研究的基础上，从青霉菌培养液中分离出青霉素。20世纪30年代到50年代是新药发明的鼎盛时期，许多抗生素、抗菌药、抗疟药、抗组胺药、镇痛药、抗高血压药、抗精神失常药、抗癌药、激素类药物以及维生素类药物等纷纷问世，开创了用化学药物治疗疾病的新纪元，是药理学发展史上一个新的里程碑。

20世纪50年代，分子生物学的迅猛发展为药理学的研究提供了全新的视野和方法。自1953年发现 DNA 双螺旋结构后，许多生物大分子物质的结构和功能被世人所认识，加深了人们对生命本质以及药物分子与生物大分子之间相互作用规律的认识，促使药理学的研究从宏观进入微观，从系统、器官水平深入到分子水平，再次引发一场以基因工程药物为标志的制药工业革命。基因工程药物是先确定对某种疾病有预防和治疗作用的蛋白质，然后将控制该蛋白质合成过程的基因(目的基因)取出来，经过一系列基因操作，最后将该基因放入可以大量生产的受体细胞中去，这些受体细胞包括细菌、酵母菌、动物或动物细胞、植物或植物细胞，在受体细胞不断繁殖过程中，大规模生产具有预防和治疗这些疾病的蛋白质，即基因工程药物，也简称基因药物。若目的基因直接在人体组织靶细胞内表达，就成为基因治疗。基因工程药物包括细胞团子、重组蛋白质药物、抗体、疫苗和寡核苷酸药物等，主要用于防治肿瘤、传染病、哮喘、糖尿病、遗传病、心脑血管病、类风湿关节炎等疑难病症。全球开发的第一个基因工程药物是重组人胰岛素于1982年投入市场，在临床上已经开始广泛应用。

随着生理学、生物化学、细胞生物学、分子生物学等学科的发展以及单克隆技术、基因重组技术的出现，药理学已经从单一学科发展成为与众多学科如生药学、植物化学、药物化学、药物分析、药剂学、药物治疗学及毒理学等密切相关的一门综合学科。在与其他学科共同发展、相互渗透、分化融合的过程中，药理学从实验药理学到器官药理学，进一步发展到分子药理学；并出现了许多药理学分支如临床药理学(clinical pharmacology)、生化药理学(biochemical pharmacology)、分子药理学(molecular pharmacology)、免疫药理学(immunopharmacology)、心血管药理学(cardiovascular pharmacology)、神经药理学(neuropharmacology)、遗传药理学(pharmacogenetics)等。

我国现代药理学形成的标志是20世纪20年代各医学院校相继开设实验药理学课程和1926年创立包含有药理学专业委员会的中国生理学会。张昌绍(1909～1967)教授是中国现代药理学的奠基人。我国药理学工作者在现代药理学研究中也做出了应有的贡献，特别是在中药药理研究中做了大量的工作，如青蒿素的抗疟、喜树碱和紫杉的抗癌、羊角拗苷和黄夹苷的强心、罗通定的镇痛研究等。药学家屠呦呦(1930～)，在1971年首先从黄花蒿中发现抗疟有效提取物，1972年又分离出新型结构的抗疟有效成分青蒿素，这一医学发展史上的重大发现，每年在全世界尤其在发展中国家，挽救了数以百万计疟疾患者的生命，2011年9月，获得被誉为诺贝尔奖“风向标”的拉斯克奖。这是中国生物医学界迄今为止获得的世界级最高奖。

可以预期，随着科学技术的发展，药理学在防治疾病、维护人类健康的过程中将发挥越来越重要的作用。

三、药理学的研究方法

药理学是一门实践性很强的学科，它充分利用相关学科的理论和技术来研究药物的作用及作用机制。根据药理学发展的不同阶段药理学实验可分为：①实验药理学方法，对象是整体动物，研究药物的药效；②器官药理学方法，对象是器官或组织，研究药物的作用部位；③分子药理学方法，在细胞水平、分子水平，研究药物的作用机制和机体对药物的处置。前者也称之为在体(*in vivo*)实验，后两者称之为离体(*in vitro*)实验。根据实验研究对象的不同,药理学的实验方法分为:①实验药理学方法,以清醒或麻醉的健康动物的正常器官、组织、细胞、亚细胞、受体分子和离子通道等为实验对象,进行药效学和药动学的研究。实验药理学方法对于分析药物作用、作用机制及药物代谢动力学的过程具有重要意义。②实验治疗学方法,以病理模型动物或组织器官为实验对象,观察药物治疗作用的方法。实验治疗学方法既可在整体进行,也可用培养细菌、寄生虫及肿瘤细胞等方法在体外进行。③临床药理学方法,以健康志愿者或病人为对象,研究药效学、药动学,并对药物的疗效和安全性进行评价等。根据实验研究方法的不同,药理学实验方法可分为多种:①形态学方法,包括解剖、组织切片、各种光镜、电子显微镜、组织化学、放射自显影等技术;②功能学方法,用实验仪器记录生命现象,包括电生理学技术、血流动力学测定技术、行为学测定方法等;③生物学方法,应用生物化学、分子生物学、免疫学和生物学等的理论和技术测定药物对机体分子水平的改变,包括酶法、电泳法、蛋白层析法、放射免疫法、酶联免疫法、荧光免疫法、核素示踪法、基因重组技术、克隆技术、PCR、转基因技术、蛋白质表达技术等;④分析化学方法,包括光学分析法、色谱分析法、质谱分析法等。

四、药理学在新药研究与开发中的地位

新药是指化学结构、药品组分或药理作用不同于现在药品的药物。我国《药品管理法》规定"新药指未曾在中国境内上市销售的药品";"已生产过的药品若改变剂型、改变给药途径、改变制造工艺或增加新的适应证,亦属新药范围"。新药的研究与开发是一个非常严格而复杂的过程,是一项科技含量高、投资多、周期长、风险大、效益高的系统工程,对发展国民经济和保障人民身体健康具有重要意义。

一种新药从发现到应用于临床,一般要经过创新和开发两个阶段。在创新阶段,首先要从大量化学合成物或从天然物质分离提纯产物中,通过有效而可靠的病理模型筛选出有效成分,从而发现有开发价值的化合物,称之为先导化合物(lead compound)。在开发阶段,则严格按照国家关于《新药注册管理办法》的有关规定对先导化合物进行系统研究,这一研究过程包括工艺学研究、制剂研究、质量控制、药效学评价、安全性评价、临床试验等。新药研究大致可分为临床前研究、临床研究和上市后药物监测(post-marketing surveillance)三个阶段。临床前研究主要由药学研究和药理学研究两部分组成,前者包括药物制备工艺路线、理化性质及质量控制标准等,后者以实验动物为研究对象,研究药物的药效学、药动学及毒理学。临床前研究是新药从实验研究过渡到临床应用必不可少的阶段,因为人和动物对药物的反应性存在着明显的种属差异,因此,以动物为研究对象得出的结论最终必须依靠以人为研究对象的临床药理研究才能对药物的疗效和不良反应作出准确而科学的评价。新药的临床研究一般分为四期:Ⅰ期临床试验:是在 20 至 30 例正常成年志愿者身上进行初步的临床药理学及人体安全性评价试验,观察人体对于新药的耐受程度和药代动力学,为制定给药方案提供依据。Ⅱ期临床试验:治疗作用初步评价阶段。为随机双盲对照临床试验,观察病例不少于 100 例,其目的是初步评价药物对目标适应证患者的治疗作用和安全性,也为Ⅲ期临床试验研究设计和给药剂量方案的确定提供依据。Ⅲ期临床试验:治疗作用确证阶段。其目的是进一步验证药物对目标适应证患者的治疗作用和安全性,评价利益与风险关系,最终为药物注册申请的审查提供充分的依据。试验一般采用多中心的,具有足够样本量(目标适应证病例数不少于 300 例)的随机盲法对照临床试验。新药通过Ⅲ期临床试验后,方能被批准生产、上市。Ⅳ期临床试验:也称为上市后药物监测或售后调研(post-marketing surveilance),属新药上市后应用研究阶段。其目的是考察在广泛使用条件下的药物的疗效和不良反应,评价在普通或者特殊人群中使用的利益与风险关系以及改进给药剂量等。

药物临床试验还包括生物等效性试验,是指用生物利用度研究的方法,以药代动力学参数为指标,比较同一种药物的相同或者不同剂型的制剂,在相同的试验条件下,其活性成分吸收程度和速度有无统计学差异的人体试验。

五、药理学的特点

从药理学的发展史中我们不难发现,药理学是以生理学为基础,借鉴有机化学、药物化学、生物化学、病理学、病理生理学、微生物学、免疫学、分子生物学等学科的理论与技术发展而形成的一门综合性学科。因此,学好药理学必须具备坚实的基础医学和化学等方面的基础知识,否则难以理解药物作用和作用机制。

药理学是一门桥梁性学科。药理学是以基础医学为其理论基础,通过研究药物的作用规律、开发新药等方面的工作为临床实践服务,因而架起了基础医学与临床医学之间的桥梁。另一方面药理学既是医学学科中必不可少的主干课程,又是药学学科的主干课程,故架起了医学和药学之间的桥梁。也因为药理学是研究药物的一门学科,同时也架起了传统医学(民族医学)和现代医学(西医)之间的桥梁。

学习药理学的目的主要是掌握药物作用的基本规律及临床用药的基本规律,充分发挥药物的治疗效

果，尽量避免药物的不良反应，以求达到正确、有效、安全治疗疾病的目的，所以说药理学是一门应用性学科。新药的发现是通过实验研究得出的结论，可以说药理学也是一门实验性学科。结合药理学特点，我们在学习药理学时应注意以下六点：

1. 紧密联系基础医学理论 药理学涉及的知识范围很广，其基本理论与生理学、生物化学、微生物学、病理学有极其密切的联系。因此，在学习每一类药物之前，有针对性地复习和联系相关的基础医学知识，对于理解和记忆药物的药理作用，作用机制有事半功倍的效果。例如学习抗心律失常药前一定要理解心肌电生理知识，学习强心苷前复习心功能不全的病理生理。

2. 紧密联系临床 学习药理学的一个重要目的是防治疾病，如果对疾病没有一个大致的了解，就无从谈药物的临床应用，本教材每章中列入典型案例或问题就是对临床病例的提前介入或引导读者深入学习。

3. 掌握药物的共性与个性 药理学涉及药物品种繁多，单个记忆的确很困难。因此，在学习中应注重药物按药理作用的分类，通过代表药的学习，掌握每类药物作用的共同规律，采用比较和分析的方法，区分各种药物在体内过程、作用强度、用途、不良反应或用药方法等方面的特性，达到概念清晰、记忆牢固和正确选用的效果。

4. 掌握药理学的内在规律 药理学各论中对代表药物的阐述一般都有药理作用、作用机制、临床应用、不良反应、药物相互作用与禁忌证。

5. 注意药物的两重性 药物作用于人体，不仅产生对机体有益的防治作用，而且产生对机体有害的不良反应。当药物的用量过大、用时过久或机体对药物敏感性增高时，任何有效的药物也就成为有害的毒物。因此在学习中应全面掌握药物的治疗作用和不良反应，用以权衡投药后的利与害，确定要不要用药，用什么药，如何用药，预防或减轻药物对机体的损害。

6. 重视药理学实验 药理学属于实验性科学。所有药物作用和作用机制的结论，都是从实验中得来的，并在临床医疗实践中得到证实。药理学实验是药理学教学的重要组成部分，对学好药理学理论有重要作用。因为药理学内容繁多、抽象，不同种类药物之间没有很多的内在联系，这就要求我们在学好理论的同时，通过药理学实验使得一些概念、规律和结论更加形象化，有些临床难以观察到的现象也可以通过动物实验得以观察。综合性和设计性实验也有助于培养动手能力，提高观察问题、分析问题和解决问题的能力以及创新能力。

学习方法因人而异，需要自己去总结，但也有一些共性方面的经验。每一门学科总能找出其特点及内在规律，一定要在理解的基础上学习记忆，切忌死记硬背，在全面了解的基础上，从粗到细，分类归纳。就药理学学习而言重点抓代表药，找共性，抓比较，找个性；药物的作用联系其用途；药物的体内过程联系其用法；药物的不良反应联系其禁忌证及其注意事项。

Summary

Drug is a kind of material that effect physiologic function of organismic organ and cellular metabolic activity of for prevention, diagnosis, treatment, and birth control.

Pharmacology is a kind of science that studies the interaction and effective disciplinarian between drug and organism (include pathogen). It provided basic theory, essential knowledge and scientific method for clinic rational administration, prevention and cure diseases.

The study contents of pharmacology include pharmacodynamics and pharmacokinetics. Pharmacodynamics studies the action of a drug on the body including pharmacological effect, mechanism of action, clinical application and adverse effect. Pharmacokinetics studies the action of a body on the drug including physiological disposition of a drug, such as absorption, distribution, biotransformation and excretion of a drug.

Pharmacology has an important status in study and development for new drugs.

（吴基良）

第二章　药物效应动力学

问题

1. 什么是药物作用、药理效应？药理效应选择性与药物作用特异性的关系？
2. 药理效应与疗效、不良反应之间的关系？
3. 从药物的量-效曲线可获得哪些重要信息？
4. 治疗指数和安全范围的内涵？
5. 药物作用机制有哪些类型？
6. 反映激动药内在活性和亲和力的参数有哪些？

药物效应动力学（pharmacodynamics，简称药效学）研究药物对机体的作用、作用规律及作用机制。药效学的研究为临床合理用药和新药研究提供依据，同时通过研究药物分子机制，也可促进生命科学的发展。

第一节　药物作用的基本规律

一、药物作用与药理效应

药物引起的机体生理生化功能或形态的变化称为药理效应（effect），而产生药理效应之前，药物与机体细胞上的靶位结合时引起的初始反应称之为药物作用（drug action）。药物作用是指药物对机体的初始作用，是动因。药理效应是药物作用的结果，是机体反应的表现。由于两者意义相近，使用时通常两词通用。

（一）兴奋作用和抑制作用

在药物作用下，机体原有功能提高或增强称为兴奋作用（excitation），如肾上腺素的升高血压作用、呋塞米增加尿量作用等；功能降低或减弱称为抑制作用（inhibition），如阿司匹林的解热作用和地西泮的中枢抑制作用等。

（二）局部作用和全身作用

局部作用（local action）是指药物吸收入血液前在给药部位所产生的作用，如局麻药的局部麻醉作用，口服硫酸镁的导泻和利胆作用。全身作用（general action）是指药物吸收入血液后分布到作用部位所产生的作用，如注射硫酸镁的抗惊厥作用和降压作用。

（三）药物作用的特异性和选择性

多数药物发挥作用是通过与作用部位的靶位结合后产生的，这种结合取决于药物和靶点的化学结构，有严格的对应关系，这种对应关系的专一性决定了药物的作用具有特异性（specificity）。例如，阿托品特异性地阻断M胆碱受体，而对其他受体无明显作用。药物作用特异性的物质基础是药物的化学结构。药物作用的选择性（selectivity）是指在全身用药的情况下，药物对机体器官系统作用的有无或作用强弱的差异。药物选择性高，作用范围窄，临床应用少，副作用也少；药物选择性低，作用范围广，临床应用多，副作用也多。药物选择性产生的基础与药物在体内的分布不均匀、机体组织细胞和结构不同以及生化功能存在差异等因素有关。药物作用特异性强并不一定意味着选择性高，即二者不一定平行。例如，阿托品特异性地阻断M胆碱受体，但其药物作用选择性并不高，对心脏、血管、平滑肌、腺体及中枢神经系统都有影响。药物作用的选择性是在一定剂量下产生的，任何药物剂量过大都可引起广泛的作用。

二、治疗作用与不良反应

（一）治疗作用

凡符合用药目的，具有防治疾病效果的作用称为治疗作用，又称治疗效果，简称疗效（therapeutic effect）。根据治疗目的和效果，治疗作用又可分为：

1. 对因治疗（etiological treatment）　用药目的在于消除原发致病因子，彻底治愈疾病，如呼吸道细菌感染用抗生素治疗。

2. 对症治疗（symptomatic treatment）　用药目的在于缓解疾病症状，如高热时应用解热镇痛药治疗，以解除发热给病人带来的痛苦。

对因治疗和对症治疗都很重要，要同时兼顾。根据病情的发展和症状的严重程度，有时以对因治疗为主，有时以对症治疗为主。对症治疗不能根除病因，但对病因未明暂时无法根治的疾病却是必不可少的。在临床实践中，应坚持“急则治其标，缓则治其本，标本俱急，标本同治”的原则。

3. 补充治疗（supplementary therapy）　又称替代治疗（replacement therapy），用药的目的在于补充营养性物质或内源性生物活性物质的不足，如甲状腺功能低下症时给予甲状腺素治疗。补充治疗既不同于对因治疗，也不同于对症治疗。

(二) 不良反应

凡不符合用药目的，并给病人带来不适或痛苦的反应统称为不良反应(adverse reaction)。不良反应主要有以下几类：

1. 副作用(side reaction) 治疗剂量下出现的与治疗目的无关的作用，又称副反应。副作用具有下列特点：①是药物固有的作用；②是在治疗剂量下出现的，此不同于毒性反应；③副作用与治疗作用可因治疗目的不同而相互转化；④一般反应较轻，并可预知。副作用的产生与药物选择性低有关，药物选择性越低，副作用越多。如阿托品具有松弛内脏平滑肌、抑制腺体分泌等作用，当临床用于解除胃肠痉挛时，可出现口干等副作用。

2. 毒性反应(toxic reaction) 毒性反应是指剂量过大或用药时间过长，药物在体内蓄积过多而发生的危害性反应，一般比较严重。有时用药剂量不大，但机体对药物过于敏感也能出现毒性反应。绝大多数药物都有一定的毒性。毒性反应包括急性毒性、慢性毒性和特殊毒性反应。急性毒性(acute toxicity)是短期大量应用发生的，多损害循环、呼吸及神经系统功能，常用药物的半数致死量(LD_{50})来表示。慢性毒性(chronic toxicity)是指长期用药时，药物在体内蓄积而逐渐发生的，常损害肝、肾、骨髓、内分泌系统等功能，可用长期毒性试验来判断。特殊毒性反应是长期用药后细胞的遗传基因发生改变所引起的反应，包括致癌(carcinogenesis)、致畸胎(teratogenesis)和致突变(mutagenesis)反应，简称“三致”。

3. 后遗效应(residual effect) 是指停药后血药浓度下降至阈浓度以下时所残存的药理效应，例如服用巴比妥类催眠药后，次晨出现的乏力、困倦等现象；长期服用肾上腺皮质激素后可致肾上腺皮质功能低下，数月内难以恢复等。

4. 停药反应(withdrawal reaction) 是指病人长期应用某种药物，突然停药后病情恶化的现象，又称回跃反应(rebound reaction)。例如，长期服用可乐定的高血压患者突然停药，可出现血压急剧升高；癫痫患者长期服用苯妥英钠，突然停用时，可诱发更严重的癫痫发作。

5. 变态反应(allergic reaction) 是药物引起的免疫反应，反应性质与药物原有药理效应无关，其临床表现包括免疫学中的各种类型，发生反应与否与所用药物剂量无关，且事先无法预知。药物本身、药物的代谢产物、制剂中的杂质或辅剂均可成为过敏原。大分子多肽或蛋白质类药物直接具有抗原性。非肽类药物可作为半抗原与机体蛋白结合形成完全抗原，经过接触10天左右的敏感化过程而发生反应，也称过敏反应(hypersensitive reaction)。变态反应常见于过敏体质病人，反应的严重程度个体差异很大，从轻微的皮疹、发热到造血系统功能抑制、肝肾功能损害、休克等，如磺胺药引起的皮疹，青霉素引起的过敏性休克。

6. 特异质反应(idiosyncratic reaction) 与变态反应不同，是指少数病人由于遗传因素对某些药物的反应性发生了改变。一般是由于基因缺陷引起了异常的药效学和药动学过程。特异质反应表现为对药物的反应特别敏感或者是对大剂量药物极不敏感。如红细胞葡萄糖-6-磷酸脱氢酶缺乏者服用伯氨喹(primaquine)后，可发生严重的溶血性贫血，维生素K环氧化物还原酶变异者对华法林的抗凝血作用耐受，这些都是遗传因素决定的异常。

7. 依赖性(dependence) 是由药物与机体相互作用造成的一种精神状态，有时也包括身体状态，表现出一种强迫性地或定期用该药的行为和其他反应，具体见第四章。

三、药物剂量与效应关系

药理效应的强弱与其剂量大小或浓度高低间的依赖关系即剂量-效应关系(dose-effect relationship)，简称量-效关系。以药物效应强度为纵坐标，药物剂量或浓度为横坐标，得到的曲线即量-效曲线(dose-effect curve)。药理效应按性质可以分为量反应和质反应，因此量-效曲线又可分为量反应量-效曲线和质反应量-效曲线。

(一) 量反应量-效曲线

量反应(graded response)是指药理效应可用连续性数量值表示的反应。可用具体数量或最大反应的百分率表示，例如血压的升降、平滑肌的舒缩强度、心率或尿量的变化等。如果横坐标为药物的普通剂量(在体实验)或浓度(体外实验)，以效应强度为纵坐标作图，量-效曲线呈直方双曲线(rectangular hyperbola)；如果横坐标改为对数剂量或浓度，量-效曲线呈对称S型曲线(图2-1)。

对量反应的量效曲线进行分析可以获得用于衡量药理作用的几个参数：

1. 最小有效量(minimal effective dose)**或最低有效浓度**(minimal effective concentration) 指引起药理效应的最小剂量或最小药物浓度，亦称阈剂量或阈浓度(threshold dose，threshold concentration)。

2. 最大效应(maximal effect，E_{max})**或效能**(efficacy) 随着药物剂量或浓度的增加，效应也相应增强，当剂量增加到一定程度时再增加药物剂量或浓度而其效应不再继续增强。这一药理效应的极限称为最大效应或效能。

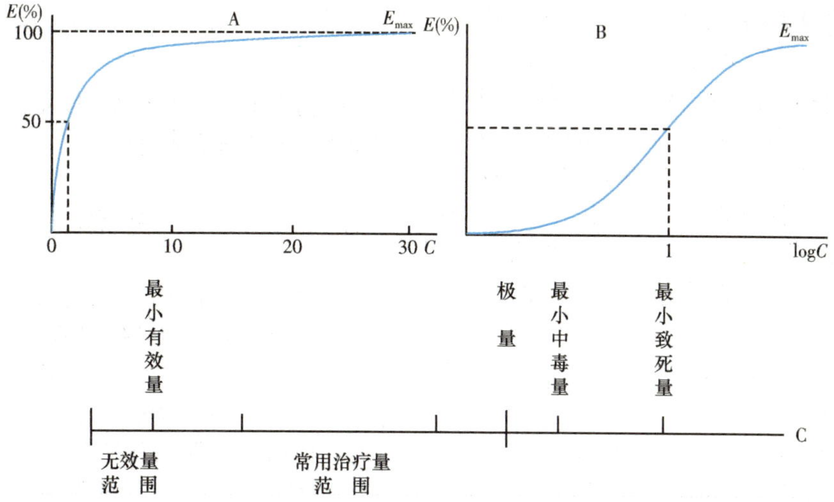

图 2-1　量反应的量-效曲线

A. 横坐标为药物的普通剂量；B. 横坐标为对数剂量；C. 药物随剂量增加的效应关系

3. 效价强度(potency)　用于作用性质相同的药物之间的等效剂量的比较，达到相同的药理效应时所需要的药物剂量的多少反映药物的效价强度的大小。常用 50% E_{max}所对应的剂量表示。引起相同效应所需的剂量越大，则效价强度越小。药物的最大效应与效价强度从不同角度反映药物作用的强度，常用于同类药物间作用强度的比较，二者并不完全平行，在临床上具有不同的意义。例如，利尿药以每日排钠量为效应指标进行比较，氢氯噻嗪的效价强度大于呋塞米，而后者的最大效应大于前者(图 2-2)。一般而言，药物的最大效应更具有实际意义。

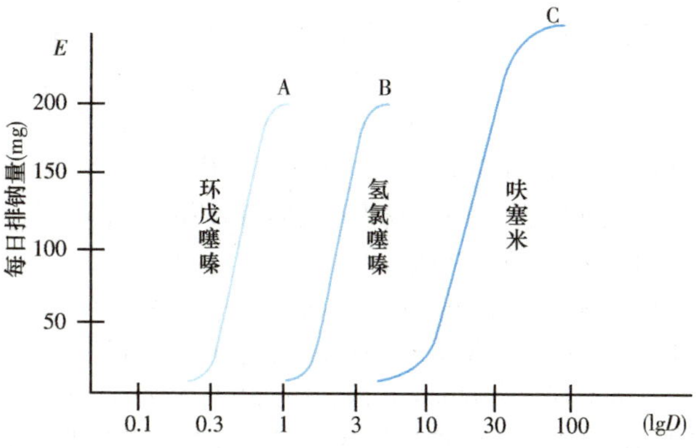

图 2-2　A、B、C 三种药物的效能与效价比较

4. 斜率(slope)　是指量-效曲线中段(50% E_{max})的曲线坡度。斜率越大，说明药物剂量的微小变化即可引起效应的明显改变，提示药效较剧烈；斜率越小，提示药效相对较温和。斜率的大小是确定临床用药剂量范围的依据之一。

(二) 质反应量-效曲线

质反应(quantal response，all-or-none response)是指药物的效应表现为反应性质的变化，即全或无，阳性或阴性，常用阳性反应的频数或阳性反应率表示，如有效与无效，死亡与存活，惊厥与不惊厥等。如果纵坐标是阳性反应的频数或阳性反应率，质反应量-效曲线呈频数分布曲线，横坐标用对数剂量表示则呈正态分布。如果纵坐标是累积阳性反应频数或累积阳性反应率，横坐标为药物的普通剂量，质反应量-效曲线呈长尾 S 型；如果横坐标改为对数剂量表示，曲线呈对称 S 型曲线(图 2-3)。

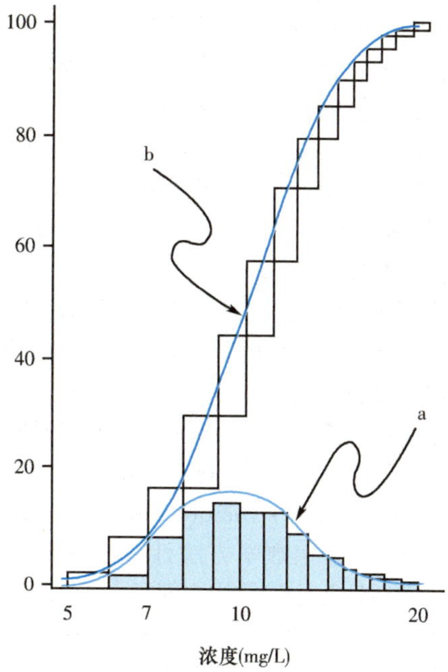

图 2-3　质反应量-效曲线

a：频数分布曲线；b：累积量效曲线

从质反应的量效曲线也可以获得用于衡量药理作用的几个参数：

半数有效量(median effective dose，ED_{50})，即能引起 50%的实验动物出现阳性反应的药物剂量；如效应为死亡，则称为半数致死量(median lethal dose，LD_{50})。质反应药物的作用强度与其半数有效量大小成反比，半数有效量大，表明药物的作用相对较弱。药物的安全性与其半数致死量大小成正比，半数致死量越大，药物的毒性相对越小，越安全。药物的 LD_{50}/ED_{50} 的比值称为治疗指数（therapeutic index，TI），常用以表示药物的安全性，比值越大相对安全性越大，反之越小。但如果药物的量效-曲线与其剂量-毒性曲线不平行时，则 TI 值不能完全表示药物的安全性。为此，有人把 5%致死量（LD_5）与 95%有效量（ED_{95}）的比值（LD_5/ED_{95}）定为安全系数，把 1%致死量（LD_1）与 99%有效量（ED_{99}）之间的距离定为安全范围，用来衡量药物的安全性。

治疗窗（therapeutic window）是反映药物安全性的另一参数，即治疗浓度的范围，其值介于最小有效浓度和最小中毒浓度之间（见图 2-1），是根据药物的药效及毒性的量-效曲线提出的量化安全性指标。窗口的大小即治疗浓度的范围，该范围的高低限间比值如超过 5 则该药的安全性较大。

四、药物结构与效应关系

药物的结构与药理活性或毒性之间的关系称为构效关系（structure activity relationship，SAR）。药物结构的改变，包括其基本骨架、侧链基团、立体异构（手性药物）和几何异构（顺式或反式）等的改变均可影响药物的理化性质，进而影响药物的体内过程、药效乃至毒性。构效关系是药理学的重要概念，对于深入认识药物的作用机制，比较同类新、老药物的结构及效应的发展趋势；对于新药研制，定向设计药物结构；对于从本质上学习、掌握药物作用和指导临床合理用药都有重要意义。

SAR 的阐明始于磺胺药的发现和后续研究工作。为了定向研制更好的药物，大量的磺胺结构类似物被合成和进行对比实验，从而认识到分子结构与药理活性之间的关系存在内在规律性，人们开始对药物的 SAR 有了初步的认识。随后，出现了定量的构效关系（quantitative structure-activity relationship，QSAR）研究，即运用数学方法计算一系列类似化合物的生物学活性与化学结构之间的关系，通过回归分析推算未知化合物的生物效应，找出最佳化合物应具备的化学结构，从而设计新药的分子结构。近年来，人们注意到分子空间构象的三维定量构效关系（3 dimension quantitative structure-activity relationship，3D-QSAR），目前已应用高性能计算机辅助进行 3D-QSAR 的研究，即所谓的计算机辅助药物设计，极大地提高了药物研发的效率。随着对受体结构信息和药物三维结构认识的不断深入，分析药物分子三维结构与受体作用的相互关系，将更加深入地揭示药物与受体相互作用的机制。

第二节　药物的作用机制

药物作用的主要机制可以概括为两个大的方面，即受体途径和非受体途径。

一、受体途径

大多数药物是通过与生物机体内的大分子成分相互作用而产生药理学作用的。这些相互作用改变了所作用的相关大分子的功能，从而引起生物化学和生理学变化，导致药物的特异性效应。这些和药物发生相互作用的生物大分子即是受体（详见第三节）。因此，受体是大多数药物的作用靶点，它与药物的相互作用是大多数药物产生药理效应的机制。

二、非受体途径

1. 非特异性作用　其特点是药物发挥作用的面广，无特异性靶点，如抗酸药通过中和胃酸而治疗胃酸过多或溃疡病；静脉注射甘露醇增高血浆渗透压而使组织脱水，用于治疗脑水肿；口服硫酸镁所引起的导泻作用；口服碳酸氢钠促进巴比妥类等酸性药的排泄；二巯丙醇等络合剂解救重金属中毒的作用等。

2. 影响细胞的代谢过程　有些药物本身就是机体生化过程所需要的物质，应用后可以治疗相应物质缺乏症，如铁剂治疗缺铁性贫血，胰岛素治疗糖尿病。有些药物化学结构与机体的正常代谢物质相似，可参与代谢过程，产生非正常代谢产物，不仅不能产生相应的生理效应，反而干扰机体的某些生化过程而发挥药理作用，称为抗代谢药。如 5-氟尿嘧啶结构与尿嘧啶相似，掺入癌细胞 DNA 及 RNA 分子中干扰蛋白质合成而发挥抗癌作用；磺胺药通过抑制细菌的二氢叶酸合成酶，干扰细菌的叶酸代谢，产生抗菌作用。有些药物直接作用于控制蛋白质合成及细胞分裂的生命物质——核酸（DNA 及 RNA）而发挥药理作用，如利福平、喹诺酮类都是影响细菌核酸代谢而发挥杀菌效应的；抗肿瘤药通过干扰细胞核酸合成、破坏 DNA 结构和功能或者嵌入 DNA 中抑制 RNA 合成等环节呈现抗癌作用。

3. 影响体内生理活性物质的合成、转运及释放
有些药物可通过影响体内的生物活性物质的合成或释放而发挥药理作用，如麻黄碱可促进去甲肾上腺素的释放；利血平可耗竭肾上腺素能神经末梢内递质；双香豆素抑制凝血因子的合成，阿司匹林抑制前列腺素的合成；瑞格列奈可促进胰岛 B 细胞释放胰岛素；大剂量碘或碘化物抑制甲状腺素释放。

4. 影响酶的活性　机体内许多生化反应都依赖酶的活性，很多药物通过改变酶活性作为其药理作用的靶点。如新斯的明抑制胆碱酯酶，使乙酰胆碱水解破坏减少；卡托普利抑制血管紧张素Ⅰ转化酶，减少血管紧张素Ⅱ的生成；奥美拉唑抑制胃黏膜 H^+-K^+-ATP酶，减少 H^+ 的分泌；长期用药可抑制或诱导肝药酶活性，对药物代谢及其效应产生影响。

5. 影响生物膜及离子通道　生物膜具有选择性转运物质的功能，有些药物能通过改变生物膜的性质而发挥作用，如某些抗心律失常药阻滞心肌细胞膜的 Na^+ 通道，降低自律性和传导性；钙通道阻滞药阻滞细胞外 Ca^{2+} 内流而呈现多种生物活性；利尿药抑制肾小管上皮细胞对 Na^+、Cl^- 的吸收而产生利尿作用；两性霉素B可与真菌细胞膜中固醇类物质结合而增加细胞膜的通透性，使膜内离子外漏而杀灭真菌。

6. 影响免疫功能　某些药物本身就是免疫系统中的抗体（如丙种球蛋白）或抗原（如疫苗），直接或间接增强机体的免疫功能；环孢素抑制机体的免疫功能可用于器官移植后的排异反应。

7. 基因治疗　详见第五十章。

第三节　药物与受体

受体的概念是Ehrlich和Langley于19世纪末和20世纪初在实验室研究的基础上提出的。当时，Ehrlich发现一系列合成的有机化合物的抗寄生虫作用和引起的毒性反应有高度的特异性。Langley根据阿托品和毛果芸香碱对猫唾液分泌具有拮抗作用这一现象，提出在神经末梢或腺细胞中可能存在一种能与药物结合的物质。1905年他在观察烟碱与箭毒对骨骼肌的兴奋和抑制作用时，认为二药既不影响神经传导，也不是作用于骨骼肌细胞，而是作用于神经与效应器之间的某种物质，并将这种物质称为接受物质（receptive substance）。1908年Ehrilch首先提出受体（receptor）的概念，指出药物必须与受体进行可逆性或非可逆性结合，方可产生作用。同时提出了受体应具两个基本特点：其一是特异性识别与之相结合的配体（ligand）或药物的能力，其二是药物-受体复合物可引起生物效应，即类似锁与钥匙的特异性关系。此后，许多学者对受体进行了大量研究，提出了药物与受体相互作用的几种假说，如占领学说（occupation theory）、速率学说（rate theory）、二态模型（two model theory）等。近20年来，越来越多的受体蛋白被分离纯化和分子克隆，受体的结构和功能被阐明，促进了生命科学和医药学的发展。

一、受体的概念和特性

受体是位于细胞膜或细胞内，能与相应的配体分子特异结合，传递信息，引起生物效应的生物大分子。而与相应受体特异结合的物质称为配体，包括内源性神经递质、激素、自体生物活性物质（autacoid）、药物等，也称第一信使。受体均有相应的内源性配体。受体一般由一个或数个亚基组成，其分子上的某些立体构型，具有高度选择性，能准确识别和结合配体，该部位称为结合位点（binding site）或受点（receptor site）。

受体具有以下特性：①敏感性（sensitivity）：受体只需与很低浓度的配体结合就能产生显著的效应。②特异性（specificity）：引起某一类型受体兴奋反应的配体的化学结构非常相似，但不同光学异构体的反应可以完全不同。同一类型的激动药与同一类型的受体结合时产生的效应类似。③饱和性（saturability）：受体是大分子的蛋白质，数量有限，药物浓度过大时，药物与受体结合就会饱和，并达到最大效应。由于受体具有饱和性，作用于同一受体的配体之间存在竞争现象。④可逆性（reversibility）：配体既可以与受体特异性结合，也可以从配体-受体复合物上解离，因此配体与受体的结合是可逆的。⑤多样性（multiple-variation）：同一受体可广泛分布到不同的细胞而产生不同效应，受体多样性是受体亚型分类的基础。

受体的特性并不是固定不变的，受生理、病理及药理因素的影响，经常处于动态变化之中，以维持机体内环境的稳定。受体特性的变化主要体现在数量（密度）和敏感性两方面（详见本节六）。

二、受体与药物间的相互作用

（一）占领学说

Clark于1926年、Gaddum于1937年分别提出占领学说，该学说认为：受体只有与药物结合才能被激活并产生效应，药理效应的强度与药物占领受体数目成正比，药物占领受体数目取决于药物结合受体的能力和受体周围的药物浓度，当受体全部被占领时出现最大效应。1954年Ariens对占领学说进行了修正，认为药物的效应不但与药物占领受体数目有关，也与药物占领受体后产生效应的能力有关。

药物与受体结合产生效应有两个参数：①亲和力（affinity）：表示药物与受体结合的能力，可用一定效应（50% E_{max}）所需药物的浓度表示，亲和力与效价强度概念一致；②内在活性（intrinsic activity，α）：是指药物与受体结合后产生效应的能力，用最大效应表示，内在活性与效能概念一致。药物与受体结合产生效应不仅需要亲和力，而且还需要有内在活性。

（二）受体药物反应动力学（占领学说）

药物与受体的相互作用服从于质量作用定律：

$$D+R \underset{k_2}{\overset{k_1}{=}} DR \rightarrow E \qquad (1)$$

（D：药物；R：受体；DR：药物-受体复合物；E：效应）

$$K_D=\frac{k_2}{k_1}=\frac{[D][R]}{[DR]} \qquad (2)$$

（K_D是解离常数）

设受体总数为 R_T，R_T应为游离受体（R）与结合型受体（DR）之和，即 $R_T=[R]+[DR]$，代入（2）式则

$$K_D=\frac{[D][R_T]-[DR]}{DR} \qquad (3)$$

经推导得

$$\frac{[DR]}{[R_T]}=\frac{[D]}{K_D+[D]} \qquad (4)$$

根据占领学说的观点，受体只有与药物结合才能被激活并产生效应，而效应的强度与被占领的受体数目成正比，全部受体被占领时出现最大效应。由上式可得：

$$\frac{E}{E_{max}}=\frac{[DR]}{[R_T]}=\frac{[D]}{K_D+[D]} \qquad (5)$$

当$[D]\gg K_D$时，$\frac{[DR]}{[R_T]}=100\%$，达最大效应，即$[DR]_{max}=[R_T]$

当$\frac{[DR]}{[R_T]}=50\%$时，即 50%受体与药物结合时，$K_D=[D]$

K_D表示药物与受体的亲和力，单位为摩尔，其意义是引起最大效应一半时（即 50%受体被占领）所需的药物剂量。K_D越大，药物与受体的亲和力越小，即二者成反比。将药物-受体复合物的解离常数 K_D的负对数（$-\lg K_D$）称为亲的力指数（pD_2），其值与亲和力成正比。

药物与受体结合产生效应不仅要有亲和力，而且还要有内在活性，后者决定药物与受体结合时产生效应大小的性质，可用 α 表示，通常 $0\leqslant\alpha\leqslant1$。故公式（5）应加这一参数：

$$\frac{E}{E_{max}}=\alpha\frac{[DR]}{[R_T]}$$

当两药与受体亲和力相等时，其效应强度取决于内在活性高低；当两药内在活性相等时，则效应强度取决于与受体亲和力大小（图 2-4）。

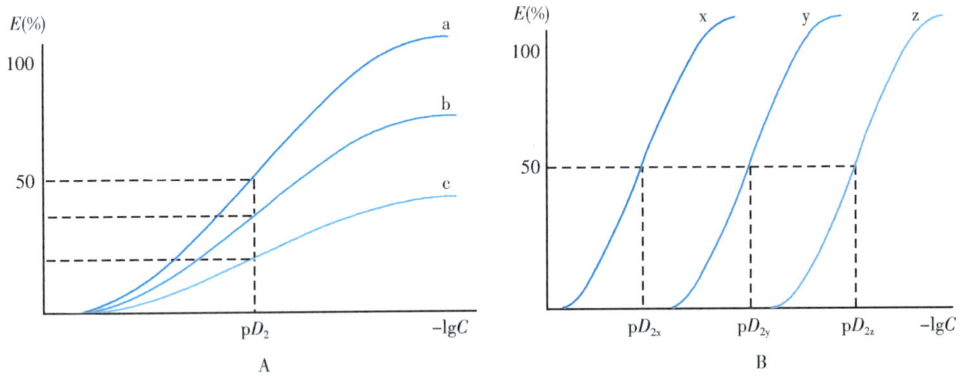

图 2-4　效应强度与亲和力和内在活性的关系

A. 亲和力 a=b=c，内在活性 a>b>c；B. 亲和力 x>y>z，内在活性 x=y=z

（三）速率学说

速率学说认为药物发挥作用最重要的因素是药物分子与受体结合或分离的速率，即药物分子与受体碰撞的频率。药物作用的效应与其占领受体的速率成正比，效应的产生是一个药物分子和受点相碰撞时产生一定量的刺激，并传递到效应器的结果，而与其占领受体的数量无关。

（四）二态模型学说

二态模型学说认为，受体蛋白的构象有活化状态（active，Ra）和静息状态（inactive，Ri）两种，二者可以互相转变，处于动态平衡。药物可与活化状态和静息状态受体结合，其选择性取决于与受体的亲和力。激动药与活化状态的受体亲和力大，结合后可产生药理效应；拮抗药与静息状态的受体亲和力大，结合后不产生药理效应。当激动药与拮抗药同时存在时，二者竞争受体，其效应取决于激动药-活化状态受体复合物与拮抗药-静息状态受体复合物的比例。部分激动药与活化状态的受体和静息状态的受体都有亲和力，均可有一定程度的结合，因此药理效应较弱。另有些药物（如苯二氮䓬类）对静息状态受体的亲和力大于活化状态，药物与受体结合后引起与激动药相反的效应，称为反向激动药（inverse agonists）。

三、受体的类型

根据受体蛋白结构、信号转导过程、效应性质、受体位置等特点，受体可分为以下四类。

（一）G 蛋白耦联受体

G 蛋白耦联受体（G protein-coupled receptor）是一类由 GTP 结合调节蛋白（简称为 G 蛋白，protein）组成的受体超家族，可将配体的信号通过第二信使 cAMP、三磷酸肌醇（IP_3）、二酰甘油（DG）以及 Ca^{2+} 传送至细胞内，产生生物效应。目前已发现 40 余种神经递质或激素受体通过 G 蛋白耦联受体产生作用。

G 蛋白耦联受体结构非常相似，均为单一肽链形

成7个α-螺旋(又称跨膜区段结构)往返穿透细胞膜，形成三个细胞外环和三个细胞内环。N-端在细胞外，具有糖基化位点，C-端在细胞内。这两段肽链氨基酸组成在各种受体差异很大，与其识别配体及转导信息的多样性有关。胞内部分有G蛋白结合区。G蛋白是由α、β、γ三种亚基组成的三聚体，静息状态时与GDP结合。当受体激活时GDP-αβγ复合物在Mg^{2+}参与下，GDP与胞质中GTP交换，GTP-α亚基与βγ亚基分离并激活效应器蛋白，同时配体受体分离，α亚基本身具有GTP酶活性，促使GTP水解为GDP，再与βγ亚基形成G蛋白三聚体恢复原来的静息状态。

G蛋白主要有四种类型，兴奋型G蛋白(stimulatory G protein，Gs)、抑制型G蛋白(inhibitory G protein G_i)、转导素(transducin，Gt)及G_o。Gs介导激活腺苷酸环化酶，使细胞内第二信使cAMP增加；G_i介导抑制腺苷酸环化酶，使细胞内第二信使cAMP减少。G_o在脑内含量最多，参与Ca^{2+}及K^+离子通道的调节。此外，还发现有磷脂酶C型G蛋白(PI-PLC G protein，Gp)，可介导激活磷脂酰肌醇特异性磷脂酶C。每一种受体对一种或几种G蛋白具有不同的特异性，一个受体可激活多个G蛋白，一个G蛋白可以转导多个信号给效应器(effector)，调节许多细胞的功能。

(二) 配体门控离子通道受体

离子通道按生理功能分类，可分为配体门控离子通道(ligand-gated ion channel)及电压门控离子通道(voltage-gated ion channel)。配体门控离子通道受体(ligand-gated ion channel receptor)由配体结合部位和离子通道两部分构成，当配体与其结合后，受体蛋白构象变化使离子通道开放或关闭，改变细胞膜内外两侧离子流动状态，从而传递信息。例如，N胆碱受体与激动药乙酰胆碱结合后，受体激动，介导离子通道开放，细胞外阳离子内流，引起突触后膜电位的变化。γ-氨基丁酸(GABA)A型受体调控Cl^-通道而介导中枢抑制作用，甘氨酸受体也调控Cl^-通道而介导对神经元的抑制作用，谷氨酸受体主要调控Na^+、K^+通道的开放，介导兴奋性突触后电位。

(三) 酪氨酸激酶受体

胰岛素及某些生长因子的受体本身具有酪氨酸蛋白激酶的活性，称为酪氨酸激酶受体(tyrosine kinase receptor)。这一类受体由三个部分构成，位于细胞外侧与配体结合的部位，与之相连的是一段跨膜结构，细胞内侧为酪氨酸激酶活性部位，含有可被磷酸化的酪氨酸残基。当配体与这一类受体结合后，受体构象改变，酪氨酸残基被磷酸化，激活酪氨酸蛋白激酶，诱发一系列细胞内信息传递，产生细胞生长分化等效应。

(四) 细胞内受体

甾体激素、甲状腺激素、维生素D及维生素A受体是可溶性的DNA结合蛋白，其作用是调节某些特殊基因的转录。甾体激素受体存在于细胞质内，与相应的甾体激素结合形成复合物，以二聚体的形式进入细胞核发挥作用。甲状腺素受体存在于细胞核内，功能与甾体激素大致相同。细胞核激素受体(cell nuclear hormone receptor)本质上属于转录因子(transcription factor)，激素是这种转录因子的调控物。

四、受体激动药与拮抗药

与受体结合的药物都有较强的亲和力，根据药物的内在活性，可把作用于受体的药物分为激动药(agonist)和拮抗药(antagonist)二类。

(一) 激动药

激动药是指对受体既有亲和力又有内在活性的药物，它们能与受体结合激动受体而产生效应。根据药物内在活性的大小，激动药又可分为完全激动药(full agonist)和部分激动药(partial agonist)。完全激动药对受体具有较强的亲和力和内在活性($\alpha=1$)；部分激动药对受体有较强的亲和力，但内在活性较弱($\alpha=0\sim1$)，单独应用时产生较弱的激动效应，与激动药并用时可拮抗激动药的部分效应，即表现出部分拮抗作用。如镇痛药吗啡为阿片受体完全激动药，而喷他佐辛则为阿片受体部分激动药。

(二) 拮抗药

拮抗药是指对受体只有亲和力而无内在活性($\alpha=0$)的药物，它们能与受体结合，因缺乏内在活性本身不产生作用，但占据受体妨碍内源性配体或激动药与受体结合产生效应，从而拮抗激动药的效应。如纳洛酮为阿片受体拮抗药，与吗啡并用可拮抗吗啡的药理作用。少数拮抗药以拮抗作用为主，同时尚有较弱的内在活性($\alpha<1$)，故有较弱的激动受体作用，则为部分拮抗药，如氧烯洛尔为β肾上腺素受体的部分拮抗药。

根据拮抗药与受体结合是否具有可逆性而将其分为竞争性拮抗药(competitive antagonist)和非竞争性拮抗药(noncompetitive antagonist)。竞争性拮抗药能与激动药互相竞争相同受体，降低激动药对受体的亲和力，而不降低其内在活性。此结合过程是可逆的，两者合用时的效应取决于各自药物的浓度和亲和力大小。如阿托品为乙酰胆碱的竞争性拮抗药。当竞争性拮抗药存在时，由于与激动药竞争受体结合部位，可使激动剂的量-效曲线平行右移而最大效应不变（图 2-5）。竞争性拮抗药的作用强度可用拮抗参数（pA_2）表示，pA_2越大，拮抗作用越强。pA_2是指当激动药与拮抗药合用时，使 2 倍浓度激动药仅产生原浓度（未加入拮抗药时的浓度）激动药的效应所需拮抗药摩尔浓度的负对数值。pA_2还可用以判断激动药的性质，如两种激动药被同一拮抗药拮抗，且二者pA_2相近，则说明此二激动药是作用于同一受体。

非竞争性拮抗药与激动药并用时，可使激动药对受体的亲和力和内在活性均降低，在量-效曲线上表现为使激动药的量-效曲线右移而最大效应也降低（图 2-5）。非竞争性拮抗药的作用强度可用非竞争性拮抗药的拮抗参数（pA_2'）表示。pA_2'是指使激动药的最大效应降低一半时所需非竞争性拮抗药摩尔浓度的负对数值。

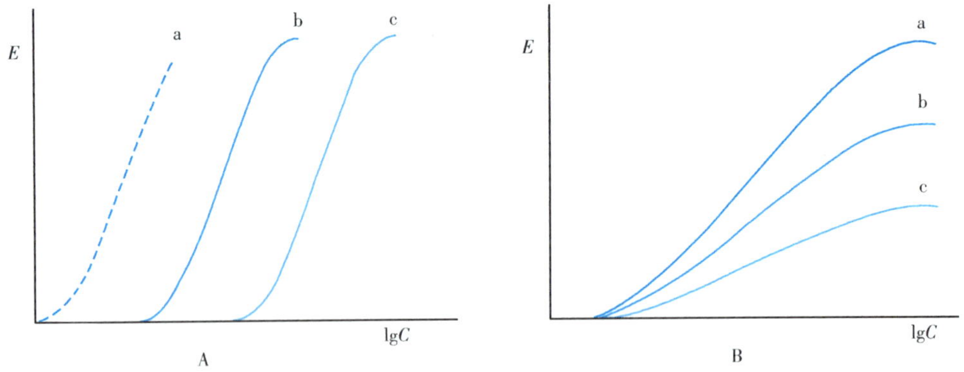

图 2-5 竞争性拮抗药（A）和非竞争性拮抗药（B）

a：无拮抗药；b：小剂量拮抗药存在；c：较大剂量拮抗药存在

占领学说强调受体必须与药物结合才能被激活并产生效应，而效应的强度与药物占领的受体数量成正比，全部受体被占领时产生最大效应。但有实验证明，一些活性高的药物只需与一部分受体结合就能产生最大效应，在产生最大效应时，常有 95%～99%受体未被占领，剩余未结合的受体称为储备受体（spare receptor），拮抗药必须完全占领储备受体后，才能发挥其拮抗效应。

五、细胞内信号转导途径

细胞外的信息分子，如神经递质、激素、自体生物活性物质及细胞因子等，特异地与细胞表面的受体结合，刺激细胞产生胞内调节信号，并传递到细胞特定的反应系统而产生应答，这一过程称为跨膜信号转导。经受体转导的跨膜信息传递机制包括受体识别、信号转导和效应三个主要过程。细胞外的信息分子称为第一信使（first messenger），第一信使物质大多数不能进入细胞内，而是与靶细胞膜表面的特异受体结合，激活受体而引起细胞某些生物学特性的改变，如膜对某些离子的通透性改变及膜上某些酶活性的改变，从而调节细胞功能。

第二信使（second messenger）为第一信使作用于靶细胞后在细胞内产生的信息分子，是胞外信息与胞内效应之间的中介物。第二信使将获得的信息增强、分化、整合并传递给效应器才能发挥其特定的生理功能或药理效应。

1. 环磷腺苷（cAMP） cAMP 是 ATP 在腺苷酸环化酶（adenylate cyclase，AC）催化下产生的，可被磷酸二酯酶（phosphodiesterase，PDE）水解为 5′-AMP 而灭活。β 肾上腺素受体、D_1受体、H_2受体等激动药通过 Gs 作用使 AC 活化，水解 ATP 而使细胞内 cAMP 增加。α 肾上腺素受体、D_2受体、M_2受体、阿片受体等激动药通过 G_i作用使 AC 抑制，减少细胞内 cAMP。cAMP 激活依赖 cAMP 的蛋白激酶 A（protein kinase A，PKA），在 ATP 存在下，激活的 PKA 使许多蛋白质特定的氨基酸残基磷酸化，从而改变其活性，产生某种生物效应。

2. 环磷鸟苷（cGMP） cGMP 是 GTP 在鸟苷酸环化酶（guanylate cyclase，GC）催化下产生的，也被磷酸二酯酶（phosphodiesterase，PDE）水解为 5′-GMP 而灭活。cGMP 可激活蛋白激酶 C（protein kinase C，PKC），一般情况下产生与 cAMP 相反的作用。

3. 肌醇磷脂（inositol phospholipid） 细胞膜肌醇磷脂的水解是另一类重要的受体信号转导系统。α_1、H_1、S_2、M_1、M_3等受体激动药与其受体结合后，通过 G 蛋白介导激活磷脂酶 C（PLC），PLC 使磷脂酰肌醇-4,5-二磷酸（PIP_2）水解为二酰甘油（DG）及 1,4,5-三磷酸肌醇（IP_3）。DG 激活细胞膜上的 PKC，使许多靶蛋白磷酸化而产生效应，如腺体分泌，血小板聚集、中性粒细胞活化及细胞生长、代谢、分化等效应。IP_3能促进细胞内钙池释放 Ca^{2+}，也有多种重要的生理意义。

4. Ca^{2+} 细胞内 Ca^{2+} 对细胞功能有着重要的调节作用，如肌肉收缩、腺体分泌、白细胞及血小板活化等。细胞内的 Ca^{2+} 来自于细胞外和细胞内两种途径，前者经细胞膜的 Ca^{2+} 通道流入，受膜电位、受体、G 蛋白、PKA 等调控，后者来源于肌质网钙池的释放，受 IP_3 调控。细胞内的 Ca^{2+} 可激活 PKC，与 DG 有协同作用，共同促进其他信息传递蛋白及效应蛋白活化。很多药物通过影响细胞内 Ca^{2+} 而发挥其药理效应。

第三信使是指负责细胞核内外信息传递的物质，包括生长因子、转化因子等。他们传导蛋白以及某些癌基因产物，参与基因调控、细胞增殖和分化以及肿瘤的形成等过程。

六、受体的调节

受体数量及反应性受生理、病理或药物等因素影响，产生受体数量或反应性变化。细胞中的受体数量减少称为受体下调(down-regulation)，由受体下调或周围生物活性物质引起的细胞对药物敏感性和反应性降低的现象称为脱敏；受体数量增加称为受体上调(up-regulation)。由受体上调或周围生物活性物质引起的细胞对药物敏感性和反应性增高的现象称为增敏。受体周围的生物活性物质浓度高或长期受激动药作用时可使受体数量减少，引起向下调节，表现为该受体对激动药的敏感性降低，出现脱敏或耐受性。这是药物发生耐受性(tolerance)的主要机制。如长期应用β肾上腺素受体激动药治疗哮喘，患者出现耐受现象。受体长期受阻断药作用时，可使其数目增加，引起向上调节，表现为该受体对该生物活性物质的敏感性增高，出现超敏或高敏性，突然停药可出现停药症状或“反跳”现象。如高血压患者长期应用β肾上腺素受体阻断药普萘洛尔，突然停药可引起反跳现象，这是由于β肾上腺素受体的敏感性增高所致。

Summary

- The study of the biochemical effects of drugs and their mechanism of drug action is called pharmacodynamics. Drug effects include therapeutic effect and adverse reaction. Adverse reactions is unwanted or harmful reaction experienced following the administration of a drug including side reaction, toxic reaction, residual effect, withdrawal reaction, allergic reaction, idiosyncratic reaction and drug dependence.
- The dose-response curve can be viewed as having four parameters: potency, slope, maximal efficacy, and variability. Potency describes the strength of drug effects. It is usually employed to calculate relative strengths among drugs of the same class. Slope is the central part of the curve that is approximately straight. It is used to analyze drug concentration (dose) from the observed corresponding responses. Maximal efficacy, or simply "efficacy," is the greatest effect produced by the drug. This is one of the major characteristics of a drug. Efficacy and potency of a drug are not necessarily correlated, and the two characteristics should not be confused.
- Most (but not all) drugs exert their action by binding to specific receptor. This binding may initiate changes that lead to the characteristic effects of the drug on body functions. Occupation theory of interaction of drug with receptor, and classification, characteristics and regulation of receptor are important to understand action mechanism of drug.

(吴基良)

第三章 药物代谢动力学

问题

1. 常用给药途径有哪几种，特点是什么？
2. 首关消除及意义是什么？
3. 影响药物在体内的分布受的因素是什么？
4. 什么是稳态血药浓度和药物维持剂量？
5. 什么是开放性一室模型和二室模型？
6. 什么是一级和零级药物消除动力学？
7. 药物消除半衰期和生物利用度的概念及意义是什么？

药物代谢动力学(pharmacokinetics)简称药动学，是研究药物吸收、分布、代谢和排泄过程，并运用数学原理和方法阐述药物在机体内的量变规律。药物必须在其作用部位达到一定的有效浓度时才有药理作用并产生相应的效应，由于药物在体内不断地被机体转运和转化，药物在作用部位的浓度每时每刻都因药物的吸收、分布、代谢和排泄的影响而不断变化，而药动学就是研究药物在体内转运和转化的速度变化规律及影响因素(图 3-1)。

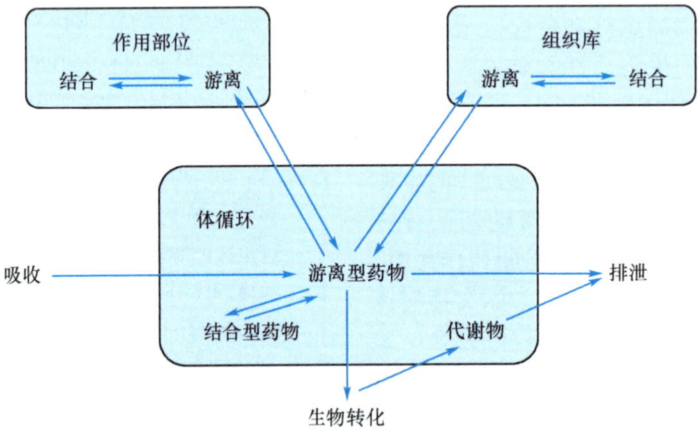

图 3-1 药物的体内过程和作用部位药物浓度变化的关系

第一节 药物分子的跨膜转运

药物在体内被吸收、分布、代谢和排泄时都需要多次通过各种细胞膜。尽管各种细胞结构不尽相同，但药物分子在体内转运的基本屏障都是细胞膜，因而，这一过程具有相似的特点。

一、药物通过细胞膜的方式

药物分子通过细胞膜的方式有滤过(水溶性扩散)、单纯扩散(脂溶性扩散)和载体转运(包括主动转运和易化扩散)(图 3-2)。其中，滤过、单纯扩散和易化扩散又被称为被动转运(passive transport)，是指药物依赖于膜两侧的浓度差，从浓度高的一侧向浓度低的一侧进行的扩散性转运，又称下山转运或顺浓度梯度转运。这类转运一般不消耗能量，也无饱和性。以被动转运方式转运的各药物之间一般无竞争性抑制现象。当膜的两侧药物浓度达到平衡状态时，则净转运基本为零。大多数药物的转运方式属于被动转运。

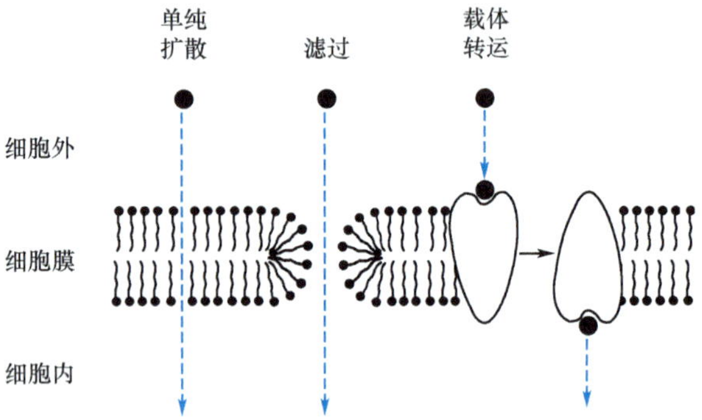

图 3-2 药物通过细胞膜的方式

(一) 滤过

滤过(filtration)是指直径小于膜孔的水溶性药物，借助膜两侧的流体静压和渗透压差被水携带到低压一侧的过程。水分子虽然是极性分子，但它的分子极小，又不带电荷，所以细胞膜对它是高度通透的，大多数细胞膜能让水透过，而水的大量流动可以将药物分子带过去。大多数毛细血管上皮细胞间的孔隙极大(直径可达 40Å 以上),这种转运是药物通过大多数毛细胞血管内膜的主要机制。但如果药物分子量过大则以这种转运方式受限,而在某些特殊组织(如大部分脑组织),其细胞间隙非常"紧密"。药物不能以滤过方式通过这些毛细血管而进入组织内。

(二)单纯扩散

绝大多数药物按此种方式通过生物膜。非极性药物分子以其所具有的脂溶性溶解于细胞膜的脂质层,顺浓度差通过细胞膜的过程称为单纯扩散(simple diffusion),是一种被动转运(passive transport)方式。其通过速度与膜两侧药物浓度差和药物脂溶性成正比。因为药物必须先溶于体液才能抵达细胞膜,水溶性太低同样不利于通过细胞膜,故药物在具备脂溶性的同时,仍需具有一定的水溶性才能迅速通过细胞膜。

大多数药物均为弱酸性或弱碱性电解质,在体液内均有不同程度地解离。分子状态(非解离型)药物疏水而亲脂,易通过细胞膜;离子状态药物极性高,不易通过细胞膜的脂质层,这种现象称为离子障(ion trapping)。因此体液的 pH 对弱酸或弱碱性药物跨膜转运的速度有明显影响(图 3-3)。

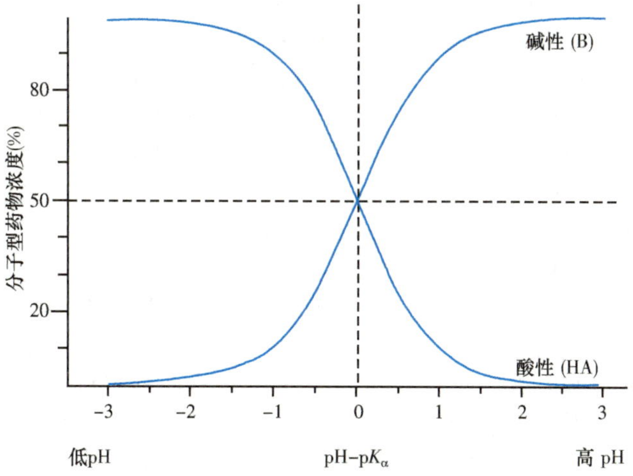

图 3-3 体液 pH 对弱酸或弱碱性药物解离的影响

大多数碱性药物为含氨化合物,由一个氮原子和 1、2、3 或 4 个碳原子形成的键分别称为伯胺、仲胺、叔胺、季铵。季铵总是带电荷,碱性强,不能通过脂质膜。电解质的跨膜分布常由其 pK_α 和膜两侧的 pH 梯度所决定;pK_α 是药物(弱电解质)离子化形式占一半时的 pH。弱电解质的解离程度在 pH 变化较大的体内对药物转运的影响更为重要。胃液 pH 变化范围为 1.5~7,尿液为 5.5~8,如此大的 pH 变化范围对那些脂溶性适中的药物可能产生显著的临床意义。如苯巴比妥的清除在碱性尿内比在酸性尿内快 7 倍。

(三)载体转运

许多细胞膜上具有特殊的跨膜的整合蛋白(integral protein),控制体内一些重要的内源性生理物质(如糖、氨基酸、神经递质、金属离子)和药物进出细胞。跨膜蛋白在细胞膜内的一侧与药物或生理性物质结合后,发生构型改变,在细胞膜的另一侧将结合的内源性物质或药物释出。这种转运方式称为载体转运(carrier mediated transport)。

载体转运的特点是对转运物质有选择性(selectivity)和饱和性(saturation),结构相似的药物或内源物质可竞争同一载体而具有竞争性(competition),并可发生竞争性抑制(competitive inhibition)。

载体转运主要发生在肾小管、胆道、血脑屏障和胃肠道的药物转运过程中。多药耐药基因-Ⅰ所编码的 P-糖蛋白(P-glycoprotein)是一重要的主动转运载体,广泛存在小肾小管刷毛边层膜(brush border membranes)、胆小管、胃肠道和脑微血管,在许多药物的吸收、分布和消除中发挥重要作用。

载体转运主要有主动转运和易化扩散两种方式。

1. 主动转运(active transport) 需要耗能可逆电化学差转运药物。这种转运对体内代谢物质和神经递质的转运,以及通过干扰这些物质而产生药理作用的药物有重要意义。有的药物通过神经元细胞、脉络丛、肾小管细胞和肝细胞时也是以主动转运方式进行的。

2. 易化扩散(facilitated diffusion) 这种载体转运方式与主动转运不同的是不需要能量,不能逆电化学差转运,是一种被动转运(passive transport)。易化扩散可加快药物的转运速度。维生素 B_{12} 经胃肠道吸收、葡萄糖进入红细胞内、甲氨蝶呤进入白细胞等均以易化扩散方式转运。

二、影响药物通过细胞膜的因素

药物通过细胞膜的速度与可利用的膜面积大小有关。膜表面大的器官,如肺、小肠,药物通过其细胞脂层的速度远比膜表面小的器官(如胃)快。

药物以简单扩散方式通过细胞膜时,除了受药物的解离度和体液的 pH 影响外,药物分子跨膜转运的速度还符合 Fick 定律:

$$通透量(单位时间分子数)=(C_1-C_2)\times(面积\times通透系数)/厚度$$

上式表明药物通过细胞膜的速率与膜两侧的药物浓度差(C_1-C_2)、膜面积、药物分子的通透系数(药物分子的脂溶度)和细胞膜的厚度等因素有关。

此外,血流量的改变也可影响细胞膜两侧药物浓度差,药物被血流带走的速度决定了膜一侧的药物浓度,血流量丰富、流速快时,不含药物的血液能迅速取代含有较高浓度药物的血液,从而得以维持很大的浓度差,使药物跨膜速度增高。扩血管药物吸收快,缩血管药物吸收慢,便是因为它们改变了用药部位的血液流量。

第二节　药物的体内过程

一、吸　　收

药物自用药部位进入血液循环的过程称为吸收(absorption)。药物只有经吸收后才能发挥全身作用。少数用药只要求产生局部作用，如皮肤、黏膜的局部用药、抗酸药和泻药，则无需吸收。但即使是这些情况，药物仍可能被吸收而产生吸收作用。不同给药途径有不同的药物吸收过程和特点(表 3-1)。

表 3-1　常用给药途径的某些特点

途径	吸收方式	特殊用途	局限性与注意点
静脉注射	不需经过吸收，可产生即刻效应	适用于急救，可以高速剂量，高分子量的蛋白和肽类药物必须用此方法，适于给予大量液体和刺激性药物(经稀释)给药	产生不良反应的可能性大，一般需缓慢注射，不适用于油溶液或不溶性物质
皮下注射	水溶液吸收迅速，储存型制剂吸收缓慢持久	适用于某些不溶性物质的混悬剂与植入固体小片	不适于大容量输液，有刺激性物质可引起疼痛或坏死
肌内注射	水溶性吸收迅速，储存型制剂吸收缓慢持久	适用于中等量药液、油剂和某些刺激性药物	抗凝治疗过程中不宜采用。可能干扰某些诊断试验的结果判断(如肌酸磷酸激酶)
口服	吸收不恒定，取决于多种因素	最方便，经济，一般比较安全	需要患者合作，对难溶性药物的利用度不恒定和不完全，吸收慢，不稳定，大量由肝和(或)肠代谢

(一) 口服

口服是最常用的给药途径，也是最安全、最方便和最经济的方法，且大多数药物能充分吸收。胃肠道的广泛吸收面、内容物的拌和作用以及小肠内适中的酸碱性(pH 5～8)对药物解离影响小等因素均有利于药物的吸收。

大多数药物在胃肠道内是以单纯扩散方式被吸收。很多因素可影响胃肠道对药物的吸收，如服药时的饮水量、是否空腹、胃肠蠕动度、胃肠道的 pH、药物颗粒大小、与胃肠道内容物的理化性质相互作用(如钙与四环素类抗生素形成不可溶的复合物引起吸收障碍)等。口服给药法的缺点有：某些药物的物理特性(水溶性)造成其吸收有限；由于药物对胃肠道黏膜刺激而引起呕吐；有些药物被消化酶或胃酸破坏；有食物或其他药物存在时，吸收和推进速度不规则；对某些患者则需要病人予以合作等。此外，胃肠道的药物在进入体循环之前，可被黏膜中的酶、肠内菌丛或肝脏所代谢。

药物的片剂或其他固体剂型的吸收率部分地取决于其胃肠道液体溶出度。这一因素是所谓控释、缓释、持续释放或长效药物制剂的根据。设计这些制剂的目的是让药物在 8 小时或更长时间内缓慢、均匀地被吸收。这些制剂的优点是比普通剂型减少了服药次数，药效可维持过夜，还可消除那种速释剂型常有的药物浓度峰值，从而降低了不良反应的发生率。

首关消除(first pass elimination)：从胃肠道吸收入门静脉系统的药物在到达全身血循环前必先通过肝脏，如果肝脏对其代谢能力很强或由胆汁排泄的量大，则使进入全身血循环内的有效药物量明显减少，这种作用称为首关消除。有的药物在被吸收进入肠壁细胞内而被代谢一部分也属首关消除。首关消除也称首过代谢(first pass metabolism)或首关效应(first pass effect)。首关消除高时，生物利用度则低。胃肠道外给药时，在到达作用部位或靶器官前，可在肺内排泄或代谢一部分药物，这也是一种首关消除，肺也因而成为一首关消除器官。

由于从口腔的静脉回流直接进入上腔静脉，舌下给药可在很大程度上避免首关消除，例如将硝酸甘油含在舌下是有效的，因为它呈非离子型且脂溶性很高，吸收非常迅速。如果口服则被胃肠道吸收后通过肝脏时被代谢失活达 90%，只有少数药物能到达全身循环。

因呕吐不能口服或病人意识消失时，直肠给药常是有用的。大约 50%的药物可避开肝脏从直肠吸收，也可在一定程度上避免首关消除。但直肠的吸收常不规则、不完全，而且许多药物对直肠黏膜具有刺激性。

(二) 注射给药

注射给药的主要给药途径是静脉内、肌内和皮下注射。

静脉注射药物水溶液可以避免一些可能影响吸收的因素，可以准确而迅速地获得所需的血药浓度，这是用其他给药方法所不能做到的。在某些情况下，如进行外科诱导麻醉时，药物的剂量并不是事先定下来的，而是根据病人的反应随时加以调整。而且某些有刺激性的药物也只能用静脉注射法给药，因为血管壁对刺激相对不敏感，缓慢注入的药液可充分地为循环血液所稀释。但因其以很高的浓度，极快的速度到达靶器官，故也最危险。反复注射有赖于静脉保持通畅。药物的油剂或能使血液成分沉淀或溶血的药物不应作静脉注射。静脉注射时通常要缓慢并密切注意病人的反应。

药物水溶液经肌内注射后吸收十分迅速，注射部位的血流速度影响吸收速度，这可以通过局部热敷、按摩来加以调整。将药物溶于油内注射可减慢药物吸收而起存储作用，有的一次注射后数星期内仍能维持较高的血药浓度。抗生素就常以肌内注射方式给药。刺激性药物不能皮下注射，有时可选用肌内注射法。

皮下注射吸收较慢，有刺激性的药物可引起剧痛。此法仅适用于对组织无刺激性的药物，否则可引起剧痛、坏死和溃疡形成。透明质酸酶(hyaluronidase)可促进药物通过组织进行扩散，如果注射液不含透明质酸酶，皮下注射量不可过大。在皮下注射的药液中加入血管收缩药可延缓吸收。以药物的固体小片植入皮下，其缓慢吸收可维持达数周或数月之久。

动脉内和鞘内注射均为特殊给药途径，用以在特定的靶器官产生较高的药物浓度。

(三) 吸入

气体和挥发性药物可以吸入，经肺上皮和呼吸道黏膜吸收，如沙丁胺醇(salbutamol)。由于肺泡表面积很大，肺血流量丰富，因此，只要具有这一溶解度的气态药物即能经肺迅速吸收。有的药物难溶于一般溶剂，水溶液又不稳定，如色甘酸钠(disodium cromoglycate)，可制成直径约 5μm 的极微细粉末以特制的吸入剂气雾吸入。气道本身是抗哮喘药的靶器官，以气雾剂解除支气管痉挛是一种局部用药。吸入用药主要的缺点是剂量不好掌握，用法又较麻烦，必须有相当先进的手段(包括定量雾化吸入装置)来保证。

(四) 局部用药

局部用药的目的是在皮肤、眼、鼻、咽喉和阴道等部位产生局部作用，偶尔也为了达到吸收作用。药物都不易穿过完整的皮肤，吸收程度与其脂溶性成正比。许多溶质容易透过真皮，故药物很易通过皮肤破损、烧伤或剥脱处吸收；炎症和其他增加皮肤血流的情况也促进吸收。

二、分　　布

药物吸收后从血循环到达机体各个部位和组织的过程称为分布(distribution)。药物在体内的分布受很多因素影响，包括药物的脂溶性、毛细血管通透性、器官和组织的血流量、与血浆和组织蛋白的结合能力、药物的 pK_a 和局部的 pH、药物转运载体的数量和功能状态、特殊组织膜的屏障作用等。

(一) 血浆蛋白结合率

大多数药物在血浆中均可与血浆蛋白不同程度地结合而形成结合型药物(bound drug)，它与未结合的游离型药物(free drug)同时存在于血液中，并以一定百分数的结合率达到平衡。弱酸性药物主要与白蛋白结合，弱碱性药物主要与 α_1-酸性糖蛋白(α_1-acid glycoprotein，α_1-AGP)结合。

被结合药物在血浆总药量中所占的百分数取决于药物的浓度、与结合部位的亲和力以及结合位点的数目。结合型药物不能跨膜转运，而成为药物在血液中的一种暂时储存形式。药物与血浆蛋白结合是可逆性的，当血浆中游离型药物的浓度随着分布、消除而降低时，结合型药物可释出游离药物。因此，药物与血浆蛋白的结合影响药物在体内的分布和转运速度以及作用强度和消除速率。

药物与血浆蛋白结合的特异性低，因此，同时应用两个结合于同一结合点上的与血浆蛋白结合率都很高的药物，就可发生竞争性置换的相互作用。如抗凝血药华法林(warfarin)99%与血浆蛋白结合，当与保泰松(phenylbutazone)合用时，结合型的华法林被置换出来，使血浆内游离药物浓度明显增加，抗凝作用增强，可造成严重的出血。药物与内源性化合物也可在血浆蛋白结合部位发生竞争性置换作用，例如已知非结合型胆红素可被磺胺类以及其他有机阴离子从与白蛋白的结合物中置换出来，增加新生儿发生胆红素脑病的危险。

但是，药物在血浆蛋白结合部位上的相互作用并非都有临床意义。一般认为，只有血浆蛋白结合率高、分布容积小、消除慢以及治疗指数低的药物在临床上这种相互作用才有意义。

(二) 器官血流量

人体各组织器官的血流量是不均一的。药物由血流向器官组织的分布速度主要决定于该组织器官的血流量和膜的通透性，如肝、肾、脑、肺等血流丰富的器官药物分布较快，尤其是在分布的早期，随后还可再分布(redistribution)。再分布作为终止药物作用的因素，主要发生于快速静脉注射或吸入那些作用于脑或心血管系统的高度脂溶性药物。例如静脉注射麻醉药硫喷妥钠(thiopental sodium)，首先分布到血流量大的脑组织发挥作用，随后由于其脂溶性高又向血流量少的脂肪组织转移，以致病人迅速苏醒。

(三) 药物与组织亲和力

药物与组织细胞结合是由于药物与某些组织细胞成分具有特殊的亲和力，使这些组织中的药物浓度高于血浆游离药物浓度，使药物的分布具有一定的选择性，如碘主要集中在甲状腺、钙沉积于骨骼，氯喹(chloroquine)在肝内分布浓度高，庆大霉素(gentamicin)与角质蛋白亲和力强，故易分布到皮肤、毛发、指甲中等。在组织中与药物起结合反应的通常是蛋白质、磷脂或核蛋白，一般是可逆性的。药物和组织的结合是药物在体内的一种储存方式，如硫喷妥钠再分布到脂肪组织，因此，脂肪组织是脂溶性药物的巨大储存库。有的药物与组织可发生不可逆结合而引起毒性反应，如四环素与钙形成络合物储于骨骼及牙齿中能导致小儿生长抑制与牙齿变黄或畸形。

（四）体内的 pH 和药物的解离度

在生理情况下细胞内液 pH 为 7.0，细胞外液为 7.4。由于弱酸性药物在较碱性的细胞外液中解离增多，因而细胞外液浓度高于细胞内液，升高血液 pH 可使弱酸性药物由细胞内向细胞外转运，降低血液 pH 则使弱酸性药物向细胞内转移，弱碱性药物则相反。口服碳酸氢钠碱化血液可促进巴比妥类弱酸性药物由脑细胞向血浆转运，同时碱化尿液，可减少巴比妥类弱酸性药物在肾小管的重吸收，促进药物从尿中排出，这是临床上抢救巴比妥类药物中毒的措施之一。

（五）体内屏障

1. 血脑屏障（blood-brain barrier） 脑组织内的毛细血管内皮细胞紧密相连，内皮细胞之间无间隙，且毛细血管外表面几乎均为星形胶质细胞包围，这种特殊结构形成了血浆与脑脊液之间的屏障。此屏障能阻碍许多大分子、水溶性或解离型药物通过，只有脂溶性高的药物才能以单纯扩散的方式通过血脑屏障。血脑屏障的通透性也并非一成不变，如炎症可改变其通透性，在脑膜炎患者，血脑屏障对青霉素的通透性增高，使青霉素在脑脊液中达到有效治疗浓度，而青霉素对健康人即使注射大剂量也难以进入脑脊液。离子化程度和药物的脂溶性是其被脑摄取的重要决定因素，亲脂性越高越易于通过血脑屏障。这种情况常被用于药物设计以改变脑分布。

越来越多的证据也表明药物可以通过特异的摄取转运蛋白（在正常情况下它们参与将营养物和内源性物质从血液向脑转运）而进入中枢神经系统。

2. 胎盘屏障（placental barrier） 胎盘绒毛与子宫血窦之间的屏障称为胎盘屏障。事实上胎盘对药物的转运并无屏障作用，母体应用的所有药物至少在一定程度上都能影响胎儿。因为胎盘对药物的通透性与一般的毛细血管无明显差别，几乎所有的药物都能穿透胎盘进入胎儿体内。药物进入胎盘后，即在胎儿体内循环，并很快在胎盘和胎儿之间达到平衡，此时，胎儿血液和组织内的药物浓度通常和母亲的血浆药物浓度相似。因此，孕妇应禁用可引起畸形对胎儿有毒性的药物，对其他药物也应十分审慎。

3. 血眼屏障（blood-eye barrier） 吸收入血的药物在房水、晶状体和玻璃体等组织的浓度远低于血液，此现象是由血眼屏障所致，故作用于眼的药物多以局部应用为好，包括局部滴眼和眼周边注射，如结膜下注射、球后注射等。与血脑屏障相似，脂溶性或小分子药物比水溶性或大分子药物容易通过血眼屏障。

三、生物转化

（一）药物的生物转化

药物作为一种异物进入体内后，机体要动员各种机制使药物发生化学结构的改变，即药物的转化（transformation）或称生物转化（biotransformation）又称药物代谢（metabolism），代谢和排泄是药物在体内消除的重要途径。

药物经代谢后作用一般均降低或完全消失，但也有经代谢后药理作用或毒性反而增高者，如对乙酰氨基酚（paracetamol）代谢产物对肝脏有毒性作用。它在治疗剂量时（1.2 g/d）有 95%的药物经葡萄糖醛化和硫酸化而生成相应结合物，然后由尿排泄，另 5%则在细胞色素 P_{450} 氧化酶系催化下和谷胱甘肽（glutathion）发生反应，生成巯基尿酸盐而被排泄，因此对乙酰氨基酚在治疗量时是很安全的。但如果超过治疗量，葡萄糖醛化和硫酸化途径被饱和，则细胞色素 P_{450} 催化反应途径逐渐重要，初期因谷胱甘肽量充分，很少生成肝脏毒性代谢产物，但随着时间延长，肝脏谷胱甘肽消耗量超过再生量，毒性代谢产物便蓄积，与细胞内大分子（蛋白质）上的嗜核基团发生反应，引起肝细胞坏死。

（二）药物代谢部位

体内各种组织均有不同程度的代谢药物的能力，药物的生物转化通常是酶的作用，药物的生物转化所涉及的酶主要存在于肝中，肝脏是最主要的药物代谢器官，此外，胃肠道、肺、皮肤、肾也可产生有意义的药物代谢作用。

体内药物代谢有一部分可以不经酶促而自动发生，但绝大多数药物是通过特异性细胞酶催化的。在亚细胞水平，这些酶可能位于内质网、线粒体、胞质液、溶酶体、核膜和质膜上。大部分的药物代谢发生在内质网和细胞液中。在内质网中存在的药物代谢酶经常被归类为微粒体酶。第一相反应所涉及的酶系统主要存在于内质网，而第二相结合酶系统主要在细胞液中。通过内质网第一相反应生物转化的药物在同一细胞液中发生结合反应。

（三）药物代谢步骤

药物代谢通常涉及Ⅰ相（phase Ⅰ）和Ⅱ相（phase Ⅱ）反应。

Ⅰ相反应通过引入或脱去功能基团（—OH，

NH_2,—SH)使原形药生成极性增高的代谢产物。这些代谢产物多为无活性的,不再产生药理作用,但也有一些仍然具有活性的。前体药物本身是无活性的,在体内常通过酶键的水解迅速转化成有活性的代谢物。氧化、还原、水解均为Ⅰ相反应。

若Ⅰ相反应产物具有足够的极性,则易被肾脏排泄。但许多Ⅰ相代谢物进入Ⅱ相反应。在Ⅱ相反应过程中,内源性物质葡萄糖醛酸、硫酸、醋酸、甘氨酸等与Ⅰ相反应产物形成的新功能基团结合,生成具有高度极性结合物后经尿排泄。一般来说,经Ⅱ相反应所生成的结合物为极性分子,易经肾脏排泄,且多无活性。吗啡与葡萄糖酸结合的代谢物是一个活性结合的例子,它比母体化合物具有更强的镇痛作用。因为内源性物质来源于食物,故营养在药物结合反应中起重要调节作用。

(四)细胞色素 P_{450} 单氧化酶系

细胞色素 P_{450}(cytochrome P_{450},CYP_{450})为一类血红素-巯基蛋白(heme-thiolate proteins)的超家族,它参与内源性物质和包括药物、环境化合物在内的外源性物质的代谢。

CYP_{450}参与药物代谢的总反应式可用下式表达:

$$DH + NADPH + H^+ + O_2 \rightarrow DOH + H_2O + NAD^+$$

DH为未经代谢的原形药物,DOH为代谢产物

其反应过程如图3-4:含铁离子(Fe^{3+})的 P_{450} 与药物分子结合,接受从NADH- P_{450}还原酶传递来的一个电子,使铁转变为二价铁离子(Fe^{2+});随之与一分子氧、一个质子、第二个电子(来自NADPH- P_{450}还原酶或者细胞色素 b_5)结合,形成 $Fe^{2+}OOH \cdot DH$ 复合物,它与另一个质子结合,产生水和铁氧复合物 $(FeO)^{3+}$ 与氢原子(来自DH)分离,形成一对短暂的自由基,氧化型药物从复合物中释放,P_{450}酶再生。

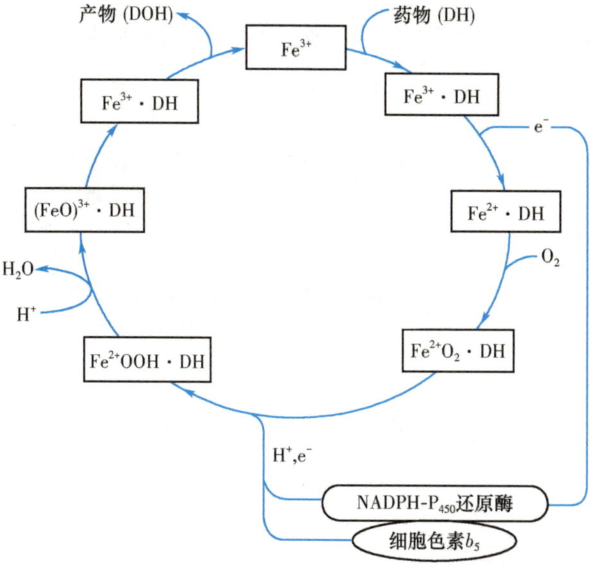

图3-4 细胞色素 P_{450} 在药物氧化中的循环

CYP $_{450}$在哺乳动物主要存在于微粒体和线粒体中。已发现几乎1 000种CYP $_{450}$广泛分布于各种生物机体内,在人类有功能意义的就有约50种,根据氨基酸序列的同一性分为17个家族和许多亚家族。氨基酸序列有40%以上相同者划为同一家族,以阿拉伯数字表示,同一家族内相同达55%以上者为一亚家族,在代表家族的阿拉伯数字之后标以英文字母表示;而同一亚家族的单个同工酶则再以阿拉伯数字表示。如CYP2D6中的CYP是细胞色素 P_{450} 的缩写,2是家族,D是亚家族,6是单个酶。CYP1,CYP2和CYP3家族中各有8-10个同工酶,介导入体内绝大多数药物的代谢,尤其是CYP3A代谢50%以上的药物(表3-2)。其他家族在类固醇激素、脂及酸、维生素和其他内源性物质的合成和降解中起重要作用。

表3-2 重要的CYP $_{450}$酶的代谢底物及其诱导剂和抑制药

酶	代谢药物	诱导剂	抑制药
CYP1A2	咖啡因、对乙酰氨基酚、非那西丁、安替比林、他克林、茶碱、他莫昔芬、*R*-华法林、维拉帕米、普罗帕酮、昂丹司琼、阿米替林、氯氨平、氯米帕明	吸烟、炭烤食物、十字花科蔬菜、奥美拉唑、胰岛素、甲基胆蒽、萘夫西林	胺碘酮、西咪替丁、氟喹诺酮、氟伏沙明、呋拉茶碱、咪拉地尔
CYP2A6	香豆素、烟碱	苯妥因、利福平	利托那韦
CYP2C9	甲苯磺丁脲、格列吡嗪、海索比妥、苯妥英、美芬妥因、三甲双酮、*S*-华法林、双氯芬酸、布洛芬、氟比洛芬、吡罗昔康、替尼酸、托拉塞米、磺胺异噁唑、依贝沙坦、氯沙坦	卡马西平、苯巴比妥、苯妥因、利福平	胺碘酮、氟康唑、氟伐他汀、氟伏沙明、异烟肼、帕罗西汀、舍曲林、磺胺苯吡唑
CYP2C19	*S*-美芬妥因、地西泮、西酞普兰、氯米帕明、*R*-华法林、喷他脒、普萘洛尔、奥美拉唑、泮托拉唑、兰索拉唑、萘普生、环磷酰胺、吲哚美辛	巴比妥类、炔诺酮、利福平、泼尼松	西咪替丁、苯丙氨酯、氟西汀、帕罗西汀、奎尼丁、甲氧氯普胺、特比萘芬
CYP2D6	右美沙芬、可待因、地昔帕明、氯米帕明、丙米嗪、氟西汀、帕罗西汀、氟哌啶醇、去甲替林、奋乃静、硫利达嗪、氟卡尼、丁呋洛尔、噻吗洛尔、卡维地洛、司巴丁、美西律、普罗帕酮	利福平、地塞米松	胺碘酮、氯丙嗪、西咪替丁、氯米帕明、氟西汀、帕罗西汀、奎尼丁、甲氧氯普胺、特比萘芬

续表

酶	代谢药物	诱导剂	抑制药
CYP2E1	氯唑沙宗、对乙酰氨基酚、咖啡因、乙醇、氟烷、甲氧氟烷、恩氟烷、茶碱	乙醇、异烟肼	双硫仑
CYP3A4	睾酮、黄体酮、孕二烯酮、炔雌醇、他莫昔芬、氢化可的松、红霉素、克拉霉素、氨苯砜、环孢霉素、英地那韦、利托那韦、可待因、地西泮、咪达唑仑、阿普唑仑、洛伐他汀、卡马西平、非洛地平、硝苯地平、尼群地平、维拉帕米、奎尼丁、利多卡因、胺碘酮、地尔硫䓬、地高辛、奥美拉唑、华法林、对乙酰氨基酚、特非那定、氯茜那敏、醋竹桃霉素	巴比妥类、卡马西平、地塞米松、苯妥英、利福平、性激素、曲格列酮、奈韦拉平	那非那韦、胺碘酮、西咪替丁、克拉霉素、红霉素、氟康唑、葡萄柚汁、诺氟沙星、维拉帕米

在写法上，CYP 表示酶蛋白或 mRNA，*CYP* 则表示编码酶蛋白的基因。如 *CYP1A2* 是编码 CYP1A2 的基因，而 CYP1A2 是 *CYP1A2* 的产物 mRNA 或蛋白。

（五）药物代谢酶的诱导与抑制

参与Ⅰ相反应的 CYP_{450} 氧化酶和Ⅱ相反应的结合酶的活性可因某些药物如利福平（rifampicin）、乙醇（ethanol）、卡马西平（carbamazepine）等的反复应用而被诱导，导致酶活性增高。这一作用是通过加速 CYP_{450} 的合成或减慢其降解而产生的。酶诱导可引起合用的底物药物代谢速率加快，因而药理作用和毒性反应增强或减弱。有些药物本身就是它们所诱导的药物代谢酶的底物，因此在反复应用后，药物代谢酶的活性增高，其自身代谢也加快，这一作用称自身诱导。可发生自身诱导的药物有苯巴比妥（phenobarbital）、格鲁米特（glutethimide）、甲丙氨酯（meprobamate）、苯妥英（phenytoin）、保泰松（phenylbetazone）等。自身诱导作用使其用量越来越大而成为这些药物产生耐受性的一个原因。

四、排　　泄

排泄（excretion）是药物的原形或其代谢产物通过排泄器官或分泌器官排出体外的转运过程。药物及其代谢产物主要经尿排泄。从粪便排泄的药物主要是那些口服后未被吸收的药物或是从胆排到肠道或直接排入肠道而不再吸收的药物代谢物。挥发性药物主要经肺随呼出气体排泄。药物的汗液和乳汁排泄也是药物的排泄途径。药物自乳汁的排泄是受乳婴儿的药物不良反应的重要来源。

（一）肾脏排泄

肾脏是最重要的药物排泄器官，不少药物的大部分，甚至全部经肾脏排泄而从体内消除，如乙酰唑胺（acetazolamide）、呋塞米（furosemide）、喷托铵（pentolonium）。肾排泄药物和代谢物从尿中排出涉及三个过程：肾小球滤过、肾小管主动分泌和肾小管被动再吸收。

1. 肾小球滤过　肾小球毛细血管膜孔较大，除与血浆蛋白结合的结合型药物外，未结合的游离型药物及其代谢产物均可经肾小球滤过。滤过速度取决于药物分子量和血浆内药物浓度。血浆蛋白结合可延缓滤过速度。肾小球滤过率和药物滤过速度有密切关系。

2. 肾小管分泌　近曲小管细胞能以主动方式将药物自血浆分泌入肾小管内。除了特异性转运机制分泌葡萄糖、氨基酸外，肾小管细胞具有两种非特异性转运机制分别分泌阴离子（酸性药物离子）和阳离子（碱性药物离子）。经同一机制分泌的药物可竞争转运载体而发生竞争性抑制，通常分泌速度较慢的药物能更有效地抑制分泌速度较快的药物。丙磺舒（probenecid）竞争性地抑制青霉素（penicillin）的排泄。许多药物和近曲小管上的主动转运载体的亲和力显著高于和血浆蛋白的亲和力，因此，和肾小球滤过不同，肾小管分泌药物的速度不受血浆蛋白结合的影响，如对氨马尿酸（aminohippuric acid）的血浆蛋白结合率约 90%，但 90% 的药物在一次通过肾脏时即被分泌入肾小管内。

3. 肾小管重吸收　肾脏主要在远曲小管以被动扩散的方式对肾小管内药物进行重吸收。由于肾小管上皮细胞具脂质膜的特性，故和药物通过其他部位细胞膜一样，离子型的弱电解质很难透过肾小管细胞。这些药物的被动重吸收是 pH 依赖性的，只有未解离的分子型药物的浓度差对重吸收过程起作用。于是，当尿液酸性增高时，碱性药物解离程度随之增高，重吸收减少，酸性药物则相反。而尿液碱性增高时，酸性药物解离程度随之增高，重吸收减少，碱性药物相反（图 3-5），其影响程度除血、尿内的 pH 外，尚与药物本身 pK_a 有关。

一般来说，pK_a 为 3～8 的酸性药和 pK_a 为 6～11 的碱性药的排泄速度易因尿 pH 改变而受到明显影响。如苯巴比妥、阿司匹林等，它们在应用碳酸氢钠、通过抑制碳酸酐酶而发挥作用的利尿和进食蔬菜后排泄加快。碱性药物有苯丙胺（amphetamine）、抗组胺药、吗啡类镇痛药和三环类抗抑郁药等，它们在应用氯化铵(ammonium chloride)、利尿药或高蛋白饮食后，因尿液酸化而排泄加快。例如水杨酸，当碱化尿液时(例如当尿的 pH 从 6.4 变为 8.0)其排泄可增加 4～6 倍，其结合型药物可从 1%降至 0.04%。

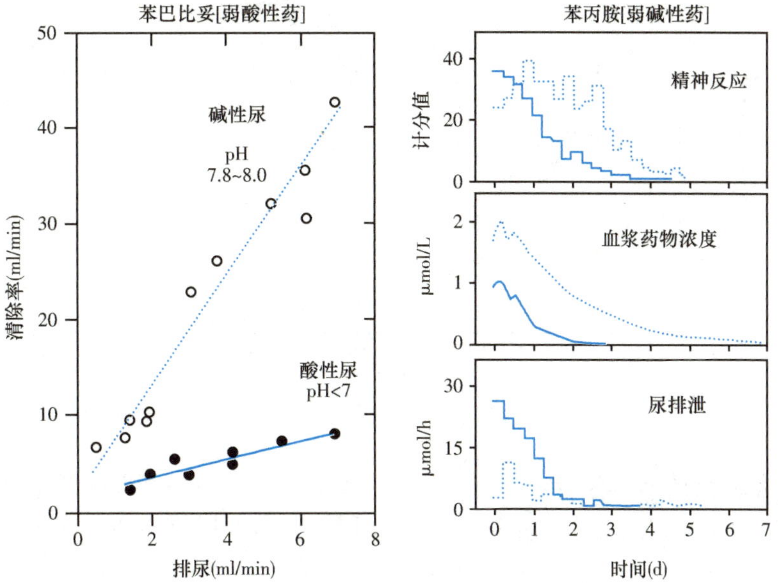

图 3-5　尿 pH 对药物排泄的影响

实线：酸性尿(pH～5)，虚线：碱性尿(pH～7)

肾功能受损时，以肾脏排泄作为主要消除途径的药物消除速度减慢，因此，给药量应相应减少，以避免蓄积作用。如新生儿的肾功能与其体表面积相比是低下的，但在初生后数月即可迅速发育成熟。肾功能在成年期能逐年渐降，每年约 1%，因而到老年期一般均存在不同程度的障碍。不以肾脏排泄作为主要消除途径的药物则无需减量。

(二) 消化道排泄

药物可通过胃肠道壁脂质膜自血浆内以被动扩散方式排入胃肠腔内，位于肠上皮细胞膜上的 P 糖蛋白也可直接将药物及其代谢产物直接从血液内分泌排入肠道。当碱性药物在血内形成很高浓度时，消化道排泄途径十分重要。如大量应用吗啡后，血内部分药物经扩散进入胃内酸性环境后，几乎完全解离(pK_a7.9，pH 1.5～2.5)，重吸收极少，洗胃可清除胃内药物，如果不洗胃将其清除，则进入较碱性的肠道后会再被吸收。

被分泌到胆汁内的药物及其代谢产物经由胆道及胆总管进入肠腔，然后随粪便排泄出去，经胆汁排入肠腔的药物部分可再经小肠上皮细胞吸收经肝脏进入血液循环，这种肝脏、胆汁、小肠间的循环称肠肝循环(hepatoenteral circulatlion)。较大药量反复进行肠肝循环可延长药物的半衰期和作用维持时间。若中断其肠肝循环，半衰期和作用时间均可缩短。强心苷(cardiac glycoside)中毒后，口服考来烯胺(cholestyamine)可在肠内和强心苷形成络合物，中断其肠肝循环，加快从粪便中排泄，为急救措施之一。

(三) 其他途径的排泄

药物从汗液、唾液和泪液的排泄，在量上来说并不重要。药物从这些途径的排泄主要取决于其离子化程度，脂溶型易通过腺体的上皮细胞的扩散，而且也是 pH 依赖的。药物从唾液进入口腔，一般又咽下去了。某些药物在唾液中的浓度与在血浆中的浓度相平行。因此，在血药浓度监测难以采到血液时，唾液就是很有用的生物体液。药物向乳汁的排泄也是同样的原理。由于乳汁比血浆更为偏酸，所以碱性药物就可能稍集中于乳汁，而酸性药物在乳汁中的浓度就比血浆中的浓度为低。非电解质，如乙醇和尿素较易进入乳汁，并与血浆中的浓度一样，不取决于乳汁的 pH。尽管药物从头发和皮肤的排泄在量上并不重要，但测定这些组织中药物的敏感方法具有法医学的意义。

第三节　药物转运的速率过程

一、体内药物量变化的时间过程

(一) 单次给药的药-时曲线

单个剂量口服给药后不同时间的血浆药物浓度变化，即药-时曲线如图 3-6。曲线由迅速上升的以吸收为主的吸收相和缓慢下降的以消除为主的消除相两部分组成。口服的药-时曲线的最高点称峰浓度

(peak concentration，C_{max})。达到峰浓度的时间称达峰时间(peak time，T_{max})。药-时曲线下所覆盖的面积称曲线下面积(area under curve，AUC)，其大小反映药物进入血循环的总量。

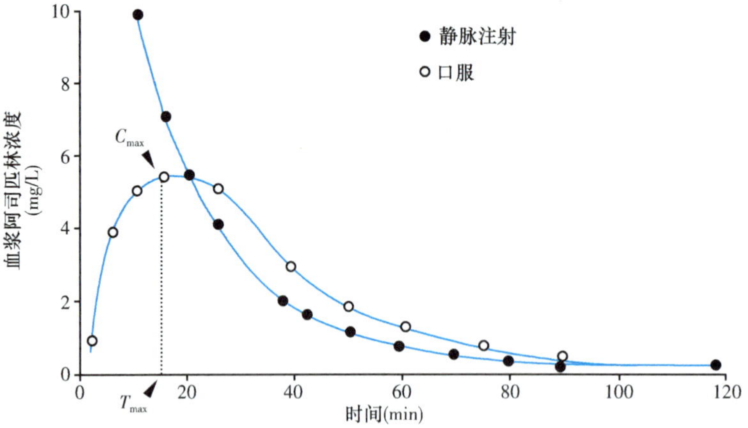

图 3-6 同一病人分别口服和静脉注射阿司匹林 650mg 后的药-时曲线

(二) 多次给药的稳态血药浓度

在临床实践中，大多数药物治疗是采用多次给药(multiple-dose)，又以口服多次给药常用。按照一级动力学规律消除的药物，其体内药物总量随着不断给药而逐步增多，直至从体内消除的药物量和进入体内的药物量相等时，体内药物总量不再增加而达到稳定状态，此时的血浆药物浓度称为稳态浓度(steady-state concentration，C_{ss})(图 3-7)。

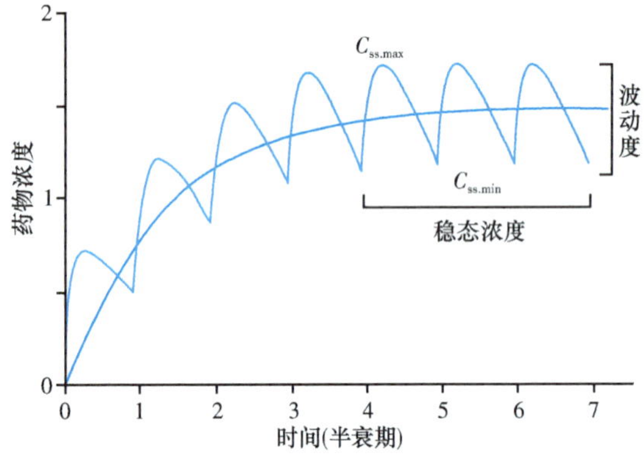

图 3-7 多次间歇给药的药-时曲线

多次给药后药物达到稳态浓度的时间仅决定于药物的消除半衰期，一般来说，药物在剂量和给药间隔时间不变时，经 4～5 个半衰期可分别达到稳态浓度的 94%和 97%。提高给药频率或增加给药剂量均不能使稳态浓度提前达到，而只能改变体内药物总量(即提高稳态浓度水平)或峰浓度(peak concentration. $C_{ss \cdot max}$)与谷浓度(trough concentration，$C_{ss \cdot min}$)之差。一般情况下，每次给药之间药物浓度的明显波动是不利的。如药物吸收和分布是十分迅速的，则各剂量间药物浓度的波动完全由药物消除半衰期控制。如给药间隔选定为药物的半衰期，那么全部波动将为 2 倍，通常是可接受的变动范围。如果一个药物相对无毒，可耐受浓度是治疗所需浓度的多倍，则可应用最大剂量的策略，给药间隔也大大长于消除半衰期(为方便起见)。

口服间歇给药时，根据给药剂量(D)、生物利用度(F)和给药间隔时间(τ)，可计算平均稳态浓度(C_{ss})：

$$C_{ss} = \frac{F \cdot D}{CL \cdot \tau}$$

因为药物是呈指数衰减的，平均稳态血药浓度 C_{ss}不是稳态时 $C_{ss \cdot max}$和 $C_{ss \cdot min}$的算术平均值，而是两次给药间隔内的 AUC 除以给药间隔时间所得：

$$C_{ss} = \frac{AUC_{ss}}{\tau} \quad \frac{AUC_{t_1}^{t_2}}{\tau}$$

(三) 维持剂量

在多数情况下，临床多采用多次间歇给药或是持续滴注，以使稳态血浆药物浓度维持一个治疗浓度范围。因此，要计算药物维持剂量(maintenance dose)。为了维持选定的稳态浓度或靶浓度，需调整给药速度以使进入体内的药物速度等于体内消除药物的速度。这种关系可用下述公式表示：

$$给药速度 = 目标浓度 \cdot CL/F$$

如果医生选定期望血浆药物浓度，也知道患者对该药的清除率和生物利用度，便可计算出适合的剂量和给药间隔。

案例 3-1

口服地高辛作为一种维持剂量来治疗一个 60kg 的患有充血性心脏衰竭患者。1.5ng/ml 的稳态血浆浓度作为合适的目标。基于此病人肌酐清除率(CL_{CR})是 100ml/min，地高辛的清除率可以根据该药药代动力学参数进行估算：

$$CL = 0.88CL_{CR} + 0.33ml \cdot min^{-1} \cdot kg^{-1} = 6.6L \cdot h^{-1}$$

已知地高辛的生物利用度是70%($F=0.7$),用方程式(给药速度=目标浓度·CL/F)来计算合适的剂量速度。

给药速度$=Cp\cdot CL/F$

$=1.5ng\cdot ml^{-1}\times 1.6/0.7ml\cdot min^{-1}\cdot kg^{-1}$

$=3.43ng\cdot min^{-1}\cdot kg^{-1}$

$=236ng\cdot min^{-1}$

$=236ng\cdot min^{-1}\times 60min\times 24h$

$=240\mu g=0.34mg/24h$

实际上,给药速度取最相近剂型规格;例如0.25mg/24h,维持稳态血浆浓度1.10ng/ml(1.5×250/340)。

因维持量给药通常需要4~5个$t_{1/2}$才能达到稳态治疗浓度,增加剂量或者缩短间隔时间均不能提前达到稳态,只能提高药物浓度,因此如果病人急需达到稳态治疗浓度以迅速控制病情时,可用负荷量(loading dose)给药法(图3-8)。将首次剂量加大,然后再给予维持剂量,使稳态治疗浓度(即事先为该病人设定的靶浓度)提前产生。

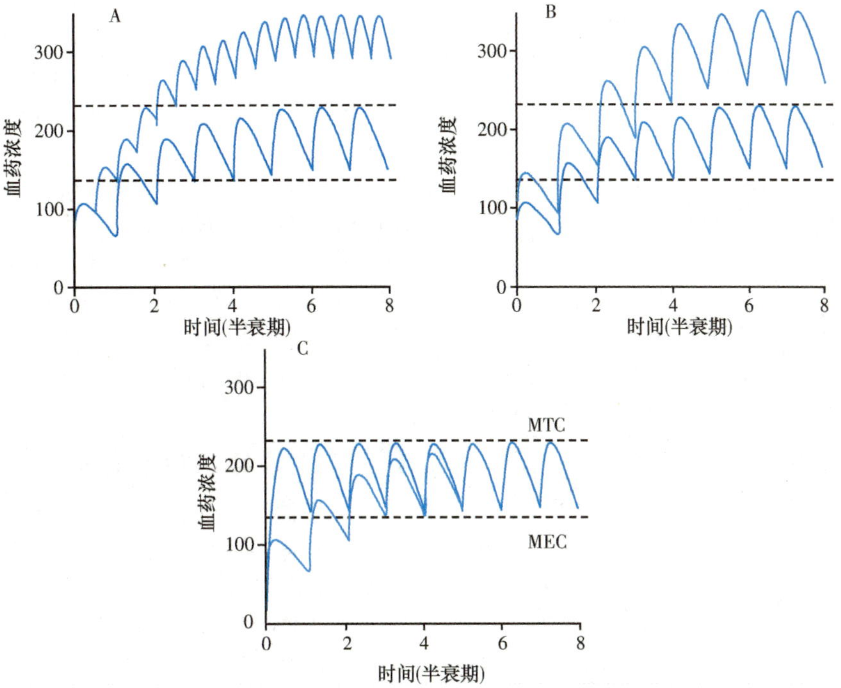

图3-8 三种不同给药方案对稳态浓度的影响

A. 缩短给药时间;B. 增加给药剂量;C. 负荷量给药

二、房室模型

药物应用后,其吸收、分布、代谢、排泄等过程是同时进行的,故药物在体内的量随时间而不断变化。房室模型的提出是为了使复杂的生物系统简化,从而能定量地分析药物在体内的动态过程。它是一个数学上的抽象概念,不代表具体的解剖部位。

房室概念是将机体视为一个系统,系统内部按动力学特点分为若干房室,如果体内某些部位的转运速率相同,均视为同一室。因在多数情况下,药物可进、出房室,故称为开放性房室系统。通常有两种开放性模型,即开放性一室模型(one-compartment open model)和开放性二室模型(two-compartment open model)(图3-9)。如果给药后,体内药物瞬时在各部位达到平衡,即血液浓度和全身各组织器官部位浓度迅速达到平衡,可看成一室模型。但多数情况下,药物

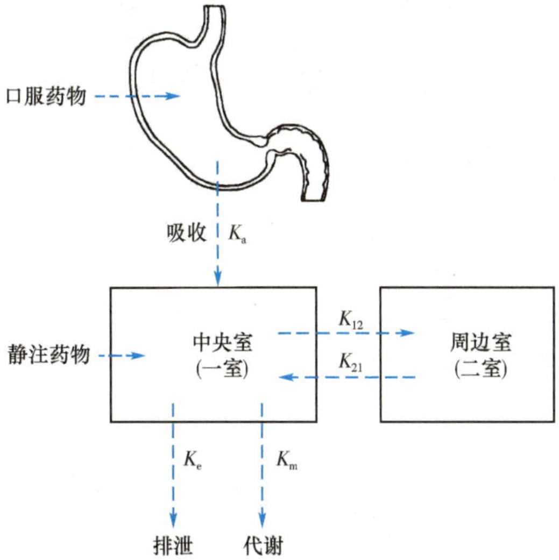

图3-9 药物经静脉注射和口服给药的二室模型

K_a:吸收速率常数 K_{12},K_{21}:药物按一级动力学由一室向二室(K_{12})和由二室向一室(K_{21})转运的速率常数;K_m,K_e分别为代谢和排泄速率常数

在某些部位的药物浓度可以和血液中的浓度迅速达到平衡，而在另一些部位中的转运有一延后的、但彼此近似的速率过程，迅速和血液浓度达到平衡的部位被归并为中央室，随后达到平衡的部位归并为周边室，称二室模型。若转运到周边室的速率过程仍有较明显的快慢之分，就成为三室模型。

属于开放性二室模型的药物在一次快速静脉注射后，若将其血浆药物浓度的对数值对相应时间作图时，即可见各实验点所连成的曲线是呈两段不同直线构成，也就是说，其药-时曲线呈双指数衰减(图3-10)。前一段直线主要反映了分布过程，称分布相或 α 相，此期血浆药物浓度迅速下降。后一段直线主要反映消除过程，称消除相或 β 相，此期血浆药物浓度缓慢下降。

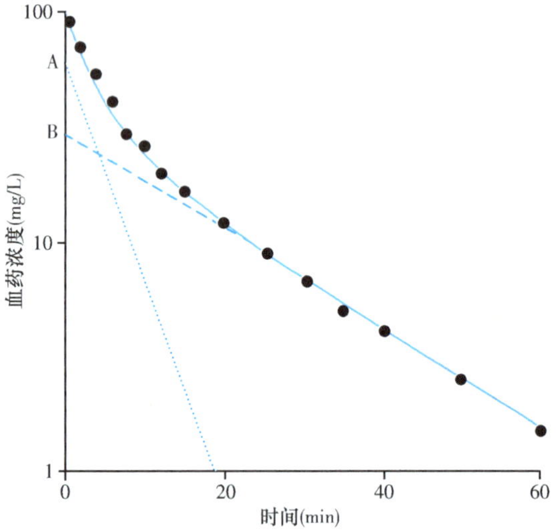

图 3-10 静脉注射药物的二室模型的药-时曲线

必须指出的是，机体并无实际存在的房室解剖学空间，而且房室模型也不是特定的药代动力学指标。加上很多因素如采血时间的设定、药物浓度分析方法等影响房室的判定，故实际上多已采用非房室模型法(noncompartmental method)来进行药代动力学计算和分析。

三、药物消除动力学

(一) 一级消除动力学

一级消除动力学(first-order elimination kinetics)是体内药物在单位时间内消除的药物百分率不变，也就是单位时间内消除的药物量与血浆药物浓度成正比，血浆药物浓度高，单位时间内消除的药物多，血浆药物浓度降低，单位时间内消除的药物也相应减少。一级动力学消除的药-时曲线在坐标图上时呈曲线，在半对数坐标图上则为直线，呈指数衰减(图 3-11)，故一级动力学过程中也称线性动力学过程(linear kinetics)。

反映药物在体内按一级动力学消除引起的血浆内药物浓度的衰减规律的方程为：$dC/dt=-k_eC$，C 为体内可消除的药物，k_e 为消除速率常数(elimination rate constant)，反映体内药物的代谢和排泄速率，负值表示药物经消除而减少；t 为时间。经积分、移项，可得表示在 t 时的药量 C_t 与初始药量($t=0$ 时)C_0 的关系：$C_t=C_0e^{-k_et}$。

(二) 零级消除动力学

零级消除动力学(zero-order elimination kinetics)是药物在体内以恒定的速率消除，即不论血浆药物浓度高低，单位时间内消除的药物量不变。因在半对数坐标图上的药-时曲线的下降部分呈曲线(图 3-11)故又称非线性动力学(nonlinear kinetics)通常是由药物在体内的消除能力达到饱和所致。

零级动力学的计算公式为：$dC/dt=-k_0$。

此处的 k_0 为零级消除速率常数(zero elimination rate constant)，经积分得：$C_t=-k_{0g}t+C_0$。为一直线方程，表明体内药物消除速度与初始浓度无关。

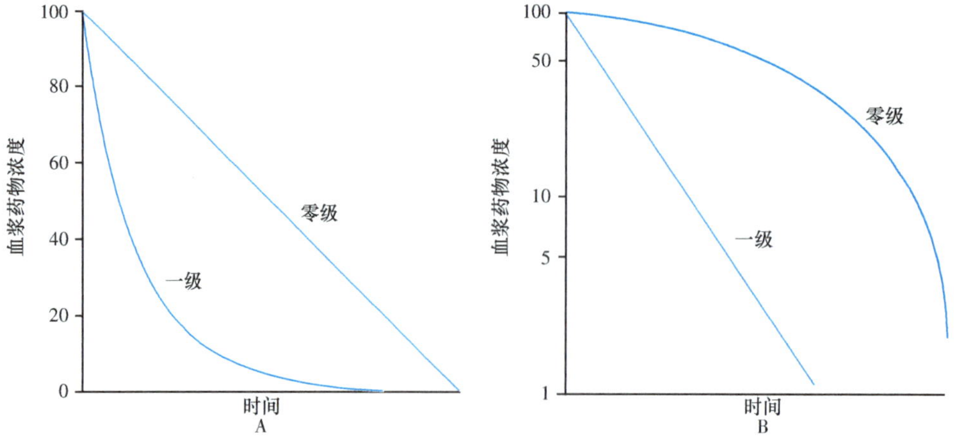

图 3-11 零级消除动力学和一级消除动力学的药-时曲线
A. 为常规坐标图，B. 为半对数坐标图

（三）米-曼消除动力学

一些药物在体内可表现为混合消除动力学，即在低浓度或低剂量时，按一级动力学消除，达到一定高浓度或高剂量时，因消除能力饱和，单位时间内消除的药物量不再改变，按零级动力学消除，如苯妥英、水杨酸、乙醇等。混合消除动力学过程可用米-曼(Michaelis-Menten)方程式表述：

$$dC/dt=-V_{max}\cdot C/(K_m+C)。$$

此公式中的为 V_{max} 最大消除速率；K_m 为米氏(Michaelis-Menten)常数，是在 50%最大消除速率时的药物浓度；C 为药物浓度。

当 $K_m \gg C$ 时，即体内药物消除能力远大于药物量时，C 可以忽略不计，此 $dC/dt=-V_{max}\cdot C/K_m$，即 $V_{max}/K_m=-k_e$ 而成为一级动力学消除。当 $C\gg K_m$，即体内药物量超过了机体的代谢能力，则 K_m 可以忽略不计，此时 $dC/dt=-V_{max}$，表明体内消除药物的能力达到饱和，机体在以最大能力消除药物，即为零级消除动力学过程。

四、药物代谢动力学的重要参数及其意义

（一）消除半衰期

药物消除半衰期(halflife，$t_{1/2}$)是药物血浆浓度或体内药量减少 50%所需时间。其长短可反映体内药物消除速度。

按一级动力学消除的药物，$t_{1/2}$ 为一个常数，$t_{1/2}=0.693/k_e$，不受药物初始浓度和给药剂量的影响，仅取决于 k_e 值大小(k_e 为一级消除动力学的消除速率常数)。如将血药浓度的对数值对时间作图，可得一下行直线，即指数衰减曲线(图 3-12)。

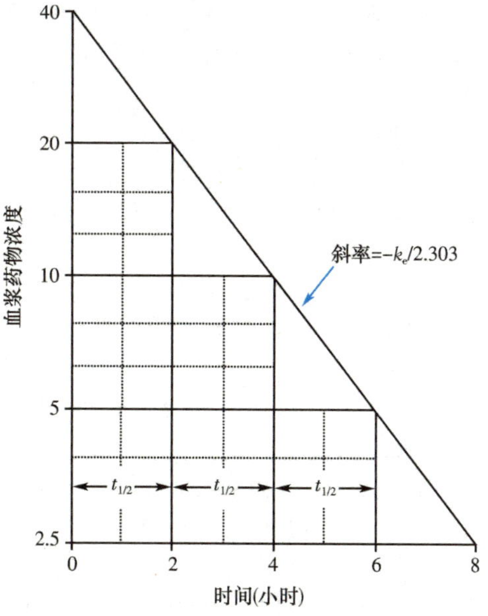

图 3-12　药物 $t_{1/2}$ 与指数衰减曲线

根据 $t_{1/2}$ 可确定给药间隔时间。一般来说，$t_{1/2}$ 长，给药间隔时间长；$t_{1/2}$ 短，给药间隔时间短。通常给药间隔时间约为一个 $t_{1/2}$。$t_{1/2}$ 过短的药物，若其毒性小，可加大剂量并使给药间隔时间长于 $t_{1/2}$，这样，既可避免给药过频，又可在两次给药间隔内仍保持较高血药浓度；例如阿莫西林的半衰期约为 2 小时，但常常每间隔 8 或 12 小时大剂量给药。若毒性大，治疗指数小，则可采用静脉滴注。

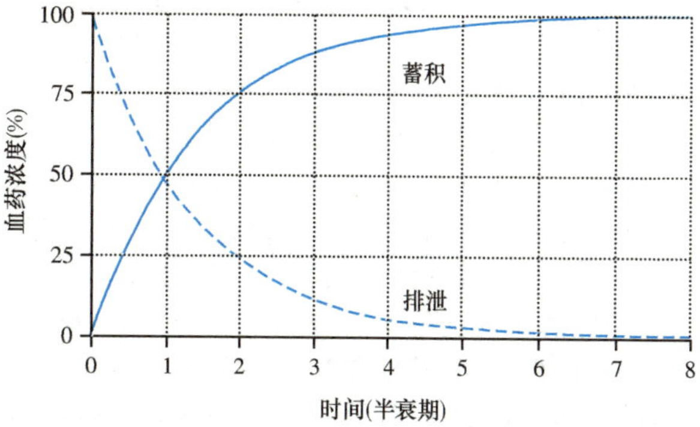

图 3-13　药物体内蓄积和 $t_{1/2}$ 关系

按一级动力学消除的药物经过 5 个 $t_{1/2}$ 内药物消除约 97%，药物从体内基本消除。同样，如前所述，若按固定剂量、固定间隔时间给药或恒速静脉滴注，约经 4～5 个 $t_{1/2}$ 基本达到稳态血药浓度(图 3-13)。故根据 $t_{1/2}$ 预计连续给药后达到稳态血浆药物浓度的时间和停药后药物从体内消除所需要的时间。

按零级动力学消除的药物的 $t_{1/2}=0.5\cdot C_0/k_0$；表明零级动力学的血浆消除半衰期和血浆药物初始浓度成正比，即给药剂量越大，$t_{1/2}$ 越长。

早期对疾病状态下药动学性质的研究仅局限地认为半衰期是药物分配改变的唯一量度。直到最近才理解半衰期是一衍生参数，且与清除率和分布容积呈函数关系。与临床相关的半衰期，清除率和稳态分布容积之间一个实用的近似关系为：$t_{1/2}=0.693\cdot V_{ss}/CL$。当疾病等因素导致清除率下降时，半衰期会延长。分布容积改变也会导致半衰期变化，如地西泮的半衰期随年龄增加分布容积改变而延长。半衰期并非估计药物消除的良好指标，但它可表明给药后达稳态所需时间(即 4 个半衰期后可达到新稳态的 94%)、药物被清除出体内的时间及作为估算合适剂量间隔的方法。

（二）清除率

清除率(clearance，CL)是机体消除器官在单位时间内清除药物的血浆容积，也就是单位时间内有多少毫升血浆中所含药物被机体清除。因为它是体内肝脏、肾脏和其他所有消除器官清除药物的总和，故实际上是总体清除率(total body clearance)，又因为它是根据血浆药物浓度计算的，也称血浆清除率(plasma clearance)。当设计一个合理的长期给药方案时，清除率是首先应考虑的主要参数。清除率以单位时间的容积(ml/min 或 L/h)表示。

清除率的计算公式为：$CL = A/AUC_{0\to\infty}$

A 为体内药物总量。清除率的概念在临床药动学中有极重要的应用价值，因为在临床应用药物浓度范围内，特定药物以一级消除动力学消除时，清除率通常为恒定的，因为药物的消除系统通常是未达饱和状态的。因此药物的绝对消除速率与血药浓度多成线性函数关系。但当体内药物消除能力达到饱和而按零级动力学方式消除时，每单位时间内清除的药物量恒定不变，因而清除率是可变的。

如果仅计算某一器官在每单位时间内能将多少容积(升或毫升)血浆中的药物清除，则称为该器官清除率，如肝清除率(CL_H)、肾清除率(CL_R)。主要经肝清除的药物(氯丙嗪、地尔硫䓬、丙咪嗪、利多卡因、吗啡、普萘洛尔)，它们的消除速率是有限的，这种限制不在于肝内过程，而是被它们从血液中转运进入肝消除部位的速率所限制。经肾清除的药物肾清除率最终表现于尿中，由于肾病引起的药动学性质改变也可由清除率概念加以解释。然而，必须考虑到滤过、主动分泌和再吸收等的复杂性。药物的滤过速率取决于肾小球滤过液体的体积和血浆中游离药物的浓度，因为与蛋白结合的药物不被滤过。药物经肾脏分泌的速率取决于药物与血浆蛋白中涉及主动转运的蛋白的结合力、这些载体的饱和程度、药物透过肾小管膜的转运速率及药物转运至分泌部位的速率。

(三) 表观分布容积

当血浆和组织内药物分布达到平衡后，体内药物按此时的血浆药物浓度在体内分布时所需体液容积称表观分布容积(apparent volume of distribution，V_d)。

$$V_d = A/C_0$$

A 为体内药物总量，C_0 为血浆和组织内药物达到平衡时的血浆药物浓度。

由于药物在体内的分布并不是均匀的，因此 V_d 并不是一个真正的容积空间，它只是当药物在体内所有部分都是按血浆药物浓度均匀分布(即一室模型)时所需的容积。根据 V_d 的大小可以推测药物在体内的分布情况。

一个体重 70kg 的人，其血浆容积为 3L，血液容积为 5.5L，除去血浆外的细胞间液容积为 12L，全部体内水容积为 42L。然而，许多药物所表现的分布容积远远超过此值。例如，一体重 70kg 的人体内有 500μg 地高辛，可检测到约 0.75ng/ml 的血浆浓度。体内药量除以血浆浓度得到地高辛的分布容积为 650L，即一个十多倍于 70kg 的人体总容积的值。实际上，地高辛相当强的疏水性使其优先分布于肌肉和脂肪组织及其特异受体，只在血浆中剩余很少量。对于与血浆蛋白紧密结合而不与组织成分结合的药物，其分布容积近似于血浆容积。相反，因为一些药物在体内分散于各处，因此尽管其中大多数药物在循环中结合于白蛋白，这些药物仍有很大的分布容积。

分布容积的意义有以下几方面：①根据药物的分布容积，计算产生期望药物浓度所需要的给药剂量(如果药物 100%被利用)。②根据分布容积的大小，估计药物的分布范围。如体重 70kg 的正常人，有血液 5L，细胞间液 14L，细胞内液 28L，总体液量约为 42L。V_d在 5L 左右，表示药物主要分布于血浆，如肝素、华法林；V_d在 10～20L 时，表示药物分布于全身体液中；V_d>40L 时表示药物分布到组织器官中；V_d>100L 时表示药物可能在特定组织或器官中蓄积，如碘集中分布于甲状腺，地高辛主要分布于肌肉和脂肪组织。③分布容积可因年龄、性别、疾病等发生变异，由此影响血药浓度，改变药物的疗效。体内水增加时水溶性药物的血药浓度下降，体内水减少时水溶性药物的血药浓度升高；肥胖者与老人脂肪比例增加，脂溶性药物分布容积增大，血药浓度下降；循环衰竭时药物分布受到限制，血药浓度将升高；低蛋白血症病人血浆中结合型比例下降，分布容积增大；合并应用两种药物，如发生竞争血浆蛋白结合时，被置换的药物分布容积增大，游离药物浓度增加。④分布容积可用于静脉恒速滴注药物的首次负荷量计算。⑤分布容积的变异可影响药物的血浆半衰期。一般来说，分布容积越小的药物排泄越快，在体内存留时间越短；分布容积越大的药物排泄越慢，在体内存留时间越长。

(四) 生物利用度

经任何给药途径给予一定剂量的药物后到达全身血循环内药物的百分率称生物利用度(bioavailability)，即：

$$生物利用度 = (A/D) \times 100\%$$

A 为体内药物总量，D 为用药剂量。生物利用度是区分药物吸收的速率、程度和最终达到体循环的药量的一个重要参数。

除了以进入全身循环药物量的多少来表示生物利用度外，生物利用度还有另外一个含义，即药物进入全身循环的速度(图 3-14)。一般来说，应用不同剂型的药物后，在血内达到最高浓度的时间先后反映了生物利用度的速度差异。

静脉注射后全部药物进入全身循环，生物利用度等于 100%。口服药物的生物利用度小于 100%，主要原因是吸收不完全或到达全身血循环前即有一部分在肠道内、肠壁细胞内、门静脉内或肝脏内被代谢(首关消除)。

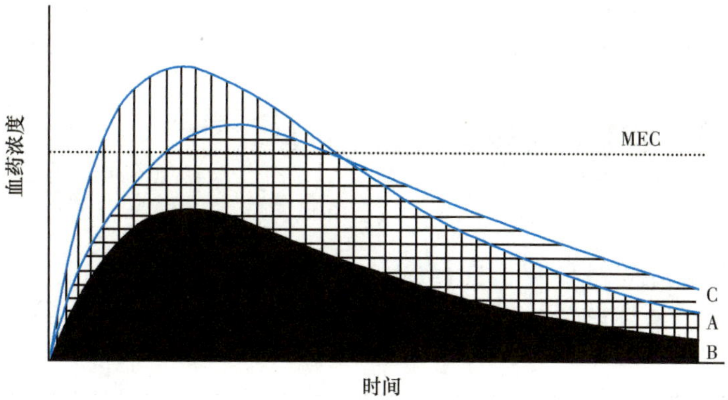

图 3-14 三种不同的生物利用度
A. 吸收速度快、吸收量完全；B. 吸收速度同 A，吸收量约为 A 的 50%；C. 吸收量完全，但吸收速度为 A 的 50%

生物利用度可分为绝对生物利用度和相对生物利用度。生物利用度是通过比较药物在体内的量来计算的。药物在体内的量以血药浓度-时间曲线下面积(AUC)表示。因静脉注射后的生物利用度应为100%，因此，如以血管外给药(如口服)的 AUC 和静脉注射的 AUC 进行比较，则可得该药的绝对生物利用度：

$$F=(AUC_{\text{血管外给药}}/AUC_{\text{静脉给药}})\times 100\%$$

如对同一血管外给药途径的某一种药物制剂(如不同剂型、不同药厂生产的相同剂型、同一药厂生产的同一品种的不同批号等)的 AUC 与相同的标准制剂进行比较，则可得相对生物利用度：

$$F=(AUC_{\text{受试制剂}}/AUC_{\text{标准制剂}})\times 100\%$$

有的不同药厂生产的同一种剂型的药物，甚至同一个药厂生产的同一种药品的不同批产品，生物利用度可能有很大的差别(图 3-15)。

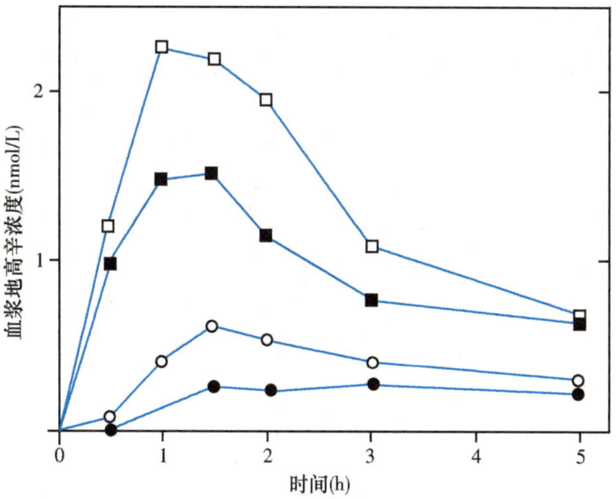

图 3-15 四种不同药厂生产的相同剂量地高辛片剂的生物利用度

如果药品含有同一有效成分，而且剂量、剂型和给药途径相同，则它们在药学方面应是等同的。两个药学等同的药品，若它们所含的有效成分的生物利用度无显著差别，则称为生物等效(bioequivalence)。

Summary

- Drugs cross-cellular barriers mainly by aqueous diffusion (filtration), by lipid diffusion (passive diffusion) and by carrier-mediated transport (active transport and facilitated diffusion).
- Most drugs are well absorbed from the gastro-intestinal tract. The rate of absorption depends on the non-ionic fraction of drug in solution.
- The amount of a drug that is bound to protein depends on three factors: the free drug concentration, its affinity of the binding sites and the protein concentration.
- Most drugs are metabolized before being eliminated from the body.
- There are three basic processes that account for the renal excretion of drugs: glomerular filtration, active tubular secretion or reabsorption and passive diffusion across tubular epithelium.
- Most drugs are eliminated from the body as a constant fraction of their plasma concentration (first order process).

（罗健东）

第四章　影响药物效应的因素

问题

1. 影响药物效应的因素有哪些？
2. 什么是药物相互作用？表现在哪些方面？
3. 什么是耐受性和耐药性？
4. 什么是药物依赖性和停药综合征？

药物在机体内产生的药理作用和效应受药物和机体的多种因素影响，例如药物的制剂、给药途径、联合应用，病人的生理因素、病理状态等等。这些因素影响导致的既可能是药物代谢动力学差异（pharmacokinetic variation），也可表现为药物效应动力学差异（pharmacodynamic variation）。这两方面的变异，均能导致药物反应个体差异（interindividual variation）。药物反应的个体差异绝大多数情况下表现为药物作用强度的差异，少数情况下表现为药物作用性质的差异。在临床用药时，应熟悉各种因素对药物作用的影响，根据个体的情况，选择合适的药物和剂量，做到用药个体化。

第一节　药物方面的因素

一、药物制剂和给药途径

药物可制成多种剂型，采用不同的途径给药，如供口服给药的有片剂、胶囊、口服液，注射用的有水剂、乳剂、油剂，还有控制释放速度的控释剂。同一药物由于剂型不同、采用给药途径不同，所引起的药物效应也会不同。通常注射药物比口服吸收快，到达作用部位的时间短，因而起效快，作用显著。注射剂中的水溶性制剂比油溶剂和混悬剂吸收快，起效快。口服制剂中的溶液剂比片剂、胶囊容易吸收。控释制剂是一种可以控制药物缓慢而恒速或非恒释放的制剂，其作用更为持久和温和。

有的药物采用不同给药途径时，还会产生不同的作用和用途，如硫酸镁（magnesium sulfate）内服可以导泻和利胆，注射则产生止痉、镇静和颅内压降低的作用。

缓释制剂（sustained-release preparation）利用无药理活性的基质或包衣阻止药物迅速溶出以达到非恒速缓慢释放的效果。控释制剂（controlled-release preparation）可以控制药物按零级动力学恒速或近恒速释放，以保持恒速吸收。

二、药品的质量

药物的制备工艺和原辅料的不同，也可能显著影响药物的吸收和生物利用度，如不同药厂生产的相同剂量的地高辛片，口服后的血浆药物浓度可相差7倍。

生物利用度是评价药品质量的标准之一，应用质量好的合格药品，可以取得预期的治疗效果，而用假劣药品后，则不能获得理想的治疗效应，甚而会引起严重不良反应，危及病人生命安全。所谓假劣药品是指药品所含成分与其含量不符合国家药品标准的药品、超过有效期的药品以及其他不符合标准规定的药品。我国实行《国家基本药》制度，国家基本药是指疗效确切、不良反应清楚、价格合理、适合国情、临床必不可少的药品。我国已经对处方药与非处方药分类管理，将一些质量稳定、应用安全、疗效确切的药品作为非处方药。

三、药物的相互作用

两种或两种以上药物同时或先后序贯应用时，药物之间有时会相互影响和干扰，可改变药物的体内过程及机体对药物的反应性，从而使药物的药理效应或毒性发生变化的现象称为药物的相互作用（drug interaction）。药物的相互作用主要表现在四个方面。

1. 药效学方面的相互作用　是指药物在体液中的浓度不受影响，但药理作用发生改变。如β肾上腺素受体阻断药通过竞争同一受体拮抗β肾上腺素受体激动药的作用，单胺氧化酶抑制药则通过抑制去甲肾上腺素失活提高肾上腺素能神经末梢去甲肾上腺素的储存量，因而增强那些通过促进去甲肾上腺素释放而发挥作用的药物的效应。

2. 药动学方面的相互作用　是指通过影响药物的吸收、分布、代谢和排泄，改变药物在作用部位的浓度而影响药物作用。如抑制胃排空的药物阿托品或阿片类麻醉药可延缓合并应用药物的吸收。血浆蛋白结合率高的药物可被同时应用的另一血浆蛋白结合率高的药物所置换，导致被置换药物的分布加快，作用部位药物浓度增高，毒性反应或临床效应增强。

3. 药剂学方面的配伍禁忌　两种或两种以上药

物在体外相互混合时，所起的物理、化学的变化可影响药物的治疗效应和安全性，称为药物的配伍禁忌(incompatibility)。特别是静脉给药时数种药品能否混合极为重要。

4. 药物的协同作用和拮抗作用　临床可利用药物间协同作用(synergism)联合应用药物，以增加疗效或利用拮抗作用(antagonism)以减少不良反应。不恰当的联合用药可使疗效降低或出现意外的毒性反应。如噻嗪类利尿药可升高血糖，当与甲苯磺丁脲合用时，甲苯磺丁脲的降血糖效果减弱。镇静催眠药与抗精神病药合用，中枢抑制作用增强。

药物相互作用对于那些药效曲线陡直或治疗指数低的药物，如抗凝血药、抗心律失常药、抗癫痫药、锂和抗肿瘤药、免疫抑制药，具有重要的临床意义。

第二节　机体方面的因素

一、生理因素

(一) 年龄因素

年龄是影响药物作用的一个重要因素，特别是小儿与老年人，对某些药物的反应与成年人明显不同，大部分药物在新生儿和老年人中都会有更强烈、更持久的作用。

小儿尤其是新生儿与早产儿，各种生理功能，包括自身调节功能尚未充分发育，与成年人有巨大差别。大多数新药临床试验一般不用小儿进行试验，缺少小儿药动学数据。小儿的肝肾功能发育不全，对药物的代谢和排泄能力较低，当药物使用不当或剂量过大时易发生中毒反应。如氯霉素主要在肝脏代谢，新生儿肝脏葡萄糖醛酸结合能力尚未发育，使用不当可引起灰婴综合征。小儿血脑屏障和脑组织发育不完善，对作用于中枢神经系统的药物(包括中枢抑制药和中枢兴奋药)特别敏感。小儿体液所占体重比例较大，加之对水盐的调节能力较差，对影响水盐代谢的药物(如利尿药)非常敏感，易引起水电解质平衡紊乱。

老年人存在生理性功能减退，主要表现在体液相对减少，脂肪增多，蛋白质合成减少，肝肾功能减退，这些均可影响药物的吸收、分布、代谢和排泄，进而改变药物的效应和不良反应。老年人常需服用更多的药物，发生药物相互作用的可能性相应增加。

(二) 性别因素

女性体重一般轻于男性，在使用治疗指数低的药物时，为维持相同效应，女性可能需要较小剂量。女性较男性有较高比例的脂肪和较低比例的水也可影响药物的分布和作用。女性用药时应考虑药物对“三期”(月经期，妊娠期，哺乳期)的影响。妊娠妇女除了维持妊娠的药物以外，其他药物的应用均应审慎，因为进入母体内的药物均能进入胎儿体内，凡能对母体产生即使是很轻微不良反应的药物都可能影响胚胎或胎儿的发育。20世纪50年代在西欧因孕妇服用沙利度胺(又称反应停)而生产了一万余例海豹畸形婴儿。在分娩过程中对母体使用的药物也可能对新生儿产生持久的作用，因为新生儿不仅自身对药物的代谢和排泄的功能不全，而且也因切断和母体的循环联系而不能利用母体内消除药物的机制。在哺乳期的妇女，有些药物可通过乳汁排泌被乳儿摄入体内引起药物反应。

二、精神因素

药物治疗的效应并非完全由药物本身单一因素引起，一个病人服药后的效应实际是由多种因素引起的，包括药理学效应、非特异性药物效应、非特异性医疗效应和疾病的自然恢复等因素。非特异性药物效应和非特异性医疗效应是安慰剂(placebo)的绝对效应，加上疾病的自然恢复，则是安慰剂效应。安慰剂一般指由本身没有特殊药理活性的中性物质如乳糖、淀粉等制成的外形似药的制剂。但从广义上讲，安慰剂还包括那些本身没有特殊作用的医疗措施如假手术等。安慰剂产生的效应称为安慰剂效应。安慰剂效应是导致药物治疗发生效果的重要影响因素之一，主要由病人的心理因素引起。在评价药物的临床疗效时，应考虑安慰剂效应的影响。实际上不少药物或其他手段的治疗效果往往不是药物本身的作用，只是安慰剂效应。

三、病理因素

疾病的严重度固然与药物疗效有关，疾病本身以及同时存在的其他疾病也能导致药物代谢动力学和药物效应动力学的改变。肝肾功能损伤易引起药物体内蓄积，产生过强或过久的药物作用，甚至发生毒性反应。小肠或胰腺疾病或由于心衰或肾病综合征导致小肠黏膜水肿时，会因吸收障碍而使药物吸收不完全。肾病综合征时因有蛋白尿、水肿和血浆白蛋白降低，不仅会因肠道黏膜水肿而影响药物吸收，也会因为药物与血浆蛋白结合率降低而影响药物的分布，而且还会使作用于肾小管上皮细胞离子转运机制的利尿药如呋塞米与肾小管液中的白蛋白结合而致利尿效应降低。甲状腺功能低下时对哌替啶(pethidine)的敏感性增高。体温过低(特别是老年人更易发生)可显著降低许多药物的消除。

四、遗传因素

遗传是药物代谢和效应的一个重要决定因素。基因是决定药物代谢酶、药物转运蛋白和受体活性及功能表达的结构基础，是药物代谢与反应的决定因素，其突变可引起所编码的药物代谢酶、转运蛋白和受体蛋白的氨基酸序列和功能的异常，成为产生药物效应个体差异和种族差异的主要原因。很多特异质反应已从遗传因素获得解释，现已形成一个独立的药理学分支——遗传药理学(genetic pharmacology)。

(一) 遗传多态性(genetic polymorphism)

药物转运蛋白、药物代谢酶和受体的遗传多态性是导致药物反应个体和群体差异的重要原因。遗传多态性是一种孟德尔单基因性状，由单核苷酸多态性(single nucleotide polymorphism，SNP)引起同一人群的同一基因位点出现多种等位基因，并导致多种基因型，不同的基因型决定相应表型。

酶活性大小是药物代谢酶表型的反映，可通过测定其底物的代谢率确定。NAT、CYP2C9、CYP2C19、CYP2D6 等是具有遗传多态性的常见药物代谢酶。NAT 即 N-乙酰基转移酶(N-acetyltransferase)，是参与Ⅱ相乙酰化反应的代谢酶，人群中 NAT 的活性呈多态分布因而有慢型、快型和中间型乙酰化代谢者。亚洲人中慢型乙酰化代谢者的发生率为 10%～30%，而白种人达 40%～70%。在体内经乙酰化代谢，NAT 遗传多态性可通过改变其底物药物如异烟肼、肼屈嗪、柳氮磺胺吡啶、氨苯酸和普鲁卡因胺等的血药浓度而影响其疗效和不良反应。

异喹胍氧化代谢酶 CYP2D6 介导 50 多种药物的氧化代谢，包括常用的抗心律失常药、抗糖尿病药和抗精神病药。CYP2D6 基因的核苷酸变异有的产生多拷贝 CYP2D6，导致酶活性增高，成为“超快代谢者(ultra-rapid metabolizer)”；有的导致 CYP2D6 酶活性降低或缺失，成为“慢代谢者(poor metabolizer，PM)”。而不含核苷酸变异的则酶活性正常，为“强代谢者(extensive metabolizer，EM)”。白人中的 PM 发生率在 5%～10%，其他种族为 1%～2%。

CYP2C19 即 S-美芬妥因氧化酶，其活性在人群中呈二态分布(图 4-1)，有 EM 和 PM 两种表型之分。白种人 PM 的发生率为 3%～5%，东方人中 PM 的发生率高达 13%～23%。

编码药物受体的很多基因存在遗传多态性，由此导致药物治疗效应发生改变。如 β 肾上腺素受体的多态性改变 β 受体对激动药的敏感性而影响这类药在哮喘患者中的治疗作用。

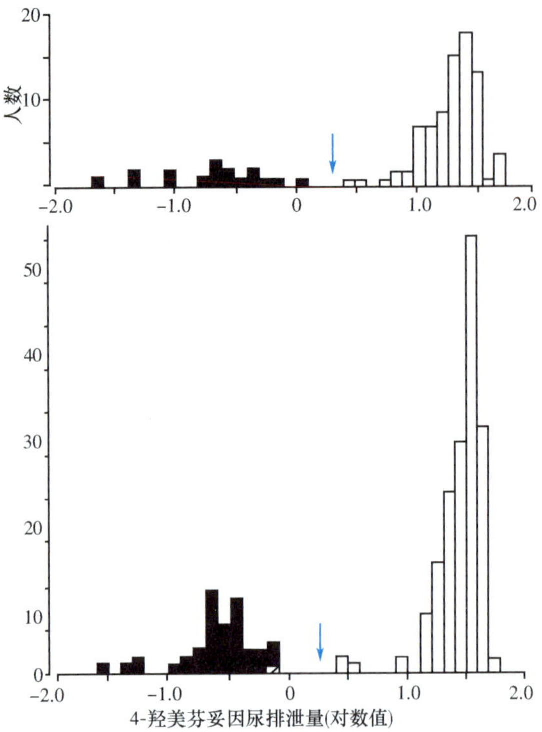

图 4-1 S 美芬妥因氧化酶(CYP2C19)在中国人(上)和日本人(下)中的表型分布

实心框表示弱代谢者(PM)，空心框表示强代谢者(EM)

(二) 药物反应的种族差异(racial differences in drug response)

种族因素包含遗传和环境两个方面。不同种族具有不同的遗传背景(如不同的基因型及相同基因型的不同分布频率)，长期生活在不同的地理环境中，具有不同的文化背景食物来源和习惯，这些对药物代谢酶的活性和作用靶点的敏感性都有显著影响，导致一些药物的代谢和反应存在种族差异(racial/ethnic difference)，如普萘洛尔在中国人中产生的 β 受体阻滞和降压作用比白人强，而白人对该药的代谢清除率比中国人低。但是，和种族之间的药物代谢及反应差异比较，同一种族内的个体差异更为显著和重要，如在口服同一剂量的普萘洛尔后，中国人和白人产生的血浆浓度平均值差异不到一倍，但在这两种人中服用同一普萘洛尔剂量后的个体差异却可达到 10 倍。

(三) 特异质反应

特异质反应(idiosyncrasy)是一种性质异常的药物反应，通常是有害的，甚至是致命的，常与剂量无关，即使很小剂量也会发生。这种反应只在极少数病人中出现，如氯霉素导致的再生障碍性贫血发生率约为 1/50 000。

特异质反应通常与遗传变异有关，例如伯氨喹、氨苯砜、阿霉素和一些磺胺类药物，甚至新鲜蚕豆在极少数病人中引起的溶血并导致严重贫血，就是因为这些个体有葡萄糖-6-磷酸脱氢酶(G-6-PD)缺乏。G-6-PD缺乏是一种性连锁隐性遗传。这种酶对于维持红细胞内还原型谷胱甘肽(GSH)的含量是必不可少的，而GSH又是防止溶血所必需的。伯氨喹等能在正常红细胞中损害GSH而使之减少，但是只有在G-6-PD缺乏的红细胞中才能导致溶血。

少数经过致敏的病人对某种药物产生由免疫反应异常所引起的特殊变态反应，亦称过敏反应，如青霉素引起过敏性休克。

五、时间因素

近年来，科学家对药物作用的时辰变化规律进行了深入的研究，为临床提供了大量时间药动学、时间药效学及时间毒理学资料。如果在血浆中皮质激素的自然峰值(早晨7～8)时一次使用糖皮质激素，则对脑下垂体促皮质激素释放的抑制程度，要比通常的平均分为3～4次的给药方法轻得多。如果在远离峰值的夜间给药，则严重抑制促皮质激素的释放，而使其在第二天内仍处于很低的水平。胰岛素的降糖作用，不论对正常或糖尿病人都有昼夜节律，即上午(峰值时间为10时)的作用较下午强。不同类型的肿瘤对化学药物有特定的时间敏感性，即在一天中的某一时刻相同剂量的药物可以杀灭的肿瘤细胞要比其他时刻更多。另外正常人体组织对化学药物毒性的耐受程度也存在着时间差异性。因此，掌握和利用肿瘤与机体对药物反映的时间规律，可以获得最优化的治疗方案，使抗癌药物发挥最大的治疗作用，又使其对正常组织的损伤程度减到最小。

六、长期用药引起的机体反应性变化

(一) 耐受性和耐药性

耐受性(tolerance)为机体在连续多次用药反应性降低，要达到原来反应必须增加剂量。耐受性在停药后可消失，再次连续用药又可发生。如仅在应用很少几个剂量后就产生耐受性称快速耐受性(tachyphylaxis)。例如麻黄碱在静脉注射三四次后升压反应逐渐消失，临床用药两三天后对支气管哮喘不再有效。若在长期用药后产生耐受性则称为慢速耐受性或慢性耐受性(bradyphylaxis)，如苯巴比妥。胰岛素既可产生急性耐受性又可产生慢性耐受性。交叉耐受性(cross tolerance)是指对一种药物产生耐受性后，应用同一类药物(即使是第一次使用)时也会出现耐受性。

耐药性(drug resistance)是指病原体或肿瘤细胞对反复应用的化学治疗药物的敏感性降低，也称抗药性。是因为长期反复应用抗菌药，特别是剂量不足时，病原体产生了使抗菌药物失活的酶、改变了膜通透性或改变了靶结构和代谢过程，滥用抗菌药物是病原体产生耐药性的重要原因。

(二) 依赖性和停药症状或停药综合征

依赖性(dependence)是在长期应用某种药物后，机体对这种药物产生了生理性的或是精神性的依赖和需求，分生理依赖性和精神依赖性两种。生理依赖性(physiological dependence)也称躯体依赖性(physical dependence)，具有耐受性证据或停药症状。精神依赖性(psychological dependence)是需要药物缓解精神紧张和情绪障碍，但无耐受性和停药症状的一种依赖性。产生精神依赖性的患者停药后只表现出主观上的不适，没有客观上的体征表现，又称为习惯性(habituation)。若患者对药物不仅产生精神依赖性，还有生理依赖性，一旦停药后患者表现出精神和躯体生理功能紊乱的戒断症状(abstinent syndrome)，则称为成瘾性(addiction)。药物滥用(drug abuse)，尤其是兴奋药或麻醉药(narcotics)的滥用是引起依赖性并具有社会意义的重要问题。

接受药物治疗的病人在长期反复用药后突然停药可发生停药症状(withdrawal symptoms)或称停药综合征(withdrawal syndrome)，如高血压患者长期应用β肾上腺素受体阻断药在突然停药后，血压及心率可反跳性升高，这类病人必须逐渐减量停药。耐受性、依赖性、停药综合征都是一种生物学现象，是药物应用的自然结果。可出现在动物试验中，也可出现在病人中。它不只是发生在药物滥用的个体，就是应用正确的药物和剂量，也同样可以出现耐受性、依赖性和停药症状。

第三节 合理用药原则

合理用药是指在用药物治疗疾病时，对症开药，供药适时，价格低廉，配药准确，以及剂量、用药间隔和时间均正确无误，药品必须有效，质量合格，安全无害。临床医生要做到合理用药，就必须掌握药理学的基本知识，同时掌握用药的基本原则。合理用药的基本原则主要有以下几点：

(1) 明确诊断和药物的适应证，做到治疗上的安全有效。

(2) 根据病情选用适宜的药物，采用适当的剂型、剂量、给药途径和疗程：剂型和给药途径的选择，应根据病情和医疗条件而定。对某些急性病，需用起效快的注射剂。剂量不足或疗程太短，将使治疗半途而废，甚至疾病复发或加重；但剂量过大或疗程过长，也会引起急性或慢性中毒。总之，剂量和疗程的确定，应以安全、有效、经济、方便为原则，在治疗中还应根据病情变化随时调整剂量和疗程。

(3) 采用科学的联合用药：在采用两种或两种以上药物联合治疗疾病时，既要考虑治疗上是否需要，又要考虑药物间的相互作用，最好做到治疗作用相互协同，不良反应相互拮抗。

(4) 了解影响药物作用的各种因素。

(5) 对因对症治疗结合。

(6) 科学负责的工作态度：用药物治疗疾病是一项科学而严肃的工作，医生对治疗负有法律责任。由于在药物治疗上的粗心、失职而酿成大祸者时有发生，应引以为戒。作为一个医生，不仅要有药物学，尤其是药理学的基本知识，还应有对病人高度负责的态度，用药后严密观察病情变化及药物反应，及时进行药物治疗的调整和处理，做到科学合理用药。

Summary

- There is great heterogeneity in the way individuals respond to medications, in terms of both host toxicity and treatment efficacy.
- The rate of drug disposition is most likely to be impaired in the very young and the very old since the renal and hepatic function in them are generally impaired relative to other ages.
- Drug doses should be modified if the patient has a disease that impairs the function of organs with an important role in drug metabolism and/or excretion.

(罗健东)

第二篇　作用于外周神经系统的药物

第五章　传出神经系统药理概论

问题

传出神经系统按递质分哪几类？其对应的受体分布及激动时产生的效应？作用于传出神经系统药物是如何分类的？

第一节　概　　述

传出神经系统（efferent nervous system）分为植物神经系统（vegetative nervous system）和运动神经系统（motor nervous system）两大类。前者也称自主神经系统（autonomic nervous system），包括交感神经系统和副交感神经系统两部分，其解剖学特点是从中枢发出后，都要经过神经节（ganglion）更换神经元，然后到达所支配的器官，即效应器。因此，植物神经有节前纤维和节后纤维之分。植物神经系统主要支配心脏、平滑肌和腺体等效应器的活动。运动神经自中枢发出后，中途不更换神经元，直接到达骨骼肌终板，故其纤维无节前和节后纤维之分（图 5-1）。

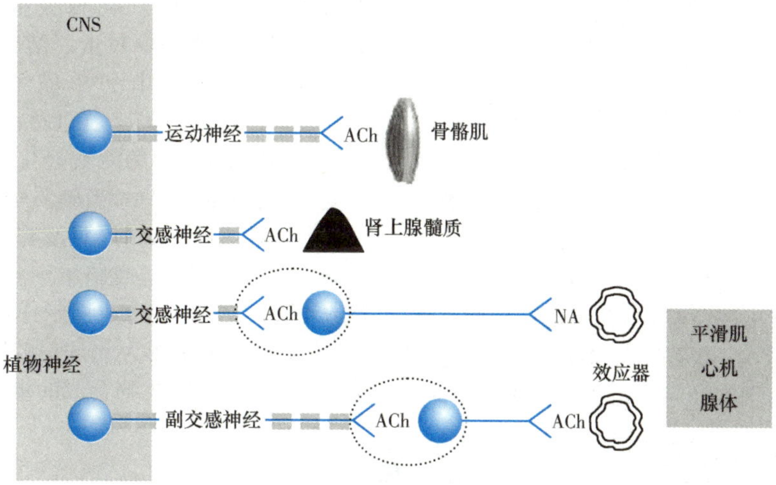

图 5-1　传出神经系统

神经末梢释放出的化学传递物质，称为递质（transmitter）。根据传出神经末梢释放递质的不同，可将其分为胆碱能神经（cholinergic nerve）和去甲肾上腺素能神经（noradrenergic nerve）。胆碱能神经能合成、释放乙酰胆碱（acetylcholine，ACh），包括：①交感神经和副交感神经的节前纤维；②全部副交感神经的节后纤维；③所有的运动神经；④极少数交感神经的节后纤维，如支配汗腺的分泌神经和骨骼肌的血管舒张神经。能合成及释放去甲肾上腺素（noradrenaline，NA 或 norepinephrine，NE）的神经称为去甲肾上腺素能神经（noradrenergic nerve）或肾上腺素能神经，几乎所有的交感神经的节后纤维都属此类神经。

此外，除上述两种经典的传出神经外，在某些效应器组织中还存在着其他神经，例如肾及肠系膜存在多巴胺能神经（dopaminergic nerve），神经末梢释放多巴胺（dopamine，DA），使肾血管和肠系膜血管扩张。在胃肠神经系统（enteric nervous system），除有胆碱能神经和去甲肾上腺素能神经外，还存在嘌呤能神经和肽能神经等，这些神经末梢能释放肽类及嘌呤类递质等，如血管活性肠肽（vasoactive intestinal peptide，VIP）、缩胆囊肽（cholecystokinin）、神经肽 Y（neuropeptide Y）、蛙皮素（bombesin）和阿片肽等，它们可能对神经末梢 ACh 和 NE 的释放发挥调质作用。

第二节 传出神经系统的递质和受体

作用于传出神经系统的药物主要通过在突触部位影响递质的合成、储存、释放和代谢等环节或通过直接影响受体的功能，而发挥拟似或拮抗传出神经系统功能的作用。因此，学习传出神经系统药理学，首先要熟悉在信息传递过程中起重要作用的递质和受体。

一、传出神经系统的递质

(一) 递质学说的发展

1921 年德国科学家 Loewi 通过动物实验证明递质的存在。实验是用两个离体蛙心进行，当刺激甲蛙心的迷走交感神经干以引起迷走神经兴奋时，甲蛙心受到抑制，这时将甲蛙心的灌注液注入乙蛙心，则乙蛙心也表现出抑制。这就说明甲蛙心迷走神经兴奋时，必定释放出一种抑制性物质，才能使乙蛙心也受到抑制。后来 Dale 证明这种物质就是乙酰胆碱。此后相继发现神经节中的节前纤维末梢和运动神经末梢兴奋时，都能释放乙酰胆碱。20 世纪 40 年代，通过 von Euler 的工作证明交感神经节后纤维的神经递质是去甲肾上腺素。至此，传出神经系统的化学传递学说才臻完善。

(二) 传出神经突触的超微结构

神经末梢与下一级神经元的接头或神经元与效应器之间的接头都称为突触(synapse)，突触中神经末梢与效应器细胞或次一级神经元间有一定的间隙，称突触间隙(synaptic cleft)。传出神经末梢邻近间隙的细胞膜称为突触前膜，效应器或次一级神经元邻近间隙的细胞膜称为突触后膜。在运动神经与骨骼肌的接头(也称终板)，这个间隙约为 15～20nm；终板的突触后膜有许多皱褶，其中聚集着胆碱酯酶，能迅速水解已释放的 ACh。在神经末梢内靠近突触前膜处，聚集着很多直径为 20～50nm 的囊泡(vesicle)，囊泡内含有大量递质 ACh。

交感神经末梢分成许多细微的神经纤维分支，分布于平滑肌细胞之间。这些细微神经纤维都有稀疏串珠状的膨胀部分，称为膨体(varicosity)。每个膨体中含有约 1000 个囊泡。囊泡在递质的合成、转运和储存中占有重要地位。交感神经末梢囊泡内含有高浓度的 NE，而运动神经末梢囊泡内含有大量的 ACh。

(三) 传出神经递质的生物合成、储存、释放和失活

1. 递质的生物合成与储存 去甲肾上腺素的生物合成在去甲肾上腺素能神经细胞体内和轴突中开始进行，不过在细胞体和轴突中去甲肾上腺素含量较少，越到神经末梢，含量越多，末梢内的含量约为细胞体内的 3～300 倍。去甲肾上腺素合成的基本原料是来自血液的酪氨酸，进入神经元的酪氨酸在酪氨酸羟化酶催化下生成多巴(dopa)，再经多巴脱羧酶催化生成多巴胺(dopamine)，后者进入囊泡中，在囊泡内经多巴胺 β-羟化酶的催化，形成去甲肾上腺素。去甲肾上腺素形成后，与三磷酸腺苷(adenosine triphosphate，ATP)和嗜铬颗粒蛋白结合，储存于囊泡中，使之避免被胞质液中的单胺氧化酶(mono-amine oxidase，MAO)所破坏。在上述参与去甲肾上腺素生物合成的酶中，其中酪氨酸羟化酶的活性较低，反应速度慢，底物要求专一，当胞质中多巴胺或游离的去甲肾上腺素浓度增高时，对该酶有反馈性抑制作用，反应速度减慢；反之，当胞质中多巴胺或去甲肾上腺素浓度降低时，对该酶的抑制作用减弱，反应速度加速，故酪氨酸羟化酶为此过程的限速酶(图 5-2)，是调节去甲肾上腺素生物合成的重要环节。

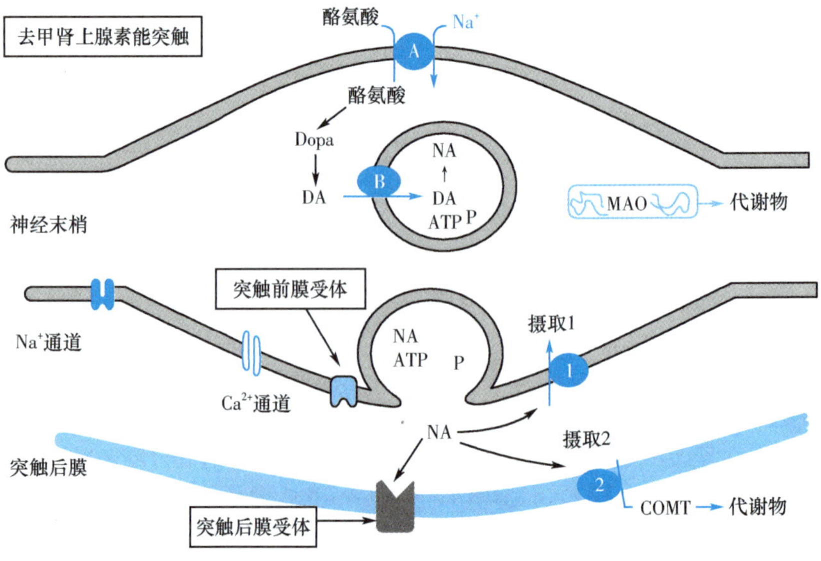

图 5-2 去甲肾上腺素的生物合成与释放

乙酰胆碱主要在胆碱能神经末梢合成，与其合成有关的酶和辅酶有胆碱乙酰化酶（choline acetylase）和乙酰辅酶 A（acetyl coenzyme A）。前者在细胞体内形成并沿轴突转运至末梢，后者则在末梢线粒体内合成，须先与草酰乙酸反应生成枸橼酸盐，才能穿过线粒体膜进入胞质液中，然后在枸橼酸裂解酶的催化下再形成乙酰辅酶 A。胆碱乙酰化酶和乙酰辅酶 A 在胞质液内促进胆碱形成乙酰胆碱。乙酰胆碱合成后即进入囊泡并与 ATP 和囊泡蛋白共同储存于囊泡中（图 5-3）。

2. 递质的释放

（1）胞裂外排（exocytosis）：当神经冲动到达末梢时，Ca^{2+} 内流，促使靠近突触前膜的一些囊泡的囊泡膜与突触前膜融合，然后形成裂孔，通过裂孔将囊泡内的递质 NE（或 ACh）、ATP 和蛋白质等排出至突触间隙，排出后的递质立即与其突触后膜（或）前膜受体结合，产生效应，这种排出方式称为胞裂外排。

（2）量子化释放（quantal release）：量子化释放学说认为：囊泡为运动神经末梢释放 ACh 的单元，静息时不断地有少数囊泡释放 ACh，因此可出现小终板电位，但由于电位幅度极小（0.3～3.0mV，平均为 0.5mV），故不会引起动作电位和效应，而每一个囊泡的 ACh 释放量就是一个“量子”。而当冲动到达时，可有上百个囊泡同时外排，才引起动作电位和效应。

（3）其他释放机制：静止时，交感神经末梢可有微量的 NE 不断地从囊泡内溢出，但由于溢出量少，到达突触间隙的递质浓度远低于产生效应的阈值。此外，有些药物如酪胺、麻黄碱、苯丙胺和胍乙啶等可被去甲肾上腺素能神经末梢摄取、并进入囊泡储存，而同时将囊泡内与蛋白结合的 NE 置换出来，由于置换出的 NE 量远较溢流量为大，故可产生一定的效应。

3. 递质的失活　去甲肾上腺素主要靠突触前膜将其摄取入神经末梢内而使作用消失，这种摄取称为摄取 1（uptake1），也称神经摄取（neuronal uptake）。现知这种摄取是通过位于神经末梢突触前膜后被称为转运体（transporter）的特殊蛋白进行的，为一种主动转运机制，能逆浓度梯度摄取内源性及外源性去甲肾上腺素，其摄取量为释放量的 75%～95%。摄取进入神经末梢的去甲肾上腺素进一步被摄取入囊泡储存起来，所以摄取 1 亦称为储存型摄取；部分未进入囊泡的去甲肾上腺素可被胞质液中线粒体膜上的单胺氧化酶（MAO）破坏。此外，许多非神经组织如心肌、平滑肌等也能摄取去甲肾上腺素，称为摄取 2（uptake2），也称非神经摄取（non-neuronal uptake）。被非神经组织摄入的去甲肾上腺素很快被细胞内的儿茶酚氧位甲基转移酶（catechol-o-methytransferease，COMT）和单胺氧化酶所破坏，因此摄取 2 可称为代谢型摄取。此外，尚有小部分去甲肾上腺素释放后从突触间隙扩散到血液中，最后被肝、肾等存在的 COMT 和 MAO 所破坏。ACh 的失活主要是通过被突触间隙中的乙酰胆碱酯酶（acetylcholinesterase，AChE）所水解。AChE 在神经细胞体内合成，沿轴突转运到神经末梢。在运动神经末梢，AChE 集中分布在运动终板，存在于突触前后膜、突触间隙、皱褶中（图 5-3）。AChE 作用效率极高，一般在 ACh 释放后数毫秒内将其破坏；每一分子 AChE 在一分钟内能水解 10^5 分子 ACh。释放后的 ACh 立即被水解，不被突触前膜摄取，但其水解产物胆碱可被摄取入神经末梢，作为合成 ACh 的原料。

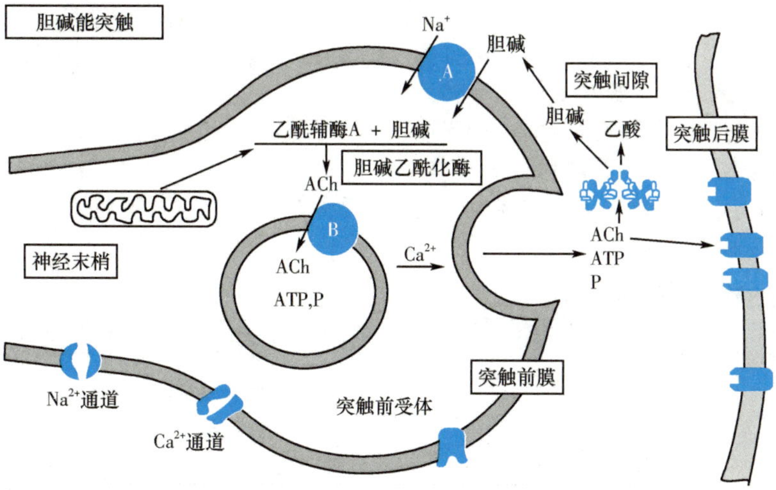

图 5-3　乙酰胆碱的生物合成与释放

二、传出神经系统的受体

(一) 传出神经系统受体命名

受体的命名常根据能与之选择性地相结合的递质或药物而定。能与乙酰胆碱结合的受体，称为胆碱受体(cholinoceptor)，在早期的研究中，发现位于副交感神经节后纤维所支配的效应器细胞膜的胆碱受体对以毒蕈碱(muscarine)为代表的拟胆碱药较为敏感，故这部分受体称为毒蕈碱型胆碱受体(M 胆碱受体)；位于神经节细胞膜和神经肌肉接头的胆碱受体对烟碱(nicotine)比较敏感，故将其称之为烟碱型胆碱受体(N 胆碱受体)；能与去甲肾上腺素或肾上腺素结合的受体称为肾上腺素受体(adrenoceptor)；能与多巴胺结合的受体称为多巴胺受体(dopaminergic receptor，DA 受体)。

(二) 传出神经系统的受体分型

1. M 胆碱受体亚型 近年发现 M 胆碱受体有 M_1 受体、M_2 受体和 M_3 受体之分。哌仑西平能选择性阻断 M_1 受体，但对 M_2 和 M_3 受体的亲和力较低，而阿托品对三种 M 受体亚型基本没有选择性(表 5-1)。

表 5-1 M 胆碱受体受体亚型和分布

分型	组织分布
M_1	胃壁细胞、自主神经节和中枢神经系统
M_2	心脏、脑、自主神经节和平滑肌
M_3	外分泌腺、平滑肌、血管内皮、脑和自主神经节

2. N 胆碱受体亚型 N 胆碱受体根据其分布部位不同可分为神经肌肉接头 N 受体，即 N_M(nicotinic muscle)受体(又称 N_2 受体)及神经节 N 受体(又称 N_1 受体)。神经节 N 受体和中枢 N 受体又称为 N_N(nicotinic neuronal)受体。

3. 肾上腺素受体分型 肾上腺素受体又可分为 α 肾上腺素受体(α 受体)和 β 肾上腺素受体(β 受体)。α 受体分为 α_1 和 α_2 两种亚型。凡能被去氧肾上腺素或甲氧明激动，而被哌唑嗪阻断的 α 受体称为 α_1 受体。凡能被可乐定激动，被育亨宾阻断的 α 受体称为 α_2 受体。β 受体又分为 β_1、β_2 和 β_3 受体三种亚型(表 5-2)。

表 5-2 肾上腺素受体亚型和分布

分型	组织分布
α_1	血管平滑肌、瞳孔开大肌、尿道平滑肌、肝脏、胃肠及膀胱括约肌
α_2	血管平滑肌、血小板、脂肪细胞及神经末梢
β_1	心脏、肾小球旁细胞
β_2	支气管和血管平滑肌、骨骼肌
β_3	脂肪细胞

4. 多巴胺受体分型 DA 受体又分为 DA_1(D_1)和 DA_2(D_2)受体，前者存在于中枢、肾和肠系膜血管等处，后者存在于脑和外周神经末梢等处。

三、传出神经系统效应的分子机制

神经递质或激动药与受体结合后，触发一系列瀑布式的生化过程，最终导致效应的产生，这一过程称为受体激动-效应耦联(receptor-effect coupling)。现主要介绍与传出神经系统受体有关的受体-离子通道耦联与受体-G-蛋白耦联。

(一) 受体与离子通道耦联

以 N 胆碱受体为代表的配体门控受体，其受体本身就是离子通道，故称配体门控离子通道。每个 N 胆碱受体由 2 个 α 亚基和 β、γ、δ 亚基组成的五聚体(图 5-4)，形成中间带孔跨细胞膜通道。α 亚基上有 ACh 作用的位点，直接操纵离子(如 Na^+)通道的开关，因此这一耦联称为受体-离子通道耦联。当动作电位到达神经末梢时，突触前膜去极化而引起胞裂外排，释放 ACh 可与神经肌肉接头 N 胆碱受体结合，促使离子通道开放，胞外 Na^+、Ca^{2+} 进入胞内，可产生局部去极化，即终板电位。当终板电位超过肌纤维扩布性去极化阈值时，膜上电压门控离子通道开放，此时大量 Na^+、Ca^{2+} 进入胞内，产生动作电位，导致肌肉收缩。

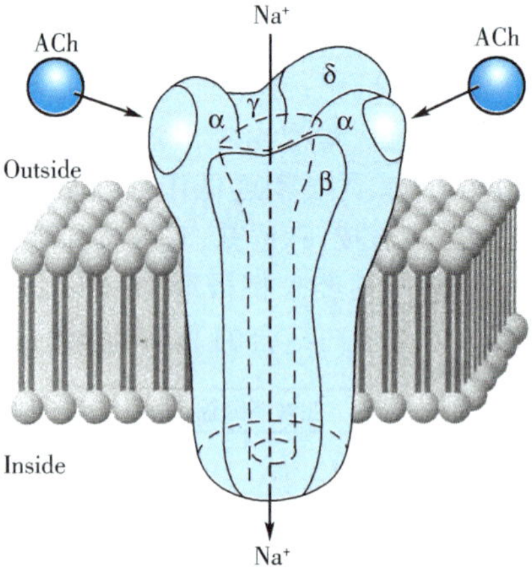

图 5-4 N 烟碱受体

5 个亚基约含 450 个氨基酸，此 5 个肽链形成一个跨膜环，2 个 α 亚基各有一个 ACh 结合位点，两者都结合 1 分子 ACh 后，钠通道即开放，细胞除极兴奋

(二) 受体与 G 蛋白耦联

肾上腺素受体和 M 胆碱受体属于 G 蛋白耦联受体，现已知 G 蛋白耦联受体一级结构的特点是都有 7 个跨膜区段，以 β_2 受体为例，每个跨膜区段有 20 余个氨基酸残基组成的亲脂性螺旋结构。其伸出细胞膜外的 N 端较短，伸入细胞内的 C 端较长。G 蛋白耦联受体是通过腺苷酸环化酶(adenyl cyclase，AC)或磷脂酶 C(phospholipase C，PLC)而产生效应的(图 5-5)。

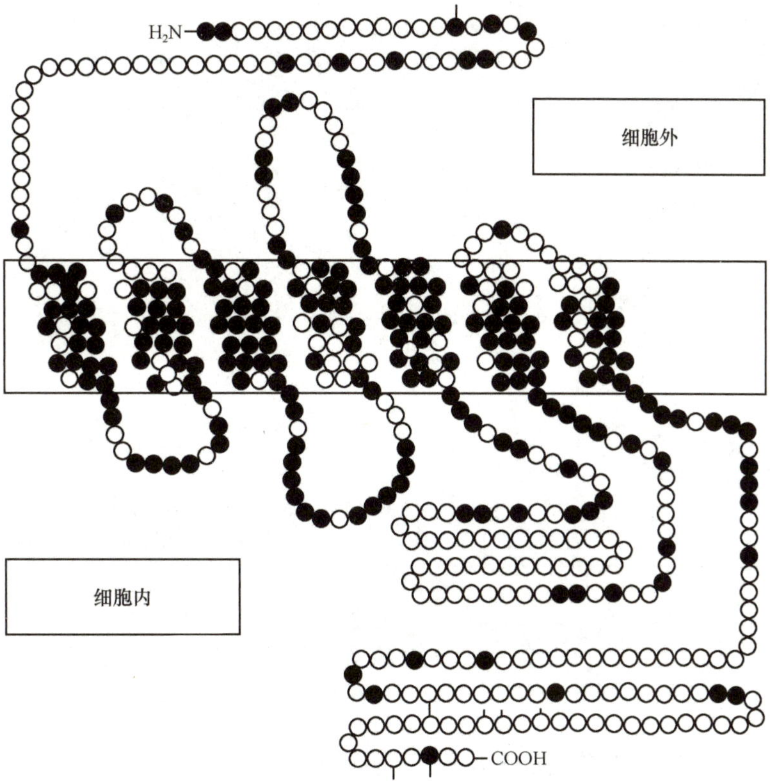

图 5-5　人体 β_1 肾上腺受体

含 477 氨基酸，肽链跨膜 7 次，N 端在细胞外，C 端在细胞内，胞内带短线的是丝氨酸，能被磷酸化。黑实心圆是人体 β_1、β_2 受体所共有的氨基酸，在跨膜区较多

第三节　传出神经系统的生理功能

传出神经系统药物种类繁多，但它们药理作用的共性为拟似或拮抗传出神经生理功能。因此，熟悉两大类传出神经的生理功能，对掌握传出神经系统药物药理作用至关重要。

机体多数器官都接受上述两大类传出神经的双重支配，而这两类神经兴奋时所产生的效应又往往相互拮抗。但在中枢神经系统的调节下，它们的功能既是对立的，又是统一的。去甲肾上腺素能神经兴奋时，可见心脏兴奋、皮肤黏膜和内脏血管收缩、血压升高、支气管和胃肠道平滑肌抑制、瞳孔扩大等。这些功能变化，有利于机体适应环境的变化。胆碱能神经兴奋时，节前与节后纤维的功能有所不同。当节后纤维兴奋时，基本上表现与上述相反的作用，有利于机体进行休整和积蓄能量；当节前纤维兴奋时，可引起神经节兴奋和肾上腺髓质分泌的增加产生类似去甲肾上腺素能神经兴奋的结果。传出神经系统作用部位及其功能见表 5-3。

表 5-3　传出神经系统受体和效应

器官		肾上腺素能神经兴奋		胆碱能神经兴奋	
		效应	受体	效应	受体
眼睛	开大肌	收缩（扩瞳）	α_1	—	—
	括约肌	—	—	收缩（缩瞳）	M_3
	睫状肌	舒张（远视）	β_2	收缩（近视）	M_3
心脏	窦房结	心率加速	β_1，β_2	减慢	M_2
	心肌	收缩加强	β_1，β_2	略减弱	M_2
	传导系统	传导加速	β_1，β_2	减慢	M_2
血管	皮肤、黏膜、内脏	收缩 舒张（血管内脏）	α_1，α_2 β_2	—	—
	骨骼肌	收缩；舒张	α_1；β_2	—	—
	冠状动脉	收缩；舒张	α_1，α_2；β_2	—	—

续表

器官		肾上腺素能神经兴奋		胆碱能神经兴奋	
		效应	受体	效应	受体
胃肠道	平滑肌	舒张	α_1,α_2,β_2	收缩	M_3
	括约肌	收缩	α_1	舒张	M_3
膀胱	平滑肌	舒张	β_2	收缩	M_3
	括约肌	收缩	α_1	舒张	M_3
腺体	汗腺	分泌增加	α_1	增加	M
	唾液腺	分泌增加	α	增加	M
	胃肠道	淀粉酶增加	β_2	增加	M_1
	呼吸道	减少;增加	α_1;β_2	增加	M
骨骼肌		收缩	β_2	收缩	N_M
肾上腺髓质		—	—	肾上腺素和去甲肾上腺素分泌	N_N

第四节　传出神经系统药物的基本作用及其分类

一、传出神经系统药物的基本作用

（一）直接作用于受体

许多传出神经系统药物通过直接与受体结合而产生作用，如结合后产生与递质相似的作用，称为激动药(agonist)；如结合后不产生或较少产生拟似递质的作用，相反却能妨碍递质与受体的结合，从而阻断冲动的传递，产生与递质相反的作用，称为阻断药(blocker)，相对于激动药而言可称拮抗药(antagonist)。

（二）影响递质

1. 影响递质生物合成　如密胆碱(hemicholine)能影响 ACh 的合成，α-甲基酪氨酸(α-methyl-tyrosine)抑制 NE 合成，但两者无临床应用价值。而卡比多巴(carbidopa)和苄丝肼(benserazide)抑制多巴脱羧酶从而妨碍多巴形成多巴胺，与左旋多巴合用可减少多巴胺在外周的合成，提高其疗效，减少不良反应。

2. 影响递质的生物转化　乙酰胆碱的灭活主要是被胆碱酯酶水解，抗胆碱酯酶药通过抑制胆碱酯酶，影响乙酰胆碱的水解，发挥拟胆碱作用。去甲肾上腺素作用的消失主要依赖于突触前膜的摄取 1 而完成，因此抑制摄取 1 药物可能产生拟肾上腺素作用。虽然神经末梢内 NE 可被 MAO 破坏，但不是 NE 作用消失的主要原因。因此，MAO 抑制药并不能成为理想的外周拟肾上腺素药。

3. 影响递质的释放和储存　有些作用于传出神经系统药物除直接作用于受体外，尚可通过促进递质的释放而发挥递质样作用，例如麻黄碱能促进去甲肾上腺素的释放而发挥拟肾上腺素作用。药物也可通过影响递质在神经末梢的储存而发挥作用。例如抗高血压药利血平抑制神经末梢囊泡对去甲肾上腺素的摄取，使囊泡内去甲肾上腺素逐渐减少以至耗竭，从而表现为拮抗去甲肾上腺素能神经的作用，导致血压下降。

二、传出神经系统药物的分类

传出神经系统药物按其作用性质可分为拟似药和拮抗药两类。按其对不同类型受体的选择性可分为受体激动药或受体阻断药两类(表 5-4)。

表 5-4　传出神经系统药物的分类

拟似药	拮抗药
(一) 胆碱受体激动药 1. M、N 受体激动药(卡巴胆碱) 2. M 受体激动药(毛果云香碱) 3. N 受体激动药(烟碱) (二) 抗胆碱酯酶药(新斯的明) (三) 肾上腺素受体激动药 1. α 受体激动药 (1) α_1、α_2受体激动药(去甲肾上腺素) (2) α_1受体激动药(去氧肾上腺素) (3) α_2受体激动药(可乐定) 2. α、β 受体激动药(肾上腺素) 3. β 受体激动药 (1) β_1、β_2受体激动药(异丙肾上腺素) (2) β_1受体激动药(多巴酚丁胺) (3) β_2受体激动药(沙丁胺醇)	(一)胆碱受体阻断药 1. M 受体阻断药 (1) 非选择性 M 受体阻断药(阿托品) (2) M_1受体阻断药(哌仑西平) 2. N 受体阻断药 (1) N_1受体阻断药(六甲双铵) (2) N_2受体阻断药(琥珀胆碱) (二) 胆碱酯酶复活药(碘解磷定) (三) 肾上腺素受体阻断药 1. α 受体阻断药 (1) α_1,α_2受体阻断药 ①短效类(酚妥拉明) ②长效类(酚苄明) (2) α_1受体阻断药(哌唑嗪) (3) α_2受体阻断药(育亨宾) 2. β 受体阻断药 (1) β_1、β_2受体阻断药(普萘洛尔) (2) β_1受体阻断药(美托洛尔、醋丁洛尔) (3) α_1、β_2受体阻断药(拉贝洛尔)

Summary

- The efferent nervous system includes the autonomic nervous system and motor nervous system. The autonomic nervous system is divided with sympathetic and parasympathetic systems and is responsible for maintaining the internal environment of the body.
- Two neurons are required to reach a target organ, a preganglionic neuron and a postganglionic neuron in autonomic nervous system. All the preganglionic neurons and the parasympathetic postganglionic fibers release acetylcholine as their transmitter, while most of the sympathetic postganglionic fibers release norepinephrine. ACh has two types of receptors: muscarinic receptor and nicotinic receptor. Norepinephrine binds to adrenergic receptors.
- Most organs are innervated by the sympathetic and parasympathetic nervous. In most places the two systems produce opposing effects but there are others where only one division of the autonomic system affects.

（毛新民）

第六章 胆碱受体激动药

案例 6-1

患者，女性，64 岁。主诉：右眼疼痛伴视力下降 3 天。病史：3 天前突然感觉右侧剧烈头痛、眼球胀痛，视力极度下降。查体：右眼视力 0.4，右眼睫状充血，角膜混浊，前房浅，瞳孔直径 7mm，对光反应消失。右眼压 55mmHg。左眼正常。在社区门诊为右眼急性闭角型青光眼。治疗：2%毛果芸香碱半小时一次频点右眼，2h 后自觉头痛、眼胀减轻，视力有所恢复。但 4h 后患者出现全身不适、流泪、流涎、上腹不适而急诊求治。体查：右眼视力为 0.6，左眼 1.4。右眼睫状充血(++)、瞳孔约 2mm 大小，对光反应较弱。眼压：右眼 36mmHg。左眼基本正常。

问题：

1. 该患者使用毛果芸香碱滴眼后症状为何能够缓解？

2. 用药 4 小时后患者出现全身不适、出汗、流泪、流涎、心慌、上腹不适原因是什么？

3. 使用毛果芸香碱滴眼时应注意哪些问题？

胆碱受体激动药(cholinoceptor agonists)是一类通过激动胆碱受体而发挥与乙酰胆碱(acetylcholine，ACh)作用相似或部分相似的药物，亦称拟胆碱药(cholinomimetic drugs)。按其作用机制的不同，可分为直接作用于胆碱受体的拟胆碱药(受体激动药)和通过抑制胆碱酯酶活性而间接发挥作用的拟胆碱药(抗胆碱酯酶药)。ACh 是中枢和外周神经系统的内源性神经递质，能激动毒蕈碱型胆碱受体(M 胆碱受体，M 受体，muscurinic cholinoceptor，M cholinoceptor)和烟碱型胆碱受体(N 胆碱受体，N 受体，nicotinic cholinoceptor)而产生效应。毒蕈碱型胆碱受体属于 G 蛋白耦联受体，主要分布于副交感神经节后纤维支配的效应器；烟碱型胆碱受体属于配体门控受体，主要分布于神经肌肉接头(N_M受体)和自主神经节(N_N受体)。

根据对胆碱受体亚型选择性的不同，胆碱受体激动药(cholinergic agonists)可分为：①能激动 M、N 受体的完全拟似药，如 ACh；②M 受体激动药，如毛果芸香碱；③N 受体激动药，如烟碱。

第一节 M、N 胆碱受体激动药

本类药物包括 ACh 和几种合成的胆碱酯类药物。它们既作用于节后胆碱能神经支配效应器上的 M 胆碱受体，也作用于神经节 N_M受体以及骨骼肌上的 N_M受体。激动 M 胆碱受体产生的药理作用，称为 M 样作用(毒蕈碱样作用)；激动 N 胆碱受体产生的药理作用，称为 N 样作用(烟碱样作用)。

一、乙酰胆碱

乙酰胆碱(acetylcholine，ACh)是胆碱能神经递质，具有很强的生物活性。化学性质不稳定，在水溶液中不稳定，可自行水解，在组织中的胆碱酯酶作用下水解更快，从而迅速失去活性。

【药理作用与机制】

1. 心血管系统 ACh 对心血管系统有以下几个方面作用。

(1) 舒张血管：静脉注射小剂量乙酰胆碱几乎可使全身血管扩张，产生一过性血压下降，伴有反射性心率加快。ACh 的血管舒张作用是通过血管内皮细胞释放内皮细胞依赖性舒张因子(endothelium-derived relaxing factor，EDRF)即一氧化氮(nitric oxide，NO)介导的。目前已发现，皮肤、内脏等血管内皮细胞上有 M_3受体存在，ACh 激动血管内皮细胞的 M_3受体，使内皮细胞释放 NO，NO 扩散至邻近平滑肌细胞，使血管舒张。

(2) 减慢心率即负性频率作用(negative chronotropic effect)：ACh 能降低窦房结舒张期自动除极和复极化电流增加，因而延长动作电位达阈值的时间，而使心率减慢。

(3) 减慢窦房结和房室结传导即负性传导作用(negative dromotropic effect)：ACh 延长房室结和窦房结的不应期，使传导减慢。

(4) 减弱心肌收缩力即负性肌力作用(negative inotropic effect)：胆碱能神经兴奋对心脏产生的抑制作用，是其对心脏直接作用和对去甲肾上腺素能神经抑制的结果。由于胆碱能神经主要分布于心房肌、窦房结、房室结、浦肯野纤维等，而在心室肌少有分布。因此，ACh 对心脏的直接作用主要在心房，而其对心室作用主要通过影响去甲肾上腺素能神经而产生。由于迷走神经末梢与交感神经末梢紧密相邻，由迷走神经末梢释放的 ACh 可激动交感神经末梢突触前膜 M 胆碱受体，从而抑制交感神经递质——去甲肾上腺素的释放，去甲肾上腺素能神经对心室肌兴奋作用减弱。

2. 消化系统 迷走神经兴奋可使胃肠道平滑肌张力、振幅增加和蠕动频率加快，腺体分泌增多，出现恶心、呕吐、嗳气、小肠痉挛和排便等症状。由于药用的 ACh 有较弱的渗透性以及快速被血浆丁酰胆碱酯酶水解的特性，故其对胃肠作用并不十分明显。

3. 泌尿系统 ACh 可使输尿管平滑肌收缩、蠕动增加，膀胱逼尿肌收缩，排空压力增加，膀胱容积减少，此时膀胱三角区和外括约肌舒张，使膀胱排空。因同上的理由，药用的 ACh 对泌尿道的上述作用不明显。

4. 腺体 ACh 可使泪腺、气管和支气管腺体、唾液腺、汗腺和消化腺分泌增加。

5. 其他 ACh 对支气管平滑肌、瞳孔括约肌和睫状肌有兴奋作用。同时，ACh 剂量较大时，还能激动自主神经节、肾上腺髓质与骨骼肌上 N 胆碱受体。虽然中枢神经系统内有胆碱受体存在，但由于 ACh 脂溶性较差，不易透过血脑脊液屏障（医学写作规范），因此，外周给药时很少产生中枢作用。

【临床应用】 ACh 本身虽无临床实用价值，但作为胆碱能神经递质和 M 胆碱受体激动药的典型，可作为药理学研究工具药。

二、其他几种 M、N 胆碱受体激动药

除了 ACh 外，这类药物还包括几种合成的胆碱受体激动药，如卡巴胆碱（carbachol）又称氨甲酰胆碱、醋甲胆碱（methacholine）等，它们与 ACh 特点比较见表 6-1。

表 6-1 几种胆碱酯类药物作用的比较

胆碱酯类	对胆碱酯酶敏感性	毒蕈碱样作用				阿托品拮抗作用	烟碱样作用
		心血管	胃肠道	泌尿道	眼		
乙酰胆碱	+++	++	++	++	+	+++	++
醋甲胆碱	+	+++	++	++	+	+++	+
卡巴胆碱	−	+	+++	+++	++	+	+++

第二节 M 胆碱受体激动药

本类主要包括天然生物碱毛果芸香碱、毒蕈碱和槟榔碱和合成的生物碱如氧化震颤素等。

毛果芸香碱

毛果芸香碱（匹鲁卡品，pilocarpine）是从毛果芸香碱属植物叶中提取出的生物碱。1874 年巴西 Coutinhou 证实咀嚼毛果芸香属植物叶能使唾液分泌增加，1875 年提取该生物碱，后来 Weber 观察了其对瞳孔、汗腺和唾液腺的作用。本品水溶液稳定，易于保存。现已人工合成。

【药理作用与机制】 能直接激动 M 胆碱受体，产生 M 样作用，尤其对眼和腺体的作用最明显。

1. 眼 毛果芸香碱溶液滴眼，能产生缩瞳、降低眼压和调节痉挛等作用。

（1）缩瞳：虹膜内有两种平滑肌，一种是瞳孔括约肌，受胆碱能神经（动眼神经）支配，兴奋时能使括约肌向眼球中心收缩，瞳孔缩小；另一种是瞳孔开大肌，受去甲肾上腺素能神经支配，兴奋时能使瞳孔开大肌向外周收缩，瞳孔扩大。毛果芸香碱激动瞳孔括约肌上的 M_3 受体，引起括约肌收缩，故瞳孔缩小。

（2）降低眼内压：房水是由睫状体上皮细胞分泌及后房血管渗出而产生的，经瞳孔流入前房，到达前房角间隙，主要经小梁网（滤帘）流入巩膜静脉窦，然后进入血液循环（图 6-1）。上述患者使用毛果芸香碱滴眼，通过药物缩瞳作用使虹膜根部变薄，前房角间隙扩大，房水易于通过小梁网及巩膜静脉窦而进入体循环，迅速降低眼内压，从而使症状得到缓解。

（3）调节痉挛：通过晶状体聚焦，适合于视近物的过程，称为眼睛的调节作用。眼睛的调节主要取决于晶状体的曲度变化，晶状体因自身弹性而变凸，但悬韧带可使晶状体保持扁平。悬韧带受睫状肌的控制，睫状肌有环状和辐射状两种平滑肌，但以受胆碱能神经（动眼神经）支配的环状肌为主。毛果芸香碱激动睫状肌环状肌上 M_3 受体，使之向眼球中心方向收缩，悬韧带松弛，晶状体变凸，屈光度增加，使眼调节于近视，故看近物清楚，视远物模糊不清，这种作用称为调节痉挛（图 6-2）。

2. 腺体 毛果芸香碱能激动腺体上 M 胆碱受体，使汗腺、唾液腺分泌明显增加。此外，泪腺、胃腺、胰腺、小肠腺体和呼吸道黏膜腺体分泌均可增加。

3. 平滑肌 毛果芸香碱除可引起眼内瞳孔括约肌和睫状肌收缩外，尚可使肠道平滑肌、支气管平滑肌、膀胱、胆囊和胆道平滑肌的兴奋性增加。

【临床应用】 主要用于眼科，滴眼后易透过角膜进入眼房，作用迅速而温和。一般滴眼 10 分钟后即出现作用，30 分钟后达高峰，降低眼内压作用可维持 4～8 小时，调节痉挛作用在 2 小时左右消失。通常

使用1%～2%毛果芸香碱溶液，每3～5分钟滴眼一次，当眼压下降、瞳孔缩小时，根据眼压情况调整滴眼次数。滴眼后，应压迫内眦1～2分钟，避免药液流入鼻腔而被吸收引起不良反应。上例患者由于使用毛果芸香碱滴眼过频，用量较大，且没有压迫内眦，药物通过鼻腔吸收过多，因而出现类似毒蕈碱中毒症状。

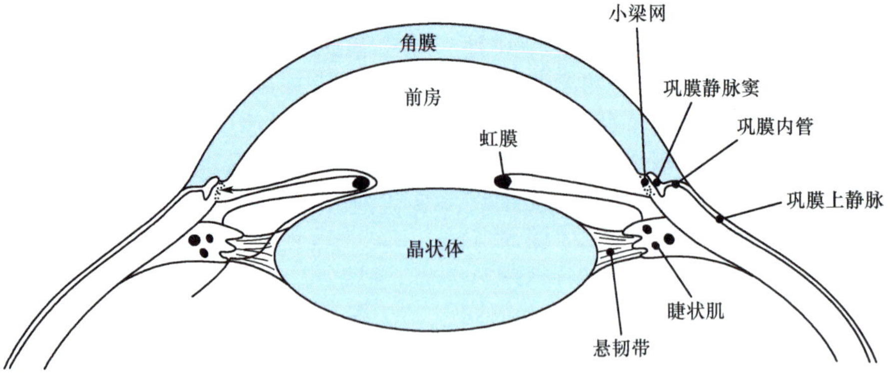

图 6-1　房水循环示意图(箭头方向示房水回流的方向)

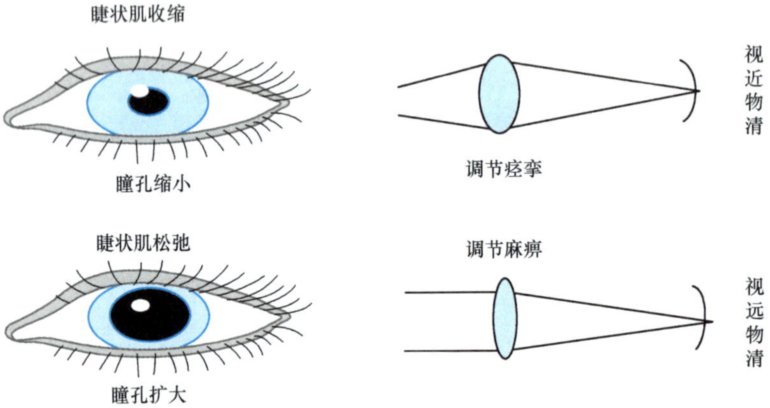

图 6-2　M胆碱受体激动药和M胆碱受体阻断药对眼的作用

上图:M胆碱受体激动药的作用;下图:M胆碱受体阻断药的作用

1. 青光眼　青光眼为常见的眼科疾病，该病主要特征是眼内压升高，可引起头痛、视力减退，严重者可致失明。闭角型青光眼(充血性青光眼)病人前房角狭窄，房水回流受阻，眼内压升高。毛果芸香碱对此型疗效较好，用药后前房角间隙扩大，房水回流通畅，眼内压迅速降低，从而消除或缓解各种症状。开角型青光眼(慢性单纯性青光眼)的前房角不狭窄，其发病是由于小梁网本身及巩膜静脉窦发生变性或硬化，致使房水循环障碍，从而引起眼内压升高。毛果芸香碱可能是通过扩张巩膜静脉窦周围小血管，收缩睫状肌，引起小梁网结构改变而促进房水回流，但治疗效果较差。

2. 虹膜炎　与扩瞳药阿托品交替应用，以防止虹膜与晶状体粘连。

3. 口腔干燥　毛果芸香碱口服，可用于颈部放射治疗后的口腔干燥，但在增加唾液分泌的同时，汗液也明显增加。

【不良反应】　毛果芸香碱局部应用副作用较小，过量可出现类似毒蕈碱中毒症状，即相当于副交感神经系统过度兴奋的症状，表现为流涎、流泪、多汗；恶心、腹痛、腹泻；胸闷、呼吸困难等，解毒可用足量阿托品并采用对症和支持疗法，如维持血压和人工呼吸等。

毒蕈碱

毒蕈碱(muscarine)由捕蝇蕈(amanita muscaria)分离提取的生物碱。

毒蕈碱为经典M胆碱受体激动药，其效应与节后胆碱能神经兴奋症状相似。我国民间因食用野生蕈而中毒的病例时有发生。毒蕈碱最初从捕蝇蕈中提取，但其含毒蕈碱量很低(约3‰)，不至于引起毒蕈碱中毒。而在丝盖伞菌属(*Inocybe*)和杯伞菌属(*Clitocybe*)中含有较高的毒蕈碱成分，食用这些菌属后，一般食后30～60分钟出现毒蕈碱中毒症状，表现为流涎、流泪、恶心、呕吐、头痛、视觉障碍、腹部绞痛、腹泻、支气管痉挛、心动过缓、血压下降和休克等，可用阿托品(每隔30分钟肌内注射1～2 mg)或者支持疗法进行解救。

第三节　N胆碱受体激动药

N胆碱受体有N_N和N_M两种亚型。N_N受体分布于交感神经节、副交感神经节和肾上腺髓质；N_M受体分布于骨骼肌。N 胆碱受体激动药有天然生物碱烟碱(nicotine)和洛贝林(lobeline)、合成化合物四甲铵(tetra-methylammonium，TMA)和二甲基苯哌嗪(1，1-dimethyl-4-phenypiper-azinium，DMPP)等。洛贝林是从山梗菜提取的生物碱，作用弱于烟碱，临床主要作为兴奋延髓呼吸中枢的药物。

烟碱由烟草(tobacco，Nicotiana tobacum)中提取，可兴奋N_N胆碱受体和神经肌肉接头处的N_M胆碱受体，其对神经节的N_N受体作用呈双相性，即开始使用时可短暂兴奋神经节N_N受体，随后可持续抑制神经节N_N受体，最终的效应是烟碱的兴奋作用与抑制作用的总和。烟碱对神经肌肉接头N_M受体作用与其对神经节N_N受体作用类似，因烟碱的作用复杂，故无临床实用价值，仅具毒理学意义。

烟草中含有多种有害物质，长期吸烟与多种疾病如癌症、冠心病、溃疡病、中枢神经系统疾患和呼吸系统疾病的发生关系密切。此外，吸烟者的烟雾中也含有烟碱和其他致病物质，易被他人吸入，危害健康。

Summary

- Acetylcholine(ACh) acts at N-cholinoceptors and M-cholinoceptors. ACh is too rapidly hydrolyzed and inactivated by acetylcholinesterase (AChE) to be of any therapeutic use; however, its action can be mimicked by other substances, namely direct or indirect parasympathomimetics.
- Methacholine differs from ACh only in the addition of a methyl group at the β-carbon of ACh. This modification greatly increases its selectivity for muscarinic receptors relative to nicotinic receptors, and it renders methacholine resistant to the pseudo-ChE in the plasma and decreases its susceptibility to AChE, thereby increasing its potency and duration of action compared to those of ACh.
- Carbachol differs from ACh only in the substitution of a carbamoyl group for the terminal methyl group of ACh. This substitution makes carbachol completely resistant to degradation by cholinesterases but does not improve its selectivity for muscarinic versus nicotinic receptors.
- Pilocarpine is a naturally occurring cholinomimetic alkaloid that is structurally distinct from the choline esters. It is a tertiary amine that crosses membranes relatively easily. Therefore, it is rapidly absorbed by the cornea of the eye, and it can cross the blood-brain barrier. Pilocarpine is a pure muscarinic receptor agonist, and it is unaffected by cholinesterases.
- Muscarine is an alkaloid with no therapeutic use, but it can produce dangerous cholinomimetic stimulation following ingestion of some types of mushrooms.
- Lobeline and tobacco are specific for the nicotinic receptors that act on muscle contraction.

(夏安周)

第七章 抗胆碱酯酶药和胆碱酯酶复活药

第一节 胆碱酯酶

胆碱酯酶(cholinesterase,ChE)可分为乙酰胆碱酯酶(acetylcholinesterase,AChE)和假性胆碱酯酶(pseudocholinesterase)两类。前者也称为真性胆碱酯酶,主要存在于胆碱能神经末梢突触间隙,特别是在运动神经终板突触后膜的皱褶中聚集较多,也存在于胆碱能神经元内和红细胞中。此酶水解乙酰胆碱(acetylcholine,ACh)生成胆碱和乙酸,终止 ACh 的作用,AChE 活性极高,一个酶分子可在 1 分钟内水解 6×10^5 分子的 ACh。假性胆碱酯酶广泛存在于神经胶质细胞、血浆、肝脏、肾脏、肠道中,对 ACh 的特异性较低,假性胆碱酯酶可水解其他胆碱酯类,如琥珀胆碱。

AChE 分子表面有两个能与 ACh 结合的部位,即带负电荷的阴离子部位和酯解部位。阴离子部位含有一个谷氨酸残基,酯解部位则含有一个由丝氨酸的羟基构成的酸性作用点和一个由组氨酸咪唑环构成的碱性作用点,两者通过氢键结合,增强了丝氨酸羟基的亲核活性,使之易与 ACh 结合。

AChE 水解 ACh 的过程可分为三个步骤:①ACh 分子中带正电荷的季铵阳离子头,以静电引力与 AChE 的阴离子部位相结合,同时 ACh 分子中的羰基碳与 AChE 酯解部位的丝氨酸的羟基以共价键形式结合,形成 ACh 与 AChE 的复合物;②ACh 与 AChE 复合物裂解为胆碱和乙酰化 AChE;③乙酰化 AChE 迅速水解,分离出乙酸,使 AChE 的活性恢复(图 7-1)。

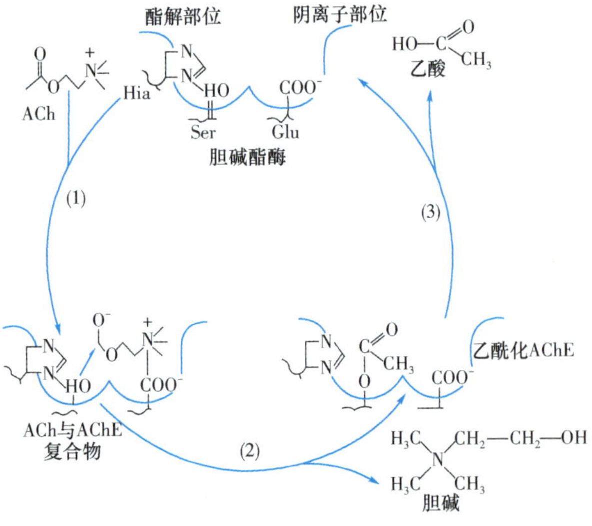

图 7-1 胆碱酯酶水解乙酰胆碱过程示意图
Glu:谷氨酸;Ser:丝氨酸;His:组氨酸

第二节 抗胆碱酯酶药

案例 7-1

患者,女,46 岁。

因复视,眼睑下垂,进行性加重 2 年。易疲乏,肢体无力,晨轻暮重,活动后加重,休息后减轻 3 个月入院。

体格检查:反复闭目致闭目无力,凝视一个方向稍疲劳时出现复视,反复咀嚼感到明显无力,令患者紧握检查者双手时感到渐渐无力,下蹲 5 次后起立困难。

辅助检查:肌疲劳试验阳性和依酚氯铵试验阳性。诊断:重症肌无力。

治疗:甲泼尼龙静脉滴注每天 500 mg,减量后口服泼尼松片,同时服用溴吡斯的明片 60mg/次,4 次/日,分别于三餐前和晚间 9 时服用,各症状基本改善出院。

问题:

1. 重症肌无力诊断及治疗分别使用依酚氯铵和溴吡斯的明的依据?
2. 抗胆碱酯酶药用药注意事项及禁忌证。

抗胆碱酯酶药(anticholinesterase agents)又称 AChE 抑制药,可与 AChE 结合,但结合较牢固,形成的复合物,裂解、水解慢,使 AChE 活性受到抑制(图 7-2),从而导致胆碱能神经末梢释放的 ACh 堆积,激动 M 受体及 N 受体,产生 M 样作用及 N 样作用。根据抗抗胆碱酯酶药与 AChE 结合形成复合物后解离速度的快慢,可分为两类:一类是易逆性抗胆碱酯酶药,如新斯的明;另一类为难逆性抗胆碱酯酶药,如有机磷酸酯类。

一、易逆性抗胆碱酯酶药

在易逆性抗胆碱酯酶药方面,目前主要开发具有中枢选择性的药物,用于阿尔茨海默病即老年性痴呆的治疗。研究表明该病与中枢神经元突触损害以及突触中 ACh 降低有关。尽管可通过多种途径提高中枢胆碱水平,但目前的治疗药物主要集中在选择性中枢抗胆碱酯酶药上,如他克林(tacrine)和多奈哌齐(donepezil)等已经用于临床。

（一）易逆性抗胆碱酯酶药一般特性

【药理作用】

1. 骨骼肌神经肌肉接头　大多数强效抗胆碱酯酶药对骨骼肌的主要作用是通过其抑制神经肌肉接头处 AChE 所致，但亦有一定的直接激动骨骼肌运动终板上的 N_2 胆碱受体及促进运动神经末梢释放 ACh 作用（如新斯的明）。

2. 平滑肌　不同药物对胃肠平滑肌作用不同。新斯的明可促进胃平滑肌收缩及增加胃酸分泌，促进肠道平滑肌的活动，加快肠内容物的排除。可使支气管平滑肌收缩，诱发加重支气管哮喘，促使输尿管的蠕动。

3. 眼　本类药物结膜用药时可产生结膜充血，虹膜括约肌收缩，瞳孔缩小；睫状肌收缩，调节痉挛。调节障碍的持续时间通常比缩瞳持续时间短。可促使眼房水回流，使眼内压降低。

4. 腺体　使身体许多腺体的分泌作用增加，如汗腺、唾液腺、泪腺、呼吸道腺体、胃腺、肠道腺体及胰腺等均受胆碱能神经节后纤维支配，故低剂量的抗胆碱酯酶药即可增强神经冲动所致的腺体分泌作用。

5. 心血管系统　本类药物对心血管的作用较复杂，主要表现为心率减慢、心输出量下降，大剂量引起血压下降，此作用是神经节和节后纤维作用的综合结果，也与药物作用于延脑血管运动中枢有关。

6. 中枢作用　抗胆碱酯酶药对中枢各部位有一定的兴奋作用，在高剂量时常引起抑制或麻痹。

【临床应用】

1. 重症肌无力（myasthenia gravis）　是神经肌肉接头处信息传递障碍性疾病，属自身免疫性疾病，患者血清中存在抗胆碱受体的抗体，侵犯和破坏骨骼肌运动终板上的 N_2 胆碱受体，使受体数目大量减少，由此造成神经肌肉间信息传递功能障碍，横纹肌收缩无力。临床表现为短时间内重复运动后，出现进行性肌无力症状，可口服给药。严重者可出现重症肌无力危象，表现为突然出现呼吸肌麻痹症状，如极度呼吸困难、严重缺氧、窒息、呼吸衰竭，甚至死亡。新斯的明、吡斯的明和安贝氯铵用于重症肌无力的治疗，依酚氯铵用于重症肌无力的诊断试验。

2. 腹气胀和尿潴留　以新斯的明疗效较好，适用于手术后腹气胀和尿潴留。

3. 青光眼　以毒扁豆碱、地美溴铵较为多用，滴眼后可使虹膜括约肌收缩，瞳孔缩小，促使房水回流，降低眼内压。

4. 非去极化型肌松药过量时解救　主要用新斯的明、加兰他敏和依酚氯铵治疗。

5. 阿尔茨海默病（Alzheimer's disease，AD）　是以进行性认知障碍和记忆力减退为主的中枢神经系统退行性疾病，其发病机制尚未完全阐明。目前研究表明本病的主要病理基础为海马组织结构的萎缩，功能基础主要为胆碱能神经兴奋传递障碍和中枢神经系统内 ACh 受体变性，神经元数目减少等。目前采用比较有特异性的治疗策略是增加中枢胆碱能神经功能，中枢抗胆碱酯酶药效果相对肯定。

用于 AD 治疗的第一代抗胆碱酯酶药，他克林是美国 FDA 于 1993 年批准使用，本药肝脏毒性较大，因而使用时受到限制。第二代抗胆碱酯酶药有多奈哌齐、加兰他敏（galanthamine）、利凡斯的明（rivastigmine）。美曲膦酯（metrifonate），又称敌百虫，是第一个抗胆碱酯酶药，原用作杀虫剂，现可用作 AD 治疗。石杉碱甲（huperzine A），是我国学者于 1982 年从中药千层塔中分离得到的一种新生物碱，目前亦用于 AD 治疗。

（一）常用易逆性抗胆碱酯酶药

新斯的明（neostigmine）

本药为人工合成品，属季铵类化合物。

【体内过程】　口服后吸收少而不规则，血浆蛋白结合率为 15%～25%，生物利用度仅 1%～2%。肌内注射给药后，血浆 $t_{1/2}$ 约 1 小时。在血浆中被 AChE 水解，亦可在肝脏代谢。以原形药物及其代谢产物经尿排泄。不易透过血脑脊液屏障。

【药理作用】　新斯的明可与 AChE 结合形成二甲胺基甲酰化胆碱酯酶，使 AChE 暂时失去活性，导致 ACh 堆积，胆碱能神经突触间隙 ACh 浓度增高，从而激动 M、N 胆碱受体。本药作用具有选择性，对心血管、腺体、眼和支气管平滑肌兴奋作用较弱；对胃肠和膀胱平滑肌有较强兴奋作用；对骨骼肌的兴奋作用最强。对骨骼肌选择性作用的机制是：①抑制 AChE 而发挥完全拟胆碱作用；②直接激动骨骼肌运动终板上的 N_2 受体；③促进运动神经末梢释放 ACh。

【临床应用】

1. 重症肌无力　由于新斯的明对骨骼肌具有选择性作用，皮下注射或肌内注射给药 15 分钟左右可使肌无力症状迅速改善，维持 2～4 小时左右。

2. 术后腹气胀和尿潴留　本药能兴奋胃肠平滑肌及膀胱逼尿肌，促进排气和排尿，适用于手术后腹气胀和尿潴留。

3. 阵发性室上性心动过速　当采用压迫眼球或颈动脉窦等兴奋迷走神经措施无效时，可通过新斯的明的拟胆碱作用减慢心率。

4. 肌松药中毒解救　适用于非除极化型肌松药，如筒箭毒碱过量中毒的解救。

【不良反应】　治疗量时不良反应较小。过量可产生恶心、呕吐、腹痛、心动过缓、肌束颤动等。中毒量可致“胆碱能危象”，表现为大汗淋漓，大小便失禁，心动过速及其他心律失常，还可见肌痉挛；由于肌细胞膜过度除极化，可阻断神经肌肉传导，加重肌无力症状。禁用于机械性肠梗阻、尿路梗阻、肌麻痹及支气管哮喘患者。氨基糖苷类抗生素等能抑制神经肌肉接头功能，可减弱新斯的。

毒扁豆碱（physostigmine，依色林，eserine）

毒扁豆碱为叔胺类化合物，是从西非毒扁豆（physostigma venosum）的种子中提取的一种生物碱，现已能人工合成。具有与新斯的明相似的可逆性抑制 AChE 作用，吸收后在外周能产生完全拟胆碱作用，但无直接兴奋 M、N 胆碱受体作用。可透过血脑脊液屏障，产生中枢神经系统作用。主要用于治疗青光眼，滴眼后 5 分钟可使瞳孔缩小，眼内压降低，一次用药作用可维持 1～2 日。与毛果芸香碱相比，本品奏效快、作用强而持久，但刺激性较大。因收缩睫状肌作用较强，可致头痛、调节痉挛等，但调节痉挛现象消失较快。滴眼时应压迫内眦，避免药液流入鼻腔后吸收中毒。大剂量中毒时可致呼吸麻痹。

吡斯的明（pyridostigmine，吡啶斯的明）

吡斯的明作用与新斯的明相似，特点为作用弱而持久，不良反应较少。主要用于治疗重症肌无力，亦可用于手术后腹气胀和尿潴留的治疗。不良反应与新斯的明相似，但 M 胆碱受体效应较弱。禁忌证同新斯的明。

依酚氯铵（edrophonium chloride）

依酚氯铵抗胆碱酯酶作用明显减弱，但对骨骼肌仍有较强的兴奋作用，本品显效较快，用药后可立即改善症状，肌肉收缩力增强，但维持时间很短，5～15 分钟作用消失，故不宜作为治疗用药，常用于重症肌无力的诊断和胆碱能危象肌无力的鉴别诊断。

多奈哌齐（donepezil）

多奈哌齐为中枢可逆性 AChE 抑制药，可增加中枢受体部位 ACh 的浓度，而改善阿尔茨海默病患者的认知功能。对外周的 AChE 抑制作用较弱，故其外周作用不明显，不良反应少。口服吸收迅速、良好，生物利用度接近 100%，达峰时间约 3～4 小时，$t_{1/2}$ 长，约为 70h，血浆蛋白结合率约为 95%，易透过血-脑脊液屏障。用于轻、中度阿尔茨海默病的对症治疗。不良反应主要有恶心、呕吐、腹痛、腹泻等。

安贝氯铵（ambenonium，酶抑宁）

作用同新斯的明，特点为作用强而持久，可口服给药。主要用于重症肌无力的治疗，尤其适应于不能耐受新斯的明的患者。

加兰他敏（galanthamine）

作用同新斯的明，但作用较弱，可透过血脑屏障。对重症肌无力疗效不如新斯的明，主要用于脊髓前角灰白质炎后遗症的治疗。

其他的抗胆碱酯酶药还有地美溴铵（demecarium bromide）、溴地斯的明（distigmine bromide）、依斯的明（eptastigmine）、依舍立定（eseridine）。他克林（tacrine）、利凡斯的明（rivastigmine）、美曲膦酯（metrifonate）和石杉碱甲（huperzine A）药理作用及应用见表 7-1。

表 7-1 其他抗胆碱酯酶药

药名	药理作用	用途和用法	不良反应
地美溴铵（demecarium bromide）	作用时间较长的易逆性抗胆碱酯酶药	无晶状体畸形的开角型青光眼及其他药物无效的患者，滴眼	鼻黏膜吸收后 M 样副作用
溴地斯的明（distigmine bromide）	作用类似于新斯的明，作用较持久	防治术后小肠弛缓、尿潴留及神经源性膀胱弛缓症，口服	同新斯的明
依斯的明（eptastigmine）	与新斯的明相似，但作用时间较长	阿尔茨海默病，口服	同新斯的明
依舍立定（eseridine）	与新斯的明相似	阿尔茨海默病和消化不良，口服	同新斯的明
他克林（tacrine）	易进入中枢，提高 AD 患者的认知能力和自理能力	主要用于阿尔茨海默病的治疗，多中心研究表明，对轻、中度患者较好。口服	肝脏毒性（转氨酶升高），胃肠道反应
利凡斯的明（rivastigmine）	作用与多奈哌齐相似，	主要用于轻、中度阿尔茨海默病的对症治疗，口服	与多奈哌齐相似
石杉碱甲（huperzine A）	改善记忆和认知能力	主要用于老年性记忆功能减退，口服	头晕、多汗及胃肠道反应
美曲膦酯（metrifonate）	改善 AD 患者的行为和认知功能	用于轻、中度阿尔茨海默病	少而轻，偶有腹泻、腿痉挛、鼻炎

二、难逆性抗胆碱酯酶药

案例 7-2

患者，男，30 岁，农民。

5 小时前出现轻微腹痛，并逐渐加剧，呼吸急促，肌肉颤动，后出现昏迷，随急诊入院。家属回忆该患者上午给棉田喷农药时不慎被大量“内吸磷”浸透衣服，未及时更换。入院时，患者面色苍白青紫，呼吸急促，口吐白沫，两眼上翻，牙关紧闭，间停呼吸，全身颤抖，并出现呼吸衰竭、昏迷症状。

体检：患者大汗淋漓，流涎；反复呕吐，呕吐物有特殊蒜臭气味，四肢厥冷，大小便失禁，瞳孔缩小，瞳孔直径 1～2mm，对光反射迟钝，呼吸困难，听诊肺部闻及湿啰音；心率快，血压基本正常；四肢及面部肌纤维颤动，语言不清，精神恍惚，烦躁不安，无抽搐。辅助检查：血常规正常。胆碱酯酶活性 30%。

诊断：急性有机磷杀虫剂中毒（重度中毒）。

治疗：立即放置通气导管，然后用 2%碳酸氢钠溶液清洗皮肤，同时立即静脉注射阿托品 10mg、氯解磷定 1g 溶入 30ml 生理盐水中缓慢静脉注射；以后每 15 分钟给阿托品 2mg 静脉注射，并随时清理患者口鼻内分泌物。共应用 16mg 后达阿托品化，患者症状逐渐改善，呼吸道分泌物减少，心率加快，瞳孔由 1mm 渐渐增大至 4mm，皮肤由潮湿变为干爽，四肢转暖。此后，阿托品改为 2mg 皮下注射，每 30 分钟 1 次；随患者症状好转，阿托品用量逐渐减少，给药间隔时间逐渐延长。2h 后重复给药 0.5g，36 小时共用阿托品 48mg。患者苏醒，自觉口渴主动要求饮水，呼吸道无分泌物，脉搏 90 次/分钟，呼吸 22 次/分钟。暂停阿托品注射，静脉注射 50%葡萄糖 40ml，0.9%生理盐水 60ml 补液 1 次。以后根据胆碱酯酶检查结果调整剂量。

问题：

1. 有机磷酸酯类的毒理、中毒表现是什么？
2. 有机磷酸酯类中毒时解救的原则是什么？
3. 有机磷中毒时为什么要用大剂量阿托品？什么是阿托品化？

难逆性抗胆碱酯酶药，主要为有机磷酸酯类（organophosphates），具有毒理学意义。

有机磷酸酯类（organophosphate）

有机磷酸酯类与 AChE 结合牢固，难以裂解，AChE 持久被抑制，故称难逆性抗胆碱酯酶药。主要作为农业和环境卫生杀虫剂，包括内吸磷（1059）、对硫磷（1605）、甲拌磷（3911）、敌敌畏、美曲膦酯、乐果、马拉硫磷等农业杀虫剂，以及沙林（sarin）、梭曼（soman）和塔崩（tabun）等化学战毒气。此类药物对人畜均有强烈毒性，且极易引起中毒，与胆碱酯酶结合时间稍久，酶活性便难以恢复。仅少数作为缩瞳药治疗青光眼，如乙硫磷（echothiophate）和异氟磷（isoflurophate）。

按其毒性分三大类：①剧毒类：对硫磷（parathion1605）、内吸磷（1059）、甲拌磷（thimet）。②高毒类：甲基对硫磷、敌敌畏（dichlorphos）等。③低毒类：马拉硫磷（karbofos）、乐果（rogor）、美曲膦酯（dipterex）。

【中毒机制】 世界卫生组织（WHO）认为杀虫剂中毒已成为一个全球性的问题，尤其在发展中国家。职业性中毒最常见途经为经皮肤或呼吸道吸入，非职业性中毒则大多由口摄入，经黏膜及皮肤吸收。也有二次中毒。可为单独、家庭或集体中毒。

进入机体后，其中亲电子的磷原子与 AChE 的酯解部位丝氨酸羟基上具有亲核性的氧原子形成共价键，生成难以水解的磷酰化胆碱酯酶，AChE 活性被抑制，失去水解 ACh 的能力，胆碱能神经末梢正常释放的递质 ACh 不能被有效地水解，从而导致 ACh 在体内大量堆积，产生一系列中毒症状。如果中毒时间较长，或未及时应用胆碱酯酶复活药，则磷酰化胆碱酯酶的磷酰化基团上的烷氧基发生断裂，生成更加稳定的单烷氧基磷酰化胆碱酯酶，这种现象称为“老化”。此时即使应用胆碱酯酶复活药，也不能使酶的活性恢复，必须待新生胆碱酯酶形成才能恢复水解 ACh 的活性，此过程约需数周时间。

【中毒症状】 由于 ACh 的体内作用极其广泛，故中毒症状表现多样化，主要为毒蕈碱样（M 样）和烟碱样（N 样）症状，即为急性胆碱能危象（acute cholinergic crisis）。中毒反应发病时间与有机磷酸种类、剂量和吸收途径密切相关。经皮肤吸收中毒，一般在接触 2～6 小时后发病，口服中毒在 10 分钟～120 分钟内出现症状。一旦中毒症状出现后，病情迅速发展。有机磷酸酯类中毒分为急性中毒和慢性中毒两种：

1. 急性中毒 轻者以 M 样症状为主，中度者可同时出现 M 样和 N 样症状；严重者除 M 样和 N 样症状外，还可出现明显的中枢神经系统症状。

（1）M 样症状：出现最早，主要是胆碱能神经末梢所支配的效应器兴奋所致：①眼：瞳孔括约肌和睫状肌收缩，导致瞳孔缩小，视物模糊。在中毒早期，可能出现瞳孔缩小，但不作为早期诊断的依据；②腺体：唾液腺、汗腺、支气管腺体分泌增多，出现流涎、大汗淋漓和通气障碍；③呼吸系统：支气管平滑肌痉挛，出现呼吸困难，严重者出现肺水肿；④消化系统：胃肠平滑肌兴奋和毒物直接刺激胃黏膜，可引起恶心、呕吐、腹痛、腹泻，大便失禁；⑤泌尿系统：膀胱逼尿肌收缩，引起小便失禁；⑥心血管系统：心率减慢，血管扩张，血压下降。

（2）N样症状：ACh在交感和副交感神经节及神经肌肉接头处过度蓄积和刺激所致。交感和副交感神经节N_1受体激动，在平滑肌、眼睛、腺体的表现似M样症状，在心血管方面由于交感神经的支配占优，引起血压增高、心率加快甚至引起心律失常。骨骼肌运动终板N_2受体激动，表现为肌束颤动，常先从眼睑、颜面等处小肌肉开始，逐渐发展至全身，继而转为肌无力，甚至出现肌麻痹。

（3）中枢神经系统症状：中枢神经系统胆碱酯酶被抑制，使ACh积聚，激动脑内胆碱受体，引起一系列中枢神经系统症状，其中枢症状错综复杂，一般表现为先兴奋后抑制。中枢兴奋症状主要表现有失眠、躁动、不安、幻觉、谵妄，甚至抽搐、惊厥。中枢抑制症状主要表现有头晕、乏力、嗜睡、共济失调、意识模糊、反射消失，甚至昏迷。严重中毒晚期，可出现心血管运动中枢和呼吸中枢抑制，甚至导致循环衰竭和呼吸停止。急性有机磷酸酯类中毒死亡可发生在5分钟至24h内，取决于摄入体内的毒物种类、量、途径及其他因素等，死亡的主要原因为呼吸衰竭及继发性心血管功能障碍。

2. 慢性中毒 多发生于多发生在从事有机磷酸酯类生产的工人或长期接触有机磷酸酯类的人员，其突出表现为血浆AChE活性持续下降，而临床症状不明显。主要症状有头痛、头晕、视力模糊、记忆力减退、思想不集中、腹胀、多汗、失眠、乏力等，类似于神经衰弱综合征。偶见肌束颤动和瞳孔缩小等。慢性中毒用阿托品、胆碱酯酶复活药治疗效果差，主要采取对症治疗和预防措施，如避免与有机磷酸酯类长期接触，加强劳动保护等。

3. 迟发性神经损害 部分有机磷酸酯类严重中毒者，在急性中毒症状消失后数周乃至月余可发生迟发性神经损害，主要累及肢体末端，由于神经轴突的脱髓鞘变性，可出现进行性上肢或下肢麻痹，其产生机制不明，目前认为可能与胆碱酯酶抑制作用无直接关系。

4. 中间型综合征 在急性中毒症状缓解后和迟发性神经病发病前，一般在急性中毒后24～96小时突然发生死亡，称“中间型综合征”。其发病机制与AChE受到长期抑制、影响神经-肌肉接头处突触后的功能有关。死亡前可先有颈、上肢和呼吸肌麻痹。累及颅神经者，出现眼睑下垂、眼睛外展障碍和面瘫。

【中毒诊断及预防】

1. 诊断 根据毒物接触史、临床体征及测定红细胞和血浆中的AChE活性，一般能明确诊断。AChE活性在正常人群中差异极大，但有机磷酸酯类中毒者在症状未出现前AChE的活性已明显降低。

2. 预防 按照预防为主的方针，严格执行农药生产、管理制度，并加强农药生产人员及使用人员的劳动保护措施及安全知识教育。

【急性中毒的解救原则】

1. 清除毒物 发现中毒时，应立即将患者移出中毒场所，去除污染的衣物。为防止毒物再吸收，经皮肤吸收者，应用温水或肥皂水清洗染毒皮肤；对经消化道中毒者，一般可用2%碳酸氢钠或1%盐水反复洗胃，然后再用硫酸镁导泻。美曲膦酯口服中毒时，不能用碱性溶液洗胃，因在碱性环境中美曲膦酯可转变成敌敌畏而增加毒性。眼部染毒，可用2%碳酸氢钠溶液或0.9%生理盐水冲洗。

2. 对症治疗 维持患者的呼吸功能，采取吸氧、人工呼吸、补液等；维持病人的循环功能，使用升压药抗休克；地西泮抗惊厥，对昏迷的病人预防感染等。此外，须及早、反复地注射阿托品以缓解中毒症状，剂量视病情轻重而定。

阿托品（atropine）：为治疗急性有机磷酸酯类中毒特效、高效解毒药物。能迅速解除有机磷酸酯类中毒的M样症状，使瞳孔扩大、平滑肌松弛；抑制多种腺体分泌、加快心率等；也能解除一部分中枢神经系统中毒症状，使昏迷病人苏醒。此外，大剂量阿托品还具神经节阻滞作用，从而对抗有机磷酸酯类的兴奋神经节的作用。但阿托品对N_2受体无效，故对肌束颤动、肌无力症状无改善；阿托品须及早、足量、反复地使用。开始时可用阿托品2～10mg静脉注射，亦可肌内注射。如无效，可每隔10～30分钟注射2mg，直至M胆碱受体兴奋症状消失或出现阿托品轻度中毒症状（阿托品化）。阿托品第1天用量超过200mg，即达到阿托品化，并维持48小时。对中度或重度中毒患者，必须采用阿托品与胆碱酯酶复活药联合应用的治疗措施。但在两药合用的患者，当AChE复活后，机体对阿托品的敏感性增加，易发生阿托品中毒。因此，两药合用时，应适当减少阿托品的剂量。

3. 应用胆碱酯酶复活药 应及时、足量使用胆碱酯酶复活药以恢复胆碱酯酶的活性。详见第三节

4. 慢性中毒的治疗 对慢性中毒者，目前尚无特殊治疗方法，使用阿托品和解磷定类药物疗效并不理想。对生产工人或经常接触者，当血中胆碱酯酶活性下降至50%以下时，应暂时脱离与有机磷酸酯类的接触，以免产生急性中毒。

第三节 胆碱酯酶复活药

胆碱酯酶复活药（cholinesterase reactivators）是一类能使被有机磷酸酯类抑制的AChE恢复活性的药物。这些药物都是肟类（=NOH）化合物，它不但能使单用阿托品所不能控制的有机磷酸酯类严重中

毒病例得到解救，而且也可显著缩短一般中毒的病程。常用药物有碘解磷定(pralidoxime iodide)和氯解磷定(pralidoxime chloride)等。

氯解磷定(pralidoxime chloride)

【体内过程】 氯解磷定水溶性高，溶液较稳定，肌内注射易吸收，迅速分布至全身。在肝代谢，肾排泄较快，体内无积蓄作用。因 $t_{1/2}$ 小于 1h，故临床需多次重复给药。

【药理作用】 有机磷酸酯类与胆碱酯酶结合形成磷酰化胆碱酯酶，使酶活性受抑制，失去水解 ACh 的能力，导致体内 ACh 堆积，产生中毒症状。氯解磷定复活胆碱酯酶的机制：①氯解磷定通过静电引力与磷酰化胆碱酯酶分子中的阴离子部位相结合，形成氯解磷定和磷酰化胆碱酯酶复合物，继而导致复合物裂解形成磷酰化氯解磷定和游离的胆碱酯酶，酶活性恢复，无毒的磷酰化氯解磷定由尿排出；②氯解磷定与体内游离的有机磷酸酯类结合，形成磷酰化氯解磷定，从而阻止游离的有机磷酸酯类进一步与胆碱酯酶结合；③氯解磷定还可直接与胆碱酯酶结合，从而减少有机磷酸酯类与胆碱酯酶的结合。

【临床应用】 由于氯解磷定不能直接对抗体内积聚的 ACh 的作用，故应与阿托品合用于中度和重度有机磷酸酯类中毒的解救，可静脉、肌内或皮下注射给药。氯解磷定的酶复活作用在神经肌肉接头处最明显，可迅速制止肌束震颤，对自主神经系统功能恢复较差，对中枢神经系统的中毒症状也有一定的改善作用。对体内堆积的 ACh 无直接对抗作用，故应与阿托品联合应用，及时控制症状。对已“老化”的磷酰化胆碱酯酶无效或疗效差，因此，用药的原则应及早、反复、适量。该药解毒效果因有机磷酸酯类不同而异，对内吸磷、马拉硫磷和对硫磷中毒的疗效较好；对美曲膦酯、敌敌畏中毒疗效稍差；对乐果中毒无效，因乐果中毒时所形成的磷酰化胆碱酯酶比较稳定，几乎是不可逆的，而乐果乳剂中含有苯，往往同时伴有苯中毒，故抢救乐果中毒应以阿托品为主。

【不良反应】 有恶心、呕吐、心动过速等。静脉注射速度过快(每分钟超过 500mg)或剂量超过 2g/次时，由于药物本身的神经肌肉阻断作用和抑制 AChE 的作用，可产生轻度乏力、头痛、眩晕、视力模糊、复视、恶心、呕吐和心率加快等症状。因为高浓度的碘解磷定本身也可抑制 AChE 加重有机磷酸酯类的中毒，产生神经肌肉阻滞作用，甚至导致呼吸抑制。

碘解磷定(pralidoxime iodide，PAM，派姆)

为最早应用的胆碱酯酶复活药，水溶性较低，水溶液不稳定，在碱性液体中易被破坏，久置可释放出碘而失效。药理作用和临床应用与氯解磷定相似，因含碘，局部刺激性大，仅能静脉给药，不良反应较多，故目前已较少应用。有刺激性，药液漏出可致剧痛，有时可致腮腺肿大，对碘过敏患者禁用。

Summary

- Acetylcholinesterase (AChE) is an extremely active enzyme that terminates the action of acetylcholine by hydrolyzing acetylcholine to choline and acetic acid. Anticholinesterase agents exert their effects by inhibiting acetylcholinesterase and thereby increasing the concentration of endogenous acetylcholine in the vicinity of cholinoceptors.
- All of anticholinesterase agents can be classified as reversible (eg. neostigmine, physostigmine, etc) and irreversible (organophosphate) AChE inhibitors depending on the duration of action.
- Reversible AChE inhibitors (neostigmine) also have direct actions at nicotinic receptors and are available for the treatment of myasthenia gravis. The major source of organophosphates is pesticide use in agriculture and in the home. So these drugs may cause intoxication in human. Cholinesterase reactivators (eg, pralidoxime) are available for the treatment of organophosphorus inhibitor poisoning with atropine.

(张丹参)

第八章　胆碱受体阻断药

问题

1. 急性有机磷农药中毒的病人除采取洗胃及应用解磷定等治疗措施外，还要静脉注射阿托品，应用阿托品的目的以及如何正确使用？

2. 感染中毒性休克的病人，可用山莨菪碱或阿托品抢救，其用药的依据是什么？

3. 胆绞痛或肾绞痛的病人，可以应用药物哌替啶和阿托品治疗，为什么在用镇痛药哌替啶时要合用阿托品？

胆碱受体阻断药(cholinoceptor blocking drugs)是一类能与胆碱受体结合而不产生或较少产生拟胆碱作用，却能妨碍乙酰胆碱或胆碱受体激动药与胆碱受体结合，从而产生抗胆碱作用的药物。按其对 M 和 N 胆碱受体选择性不同，可分为 M 胆碱受体阻断药和 N 胆碱受体阻断药。N 胆碱受体阻断药又分为 N_1 胆碱受体阻断药(又称为神经节阻断药)、N_2 胆碱受体阻断药(又称为骨骼肌松弛药)。

第一节　M 胆碱受体阻断药

M 胆碱受体阻断药又称为平滑肌解痉药，能阻断乙酰胆碱或胆碱受体激动药与 M 胆碱受体的结合，发挥抗 M 样作用，表现为平滑肌松弛、腺体分泌抑制、瞳孔开大和心率增快等。本类药物均为竞争性拮抗药，分为阿托品及其类似生物碱和阿托品的合成代用品，以阿托品为代表。

一、阿托品和阿托品类生物碱

【来源与化学】 这类药物是托品酸和有机碱结合而成的有机酯类，包括阿托品、东莨菪碱、山莨菪碱(654-2)和樟柳碱等。多从茄科植物中提取，其来源见表 8-1。天然存在于植物中的是不稳定的左旋莨菪碱，在提取过程中可得到稳定的消旋莨菪碱(dl-hyoscyamine)，即为阿托品。东莨菪碱为左旋体，其作用较右旋体强许多倍，结构中 6、7 位碳原子上有氧桥(图 8-1)，其中枢镇静作用加强，为本类中枢镇静作用最强的药物。阿托品和山莨菪碱无氧桥存在，中枢作用弱。

【体内过程】 天然生物碱和大多数的叔胺类 M 胆碱受体阻断药极易由肠道吸收，并可透过眼结膜。阿托品口服吸收迅速，1 小时后血药浓度达峰值，生物利用度为 50%，阿托品亦可经黏膜吸收，但皮肤吸收差，季胺类 M 胆碱受体阻断药肠道吸收差，口服吸收量仅为用药量的 10%～30%。吸收后迅速广泛分布于全身组织，可透过血脑屏障，也能通过胎盘进入胎儿循环；尤其是东莨菪碱可迅速、完全地进入中枢神经系统，其中枢作用强于其他药物。而季胺类药物较难通过血脑屏障，中枢作用较弱。阿托品可在体内迅速消除，其 $t_{1/2}$ 为 2～4 小时，其中有 50%～60%的药物以原形经尿排泄，其余为水解物和葡萄糖醛酸结合的代谢产物从尿排出。阿托品用药后，对副交感神经功能的拮抗作用可维持 3～4 小时，但对眼(虹膜和睫状肌)的作用可持续 72 小时或更久，与药物通过房水消除较慢有关。

表 8-1　阿托品类生物碱及其来源

植物名称	主要生物碱
颠茄(atropa belladonna)	莨菪碱
曼陀罗(datura stramonium)	莨菪碱
洋金花(datura sp.)	东莨菪碱
莨菪(hyoscyamus niger)	莨菪碱
唐古特莨菪(scopolia tangutica)	山莨菪碱

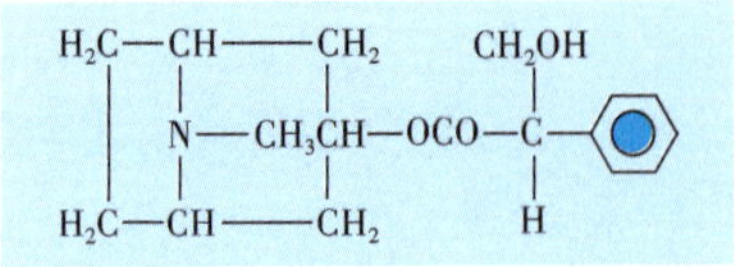

阿托品

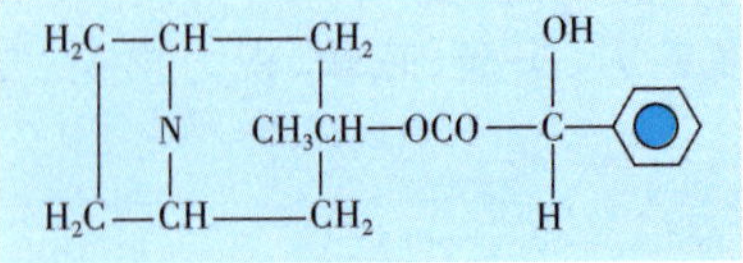

后马托品

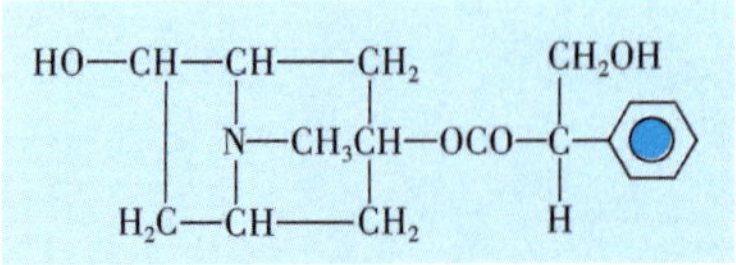

山莨菪碱

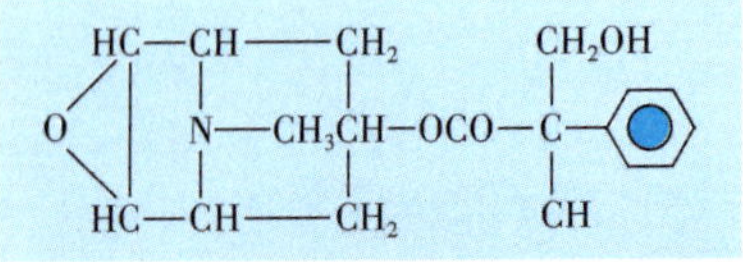

东莨菪碱

图 8-1　阿托品类生物碱的化学结构

阿　托　品

【药理作用】　阿托品(atropine)是M胆碱受体的竞争性拮抗药，竞争性阻断ACh或胆碱受体激动药与M受体的结合，发挥抗M样作用。阿托品对M胆碱受体有较高的选择性，但大剂量时对神经节N_1受体亦有阻断作用。阿托品对M胆碱受体亚型选择性低，对M_1、M_2、M_3胆碱受体均有阻断作用。阿托品作用广泛，不同器官对其敏感性亦不同，随剂量增加，可依次出现腺体分泌减少，瞳孔扩大和调节麻痹，膀胱和胃肠道平滑肌兴奋性降低，心率加快，中毒量则出现中枢作用。阿托品的药理作用与剂量关系见表8-2。

表8-2　阿托品作用与剂量关系

剂量	作用
0.5mg	轻度心率减慢、轻度口干、汗腺分泌减少
1.0mg	口干、口渴感，心率加快(有时心率可先减慢)，轻度扩瞳
2.0mg	心率明显加快，心悸，明显口干，扩瞳、调节麻痹
5.0mg	上述所有症状加重，说话和吞咽困难，不安、疲劳，头痛，皮肤干燥、发热，排尿困难，肠蠕动减少
10.0mg	上述所有症状加重，脉细速，瞳孔极度扩大，极度视力模糊，皮肤红、热、干，运动失调，不安、激动、幻觉，谵妄和昏迷

1. 腺体　阿托品阻断M胆碱受体，从而抑制腺体分泌。唾液腺(其分泌为M_3胆碱受体支配)、汗腺对阿托品最敏感，治疗量(0.3～0.5mg)即可明显地抑制唾液腺及汗腺分泌而引起口干和皮肤干燥，大剂量时还可因抑制出汗而升高体温；在婴儿和儿童，中等剂量的阿托品就可引起“阿托品热”，阿托品中毒的婴儿体温可高达43℃。同时泪腺和呼吸道腺体分泌也减少；较大剂量虽可抑制胃酸的分泌，但对胃酸分泌的影响较小，因胃酸分泌还受组胺、胃泌素等体液因素的调节。

2. 眼　阿托品对眼的作用与毛果芸香碱相反(图8-2)。无论局部滴眼或全身给药，由于阿托品可阻断瞳孔括约肌与睫状肌上的M胆碱受体，使瞳孔括约肌与睫状肌松弛，出现扩瞳、眼内压升高和调节麻痹(mydriasis and cycloplegia)。

(1) 扩瞳：阿托品能阻断瞳孔括约肌上的M胆碱受体，使去甲肾上腺素能神经支配的瞳孔开大肌功能占优势，使瞳孔扩大。

(2) 眼内压升高：由于瞳孔扩大，使虹膜退向四周外缘，因而前房角间隙变窄，阻碍房水回流入巩膜静脉窦，使房水积聚而造成眼内压升高。因此，青光眼患者禁用。

(3) 调节麻痹：阿托品阻断睫状肌的M胆碱受体，使睫状肌松弛而退向外缘，悬韧带拉紧，晶状体变为扁平，屈光度降低，不能将近距离的物体清晰地成像于视网膜上，看近物模糊不清，只适合看远物，这一作用称为调节麻痹。

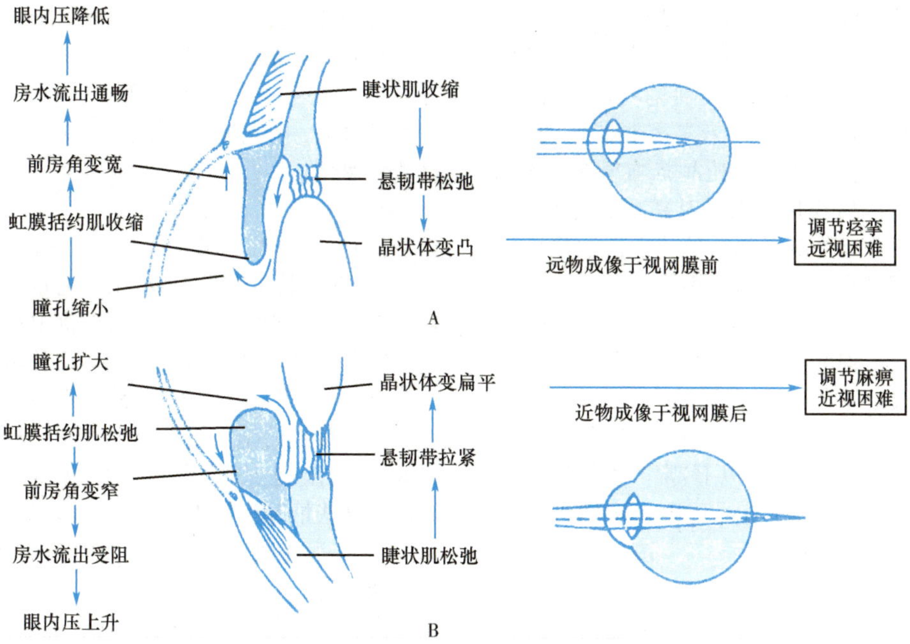

图8-2　拟胆碱药与抗胆碱药对眼睛作用比较(箭头表示房水流通的方向)

A：拟胆碱药的作用，B：抗胆碱药的作用

3. 平滑肌　阿托品能松弛许多内脏平滑肌。其作用强度与平滑肌的功能状态有关，即对正常活动的平滑肌影响较小，而对过度活动或痉挛的内脏平滑肌松弛作用较显著。另外，阿托品的解痉作用随器官的不同而有差异，抑制胃肠道平滑肌痉挛的作用最明显，其缓解胃肠绞痛疗效最好；对输尿管和膀胱逼尿肌的解痉作用次之，其作用可能涉及许多 M 胆碱受体亚型，其中 M_2 胆碱受体可能最为重要，M_3 胆碱受体可能与膀胱逼尿肌收缩有关；对胆道平滑肌的解痉作用最弱，胆绞痛疗效较差；而对人子宫平滑肌无明显作用。

4. 心血管系统

（1）心脏：①治疗量（0.4～0.6 mg）的阿托品可使部分病人出现心率短暂性轻度减慢，一般每分钟可减少 4～8 次。这种心率减慢并不伴有血压与心输出量的变化。研究发现，选择性 M_1 胆碱受体阻断药哌仑西平也有减慢心率作用，如先用哌仑西平后再用阿托品，则阿托品减慢心率作用消失，提示阿托品的减慢心率作用是由于它阻断了副交感神经节后纤维上的 M_1 胆碱受体（即突触前膜 M_1 胆碱受体），从而减少了突触中 ACh 对递质释放的抑制作用所致。而较大剂量（1～2mg）时，由于阿托品阻断窦房结的 M_2 胆碱受体，因而解除迷走神经对心脏的抑制作用，可使心率加快，加快心率的程度取决于迷走神经张力，在迷走神经张力高的青壮年，心率加快明显，而阿托品对运动状态，婴幼儿和老年人的心率影响小。②房室传导　阿托品能拮抗迷走神经过度兴奋所致的传导阻滞和心律失常。阿托品可缩短房室结的有效不应期，从而增加房扑或房颤患者的心室率。

（2）血管和血压：治疗剂量的阿托品对血管和血压无显著影响，主要原因为大多数血管缺少胆碱能神经支配。大剂量的阿托品可引起皮肤血管扩张，表现为皮肤潮红、温热，尤以面颊部较为显著。在病理情况下，当微循环小血管痉挛时，大剂量阿托品有明显的解痉作用，可以改善微循环，恢复重要器官的血流供应，缓解组织缺氧状态。阿托品扩血管的机制未明，但与其抗 M 胆碱作用无关。其扩血管作用机制可能是阿托品所引起体温升高后的代偿性散热反应，也可能是阿托品的直接扩血管作用。

5. 中枢神经系统　治疗量（0.5～1.0mg）阿托品可轻度地兴奋迷走神经中枢，使呼吸速率加快；较大治疗剂量 1～2mg 可轻度兴奋延脑和大脑；2～5mg 时，中枢兴奋作用明显增强，可出现焦躁不安，多言，谵妄等症状；中毒剂量（10mg 以上）常产生幻觉，定向障碍，运动失调和惊厥等。有时可由兴奋转入抑制，出现昏迷，呼吸麻痹而死亡。

【临床应用】

1. 解除平滑肌痉挛　适用于缓解各种内脏绞痛，对胃肠绞痛及膀胱刺激症状如尿频、尿急等，疗效较好。对胆绞痛、肾绞痛疗效较差，故常与镇痛药哌替啶合用，以增强疗效。另外利用阿托品松弛膀胱逼尿肌的作用可增加膀胱容量，减少排尿次数，用于治疗儿童遗尿症。

2. 抑制腺体分泌　用于全身麻醉前给药，可减少唾液腺和呼吸道腺体的分泌，防止分泌物阻塞呼吸道发生吸入性肺炎。也可用于严重盗汗（如肺结核）和流涎症（如金属中毒和帕金森病）。

3. 眼科

（1）虹膜睫状肌炎：常用 0.5%～1%阿托品溶液滴眼治疗虹膜睫状肌炎，利用其松弛虹膜括约肌及睫状肌作用，使炎症组织充分休息，以利于消炎和止痛。由于瞳孔扩大，还可与缩瞳药毛果芸香碱交替使用，以预防虹蟆和晶状体粘连及发生瞳孔闭锁。

（2）验光配镜：阿托品滴眼可使睫状肌松弛，具有调节麻痹作用，晶状体固定，以便准确地测定晶状体的屈光度。但阿托品对眼作用持续时间较长，现已少用，已被作用时间较短的后马托品取代。目前儿童验光时仍用之，因儿童的睫状肌调节功能较强，须用阿托品发挥其充分的调节麻痹作用。

（3）检查眼底：阿托品滴眼利用其扩瞳作用用于检查眼底。现已被作用时间较短的后马托品取代。

4. 治疗缓慢型心律失常　用于迷走神经过度兴奋所致的窦性心动过缓、窦房阻滞、房室传导阻滞等缓慢型心律失常。在急性心肌梗死时，常伴有窦性或房室结性心动过缓、房室传导阻滞，阿托品可使心率恢复正常，改善患者临床症状。但应注意阿托品用量过大可使心率加快，心肌耗氧量增加，引发室颤的危险。

5. 抗休克　常用于治疗严重感染所引起的感染中毒性休克。大剂量阿托品可解除小动脉痉挛，扩张外周血管，改善微循环，增加重要器官的血流灌注，若同时补充血容量，则更利于休克的治疗。但对休克伴有高热或心率过快者，不宜用阿托品。由于阿托品用药剂量过大，中枢兴奋等副作用较多，故目前多用山莨菪碱取代。

6. 解救有机磷酸酯类中毒　可解除有机磷酸酯类中毒时的 M 样中毒症状。与胆碱酯酶复活药合用，可发挥挽救生命的疗效（见第七章）。另有报道莨菪类也可以抢救河豚鱼中毒及毒蕈中毒。

【不良反应和防治】　由于阿托品选择性不高，作用广泛，当利用某一作用时，其他作用就成了副作用。治疗量下常见的副作用有口干、视力模糊、心动过速、皮肤潮红等。上述症状在停药后可消失，故无需特殊处理。这些情况应预先告诉病人，以免造成不安。随剂量加大，其不良反应可逐渐加重，出现高热，呼吸加快，烦躁不安，幻觉等中枢中毒症状，严重者可由中枢先兴奋转入抑制，出现昏迷及呼吸麻痹。阿托品的最低致死量成人为 80～130mg，儿童约为 10mg。中毒的解救主要是对症处理，可采取洗胃导泻等措施，以促进毒物排出，可用毛果芸香碱、新斯的明等拟胆碱药对抗阿托品类的外周作用。中枢兴奋症状可用地西泮或短效巴比妥类治疗，但剂量不宜过大，避免与阿托品的中枢抑制作用产生协同。

【禁忌证】 青光眼、前列腺肥大者(后者是因为阿托品能使尿道括约肌收缩而加重排尿困难)禁用，心肌梗死、心动过速患者及老年人慎用。

表 8-3 阿托品作用、用途及不良反应

作用	用途	不良反应
解除平滑肌痉挛(如膀胱逼尿肌)	内脏绞痛	尿潴留
抑制腺体(汗腺、唾液腺)分泌	全麻前给药，严重盗汗、流涎	口干，皮肤干燥，体温↑
扩瞳，调节麻痹	虹膜睫状肌炎 验光配镜(儿童)	视力模糊、远视，青光眼禁用
解除迷走神经对心脏的抑制	缓慢型心律失常、抗休克	心率↑、心悸
中枢先兴奋，后抑制	有机磷酸酯类中毒时改善中枢症状	烦躁、昏迷

山莨菪碱

山莨菪碱(anisodamine)是我国从茄科植物唐古特莨菪中提取的一种左旋生物碱，简称 654，其人工合成的为消旋品，称 654-2。

本品具有明显的外周抗胆碱作用。抑制腺体分泌及扩瞳的作用仅为阿托品的 1/20～1/10；对抗 ACh 所致的平滑肌痉挛和抑制心血管的作用与阿托品相似而稍弱。解除小血管痉挛、改善微循环的作用较强。不易通过血脑屏障，故中枢兴奋作用较弱。另外山莨菪碱还具有抑制血栓素 A_2(TXA_2)的合成，因而抑制血小板和粒细胞聚集，保护血小板功能及增加肺循环的血流速度，减轻支气管黏膜水肿，增加 cAMP/cGMP 比值而发挥平喘作用。

本品因脂溶性低口服吸收较差，一般采用注射给药。和阿托品相比，其毒性较低，解痉作用的选择性相对较高，可替代阿托品用于严重感染所致的感染中毒性休克及内脏平滑肌绞痛。也可用于弥散性血管内凝血(DIC)，血栓性静脉炎，冠状动脉疾病及支气管哮喘持续状态的治疗。不良反应和禁忌证与阿托品相似。

东莨菪碱

东莨菪碱(scopolamine)是从茄科植物洋金花、莨菪等植物中提取的一种左旋生物碱。对中枢神经的抑制作用较强，在治疗剂量即可引起中枢神经系统抑制，小剂量镇静，较大剂量催眠，表现为困倦、遗忘、疲乏、少梦、快速动眼睡眠(REMS)时相缩短等，此外尚有欣快作用，因此易造成药物滥用。个别病人，尤其是伴有严重疼痛者，大剂量东莨菪碱可产生激动、不安、幻觉或谵妄等类似阿托品的中枢兴奋症状。兴奋过后病人即进入睡眠状态。东莨菪碱外周作用与阿托品相似，但抑制腺体分泌作用较阿托品强，扩瞳及调节麻痹作用较阿托品稍弱，而对心血管系统及胃肠道平滑肌作用较弱。

东莨菪碱主要用于麻醉前给药，因其不仅能抑制腺体分泌，而且具有中枢抑制作用，因此优于阿托品。可用于晕动病治疗，防晕机制可能与其抑制前庭神经内耳功能或大脑皮层功能以及抑制胃肠道运动有关，与 H_1 受体阻断药苯海拉明合用能增加疗效。本品以预防给药效果较好，若已出现晕动病的症状如恶心、呕吐等再用药时则疗效差。也可用于妊娠呕吐及放射病呕吐。此外，东莨菪碱对帕金森病也有一定疗效，可改善患者的流涎、震颤和肌肉强直等症状，可能与其中枢抗胆碱作用有关。我国中药麻醉的主药洋金花，其主要成分即为东莨菪碱，因此可用东莨菪碱来代替洋金花进行中药麻醉。禁忌证同阿托品(表 8-4)。

表 8-4 常用阿托品类生物碱的药理作用

药物	药理作用			临床应用
	解痉	抑制腺体分泌、扩瞳	中枢	
阿托品	+++	++	++	内脏绞痛，眼科、麻醉前给药，抗休克，抗缓慢型心律失常，解救有机磷酸酯类中毒
山莨菪碱	++	+	−	感染中毒性休克，内脏绞痛，血管神经性头痛，眩晕
东莨菪碱	+	+++	+++	麻醉前给药，防晕止吐

注：−、+、++、+++ 分别表示无作用，作用弱、中、强

二、阿托品的合成代用品

阿托品的副作用较多，用于眼科作用时间太持久，影响了正常视力的恢复；用于解痉时其选择性差。为克服阿托品类不良反应较多的缺点，提高疗效，通过药物化学结构的修饰，合成了一些选择性较高、副作用较小的合成代用品。主要为三类：扩瞳药、解痉

药和选择性 M 受体阻断药(表 8-5,表 8-6)。

(一) 合成扩瞳药

临床常用的合成扩瞳药有后马托品(homatropine)、尤卡托品(eucatropine)、环喷托酯(cyclopentolate)、托吡卡胺(tropicamide)。均为短效 M 受体阻断药。其扩瞳作用维持时间较短,适用于检查眼底和验光配镜。

表 8-5 阿托品类生物碱对眼作用的比较

药物	浓度(%)	扩瞳作用		调节麻痹作用	
		高峰(min)	消退(d)	高峰(h)	消退(d)
硫酸阿托品	1.0	30~40	7~10	1~3	7~12
后马托品	1.0~2.0	40~60	1~2	0.5~1	1~2
尤卡托品	2.0~5.0	30	1/12~1/4	无作用	
环喷托酯	0.5~1.0	30~50	1	1	0.25~1
托吡卡胺	0.5~1.0	20~40	0.25	0.5	0.5<0.25

(二) 合成解痉药

1. 季胺类解痉药 此类解痉药与阿托品类的叔胺类解痉药比较,有以下特点:①脂溶性低,口服吸收差;②不易通过血脑屏障,对中枢神经系统作用小;③对胃肠道解痉作用较强,并有不同程度的神经节阻断作用,可致直立性低血压、阳痿等不良反应;中毒量可出现箭毒样神经肌肉阻断作用,引起呼吸麻痹。

2. 叔胺类解痉药 叔胺类的阿托品及颠茄制剂是缓解消化性溃疡症状的重要药物,能解除胃肠平滑肌的痉挛,从而消除绞痛。但是常产生口干、视力模糊等副作用。现有的阿托品代用品的作用性质、副作用、禁忌证与阿托品相似,仅有量上的差别。

本类药物均含叔胺基团,有以下特点:①脂溶性高,口服易吸收;②易通过血脑屏障,故有中枢作用;③具有阿托品样胃肠解痉作用,还可抑制胃酸分泌。

3. 选择性 M 受体阻断药 详见作用于消化系统的药物(第三十章)

表 8-6 合成解痉药

分类	药物	药理作用	临床应用	不良反应
季胺类	溴甲阿托品(mebropine,胃疡平)	解除胃肠道痉挛及抑制胃酸分泌作用较强	胃及十二指肠溃疡,胃酸过多,胃炎,痉挛性大肠炎	较少,敏感者可见口干、排尿困难、便秘
	溴丙胺太林(propantheline,普鲁本辛)	对胃肠道 M 胆碱受体选择性较高,抑制胃肠道平滑肌作用较强而持久,抑制腺体分泌,不易通过血脑屏障,中枢作用弱	胃,十二指肠溃病,胃肠痉挛,胃炎,胰腺炎,多汗症,妊娠呕吐	口干、视力模糊、排尿困难、心悸、便秘、头痛等
叔胺类	地美戊胺(dimevamide,胃胺、胃安)	强度与阿托品相似,作用快,易透过血脑屏障	胃溃疡、胃酸过多、急性胃炎、幽门痉挛等	口干、视力模糊
	贝那替嗪(beactyzine,胃复康)	除上述作用外,尚具安定作用	伴有焦虑症的溃疡患者	
M_1 胆碱受体阻断药	哌仑西平(pirenzepine,吡疡平)	选择性阻断胃壁细胞上的 M_1 胆碱受体,抑制胃酸分泌	胃十二指肠溃疡、急性胃黏膜出血及胃泌素瘤	青光眼及前列腺肥大患者慎用

第二节 N 胆碱受体阻断药

一、神经节阻断药

【药理作用和机制】 神经节阻断药(ganglionic blocking drugs)能选择性地与神经节细胞的 N_1 胆碱受体结合,竞争性地阻断 ACh 与受体结合,使 ACh 不能引起神经节细胞除极化,从而阻断了神经冲动在神经节中的传递。

这类药物对交感神经节和副交感神经节都有阻断作用,因此其综合效应常视两类神经对该器官支配以何者占优势而定。如交感神经对血管支配占优势,故用药后对血管主要为扩张作用,尤其对小动脉,使血管床血流量增加,加之静脉也扩张,回心血量减少及心输出量降低。结果使血压明显下降,尤其以坐位或立位时血压下降显著。又如在胃肠道、眼、膀胱等平滑肌和腺体则以副交感神经占优势,因此用药后常出现便秘、扩瞳、口干、尿潴留等。

【临床应用】 可用于麻醉时控制血压,以减少手术区出血。也可用于主动脉瘤手术，用以降压和控制因手术剥离而撕拉组织所造成交感神经反射，使病人血压不致明显升高。偶用于其他降压药无效的急进型高血压脑病和高血压危象患者。除美卡拉明（美加明 mecamylamine）和樟磺咪芬（trimetaphan camsilate）外，其他药物已基本不用。

二、骨骼肌松弛药

骨骼肌松弛药（skeletal muscular relaxants）是一类作用于神经肌肉接头后膜的 N_2 胆碱受体，产生神经肌肉阻滞的药物，故亦称为神经肌肉阻滞药（neuromuscular blocking agents）。根据它们的作用方式和特点，分为两类，即除极化型肌松药（depolarizing muscular relaxants）和非除极化型肌松药（nondepolarizing muscular relaxants）。

（一）除极化型肌松药

这类药物与神经肌肉接头后膜的 N_2 胆碱受体结合，产生与 ACh 相似但较持久的除极化作用，在去极化开始时骨骼肌可有短暂的肌束颤动，而后即长期处于不应期状态，经过一段时间后，运动终板的极化状态虽可以恢复，但仍不能对乙酰胆碱起反应，只有在药物的作用完全消失后，对乙酰胆碱的敏感性才能逐渐恢复。此时神经肌肉的阻滞方式已由除极化（第 1 相）转变为非除极化（第 2 相），此二相作用的结果使神经肌肉的化学传递出现较短时间的阻断，从而使骨骼肌松弛。药物使骨骼肌松弛的特点为：①最初可出现短时肌束颤动，与药物对不同部位的骨骼肌除极化出现的时间先后不同有关；②连续用药可产生快速耐受性；③抗胆碱酯酶药不仅不能拮抗其肌松作用，反能加强之；④治疗剂量并无神经节阻断作用。

目前临床应用的除极化型肌松药只有琥珀胆碱，作用机制见图 8-3。

琥珀胆碱

琥珀胆碱（suxamethonium，succinylcholine）又称司可林（scoline），由琥珀酸和两个分子的胆碱组成。

【体内过程】 琥珀胆碱进入体内后即可被血液和肝脏中的假性胆碱酯酶迅速水解为琥珀酰单胆碱，肌松作用明显减弱，然后可进一步水解为琥珀酸和胆碱，肌松作用完全消失。约 2% 药物以原形经肾排泄，其余以代谢产物的形式从尿液中排出。

【药理作用】 静脉注射 10～30mg 琥珀胆碱后，即可见短暂的肌束颤动，尤以胸腹部肌肉明显。1 分钟后即转为松弛，通常从颈部肌肉开始，逐渐波及肩胛、腹部和四肢。2 分钟时作用达高峰，5 分钟内作用消失。肌松部位以颈部和四肢肌肉最明显，面、舌、咽喉和咀嚼肌次之，呼吸肌无力作用不明显，肺通气量仅降低 25%。

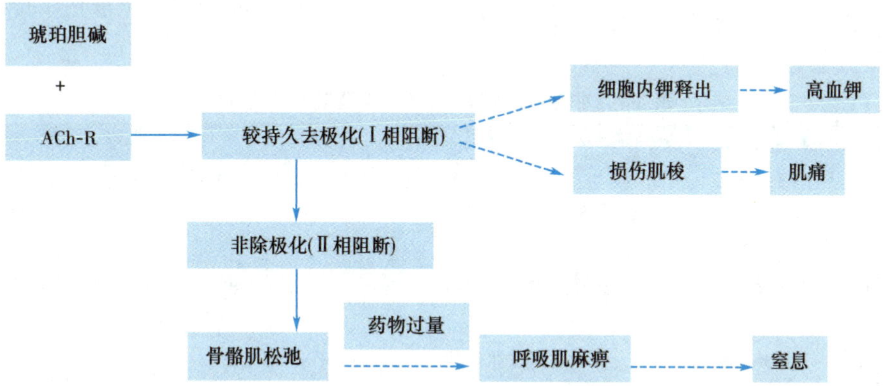

图 8-3 除极化型肌松药作用机制

【临床应用】 静脉注射作用快而短暂，对喉肌的麻痹力强，故适用于气管内插管、气管镜、食管镜检查等短时操作。静脉滴注也可用于较长时间手术。本药可引起强烈的窒息感，故对清醒患者禁用，可先用硫喷妥钠行静脉麻醉后，再给琥珀胆碱。成人短时外科手术，常用剂量为静脉注射 0.2～1.0mg/kg，为延长肌松时间，可用 5% 葡萄糖配制为 0.1% 溶液静脉滴注，速度为每分钟 20～40μg/kg，可维持肌松作用。由于该药个体差异较大，必须根据病人的反应情况控制滴速，以达满意的肌松效果。

【不良反应】

1. 窒息　过量可致呼吸肌麻痹，严重窒息可见于遗传性胆碱酯酶活性低下者，用时需备有人工呼吸机。

2. 肌束颤动　其主要危害是损伤肌梭，引起肌肉酸痛甚至形态和结构的改变。此反应一般 3～5 天可自愈。

3. 血钾升高　由于肌肉持久性除极化而释放钾离子，使血钾升高。故在烧伤、广泛软组织损伤、偏瘫及脑血管意外等疾患存在时，应禁用本药，以免产生高血钾症性心脏骤停。

4. 其他　尚有增加腺体分泌、促进组胺释放等作用。特异质反应尚可表现为恶性高热。

【药物相互作用】 本品在碱性溶液中可分解，故不宜与硫喷妥钠混合使用。凡可降低假性胆碱酯酶活性的药物都可使其作用增加，如胆碱酯酶抑制药、环磷酰胺、氮芥等抗肿瘤药、普鲁卡因、可卡因等局麻药。有的氨基糖苷类抗生素如卡那霉素及多粘菌素B也有肌肉松弛作用，与琥珀胆碱合用时，易致呼吸麻痹，应注意。

（二）非除极化型肌松药

此类又称竞争型肌松药（competitive muscular relaxants）。这类药物能与 ACh 神经肌肉接头的 N_2 胆碱受体结合，而本身并不激动受体，从而竞争性阻断 ACh 的除极化作用，使骨骼肌松弛。

本类药物特点为：①骨骼肌松弛前无肌束颤动；②肌松作用可被同类药物增强；③抗胆碱酯酶药可拮抗其肌松作用，故过量时可用适量的新斯的明解救；④兼有程度不等神经节阻断作用和释放组胺作用；⑤吸入性全麻药和氨基糖苷类抗生素能延长和增强此类药物的作用。

本类药物多为天然生物碱及其类似物，按其化学结构可分为苄基异喹啉类和类固醇铵类。属苄基异喹啉类（benzylisoquinolines）药主要有筒箭毒碱、阿曲库铵、多库铵和咪库铵等药；类固醇铵类（ammomosteroids），主要包括潘库铵、哌库铵、罗库铵和维库铵等药。由于体内过程不同，它们在起效时间和维持时间上存在差异，筒箭毒碱为经典药物，但其作用时间较长，用药后作用不易逆转，副作用多，目前临床已少用。

筒箭毒碱

筒箭毒碱（d-tubocurarine）是从美洲生产的植物浸膏箭毒（curare）中提出的生物碱，右旋体具有药理活性。口服难吸收，静脉注射后 3～6 分钟起效，头颈部小肌肉首先受累；然后波及四肢、颈部和躯干的其他肌肉；继之因肋间肌松弛，出现腹式呼吸，如剂量加大，最终可致膈肌麻痹，病人呼吸停止。由于筒箭毒碱的作用维持时间较短，如及时进行人工呼吸，应用新斯的明，可挽救生命。肌肉松弛恢复时，其次序与肌松时相反，即膈肌麻痹恢复最快。

应用药物微离子透入法和单通道膜片钳技术，有助于阐明本药作用机制，即药物与神经肌肉接头的突触后膜 N_2 胆碱受体结合后，可竞争性阻断 ACh 作用，肌细胞对神经末梢释放的 ACh 不敏感，但终极区及肌细胞膜对 K^+ 的去极化仍保持敏感状态，此时如直接电刺激肌纤维也有反应。在筒箭毒碱作用下，突触后终板电位幅度可减少 70%之多，此时不能触发肌肉的动作电位，其单通道开放频率减少。以上资料提示筒箭毒碱具有竞争性阻断药的药理特性。此外，本药因可促进体内组胺的释放，并具有神经节阻断作用，故可造成血压下降。如上所述，本品在临床上已较少应用。

其 他 药 物

这些药物目前已基本上取代了传统的筒箭毒碱，用做麻醉辅助药，详见表 8-7。

表 8-7 非除极化型肌松药分类及其特点比较

药物	分类	药理特性	起效时间(min)	持续时间(min)	消除方式
筒箭毒碱(α-tubocurarine)	天然生物碱(环苄基异喹啉)	长效竞争性肌松药	3～6	80～120	肾脏消除，肝脏清除
阿曲库铵(atracurium)	苄基异喹啉	中效竞争性肌松药	2～4	30～40	霍夫曼降解（Hofmann degradation），血浆胆碱酯酶水解
多库铵(doxacurium)	苄基异喹啉	长效竞争性肌松药	4～6	90～120	肾脏消除，肝脏代谢和清除
米库铵(mivacurium)	苄基异喹啉	短效竞争性肌松药	2～4	12～18	血浆胆碱酯酶水解
潘库铵(panacurium)	类固醇铵	长效竞争性肌松药	4～6	120～160	肾脏消除，肝脏代谢和清除
哌库铵(pipeacurium)	类固醇铵	长效竞争性肌松药	2～4	80～120	肾脏消除，肝脏代谢和清除
罗库铵(roacurium)	类固醇铵	中效竞争性肌松药	1～2	30～40	肾脏消除，肝脏清除
维库铵(veacurium)	类固醇铵	中效竞争性肌松药	2～4	30～40	肾脏消除，肝脏代谢和清除

表 8-8 琥珀胆碱和筒箭毒碱的主要区别

	琥珀胆碱	筒箭毒碱
作用机制	持续兴奋 N_2 受体	竞争性阻断 N_2 受体
临床应用	气管插管，食道镜、气管镜短时检查，静滴也可用于较长手术	主要用于较长时间的手术
作用时间	静脉注射作用仅持续 5 分钟	静脉注射作用可持续 20～40 分钟
不良反应	血钾过高、肌肉酸痛	有神经节阻断和促组胺释放作用：心率减慢、血压下降、支气管痉挛等
中毒解救	不能用新斯的明	可用新斯的明

Summary

- Atropine is highly selective for muscarinic receptors. Its potency at nicotinic receptors is much lower than at muscarinic receptors. But atropine does not distinguish between the M_1、M_2 and M_3 subgroups of muscarinic receptors.
- The effectiveness of antimuscarinic drugs varies with the tissue. The tissues most sensitive to atropine are the salivary, bronchial, and sweat glands. Secretion of acid by the gastric parietal cells is the least sensitive. Smooth muscle autonomic effectors and the heart are intermediate in responsiveness.
- The nicotinic receptors of the ganglia, like those of the skeletal muscle neuromuscular junction, are subject to both depolarizing and nondepolarizing blockade.

（宛　蕾）

第九章　肾上腺素受体激动药

肾上腺素受体激动药(adrenoceptor agonists)是指一类化学结构及药理作用和肾上腺素、去甲肾上腺素相似,能与肾上腺素受体结合并激动受体产生肾上腺素样作用的药物,它们都是胺类,而作用又与兴奋交感神经的效应相似,故又称拟交感胺类(sympathomimetic amines)。交感神经在体内能调节很多器官的功能活动,比如对某些类型平滑肌(如皮肤、肾和黏膜的血管平滑肌)和腺体细胞(如唾液腺和汗腺)有外周兴奋作用,对某些类型平滑肌(如肠壁、支气管和骨骼肌血管平滑肌)有外周抑制作用;兴奋心脏,增加心率和心肌收缩力;代谢作用,如增强肝、肌糖原的分解、促进脂肪组织中游离脂肪酸的释放;内分泌作用,如调节胰岛素、肾和垂体激素的分泌;中枢神经系统作用,如兴奋呼吸,有些药物还能提高觉醒,加强精神活动等;作用于突触前作用,可影响神经递质如去甲肾上腺素和乙酰胆碱的释放,尤其是对心血管系统功能的调节作用尤为重要,因此这一类药物有着广泛的药理效应和临床应用价值。

第一节　构效关系和分类

一、构效关系

肾上腺素受体激动药的基本化学结构是β-苯乙胺,苯环上α与β碳原子和侧链末端氨基均可以被取代,衍化出一大类具有拟交感活性的药物。去甲肾上腺素、肾上腺素、异丙肾上腺素、多巴胺、多巴酚丁胺以及少数其他药物所含苯环的3、4位碳上均有OH取代,由于邻-二羟基苯称为儿茶酚,所以有此结构的拟交感胺类可统称为儿茶酚胺类(catecholamines, CA)(图9-1)。

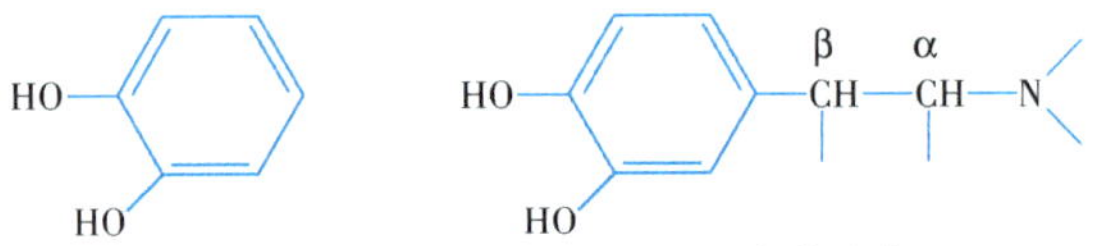

儿茶酚　　β-苯乙胺

图9-1　β-苯乙胺及儿茶酚的结构

(1) 氨基上氢原子被取代:氨基上氢被烷基取代可增加对β受体的活性。比如去甲肾上腺素氨基末端的氢被甲基取代,则为肾上腺素,可增加β_1受体活性,如被异丙基取代,则为异丙肾上腺素,可增加β_1,β_2受体活性。取代基团从甲基到叔丁基,对α受体的作用逐渐减弱,β受体作用却逐渐加强,但去氧肾上腺素除外,虽然氨基上的氢被甲基取代,但由于苯环上缺少4位碳羟基,因此是选择性α受体激动剂。

(2) 苯环上的取代基:肾上腺素、去甲肾上腺素、异丙肾上腺素和多巴胺等在苯环第3、4位碳上都有羟基。它们对外周作用强而中枢作用弱,作用时间短。如果去掉一个羟基氢被甲基取代,其外周作用将减弱,而作用时间延长。如将两个羟基都去掉,则外周作用减弱,中枢作用加强,如麻黄碱。

(3) 烷胺侧链α碳原子上的氢如被甲基取代:可阻碍MAO的氧化,作用时间延长。易被摄取1所摄入,在神经元内存在时间长,从而发挥促进递质释放的作用,如间羟胺和麻黄碱。

(4) 烷胺侧链α碳原子上的氢如被羟氧基取代:可直接激活肾上腺素受体,也可增加神经递质在突触小泡的储存时间。

(5) 烷胺侧链β碳原子上有OH取代后:中枢作用减弱,α和β受体激动作用增强,如麻黄碱虽中枢作用弱于甲基苯丙胺,但扩张支气管、升高血压和加快心率作用较强(表9-1)。

表9-1　肾上腺素受体激动药的化学结构、分类和受体选择性

药物名称	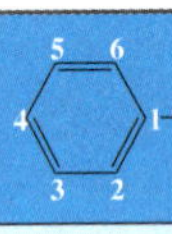 苯环(1–6)	β CH	α CH	NH	受体选择性
1. 非选择性α受体激动药					
去甲肾上腺素	3-OH,4-OH	OH	H	H	α_1,α_2
间羟胺	3-OH	OH	CH_3	H	α_1,α_2
2. α_1受体激动药					
去氧肾上腺素	3-OH	H	H	CH_3	α_1
甲氧明	2-OCH_3,5-OCH_3	OH	CH_3	H	α_1

续表

药物名称					受体选择性
3. α,β受体激动药					
肾上腺素	3-OH,4-OH	OH	H	CH_3	α,β
多巴胺	3-OH,4-OH	H	H	H	α,β
麻黄碱		OH	CH_3	CH_3	α,β
4. 非选择性β受体激动药					
异丙肾上腺素	3-OH,4-OH	OH	H	$CH(CH_3)_2$	$β_1$,$β_2$
5. $β_1$ 受体激动药					
多巴酚丁胺	3-OH,4-OH	H	H	$—CH(CH_3)(CH_2)_2—$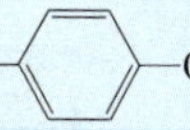—OH	$β_1$
6. $β_2$ 受体激动药					
特布他林	3-OH,5-OH	OH	H	$C(CH_3)_3$	$β_2$
沙丁胺醇	3-CH_2OH,4-OH	OH	H	$C(CH_3)_3$	$β_2$

二、分　　类

肾上腺素受体激动药按其对肾上腺素受体亚型的选择性的不同可分为三大类：①α受体激动药（α-adrenoceptor agonists）；②α、β受体激动药（α，β-adrenoceptor agonists）；③β受体激动药（β-adrenoceptor agonists）

第二节　α受体激动药

一、$α_1$、$α_2$受体激动药

案例 9-1

患者，女，56岁。

发现尿路结石10年，未予特殊治疗，否认其他病史。本次因“腰痛5天，发热畏寒2天入院”。患者5天前无明显诱因出现左侧腰痛，较剧，有恶心呕吐，无发热，就诊于当地医院，诊断“左尿路结石”，2天前行碎石治疗，术后仍感腰痛，予以哌替啶后好转，后渐出现发热，T 40℃，伴明显寒战，有恶心呕吐，神志清，精神烦躁，对症处理后无明显好转，10小时前突发呼吸困难，急送我院就诊，测BP78/60mrnHg。入院查体：神志清，精神软，储氧面罩给氧下呼吸较平稳，R 27次/分，S_PO_2 100%，P 108次/分，T 39.1 ℃。两侧瞳孔正常。浅表淋巴结无肿大。左肺呼吸音粗，右肺呼吸音低，未闻及明显干湿性啰音。心界不大，心率108次/分，律齐，未闻杂音。腹部未及明显阳性体征，神经病理征未引出。

化验及特殊检查：PLT 103×10^9/L，WBC 1.5×10^9/L；镜下WBC++++；尿蛋白0.3 g/L；ALT 53U/L；AST 88U/L；pH7.26；乳酸（急诊）2.2mmol；胸部CT：两肺少许炎症，左上陈旧性肺结核；腹部B超：左输尿管下段结石伴左肾轻度积水，右肾囊肿。

初步诊断：尿路感染，脓毒性休克，左肾尿路结石，左侧肾盂及输尿管上段积水。

治疗：予以美罗培南抗感染，去甲肾上腺素升压，补液等处理，据病情的变化调整治疗方案。

问题：

1. 去甲肾上腺素有哪些药理作用和临床用途？

2. 去甲肾上腺素抗休克治疗时应注意什么？

去甲肾上腺素（noradrenaline，NA）是去甲肾上腺素能神经末梢释放的主要递质，也可由肾上腺髓质少量分泌，占成人肾上腺髓质中儿茶酚胺含量的10%～20%。药用的NA为人工合成的左旋体，化学性质不稳定，见光易分解失效，在中性或碱性溶液中已氧化、变色失活，故禁与碱性药物配伍。在酸性溶液中较稳定，常用其重酒石酸盐。

【体内过程】　口服因收缩胃黏膜血管而极少被吸收，在肠内又易被碱性肠液破坏，故口服无效。皮下或肌内注射时，因血管剧烈收缩而吸收差，且易发生局部组织坏死。静注由于在体内迅速被组织摄取，作用仅能维持几分钟，故临床上一般采用静脉滴注给药。去甲肾上腺素极性较高，不易通过血脑屏障，没有中枢作用。内源性和外源性去甲肾上腺素大部分被去甲肾上腺素能神经末梢摄取后，进入囊泡储存

（摄取 1）。也可被非神经细胞（如血管、小肠平滑肌和心肌）摄取后，大多被 COMT 和 MAO 代谢而失活（摄取 2）。代谢产物以 3-甲氧-4 羟扁桃酸（vanillyl mandelic acid，VMA）为主（90%），少量原形 NA 4%～16%，结合型间甲 NA 和间甲 NA。

【药理作用】 激动 α 受体作用强大，对 α_1 和 α_2 受体无选择性，对心脏 β_1 受体作用较弱，对 β_2 受体几乎无影响。主要作用部位为心脏和血管（表 9-2）。

表 9-2 拟肾上腺素药基本作用的比较

药物	分类	对不同肾上腺素受体作用的比较			作用方式	
		α 受体	β_1 受体	β_2 受体	直接作用于受体	释放递质
去甲肾上腺素	α	+++	++	±	+	
间羟胺	α	++	+	+	+	+
去氧肾上腺素	α	++	±	±	+	±
甲氧明	α	++	−	−	+	−
肾上腺素	α，β	++++	+++	+++	+	−
多巴胺	α，β	+	++	±	+	+
麻黄碱	α，β	++	++	++	+	+
异丙肾上腺素	β	−	+++	+++	+	−
多巴酚丁胺	β	+	++	+	+	±

1. 收缩血管 激动血管的 α_1 受体，使血管收缩，特别是小动脉和小静脉几乎全部收缩。对各器官血管收缩程度与该部位受体分布密度和 NA 剂量有关。皮肤黏膜血管收缩最明显，其次是对肾血管；对脑、肝、肠系膜甚至骨骼肌的血管也有收缩作用。唯独使冠状血管舒张，血流量增加，这主要由于心脏兴奋，心肌的代谢产物（如腺苷）增加，从而舒张血管所致。另外，亦与血压升高，提高冠脉灌注压有关。

2. 兴奋心脏 激动心脏的 β_1 受体，但作用弱于肾上腺素，使心肌收缩性加强，心率加快，传导加速，心输出量增加。在整体情况下，由于血压升高而反射性兴奋迷走神经，使心率减慢。由于血管的强烈收缩，使总外周阻力增加从而心输出量不变或有所降低。剂量过大、静脉注射过快时能使心脏自动节律性增加而出现心律失常，但较肾上腺素少见。

3. 血压 小剂量滴注时由于心脏兴奋，收缩压升高，此时血管收缩作用尚不明显，故舒张压升高较弱而脉压增大（图 9-2）。较大剂量时，血管强烈收缩，舒张压显著升高，脉压变小。

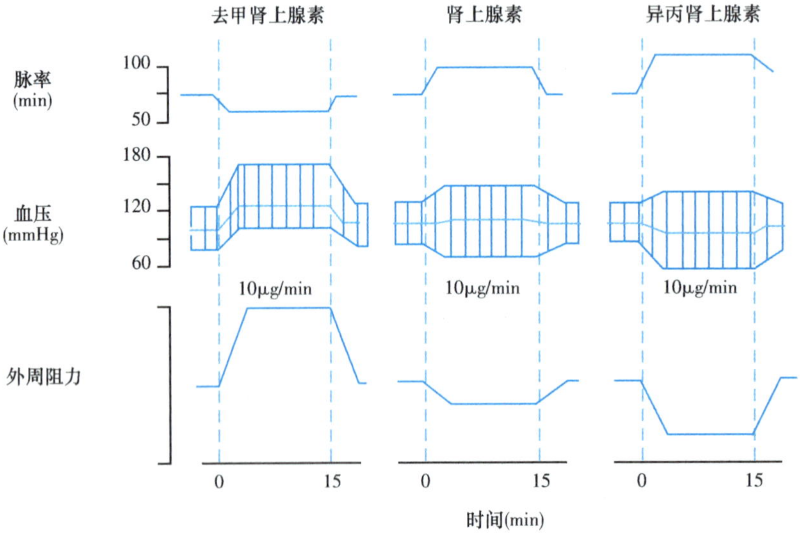

图 9-2 静脉注射去甲肾上腺素、肾上腺素、异丙肾上腺素作用比较

4. 其他 对机体代谢的影响较弱，只有在大剂量时才出现血糖升高。对其他平滑肌作用较弱，但可使孕妇子宫收缩频率增加。

【临床应用】

1. 抗休克 去甲肾上腺素在休克治疗中已不占主要地位，仅限于血容量充足下的某些休克类型，如早期神经源性休克等，以保证重要器官血供。但不宜长时间用，以免加重微循环障碍。

2. 上消化道出血的治疗 将1～3mg NA稀释后口服，使食道和胃血管收缩，产生局部止血作用。

3. 药物中毒低血压的治疗 中枢抑制药中毒引起的低血压，用NA静脉滴注，可使血压上升接近正常水平。特别在氯丙嗪（α受体阻断药）中毒血压过低时，宜选用NA。

【不良反应】

1. 局部组织缺血坏死 静脉滴注时间过长、浓度过高或药液外漏时，可使注射部位局部血管剧烈收缩，甚至缺血坏死。可局部热敷，并用α受体阻断药酚妥拉明作局部浸润注射，使血管扩张，止痛，预防组织坏死，同时要更换注射部位。

2. 急性肾功能衰竭 滴注时间过长或剂量过大，可使肾脏血管剧烈收缩，产生少尿、无尿及急性肾功能衰竭，故用药期间尿量应保持在每小时25 ml以上，否则应立即减量或停药，必要时用甘露醇等脱水药利尿。

3. 其他 过量时可出现严重头痛及高血压等。故全身使用NA期间必须仔细监测血压变化。长期静脉滴注后突然停药可引起反跳性血压突然下降，故应在逐渐减小剂量或减慢滴注速度后再停药。

【禁忌证】 高血压、动脉硬化症、器质性心脏病人、无尿病人，严重微循环障碍的病人与孕妇禁用。

【药物相互作用】 碱性药物可破坏本品，故忌与碱性药物配伍；不可与氯仿、环丙烷、氟烷、恩氟烷等麻醉药同时使用，以免引起心律失常。不宜与三环类抑郁药、单胺氧化酶抑制药同时使用，因可导致严重持续高血压与心律失常。

间 羟 胺

间羟胺（metaraminol）又名阿拉明（aramine），为人工合成品，性质较稳定。主要作用于α受体，对β_1受体作用较弱。间羟胺可促进去甲肾上腺素神经末梢释放NA而间接地发挥作用。间羟胺收缩血管、升高血压作用比NA弱，缓慢而较持久，注射后10分钟起效，作用可维持1小时。NA对心脏兴奋作用较弱，略增加心肌收缩性，升压后反射作用使心率减慢，对正常人心出量影响不明显，对休克病人则可增加心输出量。对肾脏血管的收缩作用也较弱，但仍能显著减少肾脏血流量。由于间羟胺升压作用可靠，维持时间较长，较少引起心悸和少尿等不良反应，还可肌内注射，故临床上作为NA的代用品，用于各种早期休克及其他低血压状态。短期连续使用可产生快速耐受，突然停药可发生低血压的反跳，禁忌证同NA。

二、α_1受体激动药

去氧肾上腺素

去氧肾上腺素（phenylephrine，苯肾上腺素；neo-synephrine，新福林）是人工合成品。

【体内过程】 在胃肠道和肝脏被单胺氧化酶降解，不宜口服。皮下或肌内注射10～15分钟起效，作用持续时间皮下注射约50～60分钟，肌内注射约30～120分钟，静脉给药约15～20分钟。

【药理作用】 作用机制与NA相似但较弱，主要激动α_1受体，基本没有β作用。可使血管收缩（尤其皮肤黏膜，内脏等处），外周阻力增加，使收缩压和舒张压都增加。由于血压升高，反射地增加迷走神经活动，使心率减慢。去氧肾上腺素可使肾、内脏、皮肤与肢体血流减少，但冠脉血流增加。去氧肾上腺素还能激动瞳孔开大肌α_1受体，使开大肌收缩而散瞳。与阿托品比较，作用较弱，起效快，而维持时间短。但一般不引起眼内压升高（老年人前房角狭窄者可能引起眼内压升高）和调节麻痹。

【临床应用】 用于治疗休克和麻醉时低血压，也可用于治疗室上性心动过速。用其1.0%～2.5%溶液滴眼，在眼底检查时作为快速短效的散瞳药。

【不良反应】 偶有头晕、四肢发冷、呕吐、反射性心动过缓，大剂量可致心律失常。严重高血压病、冠心病、甲状腺功能亢进、糖尿病患者及妊娠晚期或分娩期忌用，老年人慎用。

【药物相互作用】 与胍乙啶、单胺氧化酶抑制药、催产素、三环类抗抑郁剂并用，可增强本药的升压作用。

甲 氧 明

甲氧明（methoxamine）为人工合成品，选择性激动α_1受体，血管收缩作用较强，对心脏无直接作用，但由于血压升高，可反射性地引起心率减慢。几乎无β受体激动作用，也不引起中枢兴奋。常用于外科手术，以维持或恢复动脉压，尤其适用于脊椎麻醉所造成的血压降低。又用于大出血，创伤及外科手术所引起的低血压、心肌梗死所致的休克以及室上性心动过速。大剂量偶有持续性及过度血压升高，且伴有头痛、心动过速、毛发竖直、恶心、呕吐。甲亢、严重高血压患者等禁用。

三、α_2受体激动药

羟甲唑啉

羟甲唑啉（oxymetazoline）为外周突触后膜α_2受体激动药，具有迅速收缩鼻血管的作用，从而改善鼻塞症

状。常用浓度为5%，起效迅速，约5～10分钟，作用持久，约6小时。主要用于局部收缩血管作用滴鼻治疗鼻黏膜充血和鼻炎。也可滴眼治疗眼结膜充血。局部但不宜大量长期连续应用，连续使用时间不宜超过七天。偶有局部刺激症状，儿童大剂量使用可出现中枢神经系统抑制，有冠心病、高血压病、甲状腺机能亢进、糖尿病等重器质性和代谢性疾病的患者慎用。可乐定、甲基多巴等为中枢性 α_2 受体激动药，详见抗高血压药。

第三节　α、β 受体激动药

肾 上 腺 素

案例 9-2

患者，女，31岁。

既往体健，无青霉素过敏史。患者1天前因“感冒”自行煎服中药，约10余分钟后颜面部出现皮疹，全身不适，当即晕厥，呼之不应，无四肢抽搐及大小便失禁。后被家属急送我院急诊，来院途中神志转清，入院查体：神志清，脉搏102次/分；呼吸20次/分，血压78/58 mmHg，体温37.2 ℃。两侧瞳孔等大等圆，直径约2.0 cm，对光反射可，颜面部、颈部散在分布粉红色皮疹，形状不规则，大小不等，突出皮肤，无水泡，压之褪色，浅表淋巴结未及肿大，两肺呼吸音清，未闻及干湿性啰音，心界不大，心率102次/分，律齐，未闻及杂音。腹部未及异常体征。神经病理征未引出。

初步诊断：“药物过敏，过敏性休克”。

治疗：立即予以肾上腺素、地塞米松以及补液，患者血压渐上升，皮疹消退。据病情调整治疗方案。

问题：

1. 该患者为什么选用肾上腺素？说明原因。

2. 在处理该患者时为什么同时选用肾上腺素、地塞米松？说明理由。

肾上腺素(adrenaline，epinephrine，AD)是由肾上腺髓质嗜铬细胞合成分泌的激素。药用肾上腺素是从家畜肾上腺提取或人工合成，常用其盐酸盐。理化性质与NA相似，性质极其不稳定，遇光易分解，在中性尤其碱性溶液中迅速氧化变色而失效。

【体内过程】 口服无效，因在碱性肠液及肠黏膜和肝内破坏。皮下注射因能收缩血管，故吸收缓慢。但肌内注射吸收更快。对于重症病人，必须采用静脉内给药。肾上腺素在体内的摄取与代谢途径与NA相似，迅速被组织摄取或由COMT及MAO破坏，其代谢物VMA大部分由尿排出，仅少量原形药物由尿排出。一般作用持续时间：肌内注射作用维持约10～30分钟，皮下注射作用维持1小时左右，静脉注射仅数分钟。肾上腺素可通过胎盘，不易通过血脑屏障。

【药理作用】 肾上腺素主要激动α和β受体，产生较强的α和β作用，主要作用部位为心脏、血管及其他平滑肌。

1. 心脏 心脏存在 β_1、β_2 和α受体，其中以 β_1 受体为主。肾上腺素可直接作用于心肌、窦房结和传导系统的 β_1 受体，加强心肌收缩性，提高心率，加速传导，提高心肌的兴奋性。由于心肌收缩性增加，心率加快，故心输出量增加。另外又能舒张冠状血管，改善心肌的血液供应，作用迅速，故肾上腺素为强效心脏兴奋药。其不利的一面是提高心肌代谢，使心肌氧耗量增加，加上心肌兴奋性提高，如剂量较大或静脉注射过快可兴奋异位节律点，引起心律失常，如室性心动过速，心室颤动等。

2. 血管 肾上腺素激动血管平滑肌上α受体，血管收缩；激动 β_2 受体，血管舒张。肾上腺素对不同部位的血管的作用的差异与体内各部位血管的肾上腺素受体的种类和密度各不相同有关。在小动脉及毛细血管前括约肌肾上腺素受体密度高，作用较强，而静脉和大动脉的肾上腺素受体密度低，作用较弱。皮肤黏膜、腹腔内脏血管以α受体占优势，血管呈收缩反应，故皮肤黏膜、肾脏等血流量显著减少；在骨骼肌、肝脏血管平滑肌上以 β_2 受体占优势，故小剂量肾上腺素往往使这些血管舒张。肾上腺素也能舒张冠状血管，增加冠状血管血流量，原因除了激动冠脉 β_2 受体外，还与心脏兴奋使心肌代谢产物腺苷增加以及血压升高提高冠状血管的灌注压有关。对肺血管，小剂量舒张，大剂量收缩，中毒量可引起致死性肺水肿。对脑部小动脉无显著作用。

3. 血压 肾上腺素对血压的影响因剂量及给药途径而异。治疗量(0.5～1mg)或慢速静脉滴注(10～30μg /min)时，由于心脏兴奋，心输出量增加，故收缩压升高；β_2 受体对低剂量肾上腺素更敏感，故骨骼肌血管舒张作用抵消或超过了皮肤黏膜血管收缩作用的影响，舒张压不变或下降，脉压变大，此时身体各部位血液重新分配，更适合于紧急状态下机体能量供应的需要。较大剂量或快速静滴时，血管α受体兴奋占优势，血管收缩，外周阻力增加，收缩压和舒张压均升高。肾上腺素典型血压改变多为双相反应，即给药后血压立即上升，而后出现微弱的降压反应。如事先用酚妥拉明等α受体阻断药后再给予肾上腺素，反而呈现明显的降压反应，这种现象称肾上腺素对血压的翻转作用，这说明α受体被阻断后，β_2 受体的扩血管作用才充分显示出来。

4. 平滑肌 肾上腺素对平滑肌的作用取决于组织和器官上肾上腺素受体的类型。激动支气管平滑

肌的 β_2 受体，发挥强大舒张作用，当支气管处于痉挛状态时，作用更明显，此外肾上腺素能抑制肥大细胞释放过敏性物质如组胺等，还可激动支气管黏膜血管的 α 受体，使其收缩，降低毛细血管的通透性，有利于消除支气管黏膜水肿。松弛胃肠道平滑肌，使自发性收缩频率和幅度减少；在妊娠末期和临产前，抑制子宫张力和收缩；肾上腺素能激动膀胱逼尿肌 β_2 受体，使其松弛膀胱，激动膀胱括约肌和三角肌 α 受体，使其收缩，因此引起排尿困难和尿潴留。

5. 代谢 能提高机体代谢，在治疗剂量下可使耗氧量升高 20%～30%。在人体，α 受体和 β_2 受体的激动可使肝糖原分解，而肾上腺素兼具 α、β 作用，故其升高血糖作用较去甲肾上腺素显著。此外，肾上腺素尚具降低外周组织对葡萄糖摄取的作用。肾上腺素还能激活甘油三酯酶加速脂肪分解，使血液中游离脂肪酸升高。可能与激动 β_1、β_3 受体有关

6. 中枢神经系统 肾上腺素不易通过血脑屏障，故在治疗量对中枢神经系统无明显影响，仅在大剂量时可能出现中枢兴奋症状。

【临床应用】

1. 心脏骤停 用于溺水、麻醉和手术意外，药物中毒、传染病和房室传导阻滞等所致的心脏骤停，一般在采用心肺复苏的同时，采用静脉推注给药，也可经气管给药，在无其他给药途径实施或开胸心脏按压时才能采用心室内注射，对电击所致的心脏骤停也可用肾上腺素配合心脏除颤器或利多卡因等进行抢救。

2. 过敏性疾病

(1) 过敏性休克：肾上腺素为首选药物。肾上腺素能激动 α 受体，收缩小动脉和毛细血管前括约肌，降低毛细血管的通透性，升高血压；激动 β_1 和 β_2 受体，改善心功能，减少过敏性介质释放，舒张支气管、减轻支气管黏膜水肿，改善通气，逆转休克病理过程，迅速解除症状。一般皮下或肌内注射，也可缓慢静滴。但必须控制滴速和用量，以免引起血压骤升和心律失常等不良反应。

(2) 支气管哮喘：控制支气管哮喘的急性发作，肾上腺素能激动 β_2 受体，激活腺苷酸环化酶，使 cAMP 增加，扩张支气管，皮下或肌内注射能于数分钟内奏效。

(3) 血管神经性水肿及血清病：肾上腺素可迅速减轻血管神经性水肿、血清病、荨麻疹、枯草热等变态反应性疾病的症状。

3. 与局麻药配伍 肾上腺素加入局麻药注射液中，可延缓局麻药的吸收，延长局部麻醉时间，减少毒副作用。一般局麻药中肾上腺素的浓度为 1∶250 000，一次用量不要超过 0.3mg。

4. 局部止血 当鼻黏膜和齿龈出血可用 0.1%盐酸肾上腺素的纱布或棉花球填塞出血处，可有效止血。

【不良反应】 治疗量有时可见恐惧、焦虑、面色苍白、心悸、眩晕、头痛、震颤、呼吸困难，短时的血乳酸或血糖升高等。用量过大或皮下注射误入血管内，或静脉注射太快，可致心律失常、心绞痛，或血压骤升，严重时引起脑出血。还可导致肺水肿。

【禁忌证】 禁用于有高血压、器质性心脏病、冠状动脉病变、甲状腺功能亢进患者。老年人、糖尿病患者应慎用。

多 巴 胺

多巴胺(dopamine，DA)为合成去甲肾上腺素的前体，属儿茶酚胺类，是下丘脑和脑垂体腺中的一种中枢神经递质，药用的是人工合成品。

【体内过程】 口服易在肠和肝中破坏而失效。主要采用静脉滴注给药，静脉滴入后在体内分布广泛，不易通过血脑屏障，故外源性多巴胺没有中枢作用。半衰期极短，仅约 2 分钟。在体内迅速经 MAO 和 COMT 的催化而代谢失效，代谢产物 3,4-二羟苯乙酸和 3-甲氧四羟苯乙酸由尿排出。

【药理作用】 多巴胺主要激动 β_1 受体、多巴胺受体(D1)和 α 受体，对 β_2 受体几乎无作用。

1. 心血管系统 血管平滑肌上除分布有 α、β_2 受体外，也有 D_1 受体，D_1 受体兴奋时，血管扩张。DA 的受体激动作用与剂量或浓度有关。小剂量(每分 2ug/kg)时，主要作用于肾、肠系膜和冠脉的多巴胺受体，使血管扩张，增加肾和肠系膜的血流量，改善冠脉血流及耗氧；剂量略大(每分钟 5～10ug/kg)时，能显著激动心脏 β_1 受体及间接促使去甲肾上腺素自储藏部位释放，对心肌产生正性应力作用，使心肌收缩力及心搏量增加，最终使心输出量增加、收缩压升高、脉压可能增大，舒张压无变化或有轻度升高，这可能是心输出量增加、而肾和肠系膜动脉阻力下降、其他血管阻力基本不变使总外周阻力变化不大的结果。大剂量(每分 20ug/kg)，多巴胺激动血管 α 受体，导致血管收缩，引起外周阻力增加，血压上升。

2. 肾脏 多巴胺在低剂量时作用于多巴胺受体，使肾血管扩张，肾血流量和肾小球滤过率增加，尿量及钠排泄量增加；当剂量过大时，由于 α 受体作用和 β_1 受体作用引起的肾素分泌增加，使肾血管明显收缩，肾血流量和尿量减少。

【临床应用】 可要用某些类型休克的治疗，如心源性、感染中毒性及低血容量性休克等，对伴有心收缩性减弱及尿量减少而血容量已补足的休克患者疗效较好。此外，多巴胺可与利尿药合并应用于急性肾功能衰竭。也可用于洋地黄和利尿剂无效的心功能不全。

【不良反应】 一般较轻。如剂量过大或滴注太快可出现恶心、呕吐、心动过速、心绞痛、心律失常、头痛、高血压及肾血管收缩引致肾功能下降等，给药时如有大量药物漏出血管外，会引起局部坏死或坏疽；一旦发生，应减慢滴注速度或停药，必要时给予 α 受体阻断药。

【禁忌证】 嗜铬细胞瘤禁用。室性心律失常、闭塞性血管病、心肌梗死、动脉硬化及高血压慎用。

麻 黄 碱

麻黄碱(ephedrine)又称麻黄素,是一种从中草药麻黄中提取的生物碱。现已人工合成。

【体内过程】 口服易吸收,也可皮下或肌注给药。吸收后小部分脱胺氧化,约 79%以原形经肾脏排出,代谢和排泄缓慢,作用时间长,一次给药作用可维持 3~6 小时。可通过血脑屏障,中枢作用明显。

【药理作用】 麻黄碱能直接作用于 α、β 两种受体,发挥拟肾上腺素作用,也能促使肾上腺素能神经末梢释放出化学递质,间接地发挥拟肾上腺素作用。与肾上腺素比较,麻黄碱的特点是性质稳定,口服有效,作用弱而持久,中枢兴奋作用较显著,易产生快速耐受性。

1. 对心血管系统的影响

(1) 对心脏的作用:麻黄碱对心脏有兴奋作用,使心肌收缩力增强,心输出量增加 ,在整体情况下由于血压升高,反射性减慢心率,这一作用抵消了它直接加速心率的作用。

(2) 对血管的作用:麻黄碱使冠脉、脑、肌肉血管扩张,流量增加;使肾、脾等内脏和皮肤、黏膜血管收缩,血流量降低。

(3) 对血压的影响:麻黄碱常引起收缩压和舒张压上升,脉压增大。其升压作用缓慢而持久。

2. 对平滑肌的影响 麻黄碱对支气管平滑肌的松弛作用较肾上腺素弱,起效缓慢,但作用持久。也能使膀胱三角肌和括约肌的张力增加,使排尿次数减少,可引起尿潴留,用于儿童遗尿症有效。

3. 对中枢神经系统的作用 麻黄碱能透过血脑屏障,较易引起中枢神经兴奋出现精神兴奋、不安、失眠、肌震颤等。

4. 快速耐受性 短期内反复使用麻黄碱、间羟胺等药物,作用可逐渐减弱,称为快速耐受性(tachyphylaxis),也称脱敏(desensitization),停药数小时后可以恢复。至于麻黄碱的快速耐受性产生的机制,可能与递质消耗,及麻黄碱与受体的亲和力降低有关。

【临床应用】

(1) 防治某些低血压状态,如腰麻和硬膜外麻醉时所引起的低血压。

(2) 消除鼻腔黏膜充血引起鼻塞,可用 0.5%~1%溶液滴鼻消除黏膜肿胀,作用时间长,无继发性血管扩张现象。

(3) 用于预防或缓解支气管哮喘发作,轻症效果好,对于重症急性发作效果较差。

(4) 缓解荨麻疹和血管性神经水肿等过敏反应的皮肤黏膜症状。

【不良反应】 有时引起焦虑不安、失眠、震颤、心悸、头痛、眩晕、恶心、呕吐、食欲不振、血压升高、尿闭、出汗及皮疹等。对前列腺肥大病人可引起排尿困难。如短期内反复给药可出现快速耐受性。禁忌证同肾上腺素。

第四节 β 受体激动药

一、β_1,β_2 受体激动药

异丙肾上腺素

案例 9-3

患者,女,58 岁,既往体健。本次因“活动后气促 2 年,晕厥 8 月,加重 2 周”入院,患者在 2 年前无明显诱因下反复出现活动后气促,无胸闷胸痛及头昏头痛,无黑矇晕厥,未治疗,8 月前开始反复出现晕厥,多由蹲位转为站立位时或体力劳动时发生,发作前有头晕、黑矇,无四肢抽搐、大小便失禁,约持续 2 分钟后神志转清。近 2 周来发作频繁,性质同前。4 天前遂在我院就诊,心电图示:Ⅲ度房室传导阻滞,心率 45 次/分左右。入院查体:T 36.8 ℃,P 44 次/分,R 16 次/分,BP 140/80mmHg。颈软,甲状腺未及肿大,两肺呼吸清,未闻及干湿性啰音,心率 44 次/分,律齐,腹未及异常体征。双下肢无水肿,足背动脉搏动好,神经病理征未引出。

初步诊断:Ⅲ度房室传导阻滞。

诊疗计划:立即予以异丙肾上腺素针维持心室率,必要时安装临时起搏器。

问题:

1. 哪些药物可以治疗房室传导阻滞?
2. 异丙肾上腺素为什么能治疗房室传导阻滞?

异丙肾上腺素(isoprenaline)是人工合成品,常用其盐酸盐,化学结构是去甲肾上腺素氨基上的一个氢原子被异丙基所取代,是经典的 β_1,β_2 受体激动药。

【体内过程】 口服易被破坏,舌下含化或气雾吸入均能迅速吸收,吸收后主要在肝及其他组织中被 COMT 代谢灭活,MAO 对其作用弱,也较少被去甲肾上腺素能神经所摄取,因此作用维持时间较 NA、AD 略长。

【药理作用】 对 β 受体有很强的激动作用,对 β_1 和 β_2 受体选择性很低,对 α 受体几乎无作用。

1. 对心脏的作用 作用于心脏 β_1 受体,使心肌收缩力增强,心率加快,传导加速,心输出量和心耗氧量增加。与肾上腺素比较,异丙肾上腺素加快心率、加速传导的作用较强,并对正位起搏点的兴奋作用强,而对异位起搏点兴奋作用较弱,故虽过量也导致心律失常,但较肾上腺素少见。

2. 对血管和血压的影响 作用于血管平滑肌 β_2 受体,使骨骼肌血管明显舒张,肾血管和肠系膜血管舒

张作用较弱，对冠状血管也有舒张作用，血管总外周阻力降低。小剂量静脉滴注由于心脏兴奋和外周血管舒张，导致收缩压增高，舒张压降低，脉压变大。但如较大剂量静脉注射给药，则可引起舒张压明显下降，降低了冠状血管的灌注压，冠脉有效血管流量不增加。

3. 对支气管平滑肌作用 激动支气管平滑肌 β_2 受体，使支气管平滑肌松弛，也可抑制组胺等过敏性物质释放，但对支气管黏膜的血管无收缩作用，故消除黏膜水肿的作用不如肾上腺素。久用可产生耐受性。

4. 其他 促进脂肪和糖原分解，增加组织的耗氧量，与肾上腺素比较升高血中游离脂肪酸作用相似，而升高血糖作用较弱。不易通过血脑屏障，中枢兴奋作用弱。

【临床应用】

(1) 用于控制支气管哮喘急性发作，经气雾吸入给药，作用快而强，但持续时间短。

(2) 用于心室自身节律缓慢、高度房室传导阻滞或窦房结功能衰竭而并发的心脏骤停，常与 NA 或间羟胺合用作心室内注射。

(3) 用于房室传导阻滞，可治疗Ⅱ度房室传导阻滞，一般舌下含药，严重时静脉滴注给药，根据心率调整滴数。

(4) 用于心源性和感染性休克，对中心静脉压高，心排出量低者，应在补足血容量的基础上再用本药。

【不良反应及注意事项】 常见的不良反应有：心悸、头晕、心动过速、头痛，皮肤潮红等。用药过程中应注意控制心率。在支气管哮喘病人，加以用气雾剂剂量不易掌握，如剂量过大，可致心肌耗氧量增加，易引起心律失常，甚至产生心动过速及心室颤动。长期使用可产生耐受性，停药 7～10 天后，耐受性可消失。禁用于冠心病、心肌炎、心肌梗死和甲状腺功能亢进等患者。

二、β_1 受体激动药

多巴酚丁胺

多巴酚丁胺(dobutamine)化学结构与多巴胺相似，临床用含有右旋多巴酚丁胺和左旋多巴酚丁胺的消旋体。前者阻断 α_1 受体，后者激动 α_1 受体。两者都激动β受体，但前者激动β受体作用为后者的10倍，消旋多巴酚丁胺的作用是两者的综合表现。由于其对 β_1 受体激动作用强于 β_2 受体，故此药属于 β_1 受体激动药。

与异丙肾上腺素比较，多巴酚丁胺正性肌力作用比正性频率作用显著，对心率影响不大。对肾及肠系膜等血管无直接扩张作用，药物引起的肾血流量增加和尿量的增加是由于心输出量增多。缺血性心脏病患者用药后，缺血区冠状动脉的血流量增加，这是由于心肌收缩性和室内压降低所致。严重心衰患者用药后，心、肾功能改善，心输出量增加。多巴酚丁胺口服无效，血浆 $t_{1/2}$ 为 2 分钟，应用时必须持续静脉滴注给药，持续用药，可于 24～26 小时出现耐受性。

临床用于治疗心脏手术后、心肌梗死或中毒性休克并发心力衰竭患者。剂量过大或静滴速度过快，可使心率加快，引起心律失常。应减量或暂停用药。禁用于心房颤动及梗阻型肥厚性心肌病者。

三、β_2 受体激动药

本类药物有沙丁胺醇(salbutamol)、特布他林(terbutaline)、奥西那林(metaproterenol)等。它们主要作用于 β_2 受体，对支气管平滑肌有强而持久的舒张作用，而对心脏的效应较小。作为支气管扩张剂主要用于治疗哮喘和支气管痉挛。(详见第二十九章)。

Summary

- Adrenoceptor agonists are classified into three types: α-adrenoceptor agonists, α, β-adrenoceptor agonists and β -adrenoceptor agonists, based on the selectivity for the main adrenoceptor subtypes.
- Noradrenaline and metaraminol show some selectivity for α-over β-adrenoceptor; Selective α_1-agonists include phenylephrine, methoxamine. Selective α_2-agonists include oxymetazoline. Adrenaline, dopamine and ephedrine show little selectivity.
- Isoprenaline show nonselective β-adrenergic agonist with very low affinity for α-adrenergic receptors. Consequently, isoproterenol has powerful effects on all β receptors and almost no action at α receptors.
- Dobutamine which can increase cardiac contractility is a selective β_1-agonist. Selective β_2-agonists include salbutamol and terbutaline whose pharmacological effect is bronchodilatation.

(胡旺平)

第十章　肾上腺素受体阻断药

肾上腺素受体阻断药（adrenoceptor blocking drugs）能与肾上腺素受体结合，但药物本身没有内在活性，从而拮抗去甲肾上腺素能神经递质或肾上腺素受体激动药的作用。根据对 α 和 β 肾上腺素受体选择性的不同，本类药物可分为 α 肾上腺素受体阻断药、β 肾上腺素受体阻断药及 α、β 肾上腺素受体阻断药三大类。

第一节　α 肾上腺素受体阻断药

α 肾上腺素受体阻断药能选择性地与 α 肾上腺素受体结合，其本身不激动或较弱激动肾上腺素受体，却能妨碍去甲肾上腺素能神经递质及肾上腺素受体激动药与 α 受体结合，从而产生抗肾上腺素作用。

【分类】 这类药物根据其对 α_1、α_2 受体的选择性不同，可分为非选择性 α 受体阻断药（α_1、α_2 受体阻断药）、选择性 α 受体阻断药（α_1 受体阻断药和 α_2 受体阻断药）。

【药理作用】

（1）血管：由于小动脉和静脉张力很大程度上取决于血管平滑肌上的 α 受体，因而 α 受体阻断药会降低外周血管阻力和降低血压。因为阻断 α_1 受体，抑制了由内源性儿茶酚胺引起的血管收缩反应，该作用的大小与给予阻断药时交感神经系统的活性相关，对血压正常者仰卧位时血压影响较小，但当站立时因为拮抗了代偿性血管收缩，可引起直立性低血压；阻断 α_1 受体，也能抑制给予拟交感胺类药物引起的血压升高，能将肾上腺素的升压作用翻转为降压，这个现象称为“肾上腺素作用的翻转”（adrenaline reversal）（图 10-1，表 10-1），这是因为 α 受体阻断药选择性地阻断了与血管收缩有关的 α_1 受体，与血管舒张有关的 β 受体未被阻断，使肾上腺素的血管收缩作用被取消，而血管舒张作用得以充分地表现出来。

（2）心脏：具有心脏兴奋作用，使心肌收缩力增强，心率加快，心输出量增加。这种兴奋作用部分由血管舒张、血压下降，反射性兴奋交感神经引起；部分是阻断去甲肾上腺素能神经末梢突触前膜上 α_2 受体，从而促进去甲肾上腺素释放，激动心脏 β_1 受体的结果。

（3）其他部位的平滑肌：α 受体阻断药还可阻断膀胱底三角区、尿道以及前列腺肌组织上的 α_1 受体，抑制这些部位括约肌的收缩，从而降低排尿阻力。

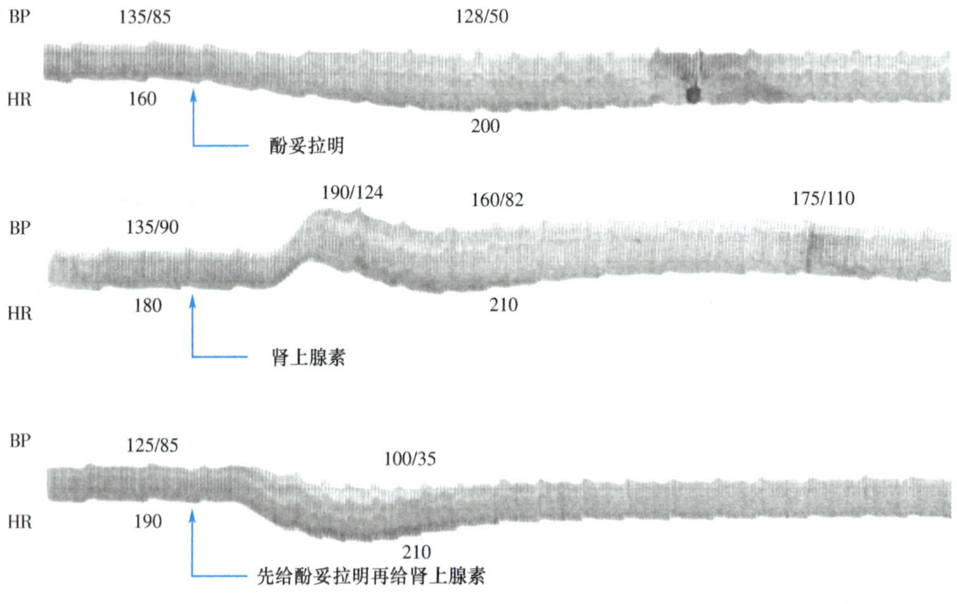

图 10-1　静脉注射酚妥拉明对狗血压和心率的影响及肾上腺素作用的翻转

一、α_1、α_2肾上腺素受体阻断药

案例 10-1

一嗜铬细胞瘤患者，血压 250/150mmHg (33.3/20.0kPa)，静脉注射酚妥拉明治疗，由于速度过快，患者血压降至 65/40mmHg(8.7/5.3kPa)。

问题：

1. 酚妥拉明降低血压的机制？
2. 对于该患者此时可给予什么药物升高血压？

此类药物对 α_1、α_2受体具有相似的亲和力，同时阻断 α_1受体和 α_2受体。

【分类】 根据药物作用及维持时间，又将其分为短效类及长效类 α 受体阻断药。

短效类药物为咪唑啉(imidazoline)的衍生物，以氢键、离子键或范德华引力与 α 受体结合，因而结合较疏松，容易解离；由于此类药物能与儿茶酚胺竞争受体结合位点，故属于竞争性 α 受体阻断药，同时由于阻断突触前膜 α_2受体，使去甲肾上腺素释放增加，竞争与 α 受体结合，故维持时间短。常用的药物有酚妥拉明、妥拉唑啉(图 10-2)。

长效类药物的化学结构为氯化烷基胺，以共价键与 α 受体结合，因而结合牢固，作用维持时间长。此类药物在离体实验时，即使加入高浓度的儿茶酚胺，也难与之竞争，达不到最大效应，属于非竞争性 α 受体阻断药，常用的药物有酚苄明(图 10-2)。

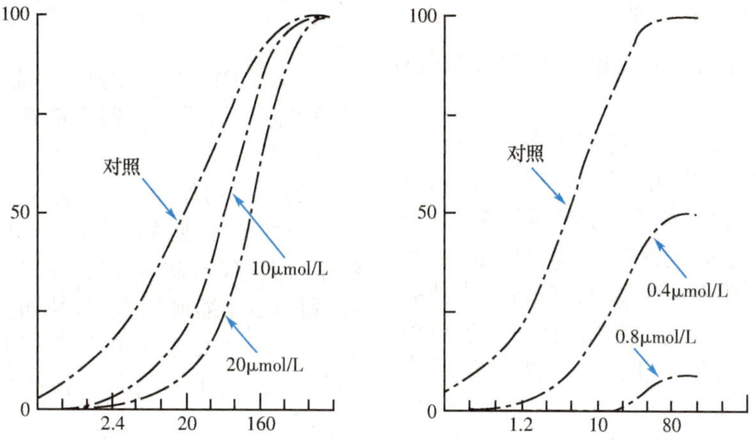

图 10-2 妥拉唑啉(左)和酚苄明(右)对 NA 收缩猫脾脏条剂量反应曲线的影响
横坐标：NA 浓度；纵坐标：最大收缩效应的百分比；图内为阻断药浓度

酚妥拉明

【体内过程】 酚妥拉明(phentolamine)又名立其丁(regitine)，静脉注射 1～5 分钟血药浓度可达峰值，口服后 30 分钟血药浓度达峰值，但口服生物利用度低，效果仅为注射给药的 20%，作用维持约 3～6 小时；肌内注射作用维持 30～45 分钟。大多以无活性的代谢物从尿中排泄。

【药理作用】 对血管有直接舒张作用，较大剂量阻断 α 受体，静脉注射使外周血管阻力和肺动脉压降低，血压下降(图 10-1)，兴奋心脏，增强心肌收缩力，加快心率，增加心输出量。由于对静脉和小静脉的 α_1受体阻断作用比对小动脉的作用强，直立时外周静脉淤血增多，故易引起直立性低血压。偶可致心律失常。此外有拟胆碱作用，使胃肠平滑肌兴奋；还有组胺样作用，使胃酸分泌增加，引起皮肤潮红等。

【临床应用】

1. 肾上腺嗜铬细胞瘤的诊断、此病骤发的高血压危象和术前用药 因瘤细胞分泌大量肾上腺素及去甲肾上腺素而引起高血压，酚妥拉明阻滞 α_1受体，产生迅速而强大的降压作用。注意作诊断试验时，曾有致死的报告，故应特别慎重。

2. 局部用于预防和治疗静脉滴注去甲肾上腺素不慎外漏，引起的局部皮肤坏死 可用本品 5mg 溶于 10～20ml 生理盐水中，作皮下浸润注射。也用于肾上腺素等拟交感胺类药过量所致的高血压。

3. 外周血管痉挛性疾病 如肢端动脉痉挛性疾病(雷诺病)，手足发绀和血栓闭塞性脉管炎等。

4. 阴茎海绵体内注射 治疗阳痿。

5. 休克 该药能舒张小动脉和小静脉，降低外周阻力，此外还能增加心肌收缩力，增加心输出量，从而改善内脏组织血流灌注和解除微循环障碍，还能降低肺循环阻力，防止肺水肿的发生，用于外周血管阻力高、心输出量低的休克患者治疗，但给药前必需补足血容量。临床上主张合用去甲肾上腺素，目的是对抗去甲肾上腺素的 α 型收缩血管的作用，保留其 β 型加强心肌收缩力的作用。

6. 其他 对难治性充血性心力衰竭有一定的疗效，该药能解除心功能不全时小动脉和小静脉的反射性收缩，降低外周阻力，降低心脏前后负荷和左心室充盈压，增加心排出量，改善肺水肿和全身水肿，可作

为纠正心衰的辅助用药(见第二十二章)。

【不良反应】 常见的不良反应有直立性低血压和反射性兴奋心脏引起的不良反应,静脉给药过快可引起严重的心率加速、心律失常和心绞痛。因此须缓慢注射或滴注。口服可有胃肠道反应,出现腹痛、腹泻、呕吐和诱发溃疡病。

妥拉唑啉

妥拉唑啉(toalzoline,苄唑啉)对 α 受体阻断作用与酚妥拉明相似,但较弱,而组胺样作用和拟胆碱作用较强。口服和注射都易吸收,但口服吸收较慢,排泄较快,效果远不及注射给药。主要用于血管痉挛性疾病的治疗,局部浸润注射用以处理去甲肾上腺素静脉滴注时药液外漏。不良反应与酚妥拉明相同,但发生率较高。

酚苄明

酚苄明(phenoxybenzamine)又称苯苄胺(dibenzyline),是人工合成品。

【体内过程】 本品起效慢,但作用强大而持久。口服有 20%~30%吸收,因刺激性强,也不作肌内或皮下注射,仅作静脉注射。静脉注射酚苄明后,其分子中的氯乙胺基须环化形成乙撑亚胺基,才能与 α 受体牢固结合(图 10-2),阻断 α 受体,故起效慢;本品的脂溶性高,大剂量用药可积蓄于脂肪组织中,然后缓慢释放,故作用持久。主要经肝代谢,经肾及胆汁排泄。一次用药,12 小时排泄 50%,24 小时排泄 80%,作用可维持 3~4 天,一周后尚有少量残留于体内。

【药理作用】 舒张血管,降低外周阻力和增加心输出量,加快心率。低血容量或站立时可引起血压明显降低。高浓度还有抗 5-羟色胺及抗组胺作用。

【临床应用】 主要用于治疗嗜铬细胞瘤和良性前列腺增生引起的排尿困难。

【不良反应】 常见的有直立性低血压、心悸、鼻塞、嗜睡、疲乏等;口服可致恶心,呕吐。

二、选择性 α_1 受体阻断药

此类药物对动脉和静脉的 α_1 受体有较高的选择性阻断作用,对突触前膜 α_2 受体无影响,降低总外周血管的阻力,使血压下降,但对心输出量无明显影响,并且很少引起心动过速的副作用,起到良好的降压效果。代表药物有首先发现的哌唑嗪及其衍生物。临床常用的本类药物还有特拉唑嗪(terazosin)、多沙唑嗪(doxazosin)等。主要用于高血压、慢性充血性心力衰竭(详见第二十五章)和良性前列腺增生的治疗。

三、选择性 α_2 受体阻断药

育亨宾(yohimbine)能选择性地阻断 α_2 受体,可促进去甲肾上腺素能神经末梢释放去甲肾上腺素,增加交感神经张力,导致血压升高,心率加快。主要作为科研中的工具药。

第二节 β 肾上腺素受体阻断药

β 肾上腺素受体阻断药能选择性与 β 受体结合,竞争性阻断去甲肾上腺素能神经递质或肾上腺素受体激动药与 β 受体的结合,从而拮抗 β 受体激动后所产生的一系列作用。β 受体阻断药与激动药呈典型的竞争性拮抗,使激动药(如异丙肾上腺素)的量效曲线平行右移(图 10-3);取消肾上腺素的 β 型扩血管效应,留下 α 型缩血管作用,从而使其升压作用略有增加,对去甲肾上腺素的升压作用基本没有影响,对异丙肾上腺素的降压作用有拮抗效应(表 10-1)。

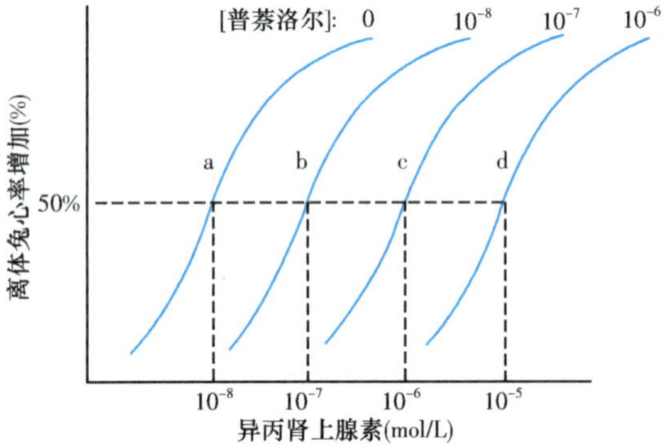

图 10-3 普萘洛尔对异丙肾上腺素加快心率的竞争性拮抗作用

表 10-1 给肾上腺素受体阻断药前后,儿茶酚胺类药物对犬血压的影响

药物	未给阻断药	先给 α 受体阻断药	先给 β 受体阻断药
肾上腺素	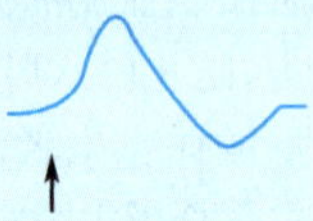		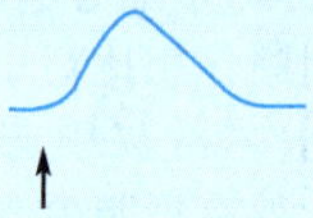
去甲肾上腺素		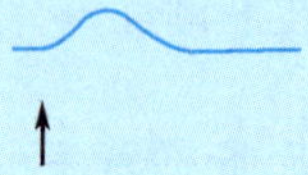	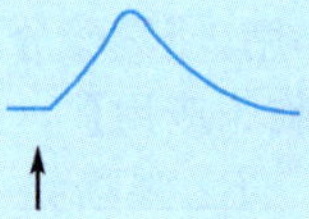

续表

药物	未给阻断药	先给 α 受体阻断药	先给 β 受体阻断药
异丙肾上腺素			

【分类】 β 受体阻断药按对 β_1，β_2 受体亚型的亲和力的差异分为非选择性 β 受体阻断药（β_1、β_2 受体阻断药）；选择性 β= 受体阻断药。本类药物中有些除具有 β 受体阻断作用外，还具有一定的内在拟交感活性，因此 β 受体阻断药又可分为有内在拟交感活性及无内在拟交感活性两类（表 10-2）。

表 10-2　β 受体阻断药的分类

分类	药物名称	β 受体阻断作用		内在拟交感活性	膜稳定作用
		β_1	β_2		
非选择性 β 受体阻断药	普萘洛尔（propranolol）	+	+	−	++
	索他洛尔（sotalol）	+	+	−	−
	噻吗洛尔（timolol）	+	+	−	−
	吲哚洛尔（pindlol）	+	+	++	±
选择性 β_1 受体阻断药	美托洛尔（metoprolol）	+	−	−	±
	阿替洛尔（atenolol）	+	−	−	−
	艾司洛尔（esmolol）	+	−	−	−
	比索洛尔（bisoprolol）	+	−	−	−

注：−、±、+、++分别表示无作用，作用不定、弱、中

【体内过程】 β 受体阻断药口服后自小肠吸收，但由于受脂溶性高低的影响及通过肝脏时的首关消除，其生物利用度差异较大。本类药物主要经肝代谢、肾排泄，脂溶性高的药物主要在肝脏代谢，少量以原形从尿中排泄，脂溶性小的药物主要以原形从肾脏排泄。本类药物的半衰期多数在 3～6 小时，索他洛尔的半衰期可达 10～20 小时，属长效 β 受体阻断药（表 10-3）。

表 10-3　β 受体阻断药的药动学特性

药物名称	脂溶性（lgkp）	口服生物利用度（%）	血浆半衰期（小时）	首关消除%	主要消除器官
非选择性 β 受体阻断药					
普萘洛尔（propranolol）	3.65	～25	2～5	60～70	肝
索他洛尔（sotalol）	—	～95	10-20	—	肾
噻吗洛尔（timolol）	2.1	～50	3～5	25～30	肝
吲哚洛尔（pindlol）	1.75	～75	3～4	10～13	肝、肾
选择性 β 受体阻断药					
美托洛尔（metoprolol）	2.15	～40	3～4	50～60	肝
阿替洛尔（atenolol）	0.23	～50	5～8	0～10	肾
艾司洛尔（esmolol）	—	—	0.13	—	红细胞中分解

【药理作用】

1. β 受体阻断作用

（1）心脏：对心脏的作用是这类药物的主要作用。由于阻断心脏 β_1 受体，产生负性频率和负性肌力作用，使心率减慢，延缓心房和房室结的传导，延长 ECG 的 P-R 间期，减弱心收缩力，减少心输出量，降低心肌耗氧量，特别当心脏交感神经支配占优势时（如运动或紧张），作用明显，但对处于静息状态的正常心脏，有内在拟交感活性的 β 受体阻断药如吲哚洛尔作用很弱。

（2）血管：短期给予非选择性 β 受体阻断药，阻断 β_2 受体介导的舒血管作用，以及交感神经反射地兴奋激活 α 受体，导致外周阻力增加，冠状动脉、肝脏、肾脏和骨骼肌等器官组织血流量减少。但长期使用总

外周阻力可恢复到原来水平。有内在拟交感活性的β受体阻断药可短期内降低外周血管阻力。β受体阻断药对正常人血压影响不明显，但对高血压患者有降压作用，其机制复杂（详见第二十五章）。

（3）支气管平滑肌：阻断支气管 β_2 受体，使支气管平滑肌收缩而增加呼吸道阻力。但这种作用对正常人影响较少，在有支气管哮喘或慢性阻塞性肺病的患者，这种阻断作用能导致致命性的支气管收缩。选择性 β_1 受体阻断药的此作用较弱。

（4）代谢：阻断 β_3 受体，抑制交感神经兴奋所引起的脂肪分解。长期应用不具有内在拟交感活性的β受体阻断药，可增加血浆三酰甘油浓度，降低 HDL 胆固醇，而具有内在拟交感活性者对血脂影响较小或无影响。β受体阻断药对糖代谢的影响不明确，但与α受体阻断药合用时可拮抗肾上腺素的升高血糖和促进糖原分解作用。

（5）肾素：阻断邻肾小球细胞的 β_1 受体而抑制肾素的释放，这可能是其降血压作用的原因之一。

2. 内在拟交感活性　有些β受体阻断药与β受体结合后，既有阻断β受体的作用，又有微弱的激动β受体作用，称为内在拟交感活性（intrinsic sympathomimetic activity，ISA）。由于激动作用较弱，一般被其β受体阻断作用所掩盖而不表现出来。但体内去甲肾上腺素减少时或预先给予利血平以耗竭体内儿茶酚胺，使药物的β阻断作用无从发挥，这时再给具有 ISA 的β受体阻断药，其激动β受体的作用便可表现出来，可致心率加速，心输出量增加等。ISA 较强的药物在临床应用时，其抑制心收缩力，减慢心率和收缩支气管作用，一般比不具 ISA 的药物为弱。

3. 膜稳定作用　大剂量用药时，有些β受体阻断药具有局部麻醉作用和奎尼丁样作用。这两种作用均与其降低细胞膜对离子的通透性有关，故称为膜稳定作用。这是一种与对β阻断作用无关的特征。产生膜稳定作用的血药浓度比临床治疗时的血药浓度高出 50～100 倍，故认为在常用量时，膜稳定作用与治疗作用无关。

4. 其他　普萘洛尔有抗血小板聚集作用；β受体阻断药尚有降低眼内压作用，这可能由于减少房水的形成所致。

【临床应用】

1. 高血压　通过阻断心、脑、肾的β受体以及外周去甲肾上腺素能神经突触前膜 β_2 受体，使高血压患者血压下降，与其他降压药物合用时能减轻其他药物引起的心率加快、心排出量增加及水钠潴留等不良反应，适用于各型高血压（见第二十五章）。

2. 心绞痛和心肌梗死　阻断心脏 β_1 受体，降低心肌耗氧量，增加缺血区供血，对心绞痛有良好的疗效。对心肌梗死，两年以上长期应用可降低复发和猝死率（见第二十六章）。

3. 心律失常　阻断心脏 β_1 受体，减慢心率和传导，对多种原因引起的快速型心律失常有效，如窦性心动过速、全身麻醉药或拟肾上腺素药引起的心律失常等，对交感神经兴奋引起的心律失常疗效较佳（见第二十一章）。

4. 甲状腺功能亢进及甲状腺中毒危象　β受体阻断药可降低机体对儿茶酚胺的敏感性，降低交感神经活性，而且抑制甲状腺素（T_4）转变为三碘甲状腺原氨酸（T_3），因而能有效控制甲亢激动不安，心动过速和心律失常等症状（见第三十三章）。

5. 充血性心力衰竭　在心肌状况严重恶化之前早期应用，对某些充血性心力衰竭能缓解症状，改善预后（见第二十四章）。

6. 青光眼　噻吗洛尔等一些β受体阻断药可降低房水生成速率，降低眼内压，常局部用药治疗青光眼。与毛果芸香碱相比，具有不影响瞳孔和视力的优点。

7. 其他　普萘洛尔试用于偏头痛、肌震颤、肝硬化的上消化道出血等。也用于嗜铬细胞瘤和肥厚性心肌病。

【不良反应】

一般不良反应有头昏、失眠、恶梦等中枢神经系统症状和恶心、呕吐、轻度腹泻等消化道系统症状。偶见过敏性皮疹和血小板减少等。

严重的不良反应常与应用不当，使β受体阻滞过度所致，主要包括：

1. 心血管反应　对心脏的 β_1 受体阻断作用，可出现心脏功能抑制，特别是心功能不全、窦性心动过缓和房室传导阻滞的病人，由于其心脏活动中交感神经占优势，故对本类药物敏感性提高，引发或加重心衰的发展。具有 ISA 的β受体阻断药较少引起心动过缓、心功能抑制。对血管平滑肌 β_2 受体阻断作用，可使外周血管疾病的症状进一步加重，出现雷诺现象。

2. 诱发或加剧支气管哮喘　由于对支气管平滑肌的 β_2 受体的阻断作用，非选择性β受体阻断药可使呼吸道阻力增加，诱发或加剧哮喘，选择性 β_1 受体阻断药及具有 ISA 药物，一般不引起上述的不良反应。但这类药物的选择性往往是相对的，故对哮喘的病人仍应慎重。

3. 反跳现象　长期应用无 ISA 的β受体阻断药后，突然停药，可引起原来病情加重，如加剧心绞痛，使猝死的危险性增加。其机制与受体向上调节有关。因此长期用药者应逐渐减量直至停药。

4. 其他　偶见眼-皮肤黏膜综合征，个别患者有幻觉、失眠和抑郁症状。少数人因掩盖降血糖药引起的低血糖的症状，而出现严重后果，此时，可慎重选用具有 β_1 受体选择性的药物。

【禁忌证】　禁用于严重心功能不全、窦性心动过缓、重度房室传导阻滞和支气管哮喘的病人。慎用于心肌梗死及肝功能不良患者。

一、β_1和β_2受体阻断药

案例 10-2

患者，男，26 岁，外企职员。

主述：失眠，心慌，消瘦约半年。

现病史：患者工作 1 年多，经常加班。逐渐出现失眠、心慌、消瘦，但食欲很好。同事发现他眼球突出，前来医院就诊。血压 150/80mmHg (20kPa/10.7kPa)，脉搏 124 次/分，神志清，眼球微突出，甲状腺Ⅱ度肿大，心率 124 次/分，手颤。

实验室检查：心电图为窦性心动过速，血、尿、便常规正常。T_3、T_4 增高，TSH 降低。

诊断：甲状腺功能亢进症。

治疗：甲巯咪唑 10mg/次，3/日口服，普萘洛尔(心得安)10mg/次，3/日口服。

问题：

使用 β 受体阻断药治疗甲亢的机理？

普 萘 洛 尔

普萘洛尔(propranolol)又称心得安，是最早应用于临床的 β 受体阻断药，有旋光性，仅左旋体有阻断 β 受体的作用。

【体内过程】 口服吸收完全，但首过效应为 60%～70%，生物利用度仅为 30%。血浆蛋白结合率大于 90%。血浆峰值时间为 1～3 小时，$t_{1/2}$为 2～5 小时(见表-3)。老年人肝功能减退，$t_{1/2}$可延长。长期给药或大剂量时，肝脏的消除功能被饱和，生物利用度可提高。易于通过血脑屏障和胎盘屏障，也可通过乳汁分泌。代谢产物 90%以上从肾排泄。个体差异大，血浆高峰浓度相差可达 20 倍，用药剂量应个体化。

【药理作用和临床应用】 普萘洛尔具有较强的 β 受体阻断作用，对 β_1 和 β_2 受体的选择性很低，没有内在拟交感活性。用药后(图 10-4)可使心率减慢，心肌收缩力减弱；能降低心肌自律性，延长有效不应期，减慢传导，使心输出量减少，心肌耗氧降低，对高血压病人可使血压下降，支气管阻力也有一定程度的增高。普萘洛尔并不影响正常人的血糖水平，也不影响胰岛素的释放，但能延缓用胰岛素后低血糖反应的恢复，这可能是其抑制了低血糖引起儿茶酚胺释放所致的糖原分解，对用胰岛素的糖尿病患者加用 β 受体阻断药时，易掩盖心悸等低血糖反应，延误低血糖的发现，应提高警惕。临床主要用于治疗心律失常、心绞痛、高血压、甲状腺功能亢进等。

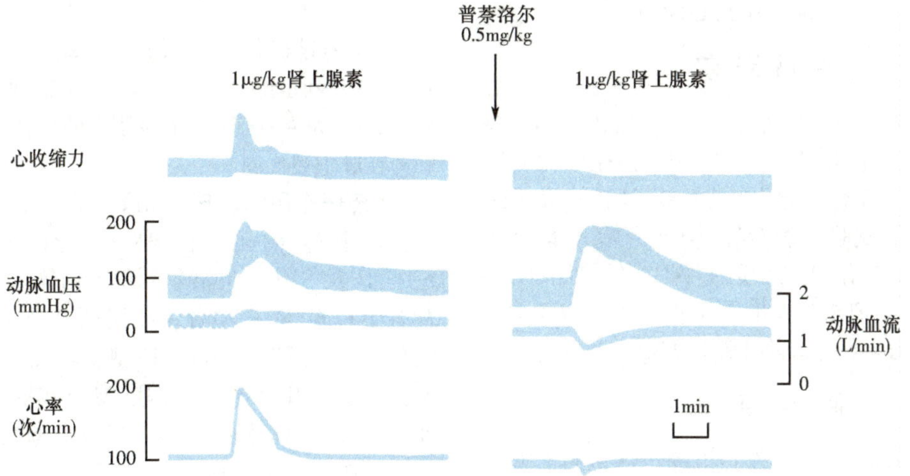

图 10-4 注射肾上腺素和先给予普萘洛尔再注射肾上腺素时犬心肌收缩力、心率和血压的变化

【不良反应】 应用本品可出现眩晕、神志模糊(尤见于老年人)、精神抑郁、反应迟钝等中枢神经系统不良反应；较少见的有支气管痉挛及呼吸困难、充血性心力衰竭；更少见的有发热和咽痛(粒细胞缺乏)、皮疹(过敏反应)、出血倾向(血小板减小)。须警惕雷诺氏征：四肢冰冷、腹泻、倦怠、眼、口或皮肤干燥、恶心、指趾麻木、异常疲乏等。其他不良反应见前述部分。

【禁忌证】 支气管哮喘，心源性休克，心脏传导阻滞(Ⅱ，Ⅲ度房室传导阻滞)，重度或急性心力衰竭，窦性心动过缓。

【药物相互作用】

(1) 与抗高血压药物相互作用：本品与利血平合用，可导致体位性低血压、心动过缓、头晕、晕厥。与单胺氧化酶抑制药合用，可致极度低血压。

(2) 与洋地黄合用，可发生房室传导阻滞而使心率减慢，需严密观察。

(3) 与钙拮抗药合用，特别是静脉注射维拉帕米，要十分警惕本品对心肌和传导系统的抑制。

(4) 与肾上腺素、苯福林或拟交感胺类合用，可引起显著高血压、心率过慢，也可出现房室传导阻滞。

(5) 与异丙肾上腺素或黄嘌呤合用，可使后者疗效减弱。

(6) 与氟哌啶醇合用，可导致低血压及心脏停搏。

(7) 与氢氧化铝凝胶合用可降低普萘洛尔的肠吸收。

(8) 酒精可减缓本品吸收速率。

(9) 与苯妥英、苯巴比妥和利福平合用可加速本品清除。

(10) 可影响血糖水平，故与降糖药同用时，需调整后者的剂量。

索他洛尔

索他洛尔(sotalol)又称甲磺胺心定、心得怡。体内过程见表10-3。本品为兼有β肾上腺素受体阻断作用和延长心肌动作电位时程电生理活性的药物。小剂量时，表现为β受体阻断作用，可延长窦房结周期和房室结不应期，减慢房室传导；较大剂量时，可延长心房、心室动作电位时间和有效不应期。本品口服吸收完全，具有生物利用度高，半衰期长的特点，口服后2～3小时达血药峰浓度，2～3天达稳态血药浓度，与血浆蛋白结合低，且首过效应低，80%～90%以原形从尿中排出。临床用于各种心律失常，包括室性心律失常、室上性心律失常，各种症状性及危及生命的心律失常，以及心房颤动、心房扑动转律后正常窦性节律的维持，也可用于高血压及心绞痛。

噻吗洛尔

噻吗洛尔(timolol)又称噻吗心安，体内过程见表10-3，作用强度为普萘洛尔的8倍。其特点是对青光眼，特别是原发性开角型青光眼有良好效果，起效快、副作用小、耐受性好。滴眼后20分钟眼压即开始下降，经1～2小时达最大效应，作用可持续24小时。但要注意治疗青光眼时，滴眼制剂能被大量吸收进入全身，使某些哮喘和充血性心力衰竭的患者出现不良反应。

吲哚洛尔

吲哚洛尔(pindolo)又称心得静。体内过程见表10-3，本品生物利用度高，作用类似普萘洛尔，但强度是普萘洛尔的6～15倍。其特点是有较强的内在拟交感活性，主要表现在激动β_2受体方面，可舒张血管平滑肌，且减少心率及心输出量的作用较弱，因此，对心脏储备力降低或易出现心动过缓的高血压患者，使用该类药物较好。

二、β_1受体阻断药

美托洛尔

美托洛尔(metoprolol)又称美多心安和甲氧乙心安。体内过程见表10-3。血浆高峰浓度的个体差异很大(可达17倍)，原因可能是在体内的代谢受遗传因素影响，快代谢型者的$t_{1/2}$为3～4小时；慢代谢型者的$t_{1/2}$可达7.55小时。缓释剂可每天给药1次。在肝中代谢，仅10%以原形从尿中排泄。美托洛尔有较弱的膜稳定作用，但无内在拟交感活性。对β_1受体有较大的选择性，但较大剂量时对血管及支气管平滑肌的β_2受体也有作用。临床用于心律失常、心绞痛、高血压、心肌梗死、甲状腺功能亢进及嗜铬细胞瘤等。

阿替洛尔

阿替洛尔(atenolol)又称氨酰心安，压平乐。体内过程见表10-3。阿替洛尔对β_1受体有较高选择性，而对支气管及血管的β_2受体影响甚小。临床一般用于心律失常、高血压、心绞痛及青光眼等。

艾司洛尔

艾司洛尔(esmolol)是一种作用时间很短的β_1受体阻断药，$t_{1/2}$约8分钟。可紧急情况下静脉给药。

第三节 α、β肾上腺素受体阻断药

本类药物对α、β受体的阻断作用选择性不强，但对β受体的阻断作用强于α受体的阻断作用。

拉贝洛尔

【体内过程】 拉贝洛尔(labetalol)又称柳胺苄心定。口服吸收，部分被首过消除，生物利用度约20%～40%。$t_{1/2}$为4～6小时，血浆蛋白的结合率为50%，约有95%在肝中被代谢。

【药理作用和临床应用】 拉贝洛尔在化学结构上有两个光学中心，有4种立体异构物，即R,R-、R,S-、S,R-及S,S-拉贝洛尔。各异构体阻断受体的选择性各不相同，R,R-型者主要阻断β受体；R,S-型不具任何α或β阻断作用；S,R-型阻断α_1受体作用最强；S,S-型缺乏阻断β受体作用，具有较弱的阻断α受体作用。R,R-型对β_2受体具有内在拟交感活性，有助于血管扩张。临床应用的拉贝洛尔为上述4种异构体的消旋混合物，整个药物特性包括阻断β_1和β_2受体，选择性阻断α_1受体，其对β受体的阻断作用为阻断α受体作用的5～10倍，并具有较弱的内在拟交感活性和膜稳定作用。

拉贝洛尔既能通过阻断α受体引起血管舒张，又能通过阻断β受体减少心输出量，有助于降低血压，且降低血压时一般不降低心输出量，能降低卧位血压和周围血管阻力，比单纯β受体阻断药为优。适用于治疗轻度至重度高血压和心绞痛；静脉注射治疗高血压危象。

【不良反应】 常见的不良反应有直立性低血压、

眩晕、乏力、幻觉、胃肠道障碍等，本品致支气管平滑肌收缩的作用虽不强，但对哮喘患者仍可致支气管痉挛。儿童、孕妇及哮喘、脑出血患者忌用静注。

卡维地洛

卡维地洛(carvedilol)除阻断β受体和α受体外，还有抗氧化作用，抑制氧自由基引起的脂质过氧化和平滑肌增殖。口服首关消除显著，生物利用度22%，血浆蛋白结合率为95%，经肝代谢消除，$t_{1/2}$为6～8小时。降压作用迅速，可长时间维持降压作用。对左室射血分数、心功能、肾功能、肾血流灌注、外周血流量、血浆电解质和血脂水平没有影响，不影响心率或使其稍微减慢，极少产生水钠潴留。临床用于治疗高血压和充血性心力衰竭。

Summary

- The adrenoceptor blocker are divided into α-adrenoceptor blockers(α blockers); β-adrenoceptor blockers(β blockers) and mixed α, β-adrenoceptor blockers(α, β-ablockers).
- α blockers, which decrease total peripheral resistance and blood pressure through action of blocking α-receptors in vascular smooth muscle, are used in diagnosis and treatment of pheochromocytoma, peripheral vasodilation in conditions such as Raynaud's disease, and increase tissue perfusion in patients with shock.
- The major adverse effects are orthostatic hypotension which results from antagonism of sympathetic stimulation of α_1-receptors in venous smooth muscle, and tachycardia which results from the enhancement of noradrenaline release by blocking presynaptic α_2 adrenergic receptor.
- β blockers decrease cardiac output, heart rate, contractility, oxygen consumption through blocking β_1-receptors in heart; cause an increase in airway resistance through blocking β_2-receptor mediated vasodilation in bronchial smooth muscle. Some β blockers have intrinstic sympathomimetic activity. The β blockers have widespread use in the management of cardiac arrhythmias, angina, hypertension and are also used in the treatment of hyperthyroidism. The adverse effects are directly related to the β-blocking abilities: worsening of preexisting asthma; acute heart failure. β_1 selective antagonists are often referred to as cardioselective drugs.

(宜 全)

第十一章　局部麻醉药

> **案例 11-1**
>
> 患者，男，16 岁。
>
> 手术：阑尾切除术。
>
> 处理：T12～L1 穿刺置管，推注含 1∶20 万肾上腺素 2 %利多卡因，试验量 4ml，患者立即出现头胀心慌、呼吸困难，查无全脊麻征象。5 分钟后，无麻醉平面，再推少量麻醉药，患者又出现上临床症状，但始终回抽无血液回流，改全麻插管完成手术。
>
> **问题：**
>
> 1. 为何局麻药中加 1∶20 万肾上腺素？局麻药的毒性反应、如何防治？
>
> 2. 患者推注含 1∶20 万肾上腺素 2%利多卡因后为何会心慌、呼吸困难？

第一节　局部麻醉药的基本药理作用

局部麻醉药(local anesthetics)简称局麻药，是一类局部应用于神经末梢或神经干的周围，可逆性地阻断神经冲动的产生和传导，在意识清醒的条件下引起局部痛觉暂时丧失的药物。局麻作用消失后，神经功能可完全恢复，对各类组织几乎无损伤性影响。目前临床常用局部麻醉药有十余种，均为氨基酯类或氨基酰胺类。

【来源及化学】 局麻药效能和作用持续时间决定于其分子特性，常用局麻药在化学结构上由芳香族环、中间链和胺基三部分组成(图 11-1)。中间链为 4～5 个原子结构，又可分为酯链(—COO—)和酰胺链(—CONH—)，原子的多少决定药物与膜受体的反应性。根据中间链的结构，可将局麻药分为两类：①酯类，如普鲁卡因、氯普鲁卡因和丁卡因。酯类局麻药相对毒性较大，治疗指数低，所含的对氨基化合物可形成半抗原，变态反应发生率比酰胺类高；其代谢是被假性胆碱酯酶所分解。②酰胺类，如利多卡因、甲哌卡因、丙胺卡因、丁哌卡因、依替卡因和罗哌卡因。此类药物在肝内被酰胺酶所分解，引起过敏反应者极为罕见。根据作用持续时间，可将局麻药分为三类：短效局麻药，如普鲁卡因、氯普鲁卡因；中效局麻药，如利多卡因、甲哌卡因；长效局麻药，如丁卡因、丁哌卡因、依替卡因和罗哌卡因。

【体内过程】 局麻药可从用药部位吸收，吸收的速度与药物的脂溶性、用药剂量、注药部位、是否加用血管收缩药有关。吸收后随血液循环分布到全身。酯类局麻药主要通过假性胆碱酯酶水解，小部分以原形排出，水解速率以氯普鲁卡因最快。酰胺类则在肝内被酰胺酶降解。

【药理作用及作用机制】

1. 局麻作用　局麻药作用于神经组织，提高神经冲动产生的阈电位，抑制动作电位 0 相去极化的速度、降低动作电位幅度，减慢传导速度，延长动作电位不应期，直至完全丧失兴奋性和传导性。低浓度局麻药即可阻断感觉神经冲动的发生和传导，较高浓度对神经系统的任何部分及各类神经纤维，如外周神经、中枢神经、植物神经和运动神经都有阻断作用，甚至也能抑制心血管、平滑肌和骨骼肌的活动。局麻药的作用与神经细胞或神经纤维的粗细及神经组织的解剖特点有关。一般规律是细神经纤维比粗神经纤维更易被阻滞；无髓鞘的神经较有髓鞘的神经更易被阻滞。局麻药对神经、肌肉的麻醉顺序是：痛、温觉纤维＞触、压觉纤维＞运动神经；中枢神经系统抑制性神经元＞兴奋性神经元，植物神经＞心肌和血管平滑肌＞胃肠、子宫平滑肌＞骨骼肌。

局麻药作用机制尚不完全清楚，目前主要有受体部位学说、表面电荷学说和膜膨胀学说受到重视。受体部位学说认为，局麻药主要作用于神经细胞膜 Na^+ 通道，与电压依赖性 Na^+ 通道内侧靶位结合后，引起 Na^+ 通道蛋白构象变化，Na^+ 通道的失活态闸门关闭而阻滞 Na^+ 内流，抑制动作电位的产生从而产生局麻作用。另外，局麻药还可不同程度地阻滞 Ca^{2+} 通道、K^+ 通道，故各种局麻药表现出不同的临床特点。

影响局麻作用的因素：①剂量：剂量越大，局麻作用的潜伏期越短，强度越大，持续时间越长；②血管收缩药：局麻药液中加入 1 ∶ 20 万的肾上腺素，可减少局麻药的吸收，增强局部麻醉作用，减少吸收中毒。但手指、足趾及阴茎等末梢部位麻醉时，不宜加入肾上腺素，否则可引起组织缺血坏死。高血压、脑动脉硬化、器质性心脏病和甲状腺功能亢进等患者禁用；③局部 pH：局麻药多为叔胺或仲胺，呈弱碱性，难溶于水且不稳定，多与酸结合而形成可溶于水的盐。药物进入机体后，析出碱基，以解离型(阳离子型)和非解离型(碱基)两种形式存在。由于局麻药的特异性靶位在细胞膜内表面的 Na^+ 通道内口处，局麻药必须

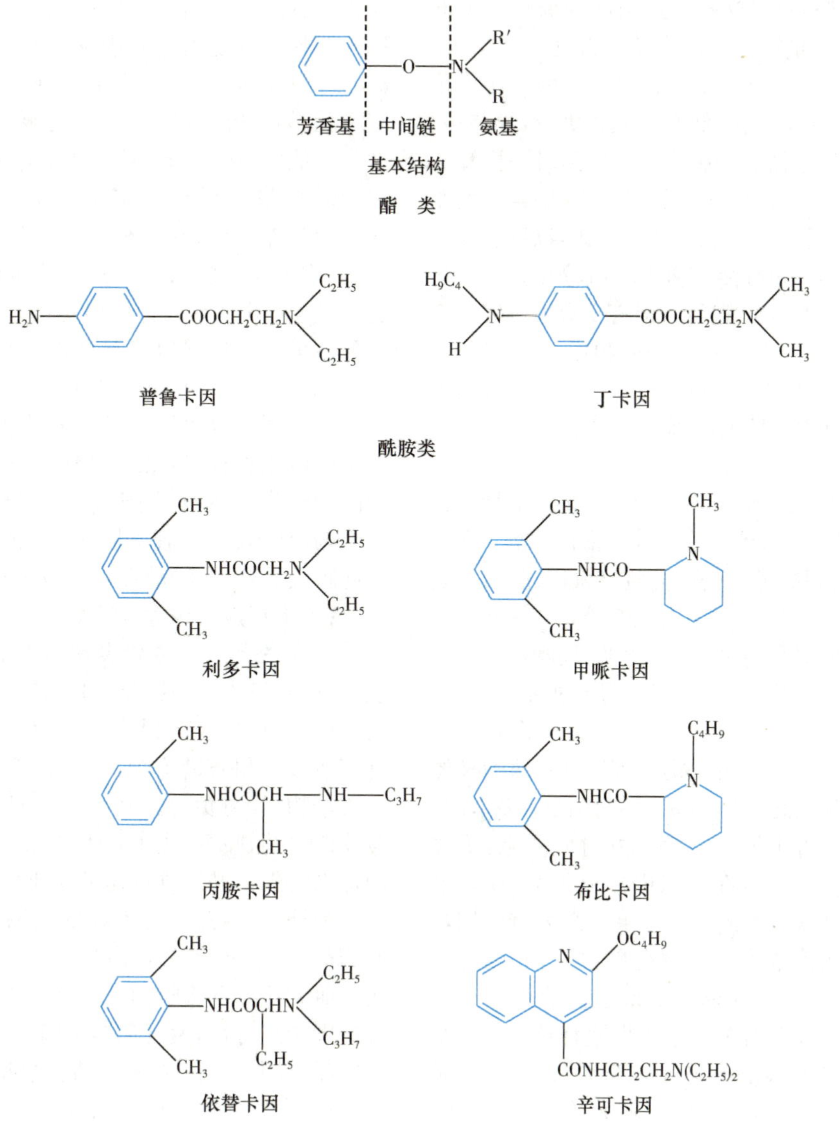

图 11-1 局麻药的分子结构

进入胞内方能与之结合。非解离型药物脂溶性高，易穿透细胞膜，所以此型越多，局麻作用越强。用药部位 pH 增高时，非解离型局麻药增多，易穿过神经膜并与膜内面 Na^+ 通道内口的靶位结合，局麻作用增强；反之，用药部位 pH 降低时（如炎症区），局麻作用减弱。目前临床上为维持局麻药的稳定性和水溶性，均采用盐酸制剂。适当碱化局麻药溶液，可明显缩短起效时间，增强阻滞作用，延长作用时间。临床上麻醉酸中毒病人或者封闭法治疗损伤或炎症病人可以考虑适当碱化局麻药，以提高麻醉效果；④频率依赖性和电压依赖性。频率依赖性（frequency dependence）即使用依赖性（use dependence），局麻药只有在 Na^+ 通道开放状态才能进入，与其结合位点结合而产生 Na^+ 通道阻断作用。电压依赖性（voltage dependence），Na^+ 通道在激活（开放）或失活（多为正的膜电位）状态比静息状态下（多为负的膜电位）对局麻药的亲和力高，因此，一定浓度的药物对激活状态的神经比对静息状态的神经会产生更明显的效应。

2. 吸收作用

（1）治疗量利多卡因口服或注射给药，可产生抗心律失常、抗惊厥和抗癫痫作用。氯普鲁卡因静脉给药对中枢性疼痛有一定的治疗作用。

（2）所有的局麻药的剂量过大、浓度过高或误将药物注入血管时，血中药物达到一定浓度，即可对中枢神经系统、心血管系统和肌肉等产生影响，这实际上是局麻药的毒性反应。

1）中枢神经系统：局麻药对中枢神经系统的作用是先兴奋后抑制，初期表现为眩晕、烦躁、肌震颤、焦虑等，进一步发展为神志错乱及全身性强直-阵挛性惊厥，最后转入昏迷、呼吸麻痹，可因呼吸衰竭而死亡。先兴奋是由于中枢抑制性神经元对局麻药比较敏感，首先被局麻药抑制，引起脱抑制而出现兴奋现象。局麻药引起的惊厥是由边缘系统兴奋性扩散所致。苯二氮䓬类能增强边缘系统 GABA 能神经元的抑制作用，较好地对抗局麻药中毒引起的惊厥。可卡因可引起欣快和一定程度的情绪及行为改变。

2）心血管系统：局麻药对心血管系统的直接作用是抑制，降低心肌兴奋性、降低心肌收缩力、传导减慢、不应期延长及血管平滑肌松弛等。局麻药对心血管系统还有间接作用，如中枢神经系统的影响。中毒初期血压上升及心率加快是中枢兴奋为主的结果，以后表现为心率减慢、血压下降、传导阻滞直至心跳停止。通常在血药浓度高时才发生心血管反应，但有少数人应用小剂量局麻药作浸润麻醉时即可引起虚脱和死亡，可能是突发的心室颤动使心搏骤停所致。药物误注入血管内更易发生心脏抑制和血管扩张，使血压下降。

【临床应用】

1. 表面麻醉（surface anesthesia） 将穿透性较强的局麻药涂于黏膜表面，使黏膜下神经末梢麻醉。适用于鼻、口腔、咽喉、呼吸道、食管、生殖泌尿道、肛门等表面麻醉。常用 0.5%～2%的丁卡因溶液，2%～10%利多卡因制剂(溶液、喷雾剂、凝胶、乳剂)。局麻药经黏膜吸收速度快，故须分次给药，且用量不得超过常用量。

2. 浸润麻醉（infiltration anesthesia） 将局麻药注入皮下及手术切口部位的深层组织，使局部的神经末梢麻醉。常用局麻药有 0.25%～2%的利多卡因，0.25%～1%的普鲁卡因。浸润麻醉时应注意：①注入的药液需有一定容积，在组织内形成张力，使药液与神经末梢广泛接触，增强麻醉效果。②为避免用药量超限，可降低药液浓度。③注药前要回抽，以免将药液误注入血管内。浸润麻醉的麻醉药液中很少加入肾上腺素，避免因周围血管过度收缩而导致局部组织坏死。这种麻醉方法的优点是麻醉效果好，缺点是用药量较大，麻醉区域较小，对于较大的手术因所需药量较大，易产生全身毒性反应。

3. 传导麻醉（conduction anesthesia） 将局麻药注射到外周神经干或神经从附近，阻断神经冲动传导，使该神经支配的区域麻醉。麻醉神经干所需的局麻药浓度较麻醉神经末梢所需的浓度高，但用量少，麻醉区域大。常用药为 0.5%～2%普鲁卡因，1%～2%利多卡因，0.25%～0.5%丁哌卡因。为缩短起效时间，延长局麻作用时间，常采用复合用药，将利多卡因和丁哌卡因合用。

4. 蛛网膜下腔麻醉（subarachnoidal anesthesia） 将局麻药注入第二腰椎以下水平的腰部蛛网膜下腔，又称腰麻(spinal anesthesia)。交感神经纤维最先被阻断，其次是感觉神经纤维，运动神经纤维最后被麻醉。常用于下腹部和下肢手术。多数局麻药均可用于腰麻。药物在椎管内的扩散受病人体位、姿势、药量、注射力量和溶液比重的影响。局麻药液比重的概念对理解腰麻的范围很重要，根据局麻药液的比重来调整患者的体位，可有效地控制药物扩散范围，理论上，如局麻药溶解在放出的脑脊液或 10%的葡萄糖溶液中，其比重高于脑脊液；用蒸馏水溶解，其比重低于脑脊液。蛛网膜下腔麻醉主要危险是药物向上弥散至胸段脊髓引起呼吸麻痹和由于交感神经被阻滞而导致血压下降，此外由于硬脊膜被穿刺，使脑脊液渗漏，易致麻醉后头痛。对于腰麻血压下降可取轻度的头低位(10°～15°)或预先应用麻黄碱来预防。

5. 硬膜外麻醉（epidural anesthesia） 将局麻药注入硬膜外腔，阻滞脊神经根，使其支配区域产生麻醉，也称硬膜外阻滞。用药量比腰麻时大 5～10 倍，起效较慢(15～20 分钟)，但对硬脊膜无损伤，不引起麻醉后头痛反应或脑脊膜刺激现象。硬膜外腔不与颅腔相通，注射水平可高达颈椎。临床上常插入硬膜外导管以便反复多次给药延长麻醉时间。硬膜外麻醉也能使交感神经麻醉，导致血压下降，可用麻黄碱预防和治疗。因用药量远大于腰麻，若刺破硬脊膜将局麻药误注入蛛网膜下腔，可引起全脊髓麻醉，很快引起呼吸心跳停止，故操作时应十分谨慎。

【不良反应及注意事项】

1. 毒性反应 主要表现为中枢神经和心血管系统的毒性，发生的原因是在单位时间内误用了超剂量局麻药，或将局麻药误注入血管内，使血药浓度骤然升高所致。预防措施为：①严格控制剂量；②加入缩血管药物；③避免注入血管。一旦发生局麻药中毒，应立即停药，吸氧、人工呼吸，用地西泮或硫喷妥钠控制惊厥，强心、升压维持循环功能稳定。

另外，局麻药都有潜在的周围神经毒性，且与局麻药剂量、浓度及与神经接触时间成正相关。经动物实验研究比较利多卡因、丁卡因、丁哌卡因、罗哌卡因等周围神经毒性，发现利多卡因>丁卡因>丁哌卡因>罗哌卡因。在体或离体动物模型研究局麻药的神经毒性的结果均表明，神经损伤程度呈浓度依赖性，药物浓度愈高，损伤程度愈重。因此在满足手术要求的情况下，尽量选择低浓度、神经毒性较小的局麻药。

2. 变态反应 局麻药变态反应发生率仅占局麻药不良反应的 2%，临床常误把某些反应当做局麻药过敏，故应重视区分变态反应、毒性反应以及血管收缩药反应。

局麻药变态反应轻者表现为皮疹和血管神经性水肿，重者表现为呼吸道黏膜水肿、支气管痉挛、呼吸困难，甚至发生肺水肿及循环衰竭。局麻药或其代谢产物与血浆蛋白结合成为抗原，这在酯类局麻药中较为多见，酰胺类药则很少发生。其防治措施：①询问变态反应史和家族史，麻醉前做变态反应试验，可采用皮内注射观察皮丘，滴鼻法看表面黏膜，喷雾或涂敷法观察全身反应。以上试验阳性者并不一定会过敏，而阴性者仍有可能发生过敏反应，故目前仍无可以信赖的预测方法；②局麻药引起变态反应的严重程度与药物引起组胺和其他自体活性物质释放的量有关，故用药时可先给予小剂量，若病人无特殊主诉和异常，再给予适当剂量；③预防性用药，局麻前给予适量的巴比妥类药物，理论上能增强体内酶诱导，使局麻药的分解和降解加快，但临床效果可疑；④一旦发生变态反应，应立即停药、吸氧、补液，并适当应用糖皮质激素、肾上腺素、抗组胺药。

第二节 常用局麻药

一、酯类局麻药

普鲁卡因

普鲁卡因(procaine)又名奴佛卡因，为短效局麻药，其盐酸盐水溶液不稳定，久储、光照或高压灭菌后易变黄而效价降低。注射后1～3分钟起效，维持30～60分钟，溶液中加入少量肾上腺素可使作用时间延长到1～2小时。局麻作用较弱，穿透力弱，不能用于表面麻醉。广泛用于浸润麻醉、传导麻醉、腰麻和硬膜外腔麻醉。本品吸收后有一定镇痛、镇静和抗心律失常作用，可用于复合麻醉。本药在血浆中被假性胆碱酯酶水解，变为对氨苯甲酸和二乙氨基乙醇，前者能对抗磺胺类药物的抗菌作用，故应避免与磺胺类药物同时应用。用药过量可引起中枢神经系统及心血管反应，还可出现变态反应。毒性低，偶见过敏反应。初次使用前应做过敏试验，但符合率不高，过敏试验阴性者仍有发生过敏反应的可能。

丁卡因

丁卡因(tetracaine)又称地卡因(dicaine)，为长效局麻药，作用迅速，1～3分钟显效，持续2小时以上。其局麻强度、毒性均比普鲁卡因大10倍左右。脂溶性高，穿透力强，最常用于表面麻醉，也可用于传导麻醉、腰麻和硬膜外麻醉，但须严格控制剂量；因毒性大，一般不单独用于浸润麻醉，以免吸收中毒。

氯普鲁卡因

氯普鲁卡因(chloroprocaine)是普鲁卡因的氯化同类物，作用与普鲁卡因相似，氯普鲁卡因显效快(通常6～12分钟)，麻醉持续时间达1小时，进入血液很快被血浆胆碱酯酶水解，试验测定氯普鲁卡因的血浆半衰期成人男性为(21±2)秒，女性为(25±1)秒，新生儿为(43±2)秒。在所有的局麻药中氯普鲁卡因毒性最低。过敏反应发生率很低，无需作过敏试验。临床用于浸润麻醉、传导麻醉和硬膜外麻醉。

二、酰胺类局麻药

利多卡因

利多卡因(lidocaine)为中效局麻药，水溶液稳定，起效快，穿透力强。局麻强度、持续时间及毒性均介于普鲁卡因和丁卡因之间，可广泛用于各种局麻方法。变态反应罕见，与酯类局麻药无交叉过敏，故对酯类局麻药过敏者可用此药。利多卡因静脉注射还可用于抗心律失常。

丁哌卡因

丁哌卡因(bupivacaine)为长效局麻药，水溶液稳定，麻醉强度和毒性比利多卡因强，作用持续时间长，可达5小时。因穿透力弱，不能用于表面麻醉，适用于传导麻醉、硬膜外腔麻醉和蛛网膜下腔麻醉。心脏毒性较强，且复苏困难，应予警惕。

罗哌卡因

罗哌卡因(ropivacaine)是新型长效局麻药，5～15分钟起效，感觉阻滞时间4～6小时。其局麻作用比丁哌卡因强，对感觉神经的阻滞明显强于运动神经。而中枢神经系统和心血管系统的毒性低，过量后发生惊厥与循环衰竭之间的间期长，复苏成功率高。适用于各种周围神经阻滞和硬膜外腔麻醉，对蛛网膜下腔麻醉的安全性还需进一步研究。

临床使用的其他酰胺类局麻药还有甲哌卡因(mepivacaine)、丙胺卡因(prilocaine)、依替卡因(etidocaine)和辛可卡因(cinchocaine)等。

Summary

- Local anesthetics reversibly block impulse conduction along nerve axons and other excitable membranes that utilize sodium channels as the primary means of action potential generation. Clinically, local anesthetics are used to block pain sensation from or sympathetic vasoconstrictor impulses to specific areas of the body. It can provide highly effective analgesia in well-defined regions of the body. The usual routes of administration include topical application, injection in the vicinity of peripheral nerve endings and major nerve trunks and injection into the epidural or subarachnoid spaces surrounding the spinal cord. Systemic absorption of injected local anesthetic from the site of administration is determined by several factors, including dosage, site of injection, drug-tissue binding, local blood flow, use of vasoconstrictors and the physicochemical properties of the drug itself.
- Local anesthetics are either esters or amides. Esters include procaine and tetracaine . Amides include lidcaine, bupivacaine and ropivacaine.

(许 勇)

第三篇　作用于中枢神经系统的药物

第十二章　中枢神经系统药理学概论

人体生命活动过程中复杂而精细的生理功能主要依赖神经和体液两大系统进行调节，其中中枢神经系统(central nervous system, CNS)起主导和协调作用，主要维持内环境的稳定并对外环境变化做出即时反应。CNS的结构和功能远较外周神经系统复杂，含有大量神经元(neuron)，神经元间有多种形式的突触联系，并由多种神经递质传递信息，通过使相应的受体、离子通道的激活和逐级放大的细胞内信号转导途径相耦联而介导复杂的调节功能。作用于中枢神经系统的药物被用于临床，用作镇痛、退热、改善睡眠、抑制食欲、治疗某些中枢性退行性疾病，或用于治疗焦虑、抑郁或精神分裂症等。另一些如烟、酒、毒品的中枢作用被滥用可产生依赖性，引发严重的社会问题。药物的中枢作用也可成为药物治疗的不良反应，如呼吸抑制、谵妄、抑郁等。鉴于中枢神经系统的复杂性，至今很多中枢神经系统生理功能和病理生理机制仍不清楚，有待不断探索。本章内容主要是介绍与药物作用有关的中枢神经系统解剖、生理、生化、细胞和分子生物学的基础知识，将有助于学习作用于中枢神经系统的药物。

第一节　中枢神经系统的细胞学基础

一、神　经　元

神经元是神经系统的结构和功能单位，它能接受刺激和传导神经冲动。神经元还具有分泌细胞的功能，可以合成和释放生物活性物质。人脑内的神经元总数约有 10^{10}～10^{12} 个，支持和供给营养的胶质细胞比神经元多出 10～50 倍。神经元受到损伤时不能再生，缺氧数分钟即可引起死亡。每个神经元都是由胞体和由胞体延伸出来的突起构成。突起又分为轴突(axon)和树突(dendrite)两种。胞体是神经元的营养和代谢中心，含有一个大的圆形或卵圆形核以及用于合成细胞生命活动所需物质的细胞器如粗面内质网、高尔基器、线粒体、溶酶体等。神经元胞质中尚含有内涵物，包括一些致密小体和色素颗粒如脂褐素。内涵物出现于成人期，且随着年龄的增长而增加。每个神经元有一个或多个树突，如树枝状，许多神经元树突表面发出多种形状的细小突起，称为树突棘(dendritic spine)，神经元胞体内多数细胞器也可伸入到树突中。树突的功能主要是接受刺激，树突棘对神经元的兴奋具有积极的调整作用。一般神经元只有一个轴突，通常由胞体发出，也可自树突干的基部发出，长短不一，长者可达 1 米以上，短的仅有几微米，轴突一般较树突细长，表面光滑无棘状突起。轴突的主要功能是传导神经冲动。神经元的细胞骨架与其他细胞一样，是由丝状结构组成，包括微管、微丝和神经丝。由丝状结构构成的框架主要用来支持延长神经元突起、调节神经元的形状、也参与神经元内物质的运输。在病理状态下如慢性铝中毒脑病、老年性痴呆症，受累神经元微管可出现异常磷酸化，与神经纤维缠结的形成有关。

二、神经胶质细胞

神经胶质细胞(neuroglia)按形态可分为星状胶质细胞(astrocyte)、少突胶质细胞(oligodendrocyte)和小胶质细胞 (microglia)，它们起源于中胚层。CNS 内神经元间的空隙几乎全由胶质细胞所填充，因此几乎不存在细胞间隙。胶质细胞的主要功能是支持和绝缘作用，还有维持神经组织内环境稳定作用，另外，在 CNS 发育过程中具有引导神经元走向的作用。突触周围的胶质细胞能摄取递质，参与递质的灭活过程(如兴奋性递质谷氨酸的再摄取)，可防止递质弥散。胶质细胞还参与修补过程。新近的研究资料表明，神经胶质细胞与 CNS 的生理功能调节、一些精神疾病(如帕金森病、脑卒中、精神分裂症、药物成瘾等)的发生、发展密切相关，是研制神经保护药的重要生物靶标。

三、突触与信息传递

神经元的主要功能是传递信息。神经元与神经元之间，或神经元与效应细胞之间传递信息部位称为突触（synapse）。神经元突触是神经元之间接交点，也是一种细胞连接方式，最常见的是一个神经元的轴突末梢与另一个神经元的树突、树突棘或胞体连接，分别形成轴-树突触、轴-棘突触或轴体突触。根据传递的方式及结构特点，突触可分为电突触（electric synapse）、化学突触（chemical synapse）和混合性突触。因为哺乳动物神经系统绝大多数的突触为化学突触，而且对药物敏感，此处仅讨论化学突触。

电镜下，突触由突触前成分（presynaptic element）、突触后成分（postsynaptic element）和突触间隙（synaptic cleft）三部分构成。突触前、后成分彼此相对的胞膜，分别称为突触前成分和突触后膜。突触前成分内含许多突触小泡（synaptic vesicle），还有少量线粒体、微丝和微管等。突触小泡含神经递质或神经调质，突触小泡表面附有一种蛋白质，称突触素（synapsin）。突触前膜胞质面附着有排列规则的致密突起，其性质为蛋白质。致密突起间的空隙可容纳突触小泡。突触后膜中有特异性的神经递质的受体以及离子通道。

当神经冲动沿轴膜传导到轴突终末时，可引起突触前膜上的 Ca^{2+} 通道开放，Ca^{2+} 由细胞外进入突触前成分内，在 ATP 的参与下使突触素发生磷酸化。磷酸化的突触素降低了它与突触小泡的亲和力而与小泡分离，致使突触小泡脱离细胞骨架，移至突触前膜并与之融合，通过胞裂外排作用释放小泡内容物到突触间隙。突触后膜中的受体与特异性神经递质结合后，膜内离子通道开放，改变突触后膜两侧的离子分布，使突触后神经元（或效应细胞）出现兴奋性或抑制性突触后电位，从而完成突触间的信息传递。使突触后膜发生兴奋的突触称为兴奋性突触，使突触后膜发生抑制的突触称为抑制性突触。突触的兴奋或抑制，取决于神经递质及其受体的种类。

一方面被释放的神经递质需要迅速消除终止其作用，以保证突触的传递效率；另一方面又需要回收突触小泡蛋白，通过神经末梢细胞膜的内吞合成新的囊泡，形成囊泡的再循环，准备新一轮递质的合成、储存和释放。突触间隙递质的消除主要是通过突触前膜和神经胶质细胞的摄取（如单胺类递质）或酶解作用（如乙酰胆碱）而实现的。

突触传递的过程主要包括神经递质的合成和储存、突触前膜去极化和胞外钙内流触发神经递质的释放、神经递质与突触后受体结合引起突触后生物学效应、释放后的递质消除及囊泡的再循环。神经递质的释放受到突触前膜受体的反馈调控，通过改变进入末梢的钙离子量或改变末梢对钙离子的敏感性等均能调节递质的释放。

过去认为突触传递是单向的，信息只从突触前传递到突触后。目前有证据表明，神经系统内存在交互突触，信息既可以从突触前传递到突触后，也可从突触后传递到突触前。另一方面，越来越多的资料表明，腺苷、三磷酸腺苷、NO、花生四烯酸、血小板活化因子等均可作为逆行信使分子，即作为突触后神经元对突触前传递信息的应答，逆行弥散至突触前神经元调节突触前神经元的活动及递质的合成与释放。

四、离子通道

神经元细胞膜上有些蛋白质大分子贯穿细胞膜。阴离子如氯离子，阳离子如钾、钠、钙离子等可通过这些蛋白质大分子进出神经元，当周围环境发生变化时，这些蛋白质大分子的结构可发生可逆性变化，使离子通透性发生改变，称门控（gate）。目前已知神经系统有75种离子通道是门控方式，离子通道基本上分四类：①非门控被动离子通道（non-gated passive ion channal），其离子通透性持续开放；②电压门控通道（voltage-gated channal），通道的开闭受神经元电位的影响；③化学门控或受体门控通道（chemically-gated channnal or receptor-operated channal），通道的开闭受神经元膜上受体功能变化的影响，如药物、神经递质作用于受体，导致通道的开闭；④离子门控通道（ion-gated channal），通道的开闭受神经元细胞内外离子浓度变化的影响。一般来讲，离子门控通道对膜电位变化和受体调节敏感，化学门控通道也对膜电位变化敏感。

第二节　中枢神经系统递质及其受体

神经系统通过化学物质作媒介进行信息传递的过程叫化学传递。近年不断发现突触前膜去极化时，有神经活性物质从末梢释放。其中既包括经典的小分子神经递质如 ACh、NE、DA 等，也包括日益增多的神经肽类物质，如 P 物质、阿片肽类等。由此出现了神经递质（neurotransmitter）、神经调质（neuromodulator）、神经激素（neurohormone）和神经媒介因子（neuromediators）等概念。神经递质是指神经末梢释放的、作用于突触后膜受体、导致离子通道开放并形成兴奋性突触后电位或抑制性突触后电位的化学物质，其特点是传递信息快、作用强、选择性高。神经调质也由神经元释放，其本身不具有递质活性，大多需与 G 蛋白耦联的受体结合后诱发缓慢的突触前或突触后电位，不直接引起突触后生物学效应，但能调制神经递质在突触前的释放及突触后细胞的兴奋性，调制突触后细胞对递质的反应。神经调质的作用慢而持久，但范围较广。近年来日益受到重视的一氧化氮、花生四烯酸也是重要的神经调质，可由神经组织或非神经组织生成。神经激素也是神经末梢释放的化学物质，主要是神经肽类。神经激素释放后，进入血液循环，到达远隔的靶器官发挥作用。神经媒介因子是与突触后反应有关的递质，具有代表性的有：环磷腺苷(cAMP)、环鸟腺苷(cGMP)、Ca^{2+}、1,4,5-三磷酸肌醇(IP_3)、二酰甘油(DAG)等。一般来说，氨基酸类是递质;乙酰胆碱和单胺类既是递质又是调质，主要视作用于何处的受体而定;而肽类少数是递质，多数是调质或神经激素。另外，一些由非神经元释放的神经营养因子(neurotrophic factors)如:神经生长因子(nerve growth factor, NGF)、脑衍生神经营养因子(brain-derived neurotrophic factors, BDNF)、神经生成因子(neuropoietic factors)、表皮生长因子(epidermal growth factor, EGF)、成纤维细胞生长因子(fibroblast growth factors)、胰岛素样生长因子(insulin-like growth factors)、血小板衍生生长因子(platelet-derived growth factors, PDGF)等主要通过作用于与酪氨酸蛋白激酶耦联的受体而调节基因表达、控制神经元的生长和表型特征。

中枢神经递质应具备的基本条件:①在神经元中合成;②当神经元发生兴奋并进行信息传递时，神经递质便从神经元轴突末端的囊泡内释放出来，进入突触间隙;③神经递质作用于突触后膜的特殊受体，产生突触后电位而发挥生理作用;④存在该递质的失活酶或其他失活方式(如重摄取)，以实现突触传递的灵活性;⑤用适当的方法使递质直接作用于突触后膜，能引起与刺激神经相同的效应;⑥有特异的受体激动剂或拮抗药，能拟或拮抗其生理效应。

一、乙酰胆碱

乙酰胆碱(acetylcholine, ACh)是第一个被发现的脑内神经递质，是运动神经、自主神经系统中的节前纤维和副交感神经节后纤维的兴奋性递质。中枢神经系统中许多神经元之间也以 ACh 联系。以 ACh 为递质的神经总称为胆碱能神经。胆碱能神经末梢释放 ACh，它与人体自主神经系统的调节、肌肉运动、大脑意识与思维、学习与记忆等都有广泛的联系。

(一) 中枢乙酰胆碱能通路

脑区 ACh 最富集的部位分别是纹状体和脊髓腹角。大脑皮层的 ACh(E_1)由传入通路的神经末梢释放，主要存在于突触小体内，纹状体的 ACh(E_2)由内在神经元释入，于突触小体及胞质均匀分布，脊髓腹角(E_3)由运动神经侧枝末梢释入，主要存在于胞质中。

脑中的 ACh 通路主要有:纹状体内在神经元的 ACh 通路;从下橄榄巨细胞核(inferior olive nucleus basalis magnocellular, BM)向大脑皮层、视丘及杏仁核投射;从中隔(medial septum, MS)及对角带(diagonal band, DB)向海马投射;从巨细胞视前核(magnocellular preoptic nucleus, MPO)及向嗅球(olfactory bulb, OB)投射。

(二) 中枢乙酰胆碱受体

中枢胆碱受体是存在于突触后膜的结合蛋白，ACh 能改变其构象，打开通道，允许 K^+ 或 Na^+ 通过神经细胞膜。按不同激动剂和阻断药效应，中枢乙酰胆碱受体分为毒蕈碱受体(M 受体)和烟碱受体(N 受体)两类，脑内的 M 或 N 受体的药理特性与外周相似。

ACh 与 M 受体关系密切，激活这一受体可引起两种不同的细胞内信号系统的活动。M 受体根据与不同的选择性 M 受体拮抗药的亲和力的差别，分为五种亚型(M_1～M_5)，M 受体属 G 蛋白耦联受体，由单一肽链组成，含有 7 个跨膜区段。其中 M_1、M_3 和 M_5 通过 G 蛋白和磷脂酶 C 与膜磷脂酰肌醇水解耦联，IP_3 和 DG 是它们的第二信使分子;M_2 和 M_4 亚型受体亦通过 G 蛋白抑制腺苷酸环化酶而降低胞内 cAMP 或作用于离子通道。在不同组织细胞，M_2 和 M_4 受体与 G 蛋白可耦联不同的第二信使系统，引起生物学效应。阿托品、东莨菪碱等常用的 M 受体阻断药与上述亚型受体均有相似的亲和力。

N 受体在脑内的分布低于 10%。有关脑内 N 受体的药理特性和功能目前所知甚少。直至最近，采用基因克隆与重组等分子生物学技术，脑内 N 受体的研究才有较大的进展。中枢 N 受体属于配体门控受体离子通道的大家族。受体被激动后可开放受体离子通道，增加对 Na^+、K^+ 和 Ca^{2+} 的通透性，引起膜去极化，产生突触后兴奋效应。

(三) 中枢乙酰胆碱的功能

中枢 ACh 主要涉及觉醒、学习、记忆和运动调节。脑干的上行激动系统包含有胆碱能纤维，该系统的激活在学习、记忆、惊厥和注意力等许多行为范围内起着重要作用。脑内 ACh 水平的平衡调节对维持上述脑高级功能的正常运转至关重要。学习、记忆功能障碍是老年性痴呆的突出症状。病理研究显示梅奈特(meynert)基底核胆碱能神经元明显减少，神经元丢失的程度与学习记忆障碍的程度密切相关。目前临床使用的治疗老年性痴呆症药物大多是中枢拟胆碱药。

纹状体是人类调节锥体外系运动的最高级中枢。ACh 与多巴胺两系统功能间的平衡失调则会导致严重的神经系统疾患，如多巴胺系统功能低下使 ACh 系统功能相对过强，可出现帕金森病的症状;相反，则出现亨廷顿(Huntington)舞蹈病的症状。治疗前者可使用 M 受体阻断药，后者可使用 M 受体激动药。

M 受体在配体的作用下首先与 G 蛋白结合，诱导一系列生化反应，再经过第二信使或直接调节细胞膜上的离子孔道功能状态，导致一系列反应。M_2 受体与 Gi 蛋白结合后，抑制细胞内的腺苷酸环化酶(AC)，细胞内 cAMP 含量下降，导致蛋白激酶 A

(PKA)活性下降,从而使心肌细胞膜上 Ca^{2+} 传导下降,造成心肌细胞膜超极化,或使平滑肌细胞膜 K^+ 传导下降,造成平滑肌细胞膜去极化。M_2 受体与 Gk 蛋白结合后,激活磷脂酶 A_2(PLA_2),导致细胞膜上 K^+ 传导增加。M_1 或 M_3 受体与卵蛋白结合后,激活磷脂酶 C(PLC),分解成磷酸肌醇生成二酰甘油(DAG)和三磷酸肌醇(IP_3),起着第二信使的作用。

二、γ-氨基丁酸

γ-氨基丁酸(GABA)是 CNS 内最重要的抑制性神经递质,放射自显影研究显示,哺乳动物脑内有约 20%～40% 的突触以 GABA 为神经递质。脑内 GABA 的含量是单胺类神经递质的 200～1000 倍。脑内的 GABA 通过限速酶——谷氨酸脱羧酶(glutamic acid decarboxylase, GAD)从谷氨酸合成,需维生素 B 作辅助因子。GABA 是作为抑制性反馈通路局部介体的内在神经元的主要介质。

(一) GABA 能神经通路

多数 GABA 能神经元属于中间神经元,但有的脑区内或脑区间还存在 GABA 能投射神经元的轴突终扣,与其他非 GABA 能神经元终末围绕、穿插,起突触后抑制性调控作用。部分 GABA 能神经元终扣与突触前终末形成轴-轴突触,产生突触前抑制作用。即突触释放 GABA 后,有三种命运:被突触后神经元氧化脱氨;被突触周围的星形胶质细胞摄取;被突触前膜重新摄取。目前仅发现两条长轴突投射的 GABA 能通路:小脑-前庭外侧核通路,从小脑浦肯野细胞投射到小脑深部核团及脑干的前庭核;另一通路是从纹状体投射到中脑黑质。黑质是脑内 GABA 浓度最高的脑区。

(二) GABA 受体

GABA 受体现分为 $GABA_A$、$GABA_B$ 和 $GABA_C$ 三型。$GABA_A$受体和 $GABA_C$受体都是由 GABA 门控的氯离子通道。$GABA_B$受体是 G 蛋白耦联受体。

1. $GABA_A$受体　$GABA_A$受体是镇静催眠药的作用靶点。$GABA_A$受体由五个不同的亚基(α、β、γ、δ 和 ρ)组成,每个亚基都是一条多肽链,含有 4 个跨膜区,5 个亚基围绕组成中空的氯离子通道。在 β 亚基上有 GABA 的结合点,在其他部位也存在一些调节 GABA 受体氯离子通道的位点,这些调节点包括:苯二氮䓬类(BZ)、巴比妥类、印防己毒素等离子通道阻滞药、类固醇和兴奋剂的结合点。上述药物与相应的位点结合可引起 $GABA_A$受体构象改变,影响与 GABA 的亲和力和氯通道的氯电导,其中以 BZ 调节点最引人瞩目。BZ 位点在 α 亚基上,BZ 位点的激动药如地西泮、氯硝西泮,反相激动药如 β-咔啉(β-carboline)和拮抗药氟马西尼等均可与 α 亚基结合,氟马西尼可拮抗 BZ 激动药和反相激动药的作用。BZ 激动药与 α 亚基结合后可增强受体与 GABA 的亲和力,增加氯通道的开放频率,增强 GABA 能神经元的传递作用,产生抗焦虑、镇静催眠、抗惊厥等作用。反相激动药与 BZ 结合位点结合则产生拮抗 GABA 的作用,可诱发焦虑、惊厥,苯巴比妥类及印防己毒素等主要作用在氯离子通道,分别发挥延长氯通道开启时间及阻塞离子通道作用。

2. $GABA_B$受体和 $GABA_C$ 受体　GABA 作用于 $GABA_B$受体,产生缓慢而持续较久的突触反应。$GABA_B$受体属 G 蛋白耦联受体家族。该受体激动后通过 G 蛋白及第二信使系统如 cAMP 或 IP_3 介导 K^+ 通道开放或 Ca^{2+} 通道关闭,但不影响氯离子通透性。在突触后,K^+ 通道开放可诱导缓慢的 IPSP,而不是 $GABA_A$受体诱导的快速 IPSP。$GABA_B$受体主要分布在突触前末梢,通过关闭 Ca^{2+} 通道可负反馈调节神经递质的释放。因此,无论是在突触前或突触后的 $GABA_B$受体均介导抑制性效应。$GABA_B$受体是临床上治疗癫痫、肌强直和精神病等许多疾患时药物作用的靶点。

$GABA_C$受体主要分布在视网膜,受体本身也是氯离子通道,激活可引起 Cl^- 内流,产生快速的 IPSP。苯二氮䓬类和巴比妥类对 $GABA_C$受体无变构调节作用,印防己毒素却可阻断 $GABA_C$受体的 Cl^- 通道。

GABA 通过激活不同 GABA 亚型受体而产生突触前或突触后抑制效应。BZ 和巴比妥类药物通过加强中枢 GABA 能系统功能,产生镇静、抗焦虑、抗惊厥等作用。新近的研究发现,GABA 在癫痫、老年性痴呆症、帕金森病和亨廷顿病的发病机制中也具有重要作用。此外,GABA 也参与疼痛、神经内分泌和摄食行为的调节。

三、兴奋性氨基酸

谷氨酸(glutamate, Glu)是哺乳动物 CNS 内含量最高的兴奋性氨基酸,是体内物质代谢的中间产物,也是合成 GABA 的前体物质。脑内 50%以上的突触以 Glu 为递质。除 Glu 外,天冬氨酸也可以发挥相似的作用。目前认为谷氨酰胺酶水解谷胺酰胺生成的 Glu 可能是合成 Glu 递质的途径。作为递质的 Glu 可储存在突触小泡内,也存在于末梢的胞质中。

Glu 或天冬氨酸被释放后,与不同的兴奋性氨基酸受体结合,诱发突触后神经元兴奋,产生兴奋性突触后电位(EPSP)。根据激动剂选择性的不同,可将 Glu 受体分为三类:能被 N-甲基-D-天冬氨酸(NMDA)选择性激活的 NMDA 受体;能被 α-氨基羧甲基恶唑丙酸(AMPA)激活的 AMPA 受体;对海人藻酸(kailnic acid, KA)敏感的 KA 受体。这三类受体均属配体门控离子通道受体。20 世纪 80 年代中期发现另一类与 G 蛋白耦联的 Glu 受体，被激活后影响磷脂酰肌醇代谢或腺苷酸环化酶活性，导致突触后第二信使如 IP_3、DG、cAMP 浓度的变化，故称为亲代谢型谷氨酸受体。

（一）NMDA 受体

NMDA 受体在脑内广泛分布，在海马及大脑皮层分布最密集。NMDA 受体已经成为多种神经精神疾病治疗药物研制的重要靶标。NMDA 受体激动时，其耦联的阳离子通道开放，除 Na^+、K^+ 可以通过以外，还允许 Ca^{2+} 通过，高钙电导是 NMDA 受体特点之一，也与 Glu 兴奋性神经毒性、长时程突触加强（LTP）、记忆学习行为密切相关。

（二）非 NMDA 受体

非 NMDA 受体包括 AMPA 受体及 KA 受体，也是化学门控离子通道受体。受体兴奋时离子通道开启仅允许 Na^+、K^+ 单价阳离子进出，胞外 Na^+ 内流引起突触后膜去极化，诱发快速的 EPSP，参与兴奋性突触的传递。非 NMDA 受体与 NMDA 受体在突触传递及 Glu 的兴奋神经毒性作用中有协同作用。AMPA 受体在脑内的分布与 NMDA 受体几乎平行，提示这两种受体在突触传递过程中的协同关系。目前仍未找到理想的激动药或阻断药区分 AMPA 受体及 KA 受体。

（三）代谢型谷氨酸受体

代谢型谷氨酸受体（metabotropic glutamate receptors，mGluRs）通过 G 蛋白与不同的第二信使系统耦联，改变第二信使的胞内浓度，触发较缓慢的生物学效应。目前已克隆出 8 种 mGluRs（$mGluR_1$～$mGluR_8$）。根据一级结构的相似性、耦联的信号转导途径及药理学特性的差异，将 8 种 mGluRs 亚型分为 3 组：第 1 组包括 $mGluR_1$ 和 $mGluR_5$，通过 G 蛋白激活磷脂酶 C，促进磷脂酰肌醇（PI）水解，使 IP_3 及 DG 升高，导致 K^+ 通道关闭使膜去极化，产生兴奋效应，与分布在同一神经元上的 NMDA 受体和非 NMDA 受体有协同作用；第 2 组包括 $mGluR_2$ 和 $mGluR_3$，受体激活后通过 Gi 蛋白耦联腺苷酸环化酶（AC），使胞内 cAMP 下降而介导生物学效应；第 3 组包括 $mGluR_4$ 和 $mGluR_{6,7,8}$，这组受体也通过 Gi 蛋白与 AC 相耦联。第 2 组和第 3 组 $mGluR_S$ 可分布在 Glu 能神经末梢上，作为自身受体，对神经递质释放产生负反馈调节作用。$mGluR_S$ 自身受体的作用可拮抗 Glu 的兴奋性神经毒性，产生保护神经元的作用。在海马 CA_3 区，LTP 的形成依赖 $mGluR_S$ 功能的表达。

兴奋性氨基酸通过上述受体的介导，不但参与快速的兴奋性突触传导，而且在学习、记忆、神经元的可塑性、神经系统发育及一些疾病发病机制中如缺血性脑病、低血糖脑损害、癫痫、脑外伤和老年性中枢退行性疾病等发挥重要作用。有关 Glu 受体的研究已经成为当今神经科学研究的前沿领域，多亚型的 Glu 受体为寻找高效、安全的新药提供了有益的靶标。

四、去甲肾上腺素

脑内去甲肾上腺素（noradrenaline，NA；norepinephrine，NE）能神经元胞体分布相对集中在脑桥及延髓，尤其密集在蓝斑核，从蓝斑核向前脑方向发出三束投射纤维，分别是中央被盖束、中央灰质背纵束和腹侧被盖-内侧前脑束。三束纤维主要同侧上行支配大脑皮层各区、边缘系统（包括扣带回、杏仁核，海马、下丘脑和中脑被盖等核团）、丘脑和上丘、下丘、蓝斑核，另发出投射纤维到小脑，终止于小脑皮质和中央核群。蓝斑核下行 NE 能纤维投射到延髓及脊髓。除蓝斑核外，在脑桥延脑外侧大脑脚被盖网状结构中较松散的聚集着一些 NE 能神经元核团，它们发出的投射纤维混合在蓝斑核的上述投射束，投射到不同脑区。基底前脑和隔区的 NE 能纤维主要来源于这些非蓝斑核 NE 能神经元。

去甲肾上腺素受体：脑内 NE 受体也存在 α_1、α_2 和 β 受体亚型，它们又各有 3 种亚型 α_1（A、B、D）、α_2（A、B、C）和 β（1、2、3）。α_1 受体通过 $G_{q/11}$ 蛋白与磷脂肌醇耦联。α_2 受体及 α 受体分别通过 Gi 和 Gs 与腺苷酸环化酶耦联。刺激上述 NE 能投射通路。常见的效应主要是 α 受体激活，突触后 cAMP 升高，诱发膜超极化，抑制自发放电。

五、多 巴 胺

多巴胺（dopamine，DA）也是脑内重要的神经递质。DA 神经元在 CNS 的分布相对集中，投射通路较清晰，支配范围较局限，在大脑的运动控制、情感思维和神经内分泌方面发挥重要的生理作用，与帕金森病、精神分裂症、药物依赖和成瘾的发生和发展密切相关。

（一）中枢神经系统多巴胺通路

可分为四个系统：①黑质纹状体 DA 能系统，为第三附属纹状体系统，其主要作用是调控姿势反射和运动性活动。由于黑质致密区（A_9）的 DA 神经元退变，导致帕金森病。反之，此系统功能亢进，则出现舞蹈病；②中脑边缘 DA 能系统，又称第二系统，主要来自中脑被盖后区（A_{10}）细胞群，主要支配伏隔核和嗅结节；③中脑-皮层 DA 通路，其胞体主要位于顶盖腹侧区，支配大脑皮层的一些区域，如额叶、扣带回和梨区皮层。中脑边缘 DA 通路主要调控情绪反应。中脑皮层 DA 通路主要参与认知、意识活动功能；④结节-漏斗DA能系统，主要由来自弓状核(A_{12})细胞群的纤维构成，主要调控垂体激素的分泌。

(二) 多巴胺受体

脑内多巴胺(DA)受体分为D_1和D_2两种受体亚型，D_1受体的作用与Gs耦联，DARPP-32(dopamine and adenosine-3′5′-monophosphate-regulate protein)是突触后D_1受体的标志物，动物的理毛行为是D_1的特有功能，甲状旁腺和眼眶小梁网络和睫状肌只有D_1受体。D_2受体的作用与Gi耦联，在突触前DA自身受体和垂体PRL分泌细胞属于D_2受体型，所以自身受体的负反馈作用和血浆PRL浓度变化均属D_2专一性功能。有很多生理功能是由D_1和D_2受体协同完成，D_1受体接受感觉信息，为D_2受体作出生理反应提供基础；K^+、Na^+-ATPase酶活力也是由D_1和D_2受体调控。在黑质致密区和腹侧被盖区内，胞体和树突上的自身D_2受体可调控DA神经元放电活动；在纹状体和伏膈核的突触前D_2受体自身受体则通过负反馈机制调控TH酶活力，影响DA的生物合成和释放。D_2受体激动剂抑制放电活动，TH酶活力和DA释放，可被D_2受体拮抗药翻转。帕金森氏病是黑质DA神经元退变的结果，常用D_2激动剂治疗；精神分裂症时脑内D_2受体功能增强，而D_1受体密度下降，常用D_2受体拮抗药治疗。近年来，探索DA突触前自身受体的激动剂、激动和拮抗兼容剂和D_1受体拮抗药作为安定剂用于治疗精神分裂症。

六、5-羟色胺

(一) 中枢5-羟色胺(5-Hydroxytryptamine, 5-HT)能神经元通路

脑内5-HT能神经元胞体主要集中于中脑下部、脑桥上部和延髓的中缝核。5-HT能神经纤维在CNS中的走向，分为上行与下行两大部分。其通路基本上和去甲肾上腺素能纤维相似。

1. 上行纤维　上行5-HT能神经元的胞体主要集中于脑干上段峤系核群的背内侧核，它们所发出的轴索不交叉，沿内侧前脑束上行，分布于间脑、纹状体、边缘系统等较古老的结构，部分纤维可抵达大脑皮质。

2. 下行纤维　下行5-HT能神经元主要集中于脑干尾端的中缝核，分别起源于中缝大核、苍白核及中缝隐核(B_1、B_2和B_3)，其纤维下降到脊髓，在脊髓汇集成两束。下行纤维以脊髓颈膨大、腰膨大部分较密集，尤以腰骶部最为丰富。

(二) 5-羟色胺受体

5-羟色胺受体(5-HTR)兼具神经递质与血管活性物质两重功能。分子生物学和药理学研究发现5-HTR有七种类型，即5-HT_1R～5-HT_7R。依据它们氨基酸顺序的同源性与第二信使耦联状况，这些受体又可被分为不同的亚型，如5-HT_1R细分为5-HT_{1A}R、5-HT_{1B}R、5-HT_{1C}R、5-HT_{1D}R、5-HT_{1E}R和5-HT_{1F}R六种。目前已克隆出14种不同的哺乳动物的5-HTR亚型，除5-HT_3R属配体闸门离子通道外，其余所有的5-HTR都与G蛋白相互作用。下面重点介绍几种5-HTR。

1. 5-HT_{1A}受体　它通过G蛋白耦联抑制腺苷酸环化酶活性，即通过激活磷脂酶C促进磷酸肌醇水解而转导信息，启动神经细胞反应。5-HT_{1A}R参与多种精神活动的调节，与焦虑、酒精依赖、冲动行为、精神分裂症相关。5-HT_{1A}R的特异性激动剂为8-羟四氢萘。

2. 5-HT_{1B}受体　也称其为5-HT_{1D}R，是位于突触前的自身受体 。据报道它与偏头痛、对酒精的敏感性及伴发的冲动行为有关，但与酒精依赖无关。

3. 5-HT_2受体　5-HT_2R可分为5-HT_{2A}R和5-HT_{2B}R两种。5-HT_{2B}R与神经、精神的关系不大，据报道人类5-HT行为综合征与5-HT_{2A}R相关，并产生幻觉，5-HT_{2A}R与自杀、抑郁及精神分裂症的关系尚未取得统一意见。5-HT_2R信息转导是激活磷脂酶C产生磷酸肌醇的第二信息而启动神经细胞反应。它还参与神经内分泌的功能，如促进β-内啡肽、皮质酮和黄体激素的释放、强化学习与记忆过程等精神活动。

4. 5-HT_3受体　5-HT_3R是5-HTR中唯一属于离子通道耦联受体家族的受体。通过膜去极化启动细胞反应，在脑内分布十分广泛。研究发现5-HT_3R可对焦虑、细胞毒药物引起的呕吐及多种精神障碍产生广泛影响，作用于中枢的5-HT_3R拮抗药能治疗精神疾病，并有抗焦虑作用。

5. 5-HT_5受体　5-HT_5R又分为5-HT_{5A}R和5-HT_{5B}R，两者同源性很高，药理特性也十分相似。对5-HT的亲和力不高，但对麦角胺类药物有高度亲和力。

6. 5-HT_6受体　它与兴奋性G蛋白相耦联激活AC而启动细胞反应，其药理特性与其他5-HTR明显不同，它与methiothepin、氯氮平、阿莫西平、氯丙咪嗪有高度亲和力，但与5-HT、methysergide的亲和力不高。因此有人认为5-HT_6R与这些药物的作用机制有关，选择性作用于5-HT_6R的药物可能会成为开发新型抗精神疾病药物的另一途径。

换言之，中枢5-HT功能不足是情绪紊乱的体质因素，至于究竟发展成躁狂症或是抑郁症，则与5-HTR不同亚型的密度有关。

七、组　胺

CNS内存在组胺(histamine)能神经元，组胺能神

经元大多数位于下丘脑后部的结节乳头核，这些组胺能神经元和其他胺能系统神经元一样，发出上行或下行通路遍布CNS内。由于组胺拮抗药可能产生中枢作用，因此认为组胺能系统可能有调节觉醒、体温、激素分泌和血管动力学的作用。

组胺受体有3种亚型，H_1、H_2和H_3受体。H_1和H_2受体是G蛋白耦联受体，前者通过G_q耦联磷脂酶C促进磷脂肌醇代谢，增加IP_3和DG；后者与Cs结合耦联腺苷酸环化酶，升高cAMP；H_3受体位于突触前，是一种自身受体，也与G蛋白耦联。它在大脑皮层及基底神经节有高密度分布。组胺可通过与突触前H_3受体结合，减少Ca^+进入突触前神经末梢而抑制组胺释放。

脂溶性好的H_1受体阻断药在临床上常产生镇静作用。脑内存在组胺能网状结构上行投射纤维，两者结合提示H_1受体可能与觉醒有关。随着H_2选择性阻断药西咪替丁治疗溃疡病的应用，目前已推出系列H_2受体阻断药，能进入中枢的选择性H_2受体的阻断药只有佐兰替丁（zolantidine）。

八、神　经　肽

神经肽的定义是一系列，两个或更多氨基酸被肽链连结，其与别的蛋白的差别仅在于氨基酸链的长度。神经肽与经典递质的生成有显著不同，即不是在神经末梢合成，而是在胞体核糖体合成前体大分子，然后由酶切等反应后加工形成有活性的神经肽。它们在脑中起神经递质或神经调质的作用，参与脑和外周所有的神经系统活动。它们的受体不仅存在于突触后膜，也可能存在于突触前膜，以负反馈的方式调节自身的分泌。它们的含量很低，但是生理功能十分复杂，主要是对其他神经递质的功能起调节和修正作用。

与经典递质相似，各种神经肽都有各自的受体及不同的受体亚型。几乎所有的神经肽受体都属G蛋白耦联受体家族，具有这个家族分子生物学的共同特点。

神经肽类能神经元可分四类：内源性阿片样（吗啡样）肽能神经元系统，如内啡肽、脑啡肽、强啡肽等；神经激素肽类能神经元系统，如后叶加压素、生长抑素、催产素等；脑肠肽类能神经元系统，如神经降压素、P物质、胆囊收缩素、血管活性肠多肽等；其他肽类能神经元系统，如血管紧张素Ⅱ、降钙素、缓激肽等。

第三节　中枢神经系统药物作用的靶点及药理学特点

CNS功能虽然复杂，但就其功能水平而言，不外乎兴奋和抑制。因此，可以将作用于CNS的药物分为两大类，即中枢兴奋药和中枢抑制药。中枢神经兴奋时，其兴奋性自弱到强表现为欣快、失眠、不安、幻觉、妄想、躁狂、惊厥等；中枢神经抑制则表现为镇静、抑郁、睡眠、昏迷等。进化程度高的脑组织对药物的敏感性高，大脑皮质的抑制功能又比兴奋功能敏感，易受药物的影响。延髓的生命中枢则较稳定，只有在极度抑制状态时才出现血压下降及呼吸停止。药物可对中枢某种特殊功能产生选择性作用，如镇痛、抗精神病及解热等。

不同的中枢神经系统药物作用机制各异，但与作用于传出神经系统的药物一样，几乎所有的中枢神经系统药物都以神经元传递信息的突触作为它们的靶点，通过影响神经元间信息传递，包括定向突触传递和非定向突触传递，改变中枢神经系统的功能，产生药理作用。这些影响神经元信息传递的药物常可分为作用于突触前和突触后的药物。

作用于突触前的药物通过改变突触前神经元的神经递质合成、储存、释放、递质的重摄取和代谢，影响突触的传递；作用在突触后的药物主要是通过直接激动或阻断受体、改变离子通道的通透性，干扰正常的跨膜信号转导等产生药理作用。因此研究药物对递质和受体的影响是阐明中枢药物作用复杂性的关键环节，而对细胞内信使和离子通道及其基因调控的研究则可更进一步阐明药物作用的本质。近年来，随着对跨膜信号转导研究的深入，发现中枢神经系统药物除了可以作用在突触传递的不同环节外，有些药物也能影响神经元内信号转导通路。

作用于CNS的药物作用方式与作用于传出神经的药物相似，也可按其对递质和受体的作用进行分类，见表12-1。

表12-1　作用于中枢神经系统的药物分类

作用靶点	作用机制	代表性药物	主要药理作用或应用
ACh受体	激动M_1受体	毛果芸香碱	觉醒
	阻断M_1受体	派仑西平、东莨菪碱	中枢抑制、抗帕金森病
	激动M_2受体	6-β-乙酰氧基去甲托烷	中枢抑制
	阻断M_2受体	阿托品	中枢兴奋
	激动N受体	烟碱	惊厥
	抑制胆碱酯酶	毒扁豆碱、他可林	催醒、抗老年性痴呆
NA受体	促进NE释放	麻黄碱、苯丙胺	中枢兴奋
	抑制NE释放	锂盐	抗躁狂

续表

作用靶点	作用机制	代表性药物	主要药理作用或应用
NA受体	抑制NE摄取	可卡因、丙咪嗪	欣快、抗抑郁
	抑制NE灭活	单胺氧化酶抑制药	抗抑郁
	耗竭NE储存	利血平	安定、抑郁
	激动α受体	去甲肾上腺素	兴奋
	激动α_2受体	可乐定	降血压、镇静
	阻断α_2受体	育亨宾	升血压、兴奋
	阻断β受体	普萘洛尔	降血压、恶梦、幻觉
DA受体	激动DA受体	阿扑吗啡	催吐
	阻断DA受体	氯丙嗪、氯氮平、舒必利	安定、抗精神病、镇吐
	合成DA	左旋多巴	抗帕金森病
5-HT受体	激动5-HT受体	麦角酰二乙胺	精神紊乱、幻觉、欣快
	阻断5-HT受体	二甲麦角新碱	中枢抑制
GABA受体	激动GABA受体	蝇蕈醇	精神紊乱、抑制兴奋、阵挛抽搐、
	阻断GABA受体	荷包牡丹碱	抗焦虑、抗镇静、催眠、抗惊厥
	增强GABA作用	苯二氮䓬类	
Gly受体	阻断Gly受体	士的宁	兴奋、强直惊厥
H受体	阻断H_1受体	苯海拉明	抑制、抗晕动、抗过敏
	阻断H_2受体	西咪替丁	精神紊乱
阿片受体	激动阿片受体	阿片类(吗啡、哌替啶)	镇痛、镇静、呼吸抑制
	阻断阿片受体	纳洛酮	吗啡中毒
细胞膜	稳定	乙醚等	全身麻醉

Summary

• Drugs that affect the central nervous system can selectively relieve pain, reduce fever, suppress disordered movement, reduce the desire to eat, or allay the tendency to vomit. In addition, selectively acting drugs can also be used to treat anxiety, mania, depression, or schizophrenia and do so without altering consciousness. Due to the complicated structure and function of central nervous system, approaches to the elucidation of the sites and mechanisms of action of drugs demand an understanding of the cellular and molecular biology of the brain. Although knowledge of the anatomy, physiology and chemistry of the nervous system is far from completion, the acceleration of interdisciplinary research on the central nervous system has led to remarkable progress. The text discusses the foundation, such as neurotransmitters, receptors for studying and understanding the drugs which affect central nervous system and drug classification.

（金　英）

第十三章 全身麻醉

问题

1. 全身麻醉药的作用机制？代表药物有哪些？

2. 吸入麻醉药和静脉麻醉药各有哪些作用特点，两者之间有异同点？

3. 什么是复合麻醉？

全身麻醉药(general anesthetics)简称全麻药，是一类作用于中枢神经系统、能可逆地引起不同程度的感觉和意识丧失，从而实施外科手术的药物。全身麻醉药分为吸入麻醉药和静脉麻醉药。

第一节 吸入麻醉药

一、概 述

吸入麻醉药(inhalation anesthetics)是经呼吸道吸入而达到麻醉效果的药物，是一类挥发性的液体或气体。麻醉的深度可通过调节进入肺中的气体药物浓度进行调节，并可以持续维持，满足外科手术的需要。

【体内过程】 吸入性麻醉药脂溶性高，易透过细胞膜，透过肺泡膜扩散而吸收入血，随血液循环通过血脑屏障进入中枢神经系统(脑组织)。进入到中枢神经系统药物的浓度越高，麻醉效果越明显。

吸入麻醉药物从肺吸收进入血液循环的速率主要受吸入药物浓度和肺通气量的影响。吸入药物浓度是指吸入麻醉药在吸入的混合气体中的浓度，吸入浓度越高，进入肺泡的速度越快，肺泡气浓度升高越快，血中麻醉药的分压上升越快。在一个大气压下，使50%的人或动物对伤害性刺激不再产生体动反应(逃避反射)时的呼气末潮气(相当于肺泡气)内麻醉药浓度称为最低肺泡浓度(minimum alveolar concentration, MAC)。MAC越小，麻醉作用越强。其个体差异、种属差异都较小。

在正常通气的情况下，决定麻醉药物进入血液的速度有三个：麻醉药在血液中的溶解度、心输出量和肺泡-静脉血麻醉药的分压差。麻醉药在血中的溶解度常以血气分配系数表示，指在正常体温条件下吸入麻醉药在血和气两相达到动态平衡的浓度比值。血气分配系数越大，表示麻醉药在血中的溶解度越大，麻醉诱导期较长。相反血气分配系数小的麻醉药，则起效快，诱导期短。麻醉药通过血液输送离开肺，故心输出量越大，麻醉药进入血液的速度越快。肺泡与静脉血间的麻醉药分压差越大，麻醉药进入血液的速度越快。

麻醉药物从血液进入组织的速度受以下因素的影响：麻醉药在组织中的溶解度、组织或器官血流量、组织容积和动脉血与组织中麻醉药分压。麻醉药在组织中的溶解度可用组织血分配系数表示，此概念与血气分配系数相似。组织血分配系数越大，组织内分压上升越慢；反之则上升快。麻醉药通过血液进入组织，故血流量越大，组织的摄取越快，组织内麻醉药分压升高越快。麻醉药从动脉血扩散到组织内的速度与两者之间的分压差成正比。

麻醉药物多以原形从肺呼出，少部分经生物转化而排泄。当停止吸入麻醉药时，静脉血不断把组织中的麻醉药转运至肺泡，并从肺排出体外，此过程与麻醉诱导期相反。肺及血流丰富的组织麻醉药分压下降快，脂肪最慢，脂溶性高、血气、组织血分配系数大的麻醉药，其肺泡内浓度下降缓慢，清醒也慢；反之，肺泡内浓度下降快，病人清醒也快。增加通气量可以加速吸入麻醉药从肺排泄，故麻醉过深时，加大通气量可加速排出。

【药理作用】 吸入性麻醉药能阻断中枢神经系统内神经细胞的突触传递，对中枢神经系统具有抑制作用，可导致意识和感觉消失，其作用强度与吸入麻醉药的浓度特别是进入中枢神经系统的药物浓度有关。含氟吸入性麻醉药能抑制心肌收缩力、降低心肌耗氧量，可扩张外周血管、降低血压及减少内脏血流量。吸入性麻醉药能扩张支气管和降低呼吸中枢对CO_2的敏感性，降低潮气量，降低每分通气量，增加呼吸频率。部分吸入性麻醉药还具有骨骼肌和子宫平滑肌松弛作用。

【作用机制】 有关吸入性麻醉药作用机制的学说很多，"脂溶性学说"至今仍是各种学说的基础。现有的吸入性麻醉药有较高的脂溶性，能与神经细胞膜的脂质成分发生物理性结合，从而干扰细胞功能引起麻醉，且脂溶性越高，麻醉作用越强。另外，"临界容积学说"是在"脂溶性学说"的基础上补充而提出的，该学说认为麻醉药分子进入神经细胞膜的脂质后，引起细胞膜体积膨胀，当超过临界容积后，就压缩镶嵌在脂质中的蛋白质，导致钠、钾通道、乙酰胆碱受体和酶发生构型和功能改变，从而影响突触传递，进而广泛抑制神经冲动的传递，引起全身麻醉。

二、常用药物

乙 醚

乙醚(diethyl ether)是无色透明易挥发的液体，

有刺激性气味，易燃易爆。乙醚麻醉作用强，并有镇痛、肌松作用，对循环系统作用较复杂。对呼吸抑制轻，肝、肾毒性小。易引起恶心、呕吐，可升高血糖。但因其易燃易爆、诱导与苏醒均缓慢、刺激性大等缺点，在城市较大医院已基本被淘汰。

氟 烷

氟烷(halothane)为无色透明液体，无刺激性，不燃不爆。化学性质不稳定，应存于褐色瓶中。诱导、苏醒较迅速，镇痛、肌松作用差。氟烷对循环系统有明显抑制作用，能增强心肌对儿茶酚胺的敏感性，易致心律失常；对呼吸有显著抑制作用；反复应用可能引起肝损害。一般只用于浅麻醉或复合麻醉。

恩 氟 烷

恩氟烷(enflurane)为无色透明液体，无明显刺激味，不燃不爆，化学性质稳定。血气分配系数为1.8。麻醉效能高，强度中等。诱导、苏醒迅速。恩氟烷对中枢神经系统的抑制与剂量相关，浅麻醉时，脑电图呈高幅慢波，深麻醉时可发展为爆发性抑制。肌松作用强于氟烷，与非去极化肌松药有协同作用。对循环系统有抑制作用，其程度与吸入浓度有关，血压下降与麻醉深度呈平行关系；对呼吸有明显抑制作用，不增加呼吸道分泌，可扩张支气管，较少引起咳嗽、喉痉挛；抑制胃肠道蠕动和腺体分泌，麻醉后恶心、呕吐少；松弛子宫平滑肌，深麻醉时可增加分娩和剖宫产的出血。临床适应证很广，可用于各种年龄、各部位的大、小手术，是目前较为常用的吸入性麻醉药。

异 氟 烷

异氟烷(isoflurane)是恩氟烷的同分异构体，稳定性好，有轻度刺激性，在体内代谢率低，毒性小，全麻效能高。有一定的镇痛作用，肌松作用与恩氟烷相似；异氟烷可引起血压降低，对呼吸的抑制比恩氟烷轻；深麻醉时抑制子宫平滑肌；对肝肾无明显损害，毒性低于恩氟烷。异氟烷可适用于各种年龄、各个部位以及各种疾病的手术。

氧 化 亚 氮

氧化亚氮(nitrous oxide)又称为笑气，是目前临床主要使用的气体吸入麻醉药，有甜味，无刺激性，无燃烧性，化学性质稳定。可增强交感神经系统活性，镇痛作用强，肌松作用差，可扩张脑血管而增高颅内压。氧化亚氮全麻效能低、肌松作用差，主要可与含氟麻醉药、静脉麻醉药、麻醉性镇痛药或肌松药合用方可达到满意的麻醉效果。

七 氟 烷

七氟烷(sevoflurane)结构与异氟烷相似，为无色透明液体，不燃不爆。全麻效能高，诱导、苏醒迅速。有一定肌松作用，对循环系统有剂量依赖性抑制作用，对呼吸抑制作用停药后消失较快，可减少肝血流量。适用于各年龄、各部位的大、小手术。

地 氟 烷

地氟烷(desflurane)有刺激性气味，化学性质非常稳定。全麻效能低，诱导、苏醒非常迅速。肌松作用比其他含氟麻醉药强，对心血管功能影响小，抑制呼吸呈剂量依赖性。抗生物降解能力强，体内代谢率极低，故对肝、肾毒性极低。该药合成困难，价格昂贵，加上效能低，用药量大，限制了它的推广使用。

常用吸入麻醉药比较见表13-1

表13-1 常用吸入麻醉药比较

项目	恩氟烷	异氟烷	氧化亚氮	七氟烷	地氟烷
气味	无明显刺激	有刺激	甜、舒适	香、无刺激	有刺激
化学性质	稳定	稳定	稳定	不够稳定	稳定
血气分配系数	1.8	1.4	0.47	0.69	0.42
脑血分配系数	1.4	1.6	1.1	1.7	1.3
MAC(吸 O_2)	1.68	1.15	105	1.71	7.25
诱导期	快	快	快	快	快
镇痛作用	中等	中等	强	暂缺	暂缺
肌松作用	好	好	差	好	显著
血压	下降	下降明显	升高	下降	轻度下降
呼吸抑制	明显	比恩氟烷轻	轻微	剂量依赖性	剂量依赖性

第二节 静脉麻醉药

静脉注射引起麻醉的药物称为静脉麻醉药(intravenous anaesthetics)，与吸入麻醉药相比，具有以下优点：①使用方便，不需要特殊设备；②不刺激呼吸道；③无燃烧爆炸危险；④不污染手术室空气；⑤起效快。其主要缺点是：①麻醉作用不完善，无肌松作用；②消除有赖于肺外器官，多有蓄积作用，全麻深度不易控制；③全麻分期不明显。

硫喷妥钠

【体内过程】 硫喷妥钠(thiopental sodium)属超速效巴比妥类，脂溶性很高，静脉注射后很快进入脑组织，30秒脑即达峰浓度，5分钟后脑内浓度即降至峰浓度的一半，20分钟时进一步降至10%左右，30分钟时已下降至96%，故单次静脉注射后病人迅速苏醒。硫喷妥钠最早再分布到骨骼肌，到脂肪分布过程发生缓慢，如果剂量过大或多次注射，脂肪将成为药物的储存场所。当血浆内药物浓度降低时，药物再从脂肪组织缓慢释放出来，从脂肪组织向脑内分布，使苏醒后又有很长时间的睡眠。因此，肥胖病人硫喷妥钠用量应除去脂肪的体重计算。

【药理作用与机制】 硫喷妥钠作用迅速、短暂。降低大脑皮层兴奋性，抑制网状结构上行激活系统，小剂量引起镇静、嗜睡，稍大剂量(3～5mg/kg)迅速使意识消失。无镇痛作用，无肌松作用。可使脑血管收缩，脑血流量减少，颅内压降低。抑制延髓血管活动中枢和降低中枢性交感神经活性，使血管扩张，从而血压下降。抑制延髓呼吸中枢而产生明显的呼吸抑制作用。可减少肝肾血流，尿量减少。可降低眼内压，对眼科手术有利。不升高血糖。

【临床应用】 主要用于诱导麻醉，诱导平稳而迅速，对呼吸和循环系统有明显抑制，故剂量与给药速度应严格控制。此外，可用于控制惊厥发作。

【不良反应与禁忌证】

1. **抑制呼吸、循环** 剂量稍大或静脉注射速度过快时，可使呼吸变快变浅、血压下降，乃至呼吸、循环衰竭。禁用于难以保持呼吸道通畅的病人、严重失代偿的心脏病和其他心血管功能不稳定者。

2. **诱发喉痉挛** 浅麻醉时明显抑制交感神经，使迷走神经功能相对增强，可导致喉及支气管痉挛，注射阿托品可预防发生。支气管哮喘及呼吸道梗阻者禁用。

3. **刺激性** pH 10.5～11.0，刺激性强，可引起注射部位疼痛和静脉炎，漏于血管外可出现组织坏死。误入动脉内，可引起动脉强烈收缩，肢体和指端剧痛，动脉搏动消失，如处理不及时，可造成肢体坏死。一旦发生，应立即由原动脉注射普鲁卡因、罂粟碱等血管扩张药，解除动脉痉挛，改善血液循环。

4. **诱发卟啉症病人急性发作** 刺激δ-氨基乙酰丙酸(ALA)合成酶的活性，ALA是卟啉原前驱物质，从而使卟胆原和尿卟啉原产生增多。卟啉症病人禁用。

【药物相互作用】 硫喷妥钠与氯胺酮、泮库溴胺、哌替啶、麻黄碱、普鲁卡因、苯海拉明、吗啡及噻嗪类等相混合就会出现沉淀。与琥珀胆碱混合就会水解、沉淀而失效。术前用降压药患者选用本品要防止低血压。与静脉全麻药、吸入全麻药、麻醉性镇痛药等合用，可产生相加或协同作用，可减少单独用药量的一半。与氯胺酮合用，常见低血压、呼吸慢而浅。

氯胺酮

【体内过程】 氯胺酮(ketamine)的脂溶性为硫喷妥钠的5～10倍，易于透过血脑屏障，脑内浓度迅速增加，而后迅速再分布到其他组织。氯胺酮主要经肝微粒体酶转化为去甲氯胺酮，其麻醉效价相当于原药的1/5～1/3，其半衰期更长。口服氯胺酮的生物利用度低，由于去甲氯胺酮也有一定的作用，故可作为小儿麻醉前用药。

【药理作用】 氯胺酮是唯一具有显著镇痛作用的静脉麻醉药。选择性抑制丘脑内侧核，阻断脊髓网状结构束的上行通路，同时还激动中枢和脊髓的阿片受体。静脉注射后表现为意识丧失，痛觉消失，记忆丧失，对环境刺激无反应，似木僵状态，同时患者睁眼，角膜反射、对光反射、咳嗽反射存在，肌张力增加，这种抑制与兴奋并存的麻醉状态以往被称为“分离麻醉”。单独给予2mg/kg时麻醉维持时间为10～15分钟，镇痛作用持续约40分钟，记忆丧失持续2小时左右。氯胺酮使交感神经活性增加，对心血管系统有轻度兴奋作用。对呼吸抑制较轻，但用量过大，速度快，或伍用麻醉性镇痛药，则可引起明显呼吸抑制。对肝、肾无明显影响。可使眼压增高，使代谢和内分泌增强，血糖、儿茶酚胺、皮质醇升高。

【临床应用】 主要用于麻醉诱导和维持，还可用于术前用药和小儿镇静用药。由于对循环和呼吸影响小，故适用于重症病人并存呼吸或心血管系统疾病的手术。

【不良反应】

1. **血压升高，眼压升高，颅内压升高** 高血压、动脉硬化、肺动脉高压、颅内压增高、青光眼者禁用或慎用。

2. **精神症状** 苏醒期可出现幻觉、呓语、躁动及噩梦，苯二氮䓬类可减轻之。

3. **依赖性** 氯胺酮连续使用可引起耐受性和依赖性，应严格管理。

丙泊酚

丙泊酚(propofol，异丙酚)为新型的快效静脉麻醉药，呈油状，难溶于水，现以10%(w/v)豆油、1.2%卵磷脂和2.25%甘油作溶媒的1%乳剂使用。使用前振荡混匀，不可与其他药物混合静脉注射。起效迅速，诱导平稳，苏醒快而完全、无宿醉现象。镇痛、肌松作用弱，需与镇痛药或肌松药合用。对呼吸、循环有明显抑制作用。降低眼压作用明显大于硫喷妥钠，尤其是已有眼压增高的病人降压效果更明显。麻醉深度容易调节，恶心、呕吐少见。用于麻醉诱导、镇静及麻醉维持。可引起注射部位疼痛和静脉炎。

依托咪酯

依托咪酯(etomidate,乙咪酯)是速效、短效、强效的新型静脉麻醉药,静注后30秒内意识消失,作用强度是硫喷妥钠的12倍。降低颅内压,无明显镇痛、肌松作用。对心血管影响小、轻度扩张冠脉。对呼吸有抑制作用,但比硫喷妥钠轻。可降低眼压,对内眼手术有利。可用于麻醉诱导(适用于不宜使用硫喷妥钠者)、短小手术和麻醉维持,尤其适用于心血管手术的麻醉。依托咪酯有较强的局部刺激性;诱导期可出现震颤、肌阵挛,肌强直等不协调动作;抑制肾上腺皮质功能;术后恶心、呕吐发生率约30%。

羟丁酸钠

羟丁酸钠(sodium oxybate, γ-OH)安全范围大,是毒性最低的静脉麻醉药。可引起近似生理性睡眠,无明显镇痛,但可增强其他药物的镇痛作用。无肌松作用。适用于儿童、老人或不宜用硫喷妥钠的危重病人做静脉诱导麻醉。主要不良反应是锥体外系症状、拟胆碱作用和低血钾。禁用于有癫痫史、低钾血症、房室传导完全阻滞、支气管哮喘、严重高血压患者。

常用静脉麻醉药的主要特点见表13-2。

表13-2　常用静脉麻醉药的作用比较

药物	麻醉作用	镇痛	肌张力	颅内压	循环	呼吸
硫喷妥钠	快、中、短	0	0	−	−−	−−
氯胺酮	稍慢、短	+++	+	+	+	−
丙泊酚	快、中、短	+	−	+	−−	−−
依托咪酯	快、强、短	0	−	−	−	−
羟丁酸钠	慢、弱、长	0	0	−	0～+	0～−

注:+表示兴奋、增高、增强,+、+++分别表示弱、强;−表示抑制、降低、减弱,−、−−分别表示弱、中等;0表示无明显影响。

第三节　复合麻醉

复合麻醉是指同时或先后应用两种以上麻醉药物或其他辅助药物,以达到满意的术中和术后镇痛及完善的手术条件。手术对全身麻醉的基本要求是:意识消失、镇痛、肌肉松弛和合理控制应激反应。现有的任何麻醉药单独使用均难以完全满足手术的要求,故除少数小手术外,常采用复合麻醉。复合麻醉常用药物见表13-3。

表13-3　复合麻醉常用药物

用药目的	常用药物
镇静、解除精神紧张	巴比妥类、苯二氮䓬类
短暂性记忆障碍	苯二氮卓类、氯胺酮、东莨菪碱
基础麻醉	硫喷妥钠、水合氯醛
诱导麻醉	硫喷妥钠、依托咪酯、丙泊酚、氧化亚氮
镇痛	阿片类如吗啡、哌替啶、美沙酮、芬太尼
骨骼肌松弛	去极化、非去极化肌松药
抑制迷走神经	阿托品、东莨菪碱
降温	氯丙嗪
安定、止吐	氟哌利多
控制性降压	硝普钠、硝酸甘油、钙拮抗药、腺苷

Summary

- General anaesthetics could reduce sensory awareness and to suppress reflexes sufficiently to permit surgery. Two principal classes are inhalation and intravenous anesthetics.
- Inhalational anesthetics are including ① Nitrous oxide (N_2O) which used as an adjuvant for the second gas effect and few undesirable side effects. ② Halothane is volatile liquid which widely used for good control, smooth induction, recovery quickly and slight neuromuscular block. ③Enflurane is less soluble than halothane (faster induction and recovery) and less chance of dysrhythmia than with halothane but more hypotension and respiratory depression. ④ Sevoflurane. have no respiratory tract irritation and poor solubility which rapid induction and offset.
- Intravenous anesthetics are including penthiobarbital, ketamine, propofol, and etomidate. The action mechanisms are associated with potentiating the action of an inhibitory ionophore (the $GABA_A$ receptor) and blocking the action of excitatory ionophores (nicotinic ach and NMDA receptors). The advantages are rapid onset, controlled dosage, ease of administration and the disadvantages are overdose not readily corrected, no antagonists or antidotes, prolonged after effects (hangover).

(蔡　飞)

第十四章　镇静催眠药

案例 14-1

患者，男性，2 岁 6 个月。

因顽皮吞 5 角硬币 2 枚 3h，腹部透视见上腹部硬币 2 枚，拟配合胃镜取异物。

手术过程：患儿禁食禁水，术前 10 分钟口服利多卡因及西甲硅油胶浆做黏膜表面麻醉并消除上消化道气泡。操作前 5～10 分钟缓慢静推地西泮 0.3～0.5mg/kg，以全身松弛，手自然下垂，无力回缩为标准判断地西泮用量适宜度。再以超细型小儿电子胃镜行上消化道取异物操作。

分析讨论：小儿在胃镜检查时往往不合作，体位难于固定；再加上小儿消化道管腔较小，蠕动较快，脏器娇嫩，在胃镜检查时容易因咽喉部敏感而出现强烈的恶心、呕吐而发生窒息、呼吸抑制、上消化道黏膜损伤甚至穿孔等并发症。操作前给予地西泮，能够产生确切的镇静作用，有效舒缓患者紧张、焦虑、恐惧情绪。此外，其顺行性遗忘作用可消除痛苦回忆，减轻幼儿的心理创伤，其骨骼肌松弛作用还可进一步增加了患儿依从性，使胃镜操作者能更好地进行镜下操作，降低了并发症的发生，保证了操作的顺利进行。对于该患儿要注意防止地西泮急性中毒引起呼吸循环抑制的风险。因此，操作室内应备好苯二氮䓬类药物的拮抗药氟马西尼，备好供氧装置、气管插管等器械和急救药物用品。操作后患儿需在胃镜室观察 30 分钟，注意生命指征和血氧等变化。

问题：

1. 对该患儿配合胃镜取异物操作前为何要给予地西泮？

2. 该患儿给予地西泮后可能存在何种风险？为了防范该风险，操作室内应备好哪些急救药品（物品）？

镇静催眠药（sedative-hypnotics）是一类中枢神经系统抑制药。小剂量时能缓和激动，消除烦躁、恢复平静情绪，产生镇静作用；大剂量时能促进和维持近似生理睡眠，产生催眠作用。而作为一类典型的中枢神经系统抑制药，随着剂量的进一步增大，中枢抑制作用进一步加深，有些镇静催眠药尚可产生抗惊厥和麻醉作用；过量则能导致中毒，严重者可致呼吸麻痹乃至死亡。

生理睡眠可分为快动眼睡眠（rapid-eye movement sleep，REMS）和非快动眼睡眠（non-rapid-eye movement sleep，NREMS）。NREMS 又分为 1、2、3、4 期，其中 3、4 期合称为慢波睡眠（slow wave sleep，SWS）期。正常情况下，REMS 和 NREMS 保持一定的比例，梦境多发生在 REMS 时相内，而夜惊、夜游症多发生在 NREMS 的 SWS 时相内。若用药物缩短 REMS 时间，停药后可引起 REMS 的反跳性延长，病人可出现焦虑、多梦，为消除这些副作用，病人常继续服用镇静催眠药，从而产生对该药的耐受性、依赖性。

临床常用的镇静催眠药可分为三类：苯二氮䓬类、巴比妥类及其他类。其中苯二氮䓬类具有良好抗焦虑及催眠作用，且安全范围大，故目前在临床上得到广泛使用。

第一节　苯二氮䓬类

【来源及化学】　苯二氮䓬类（benzodiazepines，BZ）是 20 世纪 60 年代后相继问世的一类具有镇静、催眠及抗焦虑等作用的药物，均为 1,4-苯并二氮䓬的衍生物（图 14-1、图 14-2）。

在苯二氮䓬的 R_1、R_2、R_3 及 R_7 的侧链中，代入不同基团，而得到一系列的苯二氮䓬类药物（表 14-1），各药的药理作用相似，但选择性各不相同，药动学上也各有差异。

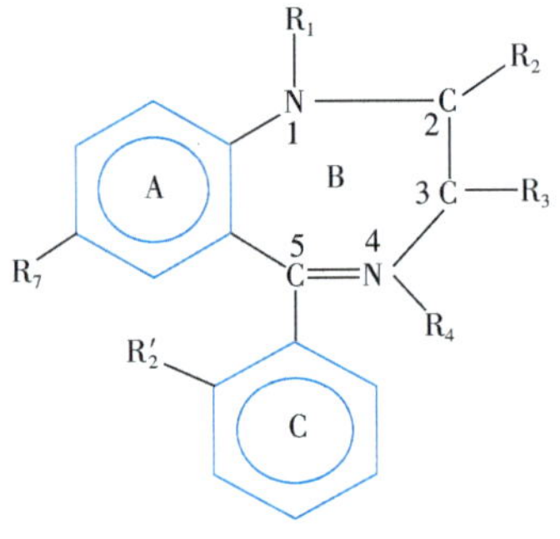

图 14-1　苯二氮䓬类药物的母核结构

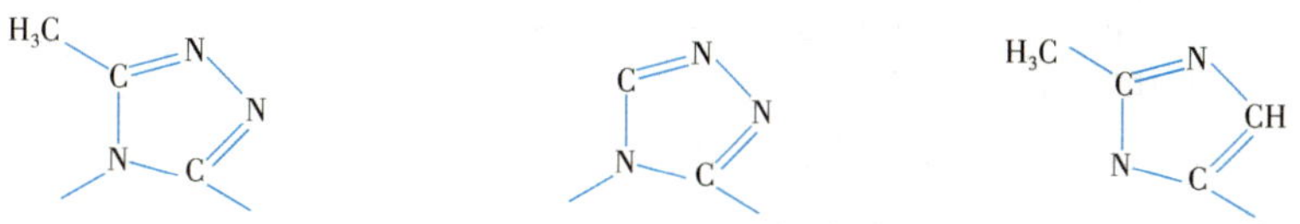

a. 三唑仑　　b. 艾司唑仑　　c. 咪达唑仑

图 14-2　苯二氮䓬类药物的化学结构

表 14-1　苯二氮䓬类药物的化学结构

药名	INN	R_1	R_2	R_3	R_7	R_2'
地西泮	diazepam	$—CH_3$	=O	—H	—Cl	—H
氯氮䓬	chlordiazepoxide	(—)	—	—H	—Cl	—H
奥沙西泮	oxazepam	—H	=O	—OH	—Cl	—H
劳拉西泮	lorazepam	—H	=O	—OH	—Cl	—Cl
氟西泮	flurazepam	$—CH_2CH_2N(C_2H_5)_2$	=O	—H	—Cl	—F
硝西泮	nitrazepam	—H	=O	—H	$—NO_2$	—H
氯硝西泮	clonazepam	—H	=O	—H	$—NO_2$	—Cl
三唑仑	triazolam	(连接成三氮唑环)[a]		—H	—Cl	—Cl
艾司唑仑	estazolam	(连接成三氮唑环)[b]		—H	—Cl	—H
咪达唑仑	midazolam	(连接成咪唑环)[c]		—H	—Cl	—F

【体内过程】 苯二氮䓬类脂溶性很高，口服吸收完全，肌内注射因易沉淀、吸收慢而不规则，紧急时应静脉注射。血浆蛋白结合率较高，主要在肝药酶作用下进行生物转化，一些活性代谢产物的半衰期远比其母体药物长，如氟西泮半衰期为 2～3 小时，其主要活性代谢产物去烷基氟西泮的半衰期却为 50 小时，故药物本身半衰期与作用持续时间并不平行。

根据苯二氮䓬类作用时间长短不同可分为：

1. 短效类　作用时间 3～8 小时，如三唑仑(triazolam)、奥沙西泮(oxazepam)、咪达唑仑(midazolam)等。

2. 中效类　作用时间 10～20 小时，如艾司唑仑(estazolam，舒乐安定)、阿普唑仑(alprazolam)、劳拉西泮(lorazepam)等。

3. 长效类　作用时间 24 小时以上，如地西泮(diazepam，安定)、氟西泮(flurazepam)、夸西泮(quazepam)等。长效药物连续使用易蓄积。

苯二氮䓬类代谢产物最终与葡萄糖醛酸结合后，经肾排泄。

地西泮可通过胎盘，亦可自乳汁排出，临床应用于新生儿可出现肌无力、低血压、低体温及轻度呼吸抑制，乳儿可出现倦怠和体重减轻，故产前及哺乳妇女禁用。药代动力学参数见表 14-2。

表 14-2　常用苯二氮䓬类的药代动力学

药名	口服达峰时间(h)	生物利用度(%)	血浆蛋白结合率(%)	分布容积(L/kg)	消除半衰期(h)	清除率(ml/min)
地西泮	0.5～1.5	90～100	98	1.1	30～60	26
硝西泮	1～3	60～90	87	2.5	25～40	65
氟西泮	—	—	95	22	75	4.5
氟硝西泮	1～2	80～90	80	5	20～30	250
氯硝西泮	2～4	80～100	50	3.2	24～36	75
咪达唑仑	0.5～1	30～40	98	0.8～1.6	2～3	400

【作用机制】 目前认为，苯二氮䓬类的中枢作用机制主要与加强中枢抑制性神经递质 GABA(γ-氨基丁酸)功能，作用于脑内不同部位 $GABA_A$受体有关。$GABA_A$受体在神经系统分布广泛，在大脑皮层、边缘系统、脑干核团、脊髓等部位均有分布。$GABA_A$受体是一个大分子复合体，为配体-门控性 Cl^- 通道(图 14-3)。氯离子通道周围有 GABA、巴比妥(barbiturate)、印防己毒素(picrotoxin)、类固醇(steroid)和苯二氮䓬

(benzodiazepine) 5 个结合位点 (binding sites)。$GABA_A$受体由异质性多亚基组成,迄今有 8 个亚基族共 19 种亚基在 $GABA_A$受体中被识别出来,包括 α_1-α_6,β_1-β_3,γ_1-γ_3,δ,θ,ε,ρ_1-ρ_3 和 π,而最典型的 $GABA_A$受体结构是由 5 个异质性多肽亚基(两个 α、两个 β 和一个 γ)组成的五边形寡聚体。GABA 作用于 $GABA_A$受体,使细胞膜对 Cl^- 通透性增加,Cl^- 大量进入细胞膜内引起膜超极化,使神经兴奋性降低。苯二氮䓬类药与苯二氮䓬位点结合后,改变了 GABA 调控蛋白的构象,促进 GABA 与 $GABA_A$受体结合,通过增加 Cl^- 通道开放的频率,增加 Cl^- 内流,加强了 GABA 对神经系统的效应。

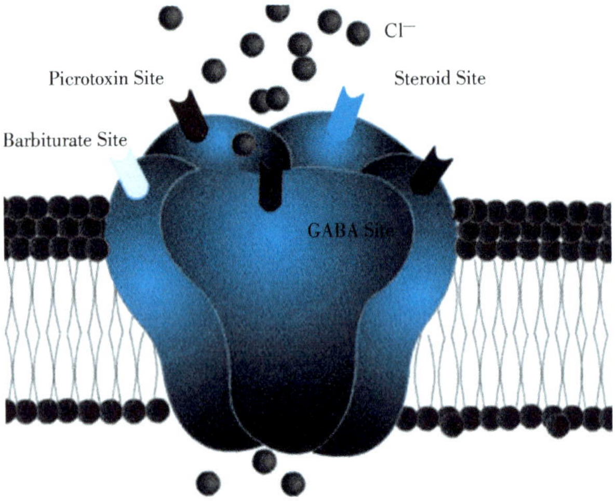

图 14-3 $GABA_A$受体模式图

【药理作用与临床应用】

1. **抗焦虑** 焦虑是多种精神病的常见症状,也是一种以焦虑为特征的神经官能症,患者多有恐惧、紧张、忧虑、失眠并伴有心悸、出汗、震颤等。一般认为苯二氮䓬类抗焦虑作用部位主要在边缘系统,在小剂量下能够作用于杏仁核和海马内的 $GABA_A$受体,抑制神经元电活动的发放和传递,对各种原因引起的焦虑均有显著疗效,为抗焦虑首选药。

2. **镇静催眠** 随着使用剂量增大,苯二氮䓬类有镇静及催眠作用,临床上用于失眠、麻醉前给药、心脏电击复律或内镜检查前给药。短效苯二氮䓬类作用迅速而短暂,主要用于入睡困难者,特别是白天需要头脑高度清醒的失眠患者;中效类主要用于以睡眠不实、多醒为主,兼有入睡困难的患者;长效类主要用于睡眠易醒不实或早醒患者,但不宜连续使用。苯二氮䓬类用于麻醉前给药、心脏电击复律或内镜检查前给药时,除可使患者充分镇静外,尚有致短暂顺行性遗忘的效应,可避免患者对操作过程留下不良记忆。

一般认为,苯二氮䓬类的镇静催眠作用是与脑干核内的受体作用的结果。其催眠作用主要通过延长 NREMS 的第 2 期,明显缩短 SWS,而对 REMS 的影响不明显,加大剂量也不引起全身麻醉。与其他类药比较有以下优点:①安全范围较大,对呼吸影响小;②对REM 的影响较小,停药后反跳性较轻,可缩短 NREMS 第 4 相,可减少夜惊或夜游症;③对肝药酶无明显诱导作用,不影响其他药物的代谢;④连续用药依赖性较轻;⑤有特异性拮抗药。目前此类药物已取代了巴比妥类成为临床最常用的镇静催眠药。

3. **抗惊厥、抗癫痫** 苯二氮䓬类均具有抗惊厥作用,临床可用于辅助治疗破伤风、子痫、小儿高热惊厥及药物中毒性惊厥。地西泮具有抑制癫痫病灶异常放电扩散的作用,地西泮静脉注射是治疗癫痫持续状态的首选药。

4. **中枢性肌松弛** 可缓解动物的去大脑僵直,也可减轻人类大脑损伤所致的肌僵直,有较强的肌松弛作用。在小剂量时抑制脑干网状结构下行系统对 γ 神经元的易化作用;较大剂量时增强脊髓神经元的突触前抑制,抑制多突触反射,引起肌松弛。可用于治疗脑血管意外、脊髓损伤等引起的中枢性肌强直,缓解局部关节病变、腰肌劳损及内镜检查所致的肌痉挛。

目前已在临床应用的苯二氮䓬类药物有 20 多种,其抗焦虑、镇静催眠、抗惊厥抗癫痫、肌肉松弛作用各有侧重。常用苯二氮䓬类药物的特点见表 14-3。

表 14-3 常用苯二氮䓬类镇静催眠药物特点比较

分类	药名	残余作用	记忆影响	依赖性	主要特点
长效	地西泮 diazepam	+	+	+	抗焦虑、镇静催眠、抗惊厥、麻醉前给药等
中效	氟硝西泮 flunitrazepam	+	+	++	抗惊厥、抗癫痫作用佳
	硝西泮 nitrazepam	+	+	+	催眠作用显著、抗惊厥作用较佳
	艾司唑仑 estazolam	+	—	+	镇静催眠、抗焦虑强,宿醉少,常麻醉前给药
短效	三唑仑 triazolam	+	+	++	催眠作用强而短,宿醉反应少、依赖性较强
	咪达唑仑 midazolam	—	+	++	水溶性,作用强而短

【不良反应】 苯二氮䓬类安全范围大,毒性小。催眠剂量下可致日间困倦、头昏、乏力、淡漠及记忆力下降、影响精细技巧动作和驾驶安全等;大剂量可致嗜睡、共济失调、言语含混不清,甚至引起昏迷及呼吸循环抑制。呼吸循环抑制在静脉注射速度过快、饮酒或同时应用其他中枢抑制药尤易发生,故宜缓慢静脉注射、用药

期间避免饮酒和合用药的选择。一旦发生急性中毒，除对症治疗外，可采用特效拮抗药氟马西尼救治。

长期服用苯二氮䓬类会产生耐受性及依赖性，突然停药可出现戒断症状，表现为焦虑、兴奋、心动过速、呕吐、出汗、震颤甚至惊厥。故本药宜短期或间断性用药，尽可能应用最低剂量，停药时逐渐减少剂量，以避免出现戒断症状。

反跳性失眠是当突然中断苯二氮䓬类时，引起比治疗前还要严重的失眠，一般仅持续1晚。高剂量应用中、短效类撤除时更易发生，长效类血药浓度下降缓慢，不易发生。苯二氮䓬类使用持续时间不一定与反跳有关。

此外，苯二氮䓬类可通过胎盘屏障，有致畸性。

【禁忌证】 6个月以下的婴儿及重症肌无力患者禁用。老年患者、肝、肾、呼吸功能不全者、驾驶员、高空作业和机器操作者以及孕妇和哺乳期妇女慎用。

【药物相互作用】 与其他中枢抑制药、乙醇合用，增强中枢抑制作用，加重嗜睡、昏睡、呼吸抑制、昏迷，严重者可致死。如临床需合用时宜降低剂量，并密切监护病人。应用肝药酶诱导剂可显著缩短消除半衰期，清除率增加；应用肝药酶抑制药可抑制肝脏代谢，导致清除率降低，半衰期延长。

【附】 苯二氮䓬受体拮抗药——氟马西尼

氟马西尼（flumazenil）为咪唑并苯二氮䓬化合物，能与苯二氮䓬特异位点结合。在健康人试验中亦已证明静注或口服氟马西尼能拮抗地西泮、氟硝西泮和咪达唑仑等的多种药理作用。但对巴比妥类和三环类过量引起的中枢抑制无对抗作用。

氟马西尼主要用于苯二氮䓬类过量的诊断和治疗，能有效地催醒患者和改善中毒所致的呼吸及循环抑制。如对累积剂量达5mg而不起反应者，则该病人的抑制状态并非由苯二氮䓬类所引起。本药还用于改善酒精性肝硬化病人的记忆缺失等症状。

用于苯二氮䓬类过量中毒：开始以0.1～0.2mg静脉注射，每60秒重复1次，直到清醒再以静脉滴注维持，维持量为0.1～0.4mg/小时。总量不超过2mg。

第二节 巴比妥类

巴比妥类是一类弱酸性药物，为巴比妥酸的衍生物。巴比妥类作为传统催眠药因具有较多缺点，镇静催眠等用途已日渐减少，目前临床主要用于抗惊厥、抗癫痫和麻醉。

按作用时间长短与药物的性质将巴比妥类药物分为四类：长效类（如苯巴比妥）、中效类（戊巴比妥、异戊巴比妥）、短效类（司可巴比妥）和超短效类（硫喷妥）。常用巴比妥类药物见表14-4。

表14-4 巴比妥类药物作用及应用的比较

分类	药名	显效时间(h)	作用时间(h)	半衰期(h)	依赖性	应用
长效	苯巴比妥	0.5～1	6～8	24～140	++	抗惊厥、抗癫痫
中效	戊巴比妥	0.25～0.5	3～6	15～48	++	抗惊厥、催眠
	异戊巴比妥	0.25～0.5	3～6	8～42	++	镇静催眠
短效	司可巴比妥	0.25	2～3	19～34	++	抗惊厥、镇静催眠
超短效	硫喷妥钠	i.v. 30s内	0.25～4	3～8	+	静脉麻醉

【体内过程】 巴比妥类药物口服或肌内注射均易吸收，并迅速分布于全身组织、体液，也易通过胎盘进入胎儿循环。各药进入脑组织的速度与药物的脂溶性呈正比，如硫喷妥钠脂溶性高，极易通过血脑屏障，故静脉注射后立即奏效，但因该药迅速自脑组织再分布至外周脂肪组织中，故仅维持15分钟左右；而脂溶性低的苯巴比妥即使静脉注射，也需30分钟起效。巴比妥类药物的血浆蛋白结合率各不相同，与其脂溶性密切相关，脂溶性高者结合率高，反之则低。药物在体内消除方式有两种，即经肝脏代谢和肾脏排出。苯巴比妥在肝内经微粒体酶代谢侧链氧化，再与葡萄糖醛酸结合，主要以原形自肾脏排泄而消除，故作用持续时间长。尿液pH对苯巴比妥的排泄影响较大。碱化尿液时，该药解离增多，肾小管再吸收减少，排出增加。因此，在苯巴比妥中毒时，可用碳酸氢钠碱化尿液以促进药物的排泄。

【药理作用与临床应用】 巴比妥类对中枢神经系统表现普遍性抑制作用，随着剂量的增加其中枢抑制作用由弱到强，相继呈现镇静、催眠、抗惊厥及抗癫痫、麻醉等作用。大剂量对心血管系统有明显的抑制作用。过量可致呼吸中枢麻痹而死亡。

1. 镇静、催眠 小剂量巴比妥类药物可引起安静，缓解焦虑、烦躁不安状态；中等剂量可催眠，即缩短入睡时间，减少觉醒次数和延长睡眠时间。不同药物起效时间和持续时间不同。巴比妥类药物可缩短REMS。改变正常睡眠的模式，引起非生理性睡眠。久用停药后，REMS时相可“反跳性”显著延长，伴有多梦，引起睡眠障碍，导致病人不愿停药，这可能是产生精神依赖和躯体依赖的重要因素之一。由于易产生耐受性和依赖性，引起严重的戒断症状；诱导肝药酶的活性，影响其他药物的肝脏代谢；不良反应较多，过量可产生严重毒性，已不作镇静催眠药物常规使用。

巴比妥类药物在非麻醉剂量下主要抑制多突触反应，减弱易化，增强抑制。其中枢作用与其激活 $GABA_A$ 受体有关。在无 GABA 时，巴比妥类能模拟 GABA 的作用，增加 Cl^- 的通透性，使细胞膜超极化。与苯二氮䓬类药物增加 Cl^- 通道的开放频率不同，巴比妥类主要延长氯离子通道的开放时间，引起超极化，产生中枢抑制作用。

2. 抗惊厥、抗癫痫　大于催眠剂量的巴比妥类可保护动物耐受 10 倍致死量的士的宁及戊四氮而免于惊厥致死。临床应用于小儿高热、破伤风、子痫、脑炎及中枢兴奋药引起的惊厥。苯巴比妥有较强的抗癫痫作用，临床用于癫痫大发作、癫痫持续状态的治疗。

3. 麻醉及麻醉前给药　巴比妥类的麻醉剂量与中毒量接近，除超短效巴比妥类，硫喷妥钠静脉注射用于麻醉诱导外，其他长效及中效巴比妥类药物仅用作麻醉前给药以消除病人手术前紧张情绪(效果不及地西泮)或动物麻醉。

【不良反应】

1. 后遗效应　服用催眠剂量的巴比妥类后，次晨可出现头晕、困倦、嗜睡、精神不振及定向障碍等，亦称“宿醉”(hangover)。这可能是由于巴比妥类消除缓慢，作用延缓至次日所致。驾驶员或从事高空作业人员服用巴比妥类后应警惕后遗效应。

2. 耐受性　短期内反复服用巴比妥类可产生耐受性，表现为药效逐渐降低，需加大剂量才能维持原来的作用。耐受性产生的主要原因可能是由于神经组织对巴比妥类产生适应性和诱导肝药酶加速自身代谢有关。

3. 依赖性　连续服用巴比妥类可使患者产生对该药的依赖性，一旦突然停药，可在停药后 12～16 小时出现严重的戒断症状，表现为兴奋、失眠、焦虑、震颤、肌痉挛甚至惊厥。因此，对巴比妥类药物必须严格控制，避免长期使用。

4. 对呼吸系统影响　中等治疗量可引起呼吸抑制。若静脉注射过量、速度过快对呼吸中枢有明显抑制作用，抑制程度与剂量成正比，呼吸深度抑制是巴比妥类药物中毒致死的主要原因。

5. 其他　少数人可见皮疹、血管神经性水肿、偶见剥脱性皮炎。巴比妥类可透过胎盘和乳汁，故分娩期和哺乳期妇女慎用。

第三节　其他镇静催眠药

水 合 氯 醛

水合氯醛(chloral hydrate)口服后吸收快，催眠作用较强且确切，入睡快(约 15 分钟)，持续 6～8 小时。催眠作用温和，不缩短 REMS，无宿醉后遗效应。可用于顽固性失眠或对其他催眠药效果不佳的患者。大剂量有抗惊厥作用，可用于小儿高热、子痫及破伤风的惊厥。安全范围较小，应慎用。

不良反应类似巴比妥类。具有较强的黏膜刺激性，易引起恶心、呕吐及上腹部不适等，不宜用于胃炎及消化性溃疡病人。大剂量能抑制心肌收缩，缩短心肌不应期，过量对心、肝、肾实质脏器有损害。一般以 10%溶液口服，也可直肠给药，可减少刺激性。久用可产生耐受性和成瘾性，戒断症状较严重，应防止滥用。

丁 螺 环 酮

丁螺环酮(buspirone)属于氮杂螺环癸烷二酮化合物，在化学结构上与其他精神药物无任何相关性。口服吸收快而完全，约 0.5～1 小时达血浓度高峰，$t_{1/2}$ 为 2.6 小时。

与 BZ 类不同，丁螺环酮无镇静、肌松弛和抗惊厥作用，是一类新型的抗焦虑药，具有显著的抗焦虑作用。研究表明，中枢 5-HT 是参与焦虑紊乱的重要递质，抑制中枢 $5\text{-}HT_{1A}$ 递质具有抗焦虑效应。丁螺环酮为 $5\text{-}HT_1$ 受体的部分激动剂，有较高的选择性，其抗焦虑作用可能与其激动中枢 5-HT 神经元的 $5\text{-}HT_{1A}$ 受体，从而抑制 5-HT 神经递质的转换、降低 5-HT 神经系统的功能有关。此外，对中枢 DA 受体和 α_2 受体的拮抗作用可能参与其抗焦虑作用。适用于急、慢性焦虑状态，如焦虑性激动、内心不安和紧张状态。不良反应有头晕、头痛及胃肠功能紊乱等，无明显的生理依赖性和成瘾性。

唑 吡 坦

唑吡坦(zolpidem)亦称为思诺思(Stilnox)，为非苯二氮䓬类镇静剂，属咪唑吡啶类。药理作用类似于苯二氮䓬类，但抗焦虑、抗惊厥和中枢性肌肉松弛作用很弱，仅用于镇静和催眠。唑吡坦作用快，起效迅速，有很强的睡眠诱导作用。$t_{1/2}$ 为 2.4 小时，作用可维持 6 小时。催眠作用与选择性地作用于苯二氮䓬类受体-$GABA_A$ 受体 α_1 亚基有关。临床研究表明，唑吡坦可保持正常的睡眠结构。对 NREM 睡眠和 REM 睡眠结构无明显影响，使总睡眠时间延长，夜醒次数减少，夜醒时间缩短，对入睡困难、易醒、多梦等症状有肯定的疗效。唑吡坦诱发停药反应的倾向不明显，可连续使用或按需使用，故上市后即得到临床认可。美国精神障碍诊断和统计手册第 4 版(DSM-Ⅳ)提到唑吡坦可作为原发性失眠的首选药物。

不良反应与个体敏感性有关。偶有眩晕、疲倦、恶心、呕吐、头痛。有用药过程中出现神经学或精神病学反应的报道，特别是幻视、谵妄、抑郁、健忘以及睡行症。三环类抗抑郁药和乙醇与本品合用时可加重不良反应。乙醇依赖者可增加其药物依赖的可能性。本品不主张长期使用，15岁以下儿童、孕妇、哺乳者不宜服用。过量中毒应采取洗胃、心肺监测、对症处理、支持疗法等，苯二氮䓬类拮抗药可能有短暂的逆转作用。

褪黑素及褪黑素受体激动剂

褪黑素(melatonin，MT)是松果体分泌的主要激素，化学名称为N-乙酰-5-甲氧色胺。正常人服用MT后，入睡时间缩短，睡眠质量改善，睡眠中觉醒次数明显减少，而且睡眠结构调整(浅睡阶段缩短，深睡阶段延长)。MT适用于睡眠节律障碍，包括夜班作业或越洋旅行引起的时差症状和睡眠时相延迟综合征，不推荐作为催眠药物来使用。

雷美尔通(ramelteon)为特异性褪黑素受体激动药，美国食品药品管理局已批准其用于入睡困难的治疗。

Summary

- Sedatives-hypnotic, a type of CNS depressant that cause relaxation and sleepiness, are classified into 3 groups: benzodiazepines, barbiturates and miscellaneous.
- Benzodiazepines, the representative drug of which is diazepam, have pharmacological effects of anxiolytic, sedation, hypnosis, anticonvulsant, antiepileptic and muscle relaxant.
- Benzodiazepines act as GABA (γ-aminobutyric acid) potentiators. They bind to BZ receptors on the GABA-BZ receptor/chloride channel complex, which allows them to allosterically modulate and enhance the activity of GABA. This results in increased hyperpolarization at target neurons, making them less responsive to excitatory stimuli.
- Barbiturates share with benzodiazepines the ability to enhance the action of GABA. Barbiturates prolong Cl^- access, and their action seems to be much less specific. Although barbiturates have historically played an important role in anesthesia and the treatment of a variety of disorders, including anxiety disorders, sleep disorders, seizure disorders, muscle spasm, their use in clinical practice has mostly been replaced by the safer benzodiazepines.

(胡霞敏 王 君)

第十五章 抗癫痫药与抗惊厥药

案例 15-1

患者，男，16 岁。

发作性抽搐 8 年。该患者 8 岁时由树上跌下，2 个月后出现发作性抽搐。每年发作次数频繁、无规律、受刺激时诱发。发作前自觉腹部痛，有肠气上升感觉，几秒钟然后大叫一声，突然意识丧失，跌倒在地，全身肌肉强直收缩，头向后仰，口张开后闭合，咬舌，口吐白沫、双眼上翻 20 秒，全身肌肉阵挛，上肢屈曲，两手握拳，双下肢伸直强直。经 3 分钟清醒，瞳孔由大变正常，昏睡，醒后无记忆发病情况。

检查：心率 86 次/分，BP100/70mmHg，发育良、神志清，瞳孔等大等圆，对光反射存在，颈软，心肺、肝、脾及四肢无异常。神经系检查阴性，EEG 中度异常，CT 正常。

诊断：癫痫大发作。

案例 15-2

患者，男，5 岁。

在 2 岁时被诊断为癫痫，3 年来一直连续服用抗癫痫药物，这期间虽偶有癫痫小发作，但症状都能很快得到控制。数天前，患儿口服的抗癫痫药物吃完，父母因忙于生意没有顾得上取药。停药后第 8 天一大早，患儿突然出现紧咬牙关、双眼上翻、四肢抖动、口吐白沫的惊厥症状，在送医院的路上，频繁抽动达 20 多次，最后一次抽动持续一个多小时不能缓解；在 ICU 病房监护室内抢救治疗了 3 天，病情才得到控制。

诊断：癫痫持续状态。

问题：

1. 如何根据癫痫的发作类型合理选用抗癫痫药？它们各自的作用机制、药理作用是什么？

2. 应用抗癫痫药应遵循哪些用药原则？

第一节 概 述

癫痫是由多种原因引起大脑局部神经元异常高频放电，并向周围正常脑组织扩散，而导致运动、感觉、意识或精神等脑功能失常的一种间歇性无预兆性发作的慢性神经症状，有突然、短暂和反复发作的特点。临床常见癫痫分为局限性发作和全身性发作两大类；局限性发作又分为单纯局部性发作（局部性发作）及复杂局部性发作（精神运动性发作）2 型；全身性发作分为强直-阵挛性发作（大发作）、失神性发作（小发作）、肌阵挛性发作、癫痫持续状态 4 型。目前，癫痫的治疗尚无有效的预防及根治措施，主要是对症治疗及处理。

抗癫痫药主要通过抑制病灶区神经元的异常放电或阻止异常放电向周围正常组织扩散而控制癫痫的发作。其机制主要涉及两个方面：一是迅速使电压激活 Na^+ 通道失活，限制神经元的持续重复放电，对 K^+、Ca^{2+} 等其他离子通道的干扰作用也参与其中。二是增强由 GABA 介导的突触抑制效应，主要影响突触前、后膜的动作电位。

常用的传统抗癫痫药根据化学结构可分为六类：①乙内酰脲类：如苯妥英钠等；②巴比妥类：如苯巴比妥、扑米酮等；③亚胺芪类：如卡马西平等；④琥珀酰亚胺类：如乙琥胺等；⑤侧链脂肪酸类：如丙戊酸钠等；⑥苯二氮䓬类：如硝西泮、氯硝西泮、地西泮等。最近研究发现的药物有加巴喷丁、拉莫三嗪、左乙拉西坦、托吡酯等。

第二节 常用抗癫痫药

苯妥英钠

苯妥英钠（phenytoin sodium）又称大仑丁（dilantin）

【体内过程】 苯妥英钠呈强碱性，刺激性大，不宜肌内注射。口服吸收慢而不规则，每日给药 0.3～0.6g，连续服药，须经 6～10 天才能达到有效血药浓度（10～20μg/ml），血浆蛋白结合率约 90%，容易分布于脑组织。绝大部分在肝内经肝药酶代谢为羟基苯基衍生物而失活，5%以原形由尿排出。半衰期与血浆药物浓度密切相关，低于 10μg/ml 时，按一级动力学消除，半衰期为 6～24 小时；超过此浓度时，按零级动力学消除，$t_{1/2}$ 可长达 20～60 小时，且血药浓度与剂量不成比例地迅速升高，此可能与羟化反应已饱和有关。羟化代谢能力受遗传因素影响明显，个体差异大，应用时应注意剂量个体化，最好在血药浓度监控下给药。

【药理作用及机制】 苯妥英钠抗癫痫作用的机制较为复杂，它不能抑制癫痫病灶的异常放电，但可阻止它向周围正常脑组织扩散，其抗癫痫作用主要是由于：

1. 膜稳定作用 苯妥英钠的膜稳定作用是其抗癫痫、抗心律失常和治疗神经痛的药理学基础，产生膜稳定作用的机制包括：

(1) 阻滞电压依赖性钠通道：降低细胞膜对 Na^+ 的通透性，抑制 Na^+ 的内流，使钠依赖性动作电位不能形成。这是苯妥英钠抗惊厥的主要机制。

(2) 阻滞电压依赖性钙通道：治疗浓度的苯妥因钠能选择性阻滞 L 型和 N 型 Ca^{2+} 通道，但对哺乳动物丘脑神经元的 T 型 Ca^{2+} 通道无阻滞作用，这可能是其治疗失神性发作无效的原因。

苯妥英钠对 Na^+、Ca^{2+} 的通道的阻滞作用具有明显的应用依赖性，即 Na^+、Ca^{2+} 通道开放愈频繁，其阻滞通道的作用越强，故其对高频异常放电的神经元抑制作用明显，对正常的低频放电无影响。

(3) 对钙调素激酶系统的影响：Ca^{2+} 通过 Ca^{2+}-受体蛋白-钙调素及其耦联的激酶系统介导发挥第二信使作用。苯妥英钠可抑制钙调素激酶活性，突触传递功能减弱：抑制突触前膜的磷酸化，使 Ca^{2+} 依赖性释放过程受阻，谷氨酸等兴奋性神经递质的释放减少；抑制突触后膜的磷酸化，可减弱递质与受体结合后引起的除极化反应，加上对 Ca^{2+} 通道的阻滞作用，共同产生稳定细胞膜作用。

2. 抑制突触传递的强直后增强 强直后增强(posttetanic potentiation，PTP)指用强直刺激(高频刺激)刺激突触前纤维后，再给单刺激，突触后纤维的反应较未给强直性刺激前为强的一种现象。PTP 在癫痫病灶异常放电的扩散过程中起易化作用，治疗浓度的苯妥英钠可通过抑制 PTP 的形成，从而抑制异常放电的扩散。

3. 增强 GABA 能神经系统的抑制作用 较高浓度时，抑制神经末梢对 GABA 的摄取和诱导 GABA 受体增生。

4. 其他作用 较高浓度时苯妥英钠还能抑制 K^+ 外流、也可使 Cl^- 内流增加，细胞膜呈现超极化，从而抑制异常高频放电。

【临床应用】

1. 癫痫 苯妥英钠是治疗大发作和单纯局部性发作的首选药，对复杂部分性发作也有效，缓慢静脉注射可有效缓解癫痫持续状态。对失神性发作和肌阵挛性发作无效，甚而可使失神性发作恶化。

2. 外周神经痛 用于治疗三叉神经痛、舌咽神经痛和坐骨神经痛等。

3. 快速型心律失常 主要用于室性心律失常，对强心苷中毒引起者效果更佳(详见第 21 章)。

4. 治疗高血压 机制不清，可能与其中枢抑制作用有关。可用于轻症高血压，疗效与利尿药、甲基多巴等相似。加之苯妥因钠有升高血清高密度脂蛋白作用，对高血压合并动脉粥样硬化的癫痫患者尤为适用。

此外有报道对慢性支气管炎、顽固性呃逆、焦虑性神经衰弱、青光眼等有一定治疗价值。

【不良反应】

1. 胃肠反应 苯妥英钠为强碱性(pH 为 10.4)，对胃黏膜有刺激性，可致食欲减退、胃痛、恶心、呕吐、甚至胃炎等，饭后服用可减轻。其次是牙龈增生，多见于儿童和青少年，发生率约 20%，系胶原代谢改变引起结缔组织增生的结果。注意口腔卫生、经常按摩牙龈可以减轻，一般停药 3～6 月可自行消退。

2. 神经系统反应 偶见眩晕、精神紧张和头痛。严重反应为小脑综合征(共济失调、眼球震颤、手颤和复视)，可能为用量过大而引起，减量或停药可消失。此外尚有瞳孔散大、腱反射亢进、眼肌麻痹和精神行为异常等。长期服用约 30%患者出现外周神经炎、但症状不明显，不影响用药。

3. 对造血系统的影响 偶见中性白细胞和血小板减少，常见巨幼红细胞性贫血，主要是由于久服苯妥英钠可致叶酸吸收和代谢障碍，造成叶酸缺乏而引起巨幼红细胞性贫血，可用甲酰四氢叶酸加维生素 B_{12} 治疗。

4. 过敏反应 可见皮肤瘙痒、皮疹、药热、粒细胞缺乏、血小板减少、偶见肝坏死。用药期间应定期检查血常规和肝功能。

5. 其他 妊娠初期服用可致畸胎(如小头症、腭裂等)；诱导肝药酶，使维生素 D 代谢加快而导致低血钙；久服骤停可使癫痫加重，甚至诱发癫痫持续状态；静脉注射过快可导致心肌抑制、血压下降和心律失常，宜在心电监护下进行。

【药物相互作用】 保泰松、磺胺类、乙酰水杨酸和苯二氮䓬类可与苯妥英钠竞争血浆蛋白结合部位，使苯二氮䓬类等游离型血药浓度增加。氯霉素、异烟肼通过抑制肝药酶可使苯妥英钠血药浓度升高。苯妥因钠被肝药酶代谢，同时又是肝药酶诱导剂，可加速多种药物代谢而降低疗效，如皮质类固醇、避孕药、奎尼丁、多西环素、口服抗凝药、水杨酸类、茶碱等。

苯巴比妥

苯巴比妥(phenobarbital)，又称鲁米那(luminal)，用于治疗癫痫已有 80 多年历史。因其起效快、疗效好、毒性相对较低、价格便宜，至今仍为临床广泛应用的主要药物之一。

【药理作用】 苯巴比妥为广谱抗癫痫药，但相对无选择性。其抗癫痫作用较强，既能抑制病灶神经元的异常放电，又能抑制异常放电的扩散。其抗癫痫作用机制与以下作用有关：①对异常神经元的直接抑制作用：为其抗癫痫作用的主要组成部分。电生理和癫痫动物模型研究发现，它不仅能升高癫痫病灶周围正常细胞的兴奋阈值，也能降低病灶细胞的兴奋性，提高其发作阈值，从而抑制癫痫样放电。②增强 GABA

能神经系统的抑制效应：苯巴比妥与突触后膜上的GABA-苯二氮䓬大分子受体的一个变构调节单位结合，增加GABA介导的Cl^-内流，导致膜超极化，降低膜兴奋性。③阻滞电压依赖性Ca^{2+}通道：苯巴比妥较高浓度时能以电压依赖性方式阻滞N和L型Ca^{2+}通道，抑制突触前膜Ca^{2+}摄取，减少Ca^{2+}依赖性的神经递质的释放；同时对突触后膜的抑制作用，使兴奋性递质引起的反应减弱。

【临床应用】 对大多数惊厥动物模型有效。主要用于治疗强直-阵挛性发作及癫痫持续状态，疗效较好；对单纯局限性发作及精神运动性发作也有效；对复杂部分性发作及失神性发作效果不如卡马西平；对小发作和婴儿痉挛效果差。但因中枢抑制作用明显而很少作为首选药，在控制癫痫持续状态时，目前倾向于静注戊巴比妥钠。

【不良反应】 常见嗜睡、眩晕、共济失调等，偶见巨幼红细胞性贫血、白细胞减少和血小板减少。

扑米酮

扑米酮(primidone)又称为去氧苯巴比妥、扑痫酮、麦苏林(mysolin)。在体内代谢成苯巴比妥和苯乙基丙二酰胺，二者均有抗癫痫作用，扑米酮本身也可能有独立的抗癫痫作用。药理作用近似苯巴比妥，也是广谱抗癫痫药。除对失神性发作无效外，对其他类型的癫痫均有不同程度的疗效，主要用于大发作、单纯及复合局限性发作，与苯妥因钠和卡马西平合用有协同作用。扑米酮与苯巴比妥相比并无特殊优点，且价格较贵故仅用于其他药物不能控制的病人。不良反应与苯巴比妥相似。

卡马西平

卡马西平(carbamazepine)又称酰胺咪嗪，最早用于治疗三叉神经痛。

【体内过程】 卡马西平口服吸收慢而不规则，生物利用度约为70%～80%，一次口服4～8小时后，血药浓度可达高峰。血浆蛋白结合率为70%～80%，在脑、肝、肾分布最多，经肝脏代谢生成的10,11-环氧卡马西平仍有抗癫痫作用，长期服药可因自身诱导而清除率明显增加。

【药理作用和临床应用】

1. 抗癫痫 卡马西平是一种安全、强效、广谱的抗癫痫药，对多种癫痫动物模型有对抗作用，为单纯性局限性发作和大发作的首选药物之一，对复合性局限性发作和小发作有较好治疗作用，对癫痫并发的精神症状亦有效。卡马西平可抑制癫痫病灶内高频放电向外周神经元的扩散，但对病灶内高频放电的形成抑制作用减轻。抗癫痫作用机制与苯妥因钠相似，主要是阻滞神经细胞膜钠通道和钙通道，减少Na^+、Ca^{2+}内流，抑制高频放电和突触传递。

2. 抗外周神经痛 对三叉神经痛和舌咽神经痛疗效较苯妥英钠好。

3. 抗躁狂抑郁 对躁狂症、抑郁症治疗效果明显，可减轻或消除精神分裂症的狂躁、妄想症状，对锂盐无效的躁狂抑郁症有效。其机制可能与卡马西平阻断腺苷受体及抑制去甲肾上腺素的重摄取有关。

4. 抗心律失常 有轻度延长房室传导、降低4相自动除极电位、延长浦肯野纤维动作电位时间及奎尼丁样膜稳定作用，故能消除室性及室上性的早搏。

5. 抗利尿作用 机制不清，可能与促进抗利尿激素分泌有关。

【不良反应】 长期应用后常见的不良反应有头昏、眩晕、恶心、呕吐，视力模糊和共济失调，也可引起精神行为异常。大剂量可致甲状腺功能减低，房室传导阻滞，应控制剂量。偶见骨髓抑制、肝损害和过敏反应，应立即停药。

丙戊酸钠

丙戊酸钠(valproate sodium)，广谱抗癫痫药，癫痫治疗的主要药物之一。

【体内过程】 丙戊酸钠口服吸收迅速而完全，生物利用度在80%以上。主要分布于细胞外液中，脑及脑脊液中浓度较血浆中水平为低，吸收入血后，大部分与血浆蛋白结合，血浆蛋白结合率约90%，$t_{1/2}$约为15小时。主要在肝内代谢，代谢产物与葡萄糖醛酸结合后，经肾脏排出。

【药理作用】 丙戊酸钠不抑制癫痫病灶放电，但能阻止病灶异常放电的扩散。其抗癫痫作用与脑内γ-氨基丁酸(GABA)的代谢有关，可增强谷氨酸脱羧酶的活性，使GABA生成增加；抑制GABA转氨酶和琥珀酸半醛脱氨酶活性，降低GABA分解，从而增加脑内抑制性神经递质GABA的含量，并能提高突触后膜对GABA的反应性，降低神经元的兴奋性而控制发作。此外，丙戊酸钠还能阻滞Na^+通道，减弱T型Ca^{2+}电流，抑制起源于丘脑的3Hz异常放电。

【临床用途】 丙戊酸钠为广谱抗癫痫药，对各型癫痫都有一定疗效。对大发作疗效不及苯妥因钠、苯巴比妥，对小发作疗效优于乙琥胺，但因其肝脏毒性不作首选药物。对复杂部分性发作疗效与卡马西平相似，对典型小发作疗效不及氯硝西泮。为大发作合并小发作时的首选药物，对其他药物不能控制的顽固性癫痫可能有效。

【不良反应】 常见胃肠道反应，有厌食、恶心、呕吐等。饭后服用可减轻。长期服用有致胰腺炎的危险。神经系统不良反应发生率较低，有嗜睡、乏力、精神不振、视物模糊、不安、震颤等。多发性肝损害，40%用药患者在最初几个月内出现无症状性肝功能异常，主要表现为天门冬氨酸氨基转移酶升高，12岁以下儿童多药合用易引起致死性肝损害。

【药物相互作用】 本药可抑制苯妥因钠、苯巴比妥、扑米酮、氯硝西泮和乙琥胺的代谢，血药浓度增高，易发生蓄积中毒，故合用时宜调整剂量。而苯妥因钠、苯巴比妥、扑米酮和卡马西平则能降低丙戊酸钠的血药浓度和抗癫痫作用。

苯二氮䓬类

用于抗癫痫的苯二氮䓬类（benzodiazepine，BZ）药物主要是能生成活性代谢产物的长效类，如地西泮（diazepam，安定）、硝西泮（nitrazepam，硝基安定）、氯硝西泮（clonazepam，氯硝安定）、氯巴占（clobazam）等地西泮静注为控制癫痫持续状态的首选药之一，具快速、有效、安全等特点，但剂量过大或静脉注射过快时可引起呼吸抑制。

硝西泮主要用于癫痫小发作，尤其对肌阵挛性发作、失神性发作和婴儿痉挛有较好疗效。

氯硝西泮和氯巴占抗癫痫谱更广，对肌阵挛性发作、失神性发作尤佳。因硝西泮影响吞咽，可引起流涎和食物吸入，故有被氯硝西泮取代的趋势。氯硝西泮因可诱发失神性发作持续状态而不宜与丙戊酸钠同时使用。

乙　琥　胺

乙琥胺（ethosuximide），防治小发作首选药。

【体内过程】 口服吸收完全，3 小时血药浓度达高峰，与血浆蛋白结合较少，连续服药 7～10 天可达到稳态血药浓度，有效血药浓度为 40～100μg/ml。$t_{1/2}$成人 55 小时左右，小儿 30 小时左右。大部分在肝内代谢灭活，小部分以原形从肾脏排出。

【作用和应用】 乙琥胺的抗癫痫作用机制尚未完全阐明，可能与抑制 T 型 Ca^{2+} 通道有关。丘脑在小发作时出现的 3Hz 异常放电中起重要作用，乙琥胺可抑制丘脑细胞阈值 T 型 Ca^{2+} 电流，从而抑制 3Hz 异常放电的发生。在较高浓度时，尚有抑制 Na^+-K^+-ATP 酶，抑制 GABA 转氨酶，增强抑制性神经递质的作用或耗竭兴奋性神经递质的储备。乙琥胺是治疗失神性发作的首选药，对其他型癫痫无效。

【不良反应】 常见副作用为胃肠道反应，如厌食、恶心、呕吐等，其次为中枢神经系统症状，对于有精神病史者可引起精神失常。偶见粒细胞缺乏、骨髓抑制。

氟 桂 利 嗪

氟桂利嗪（flunarizine）为双氟化哌啶衍生物，是强效钙拮抗药。以往用于治疗偏头痛和眩晕症，近年发现它具有较强的抗惊厥作用，对多种动物癫痫模型均有不同程度的治疗作用，对抗电休克惊厥作用较强，而对戊四唑引起的阵挛性惊厥无效，这种作用不同于典型的二氢吡啶类钙拮抗药（如尼莫的平等），为广谱抗惊厥药，而尼莫地平只对阵挛性惊厥有效。氟桂利嗪临床适用于各型癫痫，尤其对局限性发作、大发作效果较好。

氟桂利嗪的抗惊厥作用机制除与其阻滞 T 型和 L 型 Ca^{2+} 通道有关外，还与选择性阻滞电压依赖性 Na^+ 通道有关。

氟桂利嗪口服易吸收，2～4 小时血中浓度可达高峰，其 $t_{1/2}$ 约为 19～22 天，99％与血浆蛋白结合，然后重新分布到各组织中去。安全有效，毒性小，常见不良反应为困倦和体重增加。

抗　痫　灵

抗痫灵（antiepilepsirin）为我国合成的第一个新型的广谱抗癫痫药，治疗癫痫已有 20 余年历史，对各型癫痫均有疗效，对大发作效果显著。其药理作用，不同于传统抗癫痫药苯巴比妥，大剂量时不引起麻醉作用，也不同于苯妥因钠，对戊四氮引起的阵挛性惊厥也有较强的对抗作用。其抗癫痫作用机制与其升高脑内的单胺类神经递质 5-羟色胺（5-HT）含量有关。长期服用未见肝、肾和造血系统毒性作用。

拉 莫 三 嗪

拉莫三嗪（lamotrigine）属于苯三嗪类，具有很强的抗惊厥作用，其特点与苯妥因钠和卡马西平类似，但其抗最大电休克惊厥作用较苯妥因钠强，对戊四氮引起的阵挛性惊厥无效，对其他一些动物癫痫模型也有不同程度的对抗作用。作用机制可能与其阻滞电压依赖性 Na^+ 通道，从而抑制病灶异常放电有关。对其他抗癫痫药不能控制的局限性发作、大发作、非典型失神发作和儿童肌阵挛性发作均有不同程度的疗效，但主要用于治疗局限性发作和大发作。

口服吸收完全，1～3 小时后血药浓度达高峰，主要与葡萄糖醛酸结合后经肾脏排泄。与其他抗癫痫药物（苯巴比妥、苯妥因钠、卡马西平）合用时，可使其代谢增快而血药浓度下降，而与丙戊酸钠合用时则减慢其清除。

常见不良反应胃肠道反应、中枢神经系统反应，偶见弥散性血管内凝血。

托　吡　酯

托吡酯（topiramate）又名妥泰，妥普迈。为磺酸基取代的单糖衍生物，是 1995 年上市的新型广谱抗癫痫药。可阻滞电压依赖性 Na^+ 通道，提高 GABA 激活 $GABA_A$ 受体的频率，增加 GABA 诱导的 Cl^- 内流，同时通过兴奋性氨基酸的 AMPA 亚型受体抑制谷氨酸介导的兴奋作用。主要用于局限性发作和大发作，特别是作为辅助药物治疗难治性癫痫。口服吸收完全，生物利用度达 81％，主要以原形经尿排出。常见不良反应为头晕、共济失调、感觉异常、等中枢症状，因有致畸危险，故孕妇及哺乳期妇女禁用，12 岁以下儿童慎用。

加 巴 喷 丁

加巴喷丁（gabapentin）为新的抗惊厥药，于 1993 年获美国 FDA 批准。其结构与 GABA 类似，为有中枢活性的 GABA 激动剂。小剂量即能防止最大电休克模型所致痉挛性抽搐发作，能抑制戊四氮引发的阵挛性发作。其抗癫痫作用与改变脑内氨基酸浓度与代谢有关，可使 GABA 释放增加，但未显示其对 $GABA_A$ 及 $GABA_B$ 受体相互作用，能降低某些单胺类递质（NA、5-HT 等）的释放，对电压依赖性 Ca^{2+}、Na^+ 通道无明显作用。主要单用或与其他药合用治疗伴有或不伴有继发性全身性发作的局限性发作。口服吸收好，在人体不被代谢，主要以原形从尿中排出。常见不良反应为中枢神经系统反应，罕见的严重不良反应为癫痫持续状态。

左乙拉西坦

左乙拉西坦（levetiracetam，KEPPRA）为 1999 年经 FDA 批准用于成人部分性发作的新型抗癫痫药物。能抑制部分性发作和继发性全身强直-阵挛发作，但对最大电休克和丙戊酸诱导的癫痫无效。其抗癫痫机制不清。此药耐受性好，常见副作用为嗜睡、无力及眩晕。

第三节　抗癫痫药临床用药原则

癫痫是一种慢性疾病，除小部分病人能针对病因手术治疗外，大多数病人需要长期用药治疗。因而要求所用药物及其剂量能有效地控制发作及不引起严重毒性反应。抗癫痫药的应用应遵循以下原则：

1. 症状性癫痫应去除病因结合药物治疗　如治疗脑寄生虫病、切除脑瘤等，但残余病灶和术后瘢痕形成仍可引起癫痫发作。

2. 根据发作类型选药　大发作常选用苯妥英钠、苯巴比妥、丙戊酸钠、卡马西平；小发作首选乙琥胺，次选氯硝西泮或丙戊酸钠；单纯部分性发作首选卡马西平，次选苯妥英钠；复杂部分性发作选用苯妥英钠、卡马西平或加用扑米酮；肌阵挛性发作首选丙戊酸钠，次选氯硝西泮；婴儿痉挛症可用氯硝西泮；癫痫持续状态是危重急症，首选地西泮 5～10mg 静脉缓慢注射。单纯型癫痫最好选用一种有效药物，自小量开始逐渐增加剂量，直至获得理想后进行维持治疗。对于一种药物难以奏效的癫痫或混合型癫痫患者常需选用广谱药或合并用药；以提高疗效，减少不良反应，同时应注意药物间相互作用引起的不良反应。

3. 治疗方案个体化　不同病人对药物反应存在较大个体差异，因此需治疗方案个体化。治疗初期一般用一种药物，疗效不佳时可联合用药。换药时应采取过渡方式，即在原药基础上加用他药，待新药发挥疗效后再逐步撤掉原药，以免使发作加剧甚至诱发癫痫持续状态。剂量应从小剂量开始，逐渐增加至疗效明显且不出现严重不良反应时，再给维持量治疗。

4. 长期用药　治疗中不可突然停药，停药一般应在完全不发作后持续 2～3 年，而且应在半年甚至 1～2 年内逐渐减量停药；有些病例需要终生用药。

5. 定期检查　用药期间应定期观察药物效应与不良反应；要定期进行血、尿、肝功能等检查；有条件者可监测血药浓度。

6. 孕妇服用抗癫痫药致畸胎及死胎几率较高，应慎重使用。

第四节　抗 惊 厥 药

案例 15-3

患者女性，27 岁，第二胎，孕 38 周行择期剖宫产，产下一健康男婴。产前 30 周起出现显著蛋白尿。曾在第 1 次妊娠 38 周时因先兆子痫而终止妊娠。此次为第 2 次受孕，产后第 9 天，发现其有低热、心动过缓、低血压等体征。夜间血压升至 186/92mmHg，初予以硝苯地平降压，血压仍继续上升，最高达 200/112mmHg，患者出现头痛，双眼突发视力丧失，继而出现全身强直阵挛性惊厥，浅昏迷，面色青紫，被动体位，五官扭曲变形，双眼上翻，眼底正常，口角歪斜，流涎，舌体外露于口，咬舌见满口血污，舌体淤血，肿大。颈项强直。血生化化验检查：包括全血细胞计数、尿素、电解质、血糖及甲状腺功能、抗心磷脂抗体、可提取性核抗原、dsDNA 抗体、补体浓度等未见异常。血尿酸未测。尿液中儿茶酚胺阴性。肾脏血管多普勒超声检查及肾脏超声检查均正常。脑核磁共振（MRI）显示右侧顶骨后及双侧枕叶的皮质和皮质下白质 T2 加权像小面积高信号，无静脉闭塞性病变征象。

诊断：①产后子痫；②MRI 诊断为后脑高血压脑病。

冬眠合剂镇静，及对症支持治疗，同时静脉予以肼屈嗪降压，继以硫酸镁治疗。血压控制好后 24 小时内患者视力恢复，10 天后出院，带药拉贝洛尔。

问题：

1. 惊厥的治疗可选用哪些药物？

2. 硫酸镁有哪些药理作用和应用？使用过程中应注意哪些事项？

惊厥是由中枢神经系统过度兴奋导致全身骨骼肌不自主地强烈收缩综合征。主要见于高热、子痫、破伤风、癫痫强直-阵挛性发作和中枢兴奋药中毒等。强烈持续的惊厥可致呼吸循环衰竭，应及时救治。常用抗惊厥药有巴比妥类、苯二氮䓬类和水合氯醛等。此外，硫酸镁注射给药也可有抗惊厥作用。

硫 酸 镁

硫酸镁（magnesium sulfate）其主要作用是镁离子（Mg^{2+}），Mg^{2+}是体内重要的阳离子之一，参与体内多种生理和生化过程：①在神经冲动传递和神经肌肉应激的维持方面有重要作用；②是体内多种酶的辅助因子，参加蛋白质、脂肪和糖的代谢；③是中枢NMDA受体的抑制性因子，对NMDA受体功能起调节作用。血浆中的Mg^{2+}正常浓度为20～35mg/L，低于此浓度，神经肌肉组织兴奋性增高。

硫酸镁可因给药途径不同而产生不同的药理作用。

（1）硫酸镁口服很少吸收，从而使肠内渗透压升高，阻碍了水分的吸收，肠内容积增大，刺激肠壁而致导泻作用，因此具有泻下和利胆作用。

（2）外用热敷可消炎去肿。

（3）注射给药能吸收，可产生平滑肌松弛、抗惊厥和降血压等作用。神经化学传递和骨骼肌收缩均需Ca^{2+}参与，Mg^{2+}与Ca^{2+}化学性质相似，并与Ca^{2+}特异性竞争作用靶点，拮抗Ca^{2+}的作用，从而抑制骨骼肌、平滑肌（血管、支气管、胆道等）和心肌收缩，导致骨骼肌松弛和血压下降。同时，Mg^{2+}对中枢神经系统有抑制作用。

临床上主要用于缓解子痫、破伤风等惊厥，也常用于高血压危象。硫酸镁亦试用于胆绞痛、支气管哮喘和心律失常。硫酸镁过量可引起呼吸抑制、血压下降乃至死亡，可静脉注射钙剂对抗。

Summary

- Antiepileptic drugs could suppress neuronal local discharge in cerebral cortex and around diffuse. The mechanisms of action are associated with inhabitation the function of GABA and interference Na^+, K^+, Ca^{2+} channel. The usual drugs include: ① diazepam which firstly used in status epilepticus; ② phenytoin sodium which used in epilepsy trigeminal and related neuralgias and anti-arrhythmia; ③ carbamazepine and phenobarbital which widely used in epilepsy; ④ ethosuximide which firstly used in absence seizures efficacy; ⑤ sodium valproate which firstly used in clonic seizures. The representative drug of anticonvulsants is magnesium sulfate which used as catharsis(PO), anticonvulsion(im).

（郑 敏）

第十六章 抗帕金森病和治疗阿尔茨海默病药

神经系统退行性疾病(Neurodegenerative disease)是一组由于中枢神经系统神经元退行变性、脱失而引起的慢性进行性神经系统疾病。随着社会发展和人口老龄化的出现,本组疾病已成为仅次于心血管疾病和癌症,严重影响人类健康水平和生活质量的第三位因素。神经系统退行性疾病主要分为三类:①痴呆失调型(认知失调):如阿尔茨海默病(Alzheimer's disease,AD)和额颞性痴呆(Frontotemporal dementia)等;②运动失调型:如帕金森病(Parkinson's disease,PD);③运动失调和痴呆型:如亨廷顿舞蹈病(Huntington disease,HD)和肌萎缩侧索硬化病(amyotrophic lateral sclerosis,ALS)等。

神经退行性疾病的发病机制至今尚未完全清楚。研究表明,基因易损性因子、环境因素和衰老相互作用在神经退行性疾病的发病中起着重要的作用。对于神经退行性疾病的治疗,目前尚缺乏有效的手段,只能是延缓或阻止疾病的发展。目前的研究主要集中干细胞和基因治疗,生物学标记的研究也在进行,理论上说,如果能够确定相关的生物学标记,那么在这些疾病未出现症状之前,我们就可以进行治疗,这些疾病可能被治愈。然而至今,生物学标记科学还处于初期阶段,神经退行性疾病的诊断仍处于病人神经损害已经存在之后。随着分子神经生物学及人类功能基因组学研究的进展,对本组疾病发病机制的深刻认识将有助于相应的药物及其他治疗手段研究取得突破。AD 和 PD 是两种主要类型的神经退行性疾病,所以本文将聚焦在这两个疾病的药物的治疗。

第一节 抗帕金森病药

案例 16-1

患者,男性,65 岁,退休工人。

因右手不自主抖动伴动作缓慢 2 年于 2010 年 11 月收住入院。现病史:患者于 2 年前出现右手不自主抖动,静止时明显,情绪激动或紧张时加重,用力持物及入睡后消失,服用美多巴 62.5mg,3 次/日,餐前 1 小时服用,症状明显好转。近 1 月来,患者右上肢不自主抖动较前加重,伴行动迟缓,且左上肢和右下肢也出现抖动。

体检:无脑膜刺激征,神清,瞳孔等大等圆,直径约 3mm,对光反射灵敏,眼球活动正常,表情呆板,眉心征(+)。双上肢可见静止性震颤,左手可见"搓丸样"动作,"慌张步态",颈项及四肢肌张力增高,右侧为甚,右上肢呈齿轮样强直。四肢腱反射(++),右侧巴氏征(+),颈软,克氏征(-),浅、深感觉正常。头颅 MRI 未见明显异常。

诊断:帕金森病。

治疗:美多巴剂量增至 125mg,4 次/日,同时加用培高利特 0.025mg,3 次/日,逐渐增至 0.125mg,3 次/日。患者自觉肢体抖动有所缓解,开步困难明显好转,行动较前明显增快。

问题:

1. 治疗帕金森病药物有哪些?对帕金森病的患者如何选择药物治疗?

2. 服用美多巴、培高利特应注意什么?

帕金森病(Parkinson's disease,PD)是以英国医生 James Parkinson 而命名的,在 1817 年,James Parkinson 在他的论文"An Essay on the Shaking Palsy"中详细的描述这个疾病。PD 是一种常见于中老年人群的神经系统变性疾病,多在 60 岁以后发病,发病率约为 1.5%,其发病率仅次于 AD。随年龄增长其患病率逐渐增高。帕金森病不仅发病率高,疾病呈进行性发展,而且在发病 2~8 年后多出现不同程度的致残现象,是中老年人致残致死的主要病因之一。该病的主要临床表现有运动不能(akinesia)、肌僵直(rigidity)、静止性震颤(resting tremor),运动迟缓(bradykinesia)、姿势改变、"面具脸"和"慌张步态"等。1841 年 Hall 将其统称为"震颤麻痹"(shaking palsy),并对其进行了详细描述。随着对该疾病的更多认识,人们逐步认识到"震颤麻痹"的命名并不确切,因为这类患者除了有肢体的不自主震颤、僵直和运动迟缓外,随着疾病的发展,大多患者会出现认知及精神障碍。因此,1892 年 Charcot 建议将这种疾病称为帕金森病(Pakinson disease,PD)。

PD 是以黑质纹状体多巴胺能神经元进行性缺失和纹状体多巴胺(Dopamine,DA)含量明显减少为特征的中枢神经系统变性疾病。尽管 PD 的临床及病理学特征已经比较明确,但迄今为止 PD 的确切病因和发病机制尚不清楚。研究表明可能与氧化应激、线粒体功能紊乱、活性氧产生过度、环境毒素、遗传因素等有关，但没有任何单一因素可以完全解释发病机制，多数人认为可能是环境和遗传因素共同作用的结果。病因学研究表明，帕金森病与 α-syn 和 parkin 等基因表达有关，但仅 10%的家族性帕金森病系遗传因素所致。PD 的发病与年龄有关，年龄老化是公认的 PD 发病危险因素，除年龄因素外，环境因素在 PD 的发病中也起着十分重要的作用。90%的散发型帕金森病则由环境因素诱发，或者由环境因子和遗传因素共同作用结果。因此，遗传变异因素在少数早发的 PD 患者中可能起一定作用，散发的 PD 与环境因素有关，尤其在 50 岁以后发病的患者中更为明显。有关帕金森病的发病机理，尽管已经提出多种病因学说，如多巴胺缺失学说、兴奋性神经毒性学说、线粒体功能障碍学说等，但迄今为止，只有多巴胺缺失学说得到较广泛的公认。

黑质多巴胺能神经元发出上行纤维到达纹状体，其末梢与尾-壳神经元形成突触，以 DA 为递质，对脊髓前角运动神经元发挥抑制作用。同时纹状体尾核中的胆碱能神经元与尾-壳神经元所形成的突触以乙酰胆碱（ACh）为神经递质，对脊髓前角运动神经元起兴奋作用。正常时 DA/ACh 两种递质处于动态平衡，共同参与调节机体的运动功能。PD 的病理改变主要在黑质致密部多巴胺（dopamine，DA）能神经元严重缺乏，PD 的生化改变主要在黑质、纹状体 DA 递质减少，ACh 的作用相对增强。多巴胺缺失学说认为，PD 患者由于黑质病变，DA 合成减少，使纹状体内 DA 含量降低，造成黑质-纹状体通路 DA 能神经功能减弱，黑质-纹状体通路多巴胺能与胆碱能神经功能平衡失调，胆碱能神经功能相对占优势，使锥体外系功能亢进，导致 PD 患者的肌张力增高、震颤等症状。支持该学说的事实如下：①左旋多巴或 DA 受体激动剂可显著缓解震颤麻痹的症状；②破坏黑质纹状体 DA 神经元的 MPTP（1-methyl-4-phenyl-1，2，5，6-tetrahydropyridine）和长期应用 DA 受体拮抗药可致震颤麻痹。该学说不仅能够说明以往应用胆碱能受体阻断药治疗 PD 的合理性，而且也提示补充脑内 DA 是治疗 PD 的合理途径。

目前帕金森病的治疗包括药物、外科手术、神经营养因子、胚胎干细胞移植等，基因治疗尚处于研究阶段。在临床上仍以药物治疗为主。PD 药物治疗的原则就是通过补充黑质-纹状体内的 DA 含量或直接兴奋中枢 DA 受体或降低该中枢系统胆碱能神经活性，以使 DA/ACh 经功能趋于平衡，达到改善帕金森病患者症状的目的。目前常用的药物根据作用机制可分为以下两大类，即拟多巴胺药和中枢胆碱能受体阻断药，二者合用可增强疗效。尽管多巴胺的替代治疗能够有效地减轻症状，但不能阻止病情发展，需终生服用。

最近对 PD 的病因提出氧化应激假说，该假说认为自由基是导致 PD 患者黑质神经元退行性改变的主要原因。与脑内其他部位相比，黑质致密部暴露于较高水平的氧化应激状态，原因是 DA 氧化代谢过程中产生 H_2O_2 和超氧阴离子，并且在黑质部位 DA 自身氧化形成的神经黑色素中含大量的铁离子，这种还原型铁离子可与 DA 代谢中产生的过氧化氢反应生成高度毒性的羟自由基，从而促进神经膜类脂的氧化，破坏 DA 神经细胞膜功能。正常情况下 DA 毒性产生的过氧化氢被还原型谷胱甘肽清除，故不会造成危害。但在 PD 病人黑质 DA 神经元线粒体中 Complex Ⅰ活性降低，抗氧化物（尤其谷胱甘肽）消失，无法清除自由基。因此治疗方案除应用上述两类药物外，还可应用具有抗氧化自由基的药物，阻滞自由基生成，减缓神经元的损伤。

到目前为止还没有任何一种药物或治疗方式能够完全阻断 PD 的疾病进程，使帕金森病完全治愈，但只要合理地使用这些药物，就能够很好地控制疾病症状、延缓疾病进程、提高患者的生命质量。在过去的 10 年中，PD 治疗的趋势是寻找能够靶向多目标，即能够同时保护多巴胺能神经元和改变疾病病程的新药。随着医学发展的日新月异，人类对 PD 的认识不断深入，新的 PD 治疗药物不断涌现，不少新药物作用的靶点和新治疗方法日益受到重视。相信随着医学领域研究的不断深入，将会给帕金森病患者带来更多的福音。

一、拟多巴胺类药

（一）多巴胺的前体药

左旋多巴

由于帕金森病患者其纹状体内多巴胺的不足，给予患者适量的多巴胺应能达到治疗效果。但多巴胺代谢很快，且不能通过血脑屏障。在 20 世纪 50 年代后期发展起来的药物左旋多巴（levodopa，L-dopa）用于临床治疗 PD 取得了显著的效果。左旋多巴是儿茶酚胺类神经递质酶促合成过程的中间代谢产物，也是 DA 递质的前体物质，本身无活性，但进入机体后，在多巴脱羧酶和多巴胺 β-羟化酶等作用下，可代谢成 DA 和去甲肾上腺素（noradrenaline，NA）等物质，在体内发挥神经递质作用。现已人工合成。

【体内过程】 左旋多巴口服后，在小肠经芳香族氨基酸主动转运系统迅速吸收，0.5～2 小时达到血浆浓度高峰，血浆 $t_{1/2}$ 为 1～3 小时，但个体差异较大。左旋多巴是一种氨基酸，其运输途径与其他氨基酸一样，因此在十二指肠吸收和透过血脑屏障时与其他氨基酸竞争，若血中氨基酸浓度高则左旋多巴的利用率下降。吸收后，大部分在肝、胃肠黏膜即被多巴脱羧酶脱羧转变成多巴胺。其吸收速率和程度取决于胃的排空速度和胃液的pH，如胃排空延缓、胃液pH增高或食用含芳香族氨基酸较多的食物（如高蛋白饮食），均可降低其生物利用度，使血药浓度降低。由于95%以上的左旋多巴在外周被多巴脱羧酶脱羧而形成DA，再加上首过消除效应，因而仅大约1%～3%的左旋多巴能通过血脑屏障进入中枢神经系统，经脑内的多巴脱羧酶催化转变为DA而产生治疗作用。其余部分则由儿茶酚-氧位-甲基转移酶（COMT）及单胺氧化酶B（MAO-B）分别代谢，代谢产物二羟苯乙酸（DOPAC）和3-甲氧基-4-羟苯乙酸（高香草酸，HVA）及少部分原形药迅速经肾脏排泄。若与多巴脱羧酶抑制药（如卡比多巴）可合用，则左旋多巴在外周的代谢减少，血浆左旋多巴的水平提高，$t_{1/2}$延长，进入中枢的左旋多巴增多，同时可减少外周不良反应，还可减少左旋多巴的用量。

【药理作用及机制】 多巴胺脂溶性较差，不易透过血脑屏障进入脑组织，因此服用DA不产生抗PD作用。而左旋多巴易透过血脑屏障进入脑组织，在脱羧酶的作用下生成DA，左旋多巴治疗PD的作用机制是通过血脑屏障后的左旋多巴，主要在纹状体突触前膜由DA能神经末梢内的L-芳香族氨基酸脱羧酶（AADC）脱羧转化为多巴胺，补充了纹状体中DA的不足，提高中枢DA神经功能，抑制胆碱能神经功能，恢复DA能和ACh能神经系统功能的平衡，发挥其药理作用。左旋多巴属DA的前体药，本身无药理活性，在脑内转化为DA，补充了纹状体中DA的不足，提高中枢DA神经功能，抑制胆碱能神经功能，产生抗震颤麻痹的作用。

【临床应用】

1. 治疗帕金森病 目前，左旋多巴是治疗帕金森病的主要药物，被誉为PD药物治疗的“金标准”。左旋多巴可广泛用于治疗各种类型的PD患者，无论年龄、性别差异和病程长短均适用。对原发性帕金森病疗效较好，对其他各种原因引起的帕金森综合征亦有效，服药后大多数PD患者可获得理想的疗效，但对吩噻嗪类抗精神病药引起的锥体外系症状无效，因吩噻嗪类药物阻断中枢DA受体，使DA无法发挥作用。起病初期用药疗效更为显著，用药后患者感觉良好，抑制和淡漠症状改善，能关心周围环境，思维清晰敏捷，听觉口语学习能力明显改善，情绪好转，生活质量明显提高。但不能改善痴呆症状。应用本品治疗的数年内，疗效稳定，近乎达到完全改善。此阶段左旋多巴疗效时程超过血药浓度的时程，提示纹状体内的DA神经末梢保留有一定储存和释放DA的缓冲能力。据流行病学调查，与未服用左旋多巴的PD患者比较，用左旋多巴治疗后，约75%的患者获得较好疗效，长期左旋多巴治疗显著延长PD患者的寿命期望值，自左旋多巴应用后，PD患者寿命期望值增加了一倍（从<10年到平均20年）。左旋多巴的作用具有以下特点：①奏效慢，用药2～3周后才出现体征的改善，1～6个月才获得最大疗效，但作用持久，且随用药时间延长，疗效递增。②原发性者疗效较好，对轻症及较年轻患者疗效较好，而重症及年老衰弱患者疗效差。老年或重症患者由于纹状体内DA能神经严重变性，残存功能无几，对左旋多巴的生物转化能力明显减弱，则使疗效降低。③对肌肉强直和运动障碍疗效较好，对缓解震颤效果差。如长期用药及较大剂量对后者也可见效。然而，病人长期用药效果有较大个体差异。服药6年以后，半数病人失效，只有25%病人仍有良好效果，也称剂末现象。

2. 肝性脑病辅助治疗 肝性脑病的伪递质学说认为，正常机体蛋白质代谢产物苯乙胺和酪胺都在肝内被氧化解毒。肝功能障碍时，血中苯乙胺和酪胺升高，在神经细胞内经β-羟化酶分别生成苯乙醇和羟基乙醇胺（蟑胺）（伪递质）取代正常递质NA，妨碍神经系统的正常功能。服用左旋多巴，在体内（特别在脑内）转变为NA，恢复中枢神经系统功能，从而使肝性脑病患者的意识从昏迷转变为清醒。因不能改善肝功能，作用只是暂时性的。

【不良反应】 左旋多巴的不良反应大多是因其在外周生成多巴胺所致。

1. 胃肠道反应 治疗初期约80%患者出现恶心、呕吐，食欲减退或上腹部不适，饭后服可减轻。用量过大或加量过快更易引起。这是由于左旋多巴在外周组织脱羧成DA，直接刺激胃肠道和兴奋延髓催吐化学感受区（CTZ）所致。用量过大或加量过快更易引起，继续用药可以消失。由于产生耐受性，胃肠道反应可减轻或逐渐消失。加用脑外脱羧酶抑制药可明显减轻此反应。D_2受体阻断药多潘立酮（吗丁林）可对抗，偶见溃疡出血或穿孔。

2. 心血管反应 治疗初期部分患者早期可出现轻度直立性低血压，继续用药低血压症状减轻。通常无症状，部分患者有头晕，偶见晕厥。其原因可能是外周形成的DA作用于交感神经末梢突触前膜，负反馈抑制末梢释放NA，同时DA作用于血管上DA受体，使血管扩张。此外，多巴胺对β受体有激动作用，可引起心动过速或心律失常。

3. 异常运动征

1）不自主运动（involuntary movements）为长期用药引起的异常不随意运动，多见于面部肌群，如张口、咬牙、点头、吐舌、做怪相及舞蹈样动作等。也可累及肢体或躯体肌群，偶见喘息样呼吸或过度呼吸。摇头及四肢或躯干的摇摆运动，还可出现过度的呼吸运动引起的不规则换气或换气过度。主要是由于DA补充过度有关，须减量。

2）“开-关”现象（on-off phenomenon）长期服用左旋多巴，部分患者可出现“开-关”现象，即患者表现为突然多动不安(开)，转为全身产生强直不动(关)，两种现象可交替出现，严重者可妨碍病人正常活动。机制尚无完满解释。这种反应常在治疗1年左右出现，随疗程的延长发生率也增加，运动障碍的发生率增高。此时宜适当减少左旋多巴的用量。发生原因不清楚，合用单胺氧化酶B抑制药，可使"开-关"现象消失。许多学者认为，使用大剂量或者长期使用左旋多巴是导致运动并发症的主要原因。

4. 精神障碍　出现失眠、焦虑、恶梦、狂躁、幻觉、妄想、抑郁等精神病症状。其机制可能是脑中DA的增加过度兴奋了中枢其他DA神经通路，如中脑-边缘系统或下丘脑-垂体通路的DA受体所致。需减量或停药，用氯氮平治疗。

5. 其他　可引起扩瞳及眼压增高，青光眼患者慎用或禁用。偶使痛风症恶化。偶见惊厥，患癫痫病病人尤应注意。

【禁忌证】　左旋多巴可加重精神病症状，故精神病患者禁用。闭角型青光眼患者禁用，慢性开角型青光眼患者可在眼压控制良好的状态下应用，但须监测眼压。尽管发生心律失常的几率极小，心血管疾病患者最好合用卡比多巴。因服用左旋多巴偶致胃肠道出血，故伴有消化性溃疡的患者须慎用。由于左旋多巴是黑色素的前提物质，可能会激活体内的恶性黑色素瘤，因此有黑色素瘤病史和不明皮肤损伤的患者禁用。凡血液病、心肺及肝肾功能不全或内分泌疾病患者，应用左旋多巴时应该谨慎，病情严重者禁用。

【药物相互作用】

1. 维生素B_6　维生素B_6是多巴脱羧酶的辅酶，可增强外周组织脱羧酶的活性，使DA生成增多，使血浆左旋多巴水平降低，进而减少左旋多巴进入脑组织的量，降低其疗效，又能增加外周DA引起的不良反应，故应用左旋多巴时禁止同服维生素B_6。

2. 非选择性MAO抑制药　非选择性MAO抑制药如异烟肼等，因阻碍DA的失活，使血中DA增高，因而可加重左旋多巴的外周副作用。严重者可导致的高血压及心律失常，甚至产生高血压危象。故应在左旋多巴治疗前2周停用非选择性MAO抑制药。然而如合用选择性MAO-B抑制药(如selegiline)，则可选择性阻滞纹状体中DA降解，增强左旋多巴疗效。

3. 抗精神病药物吩噻嗪类和丁酰苯类　可阻断黑质-纹状体DA受体，利血平可妨碍神经末梢对DA之摄取，耗竭中枢DA能神经末梢内的递质，均能引起锥体外系运动失调，出现药源性PD，使左旋多巴失效，因此不宜合用。

4. 抗抑郁药　抗抑郁药会加强左旋多巴的不良反应，可致直立性低血压，宜在睡觉期间服用。

5. 与外周多巴脱羧酶抑制药卡比多巴或苄丝肼合用可增加疗效。

(二) 左旋多巴增效剂

1. 氨基酸脱羧酶抑制药　氨基酸脱羧酶抑制药是左旋多巴的重要辅助药，复方制剂问世后，不仅降低了左旋多巴的用量，减少不良反应，且大大地提高了疗效，被誉为PD治疗史上的杰出贡献，至今仍然是治疗PD的主要药物。复方制剂均应从小量开始，逐渐增量至疗效满意为止。复方制剂的疗效比单用左旋多巴出现早，疗效可维持5～6年，以后疗效逐渐减弱或出现不良反应，需调整剂量、加用左旋多巴增效剂或与DA受体激动剂合用，以继续维持疗效，减轻不良反应。

卡比多巴

卡比多巴(carbidopa)又称α-甲基多巴肼、洛得新。卡比多巴是α-甲基多巴肼的左旋体，该药对左旋芳香氨基酸脱羧酶有较强的抑制作用，不能透过血脑屏障，单独应用对PD无治疗作用。而与左旋多巴合用时，可减少左旋多巴在外周组织脱羧，使较多的左旋多巴到达黑质-纹状体而发挥作用，从而提高左旋多巴的疗效。两药合用的优点有：①减少左旋多巴用量；②明显减轻或防止左旋多巴对心脏的毒性；③在治疗开始时，能更快达到左旋多巴的有效治疗浓度。卡比多巴是左旋多巴治疗PD的重要辅助药。本品与左旋多巴的混合物称为心宁美(sinemet)。心宁美所含卡比多巴和左旋多巴的比例有1∶4(25/100)和1∶10(10/100)两种。现有心宁美的控释剂(sinemet CR)。

苄丝肼

苄丝肼(benserazide)，又名色丝肼、羟苄丝肼，是外周多巴脱羧酶抑制药，不易通过血脑屏障，单独应用对PD无治疗作用，作用类似于卡比多巴。主要与左旋多巴按一定比例制成复方左旋多巴制剂供临床应用。它与左旋多巴按照1∶4比例制成的复方制剂称美多巴(madopar、medopar)，疗效同心宁美。

2. 单胺氧化酶-B抑制药(MAO-B抑制药)　在哺乳动物组织中存在两种类型的单胺氧化酶(MAO)，即MAO-A和MAO-B，它们分别具有不同的底物及特异性的抑制药。MAO-A主要分布在肠道，主要是对食物、肠道和血液中的单胺进行氧化脱氨代谢。MAO-B大约占人类脑组织内MAO活性的80%，并且是MAO在纹状体内的主要形式。在脑内多巴胺可通过MAO-B氧化脱氨基而降解，并且在代谢过程中产生大量的氧自由基损伤神经元。抑制MAO-B的活性可减少脑内多巴胺的降解，延长多巴胺的作用时间，减少多巴胺的用量及减轻副作用，保护神经元免受毒性代谢物的损伤。

司来吉兰

司来吉兰或思吉宁(selegiline)又称丙炔苯丙胺，

是一种选择性不可逆 B 型 MAO 抑制药，已经被广泛用于 PD 的治疗。司来吉兰口服吸收迅速，易通过血脑屏障。单独服用有轻微作用，可推迟神经功能障碍的出现，延缓致残的发生。临床可见早期未经治疗的 PD 患者用本品后，可明显推迟使用左旋多巴治疗时间。在 PD 治疗早期使用能够减缓对左旋多巴剂量的依赖，可改善 50%～70%患者的症状波动。因选择性抑制中枢的 MAO-B 型，抑制纹状体中 DA 的降解，使基底神经节储存 DA，从而增强左旋多巴的疗效，减少左旋多巴用量及延长给药间隔时间，减少外周副反应，并可减弱左旋多巴引起的“开-关”现象，本药还可减少多巴胺分解和阻止多巴胺的再摄取，从而增加脑多巴胺的利用和促使多巴胺释放。临床研究发现，两者合用安全有效，利于缓解症状，延长患者寿命。该药又是抗氧化剂，可阻滞 DA 氧化应激过程中 OH^- 自由基的形成，从而保护黑质 DA 神经元，延缓 PD 症状的发展。故该药单用或与左旋多巴合用治疗早期或中晚期帕金森病患者。

目前的研究认为 MAO-B 在 MPTP 诱发帕金森病的发病过程中起重要作用，MPTP 可透过血脑屏障，被 MAO-B 转化为毒性物质 MPP^+，MPP^+ 可选择性地通过正常的 DA 再摄取功能被黑质细胞摄人，并抑制细胞内线粒体复合酶Ⅰ的功能，从而抑制其氧化磷酸化过程。这种作用导致黑质-纹状体 DA 神经元死亡、DA 递质耗竭，出现非常类似于 PD 的临床症状。司来吉兰可通过选择性地抑制 MAO-B 的活性，抑制 MPTP 向 MPP^+ 的转化，减轻黑质-纹状体 DA 神经元的损害。无特殊不良反应，可见口干、恶心、低血压、肝脏转氨酶暂时增高等，与左旋多巴合用时易出现上述现象。同时服用大剂量本药及含高酪胺食物容易引起高血压危象，因大剂量亦可抑制 MAO-A，应避免使用。司来吉兰代谢产物为苯丙胺和甲基苯丙胺，可引起焦虑、失眠、幻觉等精神症状，慎与哌替啶、三环类抗抑郁药或其他 MAO 抑制药合用。有胃及十二指肠溃疡、不稳定高血压、心律失常、严重心绞痛或精神疾病患者需要特别注意。

雷沙吉兰

雷沙吉兰（rasagiline）是与司来吉兰结构相似的炔丙胺相关的复合物。雷沙吉兰是第 2 代 MAO-B 不可逆性抑制药。体外及体内研究证实，作为一种 MAO-B 抑制药及神经保护药物，本品对 MAO-B 的体外活性与司来吉林相似，但体内活性比其高 3 倍，雷沙吉兰疗效明显优于司来吉兰，且不良反应较轻。目前正处于临床试验阶段。可阻止多巴胺降解，增加脑内多巴胺含量，雷沙吉兰单一治疗和辅助用药都可以改善临床症状，延缓疾病进展，这些可能是它的神经防护在起作用。雷沙吉兰有良好的安全性和耐受性，在啮齿类和非人类的灵长类 PD 模型中，雷沙吉兰可有效保护 MPTP 诱导的神经毒性而不改变 DA 浓度。

3. 儿茶酚胺-氧位-甲基转移酶抑制药（COMT 抑制药） 参加左旋多巴代谢的酶主要有芳香氨基酸脱羧酶和儿茶酚-氧位-甲基转移酶（catechol-o-methyl-transferase，COMT）两种，它们既存在中枢，也存在外周。左旋多巴由芳香氨基酸脱羧酶转化为 DA，经 COMT 代谢为 3-O-甲基多巴（3-OMD），3-OMD 与左旋多巴竞争转运载体，而影响左旋多巴转运进入脑内。COMT 抑制药则可抑制左旋多巴的降解，并促进左旋多巴以原形形式通过血脑屏障，延长和增加左旋多巴的生物利用度，增强左旋多巴的疗效。如果早用也可以延迟运动神经元并发症的产生，此类药物有硝替卡朋（nitecapone）、托卡朋（tolcapone，tasmar）、恩他卡朋（entacapone，comtan）等。

硝替卡朋

硝替卡朋（nitecapone）是近期发现的儿茶酚氧位甲基转移酶（COMT）的抑制药，作用强，毒性低。该药使 3-OMD 减少，增加纹状体中左旋多巴和 DA，因其不易透过血脑屏障，与卡比多巴合用时，只抑制外周的 COMT，而不影响脑内的 COMT。服用 150mg 硝替卡朋可抑制红细胞和胃、十二指肠内 50% COMT，增加左旋多巴的生物利用度，同时降低 3-OMD 代谢产物。

托卡朋

托卡朋（tolcapone）又名答是美和吐司麦（tasmar），属第二代 COMT 抑制药，其特点是抑制 COMT 的选择性高、毒性低。口服吸收率为 60%，与血浆蛋白结合达 99.8%，易通过血脑屏障进入脑内，增加纹状体左旋多巴和 DA。托卡朋即可抑制外周 COMT，对中枢 COMT 也具有抑制作用，生物利用度高。单用托卡朋 200mg 可使红细胞内 COMT 活性下降 80%，生物利用度增加一倍，$t_{1/2}$ 延长 50%。当与左旋多巴合用时，对各期 PD 都有效，能明显改善患者临床症状。且对左旋多巴治疗 PD 出现的剂末现象、“开-关”现象有效。托卡朋具有严重的肝毒性，因此应用时应严密监测肝功能。

恩托卡朋

恩托卡朋（entacapone）属第二代 COMT 抑制药，本品是一种有效的外周 COMT 抑制药，能有效抑制左旋多巴的 3-OMD，增加左旋多巴在中枢的生物利用度，从而提高左旋多巴的疗效，减少左旋多巴的用量及服药次数，并改善左旋多巴长期治疗引起的运动波动，耐受性良好。但单用无效，与左旋多巴合用能治疗临床各期 PD，可明显改善病情，稳定 PD 病人的日常生活能力和运动功能，尤其适用于伴有症状波动的患者。本品可与左旋多巴/卡比多巴合用作为治疗原发性帕金森病的辅助用药，也可优先用于高龄、体弱的PD患者。长期应用常见不良反应为腹泻，目前尚无恩他卡朋引起肝毒性的报道。

（三）DA受体激动剂

DA受体激动剂可直接作用于纹状体DA受体，因而与左旋多巴不同，此类药物无需通过酶转化为活性代谢产物，无潜在的毒性代谢产物，其疗效不受黑质多巴胺能神经元进行性丢失的影响，并且由于不需要氧化代谢转化，所以不产生潜在毒性的自由基代谢物。较少引发由于长期应用左旋多巴所致的病情反复和运动障碍。因此，在治疗初期即可给予DA受体激动剂，可以使用低剂量的卡比多巴和左旋多巴，然后加用DA受体激动剂，其剂量可根据疗效及不良反应程度逐渐增加。本类药物也可用于因服用左旋多巴而产生运动不能或"开-关"现象的患者以及对左旋多巴产生耐受性的患者，但必须降低左旋多巴的剂量，以免加重不良反应。使用左旋多巴无效的患者应用DA受体激动剂通常疗效也不显著。DA能受体激动药可分为两大组：麦角碱（ergotin）类：如溴隐亭、培高利特、麦角乙脲、麦角腈（lergotrie）等。合成的非麦角碱类：如阿扑吗啡类：阿扑吗啡（apomorphine）、N-丙基去甲阿扑啡（N-propylnoraporphine）及吡贝地尔（piribedil）。合成的新型DA能受体激动药，如罗匹尼罗（ropinirole）、普拉克索（pramipexole）等。

溴隐亭

溴隐亭（bromocriptine）为半合成的多肽类麦角生物碱，又名溴麦角隐亭、溴麦亭。本药口服后吸收，且不受氨基酸和酶的影响，易进入中枢，$t_{1/2}=6\sim8h$，主要在肝脏代谢并有肠肝循环，代谢产物由尿排泄。溴隐亭是D_2类受体强激动药，但对D_1类受体（含D_1、D_5）具有部分拮抗作用，对外周DA受体、α受体也有较弱的激动作用。小剂量的溴隐亭主要激动下丘脑-垂体DA通路的D_2受体，使垂体催乳素及生长激素释放减少，临床上可用于治疗催乳素过高引起的闭经或溢乳和肢端肥大症。大剂量的溴隐亭才激动黑质-纹状体DA通路的D_2受体，是治疗PD的药理基础。治疗帕金森疗效左旋多巴相似，溴隐亭对重症帕金森病患者疗效较轻症为佳。因溴隐亭是纹状体D_2受体的直接激动剂，不需脱羧酶的参与，从而可对抗震颤麻痹对重症患者亦有效，而左旋多巴对重症帕金森病患者的疗效较差，这可能是由于严重患者黑质中残存的DA神经元过少，脱羧酶严重不足，影响左旋多巴转变成DA所致。与左旋多巴合用可，提高疗效，减少左旋多巴"开关现象"等不良反应。本品疗效优于金刚烷胺和抗胆碱药。对强直、少动患者效果好。常用于左旋多巴疗效欠佳或不能耐受者，对左旋多巴复方制剂无效者。

本品的不良反应是剂量依赖性的，而且是可逆的。不良反应与左旋多巴相似，主要不良反应有恶心、呕吐、直立性低血压、运动障碍和精神症状等，还出现与剂量相关的无痛性指血管痉挛，有时会引起外周性水肿。为减少外周不良反应，可从小剂量开始，或与食物或抗酸药同服、减少用药量、缓慢加量等。本品禁用于精神病、心肌梗死、活动性消化性溃疡患者、麦角生物碱过敏者、周围血管性疾病及妊娠期妇女；不宜与降压药、吩噻嗪类和H_2受体阻断药合用。

培高利特

培高利特（pergolide）又名硫丙麦角林、协良行，为半合成的麦角碱类制剂，对多巴胺受体有高亲和性，主要激动D_2受体，对D_1受体也有激动作用，对α肾上腺素受体有微弱的拮抗作用。吸收后约90%与血浆蛋白结合，$t_{1/2}$为12～24小时，对帕金森病作用可维持6小时，为一长效、强效的拟DA药，作用比溴隐亭强。培高利特通常与左旋多巴合用，主要用于使用左旋多巴后期效果不佳或不能耐受左旋多巴的患者。与左旋多巴合用对帕金森病患者的震颤、肌强直、运动减少、姿势维持障碍四大症状均有明显改善作用，对长期使用左旋多巴出现的"剂末现象"和"开关现象"有良好的治疗效果，能显著减轻帕金森病的症状和体征，减缓或遏制病程，提高患者生存质量。长期用药疗效减弱，可能与受体下调有关。此外，本品还能抑制泌乳素和生长激素的分泌，可用于乳溢症、高催乳素血症肢端肥大症及青光眼等。其不良反应与溴隐亭相似，尤其在用药初期较常见。常见不良反应有恶心、呕吐、胃肠不适、食欲不振、腹痛、不自主运动、幻觉、直立性低血压、困倦、意识模糊等，副作用通常是暂时的，逐步增加剂量或继续用药可望减少。必要时可减量或停药。

普拉克索

普拉克索（pramipexole）是选择性的D_3受体激动剂，不属于麦角衍生物。普拉克索口服吸收快，2小时后血浆达峰值，生物利用度高于90%，$t_{1/2}$为8～12小时，对肝功能影响不大，主要经肾脏排泄。因此肾功能不全者应减量。普拉克索可以单独使用治疗早期帕金森病，并可与左旋多巴合用治疗晚期帕金森病，可减低左旋多巴用量，有效改善早期及晚期帕金森病的运动症状，延缓和减轻左旋多巴相关运动并发症的发生和程度，延缓病情的发展，提高患者的生存质量。除了治疗帕金森患者的运动症状外，普拉克索还显示出抗抑郁的作用。普拉克索抗抑郁机制可能与其对皮质-额叶以及边缘系统D_3受体的激活，并能清除自由基，对中脑DA能神经细胞具有保护作用有关。普拉克索可用于早期和晚期PD及PD合并抑郁症患者。主要不良反应有头晕、嗜睡、恶心、便秘、厌食、视物异常、上腹部不适、体位性低血压、妄想、幻觉、精神失常等，有时可引起突然嗜睡和“突然入睡”，已经发生过嗜睡和(或)突然睡眠发作不良反应的患者，必须避免驾驶或操作机器，而且应该考虑降低剂量或终止治疗。普拉克索与哌甲酯、苯丙胺和单MAO抑制药合用可能会增加DA能不良反应；与抗高血压药、抗精神病药以及三环类抗抑郁药合用可能会增加体位性低血压的发生率。

阿扑吗啡

阿扑吗啡(apomorphine)又名去水吗啡，自20世纪50年代就开始用于治疗PD，是已知最早最有效的DA受体激动药，其结构与DA有类似之处，对D_1、D_2及D_3受体具有强烈的激动作用，是治疗PD的广谱DA激动药，故现今在欧洲多个国家仍用本品治疗晚期PD。体外及动物实验均提示阿扑吗啡诱导的神经保护不但归结于DA受体的激动作用，而且归结于其清除自由基及铁离子螯合特性。阿扑吗啡亦被发现具有抗凋亡及诱导神经生长因子分泌的特性。口服作用缓慢、微弱，必须皮下注射。近来采用皮下注射或静脉滴注给药，安全有效。皮下注射阿扑吗啡与口服左旋多巴制剂合用，可加强后者的疗效，并减少副作用，可用于治疗PD，改善严重的“开-关反应”。也可用于运动不能性危象(akinetic crisis)和手术前后的治疗。常见的副作用有恶心、呕吐、打哈欠、张大口或直立性低血压，不良反应与阿片样作用有关，用多潘立酮能缓解，但长期用药会引起肾功能损害。不能口服为其缺点之一。

利修来得

利修来得(lisuride)又名利舒脲，为较强的D_2类受体激动药，对D_1类受体有弱拮抗作用，激活作用比溴隐亭强1000倍，但作用时间比溴隐亭短。用于治疗PD的优点是改善运动功能障碍、减少严重的“开-关反应”和左旋多巴引起的异常运动亢进(即舞蹈症)。此外也可治疗肢端肥大症，抑制生理性泌乳。嗜睡是常见的不良反应，剂量增加过快有恶心、头痛、乏力、眩晕、体位性低血压等，减量能缓解症状。治疗从小量开始。

罗匹尼罗

罗匹尼罗(ropinirole)为新近合成的非麦角碱类选择性D_2受体激动药。早期单独使用可明显减轻症状，并可推迟使用左旋多巴的时间；与左旋多巴合用时，可减少左旋多巴用量，从而减轻或推迟由左旋多巴引起的运动障碍。可提高左旋多巴疗效33%，本品可能是左旋多巴最有效的联合用药。本品不良反应少见，有时可引起突然昏睡。故服药期间禁止从事驾驶和高警觉性工作。

卡麦角林

卡麦角林(cabergoline)是新近合成的长效麦角碱类选择性D_2受体激动药，该药半衰期较长(60小时以上)，作用时间较长，每日只需服药1次，与左旋多巴制剂合用时可减少左旋多巴制剂的用量、减轻运动症状的波动和肌张力障碍，适用于有症状波动的患者。

二、中枢抗胆碱药

中枢抗胆碱药抗帕金森病的作用机制在于阻断纹状体的M胆碱受体，使相对增高的胆碱能神经活性减低。并且胆碱受体激动时可对该处的DA能神经产生抑制，因此药物亦可增强DA能神经功能，从而恢复DA/ACh的平衡。传统胆碱受体阻断药阿托品、东莨菪碱可有效抗PD，但有明显的外周抗胆碱作用，副反应较多，故人工合成了具有选择性中枢作用的抗胆碱药，常用药物有苯海索、丙环定、比哌立登、苯扎托品等。

苯 海 索

苯海索(benzhexol)，亦称安坦(antan)，是左旋多巴问世前的主要药物。口服后经胃肠道吸收迅速，易于透过血脑屏障，选择性阻断中枢胆碱受体而减弱黑质-纹状体通路中的ACh的作用，抗震颤效果好，并可改善运动障碍和肌强直。对僵直和运动迟缓的疗效较差。其疗效不如左旋多巴，仅用于PD轻症、不能耐受或禁用左旋多巴、或左旋多巴无效的患者。抗胆碱药与左旋多巴合用，可使50%患者症状得到进一步改善。治疗抗精神病药物引起的帕金森综合征有效。外周抗胆碱作用弱，仅为阿托品的1/10～1/2，通过外周抗胆碱作用对过度流涎等症状有改善作用。不良反应类似于阿托品但较轻，以口干、散瞳、视力模糊、便秘较常见。一般与剂量有关，减量可消失。大剂量可有中枢神经系统症状，如幻觉、谵妄、精神病样表现等，也有过敏反应的报道。由于疗效不明显，副作用较多，现已少用。有人认为本类药可加重PD病人的痴呆症状，该症状明显者慎用。闭角型青光眼、前列腺肥大者慎用。不可突然停药，否则可致震颤麻痹症状加重。服药一段时间后患者可产生耐药性，需增加剂量或采取综合治疗。老年患者对本品较敏感，注意控制剂量。

苯扎托品

苯扎托品(benzatropine)又名苄托品(benztropine)抗胆碱作用近似阿托品，对平滑肌和腺体的抑制作用较弱，而抗震颤麻痹作用较强。还有抗组胺、局部麻醉和大脑皮层抑制作用。用于治疗 PD 和药物性引起的 PD 症状，可改善肌强直和震颤，对流涎、面部表情等也有改善作用。不良反应同苯海索。

丙 环 定

丙环定(procyclidine)又称开马君，药理作用近似苯海索，为中枢抗胆碱药。对轻症患者或左旋多巴治疗无效的患者仍然非常有效，丙环定与左旋多巴合用，可使半数以上的患者得到进一步改善。对抗精神病药引起的 PD 也有效。对平滑肌有解痉止痛的作用，并解除骨骼肌痉挛。

三、中枢保护药和金刚烷胺

目前研究发现许多物质具有神经保护作用，能延缓疾病的进程。包括抗氧化剂、抗凋亡剂、氨基酸受体拮抗药、胶质源性的神经生长因子、辅酶 Q_{10}、抗炎药物等。这些药物依然在研究阶段，根据现有资料，目前尚不能达到理想的临床治疗效果。

黑质-纹状体神经元含有丰富的谷氨酸受体，其被激活后可导致 Ca^{2+} 超载，进而导致细胞死亡。因此，给予降低谷氨酸能传递的药物对神经具有保护作用，可减少 PD 的症状。此类药物有金刚烷胺、布地品、美金刚、立马醋胺等。

金 刚 烷 胺

金刚烷胺(amantadine)又名金刚烷和三环葵胺。是一种人工合成的三环胺，本品原为抗病毒药，后发现也有抗帕金森病的作用，其确切的作用机制还不清楚，金刚烷胺抗 PD 可能是促进 DA 能神经末梢合成和释放 DA；抑制 DA 的再摄取；且对 DA 受体有直接激动作用，是一种促 DA 释放药。对 PD 各种症状均能改善，对 PD 的肌肉强直、震颤和运动障碍的缓解作用较强，其疗效优于抗胆碱药，但不及左旋多巴。本药可与抗胆碱药苯海索或与复方多巴制剂合用有协同作用，降低左旋多巴在外周的降解，促其进入脑循环，可增强左旋多巴的疗效降低左旋多巴的不良反应。金刚烷胺是 NMDA 受体阻滞药，近年来认为其作用机制与金刚烷胺能够阻断谷氨酸介导的兴奋性中毒，并减少 ACh 释放，间接拮抗胆碱能神经元递质传导有关。对并发严重的运动功能障碍的 PD 患者起到一定程度的缓解作用。体外及动物实验表明金刚烷胺具有神经保护作用。

口服后吸收完全，起效快、用药数天即可获最大疗效，但维持时间短，连用 4～8 周疗效减弱。不良反应较少、轻、短暂且可逆，少数可嗜睡、眩晕、抑郁、食欲减退等，偶可引起惊厥。长期应用可出现双下肢网状青斑，有时伴踝部水肿，可能是因为局部释放儿茶酚胺引起血管收缩所致，停药后水肿可逐渐消失。严重者可见心衰、直立性低血压、尿潴留等，因此严重肾功能衰竭、精神障碍以及有癫痫病史的患者禁用。

第二节　治疗阿尔茨海默病药

案例 16-2

患者，男，71 岁。

记忆力进行性减退 4 年。近 1 年来出现有行为异常，穿着不整洁、不洗漱、沉默寡言，有时出现尿失禁。饮食及睡眠减少、易醒。以往无脑血管病或脑外伤史。

体检：神志清醒，表情淡漠，言语缓慢，有时欠准确。计算力、判断力、定向力和近记忆力下降。共济检查配合不佳；简易智能量表(MMSE) 17 分；脑 CT 显示脑皮质萎缩，双侧脑室对称性轻度扩张。

诊断：阿尔茨海默病。

治疗：①功能锻炼，鼓励个人完成日常生活，多与人交流。②安理申 5mg，睡前口服，若无明显不适，4 周后增至 10mg。③吡拉西坦 0.8tid，都可喜 1 片 bid，多塞平 25mg qd。

问题：

1. 对该患者应用上述用药是否合理？
2. 对于 AD 还可选择那些药物？

阿尔茨海默病(Alzheimer's disease，AD)是由德国的神经病理学家阿尔茨海默(Alois Alzheimer)于 1907 年首先发现，并以其名字而命名。AD 是老年人最常见的中枢神经系统退行性疾病，俗称老年性痴呆，是一种与年龄高度相关的、以进行性认知功能障碍和记忆力损害、行为损害为特征的神经系统变性疾病。AD 的主要病理特征是神经元丧失、脑组织萎缩、脑组织内细胞外淀粉样蛋白沉积(老年斑，senile plaque，SP)、神经元纤维缠结(neurofibrillary tangle，NFT)，后期主要为中枢一些部位胆碱能功能不足。这些病理改变主要集中在顶叶、颞叶、额叶联合区等，如大脑皮层、海马以及前脑。此处的神经元丧失导致 Ach 含量减少和胆碱乙酰化酶活性的减低。胆碱能投射通路中的胆碱能神经元的选择性丧失是 AD 的组织病理生理特点。AD 是老年期痴呆的最常见类型，约占总数 50%以上。65 岁以上的老年人约有 5%患有 AD，随年龄的增长患病率升高，85 岁以上可达 20%或更高，女性患者多于男性。随着人类寿命的延长和社会老龄化问题的日益突出，老年性痴呆发病率也日益增高，已成为威胁人类晚年生活质量的主要疾病之一。该病总病程为 3～20 年，确诊后平均存活时间为 10 年左右。本病要经历两种死亡，首先是精神死亡，然后是躯体死亡，给患者本人、家庭和社会带来相当沉重的负担。但因阿尔茨海默病的发病机制还未了解，目前是不可治愈的疾病，现只是对症治疗。

由于AD发病的家族性并不明显，家族性痴呆症只占AD中的极少数，约占AD患者总数5%～10%的早老性痴呆是一种常染色体显性疾病。但在散发性AD中，非遗传因素原因很多，可能在遗传因素背景下，经过多年与环境因素的共同作用，最终导致AD的发生。AD的发病机制有三个主要的假说，即胆碱能假说、淀粉样蛋白假说和Tau假说，目前的药物治疗主要基于这些假说。

胆碱能假说主要基于70年代以来的研究发现，胆碱能系统的活性与人的学习记忆与认知活动过程密切相关，基底前脑胆碱能神经元、海马和皮层及它们之间的通路，是学习记忆功能的重要结构基础。AD患者脑内ACh水平低下，研究证实患者边缘系统和大脑皮质区域与ACh合成、降解有关的胆碱乙酰转移酶(choline acetyltransferase，ChAT)和乙酰胆碱酯酶(acetylcholinesterase，AChE)的含量与活性下降，并伴有这些区域胆碱能神经元胞体的缺失，导致突触部位的乙酰胆碱(acetylcholine，ACh)水平下降。这些变化的程度与患者认知功能损害的程度呈正相关，可能是认知功能恶化、记忆减退的重要原因。基于该发病机制的胆碱能替代疗法主要是为了提高脑中ACh的水平，恢复胆碱能神经传导，从而改善患者的记忆、认知和行为能力。并且AChE抑制药通过抑制AChE的活性，恢复ACh的正常水平，提高胆碱能神经元的兴奋性，从理论和临床均已证明是有效的，这些为胆碱能假说提供了基础。目前用来改善胆碱能神经功能的药物主要有AChE抑制药，M_1受体激动剂和促进ACh释放的药物等。但是到目前为止胆碱能假说还未得到广泛的支持，胆碱能替代疗法不能阻止神经元的死亡和该病的形成，不能使患者完全恢复。

淀粉样蛋白假说认为β淀粉样沉积是这种病的基本原因，这个理论引起学术界很大的兴趣，因为β淀粉样前体蛋白(amyloid beta precursor protein，APP)定位在21号染色体，21三体综合征(唐氏综合征)有一个额外的基因拷贝，几乎所有21三体综合征患者在40岁左右时都出现AD症状。β-淀粉样蛋白(Aβ)是老年斑(SP)的主要成分，Aβ由APP水解产生，任何影响APP水解的因素，如APP的变异及其转化过程发生改变，均可导致Aβ沉积，进而激活胶质细胞，产生神经毒性，引起细胞凋亡。APP可由β-分泌酶(β-secretase)剪切成Aβ，敲除该酶的编码基因BACEI(β-site APP cleaving enzyme 1)可使Aβ缺失。然而在早期的人疫苗试验中，清除β淀粉样斑块，对痴呆没有任何明显的影响，β淀粉样斑块沉积与神经元失去没有关系。Tau假说认为Tau蛋白超磷酸化与其他Tau蛋白丝配对，最后它们在神经细胞体形成神经纤维缠结，引起微管解体，神经元转运系统破坏，这可能开始引起神经元之间的生化交流功能失常，并且在后期引起细胞死亡。其他的机制假说如脑缺血、兴奋毒性和氧化应激等亦受到重视。虽有多种发病学说，各自从不同角度对AD的发生进行了解释，又都有其有利证据和反对意见，众说纷纭，莫衷一是，迄今尚未有一种完美的理论可以阐释AD的发病原因。但随着相关科学的不断发展，对AD发病机制的研究必将会有更大的进展。

目前治疗AD的药物研究进展很快，改善脑循环药物、能量代谢促进剂、AChE抑制药、M_1胆碱受体激动剂、ACh释放促进剂、神经生长因子、钙通道拮抗、抗自由基、抗炎、抗淀粉样蛋白、雌激素替代及基因治疗等。但由于AD的病因和发病机制不清，虽有多种治疗手段，但缺乏肯定有效的治疗方法。现有的治疗方法只是停留在对症治疗阶段，仅是减轻AD的症状，但无法补充大脑皮质和海马大量丢失的神经细胞，因而对于中晚期的AD患者疗效有限，并且任何方法都不能治愈和预防AD的发生。目前总的治疗原则是采取综合性治疗策略，延缓痴呆的发展，维持残存的脑功能，减少并发症。近年来，神经干细胞(neural stem cell，NSCs)在胚胎和成年个体神经系统中的发现和体外培养的成功为AD的治疗提供了一个新的途径。

一、增强胆碱能神经功能

基于胆碱缺陷学说，在AD的早期即有胆碱功能缺乏的症状。海马和大脑皮层胆碱能神经元的变性死亡，导致突触间隙神经递质乙酰胆碱(ACh)降低是造成AD患者记忆和认知障碍的主要原因，因此针对脑内胆碱能神经元功能不足，增加中枢神经系统胆碱能功能就成为最早被接受的AD治疗方案。此类药物可阻止和延缓疾病进展。这一类药物包括AchE抑制药、Ach前体和胆碱受体激动药等。

(一)增加乙酰胆碱的合成

此种方法是提供乙酰胆碱前体——胆碱。这类药物有胆碱、卵磷脂、槟榔碱、氨基甲酰甲基胆碱和氧化震颤素(oxotremorine)等，目的是为了增加乙酰胆碱的合成，但目前临床效果上有待进一步证实。ACh前体药物中较有意义的是盐酸乙酰L-肉碱(Levacecarnine hydrochloride，ALCAR)，它具有神经保护作用和线粒体保护作用(线粒体代谢异常可导致神经损伤)，能主动透过血脑屏障，转化为ACh，还有膜稳定作用，能提高神经生长因子水平。该药1986年已在意大利上市，在美国和欧洲进行的早老性痴呆Ⅱ期试验表明该药品有效，目前正在进行Ⅲ期临床试验。

(二)乙酰胆碱酯酶(AChE)抑制药

AChE抑制药能够抑制AChE的活性，通过

AChE 对 ACh 的降解，间接提高脑内 ACh 的浓度，从而延长 ACh 对大脑中胆碱能受体的作用，提高 AD 病人的胆碱能神经功能，可改善 AD 患者的记忆力和认知功能，是目前应用最广泛的治疗轻中度 AD 的药物。另有实验研究表明 AChE 抑制药可以调节淀粉样蛋白前体蛋白（APP）的分解，起到神经保护作用，减轻或延缓 AD 的病理变化。现在被美国食品药品监督管理局（FDA）批准使用的药物，包括他克林、多奈哌齐、卡巴拉汀和加兰他敏等，它是目前研究最多，临床应用最广泛的一类药物，为轻、中度阿尔茨海默病患者的标准治疗药物。

他 克 林

他克林（tacrine）商品名 Cognex，化学名四氢氨基吖啶（tetrahydroaminoacrine），是第一个经美国 FDA 批准于 1993 年上市用于治疗轻至中度 AD 的中枢可逆性 AChE 抑制药。它是所有 AChE 抑制药中临床应用最多，疗效最肯定的一个药物。

【体内过程】 本品可口服或注射给药，口服时食物可明显影响其吸收，个体差异较大。脂溶性高，极易透过血脑屏障。体内分布广泛，肝、脑、肾中浓度较高，$t_{1/2}$ 约 2～4 小时。主要在肝脏代谢失活，代谢产物以 1-羟基、2-羟基和 4-羟基他克林为主，其他代谢产物包括 3-羟基、7-羟基和酚羟基他克林。代谢产物最终以葡萄糖醛酸结合物的形式通过尿、粪排泄。老年肾功能不全患者对他克林的排泄无明显差异。

【药理作用及作用机制】 本品属第一代可逆性 AChE 抑制药，由于具有高度脂溶性，极易通过血脑屏障，因此是具有中枢和周围活性可逆性的 AchE 抑制药。因结构上的原因，还能提高 Ach 释放及延长突触前胆碱能神经元活性，它可以抑制血浆和组织中的 AchE，激动胆碱能毒蕈碱型受体（M）型受体和烟碱型（N）受体，对 M 受体亲和力是对 N 受体亲和力的 100 倍。间接增加 NMDA、5-HT 等递质的浓度，抑制 MAO 活性，并能抑制老年斑形成，改善病人认知功能，用于轻中度 AD。他克林对 AD 的治疗作用是多方面共同作用的结果，为目前最有效药物。本品还可促进脑组织对葡萄糖的利用，改善由药物、缺氧、老化等引起的学习记忆能力的降低。

【临床应用】 他克林是最早用于治疗 AD 的 AChE 抑制药，能够明显改善轻、中度 AD 病人的认知能力和日常生活能力。本品多与卵磷脂合用治疗 AD，可延缓病程 6～12 个月，提高患者的认知能力和自理能力。但因不良反应大，限制了其临床应用。

【不良反应和注意事项】 他克林最常见的不良反应为肝毒性，是患者中止治疗的主要原因。约 50% 患者在服药后出现谷丙转氨酶（ALT）升高，极个别出现黄疸和肝细胞坏死，但大多数患者停药 3 周内可恢复。对于此类患者还可继续治疗，如果患者再重新服用该药，大多数患者不会再发生肝脏毒性。因此服用他克林时必须监测肝毒性，开始用药，每两周做一次肝功能检查，至少检查 18 周；而后每 3 个月检查一次。若出现黄疸，应立即停药。

1/3 的患者用药后有胃肠道反应，如胃肠痉挛、厌食、恶心、呕吐、腹泻、消化不良等，大剂量应用可出现胆碱综合征，特别是女性多见。其他不良反应为尿频、流涎、多汗、眩晕、皮疹等。因其肝毒性，耐受性差，目前国内已停用，多被多奈哌齐和卡巴拉汀取代。重症肌无力患者禁用，青光眼、心动过速和尿潴留患者慎用。

【药物相互作用】 本品与茶碱合用可改变茶碱的体内过程，与西咪替丁合用可升高本品的血浆浓度，与琥珀胆碱合用能延长呼吸抑制的时间，与磷脂类合用可增强本品的对 AD 的疗效。

多 奈 哌 齐

多奈哌齐（donepezil）商品名为安理申（Aricept），它是一种苄基哌啶类化合物，是美国 FDA 第 2 个批准的第二代 AChE 抑制药，与他克林有相似的疗效，却有明显的临床安全性和很好的耐受性，目前在全世界广泛应用。

【体内过程】 本品口服后吸收良好，食物和服用时间（早晨或傍晚）均对吸收速率和吸收量无显著影响，生物利用度为 100%，其蛋白结合率高达 96% 以上，主要与白蛋白结合（约 75%）。半衰期相对较长，$t_{1/2}$ 约为 70 小时，口服 3～4 小时后可达血药峰浓度，因此每日服用 1 次即可。多奈哌齐经肝药酶代谢，代谢产物主要经肾脏排泄，少量以原药形式经尿排出。由于多奈哌齐的代谢物难以透过血脑屏障，因此脑中的原形药可达 86.9%～93.0%，肝、肾功能损害对多奈哌齐的药代动力学无明显影响。

【药理作用】 本品为第二代可逆性 AChE 抑制药，与第一代他克林相比，多奈哌齐对中枢 AChE 有更高的选择性和专属性：多奈哌齐对 AChE 的抑制作用具有很强的选择性，口服给药后可剂量依赖性地抑制脑内 AChE 对 ACh 的水解作用，对大脑内 AChE 的抑制作用强于对血浆中 AChE 的抑制作用；在脑内多奈哌齐的浓度是血浆内浓度的 6～8 倍，对心脏和小肠的 AchE 活性无明显影响；对 AchE 的抑制作用是丁酰胆碱酯酶的 1000 倍。多奈哌齐具高度选择性，在大脑内作用最敏感的作用区域是大脑皮质和海马，通过抑制 AChE 来增加中枢 ACh 的含量，增加胆碱能神经传导活性，从而改善轻度到中度 AD 病人的认知能力和临床综合功能。该药还有增加整个脑血流量、减缓海马萎缩的进程，减轻类淀粉样蛋白的神经毒性作用及减轻自由基导致的神经变性等作用，保护神经细胞。对中枢神经毒性比他克林小。

【临床应用】 主要用于轻、中度 AD 患者，能改善患者的认知功能、活动能力及精神症状，延缓病情发展。也可以改善重度AD患者的认知功能，因此被FDA批准治疗重度痴呆。多奈哌齐对合并有脑血管性疾病的AD患者也有效；多奈哌齐除了治疗AD等老年痴呆症外，还可以用于治疗由多发性硬化所致患者伴有认知功能障碍，用药后患者的注意力、记忆力、行为能力等方面有显著提高；对分裂性情感障碍症患者，多奈哌齐具有抗抑郁症的作用，使患者的生理功能和生活质量提高；多奈哌齐对脑外伤的记忆障碍有一定疗效；还可以减轻阿片类镇痛药的副作用。比他克林安全性好、选择性强、剂量小、毒性低和价格相对较低等优点，可以安全替代他克林用于治疗AD。因此，多奈哌齐是目前治疗AD的首选药物。

【不良反应】 多奈哌齐不良反应轻微，其常见的不良反应主要与抗胆碱作用有关，如胃肠道反应常见的有恶心、呕吐、腹泻、便秘；全身反应较常见的有流感样胸痛、牙痛等；心血管系统可见心房颤动等；神经系统有头痛、震颤、眩晕、易怒、感觉异常、睡眠障碍等；其他如失水、尿失禁、呼吸困难、视物模糊等。但大多在起始剂量和调整剂量中出现，轻微和一过性的，并在继续治疗中消失。多奈哌齐未显示有肝脏毒性，因此用药过程中无须监测肝功能，故大部分患者对该药有良好的耐受性，这为长期用药提供了依据。

【药物相互作用】 当蛋白结合浓度小于300ng/ml时，与洋地黄、华法林联用影响后两者的蛋白结合率和疗效。多奈哌齐能拮抗抗胆碱药作用，与其他AchE抑制药有协同作用。治疗剂量时并不影响其他药物的代谢。

【应用注意】 对本品过敏者禁用。患有消化道溃疡、严重哮喘、心脏传导阻滞、心动过缓、阻塞性肺部疾病、癫痫病史、妊娠或哺乳妇女应慎用。拟胆碱作用可能引起尿潴留及惊厥（可能与原发病有关），用药时应注意观察；与琥珀胆碱类肌松剂、抗胆碱药有拮抗作用，故不能合用。

石杉碱甲

石杉碱甲（huperzine A，HupA）商品名为哈伯因、双益平，它是我国学者于1982年从中药千层塔（*huperzia serrata*）中分离得到的一新生物碱，1994年已被批准用于治疗AD。属第二代AChE抑制药之一，是一种高效的具有可逆性的竞争性AChE抑制药。目前该药已成为国内研发最成功和最有前途的治疗AD的药物。

【体内过程】 本品口服从胃肠道吸收迅速、完全，生物利用度为96.9%。易通过血脑屏障。原形药物及代谢产物经肾脏排除。该药易透过血脑屏障进入中枢，口服生物利用度好，作用时间长。

【药理作用】 为强效、可逆性AChE抑制药，选择性作用于脑部的AChE，对外周胆碱能副作用最弱，其作用特点对真性胆碱酯酶有选择性抑制作用，抑制强度是假性胆碱酯酶的数千倍。其在中枢较多地分布于大脑的额叶、颞叶、海马等部位，增加神经突触间隙的ACh含量，易化神经肌肉接头传递。石杉碱甲除提高中枢胆碱能系统功能外，也能提高脑内多巴胺、单胺及GABA功能，并具有明显的神经细胞保护作用，能对抗多种损伤剂造成的细胞凋亡和氧化应激。其重复用药并不增加对AChE抑制的耐受性。对衰老性记忆障碍及老年痴呆患者的记忆功能有良好改善效果。

【临床应用】 石杉碱甲主要用于老年性记忆能力减退和各种类型痴呆，可以显著提高AD患者的记忆、认知和行为功能，促进记忆再现和增强记忆保持作用。在改善认知功能方面，比高压氧治疗效果显著。

【不良反应】 不良反应小无肝毒性，常见不良反应有恶心、头晕、多汗、腹痛、视物模糊等，一般不需处理可自行消失，反应明显时减量或停药后可缓解或消失。严重者可用阿托品拮抗。有严重心动过缓、低血压、心绞痛、支气管哮喘慎用。癫痫、肾功能不全、机械性肠梗阻、心绞痛等患者禁用。本品为可逆性AchE抑制药，其用量有个体差异，一般应从小剂量开始，逐渐增量。

利凡斯的明

利凡斯的明（rivastigmine，卡巴拉汀），商品名为艾斯能（Exelon），是从由豆科植物毒扁豆种子中提取的一种生物碱。是第二代长效可逆性非竞争性AChE抑制药，可同时抑制乙酰胆碱酯酶和丁酰胆碱酯酶，并且具有高度的脑选择性，能选择性抑制大脑皮层和海马中的AChE活性，通过提高皮层和海马区ACh的浓度来提高胆碱能神经细胞活性，改善AD患者胆碱能介导的认知功能障碍。利凡斯的明对纹状体、脑桥/髓质以及心脏中的AChE活性抑制作用很弱，因此不会引起延髓控制中枢或皮质小脑突触联系紊乱。本药对轻、中度AD患者疗效好，可明显提高病人的认知功能（如记忆力、注意力、方位感）、日常活动能力并改善精神症状，改善AD患者的生活质量，同时此药可增加脑血流量，防止脑缺血损伤，故对血管性痴呆也有有治疗作用。该药是目前本类药物中唯一对日常生活中的认知行为及综合能力有显著疗效的AChE抑制药，是极有前途的AD治疗药。

本品吸收迅速、完全，吸收率>96%，约1小时达到血浆峰浓度，$t_{1/2}$为1～2小时，容易通过血脑屏障。血浆蛋白结合结合率约为40%，细胞色素P_{450}酶几乎不参与利凡斯的明的代谢，因此药物间相互作用小、对同时接受多种药物治疗的患者更适用，可随食物一同摄入。在CNS由ChE迅速地完全水解，代谢物迅速从肾排泄，AD患者体内未见利凡斯的明或其代谢物蓄积。该药具有安全、无肝毒性、耐受性好等优点，且无外周活性，对伴有心脏、肝脏、肾脏等疾病的患者也有独特的疗效。不良反应少且轻微，主要的不良反应是恶心、呕吐、腹泻、眩晕、头痛等，但服药一段时间后就可消失。胃肠不适的发生率与剂量有关。

加兰他敏

加兰他敏(galanthamine)，商品名洛法新，是石蒜科中的生物碱，属于第二代 AChE 抑制药，又是烟碱受体调节剂，目前在许多国家被推荐为治疗轻、中度 AD 的首选药物。

【体内过程】 口服吸收迅速、完全，不受食物和同时服药的影响。不与蛋白质结合，易透过血脑屏障，多分布于额、颞等与学习记忆有关的区域。$t_{1/2}$ 为 5～6 小时，约 1 小时后达到 C_{max}，作用时间长。片剂和口服液的生物利用度一样，大部分经肝脏代谢，部分经肾以原形排泄。90%～97%的药物经尿液排出，经粪便排出的只有 2.2%～6.3%。

【药理作用】 加兰他敏对神经元中的 AChE 有高度选择性，抑制神经元中 AChE 的能力比抑制血液中丁酰胆碱酯酶的能力强 50 倍，是 AChE 竞争性抑制药。在胆碱能高度不足的区域(如突触后区域)活性最大。它在神经突触间隙与 ACh 竞争同 AChE 的结合，阻断此酶对 ACh 的降解，增加 ACh 的浓度，还可增强 ACh 的刺激作用及除极化作用，调节乙酰胆碱受体的表达，从而达到改善记忆及认知功能的目的；另外，它还具有烟碱样乙酰胆碱受体(nicotinic acetylcholine receptor，nAChR)的变构调节作用，增加 Ach 的释放。烟碱受体可在一定程度上避免淀粉状蛋白的毒性，具神经细胞保护作用，延缓 AD 的发生。AD 患者体内的这种受体严重减少，加兰他敏与烟碱的 Ach 受体结合，提高剩余受体的敏感性，从而使受体减少得到补偿。可改善轻、中度 AD 和血管性痴呆患者认知功能障碍及发展，降低血管性不良事件的发生。

【临床应用】 原用于重症肌无力、脊髓灰质炎后遗症、儿童脑性麻痹、多发性神经炎、脊神经根炎及拮抗氯筒箭毒碱等。近年来被用于治疗轻、中度 AD，临床显示能阻止 AD 患者认知功能退化，改善患者总体功能，维持日常生活能力，有效率为 50%～60%，疗效与他克林相似，用药后 6～8 周治疗效果开始明显。并能有效治疗精神分裂症、慢性脑损伤等所致的记忆、认知能力缺失，配合中医针灸，又能有效治疗面瘫、偏瘫。

【不良反应】 在治疗起始 2～3 周患者可有恶心、呕吐、腹痛、腹泻、厌食等胃肠道反应及短暂性头晕、口干、心动过缓等，在适应、减量或停药后可消失，缓慢增大剂量可减轻这些不良反应，治疗剂量偶可致过敏反应。大多数患者耐受良好，毒副作用低。尚无肝毒性的报告。

【应用注意】 癫痫、运动功能亢进、机械性肠梗阻、支气管哮喘、心绞痛和心动过缓者禁用。青光眼患者不宜使用。

美曲膦酯

美曲膦酯(metrifonate，敌百虫)是第一个问世的 AChE 抑制药，本品为有机磷化合物，原用做杀虫剂，现用做 AD 治疗药。它是目前用于 AD 治疗的唯一以无活性前药形式存在的 AchE 抑制药。服用数小时后转化为活性代谢产物 2,2-二氯乙烯基二甲基磷酸盐(敌敌畏)而起效。由于敌敌畏结合在 AChE 的活性中心，酶抑制水平稳定，所以作用时间长。因此本品的特点是缓慢释放活性物质，为长效的抗 AChE 药，每日用药一次即可。蛋白结合率低，使用时不必调整剂量；不依赖细胞色素 P_{450} 代谢，故较少与其他药物相互作用。该药除了提高胆碱功能外，还提高脑内 DA 和 NA 的浓度，活化 APP 的一般过程，起到神经保护作用。此药对 AD 患者的认知能力、日常生活能力、精神状态等方面均有明显改善作用，可明显改善患者的幻觉、抑郁、焦虑、情感淡漠症状。主要用于轻、中度 AD。治疗量不良反应少而轻，偶有腹泻、下肢痉挛、鼻炎等等外周拟胆碱反应症状，继续用药可自行消失。无肝毒性。

(三) M 胆碱受体激动药

此类药物易通过血脑屏障，能选择性激动中枢神经 M_1 受体，改善 AD 患者认知功能和行为能力。同时调节 APP 代谢和 Tau 蛋白磷酸化。选择性 M_1 受体激动剂还具有不同于胆碱酯酶抑制药的优点，如引起恶心、呕吐、腹泻等胃肠道方面的副反应较轻。目前已开发出多种 M_1 受体的选择性激动剂或部分选择性激动剂，如占诺美林(xanomeline)、Cevimeline、Talsclidine、Sabcomeline、SR-46659a 等。目前某些药物正处于Ⅱ期、Ⅲ期临床试验阶段。

占诺美林

占诺美林(xanomeline)是甲基哌定类化合物的衍生物，是选择性 M_1 受体激动药，对 M_2、M_3、M_4、M_5 受体作用较弱。口服易吸收，易通过血脑屏障，且对海马和纹状体中 M_1 受体有很高的亲和力，对脑干 M_2 受体和外周 M_3 受体及其他递质受体的摄取系统影响很少，是目前发现的选择性最高的 M_1 受体激动剂之一。本品通过作用于 DA 能神经末梢的 M_1 受体，增加 DA 的释放和代谢，促进其更新。临床试验表明，本品高剂量可明显改善 AD 患者的认知功能和行为能力。但胃肠不适及心血管方面的不良反应较为严重，经皮给药系统的剂型研究有望克服这一弊端。本品将成为第一个能有效治疗 AD 的 M_1 受体激动药。

Sabcomedine

Sabcomedine 常用其盐酸盐(Sabcomeline hydrochloride,SB2202026),本品为相对选择性 M_1 受体激动药,对 M_1 受体的选择性比对 M_2 受体高 100 倍,动物实验表明,本品能逆转 DA 诱导产生的认知缺陷,提高认知能力;临床试验亦显示,AD 患者服用本品后,认知能力显著提高。本品具有安全、耐受性好等优点,常见不良反应有轻微流汗等。

米拉美林

米拉美林(milameline)为中枢 M 受体激动剂,对 M 受体的 5 种亚型无选择性。是非亚型选择性部分 M 胆碱受体激动剂。动物实验显示本品可增加局部大脑皮层的血流量,逆转鹅膏蕈氨酸损伤前脑胆碱能神经元引发的空间记忆障碍,还能减少 Aβ 形成,抑制细胞凋亡,与他克林合用能对抗东莨菪碱导致的智能障碍。临床常用剂量不引起外周胆碱能不良反应,能提高认知能力和中枢胆碱活性。不良反应轻微,包括流涎、出汗等,患者可耐受。

二、NMDA 受体非竞争性拮抗药

在 AD 病理情况下,NMDA 被过度激活而产生兴奋性毒性,导致神经细胞内钙超载和神经细胞死亡。NMDA 受体阻断药可以阻止过量的兴奋性神经递质谷氨酸传递而起到保护神经元的作用,目前研究的有黄皮酰胺(clausenmide)、米拉醋胺(milacemide)、D-环丝氨酸(D-cycloserine)、美金刚(memantine)等。

美金刚

美金刚(memantine)是一种低亲和力、非竞争性的 NMDA 受体阻断药,是第 1 个被美国 FDA 批准用于治疗中至重度 AD 药物。美金刚口服胃肠道吸收完全,绝对生物利用度约 100%,血浆蛋白结合率约为 45%,可迅速通过血脑屏障到达脑部。本品体内极少代谢,不诱导 CYP 酶,药物间相互作用小,主要以原型药物(75%～90%)通过肾小管分泌排泄,消除半衰期 60～80 小时。碱化尿液可使本品的肾清除减少 7～9 倍,因此碱性药物可延长其体内作用时间。其作用机制可能是干扰谷氨酸能兴奋毒性或通过影响海马神经元的功能而改善症状。它能抑制谷氨酸的病理性激活,使神经细胞免遭过量兴奋性氨基酸造成的毒性作用,而维持谷氨酸正常的生理功能。另外,它还可直接激动 DA 受体,促进 DA 释放。美金刚能显著改善痴呆患者的认知功能,提高日常生活能力。由于其耐受性较好,目前用于 AD 的治疗或作为 AChE 抑制药联合用药的辅助治疗用药。常见的不良反应为头晕、头痛、便秘和意识错乱等,均不严重,具有较好的安全性。但其临床疗效及不良反应尚须进一步观察。

三、神经细胞生长因子增强剂

AIT 082

AIT 082(neotrofin)主要用于治疗轻、中度早老性痴呆。通过提高受损害或退化神经元中的神经营养因子水平来增强神经细胞功能。本品能刺激神经轴突生长,加强神经营养剂的合成,改善记忆力。口服剂量范围大,能快速透过血脑屏障,单独一次大剂量给药作用可持续 7 天,且未发现明显不良反应。

丙戊茶碱

丙戊茶碱(propentofylline)是血管和神经保护药,Ⅲ期临床试验显示本品具有确切的改善痴呆症状的作用,且安全性良好。为腺苷酸/磷酸二酯酶抑制药,拮抗内源性腺苷,导致 ACh 释放的增强。舒张血管,促进微循环,改善脑能量代谢,增加海马锥体细胞的长期功能,保持长期记忆。不仅对痴呆症状有短期改善作用,且具有长期的神经保护作用,从而改善和延缓 AD 进展。用于轻、中度 AD。常见不良反应有头痛、恶心、腹泻,但持续时间短。

四、代谢激活剂与神经保护药

有研究发现,AD 患者存在糖、蛋白质、核酸、脂质等代谢障碍,同时其脑血流量及耗氧量明显低于正常同龄人。因此,脑代谢激活药和脑循环改善药,尤其是具有脑血管扩张作用的脑代谢激活药成为 AD 治疗的一大类可供选用的药物。脑细胞代谢激活药(益智剂)药物有吡拉西坦,茴拉西坦(anivacetam,三乐喜)、奥拉西坦(oxiracetam)、萘非西坦(nofivecetam)、氨基酸/低分子肽(脑活素,cerebrolysin)等;脑血液循环促进药有双氢麦角碱(海得琴,hydergine)、尼麦角林、阿米三嗪/萝巴新、银杏叶制剂、钙离子拮抗药如尼莫地平等作为改善 AD 症状的辅助用药。

吡拉西坦

吡拉西坦(piracetam)亦称脑复康,为脑功能改善药,是 GABA 的衍生物。大量研究表明,吡拉西坦通过激活腺苷酸激酶,增加脑内 ATP 含量,改善能量代谢和葡萄糖利用率,激活、保护和修复脑神经细胞,提高大脑对葡萄糖的利用率和能量储备,改善大脑功能。从而提高大脑的学习和认知功能,改善记忆障碍,有利于缓解痴呆症状。临床报告该药能显著改善轻、中度 AD 患者的认知能力,而对重度患者无效。也可用于治疗脑外伤所致的记忆障碍。对于衰老、脑血管意外、一氧化碳中毒等原因所致的记忆、思维障碍、脑卒中、偏瘫等均有一定疗效。该药对中枢作用选择性高，仅限于脑功能的改善，优点是精神兴奋作用弱、无精神药物的副作用，久用无依赖性。

该药口服经胃肠道迅速吸收，可分布到全身大部分组织器官，生物利用度大于90%，血药浓度达峰时间30分钟，蛋白结合率约为30%，$t_{1/2}$为4～6小时，易透过血脑屏障。直接经肾清除，在26～30小时内给药量的90%～98%以原形从尿排出。不良反应程度较轻，发生频率也较低，可有头晕、失眠、消化道反应等，偶见荨麻疹等过敏反应。剂量加大时不良反应增加。孕妇，新生儿，肝、肾功能不良者以及锥体外系疾病、Huntington舞蹈症患者禁用。

奥拉西坦

奥拉西坦(oxiracetam)又名脑复智，结构类似吡拉西坦，基本作用也与之相类似。口服易吸收，可透过血脑屏障，药物结合于海马和下丘脑。资料显示对东莨菪碱及地西泮引起的认知障碍可以逆转和改善。可增强半衰老细胞活力，提高和促进大脑记忆，对老年性记忆和精神衰退有效，作用较吡拉西坦强2～3倍。美国正在进行Ⅲ期临床；用于阿尔茨海默病和记忆衰退患者。在人体内无蓄积、吸收良好，安全性高，耐受性好。

茴拉西坦

茴拉西坦(aniracetam)又称阿尼西坦和三乐喜，是吡拉西坦的衍生物。通过刺激中枢神经系统中的某些谷氨酸受体，改善学习和记忆功能。可改善AD的认知功能，能提高长、短记忆及学习、注意力、推理和抽象思维能力等；改善缺血、缺氧条件下出现的行为及识别功能紊乱。对健忘症、记忆减退、老年性痴呆及脑血管后遗症等有肯定的疗效，临床用于治疗健忘症、记忆减退、AD及脑血管后遗症等。口服易吸收，起效快。此药起效快，安全性好，偶见口干、厌食、便秘、头昏、嗜睡，停药后消失。

吡硫醇

吡硫醇(pyritinol)为吡哆醇(维生素B_6)的衍生物，在多个环节参与脑代谢，能促进大脑摄取葡萄糖，增加脑血流量，提高脑细胞的能量代谢，改进氨基酸代谢，可影响某些神经递质的形成，改善脑电活动和大脑功能，使紊乱的脑糖代谢恢复正常。在临床上可综合表现为增强记忆，能集中注意力，改善学习和认知功能。临床可用于治疗早老性痴呆症和脑功能障碍如脑损伤后意识障碍、儿童学习能力低下等。

阿米三嗪-萝巴新

阿米三嗪-萝巴新(almitrine-raubasine，都可喜，duxil)每片含烯丙哌三嗪(almitrine，Ⅰ)双甲磺酸盐30mg和阿吗碱(ajmalicine，raubasine，Ⅱ)10mg。本品能增加大脑组织氧供应，具有抗缺氧、改善脑代谢和脑循环的作用。可改善皮层电活动及精神行为，增强脑细胞功能。临床用于老年人智能障碍(如记忆力丧失、智能降低、注意力减退)、精神行为障碍(如活动能力减弱、个性改变、情感不稳定)，也可用于缺血性耳蜗前庭功能障碍。国内临床试用表明，本品对脑缺血性头晕、AD有一定疗效。偶见恶心、昏睡感，大剂量可引起心动过速、低血压、气促等。孕妇禁用。

脑活素

脑活素(cerebrolysin)为脑蛋白水解物，含有游离氨基酸(85%)和分子量在10000以下的低分子多肽，可直接透过血脑屏障进入脑神经细胞，促进神经细胞蛋白质合成，使已损伤但未变性的神经细胞恢复功能；同时可加速葡萄糖通过血脑屏障的转运速度，改善脑能量供应，增加cAMP的活性，有利于脑细胞记忆功能的恢复。脑活素能改善轻、中度AD患者的认知功能，非认知性精神症状和生活功能．临床用于脑动脉硬化、脑外伤后遗症、大脑发育不全、早老性痴呆、记忆力减退等。其疗效有待进一步确定。不良反应有：①注射过快可有发热感；②偶见变态反应，表现为寒战、低热，胸闷、头痛、气促、呕吐及排便，故过敏体质者慎用，一旦出现变态反应，立即停药；③严重肾功减退者禁用。

尼麦角林

尼麦角林(nicergoline，脑通)是一种麦角生物碱，具受体阻滞作用，能扩张脑血管，增加脑血流量；该药改善脑细胞能量代谢，增加氧和葡萄糖的利用；能抑制神经元突触的AchE活性，提高纹状体内Ach浓度，具有类胆碱能作用。改善精神和情绪上的异常；增加蛋白质的合成，改善学习和记忆能力。安理申、尼麦角林两药联合应用可增加治疗效果，而未见明显副作用增加。

银杏制剂

银杏制剂(Ginkgo，EGb761，天保宁，金纳多，百路达)是一种抗氧化剂，作用机制可能与多种药理作用有关。对脑部血液循环及脑细胞代谢有改善和促进作用，可提高脑缺氧的耐受性，明显减少老年斑沉积和神经原纤维缠结形成，清除自由基，提高红细胞超氧化物歧化酶(SOD)的活性，阻止自由基所导致的损害，减少脑水肿，能提高老年动物海马毒蕈碱受体密度，并增加海马突触体对胆碱摄取的亲和力，增强中枢胆碱功能、有保护脑组织的作用，防止血管内皮细胞损害，选择性拮抗血小板活化因子(PAF)所引起的血小板聚集和血栓形成。使认知功能和社会功能得到改善。在德国已被批准用于痴呆的治疗。AD患者服用银杏制剂安全性大，但仍有胃肠道反应，并可延长正常的出血时间，不能用于抗凝治疗患者。天保宁常用量每次0.2g，金纳多和百路达每次40mg，每日3次。

Summary

- Neurodegenerative diseases are a group of disorders characterized by neuronalloss and generally of an accumulation of insoluble intracellular or extracellular material in certain brain regions. Most neurodegenerative disorders are unknown etiology, affect the elderly, are progressive, and damage selected neuronal populations or brain regions. There are some inherited forms of these disorders; however, most are sporadic occurrences (idiopathic) with genetic predisposition, environmental factors, and aging contributing as factors.
- The neurodegenerative disorders include Alzheimer's disease, parkinson's disease, Huntington's disease and Amyotrophic lateral sclerosis etc.
- This chapter focuses on parkinson's and Alzheimer's diseases, for which pharmacological intervention can alleviate the clinical symptoms. However, drugs used in the treatment of neurodegenerative disorders only treat symptoms and do not cure or alter the progression of the disease.
- Parkinson's disease (PD) is a kind of neurological disorder of the basal ganglia. It is characterized by tremor, hypokinesia, rigidity and abnormal gait and posture. Parkinson'S disease is a multifactorial disorder, caused by a combination of age-generics and environmental factors. PD is progressives, with continued loss of dopaminergic neurons in the substantia nigra correlating with worsening of clinical symptoms.
- The main pathology in PD is a progressive degeneration of the dopaminergic neuron of the substantia nigra which project in the nigrostriatal pathway to the striatum. The reduction in the inhibitory dopaminergic activity of the nigrostriatal pathway results in cholinergic neuron hyperactivity from the striatum, which contributes to the pathological features of PD.
- Antiparkinsonism drugs can alleviate many of the clinical features of the disorder either by restoring dopaminergic neurotransmission in the nigrostriatal pathway or by inhibiting the excessive cholinergic neurotransmission in the striatum.
- These drugs are usually classified into five groups: ① The metabolic precursor of dopamine (e. g. L-Dopa). L-Dopa is usually combined with carbidopa, a peripheral dopa decarboxylase inhibitor. ②MAO-B inhibitors. ③COMT inhibitors. ④DA receptor agonists. ⑤Acetylcholine antagonists.
- Alzheimer's disease is a progressive brain disorder that the cardinal features of AD are progressive loss of memory and disordered cognitive function. Alteration in behavior and a decline in language function can also be observed in the early stages of AD. The pathological feactures of AD include the presence of β-amyloid, neurofibrillary tangles, neuronal loss, and alterations in many neurotransmitter systems.
- Scientists have not yet fully ascertained the cause of AD. However, studies have shown that AD arises from a combination of complex series of events taking place in the brain, including genetic, environmental, and lifestyle factors.
- The discovery of the loss of the cholinergic neurons and acetylcholine in the brain of AD patients led to the use of drugs that would enhance the actions of acetylcholine in the brain.
- Drugs used in the treatment of AD are acetylcholinesterase inhibitors, muscarinic receptor agonists and noncompetitive NMDA receptor antagonist. The drugs have a significant but modest effect on the cognitive status of patients, possibly because the drugs do not correct for changes that occur in other neuronal systems.

（包金风）

第十七章 抗精神失常药

精神失常(psychotic disorder)是指由多种原因引起的以思维、情感和行为等精神活动异常为主要特征的一类疾病,包括精神分裂症、躁狂症、抑郁症和焦虑症等。凡是能直接影响精神活动的药物统称为精神药物(psychotropic drugs)。根据其临床适应证的不同,抗精神失常药可分为抗精神病药(antipsychotic drugs)或神经安定药(neuroleptics)、抗躁狂症药(antimanic drugs)、抗抑郁症药(antidepressants)和抗焦虑症药(anxiolytics)。临床常用的抗焦虑症药苯二氮䓬类已在前述及。

第一节 抗精神病药

案例 17-1

患者,男性,22 岁,下岗工人。

患者 3 年前因高考落榜而受较大刺激,而后因此沉默寡言,整日忧心忡忡,闷闷不乐。半年后应聘于一家私企,因工作性质所限,工作压力大,加上老板的刻薄刁难,使患者自感难以承受,夜晚噩梦频繁,因无法正常工作被辞退。患者行为多次出现异常现象,有时目光呆滞、喃喃自语;有时敏感多疑,怀疑有人在其饭菜中投毒而拒绝进食。入院前半年,自语、自笑、喊女孩姓名;诉说听到不熟悉人的语声,命令他投井;偶感脑内有声音,并称多次在家中闻到死尸气味;坚信有某种"波折器"控制他的思维行为。平素体健,无外伤及手术史,否认高血压、心脏病等重大躯体疾病史;否认脑炎等中枢神经系统疾病史。

体检:躯体、神经系统检查无阳性表现;记忆、智能未见明显缺陷。

诊断:精神分裂症。

治疗:入院后给予氯丙嗪 300mg 口服,Bid。治疗两月后患者精神症状有所好转,但出现肌张力增高、动作迟缓、手抖、流涎、坐立不安、反复徘徊等表现。

问题:

1. 常用抗精神病药物分为哪几类? 氯丙嗪治疗精神分裂症的机制是什么? 在使用过程中应注意观察哪些反应?

2. 本病例给予氯丙嗪两月后为何会出现肌张力增高,坐立不安等表现? 可以采取何种措施对抗? 如果这些表现持续存在,可考虑换用哪些药物治疗?

精神分裂症(schizophrenia)是一类以思维、情感、行为之间不协调、精神活动与现实分离为主要特征的最常见的一类精神病。根据临床症状,精神分裂症可分为以阳性症状(妄想、幻觉和思维紊乱)为主要特征的Ⅰ型和以阴性症状(情感淡漠、意志减退、主动性缺乏)为主要特征的Ⅱ型。抗精神病药是指一类能有效控制精神病人的精神运动性兴奋、幻觉、妄想、思维障碍和奇特行为等精神症状,但不影响意识和智能的药物,其主要临床适应证为精神分裂症,尤其对Ⅰ型精神分裂症患者疗效较好,对Ⅱ型患者疗效较差甚至无效。该类药物大多为强效的多巴胺受体阻断药,在发挥治疗作用的同时,大多数药物可引起情绪冷漠、精神运动迟缓和运动障碍等不良反应。

根据化学结构不同,抗精神病药可分为四类:吩噻嗪类(phenothiazines)、硫杂蒽类(thioxanthenes)、丁酰苯类(butyrophenones)及其他类。

根据临床用途,抗精神病药可分为典型和非典型两类。典型抗精神病药有氯丙嗪、奋乃静、氟奋乃静等,对阳性症状非常有效;非典型抗精神病药有硫利达嗪、舒必利、氯氮平等,对阴性症状较有效。特点比较见表 17-1。

【抗精神病作用机制】 研究表明中枢神经系统功能异常可能与精神分裂症有关,曾先后提出多种学说,但迄今只有中脑-边缘通路和中脑-皮层通路多巴胺(DA)系统功能亢进学说得到了广泛的认可,且较多的研究资料支持该学说:增强 DA 神经递质活性的药物,如左旋多巴、阿扑吗啡等可诱发精神分裂症或加重精神分裂症患者症状;减少多巴胺合成和储存的药物,如 α-甲基酪氨酸能加强抗精神病药疗效;精神分裂症患者死后病理检查发现其壳核和伏隔核 DA 受体数目显著增加;目前临床使用的各种高效价的抗精神病药均能阻断中枢 DA 受体,且对Ⅰ型精神分裂症疗效较好。

哺乳动物脑内 DA 能神经元主要从中脑和下丘脑投射到其支配区域,调节其生理功能。中枢 DA 能神经通路主要有四条(图 17-1):黑质-纹状体通路、中脑-皮层通路、中脑-边缘系统通路和结节-漏斗通路。目前认为Ⅰ型精神分裂症与中脑-皮层和中脑-边缘系统 DA 通路功能亢进密切相关。吩噻嗪类抗精神病药物通过阻断中脑-边缘系统和中脑-皮层通路 D_2 样受体而消除精神病患者阳性症状,但同时因阻断黑质-纹状体通路 DA 受体而产生锥体外系的不良反应。

表 17-1　常用抗精神病药物作用特点比较

药物	受体阻断作用					抗精神病作用	镇静作用	锥体外系反应	体位性低血压
	D_2	D_1	α_1	M	5-HT				
氯丙嗪	++	+	+++	++	++	++	++	++	+++
奋乃静	+++	++	++	+	++	++	++	++	+
氟奋乃静	+++	++	+	+	++	+++	+	+++	+
三氟拉嗪	+++	++	+	+	++	+++	+	+++	+
硫利达嗪	++	+	+++	+++	++	++	++	++	+++
氟普噻吨	++	++	+++	+++	+++	++	++	++	++
氟哌啶醇	+++	+	++	−	++	+++	+	+++	+
氟哌利多	+++	+	++	+	++	+++	+	+++	+
舒必利	++	−	−	−	−	+	+	+	+
氯氮平	+	+	++	+++	+++	++	+	+	+
利培酮	++	−	++	++	+++	+	++	+	+

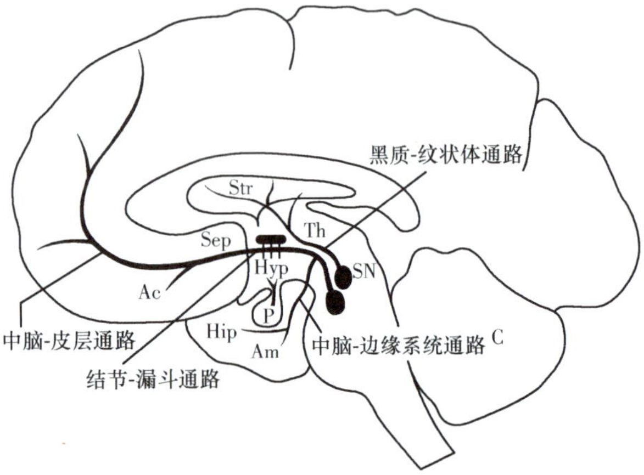

图 17-1　中枢 DA 能神经通路

一、吩噻嗪类

吩噻嗪类(phenothiazines)是由硫、氮联结两个苯环的一种具有三环结构的化合物,其 2,10 位上的氢被不同基团或原子取代而获得本节述及的吩噻嗪类抗精神病药。

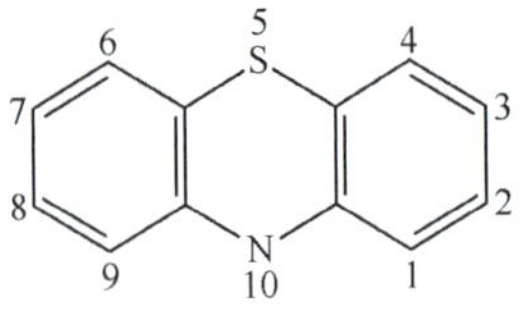

吩噻嗪母核

氯　丙　嗪

氯丙嗪(chlorpromazine,冬眠灵),是吩噻嗪类药物的典型代表,也是最早被临床应用的抗精神病药。氯丙嗪因阻断多种受体,如 DA 受体、α 受体、M 和 5-HT受体,作用广泛,且副作用较多,但目前在临床治疗中仍发挥着巨大的作用。

【体内过程】　口服吸收慢且不完全,2～4 小时血药浓度达峰值。胃内容物、抗胆碱药均能明显延缓其吸收,不同个体血药浓度可相差 10 倍以上,故给药剂量应个体化。肌内注射血药浓度可迅速达峰值,血浆蛋白结合率达 90%以上。氯丙嗪在体内分布广泛,脑、肺、肝、脾、肾等组织中浓度较高,其中脑内浓度可达血浆浓度的 10 倍。主要在肝脏经 P_{450} 系统代谢,产物经肾排泄。因其脂溶性高,易蓄积于脂肪组织,停药数周乃至半年后,尿中仍可检出其代谢物。氯丙嗪在体内的消除和代谢随年龄而递减,故老年患者须减量。

【药理作用】

1. 对中枢神经系统作用

(1) 抗精神病作用:氯丙嗪对中枢神经系统具有较强的抑制作用,起到神经安定效应(neuroleptic effect)。治疗量的氯丙嗪能显著减少动物的自发活动,易诱导入睡,但保持动物对刺激的良好觉醒反应,与巴比妥类催眠药不同,加大剂量也不引起麻醉;能减少动物的攻击行为,使之驯服,易于接近;正常人口服普通剂量氯丙嗪后,可出现镇静、安定、表情淡漠、思维迟缓、注意力降低,但神智正常,在安静环境下易入睡。精神病患者服用氯丙嗪后,能消除幻觉和妄想等症状,迅速控制兴奋躁动状态,减轻思维障碍,使病人恢复理智,情绪安定,生活自理。此作用无耐受性。

(2) 镇吐作用:氯丙嗪具有较强的镇吐作用。小剂量时即可阻断延脑第四脑室底部催吐化学感受区的 D_2 样受体,大剂量则直接抑制呕吐中枢,对抗 DA 受体激动药阿扑吗啡引起的呕吐反应,但对刺激前庭所致呕吐无效。对顽固性呃逆有效,其机制可能与氯丙嗪抑制位于延脑催吐化学感受区旁呃逆调节中枢有关。

(3) 对体温调节的作用:氯丙嗪对下丘脑体温调节中枢具有较强的抑制作用,与解热镇痛药不同,氯丙嗪不仅能降低发热机体的体温,也能降低正常机体体温。氯丙嗪的体温调节作用随外界环境温度而变化，环境温度越低，其降温作用越明显，如配合物理降温，则可使体温降至更低；在高温环境下，氯丙嗪却可使体温升高，这是其干扰机体正常散热的结果。

2. 对自主神经系统的作用　氯丙嗪阻断 α 受体，可致血管扩张、血压下降，翻转肾上腺素的升压效应，故肾上腺素不适用于氯丙嗪引起的低血压的治疗；大剂量阻断 M 受体，可引起口干、便秘、视力模糊、排尿困难等不良反应。

3. 对内分泌系统的影响　大剂量氯丙嗪可阻断结节-漏斗 DA 通路的 D_2 受体，影响多种下丘脑激素的分泌调控：减少催乳素抑制因子的释放，故催乳素释放增加；抑制促性腺激素释放激素的分泌，减少卵泡刺激素和黄体生成素释放；抑制促肾上腺皮质激素释放激素的分泌，抑制肾上腺皮质激素的释放，使糖皮激素释放减少；轻度抑制垂体生长激素的分泌。

【临床应用】

1. 精神分裂症　氯丙嗪能显著改善患者妄想、幻觉等阳性症状，但对淡漠、意志减退等阴性症状的疗效不明显。主要用于Ⅰ型精神分裂症的治疗，以妄想型疗效较为突出，其次为青春型、偏执型和紧张型，尤其对急性发作和具有明显阳性症状的精神分裂症患者效果显著，但不能根治，需长期用药，甚至终生治疗；对慢性精神分裂症患者疗效较差。氯丙嗪还可用于预防精神分裂症复发，对其他精神病伴有的兴奋、躁动、紧张、幻觉和妄想等症状有显著疗效；对各种器质性精神病（如脑动脉硬化性精神病、感染中毒性精神病等）和症状性精神病的兴奋、幻觉和妄想症状也有效，但剂量要小，症状控制后须立即停药。临床使用证明氯丙嗪治疗精神病安全有效，至今仍为国内治疗精神分裂症的首选药，用于临床急诊或急性期治疗。

2. 呕吐和顽固性呃逆　氯丙嗪对多种药物（如洋地黄、吗啡、四环素等）和疾病（如尿毒症和恶性肿瘤）引起的呕吐具有显著的镇吐作用。对顽固性呃逆具有显著疗效。对晕动症引起的呕吐无效。

3. 低温麻醉与人工冬眠　氯丙嗪配合物理降温（冰袋、冰浴）可使患者体温降低，用于低温麻醉，以减少心、脑等重要器官的氧耗，有利于手术进行。氯丙嗪与其他中枢抑制药（如哌替啶、异丙嗪）合用，可使患者深睡，降低体温、基础代谢及组织氧耗，增强机体对缺氧的耐受能力，减轻机体对伤害性刺激的反应，并可使自主神经传导阻滞及中枢神经系统的反应性降低，此种状态称为“人工冬眠”，有利于患者渡过危险的缺氧缺能阶段，为进行其他有效治疗争取时间。多用于严重创伤、感染性休克、高热惊厥、中枢性高热、甲状腺危象及妊娠中毒症等病症的辅助治疗。

【不良反应】　氯丙嗪药理作用广泛，临床用药时间长，不良反应较多。

1. 一般不良反应　包括中枢抑制症状（嗜睡、淡漠、无力等）、α 受体阻断症状（鼻塞、血压下降、直立性低血压及反射性心动过速等）和 M 受体阻断症状（口干、无汗、视力模糊、便秘、眼压升高等）。本药局部刺激性较强，宜深部肌内注射。静脉注射可致血栓性静脉炎，应以生理盐水或葡萄糖溶液稀释后缓慢注射。为防止直立性低血压，注射用药后静卧 2 小时，然后缓慢起立。

2. 锥体外系反应　长期大量服用抗精神病药后出现的副反应：

（1）帕金森综合征（Parkinsonism synarome）：多见于老年人，表现为肌张力增高、面容呆板、动作迟缓、肌肉震颤、流涎等。

（2）静坐不能（akathisia）：表现为坐立不安、运动不停、肌肉不适。

（3）急性肌张力障碍（acute dystonia）：青少年多见，急起病，出现在用药初期，主要是头颈部肌肉受累，舌、口、眼、面等肌群痉挛，患者出现强迫性牙关紧闭、吞咽困难、斜颈、颜面怪相等。

以上三种反应均是由于氯丙嗪阻断了黑质-纹状体通路的 D_2 样受体，使纹状体中的 DA 功能减弱、ACh 的功能相对增强所致。可通过减少氯丙嗪药量、停药或服用中枢抗胆碱药来缓解。

（4）迟发性运动障碍（tardive dyskinesia）：仅见于部分长期用药患者，主要表现为口-面部不自主刻板运动及四肢舞蹈样动作，停药后仍长期不消失，抗胆碱药反而使其加重。其机制可能是因为 DA 受体长期被阻断，受体敏感性增加或反馈抑制减弱，使突触前 DA 释放增多所致。此症目前尚无有效治疗，早期诊断、早期停药或换用抗精神病药可使某些病人好转。

3. 药源性精神异常　氯丙嗪本身可引起精神异常，如兴奋、躁动、幻觉、妄想、或萎靡、淡漠、消极、抑郁、意识障碍等，应与原有疾病加以鉴别，一旦发生应立即减量或停药。

4. 神经阻滞剂恶性综合征（neuroleptic malignant syndrome）　多见于剂量过大或多种药物联用所致的一种较为严重的不良反应，表现为高热、肌僵直、意识障碍和自主神经功能紊乱，甚至死亡。处理原则：及时停药，试用 DA 受体激动剂，如溴隐停或金刚烷胺；或肌松药，如丹曲林钠以及补液、降温等支持治疗。

5. 惊厥与癫痫　少数病人用药过程中出现局部或全身抽搐，脑电图有癫痫样放电，有惊厥或癫痫史者更易发生，应慎用，必要时加用抗癫痫药。

6. 变态反应　常见症状有皮疹、接触性皮炎。偶有皮肤色素沉着或肤色变化。

7. 心血管系统和内分泌系统　表现为直立性低血压、心动过速及心电图改变，如 Q-T 间期延长、S-T 段下移、T 波低平或倒置等。多见于老年伴动脉硬化、高血压患者。心血管反应一般与剂量有关，多为可逆性，经减量或停药后大多可恢复至正常。长期用药尚可引起内分泌系统紊乱，如乳腺增大、泌乳、月经紊乱、性欲减退、抑制儿童生长等。

8. 急性中毒 一次吞服大剂量氯丙嗪后，可致急性中毒，患者出现昏睡、血压下降至休克水平，并出现心肌损害，如心动过速、心电图异常(P-R 间期或 Q-T 间期延长、T 波低平或倒置)，此时应立即对症治疗，早期应用去甲肾上腺素升高血压。

【药物相互作用】 氯丙嗪可以增强其他中枢抑制药的作用，如乙醇、镇静催眠药、抗组胺药、镇痛药等，联合使用时应注意调整剂量，特别是与吗啡、哌替啶等合用时要注意呼吸抑制和血压下降。氯丙嗪的去甲基代谢物可以阻止胍乙啶被神经末梢摄入，拮抗胍乙啶的降压作用。氯丙嗪可抑制 DA 受体激动药和左旋多巴的作用。某些肝药酶诱导剂如苯妥英钠、卡马西平等，可加速氯丙嗪的代谢，合用时应注意适当调节剂量。

【禁忌证】 严重的心血管疾病、肝脏、肾脏疾病、严重的中枢抑制或昏迷、有癫痫及惊厥病史以及青光眼、乳腺增生症和乳腺癌患者禁用；老人、儿童和孕妇慎用。

奋 乃 静

奋乃静(perphenazine，羟哌氯丙嗪)是吩噻嗪类中哌嗪衍生物。与氯丙嗪比，抗精神病作用较强，效价高，剂量小，镇吐作用强，而镇静作用较弱，对慢性精神分裂症的疗效优于氯丙嗪。对心血管系统、肝脏及造血系统的不良反应较氯丙嗪轻，仅为氯丙嗪的 1/3，但较易引起锥体外系症状。常用于年龄较大或幻觉妄想比较明显的患者。

氟 奋 乃 静

氟奋乃静(fluphenazine，氟非拉嗪)抗精神病作用较氯丙嗪和奋乃静强，快且持久。镇静、降压作用较弱，锥体外系副作用较奋乃静更多见。适用于急、慢性精神分裂症，对慢性精神分裂症或单纯型精神分裂症疗效优于氯丙嗪。

三 氟 拉 嗪

三氟拉嗪(trifluoperazine，甲哌氟丙嗪)抗精神病作用、镇吐作用较氯丙嗪强，作用出现快，维持时间长，对精神分裂症妄想紧张型有较好疗效。锥体外系副作用多见，此外，还可引起心动过速、失眠、口干；偶有肝功能损害、粒细胞减少、再生障碍性贫血等。老年患者宜减量，肝功能不良、冠心病患者禁用。

硫 利 达 嗪

硫利达嗪(thioridazine，甲硫达嗪)是吩噻嗪类中哌啶衍生物，此药有明显的镇静作用，抗幻觉妄想作用不如氯丙嗪。选择性作用于边缘系统 DA 受体，锥体外系副作用少，老年人易耐受，作用缓和为其优点。适用于伴有激动、焦虑、紧张、抑郁及躯体感觉异常的精神分裂症、躁狂症和更年期精神病。

二、硫 杂 蒽 类

硫杂蒽类(thioxanthenes)的基本结构与吩噻嗪类相似，只是在吩噻嗪环上的第 10 位氮原子被碳原子取代，所以此类药物的基本药理作用与吩噻嗪类极为相似。

氯 普 噻 吨

氯普噻吨(chlorprothixene，泰尔登)是本类药的代表，结构与三环类抗抑郁药相似，故有较弱的抗抑郁作用。本品抗幻觉、妄想作用不及氯丙嗪，但镇静作用较强，且有一定抗焦虑或抑郁作用，其调整情绪、控制焦虑和抑郁作用较氯丙嗪强。氯普噻吨最适用于伴有焦虑或抑郁的精神分裂症，焦虑性神经官能症及更年期抑郁症。由于抗肾上腺素与抗胆碱作用较弱，故不良反应较轻。锥体外系症状也较少。

氟 哌 噻 吨

氟哌噻吨(flupenthixol，三氟噻吨)抗精神病作用与氯丙嗪相似，有一定的抗抑郁焦虑作用，适用于治疗抑郁症或伴有焦虑的抑郁症。血浆蛋白结合率大于 95%，血浆半衰期为 35 小时，表观分布容积 V_d 为 14L/kg。氟哌噻吨镇静作用弱，但锥体外系副作用常见。偶有猝死报道。由于氟哌噻吨具有特殊的激动效应，故禁用于躁狂症患者。

三、丁 酰 苯 类

丁酰苯类(butyrophenones)药物化学结构与吩噻嗪类完全不同，但其药理作用和临床应用与吩噻嗪类相似，为强效抗精神病、抗焦虑药。

氟 哌 啶 醇

氟哌啶醇(haloperidol，氟哌丁苯)是第一个合成的丁酰苯类药物，也是这类药物的典型代表。化学结构与氯丙嗪完全不同，却能选择性阻断 D_2 受体，属高效价抗精神病药。其抗精神病作用和镇吐作用较氯丙嗪强约 50 倍，但锥体外系的反应亦重。阻断 α 受体、M 受体和降低体温作用弱，几乎无镇静作用。适用于控制躁动、幻觉、妄想等为主的精神分裂症，还能改善慢性病人的精神衰退症状。对氯丙嗪无效的患者仍有效。也用于秽语综合征、焦虑性神经症、顽固性呃逆和呕吐等。锥体外系反应多见，心血管系统的副作用较轻、对肝功能影响小。有致畸报道，孕妇禁用。

氟哌利多

氟哌利多(droperidol，氟哌啶)药理作用与氟哌啶醇基本相似，主要区别在于其代谢快，作用维持时间短。临床上主要用于增强镇痛药的效果，常与芬太尼配合使用，使患者处于一种特殊的麻醉状态：痛觉消失、精神恍惚、对环境淡漠，被称为神经阻滞镇痛术(neuroleptanalgesia)。作为一种外科麻醉药，用于烧伤清创、窥镜检查、造影、某些小手术等，其特点是集镇痛、安定、镇吐、抗休克作用于一体。也用于麻醉前给药、镇吐、控制精神病人的攻击行为。

本药吸收快，肌肉注射后起效时间几乎与静脉注射相同，作用维持时间约 6 小时，75%从尿中排出，其余则经肠道排泄。因其作用时间比芬太尼长，故第二次重复给药一般只给芬太尼，避免氟哌利多蓄积。

四、其他抗精神病药物

氯氮平

氯氮平(clozapine)属于苯二氮䓬类，为新型非典型抗精神病药。20 世纪 70 年代初用于临床，取得了治疗精神分裂症的良好效果，目前在我国部分地区已将其作为治疗精神分裂症的首选药。

氯氮平为一广谱神经安定药，对精神分裂症的疗效与氯丙嗪相当，但起效迅速，多在一周内见效。抗精神病作用强，对其他抗精神病药无效的精神分裂症的阴性和阳性症状都有治疗作用。临床上适用于急、慢性精神分裂症患者，能较快控制兴奋躁动、幻觉、妄想、焦虑不安、木僵等症状，而对情感淡漠、逻辑思维障碍等的作用较差。亦可用于治疗躁狂症病人。对长期应用经典抗精神病药而引起的迟发型运动障碍也有明显的改善作用。

氯氮平是选择性的 D_4受体拮抗药，其特异性阻断中脑边缘系统和中脑皮层通路的 D_4受体，而对黑质-纹状体通路 D_2受体亲和力弱。新近的研究显示，氯氮平抗精神病的机理涉及阻断 $5\text{-}HT_{2A}$ 和 DA 受体，协调 5-HT与 DA 系统的相互作用和平衡，因此氯氮平也被称为 5-HT-DA 受体阻断药，并由此提出了精神分裂症的 DA 与 5-HT 平衡障碍的病因学说。此外氯氮平尚有抗胆碱 M_1受体、抗组胺 H_1受体和抗肾上腺素 α_1受体作用，几乎无锥体外系反应和内分泌方面的不良反应，但可引起粒细胞减少，严重者可致粒细胞缺乏，可能由于免疫反应引起，应常规做血象检查。

舒必利

舒必利(sulpiride)属苯甲酰胺类衍生物，为非典型性抗精神病药。本品选择性阻断中脑-边缘系统的 D_2受体，而对黑质-纹状体通路 DA 受体的阻断作用不明显，因此锥体外系的不良反应较少。对紧张型精神分裂症疗效好，奏效快，有"药物电休克之称"。此药能改善患者与周围的接触，活跃情绪，减轻幻觉和妄想等症状，对情绪低落、抑郁、顽固性恶心呕吐等症状有治疗作用，对长期应用其他药物无效的顽固性病例亦有效。禁用于高血压、嗜铬细胞瘤和躁狂症患者。

利培酮

利培酮(risperidone)是第二代非典型抗精神病药物。该药对 $5\text{-}HT_2$受体和 D_2受体均有阻断作用，但对前者的阻断作用明显强于后者，此外尚有弱 α_1受体和 H_1受体阻断作用。利培酮对精神分裂症阳性症状及阴性症状均有效。适用于治疗首发急性或慢性病人。不同于其他药物的是该药对精神分裂症患者的认知功能障碍和继发性抑郁亦具有治疗作用。由于利培酮有效剂量小，用药方便、见效快、锥体外系反应轻，且抗胆碱样作用及镇静作用弱，易被病人接受。自 20 世纪 90 年代推广应用于临床以来，已成为治疗精神分裂症的一线药物。

第二节　抗躁狂症药

案例 17-2

患者，男，35 岁，农民。

患者于 2004 年元月无明显诱因急起精神失常，表现为兴奋话多，无故指责他人，无理取闹，要大队书记打报告到省里批钱给他，否则就要罢他们的官；要给别人算命，说自己会升官发财，会当局长等；易怒，稍不顺心就发脾气，骂人，有时动手打人砸毁家具，不能正常劳动，四处乱走，称要做生意，赚大钱，有钱即乱挥霍，买些烟酒、图书散发给不认识的人。夜间睡眠少，个人生活料理可。逢人一见如故，滔滔不绝，自吹自擂，情绪高涨，整日忙碌，爱管闲事，易激怒，稍不顺心就骂人，伤人，自制力差。经当地精神病院诊断为"躁狂症"。

入院体检：四肢无明显异常；双侧瞳孔等圆，对光反射存在；对称反射存在；巴氏征阴性；正常步态、肌力正常、感觉正常；第Ⅱ～Ⅻ对脑神经无损失。

诊断：躁狂症

治疗：服用锂剂治疗(600mg，每日晨服；900mg，睡前口服)，疗效明显，大约 1 月后出院。

问题：

目前临床常用抗躁狂症的药物是什么？在使用过程中应注意监测哪些内容？

抗躁狂症药(antimanic drugs)又称情绪稳定剂(mood stabilizers),主要用于治疗以情绪高涨、烦躁不安、活动过度和思维、言语不能自制为特征的躁狂症或双相情感障碍,包括锂盐、抗精神病药、某些抗癫痫药、钙通道阻滞药等,其中碳酸锂是临床治疗躁狂症最常用的药物。

碳 酸 锂

【体内过程】 碳酸锂(lithium carbonate)口服吸收快且完全,4～5 小时血药浓度达高峰。锂离子起初分布于细胞外液,然后逐渐蓄积在各组织。不与血浆蛋白结合,$t_{1/2}$约为 18～36 小时。通过血脑屏障进入脑组织和神经细胞缓慢,开始治疗 7～10 天后才开始起效。锂离子主要自肾脏排泄,80%由肾小球滤过的锂离子在近曲小管与 Na^+ 竞争重吸收,故增加钠摄入可促进其排泄。排泄的个体差异大,老人排出较慢,易引起蓄积中毒。

【药理作用与机制】 治疗剂量碳酸锂对正常人的精神行为无明显影响,但对躁狂症患者及精神分裂症的躁狂、兴奋症状有显著疗效,控制躁狂发作,使患者言行和行为恢复正常。碳酸锂发挥药理作用的是锂离子,研究已发现锂离子在细胞水平具有多方面作用,但其安定情绪的机制尚未完全阐明,可能是多种途径协同作用的结果:①治疗浓度(1～10mmol/L)锂盐抑制神经末梢 Ca^{2+} 依赖性 NA 和 DA 释放;②促进神经细胞对突触间隙中 NE 的再摄取,并加速灭活;③增加色氨酸的摄取并促进 5-HT 生成和释放;④抑制腺苷酸环化酶和磷脂酶 C 所介导的第二信使的效应;⑤影响 Na^+、Ca^{2+}、Mg^{2+} 的分布及葡萄糖代谢。

【临床应用】 碳酸锂对躁狂症患者有显著疗效,特别是对急性躁狂和躁狂性发作疗效显著,缓解成功率达 80%。锂盐对抑郁症也有一定疗效,故有情绪安定药之称。长期服用碳酸锂可降低双相情感障碍躁狂和抑郁的反复发作,对预防抑郁复发也有效,但对抑郁的作用不如躁狂明显。此外,锂盐对分裂性情感性精神障碍也有一定作用。

【不良反应】 常见胃肠道刺激症状、乏力、手细微震颤、口渴多尿等,随着继续用药多数症状会减轻,但乏力、手震颤、口渴多尿等则继续存在。长期用药可引起非特异性 T 波改变、肾脏毒性、体重增加、甲状腺功能低下等,减量或停药后可恢复,无须特殊处理。

锂盐安全范围较窄,最适浓度为 0.8～1.5mmol/L 之间,超过 2mmol/L 即出现中毒症状。早期毒性症状包括恶心、呕吐、腹痛、腹泻、手震颤、共济失调等,进而出现谵妄、意识障碍、惊厥、抽搐、直至昏迷和死亡。由于该药治疗指数很低,测定血药浓度至关重要。当血药浓度升至 1.6mmol/L 时,应立即停药。锂盐无特殊拮抗药,主要采取对症处理和支持疗法。

第三节 抗抑郁症药

案例 17-3

患者,女,21 岁,大学四年级学生。

性格内向,不善于言谈,不愿意与其他人交往,不合群,学业优秀。2 年前因男朋友与之分手后出现失眠,开始早醒,后由于情绪不好与朋友发生争吵后渐出现入睡困难,偶尔通宵不眠。自感头晕头胀,记忆力减退,大脑反应迟钝、思路闭塞,整日感觉空虚,精神不振、心情抑郁、情绪低落,学习感觉力不从心,人生渺茫,生命毫无意义,悲观厌世,并有自杀念头。近半年来因病情更为严重,入院诊断为"抑郁症"。平素体健,无外伤及手术史,否认高血压、心脏病等重大躯体疾病史;否认脑炎等中枢神经系统疾病史。

入院体检:四肢无明显异常;无面神经麻痹迹象;步态正常;指鼻试验正常;运动功能正常;握力对称;双侧深部腱反射为 2+;双侧知觉完整。

诊断:抑郁症。

问题:

1. 临床常用的抗抑郁症药可分为哪几类?
2. 三环类抗抑郁症药的药理作用有哪些?

抑郁症是一种最常见的情感障碍性精神病,目前全世界抑郁症发病率可达 10%,其临床表现为情绪低落、思维迟缓、动作减少、睡眠障碍等,严重者常出现自伤冲动或自杀行为。抗抑郁症药(antidepressant drugs)是指主要用于治疗情绪低落、抑郁消极的一类药物。各种抗抑郁药均可使 70%左右的抑郁患者病情明显改善,维持治疗可减少抑郁症复发。此外,抗抑郁症药对焦虑性障碍、惊恐发作、强迫性障碍及恐惧症亦有效。

根据化学结构和作用机理的不同,目前临床使用的抗抑郁症药可分为三环类抗抑郁症药、单胺氧化酶抑制药、NA 再摄取抑制药、5-HT 再摄取抑制药及其他抗抑郁药。这些药物大多以单胺学说作为抑郁症发病机理,并在此基础上建立动物筛选模型,所以在药理作用、临床应用和不良反应等方面具有许多相似之处。

一、三环类抗抑郁症药

该类药物化学结构中均有 2 个苯环和 1 个杂环,故统称为三环类抗抑郁症药(tricyclic antidepressants,TCAs)。常用药物有丙米嗪(imipramine)、地昔帕明(desipramine)、阿米替林(amitriptyline)、多塞平(doxepin)等。

本类药物属于非选择性单胺再摄取抑制药，主要阻断 NA 和 5-HT 的再摄取，从而增加突触间隙这两种递质的浓度。大多数 TCAs 具有抗胆碱作用，能引起口干、便秘、排尿困难等不良反应。此外 TCAs 还可阻断 α 肾上腺素受体和组胺受体而引起过度镇静。

丙 米 嗪

【体内过程】 口服吸收良好，2～8 小时血药浓度达高峰，血浆 $t_{1/2}$ 为 10～20 小时。体内分布广泛，以脑、肝、肾及心脏分布较多。主要在肝内经肝药酶代谢，通过氧化变成 2-羟基代谢物，并与葡萄糖醛酸结合，自尿排出。

【药理作用】

1. 对中枢神经系统的作用 正常人服用丙米嗪(imipramine，丙米嗪)后出现安静、嗜睡、疲乏、血压稍降、头晕、目眩等，并常出现口干、视力模糊等抗胆碱作用，连用数天后这些症状可能加重，甚至出现注意力不集中和思维能力降低等现象。但抑郁症患者连续服药 2～3 周后，出现精神振奋现象，表现为情绪高涨，症状减轻。

目前认为，丙米嗪抗抑郁症的作用机制主要是阻断 NA、5-HT 在神经末梢的再摄取，从而使该两类神经递质在突触间隙的浓度增高，降低突触前膜 α_2 受体敏感性，促进突触传递功能而发挥抗抑郁作用(图 17-2)。

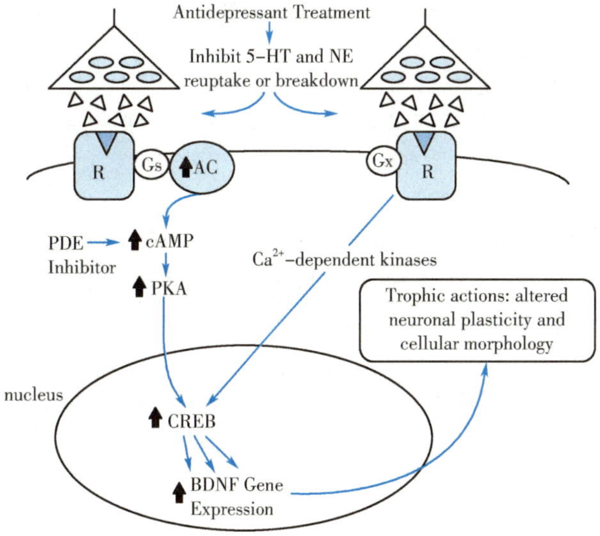

图 17-2 三环类抗抑郁药作用机制

2. 对植物神经系统的作用 治疗量丙米嗪能明显阻断 M 胆碱受体，引起口干、便秘、视物模糊和尿潴留等。

3. 对心血管系统的作用 治疗量丙米嗪可降低血压，引起心律失常，其中心动过速较常见。心电图可出现 T 波倒置或低平。这些不良反应可能与该药阻断单胺类再摄取从而引起心肌中 NA 浓度增高有关。另外，丙米嗪对心肌有奎尼丁样直接抑制效应，心血管患者慎用。

【临床应用】

1. 治疗抑郁症 用于各种原因引起的抑郁症，对内源性抑郁症、更年期抑郁症效果较好，反应性抑郁症次之，对精神分裂症伴发的抑郁状态无明显疗效。此外，本药尚可用于强迫症的治疗。

2. 焦虑和恐惧症 对伴有焦虑的抑郁症患者疗效显著。对恐惧症有效，其效果与地西泮相当。

3. 治疗遗尿症 对于儿童遗尿可试用丙米嗪进行治疗，剂量依年龄而定，睡前口服，疗程以 3 个月为限。

4. 其他 丙米嗪还可用于治疗消化性溃疡、肠激惹综合征、偏头痛、长期疲劳症、神经痛及纤维肌肉痛、神经性厌食等。

【不良反应和禁忌证】

1. 外周抗胆碱反应 口干、扩瞳、视力模糊、便秘、排尿困难等常见，可在用药过程中逐渐消退。严重者可能诱发青光眼、肠麻痹和尿潴留。前列腺肥大、青光眼患者禁用。

2. 神经及精神症状 震颤、头晕、易疲劳、失眠等，严重者可出现中毒性谵语、恐惧症等，诱发躁狂发作。该类药物可降低痉挛阈值而诱发癫痫，故癫痫患者禁用。

3. 心血管系统 可见心率加快，直立性低血压，心脏病患者禁用。

4. 其他 性功能障碍、肝功能异常、粒细胞缺乏症等。

【药物相互作用】 苯妥英钠、保泰松、阿司匹林、东莨菪碱和吩噻嗪可竞争性抑制三环类与血浆蛋白的结合率，从而使游离型药物浓度增加。诱导肝药酶的药物，能干扰三环类药物的代谢。由于三环类抑制 NA 再摄取，与单胺氧化酶抑制药(MAOI)合用时，可导致 NA 浓度极度增高而引起血压升高、高热和惊厥。三环类抗抑郁药还能增强中枢抑制药的作用，如与抗精神病药、抗帕金森病药合用时，抗胆碱作用可相互增强。此外，三环类抗抑郁药还能对抗胍乙啶和可乐定的降压作用。

阿 米 替 林

阿米替林(amitriptyline，依拉维)，是临床上常用的三环类抗抑郁药，药理学特征及临床应用与丙米嗪极为相似。与丙米嗪相比，阿米替林对 5-HT 再摄取的抑制作用明显强于对 NA 再摄取的抑制，镇静作用和抗胆碱作用也较明显。阿米替林的不良反应与丙米嗪相似而严重，偶有加重糖尿病症状的报道。禁忌证与丙米嗪相同。

多 塞 平

多塞平(doxepin，多虑平)，作用与丙米嗪相似，但其抗抑郁作用较后者弱，抗焦虑作用强。镇静作用和对血压的影响也较丙米嗪大，对心脏的影响较小。

对伴有焦虑症状的抑郁症效果最佳，焦虑、紧张、情绪低落、行动迟缓等症状数日后可缓解，达显效时需2～3周。也可用于消化性溃疡的治疗。

不良反应与丙米嗪类似，一般不用于儿童和孕妇，老年患者应适当减量。

二、抗抑郁新药

（一）NA 再摄取抑制药

该类药物选择性抑制突触前膜NA的再摄取，增强中枢神经系统NA的功能而发挥抗抑郁症疗效。主要适用于脑内以NA缺乏为主的抑郁症，尤其适用于尿检3-甲基-4-羟苯乙二醇（NA的代谢物）明显减少的患者。这类药物的特点是奏效快，镇静作用、抗胆碱作用和降压作用均比三环类药弱。

地昔帕明

【药理作用】 地昔帕明（desipramine，去甲丙米嗪），是强效选择性NA摄取抑制药，其效率为抑制5-HT摄取的100倍以上。对DA的摄取亦有一定的抑制作用；对H_1受体有强拮抗作用；对α受体和M受体拮抗作用较弱。

对轻、中度抑郁症疗效好。有轻度镇静作用，缩短REM睡眠，但延长了深睡眠。血压和心率轻度增加，偶致体位性低血压，可能是由于抑制NA再摄取，阻断α受体作用的结果。

【体内过程】 口服快速吸收，2～6小时达血药峰浓度，血浆蛋白结合率为90%，在肝脏代谢生成具有活性的代谢物，主要在尿中排泄，少量经胆汁排泄，其中原形占5%。

【临床应用】 治疗抑郁症开始口服剂量为每次25mg，每日3次，逐渐增加到每次50mg，每日3～4次，需要时最大可用到每日300mg。老年人应适当减量。

【不良反应与注意事项】 与丙米嗪相比，不良反应较少，但对心脏影响与丙米嗪相似。过量则导致血压降低、心律失常、震颤、惊厥、口干及便秘等。

【药物相互作用】 本药不应与拟交感胺类药物合用，以免增加后者的作用。与MAO抑制药合用也要慎重。与胍乙啶及作用于肾上腺素能神经元末梢的降压药合用会明显降低降压效果，因其抑制药物经胺泵摄取进入末梢。

马普替林

【药理作用】 马普替林（maprotiline）为选择性NA再摄取抑制药，对5-HT摄取几无影响。抗胆碱、镇静和对血压的影响与丙米嗪类似。与其他三环类抗抑郁药一样，用药2～3周后才能充分发挥疗效。能延长REM睡眠时间。对心脏的影响也与三环类抗抑郁药一样，延长Q-T间期，加快心率。

【体内过程】 口服吸收缓慢而完全，9～16小时之间血药浓度达峰值，广泛分布于全身组织，肺、肾、心、脑和肾上腺的药物浓度均高于血液。血浆蛋白结合率约为90%，$t_{1/2}$为27～58小时。

【临床应用】 用于抑郁症的治疗。

【不良反应】 治疗剂量可见口干、便秘、眩晕、头痛、心悸等。也有用药后出现皮疹和皮炎的报道。

（二）选择性 5-HT 再摄取抑制药

选择性5-HT再摄取抑制药（SSRIs）克服了三环类抗抑郁药的缺点，因高效、安全及良好的耐受性，在国内外已得到广泛的应用，如氟西汀、帕罗西汀、舍曲林等。该类药物对5-HT再摄取具有强大的阻断作用，而对其他神经递质的功能影响小。兼有抗抑郁作用和抗焦虑作用，而对植物神经系统、心血管系统影响小，不良反应少。主要适用于脑内5-HT不足而引起的抑郁症及其他抗抑郁症药疗效不佳者。

氟 西 汀

【药理作用】 氟西汀（fluoxetine，氟苯氧丙胺）为苯丙胺的衍生物，是一种强效选择性的5-HT再摄取抑制药。氟西汀对肾上腺素受体、组胺受体、GABA受体、M受体、5-HT受体几无亲和力。对抑郁症的疗效与三环类药相当，而不良反应少。对强迫症亦有效。此外，本品有厌食作用，可用于神经性贪食症。

【体内过程】 口服吸收良好，达峰时间6～8小时，血浆蛋白结合率80%～95%。给予单个剂量时血浆清除$t_{1/2}$为48～72小时，在肝脏代谢生成去甲基活性代谢物去甲氟西汀，其活性与母体相同，但$t_{1/2}$较长。

【临床应用】 本药可用于治疗抑郁症，常用剂量每日20mg～40mg，需要时可加至每日80mg。因药物在肝脏代谢，肝功能不良患者需采用隔日疗法。还可用于治疗神经性厌食症。

【不良反应与注意事项】 偶有恶心呕吐、头痛头晕、乏力失眠、厌食、体重下降、震颤、惊厥、性欲降低等。肝病者服用后$t_{1/2}$延长，须慎用。肾功能不全者，长期用药须减量，延长服药间隔时间。氟西汀与MAO抑制药合用时须警惕"5-HT综合征"的发生，主要表现为不安、激越、恶心、呕吐或腹泻，随后高热、强直、肌阵挛或震颤、植物神经功能紊乱、心动过速、高血压、意识障碍，最后可致昏迷，严重者可致死，应引起重视。心血管疾病、糖尿病者应慎用。

帕罗西汀

帕罗西汀(paroxetine,赛洛特)是一种强效的5-HT再摄取抑制药,通过增加突触间隙递质浓度而发挥治疗抑郁症的作用。口服吸收良好,消除$t_{1/2}$为21小时,抗抑郁效果与三环类药相当,而其抗胆碱、体重增加、镇静等不良反应较轻。常见不良反应为口干、便秘、视力模糊、震颤、恶心等。禁与MAO抑制药合用。

舍曲林

舍曲林(sertraline,郁乐复)是一种选择性抑制5-HT再摄取的药物,可用于各种抑郁症的治疗,能有效减轻患者的抑郁症状,包括烦躁情绪、持续性的疲劳症状以及焦虑状态。在治疗抑郁症和焦虑障碍方面,疗效显著,安全性好,耐受性强。主要不良反应为口干、恶心、腹泻、男性射精延迟、震颤、出汗等。禁与MAO抑制药合用。

(三)其他抗抑郁药

文拉法辛

文拉法辛(venlafaxine)是20世纪90年代初发展起来的5-HT及NA再摄取抑制药(SNRIs)的典型代表。与三环类药不同,该药抗抑郁作用的机制为选择性抑制5-HT和NA的再摄取,而对肾上腺素受体、胆碱受体及组胺受体几无亲和力,故无三环类药和MAO抑制药常见不良反应,安全性及耐受性好。主要用于抑郁症和广泛性焦虑症治疗,也可用于强迫症和惊恐发作。

米氮平

米氮平(mirtazapine)通过阻断突触前膜α_2受体而增加NA的释放、间接提高5-HT的更新率而发挥抗抑郁作用,抗抑郁效果与阿米替林相当。抗胆碱作用和5-HT样不良反应较轻。

Summary

- Psychiatric disorders are diseases associated with dysfunction of psychological activity with regard to thinking, feeling, behavior and bulesis. They can be induced by many factors, including biology, heredity, etc, which results to pathophysiological changes and functional injuries in brain.
- The principal psychiatric disorders seen in the clinic are schizophrenia, depression, mania and anxiety. Accordingly, antipsychotropic drugs can be divided into antischizophrenic drugs, antidepressant drugs, antimanic drugs and anxiolytics, according to its actions and clinical uses. In this chapter, we focus on the characteristics, pharmacological effects, clinical uses and adverse reactions of common drugs used to treated it.

(欧阳昌汉)

第十八章 镇 痛 药

案例 18-1

患者，女，74 岁。

主诉：持续性胸前区闷痛 2 小时。

现病史：患者于睡眠中突觉胸前区闷痛，有濒死感，伴大汗、有便意。自服硝酸甘油后无缓解。

检查：患者神志清，呼吸稍快，四肢发凉。体温 37℃，脉搏 112 次/分钟，血压 90/60mmHg。

辅助检查：心电图：窦性心律，$V_1 \sim V_6$ 导联可见 ST 段弓背向上型抬高，V_1、V_2、V_3 导联可见病理性 Q 波，Ⅱ、Ⅲ、AVF 导联 ST 段下移，T 波倒置。

诊断：冠心病，急性心肌梗死。

治疗：吸氧；多巴胺 200mg，间羟胺 10mg 加入 10%葡萄糖缓慢静脉点滴(根据血压情况调节 DA 给药速度)；吗啡 10mg 皮下注射；溶栓治疗。

问题：

1. 心肌梗死病人为什么应用吗啡？有哪些作用？

2. 心梗病人应用吗啡时要注意什么问题？

第一节 概 述

疼痛是一种组织损伤或潜在损伤所引起的不愉快感觉和情感体验。它既是机体的一种保护性机制，提醒机体避开或处理伤害，也是临床许多疾病的常见症状。剧烈疼痛不仅给患者带来痛苦和紧张不安等情绪反应，还可引起机体生理功能紊乱，甚至诱发休克，所以控制疼痛是临床用药的主要目的之一。

按痛觉冲动的发生部位，疼痛可分为躯体痛(somatic pain)、内脏痛(visceral pain)和神经痛(neuropathic pain)三种类型。躯体痛是由于身体表面和身体深层组织的痛觉感受器受到各类伤害性刺激所致，可分为急性痛(acute pain，锐痛)和慢性痛(chronic pain，钝痛)两种。锐痛为尖锐而定位清楚的刺痛，伤害性刺激达到阈值后立即发生，刺激撤除后很快消失；钝痛为强烈而定位模糊的"烧灼痛"，发生较慢，持续时间较长。内脏痛是由于内脏器官、体腔壁浆膜及盆腔器官组织部位的痛觉感受器受到炎症、压力、摩擦或牵拉等刺激所致。神经性痛是由于神经系统损伤或受到肿瘤压迫或浸润所致。

镇痛药(analgesics)按其作用部位一般分为两大类，即作用于中枢神经系统的镇痛药和作用于外周神经系统的解热镇痛药。中枢性镇痛药是指作用于中枢神经系统，选择性地解除或缓解疼痛并改变其对疼痛的情绪反应，而对其他感觉(如听觉、触觉等)无明显影响，并保持意识清醒的药物。本类药物通过激活中枢神经系统的阿片受体(opoate receptors)产生镇痛作用，所以称为阿片类镇痛药(opioid analgesics)，且易产生药物依赖性或成瘾性，又称为成瘾性镇痛药(addictive analgesics)。

本章介绍的镇痛药包括三类：①阿片生物碱类镇痛药：如吗啡和可待因；②人工合成的阿片类镇痛药：如哌替啶、芬太尼、美沙酮和二氢埃托啡；③其他镇痛药：如延胡索乙素和罗通定。

第二节 阿片生物碱类镇痛药

阿片(opium)为希腊文"浆汁"的意思，来源于罂粟科植物罂粟(*papaver somniferum*)未成熟蒴果浆汁的干燥物。在公元 16 世纪已被广泛用于镇痛、止咳、止泻、镇静等。阿片中含 20 多种菲类和异喹啉类生物碱，含量达 25%。菲类主要有吗啡、可待因，它们均可激动阿片受体，产生镇痛等中枢作用。异喹啉类主要有罂粟碱(papaver)，具有松弛平滑肌和舒张血管作用。

吗啡(morphine)是阿片所含 20 余种生物碱中的主要成分，相当于阿片生物碱总量的一半。

吗 啡

【构效关系】 吗啡化学结构的基本骨架是以 A、B、C、D 环构成的氢化菲核(图 18-1)。其中 A 环和 C 环以氧桥连接，此氧桥如被破坏，就形成阿扑吗啡，失去镇痛效能而产生很强的催吐作用。B 环与 D 环相稠合。A 环上的酚羟基和 C 环上的醇羟基具有重要的药理作用。当 A 环第 3 位酚羟基上的氢原子被甲基取代得到可待因；被乙基取代得到乙基吗啡，则镇痛作用减弱；第 6 位醇羟基也被甲基取代得到海洛因，镇痛作用和成瘾性增强；当叔胺氮上甲基被烯丙基取代，则变成吗啡的拮抗药如纳洛酮和烯丙吗啡(表 18-1)。

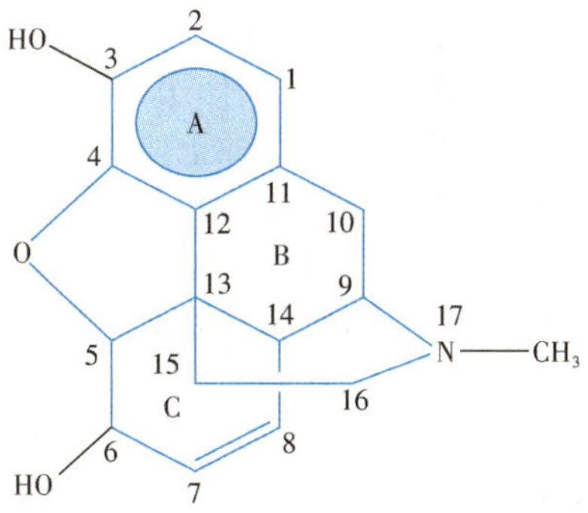

图 18-1 吗啡的基本结构

【体内过程】 口服吗啡后吸收良好，但首过消除明显，生物利用度只有 25%。故常注射给药，皮下注射 30 分钟后吸收量可达 60%。硬膜外或椎管内注射可快速渗入脊髓发挥作用。药物血浆蛋白结合率约为 30%，游离型药物可迅速分布于全身各组织器官，血流丰富的组织如肺、肝、肾等浓度最高。本品脂溶性较低，成人仅少量透过血脑屏障，但易通过小儿的血脑屏障，也可通过胎盘进入胎儿体内。吗啡 60%~70% 与肝脏葡萄糖醛酸结合，10% 转为可待因，其余为游离型。葡萄糖醛酸代谢物为吗啡-6-葡萄糖醛酸（morphine-6-glucuronide，M6G）和吗啡-3-葡萄糖醛酸（morphine-3-glucuro-nide，M3G），M6G 的生物活性比吗啡强，在吗啡单次及反复给药的镇痛作用中起重要作用。M3G 不与阿片受体结合，几乎没有镇痛作用，有拮抗吗啡作用，这一作用可能与吗啡镇痛治疗中的反应及耐受的变异性有关。吗啡血浆 $t_{1/2}$ 为 3~4 小时。代谢物及原形主要经肾脏排泄，10% 经胆道从粪便排出，少量经乳汁排出。肾功能减退和老年人排泄减慢。

表 18-1 吗啡及其衍生物的构效关系

药物	取代部位及取代基团				作用特点
	3 位	6 位	17 位	14 位	
吗啡	—OH	—OH	$—CH_3$	—H	镇痛，易成瘾（激动药）
可待因	$—OCH_3$	—OH	$—CH_3$	—H	镇痛、成瘾减弱（激动剂）
海洛因	$—OCOCH_3$	$—OCOCH_3$	$—CH_3$	—H	镇痛、成瘾增强（激动剂）
纳洛酮	—OH	=O	$—CH_2CH=CH_2$	—OH	吗啡拮抗药
烯丙吗啡	—OH	—OH	$—CH_2CH=CH_2$	—H	吗啡拮抗药

【药理作用】

1. 对中枢神经系统的作用

（1）镇痛和镇静：主要通过激动丘脑内侧、第三脑室和中脑导水管周围灰质及脊髓胶质区的阿片受体，产生强大的镇痛作用。皮下注射 5~10mg 显著减轻病人对疼痛的感受和改善病人对疼痛的反应。吗啡对各种伤害性疼痛均有强大的镇痛作用，对慢性持续性钝痛的效力优于急性间断性锐痛。此外，吗啡激动边缘系统和蓝斑核的阿片受体，减轻病人对疼痛的焦虑、紧张和恐惧等情绪反应，产生镇静和欣快感，提高病人对疼痛的耐受力和增强吗啡的镇痛作用，但同时也是某些个体造成强迫用药的原因。椎管内注射可产生节段性镇痛作用，而不会产生显著的感觉或运动的改变。

（2）抑制呼吸：治疗剂量的吗啡降低呼吸中枢对血液 CO_2 张力的敏感性，也能抑制脑桥的呼吸调整中枢，出现明显的呼吸抑制作用，使呼吸频率减慢、潮气量降低，每分通气量减少。其中，呼吸频率减慢尤为突出，急性中毒时呼吸频率可减慢至 3~4 次/分钟。呼吸抑制发生快慢及程度与给药途径密切相关，静脉注射吗啡 5~10 分钟或肌内注射 30~90 分钟呼吸抑制最为明显。与其他中枢抑制药（包括麻醉药、镇静催眠药以及乙醇等）合用，吗啡的呼吸抑制作用会增强和（或）延长。呼吸抑制是吗啡急性中毒致死的主要原因，但这种作用易被中枢兴奋药所拮抗。吗啡的呼吸抑制作用与激动延髓孤束核 μ_2 阿片受体有关。原有颅内压升高、哮喘、慢性阻塞性肺病或肺心病者，应用吗啡可引起严重的呼吸功能障碍。

（3）镇咳作用：吗啡通过激动延髓孤束核的阿片受体，抑制咳嗽中枢而产生显著的镇咳效应，作用比其他镇咳药强，对多种原因引起的咳嗽均有效。但由于成瘾性强，临床上常用可待因代替。

（4）缩瞳、催吐及其他：①吗啡兴奋中脑盖前核阿片受体，兴奋动眼神经缩瞳核，引起缩瞳作用。中毒时，瞳孔可呈针尖样大小，这是吗啡中毒特征，吗啡缩瞳作用不产生耐受性；②吗啡兴奋延髓催吐化学感受区而产生恶心、呕吐作用；③吗啡也可作用于下丘脑体温调节中枢，通过改变体温调定点而引起体温下降，但长期大剂量应用，体温反而升高；④吗啡还可抑制下丘脑释放促性腺激素释放激素（GnRH）和促肾上腺皮质激素释放激素（CRH），从而降低血浆黄体生成素（LH）、卵泡刺激素（FSH）和促肾上腺皮质激素（ACTH）释放。此外，还可抑制抗利尿激素（ADH）和促甲状腺激素（TSH）的释放。

2. 兴奋平滑肌作用

（1）胃肠道：胃肠道平滑肌存在高密度的阿片受体，治疗量吗啡可兴奋胃肠道平滑肌，提高胃窦张力，使胃蠕动减慢和排空延迟；提高小肠静息张力，使小肠节律性和节段性收缩幅度增大而推进性蠕动减弱或消失；增加结肠张力，使推进性蠕动减弱，延缓内容物通过和增加水分的吸收，并抑制消化腺分泌；提高回盲瓣及肛门括约肌张力，使肠内容物通过受阻。吗啡通过上述局部作用以及中枢的抑制作用，减弱便意和排便反射，因而易引起便秘。

(2) 胆道：吗啡能兴奋胆道奥狄(Oddi)括约肌，使胆道和胆囊内压增加，引起上腹不适，甚至诱发或加重胆绞痛，用阿托品可部分对抗，纳洛酮可逆转，硝酸甘油或烯丙吗啡也可缓解。胆绞痛病人不宜单独使用此药。

(3) 其他：吗啡提高输尿管的张力和收缩幅度；增加膀胱括约肌张力可导致排尿困难和尿潴留；吗啡可使分娩期子宫肌张力降低而延长产程；治疗量对支气管平滑肌兴奋作用不明显，但大剂量可引起支气管平滑肌收缩而诱发哮喘，可能与其促进组胺的释放有关。

3. 心血管系统 常用剂量吗啡对心脏无明显的直接作用，对心率和心律无明显影响，但可扩张动脉和静脉，降低外周血管阻力和抑制压力感受器的反射，产生体位性低血压。这种降压作用与吗啡促进组胺释放和激动延髓孤束核的阿片受体有关。吗啡对脑循环影响很小，但因抑制呼吸，引起 CO_2 积聚，可使脑血管扩张而致颅内压增高。

4. 抑制免疫功能 吗啡对细胞免疫和体液免疫功能均有抑制作用，主要与 μ 受体激动有关。吗啡可使白细胞介素-1β(interleukin-1β, IL-1β)、IL-2、IL-10、肿瘤坏死因子(tumor necrosis factor-α, TNF-α)和 TNF-β 下降，也可抑制自然杀伤细胞(natural killer cell, NK cell)活性、抑制刀豆蛋白 A(ConA)刺激的 T 细胞增殖、抑制巨噬细胞的吞噬功能和一氧化氮(nitrous oxide, NO)的释放。一般认为，短期用药与影响交感神经系统有关，长期用药与影响下丘脑-垂体-肾上腺系统有关。吗啡的免疫抑制作用在停药戒断症状出现时最明显，但长期给药对免疫的抑制可出现耐受现象。吸毒者由于机体的免疫功能被抑制易导致感染。

【作用机制】 随着阿片受体和阿片肽的发现，吗啡的镇痛机制研究近年已取得了突破性进展。

1962 年，我国学者发现，用微量(10μg)吗啡注入家兔第三脑室周围及导水管周围灰质时，可明显消除疼痛反应。如先用吗啡拮抗药烯丙吗啡则能对抗吗啡的镇痛作用。由此提出了脑内存在吗啡有效作用位点。1973 年，Terenius、Snyder 等实验室证实了脑内存在阿片受体。目前认为在中枢神经系统内有 4 种阿片受体，其中吗啡型受体被命名为 μ 受体；酮基环唑新型受体被命名为 κ 受体；SKF10047(N-allylormetazocine)型受体被命名为 σ 受体。另外，在小鼠输精管中发现了一种与内啡肽有高度亲和力的受体，并将之命名为 δ 受体。每种受体又有数种亚型，阿片受体的分型及效应见表 18-2。

由于在人脑内发现有特异性阿片受体，同时发现电刺激某些脑细胞核群有镇痛作用，纳洛酮能部分翻转此作用，故认为脑内有内源性镇痛物质存在。至今在脑组织中已发现 20 多种与阿片类作用相似的内源性阿片样肽或内阿片肽(opioid peptides)，包括亮氨酸脑啡肽(L-enkephalins)、甲硫氨酸脑啡肽(M-enkephalins)、β-内啡肽(β-endorphins)和强啡肽 A(dynorphins A)。前两者总称脑啡肽，他们存在于不同或相同的中枢神经元中。此外，外周器官组织如胃和小肠等也有分布。脑啡肽对 δ 受体有较强的选择性，被认为是 δ 受体的内源性配体；强啡肽对 κ 受体的选择性较强，被认为是 κ 受体的内源性配体；而 β-内啡肽对 μ 受体和 δ 受体均有较强的亲和力。现认为内源性阿片肽和阿片受体共同组成了机体的抗痛系统，在感觉神经元冲动传递过程中，其神经末梢释放 P 物质(substance P, SP)，后者作用于接受神经元的相应受体，将痛觉的冲动传至痛觉中枢而引起疼痛。内源性阿片肽从相应的神经元释放后，激动感觉神经突触前、后膜上的阿片受体，通过 G 蛋白耦联机制，抑制腺苷酸环化酶，促进 K^+ 外流、减少 Ca^{2+} 内流，使突触前膜 P 物质释放减少，突触后膜超极化，最终减弱或阻滞痛觉信号的传递，产生镇痛作用。

吗啡的镇痛作用主要是通过激动脊髓胶质区、丘脑内侧、脑室及导水管周围灰质等部位的阿片受体，主要是 μ 受体，模拟内源性阿片肽对痛觉的调制功能而产生镇痛作用(图 18-2)。临床上常用的阿片类药物对主要受体亚型的激动特点有所差异(表 18-2)。

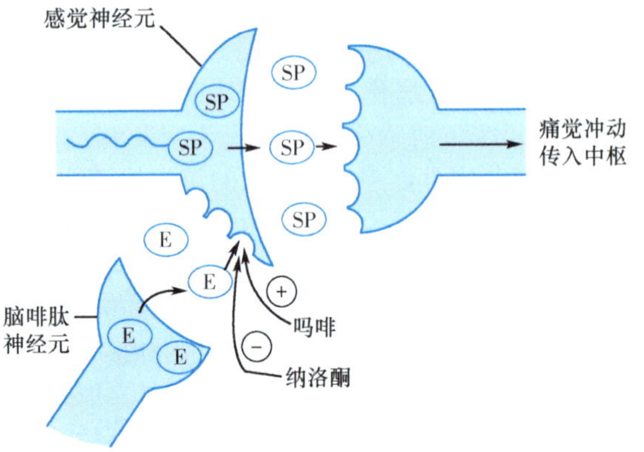

图 18-2 痛觉的传递与阿片类药物镇痛作用机制示意图
SP：P 物质，E：脑啡肽，⊕：激动作用，⊖：阻断作用

在中枢不同神经元中阿片受体分布的密度与阿片类药物的效应有关，本类药物通过激动中枢不同部位的阿片受体而发挥作用。除镇痛作用外，激动边缘系统和蓝斑核阿片受体与情绪和精神活动有关；激动延髓孤束核阿片受体与抑制呼吸、镇咳和交感神经中枢活动有关；激动中脑盖前核阿片受体与缩瞳作用有关；激动脑干极后区、孤束核和迷走神经背核阿片受体与胃肠活动有关。

表 18-2 阿片受体分型及效应

	μ受体	δ受体	κ受体	σ受体
激动时效应				
镇痛	脊髓以上水平	脊髓水平	脊髓水平	—
呼吸抑制	++	++	+	—
瞳孔	缩小	缩小	—	?
胃肠运动	减少	减少	—	—
平滑肌痉挛	++	++	—	—
行为、精神活动	欣快++	欣快++	烦躁不安+	烦躁不安++
	镇静++	镇静++	镇静+	致幻
身体依赖性	++	++	+	—
内源性配体				
亮氨酸脑啡肽	+	+++	—	—
β-内啡肽	+++	+++	+++	—
甲硫氨酸脑啡肽	++	+++	—	—
强啡肽	++	+	+++	—
阿片类药物				
完全激动剂				
吗啡	+++	+	++	—
可待因	+	+	+	—
哌替啶	++	+	+	—
二氢埃托啡	+++	+++	+++	—
芬太尼	+++	+	—	—
部分激动剂				
喷他佐辛	+*	+	++	+
丁丙诺啡	+++*	—	—	—
拮抗药				
纳洛酮	+++*	++*	++*	+*
烯丙吗啡	++*	++*	++*	+*

注：—、+、++、+++分别表示无作用，作用弱、中、强；? 表示不清楚，* 表示阻断作用。

【临床应用】

1. 镇痛 对各种原因引起的疼痛均有强大的镇痛作用，但易于成瘾，一般仅短期内用于其他镇痛药无效的剧痛，如严重创伤、手术后、烧伤等引起的剧痛或晚期癌症疼痛等。对内脏平滑肌痉挛引起的绞痛，如胆绞痛和肾绞痛需在明确诊断后合用解痉药如阿托品可有效缓解。对心肌梗死引起的剧痛，如血压正常可应用吗啡，除镇痛作用外，由于吗啡具有镇静和扩张血管作用，可减轻患者的焦虑和心脏负荷。吗啡镇痛效果与个体对药物的敏感性以及疼痛程度有关，应根据不同病人对药物的反应性来调整剂量。吗啡对神经压迫性疼痛疗效较差。其他疼痛一般用哌替啶、曲马朵或罗通定等治疗。

癌症患者的止痛应按照1986年世界卫生组织提出的“三级止痛阶梯治疗”，即止痛药的选择应由弱到强，按阶梯升级。第一阶段选用非阿片类，若无效升入第二级弱效类阿片类加非阿片类药物，疼痛仍不缓解并有增加趋势时最后升入第三级强效阿片类加非阿片类药物。其主要原则为：口服给药，尽可能避免创伤性给药；做到按时给药而不是按需给药，即所谓只在疼痛时给药；按阶梯给药；用药应个体化。

2. 心源性哮喘 心源性哮喘是急性左心衰竭引起的肺水肿所致，除采用吸氧、注射快速作用的强心苷药物等措施外，配合使用吗啡或哌替啶可以缓解呼吸紧迫和窒息症状，收到良好的效果。其机制：①降低呼吸中枢对CO_2的敏感性，使浅而快的呼吸变为深而慢，改善肺换气功能；②扩张血管，降低外周阻力、减少回心血量，减轻心脏收缩前、后负荷和肺循环压力，有利于改善心功能和消除肺水肿；③具有明显的镇静作用，可减轻患者的烦躁、焦虑和恐惧情绪，间接减轻心脏负担。

3. 用于麻醉前给药和全身麻醉辅助用药 吗啡于麻醉前给药，可消除患者在术前的紧张、焦虑和恐惧情绪。吗啡静脉注射可作为全身麻醉辅助用药，加强麻醉效果。

4. 止泻 使胃肠道推进性蠕动减慢而起止泻作用，可用于严重单纯性的急、慢性腹泻，一般用含少量吗啡的阿片酊或复方樟脑酊，如为细菌感染，应同时应用有效的抗菌药物治疗。

5. 镇咳 镇咳作用强大，但易产生依赖性，一般不用于止咳。在肺出血或胸部创伤迫切需要立即镇咳的特殊情况下，在确定支气管无异物阻塞后，口服或皮下注射吗啡可获良好效果。可待因代替吗啡用于剧烈干咳的患者。

【不良反应与注意事项】

1. 一般反应 包括嗜睡、眩晕、注意力分散、恶心、呕吐、便秘、排尿困难、胆道压力升高甚至诱发胆绞痛、呼吸抑制、直立性低血压和免疫抑制等。

2. 耐受性(tolerance)和依赖性(dependence) 长期反复给药易产生耐受性和依赖性，剂量越大，给药间隔越短，产生越快。皮下植入吗啡缓释片12～24小时后可出现耐受性，此后必须增加剂量才能获得与原来相同的镇痛效应，3天后相同镇痛的剂量可增加至5倍左右，患者可耐受正常量的25倍而不中毒。作用于相同受体的药物之间有交叉耐受性(cross-tolerance)。药物依赖性可分为躯体依赖性(physical dependence)和精神依赖性(psychological dependence)。躯体依赖性是指机体对药物产生耐受后，需增加剂量才能达到原来的药效。未增加剂量或停用这种药物，机体会明显感到不适，产生异常表现，如兴奋、失眠、焦虑、流泪、流涕、震颤、肌痛、出汗、呕吐、腹泻，甚至虚脱、意识丧失等，称为戒断综合征(withdrawal syndrome 或 abstinence syndrome)。所谓精神依赖就是指形成依赖者心里觅药渴求与通过重复用药所达到的欣快或愉快的内心体验。在依赖性形成过程中,一般精神依赖性最早产生,然后产生身体依赖性,而身体依赖性又将使精神依赖性进一步加重。依赖性产生的机制尚未完全清楚,有以下可能的机制:①从蓝斑核发出的交感神经通路在戒断综合征的发生中起着重要的作用,阿片类药物使蓝斑核神经元发出的冲动减少。当停用吗啡时,吗啡对依赖者蓝斑核系统的作用被解除,而出现一系列植物神经系统功能紊乱症状。α_2肾上腺素受体激动药可乐定可减轻许多戒断症状,但不能消除依赖者要求继续使用吗啡的欲望。②导水管尾部灰质的脑啡肽能神经元、谷氨酸能神经元和 GABA 能神经元之间的相互作用与戒断症状的产生密切相关。长期应用吗啡后突然停药,导致脑啡肽合成和释放减少,引起谷氨酸和 GABA 释放增加而引起戒断症状。给予脑啡肽可明显减弱戒断症状。③N-甲基-D-天冬氨酸受体阻断药也能减轻吗啡的戒断症状,因而认为与这个因素也有关。

依赖性的治疗:临床观察发现,停用吗啡 7 天左右,基本可以脱毒。但停药期间病人的戒断症状严重,不用药物治疗难以坚持。常用美沙酮替代疗法帮助病人脱毒,即应用依赖性较低的阿片类药物替代依赖性强的药物。如当停用吗啡或海洛因后,口服美沙酮 6～7 天,然后逐渐减量以至停药即可脱毒。也可用可乐定治疗,脱毒治疗量一般高于临床抗高血压剂量,成人可由 0.1mg,每日 3 次开始,逐增至日量 1.5mg 以下,可有效控制戒断症状,而无严重不良反应发生。治疗剂量维持 1 周后,可于 1 周内递减完毕。但吸毒者脱毒后的复吸率很高,如何消除他们再吸毒的欲望,降低复吸率依然是当今有待于解决的难题。

3. 急性中毒 吗啡急性中毒,初有欣快感、颜面潮红、头晕及心动过速、恶心、呕吐、兴奋不安、反射增强、逐渐嗜睡。严重中毒者迅速昏迷、呼吸慢而浅且不规则、伴发绀,半数以上患者可发生肺水肿。瞳孔似针尖大小是吗啡中毒的特征之一。继而肌肉松弛、反射消失、体温和血压下降,终因呼吸麻痹而死。新生儿及婴儿因血脑屏障功能不全,易发生中毒,呼吸抑制尤其明显。

抢救措施:人工呼吸、吸氧(不可给纯氧,因吗啡中毒时靠低氧血症维持呼吸中枢兴奋,如吸入纯氧反而消除这种调节机制,使呼吸进一步抑制)、补液以维持循环功能,静脉注射阿片受体阻断药纳洛酮或烯丙吗啡。

应用吗啡的注意事项:①对诊断未明的疼痛,尽可能不用本药,以免掩盖病情,贻误诊断;②吗啡有呼吸抑制、延长产程、升高颅内压及释放组胺等作用,而且能通过胎盘和经乳汁分泌,对胎儿、新生儿和婴儿较敏感,故禁用于支气管哮喘、肺心病、分娩止痛、颅内高压者以及哺乳期妇女、新生儿和婴儿;③甲状腺功能低下、肾上腺皮质功能不全、消化道及泌尿道阻塞性或感染性疾病、严重肝、肾功能障碍应慎用;④用纳洛酮抢救已产生依赖性患者的急性中毒时,可促戒断综合征发作,应注意鉴别。

【药物相互作用】

(1) 与镇静催眠药、吩噻嗪类、单胺氧化酶抑制药,三环抗抑郁药、乙醇等中枢抑制性药物合用可增强吗啡的中枢抑制作用,延长其作用时间。

(2) 吗啡可增强香豆素类的抗凝血作用,并延长其作用时间。

(3) 与西咪替丁合用,可使吗啡的肝代谢和肝摄取抑制,使其血药浓度增高,作用增强。

(4) 与抗胆碱药物(尤其是阿托品)合用时,可使便秘加重,增加出现麻痹性肠梗阻和尿潴留的危险性。

(5) 与氢氯噻嗪类合用,可加重直立性低血压。

(6) 与抗生素(如头孢霉素、林可霉素、克林霉素、青霉素等)合用,可诱发假膜性肠炎,出现严重的水样腹泻。

可 待 因

可待因(codeine)又称甲基吗啡(methylmorphine),口服生物利用度为 50%,因脂溶性较高而易于进入中枢。主要经肝脏代谢,约 10%脱甲基形成吗啡而发挥镇痛作用,血浆 $t_{1/2}$ 为 2～4 小时。镇痛作用约为吗啡的 1/12～1/10,但镇咳作用约为吗啡的 1/4。无明显镇静作用,欣快感和依赖性也较吗啡弱,但仍属限制性应用的成瘾性镇痛药。该药无明显导致便秘、尿潴留和直立性低血压作用。临床上主要用于剧烈的干咳,也用于中等度疼痛。

第三节 人工合成镇痛药

哌 替 啶

哌替啶(pethidine)又名美吡利啶(meperidine)或度冷丁(dolantin),化学名为 1-甲基-4-苯基哌啶-4-羧酸乙酯。是苯基哌啶(phenylperidine)衍生物,化学基本结构如图 18-3。

【体内过程】 本品口服或注射给药均可吸收。口服有首过效应,生物利用度约为 50%,故血浆药物浓度较低。一次口服后,血药浓度达峰时间为 1～2 小时,可出现两个峰值。肌内注射后 10 分钟即出现镇痛作用,持续时间约 2～4 小时。临床常采用注射给药。本品血浆蛋白结合率为 40%～60%,可透过胎盘屏障。主要经肝代谢为哌替啶酸、去甲哌替啶和去甲哌替啶酸水解物,$t_{1/2}$ 为 3～4 小时,肝功能不全时增至 7 小时以上。代谢产物去甲哌替啶有明显的中枢兴奋作用。代谢产物与葡萄糖醛酸形成结合物或以游离形式经肾脏排出，少量经乳汁排出。尿液酸度大时，随尿排出的原形药和去甲基衍生物明显增加。

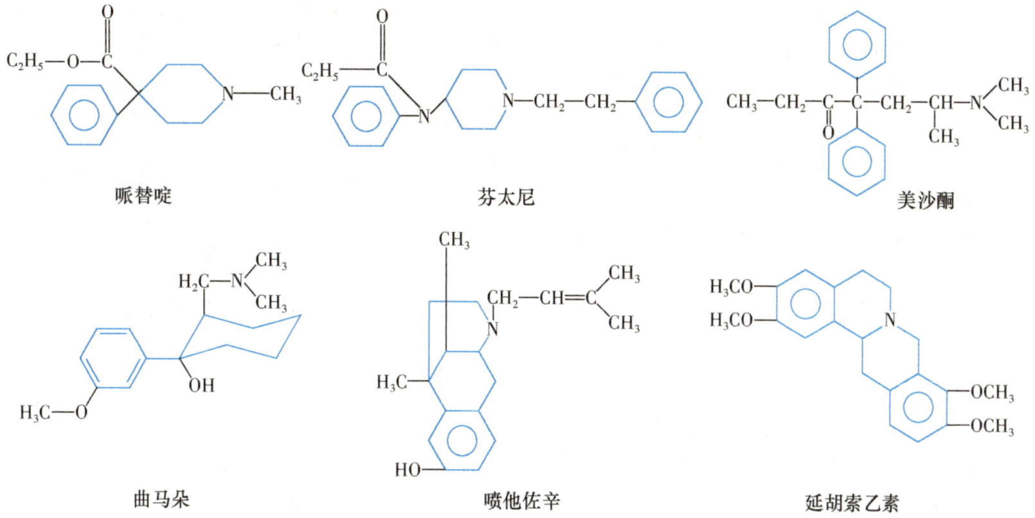

图 18-3 常用人工合成镇痛药的化学结构

【药理作用】 药理作用与吗啡相似，其效价强度约为吗啡的1/10～1/8。在等效剂量下可产生相同的镇痛、镇静作用。

1. 中枢神经系统 哌替啶主要通过激动中枢的 μ 和 κ 受体发挥作用。皮下或肌内注射哌替啶 10 分钟后出现镇痛、镇静作用，持续时间 2～4 小时。呼吸抑制作用较吗啡弱，维持时间短。对咳嗽中枢抑制作用也轻，无吗啡样镇咳作用及瞳孔缩小作用。哌替啶可兴奋延髓催吐化学感受区，并增加前庭器官的敏感性，可出现恶心、呕吐和眩晕现象。

2. 平滑肌 能提高胃肠道和胆道平滑肌张力，减弱胃肠道推进性蠕动，但作用时间短，对肠道下段影响小，故无明显止泻和便秘作用。大剂量时可引起支气管收缩。对妊娠末期子宫正常收缩无影响，不延缓产程。本品有轻微的阿托品样作用，可使心率增加。

此外，扩血管作用与吗啡相似，治疗量可致直立性低血压，平卧后迅速消失。

【临床应用】

1. 镇痛 哌替啶适用于各种剧烈疼痛，如严重创伤、烧伤、手术后疼痛、晚期癌症引起的疼痛、内脏绞痛等，由于哌替啶的依赖性较吗啡轻，产生也较慢，且致平滑肌兴奋作用较弱，口服有效，故几乎取代了吗啡。对胆绞痛和肾绞痛需合用平滑肌解痉药阿托品或山莨菪碱。本品能通过胎盘，在胎儿和新生儿的血药浓度可能超过母体，而且新生儿对其极敏感易引起呼吸抑制，故产妇临产前 2～4 小时内不宜应用。

2. 麻醉前给药和人工冬眠 哌替啶的镇静作用可消除患者对手术的紧张和恐惧情绪，减少麻醉药用量和缩短诱导期。与氯丙嗪和异丙嗪组成人工冬眠合剂，用于如高热、惊厥、甲亢危象和严重创伤等时的人工冬眠。

3. 心源性哮喘 可代替吗啡用于治疗心源性哮喘，效果良好，作用机制与吗啡相同。

【不良反应】 治疗量可致眩晕、恶心、呕吐、心悸、直立性低血压和心动过速等，较少引起便秘和尿潴留。反复应用也易产生耐受性和依赖性。过量中毒时，可出现皮肤潮湿冰冷、发绀、脉缓、血压下降、呼吸缓慢(浅表而不规则)、嗜睡，进而昏迷。禁忌证与吗啡相同。

芬 太 尼

芬太尼(fentanyl)化学结构与哌替啶相似，为苯基哌替啶的衍生物。通常皮下注射、肌内注射或静脉给药，静脉注射后几乎立即生效，作用持续时间约30min。血浆蛋白结合率为 84%。主要激动 μ 阿片受体，为强效镇痛药，镇痛效价强度约为吗啡的100～180 倍，哌替啶的 550～1000 倍。临床主要用于短时的强效镇痛，如外科术前和术中的镇痛；与局麻药和全麻药合用，可增强麻醉效果和减少麻醉药用量；与氟哌啶(droperidol)配伍，具有神经安定镇痛作用，用于某些小手术如烧伤换药或医疗器械检查如内窥镜检查等。不良反应有眩晕、恶心、呕吐、呼吸抑制和成瘾性等；有弱的拟胆碱作用。快速静脉注射可引起胸壁和腹壁肌肉僵直而影响通气，可用纳洛酮或非除极化肌松药对抗。禁忌证与吗啡相同。

美 沙 酮

美沙酮(methadone)口服吸收良好，生物利用度为 92%，血浆蛋白结合率为 89%，$t_{1/2}$ 为 35 小时。主要经肝脏代谢，代谢产物从肠道和肾脏排泄。美沙酮主要激动 μ 受体。本品镇痛效能与持续时间与吗啡相当,但起效慢,作用时间长,适用于慢性疼痛。也能产生呼吸抑制、镇咳、缩瞳的作用。欣快作用不如吗啡,镇静作用较弱,但重复给药仍可引起明显的镇静作用。引起便秘和胆道压力升高作用也较吗啡弱。依赖性产生慢而轻。可用于吗啡和海洛因等脱毒的替代递减治疗。

二氢埃托啡

二氢埃托啡(dihydroetorphine)是迄今为止作用最强的镇痛药。本药与 μ、δ、κ 受体均有很强的亲和力(尤其对 μ 受体亲和力高)。口服给药无效,舌下给药吸收良好,10～15 分钟起效,维持 3～4 小时;静脉给药后,2～5 分钟起效,维持 30～90 分钟。镇痛效力为吗啡的 500～1000 倍,但镇痛作用持续时间短,为 2 小时左右。尚有镇静、解痉和抑制呼吸作用。此外,也有缩瞳、减慢心率等作用,但无明显催吐作用。用于镇痛,如创伤性疼痛、手术后疼痛、晚期癌症疼痛等,包括吗啡、哌替啶无效的剧痛。小剂量间断用药不易产生耐受性,大剂量持续用药可出现耐受性,也可产生依赖性。卫生部规定二氢埃托啡不能用作海洛因依赖的脱毒治疗的替代品。

喷 他 佐 辛

喷他佐辛(pentazocine,镇痛新,fortalin)是苯并吗啡烷类衍生物。口服和肌内注射给药均吸收良好,首关消除明显,生物利用度为 11%～32%,血浆蛋白结合率为 65%,$t_{1/2}$ 为 2～4 小时,主要经肝脏代谢和肾脏排泄。

喷他佐辛为阿片受体的部分激动剂,即激动 κ 和 σ 受体及拮抗 μ 受体。主要用于镇痛,效力约为吗啡的 1/3,并能减弱吗啡的镇痛作用,对吗啡依赖者可促进吗啡产生戒断症状。呼吸抑制作用为吗啡的 1/2,其镇痛和抑制呼吸程度并不随剂量增加而成比例增加。对胃肠道平滑肌作用与吗啡相似,但较少引起恶心、呕吐,对胆道括约肌的兴奋作用较弱,没有缩瞳作用。此药不产生欣快感,剂量较大时反而激动 δ 受体产生焦虑、不安等症状。对心血管系统的影响不明显,大剂量可使血压升高、心率加快和左室舒张期末压增加,这与升高血中儿茶酚胺浓度有关。因可阻断 μ 受体而有拮抗作用,故成瘾性很小,被列为非麻醉性镇痛药。临床适用于各种剧痛及(或)顽固性疼痛的镇痛。常见不良反应为恶心、呕吐、眩晕。大剂量(60～90mg)致烦躁、恶梦、幻觉等精神症状和呼吸抑制。

丁 丙 诺 啡

丁丙诺啡(bupreno 瘾者服用后,能较好地控制毒瘾。可用于多种阿片类药物依赖的脱毒治疗和维持治 rphine)是一种半合成、高脂溶性的阿片受体部分激动药。为 μ 和 κ 受体的部分激动药,是 δ 受体的拮抗药。其镇痛效价约为吗啡的 30 倍,作用持续时间长。与喷他佐辛相比,较少引起烦躁等精神症状,但更易引起呼吸抑制,纳洛酮对其呼吸抑制只有部分拮抗作用。本药精神依赖性和身体依赖性均低于吗啡和哌替啶。

第四节 其他镇痛药

曲 马 朵

曲马朵(tramadol)口服吸收快而完全,生物利用度为 90%,血浆蛋白结合率为 20%,可透过胎盘,进入乳汁。主要经肝脏代谢和肾脏排泄。$t_{1/2}$ 为 6 小时。曲马朵对阿片受体有较弱的激动作用,镇痛作用较弱;镇咳作用强度约为可待因的 1/2;无明显的呼吸抑制、扩血管和降压作用;耐受性和依赖性也较弱。临床用于中度和重度急、慢性疼痛,如创伤痛、手术痛和晚期恶性肿瘤疼痛等。常见不良反应有眩晕、恶心、呕吐和出汗等,中毒量可致呼吸抑制,长期应用也可能导致依赖性。

延胡索乙素和罗通定

延胡索乙素(corydalis B,消旋四氢帕马汀,tetrahydropalmatine)是中药元胡所含生物碱,为消旋体,其有效成分是左旋体即罗通定(rotundine)。两药口服吸收良好,10～30 分钟起效,作用维持 2～5 小时。药物有镇静、安定、镇痛和中枢性肌肉松弛作用。镇痛作用弱于哌替啶而强于解热镇痛药,对慢性持续性钝痛效果较好,对创伤、手术后疼痛和晚期癌症疼痛的疗效较差。临床主要用于慢性持续性钝痛,如胃肠和肝胆系统等引起的钝痛、头痛、月经痛和分娩痛等。本品毒性小,安全性大,对产程及胎儿无不良影响。

【附】 阿片受体阻断药

纳洛酮(naloxone)的化学结构与吗啡相似。口服纳洛酮生物利用度低于 2%,故常静脉给药。静脉注射作用迅速,2 分钟起效,作用维持 30～60 分钟。$t_{1/2}$ 约为 1～2 小时。纳洛酮对阿片受体有竞争性阻断作用,其强度依次为 μ>κ>δ 受体,能迅速对抗吗啡等阿片类药物中毒引起的呼吸抑制、血压下降和中枢抑制等症状,1～2 分钟可消除呼吸抑制现象,增加呼吸频率;能逆转休克时 β-内啡肽大量释放所产生的低血压效应;对阿片类药物依赖者可迅速诱发戒断症状。临床主要用于:①解救阿片类药物中毒,拮抗这类药的呼吸抑制作用,并使患者苏醒;②在应用阿片类镇痛药实施复合全麻的手术结束后,用以拮抗这类药物的残余作用;③新生儿受其母体中阿片类镇痛药影响而导致的呼吸抑制;④对疑有阿片类镇痛药成瘾者,用此药可激发戒断症状,有诊断价值;⑤用于解救酒精急性中毒，静脉注射纳洛酮0.4～0.6mg后几分钟即可使患者清醒，可能是乙醇某些代谢物具有阿片样作用而被纳洛酮拮抗，也可能是与阿片受体不相关的回苏作用所致。不良反应较少而轻，拮抗阿片类药物时常可导致恶心、呕吐。

纳曲酮(naltrexone)是纯粹的阿片受体拮抗药，其拮抗效价在人体中约为纳洛酮的2倍。口服后吸收迅速，1小时血浆浓度达高峰，生物利用度50%～60%，$t_{1/2}$约为10小时。纳曲酮主要用于阿片类药物成瘾者的治疗。由于此药目前只有口服制剂，临床麻醉中无应用价值。严重不良反应为与剂量相关的肝毒性。

Summary

- The main pharmacological effects of morphine and pethidine are analgesia, sedation, respiratory depression, suppression of cough, vomiting, pupillary constriction, smooth muscle excitation and blood vessel dilation etc. They are mainly used clinically for the treatments of severity acute and chronic pain, such as trauma, postoperative and cancer pain etc. and cardiac asthma.
- Adverse effects of morphine are nausea, vomiting, constipation, immunological inhibition etc. Acute overdosage produces hypotension, coma and respiratory depression, which are reversed by antagonists of opioid receptors, e.g. naloxone and naltrexone.
- Tolerance and drug dependence of morphine develops rapidly. Drug dependence is divided into physical dependence and psychological dependence. The first is accompanied by physical withdrawal syndrome. Weak μ-receptor agonists, such as methadone, may be used to relieve the syndrome.

（金　英）

第十九章 解热镇痛抗炎药

案例 19-1

患者，女，63 岁，工人。

关节疼痛、肿胀 6 年，近 2 个月症状加重，伴全身不适于 2005 年 6 月 5 日入院。患者 6 年前无明显诱因缓慢起病，低热、乏力、全身不适，2 周后出现双手腕关节、双侧膝关节肿胀和疼痛，疼痛时轻时重，病情反复发作，逐渐影响其日常工作。近 2 个月关节肿胀和疼痛加重，晨起后关节僵硬，日常生活需要家人帮助照料。

体格检查：T37.5℃，P95 次/分，R16 次/分，BP135/85mmHg。神清语利；双肺呼吸音清；心音纯，律齐，心率 95 次/分，各瓣膜听诊区未闻及病理性杂音；双侧腕关节、双侧掌指关节、双侧膝关节肿胀，压痛(＋)，活动受限。双侧肘鹰嘴突附近触及大小不一结节（直径 0.5～2.0cm），质硬，无压痛。

实验室检查：血沉加快，类风湿因子（RF）(＋)，免疫复合物和补体均升高。

关节 X 线检查：X 线片中见双侧腕关节和膝关节周围软组织肿胀，双侧腕关节面出现虫凿样改变，双侧膝关节间隙狭窄。

诊断：风湿性关节炎。

处理措施：阿司匹林 0.3～0.6g/次，3 次/日，饭后口服；柳氮磺吡啶：每日剂量 2g，日 2 次口服。患者服药第 3 日后出现上腹不适、胃痛、恶心、食欲减退，关节疼痛及晨僵症状减轻。

问题：

1. 该患者使用阿司匹林和柳氮磺吡啶是否合理？其药理依据如何？

2. 为什么该患者出现上腹不适、胃痛、恶心、食欲减退症状？

第一节 概 述

解热镇痛药是一类具有解热和镇痛作用的药物，其中大多数药物还具有较强的抗炎和抗风湿作用，故这类药物又称为解热镇痛抗炎药（antipyretic-analgesic and anti-inflammatory drugs）。本类药物的化学结构虽属不同的类别，多数为有机酸类化合物，但是具有相似的药理作用、作用机制和不良反应。基于抗炎作用，为区别于肾上腺皮质激素及其衍生物，将这类药物又称为非甾体类抗炎药（non-steroidal anti-inflammatory drugs，NSAIDs）。

一、药理作用与作用机制

NSAIDs 的解热、镇痛和抗炎作用与其抑制环加氧酶（cyclooxygenase，COX）、抑制前列腺素（prostaglandins，PGs）的合成有关。COX 分为 COX-1 和 COX-2 两种同工酶，各具有不同的特征（表 19-1）。COX-1 为固有型，是组织固有的表达，广泛存在于血管、胃肠、肾等大多数器官组织中，与保护胃肠道黏膜、调节血小板聚集、调节外周阻力和调节肾血流量分布有关。COX-2 为诱导型，受多种细胞因子如白介素-1（interleukin-1，IL-1）、IL-6、IL-8 和肿瘤坏死因子-α（tumor necrosis factor-α，TNF-α）等诱导表达。各种化学、物理和生物损伤性因子通过激活磷脂酶 A_2（phospholipase A_2，PLA_2）或酰基水解酶（acylhydrolase，AHA），使细胞膜磷脂水解生成花生四烯酸（arachidonic acid），后者经 COX 催化生成 PGs。损伤性因子也可诱导细胞因子如 IL-1、IL-6、IL-8 和 TNF-α 等合成。

表 19-1 COX-1 和 COX-2 特征的比较

	COX-1	COX-2
基因表达	固有表达	经诱导表达
催化产物	PGG_2/PGH_2	PGG_2/PGH_2
组织分布	广泛分布	局限分布
刺激血小板表达的因素	各种刺激物	炎症细胞因子如 IL-1、TNF-α、生长因子（growth factor，GF）
		生成 PG、蛋白酶和其他炎症介质，引起炎症
功能	保护胃肠	防御机能
	内环境稳定	免疫反应
	止血（调节血小板聚集）：TXA_2	有丝分裂
	调节外周血管阻力：PGI_2	
	调节肾血流量分布：PGI、PGE	
阿司匹林的选择性抑制	高（IC_{50} 1.6μM）	低（IC_{50} 277μM）

本类药物的解热、镇痛和抗炎作用主要与抑制COX-2有关，而他们的不良反应主要是抑制COX-1所致（图19-1）。

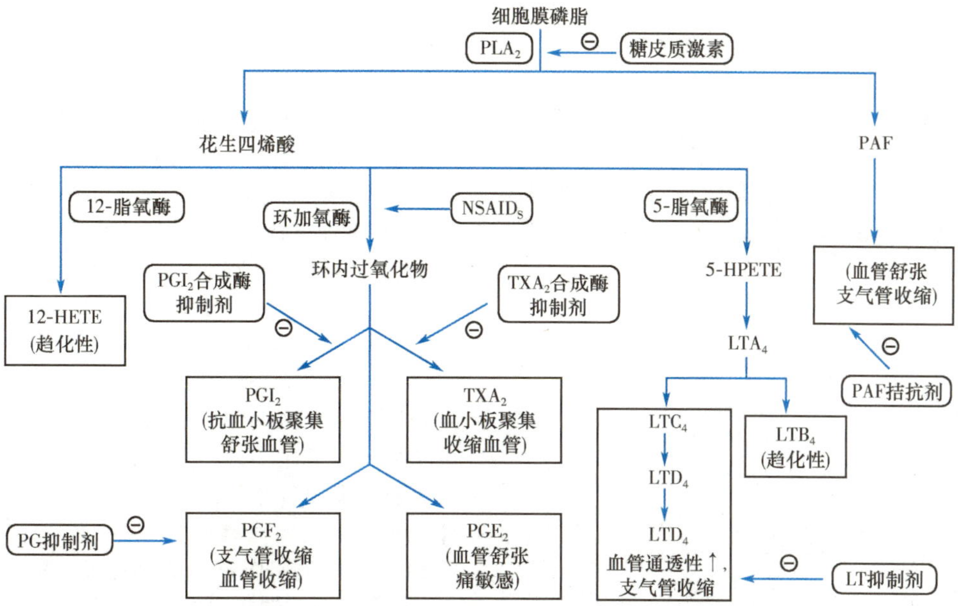

图19-1 膜磷脂衍生的介质及其作用和抗炎药的作用机制

（一）解热作用

下丘脑体温调节中枢通过对产热及散热两个过程的精细调节，使体温维持于相对恒定的水平。发热激活物如病原微生物（细菌、真菌和病毒）、非微生物抗原、炎症灶渗出物、致热性类固醇等，刺激机体血单核细胞和组织巨噬细胞产生并释放内生致热原（细胞因子如IL-1、TNF-α、IL-6）。内生致热原在下丘脑增加PGE_2的合成，使体温中枢调定点升高，增加产热和减少散热，使体温上升。NSAIDs通过抑制下丘脑COX，阻断PGE合成，使体温调节中枢的体温调定点恢复正常，引起皮肤血管扩张、发汗、散热增加，从而发挥解热作用。NSAIDs能促使升高的体温恢复到正常水平，而对正常的体温没有明显影响。

有学者证明，IL-1不能透过正常的血脑脊液屏障到达下丘脑，但仍能引起发热，因而提出终板血管器（organum vasculosum laminae terminalis）也参与中枢体温调节的新观点。此外，PGE并非唯一的发热介质，NSAIDs可能还有其他的解热作用机制。

（二）镇痛作用

组织损伤或炎症引起的疼痛的病理过程均涉及致痛物质缓激肽（bradykinin，BK）、PGs的产生和释放，从而引起疼痛。PGE_2和PGF_2有直接而持久的致痛作用，并可增敏痛觉感受器。若组织中缺乏PG，伤害性系统受体就不可能被激动，PG也可以易化伤害性系统的突触冲动传导。NSAIDs通过抑制外周病变部位的COX，减少PGs合成而发挥镇痛作用。本类药物适用于轻、中度疼痛，对慢性钝痛有效。

（三）抗炎作用

PGs（特别是PGE_1和PGE_2）具有致炎作用，并与BK等致炎因子具有协同效应。炎症早期局部血管扩张和毛细血管通透性增加，白细胞和巨噬细胞游走至炎症区域，炎症晚期成纤维细胞增生。NSAIDs通过抑制炎症部位的COX-2，干扰PGs的合成而起到抗炎作用。近年的研究发现，一些生物因子，如内皮细胞表达的内皮细胞选择素（E-selectin）、P-选择素（P-selectin）和L-选择素（L-selectin）、细胞间黏附分子-1（intercellular adhesion molecule-1，ICAM-1）、血管细胞黏附分子-1（vascular cell adhesion molecule-1，VCAM-1）和白细胞整合素（leukocyte integrin）等使血液中的白细胞趋向炎症部位，并使白细胞和血小板等黏附在炎症部位。提示本类药物的抗炎作用还可能与抑制多种细胞黏附分子的表达及白细胞和血小板等的黏附有关。

二、药物的分类

常用的解热镇痛抗炎药根据其对COX作用的选择性可分为非选择性COX抑制药和选择性COX-2抑制药；按化学结构又可分为水杨酸类、苯胺类、吡唑酮类及其他有机酸类等，各类药物均具有解热、镇痛作用，但抗炎作用方面却各具特点，如阿司匹林和吲哚美辛的抗炎作用较强，某些有机酸的抗炎作用中等，而苯胺类几乎无抗炎作用。

第二节 常用的解热镇痛抗炎药

一、水 杨 酸 类

水杨酸类(salicylates)是常用的 NSAIDs,包括阿司匹林、水杨酸钠、二氟尼柳和水杨酸等,其中以阿司匹林最为常用(图 19-2)。水杨酸刺激性大,仅外用作为抗真菌药和角质溶解药。

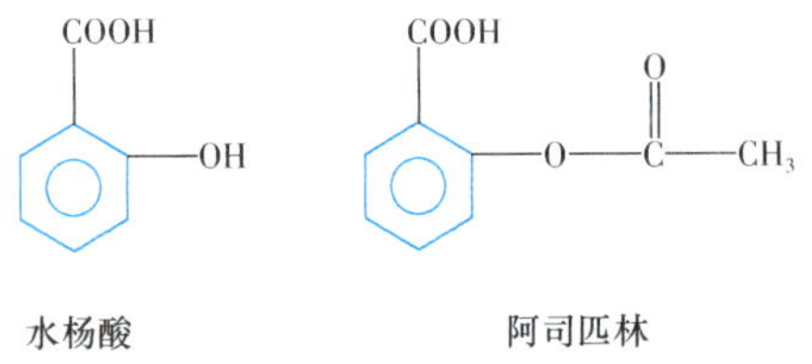

图 19-2 水杨酸类的化学结构

阿 司 匹 林

阿司匹林(aspirin)又称乙酰水杨酸(acetylsalicylic acid),具有强大的解热、镇痛和抗炎作用,而不良反应明显小于水杨酸钠,因而广泛用于解热、镇痛和风湿性关节炎等的治疗。

【体内过程】 本药口服后迅速从胃肠道吸收,1～2 小时血药浓度达峰值。阿司匹林的 $t_{1/2}$ 仅有 15 分钟,易被胃肠黏膜、肝脏和红细胞中的酯酶水解成水杨酸,故在血液和全身各器官组织中主要以此形式存在,也能进入关节腔及脑脊液,并可通过胎盘。阿司匹林的 V_d 为 0.17L/kg。血浆蛋白结合率为 80%～90%,某些药物,如甲状腺激素、青霉素、苯妥英钠、胆红素和其他有机酸类 NSAIDs 能与本药竞争与血浆白蛋白结合,使游离型药物增多。阿司匹林主要在肝内氧化代谢,其代谢物与葡萄糖醛酸等结合后经肾排泄。本品为弱酸性药物,其排泄速度和量与尿液 pH 和给药剂量有关。在碱性和酸性尿液中水杨酸盐的排泄量分别为 85%和 5%。当口服 1g 以下剂量时,按一级动力学消除,$t_{1/2}$ 2～3 小时;当口服 1g 以上剂量时,按零级动力学消除,$t_{1/2}$ 可延长至 15～30 小时;当血中浓度下降达到机体消除能力时,可转为一级动力学消除。水杨酸盐是弱酸性药物,一旦血中含量过高就会引起中毒,可服用碳酸氢钠,碱化尿液增加其解离,减少水杨酸盐重吸收,加速其排泄,是解救中毒的有效方法之一。

【药理作用和临床应用】

1. 解热镇痛 有较强而持久的解热镇痛作用。主要通过增强散热过程,使体温降低到正常水平,但对正常体温一般无影响。临床常以复方制剂,如复方阿司匹林(aspirin phenacetin caffeine,APC)用于感冒发热、头痛、偏头痛、牙痛、关节痛、肌肉痛、月经痛和神经痛等。

2. 抗风湿 最大耐受剂量[3～4g/(kg · d)]有显著的抗炎、抗风湿作用,用药后 24～48 小时能使急性风湿热症状明显缓解,可作为鉴别诊断性用药。常用于治疗风湿和类风湿性关节炎。

3. 抗血栓形成 血栓形成与血小板聚集有关。血栓素 A_2(thromboxane A_2,TXA_2)能诱导血小板释放 ADP 和聚集,而前列环素(prostacyclin,PGI_2)是 TXA_2 的生理对抗剂,可抑制血小板聚集。在血小板内,花生四烯酸在 COX-1 和 TXA_2 合成酶催化下转变为 TXA_2。在血管内膜中,花生四烯酸在 COX-1 和 PGI_2 合成酶的催化下生成 PGI_2。阿司匹林能与 COX-1 共价结合,使 COX-1 的丝氨酸发生乙酰化反应而失活,导致血小板内 TXA_2 和血管内膜中 PGI_2 生成减少。由于血小板内的 COX-1 对本品较敏感,且血小板无合成蛋白质的能力。因此,每天口服阿司匹林 50～100mg 可显著减少 TXA_2 水平;而血管内膜中的 COX-1 对阿司匹林敏感性较低,且有合成酶的能力,故对 PGI_2 无明显影响。

阿司匹林使 COX-2 的一个丝氨酸残基(serine516)不可逆地乙酰化,COX-2 不再催化合成前列腺素的前体,转而催化花生四烯酸生成 15-HETE。因而,小剂量的阿司匹林可抑制血小板聚集,防止血栓形成。临床上用于防治冠心病如心肌梗死、脑血栓和静脉血栓等血栓栓塞性疾病。

4. 其他 一些研究发现,脑内 COX-2 表达增加与老年性痴呆(阿尔茨海默病,Alzheimer's disease)有关,认为口服阿司匹林 100mg/日对此病的发生有阻遏作用。也有报道孕妇血中 TXA_2/PGI_2 的比值增高与妊娠高血压的发生有关,服用本品 40～100mg/日可降低妊娠高血压和子痫的发生率。

【不良反应】 短期应用解热镇痛药不良反应较少而轻,长期或大量服用不良反应较多而重。

1. 胃肠道反应 最为常见。本品直接刺激胃黏膜,引起上腹不适、恶心和呕吐。大剂量的阿司匹林刺激延髓催吐化学感受区而致恶心、呕吐。此外,由于阿司匹林抑制 COX-1 活性和干扰 PGs(主要为 PGE_2)的合成,因而减弱对胃肠黏膜的保护作用。因此,长期或大量服用本药可损伤胃黏膜,导致出血、诱发或加重溃疡病,严重者可致溃疡穿孔。饭后服用可减轻胃肠道反应,合用 PGE_1 的衍生物米索前列醇(misoprostol)减轻胃黏膜损伤或降低胃溃疡的发生率。

2. 过敏反应 可见荨麻疹和血管神经性水肿等皮肤黏膜过敏反应和过敏性休克。服用本药或其他解热镇痛药偶尔发生"阿司匹林哮喘"。认为本药降低了 COX 活性,而脂氧酶活性相对升高,使白三烯(leukotriene,LT)合成增加,引起支气管平滑肌痉挛而致哮喘。肾上腺素对此病无效,可用糖皮质激素和抗组胺药治疗。哮喘和慢性荨麻疹者禁用，过敏体质者应慎用。

3. 凝血障碍 一般剂量长期使用因抑制 COX 活性和 TXA_2 生成，从而降低血小板的聚集功能，使出血时间延长。大剂量可抑制肝脏合成凝血酶原，引起凝血障碍而致出血倾向，可用维生素 K 预防。严重肝功能不良、血友病、产妇、孕妇、月经过多者禁用，手术前一周应停药以免出血过多。

4. 水杨酸反应 用药过量可致中毒，表现为头痛、头晕、恶心、呕吐、耳鸣、听力和视力下降。严重者可出现高热、脱水、惊厥、意识模糊或昏迷。静脉滴注碳酸氢钠碱化尿液使解离型药物增加，可促进药物从尿中排出。

5. 对肝、肾功能影响 阿司匹林血药浓度超过 150μg/ml 时可产生剂量依赖性肝毒性，主要表现为血 ALT 活性升高、肝肿大和黄疸等。当儿童和青少年患病毒感染性疾病如流感和麻疹时，服用阿司匹林退热偶可致瑞夷综合征(Reye's syndrome)即急性肝脂肪变性-脑病综合征，表现为严重的肝功能衰竭和合并脑病。本药的肾毒性低，对正常肾功能无明显影响。但对有心、肝、肾功能损害者或老年人，由于本药抑制 PGs 的合成，可降低肾功能。

【禁忌证】 胃溃疡、严重肝损害、低凝血酶原血症、维生素 K 缺乏症、血友病、哮喘、鼻息肉等。

二、苯 胺 类

苯胺(aniline)衍生物中，以非那西丁(phenacetin)最早使用，但因其毒性大，除复方制剂还应用外，均被其活性代谢物对乙酰氨基酚(acetaminophen，扑热息痛，paracetamol)所取代。两者均有较强的解热镇痛作用。但是，它们的抗炎抗风湿作用很弱。

【体内过程】 对乙酰氨基酚口服吸收快而完全，30～60 分钟血药浓度达峰值，$t_{1/2}$ 2 小时。血浆蛋白结合率取决于血药浓度，急性中毒时达 20%～50%。主要经肝脏代谢，以葡萄糖醛酸或硫酸结合物形式从尿排出

【药理作用和临床应用】 对乙酰氨基酚解热镇痛作用与阿司匹林相当，但抗炎作用极弱，对血小板和凝血时间无明显影响。有研究认为，这是由于炎症区域高浓度的过氧化物削弱其抑制 COX 的作用，但也可能与本品对脑内同工酶 COX 选择性作用相对较高有关。临床可用于感冒发热、关节痛、头痛、神经痛和肌肉痛等。阿司匹林过敏、消化性溃疡、阿司匹林诱发哮喘的患者可选用对乙酰氨基酚代替阿司匹林，儿童因病毒感染引起发热、头痛需使用 NSAIDs 时，应首选乙酰氨基酚，因其不诱发溃疡和瑞夷综合征。

【不良反应】 应用治疗量且疗程较短时，很少产生不良反应，偶见皮肤黏膜过敏反应。长期用药可致肾毒性，如肾乳头坏死和慢性间质性肾炎等。过量可致急性中毒性肝坏死，表现为恶心、呕吐、发热及不适，黄疸及典型肝功能衰竭征象。急性中毒时，可洗胃、催吐，补充巯基治疗。

三、吡 唑 酮 类

保泰松(phenylbutazone)及其代谢产物羟基保泰松(oxyphenylbutazone)为吡唑酮类衍生物，具有很强的抗炎抗风湿作用，而解热作用较弱。这类药物中，现仍应用异丙安替比林、安乃近(滴鼻剂)。保泰松由于造血系统的毒性，已较少使用，在有些国家已被淘汰。

保 泰 松

【体内过程】 口服保泰松(phenylbutazone)吸收完全迅速，2 小时达峰值，蛋白结合率达 90%，血浆 $t_{1/2}$ 长达几天。

【药理作用和临床应用】 可用于风湿热、类风湿关节炎、强直性脊椎炎、急性痛风，偶尔用于某些高热，如恶性肿瘤、顽固性结核病、急性血吸虫病等引起的高热。

【不良反应】 不良反应较多。胃肠道反应有轻度刺激、溃疡，也可引起肝炎、皮炎、胃炎、头痛、眩晕、水钠潴留等。长期应用可能抑制骨髓，引起白细胞减少、粒细胞缺乏及再生障碍性贫血。因此，必须常规检查血象。40 岁以上患者较多发生不良反应，儿童不用此药。

四、其 他

(一) 吲哚衍生物及类似物

吲 哚 美 辛

吲哚美辛(indomethacin，消炎痛，mezolin)系人工合成的吲哚衍生物。

【体内过程】 口服吸收迅速而完全，3 小时后血药浓度达峰值，$t_{1/2}$ 为 2～3 小时，血浆蛋白结合率 90%。主要经肝脏代谢，10%～20% 以原形经尿排出。

【药理作用和临床应用】 为最强的 PG 合成酶抑制药之一。对 COX-1 和 COX-2 都有强大的抑制作用，也可抑制 PLA_2 和磷脂酶 C，减少粒细胞游走和淋巴细胞增殖。有显著抗炎和解热作用，对炎性疼痛有明显镇痛效果，特别是对风湿和类风湿性关节炎及痛风性关节炎均有较好的疗效。抗炎作用虽

比阿司匹林强 10～40 倍，但由于不良反应多，在患者能耐受的剂量范围内，疗效并不比阿司匹林强。主要用于风湿和类风湿性关节炎、强直性脊椎炎、骨关节炎、痛风性关节炎以及恶性肿瘤引起的发热和其他顽固性发热。

【不良反应】 常用量不良反应发生率高达 35%～50%，约 20%病人必须停药。

大多数不良反应与剂量过大有关。中枢神经系统反应如头痛、眩晕、精神紊乱。胃肠道反应，如消化不良、恶心、呕吐、腹痛、气胀、腹泻、消化性溃疡。造血系统不良反应有白细胞减少、溶血性贫血，再生障碍性贫血、血小板减少性紫癜、粒细胞减少。间质性肾炎、肾乳头坏死及肾功能不全。肝炎、黄疸、胰腺炎及过敏反应（皮疹、哮喘）。视力模糊、角膜沉着，必须作眼科常规检查。

孕妇忌用，尤其是妊娠期后 3 个月，可引起胎儿的动脉导管过早闭合。儿童、精神失常、消化性溃疡病、癫痫、帕金森病及肾病患者禁用。

舒 林 酸

舒林酸（sulindac）为吲哚乙酸类衍生物，在体内转变成硫醚样化合物而发挥强大的抑制 COX 作用，作用强度弱于吲哚美辛而强于阿司匹林。活性代谢物 $t_{1/2}$ 为 18 小时。适应证与吲哚美辛相似。因本药较少被胃肠黏膜转化成活性代谢物，故胃肠道反应较少；肾毒性和中枢神经系统不良反应发生率也低于吲哚美辛。

（二）丙酸类

萘 普 生

丙酸类衍生物（propionic acid derivatives）包括萘普生（naproxen）、布洛芬（ibuprofen）、非诺洛芬（fenopofen）、酮洛芬（ketoprofen）、氟比洛芬（flurbiprofen）等。这些药物具有明显的抗炎、解热、镇痛作用。由于胃肠道不良反应比阿司匹林少，被广泛用于治疗类风湿性关节炎和骨关节炎。

【体内过程】 口服吸收快而完全，血浆蛋白结合率达 99%以上，主要经肝脏代谢，从肾脏排泄。

【药理作用与临床应用】 本类药物抗炎作用较强。其中萘普生效价强度为阿司匹林的 20 倍，布洛芬和非诺洛芬与阿司匹林相当。也能抑制血小板功能，延长出血时间。临床主要用于风湿性关节炎、骨关节炎、强直性骨关节炎、急性肌腱炎、滑液囊炎等，也可用于痛经。

【不良反应】 病人长期使用多能耐受，胃肠反应发生率低，明显优于吲哚美辛和阿司匹林。偶有皮肤黏膜过敏、血小板减少、头痛、头晕和视力障碍等。

（三）邻氨基苯甲酸类

为 20 世纪 70 年代开发合成的一类药物，包括甲芬那酸（mefenamic acid，甲灭酸）和氯芬那酸（chlofenamic acid，氯灭酸）等，均能抑制 COX 活性，具有解热、镇痛和抗炎作用。

【体内过程】 甲芬那酸口服易吸收，约 2 小时达峰浓度，$t_{1/2}$ 为 3～4 小时。氯芬那酸吸收较慢，约 6 小时达峰浓度，$t_{1/2}$ 约 9 小时。

【药理作用与临床应用】 甲芬那酸的抗炎作用弱于阿司匹林，但其不良反应显然大于阿司匹林。临床用于风湿性关节炎、骨关节炎、软组织损伤、痛经、神经痛、牙痛和头痛等。与其他 NSAIDs 相比，未见明显优点。

【不良反应】 甲芬那酸有较明显的胃肠道反应，长期研究的结果表明，约有 1/3 患者出现腹泻，因此必须停药者约有 4%。其他症状有恶心、呕吐、腹痛、出血及消化性溃疡。有 1/6 患者的血细胞比容及血红蛋白值降低，但一般无需停药。长期治疗若怀疑患者贫血时，则必须进行血液学检查。

（四）芳基烷酸类

布洛芬（ibuprofen，异丁苯丙酸）是苯丙酸的衍生物。

【体内过程】 口服吸收完全，1～2 小时达峰浓度。99%以上与血浆蛋白结合，可缓慢进入滑膜腔；主要经肝脏代谢，代谢物经尿液排泄；$t_{1/2}$ 为 2 小时。

【药理作用与临床应用】 主要用于风湿及类风湿性关节炎，也可能用于一般解热镇痛，疗效与阿司匹林相似。

【不良反应】 与阿司匹林及吲哚美辛比较，较少发生胃肠道反应。皮疹、眩晕、视力模糊或弱视、视色变化等也有报道。与阿司匹林有交叉过敏反应，抑制血小板聚集的作用较阿司匹林持续时间短且弱。能延长出血时间，故凝血障碍及应用抗凝血药治疗的患者禁忌。

（五）选择性环氧酶-2 抑制药

传统的解热镇痛抗炎药多为非选择性 COX 抑制药，其治疗作用主要与 COX-2 抑制有关，而 COX-1 抑制常涉及其许多不良反应，如胃肠黏膜损伤和肾功能损害等。为此，近年人们合成了系列选择性 COX-2 抑制药，如塞来昔布等。

塞 来 昔 布

塞来昔布（celecoxib）分子中具有磺酰氨基样结构。口服吸收良好，约 2～3 小时达血浆峰浓度，血浆蛋白结合率高，在组织中分布广泛，可通过血脑屏障。主要在肝脏通过 CYP2C9 代谢，从尿和粪便排出。炎症刺激可诱导 COX-2，促进 PGs 的合成（尤其是 PGE_2），引起炎症和疼痛。塞来昔布可选择性抑制 COX-2，阻止炎性 PGs 的产生，达到抗炎、镇痛和退热作用。临床上常用于风湿性、类风湿性关节炎和骨关节炎，也可用于术后疼痛、牙痛和痛经。合用 CYP2C9 抑制药，如氟伐他汀、氟康唑和扎鲁司特等，通过减少本品的代谢而增加血药浓度。不良反应主要有头痛及恶心、腹痛、腹泻等胃肠反应。有血栓形成倾向者慎用，对磺胺过敏者禁用。

罗非昔布

罗非昔布（rofecoxib）系果糖衍生物，对 COX-2 有高度选择性抑制，具有解热、镇痛及抗炎作用。口服易吸收，血浆蛋白结合率约 87%，$t_{1/2}$ 约 17 小时，可在肝和肠壁经 CYP3A4 代谢。主要用于骨关节炎的治疗。不良反应与其他非甾体抗炎药相似，但胃肠道反应较轻。

尼美舒利

尼美舒利（nimesulide）是一种新型非甾体抗炎药，对 COX-2 选择性抑制较强，具有抗炎、镇痛和解热作用。口服后约 1.2～2.8 小时达峰值血药浓度，其血浆蛋白结合率高达 99%，$t_{1/2}$ 为 2～3 小时，作用持续 6～8 小时。几乎全部从肾脏排泄，不易出现蓄积现象。适用于类风湿性关节炎和骨关节炎、手术、急性创伤后的疼痛、痛经及上呼吸道感染引起的发热等，胃肠道不良反应少而轻微，近年有报道尼美舒利偶致肝损伤及多器官衰竭，儿童慎用此药。

（六）灭酸类

双氯芬酸

双氯芬酸（diclofenac）为灭酸类（fenamates）化合物。抑制 COX 的效价强度大于吲哚美辛，具有显著解热镇痛和抗炎作用。口服吸收快，血浆蛋白结合率为 99.5%，$t_{1/2}$ 为 1～2 小时。主要经肝脏代谢和肾脏排泄，约 35% 从胆汁和粪便排出。临床次选用于风湿性关节炎、骨关节炎、强直性脊柱炎和肩周炎等。其钠盐溶液亦可用于白内障摘除术后滴眼，以预防术后炎症。不良反应较吲哚美辛轻，一般耐受性良好。可有头痛、头晕及上腹部疼痛、恶心、呕吐、腹泻等胃肠道反应，还可出现皮肤红斑或皮疹。有肝肾功能减退和溃疡病患者，尤其是老年人应慎用。

【附】 抗痛风药

痛风是人体内嘌呤代谢紊乱及/或尿酸排泄减少所引起的一种代谢疾病，表现为高尿酸血症，尿酸盐在关节、肾及结缔组织中析出结晶。急性发作时尿酸盐微结晶沉积于关节而引起局部粒细胞浸润及炎症反应，最常见的是第一趾跖等关节局部红、肿、热和剧烈疼痛，如未及时治疗则可发展为慢性痛风性关节炎或肾病变。急性痛风的治疗在于迅速缓解急性关节炎、纠正高尿酸血症等，可用秋水仙碱；慢性痛风的治疗旨在降低血中尿酸浓度，可用别嘌醇和丙磺舒等。

秋水仙碱

秋水仙碱（colchicine）对急性痛风性关节炎有选择性抗炎作用。尽管在急性期，秋水仙碱可缓解疼痛，但既不是促尿酸排泄药，也不是镇痛药，其作用可能是该药与微管蛋白结合，干扰纺锤体功能，引起微管蛋白的解聚，中断了粒细胞迁移，抑制了急性发作局部的粒细胞浸润。此外，秋水仙碱还抑制白三烯的合成与释放。口服迅速从胃肠道吸收，可从胆汁分泌形成肝肠循环。用药后可在 12 小时内缓解关节红、肿、热、痛，对一般性疼痛及其他类型关节炎无效。不良反应多见，主要是胃肠道反应，如恶心、呕吐、腹痛、腹泻。中毒时出现水样腹泻及血便、脱水、休克，对肾及骨髓也有损害作用。

别嘌醇

别嘌醇（allopurinol，别嘌醇）为次黄嘌呤的异构体。次黄嘌呤及黄嘌呤可被黄嘌呤氧化酶催化生成尿酸，别嘌醇在低浓度时对酶为竞争性抑制药，而在高浓度时则为非竞争性抑制药。别嘌醇在肝脏与代谢产物奥昔嘌醇也是酶的非竞争性抑制药，且在组织中停留时间较长，使尿酸生物合成受阻，血浆中尿酸浓度降低，尿中排出减少，并能使原有的痛风不易于溶化，使痛风症状得到缓解，多用于慢性痛风。

口服易吸收，0.5～1 小时达血药峰浓度，$t_{1/2}$ 为 2～3 小时，其代谢产物奥昔嘌醇 $t_{1/2}$ 为 14～28 小时。不良反应较少，偶见皮疹、胃肠道反应、转氨酶升高和白细胞减少。

丙磺舒

丙磺舒（probenecid）是通过竞争性抑制肾小管对有机酸的转运、抑制肾小管对尿酸的再吸收，增加尿酸排泄。因没有镇痛及抗炎作用，不适用于急性痛风。口服吸收完全，血浆蛋白结合率 85%～95%，大部分通过肾近曲小管主动分泌排泄。因脂溶性大，易被再吸收，排泄慢。尿液碱性时排泄增加，血浆 $t_{1/2}$ 的长短取决于剂量的大小，在治疗剂量时 $t_{1/2}$ 为 6～12 小时，不良反应少见。

Summary

- Antipyretic analgesic and anti-inflammatory drugs are also called nonsteroidal anti-inflammatory drugs (NSAIDs). All NSAIDs act by inhibiting cyclooxygenase (COX), which reduces prostaglandin synthesis.
- NSAIDs include aspirin and other salicylates. Their key action of inhibiting prostaglandin formation is reflected in the range of effects both beneficial and adverse which all the members share, to varying degrees, as follows: antipyretic action, analgesic effects, anti-inflammatory action, platelet function, primary dysmenorrhoea, gastric or intestinal mucosal damage. All of these effects occur without tolerance and without euphoria.
- Aspirin is the representative drug of NSAIDs. Acetaminophen has no anti-inflammatory activity and has no obviously side effects than that of aspirin. The effects of ibuprofen and naproxen are very similar to aspirin but milder side effects than the side effects for aspirin.

(陈正爱)

第四篇　治疗心血管系统疾病的药物

第二十章　作用于心血管系统离子通道的药物

案例 20-1

患者，男，58 岁。

主诉：间断性右下肢无力 8 天。

现病史：患者于 8 天前出现无明显诱因的间断右下肢无力，无头痛、呕吐、无视物模糊，无饮水呛咳，发病当时未监测血压，未予特殊处理，近半小时自行缓解，且症状反复发作。3 天前突发间断性头晕、头胀，略带嘴周围麻木，心悸气短、心慌等症状，遂来我院就诊。

既往史：高血压病史 5 年，平素口服倍他乐克控制血压。

体格检查：体温 36.6℃，脉搏 80 次/分，呼吸 20 次/分，血压 160/100mmHg，神志清楚，精神可，查体合作。咽部无充血，扁桃体无肿大，颈静脉无怒张，甲状腺无肿大。双肺呼吸音清晰，无闻及干、湿性啰音及摩擦音。心率 80 次/分，心律齐，各瓣膜区未闻及病理性杂音。腹部软，无压痛及反跳痛。肝脾肋下未触及，双下肢无水肿。神经系统体格检查无明显异常。

彩色经颅多普勒报告：双侧大脑中动脉血流速不对称（右侧低于左侧），双侧大脑前动脉血流速不对称（左侧稍低于右侧）。

诊断：缺血性脑血管病。

问题：

1. 参与血管平滑肌收缩和舒张的离子通道有哪些？
2. 作用于血管平滑肌离子通道的药物有哪些？
3. 上述病案可选用哪些药物来治疗？为什么？

离子通道（ion channels）是细胞膜上的一种特殊整合蛋白，对某些离子能选择通透，其功能是细胞生物电活动的基础。研究膜离子通道的通透机制及各种药物选择性作用于通道的机制，对阐明细胞生物电现象，疾病发生原因和疾病的防治具有重要意义。随着电生理学和分子生物学的迅速发展，特别是膜片钳（patch clamp）技术和分子克隆技术的应用，使人类有能力从分子水平解释离子通道的孔道（pore）特性、门控（gating）过程、结构和功能（structure and function）的关系等问题。本章主要介绍几种与心血管系统关联的重要离子通道及作用于这些通道的具有临床意义的药物。

第一节　心血管离子通道概论

一、离子通道的分类

根据离子通道门控特性的不同，离子通道可分为非门控离子通道和门控离子通道。非门控离子通道为背景或漏通道，其特征是离子通道始终处于开放状态，离子可随时进出细胞，并不受外界信号的明显影响。如神经和肌细胞在安静状态下静息电位的产生，是由于细胞膜上的离子通道允许 K^+ 自由进出细胞引起的 K^+ 电化学平衡电位，此种 K^+ 通道即属于非门控离子通道。

门控离子通道又根据控制通道启闭的信号不同分为电压门控离子通道、化学门控离子通道和机械门控离子通道。①电压门控离子通道（voltage gated channels）又称电压依赖性离子通道（voltage-dependent ion channels），这一类通道的开启或关闭受膜电位的变化影响。这类通道在决定细胞的兴奋性、不应期和传导性以及维持细胞正常体积等方面发挥重要作用。电压门控离子通道一般以最容易通过的离子命名，如钠离子通道、钙离子通道及钾离子通道等。②化学门控离子通道又称配体门控离子通道（ligand gated channels），由递质与通道蛋白分子上的结合位点相结合而开启，以递质或受体命名。③机械门控离子通道（mechanically gated ion channels）是由机械牵拉激活的离子通道，主要见于触觉和听觉感受器，如机械刺激作用于牵张感受器引起通道开放，出现 Na^+ 内流和 K^+ 外流，产生感受器电位；声波传入内耳后，引起内耳毛细胞顶端纤毛发生弯曲或偏斜，从而使毛细胞顶端机械门控通道开放，阳离子内流产生听觉的感受器电位。

二、电压门控离子通道

(一) 分子结构与功能关系

电压门控离子通道分子结构基本清楚的有钠通道、L-型钙通道和钾通道。这些电压门控通道在分子结构上有许多相似之处，离子通道蛋白是多亚基(subunits)构成的复合体。其中，构成孔道部分的是 α(或 $α_1$)亚基。各种电压依赖的离子通道的 α 亚基均在膜上形成四个跨膜区(D_1～D_4)，其氨基酸组成都有一定的相似性(但百分比不完全一致)。钠、钙通道的四个跨膜区由共价键连接成四倍体位于同一肽链，整个亚基只有一个 N-末端和一个 C-末端。钾通道的 α 亚基只有一个跨膜区，功能性钾通道是四个 α 亚基由非共价键连接而成的四聚体。每个跨膜区由 6 个呈 α 螺旋式的跨膜片段(transmembrane segments，S_1～S_6)及其间的连接肽链所组成。连接的 S_5～S_6 肽链部分贯穿于膜内，形成亲水性孔道并选择性地允许离子通过的部位，称为孔道区(pore region)或 P 区。该区也是药物和毒素等从膜外侧或膜内侧影响通道功能的重要部分。另一个重要的肽段是 S_4，它含有一个带正电的氨基酸残基。现已确定第三个氨基酸即为带正电荷的精氨酸或赖氨酸残基，使 S_4 共带 4～8 个正电荷，当膜电位变化时，S_4 螺旋构型即发生变化，故 S_4 被称为电压门控性离子通道的电压感受器(voltage sensor)。

不同的通道中还有一些小亚基，如 $α_2$、β、γ、δ 等，其功能可能与通道的调节有关。

实验表明，电压门控的钠、钙和钾通道 α 亚单位的共同特性是：①S_4 片段在感受膜电位变化和通道的激活开放中起主导作用；②S_5 与 S_6 之间的肽链发夹式的向膜 β 折叠形成(称 SS1－SS2，或称 P 区或 H5)孔道的一部分；③S_5 和 S_6 片段及其相邻 S 片段连接的肽链与通道的失活有关；④孔道和 S_6 片段内侧或外侧均有药物作用的相应受体或结合位点。

随着电生理技术的不断发展和分子生物学方法在离子通道研究中的应用，钾通道的分子结构和功能特点逐渐被揭示，1998 年 Doyle 等利用 X 射线结晶理论确定了 KcsA 钾通道的晶体结构，为更深入、客观地研究钾通道奠定了基础。

(二) 电压门控钠通道

钠通道(sodium channels)是选择性允许 Na^+ 跨膜通过的离子通道。主要功能是维持细胞膜兴奋性及其传导。心血管系统的钠通道主要存在于心房肌、心室肌细胞和希浦系统，所产生的内向钠电流是心肌细胞出现快速除极，引发动作电位的 0 相。现已克隆出 9 种人类钠通道基因。

1. 钠通道的特征

(1) 电压依赖性：在除极化达到一定水平开始被激活，通道开放产生内向钠电流(I_{Na})，当达到最大效应后，逐渐失活直到通道完全失活而闸门关闭。

(2) 激活和失活速度快：前者 1ms，后者 10ms 内完成。

(3) 有特异性激活剂和阻滞剂：激活剂为树蛙毒素(batrachotoxin，BTX)和木藜芦毒素(grayanotoxin，GTX)，阻滞剂为河豚毒素(tetrodotoxin，TTX)和蛤蚌毒素(saxitoxin，STX)等。

2. 钠通道的分类　根据对钠通道阻滞剂 TTX 和 μ-conotoxin(μCTX)的敏感性不同分为三类：

(1) 神经类钠通道：对 TTX 敏感性高，而对 μCTX 敏感性低。

(2) 骨骼肌类钠通道：对 TTX 和 μCTX 敏感性均高。

(3) 心肌类钠通道：对 TTX 和 μCTX 敏感性均低。又根据其电压依赖性和对 TTX 的敏感性不同，将心肌类钠通道分为持久(慢)钠通道和瞬时(快)钠通道。持久钠通道激活所需要的电压较低、失活速度慢，参与维持心肌动作电位的 2 相平台期，对低浓度的 TTX、利多卡因和奎尼丁敏感。瞬时钠通道激活所需要的电压高、失活速度快，引起动作电位的 0 期除极化，只对高浓度的 TTX、奎尼丁和利多卡因等药物敏感。

(三) 电压门控钙通道

钙通道(calcium channels)在正常情况下为细胞外 Ca^{2+} 内流的离子通道，它存在于机体各种组织细胞，是调节细胞内 Ca^{2+} 浓度($[Ca^{2+}]_i$)的主要途径。

1. 钙通道特征

(1) 电压依赖性：除极化时通道开放所需电压在各类通道不同。

(2) 激活速度缓慢(20～30ms)：失活速度慢于激活速度(100～300ms)，故在心肌细胞上当钙通道尚未激活时，钠通道便已经失活，因而心肌细胞动作电位(action potential，AP)的上升相取决于钠通道，而其后的平台期取决于钙通道。

(3) 对离子的选择性较低：在正常状态下，能选择性通透 Ca^{2+}，但在细胞外 Ca^{2+} 浓度下降时，也允许 Na^+ 通过。

2. 钙通道的分类　目前已克隆出 L、N、T、P、Q 和 R 六种亚型的电压依赖性钙通道，心血管系统电压门控钙通道主要有 L-型和 T-型：①L-型(long-lasting type)钙通道也称为长程型慢钙通道，作用持续时间长、激活电压高、电导较大，是细胞兴奋时外钙内流的最主要途径，分布于各种可兴奋细胞。由于二氢吡啶类(DHPs)钙通道阻滞药选择性地阻滞此类钙通道，因而又称为 DHPs 敏感的钙通道，受 G 蛋白、钙调蛋白等调节。L-型钙电流是影响心脏兴奋-收缩耦联及血管舒缩的关键环节。心脏工作肌细胞接受自律细胞传来的电兴奋产生除极，激活 L-型钙通道，Ca^{2+} 通过 L-型钙通道内流，激活细胞内肌质网钙释放，胞质

内 Ca^{2+} 浓度升高，完成心肌的收缩。此后，通过肌质网上钙泵的再摄取和细胞膜上钠-钙交换体的向外转运，将胞质内 Ca^{2+} 浓度降至数丈水平。心脏窦房结的自律性和房室结的传导性也依赖于 L-型钙电流。②T-型（transient type）钙通道多见于心脏传导阻滞，激活电压低，且迅速失活，对调节心脏的自律性和血管张力有一定的作用。③N-型（neuronal type）钙通道主要存在于中枢神经系统的神经元和突触部位，与神经递质的释放及神经终端除极化过程有关，对 DHPs 不敏感。④P-型（Pukinje type）钙通道最初发现于小脑的浦肯野细胞中而得名，主要存在于大脑。⑤Q-型钙通道存在于小脑颗粒细胞、海马三角细胞、脊髓中间神经元。⑥R-型钙通道存在于神经细胞。

（四）电压门控钾通道

钾通道（potassium channels）是选择性允许 K^+ 跨膜通过的离子通道，是目前发现的亚型最多、作用最复杂的一类离子通道，广泛分布于骨骼肌、神经、心脏、血管、气管、胃肠道、血液及腺体等细胞。自 1987 年成功地克隆出第一个钾通道基因后，现已克隆出几十种亚型。钾通道在调节细胞的膜电位和兴奋性以及平滑肌舒缩活性中起重要作用，在心脏中的钾通道参与静息膜电位、心率及动作电位时程的调节。

1. 瞬时外向钾通道电流（transient outward K^+ channel current，I_{to}）　I_{to} 参与动作电位 1 相。I_{to} 包含两种单独成分：非钙依赖性的 I_{to1} 和钙依赖性的 I_{to2}，这两种电流通过两种不同的通道。I_{to1} 是经典的电压门控 K^+ 电流，激活迅速，不依赖于细胞内钙浓度，对 K^+ 通道阻断药四氨基吡啶（4-AP）敏感。I_{to2} 的激活依赖细胞内钙，对 4-AP 不敏感，一般认为是钙激活的氯电流。

生理条件下，I_{to1} 是复极 1 期的主要参与电流，而当细胞内钙超载时 I_{to2} 被激活，动作电位时程缩短，间接缩短钙内流的时程，导致钙内流减少。因此，细胞内钙激活 I_{to2} 可能是减少钙超载的一种负反馈机制。

2. 延迟整流钾通道电流（delayed rectifier K^+ channel current，I_K）　主要包括三种电流成分：缓慢成分（I_{Ks}），快速成分（I_{Kr}）和超快速成分（I_{Kur}）。I_{Ks} 和 I_{Kr} 不同程度地存在于所有心脏组织中，而 I_{Kur} 主要存在于心房。

I_{Ks} 和 I_{Kr} 是动作电位 2、3 相的主要复极电流。I_{Ks} 激活缓慢，在保持除极时无明显失活，I_{Ks} 受 PKA 和 PKC 的调节；I_{Kr} 激活迅速，有失活过程，具有内向整流特性。I_{Kr} 受细胞外钾浓度的调节，当细胞外高钾时，I_{Kr} 电流幅度增加，细胞外低钾时，I_{Kr} 电流幅度减少，因此胞外低钾可延长复极过程，Ⅲ类抗心律失常药物选择性阻滞 I_{Kr}，使动作电位时程延长。I_{Kur} 是一超快速激活、无失活的延迟整流钾电流，对心房肌复极有重要作用，同时与房性心律失常的发生有密切关系。

3. 内向整流钾通道电流（inward rectifier K^+ channel current，I_{K1}）　I_{K1} 主要参与动作电位 3 相复极晚期及 4 相静息膜电位的维持。心房肌、心室肌和浦肯野细胞均有内向整流钾通道，但以心室肌细胞最为丰富。该钾通道具有明显内向整流特性，内向整流的原因是其外向离子流被细胞内正常生理浓度的 Mg^{2+} 抑制所致。当静息膜电位接近钾平衡电位时，I_{K1} 电导最高，因此将静息膜电位控制在钾平衡电位左右。当膜除极远离钾平衡电位时，由于内向整流特性，I_{K1} 电导进行性下降。

4. 起搏电流（pacemaker current，I_f）　I_f 是非特异性阳离子电流，即由一种以上单价阳离子，如 K^+ 和 Na^+ 共同携带的离子电流。I_f 在膜电位位于 −50mV 时被激活，是窦房结、房室结和希浦系统的起搏电流之一。I_f 受神经递质调节，肾上腺素促进 I_f 的激活，使 I_f 电流增加，这是交感神经刺激加快心率的离子基础之一。肾上腺素作用的生化机制是通过增加细胞内 cAMP，进而活化 PKA，促使 I_f 通道磷酸化的结果；乙酰胆碱可抑制 I_f，使心率减慢，故一般认为副交感神经或迷走神经减慢心率的机制之一是因为乙酰胆碱抑制 I_f 的结果。乙酰胆碱的作用与肾上腺素正相反，通过降低 cAMP 而实现。

三、配体门控离子通道

配体门控离子通道的门控行为主要受其相应配体的控制，配体是包括神经递质、激素等各种激动剂和阻滞剂在内的多种化学物质。当配体与配体门控离子通道结合后，会引起通道蛋白构型变化，导致通道开放，产生离子电流。配体门控离子通道种类很多，在心血管系统主要有乙酰胆碱激活钾通道（K_{Ach}）、ATP 敏感钾通道（K_{ATP}）、钙激活钾通道（K_{Ca}）及钠激活钾通道（K_{Na}），这些通道都具有内向整流特性。内向整流特性是指通过通道的电流向胞内流动比向胞外流动更容易。内向整流的产生是由于细胞内的 Mg^{2+}、Ca^{2+}、多胺类如精胺、腐胺等从细胞内结合到传导通路的某些位点而阻断通道的电压依赖性开放。

配体门控钾通道具有相同的拓扑结构，它们与电压依赖性钾通道一样由 4 个 α 亚单位对称排列成一四聚体结构，但每个 α 亚单位只有 2 个跨膜螺旋片段（M_1 和 M_2），两者由 H_5 连接，其 N 端和 C 端位于细胞内侧。

1. 乙酰胆碱激活的钾通道（acetylcholine-activated channel，K_{ACh}）　K_{ACh} 是一种电导大、门控过程快的钾通道。在心脏的窦房结、房室结和心房肌细胞分布密度很高。主要由 ACh 和 GTP 激活，亦可被超极化激活。ACh 作用于 M 受体而激活此通道，增加舒张电位而导致负性频率作用。ACh 的浓度升高增加其开放频率，但不影响其开放时间。

2. 钙激活钾通道（Ca^{2+}-activated K^+ channels，K_{Ca}）　此类钾通道是一类具有电压和 Ca^{2+} 依赖性的

钾通道。除极化和提高$[Ca^{2+}]_i$均可激活而使其开放，K^+外流使膜复极化或超极化，在血管平滑肌为调节其肌源性张力的主要离子通道之一。根据其电导大小分为高(BK)、中(IK)和低(SK)电导钙依赖性钾通道 3 个亚型，对后两者的生理意义还不甚清楚。高电导钙激活的钾通道(BK)电导最大，广泛分布于血管平滑肌，直接参与血管张力的调节，具有较大的生理意义。

3. ATP 敏感钾通道(ATP-sensitive K^+ channel，K_{ATP})　K_{ATP}为代谢性调节K^+外流通道。骨骼肌、心脏和血管平滑肌、胰腺 B 细胞、神经内分泌细胞及肾上腺皮质细胞等均有分布，调节血管的舒缩，参与神经和骨骼肌兴奋以及离子传递等。K_{ATP}通道受细胞内 ATP/ADP 的比率、Mg^{2+}和 G 蛋白的调控，生理条件下胞质内 ATP 水平使该通道处于关闭状态。在心肌缺血、缺氧，能量耗竭或代谢抑制时，细胞内 ATP/ADP 的比率减少，K_{ATP}通道开放，在平台期K_{ATP}通道可产生强大的外向电流，使动作电位时程缩短。心肌缺血时动作电位时程缩短，Ca^{2+}内流减少，降低心肌收缩性，减少缺血区能量消耗及细胞内Ca^{2+}超载，从而保护心肌。

K_{ATP}通道有特异性的开放剂和阻滞剂，通常所称的钾通道开放剂是指激活K_{ATP}通道的药物，代表药物有克罗卡林、二氮嗪、阿普卡林和吡那地尔等；阻滞剂有格列苯脲(glibenclamide)和甲苯磺丁脲(tolbutamide)等。

第二节　作用于心血管系统离子通道的药物

一、作用于钠通道的药物

作用于钠通道的药物主要是钠通道阻滞药，临床常用的有局部麻醉药、抗癫痫药和Ⅰ类抗心律失常药。有关作用于钠通道的药物参见相关各章。

二、作用于钾通道的药物

作用于钾通道的药物常被称为钾通道调控剂(potassium channel modulators)，包括钾通道阻滞药和钾通道开放药，它们通过阻滞或促进细胞内K^+外流而产生药理作用。细胞外的K^+浓度为 4mmol/L，明显低于细胞内 150mmol/L 的水平。因此，钾通道开放式，细胞内K^+外流，膜超极化，动作电位时程缩短，继而降低钠通道和钙通道的开放几率，降低膜的兴奋性。钾通道阻滞时，K^+外流停止或减少，动作电位时程和有效不应期延长。

(一) 钾通道阻滞药

钾通道阻滞药(potassium channel blockers，PCBs)是一类可抑制K^+通过膜不同钾通道亚型的化合物，种类很多，有选择性 PCBs，主要是四乙基胺(tetraethylammonium，TEA)和 4-氨基吡啶(4-aminopyridine，4-AP)；有选择性 PCBs，如蝎毒、蛇毒、蜂毒等毒素，以及目前临床治疗用药物，如选择性阻滞K_{ATP}通道的磺酰脲类降糖药，选择性阻滞I_{Kr}的新Ⅲ类抗心律失常药物，具有临床治疗作用的钾通道阻滞药在本书的相应章节中有详细论述。

(二) 钾通道开放药

钾通道开放药(potassium channel openers，PCOs)是选择性作用于钾通道，增加细胞膜对钾离子的通透性，促进钾离子外流的一类药物。PCOs 是近年来发现的一类具有新颖药理作用的药物。许多研究者对 PCOs 这类药物予以极大关注。目前合成的钾通道开放药均作用于K_{ATP}通道。

1. 钾通道开放药的分类　合成的 PCOs 是一组在化学上各不相同的化合物。Edwards 和 Weston 按化学结构将 PCOs 分为 7 组：①苯并吡喃类，如克罗卡林(cromakalim)、吡马卡林(bimakalim)等；②吡啶类，如尼可地尔(nicroandil)等；③嘧啶类，如米诺地尔(minoxidil)；④氰胍类，如吡那地尔(pinacidil)；⑤苯并噻二嗪类，如二氮嗪(diazoxide)；⑥硫代甲酰胺类，如 RP25891；⑦1，4 二氢吡啶类，如尼古地平(nigul-dipine)。

2. 药理作用与临床应用　对 PCOs 的研究始于 20 世纪 80 年代中期。但是发现一新型化合物克罗卡林通过激活血管平滑肌钾通道，产生降压和舒张平滑肌作用。钾通道开放可产生下列影响：①细胞膜电位更负，电压依赖性钙通道不易开放；②K^+持续外流，可对抗神经递质及激素所致除极化；③超极化可阻止胞内Ca^{2+}储存部位对Ca^{2+}的重摄取、储存和释放；④促Na^+-Ca^{2+}交换，排出Ga^{2+}而细胞内Ca^{2+}下降。

(1) 高血压：PCOs 可开放血管平滑肌细胞钾通道，使细胞膜超极化，因而可高选择性地舒张阻力血管而具有抗高血压作用。PCOs 对正常和高血压动物的降压作用较钙通道阻滞药强，增加肾血流量作用也较强，现已证实肾动脉有K^+通道存在。

吡那地尔和米诺地尔均为临床有效的抗高血压药，两者均能有效地扩张小动脉，与其他药物合用可减少不良反应，提高疗效。

(2) 心绞痛和心肌梗死：PCOs 具有优先扩冠状动脉且能防止心肌顿抑、限制梗死面积、模拟缺血预处理等作用。心肌顿抑指冠脉短暂闭塞引起局部收缩功能，组织血流、细胞超微结构和腺嘌呤核苷酸含量等长期异常。在 PCOs 对心肌保护和抗心绞痛作用中研究最多的药物为尼可地尔。尼可地尔为一强有效抗心绞痛药，不抑制心肌收缩。尼可地尔具有促进K_{ATP}通道开放和增加细胞内 cGMP 的双重作用，可同时降低前、后负荷，高选择性地扩张正常及有病变的冠脉，改善冠脉血供。动物实验和临床研究表明，该药也可直接作用于心肌，故其心肌保护和抗心绞痛作用较其他药物为优。

(3) 心肌保护作用：研究认为心肌缺血/再灌注损伤与缺血诱发膜除极、电解质及电生理紊乱、能量代谢障碍、细胞内 Ca^{2+} 超负荷和自由基损伤有关。PCOs 能直接激活缺血心肌 K_{ATP} 通道，使膜超极化，恢复紊乱的电解质(主要是 K^+)及电生理平衡，降低能耗，减轻 Ca^{2+} 超载和自由基损伤而具有心肌保护作用。

(4) 充血性心衰：口服或舌下含服尼可地尔 10～60mg，可降低安静及运动时的左、右心室负荷，增加充血性心衰患者的心排出量，在治疗剂量范围(10～20mg，每日 2 次)内对外周动脉压的影响较小，心率轻度增加，并可同时改善缺血区室壁运动。

(5) 其他：动物实验表明，PCOs 具有扩张脑血管作用，并可减少遗传性癫痫大鼠的癫痫发作。克罗卡林和吡那地尔可对抗多种生物活性物质(如 PGE_2、5-HT 等)引起的支气管痉挛，此外发现这两种药物有镇咳作用，可能具有类似阿片样的镇咳效应。

三、作用于钙通道的药物

作用于钙通道的药物即为钙通道阻滞药(calcium channel blockers)，又称钙拮抗药(calcium antagonists)是一类选择性阻滞钙通道，抑制细胞外 Ca^{2+} 内流，降低细胞内 Ca^{2+} 浓度的药物。在 20 世纪 60 年代初，Fleckenstein 和 Godfraind 在离体豚鼠乳头肌实验中发现普尼拉明(prenylamine)和维拉帕米(verapamil)降低心肌收缩力而不影响其动作电位，类似心肌细胞脱钙现象，使兴奋-收缩脱耦联，这种抑制作用可被 Ca^{2+} 逆转，从而首先提出钙拮抗药的概念。

(一) 钙通道阻滞药分类

钙通道阻滞药因其化学性质和结构不同，对组织和器官的选择性也不相同，此类药物曾具有多种分类方法。1992 年国际药理学联合会(IUPHAR)按照电压依赖性钙通道的亚型(L、T、N、P、R、Q)将钙通道阻滞药分为三类：

Ⅰ类　选择性作用 L-型钙通道的药物，根据其化学结构特点，又分为 4 亚类：

Ia 类　二氢吡啶类(dihydropyridines，DHPs)：硝苯地平(nifedipine)、尼卡地平(nicardipine)、尼群地平(nitrendipine)、氨氯地平(amlodipine)、尼莫地平(nimodipine)等。

Ib 类　地尔硫䓬类(benzothiazepines，BTZs)：地尔硫䓬(diltiazem)、克仑硫䓬(clentiazem)、二氯呋利(diclofurime)等。

Ic 类　苯烷胺类(phenylalkylamines，PAAs)：维拉帕米(verapamil)、戈洛帕米(gallopamil)、噻帕米(tiapamil)等。

Id 类　粉防己碱(terandrine)。

Ⅱ类　选择性地作用于其他电压依赖性钙通道的药物

(1) 作用于 T 型钙通道：米贝地尔(mibefradil)、苯妥英钠(phenytoin)

(2) 作用于 N 型钙通道：芋螺毒素(conotoxins)

(3) 作用于 P 型钙通道：某些蜘蛛毒素。

Ⅲ类　非选择性钙通道调节药

主要有普尼拉明(prenylamine)、苄普地尔(bepridil)、卡罗维林(caroverine)和氟桂利嗪(flunarizine)等。

(二) 钙通道阻滞药的作用方式

药物与离子通道的相互作用及亲和性与通道所处的状态和药物的理化性质关系密切。亲水性分子，如维拉帕米和地尔硫䓬易与激活状态或失活状态的通道相结合，降低通道开放的速率，具有疏水性的二氢吡啶类药物，如硝苯地平则与失活状态的通道相结合，延长失活后恢复所需要的时间。

维拉帕米与 L-型钙通道 α_1 亚基第Ⅳ跨膜区的 S_6 细胞膜内侧结合，它从细胞膜内侧阻滞钙通道，因而在其发挥作用前必须通过钙离子通道进入细胞，所以它的作用与钙通道的活性直接相关。钙通道在单位时间内开放的次数越多(即心率越快)，维拉帕米越容易进入细胞，因而它对钙通道的阻滞作用也越强；反之，它不易进入细胞，对通道的阻滞作用也小，解释了维拉帕米治疗室上性心动过速和减慢房室传导的机制。维拉帕米作用于开放状态的通道，具有频率依赖性或使用依赖性。

硝苯地平与 L-型钙通道 α_1 亚基的第Ⅲ、第Ⅳ跨膜区的 S_6 细胞膜外侧端与 P 区相连处相结合，它从细胞膜外侧阻滞钙通道，抑制失活状态的通道，因而这一类药物的频率依赖性较弱，对心脏的自主活动，心率和心脏传导的影响较小。但该药的电压依赖性作用有利于它们的血管选择性，特别是对病变血管。已证明在相同的治疗剂量下，可使高血压患者的血压下降，而对正常血压的影响较小。

(三) 钙通道阻滞药的药理作用及临床应用

【药理作用】

1. 对心脏的作用

(1) 负性肌力作用：钙通道阻滞药使心肌细胞内 Ca^{2+} 减少，因而呈现负性肌力作用。在不影响兴奋除极的情况下，明显降低心肌收缩性，使心肌兴奋-收缩脱耦联，降低心肌耗氧量。

钙通道阻滞药还能舒张血管平滑肌降低血压，继而使整体动物交感神经活性反射性增高，抵消部分负性肌力作用。硝苯地平的这一作用明显，可能超过其负性肌力作用而表现为轻微的正性肌力作用。

(2) 负性频率和负性传导作用：窦房结和房室结等慢反应细胞的 0 相除极和 4 相缓慢除极均是由 Ca^{2+} 内流所引起，它们的传导速度和自律性由 Ca^{2+} 内流所决定，因而钙通道阻滞药能减慢房室结的传导速度，降低窦房结自律性，而减慢心率，此作用是钙通道阻滞药治疗室上性心动过速的理论基础。对心脏的负性频率和负性传导作用以维拉帕米和地尔硫䓬的作用最强；而硝苯地平可因其扩张血管作用强，对窦房结和房室结的作用弱，还能反射性加快心率。见表 20-1。

表 20-1 钙通道阻滞药心血管效应的比较

效应	维拉帕米	硝苯地平	尼莫地平	尼卡地平	地尔硫䓬
负性肌力作用	4	1	1	0	2
负性频率作用	5	1	1	1	5
负性传导作用	5	0	0	0	4
舒张血管作用	4	5	5	5	3

注：0～5 指作用强度由弱到强的程度

2. 对平滑肌的作用

(1) 血管平滑肌：因血管平滑肌的肌质网发育较差，血管收缩时所需要的 Ca^{2+} 主要来自细胞外，故血管平滑肌对钙通道阻滞药的作用很敏感。该类药物能明显舒张血管，主要舒张动脉，对静脉影响较小。动脉中又以冠状血管较为敏感，能舒张输送血管和阻力血管，增加冠脉流量及侧支循环量，治疗心绞痛有效。

脑血管也较敏感，尼莫地平舒张脑血管作用较强，能增加脑血流量。

钙通道阻滞药也舒张外周血管，解除其痉挛，用于治疗外周血管痉挛性疾病。

(2) 其他平滑肌：钙通道阻滞药对支气管平滑肌的松弛作用较为明显，较大剂量也能松弛胃肠道、输尿管及子宫平滑肌。

3. 抗动脉粥样硬化作用 钙参与动脉粥样硬化的病理过程，如平滑肌增生，脂质沉积和纤维化，钙通道阻滞药可干扰这些过程，包括以下几点：

(1) 减少钙内流，减轻了 Ca^{2+} 超载所造成的动脉壁损害。

(2) 抑制平滑肌增殖和动脉基质蛋白质合成，增加血管壁顺应性。

(3) 抑制脂质过氧化，保护内皮细胞

(4) 硝苯地平可因增加细胞内 cAMP 含量，提高溶酶体酶及胆固醇酯的水解活性，有助于动脉壁脂蛋白的代谢，从而降低细胞内胆固醇水平。

在大鼠原代主动脉平滑肌细胞体外培养中，加用硝苯地平后，细胞 DNA 合成受抑制。

4. 对红细胞和血小板结构与功能的影响

(1) 对红细胞影响：与其他组织细胞一样，红细胞具有完整的钙转运系统，现已证实，红细胞膜有受体调控的钙通道和电压调控的钙通道，二者被激活后，通道开放，Ca^{2+} 进入细胞内。Ca^{2+}-Mg^{2+}-ATP 酶是红细胞主要的钙排出途径，在耗能的同时将 Ca^{2+} 泵出胞外；线粒体膜也富含 Ca^{2+}-Mg^{2+}-ATP 酶，将部分 Ca^{2+} 储存。细胞能量代谢障碍，钙泵活动降低，细胞内 Ca^{2+} 增加，超量 Ca^{2+} 使 ATP 合成减少，分解增加，二者形成恶性循环。红细胞膜的稳定性与 Ca^{2+} 有密切关系，Ca^{2+} 增加，膜的脆性增加，在外界因素作用下容易发生溶血，由于红细胞膜富含磷脂成分，Ca^{2+} 能激活磷脂酶使磷脂降解，破坏膜的结构。钙通道阻滞药抑制 Ca^{2+} 内流，并保护钠、钙泵的活性，减轻 Ca^{2+} 超负荷对红细胞的损伤。

(2) 对血小板活化的抑制作用：钙通道阻滞药对血小板活化抑制机制可归纳如下：①血小板膜表面含有受体调控的钙通道和电压调控的钙通道，调节 Ca^{2+} 的内流，并受 Ca^{2+}-Mg^{2+}-ATP 酶与 Na^{+}-Ca^{2+} 交换泵的调节；②血小板被激活后，钙通道开放，Ca^{2+} 浓度升高，肌动蛋白收缩，进而引起膜受体暴露；③钙通道阻滞药阻滞钙通道，减少 Ca^{2+} 内流，抑制血小板聚集与活性产物的合成释放；④钙通道阻滞药促进膜磷脂的合成，稳定血小板膜。实验证明，地尔硫䓬能抑制血栓素 A_2 的产生和由 ADP、肾上腺素以及 5-HT 等所引起的血小板聚集。

5. 对肾脏功能的影响 钙通道阻滞药的舒张血管和降低血压作用，与已知的舒张血管药物不同，少伴有水钠潴留作用。在高血压病人，二氢吡啶类药物，如尼卡地平和非洛地平在降低血压的同时，能明显增加肾血流，但对肾小球滤过作用影响小。研究证实，钙通道阻滞药有排钠利尿作用，这种作用与影响肾小管对电解质的转运有关。

钙通道阻滞药对肾脏的这种保护作用，在伴有肾功能障碍的高血压病和心功能不全的治疗中都有重要意义。

【体内过程】 钙通道阻滞药口服均能吸收，但因首过消除，生物利用度较低，其中以氨氯地平为最高，生物利用度为 60%～65%。几乎所有的钙通道阻滞药均在肝脏被氧化代谢为无活性或活性明显降低的物质，然后经肾脏排出。硝苯地平、维拉帕米与地尔硫䓬的 $t_{1/2}$ 较短，约为 4 小时，但其缓释制剂和第二代二氢吡啶类药物如非洛地平、尼群地平等 $t_{1/2}$ 较长，药效可保持 24 小时，因此每日给药 1 次即可。

【临床应用】 钙通道阻滞药的临床应用主要是防治心血管系统疾病，近年也试用于其他系统疾病。

1. 高血压 应用钙通道阻滞药治疗高血压已逐渐得到肯定。其中二氢吡啶类药物如硝苯地平、尼卡地平、尼莫地平等扩张外周血管作用较强，用于治疗严重高血压患者，长期用药后，外周阻力下降 30%～40%，肺循环阻力也下降。后一作用特别适合于并发心源性哮喘的高血压危象患者。维拉帕米和地尔硫䓬可用于轻度及中度高血压。

临床应用时应根据具体病情选用适当的药物，如对兼有冠心病的患者，以选用硝苯地平为宜；伴有脑血管病者宜用尼莫地平；伴有快速型心律失常者最好选用维拉帕米。这些药物可以单用，也可以与其他药物合用，如与β受体阻断药普萘洛尔合用，以消除硝苯地平因扩血管所产生的反射性心动过速；也可与利尿药合用以消除扩血管药可能引起的水钠潴留，并加强其降压效果。

2. 心绞痛　钙通道阻滞药对各型心绞痛都有不同程度的疗效。

(1) 变异型心绞痛：常在休息时如夜间或早晨发作，由冠状动脉痉挛所引起。硝苯地平疗效最佳。

(2) 稳定型心绞痛：常见于冠状动脉硬化患者，休息时并无症状，此时心脏血液供求关系是平衡的。劳累时心脏做功增加，血液供不应求，导致心绞痛发作。钙通道阻滞药通过舒张冠脉、减慢心率、降低血压及心肌收缩力而发挥治疗效果。三代钙通道阻滞药均可使用。

(3) 不稳定型心绞痛：较为严重，昼夜都可发作，由动脉粥样硬化斑块形成或破裂及冠脉张力增高所引起。维拉帕米和地尔硫䓬疗效较好，硝苯地平宜与β受体阻断药合用。

3. 心律失常　钙通道阻滞药治疗室上性心动过速及后除极触发活动所致的心律失常有良好的效果。

三代钙通道阻滞药减慢心率的作用程度有差异。维拉帕米和地尔硫䓬减慢心率作用较明显；硝苯地平较差，甚至反射性加快心率，故不用于治疗心律失常。

4. 脑血管疾病　尼莫地平、氟桂利嗪等钙通道阻滞药能明显舒张脑血管，增加脑血流量，治疗短暂性脑缺血发作、脑血栓形成及脑栓塞等。

5. 其他　钙通道阻滞药还可用于外周血管痉挛性疾病，预防动脉粥样硬化的发生。此外，钙通道阻滞药还可用于支气管哮喘、偏头痛等。

【不良反应】　钙通道阻滞药相对比较安全，但由于这类药物作用广泛，选择性相对较低。不良反应与钙通道阻滞药扩张血管、抑制心肌等作用有关。一般不良反应有：颜面潮红、头痛、眩晕、恶心、便秘等。严重不良反应有：低血压、心动过缓和房室传导阻滞以及心功能抑制等。

Summary

- Ion channels are pore-forming proteins that help establish and control the small voltage gradient across the plasma membrane of cells by allowing the flow of ions down their electrochemical gradient. They are present in the membranes that surround all biological cells.
- Ion channels may be classified by gating, i. e. what opens and closes the channels. Voltage-gated ion channels open or close depending on the voltage gradient across the plasma membrane, while ligand-gated ion channels open or close depending on binding of ligands to the channel.
- Voltage-gated ion channels open and close in response to membrane potential, including voltage-gated sodium channel, voltage-gated potassium channel and voltage-gated calcium channel.

（王　芳）

第二十一章 抗心律失常药

案例 21-1

患者，男，48 岁。

主诉：阵发性室速 2 年，消融术后再发 2 小时。

现病史：患者 2 年前游泳后小便时突发眼前发黑跌倒，几秒钟后缓解，感心慌、胸闷，伴头晕、大汗淋漓、手脚发软，持续半小时后缓解，无头痛、胸痛、恶心、呕吐等伴随症状。此后上述症状间断发作，性质同前，但发作频率增加。发作间隔逐渐缩短，由半年、几个月到几天发作 1 次。发作时间逐次延长，症状较前加重，轻体力活动、体位改变均可诱发发作。23 日前于我院心内科行射频消融术治疗，出院后间断发作心慌、胸闷，持续约 2～3 分钟，无眼前发黑、头晕等，可自行缓解，未就诊。2 小时前再发心慌、胸闷伴大汗淋漓、四肢无力，不自行缓解，速来我院治疗。急诊以"室速"收入院。

体格检查：体温 36.6℃，脉搏 82 次/分，呼吸 20 次/分，血压 105/88mmHg，神志清楚，精神可，查体合作。咽部无充血，扁桃体无肿大，颈静脉无怒张，甲状腺无肿大。双肺呼吸音清晰，闻及干、湿性啰音及摩擦音。心率 82 次/分，律齐，各瓣膜区未闻及病理性杂音。腹软，无压痛及反跳痛。肝脾肋下未触及，双下肢无水肿。

诊断：阵发性室性心动过速。

问题：

1. 心律失常发生的电生理学机制是什么？
2. 抗心律失常药物可分为几类？它们分别是通过什么机制来发挥作用？
3. 上述病案可选用哪些抗心律失常药物来治疗？为什么？

心律失常（arrhythmias）是指心脏搏动频率和节律的异常。心律正常时，心脏协调而规律地舒缩，顺利地完成泵血功能。心律失常可致心脏泵血功能发生障碍，甚至出现危及生命的严重症状。一般常按心动频率将心律失常分为缓慢型和快速型两类。缓慢型有窦性过缓、传导阻滞等，常用阿托品及异丙肾上腺素治疗。快速型心律失常发病机制和治疗较复杂，本章述及的药物主要针对快速型心律失常。抗心律失常药物是目前治疗心律失常的重要手段，但同时这些药物也可致心律失常。正确合理应用抗心律失常药物有赖于对心肌电生理、心律失常发生机制和药物作用机制的认识。

第一节 心律失常的电生理学基础

一、正常心肌电生理

（一）心肌细胞膜电位

正常心肌细胞在静息状态时，膜两侧的电位呈现"外正内负"的极化状态，此时的膜电位即为静息电位。当心肌细胞兴奋时，可产生细胞膜两侧的电位波动和变化，形成动作电位（action potential，AP）。动作电位分为 5 个时相，即 0、1、2、3、4 相（图 21-1）。0 相为快速除极，由 Na^+ 大量快速内流所致。1 相为快速复极初期，由 K^+ 短暂外流引起。2 相为缓慢复极期，由 Ca^{2+} 和少量 Na^+ 缓慢内流以及 K^+ 外流所致，此时膜电位维持在较稳定水平，形成平台，故又称平台期。3 相为快速复极末期，由 K^+ 外流增多所致，细胞复极到静息电位水平。0 相至 3 相之间的时间称为动作电位时程（action potential duration，APD）。4 相为静息期，在 Na^+-K^+-ATP 酶的作用下，细胞泵出 Na^+，摄入 K^+，恢复静息电位时的离子分布。此时非自律细胞的静息电位较稳定。自律细胞则可以产生 Na^+ 的缓慢内流和 K^+ 外流，出现自发性除极，达到阈电位时可再次引起兴奋，这是自律细胞产生自律性的电生理学基础，自律细胞自发性除极速度的快慢，决定了心肌自律性的高低。

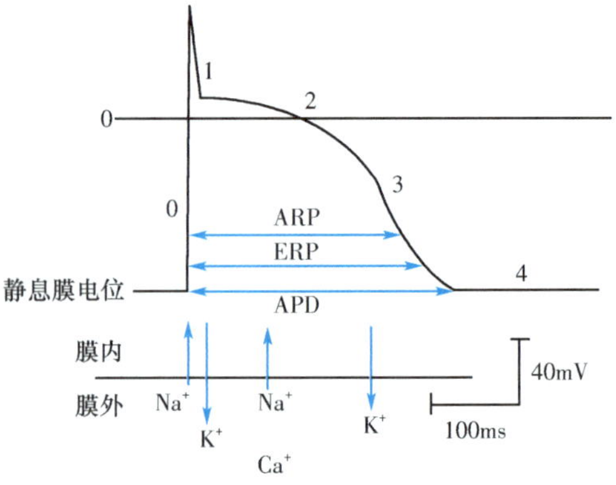

图 21-1 心肌动作电位与离子转运

RP. 绝对不应期；ERP. 有效不应期；APD. 动作电位时程

(二) 快反应和慢反应电活动

心脏工作肌细胞和房、室传导系统细胞的静息电位负值较大，除极主要由 Na^+ 内流引起。0 相除极上升速率快，动作电位振幅大，传导速度快，呈现出快反应电活动，这些心肌细胞也被称为快反应细胞。窦房结、房室结细胞的膜电位负值较小，除极由 Ca^{2+} 内流所造成，除极速度慢、幅度低、传导也较慢，呈现出慢反应电活动，这些心肌细胞被称为慢反应细胞。心肌有病变（如心肌缺血、缺氧、药物中毒等）时，由于细胞膜电位减小，快反应细胞可表现出慢反应电活动。

(三) 膜反应性与传导速度

膜反应性是指膜电位水平与其所激发的 0 相最大上升速率之间的关系。膜反应性代表 Na^+ 通道的活性，是决定传导速度的重要因素。一般情况下，膜静息电位（负值）越大，0 相除极速率越快，动作电位振幅越大，传导速度也越快，反之则慢。药物可以通过增高或降低膜反应性，进而影响传导速度。

(四) 有效不应期

心肌除极后，必须复极到 −60～−50mV 时，细胞才有可能对刺激产生可扩布的动作电位。从除极开始到这之前的一段时间即为有效不应期（effective refractory period，ERP），其时间长短一般与 APD 的长短相关，但变化程度可有不同（图 21-2）。

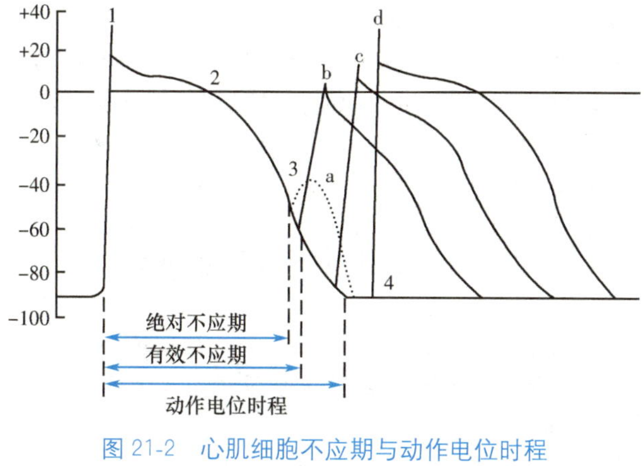

图 21-2 心肌细胞不应期与动作电位时程

----局部除极化（局部性兴奋）；——全面除极化（扩布性兴奋）

二、心律失常发生的电生理学机制

窦房结的自律性最高，为正常起搏点，窦房结的兴奋沿正常传导通路依次传导下行，直至整个心脏。在任一环节发生异常，都会产生心律失常。

(一) 冲动形成异常

1. 自律性异常 包括正常自律活动改变和异常自律机制形成。前者是自律性的心肌细胞受自主神经、低血钾、心脏牵张、缺血缺氧等因素影响而致自律性改变。自律性的高低与 4 相自动除极速度、最大舒张电位水平以及阈电位水平有关，若 4 相自动除极加快、最大舒张电位变小或阈电位下降，均可导致自律性的增高（图 21-3）。后者是非自律心肌细胞在病理因素作用下出现异常自律性，如缺血缺氧时，心肌工作细胞可出现自律性。

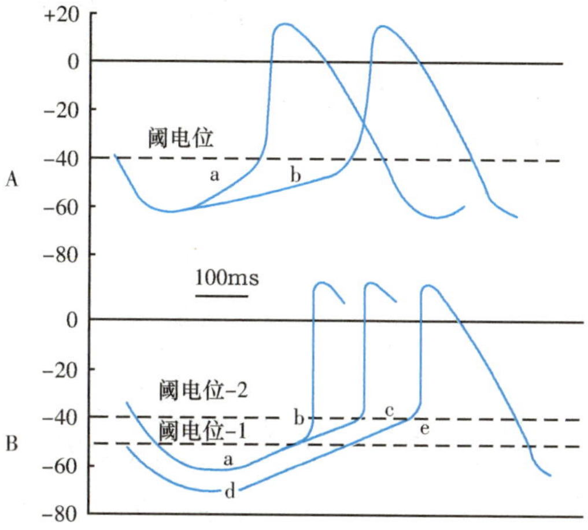

图 21-3 自律细胞频率变化的机制

A. 起搏频率从 b 到 a 斜率升高，频率加快；B. 阈电位下移（从阈电位 2 到阈电位 1）或膜电位上移（从 d 到 a），频率加快

2. 后除极与触发活动 后除极（after depolarization）是指在一个动作电位中继 0 相除极后所发生的除极，其频率较快，振幅较小，呈振荡性波动，膜电位不稳定，易引起异常冲动发放，而这种异常冲动发放就称为触发活动（图 21-4）。

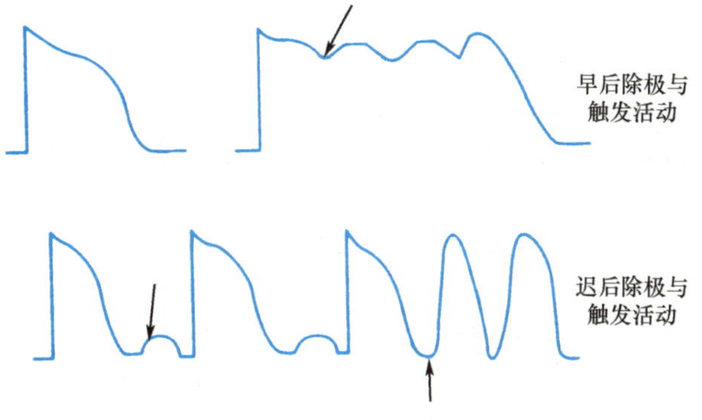

图 21-4 后除极与触发活动

根据发生时间的不同，后除极可分为：①早后除极（early after depolarization，EAD）：发生在动作电位完全复极之前的 2 相或 3 相中，主要由 Ca^{2+} 内流增多所引起。药物、低血钾等可诱发早后除极。②迟后除极（delayed after depolarization，DAD）：发生在动作电位完全或接近完全复极时，由细胞内 Ca^{2+} 过多诱发 Na^+ 短暂内流所引起。胞内 Ca^{2+} 过高可激活钠-钙交换，引起 1 个 Ca^{2+} 泵出和 3 个 Na^+ 泵入，形成内向电流，从而产生迟后除极。强心苷中毒、心肌缺血、细胞内高钙等可诱发迟后除极。

(二) 冲动传导障碍

1. 单纯性传导障碍 包括传导减慢、双相传导阻滞及单向传导阻滞等。

2. 折返激动(reentrant excitation) 是指一次冲动下传后，又可顺着另一环形通路折回再次兴奋原已兴奋过的心肌，是引起快速型心律失常的重要机制之一。折返激动可在非常小的区域发生，如房室结或邻近心肌，也可在心房或心室壁的大部分区域发生。单次折返可引起期前收缩，连续折返可引起阵发性室上性或室性心动过速、心房或心室的颤动和扑动等。形成折返激动的原因：①心肌组织存在解剖性环形传导通路，如窦房结附近的心房肌，围绕腔静脉构成的环形通路；浦肯野纤维末梢深入心内膜下心肌约 1/3 室壁厚度分成两支，并与心肌相连形成环形通路。②功能性环形传导通路的出现，如单向传导阻滞，一个方向的传导终止，而另一方向的冲动仍能继续传导。③邻近心肌细胞的 ERP 长短不一，折回的冲动落在原已兴奋心肌的不应期之外(图 21-5)。

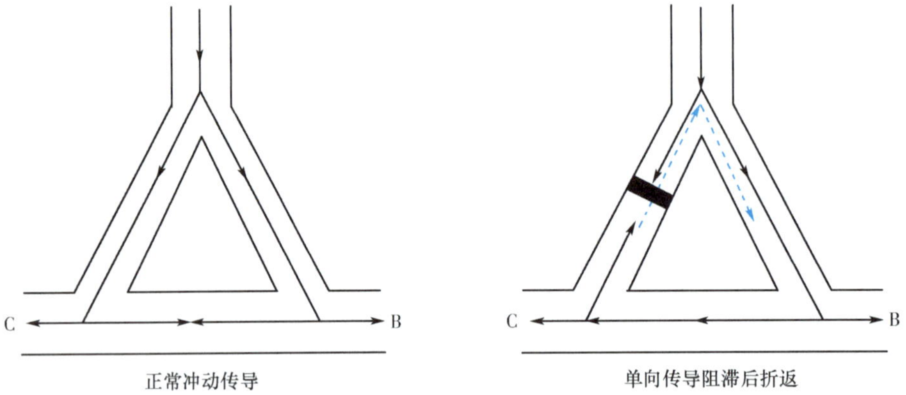

图 21-5 浦肯野纤维末梢正常冲动传导、单向阻滞和折返激动形成

(三) 心肌复极过程减慢

长 Q-T 间期综合征(long Q-T syndrome，LQTs)是由基因缺陷或突变引起的心肌复极异常的疾病，表现为心电图 Q-T 间期延长并发恶性心律失常性晕厥与猝死。现已鉴定出 LQTs 的 13 个突变基因，以 KCNQ1(LQT1)，KCNH2(LQT2)和 SCN5A(LQT3)最常见，由于基因突变造成通道功能异常，心肌复极减慢导致 Q-T 间期延长。某些Ⅲ类抗心律失常药也可导致 Q-T 间期延长。

第二节 抗心律失常药的基本电生理作用及分类

一、抗心律失常药的作用机制

1. 降低自律性 抗心律失常药可通过减慢 4 相自动除极速率、增大最大舒张电位、提高阈电位水平、延长动作电位时程等作用降低自律性。

2. 减少后除极与触发活动 抗心律失常药可通过促进或加速复极，减少早后除极的发生；也可通过减少细胞内钙的蓄积而减少迟后除极的发生。

3. 改变传导性，终止或取消折返激动 抗心律失常药可通过增强膜反应性，加快传导而取消单向阻滞，或通过降低膜反应性，减慢传导而使单向阻滞变为双向阻滞而终止折返激动。

4. 改变 ERP 及 APD，防止或终止折返激动的发生 一般认为 ERP 与 APD 的比值(ERP/APD)较正常为大，说明在一个 APD 中 ERP 占时增多，冲动将有更多的机会落入 ERP 中，折返激动易被取消。药物可通过三种方式改变 ERP。①绝对延长 ERP：延长 ERP 大于延长 APD，ERP/APD 比值增大；②相对延长 ERP：缩短 APD 大于缩短 ERP，使 ERP/APD 比值增大；③促使邻近细胞不均一的 ERP 趋向均一化。

二、抗心律失常药的分类

Singh Vaughan Williams 分类法根据抗心律失常药物作用于心肌细胞离子通道活性和电生理特性的特点，将药物分为五大类。

(一) Ⅰ类 钠通道阻滞药

可称膜稳定药物，分Ⅰa、Ⅰb、Ⅰc 三个亚类。

Ⅰa 类 适度阻滞钠通道，抑制 Na^+ 内流，降低 0 相上升速率和幅度，减慢传导；不同程度阻滞钾通道和钙通道，延长复极过程，以延长 ERP 更为显著；减少异位起搏细胞 4 相 Na^+ 内流，降低自律性。代表药物有奎尼丁、普鲁卡因胺等。

Ⅰb 类 轻度阻滞钠通道，轻度降低 0 相上升速率，动作电位幅度影响较小；促进 K^+ 外流，缩短 APD 和 ERP，以缩短 APD 更为显著；抑制 4 相 Na^+ 内流，降低自律性；在不同情况下对传导的影响比较复杂。

代表药物有利多卡因、苯妥英钠等。

Ⅰc类　重度阻滞钠通道，显著降低0相上升速率和幅度，减慢传导。代表药物有普罗帕酮、氟卡尼等。

（二）Ⅱ类　β肾上腺素受体阻断药

阻断β受体，同时具有阻滞钠通道和缩短复极过程的作用。表现为抑制窦房结、房室结的4相除极速率而降低自律性，降低0相上升速率而减慢传导。某些药物在高浓度时还有膜稳定作用。代表药物有普萘洛尔、美托洛尔等。

（三）Ⅲ类　延长动作电位时程药

又称钾通道阻滞药，可抑制 K^+ 外流，从而延长ERP和APD，以延长ERP更加明显。代表药物有胺碘酮、索他洛尔等。

（四）Ⅳ类　钙通道阻滞药

通过抑制 Ca^{2+} 内流，降低窦房结、房室结细胞的自律性，减慢房室结传导速度。还可延长房室结细胞膜钙通道复活时间，延长其不应期。代表药物有维拉帕米、地尔硫䓬等。

（五）其他类

不能归于以上四类的抗心律失常药。代表药物有腺苷、地高辛和硫酸镁等。

第三节　常用抗心律失常药

一、Ⅰ类　钠通道阻滞药

（一）Ⅰa类药物

奎　尼　丁

奎尼丁（quinidine）是金鸡纳（*Cinchona ledgeriana*）树皮中分离的一种生物碱，是奎宁的右旋体，它对心脏的作用比奎宁强5～10倍。金鸡纳制剂用于治疗疟疾历史悠久，后偶然发现其有抗心律失常的作用，其中以奎尼丁为最强。

【体内过程】　口服后几乎全部被胃肠道吸收，经1～2小时血药浓度达峰值，生物利用度为70%～80%。血浆蛋白结合率约80%，组织中药物浓度较血药浓度高10～20倍，心肌浓度尤高。表观分布容积为2～3L/kg，$t_{1/2}$为5～7小时，有效血药浓度为2～5μg/ml。主要经肝 CYP_{450} 氧化代谢，其羟化代谢物仍有药理活性。其代谢物及原形均经肾脏排泄，原形占排泄量的10%～25%。

【药理作用】　奎尼丁与心肌细胞膜钠通道蛋白质相结合而阻滞钠通道，适度抑制 Na^+ 内流，使通道复活减慢。它还能阻滞多种钾通道和钙通道；也具有明显阻断M胆碱受体和外周血管α受体的作用。

1. 降低自律性　治疗浓度的奎尼丁能降低浦肯野纤维的自律性及工作肌细胞（心房肌、心室肌等）的异常自律性，对正常窦房结影响微弱。对病窦综合征者则明显降低其自律性。奎尼丁还可减少 Ca^{2+} 内流，具有负性肌力作用。

2. 减慢传导　降低心房肌、心室肌、浦肯野纤维等的0相上升最大速率和幅度，使膜反应性降低，因而减慢传导速度。奎尼丁减慢传导的作用还可使单向阻滞转变为双向阻滞，取消折返激动引起的心律失常。

3. 延长不应期　抑制心房肌、心室肌、浦肯野纤维细胞3相 K^+ 外流，延缓复极过程，使APD和ERP延长。心电图表现为Q-T间期延长。奎尼丁还可通过延长ERP促使邻近细胞复极不均一的ERP均一化，消除折返激动引起的心律失常。

【临床应用】　奎尼丁是广谱抗心律失常药，可治疗各种快速型心律失常，如心房颤动、心房扑动、室性早搏、室上性和室性心动过速，也是重要的转复心律后防止复发的药物之一。

【不良反应】　奎尼丁应用过程中约有1/3病人出现各种不良反应，使其应用受到限制。用药初期，常见恶心、呕吐、腹痛、腹泻等胃肠道反应。久用后，可出现头痛、头晕、耳鸣、腹泻、恶心及视力模糊等“金鸡纳反应（chichonic reaction）”。有人可能会出现血小板减少、药热、皮疹等过敏反应。奎尼丁心脏毒性较为严重，治疗浓度时即可致心室内传导阻滞，高浓度时可致窦房结传导阻滞、房室传导阻滞、室性心动过速等心律失常。用奎尼丁治疗心房颤动或心房扑动时，宜先用强心苷、钙通道阻滞药或β受体阻断药抑制房室传导以免心室率过快；否则可能会因为奎尼丁的抗胆碱作用使房室传导加快，同时其α受体阻断作用使血管扩张而反射性兴奋心脏，使心室率加快，甚至产生心室颤动。奎尼丁晕厥或猝死是偶见的严重不良反应，发作时突然意识丧失、四肢抽搐、呼吸停止等，一旦发生应立即采取人工呼吸、胸外心脏按压、电复律等抢救措施，可以静脉滴注异丙肾上腺素、阿托品及乳酸钠，后者提高血液pH，能促进 K^+ 进入细胞内，降低血钾浓度，减少 K^+ 对心肌的不利影响。同时，血液偏碱性可以增加奎尼丁与血浆蛋白的结合而减少游离奎尼丁的浓度，从而降低毒性。

若出现明显心率减慢（<60次/分）、收缩压下降（<90mmHg）、Q-T间期延长（$>30\%$），应停药。

【药物相互作用】　肝药酶诱导剂苯巴比妥能加速奎尼丁在肝的代谢，西咪替丁、钙通道阻滞剂减慢奎尼丁在肝的代谢。奎尼丁减慢三环类抗抑郁药、可待因在肝的代谢。奎尼丁与地高辛合用，可使后者肾清除率降低而增高其血药浓度。奎尼丁与双香豆素、华法林合用，竞争与血浆蛋白的结合，使后者抗凝血作用增强。奎尼丁合用硝酸甘油，应注意诱发严重体位性低血压。

普鲁卡因胺

普鲁卡因胺(procainamide)是局部麻醉药普鲁卡因的衍生物，具有与奎尼丁相似的广谱抗心律失常的作用，对室性心律失常的作用优于奎尼丁。

【体内过程】 口服吸收迅速而完全，1小时血药浓度达峰值，肌内注射后0.5～1小时、静脉注射后4分钟血药浓度达峰值。生物利用度约80%。该药体内分布广，约20%与血浆蛋白结合，不易透过血脑屏障。表观分布容积 V_d 为2L/kg，$t_{1/2}$ 为3～6小时，有效血药浓度为4～10μg/ml。本药在肝代谢为仍有抗心律失常作用的N-乙酰卡尼，但其电生理作用特点不同于普鲁卡因胺，它无Ⅰ类药物作用，而具有明显的Ⅲ类药物作用特性。

【药理作用】 普鲁卡因胺对心肌的直接作用与奎尼丁相似而较弱，能降低浦肯野纤维自律性，减慢传导速度，延长大部分心肌组织的APD和ERP。该药以抑制房室结以下传导为主，对房性心律失常作用较差。有微弱的抗胆碱作用，而不具有阻断α受体作用。

【临床应用】 普鲁卡因胺的适应证与奎尼丁相同，主要用于室性快速性心律失常，作用快于奎尼丁。静脉注射或滴注可抢救危急病例。长期口服不良反应多，现已少用。

【不良反应】 长期口服有胃肠道反应以及皮疹、药热、粒细胞减少等过敏反应，静脉给药可出现低血压，大剂量使用可致窦性停搏、房室阻滞。中枢神经系统不良反应为幻觉、精神失常等。久用数月或一年，有10%～20%患者出现红斑性狼疮样综合征。

用药时要观察血压和心电图变化，肾功能不全时应减量。

（二）Ⅰb类药物

利多卡因

利多卡因(lidocaine)为局部麻醉药，1963年用于治疗心律失常，现广泛用于治疗各种危及生命的室性心律失常。

【体内过程】 利多卡因口服首过消除效应显著，生物利用度低，故不宜口服给药，常采用静脉注射，维持20分钟左右。约70%与血浆蛋白结合，几乎全部在肝脏代谢，$t_{1/2}$ 为2小时，有效血药浓度为1～5μg/ml。经肾排泄，其原形占总量的10%。

【药理作用】 利多卡因抑制激活态和失活态的钠通道，阻滞 Na^+ 内流，促进 K^+ 外流。

1. 降低自律性 使浦肯野纤维4相除极速率下降，降低自律性，并能提高致颤阈，尤其对除极化组织的钠通道，如缺血或强心苷中毒所致的心律失常有较强的抑制作用。利多卡因主要作用于希-浦纤维系统和心室肌细胞，对心房几乎无作用。

2. 传导速度 利多卡因对传导速度的影响比较复杂。治疗量时，利多卡因对传导速度无明显影响；但在心肌缺血时，可通过抑制0相 Na^+ 内流而明显减慢传导；对低血钾或心肌纤维受损而部分除极的浦肯野纤维，则促进3相 K^+ 外流而引起超极化，加快传导，有利于消除折返性心律失常。高浓度时，利多卡因明显抑制0相上升速率而减慢传导。

3. 动作电位时程和有效不应期 利多卡因缩短浦肯野纤维及心室肌的APD和ERP，以缩短APD更显著，使ERP相对延长。

【临床应用】 利多卡因对于各种室性心律失常疗效显著。对急性心肌梗死患者的室性期前收缩、室性心动过速、心室颤动等可作为首选药使用，对其他器质性心脏病、强心苷中毒、外科手术等引起的室性心律失常也可使用，特别适用于危急病例的急救。对室上性心律失常效果较差。

【不良反应】 利多卡因是现今钠通道阻滞药中毒性较小的药物，不良反应主要表现有神经系统症状如嗜睡、眩晕、语言与吞咽障碍等，严重者可有短暂视力模糊、肌肉抽搐、呼吸抑制等，剂量过大时可出现心率减慢、房室传导阻滞、低血压、惊厥乃至心搏骤停。

禁用于严重室内及房室传导阻滞者。心衰、肝功能不全者宜减量应用。

苯妥英钠

苯妥英钠(phenytoin sodium)原为抗癫痫药，1958年用于治疗耐奎尼丁的室性心动过速获得成功。

【药理作用】 苯妥英钠与利多卡因相似，也是作用于希-浦纤维系统，可降低浦肯野纤维的自律性，缩短APD，相对延长ERP。能与强心苷竞争 Na^+-K^+-ATP酶，抑制强心苷中毒时迟后除极所引起的触发活动，改善因强心苷中毒引起的房室传导阻滞。大剂量能抑制窦房结的自律性。

【临床应用】 主要用于治疗室性心律失常，特别对强心苷中毒所致的室性心律失常有效。由于不抑制传导，故为强心苷中毒性心律失常的首选药。对心肌梗死、心脏手术、麻醉、电转律术、心导管术等所引发的室性心律失常也有效。

【不良反应】 常见的不良反应有头昏、眩晕、震颤、共济失调等，严重者出现呼吸抑制、心动过缓、低血压等。慎用于低血压、心动过缓者，禁用于严重房室传导阻滞者、孕妇。

美西律

美西律(mexiletine，慢心律)化学结构及心肌电生理作用与利多卡因相似，常用于维持利多卡因的疗效。它可以口服，也可以静脉注射，作用持续时间长，对希-浦纤维系统的选择性更高。用于治疗室性心律失常，对急性心肌梗死、心脏手术、药物中毒等引起的室性心律失常有良好效果，对强心苷中毒引起的室性心律失常也有效。不良反应有恶心、呕吐等消化道反应，久用可出现震颤、眩晕、复视、共济失调、精神失常等中枢神经系统症状，还可引起房室传导阻滞、窦性心动过缓等心脏毒性。

（三）Ⅰc 类药物

普罗帕酮

【体内过程】 普罗帕酮（propafenone）口服吸收良好，2～3 小时作用达峰值，持续 8 小时以上。初期给药首关消除强，生物利用度低。长期给药后，首关消除减弱。与血浆蛋白结合率高达 95%～97%，主要在肝代谢，经肾排泄。具有较弱的 β 肾上腺素受体阻断作用。

【药理作用】 普罗帕酮降低浦肯野纤维及心室肌的自律性，明显减慢心房、心室和浦肯野纤维的传导速度，延长 APD 和 ERP。其对复极过程影响弱于奎尼丁。该药还有轻度的肾上腺素受体阻断作用和钙通道阻滞作用，具有轻度负性肌力作用。

【临床应用】 口服用于室上性和室性心律失常、伴发心动过速和心房颤动的预激综合征，静注可终止心房颤动及室性心动过速的发作，对急性心肌梗死性室性心律失常亦有效。

【不良反应】 常见恶心、呕吐、味觉改变等消化道反应。可引起窦房结功能障碍、房室传导阻滞、低血压、心功能不全等，偶见粒细胞减少及红斑狼疮样综合征。心电图 QRS 延长超过 20%以上或 Q-T 间期明显延长者，宜减量或停药。本药不宜与其他抗心律失常药合用，以免产生相互作用而致心脏抑制。

氟卡尼

氟卡尼（flecainide）对某些心律失常作用较奎尼丁、利多卡因强。其对钠通道和钾通道都有抑制作用，可延长心房、心室肌的 APD 和 ERP。氟卡尼口服吸收良好，属广谱抗心律失常药，但由于该药致心律失常发生率较高，临床主要用于顽固性心律失常。不良反应为易导致房室传导阻滞、室性心动过速、心室颤动等心律失常的发生。

二、Ⅱ类 β 肾上腺素受体阻断药

普萘洛尔

【药理作用】 普萘洛尔（propranolol，心得安）抗心律失常作用主要通过以下两个机制：①竞争性阻断心肌 β 受体，抑制 β 受体激活的心脏反应，如心率加快、心肌收缩力增强，房室传导速度加快等；②抑制 Na^+ 内流，具有膜稳定作用。

1. 降低自律性 降低窦房结、心房和浦肯野纤维的自律性，在运动及情绪激动时作用更明显。能降低儿茶酚胺所致的迟后除极和触发活动。

2. 传导速度 治疗浓度并不影响传导速度，但大剂量有膜稳定作用，可减慢房室结及浦肯野纤维的传导速度。

3. 动作电位时程和有效不应期 对浦肯野纤维 APD 和 ERP，治疗浓度缩短之，高浓度则延长之。可明显延长房室结 ERP 及减慢传导作用，是其抗室上性心律失常的作用基础。

【临床应用】 主要用于治疗交感神经过度兴奋、甲状腺功能亢进及嗜铬细胞瘤等引起的各种心律失常，如窦性心动过速、心房颤动、扑动及阵发性室上性心动过速，也用于治疗运动、情绪变化或甲状腺功能亢进等诱发的室性心动过速。

【不良反应】 普萘洛尔可引起心动过缓、低血压、房室传导阻滞、心力衰竭等。长期应用可影响糖及脂质代谢。禁用于房室传导阻滞、支气管哮喘或慢性肺部疾患者，慎用于高脂血症及糖尿病患者。

美托洛尔

美托洛尔（metoprolol）为选择性 β_1 肾上腺素受体阻断药，对心脏 β_1 受体阻断作用较强，可抑制窦房结和房室结的自律性，减慢房室传导。多用于儿茶酚胺类物质过多诱发的室性、室上性快速性心律失常。不良反应与普萘洛尔相似。

三、Ⅲ类 延长动作电位时程药

胺碘酮

【体内过程】 胺碘酮（amiodarone）可以口服或静脉给药，口服吸收缓慢，生物利用度约 40%～50%，静脉注射数分钟内即可起效。广泛分布于各器官和组织中，其中心脏药物浓度可达血浆药物浓度的 30 倍。主要在肝脏代谢，$t_{1/2}$ 长达数周，血浆蛋白结合率达 95%，停药后作用可维持 4～6 周。主要经胆汁由肠道排泄，经肾排泄者仅 1%，故肾功能减退者不需减量应用。

【药理作用】 胺碘酮对心脏的钠、钾、钙等多种离子通道均有抑制作用，可降低窦房结、浦肯野纤维的自律性和传导性，明显抑制复极过程，延长 APD 和 ERP。对 α 和 β 肾上腺素受体也有一定的阻断作用，能扩张冠状动脉，增加冠脉流量，减少心肌耗氧量等。

【临床应用】 胺碘酮为广谱抗心律失常药，可用于各种室上性和室性心律失常。对危及生命的室性心律失常可以静脉给药，长期口服能够防止室性心动过速和心室颤动的复发。

【不良反应】 长期口服可引起甲状腺功能紊乱(甲亢或甲低)、胃肠道反应、角膜黄褐色微粒沉着等不良反应，也可引起窦性心动过缓、房室传导阻滞甚至停搏等心脏毒性，个别患者可出现间质性肺炎或肺纤维化。长期使用应定期检测肺功能及血清甲状腺激素水平。

索他洛尔

索他洛尔(sotalol)为非选择性β肾上腺素受体阻断药，可阻断心脏β受体，降低窦房结和浦肯野纤维的自律性，减慢房室传导。索他洛尔还抑制动作电位3相的K^+外流，延长心房肌、心室肌及浦肯野纤维的APD和ERP，但以延长ERP为主，可以消除折返激动。临床主要用于治疗各种严重室性心律失常，也用于阵发性室上性心动过速及心房颤动。不良反应较少。

四、Ⅳ类 钙通道阻滞药

维拉帕米

【体内过程】 维拉帕米(verapamil，异搏定)口服吸收迅速而完全，有明显的首过效应。口服2～3小时后血药浓度达峰值，生物利用度为10%～30%。肝脏代谢后代谢产物仍然有活性，$t_{1/2}$为3～7小时。约75%经肾脏排泄。

【药理作用】 维拉帕米频率依赖性阻滞L型Ca^{2+}通道，抑制Ca^{2+}内流。窦房结、房室结对此药敏感。

1. 降低自律性 降低窦房结舒张期自动除极速率，增加最大舒张电位，降低自律性，也能减少或取消后除极所引发的触发活动。

2. 减慢传导 抑制0相Ca^{2+}内流，减慢窦房结和房室结的传导速度，终止房室结的折返激动。

3. 不应期 延长窦房结、房室结细胞的ERP，高浓度时也能延长浦肯野纤维的APD和ERP，对心房和心室肌ERP略缩短。

【临床应用】 主要用于治疗室上性心律失常，可作为阵发性室上性心动过速治疗的首选药物，对因房室结折返所致的阵发性室上性心动过速疗效较好，对房性心动过速、心房颤动、心房扑动等可通过减慢房室结传导而降低心室率。对急性心肌梗死、心肌缺血和强心苷中毒所致的室性早搏也有一定的疗效。

【不良反应】 口服维拉帕米较安全，可能有便秘、腹胀、头痛、瘙痒等反应。静脉给药能引起血压低甚至心脏停搏。对窦房结疾病、严重房室传导阻滞及严重心功能不全者等应慎用或禁用。

地尔硫䓬

地尔硫䓬(diltiazem)对心肌电生理的影响和抗心律失常作用机制与维拉帕米相似，能降低自律性，减慢房室传导，延长有效不应期。此外，还有扩张血管及负性肌力作用。临床主要用于治疗室上性心律失常，如频发性房性早搏、心房颤动、心房扑动等。口服不良反应较小，偶见过敏反应。

五、Ⅴ类 其他类

腺 苷

腺苷(adenosine)为内源性嘌呤核苷酸，作用于G蛋白耦联的腺苷受体，激活K_{ACh}通道，抑制窦房结传导，降低自律性。腺苷还抑制房室传导，延长房室结不应期。静脉注射腺苷后迅速起效，其$t_{1/2}$极短，约10秒。使用时需快速静脉注射给药。临床主要用于终止折返性室上性心律失常。静脉注射速度过快可致短暂心脏停搏。治疗剂量可出现胸闷、呼吸困难。合用腺苷摄取抑制药双嘧达莫时，腺苷疗效增强。茶碱和咖啡因能阻断腺苷受体，需加大腺苷的用量。

第四节 快速型心律失常的药物选用

快速型心律失常的药物选用应考虑多种因素，包括心律失常的类别、病情的紧迫性、病人不同的病理生理状态等。药物治疗最满意的效果是恢复并维持正常的窦性节律，其次是减少或取消异位节律，再次是控制心室频率，维持一定的循环功能。一般用药原则是：①先单独用药，后联合用药；②以最小剂量取得满意临床效果；③先考虑降低危险性，再考虑缓解症状；④注意药物的副作用及致心律失常作用。

常见的各种快速型心律失常选药如下：

1. 窦性心动过速 需要时可选用β肾上腺素受体阻断药或维拉帕米。

2. 房性早搏 一般不需要药物治疗，需要时可选用普萘洛尔、维拉帕米、胺碘酮等，也可选用奎尼丁、普鲁卡因胺等。

3. 心房扑动或心房颤动 先使用强心苷类药物、钙通道阻滞药或普萘洛尔等降低心室率，恢复窦性节律再使用奎尼丁，也可选用胺碘酮。

4. 阵发性室上性心动过速 先用兴奋迷走神经的方法控制，急性发作时首选维拉帕米，也可选用强心苷类、普萘洛尔、胺碘酮、奎尼丁、腺苷等。慢性或预防发作可选用强心苷类、奎尼丁等。

5. 室性早搏 可选用普鲁卡因胺、美西律、胺碘酮等，急性心肌梗死时宜用利多卡因防治室性心律失常，强心苷中毒者宜选用苯妥英钠。

6. 阵发性室性心动过速 首选利多卡因，也可选用普鲁卡因胺、美西律等。

7. 心室颤动 使用电复律效果最好，药物治疗可选用利多卡因、普鲁卡因胺和胺碘酮。

Summary

- Tachyarrhythmias are common clinical problems that may be treated with antiarrhythmic agents. Three major underlying mechanisms have been identified: enhanced automaticity, afterdepolarizations and triggered automaticity, re-entry.
- Antiarrhythmic agents generally suppress arrhythmias by blocking currents through specific ion channels or by altering automatic function. There are five main classes in the Singh Vaughan Williams classification of antiarrhythmic agents: ①Class Ⅰ agents block sodium channels and are subdivided into Ⅰa, Ⅰb and Ⅰc based upon the differences in their kinetic interactions with sodium channels. Ⅰa agents include quinidine and procainamide. Ⅰb agents include lidocaine and phenytoin. Ⅰc agents include propafenone and flecainide. ②Class Ⅱ agents block the β adrenergic receptors, including propranolol and metoprolol. ③Class Ⅲ agents predominantly block the potassium channels, thereby prolonging action potential duration, including amiodarone and sotalol. ④Class Ⅳ agents block L-type calcium channels, including verapamil and diltiazem. ⑤Class Ⅴ agents work by other or unknown mechanisms, including adenosine, digoxin and magnesium sulfate.

（肖军花）

第二十二章　肾素-血管紧张素系统药理

第一节　肾素-血管紧张素系统的构成

一、肾素-血管紧张素系统的构成

由肾素、血管紧张素及其受体包括醛固酮释放系统构成(图 22-1)。通过血管紧张素转化酶(ACE)与激肽系统联系,共同调节心血管功能,与心血管系统的生理、病理生理以及疾病的病因与发病密切相关。肾素转化血管紧张素原为十肽的血管紧张素Ⅰ(Ang Ⅰ),ACE 一方面切掉 Ang Ⅰ的两个肽转化为八肽的有活性的血管紧张素Ⅱ(Ang Ⅱ),另一方面能使缓激肽失活。Ang Ⅱ作用于其受体 AT_1,产生收缩血管与促进醛固酮释放等作用。除 ACE 可以转化生成 Ang Ⅱ外,人的心血管还有糜酶(chymase)旁路可将 Ang Ⅰ转化为 Ang Ⅱ。缓激肽则能激活激肽 B_2受体产生舒张血管的一氧化氮(NO)与 PGI_2。

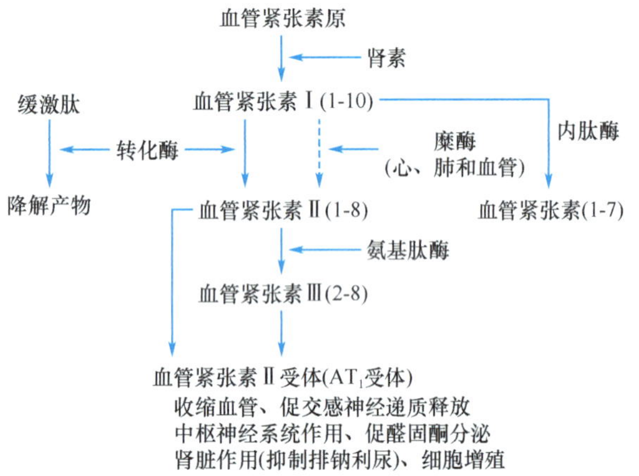

图 22-1　肾素-血管紧张素系统的构成和生理作用

(一) 血管紧张素原(angiotensinogen)

血管紧张素原是肾素作用的底物,在血浆中以糖蛋白形式存在,人的血管紧张素原主要由肝脏合成后释放入血。正常时血浆中的浓度约为 1mol/L,正常妊娠期内血浆中的浓度增高 4～5 倍。RAS 对血管紧张素原合成进行反馈调节,血管紧张素Ⅱ(Ang Ⅱ)促进血管紧张素原的合成,肾素则抑制之。ACE 抑制药减少 Ang Ⅱ,故血浆中血管紧张素原浓度也随之降低。此外,雌激素(包括口服避孕药)、糖皮质激素、甲状腺素等均能增加血管紧张素原的合成和释放。除肝脏外,脑、肾、血管、肾上腺、肺、胃肠等组织均有合成血管紧张素原的能力。

(二) 肾素(Renin)

肾素是一种酸性蛋白水解酶。血浆中的肾素主要来自肾脏,由入球小动脉壁上的球旁细胞合成前肾素原(preprorenin),随后降解并修饰成肾素原(prorenin),再经蛋白酶水解,成为有活性的肾素。肾素原和肾素同储存于球旁细胞或进入循环。

调节肾素的合成和释放的因素有:

(1) 交感神经张力:球旁细胞受交感神经支配,当肾交感神经兴奋时,β1 受体被激动,肾素释放增加,血浆肾素浓度升高。

(2) 肾内压力感受器:当肾动脉灌注压降低时($<$85mmHg),或一氧化氮(NO)释放增加时,球旁细胞的压力感受器激活,肾素释放增加。

(3) 致密斑机制:远曲小管中的 Na^+ 降低时,致密斑被激活,肾素分泌增加。

(4) 化学与药物因素:Ang Ⅱ浓度升高时能通过负反馈抑制肾素的分泌。Ang Ⅱ受体阻断药或是 ACE 抑制药能通过减弱此种负反馈调节促进肾素的释放。扩血管作用的前列腺素(如 PGE_2 和 PGI_2)与 NO 刺激肾素分泌,吲哚美辛抑制失血和钠耗竭所引起的肾素分泌。多巴胺、组胺、心房肽、缓激肽及低血钾均促进肾素释放。

(5) 细胞内机制:肾素生成细胞的胞内 cAMP 浓度升高,促进肾素分泌,故激活腺苷酸环化酶或抑制磷酸二酯酶的因素(如 β 受体激动药、磷酸二酯酶抑制药、组胺等)都因升高细胞内 cAMP 而使肾素释放增加。细胞内 Ca^{2+} 浓度升高可以抑制肾素分泌,如:Ang Ⅱ、加压素、钙离子载体(Ca^{2+}-ionophore)、细胞外高钾及其他缩血管因素均增加细胞内 Ca^{2+} 而抑制肾素释放,这些作用可被钙通道阻滞药维拉帕米所拮抗。利尿药通过降低血钠,ACE 抑制药通过降低血压与减少 Ang Ⅱ,钙通道阻滞药通过降低细胞内 Ca^{2+},增加肾素释放;β 受体阻断药通过阻滞 β_1 受体,可乐定等则通过抑制中枢的交感神经传出而减少肾素的释放。

(三) 血管紧张素转化酶(angiotensin-converting enzyme,ACE)

ACE 为肽基二肽水解酶,是由 1306 个氨基酸构成的含锌的金属蛋白水解酶。ACE 有细胞型和血浆型两类。细胞型大量存在于血管内皮细胞的膜表面,也存在于血管平滑肌的中层膜内与上皮细胞膜。血浆型为可溶性，分布在许多体液中。人血浆中 ACE 浓度约为 10nmol/L。在结节病可升高 2.5～10 倍。因 ACE 的特异性不高，与降解缓激肽的激肽酶Ⅱ为同一物。其基本功能是转化 AngⅠ为 AngⅡ和降解缓激肽，但也降解 P 物质、内啡肽等。血中内源性 AngⅠ与缓激肽主要在血管内皮细胞特别是肺的血管内皮细胞内经 ACE 转化，故对血压的调节主要决定于细胞型 ACE 的活性，而与血浆中 ACE 活性无关。

ACE 增高 AngⅡ水平，过高的 AngⅡ对心脏不利。有报道遗传性 ACE 过度表达是心肌梗死的一个独立的危险因素。除遗传外，尚有许多因素可增高组织 ACE 的表达，如糖皮质激素、雄性激素、内皮素、生长因子、ACE 抑制药、心肌梗死、炎症和修复过程。

（四）血管紧张素及其受体

RAS 通过 Ang 作用于血管紧张素受体产生各种生物效应。迄今已鉴别出数种 Ang，如 AngⅠ，AngⅡ，AngⅢ，AngⅣ 3～8 与 Ang 1～7。AngⅠ是 AngⅡ的前体。它无特异性受体，故生物活性很低。AngⅡ是 RAS 的主要活性肽，作用于 AngⅡ受体，产生目前所知的绝大部分 RAS 的生物效应。

AngⅡ受体(AT)选择性阻断药的应用和分子生物学研究确认 AT 受体有多种亚型。1990 年美国高血压学会提议对 AT 受体作如下的分型：①被氯沙坦(Losartan)类阻滞的受体为 AT_1；②被 PD123177 或 P0123319 阻滞的受体为 AT_2。

迄今已分离出数种 AT，但目前只有 AT_{1A}，AT_{1B}，AT_2 基本肯定。AT_{1A} 主要分布在肺、血管平滑肌、肝、脑、肾细胞；AT_{1B} 主要分布在肾上腺与脑垂体；AT_2 主要分布在胚胎组织、心、脑与生殖系统。AT_{1A} 与 AT_{1B} 尚无选择性激动剂，其共同的阻滞剂是氯沙坦。AT_2 的选择性激动剂是 CGP42112，其选择性阻滞剂是 PD123319 或 PD123177。在高血压病人，发现 AT_1 基因存在多形性。人心脏以 AT_1 为主，目前所知的 AngⅡ对心脏的作用主要由 AT_1 介导。

（五）局部组织的 RAS

RAS 不仅存在于血液循环，而且在肾脏、心脏、血管、脑等许多组织中存在着局部 RAS，虽然对组织局部的 RAS 的来源还有争论，但对它的存在与它调节器官/组织/细胞的功能的重要作用，已有定论。例如肾脏内的局部 RAS，在生理与病理条件下对肾脏的血流动力学起重要的调节作用。生理条件下 ACE 将 AngⅠ转化为 AngⅡ，通过增加 Na^+-H^+ 交换及其他机制促进 Na^+ 在近曲小管被吸收。在原发性高血压病人 AngⅡ过多，使出球小动脉收缩，增加肾小球内压，引起肾功能损伤。心脏与血管中的 RAS 对心血管功能起重要的调节作用。在高血压与心肌梗死时，AngⅡ的生长激素作用造成心脏与血管的重构。近年发现不同血管的 ACE 的活性不同。人的大隐静脉含有的 ACE 酶活性三倍于内胸动脉。这两种血管在用于冠脉搭桥手术时，用 ACE 抑制药或 AT_1 阻断药防治继发的血管病时应予考虑。

二、血管紧张素的作用

（一）对心血管功能与血压的作用

AngⅡ有很强的升压作用，其升压机制是多方面的：①兴奋血管平滑肌的 AT_1，直接收缩血管。其缩血管作用 40 倍于去甲肾上腺素。②作用于交感神经末梢突触前膜 AngⅡ受体促进 NE 释放，增强血管收缩。③兴奋交感神经中枢，收缩血管。④AngⅡ与 AngⅠ作用于肾上腺髓质的 AT_1，促进儿茶酚胺的释放，引起血管收缩。⑤AngⅡ与 AngⅢ作用于肾上腺皮质的 AT_1/AT_2 受体促进醛固酮的释放，增加水钠潴留与血容量。这些作用均促进血压升高。AngⅡ对血管也有舒张作用的成分。离体血管实验表明 AngⅡ对血管的收缩作用易产生快速耐受性，而且较高浓度时有先收缩后舒张的双相作用。其舒张作用是刺激血管内皮细胞，释放 NO 与前列环素所致。AngⅡ对心房与心室均有兴奋作用，它激动心肌的 AT_1 受体，产生正性肌力作用。

（二）对心血管细胞凋亡(apoptosis)与重构(remodeling)的作用

AngⅡ能促进体外培养的大鼠心室肌细胞凋亡。牵张心肌细胞释放的 AngⅡ也能同等程度增加细胞凋亡。此作用与激活 p53 并降低 Bcl-2 有关，可被 AT_1 阻滞药氯沙坦所阻止，故系 AT_1 所介导。AngⅡ也能促进人的脐静脉血管内皮细胞凋亡。

AngⅡ促使细胞凋亡常与其促进心肌重构的作用并存。AngⅡ有生长因子的作用，能促进心肌与血管肥大/增生。心肌重构是心脏在高血压或心肌梗死等情况下形成的。主要表现为心肌细胞与心脏的非心肌细胞的肥大与增生，导致心脏肥大与扩大。血管重构则表现为平滑肌细胞增生，导致血管壁增厚。重构的结果是心脏与血管形态与结构的改变与功能的减退。心室肌分布有 AT_1，激动时促进原癌基因表达，与高血压等病诱发的心肌肥大-心肌重构的产生有关。AngⅡ与 AngⅢ作用于肾上腺皮质 AT_1/AT_2 促进醛固酮的释放，除增加水钠潴留作用外，醛固酮也有促进心肌间质增生-肥厚与重构的作用。在自发性高血压大鼠(SHR)，先发生与血压升高相平行的心肌肥大，随后发生与 ACE 活性增高相关联的心肌细胞凋亡。ACE 抑制药喹那普利能消除心肌肥大与细胞凋亡。在慢性高血压病人，AngⅡ的促细胞凋亡作用与心血管肥大/增生的作用同时存在，但通常肥大/增生作用占优势，导致重构。

（三）对肾脏的作用

Ang Ⅱ对肾脏的血流动力学与肾小球滤过有重要的调节作用。它通过调节出球小动脉的张力影响肾小球的滤过与盐和水的重吸收。例如在高血压或心衰时，RAS 机能亢进，Ang Ⅱ过多，作用于肾小球血管 AT_1，收缩出球小动脉，使流经肾小球的血浆量增加，此时即使肾脏的灌注压不变，血浆经肾脏的滤过率与盐和水的重吸收也会增加。Ang Ⅱ还直接作用于肾小管上皮细胞增加盐与水的重吸收。ACE 又能使缓激肽失活，而缓激肽是肾脏利尿的自分泌因素，RAS 亢进时，ACE 使缓激肽失活也会减少其利尿作用。ACE 抑制药则通过保留缓激肽而增加钠利尿作用。Ang Ⅱ又能通过收缩入球小动脉，减少肾小球血流量与尿量。

第二节　血管紧张素转化酶（ACE）抑制药

ACE 抑制药是现今治疗高血压与心力衰竭的主要有效药物。除其抗高血压与抗心力衰竭的作用与应用外，还发现有抗心肌缺血，保护血管内皮细胞与纠正血脂紊乱和抗动脉硬化等作用。从 1981 年第一个口服有效的卡托普利批准应用以来，现时国外已批准上市的 ACE 抑制药至少有 17 种。不同的 ACE 抑制药有共同的药理学作用。由于化学结构的差异，它们在药代动力学、用法与作用效能等方面有所不同。

一、ACE 抑制药的分类

（一）ACE 抑制药的化学结构与构效关系

根据 ACE 的活性部位模型，有两个含锌的“必须结合部位”是 ACE 抑制药有效基团的作用部位。现有的 ACE 抑制药的化学结构有三类：①含有与锌结合的巯基（—SH）：如卡托普利、阿拉普利（Alacepril）与左芬普利（Zofenopril）。②含有与锌结合的羧基（COOH—），如赖诺普利；③含有与锌结合的膦酸基（POO—），如福辛普利。ACE 抑制药与锌结合的强度及与“附加结合点”结合的数目决定 ACE 抑制药的作用强度和作用持续时间。各种 ACE 抑制的共同基本作用是与 ACE 的活性部位 Zn^{2+} 结合，使之失活。一般而言，含羧基与含次膦酸基的 ACE 抑制药比含 SH 的与 ACE 结合较牢固，故作用也较强较持久（表 22-1）。

表 22-1　临床应用主要的 ACE 抑制药的特点一览表

名称	商品名	化学类别	前药	IC_{50}(nmol/L)	作用时间(小时)	剂量(mg)/次	排泄
阿拉普利(alacepril)		—SR	是	—	24	25～75	肾
贝那普利(benazepril)	洛汀新	—COOR	是	2.0	24	5～20	肾
卡托普利(captopril)	开搏通	—SH	不是	23～35	6～12	12.5～50	肾
西拉普利(cilazapril)		—COOR	是	1.93	24+	2.5～5	肾
地拉普利(delapril)		—COOR	是	40	16～24	7.5～60	肾
依那普利(enalapril)	Vasotec	—COOR	是	1.0～5.2	18～24	5～20	肾
福辛普利(fosinopril)	Monopril	—POOR	是	11	24	10～40	肾+胆
赖诺普利(lisinopril)	Zestril	—COOH	不是	1.7	24	5～20	肾
莫西普利(moexipril)	Univas	—COOR	是	1.1～2.6	12～18	25～100	肾
培哚普利(perindopril)		—COOR	是	2.4	18～24	1～16	肾
喹那普利(quinapril)	Accupril	—COOR	是	3	24	10～40	肾
雷米普利(ramipril)	Altace	—COOR	是	1.5～4.2	24	1.25～20	肾
司派普利(spirapril)		—COOR	是	0.81	24	12.5～50	胆+肾
群多普利拉(trandolapril)	Mavik	—COOR	是		24+	0.5～8	肾
左芬普利(zofenopril)		—SR	是	8	18～24	30～60	胆+肾

（二）活性药与前药

ACE 抑制药的活性形态是与酶的 Zn^{2+} 结合的基团必须为巯基（—SH）如卡托普利；或为羧酸（COOH—），如赖诺普利。但是许多 ACE 抑制药为前药（Prodrug），如依那普利等含有 $COOC_2H_5$，其 $COOC_2H_5$ 必须在体内转化为 COOH，称为依那普利酸（Enalaprilat），才能起作用。同理，福辛普利（Fosinopril）必须转化为福辛普利酸（Fosinoprilat）才能起作用（见表 22-1）。故作 ACE 抑制药的体外实验须用其活性型，才能观察到其药理活性。

二、ACE 抑制药的基本药理作用

（一）阻止 Ang Ⅱ的生成与作用

如上述经 ACE 生成的 Ang Ⅱ是收缩血管、刺激醛固酮释放增加血容量、升高血压与促心血管肥大增生的强大因素。ACE 抑制药阻止 Ang Ⅱ的生成，即能阻止上述作用的产生，有利于高血压、心力衰竭与心血管重构的防治。

（二）保存缓激肽的活性：激肽-NO/前列腺素途径

ACE抑制药阻止Ang Ⅱ生成的作用，不是它的药效学的唯一机制。因为随后在动物实验与临床发现长期用ACE抑制药降血压时，尽管降压作用持续，但血浆Ang Ⅱ水平恢复正常，表明其降压作用与血浆Ang变化无平行关系。随后发现除ACE转化Ang Ⅰ为Ang Ⅱ外，心肌与血管中富有的糜酶（chymase）也可转化Ang Ⅰ为Ang Ⅱ。故ACE抑制药不能阻断Ang Ⅱ的全部来源，进而发现激肽B_2受体拮抗剂H0E140能阻止雷诺普利的降血压与抗心肌肥大等作用，从而认识到ACE抑制药保存缓激肽的作用有其重要性。现知缓激肽能激活激肽B_2受体，进而激活磷酸酯酶C（PLC），产生IP_3，释放细胞内Ca^{2+}，激活NO合酶，产生NO。细胞内Ca^{2+}增加，也激活细胞膜上的磷酸酯酶A_2（PLA_2），诱生PGI_2。NO与PGI_2都有舒张血管，降低血压，抗血小板聚集与抗心血管细胞肥大增生与心血管重构作用。

（三）保护血管内皮细胞与抗动脉粥样硬化作用

动物实验与临床研究表明多种ACE抑制药有保护血管内皮细胞作用，能逆转高血压、心力衰竭、动脉硬化与高血脂引起的内皮细胞功能损伤，恢复内皮细胞依赖性的血管舒张作用。又能保护家兔主动脉与肺动脉内皮细胞对抗自由基损伤，防止血管内皮细胞损伤时乙酰胆碱（ACh）舒张血管的作用反转为收缩。多种ACE抑制药在动物实验表现有抗动脉粥样硬化作用。雷米普利对饲高胆固醇食物的家兔有防止动脉粥样硬化作用，同时降低血浆脂质过氧化水平，提示与抗氧化作用有关。ACE抑制药的抗动脉硬化作用正在进行临床观察。离体心脏与血管实验表明，含SH的卡托普利与不含SH的雷米普利酸，赖诺普利都有抗自由基对心脏与血管的损伤作用。这可能是通过对保存缓激肽（BK）释放NO产生的抗氧化作用。

（四）抗心肌缺血与心肌保护作用

ACE抑制药在动物实验有抗心肌缺血/心肌梗死作用，能减轻心肌缺血再灌注损伤引起的心律失常，但在临床上不能肯定其抗心绞痛作用。动物实验结果显示它也能保护心肌对抗自由基的损伤作用。其心肌保护作用的机制尚有争议。最新实验结果表明雷米普利有增强缺血预适应与产生延缓期心血管保护作用。大鼠一次i.v. 50g/kg雷米普利，24～48小时仍有抗自由基损伤心功能的作用，此作用可被激肽B_2受体拮抗药、磷酸蛋白激酶（PKC）拮抗药或NO合酶抑制药所取消，提示此心肌保护作用有激肽B_2受体、PKC及NO合酶参与。临床资料表明，卡托普利能减少心肌梗死病人再梗死的危险性。

（五）增强对胰岛素的敏感性

卡托普利能降低血浆胰岛素水平，增加对胰岛素的敏感性。由于高胰岛素血症对心血管有害，此作用有其特殊的临床价值。曾认为此作用可能是含有SH的卡托普利所特有，但随后发现不含SH的依那普利、培哚普利（perindopril）、temocapril等也有。此作用在高血压病人与阻断Ang无关，Ang Ⅱ拮抗药无此作用，而是由缓激肽介导，而胰岛素敏感性的降低与其降低纤维蛋白作用有关。

三、临床应用

（一）治疗高血压

ACE抑制药为有效的抗高血压药，它能降低收缩压与舒张压。它降低舒张压作用不低于其他降压药。单用ACE抑制药使轻、中度高血压病人的舒张压降低20%。约70%的病人服用卡托普利后血压立即突降，舌下含服时作用更快且剧，只适合重病人。多数轻、中度高血压病人单用ACE抑制药即可控制血压，加用利尿药增效。即使加服6.25mg小量的氢氯噻嗪即可对轻、中度高血压提高疗效20%～25%，比加大ACE抑制药的剂量更有效。ACE抑制药的疗效能被利尿药增强，其机制在于它能阻止利尿药常诱导使其失效的Ang Ⅱ的产生。ACE抑制药与钙通道阻滞药合用可以消除钙通道阻滞药引起的踝部水肿的不良反应。ACE抑制药对高肾素水平的肾血管性高血压特别有效。ACE抑制药对心、肾、脑等器官有保护作用，且能减轻心肌肥厚，阻止或逆转心血管病理性重构，是这类药的优点。对伴有心衰或糖尿病肾病的高血压病人，ACE抑制药为首选药。这类药能否降低高血压的病死率并延长寿命。

ACE抑制药能通过减少Ang Ⅱ的产生，减弱Ang Ⅱ作用于神经末梢的突触前膜释放去甲肾上腺素的效应，降低交感神经对心血管的张力，并加强副交感神经的张力。这使它在舒张血管时不引起交感神经兴奋，避免其他血管扩张药降压后产生心率加快的副作用。

ACE抑制药能舒张动脉与静脉，故能降低全身外周血管阻力，降低血压，另一方面，通过减少Ang Ⅱ的生成，减少醛固酮的释放，从而减少血容量与水钠潴留，加强其降压作用。对健康人不影响心率与心输出量。对心力衰竭的患者，则减慢心率增加心输出量。ACE抑制药能舒张大的心、脑血管，增加血管顺应性，降低心、脑血管阻力，增加心、脑血流量。能舒张肾脏的出球小动脉，降低肾小球滤过压，增加肾血流，不影响或稍增加肾滤过率。

(二) 治疗充血性心力衰竭与心肌梗死

大量临床观察证实 ACE 抑制药能降低心衰死亡率,改善充血性心力衰竭预后(表 22-2),延长寿命,胜过其他扩血管药与强心药,为近代心衰治疗的一大进展。ACE 抑制药能改善血流动力学和器官灌流,与利尿药合用是当今心衰的最有效的治疗。高血压伴有心衰或心肌肥大时,ACE 抑制药为首选药。

大量临床资料证实 ACE 抑制药能降低心肌梗死的死亡率(表 22-2)。仅 CONSRNSUS Ⅱ观察依那普利对心肌梗死(MI)发生 24 小时的心梗患者,无心功能不全者 6 月的存活率无改善。其他试验表明依那普利、卡托普利、雷米普利、赖诺普利、左芬普利等对 MI 死亡率均显著降低。

表 22-2 ACE 抑制药对充血性心力衰竭与心肌梗死的临床试验

临床试验(年)	病例数	ACE 抑制药	病例选择	治疗开始(起病天)	治疗(月)	结果
SOLVD-Treat 91	2 569	依那普利	心衰Ⅱ～Ⅲ级		22～25	降死亡率,减轻心衰
V-HeFT Ⅱ 91	804	依那普利	心衰Ⅲ级		6～68	降死亡率,减轻心衰
SOLVD-Prevt 91	4 228	依那普利	心衰Ⅰ～Ⅱ级		14.6～62	降死亡率,减轻心衰
CONSENSUS Ⅱ 92	6 090	依那普利	心梗	<1	1.4～6.0	未降死亡率
SAVE 92	2 231	卡托普利	心梗	3～16	24～60*	降死亡率
AIRE 93	2 006	雷米普利	心梗+心衰	3～10	>6	降死亡率
ISIS-4 93	>50 000	卡托普利	心梗	<1	1	降死亡率
GISSI-3 94	19 394	赖诺普利	心梗	<1	1.5	降死亡率
SMILE 95	1 556	左芬普利	心梗	<1	1.5	降死亡率
TRACE 95	1 749	群多普利	心梗心功不全	3～7	24～50	降死亡率

(三) 治疗糖尿病性肾病与其他肾病

糖尿病患者常并发肾脏病变。这是由于肾小球囊内压升高,损伤肾小球与肾功能。ACE 抑制药对胰岛素依赖性的与胰岛素非依赖性的糖尿病患者均能改善或阻止肾功能的恶化,减轻蛋白尿,减轻肾小球过滤率的下降;而且对有无高血压的病人均有效。

先发现 ACE 抑制药对糖尿病性肾病有效,后来发现对其他原因(多囊肾例外)引起的肾功能障碍如高血压引起的肾功能不全、肾小球肾病、间质性肾炎、肾硬化也有一定疗效,能减轻蛋白尿。对轻中度肾功能减退的高血压伴有糖尿病患者,ACE 抑制药的肾脏保护作用胜过利尿剂、β 受体阻断药、钙通道阻滞药等其他降压药。故认为其肾脏保护作用与降压作用无关,而是它舒张出球小动脉的结果。因出球小动脉的张力主要受 Ang Ⅱ控制,而且决定肾小球囊内压。ACE 抑制药通过抑制 Ang Ⅱ的生成而使出球小动脉舒张,从而降低肾小球囊内压,保护肾功能。Ang Ⅱ受体阻滞药氯沙坦对高血压性肾病有与依那普利类似的保护作用。动物实验显示这一肾脏保护作用也有缓激肽的血流动力学参与。但 ACE 抑制药对肾动脉阻塞或肾动脉硬化造成的双侧肾血管病,ACE 抑制药反加重肾功能损伤(详见不良反应部分)。

动物实验表明 ACE 抑制药能改善多种实验性肾衰模型的肾功能,包括切除大部分肾组织,或用免疫学方法引起肾小球损伤,或用药物引起糖尿病。实验结果支持临床上出现的多种原因引起的肾功能障碍的保护作用。

(四) 防治心肌肥大与血管病理性重构

心肌梗死与高血压引起心室扩大与心肌肥大和血管增生肥厚等心血管重构变化,对心血管的功能恢复与预后不利。动物实验与临床观察均证实 ACE 抑制药能防治心肌肥大,且此作用不是它的降压作用的结果。例如高血压合并心肌肥大的病人,用亚降压剂量的雷米普利 1.25mg/天,连服 6 个月,血压无明显降低,但是左室肥大有明显缩小。动物实验表明,雷米普利在不降压的小剂量减轻心肌肥大的作用可被激肽 B_2 受体拮抗药所取消,说明 ACE 抑制药的这一作用是由缓激肽激活 B_2 受体产生 NO 与前列腺素介导的。此一作用亦能为维生素 E 所增强,故与其抗氧化作用有关。

另一方面,ACE 抑制药的抗心血管重构作用与其减少 Ang Ⅱ生成有关。因 Ang 有生长因子作用,能通过原癌基因 c-fos、c-jun 与 c-myc 的表达引起心肌肥厚。ACE 抑制药通过减少 Ang Ⅱ与保存缓激肽而产生抗心血管细胞增生的作用,从而阻止或逆转心血管与肾血管的重构。

四、ACE 抑制药的差别与选药

(一) 药代动力学差别与选药

ACE 抑制药的基本药理作用相同。因化学结构差异造成体内药代动力学的不同,构成各种 ACE 抑制药的差异。这些差异包括是前药或有效药,以及在吸收、生物利用度、半衰期、代谢、排泄途径与血浆蛋白结合百分率等差别。这些差异对剂量用法与选药有重要影响。例如大多数 ACE 为酯类前药，须在肝脏内代谢变为酸，才有效。故用于离体试验或需要直接起作用时，应选卡托普利、赖诺普利或依那普利酸、雷米普利酸等直接有效药。需长期服药者，可用作用持久的一天服一次的依那普利、贝那普利、喹那普利、群多普利等。由于 ACE 抑制药理化性质的不同，口服吸收速度、吸收率、生物利用度及其与血浆蛋白结合率有不同，反映药物起效时间的有效药达峰值的时间也有差异。例如卡托普利为含有 SH 基团的有机酸，在消化道吸收快，生物利用度较高，本身为有效药，故其有效药达峰值的时间最短，起效最快。

ACE 抑制药的酯类前药经肝脏代谢转化为有活性的弱有机酸，其中与血浆蛋白有一定结合率的如卡托普利、依那普利与雷米普利均主要通过阳离子泵机制从近球小管排泄。相反赖诺普利与血浆蛋白结合率很低，则主要经肾小球滤过。福辛普利、司派普利则经胆与肾双通道排泄。肾功能不全与心衰患者用肾脏排泄的药物应减量或用双通道排泄的药物。老年人的肾功能减退，应用经肾脏排泄的 ACE 抑制药的血浓度常偏高，故应考虑用小剂量。

（二）不良反应与选药

ACE 抑制药的不良反应可概括为三类：其一为非特异性不良反应如恶心、腹泻等消化道反应，及头痛、头昏、疲倦等中枢神经系统反应。不同的 ACE 抑制药发生率无明显差别，故对选药无影响。其二为与抑制 ACE 的药理作用相关的，即不同药物基本副作用相同，但因作用强度不同，副作用也稍有差别，对选药有所影响。其三为与化学结构相关的，对选药影响较大。分述后两者如下。

1. 与抑制 ACE 的药理作用相关的不良反应

(1) 首剂低血压：口服吸收快，生物利用度高的，首剂低血压副作用多见。以卡托普利为例，约 3.3% 的病人首次服用 5mg 后平均动脉压降低 30%以上。口服吸收慢，生物利用度低的，如赖诺普利首剂低血压副作用少见。喹那普利引起体位性低血压与首剂低血压的发生率均比卡托普利或依那普利为低，且增大剂量也不会明显增大副作用。

(2) 咳嗽：无痰干咳是 ACE 抑制药较常见的不良反应，西方报告发生率为 6%～12%，在东方女性、不吸烟者与老年人更高，是被迫停药的主要原因之一。偶尔有支气管痉挛性呼吸困难，可不伴有咳嗽。吸入色甘酸钠可以缓解。咳嗽与支气管痉挛的原因可能是 ACE 抑制药使缓激肽积蓄的结果，也可能与前列腺素、P 物质等的蓄积有关。不同 ACE 抑制药引起咳嗽有交叉性，但发生率稍有不同。有报告依那普利与赖诺普利咳嗽的发生率比卡托普利更高，而福辛普利较低。

(3) 高血钾：由于 ACE 抑制药能减少 Ang Ⅱ生成，依赖 Ang Ⅱ释放排钾的醛固酮减少，因此血钾可以升高，在肾功能障碍的患者与同时服用保钾利尿药的病人更多见。不同的 ACE 抑制药对血钾的影响大同小异，据称福辛普利在慢性肾衰患者引起高血钾较其他 ACE 抑制药为轻。

(4) 低血糖：由于 ACE 抑制药特别是卡托普利能增强对胰岛素的敏感性，常伴有降低血糖作用，在胰岛素依赖性与非胰岛素依赖性的糖尿病病人均有此作用。用药时宜留意。

(5) 肾功能损害：应用卡托普利早期的报告有将病人原有的肾功能障碍误为药物对肾功能的损伤害。实际上这类药对肾脏的损伤是有条件的。即在肾动脉阻塞或肾动脉硬化造成的双侧肾血管病，ACE 抑制药能加重肾功能损伤，升高血浆肌酐浓度，产生氮质血症。这是因为 Ang Ⅱ是通过收缩出球小动脉维持肾灌注压所必需。ACE 抑制药舒张出球小动，减低肾灌注压，以致降低肾滤过率与肾功能甚至产生肾衰竭。但停药后常可恢复，故可用作检测严重的双侧肾血管病的敏感诊断指标。偶有不可逆性肾功能减退而发展为持续性肾功能衰竭者，应予注意。不同的 ACE 抑制药对肾功能的影响有无差别未明。

(6) 妊娠与哺乳：ACE 抑制药用于妊娠的第二期与第三期时，可引起胎儿畸形，胎儿发育不良甚至胎儿死亡。在妊娠第一期内服药虽尚无损伤胎儿的报道，但为慎重计，一旦证实妊娠，应即停药。有些亲脂性强的 ACE 抑制药如雷米普利与福辛普利在乳汁中分泌，故哺乳妇女忌服。贝那普利在乳汁中分泌量微，故哺乳妇女可不忌服。

(7) 血管神经性水肿：可发生于嘴唇、舌头、口腔、鼻部与面部其他部位。偶尔可发生于喉头，可威胁生命。血管神经性水肿发生的机制与缓激肽或其代谢产物有关。虽多发于用药的第一个月，但也发生于服药很久以后。一旦发生应停药。

2. 与化学结构相关的不良反应　含有—SH 基团的卡托普利有味觉障碍，皮疹与白细胞减少等与其他含巯基的如青霉胺相似的反应。味觉障碍可能是 ACE 抑制药与锌结合的结果。皮疹多为瘙痒性丘疹，常发生于用药几周内，继续服药常可自行消退。服用卡托普利的皮疹发生率比其他 ACE 抑制药要高，且不交叉发生。白细胞减少症仅见于肾功能障碍患者，特别是有免疫障碍或用免疫抑制药患者。以上反应不是过敏反应。不含—SH 基团的无此类反应。

五、常用 ACE 抑制药的特点

卡托普利(captopril，开博通，Capoten)

卡托普利是第一个口服有效的 ACE 抑制药，用于治疗高血压、充血性心力衰竭与心肌梗死后的心功能不全、糖尿病性肾病及其他肾病，预防心肌梗死的再发等疗效肯定。积累的文献与经验最多，其地位尚未被新的ACE抑制药完全取代。

【药代动力学】 卡托普利为有机酸，胃内可吸收小部分，口服后15分钟即可测出血药浓度。口服吸收良好，但受食物影响：空腹服用吸收口服量的60%～75%，饭后服用则仅吸收一半。大部分在小肠吸收，服药后0.8～0.9小时血药浓度达到峰值80～190(ng/ml)。25%～30%心力衰竭病人一次口服25mg后1.4小时血浓度达峰值(约120ng/ml)。有效血药浓度约为50ng/ml。血浆半衰期1.9±0.5小时，肾功能损伤者延长。

除脑组织外，卡托普利分布于全身。分布容积为313～371(ml/分钟)。哺乳妇女服后乳汁中分泌极少。据测定当连续服用达稳态血浓度713ng/ml时乳汁中仅4.7ng/ml。约20%～30%与血浆蛋白结合。中毒时可用血液透析消除，4小时可清除药量的40%。卡托普利在人体约50%进行代谢。小部分在肝肾中进行甲基化，大部分在血中氧化为二硫化物而失活。但此氧化型的代谢物可在组织中再还原为有活性的状态，在肾脏、肺血管等部位抑制局部ACE。这可以解释肾、肺、血管等组织中ACE受卡托普利抑制时间远比血浆中为长的现象，也可解释其降压作用远较其血浆半衰期为长的原因。卡托普利主要经肾脏排泄，粪便中排泄约16%。排泄快，其中50%以原型药排出，其余代谢为卡托普利的二硫化物排泄。排泄方式主要经肾小管分泌，部分经肾小球过滤。清除率为12.7±3.0ml/min·kg^{-1}。同服丙磺舒可降低肾清除率，提高血药浓度可达14%。肾功能障碍时排泄减慢，血浆半衰期延长，血药浓度升高。尿毒症病人血中药物与代谢物浓度可比正常人高3～7倍。

【药理作用】 卡托普利的基本药理作用如下：

1. 直接抑制ACE的作用 卡托普利不属于前药，因含有—SH基团，有直接抑制ACE的作用。在体外抑制ACE活性一半的有效量(IC_{50})为23～35nmol/L。大鼠体内抑制AngⅠ升压反应50%的i.v.量是20g/kg，在犬为37g/kg。抑制ACE导致人血浆中AngⅡ与醛固酮减少，通过反馈使血浆中肾素活性增高。

2. 对激肽-NO与前列腺素途径的作用 卡托普利抑制ACE的另一结果是使缓激肽免遭失活。卡托普利能通过增加缓激肽作用于B_2受体产生NO，PGI_2与PGE_2，舒张血管，这是其降压作用机制之一。阿司匹林等环氧酶抑制药减少PGI_2与PGE_2的产生，能减弱其降压作用。卡托普利有抗血小板聚集作用，也与其产生NO与前列腺素有关。

3. 降压作用与抗心力衰竭作用 卡托普利降压作用起效快。口服后30分钟开始降压，1小时达高峰。其降压效果与患者的RAS活动状态有关。服药前肾素水平高或用低盐饮食或服用利尿药者，其降压作用强。降压作用持续时间约为8～12小时，远比血浆中抑制ACE的作用长。而与组织中ACE受抑制时间相吻合。这可能是其降压作用远较其血浆半衰期为长的原因。

4. 抗心肌肥大作用 卡托普利与其他的ACE抑制药均有防治左心室肥大的作用。高血压增加左室负荷，虽可引起左室肥大，但ACE抑制药的此一作用与其降压作用无平行关系。例如利尿药与肼屈嗪(hydralazine)与米诺地尔(minoxidil)等舒张血管药均能控制高血压，但不能减轻左室肥大，甚至还能加重肥大。钙通道阻滞药有与ACE抑制药相似的抗高血压疗效，但其减轻心肌肥大疗效不及卡托普利等ACE抑制药。ACE抑制药抗心肌肥大的作用机制是由缓激肽激活B_2受体产生NO与前列腺素介导的。

5. 氧自由基清除作用 卡托普利含有—SH基团，有较强的自由基清除作用，对与自由基释放有关的心血管损伤如心肌缺血再灌注损伤有防治作用。

【临床应用与评价】 卡托普利已经美国食品与药物管理局(FDA)批准用于治疗高血压、充血性心力衰竭与心肌梗死后的心功能不全，及糖尿病性肾病。英国还批准用于预防心肌梗死的再发与糖尿病微蛋白尿。在ACE抑制药中它是应用范围最广泛，研究资料最多的一个，其疗效多经双盲法与安慰剂对照所肯定。

卡托普利对各期高血压都有效。单用的有效率超过50%。疗效略高于利尿药，而与舒张血管药、钙通道阻滞药相近。卡托普利每天100mg与依那普利10mg的疗效相似。考虑到其疗效可靠而毒副作用低，故可作为第一线抗高血压药。卡托普利与利尿药合用有协同作用，增强降压作用比单用任一种更有效，能提高有效率达到80%以上，而且可以对抗长期应用利尿药引起的高血糖与高胆固醇血症。与其他的扩血管药相比，卡托普利有以下优点与特点：

(1) 卡托普利及其他ACE抑制药能防止心肌与血管的病理性重构，改善心肌的顺应性与泵血功能，能延长充血性心力衰竭病人的寿命。

(2) 卡托普利及其他ACE抑制药不减少心、脑、肾等重要器官的血流量。并可舒张肾出球小动脉，改善糖尿病性肾病与其他肾病的肾血流。因此能减少肾血管病的肾小球过滤，可能使肾功能恶化。参见不良反应部分。

(3) 卡托普利及其他ACE抑制药与肼苯哒嗪等扩血管药不同，无水钠潴留不良反应，反而能减少醛固酮释放与水钠潴留作用。与钙通道阻滞药合用时，可以缓解后者引起的水肿不良反应。

(4) 卡托普利及其他ACE抑制药可降低血压但不影响心率与心输出量。原因是能加强副交感神经张力，减弱交感神经末梢的递质释放，且在舒张动脉的同时也舒张静脉。但是卡托普利不干扰交感神经的反射功能，无体位性低血压副作用。

(5) 卡托普利降压作用较稳定，无耐受性，连续用药1～2年降压疗效不明显下降。突然停药血压无反跳现象。

(6) 卡托普利无中枢副作用，不影响性功能，且能改善睡眠与情绪，改善生活质量，近有报道卡托普利在保持生活质量方面不仅优于其他扩血管药，而且也优于依那普利，但对此有不同意见。

(7) 卡托普利是当今美国FDA唯一批准用于治疗糖尿病性肾病的ACE抑制药。大量临床报告肯定此疗效。而且对其他原因造成的肾功能减退也有一定的疗效。

(8) 卡托普利所含—SH基团能缓解病人对硝酸甘油的耐受性，为ACE抑制药中所特有的作用。

【药物相互作用】 卡托普利等ACE抑制药有保钾作用，故不可与保钾性利尿药合用，因Na^+对RAS有负反馈性调节作用，而ACE抑制药在RAS水平高时才发挥高效，故应用低盐饮食，治疗中突然增加钠的摄入(例如输盐水)，可降低疗效。与利尿药合用则增效。吲哚美辛、阿司匹林等环氧酶抑制药因能抑制前列腺素的生成，降低ACE抑制药的疗效，故不可合用。与小剂量(小于100mg/天)阿司匹林同服，因对环氧酶的抑制作用弱，故对降压疗效影响较小。

【不良反应】 病人对卡托普利的耐受性良好。大量病例观察，有5.8%病人因不良反应中断治疗。因其含—SH基团，较常见的是青酶胺样反应：皮疹、嗜酸粒细胞增高、味觉异常或丧失。此外有咳嗽、中性白细胞减少与肾脏反应(似膜性肾小球肾炎)。有报道这些反应在高血压病人发生率比心力衰竭高、可能与高血压病人用药时间较长，剂量较大有关。中性白细胞减少在肾功能正常者少见，在肾功能障碍者则发生率增加，在有红斑性狼疮或硬皮病血清肌酐升高者据报道发生率可达7.2%，应定期检查血象，有反应时应酌情停药。卡托普利对心力衰竭病人常发生低血压，大多无症状。为避免低血压应从小量(6.25mg)开始。

依那普利(enalapril，Vasotec)

依那普利是含羧基酯的长效与高效的ACE抑制药。它是前药，在体内羧基酯水解为二羧酸的活性形式起效。依那普利是大规模试验防治充血性心衰病例最多的ACE抑制药(表22-2)。

【药代动力学】 口服吸收快，服后60%吸收，不受胃中食物的影响。生物利用度约40%～60%。本药为前药，血浆和肝、肾内代谢转化为有活性的依那普利酸。口服后约2小时后血浓度达峰值，1小时开始ACE被抑制，4～6小时达高峰。血浆半衰期约5小时。因与血浆蛋白结合很牢，体内可持续存在30～35小时。有效血浓度的半衰期为11小时。依那普利与其二羧酸活性物可分布到大多数组织，特别是肾脏与血管。能透过血脑屏障进入脑内。约50%以其二羧酸活性物形式在尿中排泄。肾清除率为157ml/min，提示以肾小球过滤与肾血管分泌形式排泄。血液透析可清除活性物35%。

【药理作用】 依那普利基本作用与卡托普利相似，具有以下特点：

1. 长效 一次给药抑制ACE可持续24小时以上。一天服用1～2次即可。

2. 强效 抑制ACE作用一般比卡托普利强5～10倍，故临床应用剂量小，对心力衰竭病人可从1.25～2.5mg开始试用。

3. 缓效 因系前药，在体内水解后才有效，故起效比卡托普利慢，口服后4～6小时作用达高峰。

【临床应用与评价】 依那普利治疗高血压效佳。单用降压有效率在不同病情为50%～75%。与利尿药合用增强疗效可高达80%～95%，且可消除利尿药的低血钾等不良代谢影响。

依那普利治疗充血性心力衰竭的疗效，积累了大量的临床证据(表22-2)。它不但可以改善症状，延长寿命，而且可降低死亡率达18%～40%。作用长效，每日可服药一次，但仍有日服二次。治疗心肌梗死开始可用1.25～2.5mg的小剂量，逐渐增加到5mg，日服2次。

依那普利有抗血小板聚集作用。体外试验可抑制腺苷诱导产生的血小板聚集；高血压病人服药4周后血小板体外自发性聚集减少15%。依那普利长期应用对血脂无不良影响，有报道它甚至可降低胆固醇。

阿司匹林能减弱依那普利的降压效果。曾有报道认为它在改善病人生活质量方面不及卡托普利。但是对此观察结果尚有争议。随后的临床报告认为两药无明显差别。

【不良反应】 早期应用大剂量依那普利(40mg/日)与卡托普利(150mg/日)治疗心力衰竭比较，依那普利的不良反应(低血压、高血钾、降低肌酐清除率)比卡托普利多。随后减小剂量的不良反应与卡托普利相似。长期应用病人多能耐受。所不同者，因它不含SH基团，故无卡托普利的青霉胺样反应。味觉障碍罕见，皮疹与白细胞减少者少见。可引起咳嗽与治疗心力衰竭时的低血压、头昏、头痛等不良反应。因降低肾小球滤过压，可引起肾功能损伤，特别是在肾血管堵塞病人容易发生。据统计，高血压病人因不良反应停药者为3.3%；心力衰竭病人停药者5.7%。对易发生低血压与肾功能损伤的因素应提高警惕如左室功能障碍与心力衰竭、低血钠或正在服用利尿药者。应注意从小剂量(1.25～2.5mg)开始用药，在密切观察下，无体位性低血压或头昏，血中尿素氮、肌酐不升高，电解质正常时，逐渐增加剂量到5～10mg，日服两次。

赖诺普利(lisinopril，Zestril)

赖诺普利的化学结构与依那普利相似，是依那普利的赖氨酸同系物，能直接抑制ACE，而且与ACE结合很牢，故作用持久。

【药代动力学】 赖诺普利亲水性较高，口服吸收较少(30%)且较慢，服后2～3小时起效，4～6小时血浓度达峰值。口服不受食物影响。生物利用度25%，与血浆蛋白结合不超过10%。有效血浓度的半衰期为11.6小时。服药2～3天即可达到稳态血浓度。它不在肝脏代谢，原型药经肾脏排泄。排泄半衰期超过30小时。在肾功能减退患者、老年人与心力衰竭病人其清除减慢，用药量应减少。它对血清ACE抑制作用超过24小时。日服一次即可。

【临床应用与评价】 赖诺普利抑制ACE作用与持续时间比依那普利稍强，作用稍长。每日2.5～10mg，一次服药即可。超过20mg药效不再增强。赖诺普利可单用于抗高血压，其降低舒张压作用与β受体阻断药美托洛尔相似，而其降低收缩压的作用更强。与β受体阻断药抑制左室功能相反，赖诺普利能增强左室功能。它与噻嗪类利尿药合用有协同增效作用，且可抵消利尿药的低血钾作用。赖诺普利可与钙通道阻滞药合用抗高血压。

【不良反应】 病人对赖诺普利的耐受性好。ACE抑制药的一般性不良反应均可发生如咳嗽、低血压、头痛、头昏、腹泻、血管神经性水肿等，发生率为3.1%～6.2%。在心衰病人可有低血压。在肾动脉堵塞病人可加重肾功能衰竭。

雷米普利(ramipril，Altace)

雷米普利与依那普利同属前药，体内水解代谢为以羧基为活性基团的雷米普利酸(Ramiprilat)。但它比依那普利作用更强，故应用剂量更小；它与心血管组织中的ACE结合更牢，结合后离解的更慢，故作用更持久，日服一次即可。

【药代动力学】 雷米普利口服吸收快，服后0.3～1小时血药浓度达峰值，口服后1～2小时起效，6小时作用达高峰，生物利用度54%～65%。雷米普利与血浆蛋白结合73%，清除慢，血浆有效半衰期13～17小时，作用持续超过24小时，一日服药一次即可。因亲脂性强，同位素标记的雷米普利在动物体内试验显示多储存于肝、肾、肺与皮下组织中。可穿透血脑屏障进入脑组织，通过胎盘进入羊水与胎儿。在肝脏水解为雷米普利酸，并继而代谢失活。原型药在尿中排泄极少。有少量从乳汁分泌。

【药理作用】 雷米普利有下列特点：

(1) 强效：雷米普利对心肌与血管组织亲和力强，对组织中的ACE抑制力比依那普利等更强。

(2) 保护血管内皮细胞作用强：动物实验与人体资料表明雷米普利有保护血管内皮细胞作用。在高血脂动物模型显示有抗动脉硬化作用。

(3) 亚降压剂量抗心肌肥大作用：大鼠实验显示雷米普利每天10～100ng/kg不降低血压，但可阻止主动脉狭窄引起的高血压性心肌肥大，此作用可被激肽B_2受体拮抗药HOE140所阻断，而且被维生素E所增强。

【临床应用与评价】 雷米普利治疗高血压，开始第一周每日口服一次1.25mg，逐渐增到每日2.5～7.5mg，对心肌梗死并发心力衰竭的疗效为佳。一项多中心研究(AIRE)观察2006例心肌梗死后3～10天服用雷米普利能降低心肌梗死早期并发心衰病人的死亡率达27%。

贝那普利(benazepril，Lotensin，洛汀新)

贝那普利为另一强效、长效的体内水解为羧基的依那普利类似的前药。

【药代动力学】 贝那普利口服吸收快，30分钟后血浓度达峰值，口服后1小时起效，约4小时作用达高峰。血浆消除呈双相：初期消除半衰期为3小时，末期消除半衰期为24小时。在肝脏中水解为贝那普利酸起效，血浆中浓度峰值时间为1.25小时。体内大部分代谢失活，经肾脏排泄的活性成分不到1%。部分贝那普利经肝脏而排泄。轻至中度肾功能减退或肝硬化对其血药浓度影响不大。

【药理作用】 贝那普利有以下特点：

(1) 强效：贝那普利体外抑制ACE的IC_{50}为2nmol/L，相当于雷米普利，比依那普利与赖诺普利强。

(2) 长效：作用持续24小时以上，每天口服一次即可。

(3) 能增加肾血流与排钠作用，改善肾功能。

【临床应用与评价】 贝那普利治疗高血压与心力衰竭有效，应由小剂量开始、逐渐增量。疗效与依那普利相似或稍强。双盲法安慰剂对照的临床观察结果表明贝那普利对多种慢性肾功能衰竭(包括肾小球肾病、间质性肾炎、肾血管硬化、糖尿病性肾病等)有治疗作用；经三年治疗与安慰剂比较，能减少由轻度肾功能衰竭发展到末期的危险性达71%，中度衰竭发展到末期的危险性减少46%；可以延迟肾衰病人发展到必须进行血液透析的时间。但对多发性肾囊肿的肾功能损伤无效。贝那普利是否具有特异性的肾脏保护作用，尚未肯定。贝那普利与利尿药合用增效，与其他心血管药合用无不良的相互作用，包括β受体阻断药、钙拮抗药、非固醇类抗炎药、抗凝药、洋地黄类等。

培哚普利(perindopril)

【药代动力学】 培哚普利口服吸收快，达到血药浓度峰值时间因药量而不同，口服 4mg，半小时内达峰值，口服 8mg，2 小时达峰值，口服 16mg，约 3 小时达峰值。其生物利用度 60％～95％。体内表观分布容积为 313±129L. 表观清除率为 43.4±9.7；与血浆蛋白结合率 18％，与 ACE 结合率很高。健康老年人体内转化为培哚普利酸达 61％，比健康青年人约高一倍，故老年人用药应减量。肝功能代偿好的肝硬化患者转化不降低。华人口服培哚普利 4mg 后达到血药浓度峰值比白人较快而持续时间稍短。

【临床应用与评价】 培哚普利体外抑制 ACE 的 IC_{50} 为 2.4nmol/L，相当于雷米普利与贝那普利，稍强于依那普利与赖诺普利。培哚普利每天 4～8mg 的抗高血压疗效相当于依那普利 10～20mg 或略高于卡托普利 25～50mg 每日两次。口服后 4 小时抑制 ACE 活性达 90％，抑制 70％可持续 24 小时以上，故每天口服一次即可。培哚普利能改善动脉的顺应性，逆转左室肥大，减轻微蛋白尿，并在降血压时不减少脑缺血性脑卒中病人的脑血流。与卡托普利和依那普利比较培哚普利较少引起肾衰病人的首剂低血压反应。

福辛普利(fosinopril，Monopril)

福辛普利是第一个批准上市的含有次膦酸基(POO)的 ACE 抑制药，是前药，体内转化为含有 POOH 活性基团的福辛普利酸。此活性基团与 ACE 的活性部位 Zn^{2+} 结合发挥抑制作用。

【药代动力学】 口服福辛普利主要由回肠吸收，吸收量为口服量 36％。大部分(70％～80％)在肝脏与肠黏膜水解为福辛普利酸起效，血药浓度峰值与降血压作用均在 3～6 小时达到高峰。因亲脂性强，与血浆蛋白结合达 95％以上，致使其稳态分布容积较低(9.8L)。血浆半衰期约 12 小时。它对心、脑 ACE 抑制作用强而持久，对肾脏 ACE 抑制作用弱而短，表明它分布在心、脑多，分布在肾脏较少。它最大的药代动力学特点是由肝、肾双通道排泄，即在肝或肾功能障碍时，可经另一通道排泄．因此肾脏病或衰老时的肾功能减退，较少影响其药代动力学。这与其他的 ACE 抑制药不同。在轻、中度肾功能不全(肌酐清除率 30ml/分钟)的病人，福辛普利连用 10 天不引起血浓度蓄积。在肝硬化病人服用 10mg/天连续 14 天后血药浓度略增高，但无临床意义。故在肝肾功能减退患者，一般不需减量，较少引起蓄积中毒。而依那普利和赖诺普利连用 10 天已有明显蓄积。福辛普利在乳汁中有分泌，哺乳妇女忌用。

【临床应用与评价】 福辛普利体外抑制 ACE 的 IC_{50} 为 11nmol/L，比卡托普利强一倍。因血浆半衰期较长，每天口服一次即可。福辛普利口服后 3～6 小时降血压作用达到高峰，降压作用缓和而持久。据报道福辛普利在改善心脏收缩与舒张功能方面比相应剂量的卡托普利或赖诺普利均强，可能与它分布在心肌较多，亲和力较大有关。它引起咳嗽与高血钾的不良反应似乎较少。这些特点可能与其化学结构含有次膦酸基特点有关。

第三节　血管紧张素Ⅱ受体 1(AT_1)阻断药

AT_1 受体阻断药，在受体水平阻断 RAS，与 ACE 抑制药比较有其作用专一性的特点。早期的 AT_1 拮抗药均为肽类，必需静脉给药，难以推广应用。近年研制成功的非肽类的 AT_1 阻断药可口服，对受体有高度选择性，作用持久，无激动剂活性。已批准应用的有氯沙坦(losartan)、缬沙坦(valsartan)、伊白沙坦(erbesartan)厄贝沙坦(irbesartan)、坎地沙坦(candesartan)、替米沙坦(telmisartan)等。

AT_1 受体拮抗药与 ACE 抑制药在抗高血压与治疗心力衰竭有相同或相似的疗效，所不同的是 AT_1 受体阻断药不抑制 ACE，因而不产生缓激肽等引起咳嗽的物质，故无咳嗽不良反应。在不能耐受 ACE 抑制药引起咳嗽的病人，可改用 AT_1 受体阻断药，但 AngⅡ不仅通过 ACE 转化 AngⅠ而来，也可以通过糜酶旁路产生，特别是在人心脏 80％的 AngⅡ来自乳糜酶旁路．故 AT_1 受体阻断药阻断 AngⅡ的产生比 ACE 抑制药更完全。但另一方面，ACE 抑制药不仅阻止 AngⅡ的产生，也保留缓激肽通过诱导生成 NO 与前列腺素的心血管保护作用。这方面的有益作用又是 AT_1 受体阻断药所缺乏的。例如 ACE 抑制药特别是卡托普利有增强胰岛素敏感性降低血浆胰岛素水平的作用，而 AT_1 受体阻断药却无此作用。

氯沙坦(losartan)

氯沙坦是第一个美国 FDA 批准治疗高血压的 AT_1 受体阻断药。它能全面对抗目前所知的 AngⅡ的作用，具有以下作用特点：与 AT_1 受体的高亲和力、高选择性与高特异性；无激动剂活性；无 ACE 抑制作用。

【药代动力学】 氯沙坦口服吸收良好，生物利用度 33％。血浆半衰期 2.2 小时。氯沙坦在体内代谢为有活性的 EXP3174，血浆半衰期较母体长(6.7 小时)，因为其与 AT_1 受体结合更牢固，离解常数 5 倍于其母体，故其阻断 AT_1 的作用也更强。氯沙坦的效应实际上是氯沙坦和 EXP3174 的共同作用。在心衰病人观察氯沙坦口服的药动学指标与健康人相似：生物利用度35%，稳态分布容积为34升，血浆清除率为556ml/min。EXP3174的血浆半衰期为7.6小时。抗霉菌药Fluconazole能抑制肝脏药酶CYP2C9，降低氯沙坦代谢产生活性物质EXP3174的血浓度，可能降低氯沙坦的临床疗效。利福平为CYP2C9的诱导剂，能加速氯沙坦及其代谢物EXP3174的清除，表明氯沙坦在肝脏由CYP2C9代谢。

【药理作用】 氯沙坦药理作用特点如下：

1. 抗高血压作用 在正常志愿受试者，口服氯沙坦10～40mg使外源性的Ang Ⅱ所致的升压反应降低70%。40～120mg，降低90%。其对抗内源性Ang Ⅱ的作用表现在抗高血压作用。在各种高血压动物模型，包括肾性高血压、自发性高血压大鼠(SHR)、转基因高血压动物、醋酸去氧皮质酮-盐性高血压大鼠等均已证实氯沙坦的抗高血压作用。

2. 抗充血性心力衰竭 在心肌梗死后的心衰模型，氯沙坦对血流动力学参数的影响与卡托普利相同，均降低左室舒张末压，减少左室舒张末容积，降低总血容量，增加静脉容量；均不明显影响平均动脉压、心率和右房压。在受体水平阻断Ang Ⅱ受体，对心衰有效，能说明RAS在心衰中的作用。

3. 对肾脏作用 在麻醉狗，氯沙坦静脉注射能扩张肾血管，产生利钠作用。15或50g/kg·min^{-1}，i.v.不改变血压和心输出量，但增加肾血流量、肾小球滤过率、尿量和钠钾排出量。在肾切除达5/6的严重肾衰SHR模型，氯沙坦降低尿蛋白的强度同依那普利。在链脲霉素诱发的糖尿病大鼠，用氯沙坦治疗3～4周，能降低血压、肾小球毛细血管压与出球小动脉阻力，增加毛细血管血流量，但不改变单个肾单位的小球滤过。可见氯沙坦对肾功能有保护作用。在肾病综合征病人，用药一个月后蛋白尿减少34%。在有高血压的肾病患者，氯沙坦降压的同时，能保持肾小球滤过率，增加肾血流量与排钠，减少蛋白尿30%～40%。氯沙坦还能增加尿酸与尿素排泄，降低血浆尿酸水平。这一作用为氯沙坦特有，伊白沙坦等无此作用。

4. 抗心脏与血管的重构作用 Ang Ⅱ有生长因素作用，作用于心脏与血管的各种成分，使之增生肥大，形成重构(remodeling)而影响心血管的收缩、舒张生理功能与生化代谢状态等。

氯沙坦能阻断Ang Ⅱ促细胞生长的作用。在离体大鼠心脏细胞，氯沙坦阻滞Ang Ⅱ所致的蛋白蓄积；在培养的大鼠心内皮细胞，氯沙坦阻滞Ang Ⅱ所诱导的ET-1mRNA增加。在培养的心肌细胞，氯沙坦阻滞Ang Ⅱ诱导的蛋白质和DNA合成增加及肥厚反应。在主动脉与腔静脉吻合形成的高输出型心衰模型，氯沙坦灌胃或卡托普利饮用，均使平均动脉压和左室舒张末压降至正常水平，逆转心肌肥厚。在主动脉狭窄所致心脏肥大，氯沙坦与卡托普利相似，均能预防与逆转心肌肥大，并能抑制心肌肌球蛋白重链的基因表达，缩小心脏，改善心肌收缩功能。在梗塞后的心脏重构中，氯沙坦与依那普利均减轻心脏肥大。在DOCA盐性高血压大鼠(DHR)心衰模型，氯沙坦减轻心脏重量。

在培养的平滑肌细胞，氯沙坦阻滞Ang Ⅱ诱导蛋白质和DNA合成增加及肥厚的作用。氯沙坦也可减轻血管损伤后的内膜增生。在气囊-导管诱发的大鼠颈动脉损伤模型，氯沙坦能显著减轻内膜增生所致的狭窄。

5. 阻断血栓素A_2(TXA_2)受体作用 氯沙坦10mol/L能明显降低TXA_2受体激动剂U46619诱导产生的血小板聚集。1mol/L能明显抑制U46619引起的SHR大鼠主动脉环与犬的冠状动脉收缩。故认为氯沙坦有拮抗TXA_2/PGH_2受体的作用，氯沙坦的抗血栓作用在大鼠体内试验也得到证实。氯沙坦30mg/kg灌胃能显著减轻血栓形成，此作用与卡托普利50mg/kg灌胃的作用相似，并以此解释其有益的心脏作用。

【临床应用与评价】 氯沙坦对原发性高血压有效，作用时间长。对轻、中度原发性高血压患者，50,100,150mg/日，单次口服，用药5天后，收缩压和舒张压均明显下降。维持降压效果需50mg/日，增加剂量也不再增强抗高血压效果。降压同时未见有明显不良反应，也不影响血压的波动。它兼有促尿酸排泄作用，其作用强度具明显的剂量依赖性。氯沙坦引起降压的同时，血浆肾素活性升高，但血浆醛固酮浓度不变。在伴有蛋白尿的非糖尿病高血压患者，氯沙坦降压的同时，尿蛋白减少46.3%，疗效与依那普利相似。

【不良反应】 氯沙坦耐受性好，可长期服用。偶有头昏、头痛等ACE抑制药类似的反应，但咳嗽少见。有少数报道氯沙坦产生红细胞减少、可逆性味觉障碍甚至味觉缺失、多发性关节痛、紫癜、急性胰腺炎等。与卡托普利合用不良反应未见增加。

缬沙坦(valsartan，CGP 48933)

【药代动力学】 缬沙坦口服吸收快，口服2小时血药浓度达峰值，即出现降压效果，6小时达峰值。作用强，可持续24小时以上。生物利用度为23%，与血浆蛋白结合率为90%以上，消除半衰期为6小时。主要经胆道排泄(占70%)，其次经肾脏排泄(占30%)。健康人连续服药8天后，无明显蓄积，但有轻度或中度肝功能损伤病人，口服160mg后的血浓度比肝功能正常人约高两倍。

【药理作用】 在肾性高血压大鼠，缬沙坦单次灌胃3mg/kg或10mg/kg产生剂量依赖性的降压作用，用药后2～4小时达峰值。高血压病人有效降压剂量为80mg/日，服药4周内达到最大降压效果，相当于依那普利20mg/天或赖诺普利5～20mg/天的疗效。

缬沙坦与利尿药合用疗效增强。

【不良反应】 缬沙坦有与ACE抑制药相似的头痛、头昏反应，但咳嗽少见，发生率与安慰剂相近。对轻中度高血压病人兼有肾功能损伤的病人，用药后肾功能无恶化。

伊白沙坦(erbesartan)

【药代动力学】 伊白沙坦口服吸收快，1.5～2小时血药浓度达峰值。吸收不受食物的影响。不同于氯沙坦、坎地沙坦等，在体内不需要生物转化即有较强的AT_1受体阻断作用。伊白沙坦生物利用度比氯沙坦与缬沙坦均高，达60%～80%。它经肝与肾双通道排泄，其药动学较少受肝、肾功能不全与年龄、性别的影响，其清除半衰期长(11～15小时)，降血压作用可维持24小时。

【药理作用】 伊白沙坦的AT_1受体阻断作用比氯沙坦及其代谢物EXP3174强大，抑制^{125}I-Ang Ⅱ与AT_1受体结合的IC_{50}分别为0.9,5.5与1.3nmol/L。降压时，对心率、醛固酮无影响，血浆肾素活性持续升高。每次服用100mg,200mg或300mg出现的降血压作用与剂量有依赖性，但是毒副作用无剂量依赖性。与噻嗪类利尿剂合用有增效作用。伊白沙坦150mg/天的抗高血压疗效与氯沙坦100mg的相当，而高于氯沙坦50mg/天。不同于氯沙坦的是伊白沙坦无促尿酸排泄作用，表明这一作用与AT_1受体无关。

【不良反应】 与氯沙坦、缬沙坦相似，伊白沙坦耐受性好。但因阻断RAS会出现头昏、低血压、高血钾，以及在肾动脉堵塞病人加重肾功能损伤的不良反应，但是比ACE抑制药少见。特别是咳嗽与安慰剂对照无差别。

Summary

- The renin-angiotensin system (RAS) is a hormone system that regulates blood pressure and water(fluid) balance. When blood volume is low, juxtaglomerular cells in the kidneys secrete renin directly into circulation. Plasma renin then carries out the conversion of angiotensinogen released by the liver to angiotensin Ⅰ. Angiotensin Ⅰ is subsequently converted to angiotensin Ⅱ by the enzyme angiotensin converting enzyme found in the lungs. Angiotensin Ⅱ is a potent vaso-active peptide which causes blood vessels to constrict, resulting in increased blood pressure. Angiotensin Ⅱ also stimulates the secretion of the hormone aldosterone from the adrenal cortex. Aldosterone causes the tubules of the kidneys to increase the reabsorption of sodium and water into the blood. This increases the volume of fluid in the body, which also increases blood pressure. If the renin-angiotensin-aldosterone system is too active, blood pressure will be too high. There are many drugs that interrupt different steps in this system to lower blood pressure. These drugs are one of the main ways to control high blood pressure(hypertension), heart failure, kidney failure, and harmful effects of diabetes.
- ACE inhibitors or angiotensin-converting enzyme inhibitors block the conversion of angiotensin Ⅰ to angiotensin Ⅱ. ACE inhibitors are used primarily or the treatment of hypertension(high blood pressure) and congestive heart failure, although they may also be prescribed for diabetic nephropathy, renal disease, systemic sclerosis, left ventricular hypertrophy and other disorders.
- Angiotensin Ⅱ receptor antagonists, also known as angiotensin receptor blockers (ARBs), AT1-receptor antagonists, are a group of pharmaceuticals which block the activation of angiotensin Ⅱ AT_1 receptors. Angiotensin Ⅱ receptor antagonists are also primarily used for the treatment of hypertension and heart failure where the patient is intolerant of ACE inhibitor therapy. They do not inhibit the breakdown of bradykinin or other kinins, and are thus only rarely associated with the persistent dry cough and/or angioedema that limit ACE inhibitor therapy.

(胡长平)

第二十三章 利尿药及脱水药

案例 23-1

患者，王某，男，58 岁。因为反复呼吸困难 2 年，加重 3 个月，体重增加 8kg 入院。既往 2 年前出现登一层楼后出现呼吸困难，有端坐呼吸，踝部水肿。此后症状逐渐加重，期间间断服用氢氯噻嗪治疗。因阵发性夜间呼吸困难于半年前入院治疗 3 周，近 3 个月来只能是端坐入睡。夜尿（2～3 次），有重度水肿。既往高血压病史 10 年，曾间断服用过普萘洛尔和氢氯噻嗪治疗。体检：神志清楚，端坐呼吸，口唇发绀，血压 160/100mmHg，脉搏 110 次/分，呼吸 28 次/分，体重 78kg。颈静脉怒张，胸部可闻及吸气相湿啰音和干啰音。心脏可闻及舒张早期奔马律，肝大，肝颈静脉回流征阳性，四肢凹陷性水肿（+++）。实验室检查：Na^+ 132mmol/L，K^+ 3.2mmol/L，Cl^- 98mmol/L，CO_2CP 30.2mmol/L，尿酸 420Umol/L，BUN 24.2mmol/L，谷丙转氨酶 100U/L。胸片少量胸腔积液，心脏扩大。心电图左室高电压，超声心动图示射血分数 30%～40%/分。入院后给予氢氯噻嗪 50mg qd，美托洛尔 25mg bid，法莫替丁 20mg bid，双氯芬酸钠 75mg qd，和洋地黄治疗。治疗一周后症状略减轻，但胸水及下肢水肿改善不明显。更改治疗方案：停用氢氯噻嗪，改用呋塞米 20mg bid，增加螺内酯片 40mg qd，停用双氯芬酸钠，加用 ACEI 类药物卡托普利，初始剂量 6.5mg tid，维持剂量为 20mg tid，加用氯化钾。治疗 2 周后症状明显改善，下肢水肿缓解，实验室检查及胸片均趋正常，出院。

诊断：高血压病，心力衰竭。

问题：

1. 造成病人水肿的可能原因有哪些？

2. 比较呋塞米、氢氯噻嗪和螺内酯的作用机制，应用和不良反应

第一节 尿液生成和利尿药作用部位

利尿药（diuretics）是作用于肾脏，增加 Na^+ 和 Cl^- 为主的一些电解质和水排出，产生利尿作用的药物，临床上主要用于治疗各种原因引起的水肿（edema），也可用于一些非水肿性疾病，如高血压、肾结石和高血钙等疾病。尿液的生成是经过肾小球滤过（glomerular filtration）、肾小管（renal tubule）和集合管（collecting tubule）的重吸收及分泌三个环节而实现的，利尿药通过影响尿液的生成环节而达到利尿的目的（图 23-5）。

一、肾 小 球

血液流经肾小球，滤去血细胞、血浆蛋白等一些难以通过肾小球滤过膜的成分而生成原尿。正常人 24 小时肾小球过滤的原尿量达 180L，但最终排出的终尿仅为 1～2L，说明约 99%的原尿在肾小管被重吸收。原尿量的多少取决于肾血流量及有效滤过压。有些药物如氨茶碱、多巴胺等，可加强心肌收缩力、扩张肾血管、增加肾血流量和肾小球滤过率，增加原尿量，但由于肾脏存在球-管平衡机制，终尿量的增多并不明显，利尿作用很弱。因此，目前常用的利尿药不是作用于肾小球，而是直接作用于肾小管，通过减少它对水和电解质的重吸收而发挥利尿作用。

二、肾 小 管

（一）近曲小管（proximal convoluted tubule）

此段是 Na^+ 重吸收的主要部位，原尿中大约三分之二的 Na^+ 在此段被重吸收，包括近 85%的 $NaHCO_3$ 和 40%的 NaCl，还有 60%的 H_2O 也在此段被重吸收。$NaHCO_3$ 在近曲小管的重吸收由近曲小管顶质膜的 Na^+/K^+ 交换子（Na^+/H^+ exchanger）始发的。该交换子按 1∶1 比例将细胞内的 H^+ 分泌到管腔液中，同时将管腔液中的 Na^+ 转移至细胞内，后者被基侧膜上的钠泵（Na^+,K^+-ATP 酶）泵出到组织间液中。H^+ 分泌进入肾小管腔与 HCO_3^- 形成 H_2CO_3 后经脱水成 H_2O 和 CO_2，后者以简单扩散通过细胞膜，在细胞内水化成为 H_2CO_3，后又分解成 H^+ 和 HCO_3^-，H^+ 用于 Na^+/H^+ 交换。脱水和水化均被碳酸酐酶（carbonic anhydrase，CA）催化（图 23-1），所以一类抑制 CA 的利尿药阻断 H^+ 循环发挥作用，代表药物为乙酰唑胺（acetazolamide，ACA），但由于近曲小管本身以及以下各段均可出现代偿性重吸收增多现象，所以抑制近曲小管重吸收的药物利尿作用很弱，且易导致代谢性酸中毒。

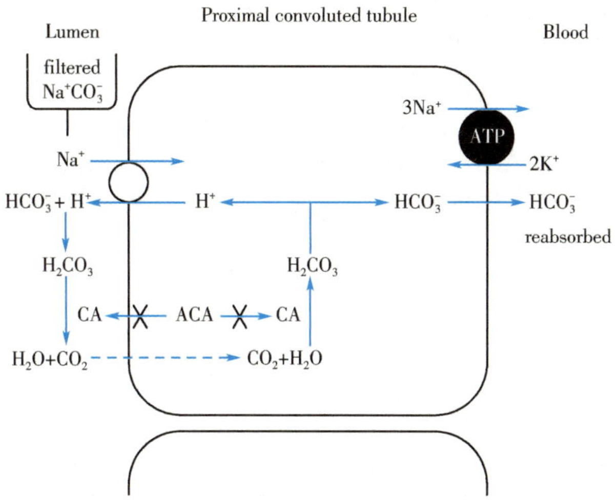

图 23-1 近曲小管上皮细胞 Na^+/H^+ 交换和碳酸酐酶抑制药的利尿作用机制

(二) 髓袢(loop of Henle)升支粗段髓质和皮质部

原尿中 30%～35%的 Na^+ 在此段被重吸收。髓袢升支粗段对 NaCl 重吸收是依赖于管腔膜侧存在的 Na^+-K^+-$2Cl^-$ 共同转运(Na^+-K^+-$2Cl^-$ cotransporter)系统,此过程缺少其中任何一种离子将会影响其他两种离子的转运。进入细胞内的 Na^+ 由基侧膜上的 Na^+,K^+-ATP 酶主动转运至细胞间质,Cl^- 经细胞旁路进入组织液,而细胞内蓄积的 K^+ 则经管腔膜侧的 K^+ 通道返回管腔,形成 K^+ 的再循环。进入管腔内的 K^+ 造成腔内正电位,驱动 Mg^{2+} 和 Ca^{2+} 再吸收(图 23-2)。高效能利尿药(又叫袢利尿药,loop diuretics)通过抑制 Na^+-K^+-$2Cl^-$ 共同转运,不仅排出大量 NaCl 也增加 Mg^{2+} 和 Ca^{2+} 排出。

由于此段对水几无通透性,所以小管液渗透压降低,形成"纯水",这是肾脏对尿的稀释功能;在髓质吸收的 Na^+ 和尿素共同形成与小管液流动方向相反的渗透压梯度,当集合管的尿液流经髓质高渗区时,在抗利尿激素(antidiuretic hormone,ADH)的作用下,小管液又被重吸收,尿液被浓缩,这是肾脏对尿的浓缩功能。袢利尿药抑制 NaCl 的重吸收,同时影响尿的稀释和浓缩产生其高效利尿作用。

(三) 远曲小管(distal convoluted tubule)

尿液中约 10%左右的 NaCl 在此段被重吸收,同时因此段相对不通透水,小管液被稀释。在远曲小管始段,Na^+ 通过 Na^+-Cl^- 共同转运子(Na^+-Cl^- co-transporter)主动重吸收到细胞内(图 23-3),噻嗪类利尿药选择性地抑制此转运子产生中度的利尿作用;而末段远曲小管则通过传导通道(conductive pathway)将 Na^+ 重吸收,阿米洛利可阻断此通道。在远

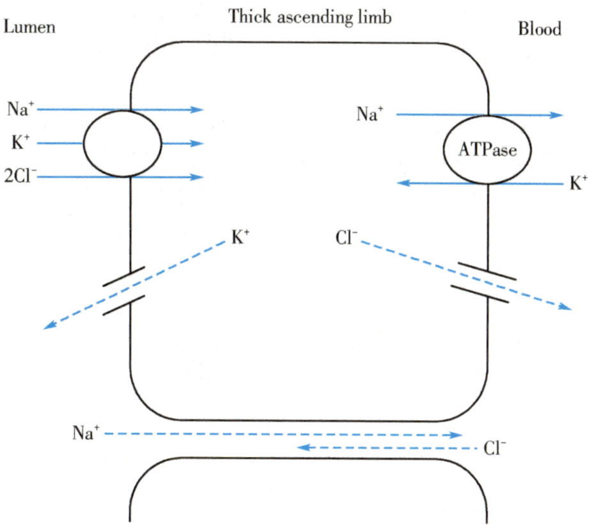

图 23-2 NaCl 在髓袢升支粗段的重吸收和 Na^+-K^+-2 Cl^- 共同转运机制高效能利尿剂抑制 Na^+,K^+ 和 Cl^- 的重吸收,发挥强大的利尿作用

曲小管,Ca^{2+} 通过管腔膜上的 Ca^{2+} 通道和基侧膜的 Na^+-Ca^{2+} 交换,被主动吸收,甲状旁腺激素可调节此过程。

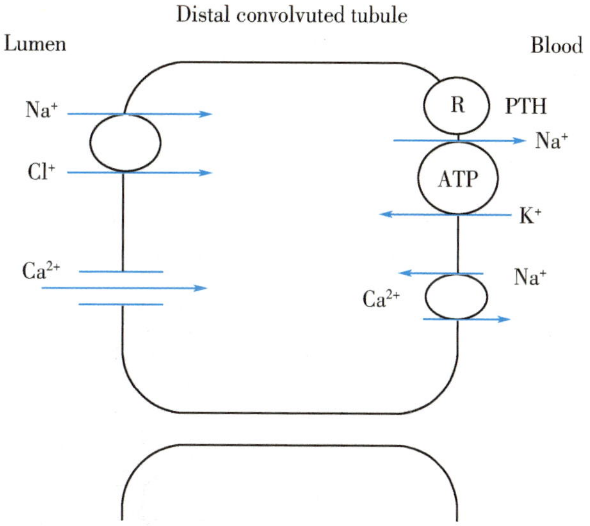

图 23-3 Na^+ 在远曲小管远端和集合管的重吸收机制
PTH:甲状旁腺激素(Parathyroid hormone),R:受体(receptor)

(四) 集合管(collecting tubule)

虽然只有原尿中 2%～5% NaCl 在集合管重吸收,但此段在 Na^+ 和 K^+ 排出中的作用非常重要,同时一些盐皮质激素作用于此段影响泌尿功能。主细胞顶质膜的不同通道分别介导 Na^+ 的重吸收和 K^+ 的分泌,进入主细胞的 Na^+ 通过基侧膜的 Na^+-K^+-ATP 酶的转运进入血液循环。Na^+ 的重吸收促进 K^+ 的分泌,同时 Na^+ 重吸收超过 K^+ 分泌在管腔内产生负电压,此负电压驱动 Cl^- 通过旁细胞途径吸收入血。

醛固酮(aldosterone,ALD)为脂溶性,进入细胞并与胞质内醛固酮受体结合形成复合物。此复合物再与胞核内受体结合,调节特异性 mRNA 转录,增加醛固酮诱导蛋白(aldosterone-induced protein)的合成而增强管腔膜侧 Na^+ 的内流;提高基侧膜的 Na^+-K^+-ATP 酶的活性,促使 K^+ 向管腔分泌;另外,醛固酮尚能促进细胞的生物氧化过程以提供 ATP,为 Na^+ 泵活动供能(图 23-4,醛固酮对肾脏 Na^+-K^+ 交换的调节)。螺内酯能对抗醛固酮的调节功能,而氨苯喋啶等能直接抑制 Na^+-K^+ 交换,造成排 Na^+ 留 K^+ 而利尿,故它们又称留钾利尿药。从下丘脑释放的肽类激素 ADH,调节集合管的水重吸收,影响尿液浓缩的最后关键因素,但迄今为止尚无利尿药通过影响 ADH 起作用。

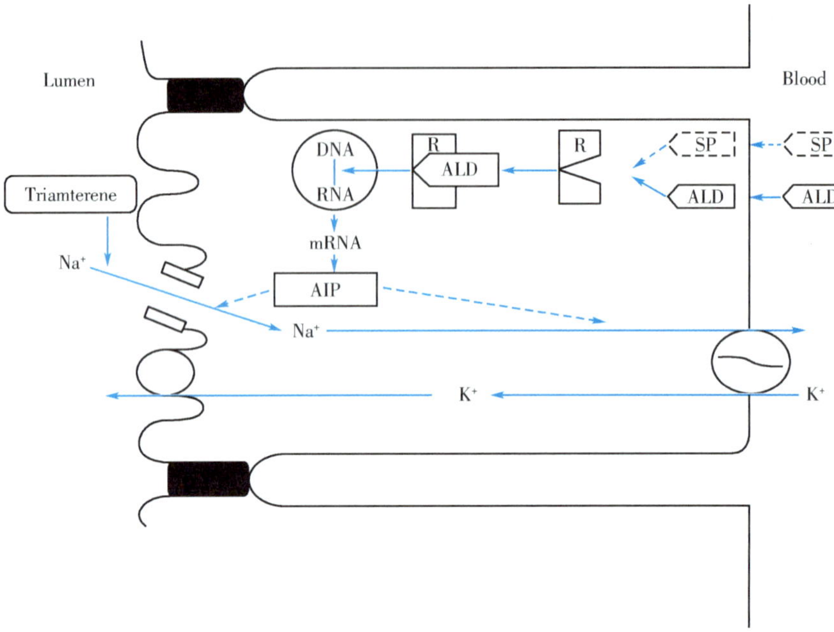

图 23-4　醛固酮对远曲小管远端和集合管的作用及螺内酯的作用机制

SP:螺内酯(spironolactone),AIP:醛固酮诱导蛋白(aldosterone-induced protein)

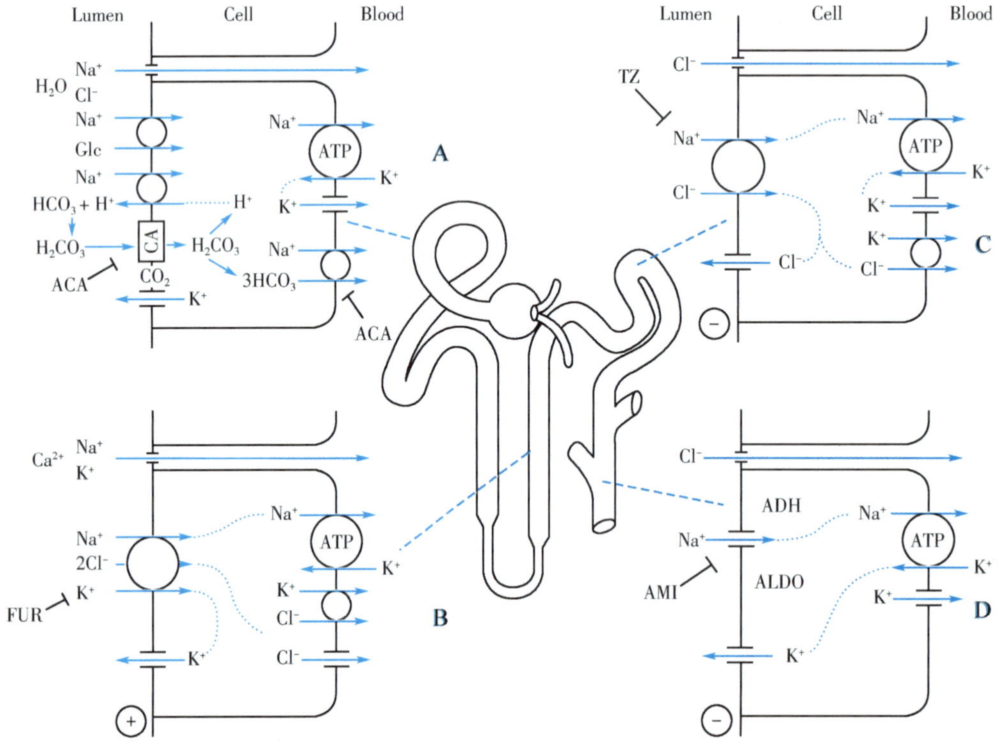

图 23-5　利尿药的作用部位和机制

ACA:乙酰唑胺,FUR:呋塞米,TZ:噻嗪类,AMI:阿米洛利

表 23-1 利尿药的分类、作用机制和代表药物

分类	作用部位	机制	代表药物
碳酸酐酶抑制药图 23-5A	近曲小管	抑制碳酸酐酶活性，使 H^+ 分泌减少，抑制 H^+-Na^+ 交换，Na^+ 重吸收减少，尿量减少	乙酰唑胺 Acetazolamide 醋甲唑胺 methazolamide
高效利尿剂图 23-5B	髓袢升支粗段	抑制 Na^+-K^+-$2Cl^-$ 共同转运，抑制 NaCl 的重吸收	呋塞米 Furosemide 依他尼酸 ethacrynic acid 布美他尼 bumetanide
中效利尿剂图 23-5C	远曲小管近端	抑制 Na^+-Cl^- 同向转运	噻嗪类 Thiadiazines
弱效利尿剂图 23-5D	远曲小管集合管	阻滞 Na^+ 通道，减少 Na^+ 重吸收，留滞 K^+ 利尿弱	氨苯喋啶 trimterene 阿米洛利 amiloride
醛固酮拮抗药图 23-5D	远曲小管集合管	竞争性结合醛固酮受体，抑制 Na^+-K^+ 交换，留滞 K^+	螺内酯 spironolactone

第二节 利 尿 药

利尿药的分类及作用见表 23-1。常用利尿药对尿中电解质浓度见表 23-3。

一、高效利尿药(loop or high ceiling diuretics)

本类药物主要作用于髓袢升支粗段，抑制 Na^+-K^+-$2Cl^-$ 共同转运机制，又称袢利尿药(loop diuretics)，利尿作用迅速、强大。常用药物有呋塞米(furosemide，呋喃苯胺酸，速尿)，依他尼酸(etacrynic acid，利尿酸)，布美他尼(bumetanide)，托拉塞米(torasemide)等，前三者含有磺胺结构对碳酸酐酶也有一定的抑制作用，依他尼酸是一个苯氧乙酸衍生物，而托拉塞米是属于磺酰脲吡啶类，是它们的活性代谢产物。正常状态下，持续给予大剂量呋塞米可使成人 24 小时内排尿 50～60L。

【药理作用】

1. 利尿作用 本类药物可能与 Na^+-K^+-$2Cl^-$ 共同转运载体蛋白的 Cl^- 结合部位结合，阻断 Na^+、K^+ 和 Cl^- 在髓袢升支粗段的重吸收，使尿中它们浓度增高，降低肾的稀释与浓缩功能，排出大量接近于等渗的尿液。因 Na^+-K^+-$2Cl^-$ 共同转运被抑制可消除管腔内皮细胞两侧的电位差，增加 Ca^{2+}、Mg^{2+} 的排泄，长期应用本类药可引起低血镁，但由于 Ca^{2+} 在远曲小管可被主动重吸收，故一般不引起低钙血症。由于流入远曲小管和集合管的 Na^+ 增加促使 Na^+-K^+ 交换增加，另外强大利尿作用使血容量降低而激活肾压力感受器及肾交感神经，促进肾素(renin)的释放，醛固酮分泌增加，结果进一步促进 Na^+-K^+ 交换导致 K^+ 外排增多。此类药物排出的 Cl^- 超过 Na^+，可引起低氯碱血症。

2. 对血流动力学的影响 袢利尿剂具有扩张肾血管，降低肾血管阻力，增加肾血流量，提高肾小球滤过率的作用，并可改变肾皮质内血流分布。另外呋塞米和依他尼酸可直接扩张血管，在利尿作用出现之前，能缓解肺淤血，降低充血性心衰患者左室充盈压。以上两方面的作用可能与本类药物促进肾脏前列腺素合成有关，受非甾体类抗炎药的干扰。

【体内过程】 高效利尿药可以口服和静脉注射给药(表 23-2)。因本类药物与血浆蛋白广泛结合，在体内的消除主要经近曲小管有机酸转运系统主动分泌到管腔，随尿以原形排出，约 1/3 随胆汁排出，反复给药不易在体内蓄积，但受肾功能影响，肾功能不全时可延长为 10 小时。由于吲哚美辛和丙磺舒与此类药物相互竞争近曲小管有机酸分泌途径，因此若同时使用则影响袢利尿药的作用和排泄。

表 23-2 高效利尿药的体内过程

药物	给药途径	利尿作用				口服吸收(%)	$t_{1/2}$(小时)
		起效(分)	峰值(分)	维持(小时)	强度		
呋塞米	口服	15～60	60～120	4～6	1	11～90	0.3～3.4
	静脉注射	5	30	2			
布美他尼	口服	30	60～120	4.5～6	40	59～89	0.3～1.5
	静脉注射	10	45	1			
依他尼酸	口服	20	120	6～8	0.7	几乎 100	0.5～1.0
	静脉注射	15	45	3			

【不良反应】

1. 水与电解质紊乱 因过度利尿而引起，主要表现为低血容量、低血钾、低血钠、低氯碱血症等。由于低钾血症可增强强心苷对心脏的毒性，而且肝性脑病也认为与低钾血症有关，故应注意及时补充钾盐或加服留钾利尿药。长期应用还可引起低血镁(引起心

律失常的危险因素)和低钙血症(少数情况下引起手足抽搐),由于 Na^+-K^+-ATP 酶的激活需要 Mg^{2+},当低血钾和低血镁同时存在时,如不纠正低血镁,即使补充 K^+ 也不易纠正低钾血症。

2. 耳毒性 表现为眩晕、耳鸣、听力减退,甚至发生暂时性或永久性耳聋,与剂量有关,快速静脉注射时常发生,而口服时少见。可能与药物抑制耳蜗管血管纹(stria vascularis)Na^+-K^+-$2Cl^-$ 转运载体,减少 K^+、Cl^- 向内淋巴液分泌,损伤耳蜗管基底膜毛细胞有关。多见于依他尼酸或肾功能不全或同时使用其他耳毒性药物,如氨基糖苷类抗生素。布美他尼的耳毒性最小,为呋塞米的 1/6,对听力有缺陷及急性肾衰宜选用布美他尼。

3. 高尿酸血症 利尿后由于减少细胞胞外液容积,降低肾小球滤过率,增强近曲小管对尿酸的重吸收。另外,利尿药和尿酸经有机酸分泌途径排出时相互竞争,使尿酸的排出减少,长期用药时多数病人可出现高尿酸血症,但临床痛风的发生率较低。

4. 其他 可造成高血糖症(很少促成糖尿病),可增高血浆低密度脂蛋白和甘油三酯水平。胃肠道反应如恶心、呕吐、腹泻,大剂量时尚可出现胃肠出血。少数病人可发生白细胞、血小板减少。有时亦有过敏反应,表现为皮疹、嗜酸细胞增多、间质性肾炎等。

【药物相互作用】

(1) 氨基苷类抗生素等可增强高效利尿药的耳毒作用,应避免合用。

(2) 与华法林竞争血浆蛋白的结合部位,可增强其抗凝作用。

(3) 与洋地黄合用时,可增加其诱导的心律失常。

(4) 呋塞米能降低头孢菌素类肾清除率,合用时可增加肾脏毒性。

(5) 非甾体抗炎药如吲哚美辛可减弱或抑制它们的排 Na^+ 作用。

二、中效利尿药(thiazides and thiazide-like analogs)

本类药物包括,噻嗪类(thiazides)和类似噻嗪类利尿药,化学结构均含有磺胺结构。噻嗪类利尿药含有噻嗪环,包括氯噻嗪(chlorothiazide)、氢氯噻嗪(hydrochlorothiazide)、氢氟噻嗪(hydroflumethiazide)、环戊噻嗪(cyclopenthiazide)、苄氟噻嗪(bendroflumethiazide)等。类似噻嗪类如,氯噻酮(氯酞酮,chlortalidon),吲达帕胺(indapamide),美托拉宗(metolazone),喹乙宗(quinethazone),希帕胺(xipamide)等。本类药物虽其作用强度、起效快慢和作用维持时间有所差异,但作用机制和效能几乎相同,临床应用也很相似,故在此一并介绍。氢氯噻嗪是临床常用的此类药物原型药。

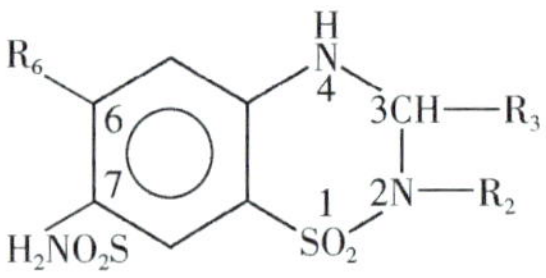

Thiazides

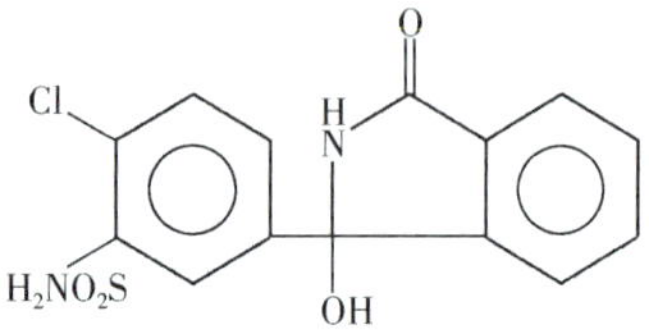

Chlortalidone

【药理作用】

1. 利尿作用 噻嗪类和类似噻嗪类的利尿机制是抑制远曲小管始端 Na^+-Cl^- 同向转运,减少 NaCl 和水的重吸收,产生温和而持久的利尿作用。尿中除含有较多的 Na^+ 和 Cl^-,此外由于转运至远曲小管的 Na^+ 增加,促进了 Na^+-K^+ 交换,所以 K^+ 的排泄也增多。因含有磺胺结构对碳酸酐酶有轻度抑制作用,故略增加 HCO_3^- 和磷的排泄。与袢利尿剂相反,该类药增加近曲小管对 Ca^{2+} 的重吸收并促进远曲小管基侧膜的 Na^+-Ca^{2+} 交换,减少尿 Ca^{2+} 含量,在治疗高尿钙引起的肾结石中起重要作用,但却很少引起高钙血症。

2. 抗尿崩症作用 应用噻嗪类利尿药治疗肾性尿崩症及加压素无效的垂体性尿崩症病人,可使尿量减少 50%。其作用机制可能与其抑制磷酸二酯酶活性,增加远曲小管及集合管细胞内 cAMP 的含量有关,后者能提高远曲小管对水的重吸收。同时因增加 NaCl 的排出,造成负盐平衡,导致血浆渗透压的降低,减轻口渴感,减少饮水量,使尿量减少。

3. 降压作用 通过利尿排钠,减低血容量而降压,临床上作为基础降压药而用于治疗高血压,详见第二十五章。

【体内过程】 本类药脂溶性较高,口服吸收良好。口服后 1~2 小时起效,4~6 小时血药浓度达高峰。该类药是磺胺类有机酸,主要以原形由近曲小管分泌排泄,少量由胆汁排泄,半衰期范围很宽。本类药物可通过胎盘和进入乳汁。

【不良反应】

1. 电解质紊乱 如代谢性酸中毒、低钠血症(可达到接近致死程度,应注意)、低血钾、低血镁、低氯碱血症等,必要时合用留钾利尿药可防治。

2. 高尿酸血症 主要是药物减少细胞外液容量,增加近曲小管对尿酸的重吸收所致,痛风者慎用。

3. 代谢变化 降低糖耐量,可显现潜在的糖尿病,也可引起高血糖、高脂血症。本类药可升高血清胆固醇、三酰甘油和低密度脂蛋白水平,同时伴有高密度脂蛋白的减少。血糖升高,可能与其抑制胰岛素分泌或增强糖原分解和糖原异生有关。因此,糖尿病患者慎用。

4. 因含有磺胺结构可引起过敏反应,如溶血性贫血、血小板减少、急性胰腺炎、光敏性皮炎、胆汁阻塞性黄疸等,故对磺胺高度敏感者禁用此药。

5. 其他　少数人服药后可产生 CNS 症状（眩晕、头痛、感觉异常），胃肠道症状。

氯　噻　酮

氯噻酮（chlortalidone）虽非噻嗪类，但利尿作用与其相似。不同的是本药口服后吸收和排泄均较缓慢，利尿作用更持久，可达 48～60 小时，对碳酸酐酶的抑制作用较强，尿中排出 HCO_3^- 增多，较少引起低血钾。除具有恶心、呕吐、乏力、头痛等一般反应外；还可导致畸胎或死胎，故孕妇忌用。

三、低效利尿药（potassium-sparing diuretics and carbonic anhydrase inhibitors）

本类药物作用弱，较少单用，一般不作首选药，主要与其他利尿药合用，按其作用机制大体分为两类：保钾利尿药（potassium-sparing diuretics）和碳酸酐酶抑制药（carbonic anhydrase inhibitors）。

螺　内　酯

螺内酯（spironolactone）又名安体舒通（antisterone），化学结构与醛固酮相似，是人工合成的抗醛固酮类保钾利尿药。

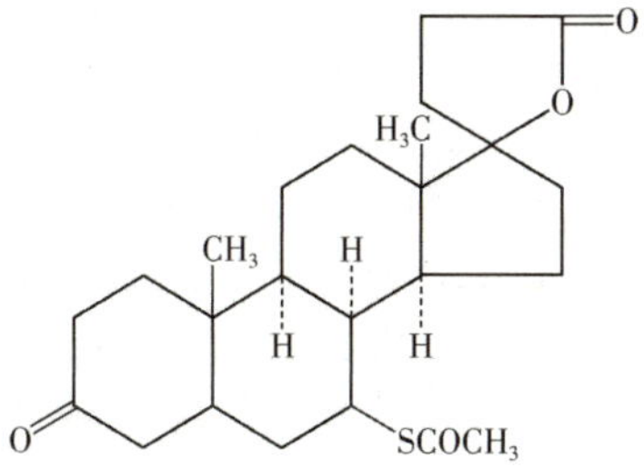

spironolactone

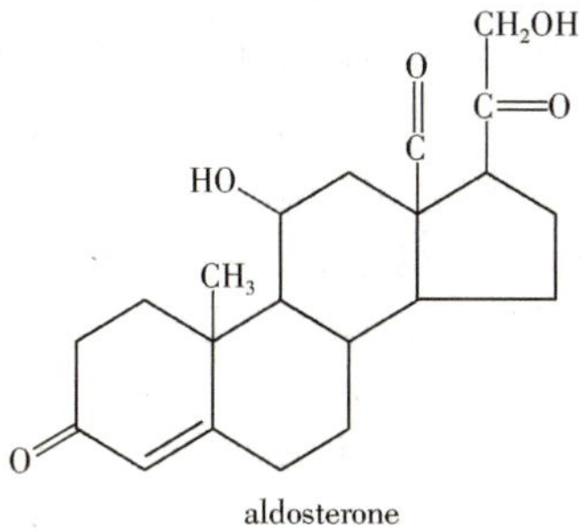

aldosterone

【作用机制和特点】　螺内酯与醛固酮竞争存在于末段远曲小管和集合管细胞内醛固酮受体，使醛固酮不能与受体结合成醛固酮-受体复合物（见图23-2），阻碍醛固酮诱导蛋白的合成，因而妨碍 Na^+ 通道和 Na^+ 泵在细胞膜上的表达，最终抑制 Na^+-K^+ 交换，减少 Na^+ 的重吸收和 K^+ 的分泌，表现出排 Na^+ 留 K^+ 作用。

螺内酯的利尿作用弱，起效慢而持久，其利尿作用依赖于体内醛固酮的水平，体内醛固酮高时，利尿作用明显。对醛固酮正常或切除肾上腺的动物则无明显利尿作用。临床常与噻嗪类利尿药或高效利尿药合用，以增强其利尿效果并减少 K^+ 的丢失。

【不良反应】　此药不良反应较轻，少数患者可引起 CNS 症状（头痛、困倦、精神错乱）和胃肠道症状（腹痛、胃出血、消化性溃疡，故消化性溃疡患者禁用）。因具有类固醇类结构，产生抗雄激素样作用，可引起男子乳房女性化和性功能障碍，妇女多毛症等。久用可引起高血钾，尤其当肾功能不良时，会危及生命，故肾功能不全者禁用。

氨苯蝶啶及阿米洛利

氨苯蝶啶（triamterene，三氨蝶啶）及阿米洛利（amiloride，氨氯吡咪）作用于末段远曲小管和集合管，阻滞管腔侧 Na^+ 通道而减少 Na^+ 的重吸收。由于 Na^+ 的重吸收减少，而降低管腔驱动 K^+ 分泌的负电位，导致 K^+ 的分泌减少，是保钾利尿药。Ca^{2+} 和 Mg^{2+} 的重吸收和 H^+ 的分泌亦减少。因直接抑制肾内皮细胞的 Na^+ 通道，它们排钠留钾作用不受醛固酮水平影响，在肾上腺切除的动物，仍具有留钾利尿作用。

它们的不良反应较少，偶见嗜睡、恶心、呕吐、腹泻和皮疹等。长期服用可致危及生命的严重高钾血症，故严重肝、肾功能不全者、有高钾血症倾向者禁用。

乙 酰 唑 胺

乙酰唑胺（acetazolamide）又称醋唑磺胺（diamox），化学结构中含有磺胺基，是抑制肾小管上皮细胞中的碳酸酐酶的原型药，也是现代利尿药发展的先驱。主要作用于近曲小管，可使 HCO_3^- 排泄量迅速升高，继而减少 Na^+ 和水的重吸收，但由于集合管对 Na^+ 的重吸收增加，故利尿作用弱，目前很少用于利尿。同类药物还有双氯非那胺和醋甲唑胺，口服生物利用度良好。

乙酰唑胺还可抑制眼睫状体上皮细胞和中枢神经细胞中的碳酸酐酶，减少房水和脑脊液的生成，使眼内压和颅内压下降。目前主要用于治疗青光眼和脑水肿。长期使用，因具有磺胺结构可致骨髓抑制，过敏反应等；此外，还可致代谢性酸中毒。

表 23-3　常用利尿药对尿中电解质浓度的影响

药物	尿中电介质的变化增加（＋），减少（—）		
	NaCl	$NaHCO_3$	K^+
碳酸酐酶抑制药	＋	＋＋＋	＋
高效利尿药	＋＋＋＋	—	＋
中效利尿药	＋＋	＋/—	＋
低效利尿药	＋	—	—
醛固酮拮抗药	＋	—	—

第三节 脱 水 药

脱水药又称渗透性利尿药(osmotic diuretics),包括甘露醇、山梨醇、高渗葡萄糖、甘油和尿素等。该类药应具备如下特点:①静脉注射后不易通过毛细血管进入组织;②易经肾小球滤过,不易被肾小管重吸收;③在体内不被代谢。因此,此类药物主要通过提高血浆渗透压实现组织脱水作用。

甘 露 醇

甘露醇(mannitol)为一己六醇结构,临床主要用20%的高渗溶液。

【药理作用】

1. 脱水作用 静注甘露醇后,因不易从毛细血管渗入组织,能迅速提高血浆渗透压,使组织间液向血管内转移,引起组织脱水。可降低颅内压和眼内压。口服甘露醇吸收极少,只发挥泻下作用。

2. 利尿作用 静注甘露醇通过增加血容量和肾小球滤过率,减少肾小管对 Na^+、K^+ 和 Cl^- 等电解质和水的重吸收,产生利尿作用。10 分钟左右即能起效,2～3 小时达高峰,持续 6～8 小时。

【不良反应】 少见,注射过快时可引起头痛、眩晕、视力模糊和心悸。还可发生渗透性肾病,严重者可发展成急性肾功能衰竭。因可增加循环血量而增加心脏负荷,慢性心功能不全者禁用。近来来引起急性肾功能衰竭的报道较多,应用时要注意甘露醇的总量和速度。

山 梨 醇

山梨醇(sorbitol)是甘露醇的同分异构体,作用与临床应用同甘露醇,但其水溶性较高,一般可制成25%的高渗液使用,进入体内大部分转化为糖原,而失去高渗性,故作用较弱。

高渗葡萄糖

静脉注入 50% 的高渗葡萄糖(hypertonic glucose)也有脱水及渗透性利尿作用,但易在体内代谢,故作用弱而不持久。主要用于脑水肿和急性肺水肿,一般与甘露醇合用。

尿 素

尿素(urea)作用与山梨醇相同。该药经肾小球滤过后,约 50% 被肾小管重吸收,现已不用于利尿。静脉滴注 30%高渗液,增加血浆渗透压,具有脱水作用。可降低颅内压和眼压,用于脑水肿、脑癌、青光眼等。作用迅速,用药后 15～30 分钟起效,但维持时间短,且常继发颅内压反跳性回升,故注射该药 3～4 小时后,须加用其他脱水药物。

第四节 利尿药和脱水药的临床应用

一、消 除 水 肿

水肿(edema)是组织间液体的异常积聚,可分为渗出性(exudative)和漏出性(transudative)。渗出性水肿是急性炎症应的一种表现,而漏出性水肿常见于心、肝、肾性等疾病,由机体血容量调节的病理性改变引起的 Na^+ 潴留是其主要因素。在很多情况下,水肿本身不会立刻产生严重的后果,但一些特定部位的压迫性水肿(脑部)以及较长期的水肿会加重原发疾病的进程和损害程度,需及时地消除它。消除水肿(主要是漏出性水肿)有三种基本策略,纠正原发疾病(心衰,肝硬化等),限制 Na^+ 的摄入量和使用利尿药。虽然前两者是水肿治疗的根本,但短期内难以达到满意的效果,所以利尿药和脱水药仍是临床上处理水肿的最常用选择。利尿药通过排 Na^+ 和排水而有效地消除水肿,但必须牢记的一点是,利尿药只对症治疗并可能带来新的电解质紊乱参见表 23-3,所以使用时应注意选药、剂量和时间,避免引起严重的不良反应,同时注意纠正原发疾病。

1. 心性水肿 包括左心衰竭引起的肺水肿和右心衰竭引起的全身水肿,是心衰的常见症状,心衰的治疗不仅要改善心功能,同时使用利尿药通过降低钠水潴留,减少血容量,降低后负荷,改善全身血压和心室收缩压,减轻肺水肿和静脉充血,对心衰起辅助治疗作用。对轻、中度心性全身水肿,常用氢氯塞嗪,也可加保钾利尿药;但对严重心性全身水肿要采用高效利尿药加噻嗪类,同时用强心苷和血管紧张素转化酶抑制药加以控制。急性肺水肿时,静脉注射呋噻米等高效利尿药,能使血容量及细胞外液明显减少,进而降低回心血量,减少左室充盈压及降低肺楔压,同时还可通过舒张血管、增加静脉容量、降低左室舒张末压而消除水肿。轻度肺水肿最好用口服高效利尿药,避免过快利尿导致的电解质紊乱。

在应用中除注意利尿药的不良反应外,还应注意以下几点:①过度使用利尿药可减少回心血量,使心室充盈压下降进而减少心输出量,导致重要脏器缺血,右心衰竭病人尤易发生;②可使体内醛固酮水平升高,影响利尿效果,与螺内酯合用会增加利尿作用;③利尿药引起的低血钾可加重心律失常并易发生强心苷中毒,限制病人摄入钠可减少集合管处 Na^+-K^+ 的交换,常可避免发生低血钾。

2. 肝性水肿 肝硬化时,因血浆胶体渗透压下降及对醛固酮、抗利尿激素灭活能力下降,所以开始治疗时不宜采用高效利尿药,否则会引起严重的血容量不足,电解质紊乱,低钾血症等,会加速肝衰竭和诱发肝性脑病。一般情况下，肝硬化患者对高效利尿药有一定的耐受性(原因不清楚)，所以宜先用螺内酯等留钾利尿药，或加噻嗪类利尿药，如疗效不显著，也可合用高效利尿药，但通常大量的利尿剂治疗肝硬化，弊大于利。

3. 肾性水肿 急性肾炎时，一般不用利尿药，主要采用无盐膳食和卧床休息以消退水肿，若必要，轻度时选用氢氯噻嗪，中度时宜选用高效利尿药，而重度时应禁用利尿药。慢性肾炎伴有高血压，选用噻嗪类利尿药，既能消肿又能降低血压。糖尿病性肾病时，常伴有血钾的增高，此时应选用噻嗪类或高效利尿药，促进 K^+ 排出。急性肾功能不全早期因甘露醇无效或因左心衰竭忌用甘露醇患者，用强效利尿药可获得满意疗效。慢性肾功能不全，不宜选用乙酰唑胺或保钾利尿药，使用大剂量呋塞米和布美他尼治疗有一定的疗效，但肾小球滤过率降低尿量明显减少时，主要采用饮食和透析治疗。肾病综合征水肿除限制水、盐摄入量和给予白蛋白外，可酌情选用噻嗪类或强效利尿药。总的来说，利尿药治疗肾性水肿时，多宜选用高效利尿药，不宜选用保钾利尿药，肾小球率过滤小于 30ml/分钟时，噻嗪类将无效。

4. 脑水肿 甘露醇不易进入脑组织，是目前降低颅内压安全有效的首选药，用于脑外伤、脑瘤、脑膜炎及脑组织缺氧等引起的脑水肿。依他尼酸可增强甘露醇的作用。

治疗非水肿性疾病

1. 高血压治疗(详见第二十五章)

2. 加速某些毒物的排泄 当某些药物或毒物如溴、碘和铊等急性中毒时，若它们以原型随尿排出，可选用高效利尿药强迫利尿，同时配合输液，使尿量在一天内达 5L 以上，可加速毒物排出。

3. 尿崩症 用于肾性尿崩症或加压素治疗无效的中枢性尿崩症。最常用噻嗪类利尿药，用药二天排出大量 Na^+ 后见效，并限制 Na^+ 的摄入，可增加利尿药的作用。

4. 特发性尿钙增多症和钙结石 噻嗪类利尿药能增强远曲小管对 Ca^{2+} 的重吸收和减少肠道吸收钙。可使正常人、原发性甲状旁腺功能亢进及高尿钙患者尿钙的排出显著降低，用于防止钙结石的形成。

5. 高钙血症 高效利尿药抑制髓袢升支粗段对钙的重吸收，增加钙排出而降低血钙。

6. 预防急性肾功能衰竭 甘露醇用于治疗严重创伤、出血和休克等出现的急性肾功能衰竭。若及时应用甘露醇，通过脱水作用，减轻肾间质水肿。同时维持肾小球滤过率，提高肾小管腔液渗透压阻止水分的重吸收，维持足够的尿量，稀释肾小管内有害物质，保护肾小管免于坏死。还能改善急性肾衰早期的血流动力学变化，对肾功能衰竭伴有低血压者效果较好。

7. 治疗青光眼 乙酰唑胺和甘露醇可减少房水量，用于青光眼治疗。

Summary

- Diuretics are classified into four groups according to their potency and tubular sites of action. Ⅰ. Loop diuretics: They decrease reabsorption of Na^+-K^+ and Cl^- and increase nearly isotonic urine flow by inhibiting cotransport of $Na^+-K^+-2Cl^-$ in the luminal membrane of the ascending limb of Henle's loop. The loop diuretics are the most efficacious of the diuretic drugs, so are also synonymous with high ceiling diuretics. Ⅱ. Thiazides and related agents: These agents act mainly in the distal tubule to decrease the reabsorption of Na^+ by inhibition of Na^+-Cl^- cotransporter on luminal membrane and to increase the concentration of Na^+-Cl^- and in the tubular fluid. They produce a gentle and sustained diuresis. Ⅲ. Potassium-sparing diuretics: Spironolactone acts as a competitive antagonist for the aldosterone receptor, increases unitary excretion of Na^+ and water while results in retention of K^+. So it is often given in conjunction with a thiazide or loop diuretic to prevent the K^+ excretion. Triamterene and amiloride act in the last segment of distal tubular and collecting duct to block Na^+ transport channels in the luminal membrane, resulting in a decrease in Na^+-K^+ exchange. Triamterene and amiloride have a K^+-sparing diuretic action non-dependent on the presence of ALDO. Ⅳ. Carbonic anhydrase inhibitors: They inhibit carbonic anhydrase in the renal tubular epithelial cell. They are rarely used for diuretic effect because of the weak diuretic effects.
- Diuretics are mainly used for edema associated with congestive heart failure, hepatic cirrosisi and renal diseases. Diuretics are also used for nonedematous conditions such as hypertension, since it can help to lower blood pressure by reduction of blood volume.
- Osmotic diuretics such as mannitol and urea that are filtered through the glomerulus and not or little reabsorbed, can promote a water diuresis. They are mainly used to reduce increased intracranial pressure.

(赵容杰)

第二十四章 治疗慢性充血性心力衰竭的药物

案例 24-1

患者，女，37 岁。

主诉：心悸 10 年，近日咳粉红色泡沫样痰。

现病史：患者 10 年前妊娠后期活动时感觉轻度心悸，休息后可缓解。分娩后上述症状加重，时有夜间憋醒。当地医院给予地高辛、氢氯噻嗪等药物治疗后症状缓解。此后，每当劳累或“感冒”时再次出现上诉症状，近半年来自觉气短较以前明显，一般活动即可诱发。入院前一天，因“急性胃肠炎”在当地医院静脉输液治疗，当输液 3 小时、进液量 1000ml 时，患者突然呼吸困难加重，频繁咳嗽，咳粉红色泡沫样痰而紧急来我院治疗。

既往史：20 年前有风湿热病史。

体检：体温 37.5℃，呼吸 30 次/分，血压 120/70mmHg。神志清楚，呼吸急促，端坐呼吸，周身大汗，皮肤、黏膜明显发绀，二尖瓣面容。颈静脉无怒张。双肺布满中小水泡音及哮鸣音，心率 148 次/分，第一心音强弱不等，胸骨左缘第二肋间肺动脉瓣第二心音亢进伴分裂，于心尖部可听到舒张期奔马律及舒张晚期低调杂音。肝脾未触及，双下肢无水肿。

诊断：①风湿性心脏瓣膜病；②左心心力衰竭。

问题：

1. 可以选用的治疗心力衰竭药物有哪些？其药理学基础是什么？

2. 在使用强心苷类药物时应该注意些什么问题？

第一节 慢性充血性心力衰竭的病理生理学及治疗药物分类

慢性充血性心力衰竭（chronic congestive heart failure，CHF）是由多种病因引起的以心脏功能障碍为特点的临床综合征，表现为因心脏的收缩和舒张功能障碍、心输出量绝对或相对减少、动脉系统供血不足，静脉系统淤血等引起的相应症状。在 CHF 时，心肌细胞出现功能和结构的改变，同时神经-内分泌系统也会发生一些变化，如交感神经系统和肾素-血管紧张素-醛固酮系统（renin-angiotensin-aldosterone system，RAAS）的激活等。有关 CHF 的病理生理学过程和药物的作用环节见图 24-1。

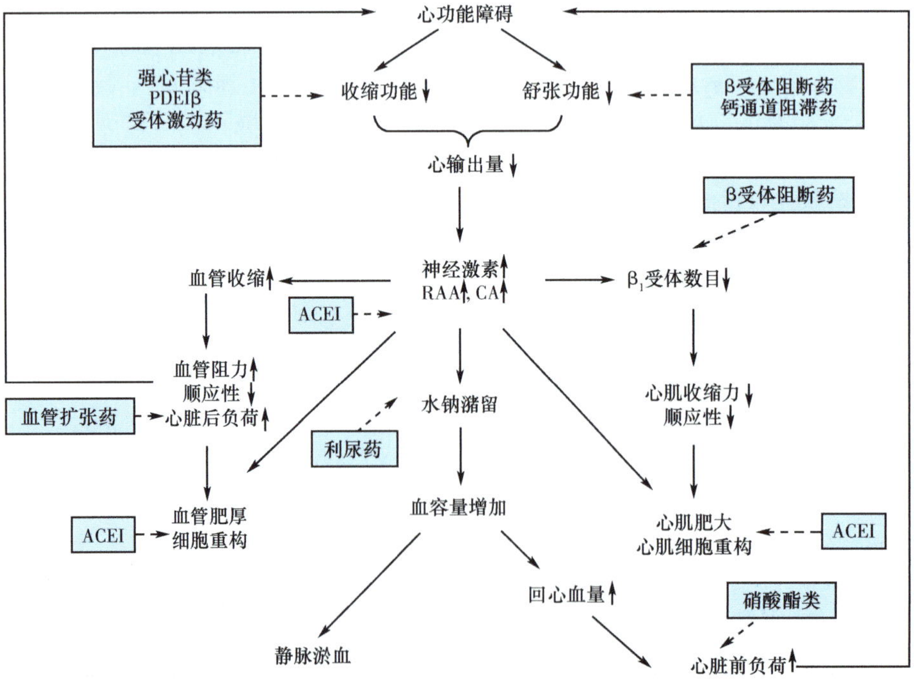

图 24-1 心功能障碍时的病理生理学过程及药物的作用环节

RAA. 肾素-血管紧张-醛固酮；CA. 儿茶酚胺；PDEI. 磷酸二酯酶抑制药；ACEI. 血管紧张素Ⅰ转化酶抑制药

根据药物的作用和作用机制，目前临床用于治疗CHF的药物包括血管紧张素Ⅰ转化酶抑制药、血管紧张素Ⅱ受体拮抗药、利尿药、β肾上腺素受体阻断药、强心苷类、钙通道阻滞药、血管扩张药和非苷类正性肌力药等。传统的药物治疗目标仅限于缓解症状，改善血流动力学变化。随着利尿药和血管扩张药的使用，病人在生活质量和运动耐力等方面可以有明显的改变。近年来使用的血管紧张素Ⅰ转化酶抑制药和血管紧张素Ⅱ受体拮抗药在防止和逆转心室肥厚、延缓心肌损伤的进程方面有独特作用，使现代药物治疗CHF的目标已经从缓解症状发展到延长患者生存期，降低死亡率。

第二节　肾素-血管紧张素-醛固酮系统抑制药

肾素-血管紧张素-醛固酮系统抑制药包括血管紧张素Ⅰ转化酶抑制药（angiotension converting enzyme inhibitor，ACEI）、血管紧张素Ⅱ受体（AT_1）拮抗药和醛固酮拮抗药。ACEI能有效降低CHF患者的病死率，延长患者生命，已成为目前临床治疗CHF的第一线药物。血管紧张素Ⅱ受体（AT_1）拮抗药可与血管紧张素Ⅱ受体结合，阻断血管紧张素Ⅱ的生理效应，具有与ACEI相似的作用。醛固酮拮抗药也可降低CHF患者的病死率和死亡率，有着良好的应用前景。

一、血管紧张素Ⅰ转化酶抑制药

正常生理情况下，血管紧张素原在肾素的作用下生成10肽的血管紧张素Ⅰ（angiotensin Ⅰ，Ang Ⅰ），后者在血管紧张素Ⅰ转化酶（ACE）的作用下降解为8肽的血管紧张素Ⅱ（angiotensinⅡ，AngⅡ）而发挥作用。ACEI通过抑制循环和局部组织的ACE而发挥作用。

用于治疗慢性心功能不全的ACEI包括卡托普利（captopril）、依那普利（enalapril）、福辛普利（fosinopril）、贝那普利（benazapril）等。第一代的ACEI卡托普利本身就具有生物活性，可直接抑制ACE而发挥作用，而大多的新型ACEI属于前体药，需在体内转化为活性代谢产物后才能发挥对ACE的抑制作用。这些药物的共同特点是半衰期长，作用持久，服用方便，不良反应发生率较低。

【药理作用】

1. 抑制血管紧张素Ⅰ转化酶活性，减少血管紧张素Ⅱ的生成　AngⅡ可以促进血管收缩和醛固酮的释放，ACEI能够抑制循环和组织中的AngⅠ转化为AngⅡ，同时阻止缓激肽的降解，刺激前列腺素的合成，抑制儿茶酚胺类物质的释放，促进血管扩张，降低外周阻力，减少水钠潴留，减轻心脏前后负荷。

2. 抑制心肌和血管重构　AngⅡ能增加细胞内DNA、RNA含量，促进蛋白质的合成，从而促进细胞增殖，导致心肌肥厚和血管重构。另外，醛固酮也可直接促进成纤维细胞的增生和蛋白质的合成，参与心肌肥厚和血管重构。ACEI通过减少AngⅡ和醛固酮的形成，逆转心肌和血管的重构，改善心脏功能，缓解心力衰竭的症状。

【临床应用】　ACEI在治疗CHF方面疗效突出，不仅可以改善血流动力学，缓解症状，提高运动耐力，改进生活质量，而且可以逆转心室肥厚，降低病死率，现已广泛应用于治疗CHF。ACEI可与利尿药、强心苷类药物等合用，是治疗CHF的基础药物。

【不良反应】　ACEI的不良反应较轻微，患者可以终生使用。主要不良反应有低血压、咳嗽（发生率较高）、高血钾、皮疹、味觉改变、白细胞减少等。此外，血管神经性水肿、黄疸、男性乳房发育、精神症状等也有报道。RAAS高度激活的患者可能出现“首剂现象”而致低血压，用药应从小剂量开始，逐渐增量。

二、血管紧张素Ⅱ受体拮抗药

血管紧张素Ⅱ受体有AT_1、AT_2、AT_3、AT_4四种亚型。AngⅡ的心血管作用主要由AT_1受体介导。血管紧张素Ⅱ受体（AT_1）拮抗药作用于AT_1受体位点，阻断AngⅡ与AT_1受体结合，抑制其生理效应（如血管收缩、水钠潴留以及醛固酮、肾素、儿茶酚胺等的释放），具有与ACEI相似的治疗CHF的药理作用。临床应用类似ACEI，不良反应发生率低，尤其适用于不能耐受咳嗽的患者。常用的血管紧张素Ⅱ受体拮抗药有氯沙坦（losartan）、缬沙坦（valsartan）、厄贝沙坦（irbesartan）、坎地沙坦（candesartan）、替米沙坦（telmisartan）等。

三、醛固酮拮抗药

CHF时血中醛固酮的浓度可高达正常的20倍以上，大量的醛固酮除了保钠排钾外，还有明显的促生长作用，特别是促进成纤维细胞的增殖，刺激蛋白质和胶原蛋白的合成，引起心肌和血管的重构，加速心力衰竭的恶化。此外，醛固酮还可阻止心肌摄取去甲肾上腺素，使去甲肾上腺素游离浓度增加而诱发冠状动脉痉挛和心律失常，增加心力衰竭时室性心律失常和猝死的可能性。

临床研究表明，在常规治疗的基础上，加用醛固酮拮抗药螺内酯（spironolactone）可以明显降低CHF的病死率，防止左室肥厚时心肌间质纤维化，改善血流动力学和临床症状。治疗CHF时单用螺内酯仅发挥较弱的作用，但与ACEI合用则可同时降低AngⅡ及醛固酮水平，既能进一步减少患者的病死率，又能降低室性心律失常的发生率,效果更佳。

依普利酮(eplerenone)是新型的选择性醛固酮拮抗药,因其对醛固酮受体具有高度选择性,并避免了螺内酯与性激素相关的副作用,是治疗 CHF 的安全有效药物。

第三节 利 尿 药

利尿药是治疗 CHF 的传统药物。在 CHF 时,血管壁内 Na^+ 含量增加,通过 Na^+-Ca^{2+} 交换使血管平滑肌细胞内 Ca^{2+} 增加,促进血管收缩,并增加血管壁对缩血管物质的反应性。利尿药通过排 Na^+,减少血管壁内 Ca^+ 含量,使血管壁张力下降,外周阻力降低,因而降低心脏的后负荷,改善心功能,减轻心力衰竭症状;亦能抑制钠和水的重吸收,减少循环血容量,减轻肺淤血,降低心脏前后负荷。对有容量负荷加重症状的 CHF 患者应给予利尿药。利尿药宜从小剂量开始,根据心衰病情的轻重和不同类型利尿药的特点进行选择,避免滥用,以免造成电解质平衡紊乱和酸碱平衡失调。长期使用利尿药会引起低血钾、低血镁、低血钠以及糖代谢紊乱、高脂血症、肾素-血管紧张素-醛固酮系统激活等不良反应。利尿药宜与 ACEI 联合应用。

常用的利尿药及其用量见表 24-1。

表 24-1 常用于治疗 CHF 的利尿药

药物	剂量范围(mg)	给药间隔
氢氯噻嗪(hydrochlorothiazide)	25~50	每周 2~4 次
氯噻酮(chlortalidone)	25~100	隔日一次
呋塞米(furosemide)	20~120	每日 1~2 次
布美他尼(bumetanide)	0.5~4.0	每日 1~2 次
氨苯蝶啶(triamterene)	50~100	每日 1~2 次
阿米洛利(amiloride)	5~10	每日 1 次

第四节 β 受体阻断药

CHF 时,由于心输出量下降,交感神经的兴奋性反射性增强以提高心肌收缩力,增加心输出量,改善 CHF 症状,发挥代偿作用。但长期的交感神经活性增高反而加重了心脏负担,促进心肌肥厚与重构,导致 CHF 恶化。β 受体阻断药可以改善这种状况。临床上通常选择使用的 β 受体阻断药为美托洛尔(metoprolol)和卡维地洛(carvedilol)。

【药理作用】

(1) 阻断心脏 β_1 受体,使心率减慢,心肌收缩力减弱,心肌耗氧量减少,改善心脏功能,减少由去甲肾上腺素等介导的 Ca^{2+} 内流,避免线粒体损伤,保护心肌细胞。

(2) 上调心肌 β 受体数目,恢复受体的敏感性。

(3) 阻断肾小球旁细胞的 β_1 受体,减少肾素释放,抑制肾素-血管紧张素-醛固酮系统功能,使血管扩张,减轻心脏负荷。同时防止和逆转由 AngⅡ 和醛固酮介导的心肌和血管的重构,有利于心功能改善。

【临床应用】 β 受体阻断药对扩张型心肌病、高血压性心脏病、缺血性心脏病等所致的 CHF 有一定疗效。需要长期用药,从小剂量开始,逐渐增加剂量,否则反而对病情不利。使用时可与其他治疗慢性充血心力衰竭的药物合用,以抵消其对心脏收缩力的抑制作用。

【不良反应】 应用 β 受体阻断药可以使血压降低、心率减慢甚至出现短时的心功能恶化,这些不良反应可以通过合用其他的治疗慢性充血心力衰竭的药物或暂时减少 β 受体阻断药的用量预防。注意长期用药时不可突然停药。伴有哮喘、低血压、心动过缓、房室传导阻滞的 CHF 患者和急性 CHF 患者应禁用或慎用 β 受体阻断药。

第五节 强 心 苷 类

强心苷(cardiac glycosides)是一类具有强心作用的苷类物质。迄今在全世界已发现有十几科、数百种植物中含有强心苷成分。我国盛产的羊角拗、黄花夹竹桃等植物中都富含强心苷成分,现应用于临床的洋地黄毒苷、地高辛、毛花苷丙等强心苷类药物主要来源于玄参科和夹竹桃科植物。天然植物中所含的强心苷为一级强心苷(如毛花一级甲苷),而在提取过程中经水解和酶解所获得的为二级强心苷(如洋地黄毒苷)。

【构效关系】 强心苷由苷元和糖两部分结合而成,苷元含有一个甾核和一个不饱和内酯环,是发挥正性肌力作用的基本结构。糖的种类除葡萄糖外都是稀有糖,是辅助成分,能够增强苷元的水溶性,延长苷元的作用时间。各种强心苷类药物的作用性质基本相同,只是因为化学结构上某些取代基不同,而有作用快慢、强弱和久暂之分(图 24-2)。

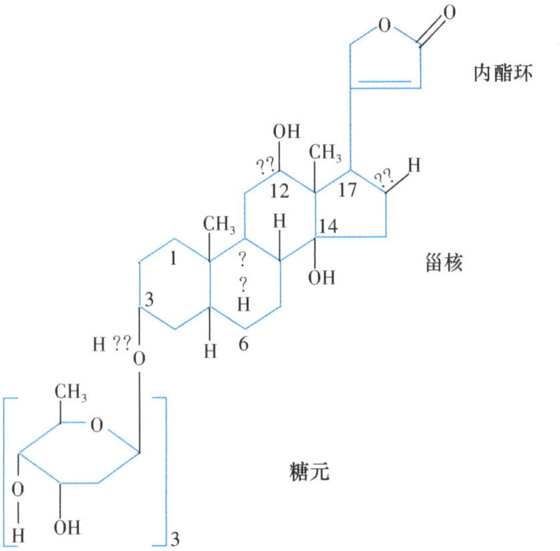

图 24-2 强心苷的基本化学结构

【体内过程】　目前临床常用的强心苷类药物主要是地高辛(digoxin)，此外还有洋地黄毒苷(digitoxin)、毛花苷C(lanatoside C)、毒毛花苷K(strophanthin K)等。此类药物的药理作用基本相同，但由于极性的不同，因此在口服吸收率、血浆蛋白结合率、排泄速度等方面存在较大差异。洋地黄毒苷仅在C_{14}位上有一个羟基，故极性最低，脂溶性最高。毒毛花苷K有3个羟基，极性最高，脂溶性最低。地高辛有2个羟基，其极性和脂溶性介于两者之间(表24-2)。

表 24-2　强心苷类药物的体内过程比较

药物	口服吸收率(%)	血浆蛋白结合率(%)	肝肠循环(%)	生物转化(%)	原形肾排泄(%)	半衰期($T_{1/2}$)
洋地黄毒苷	90～100	97	26	70	10	5～7d
地高辛	60～85	25	7	20	60～90	36h
毛花苷C	20～30	<20	少	少	90～100	33h
毒毛花苷K	2～5	5	少	极少	100	19h

【药理作用及作用机制】

1. 心脏作用

(1) 正性肌力作用(positive inotropic action)：强心苷能明显增加衰竭心脏的收缩力，增加心输出量，缓解CHF的临床症状。其正性肌力作用具有以下特点：①使心肌收缩有力而敏捷，可提高心肌纤维最大缩短速率和心室压力上升速率，增加射血速度，缩短等容收缩时间，减少收缩末期心室的容积，增加心搏出量，相对延长心脏的舒张期，增加回心血量。②在增加心肌收缩力的同时，不但不增加耗氧量，反而可以降低衰竭心脏的耗氧量。在CHF时，心室容积、室壁张力和心率都明显增加，因此心肌耗氧量显著增加。应用强心苷后，心肌收缩力的增强可使心肌耗氧量有所增加，但是由于心脏功能得到恢复，心输出量增加，心室内残留的血液减少，心室容积缩小，室壁张力下降，同时心率减慢，因此心肌净耗氧量减少。③增加衰竭心脏的心输出量。由于心肌收缩力的增加，降低了代偿性增高的交感神经张力，使外周血管阻力下降，心脏的后负荷减轻，心输出量增加。

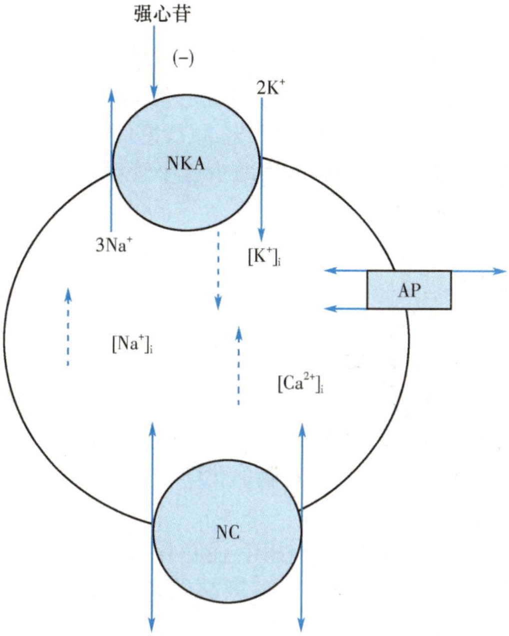

图 24-3　强心苷正性肌力作用机理示意图
NKA = Na^+-K^+-ATP 酶；AP = 动作电位；NCE = 钠-钙双向交换

强心苷能够增加心肌兴奋时细胞内Ca^{2+}的含量，这是强心苷产生正性肌力作用的基本机制。目前认为，Na^+-K^+-ATP酶就是强心苷的受体，强心苷可以直接与心肌细胞膜上的Na^+-K^+-ATP酶结合并抑制其活性(图24-3)。生理条件下，Na^+-K^+-ATP酶(钠钾泵)转运细胞内、外的Na^+、K^+以维持正常的生理浓度梯度，维持心肌的正常生物电活动。当强心苷类药物抑制Na^+-K^+-ATP酶后，心肌细胞内的Na^+含量增加而K^+含量减少，细胞内Na^+含量的增加促进了双向性的Na^+-Ca^{2+}交换，使细胞内Ca^{2+}增加，增加的细胞内Ca^{2+}还能激活肌质网上的Ca^{2+}依赖性钙通道的开放，使肌质网内储存的Ca^{2+}进入心肌细胞内，最终使得心肌细胞内的Ca^{2+}含量增加，心肌收缩力增强。

(2) 负性频率作用(negative chronotropic action)：强心苷对CHF过快的心率有明显的抑制作用，而对正常的心脏频率却无明显影响，这是强心苷产生正性肌力作用、心输出量增加后出现的继发作用。由于使用强心苷后心输出量增加，刺激了颈动脉窦和主动脉弓的压力感受器，反射性兴奋迷走中枢，增强迷走神经冲动传导，使心率减慢。另外，强心苷还有敏化窦弓及心内压力感受器，增强心肌细胞对乙酰胆碱的敏感性等作用。负性频率作用对缓解CHF的临床症状是十分有利的。由于心率减慢，降低了心肌耗氧量，改善心肌的代谢状况；心率减慢也使得心脏舒张期延长，回心血量增加，有利于提高心输出量；舒张期延长也使冠状动脉血流量增加，有利于心肌供血供氧。

(3) 对心肌电生理特性的影响：由于CHF的病因、病变程度和部位以及所用药物剂量的不同，强心苷对心肌电生理的影响也有所不同。治疗量的强心苷主要通过兴奋迷走神经，加速K^+外流，增加最大舒张电位，降低窦房结的自律性和缩短心房的有效不应期。兴奋迷走神经还可以使慢反应细胞如房室结的 Ca^{2+} 内流减少，房室传导速度减慢，大剂量时可以产生严重的心动过缓和不同程度的房室传导阻滞，这是其治疗心房颤动和心房扑动的电生理机制。强心苷直接抑制心肌细胞膜的 Na^{+}-K^{+}-ATP 酶，使细胞内失钾，最大舒张电位减小(接近阈电位)，从而使浦肯野纤维的自律性提高；最大舒张电位的减小也使得除极速率降低，动作电位幅度减小，浦肯野纤维的 ERP 缩短。这是强心苷中毒时出现室性心动过速和心室颤动的机制。

(4) 对心电图的影响：治疗量时可出现 T 波幅度减小、低平或倒置；S-T 段下降且呈鱼钩状，P-R 间期延长，Q-T 间期缩短。

2. 其他作用

(1) 利尿作用：强心苷类药物在增加心输出量的同时，增加肾血流量和肾小球滤过率，同时通过抑制肾素-血管紧张素-醛固酮系统，减少醛固酮的分泌，并通过抑制 Na^{+}-K^{+}-ATP 酶减少肾小管对 Na^{+} 的再吸收，产生利尿作用。

(2) 影响神经系统的兴奋性：治疗量时通过直接和间接抑制交感神经的兴奋性，降低血液中去甲肾上腺素的水平，有利于 CHF 的治疗。过量中毒时可增强交感神经的兴奋性，明显增加交感神经节前、节后纤维的神经冲动发放频率，患者可出现心房颤动和室性心动过速。此外，中毒时还可引起中枢兴奋，出现失眠等临床表现，兴奋延脑的化学催吐感受区可引起呕吐反应。

(3) 直接收缩血管作用：强心苷有直接收缩血管作用，但 CHF 患者用药后，因交感神经活性降低，血压不变或略升。

【临床应用】 强心苷类药物对心脏的选择性高，可以口服，作用比较持久，较少产生耐受性，曾经是治疗 CHF 的首选药物。但由于缺乏正性松弛作用，长效作用差，不能延长 CHF 患者的生存时间，毒性大，安全范围窄，故现在临床应用受到一定限制。可与 ACEI、β 肾上腺素受体阻断药等标准治疗药合并应用。

1. 治疗 CHF 强心苷对各种伴有心肌收缩功能障碍的 CHF 患者都有效，但由于病因不同，治疗的效果不尽相同。对伴有心房颤动和较快心室率的 CHF 效果最好；对高血压、先天性心脏病、瓣膜病等引起的 CHF 效果较好；对甲亢、严重贫血和维生素 B_1 缺乏症等引起的 CHF，由于伴有心肌能量产生障碍，一般疗效不佳；对缩窄性心包炎、严重二尖瓣狭窄等引起的 CHF，由于存在机械性阻塞，疗效极差或无效。

2. 治疗某些心律失常

(1) 心房颤动：是指心房发生的极快且不规则的纤维性颤动，每分钟达 400～600 次。过多的心房冲动下传到心室，引起心室率过快，防碍心室射血而致循环功能障碍。应用强心苷类药物不能使房颤停止，但可利用其兴奋迷走神经和对房室结的直接作用，减慢房室传导，增加房室结中的隐匿性传导，保护心室免受过多房性冲动的影响。

(2) 心房扑动：是指心房发生的快而规则的心房节律，每分钟频率约为 250～300 次。虽然冲动的频率比房颤低，但冲动强度高，极易传入心室而引发室颤。强心苷类药物能不均一地缩短心房不应期，引起折返激动，使心房扑动转为心房颤动，继而发挥其治疗房颤的作用。部分患者在停止使用强心苷类药物后可恢复窦性节律。

(3) 阵发性室上性心动过速：临床常用压迫颈动脉窦等提高迷走神经兴奋性的方法终止阵发性室上性心动过速的发作。强心苷类药物由于能够兴奋迷走神经，减慢房室传导，可用于非强心苷中毒引发的阵发性室上性心动过速的治疗。

【给药方法】

1. 全效量给药法 全效量给药法是强心苷类药物传统的给药方法，即首先在短时间内多次用药达到全效量(也称洋地黄化)，以后每日补充体内排出的药量以维持疗效。根据病情的不同，给予全效量的方法又分为缓给法和速给法两种。

(1) 缓给法：适用于病情较轻的慢性 CHF 患者，一般采用地高辛口服，3～4 日内达到全效量。具体方法为首剂 0.25～0.5mg，以后每 6～8 小时给 0.25mg，达到全效量后，每日给予维持量。

(2) 速给法：适用于急性 CHF 患者，一般采用起效快的毛花苷 C 等静脉注射，24 小时内达到全效量。如首剂使用 0.4～0.8mg 毛花苷 C 加入到 20ml 的 50%葡萄糖溶液中缓慢静脉注射，以后每隔 1～2 小时重复给予半量，达到全效量后，每日给予维持量的地高辛口服。

2. 无负荷量(non-loading dose)的维持量给药法 适用于病情较轻的慢性 CHF 患者。根据药代动力学规律，给药剂量和间隔时间确定后，大约经过 4～5 个 $t_{1/2}$，药物可以在血中达到稳态浓度，而稳态血药浓度的高低取决于每次给药剂量的大小。维持量给药法的具体应用是每日口服地高辛 0.25mg，连服 6～7 天(约 4～5 个 $t_{1/2}$)，即可达到稳态血药浓度，而不良反应的发生率可明显降低。

【毒性反应及其防治】 强心苷类药物的治疗安全范围窄，一般临床治疗量已接近中毒剂量的 60%。由于患者对强心苷的敏感性个体差异较大，许多中毒表现又与 CHF 的临床症状类似而难以鉴别，约有 20%的患者在治疗过程中可发生不同程度的毒性反应。密切观察病人用药后的反应，开展强心苷的血药浓度监测，坚持用药剂量的个体化是防止强心苷中毒的重要措施。

1. 毒性反应

(1) 胃肠道反应：厌食、恶心、呕吐、腹痛和腹泻常为强心苷中毒的先兆症状，这些表现与 CHF 未得到控制时胃肠道淤血的临床表现类似，应注意鉴别诊断。

(2) 神经系统反应：可出现头痛、头晕、疲倦、失眠、谵妄等反应。此外，视觉异常如黄视、绿视、视物模糊等是强心苷中毒的早期特征性表现，可能与强心苷分布于视网膜有关，属于停药的指征之一。

(3) 心脏反应：是强心苷最严重的毒性反应，可出现各种类型的心律失常。①快速型心律失常：主要表现为室性早搏、二联律、三联律和房性、房室结性、室性心动过速，甚至出现严重危及生命的心室颤动。这些反应与强心苷重度抑制心肌细胞膜的 Na^+-K^+-ATP 酶，引起细胞内严重失钾，异位节律点兴奋性增高有关。②房室传导阻滞：可出现各种程度的房室传导阻滞。③窦性心动过缓：强心苷可直接抑制窦房结，降低其自律性。一般患者的心率每分钟低于 60 次也是停药的指征之一。

2. 中毒的防治

(1) 预防：应排除诱发强心苷中毒的各种因素，对低血钾、高血钙、肝肾功能不良的患者要慎重使用。注意发现强心苷中毒的先兆症状，一旦出现胃肠道反应、心律失常、黄绿视等要立即停用强心苷及排钾类利尿药。

(2) 治疗

1) 补钾：细胞外液中的 K^+ 能阻止强心苷与心肌细胞膜 Na^+-K^+-ATP 酶的结合，减轻或控制强心苷中毒的发展。轻度中毒者可口服氯化钾溶液，每次 1g，每 4 小时一次。对中毒严重而血钾又明显低于正常者，可取 1.5～3g 的氯化钾溶于 5%葡萄糖 500ml 中，缓慢静脉滴注。注意补钾不可过量，防止高血钾的发生。

2) 应用抗心律失常药：对强心苷中毒引发的严重室性心动过速可应用苯妥英钠和利多卡因等进行治疗。对强心苷引起的心动过缓和房室传导阻滞，可应用 M 受体阻断药阿托品治疗。

3) 使用特异性强心苷抗体：静脉注射地高辛抗体 Fab 片段能迅速与体内地高辛结合，使血中游离型地高辛浓度明显降低，并使地高辛从与 Na^+-K^+-ATP 酶的结合中脱离出来，恢复 Na^+-K^+-ATP 酶的活性，纠正中毒所致的严重心律失常。地高辛抗体 Fab 片段在应用后 20 分钟左右见效，每 80mg 地高辛抗体 Fab 片段可对抗 1mg 地高辛。

案例 24-2

患者，女，38 岁。

主诉：近 3 年来稍事活动后有气喘现象，近一个月加重。

现病史：患者 3 年前过度劳累后自我感觉气短，休息后有所缓解。此后，每当劳累、情绪波动或感冒后呼吸困难加重。在当地医院就诊，给予地高辛 0.25mg 口服，每天 1 次，症状有所改善。一个月前，由于受寒开始咳嗽，气短明显，偶有夜间憋气致醒，坐起后方可缓解。自己服用地高辛 0.25mg，每天 1～2 次，症状略有好转。近一周来无诱因气短加重，不能平卧，且尿量减少。于当地医院诊治，心电图检查结果发现有心房颤动。继续服用地高辛 0.25mg，每日 2～3 次，自我感觉症状进一步加重，夜不能眠，且近两天出现呕吐、稀便，再次赴医院就诊。

既往史：幼年时曾出现过全身关节游走性疼痛。

体检：体温 36.7℃，呼吸 32 次/分，血压 115/70mmHg。神志淡漠，呼吸急促，二尖瓣面容，口唇及四肢末梢明显发绀，可见颈静脉怒张，未见颈动、静脉搏动。双肺有湿性啰音，无干鸣音。心界向左下扩大，心率 33 次/分，心律齐。腹软，肝脏于右锁中线肋缘下 3.0cm，质地较硬，压痛明显，肝颈静脉反流征阳性，脾未触及。双下肢轻度凹陷性水肿。

诊断：①风湿性心脏瓣膜病；②心律失常；③慢性充血性心力衰竭(Ⅲ度)；④洋地黄中毒。

问题：

1. 根据什么可以判断出该患者有洋地黄中毒的发生？

2. 如何防治洋地黄中毒？

3. 针对该患者出现的病情变化应主要解决哪些问题？

第六节 其他治疗 CHF 的药物

一、血管扩张药

硝酸酯类　包括硝酸甘油(nitroglycerin)、硝酸异山梨酯(isosorbide dinitrate)等，以舒张小静脉为主，明显降低心脏前负荷，选择性地扩张心外膜冠状血管，增加冠脉流量，改善心脏收缩和舒张功能。主要用于冠心病、肺内压增高所致 CHF 患者。

肼屈嗪(hydralazine)　以舒张小动脉为主，降低心脏后负荷，增加心输出量，降低心室壁的张力。此外，肼屈嗪还能扩张肾血管，增加肾血流量。由于应用后出现的血管舒张作用可反射性地激活交感神经和 RAAS，使其药理效应下降或消失，一般不单独使用。临床主要用于肾功能不良或不能耐受 ACEI 的 CHF。

硝普钠(nitroprusside sodium)和哌唑嗪(prazosin)　硝普钠进入体内后可以转化成 NO 而发挥作

用，能均衡地舒张小动脉和小静脉，增加血管的顺应性，使外周血管阻力降低而增加心输出量，使回心血量减少，降低心脏的前、后负荷。临床主要用于快速控制病情危急的CHF，需静脉滴注给药。哌唑嗪是选择性 α_1 受体阻断药，也能舒张小动脉和小静脉，降低心脏的前、后负荷，增加心输出量，改善CHF的临床症状。哌唑嗪可以口服，但长期应用效果不佳，现已少用。

二、非苷类正性肌力作用药

非苷类正性肌力作用药包括β受体激动药和磷酸二酯酶抑制药，由于这类药物可能增加CHF患者的病死率，故不宜作为常规治疗药物使用。

（一）β受体激动药

多巴胺（dopamine） 一般用于治疗顽固性心力衰竭、心脏手术后急性心衰、心源性休克等。小剂量[2μg/(kg·min)]的多巴胺主要兴奋DA受体，扩张肾脏、肠系膜和冠状动脉血管，有排钠利尿、降低外周阻力、改善心功能的作用。中等剂量[2μg～10μg/(kg·min)]的多巴胺主要兴奋 β_1 受体，有增加心肌收缩力、改善传导、扩张冠状动脉、增加心输出量的作用。大剂量[>10μg/(kg·min)]的多巴胺主要兴奋α受体，以缩血管效应为主，使外周阻力增加，心输出量及尿量减少，心率加快，可加重心力衰竭。

多巴酚丁胺（dobutamine） 兴奋心脏 β_1 受体，对 β_2 受体和α受体作用较弱。静脉注射2.5～10μg/(kg·min)能增加心输出量，改善肾功能，降低左室充盈压和外周阻力。有临床研究提示，应用多巴酚丁胺后的死亡率超过对照组，所以在治疗CHF时应慎重使用。不良反应有头痛、恶心、诱发心绞痛和心律失常等。

异波帕明（ibopamine）和多培沙明（dopexamine）为新一代多巴胺受体激动药，对 D_1 受体选择性较高，口服吸收后在体内转化成甲基多巴胺而起作用。短期应用可增加心输出量，降低外周阻力，改善肾功能，缓解CHF症状，提高运动耐力，属于比较有应用前景的多巴胺类药物。

（二）磷酸二酯酶抑制药（phosphodiesterase inhibitor，PDEI）

磷酸二酯酶（phosphodiesterase，PDE）是体内水解cAMP成为5′-AMP的酶类，到目前为止发现至少有7种PDE亚型存在于人体的不同组织中，其中PDE Ⅲ主要分布在心肌细胞膜中，是心肌中cAMP的唯一水解酶。PDEI选择性地抑制PDE Ⅲ的活性，可以减少心肌细胞中cAMP的降解，增加心肌细胞内cAMP的含量。cAMP作为第二信使，通过激活蛋白激酶等步骤，促进心肌肌质网中 Ca^{2+} 的释放，发挥正性肌力和血管舒张双重作用，使心输出量增加，心脏负荷降低，心肌耗氧量下降，缓解CHF症状，属于正性肌力扩血管药。目前对此类药物的临床远期疗效争议较大，故主要用于CHF的短期支持疗法，尤其是对强心苷、利尿药、血管扩张药反应不佳的患者。

氨力农（armirinone）和米力农（milrinone） 都是较早上市的磷酸二酯酶抑制药。氨力农产生的正性肌力和扩张血管作用不受体内神经递质和受体状态的影响，能增加和改善CHF患者的心功能，提高心脏指数，缓解CHF症状。但该药不良反应多而严重，除引起致死性血小板减少症以外，还有消化道反应、肝损伤和心律失常等，现已很少使用。米力农是氨力农的类似药，其不良反应发生率较米力农低。

维司力农（vesnarinone）和匹莫苯（pimobendan）都是新一代磷酸二酯酶抑制药。维司力农除了选择性地抑制心肌细胞的PDE Ⅲ活性外，还可以促进 Na^+ 内流，增加心肌细胞内的 Na^+ 量，通过 Na^+-Ca^{2+} 交换机制使细胞内 Ca^{2+} 量增加。也可以抑制 K^+ 通道，延长动作电位时程，使 Ca^{2+} 内流增加。两药还能增强肌钙蛋白C对 Ca^{2+} 的亲和性，在不增加细胞内钙的情况下，加强心肌收缩性，故也被称为"钙增敏剂"。"钙增敏剂"不仅可以为心肌节省部分因转运 Ca^{2+} 所需的 O_2 和ATP，而且可以避免心肌细胞内"钙超载"现象的出现，减少心律失常和钙超载对心肌细胞所造成的损伤。需要注意的是，钙增敏剂可能使血管平滑肌的收缩性增强，导致心脏的负荷增加而不利于CHF的治疗。

三、钙通道阻滞药

钙通道阻滞药的药理作用详见第二十章。钙通道阻滞药因具有负性肌力和反射性激活神经-内分泌系统作用，在治疗CHF的临床评价方面一直存在较大的争议。如短效钙通道阻滞药硝苯地平等可使CHF恶化，增加病死率。新型钙通道阻滞药氨氯地平、非洛地平等属于血管选择性钙通道阻滞药，可以改善左室舒张压力-容量曲线，逆转左心室肥厚，不激活神经-内分泌系统，改善和增强患者的运动耐量，缓解CHF症状。治疗剂量时对心脏收缩力及房室传导的影响极小。此类药物的特点是：①起效慢，作用时间长，$t_{1/2}$ 为35～50小时，每天一次用药即可。②极少出现快速血管扩张的反射性心动过速。③耐受性好。④生物利用度高。主要用于治疗舒张功能不全性CHF。此类药物具有负性肌力用，一般应避免用于急性CHF和收缩功能不全性CHF。

Summary

- Heart failure often called congestive heart failure (CHF) is generally defined as the inability of the heart to supply sufficient blood flow to meet the needs of the body. Heart failure is the end result of many disease states, such as hypertension and myocardial ischemia, and is characterized by abundant accumulation of matrix proteins in the extracellular space, resulting in increased thickness and stiffness of ventricular as well as atrial wall.
- Cardiac glycosides are drugs used in the treatment of congestive heart failure and cardiac arrhythmia. Their utility results from an increased cardiac output by increasing the force of contraction. Cardiac glycosides specifically inhibit membrane Na^+, K^+-ATPase, resulting in increased concentrations of intracellular calcium in cardiomyocytes and thus enhanced inotropic force.
- ACE inhibitors or angiotensin-converting enzyme inhibitors are a group of drugs used primarily for the treatment of hypertension and congestive heart failure. ACE inhibitors block the conversion of angiotensin I to angiotensin II. They, therefore, lower arteriolar resistance and increase venous capacity; increase cardiac output, cardiac index, stroke work, and volume; lower renovascular resistance; and lead to increased natriuresis (excretion of sodium in the urine).
- Angiotensin II receptor antagonists, also known as angiotensin receptor blockers (ARBs), AT1-receptor antagonists, are a group of pharmaceuticals which block the activation of angiotensin II AT_1 receptors. Their main uses are in the treatment of hypertension, diabetic nephropathy and congestive heart failure.

（胡长平）

第二十五章　抗高血压药

案例 25-1

患者，男，65 岁，半个月来心跳气急，头痛，夜间不能平卧。

现病史：患者多年前发现血压稍高，无自觉症状，未用药治疗。1 年前出现劳累后头疼、头晕，血压 170/100mmHg，服用复方降压片后，血压可稳定于 135/90mmHg，症状消失后即停药。以后前述症状反复出现，近来因劳累心悸气短，下肢浮肿，夜间不能平卧三天。体检发现：神志清醒，半卧位，呼吸稍促，颈静脉怒张，血压 180/130mmHg，心率 90 次/分，两肺底有湿性啰音，心脏向左扩大。

诊断：(1)原发性高血压；(2)高血压性心脏病？

治疗：氢氯噻嗪片口服，25mg/次，1～2 次/d，依那普利片口服，10mg/次，1 次/d 治疗，并休息。三日后症状明显改善，血压 145/85mmHg。

问题：

1. 高血压患者早期治疗应选择什么药物？如何应用？其理论基础是什么？

2. 对该患者还可应用什么药物治疗，提出用药建议并考虑如何减少不良反应？

抗高血压药(antihypertensive drugs)，又称降压药(hypotensive drugs)。是用于治疗高血压的一类药物。高血压是严重危害人类健康的常见病、多发病，成人高血压发病率为 15%～20%，且呈明显增长趋势。我国现采用国际上统一的高血压诊断标准，1999 年世界卫生组织和国际高血压协会(WHO/ISH)规定：未应用抗高血压药物者的血压≥140/90mmHg(18.7/12.0kPa)即可诊断为高血压。绝大部分高血压病因不明，称为原发性高血压(primary hypertension)，亦称高血压病，占高血压患者中的 90%～95%。少数高血压由原发病引起，称为继发性高血压(secondary hypertension)，占高血压患者中的 5%～10%，往往是某些疾病的临床表现，本身有明确而独立的病因。高血压的最大危害是导致心、脑、肾等重要器官的严重病变，包括脑血管意外、冠心病、心力衰竭及肾功能衰竭等并发症，故高血压又被称为“无声杀手”。总体上，高血压人群平均寿命较正常人群缩短 10～20 年。恶性高血压患者如不经治疗，可在一年内死亡。因此世界各国都在研究高血压病和抗高血压药物。

根据血压升高程度和心、脑、肾等靶器官损害的程度，高血压又分为 1、2、3 级或轻、中、重型高血压病(表 25-1)。据流行病学调查表明，血压愈高，发生心、脑、肾并发症愈多，寿命愈短(表 25-2)。许多大规模临床调查表明，合理应用抗高血压药，控制危险因素，使高血压持续地维持于正常血压状态(＜140/85mmHg)，可降低脑卒中、心力衰竭和肾功能衰竭的发生率及病死率，提高病人的生活质量，延长寿命。若能配合非药物治疗，如低盐饮食，减少饮酒，控制体重，改变生活方式等，当可取得更好的效果。治疗高血压的主要目的是最大限度地降低心血管发病和死亡的总危险。

表 25-1　(成人)高血压分期或分类(WHO/ISH，1999 年)

血压分类	SBP(mm Hg)	DBP(mm Hg)
理想血压	＜120	＜80
正常血压	＜130	＜85
临界高血压	130～139	或 85～89
1 级高血压	140～159	或 90～99
2 级高血压	160～179	或 100～109
3 级高血压	≥180	或≥110

注：SBP 为收缩压，DBP 为舒张压；1、2、3 级相当于“轻、中、重度”或 JNC 的“Ⅰ、Ⅱ、Ⅲ期”

表 25-2　高血压危险分层及预后估计(WHO/ISH，1999 年)

高血压危险因素和病史	血压(mmHg)		
	1 级高血压	2 级高血压	3 级高血压
Ⅰ：无其他危险因素	低危	中危	高危
Ⅱ：1～2 个危险因素	中危	中危	很高危
Ⅲ：≥3 个危险因素或靶器官损害或糖尿病	高危	高危	很高危
Ⅳ：伴随心血管疾病或肾脏疾病	很高危	很高危	很高危

高血压病的发病机制尚未完全明了，但已知高血压的发生发展与体内许多系统的神经-体液调节机制紊乱有关，其中最主要的有交感神经-肾上腺素系统及肾素-血管紧张素系统(rennin angiotensin system，RAS)活动增强。交感神经活动的增强导致心输出量增加，外周血管收缩增强，血管肥厚及管腔狭窄。

RAS是维持血压稳定的重要体液机制，循环与组织的RAS共同参与血压的调节。血管紧张素Ⅱ具有收缩血管，增强心肌收缩力，促进醛固酮分泌，促进内皮素分泌，诱发心肌及血管肥厚和重构等作用。两种机制共同促进了高血压的发生发展。近年的研究表明，组织中存在的RAS系统对心脏、血管功能和结构的作用与高血压的发展有直接关系。此外，血管舒缓肽-激肽-前列腺素系统、血管内皮L-精氨酸-NO系统、内皮素（endothelin，ET）、神经肽Y（neuropeptide Y，NYP）、降钙素基因相关肽（calcitonin gene-related peptide，CGRP）等都参与了血压的调节。

第一节 抗高血压药的作用机制及分类

动脉血压形成的基本因素是心输出量和外周血管阻力。心输出量受心脏功能、回心血量和血容量的影响，血管阻力受小动脉紧张度的影响。抗高血压药可分别作用于上述不同的环节，产生降压作用。按照传统的认识，抗高血压药物最终目标是降低血压。但高血压的最大危害是导致心、脑、肾等靶器官损害，包括脑血管意外、冠心病、心力衰竭及肾功能衰竭等并发症，因此，现代抗高血压药的最终目标是稳定降压和保护靶器官，减少并发症。

理想的抗高血压药应具有能口服、长效、价廉、副作用少、能减少并发症的发生率与死亡率等优点。但目前尚缺乏同时具备上述所有优点的药物。根据抗高血压药物的作用部位或机制，可将其分为以下几类：

（一）利尿降压药

如氢氯噻嗪（hydrochlorothiazide）、氯噻酮（chlortalidone）、吲哒帕胺（indapamide）等。

（二）肾素-血管紧张素系统抑制药

1. 血管紧张素转化酶（ACE）抑制药 如卡托普利（captopril）、依那普利（enalapril）、雷米普利（ramipril）等。

2. 血管紧张素Ⅱ受体（AT_1）阻断药 如氯沙坦（losartan）、厄贝沙坦（irbesartan）、缬沙坦（valsartan）等。

3. 肾素抑制药

（三）钙通道阻滞药

如硝苯地平（nifedipine）、维拉帕米（verapamil）、尼群地平（nitrendipine）、氨氯地平（amlodipine）等。

（四）交感神经抑制药

1. 中枢性降压药 如可乐定（clonidine）、雷美尼定（rilmenidine）等。

2. 神经节阻断药 如樟磺咪芬（trimetaphan camsilate）等。

3. 去甲肾上腺素能神经末梢阻断药 如利血平（reserpine）、胍乙啶（ismelin）等。

4. 肾上腺素受体阻断药

（1）β受体阻断药：如普萘洛尔（propranolol）、美托洛尔（metoprolol）等。

（2）α受体阻断药：如哌唑嗪（prazosin）等。

（3）α及β受体阻断药：如卡维地洛（carvedilol）、拉贝洛尔（labetalol）等。

（五）血管扩张药

1. 血管平滑肌扩张药 如肼屈嗪（hydralazine）、硝普钠（nitroprusside sodium）等。

2. 钾通道开放药 如米诺地尔（minoxidil）等。

3. 5-HT受体阻断药 如酮色林（ketanserin）。

目前临床常用的一线抗高血压药是利尿药、肾素-血管紧张素系统抑制药、钙通道阻滞药、β受体阻断药等四大类。$α_1$受体阻断药、中枢性降压药及血管扩张药等较少单独使用，但在联合用药和复方制剂中仍经常使用。因此我们按照临床常用的顺序分别介绍。

第二节 常用抗高血压药

一、利 尿 药

神经体液因素调节水盐的摄入与排出，保持正常的体液容量和血容量而维持循环稳定。限制钠盐的摄入能预防高血压。利尿药通过改变体内Na^+平衡，是早期治疗高血压的主要措施之一。各类利尿药单应用即有降压作用，并可增强其他降压药的作用。临床治疗高血压以噻嗪类利尿药为主，其中氢氯噻嗪（hydrochlorothiazide）最为常用。

【药理作用】 噻嗪类利尿药降压作用温和、持久，对患者立位和卧位均有降压作用，长期用药无明显耐受性，大多数患者一般用药2～4周就可以达到最大疗效。大规模临床试验表明，长期应用噻嗪类利尿药可降低高血压患者心、脑血管并发症的发生率和死亡率，提高患者的生活质量。噻嗪类利尿药与扩血管药以及某些交感神经抑制药合用，可产生协同或相加作用。

【作用机制】 利尿药降低血压的确切机制尚不十分明确。用药初期降压作用可能是通过排钠利尿，减少细胞外容量和血容量，导致心输出量降低。长期应用后血容量和心输出量逐渐恢复至给药前水平，但外周血管阻力持续降低，降压作用持续维持。此时，外周血管阻力降低并非利尿药对血管平滑肌的直接作用，因为肾切除的患者及动物不产生降压作用，体外实验证明对血管平滑肌也无作用。利尿药长期降压作用的机制可能因长期排钠而降低血管平滑肌细胞内Na^+浓度，进而通过Na^+-Ca^{2+}交换机制，使胞内Ca^{2+}浓度降低，从而使血管平滑肌对缩血管物质的反应性减弱。

【临床应用】 利尿药是治疗高血压的常用基础药物，使用安全、有效、价廉。噻嗪类利尿药单独应用适宜于轻、中度高血压，治疗时剂量应尽量小。降压作用在老年高血压患者，长期应用小剂量噻嗪类利尿药能较好地控制血压，也能降低心、脑血管疾病如脑中风和心力衰竭的发生率和死亡率。若不能有效控制血压，则应合用或换用其他抗高血压药。

单用噻嗪类利尿降压药治疗，尤其是长期使用应合并使用留K^+利尿药或合用血管紧张素转化酶抑制药亦可减少K^+的排出。长期大量使用噻嗪类常导致电解质改变外，尚对脂质代谢、糖代谢产生不良影响。其中可导致血糖升高，对高血压合并糖尿病的患者使用要慎重。对合并有氮质血症或尿毒症的患者或高血压危象患者可选用高效利尿药呋塞米，因其增加肾血流量，并可强效排钠利尿。

可用于抗高血压的利尿药还有吲哒帕胺和阿米洛利等。

吲 哒 帕 胺

吲哒帕胺（indapamide）是一种非噻嗪类利尿药，该药口服吸收迅速，生物利用度达93%以上，多次给药约8～12周达峰作用，作用维持8周。半衰期为14～18小时。降压作用除与利尿作用有关外，还可舒张小动脉，降低血管壁张力，降低血管对升压物质的反应性，降低外周血管阻力而产生降压作用。降压作用机制未明，其利尿作用不能解释降压作用，因降压作用出现的剂量远小于利尿作用的剂量，可能的机制包括以下几个方面：调节血管平滑肌细胞的钙内流；刺激PGE_2和PGI_2的合成。用于轻、中度高血压，具有明显逆转心肌肥厚的作用。不良反应少，大剂量应用时，血钾可轻度下降，血尿酸略升高，但程度较噻嗪类利尿剂为轻。对血糖、血脂无明显影响，故伴有高脂血症患者可用吲哒帕胺代替噻嗪类利尿药。

阿米洛利（amiloride）为保钾利尿药，作用于肾脏远端小管，阻断N_a^+-K^+交换机制，促使钠、氯排泄而减少钾和氢离子分泌。作用不依赖于醛固酮，与噻嗪类或髓袢类利尿剂合用有协同作用。不良反应：单独使用时高钾血症较常见，偶可引起低钠血症，高钙血症，轻度代谢性酸中毒；胃肠道反应可有口干、恶心、呕吐、腹胀等不良反应；还可见到头痛、头晕、胸闷等，偶有过敏反应。

二、肾素-血管紧张素系统抑制药

肾素-血管紧张素系统（RAS）是由肾素、血管紧张素及其受体构成的重要体液调节系统，在心血管活动和水电解质平衡中起着重要的调节作用。RAS不仅存在于循环系统，而且存在于心脏、脑组织及血管中。循环及组织中RAS活性变化与高血压、充血性心力衰竭等心血管疾病的发病密切相关。其中血管紧张素Ⅱ（AngⅡ）直接激动血管平滑肌细胞的AngⅡ受体（AT_1受体），引起血管收缩，并可刺激血管平滑肌增生和血管重构，血管重构在高血压的长期发展中起重要作用。

作用于RAS系统的抗高血压药包括：肾素抑制药、血管紧张素转化酶（ACE）抑制药（angiotensin converting enzyme inhibitors，ACEI）和AT_1受体阻断药。肾素抑制药可抑制肾素的活性，使RAS系统的限速过程受阻，是研究发展中的抗高血压药；ACEI通过对ACE的抑制，可减少AngⅡ的生成，同时可减少缓激肽降解；AT_1受体阻断药通过阻断AT_1受体，阻断不同代谢途径生成的AngⅡ作用于AT_1受体，从而抑制AngⅡ对心血管的作用，见图25-1。临床应用的RAS抑制药主要是ACE抑制药和AT_1受体阻断药，前者不仅能降低血压，并能逆转心肌重构，降低心肌重量，改善心功能，改善血管顺应性；后者的特点是降压作用强，不良反应轻，耐受性好。

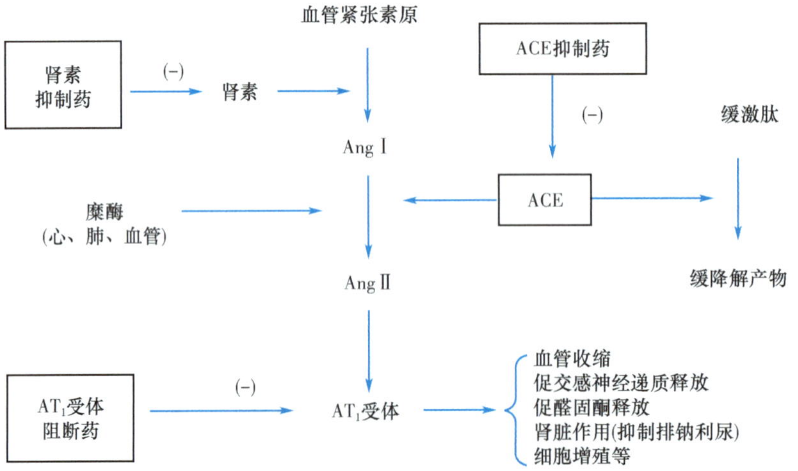

图25-1　ACE抑制药和AngⅡ受体（AT_1受体）阻断药的作用部位

（一）血管紧张素转化酶抑制药

卡托普利(captoril)为第一个口服有效的 ACEI，随后研究开发应用的有依那普利(enalapril)、雷米普利(ramipril)、赖诺普利(lisinopril)、贝那普利(benazepril)、福辛普利(fosinopril)、培哚普利(perindopril)、咪达普利(imidapril)等。目前临床应用的 ACE 抑制药有十余种。

ACE 的活性部位有两个结合点，一个是含 Zn^{2+} 的结合点，是 ACEI 有效靶点和必须结合位点，一旦结合，ACE 的活性消失；另一个是附加结合点。现有的 ACEI 药与 Zn^{2+} 结合的位点有三类：①含巯基，如卡托普利；②含羧基，如依那普利、雷米普利、贝那普利、咪达普利；③含磷酸基，如福辛普利。其中，含羧基的 ACEI 与 Zn^{2+} 结合位点亲和力高，与附加结合点结合数量多，因此其作用较强、较持久。此外，依那普利、福辛普利、咪达普利是前体药，要在体内转化为活性药才能起作用。故利用 ACEI 进行体外实验必须用活性型药。

ACEI 的应用对改进高血压治疗起到了重要作用。该类药物能抑制 ACE 活性，使 Ang Ⅱ 的生成减少以及缓解激肽的降解减少，扩张血管，有效降低血压，对高血压并发症、心功能不全及缺血性心脏病等也有良效。临床将该类药列为高血压合并糖尿病、左心室肥厚、左心功能障碍、急性心肌梗死、慢性肾病患者及预防中风复发等的首选药物。

卡 托 普 利

【药理作用】 卡托普利(captoril，巯甲丙脯酸、开搏通)在体内体外均能抑制 ACE，通过降低血浆中 Ang Ⅱ 浓度，对动脉和静脉血管均有舒张作用，降低外周血管阻力，而产生降压作用。对原发性高血压和肾性高血压均有效，轻度或中度高血压患者口服卡托普利可使收缩压、舒张压均下降，给药 1 小时降压作用达峰值，作用可持续 6～8 小时，降压作用不伴有反射性心率加快。能降低肾血管阻力，增加肾血流量。对老年性高血压、高血压合并脑或外周血管疾病、高血压合并肾功能衰竭等的研究表明，卡托普利可预防和逆转心肌与血管的重构，增加冠脉血流量和肾血流量，保护肾脏；动物实验证明，卡托普利具有抗动脉粥样硬化作用；能改善胰岛素抵抗。

【作用机制】 ①卡托普利抑制血浆与组织中 ACE，减少 Ang Ⅱ 的生成，从而产生血管舒张作用；②抑制缓激肽降解，升高缓激肽水平，减少氧自由基产生，促进 NO 和前列环素(PGI_2)生成，恢复内皮依赖的血管舒张功能，产生舒血管效应；③减少醛固酮分泌，促进水钠排泄，减少水钠潴留；④细胞水平的研究表明，卡托普利可阻止 Ang Ⅱ 促平滑肌细胞、成纤维细胞增殖与心肌细胞肥大，改善血管内皮功能。对缺血心肌具有保护作用，改善心脏收缩和舒张功能；⑤抑制 LDL 的氧化和巨噬细胞的功能，抑制血管平滑肌细胞的增生和迁移，可抑制血管肥厚，改善动脉顺应性。

【体内过程】 口服吸收快，生物利用度 75%，食物能影响卡托普利的吸收，因此宜在餐前 1 小时服用。给药后 1 小时血中药物浓度达到峰值。血浆蛋白结合率约为 30%，在体内分布广泛，但分布至中枢神经系统浓度较低。$t_{1/2}$ 为 2 小时。主要通过肾脏清除，肾功能降低者其血浆清除率降低，应减少用量。

【临床应用】 卡托普利适用于各型高血压，目前为抗高血压治疗的一线药物之一，对原发性高血压和肾性高血压均有明确的疗效。使收缩压、舒张压均降低，在降低收缩压方面优于 β 受体阻断药。约 60%～70% 的患者单用卡托普利能使血压控制在理想水平，加用利尿药，则 95% 的患者有效。在各类抗高血压药物中，卡托普利逆转高血压左室心肌肥厚的作用最为显著，能防止或延缓高血压并发糖尿病性肾病的进展，尤其适用于合并有糖尿病及胰岛素抵抗、左心室肥厚、心力衰竭、急性心肌梗死的高血压患者，可明显改善生活质量且无耐受性，连续用药一年以上疗效不会下降，而且停药不反跳。卡托普利与利尿药及 β 受体阻断药合用于重型或顽固性高血压疗效较好。

【不良反应及注意事项】 卡托普利的毒性小，耐受性良好。长期用药后不良反应主要为刺激性干咳，可能因卡托普利抑制缓激肽和 P 物质代谢，导致这些物质在肺血管床积蓄。其他可出现皮疹、瘙痒、嗜酸细胞增多、味觉缺失等青霉胺样反应，可能与卡托普利结构中含-SH 有关。少数患者可出现血管神经性水肿，表现为咽喉、唇、口腔等部位急性水肿，停药后会迅速减轻或消失。心力衰竭或重度高血压患者由于 RAS 高度激活，在应用利尿药基础上，首次应用卡托普利可出现低血压，即"首剂现象"，因此，应从小剂量开始试用，并密切监测。卡托普利禁用于双侧肾动脉狭窄患者，因该类患者依靠 Ang Ⅱ 收缩肾出球小动脉而保持肾小球滤过率，卡托普利减少 Ang Ⅱ 的生成，取消了这一适应性自动调节机制，可使肾小球滤过率显著降低而导致肾功能衰竭。在伴有肾功能不全或服用保钾利尿药、补钾及 β 肾上腺素受体阻断药的患者，可出现高血钾。在妊娠后期长期应用卡托普利可引起胎儿畸形、胎儿发育不全等，故孕妇禁用。

依 那 普 利

依那普利(enalapril)为不含-SH 的长效、高效 ACE 抑制药。依那普利为前体药，在体内被肝脏酯酶水解转化为活性代谢物苯丁羟脯酸(enalaprilat，依那普利拉)，后者能与 ACE 持久结合而发挥抑制作用。降压机制与卡托普利相似，但抑制 ACE 的作用较卡托普利强 10 倍。能降低总外周血管阻力，增加肾血流量，而心率和心输出量则无明显变化，降压作用强而持久。口服后最大降压作用出现在服药后6～8小时，作用持续时间较长，可每日给药一次。剂量超过10mg后，增加剂量只延长作用持续时间。长期应用时，能逆转左室肥厚和改善大动脉顺应性。临床主要用于高血压及慢性心功能不全的治疗。在高血压伴充血性心力衰竭的治疗中，依那普利的疗效优于卡托普利，长期应用具有改善心室重构的作用。口服易吸收，不受食物影响。体内分布较广泛，$t_{1/2}$约为11小时，主要经肾脏排泄。不良反应与卡托普利相似。因为其不含-SH，故无典型的皮疹、嗜酸细胞增多、味觉缺失等不良反应。因作用强，引起咳嗽较多。合并有心力衰竭时低血压亦较多见，应适当控制剂量。禁忌证同卡托普利。

雷米普利

雷米普利（ramipril）口服吸收后在肝脏内代谢成为活性代谢物雷米普利拉（ramiprilat），产生ACE抑制作用。降压作用较依那普利强，且起效快，抑制ACE作用时间超过24小时，具有持久降压、降低外周血管及肾血管阻力、增加肾血流的作用。口服易吸收，$t_{1/2}$为9～18小时，主要经肾脏排泄。可用于轻度至中度高血压和慢性心功能不全。

（二）Ang Ⅱ受体阻断药

Ang Ⅱ受体分为两型，即AT_1受体和AT_2受体，Ang Ⅱ的心血管作用主要由AT_1受体介导，AT_2受体的生理作用尚未完全清楚。目前发现的Ang Ⅱ受体阻断药主要为AT_1受体阻断药，AT_1受体阻断药在受体水平阻断RAS，与ACE抑制药相比，有作用专一的特点，具有良好的降压作用，而没有ACE抑制药的咳嗽、血管神经性水肿等不良反应。

Ang Ⅱ的生成除通过ACE代谢途径外，相当部分的Ang Ⅱ是通过糜酶（chymase）途径形成（图25-1）。循环中RAS以ACE途径为主，而组织中的RAS则以糜酶为主，如在心肌有80%的Ang Ⅱ为糜酶催化形成。ACE抑制药不能抑制糜酶途径，而AT_1受体阻断药能特异性阻断AT_1受体，阻断不同途径生成的Ang Ⅱ作用于AT_1受体，从而抑制Ang Ⅱ的心血管作用。

早期发现的AT_1受体阻断药为肽类，因不能口服，作用时间短，难以推广应用。1995年以来美国FDA先后批准应用的非肽类AT_1受体阻断药有氯沙坦（losartan）、缬沙坦（valsartan）、厄贝沙坦（irbesartan）、坎替沙坦（candesartan）、替米沙坦（telmisartan）等，具有受体亲和力高、选择性强、口服有效、作用时间长、无激动作用等优点。

氯沙坦

氯沙坦（losartan）为第一个用于临床的AT_1受体阻断药。

【药理作用及作用机制】 氯沙坦对AT_1受体有选择性拮抗作用，对AT_1受体的亲和力比对AT_2受体的亲和力高约20 000～30 000倍。在体内转化为活性代谢产物E3174，后者与AT_1受体结合更牢固，拮抗AT_1受体的作用比母药强10～40倍。氯沙坦选择性阻断AT_1受体后，Ang Ⅱ的缩血管作用及增强交感神经活性的作用受到抑制，导致血压下降。由于阻止了Ang Ⅱ的促心血管细胞增殖肥大作用，长期用药能抑制左室心肌肥厚和心血管重构（remodeling），有益于高血压与心力衰竭的治疗。

氯沙坦对肾脏血流动力学的影响与ACE抑制药相似，能拮抗Ang Ⅱ对肾脏入球小动脉与出球小动脉的收缩作用，增加肾血流量，保持肾小球滤过率，对高血压、糖尿病患者合并的肾功能不全具有保护作用。氯沙坦对肾脏有促进尿酸的排泄作用，对减轻高血压患者应用利尿药后可能引起的高尿酸血症有利。

AT_1受体被阻滞后醛固酮产生减少，可减轻水钠潴留。

【体内过程】 氯沙坦口服吸收迅速，首过消除明显，生物利用度为33%，$t_{1/2}$约2小时，血浆蛋白结合率>98%。在肝脏由细胞色素P450系统代谢形成活性代谢物E3174，E3174的$t_{1/2}$为6～9小时。氯沙坦及E3174均不易透过血脑屏障，大部分经肝脏代谢随胆汁排泄，仅有少量尿排出。每日口服1次，降压作用可维持24小时。

【临床应用】 本品用于治疗各型高血压，适用于不同年龄的高血压患者。由于可缓解左心室肌肥厚和心血管重构、产生肾脏保护作用，对伴有糖尿病、肾病和慢性心功能不全患者有良好疗效。若用药3～6周后血压下降仍不理想，与利尿药或钙通道阻滞药合用，可增强降压疗效。

【不良反应及注意事项】 氯沙坦不良反应的发生率明显低于卡托普利。少数患者用药后可出现眩晕，可引起低血压、肾功能障碍、高血钾等。对低血压、肝功能不全及严重肾功能不全患者，应减少起始剂量，避免与补钾或留钾性利尿药合用。禁用于孕妇、哺乳妇女及肾动脉狭窄者。

缬沙坦

缬沙坦（valsartan）作用与氯沙坦相似。对AT_1受体的亲和力比对AT_2受体的亲和力强24 000倍。生物利用度25%，原发性高血压患者口服80mg后，达峰时间4～6小时，降压作用可持续24小时，$t_{1/2}$为6～8小时。长期用药也能逆转左心室肥厚和心血管重构。

可单独使用或与其他抗高血压药合用治疗高血压。不良反应发生率较低，主要有头痛、头晕、疲乏等。低钠或血容量不足、肾动脉狭窄、严重肾功能不全、胆汁性肝硬化或胆道梗阻患者，服用缬沙坦有引起低血压的危险。用药期应慎用留钾利尿药与补钾药。禁用于孕妇、哺乳妇女。

厄贝沙坦

厄贝沙坦(irbesartan)是强效、长效的 AT_1 受体阻断药，其对 AT_1 受体的选择性比 AT_2 受体高8500～10000倍，比氯沙坦强10倍。作用比氯沙坦的活性代谢物E3174稍强。口服易吸收，生物利用度60%～80%，其吸收不受食物影响。血浆蛋白结合率90%，$t_{1/2}$ 为11～15小时。原发性高血压患者一次口服150mg，用药后3～4小时降压作用达峰值，降压作用可持续24小时以上。在体内主要经肝脏代谢，部分药物随尿及粪便排出体外。

厄贝沙坦可单用或与其他抗高血压药合用治疗高血压。用于高血压合并糖尿病性肾病患者，能减轻肾损害，减少尿蛋白，增加肌酐清除率。

（三）肾素抑制药

肾素(renin)的作用是促进血管紧张素原转化为血管紧张素Ⅰ，血管紧张素原是它的唯一底物，因此，抑制肾素的活性可使肾素-血管紧张素-醛固酮系统的限速过程受阻，导致体内AngⅠ、AngⅡ及醛固酮含量下降，进而引起血管舒张，水钠排出量增加，血压下降。由于肾素在体内作用单一，肾素抑制药的不良反应相对较少，不产生类似于应用ACEI而产生的干咳等不良反应。

阿利克仑

阿利克仑(aliskiren)是一种新型、作用较强的非肽类肾素抑制药，2007年美国FDA批准上市的抗高血压药该药，口服方便、有效，研究表明，阿利克仑直接抑制肾素，可以降低血浆肾素活性，抑制血管紧张素原转化为AngⅠ。阿利克仑无论单用，还是与其他抗高血压药物联用，均能显著降低高血压患者的血压。每日只需服用1次，安全有效，有良好的耐受性。

三、钙通道阻滞药

钙通道阻滞药(calcium channel blockers，CCBs)也称钙拮抗药(calcium antagonists)，临床应用的钙拮抗药品种繁多，具有共同的钙拮抗作用，但其化学结构、与钙通道结合程度、相对选择性及对组织器官的药理效应等方面均有所不同。按化学结构可分为二氢吡啶类和非二氢吡啶类。前者对血管平滑肌具有选择性，较少影响心脏，常用的有硝苯地平(nifedipine)、尼卡地平(nicardipine)、尼群地平(nitrendipine)、尼莫地平(nimodipine)、尼索地平(nisoldipine)、拉西地平(lacidipine)、氨氯地平(amlodipine)等。非二氢吡啶类对血管和心脏均有作用，常用的有维拉帕米(verapamil)、地尔硫䓬(diltiazem)等。按照开发的先后，可分为第一、二、三代，第一代为短效类，如硝苯地平、尼卡地平，其降压作用特点是起效快，作用持续时间短，一日需多次给药；第二代为中效类，如尼群地平、尼莫地平、尼索地平等，其特点是作用时间延长，对血管选择性大，但降压作用在24小时内具有一定的波动性；第三代为长效类，如拉西地平和氨氯地平，其特点是起效慢，作用时间很长，产生降压作用时不激活外周交感神经活性。

本类药物通过选择性阻断电压依赖性钙通道，使跨膜 Ca^{2+} 内流减少，导致小动脉平滑肌松弛，降低外周阻力，使血压下降，对多数静脉血管无明显影响。作用特点：①降低血压的同时不降低心、脑、肾等重要器官的血流量，有时还能改善其血流量。扩张冠状动脉，增加冠脉血流量及侧支循环量；降低肾血管阻力，增加肾小球滤过率，对高血压伴有糖尿病患者及实质性肾病者有利；亲脂性较高的二氢吡啶类如尼莫地平、尼卡地平和氟桂嗪类可改善脑循环，对痉挛血管的扩张作用尤其明显；钙拮抗药尚具有抑制血小板聚集、增加红细胞变形能力和降低血黏滞度等作用，从而改善组织血流。②长期应用可逆转或改善高血压所致的左心室肌肥厚和血管肥厚，改进心脏功能，增加血管顺应性。③用药早期(第一周)可出现利尿作用，有些二氢吡啶类药物有持续的排钠利尿作用，一般不引起水钠潴留。④对缺血心肌有保护作用，有抗动脉粥样硬化作用，故有利于高血压患者的预后。⑤外周阻力下降的同时可激活压力感受器介导的交感神经活性而使心率加快，但维拉帕米和地尔硫䓬由于直接的负性频率作用而不易出现或极少出现心率加快，增强的交感神经活性对心脏的兴奋作用有利于克服钙拮抗药减弱心肌收缩力的影响。

钙拮抗药临床用于治疗高血压、心律失常、心绞痛、慢性心功能不全等疾病。各类钙拮抗药对心脏和血管的选择性不同，以维拉帕米对心脏作用最强，硝苯地平作用较弱，地尔硫䓬介于两者之间。

硝苯地平

【药理作用】 硝苯地平(nifedipine)对各型高血压均有降压作用，降压作用快而强，但对正常血压者影响不明显。降压时能反射性引起心率加快，心排出量增加，血浆肾素活性增高，但较直接扩血管药作用弱，加用β受体阻断药可避免这些作用并增强降压效应。对糖、脂质代谢无不良影响。

【体内过程】 口服易吸收，经肝脏代谢后约45%～68%进入体循环，血药浓度达峰时间有较大个体差异，$t_{1/2}$ 为3～4小时，经肾脏排出。

【临床应用】 用于治疗轻、中、重度高血压，尤其适用低肾素性高血压，可单用或与利尿药、β受体阻断药、ACE抑制药合用。亦适用于合并心绞痛、肾脏疾病、糖尿病、哮喘、高脂血症及恶性高血压患者。目前多推荐使用缓释与控释剂型，因其使用方便，不良反应较少，可减少硝苯地平引起的交感神经反射性活动增强，适应于高血压长期治疗。

【不良反应及注意事项】 常见不良反应有头痛、颜面潮红、眩晕、心悸、窦性心动过速。个别会发生舌根麻木、口干、恶心、食欲不振、踝部水肿等，踝部水肿为毛细血管扩张所致。心力衰竭、不稳定性心绞痛患者慎用。低血压者禁用。

尼群地平

尼群地平(nitrendipine)的药理作用与硝苯地平相似，但舒张血管与降压作用较硝苯地平强，维持时间较长，反射性心率加快等不良反应较少。适用于各型高血压。每日口服1～2次。不良反应与硝苯地平相似，肝功能不良者应慎用或减量。与地高辛合用可使地高辛血药浓度升高。

拉西地平

拉西地平(lacidipine)对血管的选择性高，降压作用起效缓慢，维持时间较长，不易引起反射性心率加快和心排出量增加，用于轻、中度高血压，每日口服1次，可较好控制血压平稳。具有抗动脉粥样硬化作用。不良反应有心悸、头痛、面红、水肿等。

氨氯地平

氨氯地平(amlodipine)作用与硝苯地平相似，但血管选择性更高，降压作用起效缓慢，$t_{1/2}$为40～50小时，作用时间明显延长。每日口服1次，能在24小时内较好控制血压，减少在此期间的血压波动。不良反应同拉西地平。

以上各种钙拮抗药均有良好的降压作用。短效药硝苯地平等价格低廉，降压效果确实，最为常用。从保护高血压靶器官免受损伤的角度以长效类新药为佳，但价格较贵。因此，中效类如尼群地平等效果确实、价格低廉，临床使用较多，值得认真研究，潜力较大。

奥美沙坦酯

奥美沙坦酯(olmesartan medoxomil，Banicar，傲坦、兰沙)，是新型AT_1受体阻断药，2002年获得美国FDA批准上市用于治疗高血压。奥美沙坦酯通过选择性地阻断血管平滑肌的AT_1受体，抑制AngⅡ的缩血管作用，对AT_1受体的亲和力增强，对AT_1受体的亲合力比AT_2受体的强12500倍。研究表明，奥美沙坦酯是非竞争性的受体拮抗药，升高AngⅡ的水平对其治疗作用没有影响，因而半衰期更长，每天1次给药可在24小时内控制血压。而竞争性受体拮抗药，如氯沙坦的降压作用可由于AngⅡ的水平升高而被降低。

四、β受体阻断药

β受体阻断药(β-adrenoceptor blockers)最初用于治疗心绞痛，临床应用中发现该类药物能使心绞痛合并高血压患者的血压降低，随后的研究证实普萘洛尔和其他β受体阻断药均能有效地降低血压，成为治疗高血压的常用药物。目前用于治疗高血压的β受体阻断药有普萘洛尔、纳多洛尔、美托洛尔、阿替洛尔、卡维地洛等十余种药物。

【药理作用】 各种β受体阻断药均具有抗高血压作用，单独应用时降压强度与利尿剂相似。不同的β受体阻断药虽在脂溶性、β_1受体的选择性、内在拟交感活性及膜稳定性作用等方面差异很大，但该类药物抗高血压作用相当。长期应用一般不引起水钠潴留，亦无明显耐受性。无内在拟交感活性(intrinsic sympathoinlmetic activity，ISA)的β受体阻断药初用可致心输出量降低，引起外周血管阻力反射性增高，但持续用药使心输出量保持低水平，降低总外周阻力，从而产生降压效应，同时可升高血浆甘油三酯浓度，降低HDL-胆固醇。有内在拟交感活性的β受体阻断药对心率和心输出量影响较小，可使外周阻力降低，产生即时降压效应，而对血脂影响很小或无影响。

【作用机制】 β受体阻断药的降压作用与下述机制有关：①阻断心脏β_1受体，降低心肌收缩力及心排出量。②阻断β_1受体使肾小球旁器肾素分泌减少，随之降低血浆血管紧张素Ⅱ水平。③阻断交感神经末梢突触前膜β_2受体，抑制正反馈作用，减少去甲肾上腺素的释放。④β受体阻断药能通过血脑屏障进入中枢，阻断中枢β受体，使外周交感神经活性降低。⑤增加前列环素(PGI_2)的合成(图25-2)。

【临床应用】 β受体阻断药临床除用于心律失常、心绞痛、心肌梗死、心肌病外，也广泛用于各种程度的高血压治疗。长期应用不仅降压安全、有效、价廉，而且能降低心血管并发症如脑卒中和心肌梗死的发生率和死亡率。可单独用作抗高血压的首选药，也可与其他抗高血压药如利尿药、ACE抑制药、钙拮抗药及α_1受体阻断药合用。β受体阻断药、利尿药与扩血管药联合应用能有效治疗重度或顽固性高血压。

【不良反应及注意事项】 β受体阻断药可阻断支气管平滑肌细胞膜的β_2受体，使支气管收缩，诱发或加重支气管哮喘，无选择性β受体阻断药禁用于哮喘病人，即使应用β_1受体选择性阻断药也应慎重。高血压患者长期应用β受体阻断药突然停药，可加重冠心病症状，并可使血压反跳超过治疗前水平，因此停药前10～14日必须逐步减量。非选择性β受体阻断药能延缓胰岛素对血糖水平的恢复，不稳定型糖尿病和经常低血糖反应患者使用该类β受体阻断药应十分慎重。

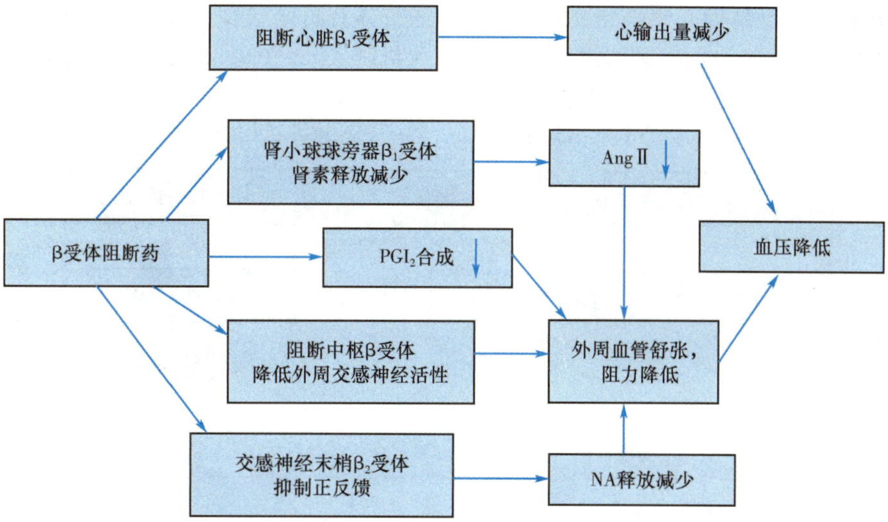

图 25-2 β受体阻断药治疗高血压的作用环节

普萘洛尔

普萘洛尔(propranolol，心得安)为非选择性β受体阻断药，对β_1和β_2受体具有相同的亲和力，无内在拟交感活性。口服吸收完全，肝首关消除显著，生物利用度约为25%，个体差异较大，$t_{1/2}$为3～5小时，口服后血药浓度差异可达20倍。降压作用起效缓慢，通常口服2～3周后才出现降压作用。但不引起直立性低血压，长期应用不产生耐受性。单独应用可治疗轻、中度高血压，与噻嗪类利尿药(thiazide diuretics)合用可加强降压作用。对伴有心输出量和肾素活性偏高者，以及伴有心绞痛和脑血管病变者效果较好。伴有重度窦性心动过缓、重度房室传导阻滞和支气管哮喘者禁用。

美托洛尔

美托洛尔(metoprolol)为选择性β_1受体阻断药。口服吸收完全，生物利用度为40%～50%，服药后1～2小时作用达高峰，$t_{1/2}$为3～4小时，但抗高血压作用的持续时间比其$t_{1/2}$长，应用控释剂一次给药后降压作用可维持24小时。主要在肝脏代谢，10%以原形经肾排出。用于治疗高血压和心绞痛。

阿替洛尔

阿替洛尔(atenolol)降压机制与普萘洛尔相同，但对心脏的β_1受体有较大的选择性，而对血管及支气管的β_2受体的影响较小。但较大剂量时对血管及支气管平滑肌的β_2受体也有作用。无膜稳定作用，无内在拟交感活性。口服吸收快，生物利用度为50%，$t_{1/2}$为8～9小时。口服用于治疗各种程度高血压。降压作用持续时间较长，每日服用1次。

卡维地洛

卡维地洛(carvedilol)为β_1、β_2、α_1受体阻断药，较高浓度时是钙拮抗药。阻断β受体的同时具有舒张血管作用。近年来的研究证实卡维地洛具有抗氧化作用、心脏和神经保护作用。口服首关消除显著，生物利用度22%，药效维持可达24小时。不良反应与普萘洛尔相似，但不影响血脂代谢。用于治疗轻、中度高血压或伴有肾功能不全、糖尿病的高血压患者，能有效控制患者24小时静息和运动时的血压。

五、其他抗高血压药

(一) 中枢性降压药

中枢性降压药包括可乐定(clonidine)、甲基多巴(methyldopa)、莫索尼定(moxonidine)、雷美尼定(rilmenidine)等。其中甲基多巴进入中枢转变为α-甲基多巴发挥降压作用，但不良反应较重。

可乐定

可乐定(clonidine)为经典的中枢性降压药，降压作用中等偏强，起效快。对中枢神经系统有明显抑制作用。静脉注射后可见血压短暂升高，随后血压持久下降，并伴有心率减慢、心输出量减少。短暂升压是激动外周血管α_1受体的作用，持久降压是作用于中枢的结果。此外还具有镇静、抑制胃肠道蠕动和分泌作用，更适用于合并溃疡病的高血压患者。可乐定主要激动脑干的α_2受体和I_1-咪唑啉受体(I_1-imidazoline receptor)。

可乐定的降压机制较为复杂。实验证明可乐定能选择性激动延髓背侧孤束核(nucleus tractus solitarii，NTS)次一级神经元(抑制性神经元)突触后膜的α_2受体，使支配心血管系统的外周交感神经活性降低，血压下降。降压的同时有减慢心率的特点，可能的机制是：①激动中枢α_2受体，使外周交感神经张力下降；②增强迷走神经的反射性心率减慢作用；③激动交感神经末梢突触前膜的 α_2 受体，使去甲肾上腺素的释放减少。近年研究认为，可乐定对延髓嘴端腹外侧核（rostral ventrolateral medulla，RVLM）的 I_1-咪唑啉受体有高度亲和力，激动 I_1-咪唑啉受体也是其降压机制之一。可乐定的降压效应是作用两种受体的共同结果（图 25-3）。其激动中枢 α_2 受体还可引起镇静，并显著延长巴比妥类药物的催眠时间。

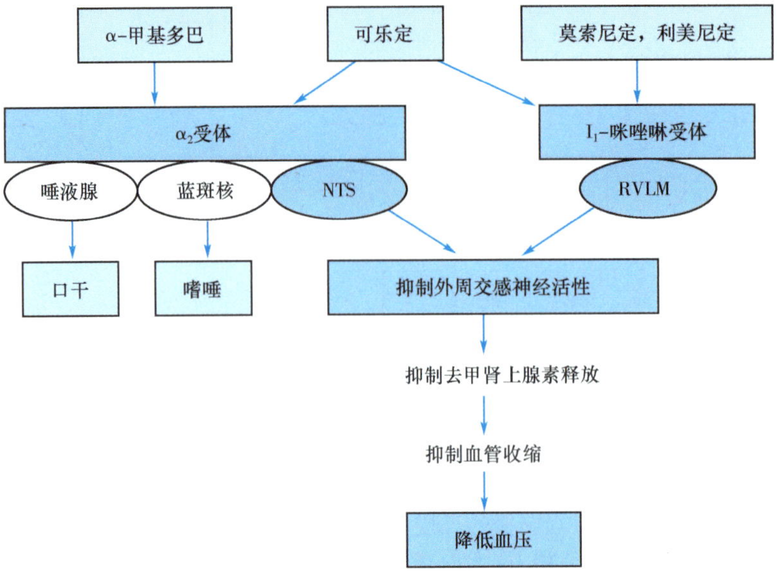

图 25-3 中枢性降压药作用机制示意图

常见有嗜睡、口干、眩晕、便秘等不良反应，用药数周可消失。另外尚有体位性低血压、性功能障碍（阳痿）、心动过缓及腮腺肿痛等。久用可引起水钠潴留而减弱降压作用，一般合并使用利尿药可避免。久用突然停药可出现交感神经功能亢进现象，如头疼、心悸、震颤、出汗、血压骤升等，可能是突然停药引起去甲肾上腺素大量释放所致。可用 α 受体阻断药酚妥拉明或硝普钠等对抗血压的骤升，此时仍可继续用可乐定治疗。

莫 索 尼 定

莫索尼定（moxonidine）为第二代中枢性降压药。选择性激动 RVLM 的 I_1-咪唑啉受体，使外周交感神经活性降低而降压，血管扩张和血压下降。其对 I_1-咪唑啉受体的亲和力高于可乐定，对 α_2 受体的亲和力只是对 I_1-咪唑啉受体亲和力的 1/10～1/200，因此，莫索尼定在降压时不减慢心率，也无明显的中枢镇静作用。

莫索尼定与咪唑啉受体结合较牢固，生物半衰期较长，可每日给药 1～2 次。长期用药一年以上者也有良好的降压效果，并可逆转高血压所致的左室心肌肥厚。适用于治疗轻、中度高血压。

莫索尼定对中枢和外周的 α_2 受体作用弱，所以不良反应较可乐定少见。少数患者用药后出现眩晕、消化道不适等症状，长期应用莫索尼定无直立性低血压和停药反跳现象。

雷美尼定（rilmenidine）也是新型中枢降压药，降压作用机制及药理学特性与莫索尼定相似。

（二）血管平滑肌扩张药

血管平滑肌扩张药通过直接扩张血管产生降压作用。根据对动脉、静脉选择性不同，分为主要扩张小动脉药和对动脉、静脉均有舒张作用药，前者如肼屈嗪（hydralazine），后者如硝普钠（nitroprusside sodium）等常见有嗜睡、口干、眩晕、便秘等不良反应，用药数周可消失。另外尚有体位性低血压、性功能障碍（阳痿）、心动过缓及腮腺肿痛等。久用可引起水钠潴留而减弱降压作用，一般合并使用利尿药可避免。久用突然停药可出现交感神经功能亢进现象，如头疼、心悸、震颤、出汗、血压骤升等，可能是突然停药引起去甲肾上腺素大量释放所致。可用 α 受体阻断药酚妥拉明或硝普钠等对抗血压的骤升，此时仍可继续用可乐定治疗。本类药通过松弛血管平滑肌，降低外周血管阻力，产生降压作用。长期应用，因反射性神经-体液变化而减弱其降压作用。因此，一般不宜单用，常与利尿药和 β 受体阻断药等合用，以提高疗效、减少不良反应。

肼 屈 嗪

肼屈嗪（hydralazine）又名肼苯哒嗪。

【药理作用及作用机制】 肼屈嗪通过直接松弛小动脉平滑肌，降低外周血管阻力而使血压下降。对静脉无明显舒张作用，不引起体位性低血压，能提高血浆肾素活性。降压时引起较强的反射性交感神经兴奋而增加心率和心输出量，使其降压作用部分被抵消，从而影响其降压效果。合用 β 受体阻断药和利尿药可克服以上不足。扩张动脉可能引起血液从缺血区流向非缺血区即血液“窃流”现象，对有严重冠脉功能不全或心脏储备能力差者易诱发心绞痛。

肼屈嗪松弛血管平滑肌的分子机制尚未完全阐明，可通过血管内皮细胞释放内皮源性舒张因子(EDRF)，即 NO，使血管平滑肌松弛，也能使血管平滑肌细胞膜超极化而干扰 Ca^{2+} 内流，使血管平滑肌松弛。

【体内过程】 口服易吸收，但生物利用度较低(16%～35%)，主要在肝脏代谢，代谢物是无活性的乙酰化产物，肼屈嗪在体内的乙酰化速度受遗传因素影响而有快乙酰化型和慢乙酰化型之分，慢乙酰化者降压作用更明显。$t_{1/2}$ 为 1～2 小时，作用维持 6～12 小时。

【临床应用】 适用于中、重度高血压，常与其他降压药合用。老年人或伴有冠心病的高血压患者慎用，以免诱发或加重心绞痛。

【不良反应及注意事项】 常见有头痛、眩晕、恶心、颜面潮红、心悸等，与扩血管作用有关。长期大量应用(400mg/日以上)，可引起红斑狼疮样综合征，是一种自身免疫反应，表现有发烧、关节痛、贫血，抗核抗体阳性较多(约 20%)，女性及慢乙酰化型者较易发生。老年高血压、冠心病患者用药后易诱发心绞痛，应慎用。有报告妊娠早期妇女应用时，肼屈嗪可与 DNA 结合并使 Ames 试验阳性，故妊娠早期妇女禁用。

硝 普 钠

【药理作用及作用机制】 硝普钠(nitroprusside sodium)扩张动脉和静脉，属硝基扩血管药。口服不吸收，需静脉滴注给药，作用时间短，静滴后半分钟即显效，2 分钟达峰值，停药后 5 分钟内血压回升。

作用机制与硝酸酯类相似，在血管平滑肌内代谢产生 NO，激活鸟苷酸环化酶，增加血管平滑肌细胞内 cGMP 水平而起作用。但硝普钠释放 NO 的机制可能不同于硝酸甘油，因为两者对不同部位的血管有不同效应，硝酸甘油可产生耐受性，但硝普钠无耐受性产生。

【临床应用】 主要用于高血压危象，适用于伴有心力衰竭的高血压患者，也可用于麻醉时控制性降压和难治性慢性心功能不全的治疗。

【不良反应及注意事项】 有恶心、呕吐、心悸、头痛等不良反应，均由过度降压所致，停药后即可消失。长期或大量应用可致血中硫氰酸蓄积而发生乏力、恶心、定向障碍、精神失常等中毒反应。硫氰酸盐还能抑制甲状腺对碘的摄取，产生甲状腺功能低下。肝肾功能不全者禁用。

(三) 钾通道开放药(钾外流促进药)

钾通道开放药(potassium channel openers，K^+ channel openers，KCO)又称钾通道激活药(potassium channel activators)有米诺地尔(minoxidil，长压定)、二氮嗪(diazoxide)、尼可地尔(nicorandil)、吡那地尔(pinacidil)等，是一类新型的血管扩张药。

米 诺 地 尔

【药理作用及作用机制】 米诺地尔为强血管扩张药，主要通过开放 ATP 敏感性 K^+ 通道，促进 K^+ 外流，使细胞膜超极化，电压依赖性钙通道难以激活，阻止 Ca^{2+} 内流，导致血管舒张，血压下降。对离体血管平滑肌无松弛作用，米诺地尔需经肝脏代谢转变为活性代谢物硫酸米诺地尔 N-O 而起效。降压同时可加快心率和增加心输出量，可能与血管舒张后反射性交感神经兴奋有关。

【体内过程】 口服易吸收，生物利用度为 90%，给药 1 小时后血药浓度达峰值，但降压作用出现较晚，这与活性代谢物生成时间有关。代谢产物经尿排出，$t_{1/2}$ 约 4 小时。

【临床应用】 主要用于治疗难治性的重度高血压，不宜单独使用，与利尿药和 β 受体阻断药合用，可避免水钠潴留和交感神经的反射性兴奋。

【不良反应】 主要有水钠潴留、心悸、多毛症。

(四) 去甲肾上腺素能神经末梢阻滞药

利血平(reserpine)与胍乙啶(guanethidine)为此类药中的代表药，前者抑制囊泡的摄取功能使囊泡空虚，作用缓慢而持久；后者影响递质的释放功能，两者最终导致交感神经传导受阻，血压下降。利血平可产生精神抑郁、震颤麻痹、水肿、胃酸分泌增加，诱发或加重溃疡病、支气管哮喘等不良反应。因此有消化道疾病、糖尿病者慎用，老年患者也最好不用。因不良反应较多，常与其他药物组成复方制剂治疗轻、中度高血压。伴有抑郁症的高血压患者不宜用利血平。

复方降压片是传统的降压药，本章案例中早期治疗选择的复方降压片，符合抗高血压药联合用药的原则。制剂中含利血平、肼屈嗪(hydralazine)、氢氯噻嗪(hydrochlorothiazide)、异丙嗪(promethazine、非那根)、氯化钾、泛酸镁等。利血平主要优点是无体位性低血压，副作用较少。缺点是有少数病人会发生抑郁症，还有就是出现消化道出血等症状。氢氯噻嗪的优点是价格便宜。缺点是会产生体位性低血压、高尿酸血症、高胆固醇血症、葡萄糖耐量下降、高钙血症、低钾血症、低镁血症。后二者可因复方降压片中含有氯化钾和泛酸镁而得到补偿。异丙嗪是组胺 H_1 受体拮抗药，具有中枢神经安定的作用，能够治疗失眠。

(五) α_1 受体阻断药

α_1 受体阻断药能选择性阻断血管平滑肌突触后膜 α_1 受体，舒张小动脉和静脉血管平滑肌，使外周阻力降低，回心血量减少，血压下降。是一类经典的疗效较好且不良反应较少的抗高血压药。代表药包括哌唑嗪(prazosin)、特拉唑嗪(terazosin)、乌拉地尔(urapidil)等。

哌 唑 嗪

哌唑嗪为喹唑啉类衍生物。

【药理作用及作用机制】 哌唑嗪是选择性较强的 α_1 受体阻断药，对 α_1 受体的亲和力比对 α_2 受体的亲和力高 1000 倍。可舒张小动脉和静脉，降低外周阻力，心输出量略升或不变，对肾血流量和肾小球滤过率无影响，降压时心率加快不明显，不增高血浆肾素活性。长期应用能改善脂质代谢，降低总胆固醇、甘油三酯、低密度脂蛋白，升高高密度脂蛋白。在膀胱颈、前列腺(包膜、腺体)和尿道均有 α 受体，哌唑嗪阻断 α_1 受体而使膀胱及尿道平滑肌松弛，可减轻前列腺增生患者排尿困难的症状。

【体内过程】 口服易吸收，生物利用度为50%～70%，口服后 1～3 小时血药浓度达峰值，血浆蛋白(主要是 α_1 酸性糖蛋白)结合率高(90%)，$t_{1/2}$ 为 2～3 小时，降压作用可维持 6～8 小时，大部分经肝代谢并由胆汁排出，小部分以原形经肾排出。

【临床应用】 用于治疗各种程度的原发性高血压或肾性高血压，不影响肾血流量及肾小球滤过率。也用于中、重度慢性充血性心力衰竭的治疗。对前列腺肥大患者可改善尿潴留症状。

【不良反应及注意事项】 主要不良反应是部分患者首次应用后出现“首剂效应”，常表现为严重的体位性低血压、眩晕、晕厥、心悸等，若将首剂药量改为 0.5mg 临睡前服用，可减轻或避免这种不良反应。其他不良反应可出现轻度或短暂的鼻塞、口干、嗜睡、头痛等。在服用哌唑嗪前一天停止使用利尿药，也可减轻“首剂效应”。

(六) 5-HT 受体阻断药

中枢神经系统 5-HT 神经参与心血管的调节，许多研究说明 $5\text{-}HT_{2A}$受体阻断药能改善动脉压力反射调节(arterial baroreflex，ABR)，产生降压作用。

酮 色 林

酮色林(ketanserin，酮舍林)为 $5\text{-}HT_{2A}$ 受体选择性阻断药，亦有较弱的 α_1 受体阻断作用。能降低外周血管阻力和肾血管阻力，对雷诺氏病患者可改善组织的血流供应，使皮肤血流增加，有阻塞性血管病变者可改善血流灌注。静脉给药可降低右房压、肺动脉压及肺毛细血管内压。临床可用于原发性高血压、充血性心力衰竭、雷诺氏病。不良反应主要有头晕、无力、水肿、口干、体重增加。由于该药在肝脏代谢，肝功能不全时用药剂量不宜过大，不宜与排钾利尿剂合用。

第三节 抗高血压药物的合理应用

高血压病病因未明，不能根治，需要终身治疗。高血压人群如不经合理治疗平均寿命较正常人缩短 15～20 年。高血压药物治疗的目标不仅是有效降低血压，更重要的是改善靶器官的功能和形态或保护靶器官降低并发症的发生率和死亡率，从而提高生活质量，延长患者寿命。抗高血压药物种类繁多、各有特点，疗效存在很大个体差异，因此应根据病情并结合药物特点合理用药。

1. 根据高血压程度选用药物 轻度高血压病人血压上升不高且未稳定者一般先不用药物治疗，可采取体育活动、控制体重、低盐、低脂肪饮食等措施，经这些非药物措施血压仍未能控制时，才选用药物治疗，一般可首先选用利尿药(氢氯噻嗪)。轻、中度高血压患者初始采用单药治疗，WHO 推荐六大类第一线降压药物是利尿药、β 受体阻断药、ACE 抑制药、AngⅡ受体阻断药、钙通道阻滞药、α_1受体阻断药。长效抗高血压药物优于短效制剂，降压持续、平稳并有可能保护靶器官。单药治疗效果不理想，可采用二联用药，如以利尿药为基础，加用上述其他一线药，加用药常用 β 受体阻断药、ACE 抑制药、AngⅡ受体阻断药或钙通道阻滞药。若仍无效，则三联用药，即在二联用药基础上加用中枢降压药或直接扩血管药。目前的研究表明，对靶器官的保护作用比较好的药物是 ACE 抑制药和长效钙拮抗药。AT_1 受体阻断药与 ACE 抑制药一样具有良好的器官保护作用。除了血流动力学的效应之外，抑制细胞增生等非血流动力学作用也在其中起重要作用。

2. 根据患者的并发症选用药物 ①高血压合并心力衰竭或支气管哮喘者，宜用利尿药、哌唑嗪等，不宜用 β 受体阻断药；②高血压合并肾功不良者，宜选用 ACE 抑制药、钙通道阻滞药；③高血压合并窦性心动过速，年龄在 50 岁以下者，宜用 β 受体阻断药；④高血压合并消化性溃疡者，宜用可乐定；⑤高血压合并有糖尿病或痛风者，宜选用 ACE 抑制药、α_1 受体阻断药或钙通道阻滞药；不宜用噻嗪类利尿药；⑥高血压危象及脑病时，宜静脉给药以迅速降低血压，可选用硝普钠、二氮嗪等，也可用高效利尿药如呋塞米等；⑦老年高血压患者，上述第一线药物均可应用，避免使用能引起直立性低血压的药物(大剂量利尿药、α_1 受体阻断药等)和影响认知能力的药物(如可乐定等)。

3. 抗高血压药物的联合应用 当单独应用一种药物无效，或为了提高疗效、减少不良反应，可采用联合用药。联合用药的原则是将作用机制不同的药物联合应用，这样可互相弥补缺点和不足，减少不良反应，增加降压效果，增加对靶器官的保护。有研究表明，血压控制良好的病人中有 2/3 是联合用药。在目前常用的4类药物(利尿药、β受体阻断药、二氢吡啶类钙拮抗药和RAS抑制药)中,任何两类药物的联用都是可行的。其中又以β受体阻断药加二氢吡啶类钙拮抗药和RAS抑制药加钙拮抗药的联用效果较好。不同作用机制的药物联合应用多数能起协同作用,而且两种药物的用量均减少,副作用得以减小。如氢氯噻嗪与β受体阻断药或者与ACE抑制药合用,后两者可消除氢氯噻嗪激活RAS的作用。又如β受体阻断药与肼屈嗪合用,前者减慢心率、抑制肾素分泌,可取消肼屈嗪加快心率和促肾素分泌作用。在高血压治疗中复方降压片将逐步为上述药物或它们所组成的更合理的复方制剂所取代,如百普乐(培哚普利与吲达帕胺的复方制剂)、厄贝沙坦与氢氯噻嗪组成的复方制剂等。

4. 平稳降压,避免降压过快、过剧 药物宜从小剂量开始,逐步增量,达到满意效果后改维持量以巩固疗效,避免降压过快、过剧,以免造成重要器官灌流不足等。国内外的研究证明血压不稳定可导致器官损伤。血压在24小时内存在自发性波动,这种自发性波动被称为血压波动性(blood pressure variability, BPV)。在血压水平相同的高血压病人中,BPV高者,靶器官损伤严重。将大鼠的动脉压力感受器的传入神经去除,造成动物的血压极不稳定(虽此时24小时平均血压水平与正常动物相当),这些动物有严重的器官损伤。因此,应减少人为因素造成的血压不稳定,使用短效的降压药常使血压波动增大,而真正24小时有效的长效制剂比较好。高血压治疗需长期系统用药,不宜中途随意停药,更换药物时亦应逐步替代。

5. 个体化治疗 由于病人的年龄、性别、种族、疾病程度和是否伴有并发症等存在很多差异,针对不同病人或同一病人在不同病程时期所用药物的剂量应有所不同,应调整药物的剂量达到疗效好且不良反应最少的水平。

根据近年来国内外专家提出的新概念,即抗高血压治疗应考虑确切降压、稳定血压和阻断RAS三大要素。临床研究表明,收缩压每降低9mmHg和舒张压每降低4mmHg,可使脑卒中减少36%,冠心病减少3%,人群总的主要心血管事件减少34%。因此,要做到确切降压。高血压患者的血压应控制在138/83mmHg为理想水平。临床与基础研究表明,高血压患者的血压波动性也是靶器官损伤的重要因素,在降低血压的同时,要保持血压平稳。因此,提倡使用中、长效药物,真正维持24小时有效。

随着对高血压发病机制研究的不断深入,细胞分子生物学和基因技术的不断发展,已知体内许多系统与血压的调节有密切关系。由于机体内参与血压调节的系统或组织广泛,因此抗高血压药物种类多。在合理使用现有的几大类抗高血压药物的基础上,研究开发新型抗高血压药是新药研究的重点之一,一些新药用于临床或处在积极的临床前研究中,取得了一定成效。

Summary

- As arterial pressure is the product of cardiac output and peripheral vascular resistance, it can be lowered by actions of drugs on either the peripheral resistance or the cardiac output, or both.
- Antihypertensive drugs may reduce the cardiac output by either inhibiting myocardial contractility or decreasing ventricular filling pressure. Drugs can reduce peripheral resistance by acting on smooth muscle to cause relaxation of resistance vessels or by interfering with the activity of systems that produce constriction of resistance vessels.
- Antihypertensive drugs may be classified mainly as diuretics, β adrenergic receptor blockers, the rennin-angiotensin system inhibitors, and Ca^{2+} channel blockers.

(李悦山)

第二十六章 抗心绞痛药

案例 26-1

董某，男，64 岁，工人

主诉：心前区痛反复发作两年，1 小时前复发。

现病史：患者有高血压病史 14 年。两年前开始，做剧烈活动后感心前区疼痛。发病初期，停止活动休息后胸痛可自然缓解。但发病一年后，需用硝酸甘油或速效救心丸等药物治疗胸痛才能缓解。今晨大便时，突发心前区剧烈疼痛伴胸闷、憋气，胸痛向左肩背部及左上肢放射，舌下含服速效救心丸无明显缓解。

体检：患者脸色苍白，面容痛苦。皮肤潮湿、呼吸急促。HR 96 次/分，BP 160/100mmHg ECG 显示 ST 段抬高。

诊断：①高血压；②冠状动脉粥样硬化性心脏病；③心绞痛。

问题：

1. 抗心绞痛药物治疗心绞痛的药理学理论基础是什么？

2. 硝酸甘油、普萘洛尔、钙拮抗剂三类抗心绞痛药物各有何作用特点？如何正确选用？

心绞痛(angina pectoris)是冠状动脉粥样硬化性心脏病(简称冠心病)常见的症状，主要是由于冠状动脉供血不足，心肌需氧与供氧之间平衡失调，心肌急剧的、暂时的缺血和缺氧导致代谢产物聚集于心肌组织，刺激心肌感觉神经末梢，传入中枢后引起心绞痛。其发作时典型的临床表现为胸骨后或左前胸阵发性压榨样疼痛或闷痛，并可向左上肢或其他部位放射。心绞痛持续发作可能发展为急性心肌梗死，故应及时采取有效的治疗措施缓解心绞痛。

心绞痛分类较多且不统一。根据世界卫生组织“缺血性心脏病的命名及诊断标准”，将心绞痛分为三种类型：①劳累性心绞痛：特点是疼痛由劳累、情绪激动或其他增加心肌需氧量因素所诱发，休息或舌下含硝酸甘油后可迅速消失。此类心绞痛又分为稳定型、初发型和恶化型心绞痛。②自发性心绞痛：此类心绞痛的特点是疼痛发生与心肌需氧量增加无明显关系，多发生于静息状态，疼痛时间长且重，不易为硝酸甘油缓解。此类心绞痛又分为卧位型(休息或熟睡时发生)、变异型(为冠脉痉挛所诱发)、急性冠状动脉功能不全和梗死后心绞痛。③混合性心绞痛：其心绞痛的特点是在心肌需氧量增加或无明显增加时都可发生心绞痛。临床上常将初发型、恶化型及各型自发性心绞痛，统称为不稳定性心绞痛。不稳定性心绞痛认为是稳定型劳累性心绞痛和心肌梗死之间的中间状态。

心绞痛主要病理生理学基础是心肌组织氧的供需失衡所致，往往与心肌耗氧量(主要取决于心室壁张力、心肌收缩力和心率)增加和(或)供氧量(主要取决于冠脉血流量、冠脉灌注压、侧支循环和舒张期时间等)降低有关。正常情况下心肌细胞摄取血氧能力已经达动脉血氧含量的 65%～75%，接近极限，故增加氧供应主要依靠增加冠状动脉的血流量。抗心绞痛药可通过不同途径调整氧的供需平衡，如通过舒张冠状动脉、解除冠状动脉痉挛或促进侧支循环而增加缺血区供血供氧；也可通过舒张小静脉和(或)小动脉，降低心脏前后负荷，降低室壁张力，减慢心率，抑制心肌收缩力，而降低心肌耗氧量。

治疗心绞痛主要通过增加心肌供氧或减少氧的消耗，改善心肌对氧的供需平衡。目前临床常用的抗心绞痛药主要有硝酸酯类、β 受体阻断药和钙通道阻滞药，抗血小板聚集药和抗血栓形成药也有助于心绞痛的防治。

第一节 硝酸酯类及亚硝酸酯类

本类药物用于治疗心绞痛已有 100 多年的历史。1846 年 Sobrero 首先合成硝酸甘油(nitroglycerin)，发现这种油状物置于舌上可引起剧烈头痛。1857 年 Brunton 报道吸入血管扩张药亚硝酸异戊酯可在 60 秒钟内缓解心绞痛。1879 年 Murrell 证明硝酸甘油的作用与亚硝酸异戊酯相似。现在硝酸酯类(nitrate esters)药仍然是临床最常用的抗心绞痛药。其中硝酸甘油应用最广泛，其次为硝酸异山梨酯，单硝酸异山梨酯，亚硝酸异戊酯已少用。所有硝酸酯类化合物均为硝酸多元酯结构，具有高脂溶性，它们结构中的 $O\text{-}NO_2$ 是发挥疗效的关键结构(图 26-1)。

硝酸甘油

硝酸甘油(nitroglycerin)是硝酸酯类药的代表药，具有起效快、效果可靠、使用方便、经济安全、可重复使用等优点，至今仍是防治心绞痛最常用的药物。

【体内过程】 硝酸甘油为短效硝酸酯类，脂溶性高，但口服经肝脏代谢首关效应明显，生物利用度仅

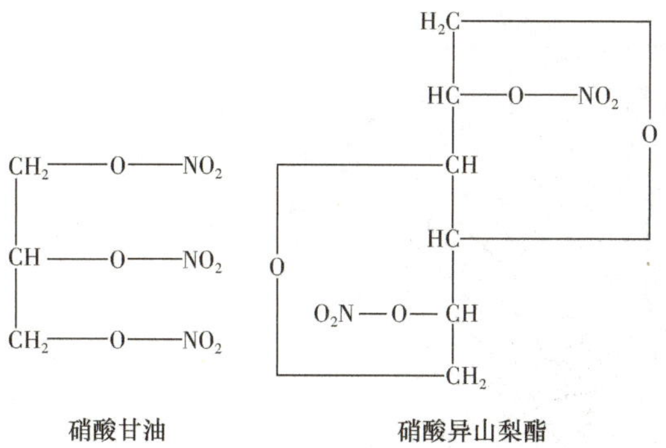

图 26-1 硝酸酯类的化学结构

8%，故临床上不口服用药。舌下含服可经口腔黏膜很快吸收直接进入体循环，生物利用度可达 80%，1～2 分钟起效，4～5 分钟血药浓度达峰值，疗效持续 20～40 分钟。血浆消除半衰期仅 2～8 分钟，表观分布容积为 0.35L/kg。也可经皮肤吸收发挥治疗作用，用 2%硝酸甘油软膏或贴膜剂睡前涂抹在前臂皮肤或贴在胸部皮肤，有效浓度可持续较长时间。硝酸甘油在肝内经谷胱甘肽-有机硝酸酯还原酶代谢，还原成水溶性二硝酸代谢物与小量单硝酸代谢物及无机硝酸盐，代谢物虽仍有扩血管作用，但作用约为硝酸甘油的 1/10。最后与葡萄糖醛酸结合经肾脏排出。

【药理作用及机制】 硝酸甘油的基本药理作用是松弛平滑肌，以对血管平滑肌作用最显著。

1. 对血管的作用 能舒张全身动脉和静脉，尤以舒张毛细血管后静脉（容量血管）最为明显，扩张小动脉（阻力血管）的作用较弱，对较大的动脉也有扩张作用。用药后血液储积于大静脉及下肢血管，使回心血量减少，心室充盈度和心室壁肌张力下降。硝酸甘油对头、面、颈部、皮肤、肺及冠状血管等都有舒张作用。

2. 对心脏的作用 治疗量时对心脏无明显直接作用；大剂量时，由于全身血管扩张，血压下降，可反射性引起心率加快和心肌收缩力加强。

3. 对其他平滑肌的作用 大剂量对尿道、胆道、内脏平滑肌也有松弛作用，但持续时间短，无实用价值。

20 世纪 80 年代美国药理学家发现血管内皮细胞可产生一种内皮衍生舒张因子（endothelium-derived relaxing factor，EDRF），现认为其本质是一氧化氮（NO），属内源性血管舒张物质。目前认为，硝酸酯类是外源性 NO 供体，在平滑肌细胞内经谷胱甘肽转移酶催化释放出 NO，NO 激活细胞内可溶性鸟苷酸环化酶，引起 cGMP 合成增加，激活 cGMP 依赖性蛋白激酶，使细胞内 Ca^{2+} 降低，促使肌球蛋白轻链去磷酸化而松弛平滑肌，舒张血管，从而产生抗心绞痛作用。但硝酸酯类的扩血管作用不依赖于血管内皮。此外，NO 还能抑制血小板聚集和黏附，有利于冠心病的治疗。

【抗心绞痛作用】

1. 降低心肌耗氧量 心肌耗氧量主要取决于心肌收缩性、每分钟射血时间（每搏射血时间×心率）和心室壁肌张力，其中以心室壁肌张力对耗氧量影响最大。硝酸甘油通过舒张容量血管，减少静脉回心血量，减轻心脏前负荷，降低心室壁肌的张力，减少心肌耗氧量。另外，通过扩张外周阻力血管，减轻心脏后负荷，降低左心室射血阻抗，缩短心脏射血时间，亦可降低耗氧量。

治疗量时该药的降低血压作用虽可反射性地加快心率和加强心肌收缩力，增加心肌耗氧量，但心肌总耗氧量减少。

2. 扩张冠状动脉，增加缺血区心肌血流量 硝酸甘油能明显舒张较大的心外膜血管、输送血管及侧支血管，这种作用在冠状动脉痉挛或阻塞诱发心绞痛时更为明显，但它对阻力血管的舒张作用微弱。当冠状动脉因粥样硬化或痉挛而发生狭窄时，缺血区的阻力血管已因缺氧和代谢物的聚积而处于高度舒张状态。非缺血区血管阻力比缺血区大，在硝酸甘油的作用下侧支血管扩张，则血液将顺压力差从输送血管经侧支血管流向缺血区，增加缺血区的血液供应（图 26-2）。

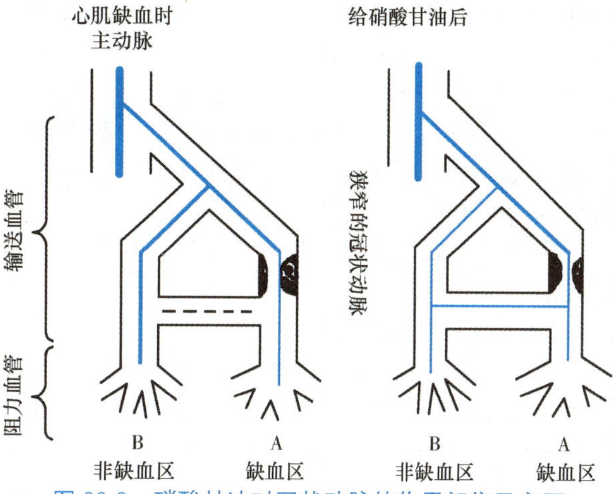

图 26-2 硝酸甘油对冠状动脉的作用部位示意图
左：给药前缺血区（A）供血不足；右：给药后缺血区（A）供血改善

3. 降低左室充盈压，增加心内膜下缺血区的血液灌注 冠状动脉的主干行走于心肌的外膜层，其分支常以垂直方向穿入心肌，并在心内膜层分支成网，其血流易受心室壁肌张力及室内压力的影响。在心绞痛发作时，左室舒张末期压力和心室壁肌张力增高，冠脉血液灌注不足，尤以心内膜下区域缺血缺氧最严重（图 26-3）。硝酸甘油舒张容量血管，减少静脉回心血量，从而降低左室舒张末期压（LVEDP），使穿透心肌组织供应心内膜下的冠状血管所受压力减小，血流容易从心外膜向心内膜下区域流动；并且由于药物扩张冠状动脉，从而改善心内膜下缺血区心肌的血液供应。放射微球法已证明硝酸甘油能增加心内膜下区域的血液灌流量。

4. 保护缺血心肌细胞 近年报道，硝酸甘油通过释放 NO，可促进内源性 PGI_2 及降钙素基因相关肽等物质的生成与释放，对心肌产生保护作用。

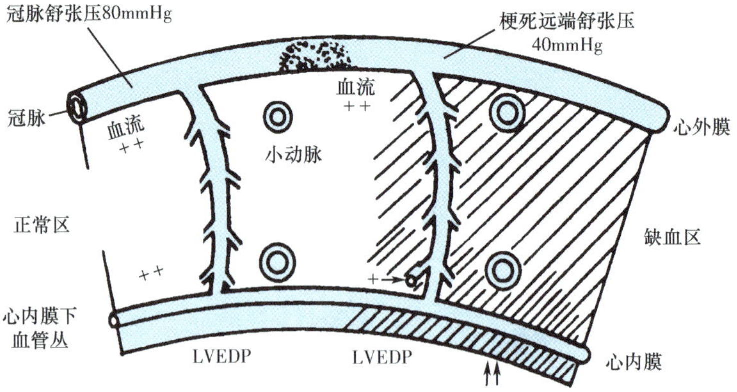

图 26-3 心肌缺血时心肌供血状况

LVEDP:左室舒张末期压

【临床应用】

1. 心绞痛 硝酸甘油对各类心绞痛均有效。0.3～0.6mg舌下含服,能迅速中止发作,并能提高运动耐量和改善心肌缺血性改变。但作用短暂,仅持续30分钟左右。也可在有发作先兆时含服预防发作。静脉滴注硝酸甘油,对变异型心绞痛有良效。皮肤给药可预防心绞痛的发作及治疗心绞痛。

2. 急性心肌梗死 对急性心肌梗死不仅能减少耗氧量,尚有抗血小板聚集和黏附作用,可缩小梗死范围,改善心室功能,提高心室颤动阈值。用量过大可引起低血压和心动过速。

3. 充血性心力衰竭 见治疗慢性心功能不全的药物。

【不良反应及耐受性】

1. 多数不良反应是其血管舒张作用所致 如血管搏动性头痛、面部及颈部潮红,进而出现体位性低血压及晕厥等。剂量过大可使血压过度下降,冠状动脉灌注压过低,并可反射性兴奋交感神经、增加心率、加强心肌收缩性,使耗氧量增加而加重心绞痛发作,如与β受体阻断药合用即可纠正。血管扩张能升高眼内压,诱发青光眼,故颅内压高与青光眼患者忌用。超剂量时还会引起高铁血红蛋白症,表现为呕吐、发绀等。

2. 连续用药2周左右可出现耐受性,停药1～2周耐受性可消失 耐受性的产生与用药持续时间、剂量大小、给药途径与药物剂型等有关。硝酸甘油产生耐受性的机制还不十分清楚,有多种假说,其中之一可能与平滑肌细胞中的巯基被耗竭有关。为克服耐受性可采用下列措施:调整给药次数和剂量,不宜作长期预防用药;采用最小剂量;采用间歇给药法;无论采用何种给药途径,如口服、舌下、静注或经皮肤给药,每天的间歇期必须在8小时以上;补充含巯基的药物,如加用卡托普利,甲硫氨酸等,可能阻止耐受性的发生。

硝酸异山梨酯和单硝酸异山梨酯

硝酸异山梨酯(isosorbide dinitrate,消心痛)的作用及其机制与硝酸甘油相似,但作用较弱,起效较慢,作用维持时间较长。本品经肝脏代谢后可生成两个活性代谢产物,其代谢产物仍具有扩血管及抗心绞痛作用。临床上舌下含服5～10mg用于防治心绞痛的发作和心肌梗死后心衰的治疗。但剂量范围个体差异较大,不良反应较多。缓释剂可减少不良反应。

单硝酸异山梨酯(isosorbide mononitrate)作用和应用与硝酸异山梨酯相似。

第二节 β肾上腺素受体阻断药

本类药物是抗心肌缺血、防治心绞痛的一类重要药物。常用的有普萘洛尔(propranolol),其次有阿替洛尔(atenolol),美托洛尔(metoprolol)等。能减少心肌耗氧量,改善心肌缺血性改变,缩小心肌梗死范围,使多数患者心绞痛发作次数减少,减少硝酸甘油用量,并增加运动耐量。

【抗心绞痛作用及机制】

1. 降低心肌耗氧量 心绞痛时,交感神经活性增强,心肌局部和血中儿茶酚胺含量增高,激动β_1受体,使心肌收缩性加强,心率加快,心肌耗氧量明显增加,因而加重了心肌缺血缺氧。β受体阻断药阻断心脏β_1受体,可使心肌收缩力减弱,心率减慢,从而降低心肌耗氧量。但是,由于抑制心肌收缩力而增大心室容积(增加前负荷),延长射血时间,而相对增加心肌耗氧量,部分抵消其降低氧耗量的有利作用,但多数患者用药后心肌总耗氧量是降低的。临床观察表明,用普萘洛尔后,对心率减慢和收缩性降低较明显的患者,疗效较好。

2. 增加缺血区心肌供血和供氧

(1) β受体阻断药减慢心率,使舒张期延长,有利于血液从心外膜区流向心内膜(心肌缺血的多发部位),增加缺血心肌的血液供应。

(2) β受体阻断药阻断冠状血管β受体后,α受体相对占优势,使非缺血区血管收缩,阻力增高;而对缺血区由腺苷等代谢物引起的血管扩张无对抗作用,因此,迫使血液从非缺血区流向已代偿性扩张的缺血区。

3. 改善心肌代谢 心肌缺血时,儿茶酚胺释放增加，促进脂肪分解，使血中游离脂肪酸含量显著增加。后者能增加心肌耗氧量，加重心肌缺血和扩大心肌梗死范围，甚至诱发心律失常。β受体阻断药通过其对β受体阻断作用，抑制脂肪水解酶，减少心肌游离脂肪酸的形成，增加心肌缺血区对葡萄糖的摄取和利用，改善糖代谢，减少耗氧量；普萘洛尔还能促进氧自血红蛋白的解离而增加全身组织包括心肌的供氧，从而发挥抗心肌缺血和抗心肌梗死的作用。

4. 抑制血小板聚集 普萘洛尔能抑制肾上腺素诱导的血小板聚集，使冠脉血流较为通畅和防治心肌梗死。

【临床应用】 用于稳定型心绞痛，对兼有高血压和心律失常的患者更为适宜，可减少发作次数，提高运动耐力，并能改善心电图的缺血性变化和延长病人的寿命。对心肌梗死也有效，能缩小梗死范围。另外，普萘洛尔不宜用于与冠状动脉痉挛有关的变异型心绞痛，因冠脉上的β受体被阻断后，α受体占优势，易致冠状动脉收缩。普萘洛尔个体差异较大，故剂量应个体化，一般宜从小剂量开始，以后每隔数日增加10～20mg，直到合适剂量。

普萘洛尔与硝酸酯类合用可取长补短，协同降低心肌耗氧量。普萘洛尔可对抗硝酸酯类所致的反射性心率加快；硝酸酯类可缩小普萘洛尔所引起的心室容积扩大。两药对耗氧量的降低有协同作用，还可减少不良反应的发生(表 26-1)。目前主张宜选用半衰期相近的药物合用，通常以普萘洛尔与硝酸异山梨酯合用。

表 26-1 硝酸酯类、β受体阻断药及钙通道阻滞药对心脏供氧及需氧诸因素的影响

影响因素	硝酸酯类	β受体阻断药	钙通道阻滞药
室壁张力	↓	±	↓
心室容积	↓	↑	±
心室压力	↓	↓	↓
心 率	↑	↓	±
心肌收缩性	↑	↓	±
侧枝血流	↑	↑	↑

【不良反应及注意事项】 长期使用β受体阻断药治疗心绞痛时，突然停药，可使心绞痛加重，甚至诱发心肌梗死，故必须于停药前两周内逐渐减量至停药，否则会加剧心绞痛的发作，引起心肌梗死或突然死亡。其原因可能是长期用药后β受体数量增加(上调)，而突然停药时对内源性儿茶酚胺的反应有所增强所致。普萘洛尔对β_1、β_2受体无选择性，故对有重度房室传导阻滞、支气管哮喘、阻塞性肺部疾病、外周血管痉挛性疾病等患者禁用。本类药物长期应用后对血脂也有不良影响。

第三节 钙通道阻滞药

抗心绞痛常用的钙通道阻滞药有硝苯地平(nifedipine，心痛定)、维拉帕米(verapamil，异搏定)、地尔硫䓬(diltiazem，硫氮䓬酮)等。

【抗心绞痛作用与机制】

1. 降低心肌耗氧量 钙通道阻滞药通过抑制心肌和血管平滑肌细胞电压依赖性钙通道的Ca^{2+}内流，使心肌收缩性降低，心率减慢，心输出量减少，血管平滑肌松弛，外周阻力降低，心脏后负荷减小，心肌耗氧量减少。在临床剂量下，松弛动脉平滑肌的作用大于静脉。

2. 增加缺血区心肌供血 钙通道阻滞药对冠状血管平滑肌有松弛作用，能解除冠脉痉挛，降低冠状血管阻力和增加冠脉血流量，改善缺血区的供血和供氧。其扩张冠脉强度顺序为：硝苯地平＞维拉帕米＞地尔硫䓬。

3. 保护缺血心肌细胞 在心肌缺血时，过多的儿茶酚胺引起细胞损害，增加细胞膜对Ca^{2+}的通透性，致使细胞和线粒体内Ca^{2+}超负荷，ATP生成障碍，促进细胞死亡。本类药物阻滞Ca^{2+}内流，限制胞内和线粒体内Ca^{2+}聚积，减慢ATP的分解速率，减轻缺血对细胞的损害。有文献报道，它也可能通过抑制ATP分解，间接减少氧自由基的产生而发挥对心肌细胞的保护作用。

4. 其他 钙通道阻滞药能降低血小板内Ca^{2+}浓度，抑制血小板聚集。也有报道，钙通道阻滞药有促进血管内皮细胞产生及释放内源性NO，产生抗心绞痛作用。

钙通道阻滞药抗心肌缺血的药理学基础见图 26-4。

【临床应用】

1. 变异型心绞痛 钙通道阻滞药是防治变异型心绞痛的首选药。目前应用较多的是硝苯地平、维拉帕米、地尔硫䓬。对伴有心力衰竭、窦房结功能不良、房室传导阻滞者也可选用硝苯地平，禁用维拉帕米。

2. 稳定型心绞痛 钙拮抗药对稳定型心绞痛有效，既可减少心绞痛发作次数，又可改善病人运动耐力，与硝酸酯类合用较为理想，可减少其用量，并能增强疗效。伴有较严重冠状动脉阻塞病人，对药物的扩冠作用无明显反应，可能由于剧烈扩张外周血管，反射性引起心肌收缩力加强，心率增快，故不宜单独使用硝苯地平，可选用地尔硫䓬，或与β受体阻断药合用，以抵消副作用。硝苯地平与维拉帕米合用时应注意对心脏的抑制和致血压下降的作用。

3. 不稳定心绞痛 钙通道阻滞药对不稳定型心绞痛有一定疗效，硝苯地平对不稳定型心绞痛的治疗有一定的局限性，因其有能引起心率加快而增加心肌缺血的危险。但维拉帕米和地尔硫䓬则不同，可直接作用于心脏，引起心率轻度减慢。

4. 急性心肌梗死 可缩小急性心肌梗死范围，减轻梗死后心绞痛症状。有报道，钙通道阻滞药维拉帕米对急性心肌梗死，可促进侧支循环，缩小梗死范围，改善心肌代谢和保护心脏功能。

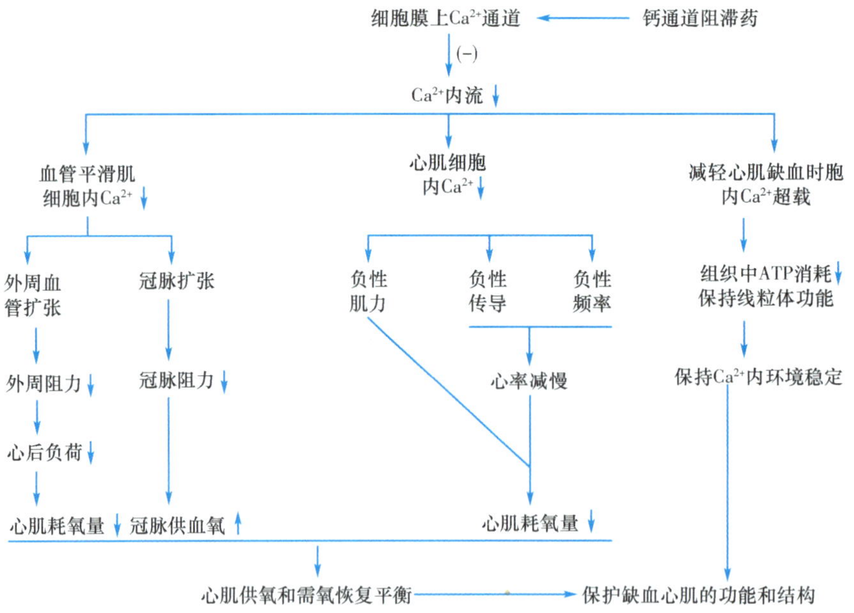

图 26-4 钙通道阻滞药抗心肌缺血的药理学基础

第四节 其他抗心绞痛药

丹参酮Ⅱ-A磺酸钠

丹参酮Ⅱ-A磺酸钠(sodium tanshinon Ⅱ-A silate)系由活血化瘀中药丹参分离的二萜醌类化合物丹参酮Ⅱ-A经磺化而得的一种水溶性物质。实验证明,其通过抑制血小板聚集及血栓形成、改善缺血心肌乳酸代谢,而产生抗心脑缺血的作用和缩小心肌梗死范围。其抗缺血作用机制尚待进一步研究。临床上主要用于治疗冠心病、心绞痛及急性心肌梗死。少数患者用后可出现胃肠道不适,血清谷丙转氨酶升高、皮疹等不良反应。

尼可地尔

尼可地尔(nicorandil)为一新型血管扩张药。可促进血管内皮细胞释放NO,也可开放血管平滑肌细胞膜的K^+通道,促K^+外流,使细胞膜超极化,抑制Ca^{2+}通道开放,降低细胞内钙浓度,导致血管平滑肌舒张,增加冠脉血流量,保护受损心肌。

Summary

- Angina pectoris is the severe chest pain that occurs when coronary blood flow is not enough to supply the oxygen required by the heart. Treatment for angina pectoris is oriented to reducing cardiac oxygen demand and/or increasing oxygen supply to the heart.
- Organic nitrates(e. g. nitroglycerin) are useful for all types of angina, act by relaxing vascular smooth muscle. The mechanisms are associated with release nitric oxide (NO) which increases cGMP formation in the vascular smooth muscle cells. Nitroglycerin is more effective when administrated sublingually because of avoiding the first pass elimination of it. Isosorbide dinitrate is a long-acting nitrate that is also useful for prophylaxis.
- β-adrenoceptor blockers (e. g. metoprolol) play important beneficial effects on prophylaxis of angina pectoris. They work by reducing cardiac oxygen consumption.
- Calcium antagonists are effective for the treatment of all types of angina, and may be used in combination with the nitrates or β-blockers or both. They have both effects to cardiac and smooth muscle. Verapamil mainly affects the heart, whereas most of the dihydropyridines (e.g. nifedipine) exert a greater effect on smooth muscle than on the heart, that is, to dilate resistant vessels and coronary vessels.

(艾永循 叶少剑)

第二十七章 抗动脉粥样硬化药

案例 27-1

患者，男，53 岁。

体型肥胖，有高血压病史（血压 170/110mmHg 左右），偶尔头晕、头痛及心悸。吸烟史 30 年，每天 20 支。3 个月前门诊查血清 TC 6.75mmol/L，TG 4.8mmol/L，LDL 4.53mmol/L，HDL 0.92mmol/L。其父亲有高血压病史，60 岁时患脑梗死，10 年后因脑出血死亡。

诊断：高血压病，高脂血症。

治疗讨论：患者有高血压病史，同时合并多项动脉粥样硬化的危险因素（脂代谢紊乱、吸烟、肥胖），预计未来心血管事件发生率较高，需进行降脂治疗。此外，应纠正危险因素，如戒烟、低脂饮食、加强运动。本患者高脂血症特征为：三高（TC、TG、LDL），HDL 正常，可首选他汀类药物（如氟伐他汀）治疗，如效果不理想，可联合使用贝特类（如非诺贝特）。氟伐他汀为 HMG-CoA 还原酶抑制药，可降低血浆 TC 和 LDL-C 水平，大剂量时可降低血浆 TG；非诺贝特为苯氧酸类调血脂药，能明显降低血浆 TG、VLDL、IDL 含量。

问题：

1. 对本患者而言，除降压治疗外，还需采用哪些治疗方案？

2. 本患者可给予哪些调血脂药物？代表药物及作用机制是什么？

心脑血管疾病是当前危害人体健康和生命的严重疾病，而动脉粥样硬化（atherosclerosis）是心脑血管疾病发生的主要病理学基础，因此防治动脉粥样硬化是心脑血管疾病预防和治疗的重要措施。动脉粥样硬化主要发生在冠状动脉、脑动脉和主动脉，是多种遗传基因和环境危险因子相互作用的结果。脂代谢紊乱、高血压、糖尿病、吸烟、肥胖等多种危险因子有形或无形地损伤血管内皮，促发了动脉粥样硬化斑块形成和发展。

用于防治动脉粥样硬化的药物统称为抗动脉粥样硬化药（antiatherosclerotic drug）。调血脂药是抗动脉粥样硬化药中最为重要的一类药物。动脉粥样硬化及冠心病与血脂含量尤其是胆固醇及甘油三酯含量过高、脂质代谢紊乱关系密切，因此，调节血脂异常是防治动脉粥样硬化和冠心病的重要措施之一，如何调节血脂已成为当今心血管疾病领域的研究热点之一。氧自由基（oxygen free radical，OFR）在动脉粥样硬化的发生和发展中起重要作用，防止 OFR 的产生和脂蛋白的氧化修饰可阻止动脉粥样硬化的发生和发展。多烯脂肪酸类药物用于防治心脑血管疾病已有 50 多年的历史，这类药物进入体内后转化为相应的生物活性物质，能够发挥调血脂和抗动脉粥样硬化作用。机械、化学、细菌毒素等因素都可损伤血管内皮，改变其通透性，引起白细胞和血小板黏附，并释放各种活性因子，导致血管内皮进一步损伤，最终促使动脉粥样硬化斑块形成，所以保护血管内皮免受各种因子损伤也是抗动脉粥样硬化的重要措施。

第一节 调血脂药

血脂是血浆中所含脂类的总称，包括：游离胆固醇（free cholesterol，FC）、胆固醇酯（cholesterol ester，CE）、甘油三酯（triglyceride，TG）、磷脂（phospholipids，PL）及游离脂肪酸（free fatty acid，FFA）等。FC 和 CE 总称为总胆固醇（total cholesterol，TC）。这些成分在血液中与载脂蛋白（apolipoprotein，apo）结合成各种颗粒大小及密度不同的脂蛋白（lipoprotein，Lp）。应用超速离心法或电泳的方法，可将脂蛋白分为乳糜微粒（chylomicron，CM）、极低密度脂蛋白（very low density lipoprotein，VLDL）、中间密度脂蛋白（intermediate density lipoprotein，IDL）、低密度脂蛋白（low density lipoprotein，LDL）、高密度脂蛋白（high density lipoprotein，HDL）和脂蛋白(a)[lipoprotein(a)，Lp(a)]。

血浆脂蛋白的代谢包括内源性和外源性代谢途径。外源性代谢途径是将饮食中摄入的胆固醇和 TG 合成 CM，使 TG 从小肠运输到肝外组织被利用，胆固醇则由 CM 残粒运载至肝脏；内源性代谢途径是通过肝脏合成 VLDL，经由 IDL 转变为 LDL，运输内源性 TG 和胆固醇的过程。生理条件下，当 LDL 由 IDL 形成后，其中约 2/3 经 LDL 受体途径代谢清除，即 LDL 与分布在肝脏、动脉壁等全身组织细胞膜表面的 LDL 受体结合，LDL 颗粒被吞饮进入溶酶体，经酶水解为氨基酸、FFA 和 FC 等，LDL 受体可循环利用，其余 1/3 的 LDL 通过巨噬细胞等非受体依赖性途径清除。HDL 可将胆固醇从肝外组织转运到肝脏，经肝脏转化为胆汁酸后随胆汁排出。胆固醇在组织中的转运及调节脂蛋白代谢的主要药物的作用位点见图 27-1。

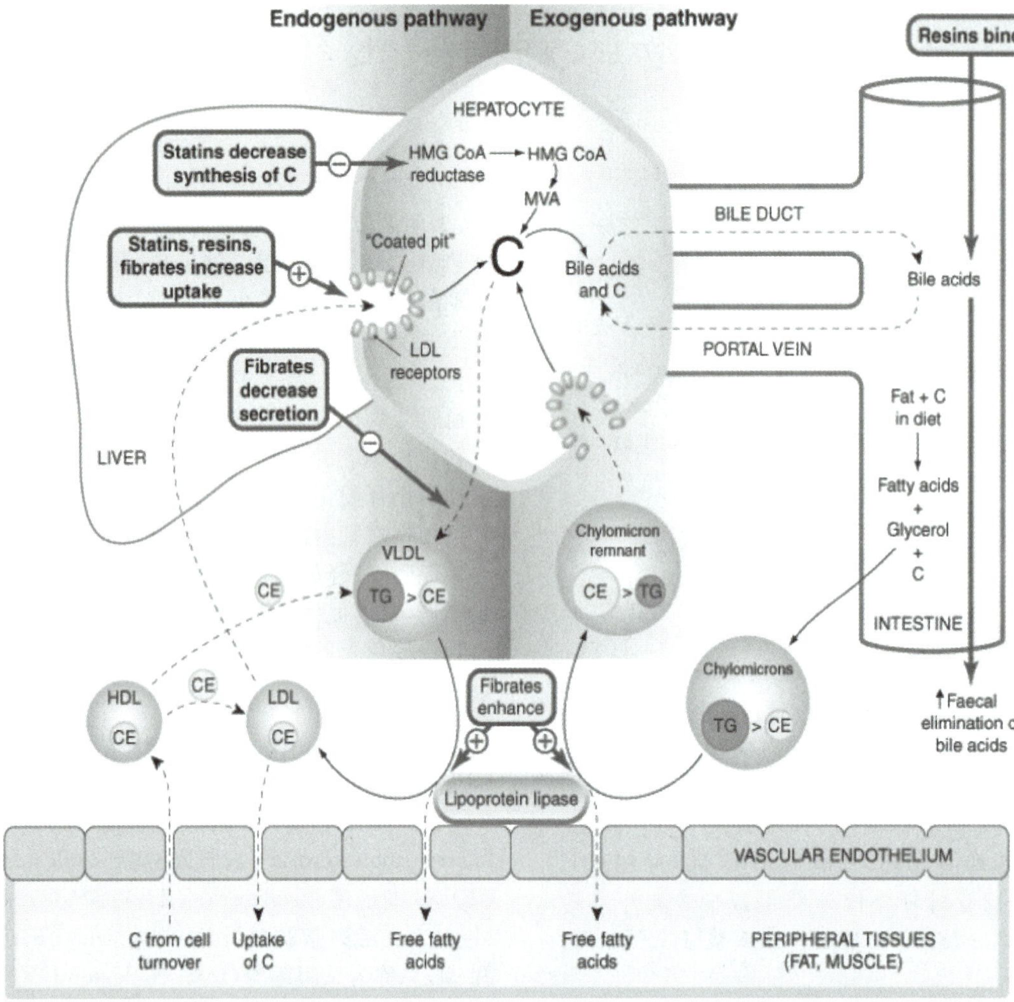

图 27-1　胆固醇在组织中的转运及调节脂蛋白代谢的主要药物的作用位点

ACoA，乙酰 CoA；C，胆固醇；CE，胆固醇酯；HDL，高密度脂蛋白；HMG-CoA reductase，HMG-CoA 还原酶；LDL，低密度脂蛋白；MVA，甲羟戊酸；TG，甘油三酯；VLDL，极低密度脂蛋白

血脂代谢异常，简称血脂异常或高脂血症（hyperlipemia）。血浆中 VLDL、IDL、LDL 及 apoB 浓度高出正常为血脂异常。1970 年世界卫生组织将高脂血症分为六型，各型的特点见表 27-1。血脂异常按病因分为原发性和继发性两类。原发性血脂异常为一种遗传性脂代谢紊乱疾病，继发性血脂异常见于控制不良的糖尿病、甲状腺功能减退和胆道阻塞等。按照血浆脂蛋白异常情况可将其分为：①血浆总胆固醇（TC）水平过高；②血浆甘油三酯（TG）水平过高；③混合型高脂血症（TC、TG 均升高）；④血浆高密度脂蛋白胆固醇（HDL-C）水平过低。血浆中 VLDL、IDL、LDL 及 apoB 浓度升高，易致动脉粥样硬化；HDL、apoA 浓度低于正常也是动脉粥样硬化的危险因子。因此，凡能使 VLDL、LDL、TC、TG 及 apoB 降低或使 HDL、apoA 升高的药物，都具有抗动脉粥样硬化作用，统称为调血脂药。按其作用机制不同分为四类，其分类及代表药物见表 27-2。

表 27-1　高脂血症的分型

分型	脂蛋白变化	血脂变化
Ⅰ	CM↑	TC↑　TG↑↑↑
Ⅱa	LDL↑	TC↑↑
Ⅱb	VLDL↑　LDL↑	TC↑↑　TG↑↑
Ⅲ	IDL↑	TC↑↑　TG↑↑
Ⅳ	VLDL↑	TG↑↑
Ⅴ	CM↑　VLDL↑	TC↑　TG↑↑↑

注：CM：乳糜微粒；VLDL：极低密度脂蛋白；IDL：中间密度脂蛋白；LDL：低密度脂蛋白；HDL：高密度脂蛋白；TC：总胆固醇；TG：甘油三酯；↓：下降；↑：上升

表 27-2 调血脂药分类及代表药物

分类	代表药物(商品名)
HMG-CoA 还原酶抑制药(HMG-CoA reductase inhibitor)	洛伐他汀(美降脂) 辛伐他汀(舒降脂) 普伐他汀(普拉固) 氟伐他汀(来适可) 阿托伐他汀(立普妥)
苯氧酸类(fibric acid derivatives)	氯贝丁酯(安妥明) 苯扎贝特(必降脂) 非诺贝特(力平脂) 吉非贝齐(诺衡)
烟酸类(nicotinic acids)	烟酸(尼克酸) 阿昔莫司(乐脂平)
胆汁酸螯合剂(bile acid binding resins)	考来烯胺(消胆胺) 考来替泊(降胆宁)

一、HMG-CoA 还原酶抑制药

羟甲基戊二酸单酰辅酶 A(3-hydroxy-3-methylglutaryl CoA,HMG-CoA)还原酶抑制药是目前临床上应用最广泛的一类调脂药,由于这类药物的英文名称均含有“statin”,常简称为他汀类(statins)。自1987年第1个他汀类药物即洛伐他汀被批准用于治疗高脂血症以来,现已有5种他汀类药物可供临床选用,包括:洛伐他汀(lovastatin)、辛伐他汀(simvastatin)、普伐他汀(pravastatin)、氟伐他汀(fluvastatin)及阿托伐他汀(atorvastatin)。

【体内过程】 具有二羟基庚酸结构,或为内酯环,或为开环羟基酸,这些结构是抑制 HMG-CoA 还原酶所必需的基团,但是内酯环必须转化成相应的开环羟基酸形式才能呈现药理活性。一般以羟酸型者吸收较好,内酯型者吸收后在肝脏内水解成活性的羟酸型。首关消除明显,原形药物及其活性代谢产物、β羟酸与血浆蛋白结合率>95%(普伐他汀除外),大部分在肝脏代谢,经胆汁由肠道排出,少部分由肾排出。t_{max}为2~4小时(阿伐他汀除外),HMG-CoA 还原酶抑制药的药代动力学特点见表 27-3。普伐他汀具有亲水性,不易弥散至其他细胞和组织,极少影响外周细胞内的胆固醇合成,因而不易引起外周性肌病,也不易通过血脑屏障,可维持中枢和外周细胞的正常生理功能。

表 27-3 HMG-CoA 还原酶抑制药的药代动力学特点

特点	洛伐他汀	辛伐他汀	普伐他汀	氟伐他汀	阿托伐他汀
溶解性	脂溶性	脂溶性	水溶性	水溶性	水溶性
特征结构	无活性内酯环	无活性内酯环	开环羟基酸	开环羟基酸	开环羟基酸
口服吸收率(%)	30	85	34	>90%	>99%
血浆蛋白结合率(%)	>95	>95	50	98	98
肝摄取率(%)	>70	>80	45	>70	>90
t_{max}(h)	2~4	1.2~2.4	1~1.5	0.6	1~25
$t_{1/2}$(h)	3	1.9	1.5~2	0.5	14~30
排泄途径:尿(%)	83	60	70	95	——
粪(%)	10	13	20	5	——
剂量范围(mg/ d)	10~80	10~80	10~40	20~80	10~80

【药理作用与机制】 通过多种机制发挥抗动脉粥样硬化作用,包括调血脂作用和非调血脂作用(如抗炎、抗血小板聚集和抗血栓等)。

1. 调血脂作用及其机制 本类药物口服后可剂量依赖性的降低血浆 TC 和低密度脂蛋白胆固醇(LDL-C)水平;大剂量时可降低血浆 TG、轻微升高 HDL-C 水平,呈现较好的调血脂作用。长期应用可促进动脉粥样硬化斑块的消退,减轻冠状动脉狭窄的程度。各种 HMG-CoA 还原酶抑制药调血脂的一般作用强度见表 27-4。

表 27-4 HMG-CoA 还原酶抑制药对高胆固醇血症患者脂质和脂蛋白影响的比较

HMG-CoA 还原酶抑制药(mg)					脂蛋白的改变水平			
洛伐他汀	辛伐他汀	普伐他汀	氟伐他汀	阿托伐他汀	TC	LDL-C	HDL-C	TG
20	10	20	40	——	↓22%	↓27%	↑4%~8%	↓10%~15%
40	20	40	80	10	↓27%	↓34%	↑4%~8%	↓10%~20%
80	40	——	——	20	↓32%	↓41%	↑4%~8%	↓15%~25%
——	80	——	——	40	↓37%	↓48%	↑4%~8%	↓20%~30%
——	——	——	——	80	↓42%	↓55%	↑4%~8%	↓25%~35%

注:TC:总胆固醇;TG:甘油三酯;LDL-C:低密度脂蛋白胆固醇;HDL-C:高密度脂蛋白胆固醇。↓:下降;↑:上升

血浆脂蛋白中的胆固醇，大部分来自体内合成。胆固醇体内合成的途径如下：二分子乙酰 CoA 缩合成乙酰乙酰 CoA，经胞液中 HMG-CoA 合酶的作用，与一分子的乙酰 CoA 缩合成 HMG-CoA。胞液中的 HMG-CoA 还原酶是肝细胞合成胆固醇过程中的限速酶，能催化 HMG-CoA 还原为甲羟戊酸（mevalonic，MVA），进一步经鲨烯合成胆固醇。MVA 是内源性胆固醇合成的关键步骤，抑制 HMG-CoA 还原酶则阻碍内源性胆固醇合成。HMG-CoA 还原酶抑制药化学结构中的开环羟基酸与 HMG-CoA 极为相似，对胆固醇生物合成限速酶——HMG-CoA 还原酶具有竞争性抑制作用（本类药物对此酶的亲和力比 HMG-CoA 强 10000 倍），从而减少内源性胆固醇合成，血浆 TC 水平降低。肝细胞合成胆固醇减少一方面阻碍了 VLDL 的合成和释放；另一方面又可刺激肝细胞膜上 LDL 受体合成增加，从而促进 LDL、VLDL 通过受体途径代谢清除，进一步降低了血浆 LDL-C、极低密度脂蛋白胆固醇（VLDL-C）和 TC 水平。氟伐他汀结构中含有一个氟苯吲哚环的甲羟内酯衍生物，吲哚环模拟 HMG-CoA 还原酶的底物，甲羟内酯模拟产物 MVA，因此，氟伐他汀能同时阻断 HMG-CoA 还原酶的底物和产物，进而抑制 MVA 生成胆固醇，而发挥调血脂作用。在体外，氟伐他汀对 HMG-CoA 还原酶的抑制作用比洛伐他汀大 52 倍。

2. 非调血脂作用 包括：抑制新生血管内膜炎症、抗血小板和抗血栓作用及改善内皮细胞功能等，这些作用称为 HMG-CoA 还原酶抑制药的多效性作用（pleiotropic effects），可稳定动脉粥样硬化斑块，发挥抗动脉粥样硬化作用。

（1）抑制新生血管内膜炎症：氧化型 LDL（ox-LDL）能吸引血小板和炎症细胞（如巨噬细胞），并诱导黏附分子的形成，引起血管内皮炎症的发生。HMG-CoA 还原酶抑制药可阻止 LDL 的氧化，减少动脉壁巨噬细胞及泡沫细胞的形成，使动脉粥样硬化斑块稳定和缩小，降低斑块破裂的危险。它也能降低血浆 C-反应蛋白（CRP）水平，减轻动脉粥样硬化过程中的炎症反应，该作用不依赖于其调血脂作用。

（2）抗血小板聚集和抗血栓作用：动物和临床研究发现，HMG-CoA 还原酶抑制药能降低血小板聚集率，提高纤溶活性，促使血小板膜脂质构成正常化。

（3）改善内皮细胞功能：HMG-CoA 还原酶抑药能促进内皮细胞一氧化氮（nitric oxide，NO）的合成，从而改善血管内皮功能，提高血管内皮对扩血管物质的敏感性，增加冠脉血流，减少缺血事件的发生。

【临床应用】 对原发性高胆固醇血症、杂合子家族性高胆固醇血症、Ⅲ型高脂蛋白血症，以及糖尿病性、肾性高血脂均为首选药物。对纯合子家族性高胆固醇血症无降低 LDL-C 作用，但可使 VLDL 降低。也可用于预防经皮穿刺腔内冠状动脉成形术（percutaneous transluminal coronary angioplasty，PTCA）术后冠状动脉再狭窄。

【不良反应与注意事项】 不良反应小而轻，常见胃肠道反应、肌痛、皮肤潮红、头痛等暂时性反应，偶有肌酸磷酸激酶（CPK）和转氨酶升高，停药后即恢复正常。最明显的副作用表现在骨骼肌，绝大多数是肌病，罕见横纹肌溶解症，可引起肌红蛋白尿症，导致急性肾衰。用药期间应定期检测肝功能。有肌痛者应检测 CPK，必要时停药。禁用于活动性和慢性肝病、肌病、甲亢和甲减、使用免疫抑抗药的患者及孕妇。

【药物相互作用】 除普伐他汀外，其他 HMG-CoA 还原酶抑制药几乎完全由细胞色素 P_{450}（cytochrome P_{450}，CYP）代谢。影响 CYP 同工酶尤其是 CYP3A4 活性的药物均可影响 HMG-CoA 还原酶抑制药的血药浓度，如吉非贝齐、烟酸、华法林及大量饮用柚子汁等。与其他调脂药（如烟酸类、苯氧酸类）联合应用可增强降脂作用，但肌病发生率增加，应减少本药的用量。与免疫抑抗药（如环孢素）或大环内酯类抗生素（如红霉素）等伍用，也能增加肌病的危险性。与香豆素类抗凝药同时应用，可中度提高香豆素类药物的抗凝效果，合用时应减少抗凝药用量。

二、胆汁酸螯合剂

【体内过程】 主要为碱性阴离子交换树脂，不溶于水，不易被消化酶破坏，进入肠道后不被吸收。常用药物包括：考来烯胺（cholestyramine）和考来替泊（colestipol）。

【药理作用与机制】 能明显降低血浆 TC 和 LDL-C 浓度，轻度增高 HDL 浓度。胆固醇在体内代谢的主要去路是在肝脏 7α-羟化酶催化下转化成胆汁酸，而其中约有 95%被重吸收形成肝肠循环，以满足机体消化脂类食物的需要。胆汁酸能反馈性抑制 7α-羟化酶的活性而减少胆汁酸的合成。胆汁酸螯合剂进入肠道后不能被吸收，在肠道内与胆汁酸呈不可逆性结合，因而阻碍胆汁酸的肝肠循环，促进其从肠道排出，减少了胆汁酸中胆固醇的重吸收，同时解除了胆汁酸对 7α-羟化酶的抑制作用，加速胆固醇向胆汁酸转化，血浆和肝脏中胆固醇的含量降低，进而使肝细胞膜上 LDL 受体数目代偿性增多，活性增强，通过 LDL 受体途径使血浆中 LDL 清除增多，导致血浆 LDL-C 及 TC 水平降低。

【临床应用】 主要用于治疗以 TC 和 LDL-C 升高为主的高脂蛋白血症，如杂合子家族性 IIa、IIb 型高脂蛋白血症，但对纯合子家族性高脂蛋白血症无效。临床上主要与其他调血脂药合用，如与 HMG-CoA 还原酶抑制药合用。

【不良反应及注意事项】 本药含有异味，常引起消化道不良反应如恶心、厌食、便秘，大剂量时致脂肪痢。可从小剂量开始用药，1～3个月内达最大耐受量。

【药物相互作用】 考来烯胺在肠腔内与HMG-CoA还原酶抑制药、氯噻嗪、保泰松、苯巴比妥、洋地黄毒苷、甲状腺素、口服抗凝药、脂溶性维生素(A、D、E、K)、叶酸及铁剂等结合，影响这些药物的吸收。应尽量避免配伍使用，必要时可在服此药1小时前或4小时后服用上述药物。

三、烟 酸 类

(一) 烟酸(nicotinic acid)

属B族维生素，在大剂量应用时，具有明显的调节血脂的作用。早在60年代烟酸即开始应用于临床降脂治疗，是最好的升高HDL-C的药物。由于其独特而全面的降脂作用，一直是高脂血症及动脉粥样硬化疾病的一线治疗药物。80年代后发现烟酸对于动脉粥样硬化的独立危险因子Lp(a)有很强的抑制作用，这使得烟酸的应用更具有临床意义。

【体内过程】 口服后吸收迅速而完全(几乎达100%)，生物利用度为95%，血浆蛋白结合率<20%，迅速被肝、肾和脂肪组织摄取。t_{max}为30～60分钟，$t_{1/2}$为20～45分钟。在肝内代谢，代谢途径包括两条：酰胺化和共轭途径。通过酰胺化途径可合成烟酰胺，经衍生和代谢生成多种嘧啶；在酰胺化途径饱和后，烟酸与甘氨酸产生共轭，形成烟尿酸(nicotiuric acid)。主要以原形由肾脏排泄。酰胺化途径与肝毒性有关，共轭途径形成的烟尿酸有扩血管作用，与皮肤潮红的发生有关。

【药理作用与机制】 有较全面的调脂作用，可降低TC、LDL-C、TG及Lp(a)，升高HDL-C。升高HDL-C、降低TG和Lp(a)最为明显。烟酸可显著降低急性心肌梗死患者再发事件率及死亡率，能有效抑制冠心病的进程，减少冠脉缺血终点事件。其调节血脂的主要机制是抑制cAMP的形成，引起激素敏感性酯酶活性降低，直接抑制脂肪分解，导致血液中FFA浓度下降，肝脏合成TG的原料不足，VLDL合成和释放减少，进一步使IDL及LDL也减少，TG下降。此外，烟酸能在CoA的作用下与甘氨酸结合生成烟尿酸，阻碍肝细胞利用CoA合成胆固醇。烟酸还能增强脂蛋白脂肪酶(lipoprotein lipase，LPL)的活性，加速CM和VLDL中的TG水解为FFA和甘油，因而其降TG的作用明显。烟酸可减少HDL脂蛋白中apoA-Ⅰ清除，使血浆中apoA-Ⅰ水平增加，有利于识别和稳定HDL受体，促进HDL成熟，升高HDL-C水平。

【临床应用】 适用范围广，可用于除纯合子型家族性高胆固醇血症及Ⅰ型高脂蛋白血症以外的任何类型的高脂血症，对Ⅱb和Ⅳ型最好。若与HMG-CoA还原酶抑制药或苯氧酸类药物伍用，可提高疗效。

【不良反应与注意事项】 常见的不良反应为皮肤潮红、瘙痒、食欲不振、恶心、胃肠胀气、腹痛和腹泻等。严重者可加重溃疡病，引起血糖和血尿酸浓度增高，肝功能异常和过敏反应等。烟酸可增强降压药的扩血管作用，甚至可引起体位性低血压。烟酸缓释片显著改善了药物的耐受性及安全性，缓释过程使烟酸在体内的两条代谢途径得到平衡，降低了皮肤潮红及肝毒性等不良反应。应从小剂量开始，逐渐增加剂量；在服药过程中，应定期复查肝功能、血糖及尿酸等，异常时应减少剂量或停药。伴有痛风、溃疡病、糖尿病、肝功能不全、肾功能不良及高血压病的患者应慎用。禁用于孕妇及哺乳期妇女。

【药物相互作用】 本药与胆汁酸螯合剂或苯氧酸类药物合用，可增加疗效；与HMG-CoA还原酶抑制药合用，具有引起横纹肌溶解的危险。

(二) 阿昔莫司(acipimox)

这是一种人工合成的烟酸衍生物。口服后吸收快而全，不与血浆蛋白结合，原形从尿中排出。t_{max}约为2小时，$t_{1/2}$约为2小时。药理作用及临床应用与烟酸类似，可使血浆TG、VLDL及LDL降低，血浆HDL水平升高，与胆汁酸螯合剂伍用可加强其降低LDL-C作用。作用强而持久，不良反应少而轻。此外，尚能降低血浆纤维蛋白原含量和全血黏度。除用于Ⅱb和Ⅳ型高脂血症外，也适用于高Lp(a)血症及Ⅱ型糖尿病伴有高脂血症患者。同烟酸相比，具有如下优点：①$t_{1/2}$较长，低剂量即可维持稳定的血药浓度；②抗脂肪分解作用强而持久；③不会因FFA水平的反跳性增高而导致血糖升高，能明显改善葡萄糖耐受性，不与口服降糖药发生相互作用，能用于糖尿病患者；④不引起尿酸代谢变化，可用于高尿酸血症患者；⑤极少出现血清转氨酶升高；⑥面部潮红及皮肤瘙痒症状明显少于烟酸治疗者。

四、苯 氧 酸 类

氯贝丁酯(clofibrate)是最早应用于临床的苯氧酸类衍生物(也称为贝特类，fibrates)，有降低TG及VLDL的作用，曾在20世纪60年代广泛使用。但由于不良反应较多，且不能降低冠心病死亡率，已少用。目前临床应用的新型苯氧酸类药物调血脂作用强而不良反应少，包括非诺贝特(fenofibrate)、吉非贝齐(gemfibrozil)和苯扎贝特(bezafibrate)。

【体内过程】 口服吸收快而全(>90%)，血浆蛋白结合率>95%。因化学结构各异，代谢也不同，大部分在肝脏与葡萄糖醛酸结合。60%～90%经肾排泄。吉非贝齐和苯扎贝特含有活性酸形式，吸收后发挥作用快，持续时间短，$t_{1/2}$仅1～2小时；氯贝丁酯和非诺贝特需先水解成活性酸形式后才发挥作用，t_{max}为4～5小时，$t_{1/2}$约13～20小时。

【药理作用与机制】 口服后能明显降低病人血浆TG、VLDL、IDL含量，升高HDL。对LDL的作用与患者血浆TG水平有关。对单纯高TG血症患者的LDL无影响，但对单纯高胆固醇血症患者的LDL可下降15%。长期应用苯扎贝特可使血浆Lp(a)水平降低。各类调血脂药调脂作用的疗效比较见表27-5。

表27-5 常用调血脂药对血脂水平的影响

药物	剂量(日)	效应			
		TC	LDL-C	TG	HDL-C
HMG-CoA还原酶抑制药	10～40mg	↓15%～30%	↓20%～40%	↓7%～30%	↑5%～15%
考来烯胺	24g	↓10%～20%	↓15%～20%	无或↑	↑3%～5%
烟酸	3～6g	↓15%～30%	↓15%～30%	↓20%～50%	↑15%～35%
非诺贝特	300mg	↓20%～25%	↓22%～27%	↓39%～55%	↑26%～29%
吉非贝齐	1200mg	↓6%～25%	↓5%～20%	↓20%～50%	↑5%～20%
苯扎贝特	400mg	↓4%	↓6%	↓21%	↑18%

注：TC：总胆固醇；TG：甘油三酯；LDL-C：低密度脂蛋白胆固醇；HDL-C：高密度脂蛋白胆固醇；↓：下降；↑：上升

苯氧酸类药物通过抑制乙酰CoA羧化酶，减少脂肪酸从脂肪组织进入肝脏，从而减少肝脏合成TG和VLDL；通过抑制脂肪组织的激素敏感性酯酶，减少FFA的生成和肝脏中VLDL的合成与分泌。苯氧酸类药物还可作用于过氧化物酶体增殖激活受体(peroxisome proliferator activated receptors，PPARs)，从转录水平影响几种基因的表达而发挥调节血脂作用。PPAR-α是细胞内、外脂肪代谢的主要调节者，激活后可增加LPL和apoA-Ⅰ、apoA-Ⅱ、apoC-Ⅱ基因的表达，下调apoC-Ⅲ基因的转录等。LPL能催化CM和VLDL中的TG水解为FFA和甘油，而apoC-Ⅱ是LPL的激活剂，apoC-Ⅲ则抑制LPL的活性并抑制肝细胞apoE受体对LDL受体的识别。apoA-Ⅰ、apoA-Ⅱ是HDL的主要载脂蛋白，有利于识别和稳定HDL受体，促进HDL成熟及胆固醇逆转运。PPAR-γ则诱导LPL在脂肪组织中的表达而降低TG水平。因此，本类药物减少了具有致动脉粥样硬化作用的VLDL生成，增加了具有抗动脉粥样硬化作用的HDL生成。

除能调节血脂外，非诺贝特还能明显降低血尿酸和纤维蛋白原水平。苯扎贝特可使空腹血糖降低，可用于伴有血脂升高的2型糖尿病；它也能降低血浆FFA、纤维蛋白原和糖化血红蛋白，抑制血小板聚集，共同发挥抗动脉粥样硬化作用。

【临床应用】 主要用于原发性高TG血症，对Ⅲ型高脂蛋白血症和混合型高脂蛋白血症也有较好的疗效，也可用于Ⅱ型糖尿病的高脂血症。吉非贝齐对血浆TG明显增高及伴有HDL降低或LDL升高类型的高脂血症患者疗效最好。

【不良反应与注意事项】 服药后仅有口干、食欲减退、大便次数增多、湿疹等症状，个别病例可见尿素氮或肌酐升高，停药后迅速恢复正常。偶有肌痛、转氨酶升高。禁用于肝肾功能不良者、孕妇、哺乳期妇女。同时服用抗凝药者，应注意调整抗凝药剂量。

第二节 抗氧化剂

20世纪80年代，Steinberg等提出ox-LDL引起动脉粥样硬化的学说受到广泛重视。当血管内皮及白细胞等受到刺激或损伤时可产生大量OFR，进一步损伤生物膜，导致细胞功能障碍；同时它也可氧化修饰脂蛋白，促进动脉粥样硬化病变的发展。ox-LDL能引起血管内皮细胞通透性增加、内皮细胞功能受损和促进细胞因子产生，使单核细胞、血小板与内皮细胞黏附，进而导致泡沫细胞形成和平滑肌细胞增殖，发展为粥样硬化斑块。Lp(a)和VLDL也可被氧化修饰而促进动脉粥样硬化发生；具有抗动脉粥样硬化作用的HDL也可被氧化，转化为致动脉粥样硬化因子。因此，防止OFR的产生和脂蛋白的氧化修饰已成为阻止动脉粥样硬化的发生和发展的重要措施。

(一) 普罗布考(probucol，丙丁酚)

【体内过程】 本药具有高度脂溶性，口服后吸收率低于10%。吸收后主要蓄积在脂肪组织。血浆中浓度较低，在血浆中95%分布于脂蛋白的疏水核。t_{max}约为24小时，$t_{1/2}$长。主要经肠道排出。停药后逐渐从脂肪组织中释出，作用可维持数周。

【药理作用与机制】 为疏水性抗氧化剂，抗氧化作用是维生素E的5～6倍。进入体内后分布于各种脂蛋白，自身被氧化为普罗布考自由基，阻断脂质过氧化，减少过氧化脂质的产生；它也能抑制ox-LDL的生成及其引起的一系列病变过程，阻滞动脉粥样硬化病变的发展，特别是能有效消除纯合子型家族性高胆固醇血症患者的皮肤和肌腱的黄色瘤。普罗布考也具有调血脂作用，可降低血浆 TC 和 LDL-C，加速胆固醇逆向转运。

【临床应用】 适用于各种类型的高胆固醇血症，包括纯合子和杂合子型家族性高胆固醇血症，若与其他降低胆固醇的药物联合应用可使疗效增强。对继发于肾病综合征或糖尿病的Ⅱ型高脂血症也有效。普罗布考还可预防 PTCA 术后冠状动脉再狭窄。

【不良反应与注意事项】 不良反应少而轻，以胃肠道反应为主，包括恶心、腹泻、消化不良等；偶有嗜酸细胞增多、肝功能异常、高尿酸血症、高血糖、血小板减少、肌病及感觉异常等。严重者引起 Q-T 间期延长。用药期间应注意心电图变化，不宜与延长 Q-T 间期的药物同用。有室性心律失常或 Q-T 间期延长者、孕妇及小儿禁用。

（二）维生素 E（vitamin E，生育酚）

维生素 E 是从植物油中分离出来的成分，因其苯环上的甲基数目不同，可分为 α、β、γ、δ 四种。各种植物油中所含维生素 E 的种类不同，活性差别很大，其中以 α-生育酚的生物活性最强，人工合成品的活性较低。口服易吸收，在体内分布于细胞膜及脂蛋白，能被氧化为生育醌，再与葡萄糖醛酸结合经胆汁排出。维生素 E 是典型的生物抗氧化剂，在 LDL 代谢循环中发挥主要的抗氧化作用。其结构中苯环的羟基失去电子或 H^+，可清除 OFR 或过氧化脂质，或抑制磷脂酶 A_2 和脂氧酶，以减少 OFR 的生成，阻止过氧化脂质（如丙二醛）的生成。维生素 E 所氧化生成的生育醌，可被维生素 C 或自身氧化还原系统还原，继续发挥作用。因此，它能阻止脂蛋白的氧化修饰及其引起的一系列动脉粥样硬化病变过程，从而阻滞动脉粥样硬化病变的发展，降低缺血性心脏病的发生率和死亡率。

第三节　多烯脂肪酸类

多烯脂肪酸类（polyenoic fatty acids）又称多不饱和脂肪酸类（polyunsaturated acids，PUFAs），用于防治心脑血管疾病已有 50 多年的历史。根据其不饱和键在脂肪酸中开始出现的位置不同，可分为 n-3（或 ω-3）及 n-6（或 ω-6）两类。

一、n-3 型多烯脂肪酸（n-3 polyenoic fatty acids）

【体内过程】 n-3 型多烯脂肪酸包括二十碳五烯酸（eicosapentaenoic acid，EPA）和二十二碳六烯酸（docosahexaenoic acid，DHA），主要来自海洋生物。20 世纪 70 年代流行病学调查发现格陵爱斯基摩人及北极居民很少发生冠心病，后经证实主要与食用海鱼等海生动物有关，这些动物的油脂中富含 n-3 型多烯脂肪酸。EPA 被吸收后，广泛分布于血小板、内皮细胞、中性粒细胞及红细胞的细胞膜磷脂。DHA 也容易与磷脂结合。DHA 被吸收后迅速转变为 EPA，可能是体内 EPA 的储备库。EPA 的主要代谢途径类似于体内二十烷类代谢。

【药理作用与机制】 n-3 型脂肪酸可发挥调血脂及抗动脉粥样硬化作用，有助于延缓动脉粥样硬化的进程，减低冠心病的发病率及预防 PTCA 术后冠状动脉再狭窄。其作用机制如下：

1. 调血脂作用 能明显降低 VLDL 和 TG，轻度升高 HDL，对 TC 和 LDL-C 无影响，也可降低 Lp(a) 水平。目前认为，其作用机制可能与抑制肝脏 TG 和 apoB 以及减少 VLDL 的生成、促进 VLDL 转化为 LDL、提高 LPL 活性等有关。HDL 升高主要是激活卵磷脂胆固醇酰基转移酶和 LPL 及抑制肝脂肪酶活性的结果。

2. 抑制血小板聚集，改善血液流变学 能抑制亚油酸代谢生成花生四烯酸（arachidonic acid，AA），也能竞争性抑制 AA 利用环氧酶或脂氧合酶的过程，减少 TXA_2 的生成；其自身在环氧酶作用下生成 TXA_3，TXA_3 能拮抗 TXA_2 的作用，因而抑制血小板聚集和血管收缩。还能增强红细胞的可塑性和红细胞膜的流动性，因而降低血液黏度，改善血液流变学，延缓血栓形成。

3. 抗血管平滑肌细胞增殖作用 可使血小板生长因子的释放减少并抑制其促进血管平滑肌细胞向内膜增殖的作用，防止动脉粥样硬化的发生。

4. 舒张血管，降低血压 n-3 型脂肪酸分布于内皮细胞的部分在环氧酶作用下生成 PGI_3，PGI_3 与 PGI_2 作用相似，能够扩张血管和抗血小板聚集；还能促进血管内皮细胞释放 NO，提高血管内皮对扩血管物质的敏感性而扩张血管，降低血压。

5. 抗炎作用 EPA 和 DHA 能明显抑制参与动脉粥样硬化早期的炎性反应的多种炎症因子和细胞因子的表达。EPA 还可使血中 IL-1β 和 TNF 的浓度降低，抑制黏附分子的活性。

【临床应用】 主要用于高 TG 血症，与 HMG-CoA 还原酶抑制药合用可增强疗效。亦可适用于糖尿病并发高脂血症等。

【不良反应与注意事项】 常见不良反应为鱼腥味所致的恶心、腹胀。若长期或者大剂量使用可使出血时间延长、免疫反应降低。

二、n-6 型多烯脂肪酸（n-6 polyenoic fatty acids）

n-6 型多烯脂肪酸主要来源于植物油，包括亚油酸（linoleic acid，LA）和 γ-亚麻酸（γ-linolenic，γ-LNA）。临床常用月见草油（evening primrose oil）和

LA，具有降低 TC、LDL-C 和升高 HDL 等作用，可用于防治动脉粥样及其相关疾病。

月见草油是从月见草子中提取的油脂，其中含 LA 约 70%，γ-LNA 约 6%～9%。LA 和 γ-LNA 具有较弱的调节血脂的作用。γ-LNA 在体内可转化为二高-γ-亚麻酸（dihomo-γ-linolenic，γ-DGLA），经代谢产生 PGE_1，具有调血脂、抑制血小板聚集等作用，因而能够发挥抗动脉粥样硬化作用。用于防治冠心病、心肌梗死。

LA 进入体内后转化为系列 n-6 PUFAs，发挥调血脂和抗动脉粥样硬化作用。常将其制成胶丸制剂或与其他调血脂药和抗氧化剂制成多种复方制剂，如多烯康（Max EPA）胶囊，含 70%以上乙酯型 EPA 及 DHA 和 1%的维生素 E。

第四节　黏多糖和多糖类

黏多糖是由氨基己糖或其衍生物与糖醛酸构成的二糖单位多次重复组成的长链，其典型代表药物是肝素（heparin）。肝素可通过多种途径发挥抗动脉粥样硬化作用，包括：①降低 TC、LDL、TG 和 VLDL，升高 HDL，具有调血脂作用；②对动脉血管内皮有高度亲和性，可拮抗多种血管活性物质，保护血管内皮；③阻止白细胞向血管内皮黏附及向内皮下转移，抑制炎症反应；④阻滞平滑肌细胞的增殖和迁移；⑤加强酸性成纤维细胞生长因子的促微血管形成作用；⑥抗血栓形成。因其抗凝作用很强，且口服无效，现已较少使用。目前常用的低分子量肝素和类肝素具有类似肝素的抗动脉粥样硬化作用而副作用少。

（一）低分子量肝素（low molecular weight heparin）

由肝素解聚而成，平均分子量 4～6 KD。生物利用度较高，与血浆、血小板及血管壁蛋白结合的亲和力较低。抗凝血因子 Xa 活力大于抗凝血因子Ⅱa 活力，因而抗凝血作用较弱，抗血栓形成作用强。主要用于不稳定性心绞痛、心肌梗死及预防 PTCA 术后冠状动脉再狭窄等。

（二）天然类肝素（natural heparinoids）

是存在于生物体内类似肝素结构的一类物质，如硫酸乙酰肝素（heparan sulfate）、硫酸皮肤素（dermatan sulfate）、硫酸软骨素（chondroitin sulfate）及冠心舒（arklemin；脑心舒，ateroid）等。它们具有抗凝血因子Ⅱa 作用弱，抗凝血因子 Xa 作用强和 $t_{1/2}$ 长的特点。冠心舒是从猪肠黏膜提取的含有硫酸乙酰肝素、硫酸皮肤素及硫酸软骨素的复合物。口服有效，具有与肝素相同强度的抑制血管平滑肌细胞增殖的作用，而抗凝作用仅为肝素的 1/47。冠心舒具有调血脂、降低心肌耗氧量、抗血小板聚集、保护血管内皮和组织及抗动脉粥样硬化斑块形成等作用。因此，天然类肝素可能是具有较好前景的抗动脉粥样硬化的药物。常用于治疗缺血性心、脑血管疾病。

Summary

- Dyslipidemia is a major cause of atherosclerosis and atherosclerosis-associated conditions, such as coronary heart disease, ischemic cerebrovascular disease, and peripheral vascular disease.
- This chapter covers pharmacokinetics, pharmacologic actions, clinical uses, adverse effects and drug interactions of antiatherosclerotic drug, including lipid-modulating drugs, antioxidant agents, polyenoic fatty acids, and mucopolysaccharides and polysaccharides.
- Lipid-modulating drugs have made effective therapy of dyslipidemia, and thus atherosclerosis and atherosclerosis-associated conditions are intervened. Lipid-modulating drugs include HMG-CoA reductase inhibitors-the stains-which are the most effective and best-tolerated drugs currently in use for treating dyslipidemia; bile acid binding resin; nicotinic acids and fibric derivatives.
- In this chapter, antioxidant agents, polyenoic fatty acids, and mucopolysaccharides and polysaccharides are discussed as potential drugs for prevention and treatment of atherosclerosis.

（郝友娥）

第五篇　作用于血液和内脏系统的药物

第二十八章　作用于血液系统的药物

案例 28-1

张××，男性，年龄 64 岁，曾患有颈椎关节强硬、高血压和心肌梗死等疾病，并长期服用抗凝血药（华法林）治疗。近日因左手腕部和手指麻木、疼痛就诊，诊断为腱鞘炎，医生给予保泰松（布他酮）治疗，10 余日后，病人出现第 7 颈椎段平面以下不完全四肢瘫痪，脊椎穿刺为血性脑脊液，诊断为椎管内出血导致不完全四肢瘫痪。

问题：

1. 病人出现椎管内出血，并导致不完全四肢瘫痪的原因是什么？

2. 抗凝血药物单独应用或联合应用时应该注意哪些问题？

作用于血液系统药物主要指抗凝血药物、促凝血药物和抗贫血药物。

第一节　抗凝血药

血液在循环中不断流动，主要依赖于机体内血液凝固和抗凝血物质，纤维蛋白溶解和抗纤维蛋白溶解两个对立统一的平衡状态。一旦这个平衡状态受到破坏，如因凝血亢进，导致血管内凝血，形成血栓栓塞性疾病，或因纤溶亢进导致出血性疾病。抗凝血药（anticoagulants）是一类干扰凝血因子，阻止血液凝固的药物，主要用于血栓栓塞性疾病的预防与治疗。

肝　素

肝素（heparin）为注射用抗凝血药物。

【来源与化学结构】 肝素主要是从牛的肺和肝脏中提取，我国药用肝素是从猪的小肠黏膜提取。肝素是由硫酸-D-葡萄糖胺（glucosamine）和硫酸-*L*-艾杜葡萄糖醛酸（iduronic acid）、硫酸-D-葡萄糖胺和 D-葡萄糖醛酸（glucuronic acid）中两种双糖单位交替连接而成的酸性粘多糖（图 28-1），分子量为 5～30kDa，平均 12kDa，呈强酸性及带大量与其抗凝作用有关的负电荷。

【体内过程】 肝素是带大量负电荷的大分子，不易通过生物膜，故口服和直肠给药不被吸收。静脉给药，60%集中于血管内皮，大部分经单核-巨噬细胞系统破坏，极少部分以原形从尿中排出。肝素抗凝活性 $t_{1/2}$ 与给药剂量有关，静脉注射 100、400、800U/kg，抗凝活性 $t_{1/2}$ 分别为 1、2.5、5h。肺栓塞、肝硬化患者 $t_{1/2}$ 延长。

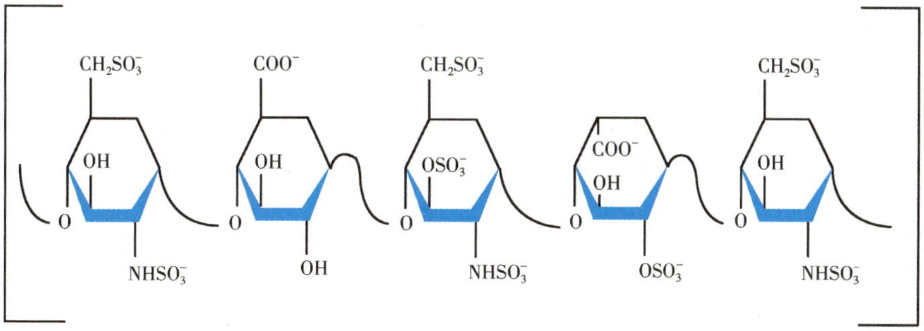

图 28-1　肝素的双糖单体结构

【作用与用途】 肝素在体内、体外均有强大抗凝作用，可延长凝血时间。静注注射 10min 起效，维持 3～4 小时。肝素抗凝血作用依赖于抗凝血酶Ⅲ（antithrombin Ⅲ，AT Ⅲ），AT Ⅲ是凝血酶及因子Ⅻa、Ⅺa、Ⅸa、Ⅹa 等含丝氨酸残基蛋白酶的拮抗药，它与凝血因子通过精氨酸-丝氨酸肽键相结合，形成 ATⅢ-

凝血酶复合物而使凝血酶灭活(图 28-2)。肝素作为 AT Ⅲ的辅助因子,可加速这一反应达千倍以上。肝素与 AT Ⅲ所含的赖氨酸残基结合形成肝素-AT Ⅲ复合物,并引起 AT Ⅲ构型改变,暴露出精氨酸活性位点,易与凝血酶的丝氨酸残基结合,灭活丝氨酸蛋白酶。一旦肝素-AT Ⅲ-凝血酶复合物形成,肝素迅速从复合物上解离,并与另一分子 AT Ⅲ结合而反复利用。AT Ⅲ-凝血酶则被体内单核-巨噬细胞系统所消除。由于肝素对凝血酶及因子Ⅹ的抑制作用最强,而这两者又是内源性和外源性凝血途径必需的因子,加之肝素对凝血因子Ⅸ、Ⅺ、Ⅻ的抑制作用,故产生强大的抗凝血作用。

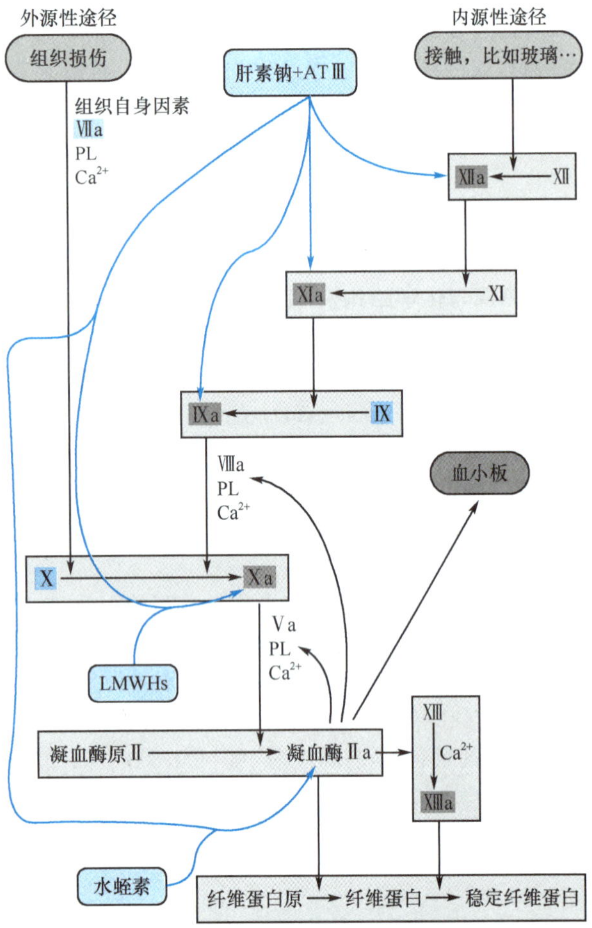

图 28-2 凝血及抗凝血药作用点示意图

PL:血小板磷脂 ATⅢ:抗凝血酶Ⅲ LMWHs:低分子量肝素(摘自 RANG and DALE'S. Pharmacology, Sixth Edition, P334)

除抗凝血作用外,肝素还具有:①促进脂蛋白酯酶从组织释放到血浆中,加速水解极低密度脂蛋白(VLDL)和乳糜微粒(CM),发挥调血脂作用;但有“反跳”现象,停药后血脂会回升;②抑制炎症介质活性和炎症细胞活动,具有抗炎作用;③抑制血管平滑肌增生,对实验动物有抗血管内膜增生等作用。由于肝素的生物利用度低和强大的抗凝血作用,使得这些作用的临床应用受到限制。

肝素的主要用途有:①防治血栓栓塞性疾病,如深静脉血栓形成、肺栓塞、脑栓塞以及急性心肌梗死,可防止血栓形成和扩大。②防治弥散性血管内凝血(DIC),早期应用,可防止因纤维蛋白原及其他凝血因子耗竭而发生继发性出血。③体外抗凝,如心血管手术、心导管、血液透析、输血等。

【不良反应】 肝素应用过量时,可引起自发性出血,表现为各种黏膜出血、关节积血及伤口出血等。因此,应用时要仔细观察病人,适当控制剂量和监测凝血时间和部分凝血酶原时间(aPTT)。一旦发生自发性出血,停用肝素,注射强碱性及带有正电荷的硫酸鱼精蛋白,每 1mg 硫酸鱼精蛋白可中和 100U 肝素。部分病人(约 25%)应用肝素 2~14 天期间可出现肝素诱发的血小板减少。肝素不易通过胎盘屏障,但妊娠妇女应用可引起早产及胎儿死亡。长期应用(3~6 月)可引起骨质疏松,发生自发性骨折。偶见过敏反应,如皮疹、药热、哮喘、鼻炎、结膜炎、荨麻疹等。

禁用于对肝素过敏、有出血倾向、血友病、血小板减少和功能不全、肝、肾功能不全、消化性溃疡、颅内出血、严重高血压、先兆流产、孕妇等。

低分子量肝素

低分子量肝素(low molecular weight heparin, LMWH)是普通肝素经化学或酶法解聚而得,分子量低于 6.5kDa。LMWH 与肝素比较有以下特点:①选择性抗凝血因子Ⅹa 活性,对凝血酶及其他凝血因子影响较小,具有抗血栓作用而又降低了出血的危险;②促进组织型纤溶酶原激活物(t-PA)释放,缩短优球蛋白溶解时间,有助于血栓溶解,故其抗血栓作用强;③对血小板功能影响小,血小板减少和出血的副作用发生率低;④在体内消除速率慢,$t_{1/2}$ 比肝素长 2~4 倍,皮下注射每日 1 次即可;⑤动物实验表明 LMWH 使骨骼 Ca^{2+} 丢失比肝素轻。LMWH 也可引起出血、血小板减少、皮肤坏死、过敏反应、低醛固酮血症伴高血钾和短暂性转氨酶升高等不良反应。常用的制剂有依诺肝素(enoxaparin)、替地肝素(tedelparin)、洛吉肝素(logiparin)、洛莫肝素(lomoparin)和弗希肝素(fraxiparin)等,用于预防骨外科术后深静脉血栓形成、急性心肌梗死、不稳定型心绞痛和血液透析、体外循环等。

水 蛭 素

水蛭素(hirudin)是迄今为止所发现的天然存在的、具有特异性和高效性的凝血酶拮抗药。水蛭素是从水蛭唾液中提取并纯化的抗凝成分,含 65 个氨基酸,分子量约为 7kDa。水蛭素抗凝作用不依赖于 ATⅢ,它可直接抑制凝血酶,使凝血酶的蛋白水解功能受到抑制,阻止纤维蛋白的凝集和血小板的聚集和分泌，从而使纤维蛋白和交联蛋白形成的血小板聚集易于解离，产生强大而持久的抗血栓作用。基因重组水蛭素(lepirudin)是由天然水蛭素经由基因重组技术制成，其药理作用与天然水蛭素相同，但口服不易吸收，需要注射给药。水蛭素皮下注射1～2小时达峰浓度，$t_{1/2}$为60～100分钟，大部分以原形由肾脏排出。临床主要用于预防术后血栓形成、血管成形术后血管再狭窄、DIC的急性期、不稳定型心绞痛、急性心肌梗死后溶栓的辅助治疗、血液透析中血栓形成等。

香豆素类

香豆素类为人工合成的口服抗凝血药。药物有双香豆素(dicoumarol)、华法林(苄丙酮香豆素，warfarin)、醋硝香豆素(新抗凝，acenocoumarol)和双香豆乙酯(新双香豆素，ethyl biscoumacetate)等。药物的基本结构是4-羟基香豆素，药理作用相似。

【体内过程】 华法林口服吸收快而完全，钠盐的生物利用度几乎为100%，吸收后99%与血浆蛋白结合，表观分布容积小。主要在肝脏中代谢，大部分代谢产物由肾排出，$t_{1/2}$长(约为36小时)，作用维持2～5天。双香豆素口服吸收慢且不规则，抗凝作用持久，持续4～7天，吸收后几乎全部与血浆蛋白结合，因此，与其他血浆蛋白结合率高的药物同用时，可增加双香豆素的游离药物浓度，使其抗凝作用增强，甚至诱发出血。主要分布于肺、肝、脾和肾，经肝药酶羟基化失活，代谢物自尿中排出。

【作用与用途】 香豆素类药物口服有效(体内抗凝)，体外无抗凝作用。本类药物化学结构与维生素K类似，故作为维生素K拮抗剂，抑制维生素K在肝由环氧化物向氢醌型转化，从而阻止维生素K的反复利用。维生素K是γ-羧化酶的辅酶，参与凝血因子Ⅱ、Ⅶ、Ⅸ、Ⅹ以及内源性抗凝血蛋白C和S的氨基末端谷氨酸残基的γ-羧化作用，羧化后的结构是这些因子活化、并与Ca^{2+}和磷脂膜结合的必要结构。香豆素类药物抑制维生素K由环氧化物向氢醌型转化，阻断上述γ-羧化作用，从而影响凝血过程。对已经γ-羧化的上述因子无抑制作用。因此，香豆素类体外无效，抗凝作用出现较慢，一般口服后至少需经12～24小时才出现作用，1～3天达到高峰，停药后抗凝作用尚可维持数天。

用途与肝素相同，主要口服用于防治血栓栓塞性疾病。由于起效慢，作用持久，不易控制，防治静脉血栓和肺栓塞一般采用先用肝素，后用香豆素类维持治疗的序贯疗法。与抗血小板药合用，减少风湿性心脏病、髋关节固定术、人工瓣膜置换术后的静脉血栓发生率。

【不良反应】 口服过量易致自发性出血，常见的有皮肤黏膜、胃肠道、泌尿生殖道出血，最严重者为颅内出血，应严密观察。可用维生素K对抗，必要时输新鲜血浆或全血。其他不良反应有胃肠反应、过敏、致畸性等，故早孕妇女禁用。禁忌证同肝素。

【药物相互作用】 ①降低维生素K生成或生物利用度的因素，如应用广谱抗生素抑制肠道产生维生素K的细菌，或减少维生素K的生成，或胆汁减少均可增强本类药物作用；②肝病时，因凝血因子生成减少也可增强其作用；③阿司匹林等抗血小板药可与本类药物发生协同作用；④水合氯醛、保泰松、甲磺丁脲、奎尼丁等可与双香豆素竞争血浆蛋白，而使后者浓度升高，抗凝作用增强；⑤肝药酶诱导剂苯巴比妥、苯妥英钠、利福平等能加速其代谢，降低其抗凝作用。

第二节 纤维蛋白溶解药

纤维蛋白溶解药(fibrinolytic drugs)可使纤维蛋白溶解酶原(纤溶酶原)转变为纤维蛋白溶解酶(纤溶酶)，而快速降解纤维蛋白和纤维蛋白原，限制血栓增大和溶解血栓(图28-3)，故又称血栓溶解药(thrombolytics)。

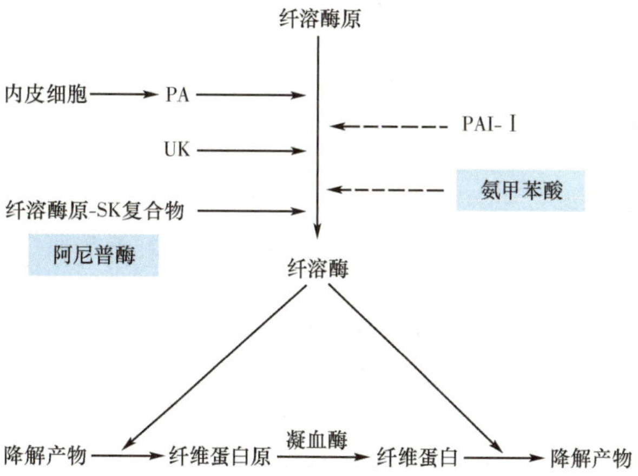

图28-3 纤溶系统和药物作用靶点

t-PA：组织纤溶酶原激活物；PAI-Ⅰ：纤溶酶原激活物拮抗药-1；实线箭头代表激动；虚线箭头代表抑制

链激酶

链激酶(streptokinase，SK)是从丙组β溶血性链球菌培养液中提得的一种分子量为47kDa的蛋白质。链激酶与纤溶酶原结合形成复合物，促使游离的纤溶酶原转变为有活性的纤溶酶，迅速水解血栓中纤维蛋白，导致血栓溶解。主要用于治疗血栓栓塞性疾病。静脉注射治疗急性新鲜血栓形成和栓塞，如在血栓形成不超过6小时内用药效果最佳。对于心肌梗死者，采用早期冠脉注射，可使阻塞血管再通。由于SK对纤维蛋白无特异性，对病理性和生理性纤维蛋白均可溶解，故其主要不良反应为出血，严重出血可注射氨甲苯酸对抗。禁用于消化性溃疡、严重高血压、新近创伤、伤口愈合中的患者。本品具有抗原性，也可见皮疹、药热等过敏反应。

尿 激 酶

尿激酶(urokinase,UK)由人肾细胞合成,自尿中分离而得的一种糖蛋白,分子量约为53kDa。尿激酶能直接激活纤溶酶原,使纤溶酶原从Arg560～Val561处断裂成纤溶酶而发挥溶血栓作用。用途与SK相同。主要在肝、肾中代谢,其 $t_{1/2}$ 约20分钟。本品无抗原性,不引起过敏反应,适用于对SK过敏者。禁忌证同SK。

组织型纤溶酶原激活物

组织型纤溶酶原激活物(tissue-type plasminogen activator,t-PA)(图28-3)是含527个氨基酸的单链丝氨酸蛋白酶。t-PA最初从人子宫和黑色素瘤细胞培养液中分离提取,现可用DNA重组技术制备。t-PA溶栓机理是激活内源性纤溶酶原转变为纤溶酶,可选择性地激活结合在纤维蛋白上的纤溶酶原,而对循环血液中纤溶酶原作用很弱,出血副作用相对较小。t-PA主要在肝中代谢,$t_{1/2}$ 约5分钟。静脉滴注用于治疗肺栓塞和急性心肌梗死,疗效优于UK。阿克伐司(activase)是未经修饰的人t-PA;瑞替普酶(reteplase)是去除了一些氨基酸序列的人t-PA。

阿 尼 普 酶

阿尼普酶(anistreplase)又称茴酰化纤溶酶原-链激酶激活剂复合物(anisoylated plasminogen-streptokinase activator complex,APSAC),是链激酶以1∶1分子比例与人赖-纤溶酶原形成的复合物,分子量约为131kDa,为第二代溶栓药。阿尼普酶的溶栓特点是:①通过茴酰化使纤溶酶原的活性部位得到保护,这样可避免注射时非特异的激活;②在进入体内缓慢去酰基而生效,有一定潜伏期;③主要与赖-纤溶酶原形成复合物,并容易进入血凝块与纤维蛋白结合,血栓溶解活性强,一次静脉注射30mg有较好溶栓效果。血浆 $t_{1/2}$ 约110分钟;④用于急性心肌梗死和其他血栓性疾病,不良反应与等剂量链激酶相近。

葡 激 酶

葡激酶(staphylokinase)是从金黄色葡萄球菌中分离出来的一种能够特异溶解血栓的酶类物质,现采用DNA重组技术制备。葡激酶与血栓中的纤维蛋白溶酶原有较高的亲和力,并在血栓部位与纤溶酶原结合,激活纤溶酶原转变为纤溶酶,产生溶栓作用。血管内给药,治疗急性心肌梗死等血栓性疾病。不良反应与链激酶相似,但免疫原性比链激酶强。

第三节　抗血小板药

血小板具有黏附、聚集与分泌功能。激活的血小板参与止血、血栓形成和动脉粥样硬化的形成。抗血小板药又称血小板抑制药,主要通过抑制血小板代谢、干预ADP的诱导作用、抑制凝血酶和阻断GP $Ⅱ_b/Ⅲ_a$ 受体等药物作用靶点产生作用。

阿 司 匹 林

阿司匹林(aspirin)又称乙酰水杨酸(acetylsalicylic acid),与血小板环氧酶活性部分丝氨酸残基发生不可逆的乙酰化,使酶失活,从而抑制花生四烯酸转化为 PGG_2 和 PGH_2,减少血栓烷 A_2(TXA_2)的合成。TXA_2 是一种强大的血小板释放及聚集诱导物,抑制 TXA_2 的合成是阿司匹林防止血栓形成的主要作用靶点。此外,阿司匹林能部分拮抗纤维蛋白原溶解导致的血小板激活,以及抑制t-PA的释放。可用于预防心肌梗死和脑血栓形成,降低死亡率和梗死率;也能减少短暂性脑缺血的发生率。详见第十九章。

利 多 格 雷

利多格雷(ridogrel)是 TXA_2 合成酶抑制药,并兼有中度的 TXA_2 受体阻断作用。其作用特点是:①抑制 TXA_2 酶,直接干扰 TXA_2 的合成,减少 TXA_2 的水平。同时,提高 PGI_2 的含量,产生抗血小板聚集效应;②对血小板血栓和冠状动脉血栓的作用比阿司匹林和水蛭素更有效;对急性心肌梗死患者的血管栓塞率、复灌率及增强链激酶的纤溶作用等与阿司匹林相当,但再栓塞、反复心绞痛和缺血性中风等的发生率比阿司匹林低,预防新的缺血性病变更为有效;③不良反应轻,如胃肠道反应,易耐受,未发现有出血性中风等并发症。

同类药物有吡考他胺(picotamide),其作用比利多格雷弱,不良反应轻。

双 嘧 达 莫

双嘧达莫(dipyridamole)又称潘生丁(persantin),为磷酸二酯酶抑制药。其抗血栓作用机制:①抑制磷酸二酯酶(PDEs),增加细胞内cAMP含量;②激活腺苷活性,进而增加腺苷环化酶活性,使cAMP增多;③增强 PGI_2 的活性和促进 PGI_2 的合成;④轻度抑制血小板环氧酶,减少 TXA_2 的合成。通过上述作用,双嘧达莫对胶原、ADP、肾上腺素及低浓度凝血酶诱导的血小板聚集有抑制作用,在体内外均有抗血栓作用。临床上用于血栓栓塞性疾病的治疗,与华法林合用于心脏瓣膜置换术,防止术后血小板血栓的形成,以及抑制动脉粥样硬化早期的病变过程。不良反应可见头痛、眩晕、潮红、晕厥,以及恶心、呕吐、腹泻等胃肠刺激。

噻 氯 匹 啶

噻氯匹啶(ticlopidine)属噻吩并吡啶类药物,能选择性阻碍 ADP 介导的血小板活化，抑制血小板的颗粒分泌(粘连蛋白、纤维蛋白原、有丝分裂因子等物质)，不可逆地抑制血小板聚集和黏附。噻氯匹啶还抑制 ADP 诱导的血小板膜糖蛋白 GPⅡ$_b$/Ⅲ$_a$受体与纤维蛋白原结合位点的暴露，从而抑制血小板聚集。主要用于预防急性心肌梗死、脑中风和外周动脉血栓性疾病的复发。不良反应常见恶心、腹泻、出血、白细胞减少等。近年来报道噻氯匹啶可能引起再生障碍性贫血等严重不良反应，在使用本品时应注意血液学监测，以防止严重不良反应的发生。

同类药物氯吡格雷(clopidogrel)的作用与噻氯匹啶相似，但副作用少。

阿 昔 单 抗

阿昔单抗(abciximab)又称阿伯西马，是血小板膜糖蛋白 GPⅡ$_b$/Ⅲ$_a$受体阻断药，同类药物还有 lamifiban、tirofiban、xemilofiban、fradafiban 和 sibrafiban 等。血小板聚集诱导剂如 ADP、凝血酶、TXA_2 等引起血小板聚集的最终共同通路是暴露血小板膜表面的糖蛋白 GPⅡ$_b$/Ⅲ$_a$受体。GPⅡ$_b$/Ⅲ$_a$受体的功能主要是作为纤维蛋白原、玻璃体结合素和血管性血友病因子(von Willebrand Factor，vWF)的受体，该受体活化使得纤维蛋白原、vWF 因子、玻璃体结合素等配体紧密联结，引起血小板聚集。阿昔单抗等药物阻碍血小板同上述配体结合，抑制血小板聚集，对血栓形成、溶栓和预防血管再闭塞有明显治疗作用，并试用于急性心肌梗死、溶栓治疗、不稳定型心绞痛和血管成形术后再栓塞，效果良好。

第四节 促 凝 血 药

维 生 素 K

维生素 K(vitamin K)广泛存在于自然界，基本结构为甲萘醌。维生素 K_1 存在于植物性食物如苜蓿中，维生素 K_2 由肠道细菌产生或由腐败鱼粉所得。K_1 和 K_2 均为脂溶性，需胆汁协助吸收。K_3 和 K_4 均为人工合成的水溶性维生素，可直接吸收。

【作用与用途】 维生素 K 作为 γ-羧化酶的辅酶，参与肝脏合成凝血因子Ⅱ、Ⅶ、Ⅸ、Ⅹ、抗凝血蛋白 C 和抗凝血蛋白 S。肝脏合成上述因子后，在维生素 K 的参与下，无活性的前体蛋白分子的第 10 个谷氨酸残基(Glu)γ-羧化，羧化的因子具有活性，可与 Ca^{2+} 和带有大量负电荷的血小板磷脂结合，参与正常的血液凝固。在 γ-羧化反应中，氢醌型维生素 K 被转变为环氧化物维生素 K，后者在 NADH 作用下还原为氢醌型，继续参与羧化反应。维生素 K 缺乏或环氧化物还原反应受阻(香豆素类药物的作用靶点)，肝脏仅能合成无凝血活性的凝血因子Ⅱ、Ⅶ、Ⅸ、Ⅹ、抗凝血蛋白 C 和抗凝血蛋白 S，导致凝血障碍，凝血酶原时间延长而引起出血。

维生素 K 主要用于维生素 K 缺乏引起的出血，如梗阻性黄疸、胆瘘、慢性腹泻和新生儿出血等患者，也用于香豆素类和水杨酸类药物过量引起的出血。长期应用广谱抗生素时应适当补充，以免维生素 K 缺乏。

【不良反应】 维生素 K_1 静脉注射过快可出现潮红、呼吸困难、甚至虚脱。较大剂量维生素 K_3 对新生儿、早产儿可发生溶血及高铁血红蛋白症。葡萄糖-6-磷酸脱氢酶缺乏病人也可诱发溶血。

抗纤维蛋白溶解剂

抗纤溶剂(antifibrinolysin)是一类竞争性对抗纤溶酶原激活因子，使纤溶酶原(plasminogen)不能转变为纤溶酶(plasmin)，高浓度时也能直接抑制纤溶酶活性的物质。用于纤溶亢进所引起的出血，如肺、肝、脾、前列腺、甲状腺、肾上腺等手术时的异常出血。口服吸收良好，也可注射给药。临床常用的有氨甲苯酸(paminomethylbenzoic acid，PAMBA)、氨甲环酸(tranexamic acid，AMCHA)等。不良反应少，但用量过大可引起血栓(thrombus)，可能诱发心肌梗死。

第五节 抗 贫 血 药

贫血(anemia)是指循环血液中红细胞数和血红蛋白(hemoglobin)量低于正常值。根据贫血的原因和发病机制或细胞形态的不同，分为由缺铁引起的小细胞性贫血(microcytic anemia)；由叶酸或维生素 B_{12} 缺乏引起的大细胞性贫血，也称巨幼红细胞性贫血(macrocytic anemia)；由骨髓造血功能低下所致的再生障碍性贫血(aplastic anemia)。对贫血的治疗采用对因和补充疗法，如缺铁性贫血补充铁剂，巨幼红细胞性贫血补充叶酸和维生素 B_{12}。

铁 剂

临床上常用的有硫酸亚铁(ferrous sulfate)、枸橼酸铁铵(ferric ammonium citrate)和右旋糖酐铁(iron dextran)等。

【体内过程】 口服铁剂或食物中的非血红素铁以亚铁形式在十二指肠和空肠上段吸收。在消化道内 Fe^{3+} 经胃酸或维生素 C，或食物中还原物质如果糖、半胱氨酸等作用下，还原为 Fe^{2+} 才能吸收。胃酸缺乏或食物中高磷、高钙、鞣酸等物质，以及四环素类药物均可妨碍铁吸收。吸收进入肠黏膜的铁，根据机体的需要，或直接进入骨髓、肝、脾等造血器官供造血使用，或与肠黏膜去铁蛋白结合，以铁蛋白(ferritin)形式储存备用。

铁在血浆中转运需要转铁蛋白(transferrin)。胞质膜上有转铁蛋白受体，铁-转铁蛋白复合物与受体结合，通过受体调节的胞饮作用进入细胞，铁分离后，去铁的转铁蛋白被释放出细胞外继续循环利用。转铁蛋白受体和铁蛋白的表达与合成受游离铁水平的调节，当体内游离铁水平低下时，转铁蛋白受体合成增加，铁蛋白产生减少，以此增加铁的吸收，减少铁的储存。反之，当体内游离铁水平过多时，转铁蛋白受体的合成减少而铁蛋白的产生增加。

肠黏膜、皮肤等含铁细胞脱落是铁的主要排泄途径，其次铁经胆汁、尿液和汗液排出体外。每日约 1mg。

【作用与用途】 铁是构成血红蛋白、肌红蛋白、血红素酶、金属黄素蛋白酶等人体必需的元素。铁吸收进入骨髓，在幼红细胞线粒体内与原卟啉结合生成血红素，后者再与珠蛋白结合成血红蛋白，进而发育为成熟的红细胞。铁缺乏，会影响红细胞的成熟，引起小细胞低色素性贫血，即缺铁性贫血，严重时也会影响儿童行为和学习能力。一般食物中铁吸收率为10%，成人每天需补充铁 1mg，所以食物中铁为 10～15mg 就能满足机体的需要。铁缺乏主要发生于婴儿、妊娠妇女饮食铁摄入过度减少，或慢性失血，胃肠疾病等铁吸收干扰等情况。

铁剂可用于防治各种原因引起的缺铁性贫血，对失血性、营养不良、妊娠和儿童发育期等引起的缺铁性贫血疗效甚佳。口服铁剂 1 周后症状可减轻，约 1～3 个月血红蛋白值可恢复至正常。为使体内铁储存恢复正常，重度贫血者待血红蛋白值恢复正常后，尚需继续服药数月。

硫酸亚铁吸收良好，价格也低，最常用；枸橼酸铁铵为三价铁，必须在体内还原为二价铁后才能吸收，故吸收差，但可制成糖浆供小儿应用；右旋糖酐铁供注射应用，仅限于少数严重贫血而又不能口服者。

【不良反应】 口服铁剂对胃肠道有刺激性，表现为恶心、腹痛、腹泻等，饭后服用可以减轻。也可引起便秘，因铁与肠腔中硫化氢结合，减少了硫化氢对肠壁的刺激作用。小儿误服 1g 以上铁剂可引起急性中毒，表现为呕吐、腹痛、血性腹泻等，并可引起坏死性胃肠炎，甚至休克、呼吸困难、死亡等。急救措施以磷酸盐或碳酸盐溶液洗胃，并以特殊解毒剂去铁胺（deferoxamine）注入胃内以结合残存的铁。

叶　　酸

叶酸（folic acid）是由蝶啶核、对氨苯甲酸及谷氨酸三部分组成，属水溶性 B 族维生素。叶酸广泛存在于动、植物性食品中。

【体内过程】 食物中每天约有 50～200μg 叶酸在十二指肠和空肠上段以主动转运方式吸收，妊娠妇女可增至 300～400μg，而正常机体每日最低需要仅 50μg。食物中叶酸多为聚谷氨酸形式，吸收前必须在肠黏膜经 α-L-谷胺酰转移酶（α-L-glutamyl transferase）水解成单谷氨酸形式吸收进入肝及血液，并广泛分布于体内。经尿和胆汁排出。

【作用与用途】 叶酸进入体内首先被还原和甲基化为 5-甲基四氢叶酸（5-CH_3H_4PteGlu），才具有活性。后者作为甲基供给体使维生素 B_{12} 转成甲基 B_{12}，而自身变为四氢叶酸（H_4PteGlu），并与多种一碳单位结合成四氢叶酸类辅酶，传递一碳单位，参与体内多种生化代谢（图 28-4），如嘌呤核苷酸和胸嘧啶脱氧核苷酸（dTMP）的合成及某些氨基酸的互变。当叶酸缺乏时，上述代谢障碍而影响红细胞中 DNA 合成，使原红细胞及幼红细胞生长及分裂停止，最终出现巨幼红细胞性贫血。消化道上皮增殖受抑制，出现舌炎、腹泻。

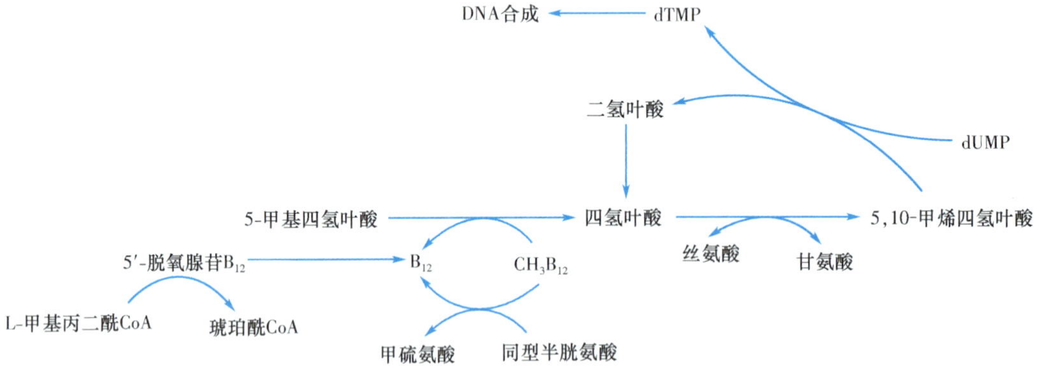

图 28-4　叶酸和维生素 B_{12} 的作用机制

叶酸用于治疗各种原因引起的巨幼细胞性贫血。治疗时，与维生素 B_{12} 合用效果更好。对因使用叶酸对抗剂甲氨蝶呤、乙胺嘧啶、甲氧苄啶等所致巨幼细胞性贫血，由于二氢叶酸还原酶被抑制，应用一般叶酸无效，需选用亚叶酸钙（calcium leucovorin）治疗。对维生素 B_{12} 缺乏所致“恶性贫血”，大剂量叶酸可纠正血象，但不能改善神经症状，需同时应用维生素 B_{12}。

维 生 素 B_{12}

维生素 B_{12}（vitamin B_{12}）为含钴复合物，广泛存在

于动物内脏、牛奶、蛋黄中。体内具有辅酶活性的维生素 B_{12} 为甲钴胺和 5′-腺苷钴胺。药用的维生素 B_{12} 为氰钴胺和羟钴胺。

【体内过程】 口服维生素 B_{12} 必须与胃壁细胞分泌的糖蛋白即“内因子”结合，才能免受胃液消化而进入空肠吸收。胃黏膜萎缩所致“内因子”缺乏可影响维生素 B_{12} 吸收，引起“恶性贫血”。维生素 B_{12} 吸收后大部分(90%)进入肝脏，并与转钴胺素Ⅰ(TCⅠ)结合，储存于肝内。大部分维生素 B_{12} 经胆汁随粪便排出，少量由泪液、唾液、乳汁排泄。

【作用与用途】 维生素 B_{12} 是细胞分裂和维持神经组织髓鞘完整所必需的物质。在体内，维生素 B_{12} 自 5-CH_3H_4PteGlu 得到甲基，并转给同型半胱氨酸使其甲基化成甲硫氨酸。同时，5-CH_3H_4PteGlu 则变成 H_4PteGlu，促进四氢叶酸循环利用(图 28-4)，故维生素 B_{12} 缺乏会引起叶酸缺乏症状。维生素 B_{12} 是甲基丙二酰辅酶 A 变位酶的辅酶，催化甲基丙二酰辅酶 A 变为琥珀酰辅酶 A 而进入三羧酸循环。维生素 B_{12} 缺乏，甲基丙二酰辅酶 A 积聚，干扰脂肪酸的正常合成，影响神经髓鞘转换，出现髓鞘性退化和进行性脱髓鞘，表现为感觉异常、运动失调等。因此，对于巨幼红细胞性贫血，叶酸和维生素 B_{12} 可以互相纠正，但神经症状必须用维生素 B_{12} 治疗。

主要用于恶性贫血及巨幼红细胞性贫血。也作为肝病、神经系统疾病的辅助治疗药物。

第六节　造血细胞生长因子

红细胞生成素

红细胞生成素(erythropoietin，EPO)是由肾脏近曲小管管周细胞(peritubular cells)分泌的糖蛋白，分子量为 34kDa。现用 DNA 重组技术合成。EPO 与红系干细胞(BFU-E/CFUE)表面的 EPO 受体相结合，促进细胞内磷酸化及 Ca^{2+} 浓度增加，加速祖细胞分化为原红细胞；加速红细胞分裂增殖和成熟，并促进骨髓内网织红细胞和成熟红细胞释放入血。贫血、失血、肺心病所致缺氧时，可刺激肾脏合成和分泌 EPO，以促使红细胞生成。

EPO 对多种原因引起的贫血有效，临床主要用于施行血液透析时的肾性贫血，对于骨髓造血功能低下、肿瘤化疗、艾滋病药物引起的贫血也有效。对于严重再生障碍性贫血或骨髓发育不良的病人，疗效较差。

临床应用的 EPO 为重组人红细胞生成素(epoetin-α)，静注或皮下注射应用。

粒细胞集落刺激因子

粒细胞集落刺激因子(granulocyte colony-stimuhting factor，G-CSF)是血管内皮细胞、单核细胞和成纤维细胞合成的糖蛋白。重组人 G-CSF，又称非格司亭(filgrastim)，是由 175 个氨基酸组成的糖蛋白。其主要作用是刺激骨髓粒细胞前体，使之分化增殖为成熟粒细胞而集落；促进成熟的粒细胞从骨髓释出，并增进其功能。

用于多种血液系统疾病所致中性粒细胞减少。对于自体骨髓移植及肿瘤化疗后严重中性粒细胞缺乏症，可缩短中性粒细胞缺乏时间，减少细菌和霉菌感染的发病率。可改善艾滋病病人中性粒细胞缺乏症状。非格司亭可静脉滴注或皮下注射。不良反应有胃肠道反应、肝损害和骨痛等，皮下注射可有局部反应。

粒细胞/巨噬细胞集落刺激因子

粒细胞/巨噬细胞集落刺激因子(granulocyte-macrophage colony-stimulating factor，GM-CSF)主要来源于活化的 T-淋巴细胞、单核细胞、成纤维细胞和血管内皮细胞。GM-CSF 作用于骨髓造血干细胞，刺激粒细胞、单核细胞、巨噬细胞和巨核细胞等多种细胞的集落形成和增生。此外，GM-CSF 还能刺激多能干细胞和早期红细胞的增殖和分化。

重组人 GM-CSF，又称沙格司亭(sargramostim)，是由酵母菌产生的含 127 个氨基酸的糖蛋白，与天然 GM-CSF 一样，对骨髓细胞有广泛的作用。主要用于骨髓移植、肿瘤放疗和化疗引起的粒细胞减少症以及并发的感染；也用于某些骨髓造血不良、再生障碍性贫血或艾滋病有关粒细胞缺乏症。不良反应为发热、骨和肌肉疼痛、不适、流感样症状、腹泻以及呼吸困难、皮疹等。

第七节　血容量扩充剂

右 旋 糖 酐

右旋糖酐(dextran)是高分子葡萄糖的聚合物，临床应用的有中分子右旋糖酐(dextran 70，右旋糖酐 70)，低分子右旋糖酐(dextran 40，右旋糖酐 40)和小分子右旋糖酐(dextran 10，右旋糖酐 10)。

【作用与用途】 ①扩充血容量：右旋糖酐分子量较大，静脉注射后不易渗出血管，可提高血浆胶体渗透压，扩充血容量。其作用强度与维持时间依中、低、小分子右旋糖酐而逐渐降低；②抗血栓形成和改善微循环：通过稀释血液及覆盖红细胞、血小板和胶原表面，减少血小板的黏附和聚集，降低血液黏稠度，并抑制凝血因子Ⅱ的激活，因而具有抗血栓和改善微循环的作用；③渗透性利尿：小分子右旋糖酐和低分子右旋糖酐易从肾脏排出，产生强大渗透性利尿作用。

主要用于低血容量性休克。防治休克后期的弥散性血管内凝血(DIC)、心肌梗死、脑血栓等。也用于防治脑水肿。

【不良反应】 偶见过敏反应，如发热、胸闷、呼吸困难等，极少数人可发生过敏性休克。大量输入可引起出血倾向。严重心功能不全、肾病和有出血倾向者禁用。

几种主要药物的比较见表 28-1。

表 28-1 几种主要药物的比较

药物	作用机制	主要特点	主要不良反应
肝素	增强抗凝血酶Ⅲ灭活Ⅱ，Ⅶ，Ⅸ，Ⅹ，Ⅺ，Ⅻ凝血因子的活性 1000 倍以上	作用快、强，体内体外抗凝，不能口服	出血、血小板减少、骨质疏松
香豆素类	拮抗维生素 K，抑制Ⅱ，Ⅶ，Ⅸ，Ⅹ凝血因子的羧化反应，使这些凝血因子停止在前体阶段	口服，起效慢，维持时间长，体外无抗凝作用，治疗指数低，易与其他药物发生相互作用	出血、致畸
枸橼酸钠	与钙离子络合	体外抗凝	—
溶栓药	纤维蛋白酶原激活物	治疗急性血栓栓塞	出血、过敏
阿司匹林	抑制血小板血栓素 A_2 合成酶	小剂量治疗缺血性心脏病、缺血性脑病	出血等
氨甲苯酸	纤维蛋白激活物抑制物	治疗纤溶功能亢进出血	血栓形成
维生素 K	促进Ⅱ，Ⅶ，Ⅸ，Ⅹ凝血因子的合成与成熟	治疗维生素缺乏或者低凝血酶原血症的出血	大剂量导致溶血、血压骤降等

Summary

- The primarily used anticoagulants are heparin, coumarin derivatives, and sodium citrate. The anticoagulative activity of heparin depends upon antithrombin III; Coumarin derivatives are antagonists of vitamin K. They are all used in prevention and treatment of thromboembolic diseases. Sodium citrate reduces the concentration of calcium in blood and is only used in vitro to prevent blood coagulation. The therapeutic effect of anticoagulation can be offset by the toxic effect of bleeding due to overdosing of anticoagulant.
- Aspirin is a widely used antiplatelet agent. It inhibits thromboxane A2, thereby interferes with platelet aggregation and may be used to prevent myocardial infarction and ischemic brain disorder. Streptokinase and urokinase catalyze the conversion of inactive plasminogen to active plasmin, therefore they are effective in lysing thrombi for treatment of multiple thrombosis and acute myocardial infarction. Over stimulation of fibrinolysis can result in systemic destruction of fibrinogen and coagulation factors.
- Vitamin K promotes the liver synthesis of clotting factors II, VII, IX and X, and can be used for treatment of hypoprothrombinemia due to obstructive jaundice, hemorrhagic disease of newborn and anticoagulant toxicity.

（吕俊华）

第二十九章　作用于呼吸系统的药物

案例 29-1

患者，男，72 岁，退休工人。10 年前开始反复发作咳嗽、咳痰，开始痰液呈黏液泡沫状，伴有喘息，以清晨和傍晚为重。近 3 年来常感活动后气急，咳、痰、喘症状逐年加重。10 天前受凉后咳嗽、咳痰加重，为黄色脓性痰，黏稠，不易咳出，稍活动即气喘明显，伴鼻塞，咽痛，胸闷，食欲减退。既往有吸烟史 40 年，每天约 20 支。

体格检查：体温 37℃，脉搏 108 次/分钟，呼吸 26 次/分钟，血压 135/80mmHg。神志清楚，口唇可见轻度发绀，咽部充血，胸部呈桶状，触诊语颤减弱，叩诊呈过清音，听诊呼吸音减弱，双肺下部可闻及湿啰音及哮鸣音，心浊音界缩小，心律齐，未闻及杂音。腹软，肝右肋下 1cm，脾未触及，双下肢无水肿。

辅助检查：血常规 Hb 176g/L，WBC 10.4×10^9/L，N 89%，胸片示双肺纹理粗乱，肺野透亮度增加，双下肺野可见斑点状密度增高阴影。肝、肾功能及心电图正常。肺功能检查示残气容积占肺总量的 47%，第一秒用力呼气量占用力肺活量比为 56%。

诊断：慢性支气管炎（喘息型）急性发作期，阻塞性肺气肿（中度肺功能不全）。

治疗原则：控制感染，祛痰，解痉平喘，镇咳，给氧，保持呼吸道通畅和水盐电解质及酸碱平衡。

问题：

1. 平喘药的分类及作用机制如何？各举出一个代表药。
2. 祛痰药按作用机制不同分为哪两大类？
3. 中枢性和外周性镇咳药的作用和应用有何不同？

呼吸系统容易受到各种内在及外在环境因素的影响而发生各种疾病，如上呼吸道感染、支气管炎、肺炎、支气管哮喘及慢性阻塞性肺病等。咳嗽、咳痰、喘息是呼吸系统疾病的主要症状。用于治疗呼吸系统疾病的药物种类很多，除抗感染、抗过敏、抗炎及增强机体免疫功能等对因治疗外，为消除或缓解呼吸道的症状，减轻患者痛苦，并降低并发症的发生率，应针对患者的症状，合理使用镇咳、祛痰和平喘三类药物，或几种药物配合应用，以发挥协同作用提高疗效。

第一节　平　喘　药

支气管哮喘（哮喘）是气管痉挛性收缩使呼气受阻，引起呼吸困难的疾病。主要表现为突然的反复发作性喘息，呼吸困难、胸闷和咳嗽等症状。可由免疫（过敏性）或非免疫性刺激所引起。过敏性哮喘是哮喘发生的主要形式，主要由Ⅰ型变态反应所引发，在体内生成 IgE 抗体。当 IgE 与抗原结合后引起肥大细胞脱颗粒，释放组胺、嗜酸粒细胞趋化因子和中性粒细胞趋化因子，进而引发嗜酸粒细胞、中性粒细胞及其他炎症细胞释放白三烯、前列腺素和血栓素等炎症介质，导致组织损伤，气管产生炎症反应并最终使得气道反应性增高。

长期以来，人们一直认为支气管哮喘是呼吸道平滑肌功能异常所导致的疾病，解痉是药物治疗的关键。而随着对哮喘发病机制的进一步认识，目前认为哮喘患者的支气管平滑肌本身并无明显改变，支气管平滑肌收缩性的增强主要是因为呼吸道存在炎症的结果。从本质上看，支气管哮喘是呼吸道炎症性疾病，并因此导致支气管的高反应性和支气管痉挛。基于这一观点，哮喘的治疗目标由过去的单纯解痉，控制哮喘急性发作转变为防治慢性支气管炎症，并最终解除哮喘症状。

故支气管哮喘的治疗包括两个方面。一方面，应用 β_2 受体激动药、茶碱、抗胆碱药等来缓解支气管平滑肌痉挛，控制喘息症状。另一方面，应用糖皮质激素控制炎症，或用抗过敏药物预防哮喘发作，或用炎症介质白三烯调节药来减轻炎症病变等方式进行抗炎治疗。

一、支气管扩张药

（一）肾上腺素受体激动药（adrenergic receptor agonists）

交感神经在人呼吸道平滑肌中分布很少，不过 β_2 受体则广泛分布在呼吸道的不同效应细胞上，可对循环中的肾上腺素等物质产生反应。兴奋支气管平滑肌上的 β_2 受体，可激活腺苷酸环化酶，催化细胞内 ATP 转变为 cAMP，引起细胞内 cAMP 水平升高，进而激活 cAMP 依赖的蛋白激酶，最终引起平滑肌松弛。兴奋肥大细胞上的β_2受体，能抑制组胺等炎症介质的释放。兴奋纤毛上皮细胞上的β_2受体，可增加纤毛的运动。这些作用均有利于支气管哮喘症状的缓解。

早期使用的肾上腺素和异丙肾上腺素等支气管扩张药在兴奋支气管平滑肌β_2受体的同时会因兴奋心脏的β_1受体而引起心悸、增加心肌耗氧量、诱发心律失常等心血管不良反应，对治疗不利。这促使人们研究出对β_2受体亲和力高于对β_1受体亲和力的激动剂，即选择性β_2受体激动药，这是目前最广泛应用于哮喘治疗的拟交感药。

不过β_2受体激动药在全身给药时，具有潜在的严重副作用。通过改变给药方式，采用小量药物气雾吸入的方式给药，能在有效激动支气管β_2受体的同时，因全身药物浓度低，而对心肌β_1受体或对骨骼肌β_2受体激动作用较小，以此来降低不良反应的发生率。

β_2受体激动药可分为短效和长效两类。短效类主要用于缓解哮喘症状，而长效类则用于疾病的维持治疗和预防性治疗（表 29-1）。

表 29-1 常用肾上腺素受体激动药平喘作用比较

药物	类别	平喘特点	临床应用	不良反应
肾上腺素(adrenaline)	非选择性β受体激动药	强、快、短	控制支气管哮喘急性发作	心血管系统不良反应、耐受性
异丙肾上腺素(isoprenaline)		强、快、短	同上	心率加快、心悸、肌震颤、耐受性
麻黄碱(ephedrine)		缓慢、温和、持久	轻症哮喘或预防哮喘发作	中枢兴奋、快速耐受性
沙丁胺醇(舒喘灵，salbutamol)	短效选择性β_2受体激动药	作用强、迅速	控制支气管哮喘急性发作	肌震颤，心脏反应，代谢紊乱
特布他林(博利康尼，terbutaline)		作用强度较沙丁胺醇弱	同上	同上
克仑特罗(氨哮素，clenbuterol)		作用强	同上	同上
福莫特罗(formoterol)	长效选择性β_2受体激动药	起效相对较慢，作用持续时间长	慢性哮喘与慢性阻塞性肺病的维持治疗与预防发作	同上
沙美特罗(salmeterol)		作用强而持久	同上	同上

（二）茶碱类(theophylline)

在甲基黄嘌呤类（茶碱、可可碱和咖啡因）中，茶碱是最有效的支气管扩张药。不过自肾上腺素受体激动药用于急性哮喘，抗炎药用于慢性哮喘以来，茶碱在哮喘治疗中的重要性逐渐减弱。

其扩张支气管平滑肌的作用主要通过以下机制实现：①非特异性抑制磷酸二酯酶（PDEs）。PDEs 催化 cAMP 降解为 5′-AMP。抑制 PDEs 将导致 cAMP 水平升高，激活蛋白激酶 A（PKA）等，从而导致支气管平滑肌舒张。但治疗剂量时，茶碱对 PDEs 活性的抑制率仅为 5%～20%，这意味着抑制 PDEs 不是茶碱唯一的作用机制。②茶碱还是腺苷受体的竞争性拮抗剂，可对抗内源性腺苷引起的支气管收缩。③增加内源性儿茶酚胺的释放，间接导致支气管扩张。除以上这些之外，近年来还发现茶碱可抑制肥大细胞和嗜酸粒细胞等炎症细胞合成和分泌炎症介质，抑制支气管炎症，降低支气管反应性。

在急性哮喘的治疗中，本类药物虽不为首选，但与β_2受体激动药合用可取得较满意的效果。采用缓释制剂可改善夜间哮喘。还可用于慢性阻塞性肺病以及心源性哮喘喘息症状的缓解。

茶碱类药物的治疗窗狭窄，其不良反应的发生率与其血药浓度密切相关。浓度高于 20μg/ml 时易发生不良反应。应严格掌握用量，对血药浓度进行监测，有助于决定最适用量，避免中毒。中毒时，给予氯化铵可加速氨茶碱的肾排泄。

茶碱的不良反应早期可见恶心、呕吐等胃肠道反应及不安、失眠等中枢兴奋症状。静注过快或浓度过高时，可引起心动过速、心律失常、血压骤降、谵妄、惊厥、昏迷等，甚至死亡。故静注时应充分稀释，且缓慢注射（表 29-2）。

表 29-2 常用茶碱类平喘药作用比较

药物	临床应用	不良反应
氨茶碱(aminophylline)（茶碱与二乙胺的复盐）	支气管哮喘。急性哮喘采用缓慢静脉注射	口服后易引起胃肠道不良反应，兴奋、失眠，剂量过大可致心悸、心律失常
胆茶碱(choline theophylline)（茶碱与胆碱的复盐）	同上	水溶性大，胃肠道刺激反应较轻，病人易耐受

（三）抗胆碱药

胆碱能神经（主要指迷走神经）在调节呼吸道平滑肌张力方面起着主要作用。哮喘病人常反射性使胆碱能神经冲动增多而致支气管平滑肌痉挛。抗胆碱药可对抗迷走神经对支气管的痉挛作用，使气道舒张，同时能增加 β_2 受体激动药的作用，减少 β_2 受体的下调现象，而使 β_2 受体激动药的效应增强。

目前常用的抗胆碱药有异丙托溴铵（ipratropium）、氧托溴铵（oxitropium）和溴化泰乌托品（tiotropium）。

异丙托溴铵是阿托品的异丙基衍生物，为季铵盐，对 M_1、M_2、M_3 胆碱受体无选择性。本品雾化吸入时，不易从气道吸收，咽下后也不易从消化道吸收，故使其对平滑肌的舒张作用只局限在局部，对腺体分泌和心率影响较小，无明显的阿托品样全身性不良反应。主要用于伴有迷走神经功能亢进的哮喘和喘息型慢性支气管炎。与 β_2 受体激动药联用起协同作用，持续时间更长。

二、抗炎性平喘药

（一）糖皮质激素类药物

哮喘的主要病理机制是呼吸道炎症所致的气道高反应性。糖皮质激素不能松弛气道平滑肌，因此不能缓解支气管哮喘的急性症状。不过，基于这类药物强大的抗炎和抗过敏作用，它们在抑制呼吸道炎症方面有独特的应用。糖皮质激素可抑制哮喘时炎症的多个发病环节：①抑制多种参与哮喘发病的炎症及免疫细胞；②抑制细胞因子和炎症介质的产生；③抑制气道高反应性；④增强支气管对儿茶酚胺的敏感性。

长期以来，全身性给予糖皮质激素治疗严重慢性哮喘或严重哮喘急性恶化，而引起了严重的不良反应。气雾剂的开发明显地改善了糖皮质激素治疗的安全性，使之可以用于中度哮喘。

糖皮质激素在吸入后，只有一部分（＜20％）药物沉积到肺内气道而产生治疗作用。因为肺无灭活代谢糖皮质激素的能力，因此沉积到肺内气道的糖皮质激素可吸收进入体循环。其他 80％～90％的糖皮质激素则沉积在咽部并通过吞咽到达胃肠道，这是糖皮质激素产生咽部和全身不良反应的重要原因。糖皮质激素常见的局部不良反应可见少数人发生口腔霉菌感染（鹅口疮）与声音嘶哑。每次用药后漱口可显著减少其发生率。治疗剂量下，本品对下丘脑-垂体-肾上腺皮质功能无明显抑制作用（表 29-3）。

表 29-3 常用于平喘的几种糖皮质激素类药物比较

药物	作用特点	不良反应
倍氯米松（beclomethasone）	地塞米松衍生物。局部抗炎作用比地塞米松强 500 倍。用于支气管扩张药不能满意控制病情的慢性哮喘病人	长期吸入可发生口腔真菌感染，宜多漱口
二丙酸倍氯米松（beclomethasone dipropionate）	抗炎作用为地塞米松的 500 倍。在肺部的局部作用较强。但起效较慢，必须预先给药	同上
布地奈德（budesonide）	不含卤素的糖皮质激素类药物，与倍氯米松有相似的局部抗炎作用。用于控制或预防哮喘发作	同上
曲安奈德（triamcinolone acetonide）	局部抗炎作用与倍氯米松相似	同上
氟尼缩松（flunisolide）	局部抗炎作用与倍氯米松相似。但作用时间较长，每日用药 2 次即可	同上

（二）白三烯调节药

在哮喘的气道炎症过程中有很多炎症介质的参与，而白三烯是慢性气道炎症的重要介质，可引起支气管收缩，黏液分泌增加，气管高反应性和水肿。通过减少白三烯合成或影响白三烯功能的发挥可以达到防治哮喘和改善肺功能的目的。

白三烯类是花生四烯酸经 5-脂氧酶（5-LOX）代谢后的产物，其中 LTB_4 与炎症细胞的趋化有关，半胱氨酰白三烯类（CysLTs）与炎症效应的产生有关。所有的 CysLTs 都是强支气管平滑肌收缩剂。对白三烯的支气管收缩效应发挥作用的受体是 Cys-LT_1 受体，其与 G 蛋白耦联。激活该受体能增加细胞内钙离子浓度。通过抑制 5-LOX，减少白三烯合成或通过拮抗白三烯对其受体的作用，可起到较好的哮喘治疗效果（表 29-4）。

表 29-4 常用白三烯调节药平喘作用比较

药物	分类	临床应用	不良反应
扎鲁司特（zafirlukast）	选择性 Cys-LT_1 受体阻断药	轻度至中度慢性哮喘的预防和治疗；严重哮喘病人的辅助治疗	头痛、咽炎、鼻炎、胃肠道反应、转氨酶升高
孟鲁司特（montelukast）	选择性 Cys-LT_1 受体阻断药	同上	同上
齐留通（zileuton）	5-LOX 拮抗药	临床应用与扎鲁司特相似	偶见转氨酶升高

三、抗过敏平喘药

该类药物对支气管平滑肌无直接松弛作用，也无拟肾上腺素作用和肾上腺皮质激素样作用。它们或具有炎症细胞膜稳定作用，抑制变态反应炎症介质释放，或阻断炎症介质作用的产生。由于平喘作用起效较慢，不适用于哮喘急性发作的治疗，因此临床主要用于哮喘发作预防用药（表 29-5）。

表 29-5 常用抗过敏平喘药作用比较

药物	作用特点	临床应用	不良反应
色甘酸钠(disodium cromoglycate)	对外源性(过敏性)哮喘较好,对内源性(感染性)哮喘疗效较差	预防哮喘发作,须在接触哮喘诱因前 7~10 天用药;亦可预防运动性哮喘	少数病人吸入后诱咽喉和气道刺激症状,出现胸部紧迫感,甚至诱发哮喘,必要时同吸入 β_2 受体激动药加以预防
酮替芬(ketotifen)	抑制过敏性介质释放;H_1 受体阻断作用	预防各型哮喘,对儿童疗效较好	镇静、疲倦、头晕、口干、胃肠不适等,连续用药可自行缓解
奈多罗米(nedocromil)	抑制炎症介质释放及炎症细胞功能;抑制 P 物质释放	预防性治疗哮喘、喘息型慢性支气管炎	味觉异常(主要为苦味),偶有头痛、恶心、呕吐、咽部刺激咳嗽

第二节 镇 咳 药

咳嗽是呼吸系统疾病的主要症状之一,实质是一种上呼吸道的保护性反射,它可以清除呼吸道内的异物和过多的分泌物,保持呼吸道的通畅,因此不应该不加区别地予以抑制。痰液较多,痰液黏稠的病例一般不宜应用镇咳药,以免痰液滞留造成支气管阻塞,甚至窒息。但是剧烈而频繁的咳嗽严重影响病人的生活和休息,甚至可诱发诸如手术创口开裂、气胸、尿失禁和晕厥等并发症,在这种情况下,应用镇咳药可减少咳嗽的频率和减弱咳嗽的强度。

咳嗽反射很复杂,包括中枢和外周神经系统以及支气管平滑肌的参与。目前所涉及的镇咳药,按作用机制可分为两类:①中枢性镇咳药。通过直接抑制延脑的咳嗽中枢发挥作用,又可分为成瘾性和非成瘾性两类;②外周性镇咳药,通过抑制咳嗽反射弧中的感受器、传入神经、传出神经或效应器中任一环节而发挥镇咳作用。有些药物兼有中枢和外周两种作用(表 29-6)。

表 29-6 常用镇咳药作用比较

药物		作用特点	不良反应
中枢性镇咳药	可待因(codeine)	镇咳作用强而迅速。目前最有效的镇咳药之一。主要用于剧烈的刺激性干咳	过量可致中枢兴奋,久用可成瘾
	右美沙芬(dextromethorphan)	作用强度与可待因相当或稍强,无镇痛作用,适用于各种原因引起的干咳	无成瘾性。轻度口干、头晕、恶心、便秘、偶有兴奋和呼吸抑制
	喷托维林(咳必清,pentoxyverinee)	具有中枢和外周镇咳作用,亦有局麻和阿托品样作用。适用于上呼吸道感染引起的急性无痰干咳和百日咳	偶有轻度头痛、头昏、口干、便秘等。青光眼禁用
外周性镇咳药	苯佐那酯(benzonatate)	有较强的局麻作用。选择性抑制肺牵张感受器。用于干咳、阵咳、支气管镜等检查前预防咳嗽	轻度嗜睡、头晕、鼻塞、偶见过敏性皮疹,服用时勿咬碎,以免引起口腔麻木
	那可丁(noscapine)	解除支气管平滑肌痉挛而镇咳;用于干咳	偶见恶心、嗜睡、头痛
	苯丙哌林(benproperine)	中枢性和末梢性双重作用的镇咳药;用于各种原因引起的刺激性无痰干咳	轻度口干、头晕、胃部不适等

第三节 祛 痰 药

痰是呼吸道炎症的产物。气道上的痰会刺激支气管黏膜而引起咳嗽,黏痰积于小气道内可使支气管狭窄而致喘息。祛痰药能增加呼吸道分泌,使痰液黏稠度降低,使之易于咯出,有利于改善咳嗽和喘息症状,间接起到镇咳平喘作用。祛痰药按作用机制可分为两大类:①黏液分泌促进药,②黏痰溶解药(表 29-7)。

表 29-7 常用祛痰药作用对比

药物		作用机制	临床应用	不良反应
黏液分泌促进药	氯化铵(ammonium chloride)	刺激胃黏膜迷走神经末梢,反射性增加呼吸道腺体分泌	多配成复方制剂应用于急慢性呼吸道炎症所引起的痰多而不易咳出者	恶心、呕吐。溃疡病、肝肾功能不良者慎用
	愈创甘油醚(guaifenesin)	刺激胃黏膜,反射性增加呼吸道腺体分泌;较弱的抗菌作用	单用或配成复方制剂应用于慢性支气管炎、支气管扩张等	恶心、呕吐、胃肠不适

续表

药物		作用机制	临床应用	不良反应
黏痰溶解药	乙酰半胱氨酸(acetylcysteine)	结构中的巯基(—SH)可使黏性痰液中的二硫键断裂,从而降低痰液黏稠度	防治术后咳痰困难,以及各种疾病引起的痰液黏稠和咳痰困难	有特殊臭味,对呼吸道有刺激性,哮喘患者及呼吸功能不全的老人慎用
	溴己新(bromhexine)	裂解黏痰中的黏多糖,并抑制其合成,稀化痰液;尚有一定的镇咳作用	适用于慢性支气管炎、哮喘及支气管扩张症痰液黏稠不易咳出者	胃部不适,偶见转氨酶升高。消化性溃疡、肝功能不全者慎用

Summary

- Asthma is an extremely common disorder characterized by increased responsiveness of the trachea and bronchi to various stimuli and should be viewed as primarily the inflammatory illness with bronchial hyper-reactive and bronchospasm as a result.
- The drugs commonly used in the therapy of asthma include bronchodilators, glucocorticoids and antiallergic agents. Bronchodilators are classified in terms of their different mechanisms and include adrenomimetic drugs, theophylline, and M-cholinergic receptor blockers. Inhaled short-acting β_2 agonists are the most effective drugs available for treatment of acute bronchospasm and for prevention of exercise induced asthma. Because of their powerful anti-inflammatory ability, inhalation corticosteroids are highly effective in treating both chronic and acute asthma. Antiallergic agents enhance mast cell membrane stability and are usually employed to prevent asthma induced by allergic and other factors.
- Antitussives alleviate the coughing resulting from various diseases and act on the CNS (opioids) or peripherally (benzonatate, noscapine) of the cough reflex.
- Expectorants can facilitate expectoration mucus secretion or mucolysis. Ammonium chloride, acetylcysteine and bromhexine are commonly useful expectorants.

(吴蓝鸥 王 蕾 李 晨 云 宇)

第三十章　作用于消化系统的药物

案例 30-1

患者，男，30 岁，司机。近 2～3 年来间断出现上腹部疼痛，饥饿时加重，进餐后疼痛可缓解。有夜间痛，常于夜间 3 点左右痛醒，伴反酸，嗳气，时有恶心及上腹部烧灼感，服用抗溃疡药后症状可缓解。一周前受凉和疲劳，饮食无规律，上腹疼痛又发作，解柏油样大便 4 天，每天1～2 次，解黑便后上腹疼痛减轻。既往有上腹疼痛病史，以春秋季节为甚，无肝炎病史，不嗜烟酒。

体格检查：体温 36.8℃，脉搏 84 次/min，呼吸 18 次/min，血压 120/80mmHg，发育正常，神志清楚，轻度贫血貌，巩膜及皮肤无黄染，浅表淋巴结无肿大，双肺呼吸音清晰，心率 84 次/min，心律齐，未闻及杂音，腹平软，剑突下轻压痛，无反跳痛，肝、脾未触及，Murphy 征阴性，麦氏点无压痛，腹水征阴性，肠鸣音正常，双下肢无水肿。

辅助检查：血常规 Hb 95g/L，WBC $7.4\times10^9/L$，PLT $123\times10^9/L$，大便潜血(+++)，肝功能正常，心电图正常，腹部 B 超显示肝、胆、脾、胰无异常，胃镜检查发现十二指肠球部大弯侧有一 0.6cm×0.7cm 溃疡，底部白苔，周边黏膜充血、肿胀，幽门螺杆菌(+)。

诊断：十二指肠球部溃疡并出血。

处理原则：中和胃酸和抑制胃酸分泌，保护胃黏膜屏障功能，抗幽门螺杆菌，止血等。

问题：

1. 常用于治疗消化性溃疡的药物有哪几类，作用机制如何？

2. 为什么说胃壁细胞 H^+ 泵拮抗药是治疗消化性溃疡有发展前途的新型胃酸分泌抑制药？

消化系统疾病的治疗药物是目前临床最常用的药物之一。本章包括抗消化性溃疡药、助消化药、止吐药和胃肠促动药、止泻药与吸附药、泻药和利胆药。

第一节　抗消化性溃疡药

消化性溃疡包括胃溃疡和十二指肠溃疡，是一种常见病，发生率约 10%～12%。抗溃疡病药的治疗目的是减轻症状、促进愈合和防止复发。目前认为消化性溃疡的发生是攻击性因子(胃酸、胃蛋白酶的分泌、幽门螺杆菌感染)作用过强或保护性因子(黏液分泌、重碳酸盐分泌、前列腺素的产生)作用减弱所致。因此治疗消化性溃疡药物分为抗酸、抑制胃酸分泌、胃黏膜保护、抗幽门螺杆菌(*helicobacter pylori*，HP)等四类药物。

一、抗　酸　药

抗酸药(antacids)是一类弱碱性物质。口服后能中和胃酸而降低胃内容物酸度，从而解除胃酸对胃、十二指肠黏膜的侵蚀和对溃疡面的刺激，并降低胃蛋白酶活性，发挥缓解疼痛和促进愈合的作用。常用的抗酸药有氢氧化镁(magnesium hydroxide)、三硅酸镁(magnesium trisilicate)、氧化镁(magnesium oxide)、氢氧化铝(aluminum hydroxide)、碳酸钙(calcium carbonate)、碳酸氢钠(sodium bicarbonate)等，各药特点见表 30-1。

当胃内容物将近排空或完全排空后，抗酸药才能充分发挥抗酸作用，故餐后服药可延长药物作用时间。合理用药应在餐后 1～1.5 小时及临睡前服用。理想的抗酸药应该是作用迅速持久、不吸收、不产气、不引起腹泻或便秘，对黏膜及溃疡面有保护、收敛作用。单一药物很难达到这些要求，故常用复方制剂如胃舒平(氢氧化铝、三硅酸镁、颠茄浸膏)、胃得乐。由于 H_2 受体阻断药等新的抗消化性溃疡药物不断开发，抗酸药在临床应用频率已明显下降。但本类药物价格低廉，不良反应少，与 H_2 受体阻断药合用有增效作用，辅助治疗仍有价值。

表 30-1　常用抗酸药作用特点

药物	抗酸强度	起效时间	持续时间	收敛作用	产生 CO_2	碱血症	保护作用	排便影响
氢氧化镁	强	快	持久	−	−	−		轻泻
三硅酸镁	弱	慢	持久	−	−	−	+	轻泻
氧化镁	强	慢	持久	−	−	−		轻泻
氢氧化铝	中等	慢	持久	+	−	−	+	便秘
碳酸钙	较强	较快	较久	+	+	−	−	便秘
碳酸氢钠	较弱	最快	短暂	−	+	+	−	−

二、抑制胃酸分泌药

壁细胞通过受体（H_2R：组胺$_2$受体、MR：M胆碱受体、GR：促胃液素受体）、第二信使和 H^+-K^+-ATP 酶三个环节分泌胃酸。抑制胃酸分泌的每个环节，即可治疗消化性溃疡（图 30-1）。

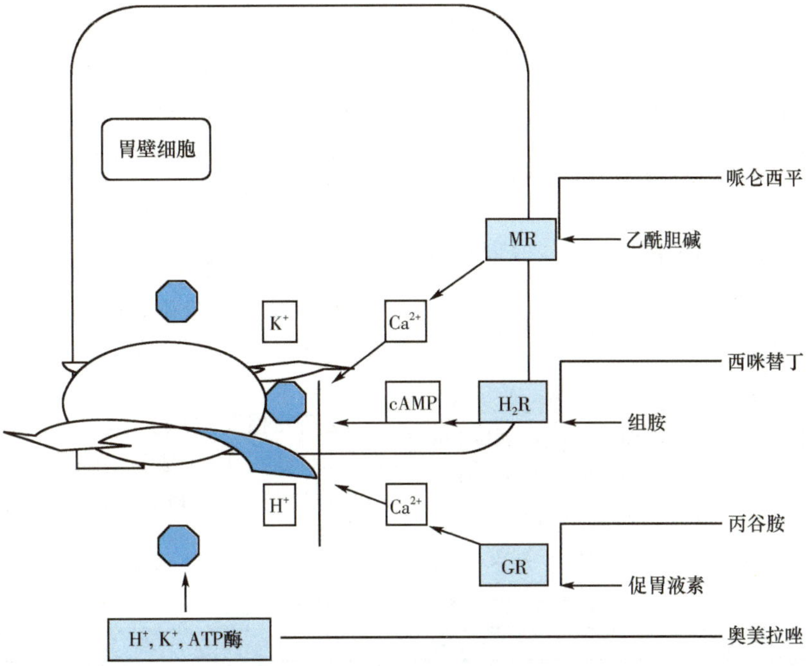

图 30-1 抑制胃酸分泌药作用机制

（一）H_2受体阻断药

H_2受体阻断药主要抑制由组胺引起的胃酸分泌，同时对促胃液素和乙酰胆碱引起的胃酸分泌也有一定的抑制作用。该类药物是目前治疗消化性溃疡的一类重要药物，其中西咪替丁第一个应用于临床。

西咪替丁（cimetidine，甲氰咪胍）

【体内过程】 口服易吸收，生物利用度为 58%～89%，一次服用后，作用维持 3～4 小时。体内分布广，可经胎盘到达胎儿体内。血浆蛋白结合率约 19%。体内部分代谢，代谢物及原药经肾排出，$t_{1/2}$ 约 1.9 小时，肾功能受损时延长。

【药理作用】 选择性阻断胃壁细胞 H_2受体，能显著拮抗组胺引起的胃酸分泌。不仅能抑制基础胃酸分泌，对促胃液素、咖啡因、进食和刺激迷走神经等引起的胃酸分泌均有抑制作用。本品不影响胃液素、胰液、胆汁的分泌和胃的排空速率。

【临床应用】 溃疡病患者用药后能缓解症状，促进溃疡愈合。十二指肠溃疡愈合率约为 78%，胃溃疡愈合率约为 68%。停药后溃疡病复发率为 24%。

【不良反应】 不良反应少，一般表现为头痛、头晕、乏力、腹泻、便秘、肌肉痛、皮疹、皮肤干燥、脱发。中枢神经系统反应可见睡眠、焦虑、定向力障碍、幻觉。对内分泌系统有抗雄激素作用，促催乳素分泌作用，出现精子数减少，性功能减退，男性乳腺发育，女性溢乳等；此外还可偶见心动过缓、肝肾功能损伤、白细胞减少等。

【药物相互作用】 抑制细胞色素 P_{450} 药物氧化酶系统，影响华法林、苯妥英钠、普萘洛尔、钙通道阻滞药、三环类抗抑郁药等药物的代谢。

本类药物还包括：雷尼替丁（ranitidine）、法莫替丁（famotidine）、尼扎替丁（nizatidine）、罗沙替丁（roxatidine）等，各药特点见表 30-2。

表 30-2 常用的 H_2受体阻滞药

药物	抑酸强度	抗雄激素	酶抑作用	抑制药物肾小管分泌排泄	应用	不良反应发生率(%)
西咪替丁	1	+	+	+	胃和十二指肠溃疡、胃肠道出血、胃酸分泌过多症、食管炎	1～5
雷尼替丁	4～10	−	+	+	同西咪替丁	1～5
法莫替丁	30	−	−	−	同西咪替丁	约 2.8
尼扎替丁	10	−	−	−	同西咪替丁	较少
罗沙替丁	6	−	−		同西咪替丁	较少

(二) H^+-K^+-ATP 酶抑制药

H^+-K^+-ATP 酶抑制药又称质子泵抑制药(proton pump inhibitor),是新型抗消化性溃疡药,疗效确切,不良反应少。临床常用的有奥美拉唑(omeprazole)、兰索拉唑(lansoprazole)、潘多拉唑(pantoprazole)和雷贝拉唑(rabeprazole)。

奥 美 拉 唑

奥美拉唑(omeprazole)又称洛赛克(Losec),目前国内最为常用。

【体内过程】 口服生物利用度为 35%,重复给药,可因胃内 pH 升高,使生物利用度增至 70%。主要被肝代谢,$t_{1/2}$ 为 0.5～1.5 小时。大部分代谢产物由肾排出,部分从胆汁排出。

【药理作用】 H^+ 泵(H^+-K^+-ATP 酶、质子泵)位于壁细胞小管膜上,它能将 H^+ 从壁细胞内转运到胃腔中,将 K^+ 从胃腔中转运到壁细胞内进行 H^+、K^+ 交换。胃腔中的 H^+ 与 Cl^- 结合,形成胃酸。口服本药后,可浓集于壁细胞分泌小管周围,并转变为有活性的次磺酸和亚磺酰胺,后者与酶的巯基以共价结合,形成酶-拮抗药复合物,从而不可逆地抑制 H^+ 泵功能,直至新的酶合成。H^+ 泵是胃酸分泌的最后通道,因此抑制 H^+ 泵就能抑制各种因素引起的胃酸分泌。本药不影响胃蛋白酶和内因子分泌,但对幽门螺杆菌有抑制作用。

【临床应用】 十二指肠溃疡,对溃疡愈合比 H_2 受体阻断药更为有效;胃溃疡;幽门螺杆菌阳性患者,合用抗菌药物,可使细菌转阴率达 90%以上,明显降低复发率;反流性食道炎,愈合率明显高于 H_2 受体阻断药;卓-艾(Zollinger-Ellison)综合征。

【不良反应】 不良反应率为 1.1%～2.8%。主要有头痛、头昏、失眠、外周神经炎、口干、恶心、腹胀、腹泻、便秘;其他可见男性乳腺发育、皮疹、溶血性贫血等。

【药物相互作用】 对肝药酶有抑制作用,减缓苯妥英钠、地西泮、华法林消除。

本类药物作用和应用相似,只是在药动学和抑制药酶等方面有些不同(见表 30-3)。

表 30-3 常用的 H^+-K^+-ATP 酶抑制药

药物	口服生物利用度(%)	达峰时间(小时)	半衰期(小时)	有效抑酸时间(小时)	抑制药酶	升高血清胃泌素	不良反应发生率(%)
奥美拉唑	30～40	1.5	0.5～1.5	12～24	+	+	1.1～2.8
兰索拉唑	85(差异大)	1.5	1.3～1.7	24	+	+	0.8～3.8
潘多拉唑	70～80	1.0	1.3	24	−	+	少见

(三) M 胆碱受体阻断药

M 胆碱受体阻断药如阿托品(atropine)及其合成代用品可减少胃酸分泌、解除胃肠痉挛。但在一般治疗剂量下对胃酸分泌抑制作用较弱,增大剂量则不良反应较多,主要同中和胃酸药物制成复方制剂(如复方氢氧化铝),很少单独应用。

选择性 M_1 胆碱受体阻断药哌仑西平(pirenzepine)、替仑西平(telenzepine)、唑仑西平(zolenzepine)等,其一般剂量除了具有抑制胃酸和胃蛋白酶,解除平滑肌痉挛外,尚有细胞保护作用和增加胃黏膜保护作用,能促进溃疡愈合。不通过血脑屏障,无明显中枢神经副作用及心动过速、膀胱张力下降等,口干、视力模糊亦较轻。

(四) 促胃液素受体阻断药

丙谷胺(proglumide)为氨基酸衍生物,化学结构与促胃液素相似,可竞争性阻断胃壁细胞上的促胃液素受体,减少胃酸和胃蛋白酶的分泌。并对胃黏膜有保护和促进愈合作用。

三、胃黏膜保护药

胃黏膜屏障包括细胞屏障和黏液-HCO_3^- 盐屏障。前者由胃黏膜细胞顶部的细胞膜和细胞间隙紧密连接组成,而胃黏膜上皮细胞重建和再生能力极强,可使受损部位得以迅速修复;后者由胃黏膜细胞分泌,黏液和 HCO_3^- 盐结合,在胃黏膜表面形成具有保护作用的黏液不动层,防止胃酸、胃蛋白酶损伤胃黏膜。当胃黏膜屏障功能受损时,可导致溃疡发作。黏膜保护药能增强胃黏膜屏障功能,用于消化性溃疡的治疗。本类药物主要有前列腺素衍生物、硫糖铝和铋制剂等。

(一) 前列腺素衍生物

米索前列醇(misoprostol)

【体内过程】 口服吸收良好,$t_{1/2}$ 为 1.6～1.8 小时。

【药理作用】 本品为 PGE_1 衍生物,能抑制基础胃酸和组胺、促胃液素、食物刺激所致胃酸、胃蛋白酶分泌。一次给予 200μg 抑酸作用可持续 3～5.5 小时。在低于胃酸分泌的剂量时,有促进黏液和 HCO_3^- 盐分泌,增强黏液-HCO_3^- 盐屏障功能作用;增强黏膜细胞对损伤因子的抵抗力;促进胃黏膜受损上皮细胞的重建和增殖,增强细胞屏障功能;还有增加胃黏膜血流等抗溃疡病作用。

【临床应用】　胃、十二指肠溃疡及急性胃炎出血。

【不良反应】　腹泻、腹痛。能引起子宫收缩，孕妇禁用。

前列腺素衍生物药物的特点见表 30-4。

（二）其他黏膜保护药

这类药能在黏膜表面特别是溃疡表面形成保护层，从而阻止胃酸、胃蛋白酶对溃疡面的刺激和腐蚀，有利于溃疡的愈合。有的还有抑制胃酸分泌，促进前列腺素合成等作用。各药的特点见表 30-5。

表 30-4　前列腺素衍生物

药物	作用	应用	不良反应
米索前列醇(misoprostol)	PGE_1 衍生物，抑制胃酸分泌；保护黏膜	消化性溃疡的防治	腹痛、腹泻约 13%；另有恶心、头痛等。孕妇禁用
恩前列醇(enprostil)	PGE_2 衍生物，抑制胃酸分泌和胃泌素释放；保护黏膜作用持久	消化性溃疡的防治	稀便、腹泻。孕妇禁用
利奥前列素(rioprostil)	PGE_1 衍生物，抑制胃酸分泌；保护黏膜	消化性溃疡的防治	稀便、腹泻的发生率为 4.5%～20%
阿巴前列素(arbaprostil)	PGE_2 衍生物，抑制胃酸分泌；保护黏膜	消化性溃疡的防治	稀便、腹泻的发生率为 34%
曲莫前列素(trimoprostil)	PGE_2 衍生物，抑制胃酸分泌；保护黏膜	消化性溃疡的防治	腹痛、恶心、呕吐
罗沙前列醇(rosaprostol)	抑制胃酸分泌；保护黏膜	消化性溃疡的防治	哮喘病人禁用
依尼前列素(enisoprost)	PGE_1 衍生物，抑酸强而持久	消化性溃疡的防治	
美昔前列素(mexiprostil)	PGE_1 衍生物，抑制胃酸分泌；保护黏膜	消化性溃疡的防治	不明显

表 30-5　其他黏膜保护药

药物	作用	应用	不良反应
硫糖铝(sucralfate)	聚合成保护胶冻；促 PGE_2 合成；增加胃黏液和碳酸氢盐分泌；抗 Hp	消化性溃疡、慢性糜烂性胃炎、反流性食道炎	较轻，有便秘、口干、皮疹、头晕等。不能与抗酸药、抑制胃酸分泌药同用
胶体次枸橼酸铋(colloidal bismuth subcitrate，胃得乐)	形成氧化铋胶体；促黏液分泌；抗 Hp	消化性溃疡	服药期间舌、粪染黑；偶见恶心等消化道症状；牛奶、抗酸药可降低其作用
胶体果胶铋(colloidal bismuth pectin)	形成保护胶体；促黏液分泌；抗 Hp	消化性溃疡	同胶体次枸橼酸铋
替普瑞酮(teprenone)	增加黏液合成，分泌；促 PGE_2 合成	消化性溃疡	发生率低于 0.55%，主要为胃肠道反应
麦滋林(marzulene)	促PGE_2 合成；抗炎；抑制胃蛋白酶活性	消化性溃疡	同替普瑞酮
十六角蒙脱石(smecta)	保护覆盖作用极强；促黏液合成；抗 Hp	消化性溃疡	同替普瑞酮

四、抗幽门螺杆菌药

抗幽门螺杆菌的药物主要有阿莫西林、四环素、呋喃唑酮、克拉霉素、甲硝唑、庆大霉素、枸橼酸铋钾、奥美拉唑等。幽门螺杆菌为革兰阴性厌氧菌，在胃上皮表面生长，产生多种酶及细胞毒素，损伤黏液层、上皮细胞，影响胃的血液供应。它与胃炎关系密切，也是胃、十二指肠溃疡的危险因素，根治此菌可明显增加溃疡愈合率，减少复发率。此菌体外实验对多种抗菌药敏感，但体内单用一种药物几乎无效。联合用药可提高疗效，一般以 2～3 种药联合应用(表 30-6)。

表 30-6　根除幽门螺杆菌三联疗法方案

质子泵抗抗药或铋制剂（选择 1 种）		抗菌药物（选择 2 种）	
奥美拉唑	40mg/天	克拉霉素	500mg/天～1000mg/天
兰索拉唑	60mg/天	阿莫西林	1000mg/天～2000mg/天
枸橼酸铋钾	480mg/天	甲硝唑	800mg/天

第二节　助消化药

助消化药多是消化液中的主要成分或者是可以促进消化液分泌的药物，可以阻止肠道的过度发酵，促进食物的消化，用于治疗消化不良。见表 30-7。

表 30-7 常用助消化药

药物	来源	作用	应用	注意事项
稀盐酸(dilute hydrochloric acid)	10%的盐酸溶液	服后使胃内酸度增加，胃蛋白酶活性强度增强	慢性胃炎、胃癌、发酵性消化不良等	与胃蛋白酶同服
胃蛋白酶(胃液素、白布圣、pepsin、pepsase)	牛、猪、羊等胃黏膜		胃蛋白酶缺乏症、进食蛋白性食物过多致消化不良、病后恢复期消化功能减退	与稀盐酸同服
胰酶(胰液素、pancreatin)	牛、猪、羊等动物的胰腺	含胰蛋白酶、胰淀粉酶及胰脂肪酶；消化脂肪、蛋白质和淀粉	消化不良、食欲不振、胰液分泌不足	在酸性环境中易被破坏，制成肠溶片或与碳酸氢钠同服，服用时不要嚼碎
乳酶生(表飞鸣、lactasin、biofermin)	干燥活乳酸杆菌制剂	分解糖类产生乳酸，使肠内酸性增高，从而抑制肠内腐败菌的繁殖，减少发酵和产气	消化不良，腹胀及小儿消化不良性腹泻	不能与抗菌药或吸附剂同时服用；置于阴凉处保存
干酵母(dried yeast)	干燥活酵母菌	含少量B族维生素，尚含转化酶和麦芽糖酶	消化不良、食欲不振、维生素B缺乏症的辅助用药	嚼服，用量过大可发生腹泻

第三节 止吐药和胃肠促动药

一、止 吐 药

恶心、呕吐是呕吐中枢的一种复杂调整过程，通常被认为是机体排除胃肠内毒物，防止进一步吸收的保护性反射，多种原因都可引起躯体的恶心、呕吐反应，如胃肠道疾病、妊娠、化学治疗、放射线治疗、内耳眩晕症、晕动病、外科手术等。延脑的呕吐中枢，可接受来自催吐化学感受区(CTZ)、前庭、内脏等传入冲动而引发呕吐。CTZ分布着多巴胺、组胺、胆碱受体，前庭器官通过胆碱能、组胺能神经纤维与呕吐中枢相联。5-HT_3亚型受体通过外周、中枢部位如孤束核参与呕吐反应。M胆碱受体阻断药、组胺H_1受体阻断药、多巴胺受体阻断药和5-HT_3受体阻断药通过阻断这些受体而发挥止吐作用。

1. M胆碱受体阻断药 东莨菪碱通过抑制前庭神经内耳功能和大脑皮质功能，降低迷路感受器的敏感性和抑制前庭小脑通路的传导，治疗前庭功能障碍引起的晕动病，与苯海拉明合用可增强疗效。本品预防给药效果好，如果已出现晕动病症状，如恶心、呕吐，再用药则疗效差。还可用于妊娠呕吐及放射病呕吐。不良反应可出现口干、视物模糊，并有一定的成瘾性。

2. H_1受体阻断药 苯海拉明、茶苯海明(晕海宁，乘晕宁)、美克洛嗪、赛克利嗪，易通过血脑屏障，对中枢有不同程度的抑制作用，产生中枢镇静和止吐作用，可用于预防和治疗晕动病，内耳性眩晕病等。

3. 多巴胺(D_2)受体阻断药 能够阻断中枢化学感觉区(CTZ)的多巴胺(D_2)受体，降低呕吐中枢的神经活动。部分多巴胺受体阻断药还能阻断外周胃肠道抑制性多巴胺受体，促进胃肠排空，常作为胃肠促动药用于临床。见表30-8。

表 30-8 常用多巴胺受体阻断类止吐药

药名	作用机制	药动学	临床应用	不良反应
甲氧氯普胺(metoclopramide，胃复安)	阻断CTZ的D_2受体，发挥止吐作用	生物利用度为75%，易通过血脑屏障和胎盘屏障，$t_{1/2}$为4～6小时	胃肠功能障碍、肿瘤化疗、放疗所引起的各种呕吐	大剂量静脉注射或长期应用，可引起锥体外系反应，如肌震颤、震颤麻痹(又名帕金森病)，坐立不安等。也可引起高泌乳素血症，引起男子乳房发育、溢乳等，孕妇慎用
多潘立酮(domperidone，吗丁啉)	选择性阻断外周多巴胺受体而具有胃肠促动和高效止吐作用	不易通透血脑屏障，生物利用度较低，$t_{1/2}$为7.5小时，主要经肝代谢	对偏头痛、颅外伤，放射治疗引起恶心、呕吐有效，对胃肠运动障碍性疾病也有效	轻度腹部痉挛，注射给药引起过敏
氯丙嗪(chlorpromazine，冬眠灵)	阻断CTZ多巴胺受体而止吐	高亲脂性，易透过血脑障，脑内浓度可达血浆浓度的10倍。易蓄积于脂肪组织，排泄缓慢	减轻化疗、放疗引起的恶心、呕吐，对晕动病无效	安全范围大，但长期大量应用，不良反应较多

4. 5-HT_3受体阻断药　在肿瘤放疗及化疗过程中引起的呕吐可能与这些治疗措施激活肠道嗜铬细胞，分泌5-HT，导致腹腔迷走神经过度兴奋有关。5-HT_3受体广泛分布于脑内孤束核、CTZ和外周组织中，5-HT_3受体阻断药通过竞争性阻断这些部位的受体而对上述治疗过程引起的呕吐具有强大的止吐效果。见表30-9。

表30-9　5-HT_3受体阻断药

药名	作用机制	临床应用	体内过程	不良反应
昂丹司琼(ondansetron，奥丹西隆)	选择性阻断中枢及迷走神经传入纤维5-HT_3受体，产生强大止吐作用	对抗肿瘤药顺铂、环磷酰胺、阿霉素等引起呕吐的止吐作用迅速强大。对晕动病及多巴胺激动剂阿扑吗啡引起呕吐无效	生物利用度为60%。$t_{1/2}$为3～4小时，代谢产物大多经肾排泄	较轻，可有头痛、疲劳或便秘、腹泻
格拉司琼(granisetron，格雷西隆)	同上	同上，但作用更强	$t_{1/2}$分别为9.0～11.6小时	同上
托烷司琼(tropisetron，托比西隆)	同上	同上，作用与昂丹司琼相当	$t_{1/2}$分别为7.3小时	同上
多拉司琼(dolasetron)	同上	同上，但作用更强	$t_{1/2}$分别为7.9小时	同上

止吐药的应用原则。首先应当明确引起呕吐的原因，尽可能去除病因或针对病因进行治疗，纠正可能存在的酸碱和水、电解质的紊乱，在没有其他治疗办法的前提下，权衡止吐药的利弊和不良反应，考虑是否使用。

妊娠呕吐不宜用止吐药，可采取改变食谱、静脉补液和用维生素B_6等，必要时可酌量给予抗组织胺药。

对晕动病，抗癌放疗和化学疗法治疗引起的呕吐，以预防性用药效果较好。

一般手术前不应用止吐药来预防呕吐，眼科和颅脑手术或特殊情况例外。

二、促胃动力药

胃肠道处于不停地蠕动收缩状态，受物质代谢(糖、电解质)、结缔组织病、神经损伤、感染或某些药物的影响，这些活动可能发生障碍，导致胃肠排空延迟、胃胀、食管清除不良和便秘。胃动力药是增加协调胃肠动力和胃肠道物质转运的药物，可缓解这些症状。见表30-10。

表30-10　常用促胃动力药

药名	作用机制	药动学	临床应用	不良反应
甲氧氯普胺(metoclopramide，胃复安)	阻断胃肠多巴胺受体，可引起从食道至近段小肠平滑肌运动，加速胃的正向排空(多巴胺使胃体平滑肌松弛，幽门肌收缩)和加速肠内容物从十二指肠向回盲部推进，发挥胃肠促动药作用	生物利用度为75%，易通过血脑屏障和胎盘屏障。$t_{1/2}$为4～6小时	可治疗慢性功能性消化不良引起的胃肠运动障碍包括恶心、呕吐等	大剂量静脉注射或长期应用，可引起锥体外系反应，如肌震颤、震颤麻痹(又名帕金森病)，坐立不安等。也可引起高泌乳素血症，引起男子乳房发育、溢乳等，孕妇慎用
多潘立酮(domperidone，吗丁啉)	外周作用能阻断多巴胺对胃肠肌层神经丛突触后胆碱能神经元的抑制作用，加强胃肠蠕动，促进胃的排空与协调胃肠运动，防止食物返流，发挥胃肠促动药的作用	不易通透血脑屏障，生物利用度较低，$t_{1/2}$为7.5小时，主要经肝代谢	对胃肠运动障碍性疾病有效	轻度腹部痉挛，注射给药引起过敏
西沙必利(cisapride)	促使肠壁肌层神经丛释放乙酰胆碱，促进食管、胃、小肠直至结肠的运动	$t_{1/2}$为10小时	胃肠运动障碍性疾病及胃轻瘫，包括胃肠返流性疾病、胃食管返流、慢性功能性和非溃疡性消化不良、便秘、结肠运动减弱等	可出现严重的心脏不良反应，诱发各种心律失常(在美国已不再使用)

第四节　止泻药与吸附药

腹泻是多种疾病的症状，治疗时应采取对因疗法为主。例如对肠道细菌感染引起的腹泻，应当首先用抗菌药物。但剧烈而持久的腹泻，可引起脱水和电解质紊乱，可在对因治疗的同时，适当给予止泻药。常用的药物见表30-11。

表 30-11 常用止泻药

药物	作用	应用	不良反应
阿片制剂	激动阿片受体，兴奋小肠和大肠平滑肌，提高张力，使推进性蠕动减慢，排空延迟，增加水分的吸收，并抑制消化腺的分泌，并对中枢有抑制作用，减弱便意和排便反射	较严重的非细菌感染性腹泻	长期反复应用易产生耐药性和依赖性，大剂量可致中毒
地芬诺酯(diphenoxylate，苯乙哌啶)	哌替啶同类物，对肠道运动的影响类似阿片类	急、慢性功能性腹泻	轻而少见，大剂量(40～60mg)长期服用可产生成瘾性，一般则少见
洛哌丁胺(loperamide，苯丁哌胺)	直接抑制肠道蠕动外，还可减少肠壁神经末梢释放乙酰胆碱，减少肠道蠕动，作用强而迅速	急、慢性腹泻	轻微，少数患者可发生口干，偶见便秘、恶心、眩晕及皮疹等
鞣酸蛋白(tannalbin)	在肠中释出鞣酸能与肠黏膜表面的蛋白质形成沉淀，附着在肠黏膜上，减轻刺激，降低炎性渗出物，起收敛止泻作用	胃肠炎、非细菌感染性腹泻	
次碳酸铋(bismuth subcarbonate)	同鞣酸蛋白	同上	
药用炭(medicinal charcoal)	不溶性粉末，因其颗粒很小，总面积很大，能吸附大量气体、毒物，起保护、止泻和阻止毒物吸收的作用	同上	

第五节 泻　药

泻药(laxatives，catharitics)是能增加肠内水分，促进蠕动，软化粪便或润滑肠道促进排便的药物。临床主要用于功能性便秘。分为渗透性、刺激性和润滑性泻药三类。见表 30-12。

第六节 利 胆 药

利胆药是指能够作用肝细胞，使胆汁分泌量增加，或者能够促进胆囊排空的药物。见表 30-13。

表 30-12 常用泻药

药物	分类	作用	应用	不良反应
硫酸镁(magnesium sulfate，$MgSO_4 \cdot 7H_2O$)	渗透性泻药	在肠道难以吸收，大量口服形成高渗压而阻止肠内水分的吸收，扩张肠道，刺激肠壁，促进肠道蠕动；引起十二指肠分泌缩胆囊素，此激素能刺激肠液分泌和蠕动	排除肠内毒物及某些驱肠虫药服后连虫带药一起排出；阻塞性黄疸；慢性胆囊炎	大量口服可引起反射性盆腔充血和失水。月经期、妊娠妇女及老人慎用
硫酸钠(sodium sulfate，$Na_2SO_4 \cdot 10H_2O$)	渗透性泻药	同硫酸镁，但较弱	同硫酸镁	同硫酸镁
乳果糖(lactulose)	渗透性泻药	在小肠内不被消化吸收，提高肠内渗透压，故能导泻；未被吸收部分进入结肠后被细菌代谢成乳酸等，降低结肠内容物的 pH，减少肠内氨的形成；H^+ 又可与已生成的氨形成铵离子(NH_4^+)而减少吸收，从而降低血氨	慢性门脉高压及肝性脑病	注意因过度导泻而造成水、电解质紊乱，使肝性脑病恶化
食物纤维素(如甲基纤维素、羧甲基纤维素等)	渗透性泻药	不被肠道吸收，增加肠内容积并保持粪便湿软，有良好通便作用	功能性便秘	
酚酞(phenolphthalein)	刺激性泻药	在肠道内与碱性肠液相遇形成可溶性钠盐，能促进结肠蠕动。服药后 6～8 小时排出软便，作用温和，一次服药作用可维持 3～4 天	慢性便秘	尿排出，如尿液为碱性则呈红色；偶有过敏性反应，发生肠炎、皮炎及出血倾向
比沙可啶(bisacodyl，双醋苯啶)	刺激性泻药	在肠道内被子细菌转化为去乙酰基代谢物，抑制 Na^+-K^+-ATP 酶，减少水、电解质吸收，还能刺激肠黏膜产生 PGE_2，使肠内容物增加	便秘或 X 线，内窥镜检查或术前排空肠内容	
蒽醌类(anthraquinones，如大黄、番泻叶和芦荟等植物，均含有蒽醌苷类)	刺激性泻药	被大肠内细菌分解为蒽醌，能增加结肠推进性蠕动，用药后 6～8 小时排便	急、慢性便秘	

续表

药物	分类	作用	应用	不良反应
液体石蜡(liquid paraffin)	润滑性泻药	不被肠道消化吸收,产生滑润肠壁和软化粪便的作用,使粪便易于排出	便秘,老人及痔疮、肛门手术患者	
甘油(glycerin)	润滑性泻药	以50%浓度的液体注入肛门,由于高渗压刺激肠壁引起排便反应,并有局部润滑作用,数分钟内引起排便	便秘,尤适用于老人及儿童	

表 30-13　常用利胆药

药物	作用	应用	不良反应
去氢胆酸(dehydrocholic acid)	增加胆汁的分泌,使胆汁变稀,促进脂肪的消化吸收	胆囊及胆道功能失调,胆汁淤滞,阻止胆道上行性感染,也可用于排除胆结石	对胆道完全梗阻及严重肝肾功能减退者禁用
熊去氧胆酸(ursodeoxycholic acid)	减少普通胆酸和胆固醇吸收,抑制胆固醇合成与分泌,从而降低胆汁中胆固醇含量,不仅可阻止胆石形成,长期应用还可促胆石溶解	胆固醇性胆结石,对胆色素结石、混合性结石无效;胆囊炎、胆道炎	常见腹泻,对胆道完全梗阻及严重肝肾功能减退者禁用
鹅去氧胆酸(chenodeoxycholic acid)	抑制羟基-甲基戊二酰辅酶 A 还原酶(HMG-CoA 还原酶)的活性,减少胆固醇合成及分泌,扩大胆汁酸池,使胆固醇不能过饱和,防止和溶解胆固醇结石,对混合性结石也有一定作用	结石直径小于 2cm,胆囊功能良好的胆石症患者	常有腹泻,约 2 周后适应自愈。个别有血清转氨酶升高,头晕、恶心等。慢性肝病、溃疡病、肠炎及肾功能不全者禁用。糖尿病者禁用。妊娠妇女禁用
硫酸镁(magnesium sulfate, $MgSO_4 \cdot 7H_2O$)	口服高浓度硫酸镁或用导管直接注入十二指肠,因反射性引起总胆管括约肌松弛,胆囊收缩,促进胆道小结石排出	胆囊炎、胆石症、十二指肠引流检查	大量口服可引起反射性盆腔充血和失水。月经期、妊娠妇女及老人慎用
桂美酸(cinametic acid)	促进胆汁的分泌和排泄,并能松弛胆总管括约肌,有解痉止痛作用,作用显著而持久;能使血中胆固醇分解成胆酸排出而降低胆固醇	胆石症、慢性胆囊炎、胆囊切除手术后综合征、高脂血症和胆道感染的辅助治疗	
胆酸钠(sodium tauroglycocholate)	刺激肝细胞分泌胆汁,促进脂肪乳化和吸收,帮助脂溶性维生素吸收	长期胆瘘胆汁丧失的病人、脂肪消化不良和慢性胆囊炎	
茴三硫(anethol trithione)	促进胆汁、胆酸、胆色素分泌,增加肝脏解毒功能	胆囊炎、胆石症急慢性肝炎、肝硬化	偶发过敏反应,有腹胀、腹泻、皮疹、发热,大剂量长期使用可致甲亢。胆道阻塞者禁用

Summary

- Peptic ulcer disease is one of the most common diseases in the clinic. Relief from pain, promotion of healing, and prevention of recurrence may be considered the main therapeutic strategies in the drug treatment of this disease.
- Drugs used in the treatment of peptic ulcers comprise antacids, inhibitors of gastric acid secretion, mucosal protective agents, and agents used to eradication of helicobacter pylori.
- Antacids, such as magnesium hydroxide, aluminum hydroxide, and sodium bicarbonate, are weak bases that directly counteract the excessive gastric acid in the stomach and duodenum.
- Since gastric acid secretion is mainly regulated by histamine, acetylcholine, and gastrin, inhibitors of gastric acid secretion function in peptic ulcer disease by blocking H_2 or M receptors.
- Suppressors of proton pumps have demonstrated notable effects and are widely used in the clinic currently. Proton pump inhibitors must be activated in the acid environment of the secretory canaliculus of the parietal cell. Therefore, these agents are actually considered to be pro-drugs.
- Antiemetics acting on the vomiting centre have antimuscarinic and antihistaminic action that alleviates vomiting from any cause. But drugs acting on the CTZ are effective only on vomiting mediated by the chemoreceptors.

(吴蓝鸥　郭　英　牛志强　罗海芸)

第三十一章　子宫平滑肌兴奋药和抑制药

影响子宫平滑肌的药物种类很多，按其对子宫平滑肌的不同作用分为子宫平滑肌兴奋药和子宫平滑肌抑制药，前者是一类选择性兴奋子宫平滑肌、引起子宫收缩的药物，包括缩宫素、前列腺素和麦角生物碱类；后者可抑制子宫平滑肌收缩，包括 β_2 肾上腺素受体激动药、硫酸镁、钙通道阻滞药、前列腺素合成酶抑制药和缩宫素受体阻断药。

案例 31-1

患者，女性，28 岁，主诉：孕 33 周，腹痛一天。

病史：平时月经规则，末次月经 2010 年 11 月 5 日，孕早期有轻度的早孕反应，孕 4 月有胎动，孕期在门诊作产前检查无异常，现孕 33 周，一天前因劳累后出现腹痛，为下腹阵发性胀痛，伴有腰酸，无阴道流血，在家休息未到医院。因腹痛加剧来就诊。入院后生命体征稳定，产检有规则宫缩，胎心音 148 次/分，颈管已消，宫口软未开，未破膜，要求保胎。

治疗：5%葡萄糖 100 毫升加入硫酸镁 5g 静脉快速滴注，15 分钟后患者出现面红，烦躁全身发热等不适，调慢滴速好转，后用 5%葡萄糖 500 毫升加入硫酸镁 10g 静脉滴注维持（6～8 小时），患者腹痛无明显好转，出现阴道流血性分泌物，8 小时后宫口开大 5cm，停止保胎，改为阴道分娩，6 小时后分娩，产后子宫收缩差，阴道出血约 300ml，立即用 5%葡萄糖 100 毫升加入缩宫素 20U 静脉滴注，子宫变硬，出血明显减少。

问题：

1. 硫酸镁使用后为什么出现烦躁发热等不适？使用硫酸镁有哪些注意事项？

2. 缩宫素对子宫平滑肌作用的特点是什么？应用缩宫素进行催产或引产时应注意什么？

第一节　子宫平滑肌兴奋药

子宫平滑肌兴奋药（uterus smooth muscle stimulating drugs）是一类能选择性兴奋子宫平滑肌、引起子宫收缩的药物。其作用可因子宫生理状态及剂量的不同而产生子宫节律性收缩或强直性收缩。小剂量子宫兴奋药引起的近似生理分娩的节律性收缩可用于催产或引产。大剂量子宫兴奋药引起的强直性收缩用于产后止血或子宫复原，但禁用于催产和引产。如使用不当，可能造成子宫破裂和胎儿窒息。因此，必须慎重、合理使用和掌握适当剂量。

一、垂体后叶激素类

缩　宫　素

缩宫素（oxytocin，催产素 pitocin）的前体物质（前激素）在下丘脑的视上核与视旁核神经元内合成，沿下丘脑-垂体束以每日 3mm 的速度转运至垂体后叶，在转运过程中，前激素转化为两种含有二硫键 9 肽的垂体后叶素，即缩宫素和加压素（vasopressin；抗利尿激素，antidiuretic hormone，ADH），并储存于神经末梢。当神经冲动到达时，缩宫素和升压素被释放，由毛细血管进入血循环，到达靶器官（如子宫、乳腺、卵巢等）发挥作用。目前临床应用的缩宫素为人工合成品或从牛、猪的垂体后叶提取分离的制剂，一个单位（U）相当于 2μg 缩宫素，也含有微量的加压素。

【药理作用与机制】

1. 兴奋子宫平滑肌　缩宫素能直接兴奋子宫平滑肌，使子宫收缩力增强、收缩频率加快。其收缩强度取决于用药剂量及子宫的生理状态。小剂量（2～5U）加强子宫（特别是妊娠末期子宫）的节律性收缩，其收缩性质和正常分娩相似，对子宫底部产生节律性收缩，对子宫颈则产生松弛作用，从而促进胎儿顺利娩出。大剂量（5～10U）将引起子宫肌张力持续增高，最终使子宫产生持续性强直收缩，子宫底和子宫颈均收缩，不利于胎儿娩出。

子宫平滑肌对缩宫素的敏感性受体内性激素的影响，雌激素能提高子宫平滑肌对缩宫素的敏感性，孕激素则降低其敏感性。在妊娠早期（12～14 周），孕激素水平高，缩宫素对子宫平滑肌收缩作用较弱，可保证胎儿安全发育；在妊娠后期（36 周后），雌激素水平升高，子宫自发性收缩逐渐增强，特别在临产时子宫对缩宫素的反应最敏感，利于胎儿娩出，故此时只需小剂量缩宫素即可达到引产、催产的目的。分娩后子宫的敏感性逐渐下降。

人体子宫平滑肌细胞膜存在特异性缩宫素受体，缩宫素的缩宫作用是通过与其受体结合所致。该受体是 G 蛋白耦联受体，活化时，通过 G 蛋白介导激活磷脂酶 C（PLC），生成 1，4，5-三磷酸肌醇（IP_3），增加

细胞内钙池释放 Ca^{2+}；同时激活电压依赖性 Ca^{2+} 通道，增加胞内 Ca^{2+} 浓度，从而引起子宫收缩。在妊娠期不同阶段其受体密度不同，在妊娠 13～17 周时受体增加 6 倍，末期达到 80 倍，分娩时进一步增加，因此，对缩宫素敏感性大大增强。

2. 排乳 缩宫素在排乳中具有重要作用。乳腺小叶分支被具有收缩性的肌上皮细胞包绕，其中肌上皮细胞对缩宫素高度敏感，因此，缩宫素能引起乳腺小叶周围的肌上皮细胞收缩，促进乳汁排出。

3. 舒张血管平滑肌 大剂量缩宫素可引起短暂的血管平滑肌舒张，导致血压下降，尤其是在麻醉状态下。但催产剂量的缩宫素不会引起血压下降。

4. 其他作用 缩宫素在结构上类似于血管升压素，具有抗利尿作用，特别是在大剂量使用时。亦可抑制促肾上腺皮质激素（ACTH）作用。

【体内过程】 口服极易被消化道胰酶破坏而失效。能经鼻腔及口腔黏膜吸收。肌内注射吸收良好，3～5 分钟起效，作用维持 20～30 分钟。静脉注射后作用出现更快，但维持时间较短，故需要持续静脉滴注维持药效。大部分经肝及肾迅速破坏，少部分以结合形式由尿排出。在妊娠期间血浆中出现缩宫素酶，能使缩宫素失活，$t_{1/2}$ 较短，为 5～12 分钟。

【临床应用】

1. 催产和引产 对胎位正常、头盆相称、无产道障碍的产妇，当宫缩乏力时，可用小剂量缩宫素催产，以增强子宫节律性收缩，促进分娩。对于死胎、过期妊娠或患有心脏病、肺结核等疾病的孕妇需提前中止妊娠者，可用其引产。用法：由小剂量开始，2.5U 缩宫素以 5% 葡萄糖稀释 500ml，滴速为 8 滴/分钟（2.5mU/分钟），在确定无过敏后，根据胎心、血压、子宫收缩情况逐渐增加滴速（宫缩间歇 2～3 分钟，每次宫缩持续 40 秒以上，宫腔压力不超过 60mmHg），用电子泵进行缩宫素静脉滴注，加量间隔 40 分钟，每次浓度以 1～3mU/分钟为宜，最大给药浓度不超过 7.5mU/分钟。

2. 产后止血 产后出血时，较大剂量（5～10U）缩宫素迅速引起子宫平滑肌强直性收缩，压迫子宫肌层内血管而止血。由于缩宫素作用时间短，常需加用麦角生物碱制剂维持疗效。

3. 诊断作用 缩宫素激惹试验（OCT）：通常在临近分娩期时进行，静脉滴注缩宫素人为诱发子宫收缩并用胎儿监护仪观察记录胎心率的变化，进而评价胎盘的血循环储备功能，OCT 异常提示胎盘功能减退，是筛选潜在宫内窘迫儿的较好的方法。如发现胎儿宫内窘迫，可剖宫产终止妊娠。

4. 促进排乳 滴鼻给药有助于乳汁自乳房排出，但并不增加乳腺的乳汁分泌量。

【不良反应与注意事项】

（1）缩宫素的人工合成品不良反应较少，偶见变态反应。在大量使用缩宫素时，可导致抗利尿作用。如果病人输液过多或过快，可出现水潴留和低钠血症。

（2）缩宫素大剂量使用或对高敏感产妇可造成子宫强烈收缩、甚至子宫破裂及广泛性软组织撕裂，亦可引起胎儿窒息死亡。因此用做催产或引产时，必须注意以下两点：①严格掌握剂量，避免发生子宫强直性收缩；②严格掌握禁忌证，凡高张力型子宫功能障碍、子宫破裂倾向、产道异常、胎位不正、头盆不称、前置胎盘及三次妊娠以上的经产妇或有剖宫产史的产妇禁用。

垂体后叶素

垂体后叶素（pituitrin）是从牛、猪的垂体后叶中提取的粗制品，内含缩宫素及抗利尿激素两种成分，因此垂体后叶素对子宫的选择性不高，兴奋子宫的作用已逐渐被缩宫素取代。抗利尿激素较大剂量时，可收缩血管，特别是收缩毛细血管及小动脉，升高血压，故又称加压素，临床用于治疗尿崩症及肺出血。不良反应有面色苍白、心悸、胸闷、恶心、腹痛及变态反应等。

二、前列腺素

前列腺素（prostaglandins，PGs）是一类广泛存在于体内的二十个碳原子的不饱和脂肪酸，主要作用于心血管系统、消化系统和生殖系统。作为子宫兴奋药应用的 PGs 类药物有：地诺前列酮（dinoprostone，PGE_2，前列腺素 E_2）、地诺前列素（dinoprost，$PGF_{2\alpha}$，前列腺素 $F_{2\alpha}$）、硫前列酮（sulprostone）和卡前列素（carboprost，15-Me-$PGF_{2\alpha}$，15-甲基前列腺素 $F_{2\alpha}$）等。

【药理作用与机制】 与缩宫素不同，PGs 对各期妊娠子宫均有较显著的兴奋作用，分娩前的子宫尤为敏感，妊娠初期和中期效果较缩宫素强。PGs 引起子宫收缩的特性与生理性阵痛相似，在增强子宫平滑肌节律性收缩的同时，尚能使子宫颈松弛。

【临床应用】 对子宫平滑肌有兴奋作用的 PGs 可用于终止早期或中期妊娠和足月引产。由于 PGs 对妊娠中期子宫的兴奋作用也较强，故妊娠中期引产效果较好。也可用于 28 周前的宫腔内死胎或良性葡萄胎，以排出宫腔内异物

PGE_2 在整个孕期可引起子宫收缩，作为阴道栓剂高位送入阴道，应用于 2～3 月妊娠的流产，一般使用剂量是 20mg，每隔 3～5 小时一次，流产预计时间为 17 小时。$PGF_{2\alpha}$ 静脉注射不良反应发生率较高，注射剂羊膜腔内注入，仅用于过期妊娠、葡萄胎和死胎的引产，对妊娠早期引产需用较大剂量，易导致严重不良反应。15-Me-$PGF_{2\alpha}$ 的活性较 $PGF_{2\alpha}$ 高 10 倍，作用时间长，副作用小，安全而简便，终止妊娠后能很快

恢复月经和生育功能，主要用于终止妊娠和宫缩无力导致的产后顽固性出血。15-Me-$PGF_{2\alpha}$对下丘脑-垂体-卵巢轴几乎无影响，是一种很有希望的避孕药。

【不良反应与注意事项】 主要为恶心、呕吐、腹痛、腹泻等。$PGF_{2\alpha}$能收缩支气管平滑肌，诱发哮喘，不宜用于支气管哮喘患者。PGE_2能升高眼压，不宜用于青光眼患者。用于引产时的禁忌证和注意事项与缩宫素相同。

三、麦角生物碱类

麦角(ergot)是寄生在黑麦及其他禾本科植物上的一种麦角菌的干燥菌核，在麦穗上突出似角，故名麦角。早在两千多年前妊娠妇女摄入麦角后的特异性作用已被认识，四百年前开始作为子宫兴奋药用于临床。

麦角生物碱类(ergot alkaloids)是麦角中多种生物碱的总称，为麦角酸的衍生物，按化学结构分为两类：①氨基酸麦角生物碱类，以麦角胺(ergotamine)和麦角毒(ergotoxine)为代表，难溶于水，口服吸收差且不规则，对血管作用显著，作用缓慢而持久，又称肽生物碱类；②氨基麦角生物碱类，以麦角新碱(ergometrine，ergonovine)、甲麦角新碱(methylergometrine)为代表，易溶于水，口服吸收完全，对子宫的兴奋作用强，作用迅速而短暂。

麦角生物碱的活性成分及其作用较为复杂，可分别作为5-HT受体、α肾上腺素能受体阻断药和多巴胺(DA)受体的部分激动剂。本节介绍麦角生物碱对子宫和血管平滑肌的作用。

【药理作用与机制】

1. 兴奋子宫 麦角生物碱类均有选择性兴奋子宫平滑肌的作用，其中以麦角新碱最为显著。其作用强度取决于子宫的生理状态及药物剂量，妊娠子宫较未孕子宫敏感，且临产前后则更敏感。与缩宫素比较，其作用强而持久，较大剂量即引起子宫强直性收缩，且对子宫体和子宫颈的作用无显著差异，因此只适用于产后止血及子宫复原，不用于催产和引产。

2. 收缩血管 麦角胺及麦角毒能收缩末梢血管，大剂量还会损伤血管内皮细胞引起血栓和肢端坏疽。麦角胺亦能使脑血管收缩，减弱脑动脉搏动幅度，从而减轻偏头痛。

3. 阻断α受体 氨基酸麦角碱类尚有阻断α肾上腺素受体作用，能使肾上腺素的升压作用翻转；具有中枢抑制作用，使血压下降。但在临床上此剂量已能引起很多不良反应，故无应用价值。麦角新碱则无此作用。

【临床应用】

1. 子宫出血 产后或其他原因引起的子宫出血，均可用麦角新碱治疗。通过对子宫平滑肌持久的强直性收缩作用，机械地压迫肌纤维间血管而止血。可有效治疗产后、刮宫或其他原因引起的子宫出血和子宫复旧不良。

2. 子宫复原 产后子宫复原缓慢时，易引起失血过多或感染，可用麦角生物碱制剂促进子宫收缩，加速子宫复原。

3. 偏头痛 麦角胺能收缩脑血管，减弱脑动脉搏动幅度，可用于偏头痛的诊断和治疗，治疗有效率达90%以上。咖啡因也具有收缩脑血管的作用，且能促进麦角胺的吸收，两药合用可增强疗效。

【不良反应与注意事项】 注射麦角新碱可引起恶心、呕吐及血压升高等，伴有妊娠高血压综合征的产妇应慎用。偶见变态反应，严重者出现呼吸困难、血压下降。麦角流浸膏中含有麦角毒和毒角胺，长期应用可损害血管内皮细胞。

麦角制剂禁用于催产及引产，血管硬化及冠心病患者忌用。

第二节 子宫平滑肌抑制药

子宫平滑肌抑制药又称抗分娩药(tocolytic drugs)，可抑制子宫平滑肌收缩，使其收缩力减弱，收缩节律减慢，临床主要用于防治早产及痛经。

一、β_2受体激动药

子宫平滑肌细胞膜上分布有β_2受体，激动β_2受体，可使细胞内腺苷酸环化酶激活，胞内游离Ca^{2+}降低，子宫平滑肌松弛，宫缩抑制。β_2受体激动药利托君(ritodrine，利妥特灵)、特布他林(terbutaline)、沙丁胺醇(salbutamol)、海索那林(hexoprenaline)等都具有平滑肌松弛作用，主要用于防治支气管哮喘，其中利托君专门作为子宫松弛药而设计开发。

利 托 君

【药理作用与机制】 化学结构与异丙肾上腺素相似，为选择性β_2受体激动药。能降低宫缩强度与频率，缩短子宫收缩时间。其他药理性质与β_2受体激动药相似。

【体内过程】 口服后吸收迅速，但首关消除明显，生物利用度仅30%左右；血浆蛋白结合率约为32%，能通过胎盘屏障。在肝脏通过与葡萄糖醛酸或硫酸结合代谢，以原形和代谢物经肾排出。

【临床应用】 用于防治妊娠20周以后发生的早产。早产妇女使用后可延缓分娩，使妊娠时间接近正常。用于防治早产，一般先采用静脉滴注，取得疗效后，口服本药维持疗效。

【不良反应和禁忌证】 静脉给药不良反应较严重，表现为心率加快、收缩压升高及舒张压下降。血

糖升高、血钾降低及游离脂肪酸升高。少而严重的不良反应为肺水肿。

本药与糖皮质激素合用时可使血糖明显升高。与硫酸镁合用可引起心律失常。

二、其他子宫平滑肌抑制药

硫 酸 镁

硫酸镁(magnesium sulfate)可明显抑制子宫平滑肌收缩。Mg^{2+}直接作用于子宫平滑肌细胞,拮抗Ca^{2+}的子宫收缩活性,而抑制早产宫缩。妊娠期间应用硫酸镁可以防治早产、妊娠高血压综合征及子痫发作,对于β_2受体激动药禁忌的产妇可用本药治疗早产。硫酸镁至今仍是广泛应用于抑制子宫平滑肌收缩的药物,应用硫酸镁时应监测血镁浓度,产后24小时停药。

Ca^{2+}通道阻滞药

Ca^{2+}通道阻滞药硝苯地平通过阻止Ca^{2+}细胞内流,降低细胞内Ca^{2+}浓度而抑制子宫收缩。可松弛离体子宫平滑肌,明显拮抗缩宫素所致的子宫兴奋作用,为最常用的防治早产的Ca^{2+}通道阻滞药。

前列腺素合成酶抑制药

前列腺素合成酶抑制药,如吲哚美辛(消炎痛)已被用于早产,但由于前列腺素能维持胎儿的动脉导管开放,故吲哚美辛可使胎儿动脉导管过早关闭,临床应用时应慎重。本品限用于妊娠34周之内的妇女。

缩宫素受体阻断药

缩宫素受体阻断药可分为肽类和非肽类。已经上市的药物有阿托西班,是一种较为理想的新型抗早孕药物。可竞争性抑制缩宫素与膜受体结合,在细胞水平拮抗内源性缩宫素作用,达到抑制产前子宫收缩、延缓分娩的作用。

Summary

- Drugs that affect uterine smooth muscles include uterine stimulants and uterine inhibitors.
- Uterus smooth muscle stimulating drugs consist of oxytocin, pituitrin, ergot alkaloids and prostaglandin analogues.
- Oxytocin is the drugs which is used to induce labor or augment inadequate labor. It can also be used to treat postpartum haemorrhage.
- The ergot alkaloids are not used to induce labor at term or late pregnancy. It causes uterine contractions with an increase in basal tone, are most often used for treatment of postpartum hemorrhage.
- Prostaglandin analogues are used as uterine stimulants, and cause increased tone and contractions of the body of the pregnant uterus but relaxation of the cervix.
- Uterine inhibitors include β_2-adrenergic receptor agonists, calcium channel blockers, magnesium sulfate, prostaglandin-synthase inhibitors.

(吴基良 余 薇)

第六篇 作用于内分泌系统的药物

第三十二章 肾上腺皮质激素类药物

案例 32-1

男性病人，58 岁，40 年前诊断为“支气管哮喘”，服泼尼松、氨茶碱治疗，症状缓解，由于发病频率及持续时间逐年增加，常自服泼尼松 10～45mg/日，每年服用约 3～6 月。20 年前体重逐渐增加，腹围增大明显，四肢变瘦。7 年前逐渐出现双下肢麻木。3 个月前哮喘发作，自服泼尼松、氨茶碱治疗，症状缓解不明显，10 天前出现双下肢无力，不能站立行走。查体：满月脸，皮肤菲薄，下腹部见多条粗大紫纹，桶状胸，双肺呼吸音低，脊柱后凸畸形，腰骶部压痛，四肢肌力减退。BP 160/90mmHg，TG 2.56mmol/L（正常 0.3～2.28）。胸片：双肺慢性支气管炎、肺气肿改变。胸椎 MRI：胸椎退行性变，T6～T9 椎体压缩性骨折，各椎间盘变性，T5 椎体向后突，椎管变窄。

诊断：

1. 支气管哮喘，阻塞性肺气肿。
2. 药源性 Cushing 综合征。
3. 骨质疏松症，胸腰椎退行性变，T6～T9 椎体压缩性骨折，椎间盘突出。
4. 高血压病。

问题：

1. 泼尼松在该患者治疗中的作用和机制？
2. 该患者为何会有如此进展？机制是什么？

肾上腺皮质由外向内依次分为球状带、束状带和网状带三层。球状带约占皮质的 15%，只能合成盐皮质激素（mineralocorticoids）；束状带约占皮质的 78%，是合成糖皮质激素（glucocorticoids）的重要场所；网状带约占皮质的 7%，主要合成性激素（sex hormones）。肾上腺皮质激素（adrenocortical hormones）是肾上腺皮质分泌的激素总称，属甾体类化合物。盐皮质激素有醛固酮（aldosterone）和去氧皮质酮（desoxycordcosterone）；糖皮质激素有氢化可的松（hydrocortisone）和可的松（cortisone）等，其分泌和生成受促肾上腺皮质激素（adreno-corticotropcn hormone，ACTH，又名促皮质素，corticotrophin）的调节（图 32-1），而 ACTH 的分泌受昼夜节律的影响；性激素类有雌激素、孕激素和雄激素。临床常用的皮质激素主要是糖皮质激素。

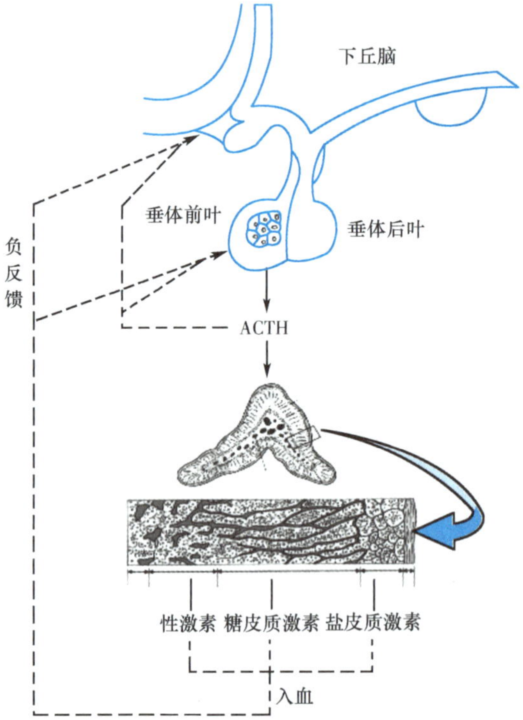

图 32-1 肾上腺皮质激素分泌的调节

【化学结构与构效关系】 肾上腺皮质激素的基本结构为甾核（固醇核），甾核 A 环 $C_{4\sim5}$ 之间的双键，C_3 上的酮基，C_{20} 上的羰基系保持其生理功能的必需基团。糖皮质激素的结构特征是甾核 C 环的 C_{11} 有氧（如可的松）或羟基（如氢化可的松），D 环的 C_{17} 上有 α 羟基，由于对糖代谢的作用强，对水盐代谢作用弱，故称为糖皮质激素，同时因其具有明显的抗炎作用，又称甾体类抗炎药。盐皮质激素结构的特征是在甾核 D 环的 C_{17} 无 α 羟基及 C 环的 C_{11} 无氧（如去氧皮质酮）或虽有氧但与 18 位碳结合（如醛固酮），因其对水盐代谢作用较强，对糖代谢作用很弱，故称为盐皮质激素。为了提高临床疗效，降低副作用，曾对该类药物的结构进行改造，合成一系列的皮质激素类药物（图 32-2）。

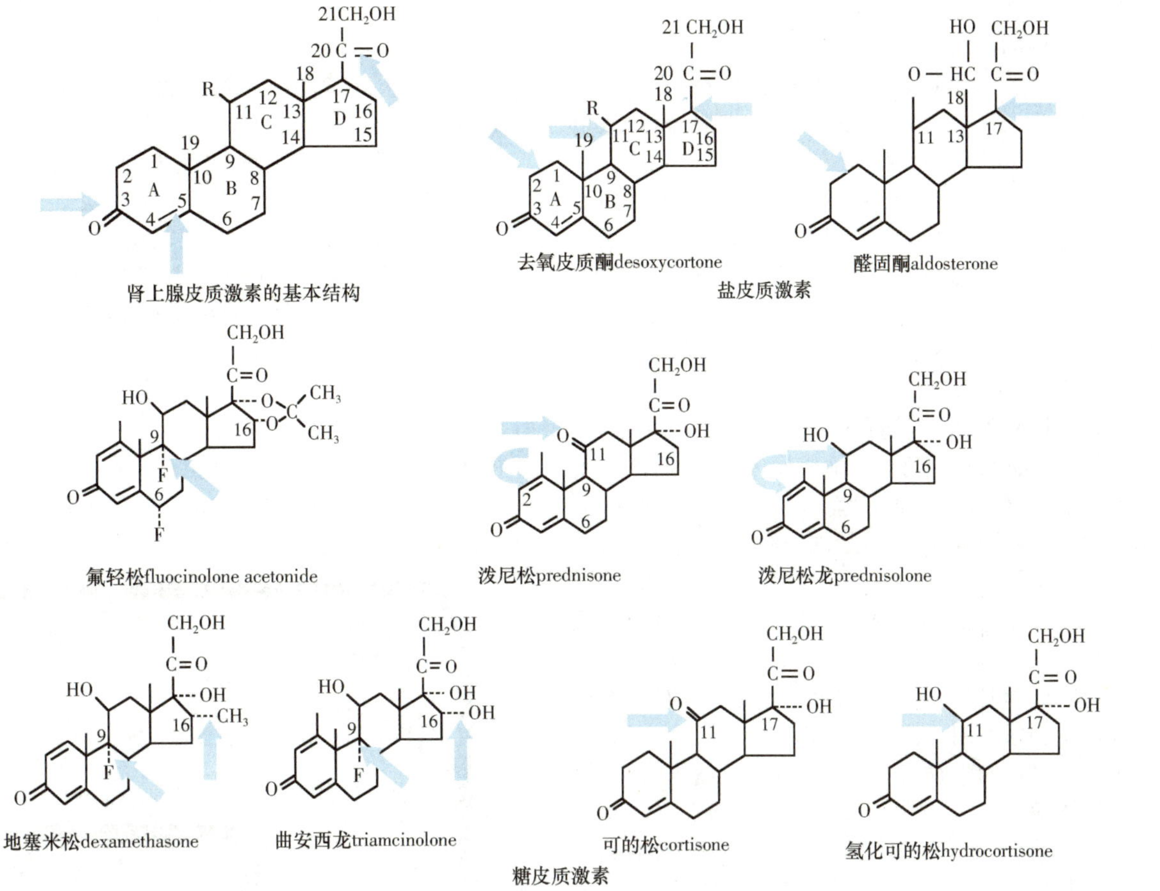

图 32-2　肾上腺皮质激素结构图

第一节　糖皮质激素

糖皮质激素作用广泛、复杂，且随着剂量的改变而改变，在生理情况下所分泌的糖皮质激素主要影响正常的物质代谢，缺乏时，将引起代谢失调以致死亡。当应激状态时，机体分泌大量糖皮质激素，通过允许作用等适应内外环境变化所致强烈刺激。药理剂量（超生理剂量）糖皮质激素除影响物质代谢外，还具有抗炎、免疫抑制和抗休克等药理作用，其临床应用非常广泛，但是不适当的使用或长期大剂量使用可导致多种不良反应和并发症，甚至危及生命。

【体内过程】　口服、注射均可吸收。口服可的松或氢化可的松后 1～2 小时血药浓度达高峰。一次性给药作用可维持 8～10 小时。

氢化可的松吸收进入血液后，约 90％与血浆蛋白结合，其中 80％与皮质激素转运蛋白（transcortin，corticosteroid binding globulin，CBG）结合，10％与白蛋白结合，结合型药物不易进入细胞，暂时失去药理活性。肝是合成 CBG 的场所，肝、肾疾病时 CBG 减少，游离型激素增多。雌激素可促进 CBG 合成，减少游离型激素，但游离型激素减少时，可反馈性增加 ACTH 的释放，使游离型激素达正常水平。

糖皮质激素在肝脏转化，经尿排出，肝肾功能不良时可致糖皮质激素类药物血浆半衰期延长。可的松与泼尼松（prednisone）等 C_{11} 上的氧在肝脏转化为羟基，生成氢化可的松（hydrocortisone）和泼尼松龙（prednisolone）方有活性，因此严重肝功能不全的病人只宜用氢化可的松或泼尼松龙。肝药酶诱导剂如苯巴比妥、利福平等与皮质激素类合用时，其分解代谢加快，应增加糖皮质的用药剂量。

氢化可的松的生物学半衰期比血浆半衰期长。血浆 $t_{1/2}$ 为 80～144 分钟，但在 2～8 小时后仍具有生物活性，1 次给药作用持续 8～12 小时。剂量大或肝、肾功能不全者可使 $t_{1/2}$ 延长；甲状腺功能亢进时，肝灭活皮质激素加速，使 $t_{1/2}$ 缩短。泼尼松龙因不易被灭活，$t_{1/2}$ 可达 200 分钟。

【药理作用和作用机制】

1. 对物质代谢的影响

（1）糖代谢：糖皮质激素在维持血糖的正常水平和肝脏与肌肉的糖原含量方面具有重要作用。其机制是：①促进糖原异生（gluconeogenesis），特别是利用肌肉蛋白质代谢中的一些氨基酸及其中间代谢物作为原料合成糖原；②减慢葡萄糖分解为 CO_2 的氧化过程，有利于中间代谢产物如丙酮酸和乳酸等在肝脏和肾脏再合成葡萄糖，增加血糖的来源；③减少机体组织对葡萄糖的利用。

(2) 蛋白质代谢：糖皮质激素能加速胸腺、肌肉、骨等组织蛋白质分解，增加尿中氮的排泄量，导致负氮平衡；大剂量糖皮质激素还能抑制蛋白质合成。因此，长期用药可引起胸腺、淋巴组织萎缩，肌肉蛋白质含量下降，肌肉消瘦，成骨细胞活力减退，骨质疏松等。故在用药期间应高蛋白、低糖饮食，在严重损失蛋白质的肾病患者及多种影响蛋白质代谢的疾病中，应用糖皮质激素类药物治疗(尤其长期治疗)时，须合用蛋白质同化类激素。

(3) 脂质代谢：短期使用对脂质代谢无明显影响。长期大剂量使用可增高血浆胆固醇，激活四肢皮下的脂酶，促使皮下脂肪分解，并重新分布在面部、上胸部、颈背部、腹部和臀部，表现为满月脸、水牛背，形成向心性肥胖。

(4) 水电解质代谢：糖皮质激素也有一定盐皮质激素样作用，但较弱。此外，还可通过增加肾小球滤过率，拮抗抗利尿激素的作用及减少肾小管对水的重吸收产生利尿作用。长期用药所致骨质脱钙，可能与减少小肠对钙的吸收和抑制肾小管对钙的重吸收、促进尿钙排泄有关。

2. 允许作用 糖皮质激素对有些组织细胞虽无直接亲和性，但可为其他激素发挥作用创造有利条件，称为允许作用(permissive action)。如糖皮质激素可增强儿茶酚胺的血管收缩作用及胰高血糖素的血糖升高作用等。

3. 抗炎作用 糖皮质激素抗炎作用强大，对多种原因所致的炎症反应均有效，如细菌、病毒所致感染性炎症和物理性(烧伤、创伤)、化学性(酸、碱)、免疫性及无菌性(缺血性组织损伤)等非感染性炎症。在炎症初期，糖皮质激素能降低毛细血管的通透性，抑制白细胞的浸润及吞噬反应，减少各种炎性因子释放，减少渗出，减轻水肿，从而缓解红、肿、热、痛等症状。在炎症后期，糖皮质激素通过抑制毛细血管和成纤维细胞的增生，抑制胶原蛋白合成和肉芽组织的增生，防止粘连及瘢痕形成，减轻后遗症。但糖皮质激素抗炎不抗菌，且炎症反应是机体的一种防御性反应，炎症后期更是组织修复的重要过程，若使用不当可致感染扩散、创面愈合延迟。因此糖皮质激素在治疗感染性疾病时，必须与足量有效的抗菌药联合。

糖皮质激素抗炎作用的基本机制是基因效应。激素作为一种脂溶性分子，易于通过细胞膜进入细胞，与胞浆内的糖皮质激素受体(glucocorticoid receptor，GR)结合。GR 有 GRα 和 GRβ 两种构型，GRα 与激素结合后产生经典的激素效应，GRβ 不具备与激素结合的能力，作为 GRα 拮抗体而起作用。未活化的 GRα 在胞质内与热休克蛋白 90(heat shock protein 90，HSP90)结合形成复合体。糖皮质激素与 GRα-HSP90 复合体结合后，HSP90 与 GRα 分离，随之类固醇-受体复合体易位进入细胞核，与特异性 DNA 靶基因的启动子序列的糖皮质激素反应成分(GRE)或负性糖皮质激素反应成分(nGRE)结合，影响基因转录，改变介质相关蛋白的水平，进而对炎症细胞和分子产生影响而发挥抗炎作用(图 32-3、图 32-4)。

(1) 诱导炎症抑制蛋白(如脂质素 1)生成和抑制某些靶酶(如诱导型 NO 合酶和环加氧酶 2)的表达，阻断相关炎性介质的产生，发挥抗炎作用。

(2) 影响细胞因子(如 TNFα、IL-1 、IL-2 、IL-6、IL-8)的产生和抑制黏附分子(如 E-选择素和 ICAM-1)的表达，并影响他们的生物活性。

(3) 诱导炎性细胞凋亡体的受体外成分(如 HSP90 等)进一步激活某些信号通路 (如 Src)产生快速效应。

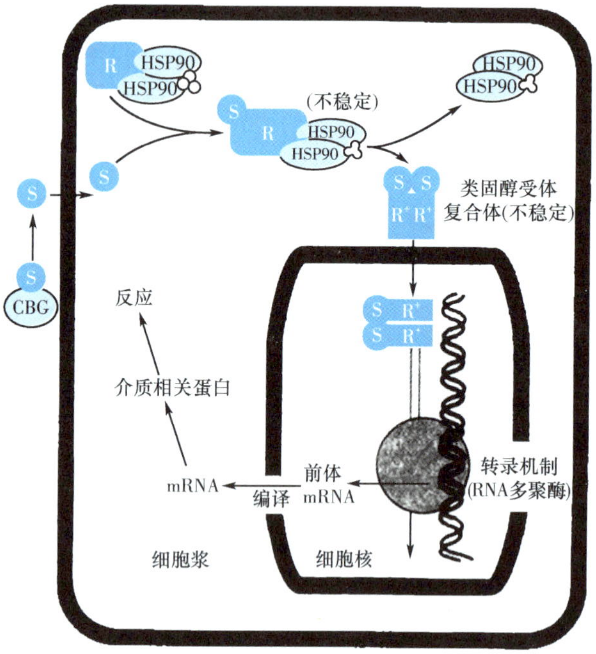

图 32-3　糖皮质激素抗炎作用机制图(基因效应)

4. 免疫抑制及抗过敏作用

(1) 免疫抑制作用：糖皮质激素对免疫系统有多方面抑制作用，但存在动物种属差异。小鼠、大鼠、家兔等较敏感，可缩小胸腺、减少脾淋巴结、溶解血中淋巴细胞；而豚鼠、猴和人的敏感性较差。糖皮质激素对正常人淋巴细胞无溶解作用，亦不会导致免疫球蛋白合成或补体代谢明显下降，更不会抑制特异性抗体的合成。但糖皮质激素能干扰淋巴组织在抗原作用下的分裂和增殖，阻断致敏 T 淋巴细胞所诱发的单核细胞和巨噬细胞的聚集等，从而抑制组织器官的移植排异反应和皮肤迟发性变态反应。对于自身免疫性疾病也能发挥一定的近期疗效。

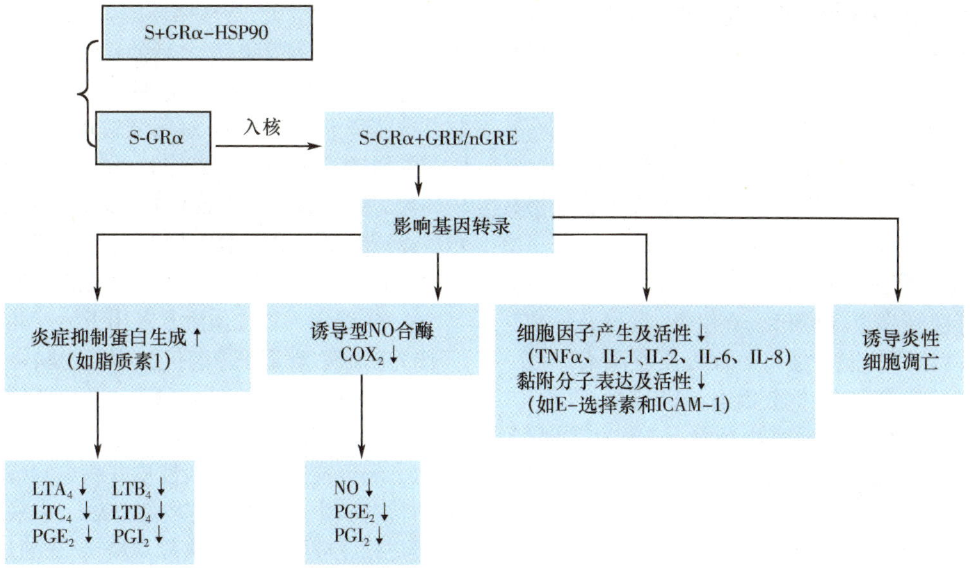

图 32-4　糖皮质激素抗炎作用机制(基因效应)

目前认为糖皮质激素抑制免疫系统有多种机制：①诱导淋巴细胞 DNA 降解；②影响淋巴细胞的物质代谢；③诱导淋巴细胞凋亡；④抑制核转录因子 NF-κB活性。

(2) 抗过敏作用：在免疫过程中，由于抗原-抗体反应引起肥大细胞脱颗粒而释放组胺、5-羟色胺、过敏性慢反应物质、缓激肽等，从而引起一系列过敏性反应症状。糖皮质激素能减少上述过敏介质的释放，减轻过敏性症状。

5. 抗毒作用　糖皮质激素可提高机体对细菌内毒素的耐受力，改善一系列中毒症状如高热。其机制可能与其降低体温调节中枢对致热源的敏感性，稳定溶酶体膜，减少内热源的释放有关。

6. 抗休克作用　常用于严重休克，特别是感染中毒性休克的治疗。大剂量糖皮质激素抗休克作用机制与下列因素有关：①扩张痉挛收缩的血管和兴奋心脏、加强心脏收缩力；②抑制某些炎性因子的产生，减轻全身炎症反应综合征及组织损伤，使微循环血流动力学恢复正常，改善休克状态；③稳定溶酶体膜，减少心肌抑制因子(myocardial depressant factor，MDF)的释放，有助于中止或延缓休克的发展；④提高机体对细菌内毒素的耐受力。但对外毒素则无防御作用。⑤其他：抗休克作用还与其诱导丙酮羟化酶，抑制糖酵解，减少乳酸形成，纠正酸中毒；减轻氧自由基脂质过氧化损伤；减少 TXA_2 形成，抑制血小板聚集，防止 DIC 发生等有关。

7. 其他作用

(1) 血液及造血系统：糖皮质激素能刺激骨髓造血功能，使红细胞和血红蛋白含量增加；大剂量可使血小板增多，提高纤维蛋白原浓度，缩短凝血酶原时间；刺激骨髓中的中性白细胞释放入血使中性白细胞数增多，但降低其游走、吞噬、消化及糖酵解等功能，减弱对炎症区的浸润与吞噬活动。糖皮质激素减少淋巴细胞存在明显的动物种属差异。对皮质激素敏感的动物淋巴细胞数量减少主要由于细胞的溶解和死亡，而不敏感的种属，则与血液中淋巴细胞向其他组织(如骨髓)分布有关。临床上可见，在肾上腺皮质功能减退者，淋巴组织增生，淋巴细胞增多；而在肾上腺皮质功能亢进者，淋巴细胞减少，淋巴组织萎缩。

(2) 中枢神经系统：氢化可的松可减少脑中 γ-氨基丁酸浓度，提高中枢的兴奋性，有些患者长期大量应用或对药物的敏感性高，即使很小剂量亦可引起欣快、激动、失眠等，偶可诱发精神失常，且能降低大脑的电兴奋阈，促使癫痫发作，故精神病患者和癫痫患者宜慎用。大剂量对儿童能致惊厥。

(3) 骨骼：长期大量应用本类药物时可出现骨质疏松，特别是脊椎骨，故可有腰背痛，甚至发生压缩性骨折、鱼骨样及楔形畸形。其机制可能是糖皮质激素抑制成骨细胞的活力、减少骨中胶原的合成、促进胶原蛋白和骨基质的分解，使骨盐不易沉积，骨质形成发生障碍。此外，大量糖皮质激素还可促进钙从尿中排出，使骨盐进一步减少。

(4) 心血管系统：糖皮质激素增强血管对其他活性物质的反应性。在实验系统中糖皮质激素可增加血管壁肾上腺受体的表达。在糖皮质激素分泌过多的 Cushing 综合征和一小部分应用合成的糖皮质激素的患者，可以出现高血压。

(5) 消化系统：糖皮质激素能使胃酸和胃蛋白酶分泌增多，提高食欲，促进消化，但大剂量应用可诱发或加重溃疡病。

【临床应用】

1. 严重感染或预防炎症后遗症

(1) 严重急性感染：主要用于中毒性感染或同时伴有休克者，如中毒性菌痢、暴发型流行性脑膜炎、猩红热及败血症等，但要求同时应用足量有效抗菌药物，且糖皮质激素仅作为辅助治疗。因其能增加机体对有害刺激的耐受性，减轻中毒反应，有利于争取时间，进行抢救。

目前缺乏有效抗病毒药物，因此，病毒性感染一般不用糖皮质激素，因其降低机体的防御机能反使感染扩散、加剧。但对严重传染性肝炎、流行性腮腺炎、麻疹和乙型脑炎等，也有缓解症状的作用。

对多种结核病的急性期，尤其是以渗出为主的结核病，如结核性脑膜炎、胸膜炎、心包炎、腹膜炎等，在早期应用抗结核药的同时辅以短程糖皮质激素，可迅速退热，减轻炎症渗出，使积液消退，减少愈合过程中发生的纤维增生及粘连，但宜小剂量，一般为常规剂量的1/2～2/3。目前认为，在有效抗结核药物的作用下，糖皮质激素的治疗并不引起结核病灶的恶化。

(2) 治疗炎症及防止某些炎症的后遗症：机体重要器官或部位的炎症，如风湿性心瓣膜炎、脑炎、心包炎、损伤性关节炎、睾丸炎以及烧伤后疤痕挛缩等，因炎症损害或恢复时产生粘连和瘢痕，将引起严重功能障碍。早期应用糖皮质激素可减少炎性渗出，减轻愈合过程中纤维组织过度增生及粘连，防止后遗症的发生。对眼科疾病如虹膜炎、角膜炎、视网膜炎和视神经炎等非特异性眼炎，应用后也可迅速消炎止痛、防止角膜混浊和瘢痕粘连的发生。但有角膜溃疡者禁用。

2. 自身免疫性疾病、过敏性疾病及器官移植排斥反应

(1) 自身免疫性疾病：对严重风湿热(累及心脏时)、风湿性心肌炎、风湿性及类风湿性关节炎、全身性红斑狼疮、自身免疫性贫血和肾病综合征等，应用糖皮质激素后可缓解症状。对多发性皮肌炎糖皮质激素为首选药。但一般采用综合疗法，不宜单用，以免引起不良反应。

(2) 过敏性疾病：如荨麻疹、血管神经性水肿、支气管哮喘和过敏性休克等。此类疾病一般发作快，康复也快，治疗主要应用肾上腺素受体激动药和抗组胺药物。对严重病例或其他药物无效时，可应用糖皮质激素辅助治疗，目的是抑制抗原-抗体反应所引起的组织损害和炎症过程。

(3) 器官移植排斥反应：糖皮质激素可预防异体器官移植术后的免疫排斥反应。一般术前1～2天开始口服泼尼松，每日100mg，术后第一周改为每日60mg，以后逐渐减量。若已发生排斥反应，需应用大剂量氢化可的松静脉滴注，排斥反应控制后再逐步减少剂量至最小维持量，并改为口服。若与环孢霉素A等免疫拮抗药合用，疗效更好，并可减少两药的剂量。

3. 抗休克治疗 糖皮质激素可用于多种类型的休克。对感染中毒性休克，在应用有效抗菌药物治疗下，可尽早、短时间、突击使用大剂量糖皮质激素。24小时应予相当于1～2g氢化可的松的量或更多，用药1～2天，最多不超过3天，待微循环改善、脱离休克状态时停用，且尽可能在抗菌药物之后使用，停药则在撤去抗菌药物之前停。对过敏性休克，糖皮质激素为次选药，可与首选药肾上腺素合用，对病情较重或发展较快者，可同时静脉滴注氢化可的松200～400mg(稀释于5%～10%葡萄糖液100～200ml中)，以后视病情决定用量，好转后逐渐减量。对低血容量性休克，在补液、补电解质或输血后效果不佳者，可合用超大剂量的糖皮质激素。

4. 血液病 糖皮质激素多用于治疗儿童急性淋巴细胞性白血病，现多采取与抗肿瘤药物联合的多药并用方案；此外，还可用于再生障碍性贫血，粒细胞减少症，血小板减少症和过敏性紫癜等的治疗。停药后易复发。

5. 局部应用 对一般性皮肤病如湿疹、肛门瘙痒、接触性皮炎、牛皮癣等均有较好疗效。常采用氢化可的松、泼尼松龙或氟轻松等软膏、霜剂或洗剂局部用药，当肌肉韧带或关节劳损时，可将醋酸氢化可的松或醋酸泼尼松龙混悬液加入1%普鲁卡因注射液，肌内注射，也可注入韧带压痛点或关节腔内以消炎止痛。

6. 替代疗法(replacement therapy) 用于急、慢性肾上腺皮质功能不全者，脑垂体前叶功能减退及肾上腺次全切除术后。

【不良反应】

1. 长期大剂量应用引起的不良反应

(1) 医源性肾上腺皮质功能亢进症：又称类肾上腺皮质功能亢进综合征，是因长期应用过量糖皮质激素致物质代谢和水盐代谢紊乱的结果。表现为满月脸、水牛背、皮肤变薄、水肿、多毛、痤疮、低血钾、高血压、高血脂、糖尿病等，即向心性肥胖或Cushing综合征(图32-5)。停药后症状可自行消失。必要时加用抗高血压药、抗糖尿病药治疗，并采取低盐、低糖、高蛋白饮食及加用氯化钾等措施。

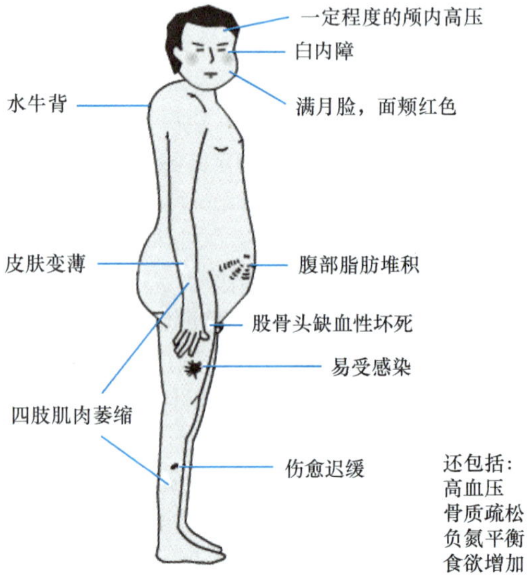

图32-5 柯兴综合征的临床表现

(2) 诱发或加重感染：糖皮质激素可降低机体的免疫功能，长期应用易诱发感染或使潜在的感染病灶扩散。尤其是原有疾病已使抵抗力降低疾病(如白血病、再生障碍性贫血、肾病综合征等)患者更易发生。还可使原来静止的结核病灶扩散恶化。故肺结核、腹膜结核、淋巴结核、脑膜结核等应合用抗结核药。

(3) 消化系统并发症:糖皮质激素刺激胃酸、胃蛋白酶的分泌并抑制胃黏液分泌,降低胃肠黏膜的抵抗力,可诱发或加剧胃、十二指肠溃疡,甚至造成消化道出血或穿孔。对少数患者可诱发胰腺炎及脂肪肝。

(4) 心血管系统并发症:长期应用,由于钠、水潴留和血脂升高可引起高血压和动脉粥样硬化。

(5) 骨质疏松、肌肉萎缩、伤口愈合迟缓等:与糖皮质激素促蛋白质分解、抑制其合成及增加钙、磷排泄有关。骨质疏松多见于儿童、绝经妇女和老人,严重者可产生自发性骨折。由于抑制生长激素的分泌和造成负氮平衡,还可影响生长发育。孕妇应用偶引起胎儿畸形。

(6) 糖尿病:糖皮质激素有促进糖原异生,降低组织对葡萄糖的利用,抑制肾小管对葡萄糖的重吸收作用,因而长期应用超生理剂量糖皮质激素者,将引起糖代谢的紊乱,约半数病人出现糖耐量受损或糖尿病(类固醇糖尿病)。这类糖尿病对降糖药敏感性较差,所以应在控制原发病的基础上,尽量减少糖皮质激素的用量,最好停药。如不能停药,应酌情给予口服降糖药或注射胰岛素治疗。

(7) 其他:有癫痫或精神病史者禁用或慎用。

2. 停药反应

(1) 医源性肾上腺皮质功能不全:长期应用尤其是连日给药的患者,减量过快或突然停药,特别是当遇到感染、创伤、手术等严重应激情况时,可引起肾上腺皮质功能不全。因长期应用糖皮质激素,反馈性抑制垂体-肾上腺皮质轴致使肾上腺皮质萎缩所致,表现为恶心、呕吐、乏力、低血压和休克等,需及时抢救。防治方法:缓慢停药;停用激素后需连续应用 ACTH 7 天左右;在停药 1 年内如遇应激情况(如感染或手术等),应及时给予足量的糖皮质激素。

肾上腺皮质功能恢复时间与药物剂量、用药时间和个体差异有关。停用激素后,垂体分泌 ACTH 的功能一般需经 3～5 个月恢复;肾上腺皮质对 ACTH 起反应机能的恢复约需 6～9 个月,甚至 1～2 年才能恢复。

(2) 反跳现象:长期应用糖皮质激素的患者对激素产生了依赖性或病情尚未完全控制,突然停药或减量过快而致原发病复发或恶化。常需加大剂量再行治疗,待症状缓解后再缓慢减量、停药。

【禁忌证】 严重的精神病(过去或现在)和癫痫,活动性消化性溃疡病,新近胃肠吻合术,骨折,创伤修复期,角膜溃疡,肾上腺皮质功能亢进症,严重高血压,糖尿病,孕妇,抗菌药物不能控制的感染如水痘、麻疹、霉菌感染等。但禁忌证和适应证并存时,应全面分析,权衡利弊,慎重决定。对病情危急的适应证,虽有禁忌证存在,仍可考虑使用,待危急情况缓解后,尽早停药或减量。

【用法与疗程】

1. 大剂量冲击疗法　适用于急性、重度、危及生命的疾病的抢救,常用氢化可的松静脉给药,首剂 200～300mg,1 日可超过 1g,以后逐渐减量,疗程 3～5 天。大剂量应用宜并用氢氧化铝凝胶等以防止急性消化道出血。

2. 一般剂量长期疗法　多用于结缔组织病和肾病综合征等:常用泼尼松口服,开始每日 10～30mg,一日 3 次,获得临床疗效后,逐渐减量,每3～5 日天减量 1 次,每次按 20%左右递减,直到最小有效维持量。维持量应较生理分泌的皮质激素量稍高。维持量给药法有两种:①每日晨给药法:将一日的用药总量于每晨 7～8 点 1 次给予,常用短效糖皮质激素如氢化可的松。②隔晨给药法:将两日用药总量每隔 1 日早晨 7～8 点 1 次给予,常用中效糖皮质激素如泼尼松、泼尼松龙。一般不用长效的糖皮质激素,以免引起对下丘脑-垂体-肾上腺轴的抑制。

长期应用糖皮质激素治疗的过程中,如发生下列情况之一者应停药:①维持量已减至正常基础需要量:如泼尼松每日 5～7.5mg,经过长期观察,病情已稳定不再活动者。②治疗效果差,不宜再用糖皮质激素,应改用其他药物。③因严重副作用或并发症,难以继续用药者。

3. 小剂量替代疗法　适用于急、慢性肾上腺皮质功能不全症(包括肾上腺危象、阿狄森病)、脑垂体前叶(腺垂体)功能减退及肾上腺次全切除术后。一般维持量,可的松每日 12.5～25mg 或氢化可的松每日 10～20mg,与盐皮质激素交替应用。

第二节　盐皮质激素类药物

盐皮质激素对维持机体正常的水、电解质代谢起重要作用。主要有醛固酮和去氧皮质酮。

醛固酮(aldosterone)主要作用为保钠排钾。去氧皮质酮(desoxycorticosterone)与糖皮质激素如氢化可的松合用作为临床替代疗法,治疗慢性肾上腺皮质功能减退症,以纠正病人失钠、失水和钾潴留等,恢复水和电解质的平衡。在替代治疗中,部分患者单用糖皮质激素即可见效,较重的病人或单用糖皮质激素无效的病人,可加用去氧皮质酮治疗。替代疗法的同时,每日需补充食盐 6～10g。

第三节　促皮质素及皮质激素抑制药

一、促皮质素

【来源】 促皮质素(adrenocorticotropic hormone,

ACTH)由垂体前叶合成分泌，其合成和分泌受到下丘脑促皮质素释放激素(corticotropin releasing hormone，CRH)的调节，对维持机体肾上腺正常形态和功能具有重要作用。在生理情况下，下丘脑、垂体和肾上腺三者处于动态平衡，ACTH缺乏，将引起肾上腺皮质萎缩、分泌功能减退。ACTH还控制自生释放的短负反馈调节。

因ACTH口服后在胃内被胃蛋白酶破坏而失效，只能注射给药。血浆 $t_{1/2}$ 约为15分钟。其主要作用是促进糖皮质激素的分泌，但必须在皮质功能完好时方能发挥作用。一般在ACTH给药后2小时，肾上腺皮质才开始分泌氢化可的松。临床上利用此作用诊断脑垂体前叶-肾上腺皮质功能状态及长期使用糖皮质激素停药前后的皮质功能水平，以防止因停药而发生皮质功能不全。ACTH制剂多从牛、猪、羊的垂体提取，过敏反应发生率高。人工合成的ACTH仅有24个氨基酸残基，免疫原性相对较低，过敏反应发生率低。

二、皮质激素抑制药

盐皮质激素抑制药，如抗醛固酮药中的螺内酯等。皮质激素抑制药可代替外科的肾上腺皮质切除术，临床常用的有米托坦和美替拉酮等。

米 托 坦

米托坦(mitotane)又称双氯苯二氯乙烷，为杀虫剂滴滴涕(DDT)一类化合物。能相对选择性地作用于肾上腺皮质细胞，对肾上腺皮质的正常细胞或瘤细胞都有损伤作用，尤其是选择性地作用于肾上腺皮质束状带及网状带细胞，使其萎缩、坏死。用药后血、尿中氢化可的松及其代谢物迅速减少。但不影响球状带，故醛固酮分泌不受影响。

口服约有40%被吸收，分布于全身各部，但脂肪是其主要储藏器官，占给药量25%的代谢产物经尿中排出，口服量的60%以原形药由粪中排出。停止给药后6～9周，血浆中仍能测到微量的米托坦。

临床主要用于无法切除的皮质癌、切除复发癌以及皮质癌术后辅助治疗。

可有消化道不适、中枢抑制及运动失调等不良反应，减小剂量这些症状可以消失。若由于严重肾上腺功能不全而出现休克或严重的创伤时，可给予肾上腺皮质类固醇类药物。

美 替 拉 酮

美替拉酮(metyrapone)又称甲吡酮，能抑制11β-羟化反应，干扰11-去氧皮质酮转化为皮质酮，抑制11-去氧氢化可的松转化为氢化可的松，而降低其血浆水平；又能反馈性地促进ACTH分泌，导致11-去氧皮质酮和11-去氧氢化可的松代偿性增加，故尿中17-羟类固醇排泄也相应增加。

临床用于治疗肾上腺皮质肿瘤和产生ACTH的肿瘤所引起的氢化可的松过多症和皮质癌，还可用于垂体释放ACTH功能试验。

不良反应少而轻，可有眩晕、消化道反应等。

氨 鲁 米 特

氨鲁米特(aminoglutethimide)又称氨基苯哌啶酮，能抑制胆固醇转变成20α-羟胆固醇，阻断类胆固醇生物合成的第一个反应，从而对氢化可的松和醛固酮的合成产生抑制作用。

临床主要与美替拉酮合用，治疗由垂体所致ACTH过度分泌诱发的库欣综合征。为防止肾上腺功能不足，可给予生理剂量的氢化可的松。

酮 康 唑

酮康唑(ketoconazole)是一种抗真菌药，能阻断真菌类固醇的合成。但由于哺乳类动物组织对其敏感性远较真菌为低，因此它对人体类固醇合成的抑制作用仅在高剂量时才会出现。目前，酮康唑主要用于治疗肾上腺皮质功能亢进综合征(库欣综合征)和前列腺癌。

Summary

- The adrenal cortex synthesizes two classes of steroids: corticosteroids (glucocorticoids and mineralocorticoids) and gonadal hormones. Dexamethasone is the most selective for glucocorticoid activity, and fludrocortisone is the most selective for mineralocorticoid activity.
- Adrenocortical steroids diffuse across the cell membranes and bind to steroid receptors in the cytoplasm. The steroid receptor complex migrates to the nucleus, acts on DNA and regulates gene transcription and functional protein expression.
- The effects of corticosteroids are widespread. When the adrenal cortex fails, adrenocortical steroids are available for replacement therapy. Corticosteroids major use in medicine is for anti-inflammatory, congenital adrenal hyperplasia and immunological diseases. Dexamethasone is very useful in the diagnosis of Cushing's syndrome. The potencies and durations of the effect of different glucocorticosteroids must be compared, and the ratio of benefit risk must be balanced before any therapeutic uses.

（刘　红　艾明仙）

第三十三章　甲状腺激素及抗甲状腺药

案例 33-1

患者，女，28 岁，两个月前因房屋装修劳累后出现心慌、消瘦，伴有颈部增粗，入院。

查体：体温 37℃，双侧甲状腺弥漫性增大，脉搏 110 次/分，BP 130/70mmHg。辅助检查：FT_4 46.7pmol/L，FT_3 10.9pmol/L，TSH 0.05mU/L，TRAb 66.3U/L，甲状腺摄碘率 2 小时为 50.2%，6 小时为 75.2%，24 小时为 79.3%。

问题：

1. 患者可能患什么疾病？

2. 根据你的诊断，请初步拟定该患者治疗方案。

甲状腺是人体最大的内分泌腺体，甲状腺的主要功能是合成甲状腺激素，它是维持机体正常代谢、促进生长发育所必需的激素，包括甲状腺素（thyroxine，T_4）和三碘甲状腺原氨酸（3，5，3′-triiodothyronine，T_3）。正常人每日释放 T_4 为 70～90μg、T_3 为 15～30μg。

甲状腺激素分泌过少或过多均可引起疾病。分泌过多会导致甲状腺功能亢进症（hyperthyroidism，甲亢），可用抗甲状腺药物或手术治疗；分泌过少会引起呆小病、黏液性水肿等甲状腺功能减退症（hypothyroidism，甲减），可用甲状腺激素类药物治疗。

第一节　甲状腺激素

【构效关系】　甲状腺激素为碘化酪氨酸的衍生物，T_3、T_4 均含有无机碘，其结构如图 33-1 所示：两个苯环相互垂直，环Ⅰ具有羧基的侧链和环Ⅱ的酚羟基是维持活性的基本结构。环Ⅰ3 位和 5 位的碘参与和受体结合；环Ⅱ5′位上的碘则妨碍和受体结合，使活性降低。如外周组织 5′位的碘经脱碘反应，使 T_4 脱碘生成活性更强的 T_3；环Ⅰ5 位脱碘生成无活性的反向 T_3（reverse T_3，rT_3）。阐明其构效关系，有利于竞争性抑制物的研究。

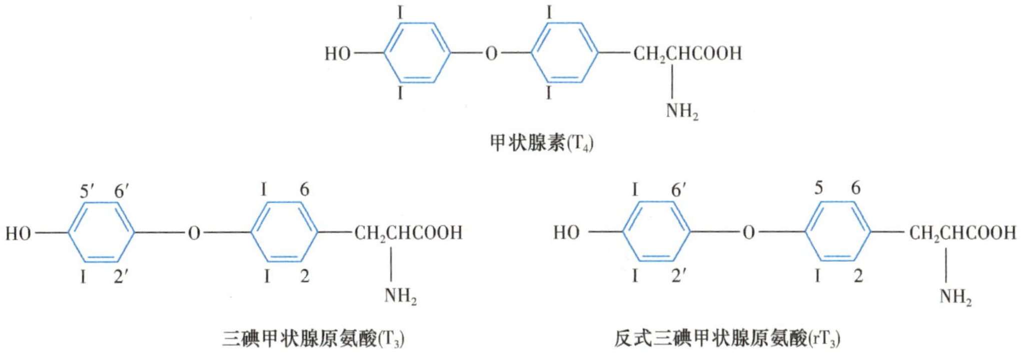

图 33-1　甲状腺激素及其代谢产物的结构

【甲状腺激素的合成、储存、释放和调节】

1. 合成

（1）摄碘：当含有碘化物（I^-）的血液流经甲状腺时，在甲状腺腺泡细胞膜上的碘泵作用下，I^- 被迅速主动摄入并浓缩于细胞内；碘化物的浓度正常时为血浆中浓度的 25 倍，甲亢时可达 250 倍，故摄碘率是甲状腺功能指标之一。

（2）碘的氧化及酪氨酸碘化：碘化物在过氧化物酶作用下被氧化成活性碘（I^+）。活性碘与甲状腺球蛋白（thyroglobulin，TG）中的酪氨酸残基结合，生成一碘酪氨酸（monoiodotyrosine，MIT）和二碘酪氨酸（diiodotyrosine，DIT）。

（3）耦联：在过氧化物酶催化下，两分子的 DIT 缩合生成 T_4，一分子 DIT 和一分子 MIT 缩合成 T_3。T_4 和 T_3 的比例决定于碘的供应情况，正常时 T_4 较多，缺碘时则 T_3 所占比例增大，这样可以更有效地利用碘，使甲状腺激素活性维持平衡。

2. 储存　合成的 T_4 和 T_3 存在于 TG 分子上，储存在腺泡腔内胶质中，待需要时释放入血。

3. 释放　在蛋白水解酶作用下，TG 分解并释放出 T_4、T_3 进入血液。其中 T_4 约占分泌总量的 90%以上，在外周组织脱碘酶作用下，约 36% T_4 转为 T_3，T_3 的生物活性比 T_4 大约 5 倍。

4. 调节　垂体分泌的促甲状腺激素（thyroid-stimulating hormone，TSH）促进甲状腺激素的合成和释放，而 TSH 的分泌又受下丘脑分泌的促甲状腺激素释放激素(thyrotropin-releasing hormone,TRH)的调节。应激状态或某些疾病均通过 TRH 影响甲状腺功能;血中的 T_4 和 T_3 浓度对 TSH 和 TRH 的释放都有负反馈调节作用(图 33-2)。

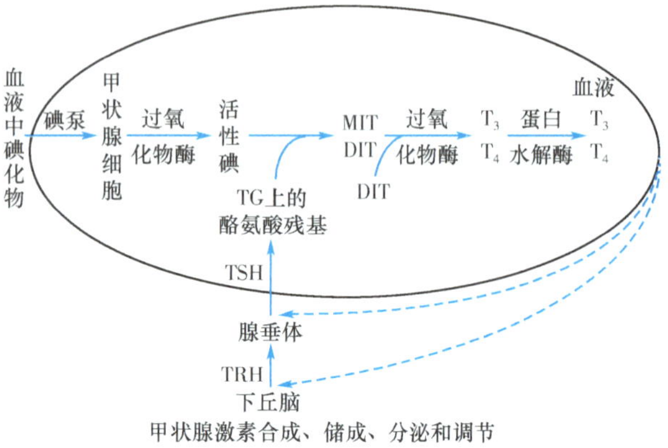

图 33-2 甲状腺激素的合成、储存、释放和调节示意图

【体内过程】 口服易吸收,T_4 生物利用度为 50%~70%,其吸收率因肠内容物的影响不恒定;T_3 生物利用度为 90%~95%。严重黏液性水肿时口服吸收不良,须肠外给药。T_4、T_3 血浆蛋白结合率均在 99%以上,但 T_3 与血浆蛋白的亲和力低于 T_4,其游离量可为 T_4 的 10 倍。T_3 作用快而强,维持时间短,$t_{1/2}$ 为 2 天;T_4 则作用弱而慢,维持时间较长,$t_{1/2}$ 为5 天。因两者 $t_{1/2}$ 均超过 1 天,故每天只需用药 1 次。甲状腺激素主要在肝、肾线粒体内脱碘,并与葡萄糖醛酸或硫酸结合而经肾排泄。可通过胎盘和进入乳汁,故在妊娠期和哺乳期慎用。

【药理作用】

1. **维持正常生长发育** T_3 和 T_4 能促进蛋白质合成及骨骼、中枢神经系统的生长发育。在脑发育期间,缺碘、母体先天性缺陷或用抗甲状腺药而致甲状腺功能不足,可产生智力低下、身材矮小的呆小病(克汀病,cretinism)。T_3 和 T_4 还影响胎肺发育,新生儿呼吸窘迫综合征常与 T_3、T_4 不足有关。早产儿血中 T_3、T_4 水平较低与新生儿多种疾病的关系正在引起重视。成年人甲状腺功能不全时则引起黏液性水肿(myxedema),表现为中枢神经兴奋性降低、记忆力减退等。

2. **促进代谢和产热** 能促进物质氧化,增加耗氧,提高基础代谢率,使产热增多。甲亢时有怕热、多汗等症状。成人甲低时有畏寒、其他代谢活动降低,严重时出现黏液性水肿。

3. **提高交感-肾上腺系统活性** 甲状腺激素过多时,可使肾上腺素受体数目增多,所以甲亢时患者出现对交感神经递质及肾上腺髓质激素的敏感性增加,出现神经过敏、急躁、震颤、心率加快、心输出量增加及血压增高等现象。

【作用机制】 甲状腺激素的作用机制与甲状腺激素受体有关。T_3、T_4 既可与膜上受体结合,也可被动转运入胞内,与细胞质结合蛋白(cytosol binding protein,CBP)结合并与游离的 T_3、T_4 形成动态平衡。甲状腺激素的作用主要是通过其胞核受体介导,核受体对 T_3 的亲和力比 T_4 大 10 倍,T_3 占此受体结合激素的 85%~90%,故此种受体又称为 T_3 受体。甲状腺激素通过调控由细胞核内 T_3 受体所介导的基因表达,增加某些 mRNA 和蛋白合成而发挥作用。

此外,甲状腺激素还有"非基因作用",通过核蛋白体、线粒体和细胞膜上的受体结合,影响转录后的过程、能量代谢以及膜的转运功能,增加葡萄糖、氨基酸等摄入细胞内,结果多种酶和细胞活性加强。

【临床应用】

1. **呆小病** 该病始于胎儿或新生儿,应尽早诊治,发育仍可正常。若治疗过晚,则智力仍然低下。治疗应从小剂量开始,逐渐增加剂量,有效者应终身治疗,并随时调整剂量。

2. **黏液性水肿** 一般服用甲状腺片,治疗应从小剂量开始,逐渐增至足量,2~3 周后如基础代谢率恢复正常,可逐渐减为维持量。儿童和青年可迅速采用足量,老年及心血管疾病患者增量宜缓慢,以防过量诱发或加重心脏病变;垂体功能低下者宜先用糖皮质激素,再用甲状腺激素,以防发生急性肾上腺皮质功能不全。黏液性水肿昏迷者必须立即静脉注射大量 T_3,直至清醒后改为口服,同时给予足量氢化可的松。如无静脉注射剂,也可用 T_3 片剂研碎后加水鼻饲。

3. **单纯性甲状腺肿** 其治疗取决于病因。由于缺碘所致者应补碘,未发现明显原因者可给予适量甲状腺激素,以补充内源性激素的不足,并可抑制 TSH 过多分泌,以缓解腺体代偿性增生肥大。结节若不能消失,须进行手术。

4. **T_3 抑制试验** 是传统对摄碘率高者作鉴别诊断用,目前已较少使用。服用 T_3 后摄碘率比用药前对照值下降 50%以上者为单纯性甲状腺肿,摄碘率下降小于 50%为甲亢。

【不良反应】 多见于甲状腺激素过量。轻者常出现心悸、手震颤、多汗、体重减轻、失眠等甲亢症状。重者多见腹泻、呕吐、发热、脉搏快而不规则,甚至有心绞痛、心力衰竭、肌肉震颤或痉挛。一旦出现上述现象应立即停药,用 β 受体阻断药对抗,停药 1 周后再从小剂量开始应用。

第二节 抗甲状腺药

治疗甲亢的药物统称抗甲状腺药。临床常用的抗甲状腺药(antithyroid drugs)包括硫脲类、碘和碘化物、放射性碘和 β 受体阻断药。

一、硫 脲 类

硫脲类(thioureas)为临床常用的抗甲状腺药。

可分为二类：①硫氧嘧啶类：包括甲硫氧嘧啶（methlthyiouracil，MTU）和丙硫氧嘧啶（propylthiouracil，PTU）；②咪唑类：包括甲巯咪唑（thiamazole，他巴唑，tapazole）和卡比马唑（carbimazole，甲亢平）。

【体内过程】 硫脲类口服吸收迅速，20～30 分钟开始出现于血中，2 小时达高峰。开始剂量为 300～450mg/日，维持量为 50～100mg/日，可用 1～2 年以上。生物利用度为 80%，血浆蛋白结合率为 75%，分布于全身组织，以甲状腺浓集较多，亦能通过胎盘，妊娠妇女慎用或禁用；乳汁浓度也高，服用本类药物的妇女不应哺乳。主要在肝脏代谢，约 60%在此被破坏，部分结合葡萄糖醛酸后排出，$t_{1/2}$为 2 小时。

咪唑类的卡比马唑为甲巯咪唑的衍生物，在体内转化成甲巯咪唑而发挥作用。甲巯咪唑的血浆 $t_{1/2}$为 6～13 小时，在甲状腺组织中药物浓度可维持 16～24 小时，其疗效与甲状腺内药物浓度呈正相关有关。每日 1 次和每日 3 次均可产生较好疗效，维持量为 5～10mg/日。

【药理作用和机制】

1. 抑制甲状腺激素的合成 硫脲类通过抑制甲状腺过氧化物酶，使进入甲状腺内的碘离子不能氧化，进而阻止酪氨酸的碘化及碘化酪氨酸的耦联，抑制甲状腺激素的生物合成。硫脲类对已合成的甲状腺激素无效，须待体内已合成的激素被消耗到一定程度后才能生效。一般症状改善尚需 2～3 周，基础代谢率恢复正常需 1～2 个月。

2. 抑制外周组织 T_4转化为 T_3 丙硫氧嘧啶能抑制外周组织 T_4转化为 T_3，迅速控制血清中生物活性较强的 T_3水平，故在重症甲亢、甲亢危象时作为硫脲类中的首选药。

3. 免疫抑制作用 目前认为甲亢的发病与自身免疫异常有关。硫脲类能轻度抑制免疫球蛋白的生成，使血中甲状腺刺激性免疫球蛋白（thyroid stimulating immunoglobulin，TSI）含量下降，故对甲亢患者除能控制高代谢症状外，亦能起到一定的病因治疗。

【临床应用】

1. 甲亢的内科治疗 适用于轻症、不宜手术和^{131}I 治疗者。如儿童、青少年、术后复发及中、重度患者而年老体弱或兼有心、肝、肾或出血疾患等患者。开始应用给予大剂量，以最大程度抑制甲状腺激素合成，经 1～3 个月后症状可明显改善。当基础代谢率接近正常时，药量即可递减至维持量，疗程 1～2 年。当遇到应激情况时，应增加剂量。内科治疗能使 40%～70%的患者不再复发。

2. 甲状腺术前准备 一般在术前应先服硫脲类药物，使甲状腺功能恢复或接近正常，以减少甲状腺次全切除术患者在麻醉和手术后的并发症及甲状腺危象。由于硫脲类使 TSH 分泌增多，致腺体增生，组织脆而充血，不利于手术，术前两周左右须加服大量碘剂。

3. 甲状腺危象的治疗 感染、外伤、手术、情绪激动等诱因，可致大量甲状腺激素突然释放入血，使患者发生高热、虚脱、心衰、肺水肿、水和电解质紊乱等，严重时可致死亡，称之为甲状腺危象。对此，除消除诱因、对症治疗外，主要给大剂量碘剂以抑制甲状腺激素释放，并立即应用硫脲类（常选用丙硫氧嘧啶）阻止甲状腺素合成作为辅助治疗，剂量约为一般治疗量的 2 倍，时间不超过 1 周。

【不良反应】 约 3%～12%用药者发生不良反应。丙硫氧嘧啶和甲巯咪唑发生较少。

1. 过敏反应 最常见，皮肤瘙痒、药疹，少数伴有发热，应密切观察，一般不需停药也可消失。

2. 消化道反应 常见有厌食、呕吐、腹痛、腹泻等，偶尔有黄疸性肝炎。

3. 粒细胞缺乏症 最严重，发生率为 0.3%～0.6%。一般发生在治疗后的 2～3 个月内，老年人较易发生，应定期检查血象。注意与甲亢本身引起的白细胞数偏低相区别，发生咽痛、发热等反应时应立即停药，可恢复正常。罕见血小板减少症。

4. 甲状腺肿及甲状腺功能减退 长期用药后，可使血清甲状腺激素水平呈显著下降。反馈性增加 TSH 分泌而引起腺体代偿性增生、腺体增大、充血，重者可产生压迫症状。亦可发生甲状腺功能减退，及时发现并停药常可治愈。

【注意事项】 该类药物易通过胎盘和进入乳汁，妊娠时慎用或不用，哺乳妇女禁用；结节性甲状腺肿合并甲亢及甲状腺癌患者禁用。

【相互作用】 磺胺类、对氨水杨酸、对氨苯甲酸、保泰松、巴比妥类、酚妥拉明、磺酰脲类、维生素 B_{12}等药物都能不同程度地抑制甲状腺功能，与硫脲类合用时，可增加其抗甲状腺作用。碘剂明显延长硫脲类起效时间，一般不应同用。

二、碘及碘化物

常用的碘及碘化物有碘化钾、碘化钠及复方碘溶液（aqueous iodine solution），后者又称卢戈液（Lugol's solution），含碘 5%，碘化钾 10%，均以碘化物的形式从胃肠道吸收，以无机碘形式存在于血液中，主要经甲状腺摄取。

【药理作用】 不同剂量的碘化物对甲状腺功能产生不同的作用。

1. 小剂量 作为合成甲状腺激素的原料，可预防单纯性甲状腺肿。缺碘地区在食盐中按 1∶100 000～1∶10 000 的比例加入碘化钾或碘化钠，早期患者疗效显著，如腺体太大已有压迫症状者应考虑手术治疗。

2. 大剂量 大剂量碘产生抗甲状腺作用，其机制有：①主要抑制甲状腺激素的释放：通过抑制谷胱甘肽还原酶，减少还原型谷胱甘肽（GSH）的含量，使

TG对蛋白水解酶的敏感性下降，抑制T_3、T_4的释放。②拮抗TSH。③减少甲状腺激素的合成：抑制提纯的甲状腺过氧化物酶，影响酪氨酸碘化和碘化酪氨酸耦联，T_3、T_4的合成减少。

大剂量碘的抗甲状腺作用快而强，用药1～2天起效，10～15天达最大效应。但腺泡细胞内碘离子浓度达一定程度时，细胞摄碘自动降低，细胞内碘离子浓度下降，从而失去抑制T_3、T_4合成的作用。因此，大剂量碘不能单独用于甲亢的内科治疗。

【临床应用】

1. 甲状腺术前准备 因大剂量碘能抑制TSH使腺体增生的作用，术前2周给予复方碘溶液，能使腺体缩小变韧，血管减少，利于手术及减少出血。

2. 甲状腺危象治疗 碘化物与硫脲类药物配合服用，可迅速控制甲状腺危象症状。一般将碘化物加到10%葡萄糖溶液中静脉滴注，也可服用复方碘溶液。其抗甲状腺作用发生迅速，并在2周内逐渐停服。

【不良反应】

1. 一般反应 常见于咽喉不适、口内金属味、呼吸道刺激、鼻窦炎和眼结膜炎症及唾液分泌增多、唾液腺肿大等，停药后可消退。

2. 过敏反应 于用药后立即或几小时内发生，表现为发热、皮疹、皮炎、也可有血管神经性水肿，严重者有喉头水肿，可致窒息。一般停药可消退，加服食盐和增加饮水量可促进碘排泄，必要时采取抗过敏措施。

3. 诱发甲状腺功能紊乱 ①长期或过量服用碘剂可能诱发甲亢，已经用硫脲类控制症状的甲亢患者也可因服用少量碘而复发；②碘剂也可能诱发甲状腺功能减退和甲状腺肿，原有甲状腺炎者不易发生。

【注意事项】 碘能进入乳汁和通过胎盘，可能引起新生儿和婴儿甲状腺功能异常或甲状腺肿，严重者压迫气管而致命，孕妇和哺乳妇女慎用。

三、放射性碘

临床应用的放射性碘(radioiodine)是^{131}I，$t_{1/2}$为8天，用药后1个月放射即可消除90%，56天消除99%以上。

【药理作用】 甲状腺具有高度的摄碘能力，^{131}I可被甲状腺摄取。^{131}I主要产生β射线(占99%)和γ射线(占1%)。β射线在组织内射程仅约2mm，辐射损伤只限于甲状腺内，很少波及周围其他组织；又因增生细胞较周围组织对辐射作用较敏感，故^{131}I起到类似手术切除部分甲状腺的作用，具有简便、安全、疗效明显等优点。γ射线在体外测得，可用于甲状腺摄碘功能测定。

【临床应用】

1. 甲亢的治疗 ^{131}I适用于不宜手术或手术后复发及硫脲类无效或过敏者。^{131}I作用缓慢，一般用药1个月见效，3～4个月后甲状腺功能恢复正常。因个体对射线的敏感性有差异，故剂量不宜准确掌握，通常按估计的甲状腺重量和最高摄碘率计算。儿童甲状腺组织对辐射效应较敏感，碘在卵巢组织浓度也较高，根据我国药典规定，20岁以下的患者、妊娠或哺乳妇女及肾功能不良者不宜放射性碘治疗。此外，甲状腺危象、重症浸润性突眼症及甲状腺不能摄碘者也应禁用。

2. 甲状腺摄碘功能检查 口服^{131}I后分别于1、3及24小时测定甲状腺放射性，计算摄碘率。本方法现在主要用于甲状腺毒症病因的鉴别。

【不良反应】 剂量过大易致甲状腺功能低下，故应严格掌握剂量密切观察有无不良反应，一旦发现功能低下症状，可补充甲状腺激素对抗。^{131}I是否有致癌和诱发白血病作用尚待确定。

四、β受体阻断药

普萘洛尔等主要通过阻断β受体作用而改善甲亢所致的心率加快、心收缩力增加等交感神经活性增强的症状，也能适当减少甲状腺激素的分泌。普萘洛尔与氧烯洛尔还能抑制5′-脱碘酶，抑制T_4转变为T_3；阿替洛尔与美多洛尔则同时抑制5′-脱碘酶和5-脱碘酶，致T_3和rT_3生成都减少。

β受体阻断药不干扰硫脲类的抗甲状腺作用，且作用迅速，但单用时控制症状的作用有限，与硫脲类合用作用迅速而显著。临床上常选用无内在拟交感活性的药物，如普萘洛尔也用于不宜用硫脲类、不宜手术及^{131}I治疗的甲亢患者，以及甲状腺危象的辅助治疗，帮助患者度过危险期；大剂量β受体阻断药用于甲亢术前准备，不会致腺体增大变脆，两周后即可手术，常与硫脲类联合。

注意防止本类药物对心血管系统和气管平滑肌的不良反应。

第三节 促甲状腺激素与促甲状腺释放激素

促甲状腺激素与促甲状腺释放激素临床主要用于鉴别甲状腺功能。

1. TSH试验 用于鉴别甲状腺功能减退患者的病变部位。每日肌内注射TSH两次，每次10U，连用3天。分别测定注射前后甲状腺摄碘率或血浆蛋白结合碘。如果注射TSH后上两项指标增高，说明病变在腺垂体；如不增高说明病变在甲状腺。

2. 提高甲状腺及其癌转移病灶的摄碘率 在用

碘治疗毒性甲状腺肿或用放射性碘治疗甲状腺癌时作为辅助治疗，以提高碘剂或放射性碘的疗效。一般每日肌内注射 10U。

3. TRH 兴奋试验 是测定甲状腺功能和鉴别甲状腺疾病病变部位的可靠方法，也可用来监测甲状腺疾病的治疗效果。先测对照 TSH 值后，静注 TRH 200～500mg，分别观察给药后 15、30、60 分钟 TSH 的变化。甲亢病人血中 T_3、T_4 水平高，反馈抑制 TRH，TRH 兴奋试验之反应减弱，可据此鉴别诊断隐匿型甲亢或是神经官能症。在甲状腺功能低下病人如 TSH 呈过敏反应，说明病变在甲状腺本身；呈弱反应或无反应，说明病变在腺垂体；呈延迟性反应，则说明病变在下丘脑。

Summary

- The normal thyroid gland secrets sufficient amounts of the thyroid hormones-Thriiodothyronine (T_3) and tetraiodothyronine (T_4)- to normalize growth and development, body temperature, and energy levels. T_3 and T_4 have been used to treat hypothyroidism.
- Reduction of thyroid activity and hormones effects can be accomplished by agents that interfere with the production of thyroid hormones; by agents that modify the tissue response to thyroid hormones and suppress secretion of T_3 and T_4 to subnormal levels; or by glandular destruction with radiation or surgery. The antithyroid compounds used clinically include the thioamides, iodide, radioactive iodine and β-adrenoceptor blockers.
- Thiourea homologues, such as propylthiouracil and methimazole inhibit thyroid hormone synthesis and the peripheral conversion of T_4 to T_3. Iodine can be administered prior to subtotal thyroidectomy to reduce the vascularity of the thyroid, or rarely as adjunctive therapy for thyroid crisis. β-adrenoceptor blockers block the peripheral effects of thyroid hormone excess and the peripheral conversion of thyroxine to triiodothyronine.

（潘德顺）

第三十四章 胰岛素及口服降血糖药

案例 34-1

患者，男，43 岁。

主诉：因"口干、多饮、多尿、消瘦 1 年"入院。

现病史：患者 1 年前开始出现口干、多饮、多尿、消瘦，在当地医院查空腹血糖 11.2mmol/L，餐后血糖 15.3mmol/L，诊断为 2 型糖尿病。

体检：血压 140/90mmHg，神清，BMI 28，心、肺、腹体检未发现异常。

辅助检查：肝肾功能均正常，空腹血胰岛素 16mU/L（正常值 1～15mU/L），血胆固醇 8.58mmol/L，血甘油三酯 3.21mmol/L；空腹血糖 10.8mmol/L，餐后 2 小时血糖 15.2mmol/L，糖化血红蛋白 8.0%。

诊断：2 型糖尿病。

问题：

1. 2 型糖尿病的治疗措施有哪些？

2. 常用的口服降糖药有哪些，适应证各有何不同？

3. 该患者可考虑选用何药治疗？说出选药依据。

糖尿病(diabetes mellitus)是一组以血葡萄糖水平升高为特征的代谢性疾病，发病率逐渐上升，已成为发达国家的第三大非传染性疾病，我国发病率居世界第 2 位。糖尿病分为 1 型、2 型、其他特殊类型糖尿病和妊娠期糖尿病，1 型主要为自身免疫性糖尿病、胰岛 B 细胞自身免疫性破坏，使胰岛素绝对缺乏，发病急，年龄多在 30 岁以下，多以非特异症状或典型三多一少或昏迷就诊，急性并发症（酮症酸中毒）多见，治疗需要胰岛素。2 型主要是胰岛素抵抗（insulin resistance IR）和 B 细胞分泌缺陷。发病缓，年龄多在 40 岁以上，临床症状不明显，慢性并发症多见，治疗以饮食控制、运动及口服降糖药为主，晚期多需要胰岛素治疗。

1 型糖尿病常规治疗是定期注射胰岛素；2 型糖尿病药物治疗常用药有促胰岛素分泌剂、α-葡萄糖苷酶抑制药、胰岛素增敏药、胰升糖素样多肽 1 类似物和 DPP IV 抑制物、胰岛素。另有部分中药如消渴丸、参芪降糖颗粒、参芪降糖胶囊，糖尿乐胶囊等亦用于糖尿病的治疗。

第一节 胰 岛 素

胰岛素(insulin)是由 α、β 两条多肽链组成，分子量为 56kD 的酸性蛋白质，两链之间由 2 个二硫键共价相连。药用胰岛素由猪、牛胰腺提取，或通过 DNA 重组技术合成人胰岛素。提纯胰岛素抗原性强，易引起过敏反应，重组胰岛素抗原性弱，较少引起过敏反应。

【体内过程】 普通胰岛素口服易被消化酶破坏，必须注射给药。皮下注射吸收快，尤以前臂外侧和腹壁明显。亦可肌肉、静脉注射；胰岛素主要在肝、肾灭活，经谷胱甘肽转氨酶还原二硫键，再由蛋白水解酶水解成短肽或氨基酸，也可被肾胰岛素酶直接水解；$t_{1/2}$ 较短，约 9～10 分钟，作用维持数小时。10%以原形自尿液排出，90%以产物由肾脏排出。为延长胰岛素作用时间，制成中、长效制剂。用碱性蛋白质与之结合，提高等电点（7.3）；加入微量锌使制剂稳定，中、长效制剂均为混悬剂，不可静脉注射。胰岛素制剂特点如表 34-1。

表 34-1 胰岛素各种制剂特点

类型	药名	给药途径	给药时间	作用时间（小时）		
				开始	高峰	维持
短效	正规胰岛素（RI）	IH	餐前 0.5 小时 3～4 次/天	0.5	2～4	6～8
		IV	急救	立即	0.5	2
中效	低精蛋白锌胰岛素（NPH）	IH	餐前 0.5 小时 1～2 次/天	2～4	6～12	18～26
	珠蛋白锌胰岛素 globin zinc insulin	IH	餐前 1 小时 1～2 次/天	2～4	6～10	12～18
长效	精蛋白锌胰岛素（PZI）	IH	餐前 1 小时	3～8	14～24	28～36

（1）速效胰岛素类似物：改变胰岛素β链氨基酸，使胰岛素分子聚合能力降低，保持单聚体或二聚体，皮下注射15分钟起效，30～60分钟达峰，持续2～5小时，符合进餐时的生理需求。目前药物有：赖脯胰岛素（insulin lispro），将胰岛素β链28位的脯氨酸（Pro）与29位的赖氨酸（Lys）次序颠倒；门冬胰岛素（insulin aspart）胰岛素β链28位的脯氨酸被门冬氨酸代替。

（2）长效胰岛素类似物：使基础胰岛素水平较稳定，低血糖发生减少。目前药物有：甘精胰岛素（insulin glargine），胰岛素α链门冬氨酸换成甘氨酸，β链C末端加两分子精氨酸。胰岛素Detemir，胰岛素β链29位赖氨酸上接一个游离脂肪酸侧链，切去第30位苏氨酸。

【药理作用】

1. 降低血糖　增加糖的去路（促进葡萄糖的氧化和酵解，促进糖原的合成和储存），减少来源（抑制糖原分解和异生）。

2. 促进脂肪合成，减少分解　减少游离脂肪酸和酮体的生成，增加脂肪酸和葡萄糖的转运，使其利用增加。

3. 促进蛋白质合成，减少分解　胰岛素能增加氨基酸的转运和核酸、蛋白质的合成，抑制蛋白质的分解。

4. 加快心率，加强心肌收缩力和减少肾血流，在伴发相应疾病时应予充分注意。

5. 促进K^+进入细胞，降低血K^+。

【作用机制】　肝、肌肉和脂肪等靶细胞膜上存在胰岛素受体（insulin receptor，InsR），InsR由两个α-亚单位及两个β-亚单位组成。α-亚单位在胞外，含胰岛素结合部位，β-亚单位为跨膜蛋白，其胞内部分含酪氨酸蛋白激酶（tyrosine protein kinase，TPK）。胰岛素与InsR的α亚基结合后迅速激活β亚基上的TPK，引起β亚基自身及细胞内其他活性蛋白的磷酸化连锁反应（phosphorylation cascade），进而产生降血糖等生物效应。见图34-1。

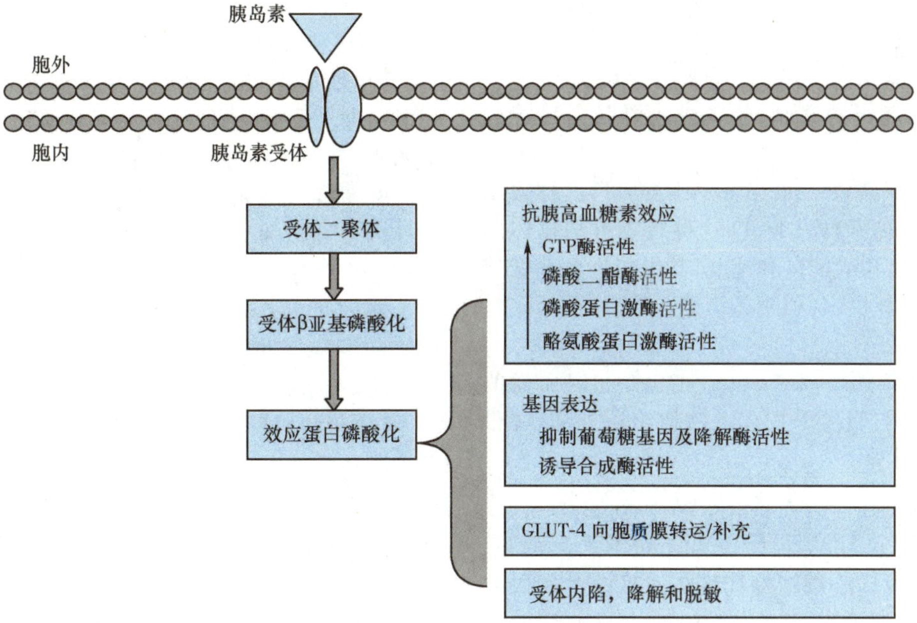

图34-1　胰岛素作用机制示意图

【临床应用】

（1）1型糖尿病。

（2）2型糖尿病：经饮食控制或用口服降血糖药未能控制者；初次诊断血糖水平较高者，尤其体重明显降低；难以分型的消瘦的糖尿病患者。

（3）各种急性或有严重并发症的糖尿病，如酮症酸中毒及非酮症性高渗性昏迷。

（4）妊娠、手术和分娩。

（5）纠正细胞内缺钾：细胞内缺钾者，胰岛素与葡萄糖同用可促使钾内流，临床又称极化疗法。

【不良反应】

1. 低血糖症　是胰岛素最常见的不良反应，为药物过量所致。早期表现为饥饿感、出汗、心跳加快、焦虑、震颤等症状，严重者可引起昏迷、休克及脑损伤，甚至死亡。

2. 过敏反应　动物胰岛素较多见，一般反应轻微，罕见过敏性休克。可因：①动物与人的胰岛素结构差异所致；②制剂的杂质所致。选用高纯度制剂、人胰岛素或单组分胰岛素可减少过敏反应。

3. 胰岛素的抗药性

（1）急性抵抗性：多因并发感染、创伤、手术等应激状态或酮症酸中毒所致。血中抗胰岛素物质增多；pH降低，可减少胰岛素与受体的结合；或因酮症酸中毒时，血中有大量游离脂肪酸和酮体而妨碍葡萄糖的摄取、利用，使胰岛素作用锐减。处理方法：①去除诱因；②纠正酸碱、水电解质失衡；③短时间内增加胰岛素剂量达数百乃至数千单位。

(2) 慢性抵抗性：临床指每日需用胰岛素 200U 以上，且无并发症者。其原因：①受体前异常：产生胰岛素抗体并与胰岛素结合而阻碍胰岛素向靶部位转运；②受体水平异常：高胰岛素血症、老年、肥胖、肢端肥大症及尿毒症等，均可使靶细胞上的胰岛素受体数目减少，酸中毒时受体与胰岛素亲和力降低；③受体后异常：靶细胞膜上葡萄糖转运系统及某些酶系统失常等妨碍胰岛素发挥正常作用。

4. 脂肪萎缩　见于注射部位，女性多于男性，用高纯度胰岛素后较少见。

【给药方法改进】

1. 鼻腔植入法　将胰岛素小片植入患者鼻腔，使之缓慢释放胰岛素，可维持几天或几周药效。

2. 鼻腔吸入法　为克服胰岛素频繁给药的不便，应用吸入式胰岛素制剂在体内能达到并超过了注射给药的最佳浓度，有良好的疗效。

3. 口腔黏膜给药、滴鼻剂、直肠栓剂给药。

4. 口服胰岛素的研制，使其进入胃肠道后能抗降解而被吸收。

5. 关闭环系统(closed-loop systems)　又称人工胰，为一小型胰岛素释放装置，这种装置可根据体内血糖水平调节给药的剂量和速度，其中包括葡萄糖传感装置、微型计算机、泵和胰岛素储存库，目前尚未广发应用。

6. 开放环系统(open-loop systems)　以血糖的监测来调节常用剂量，采用皮下注射给药方法，能很好地控制血糖水平。

第二节　口服降血糖药

口服降糖药只治疗 2 型糖尿病。目前常用口服降血糖药包括：胰岛素增敏药(噻唑烷二酮类、双胍类)、胰岛素分泌促进剂(磺酰脲类、瑞格列萘)、α-葡萄糖苷酶抑制药等。

一、胰岛素增敏药

胰岛素抵抗(IR)是指胰岛素靶器官(肝、骨骼肌及脂肪细胞等)对胰岛素敏感性降低，可由遗传因素(胰岛素受体、葡萄糖转运体及胰岛素信号传导途径的任一环节基因突变)及环境因素(运动减少、高脂、高热量饮食、吸烟、肥胖症等)引起，被认为是 2 型糖尿病及其并发症产生的根本病因，故改善 IR 对糖尿病治疗具有重要意义。

(一) 噻唑烷二酮类

噻唑烷二酮类化合物(thiazolidinediones)为一类具有 2,4-二酮噻唑烷结构的化合物，包括罗格列酮(rosiglitazone)、吡格列酮(pioglitzone)、曲格列酮(troglitazone)、环格列酮(ciglitazone)、恩格列酮(engitazone)等，是一类能改善 B 细胞功能，显著改善 IR，对 2 型糖尿病及其并发症均有明显疗效，曲格列酮因肝脏损害不良反应已停用，其中应用较多的为罗格列酮 4～8mg/天，每日 1 次或分 2 次口服，吡格列酮 15～30mg/天，每日 1 次。

【体内过程】　口服 2 小时内吸收，最大效应在服药后 6～12 周才达到。主要经肝脏代谢。通常与胰岛素或其他口服降糖药合用。

【药理作用】

1. 改善 IR　降低高胰岛素血症，血浆胰岛素水平降低，靶组织胰岛素受体上调，对胰岛素的敏感性增强；纠正脂质代谢紊乱，从而降低骨骼肌、脂肪组织和肝脏的胰岛素耐受。

2. 降血糖　降低患者空腹血糖、餐后血糖降低；常与磺酰类、双胍类等联用。

3. 改善胰岛 B 细胞功能　阻止胰岛 B 细胞的衰退，并可增加胰岛的面积、密度和胰岛中胰岛素含量，对其分泌无影响；降低高胰岛素血症和血浆游离脂肪酸水平，使其对胰腺毒性减轻，也保护了 B 细胞功能。

4. 防治血管并发症　抑制血小板聚集、炎症反应和内皮细胞的增生，抗动脉粥样硬化；使肾小球的病理改变明显减轻，延缓蛋白尿的发生，肾损害减轻；使 2 型糖尿病患者 LDL、VLDL、甘油三脂减少；总胆固醇和 HDL-C 增多；能改善高血压，使收缩压、平均血压、舒张压均下降。

【作用机制】　该类药物能竞争性激活过氧化物酶增殖体受体(peroxisomal proliferators activated receptor γ，PPARγ)，调节胰岛素反应性基因的转录，增加外周组织葡萄糖转运体 1 及葡萄糖转运体 4 等的转录和蛋白合成，增加基础葡萄糖的摄取和转运，从而改善胰岛素耐受并发挥降血糖作用。

【临床应用】　主要用于治疗胰岛素抵抗和 2 型糖尿病。1 型糖尿病无效。不宜应于孕妇、哺乳期妇女和儿童。

【不良反应】　该类药物具有良好的安全性和耐受性，低血糖发生率低，单独应用不引起低血糖。副作用主要有嗜睡、肌肉和骨骼痛、头痛、消化道症状等。该类药物中曲格列酮对极少数高敏人群具有致命的肝损害，FDA 已停止该药的使用，一般认为罗格列酮的肝毒性不大，但近年也有引起肝毒性的报告，故用药过程中应定期查肝功。吡格列酮上市较晚，尚未见肝毒性报告，由于其结构与罗格列酮相似，故最好用药期间定期检查肝功。

(二) 双胍类

常用的双胍类药物包括甲福明(metformin，Diaformin 二甲双胍)、苯乙福明(phenformin,苯乙双胍,)和丁双胍(butyl-phenformin)。苯乙双胍最早用于临床,不良反应重,欧美一些国家已停止使用,我国控制使用。目前临床应用的主要是二甲双胍和丁双胍。

【体内过程】 甲福明 $t_{1/2}$ 约 1.5 小时,在体内不与蛋白结合,大部分以原形从尿中排出。苯乙福明 $t_{1/2}$ 约 3 小时,约 1/3 以原形从尿排出,作用维持 4～6 小时。

【药理作用和机制】 双胍类对糖尿病人有降血糖作用,对正常人无降血糖作用。降血糖作用不依赖正常的胰岛功能和胰岛 B 细胞,而是增加外周组织对葡萄糖的摄取及无氧酵解,抑制肝糖原异生,降低血浆高血糖素水平,减少葡萄糖在肠道的吸收等。近年发现,二甲双胍可增加胰岛素的敏感性,促进外周胰岛素与受体的结合,促进受体磷酸化,激活酪氨酸激酶和葡萄糖转运体 4 的转位,从而改善组织对胰岛素的敏感性。

【临床应用】 适用于肥胖及单用饮食控制无效的轻症 2 型糖尿病患者。英国前瞻性糖尿病研究证实,对于肥胖的糖尿病患者,二甲双胍不仅减少糖尿病微血管病变,且对大血管病变的作用显著,合并心肌梗死发生率下降有统计学意义,这可能与其不增加胰岛素分泌有关。

【不良反应】

1. 常见反应 食欲下降、恶心、腹部不适、腹泻及低血糖等,发生率较磺酰脲类高。

2. 严重反应 双胍类,尤其是苯乙双胍,有引起乳酸血症的危险,二甲双胍引起乳酸血症的危险性较小,但对于肾功能不全、败血症、休克及大手术中应慎用,一旦发现血肌酐升高应停用。此外尚可影响维生素 B_{12}、叶酸的吸收,长期应用应及时补充此类物质。

二、胰岛素分泌促进剂

(一) 磺酰脲类

磺酰脲类是最早用于临床的口服降糖药。现已有三代。第一代以 1955 年氨磺丁脲在德国上市为标志,在此基础上发展出的代表药物主要有甲苯磺丁脲(tolbutamide, D_{860})和氯磺丙脲(chlorpropamide);第二代在苯环上接一带芳香环的碳酰胺而成,代表药物为格列本脲(glyburide,优降糖)、格列吡嗪(glipizide,吡磺环己脲,美比达)及格列美脲(glimepiride),作用可增加数十至上百倍;第三代在磺酰脲的尿素部分加一个二环杂环,代表药物为格列齐特(gliclazide,达美康),既能降血糖,又能改变血小板功能,对糖尿病易凝血和有血管栓塞倾向的患者可能有益。见图 34-2。

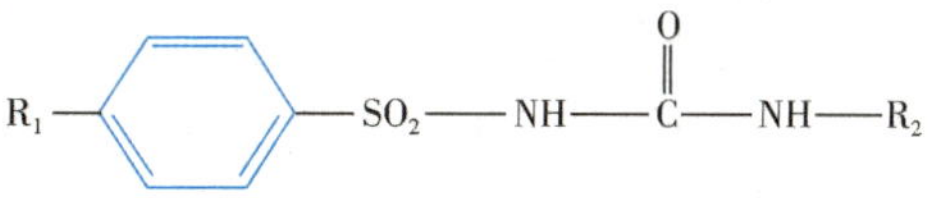

磺酰脲

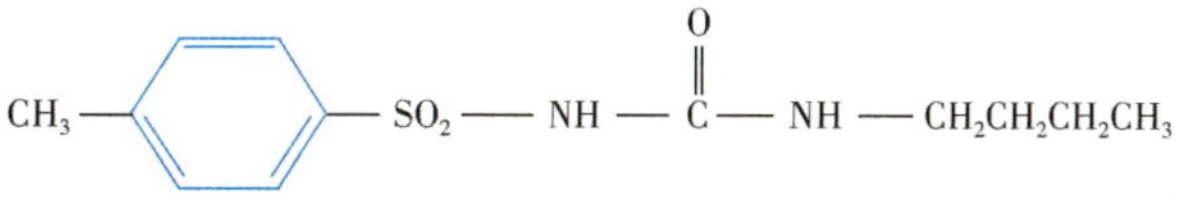

甲苯磺丁脲

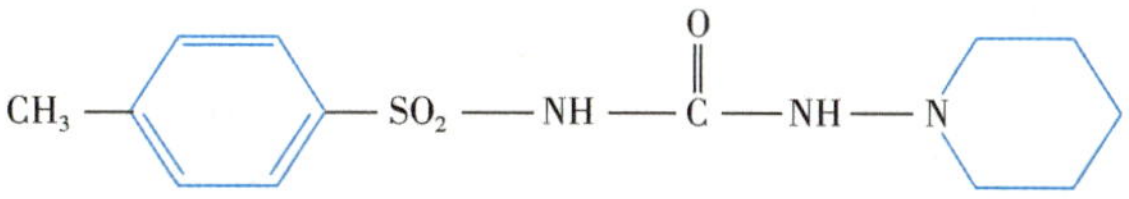

妥拉磺脲

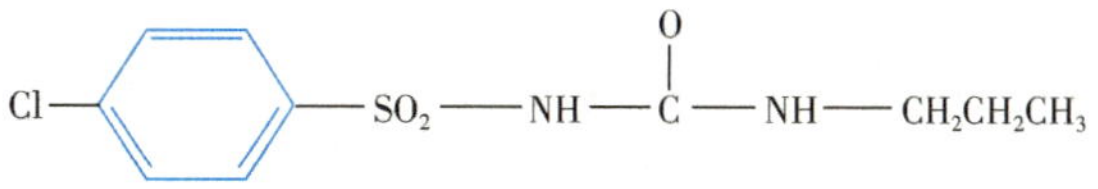

氯磺丙脲

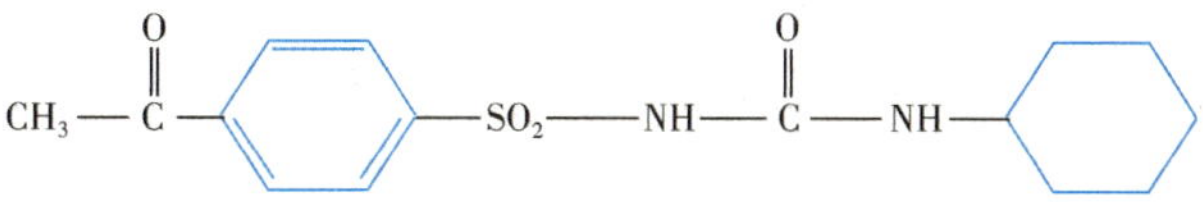

醋磺己脲

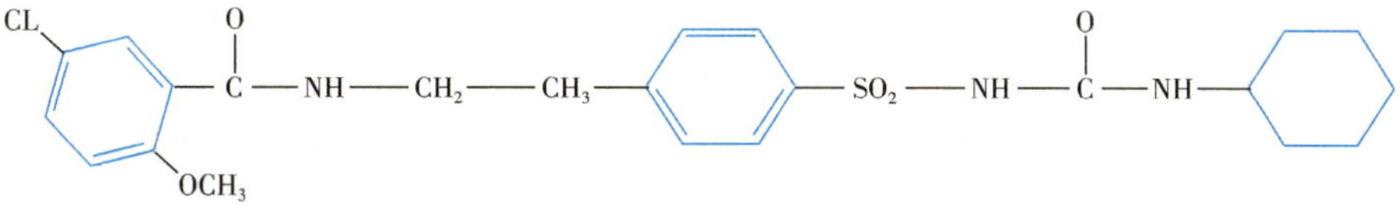

格列本脲

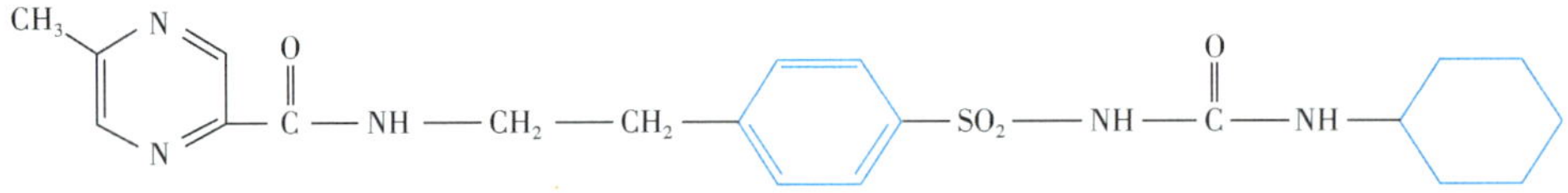

格列吡嗪

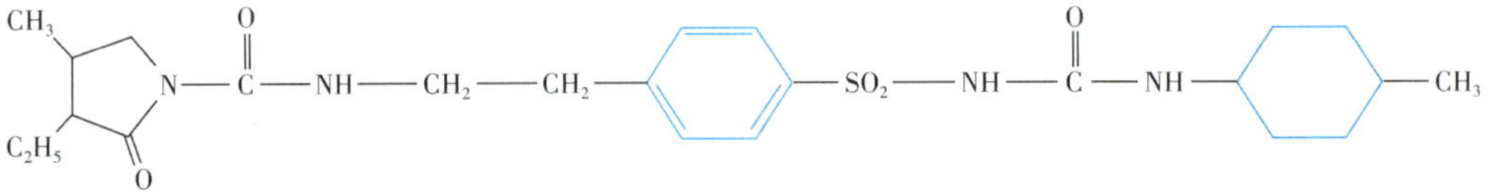

格列美脲

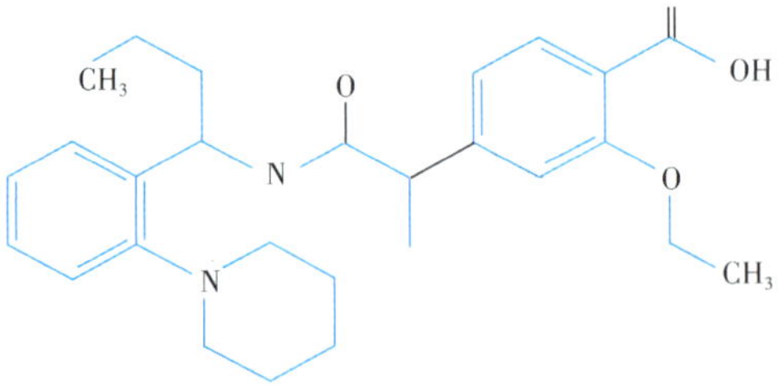

瑞格列奈

图 34-2　磺酰脲类降糖药的化学结构(续)

【体内过程】 本类药口服吸收良好，甲苯磺丁脲作用最弱、维持时间最短，而氯磺丙脲 $t_{1/2}$ 最长，且排泄慢、每日只需给药一次。新型磺酰脲类作用较强，可维持 24 小时，每日只需给药 1～2 次。各类药物在体内过程不同，其药动学特征见表 34-2。

表 34-2　磺酰脲类药物的体内过程及特点

药名	作用强度	$t_{1/2}$(小时)	维持时间(小时)	代谢形式	备注
甲磺丁脲		4～6	6～10	肝代谢	肝肾功能不全者禁用
氯磺丙脲		25～40	30～60	肾排泄	副作用较大，较少选用
格列本脲	D_{860} 的 200 倍	4～8	16～24	肝代谢	顽固性低血糖，中度以上选用，老人/轻型不宜
格列吡嗪	D_{860} 的 100 倍	3～7	12～15	肝代谢	不会发生持续低血糖
格列美脲		2.7～7	24	肝代谢	
格列齐特	D_{860} 的 10 倍	8～12	24	肝代谢	适用于老年糖尿病
格列波脲(克糖利)	D_{860} 的 40 倍	10～12	24	肾排泄	出现低血糖机会少
格列喹酮(糖适平)	强于 D_{860}，弱于优降糖	1.5	8	胆道排泄	老年/肾功能受损的糖尿病及服用磺脲类其他药物反复发生低血糖者

【药理作用和机制】 见图 34-3。

1. 降血糖作用　磺酰脲类降低正常人血糖，对胰岛功能尚存(至少保留 30%胰岛功能)的病人有降血糖作用，但对 1 型糖尿病人及切除胰腺的糖尿病人，或胰岛素分泌能力严重衰竭的糖尿病人无效。其机制为：①刺激胰岛 B 细胞释放胰岛素，本类药与胰岛 B 细胞上磺酰脲受体结合，阻滞 ATP 敏感的 K^+ 通道，使细胞膜除极化，促进电压依赖性钙通道开放，使胞内钙增多，触发胰岛 B 细胞释放胰岛素，见图 34-3；②降低血清糖原水平；③增加胰岛素与靶组织的结合能力。长期服用磺酰脲类，胰岛素恢复甚至低于药前水平，其降血糖作用仍然存在，这可能与其增加靶细胞膜上胰岛素受体的数目和亲和力有关。

2. 抗利尿作用　格列本脲、氯磺丙脲有一定抗利尿作用，但不降低肾小球滤过率，为其促进 ADH 分泌和增强其作用的结果，可用于尿崩症。

3. 抗凝血作用　第三代磺酰脲类，格列齐特能使血小板黏附力减弱，刺激纤溶酶原的合成，对糖尿病伴凝血和血管栓塞的患者有一定防治效果。

【临床应用】

1. 糖尿病　适用于胰岛功能尚存的单用饮食控制无效的轻、中度 2 型糖尿病；对胰岛素抵抗的病例，可以和胰岛素合用，减少胰岛素的用量，本类药物对 1 型糖尿病人及切除胰腺的糖尿病人，或胰岛素分泌能力严重衰竭的糖尿病人无效。选用磺脲类药物时，以年轻至中度2型糖尿病且经济不富裕者，可首选格列本脲或D860。经济富裕者及老年糖尿病人应首选格列吡嗪、格列齐特或格列波脲。肾功能不全者首选格列喹酮或胰岛素治疗。特别需强调的是，磺脲类药物之间不宜同时应用。一些中成药，如消渴丸(10粒消渴丸相当于1片格列本脲)等含有格列本脲等成分。

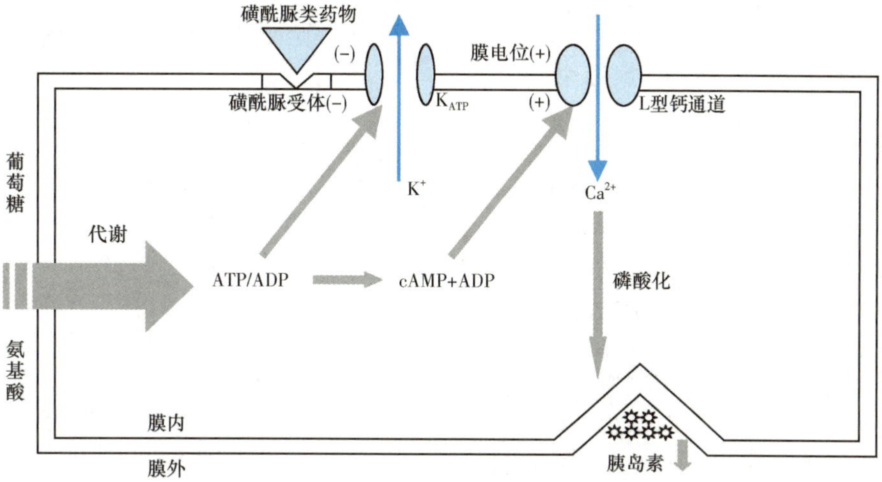

图 34-3　磺酰脲类药物作用机制示意图

2. 尿崩症　常用氯磺丙脲，0.125～0.5g/天，可使病人尿量明显减少。

【不良反应】

(1) 常见不良反应为皮肤过敏，胃肠不适，嗜睡，神经痛，甚至肝损害，尤以氯磺丙脲多见。一般在服药后1～2个月内发生。少数病人出现白细胞、血小板减少及溶血性贫血，因此应定期检查肝功能及血象。

(2) 严重不良反应为持久性低血糖症，常因药物过量所致，老人及肝、肾功能不良者发生率高。故老年及肾功不良的糖尿病人忌用。新型磺酰脲类较少引起低血糖。

【药物相互作用】　磺酰脲类血浆蛋白结合率高，能与保泰松、水杨酸钠、吲哚美辛、青霉素、双香豆素等竞争血浆蛋白结合位点，使游离药物浓度上升而引起低血糖反应；血浆蛋白低或血浆胆红素水平高的病人也能与磺酰脲类竞争血浆蛋白结合部位，而发生低血糖；乙醇抑制糖原异生和肝葡萄糖输出，在服用磺酰脲类时病人饮酒会导致低血糖；胰岛素、格列本脲、甲苯磺丁脲与阿司匹林并用，后者能减慢降糖药的代谢与排泄，加之阿司匹林本身也有降糖作用，因此可引起低血糖昏迷；氯丙嗪、糖皮质激素、噻嗪类利尿药、口服避孕药均可降低磺酰脲类的降血糖作用，须予注意。

(二) 非磺脲类——瑞格列奈

瑞格列奈(repaglinide)为1998年上市的第一个用于临床的餐时血糖调节药。

【体内过程】　口服后迅速经胃肠吸收入血，15分钟起效，1小时内达峰浓度，半衰期约1小时，经肝药酶P_{450}系统代谢，其中92%随胆汁进入消化道经粪便排出，其余8%经尿排泄。

【药理作用和机制】　最大的优点是模仿胰岛素的生理性分泌。其降血糖作用机制可能是通过与胰岛B细胞膜上的特异性受体结合，促进与受体耦联的ATP敏感性K^+通道关放，抑制K^+外流，使胞膜除极化，从而使电压依从性Ca^{2+}通道开放，使细胞外Ca^{2+}内流，促进储存的胰岛素分泌。

【临床应用】　适用于2型糖尿病，老年糖尿病患者也可服用，且适用于糖尿病肾病者，对磺酰脲类过敏者可使用(因其结构中不含硫)。

【不良反应】　主要不良反应为低血糖反应，但较磺酰脲类少见。

三、α-葡萄糖苷酶抑制药

α-葡萄糖苷酶抑制药(α-glucosidase inhibitors)，被称为第三代口服降血糖药。用于临床的主要有阿卡波糖(acarbose 拜糖平)、米格列醇(miglitol)和伏格列波糖(voglibose)。

【药理作用和机制】　降低餐后血糖。食物中的糖类必须在淀粉酶和胰酶的作用下被水解成寡糖，然后在十二指肠和小肠黏膜上皮细胞内α-葡萄糖苷酶的作用下转化为单糖而被吸收。α-葡萄糖苷酶抑制药通过竞争性抑制α-葡萄糖苷酶，抑制寡糖消化，从而减慢餐后血糖的急剧上升，达到降低餐后血糖目的。其中阿卡波糖对淀粉酶也有抑制作用，而伏格列波糖仅对α-葡萄糖苷酶抑制，对淀粉酶无抑制作用。

【临床应用】　单独应用或与其他降糖药合用，可降低病人的餐后血糖。

【不良反应】 主要副作用为胃肠道反应。主要由于未被吸收的糖类滞留肠道内，由细菌作用后产气，出现嗳气、恶心、肠鸣、腹气胀等症状。溃疡及肠道炎症病人不宜用。服药期间应增加饮食中糖类的比例，并限制单糖的摄入量，以提高药物的疗效。

四、胰升糖素样多肽1类似物和DPPⅣ抑制物

胰升糖素样多肽1(GLP-1)为肠促胰岛素(incretin)。在摄食后回肠黏膜上皮L细胞可分泌GLP-1。现已知道正常人餐后胰岛素分泌主要是由肠促胰岛素分泌所致，2型糖尿病患者餐后肠促胰岛素分泌减低，血清胰岛素和C肽水平也相对降低。

【药理作用和机制】 GLP-1可刺激葡萄糖依赖性胰岛素分泌；抑制胰升糖素分泌，减少肝糖产生和输出，延缓胃排空速度；增强饱感并减少摄食，减轻体重；提高胰岛素敏感性；促进B细胞新生、再生和增生。GLP-1可通过增强胰岛素生物合成和分泌，提高B细胞敏感性，改善B细胞功能从而纠正血糖水平。GLP-1可为DPP-IV(二肽酰酶4)所迅速降解并由肾清除。GLP-1半衰期仅为1～2分钟。目前有为延长GLP-1半衰期，增强其生理作用可采取如下方法：一是应用不易被代谢灭活的稳定性GLP-1受体激动剂如exendin及其衍生物(GLP-1类似物)；二是将GLP-1与大分子蛋白质(白蛋白)通过共价或非共价键方式结合从而延长其半衰期；三是利用口服小的活性分子抑制DPP-IV的活性或用小分子GLP-1受体如DPP-IV与缬氨酸-pyrrolidide构成复合物，从而抑制DPP-IV的作用，例如vildagliptin(LAF237)、sitagliptin(MK-0431)。

【临床应用】 降低2型糖尿病患者血糖，与磺脲类、噻唑烷二酮类、二甲双胍和胰岛素合用效果更好。

【不良反应】 不良反应可见低血糖、恶心、呕吐、腹泻、紧张不安、头晕、头痛、消化不良、虚弱、食欲减退、食管反流性疾病、多汗等。

Summary

- Diabetes mellitus (DM) can be classified clinically as type 1(insulin dependent, related to loss of insulin secreting cells in the pancreas) and type 2 (non insulin dependent, related to target cell resistance to the action of insulin).
- Subcutaneous administration of insulin is the primary treatment for all patients with type 1 DM, for patients with type 2 DM that is not adequately controlled by diet and/or oral hypoglycemic agents, and for patients with post-pancreatectomy diabetes. In addition, insulin is critical for the management of diabetic ketoacidosis, and it has an important role in the treatment of hyperglycemic symptoms, nonketotic coma and in the perioperative management of both type 1 and type 2 DM patients. Insulin therapy can also reduce the incidence of microvascular and neuropathic complications in type1diabetes. Hypoglycemia is the most common adverse reaction to insulin and all patients who received insulin should be aware of it.
- Oral hypoglycemic agents are indicated in the treatment of patients with type 2 DM that is not adequately controlled by an appropriate diet and exercise program. These compound include insulin sensitizer, sulfonylureas, biguanides, acarborse, repaglinide and some Chinese herbal medicine.
- The aims of treatment of DM are to alleviate symptomatic hyperglycemia and improve quality of life, while avoiding hypoglycemia, to avoid ketosis and infections.

(刘 超)

第三十五章　性激素类药及避孕药

案例 35-1

52 岁女性，绝经 2 年，自诉无诱因潮热症状严重，情绪不稳定且易怒，夜间失眠，白天精神不振。同时自觉阴道干燥，分泌物少，性生活困难。根据患者意愿可选择雌激素口服，或外用以缓解症状。

案例 35-2

19 岁女性自诉闭经半年，13 岁月经初潮后月经一直不规律，周期 2～3 个月不等，经量少。近半年无月经来潮。妇科检查子宫发育较小。此患者选用雌孕激素序贯疗法 3 个月到半年，加用甲状腺素片和维生素 E 以促进子宫发育。用药后患者月经来潮。

案例 35-3

女性患者，36 岁，近 2 个月月经中期少量阴道出血，持续 2～3 天，且近 1 年月经周期缩短，由原来的 30 天缩短到现在的 20～22 天。患者由于雌激素缺乏导致排卵期出血，孕激素不足致周期缩短，补充后症状消失。

问题：

雌激素的药理作用和临床应用是什么？

性激素（sex hormones）是性腺分泌的激素，包括雌激素、孕激素和雄激素，属甾体化合物。临床应用的人工合成品及其衍生物，除用于治疗某些疾病外，常用作避孕药。

【性激素的分泌和调节】 性激素的产生和分泌受下丘脑-腺垂体调节。下丘脑 GnRH 神经元以脉冲形式分泌促性腺激素释放激素（gonadotropin releasing hormone，GnRH），促进腺垂体分泌促卵泡素（follicle stimulating hormone，FSH）和黄体生成素（luteinizing hormone，LH）。在女性体内，FSH 刺激卵巢滤泡的发育与成熟，并使 LH 受体增加，在 FSH 和 LH 的共同作用下，促使成熟的卵泡合成和分泌雌激素。

在男性体内，下丘脑也以脉冲方式释放 GnRH，促进腺垂体释放 FSH 和 LH，前者促进睾丸中精子的生成，后者促进睾丸间质细胞生长和分泌雄激素。

性激素对下丘脑及腺垂体的分泌功能具有正、负反馈调节作用。这种反馈调节有三种途径：①长反馈：为雌激素对下丘脑及垂体的反馈作用。在排卵前期，血中雌激素水平较高，可直接或间接通过下丘脑促进腺垂体分泌 LH，导致排卵，此过程为正反馈调节。在黄体期（在月经周期的分泌期），雌、孕激素水平均高，通过负反馈减少下丘脑 GnRH 的释放及 FSH 和 LH 分泌，从而抑制排卵，表现为负反馈。常用的甾体避孕药就是根据这一负反馈而设计的；②短反馈：是指垂体分泌 FSH、LH，在月经分泌期，通过负反馈作用减少下丘脑 GnRH 的释放；③超短反馈：为下丘脑分泌的 GnRH 又可作用于下丘脑，促进 GnRH 的分泌（图 35-1）。

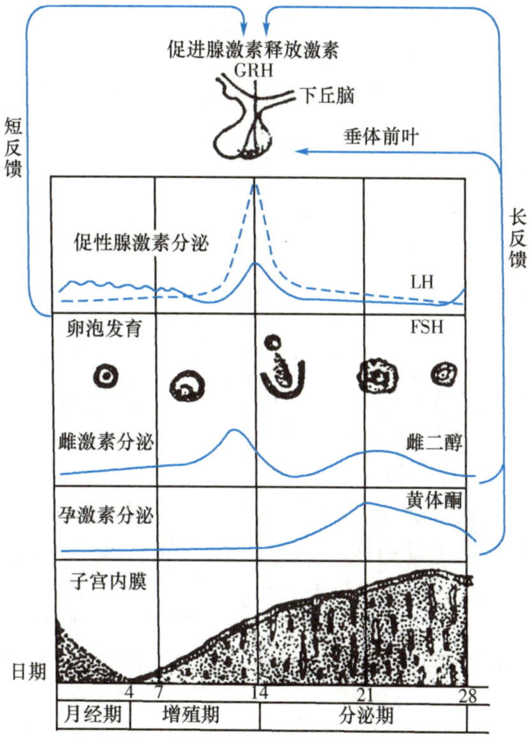

图 35-1　女性激素的分泌与调节

【性激素的作用机制】 性激素属甾体激素，与位于细胞核内的受体结合形成复合物，作用于 DNA，影响 mRNA 转录和蛋白质合成，产生生物活性，发挥各种效应。

第一节　雌激素类药及抗雌激素药

一、雌激素类药

天然雌激素（estrogens）主要是雌二醇（estradiol，

E_2)，由卵巢分泌。从孕妇尿中提出的雌酮(estrone，E_1)、雌三醇(estriol，E_3)及其他雌激素，多为雌二醇的肝脏代谢产物。雌二醇活性最强，但其制剂口服效果稍差。

目前临床常用的雌激素类药物多以雌二醇为母体，人工合成了许多高效、长效的甾体衍生物，主要有炔雌醇(ethinylestradiol)、炔雌醚(quinestrol)、及戊酸雌二醇(estradiol valerate)等，它们均有类固醇样结构。近年来，结合型雌激素(雌酮硫酸盐和马烯雌酮硫酸盐混合物)因应用方便、长效、不良反应较少等特点而被广泛应用。此外，合成的结构较简单的一些非甾体类药物也具有雌激素样作用，如己烯雌酚(diaethylsdlbestrol，又称乙底酚 stilbestrol)等。

【体内过程】 天然雌激素口服可吸收，易在肝内破坏，生物利用度低，故需注射给药。其代谢产物雌酮及雌三醇大部分与葡萄糖醛酸或硫酸结合成酯，随尿排出，部分通过胆汁排出，形成肝肠循环。

人工合成乙炔衍生物(炔雌醇、炔雌醚)吸收后储存于体内脂肪，不易在肝内代谢，故口服疗效好，维持时间长。酯类衍生物在注射局部吸收缓慢，作用时间延长。己烯雌酚口服后在肝内代谢减慢，故口服疗效好，维持时间长。

【生理和药理作用】

(1) 对未成年女性：促进女性性器官的发育和成熟，维持女性第二性征。

(2) 对成熟女性：保持女性性征，并在孕激素协同下，使子宫内膜产生周期性变化，形成月经周期，增强子宫平滑肌对缩宫素的敏感性。也可使阴道上皮增生，浅表层细胞角化。

(3) 小剂量雌激素，特别是在孕激素配合下，促进促性腺激素分泌，促进排卵；较大剂量的雌激素可通过负反馈机制作用于下丘脑-垂体系统，通过抑制该激素释放而抑制排卵。

(4) 小剂量雌激素能促进乳腺导管及腺泡的发育，较大剂量的雌激素能抑制催乳素对乳腺的刺激作用，减少乳汁分泌。

(5) 代谢：影响水盐代谢，高浓度雌激素有水、钠潴留作用，使血压升高，可能与促进醛固酮分泌有关；雌激素增加骨骼的钙盐沉积，加速骨骺闭合，对青春期生长发育有促进作用，并预防绝经期妇女骨质丢失。

(6) 其他：降低血胆固醇和低密度脂蛋白，升高高密度脂蛋白，是抗动脉硬化的重要因素之一。还可增加凝血因子Ⅱ、Ⅶ、Ⅸ、Ⅹ的活性，促进血液凝固。此外，雌激素具有抗雄激素作用。

【临床应用】

1. 围绝经期综合征 女性到围绝经期，由于卵巢功能降低，雌激素分泌不足，垂体促性腺激素分泌增多，产生内分泌平衡失调所致的一系列症状，如面颈红热、恶心、失眠、情绪不安等，也称更年期综合征。每个月经周期前21～25天补充雌激素，可抑制垂体促性腺激素的分泌，从而减轻症状。

2. 卵巢功能不全和闭经 原发性或继发性卵巢功能低下患者，用雌激素替代治疗，可促进子宫、外生殖器及第二性征的发育。雌激素与孕激素合用，可产生人工月经。

3. 功能性子宫出血 由于体内雌激素水平低，子宫内膜创面修复不良，引起持续少量阴道出血，雌激素可促进子宫内膜增生，修复出血创面而止血。

4. 乳房胀痛及退乳 部分妇女停止哺乳后，乳汁继续分泌而致乳房胀痛，大剂量雌激素能干扰催乳素对乳腺的刺激作用，使乳汁分泌减少而退乳消痛。

5. 晚期乳腺癌 雌激素能缓解绝经期后晚期乳癌不宜手术患者的症状。有研究认为，乳癌的发病与内源性雌酮有关，因为绝经期妇女卵巢停止分泌雌二醇，肾上腺分泌的雄烯二酮在周围组织可转化为雌酮，其持续作用于乳腺可引起乳腺癌。大剂量雌激素可抑制垂体前叶分泌促性腺激素，而减少雌酮的产生。但绝经期前乳癌患者禁用，因为雌激素可促进肿瘤的生长。

6. 前列腺癌 大剂量雌激素抑制垂体促性腺激素的分泌，使睾丸萎缩及雄激素分泌减少，同时又能拮抗雄激素的作用，故能治疗前列腺癌。

7. 痤疮 青春期痤疮是由于雄激素分泌过多，刺激皮脂腺分泌，引起腺管阻塞及继发感染所致。雌激素可抑制雄激素分泌，并可拮抗雄激素作用。

8. 其他 与孕激素合用可避孕。对于绝经后和老年性骨质疏松症，也可用雌激素，减少骨质吸收，防止骨折发生。对因雌激素缺乏引起的老年性阴道炎和女阴干燥症，局部用药有效。

【不良反应和注意事项】

(1) 常见厌食、恶心、呕吐及头昏等，减少剂量或从小剂量开始逐渐增量可减轻症状。

(2) 长期大量应用雌激素可使子宫内膜过度增生，引起子宫出血，故患有子宫内膜炎者慎用。此外，雌激素还可增加子宫内膜癌的发生率。

(3) 大剂量雌激素可引起水、钠潴留导致水肿；肝功不良者可致胆汁淤积性黄疸。高血压、肝功能不良者慎用。

二、抗雌激素类药

本类药物竞争性拮抗雌激素受体，从而抑制或减弱雌激素的作用。目前供临床应用的有氯底酚胺(clomiphene，克罗米酚)、他莫昔芬(tamoxifen)、雷洛昔芬(raloxifene)等。

氯底酚胺与己烯雌酚的化学结构相似，为三苯乙烯衍生物，有较弱的雌激素活性和中等程度的抗雌激素作用。能和雌激素受体结合而竞争性拮抗雌激素的作用，消除雌二醇的负反馈抑制，促进腺垂体分泌促性腺激素，诱发排卵。临床用于功能性不孕症、功能性子宫出血、月经不调、晚期乳腺癌及长期应用避孕药后发生的闭经等。长期大剂量应用可引起卵巢肥大。卵巢囊肿者禁用。

第二节 孕激素类药

天然孕激素(progestogens)主要由黄体分泌的黄体酮(progesterone，孕酮)，妊娠3～4个月后，黄体即萎缩而由胎盘分泌，直至分娩。临床应用的孕激素均系人工合成及其衍生物。按化学结构，可分为两类：

1. 17α-羟孕酮类 从黄体酮衍生而得，如甲羟孕酮(medroxyprogesterone；安宫黄体酮，proven)、甲地孕酮(megestrol)等。在这类孕激素的17位加上较长的酸链则作用延长，如长效的羟孕酮己酸酯(17α-hydroxyprogesterone caproate)。

2. 19-去甲睾丸酮类 其结构与睾酮相似，19位甲基被氢原子取代，如炔诺酮(norethisterone)、双醋炔诺酮(etynodioldiacetate)、炔诺孕酮(norgestrel，18-甲基炔诺酮，高诺酮)等。

【体内过程】 黄体酮口服后，经肠道黏膜和肝脏代谢而灭活，需注射给药。其代谢产物主要是孕二醇，多与葡萄糖醛酸结合，从肾排出。人工合成的高效炔诺酮、甲地孕酮等在肝脏破坏较慢，可口服给药。油溶液肌内注射，由于局部吸收缓慢可发挥长效作用。

【生理和药理作用】

1. 生殖系统

(1) 月经后期，孕激素在雌激素作用的基础上，促进子宫内膜继续增厚、充血、腺体增生并分支，由增殖期转为分泌期，有利于受精卵的着床和胚胎发育。

(2) 在妊娠期，降低子宫对缩宫素的敏感性，抑制子宫收缩活动，使胎儿安全生长，起到保胎作用。

(3) 与雌激素一起促进乳腺腺泡发育，为哺乳作准备。

(4) 大剂量的孕激素可抑制LH分泌，从而抑制排卵。

2. 对代谢的影响 通过竞争性对抗醛固酮作用，促进Na^+和Cl^-排出而利尿。

3. 升高体温 可轻度升高体温，使月经周期的黄体相基础体温升高。

【临床应用】

1. 功能性子宫出血 黄体功能不足可引起子宫内膜不规则成熟与脱落，导致子宫持续性的出血。应用孕激素可使子宫内膜同步转为分泌期，在月经期有助于子宫内膜全部脱落。

2. 痛经和子宫内膜异位症 雌、孕激素复合避孕药，抑制子宫痉挛性收缩而止痛，还可使异位的子宫内膜萎缩退化。

3. 先兆流产和习惯性流产 对黄体功能不足所致流产，可用大剂量孕激素安胎，但对习惯性流产疗效不确切。19-去甲基睾酮激素不宜用于先兆流产和习惯性流产的治疗，因其具有雄激素样作用，使女性胎儿男性化。

4. 子宫内膜腺癌 大剂量孕激素可使子宫内膜癌细胞分泌耗竭而致腺体萎缩退化，也可提高子宫内膜腺癌对放疗的敏感性。

5. 前列腺肥大和前列腺癌 大剂量孕激素可反馈地抑制垂体前叶分泌间质细胞刺激激素，减少睾酮分泌，促进前列腺细胞萎缩退化，有一定治疗作用。

【不良反应】 偶见恶心、呕吐、头痛、乳房胀痛及腹痛。黄体酮有时可致生殖器畸形。19-甲基睾酮大剂量可引起肝功能障碍。

第三节 雄激素类药和同化激素类药

雄激素类药

天然雄激素(androgens)主要是由睾丸间质细胞分泌的睾酮(testosterone，睾丸素)。临床多用人工合成的睾酮衍生物，如甲睾酮(methyltestosterone，甲基睾酮)、丙酸睾酮(testosteronepropionate，丙酸睾丸素)和苯乙酸睾酮(testosteronephenylaeetate，苯乙酸睾丸素)等。

【体内过程】 口服睾酮易被肝脏破坏，故生物利用度甚低，一般用其油溶液肌内注射或植入皮下。睾酮的各种酯类化合物吸收缓慢，作用时间延长。甲睾酮不易被肝脏破坏，可口服，也可舌下给药。

【生理和药理作用】

1. 生殖系统作用

(1) 促进男性器官及副性器官的发育和成熟，促进男性第二性征形成，促进精子的生成及成熟。

(2) 抗雌激素作用 大剂量反馈抑制腺垂体分泌促性腺激素，减少卵巢分泌雌激素，并有直接抗雌激素作用。

2. 同化作用 能明显地促进蛋白质的合成(同化作用)，减少蛋白质的分解(异化作用)，减少尿氮排泄，造成正氮平衡，从而促进生长发育，肌肉增长，体重增加，同时有水、钠、钙、磷潴留现象。

3. 提高骨髓造血功能 骨髓造血功能低下时，较大剂量的雄激素刺激肾脏分泌促红细胞生成素(erythropoietin)，也可直接刺激骨髓造血功能，使红细胞生成增加。

【临床应用】

1. 男性雄激素替代疗法 对无睾症(两侧睾丸先天或后天缺损)或类无睾症(睾丸功能不足)、男子性功能低下者，可用睾酮及其脂类进行替代治疗。

2. 妇科疾病

(1) 功能性子宫出血：通过对抗雌激素作用，使子宫平滑肌和子宫血管收缩，子宫内膜萎缩而止血。对严重出血病例，可用己烯雌酚、黄体酮和丙酸睾酮等三种混合物作注射，可达止血目的，停药后易出现撤退性出血。

(2) 对围绝经期综合征更为适用，即更年期患者较适用。

(3) 晚期乳腺癌：雄激素可缓解部分患者的病情，这可能与其抗雌激素活性有关，也可能与其抑制腺垂体分泌促性腺激素、减少雌激素的分泌有关。还可对抗催乳素对癌组织的刺激作用。其治疗效果与癌细胞中的雌激素受体含量有关，含量高者疗效较好。

3. 贫血 丙酸睾酮或甲睾酮可显著改善骨髓造血功能，因而可用于再生障碍性贫血及其他贫血。

4. 虚弱 由于雄激素的同化作用，各种消耗性疾病、肌萎缩、严重烧伤、术后恢复期、老年骨质疏松及恶性肿瘤晚期放疗等，可用以同化作用为主，男性化作用较弱的睾酮衍生物，如苯丙酸诺龙(nandrolon-pheylpropionate)、司坦唑醇(stanozolol，康力龙)及美雄酮(metandienone，去氢甲基睾丸素)等治疗，使患者食欲增加，加快体质恢复。

【不良反应】

(1) 女性病人长期应用可引起女性男性化，如痤疮、多毛、声音变粗、闭经、乳腺退化、性欲改变等。男性病人发生性欲亢进，也可出现女性化，这是由于雄激素在性腺外组织转化为雌激素所致，长期用药后的负反馈作用使睾丸萎缩，精子生成减少。

(2) 17α 位有烷基取代的睾酮类药物干扰肝内毛细胆管的排泄功能，引起胆汁淤积性黄疸，如发现黄疸应立即停药。

【禁忌证和注意事项】 孕妇及前列腺癌病人禁用。因雄激素有水、钠潴留作用，对肾炎、肾病综合征、肝功能不良、高血压及心力衰竭病人也应慎用。

第四节 避 孕 药

避孕药(contraceptive)是指阻碍受孕或防止妊娠的一类药物。生殖是一个复杂的生理过程，包括精子和卵子的形成、成熟、排放、受精、着床及胚胎发育等多个环节，阻断其中任何一个环节均可达到避孕或终止妊娠的目的。避孕药是行之有效的避孕方式之一，现有的避孕药大多为女性避孕药，男用药较少。

一、主要抑制排卵的避孕药

本类药物多为不同类型的雌激素和孕激素配伍组成的复方。目前常用的甾体避孕药多属此类。

【药理作用】

1. 抑制排卵 对排卵有显著的抑制作用，用药期间避孕效果达 90%以上。其原理为外源性雌激素通过负反馈机制抑制下丘脑 GnRH 的释放，从而减少 FSH 分泌，使卵泡的生长成熟过程受到抑制，同时孕激素又抑制 LH 释放，二者协同作用而抑制排卵。停药后可很快恢复排卵功能。

2. 抗着床作用 该类药物抑制子宫内膜正常增生，使其萎缩，不利于受精卵着床。

3. 宫颈黏液变黏稠 该类药使宫颈黏液分泌显著减少，黏稠度增加，不利于精子进入宫腔。

4. 其他 该类药物还可以影响子宫和输卵管平滑肌的正常活动，使受精卵不能适时地到达子宫；抑制黄体内甾体激素的生物合成等。

本类药物应用不受月经周期的限制，排卵前、排卵期及排卵后服用，都可影响受精卵着床。

【分类和用法】 传统避孕药根据药效长短及使用方法分类。见表 35-1。此外，还有埋植剂和多相片剂等。

表 35-1 几种甾体避孕制剂的成分

制剂名称	组成	
	孕激素(mg)	雌激素(mg)
1. 短效口服避孕药		
复方炔诺酮片(口服避孕药片Ⅰ号)	炔诺酮 0.6	炔雌醇 0.035
复方甲地孕酮片(口服避孕药片Ⅱ号)	甲地孕酮 1.0	炔雌醇 0.035
复方炔诺孕酮甲片	炔诺孕酮 0.3	炔雌醇 0.03
2. 长效口服避孕药		
复方炔诺孕酮乙片	炔诺孕酮 12.0	炔雌醚 3.0
复方氯地孕酮片	氯地孕酮 12.0	炔雌醚 3.0
复方次甲氯地孕酮片	16-次甲氯地孕酮 12.0	炔雌醚 3.0
3. 长效注射避孕药		
复方己酸孕酮注射液(避孕针 1 号)	己酸孕酮 250.0	戊酸雌二醇 5.0
复方甲地孕酮注射液	甲地孕酮 25.0	雌二醇 3.5
4. 探亲避孕药		
甲地孕酮片(探亲避孕 1 号片)	甲地孕酮 2.0	—
炔诺酮片(探亲避孕片)	炔诺酮 5.0	—
双炔失碳酯片(53 号避孕针)	双炔失碳酯 7.5	—

1. 短效口服避孕药 如复方炔诺酮片、复方甲地孕酮片及复方炔诺孕酮片等(其成分见表 34-1)。

服法是：从月经周期第 5 天开始，每晚服药 1 片，连服 22 天，不能间断。一般于停药后 2～4 天就可以发生撤退性出血，形成人工月经周期。下次服药仍从月经来潮第 5 天开始。如停药 7 天仍未来月经，则应立即开始服下一周期的药物。一旦漏服时，应于 24 小时内补服 1 片。

现在常用的是三代短效避孕药，妈福隆（去氧孕烯炔雌醇片，去氧孕烯 0.15mg，炔雌醇 30ug），服法是：在月经周期的第一天，即月经来潮的第一天开始服用本品。按照箭头所指的方向每天约同一时间服 1 片本品，连续服 21 天，随后停药 7 天，在停药的第 8 天开始服用下一盒；达英-35（炔雌醇 35ug，醋酸环丙孕酮 2mg）：如果既往没有使用激素避孕药（过去 1 个月）：应该在自然月经周期的第 1 天开始服药（即月经出血的第 1 天）。也可以在第 2～5 天开始，但推荐在第一个治疗周期服药的头 7 天内，加用屏障避孕法。优思明（炔雌醇 30μg，屈螺酮 3mg）必须按照包装所标明的顺序，每天约在同一时间用少量液体送服。每日 1 片，连服 21 天。停药 7 天后开始服用下一盒药，其间通常会出现撤退性出血。一般在该周期最后一片药服完后 2～3 天开始出血，而且在开始下一盒药时出血可能还未结束。

2. 长效口服避孕药　是以长效雌激素类药物炔雌醚与孕激素类药物如炔诺孕酮或氯地孕酮等配伍而成的复方片剂。服法是：从月经来潮当天算起，第 5 天服第 1 片，最初 2 次间隔 20 天，以后每月服 1 次，每次 1 片。

3. 长效注射避孕药　如复方己酸孕酮注射液（即避孕针 1 号）和复方甲地孕酮注射液。用法是：第 1 次于月经周期的第 5 天深部肌内注射 2 支，以后每隔 28 天或于月经周期的第 11～12 天注射 1 次，每次 1 支。注射后一般于 14 天左右月经来潮。如发生闭经，仍应按期给药，不能间断。

4. 埋植剂　以己内酮小管（约 2mm×30mm）装入炔诺孕酮 70mg，形成棒状物，植入臂内侧或左肩胛部皮下。

5. 多相片剂　为了使服用者的激素水平近似月经周期水平，并减少月经期间出血的发生率，可将避孕药制成多相片剂。常用有炔诺酮双相片、三相片和炔诺孕酮三相片。

(1) 炔诺酮双相片：开始 10 天每日服 1 片含炔诺酮 0.5mg 和炔雌醇 0.035mg 的片剂，后 11 天每日服 1 片含炔诺酮 1mg 和炔雌醇 0.035mg 的片剂，这种服用法很少发生突破性出血。

(2) 三相片：开始 7 天每日服 1 片含炔诺酮 0.5mg 和炔雌醇 0.035mg 的片剂，中期 7 天每日服用 1 片含炔诺酮 0.75mg 和炔雌醇 0.035mg 的片剂，最后 7 天每日服用 1 片含炔诺酮 1mg 和炔雌醇 0.035mg 的片剂，其效果较双相片更好。

(3) 炔诺孕酮三相片：开始 6 天每日服用 1 片含炔诺孕酮 0.05mg 和炔雌醇 0.03mg 的片剂，中期 5 天每日服用 1 片含炔诺孕酮 0.075mg 和炔雌醇 0.04mg 的片剂，后 10 天每日服用 1 片含炔诺孕酮 0.125mg 和炔雌醇 0.03mg 的片剂，这种服法更符合人体内源性激素的变化规律，临床效果更好。

【不良反应】

1. 早孕反应　少数用药妇女在用药初期出现头晕、恶心、择食、乳房胀痛等轻微的类早孕反应。一般坚持用药 2～3 个月后减轻或消失。

2. 子宫不规则出血　常发生于用药后最初几个周期，可加服炔雌醇。

3. 闭经　约有 1%～2%服药妇女发生闭经，原月经史不正常者较易发生。如连续 2 个月闭经应停药。

4. 乳汁减少　少数哺乳妇女用药可使乳汁减少。

5. 凝血功能异常　国外报道甾体避孕药可引起血栓性静脉炎和血栓栓塞，如肺栓塞和脑血管栓塞等，可能与其中雌激素成分有关。

6. 轻度损害肝功能　与肝良性腺瘤及肝局灶性结节增生有一定关系，用药妇女应定期检查肝脏。

【禁忌证及应用注意】　充血性心力衰竭或有其他水肿倾向者慎用，急慢性肝病、糖尿病需用胰岛素治疗者、高血压者不宜使用。如长期用药出现乳房肿块，应立即停药。宫颈癌患者禁用。

【药物相互作用】　肝药酶诱导剂，如苯巴比妥等可加速本类避孕药在肝内代谢，降低避孕效果，甚至导致突破性出血。

二、男性避孕药

棉酚（gossypol）是棉花根、茎和种子中所含的一种黄色酚类物质。动物实验表明，棉酚可破坏睾丸细精管的生精上皮，使精子数量减少，直至无精子。停药后可逐渐恢复。每天 20mg，连服 2 个月即可达节育标准，有效率达 90%以上。

不良反应有胃肠道刺激症状、心悸及肝功能改变等。还可引起低血钾无力症状。因为可引起不可逆性精子产生障碍，限制了棉酚作为常规避孕药使用。

三、外用避孕药

目前常用的外用避孕药，如孟苯醇醚（menfegol）及辛苯醇醚（alfenoxynol）。可迅速杀死阴道内的精子，但不杀伤阴道杆菌，毒性小，制备的半透明药膜放人阴道深部能快速溶解，发挥杀精作用，同时形成黏液，阻碍精子运动。

Summary

- The gonadal hormones include estrogens, progestins, and androgens. They are primarily used therapeutically for replacement therapy and for contraception, some of their most common clinical uses involve adjustment and treatment of diseases of genital system.
- Estrogens are commonly used for contraception, hormone replacement therapy in postmenopausal women, and a variety of other purposes. Progestin are most frequently used for contraception, combined with estrogen for hormone replacement therapy of postmenopausal women, and also for ovarian suppression.
- The main use of antiestrogens is in the treatment of hormone-responsive breast cancer. Treatment of female infertility represents the most common use of these agents in gynecology.

（李琳琳）

第七篇　化学治疗药物

第三十六章　抗菌药物概论

案例 36-1

患者，女性，68 岁。因中上腹剧痛、恶心、呕吐伴发热半天来院急诊。既往无消化性溃疡及胆囊炎病史，无类似发作史。

体格检查：体温 38.2℃，神志清。心、肺无异常。腹肌紧张，中上腹压痛明显，反跳痛可疑，无移动性浊音。

辅助检查：血常规显示白细胞 $13.14\times10^9/L$、中性粒细胞 84%；血淀粉酶明显增高；腹部 B 超显示胰腺明显肿大，未见腹水。临床诊断为急性胰腺炎。

治疗过程：予头孢噻肟抗感染和静脉滴注胰酶抑制药等综合治疗后腹痛等症状似见缓解，但体温无明显下降。病程 10 天后患者又出现高热伴持续性腹痛。查血常规：白细胞增高至 $(18\sim19)\times10^9/L$，中性粒细胞高达 90% 以上。B 超显示：胰腺脓肿。予手术切开脓肿并引流，选用头孢他啶及阿米卡星静脉滴注抗感染无效。患者高热 39～40℃ 不退，腹腔引流液呈脓性。血中白细胞持续升高，肝功能基本正常。腹腔引流液多次培养见阴沟杆菌，对青霉素类、头孢菌素类（包括头孢他啶、头孢噻肟等）、氨曲南、阿米卡星、氯霉素等多种抗菌药耐药，仅对氧氟沙星中度敏感，但对碳青霉烯类抗生素高度敏感。血培养阴性。考虑患者是以产超广谱 β-内酰胺酶（ESBL）菌株为主所致的严重院内腹腔感染并出现感染性休克，遂改用美罗培南（美平，2g/次，2 次/日）静脉滴注，第 2 天后体温下降至 38℃ 左右，一般情况逐渐好转，引流物逐渐减少。第 9 天体温趋正常。将美罗培南减量直至 0.5 g/次，3 次/日维持，总疗程 18 天，感染完全控制。1 个月后患者痊愈出院。

问题：

细菌耐药性发生的机制有哪些？如何合理选用抗菌药物？

化学治疗药物（chemotherapeutic drugs）是指用于治疗细菌、真菌、病毒、寄生虫和恶性肿瘤细胞所致疾病的药物，简称化疗药，包括抗（细）菌药、抗真菌药、抗病毒药、抗寄生虫药和抗恶性肿瘤药。抗菌药物（antibacterial drugs）是指对病原菌具有抑制或杀灭作用，主要用于防治细菌性感染的一类药物，属化疗药物范畴。最早的化疗药是由德国科学家 Paul Ehrlich 发明的 606，用于治疗梅毒。抗菌药物的发展历程简述如下：

1929 年：Fleming 发现青霉素。

1935 年：Domagk 用有机染料百浪息多（prontosil）治疗链球菌感染，开启了现代抗微生物治疗的新时代。

1940 年：Florey 和 Chain 成功分离提纯青霉素，开创了抗生素化学治疗的新纪元。

20 世纪 50 年代：发现链霉素、氯霉素、多黏霉素、金霉素、土霉素、红霉素、卡那霉素、利福霉素。

20 世纪 60 年代：1959 年英国 Beecham 研究组从青霉素发酵液中成功分离提纯青霉素母核 6-氨基青霉烷酸（6-APA），半合成青霉素由此迅速发展，头孢菌素萌芽。

20 世纪 70 年代：头孢菌素迅速发展，并出现了一些新型半合成青霉素。

20 世纪 80 年代：第三代头孢菌素类、单环类、β-内酰胺酶抑制药、氟喹诺酮类抗菌药崛起。

20 世纪 90 年代至今，针对细菌耐药性开发新品种，主攻 β-内酰胺类抗生素和氟喹诺酮类抗菌药以及新型抗病毒、抗真菌药。

在应用化疗药物治疗病原体所致疾病的过程中，应注意机体、病原体和化疗药物的相互关系（图 36-1）。

病原体所致疾病的发生、发展和转归是机体与病原体相互斗争的过程，病原体在此过程中无疑会起重要作用，但机体的免疫功能和防御能力对疾病的变化亦具有重要影响。如果机体的防御能力占主导地位，则不需外来因素即可战胜疾病。当机体防御能力下

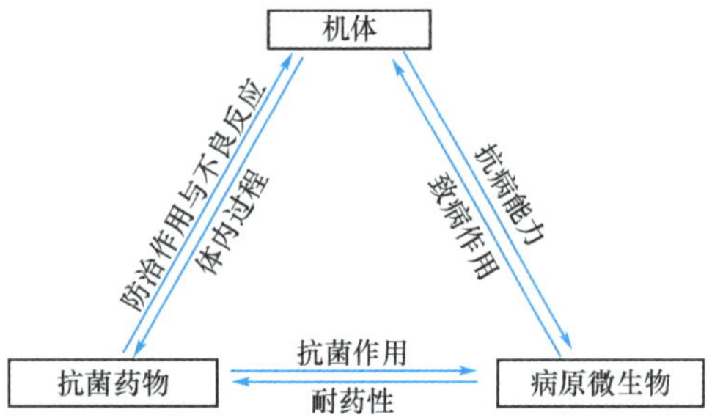

图 36-1　机体、病原体和药物的相互作用

降时，则需应用抗菌药物等阻止疾病的发生、发展和促进康复。但需注意的是，即使应用抗菌药物，由于病原体产生的耐药性也可使抗菌治疗失败。

第一节　基本概念

1. 抗菌活性(antibacterial activity)　是指抗菌药抑制或杀灭细菌的能力。一般可采用体内和体外两种方法测定。

(1) 抑菌药(bacteriostatic drugs)：是指能抑制细菌生长繁殖的药物，如磺胺类、大环内酯类等。

评价指标：最低抑菌浓度(minimal inhibitory concentration，MIC)——在体外实验中，能够抑制培养基中细菌生长的最低药物浓度。

(2) 杀菌药(bacteriocidal drugs)：是指能杀灭细菌的药物，如 β-内酰胺类抗生素、喹诺酮类等。

评价指标：最低杀菌浓度(minimal bactericidal concentration，MBC)——指体外能够杀灭培养基中 99.9% 细菌的最低浓度，其值越小则抗菌活性越强。

2. 抗菌谱(antibacterial spectrum)　是指药物的抗菌范围，可分为：

(1) 窄谱(narrow spectrum)抗菌药：仅对单一菌种或单一菌属有抗菌作用的药物，如青霉素、红霉素、氨基苷类等。

(2) 广谱(broad spectrum)抗菌药：对多种革兰阳性、革兰阴性细菌有抗菌作用的药物，有些药物对衣原体、支原体、立克次体、螺旋体及原虫等也有抑制作用，如四环素类、氯霉素等。

3. 化疗指数(chemotherapeutic index，CI)　是指实验动物半数致死量(LD_{50})和治疗感染动物的半数有效量(ED_{50})的比值，或 5% 的动物致死剂量(LD_5)和治疗感染动物的 95% 有效量(ED_{95})的比值，即 $CI=LD_{50}/ED_{50}$ 或 LD_5/ED_{95}。CI 是评价化疗药安全性的指标。CI 越大，表明疗效越高，毒性越低，用药越安全，但应注意：化疗指数越大并非绝对安全，如几乎对机体无毒性的青霉素仍有可能发生过敏性休克等不良反应。

4. 抗生素后效应(postantibiotic effect ，PAE)　是指细菌与抗生素在短暂接触后或抗生素在撤药后其浓度低于最低抑菌浓度时，细菌仍受到一定时间抑制的效应。它是评价抗生素的重要参数和设计临床给药方案的参考依据，如确定抗生素的给药间隔时间应根据药物的>MIC 值的时间＋PAE 的持续时间＝延长的给药间隔时间。青霉素类和头孢菌素类抗菌药的 PAE 十分明显。PAE 长，可以减少给药次数而不影响疗效。

5. 耐药性(resistance)　细菌耐药性是指病原体对抗菌药物的敏感性下降甚至消失。这类病原细菌则称为耐药菌。细菌的耐药性又分为固有耐药性(intrinsic resistance)和获得耐药性(acquired resistance)。固有耐药性是由细菌染色体基因决定而代代相传的耐药性，可因细菌经 X 线、紫外线照射或理化因素诱发遗传基因突变引起，如肠道杆菌对青霉素的耐药。获得耐药性是细菌与药物反复接触后对药物的敏感性降低或消失，大多由质粒介导，但亦可由染色体介导，如金黄色葡萄球菌能产生 β-内酰胺酶对青霉素的耐药，但此时耐药菌若不再与抗菌药物接触则获得耐药性可以消失。获得耐药性也可以由质粒将耐药基因转移给染色体，成为代代相传的固有耐药性。由于获得耐药性易于传播，故更具临床意义。

第二节　抗菌药物的作用机制

抗菌药物主要是作用于细菌的某些特殊靶位，干扰了细菌正常的生化代谢过程，影响其功能或结构的完整性，使细菌失去维持生长繁殖的能力而达到抑制或杀灭细菌的作用(图 36-2)。

(一) 抑制细菌细胞壁的合成

细菌的细胞壁位于细菌的最外层，厚而坚韧，它不但能保持细菌的外形，在维持细菌的内环境方面起着重要的屏障作用，细菌胞壁也能与机体发生相互作用，影响机体的防御系统。细菌细胞壁是由糖类、蛋白质、类脂质聚合相嵌而成。革兰阳性细菌和革兰阴性细菌细胞壁的组成和作用不完全相同(图 36-3，表 36-1)。

多种抗菌药影响细菌细胞壁生物合成的不同环节，而起到抑菌或杀菌效应(图 36-4)。如细胞壁黏肽层是由 N-乙酰葡糖胺和已与十肽相连的 N-乙酰胞壁酸重复交叉连接而成的网络状结构。多种抗菌药能抑制细胞壁黏肽合成的不同环节：在胞质内阶段，磷霉素、环丝氨酸作用于黏肽的前体物质——乙酰胞壁酸五肽合成环节，阻碍了 N-乙酰胞壁酸五肽的合成；在胞质膜阶段，万古霉素、杆菌肽作用于黏附单体-十肽聚合物合成环节；在胞质膜外阶段，青霉素及头孢菌素等 β-内酰胺类能与膜结合蛋白结合，抑制转肽酶的作用，阻止黏肽单体交叉连接。上述三个环节的任何一环被阻断均可导致细菌细胞壁缺损，由此改变菌体渗透压，致使细菌膨胀、变形，最终死亡。

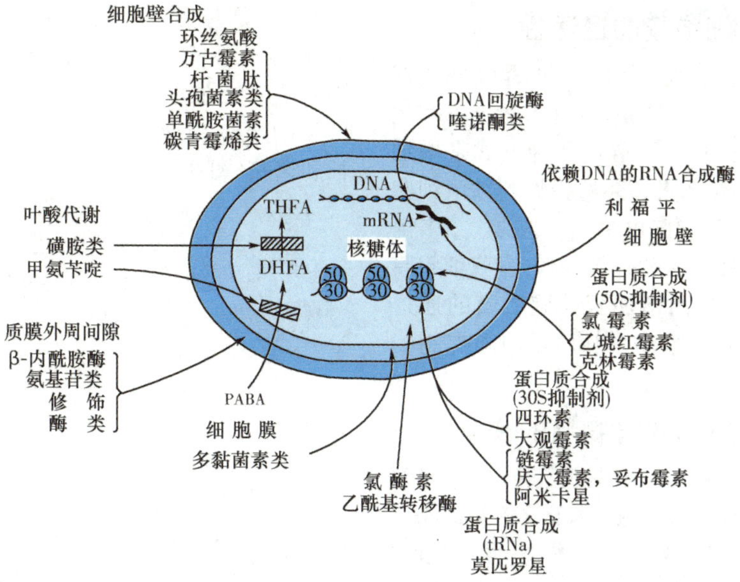

图 36-2 细菌结构和抗菌药物的作用部位示意图

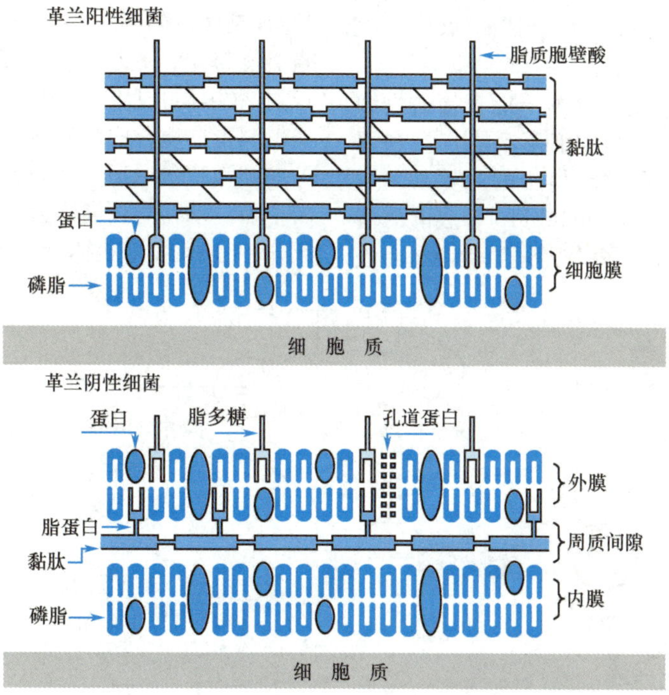

图 36-3 革兰阳性细菌和革兰阴性细菌细胞壁的结构示意图

表 36-1 革兰阳性和革兰阴性细菌细胞壁的组成和作用

	革兰阳性细菌	革兰阴性细菌
黏肽层	占细胞壁成分的50%～80%	仅占细胞壁成分的1%～10%
脂多糖和磷脂	含量少	占细胞壁成分的60%以上
黏肽层外侧	无外膜，有脂质胞壁酸等	有脂多糖、磷脂、膜蛋白、孔道蛋白等形成的外膜
菌体内渗透压	较高	较低
亲脂性	较低	高
β-内酰胺类抗生素亲和力	能与青霉素结合蛋白结合	外膜能阻止抗生素的渗透
产β-内酰胺酶	易释放到细胞外	不易释放到胞外

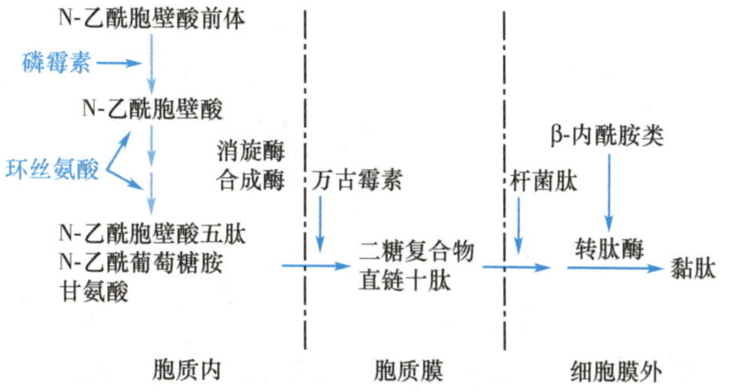

图 36-4 细胞壁黏肽的合成及抗菌药物作用位点

（二）增加细菌细胞膜的通透性

细菌细胞膜与其他生物膜特性一样，是类脂质双层中间镶嵌蛋白质的一种半透膜，具有渗透屏障和运输物质等功能。抗菌药物主要通过几种方式来增加细胞膜的通透性：①多黏菌素类能选择性与细菌细胞膜中的磷脂结合，导致细胞膜的通透性增加；②多烯类抗生素（制霉菌素、两性霉素 B 等）能与真菌细胞膜上的固醇类物质结合，从而增加真菌胞质膜的通透性；③咪唑类抗真菌药（咪康唑、酮康唑等）能抑制细胞膜固醇类物质的生物合成。

（三）抑制细菌体内生命物质的合成

1. 抑制核酸的合成 喹诺酮类药物抑制细菌 DNA 回旋酶或拓扑异构酶Ⅳ，阻碍细菌 DNA 合成与复制，导致 DNA 降解，细菌死亡。利福平类药物与敏感菌的依赖 DNA 的 RNA 聚合酶（转录酶）的 β 亚单位结合，抑制其活性，使转录过程受阻。氟胞嘧啶在体内代谢为氟尿嘧啶后抑制腺苷酸合成酶活性，干扰真菌的 DNA 合成。

2. 抑制叶酸的合成 由于叶酸不能直接透过细菌细胞膜，对磺胺类药物敏感的细菌不能直接利用外周环境中的叶酸，只能利用环境中的对氨基苯甲酸（PABA）和二氢蝶啶在二氢叶酸（FH_2）合成酶的催化下合成 FH_2，再经 FH_2 还原酶作用还原为四氢叶酸（FH_4）。FH_4 的活性型是一碳单位的传递体，在细菌合成嘌呤、嘧啶核苷酸中起重要作用。磺胺类药物和甲氧苄啶分别抑制 FH_2 合成酶和 FH_2 还原酶，阻碍了 FH_4 的合成，从而影响核酸等的合成，抑制细菌的生长和繁殖（图 36-5）。

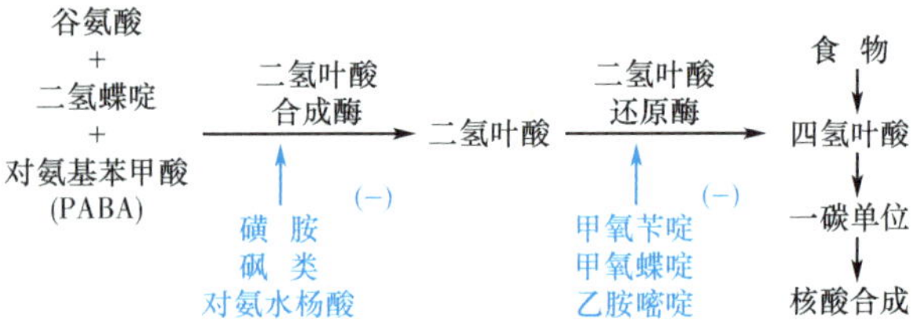

图 36-5 体内叶酸的合成途径及有关抗菌药物作用部位

3. 抑制蛋白质的合成 细菌蛋白质的合成是通过起始、肽链延伸和合成终止三个连续环节，通过核糖体循环完成的。细菌核糖体为 70S，由 30S 和 50S 亚基组成。四环素类能阻止氨基酸 tRNA 进入 A 位，抑制肽链的延长。氯霉素、大环内酯类及林可霉素类能与 50S 亚基结合，分别抑制肽酰基转移酶和移位酶活性，阻止肽链的形成和延长；氨基糖苷类药物能抑制蛋白质合成和核糖体循环的多个环节，还通过抑制细胞膜蛋白质合成，影响细菌细胞膜屏障功能。由于哺乳动物的核糖体为 80S，由 40S 和 60S 亚基组成，故上述药物对机体没有明显影响（图 36-6）。

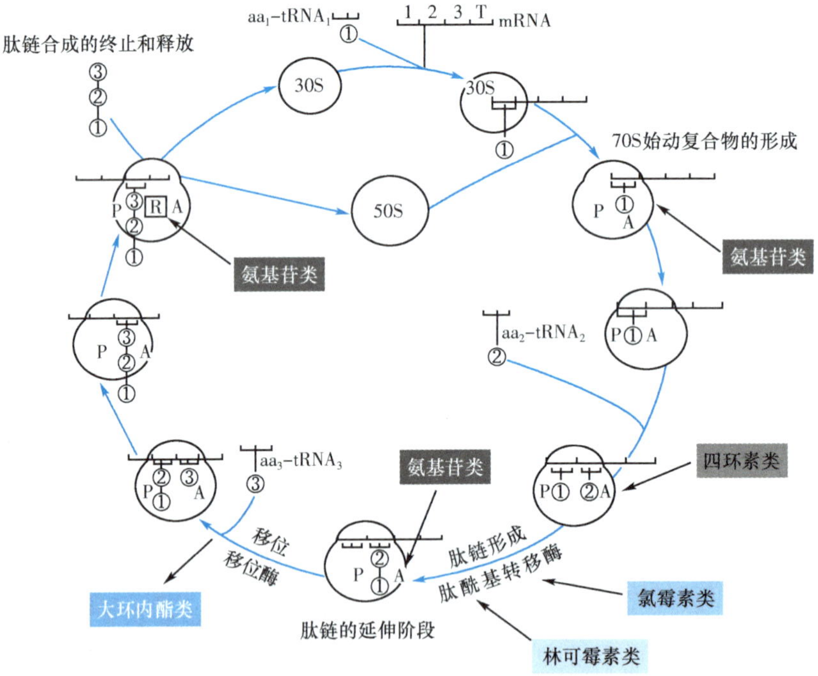

图 36-6 核蛋白体循环及有关抗菌药物作用部位

第三节 细菌耐药性的产生机制

近年来，随着各类抗生素的广泛应用，各种细菌对抗菌药物的耐药性也随之迅速发展。耐甲氧西林金黄色葡萄球菌（MRSA）、耐青霉素肺炎链球菌（PRSP）、耐万古霉素肠球菌（VRE）、超广谱 β-内酰胺酶（ESBL）、多药耐药性结核杆菌（MDRMT）等的出现，给临床治疗造成严重困难，而且随着经济贸易的全球化，细菌耐药菌株也在国际间开始传播，从而导致了细菌对抗生素耐药现象的全球化。

与抗菌药物的接触是细菌产生耐药的主要原动力。如投入或停用某种抗菌药物常与其耐药性的消长有关，抗菌药物使用愈多的区域耐药菌分布愈多。一般认为：①抗菌药物只要使用了足够时间，就会出现细菌耐药性，如使用青霉素25年后出现耐青霉素肺炎球菌，氟喹诺酮使用10年后出现了肠杆菌耐药；②耐药性是不断进化的，随着抗菌药物的应用，耐药也从低度耐药向中度、高度耐药转化；③对一种抗菌药物耐药的微生物可能对其他抗菌药物也耐药；④细菌耐药性的消亡很慢；⑤使用抗菌药物治疗后，患者容易携带耐药菌。

细菌耐药性既可在细菌间传播，也可通过人或环境进行传播。细菌耐药性的机制主要有：

(一) 抗菌药物被细菌产生的酶灭活

细菌可通过耐药因子产生灭活抗菌药物的酶类，使药物失去抗菌作用(表36-2)。灭活酶(inactivator)可分为水解酶(hydratase)和合成酶(synase)两大类。水解酶中最重要的一种是β-内酰胺酶，可将青霉素类和头孢菌素类药物分子结构中的β-内酰胺环裂开使药物灭活。β-内酰胺酶由质粒或染色体介导，迄今为止报道的已超过300种，其作用底物的广度和耐药程度仍以惊人的速度增长。合成酶又称钝化酶，如庆大霉素乙酰转移酶能将乙酰基转移到庆大霉素的—NH_2基团上，链霉素腺苷转移酶可将AMP转移到链霉素的—OH基团上，使药物灭活。

表36-2 主要抗生素灭活酶种类

抗生素	灭活酶
β-内酰胺类	β-内酰胺酶
氨基苷类	磷酸转移酶，腺苷转移酶，乙酰转移酶
氟喹诺酮类	DNA回旋酶A亚基、B亚基
大环内酯类	乙酰转移酶
氯霉素	乙酰转移酶，核苷转移酶
林可霉素类	核苷酸转移酶

(二) 抗菌药物作用靶位的改变

抗菌药物作用靶位的改变主要包括：①耐药的细菌可改变靶蛋白结构，使药物不能与靶蛋白结合，如利福霉素耐药性是由于细菌RNA聚合酶的β亚基结构发生改变而导致与利福平等的结合能力下降。②增加靶蛋白的数量，在药物存在的同时仍有足够数量的靶蛋白可以维持细菌的正常形态与功能。如对甲氧西林耐药的金黄色葡萄球菌(methicillin resistant staphylococcusaureus，MRSA)可增加青霉素结合蛋白(penicillin-binding protein，PBP)的产量。③生成新的对抗生素亲和力低的耐药靶蛋白，如MRSA与抗生素接触后，其产生的PBP_{2A}亚型结合蛋白超过了敏感细菌原有的PBP，且与抗生素的亲和力也极低，因而形成高度耐药(表36-3)。肺炎链球菌对头孢菌素、青霉素及碳青霉烯类耐药性的产生分别是因为PBP亚型PBP_{2X}及PBP_{2B}的变异导致与抗生素亲和力降低所引起。

表36-3 耐药性菌株作用靶位的改变

耐药性菌株	靶位改变
链霉素	细菌核蛋白体30S亚基上链霉素作用靶位P10蛋白质改变
利福平	细菌RNA多聚酶的β亚基改变，与药物的结合力下降
林可霉素、红霉素	细菌核蛋白体23S亚基的腺嘌呤甲基化，与药物不能结合
β-内酰胺类	PBPs改变

(三) 降低细胞膜通透性

革兰阴性细菌外膜孔道蛋白构型改变或缺失，导致β-内酰胺类抗生素、四环素、氯霉素等药物不易渗透至菌体内而形成耐药。如抗亚胺培南的铜绿假单胞菌发生突变导致Opr D孔道蛋白缺失时，可产生对亚胺培南的特异性耐药。革兰阳性球菌对多黏菌素类抗生素的耐药是由于抗生素难以通过细菌坚厚的细胞壁而形成耐药。四环素类、氯霉素等均可因质粒介导的细菌细胞膜通透性改变而不易进入菌体，从而形成细菌耐药。

(四) 主动转运泵作用

金黄色葡萄球菌、表皮葡萄球菌、大肠埃希菌、铜绿假单胞菌等具有主动泵出系统(active efflux system)(见图36-7)，可将进入细菌体内的药物泵出体外，这是获得性耐药的重要机制之一。耐大环内酯类和四环素的细菌能通过耗能的主动泵以增加抗生素外流量。

(五) 细菌改变代谢途径

如金黄色葡萄球菌对磺胺药的耐药，是通过产生大量的对氨基苯甲酸(PABA)或直接利用叶酸生成二氢叶酸所致，其产量可达敏感菌的20倍。

值得注意的是，某些耐药菌株通过以上几种机制的结合而产生强大的耐药性。如MRSA既可通过增加PBP的数量产生新的PBP亚型，也可通过由质粒或染色体介导不断产生新型的β-内酰胺酶来提高耐药性。

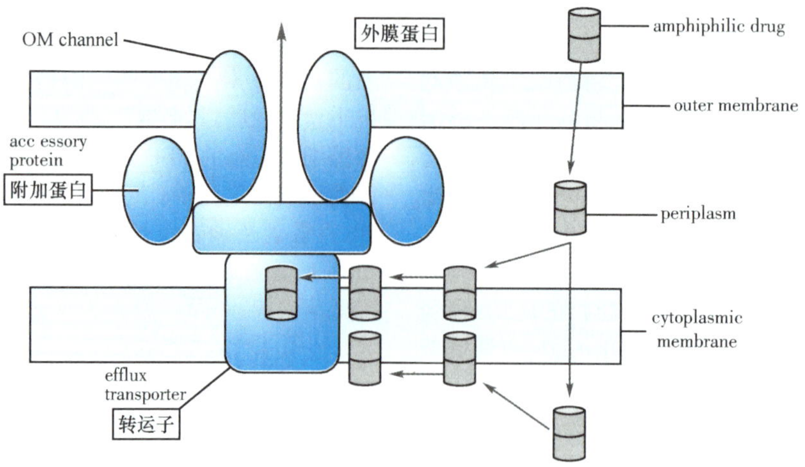

图 36-7 药物主动外排系统

第四节 抗菌药物的合理应用

抗菌药物的种类繁多，随着这些药物的广泛应用，会涉及各种抗菌药物的有效抗菌谱及其不良反应、适应证、选择标准、给药方法等诸多问题。如果不加选择地应用抗菌药物，会增加致病菌对药物的耐药性，并能引起人体正常菌群的失调，引发二重感染或真菌感染，也是造成医院内感染的主要因素之一。一些药物具有耳毒性或肝、肾毒性或神经毒性等，如使用不当，会导致造血系统、神经系统、肝肾损害等不良反应；妊娠期和哺乳期抗菌药物使用还有可能对胎儿和婴儿产生不良影响；某些抗菌药物能引起人体的变态反应。抗菌药物如应用和处理不当，甚至会危及患者的生命。

据了解，中国目前已经成为世界上不合理使用抗菌药物较严重的国家之一。我国住院患者的抗菌药物使用率高达 80%，其中使用广谱抗菌药物和联合使用的占到 58%，远远高于 30% 的国际平均水平。我国死于药物不良反应的患者中，约 40% 死于抗菌药物滥用。为了控制抗菌药物的使用，卫生部、国家中医药管理局、解放军总后卫生部曾于 2004 年 10 月发布了抗菌药物临床应用指导原则，它就细菌性感染的抗菌治疗原则、预防应用抗菌药物原则、制定合理用药方案及管理对临床医生提出了要求。抗菌药物的合理应用是一个复杂的过程，不仅在选择药物品种、剂量、用药时间、给药途径、疗程方面要针对性强，而且要与患者的感染状况及其生理、病理状态相适宜，既要有效地控制感染，又要防止人体内菌群失调，减少药物不良反应与细菌耐药性的产生。抗菌药应用的基本原则是：

(一) 尽早确定感染性疾病的病原诊断

只有诊断为细菌感染者，方有指征应用抗菌药物。在患者应用抗菌药物之前，应及早从患者的血液、痰液、感染病灶局部采样分离出病原菌，查明感染病原，并对分离出的病原菌进行细菌体外抗菌药物敏感度试验，也可做血清杀菌活性试验，根据结果选用敏感抗菌药物。

(二) 严格根据适应证正确选药

各种抗菌药物的药效学（抗菌谱和抗菌活性）和药代动力学（吸收、分布、代谢和排出过程）特点不同，因此各有不同的临床适应证。临床医师应根据各种抗菌药物的特点，按临床适应证正确选用抗菌药物。应防止临床常见的抗菌药不合理应用和滥用。例如：①已确定为单纯病毒感染性疾病者一般不使用抗菌药物。②一些轻微而局限的感染（如毛囊炎、疖或表浅伤口化脓等）不需应用抗菌药物。③对发热原因不明且无可疑细菌感染征象者，不宜使用抗菌药物；对病情严重或细菌性感染不能排除者，可在留取临床标本后针对性地选用抗菌药物进行经验性治疗。

(三) 治疗方案应综合患者病情、病原菌种类及抗菌药物特点制定

对患者的病原菌尚未确认或药敏试验没有明确结果时，可根据临床医生的经验治疗，但一经确认病原菌感染和药敏试验结果，则应根据药物的抗菌谱、抗菌活性、药动学过程和不良反应选用合适的抗菌药，表 36-4 供选药时参考。同时，选择药物时还要考虑患者的生理（年龄、性别等）和功能状态、免疫力、肝肾功能等，及时调整给药剂量和时间。例如：①单纯性下尿路感染时，由于多数药物尿药浓度远高于血药浓度，可应用较小剂量（治疗剂量范围低限）；②对于重症感染和抗菌药物不易达到的部位的感染，抗菌药物剂量宜较大（治疗剂量范围高限），初始治疗应予静脉给药，以确保药效；③氨基苷类抗生素有明显的 PAE，一日给药一次，不仅疗效与一日 2～3 次静脉滴注疗效相同，而且耳、肾毒性也有所减轻。因能造

成小儿耳聋，6 岁以下禁用。

应严格掌握肝、肾功能不全患者以及小儿、老年人及孕妇等特殊人群的用药特点：①肝、肾功能减退时抗菌药物的应用原则一般是：肝功能减退时应避免使用在肝内代谢，经肝、胆系统排泄或具有肝毒性的抗菌药物，如四环素类、氯霉素、两性霉素 B 、红霉素酯化物等。肾功能减退应避免使用经肾排泄或具有肾毒性的抗菌药物，一般不宜应用氨基苷类、磺胺药、万古霉素和四环素族（多西环素例外），必须使用时，应调整剂量。②对婴幼儿避免应用或禁用毒性大或可能发生严重不良反应的抗菌药物，如氯霉素、磺胺药、喹诺酮、四环素类、氨基苷类、万古霉素、呋喃类等。③对老年患者接受主要自肾排出的抗菌药物时，应按轻度肾功能减退情况减量给药，并宜选用毒性低并具杀菌作用的抗菌药物。④对孕妇及哺乳期妇女需考虑药物对妇女自身和胎儿或婴儿两方面的影响，如禁用乙酰异烟胺和利巴韦林等。在抗菌药物应用过程中，应注意防止严重过敏和毒性反应的发生，如过敏性休克、剥脱性皮炎等。对有严重过敏反应、神经系统毒性反应、造血系统毒性反应或肝肾毒性反应等，应立即停药，并做积极治疗。必要时，换用其他抗菌药物，继续治疗感染。

表 36-4　药敏试验中的抗菌药物选择

	肠杆菌科	假单胞菌属	金葡菌	肠球菌属	流感杆菌
第一线	氨苄西林 氨苄西林-舒巴坦 头孢噻吩 庆大霉素 阿米卡星	哌拉西林 羧苄西林 庆大霉素 阿米卡星	头孢噻吩 氨苄西林-舒巴坦 红霉素 苯唑西林 青霉素 万古霉素	青霉素 （或氨苄西林）	氨苄西林 氨苄西林-舒巴坦 头孢呋辛 氯霉素 复方 SMZ-TMP
第二线	头孢呋辛 氯霉素 哌拉西林 复方 SMZ-TMP 第三代头孢菌素 诺氟沙星	诺氟沙星 复方 SMZ-TMP 头孢他啶 （或头孢哌酮）	庆大霉素 阿米卡星 诺氟沙星 利福平 复方 SMZ-TMP	万古霉素	
尿液	呋喃妥因 诺氟沙星 复方 SMZ-TMP	诺氟沙星 复方 SMZ-TMP	复方 SMZ-TMP 呋喃妥因 诺氟沙星	诺氟沙星 红霉素	

（四）联合应用抗菌药物

联合用药目的是获得协同作用、提高抗菌效能、降低个别药物的剂量、减少毒性反应以及防止或延迟细菌产生耐药性，主要用于：①金黄色葡萄球菌败血症或革兰染色阴性杆菌败血症；②单一抗菌药物不能控制的严重混合感染，如肠穿孔后腹膜炎的致病菌常有多种需氧菌和厌氧菌等；③病原菌未明的严重感染；④长期用药细菌有可能产生耐药者，如结核、深部真菌病；⑤用以减少药物毒性反应，如两性霉素 B 和氟胞嘧啶合用治疗深部真菌，前者用量可减少，从而减少毒性反应；⑥临床感染一般用二药联用即可，不必三药联用或四药联用。联合应用抗菌药物，一般限于两种药物的联合，并根据联合敏感试验结果和临床疗效来选择药物，不必要三药联用或四药联用。

两种抗菌药联合应用在体外或动物实验中可获得无关、相加、协同（增强）和拮抗等四种效果。抗菌药物依其作用性质可分为四大类：一类为繁殖期杀菌，如青霉素类、头孢菌素类等；二类为静止期杀菌，如氨基苷类、多粘菌素等，它们对静止期、繁殖期细菌均有杀灭作用；三类为速效抑菌，如四环素类、氯霉素类与大环内酯类抗生素等、四类为慢效抑菌剂，如磺胺类等。第一类和第二类合用常可获得协同（增强）作用，例如青霉素与链霉素或庆大霉素合用治疗肠球菌心内膜炎；青霉素破坏细菌细胞壁的完整性，有利于氨基苷类抗生素进入细胞内发挥作用。第一类与第三类合用可能出现拮抗作用。例如青霉素类与氯霉素或四环素类合用。由于后二药使蛋白质合成迅速被抑制，细菌处于静止状态，致使繁殖期杀菌的青霉素干扰细胞壁合成的作用不能充分发挥，使其抗菌活性减弱。第二类和第三类合用可获得增强或相加作用。第四类慢效抑菌药与第一类可以合用，例如，治疗流行性脑膜炎时，青霉素可以和磺胺嘧啶合用而提高疗效。

(五)严格控制预防用药

预防性用药在内科及儿科通常用于预防一种或两种特定病原菌入侵体内引起的感染，如预防风湿热复发，用苄星青霉素可清除咽喉部的溶血性链球菌。一般不用于病毒感染、昏迷、休克、中毒、心力衰竭、肿瘤等疾病。外科手术预防用药的目的在于预防手术后切口感染以及清洁或污染手术后手术部位感染及术后可能发生的全身性感染，应根据手术野有无污染或污染的可能，决定是否预防性用药。如经直肠前列腺手术、开放性骨折手术等，由于手术部位存在大量人体寄殖菌群，手术时可能污染手术野引起感染，故需预防用抗菌药。

Summary

- The basic concept of antibacterial drugs, such as antibacterial activity, bacteriostatic drugs, bacteriocidal drugs, antibacterial spectrum, chemotherapeutic index, postantibiotic effect and resistance, are defined in this chapter.
- Inhibition of synthesis of bacterial cell wall and bacterial protoplasm and increase permeability of cellular membrane are the primary mechanisms of antibacterial actions. The mechanisms of bacterial resistance falls into five general categories. (1) Antibacterial drugs are not active by bacterial inactivator . (2) Bacterial membrane permeability is degraded. (3) Target sites of antibacterial drugs are altered. (4) Bacterial active effluxpump transport drugs out of the cell. (5) bacterial metabolic pathway are altered. The principles that are important for the selection of the appropriate antibiotic, the use of antibiotic combinations are discussed in this chapter.

(谭 艳 吴基良)

第三十七章 β-内酰胺类抗生素

案例 37-1

75 岁的马先生因脑出血入院，不能自理，后因护理不当，出现肺部并发症，引发坠积性肺炎。采用青霉素治疗一段时间后，病情无好转，后又进一步做了痰培养和药敏试验，发现致病菌是革兰阳性和阴性菌混合感染，但它已经对大多数抗生素都不敏感。

说明什么问题？该如何处理？

案例 37-2

张某，男，26 岁，农民。因手部外伤后感染，自带青霉素到医疗站，要求乡村医生给予注射，医生准备为其做青霉素皮试，张某说："我刚用过青霉素，不必做皮试，出了问题我自己承担。"因而未做皮试便肌肉注射青霉素 80 万单位。5 分钟后，患者大汗淋漓，颜面苍白、四肢抽搐、牙关紧闭，继之意识丧失。当即针刺人中、涌泉穴无效，在送往上级医院途中死亡。

从中得到什么提示？

案例 37-3

赵某，平时喜欢饮酒。近日患了感冒，已服用几天感冒药和"头孢拉定（先锋霉素Ⅵ）"，当日晚饭前，按时服用了两粒"先锋霉素Ⅵ"，然后端起酒杯畅饮，不到二两白酒下肚，他即刻感到心跳加速，呼吸困难，家人急忙将其送往医院抢救。

诊断：头孢菌素类与乙醇同用导致的酒精中毒。

讨论："先锋霉素Ⅵ"为头孢类抗生素药，这类静脉或口服应用药物中一些成分会抑制酒精在人体内的代谢，造成酒精在体内蓄积，损伤肝脏、肾脏和心脏等器官，引起机体的毒性反应，即使少量的酒精和这类药物混合也可能导致中毒。

问题：

头孢菌素有哪些不良反应，临床应用时应注意哪些问题？

β-内酰胺类抗生素（β-lactams antibiotics）系指化学结构中具有 β-内酰胺环的一类抗生素，包括青霉素类、头孢菌素类、非典型 β-内酰类及 β-内酰胺酶抑制药。该类抗生素（除 β-内酰胺酶抑制药）的抗菌作用机制主要为抑制细菌细胞壁肽聚糖的合成。具有抗菌范围广、活性强、毒性低、适应证广及临床疗效好等优点，其中青霉素类和头孢菌素类是临床最常用的抗生素。

第一节 青霉素类

青霉素（penicillin）是 1929 年由英国科学家亚历山大·弗莱明（Alexander Fleming）发现，自 20 世纪 40 年代投入使用以来，一直被应用广泛。

青霉素类抗生素包括天然青霉素和人工半合成青霉素。其基本结构由主核 6-氨基青霉烷酸（6-APA）和侧链（R-CO-）两部分组成（图 37-1）。母核由噻唑环和 β-内酰胺环骈合而成，β-内酰胺环为抗菌活性所必需，如被破坏则抗菌活性消失，侧链上的 R 以不同基团取代，可形成多种半合成青霉素。由于结构变化，各类青霉素的抗菌谱、抗菌作用强度、对 β-内酰胺酶的稳定性等均有不同程度的差别，故抗菌作用各有特色。它们均可抑制细菌细胞壁的合成，为繁殖期杀菌药。对人体毒性小，但可致过敏反应，全部青霉素类药品间有完全交叉过敏反应。按来源和特点可分为：

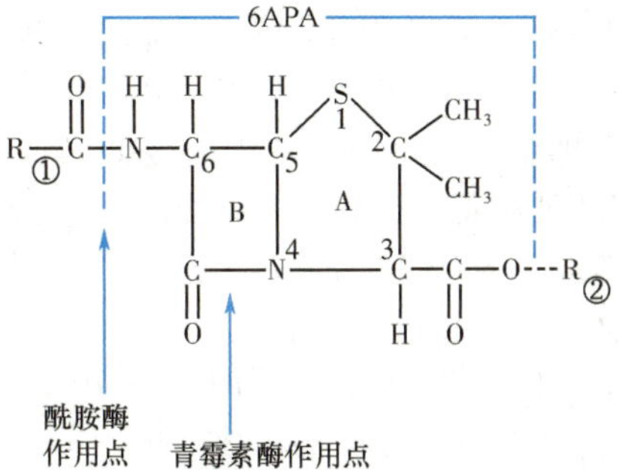

图 37-1 青霉素的基本结构：6-氨基青霉烷酸

A. 噻唑环；B. β-内酰胺环

1. 天然青霉素 青霉素 G。

2. 半合成青霉素

（1）口服（耐酸）不耐酶青霉素：青霉素 V（penicillin V）、非奈西林（phenethicillin）等。

（2）耐青霉素酶青霉素：甲氧西林（methicillin）和苯唑类青霉素，后者包括苯唑西林（oxacillin）、氯唑西林（cloxacillin）、双氯西林（dicloxacillin）等。

（3）广谱青霉素：氨苄西林（ampicillin）、阿莫西林（amoxicillin）等。

（4）抗铜绿假单胞菌广谱青霉素：羧苄西林（carbenicillin)、替卡西林(ticarcillin)等。

(5) 抗革兰阴性杆菌青霉素：美西林(mecillinam)、替莫西林(temocillin)等。

一、天然青霉素

青霉素是由青霉菌培养液中提取得到，包括 F、G、X、K 和双氢 F 等多个品种，其中以青霉素 G 化学性质较稳定，杀菌力强，毒性低，产量高，价格便宜，临床常用。

【化学】 青霉素 G(penicillin G，苄青霉素)，由于在侧链 R 处为苄基(—CH_2—)，又称苄青霉素(benzylpenicillin)，是不稳定的有机酸，难溶于水，其钾盐或钠盐则易溶于水，主要用其钠盐。青霉素钠盐和钾盐的结晶粉末在室温下可保存数年而不失其抗菌活性，但水溶液极不稳定、不耐酸、不耐青霉素酶，因此不能口服，对产青霉素酶菌株无效，抗菌谱窄，不耐热，在室温下放置 24 小时，抗菌活性迅速下降，且可产生具有抗原性的降解产物，可引起变态反应，严重者可致过敏性休克，故必须临用前现配。

青霉素剂量用国际单位 U 表示，理论效价为：青霉素 G 钠 1670U≈1mg，青霉素钾 1589U≈1mg。

【体内过程】 青霉素 G 口服后易被胃酸及消化酶破坏，吸收少且不规则，不宜口服。肌内注射吸收快且完全，注射后约 0.5～1.0 小时血药浓度达高峰。血浆半衰期约为 0.5～1 小时，作用维持时间为 4.0～6.0 小时。吸收后迅速分布于肝、肺、肾、肠道、关节腔、淋巴液、中耳液等全身各部位。因其脂溶性低，主要分布在细胞外液。脑脊液中浓度低，但在脑膜炎时，脑部微血管通透性增加，脑脊液中可达到有效浓度。青霉素几乎全部以原形经尿迅速排泄，肾功能不全者半衰期可达 7～10 小时。

为了延长青霉素的作用时间，可采用难溶的混悬制剂，如普鲁卡因青霉素，成人肌内注射 80 万单位，有效血浓度维持 24 小时；苄星青霉素(长效青霉素)，肌内注射 120 万单位，血药浓度维持 0.01mg/L 水平可达 15 天。由于注射剂量有限，这两种制剂的血药浓度低，仅适用于轻症病人或预防感染，不足以控制急性感染。

【抗菌谱】 青霉素 G 对繁殖期敏感菌有强大杀灭作用。如对大多数革兰阳性菌(球菌和杆菌)如肺炎球菌、溶血性链球菌、草绿色链球菌、不产酶的金黄色葡萄球菌、白喉杆菌、破伤风杆菌、产气荚膜杆菌和炭疽杆菌等，以及革兰阴性球菌如脑膜炎奈瑟菌、敏感淋病奈瑟菌等，淋病奈瑟菌对本药耐药较明显；各种螺旋体(梅毒、钩端和回归热螺旋体)和放线杆菌(牛放线杆菌)对青霉素高度敏感。但对革兰阴性杆菌的作用较弱。属窄谱抗生素，对宿主无明显毒性。

【抗菌机制】 青霉素 G 与其他 β-内酰胺类抗生素是通过干扰细菌细胞壁的合成而产生抗菌作用，抗菌作用机制主要包括以下方面：

1. 抑制转肽酶活性，干扰细菌细胞壁合成 β-内酰胺类抗生素作用靶蛋白是位于细胞膜上的青霉素结合蛋白(penicillin binding proteins，PBPs)，PBPs 是细菌细胞壁合成过程中不可缺少的具有催化活性的 D-D 肽酶，如转肽酶、羧肽酶、肽链内切酶。多数细菌均有几种 PBPs，如金葡菌有 5 种 PBPs，它们对各种 β-内酰胺类抗生素的亲和力不同。β-内酰胺类抗生素通过与不同的 PBPs 结合，阻碍其活性，而表现出抗菌活性的差异。青霉素与 PBPs 结合，使转肽酶失活，阻碍粘肽的合成，造成细菌细胞壁缺损。受细菌体内高渗透压的影响，水分由细胞外大量渗入，导致细胞肿胀、变形，致使细菌迅速裂解死亡。

2. 增加细菌细胞壁自溶酶的活性 β-内酰胺类抗生素使细菌裂解往往最终是由于细胞壁自溶酶(cell-wall autolytic enzyme)的活性增加，产生自溶或胞壁质(murein)水解。

【耐药性】 随着 β-内酰胺类药物的广泛应用，其耐药菌株逐渐增多，其耐药的机制和对策主要包括：

1. 产生水解酶 β-内酰胺酶(青霉素酶，头孢菌素酶等)，这是最常见的耐药机制。作用于 β-内酰胺类抗生素的 β-内酰胺环，使环水解被打开，抗菌活性消失。不同细菌产生的 β-内酰胺酶特异性不同，即可以水解不同的 β-内酰胺类抗生素。

鉴于 β-内酰胺酶在 β-内酰胺类耐药性中的重要作用，如果抑制此类酶，势必会提高 β-内酰胺类药物的疗效。克拉维酸等 β-内酰胺酶拮抗药已成功地应用于临床，使由细菌产生的 β-内酰胺酶参与的耐药性得到部分改善。

2. PBPs 靶蛋白对药物的亲和力降低 细菌体存在多种 PBPs，他们的结构和功能各不相同，其结构改变或合成量增加或形成新的 PBPs，使其与 β-内酰胺类抗生素的结合减少，失去抗菌作用。

3. 药物不能在作用部位达到有效浓度 ①孔道蛋白缺陷，药物进入受阻：革兰阴性菌外膜是许多抗生素不能穿透的屏障，许多 β-内酰胺类抗生素可通过由蛋白质在外膜形成的孔通道(porin)，如 OmpF 和 OmpC 通道弥散进入。在耐药的大肠埃希菌可见孔道数量减少、孔径变小，故药物难以到达作用部位。外膜孔道的数量和大小在不同的革兰阴性菌是不同的，如铜绿假单胞菌外膜上 OprD 是亚胺培南进入的通道，对亚胺培南耐药的铜绿假单胞菌缺乏 OprD。青霉素不能透过革兰氏阴性杆菌外膜而发挥抗菌作用，属于固有耐药性。②主动流出系统加强：使药物的排出速度大于药物的内流速度，降低药物在菌体内的浓度，是固有耐药和多重耐药的重要机制之一。

③与药物结合：β-内酰胺酶与某些耐酶β-内酰胺类抗生素结合，使药物停留在细胞膜外间隙，不能到达作用靶位-PBPs发挥抗菌作用，此机制非水解机制称"牵制机制"或"陷阱机制"。

4. 缺少自溶酶 某些金葡菌缺少自溶酶，使青霉素只有抑菌而无杀菌作用。

【临床应用】 首选用于对青霉素敏感的革兰阳性球菌和杆菌、革兰阴性球菌及螺旋体感染。

1. 链球菌感染 溶血性链球菌引起的咽炎、扁桃体炎、猩红热、蜂窝组织炎、败血症等；草绿色链球菌引起的心内膜炎；肺炎链球菌引起的大叶性肺炎、中耳炎等首选青霉素G。

2. 脑膜炎奈瑟菌感染 流行性脑脊髓膜炎，在脑膜出现炎症时，对青霉素的通透性增加，大剂量的青霉素治疗有效。

3. 螺旋体感染 梅毒、钩端螺旋体病、回归热等。治疗梅毒时，除早期轻症者外，应采用大剂量青霉素治疗。

4. 革兰阳性杆菌感染 青霉素G可用于治疗白喉、破伤风、炭疽病、气性坏疽和流产后产气荚膜杆菌所致的败血症，但同时需加用相应的抗毒血清，因青霉素对其所产生的外毒素无效。

【不良反应】 青霉素毒性很低，但应特别注意过敏反应。

1. 过敏反应 青霉素的过敏反应居各种药物的首位，占用药人数的1%～10%，过敏反应包括过敏性休克，血清病型反应和各种皮疹。过敏性休克发生率为0.004%～0.015%，死亡率为0.001%。

(1) 过敏反应的发生机制：青霉素其降解产物青霉烯酸、青霉噻唑蛋白可与组织蛋白质牢固结合形成抗原决定簇而引起过敏反应。

(2) 过敏反应的临床表现：用药者多在接触药物后立即发生，少数人可在数日后发生。出现荨麻疹、接触性皮炎、皮疹、药热、血管神经性水肿和血清病样反应。极少数病人在用药后数秒至20分钟内发生严重的过敏性休克。表现为胸闷、喉头阻塞感、呼吸困难、面色苍白、脉搏细速、出冷汗、血压下降、昏迷、惊厥、大小便失禁等，如不及时抢救则危及生命。

(3) 过敏反应的防治原则：为了防治各种过敏反应的发生，必须注意：①详细询问病史，包括用药史，药物过敏史、家族过敏史。对青霉素有过敏史者禁用，对其他药物有过敏史者要慎用。②做皮肤过敏试验，初次用药或停药3天以上再用药或更换批号时，均需做皮肤过敏试验，反应阳性者禁用。③严格掌握适应证，药物应新鲜配制，避免局部用药及饥饿时使用。④用药前应做好急救准备。一旦发生过敏性休克，一般情况下，应立即肌内注射0.1%肾上腺素0.5～1mg，严重患者还可将肾上腺素稀释后缓慢静脉注射，或使用肾上腺皮质激素或抗组胺药，心脏停搏时可心内注射。

2. 赫氏反应（Herxheimer reaction） 青霉素治疗梅毒和钩端螺旋体病、雅司、鼠咬热或炭疽等感染时，可有病人症状突然加重现象，表现为全身不适，寒战、发热、喉痛、头痛、心动过速等，甚至危及生命。可能是大量病原体被杀死后释放入体内的物质引起的反应所致。

3. 其他反应 肌肉注射可引起疼痛、红肿或硬结。大剂量的青霉素钠盐或钾盐静脉注射可引起水、电解质紊乱，尤其肾功能低下的患者，可引起高血钾症或高血钠症。肾功能衰竭的病人，高剂量使用青霉素可造成惊厥。

二、半合成青霉素

青霉素G具有杀菌力强，毒性小，价廉等优点。但因其抗菌谱较窄，不耐酸不能口服，不耐酶，易被β-内酰胺酶破坏，且易引起过敏反应，自1959年开始，以青霉素的主核6-APA为原料，用酰胺酶水解羰基侧链，并接上不同基团，先后获得了具有耐酸、耐酶、广谱，抗铜绿假单胞菌及主要作用于革兰阴性菌等特点的半合成青霉素。

（一）耐酸不耐酶青霉素

本类药物包括青霉素V（phenoxymethylpenicillin，苯氧甲基青霉素）、非奈西林（pheneticillin，苯氧乙基青霉素）等。其中青霉素V为常用代表药。本类青霉素的主要优点是耐酸、口服吸收好。

青霉素V的抗菌谱与青霉素G相同，但抗菌作用不及青霉素G强。主要用于革兰阳性球菌引起的轻度感染，如化脓性链球菌引起的咽炎、扁桃体炎等上呼吸道感染，也常用于风湿热的预防。不耐酶，不宜用于耐药的金葡菌感染。

（二）耐青霉素酶青霉素

本类药物包括甲氧西林（methicillin，新青霉素Ⅰ）、苯唑西林（oxacillin，新青霉素Ⅱ）、氯唑西林（cloxacillin）等。

除甲氧西林对酸不稳定外，其余均耐酸，可口服和注射。本类药物由于化学结构中的侧链不同于青霉素G，通过其空间位障作用保护了β-内酰胺环而不易被青霉素酶水解，对产青霉素酶耐药的金葡菌有强大杀菌作用，主要用于耐青霉素G的金葡菌感染。该作用以双氯西林最强，依次为氯唑西林、苯唑西林、甲氧西林等。革兰阴性菌对本类耐药。现耐甲氧西林和苯唑西林金葡菌的比例也相当高。不良反应较少，除与青霉素G有交叉过敏反应外，少数患者口服后可有嗳气、恶心、腹胀、腹痛等胃肠道反应。

(三) 广谱青霉素

本类药物的共同特点是耐酸、可口服，抗菌谱广，对革兰阳性和革兰阴性菌均有杀菌作用，但均不耐青霉素酶，对耐药金葡菌感染无效。

氨苄西林(ampicillin)和阿莫西林(amoxicillin)是本类药物中的主要品种。抗菌谱与青霉素G相似，其特点体现在对革兰阴性菌的作用优于青霉素G。对氨苄西林敏感的革兰阴性菌包括流感嗜血杆菌、大肠埃希菌、奇异变形杆菌、沙门氏菌、痢疾志贺菌、脑膜炎奈瑟菌和不产酶的淋病奈瑟菌等。革兰阴性杆菌对氨苄西林耐药率已非常高。阿莫西林的杀菌作用比氨苄西林强，临床主要用于敏感菌所致的呼吸道感染、伤寒、副伤寒、尿道感染、胃肠道感染、软组织感染、脑膜炎、败血症、心内膜炎等。严重病例应与氨基糖苷类抗生素合用，以增强疗效。本类药物与青霉素G有交叉过敏性，尚可引起轻微的消化道反应和二重感染。铜绿假单胞菌对广谱青霉素有天然屏障作用，使本类药物不能通过细胞外膜抵达靶位，形成固有耐药。不良反应以消化道反应及皮疹为主。

(四) 抗铜绿假单胞菌广谱青霉素

代表药物为羧苄西林(carbenicillin)和替卡西林(ticarcillin)。

主要特点是对铜绿假单胞菌和变形杆菌有强大的抗菌作用，对革兰阳性菌的作用不及青霉素。对产青霉素酶的金葡菌无效。本类青霉素的强大抗铜绿假单胞菌作用是基于：①与铜绿假单胞菌生存必需的PBPs形成多位点结合；②对细菌细胞膜具有强大的穿透作用。羧苄西林常用于治疗烧伤继发铜绿假单胞菌感染，也可用于治疗铜绿假单胞菌、大肠埃希菌和变形杆菌引起的尿路感染。常与庆大霉素联合应用，产生协同的抗菌效果，但不能将两者置于同一容器中混用，以防相互作用导致药效降低。替卡西林对铜绿假单胞菌作用较羧苄西林强2～4倍，已取代羧苄西林用于铜绿假单胞菌所致严重感染。

(五) 抗革兰阴性杆菌青霉素

包括供注射用的美西林(mecillinam)、替莫西林(temocillin)，供口服用的匹美西林(pivmecillinam)。本类药物对革兰阴性杆菌作用强，对铜绿假单胞菌无效，对革兰阳性菌作用弱。

匹美西林在体内水解为美西林才能发挥作用。抗菌作用靶位是PBP_2，与药物结合后，细菌变为圆形，代谢受到抑制，细菌并不死亡，因此为抑菌药，与作用于其他PBPs的抗菌药联合应用可提高疗效。不良反应主要是胃肠道反应和过敏反应。

第二节 头孢菌素类

头孢菌素类(Cephalosporins)抗生素是以头孢菌素的母核7-氨基头孢烷酸(7-ACA)接上不同的侧链而制成的半合成抗生素(图37-2)。抗菌作用机制与青霉素类相同，主要与细菌细胞膜上的PBPs(PBP_1和PBP_3)结合，妨碍黏肽的形成，抑制细胞壁合成，为繁殖期杀菌药。在化学结构上也有相同之处，即都有一个β-内酰胺环，具有相似的理化性质、作用机制和临床应用。头孢菌素类具有抗菌谱广、杀菌力强、对β-内酰胺酶稳定性高、过敏反应及毒性小等特点。根据头孢菌素产生的年代、抗菌谱、抗菌强度、对β-内酰胺酶稳定性的高低及对肾脏毒性和临床应用的差异可将其分为四代。

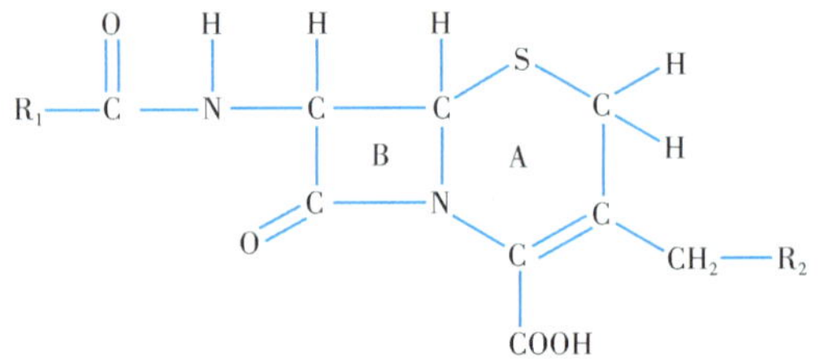

图37-2 头孢菌素的基本结构：7-氨基头孢烷酸

第一代头孢菌素：主要代表药物供注射用的有头孢噻吩(cefalothin，先锋霉素Ⅰ)、头孢唑啉(cefazolin，先锋霉素Ⅴ)、头孢匹林(cefapirin，先锋霉素Ⅷ)。供口服用的有头孢氨苄(cefalexin，先锋霉素Ⅳ)、头孢羟氨苄(cefadroxil)等。供口服和注射用的有头孢拉定(cefradine，先锋霉素Ⅵ)。

第二代头孢菌素：供注射用的有头孢呋辛(cefuroxime)、头孢孟多(cefamandole)、头孢雷特(ceforanide)等。供口服用的有头孢呋辛酯(cefuroxime axetil)、头孢克洛(cefaclor)等。

第三代头孢菌素：供注射用的有头孢噻肟(cefotaxime)、头孢唑肟(ceftizoxime)、头孢曲松(ceftriaxone)、头孢地秦(cefodizime)、头孢他啶(ceftazidime)、头孢哌酮(cefoperazone)等；供口服用的有头孢克肟(cefixime)、头孢特仑酯(cefteram pivoxil)等。

第四代头孢菌素：供注射用的有头孢匹罗(cefpirome)、头孢吡肟(cefepime)等。

【体内过程】 头孢菌素类的口服制剂均耐酸，胃肠道吸收好，其他制剂均需注射给药。药物吸收后，能透入各组织，且易透过胎盘，在滑囊液、心包积液中均可达较高浓度。第二代头孢菌素中的头孢呋辛和第三代头孢菌素类可透过血脑屏障，在脑脊液中达有效浓度，并能分布于前列腺。第三代头孢菌素类还可透入房水，胆汁中浓度也高，头孢哌酮在胆汁中浓度最高，其次是头孢曲松。头孢菌素类多经肾排泄，尿中浓度较高，凡能影响青霉素排泄的药物同样也能影响头孢菌素类的排泄。头孢哌酮、头孢曲松则主要经肝胆系统排泄。多数头孢菌素的$t_{1/2}$较短(0.5～2.0小时)，有的可达3小时，仅第三代中头孢曲松的$t_{1/2}$较长，可达8小时。

【药理作用和临床应用】 头孢菌素类为杀菌药，

抗菌机制与青霉素类相同，能与细菌细胞膜上的PBPs结合，妨碍黏肽的形成，抑制细胞壁合成。细菌对头孢菌素可产生耐药性，并与青霉素类有部分交叉耐药。

第一代头孢菌素对金葡菌产生的β-内酰胺酶较第二、三代稳定，但可被许多革兰阴性菌产生的β-内酰胺酶所破坏。对革兰阳性菌抗菌作用较第二、三代强，但对耐甲氧西林的金葡菌不敏感，对革兰阴性菌的作用弱于第二、三代。对铜绿假单胞菌，厌氧菌无效。主要用于治疗敏感菌所致呼吸道和尿路感染、皮肤及软组织感染。

第二代头孢菌素对多种β-内酰胺酶比较稳定。对革兰阳性菌作用略弱于第一代，对革兰阴性菌如大肠埃希菌、痢疾志贺菌有明显作用，对厌氧菌有一定作用，对铜绿假单胞菌无效。可用于治疗敏感菌所致肺炎、胆道感染、菌血症、尿路感染和其他组织器官感染等。

第三代头孢菌素对革兰阴性菌产生的β-内酰胺酶有较高的稳定性。对革兰阳性菌的作用不及第一、二代，对革兰阴性菌包括肠杆菌类、铜绿假单胞菌及厌氧菌有较强的作用，强于第一、二代。具有很强的组织穿透力，体内分布广，可在组织、体腔、体液中达到有效浓度；抗菌谱广，可用于危及生命的败血症、脑膜炎、肺炎、骨髓及尿路严重感染的治疗，能有效控制严重的铜绿假单胞菌感染。

第四代头孢菌素对β-内酰胺酶高度稳定。不仅对染色体介导的β-内酰胺酶稳定，而且对许多可使第三代头孢菌素失活的广谱β-内酰胺酶也很稳定。本药对大肠埃希菌、铜绿假单胞菌、金黄色葡萄球菌抗菌效果好，对肠杆菌的作用强于第三代头孢菌素，主要用于治疗对第三代头孢菌素耐药的细菌引起的重症感染。

【不良反应】 头孢菌素类药物毒性较低，不良反应较少，常见的是过敏反应，多为皮疹、荨麻疹等，过敏性休克罕见，但与青霉素类有交叉过敏现象，对青霉素过敏者约有5%～10%对头孢菌素类发生过敏。口服给药可发生胃肠道反应，静脉给药可发生静脉炎。第一代头孢菌素大剂量使用时可损害近曲小管细胞，造成肾脏毒性；第二代头孢菌素较之减轻；第三代头孢菌素对肾脏基本无毒，第四代头孢菌素则几无肾毒性。第三、四代头孢菌素偶见二重感染，头孢孟多、头孢哌酮可引起低凝血酶原症或血小板减少而导致严重出血。有报道大剂量使用头孢菌素类可发生头痛、头晕以及中毒性精神病等中枢神经系统反应。

【药物相互作用】 头孢菌素类与其他有肾毒性的药物合用可加重肾损害，如氨基苷类、强效利尿药。与乙醇同时应用可产生"醉酒样"反应，故本类药物在治疗期间或停药3天内应忌酒。

第三节 其他β-内酰胺类抗生素

这类药物虽具有β-内酰胺环，但无青霉素或头孢菌素类的基本结构，故归为非典型β-内酰胺类。

一、碳青霉烯类

碳青霉烯类抗菌谱广、抗菌作用强。对β-内酰胺酶高度稳定(包括耐第三代头孢菌素的超广谱酶和Ⅰ类头孢菌素酶)。

本类药物已上市的有亚胺培南(imipenem)、美罗培南(meropenem)、帕尼培南(panipenem)。除对军团菌、沙眼衣原体和肺炎支原体无效外，对其他大多数革兰阳性和阴性菌都有效。对亚胺培南敏感的革兰阳性菌包括金葡菌、肺炎链球菌、化脓性链球菌、肠球菌、厌氧球菌、艰难梭菌等；革兰阴性球菌包括淋病奈瑟菌、脑膜炎双球菌、莫氏卡他球菌；革兰阴性杆菌包括大肠埃希菌、枸橼酸杆菌、不动杆菌、沙门氏菌、志贺氏菌、布氏杆菌、阴沟杆菌、产气肠杆菌、厌氧菌中的脆弱类杆菌等，对厌氧菌有强效。

亚胺培南因在体内易被脱氢肽酶水解失活，临床所用的制剂是与脱氢肽酶拮抗药西司他丁按1∶1配制的复方注射剂(tienam，泰能)，仅供注射用。临床主要用于革兰阳性和革兰阴性需氧菌和厌氧菌，以及耐甲氧西林的金葡菌(MRSA)所致的各种严重感染，且对其他常用药物疗效不佳者，如呼吸道、尿路、皮肤软组织、腹腔感染、妇科感染，以及败血症、骨髓炎等。常见不良反应为恶心、呕吐、腹泻、药疹和静脉炎，一过性血清转氨酶升高。药量较大可致惊厥、意识障碍等严重中枢神经系统反应以及肾损害等。

二、头霉素类

头孢西丁(cefoxitin)，头孢美唑(cefmetazole)为该类的代表药，抗菌谱和抗菌活性均与第二代头孢菌素相同，最突出的特点是抗厌氧菌作用强于所有第三代头孢菌素。主要用于盆腔、腹腔和妇科的需氧和厌氧菌的混合感染。常见不良反应有皮疹、静脉炎、蛋白尿、嗜酸粒细胞增多等。

三、单环β-内酰胺类

该类的代表药为氨曲南(aztreonam)和卡芦莫南(carumonam)，本类药物特点为对革兰阴性杆菌及铜绿假单胞菌有较强的抗菌作用，对阴性杆菌产生的β-内酰胺酶的稳定性均与头孢拉定相似。革兰阳性球菌和厌氧菌对本类抗生素耐药。

临床用于革兰阴性杆菌所致的下呼吸道、尿路、软组织感染及脑膜炎、败血症的治疗。不良反应少而轻，主要为皮疹、血清转氨酶升高、胃肠道不适等。

四、氧头孢烯类

该类的代表药为拉氧头孢(latamoxef)，属广谱抗生素。对革兰阳性球菌和阴性杆菌的作用同头孢拉定,对铜绿假单胞菌的作用不及头孢拉定,对厌氧菌尤其是脆弱类杆菌的作用明显强于第一、二、三代头孢菌素,对 β-内酰胺酶稳定。临床主要用于呼吸道、尿路、妇科、胆道感染及脑膜炎、败血症的治疗。可引起皮疹,偶见凝血酶原减少或血小板功能障碍而致出血。

五、β-内酰胺酶抑制药及其复方制剂

β-内酰胺酶抑制药的代表药为克拉维酸(clavulanic acid)、舒巴坦(sulbactam)、三唑巴坦(tazobactam)。这类药物本身没有或只有很弱的抗菌活性,但他们是许多细菌的 β-内酰胺酶抑制药,与 β-内酰胺酶类合用,可增强抗菌作用,扩大抗菌谱,可保护 β-内酰胺类抗生素免受 β-内酰胺酶水解。这三种酶抑制药对不同细菌产生的 β-内酰胺酶有选择性。克拉维酸的抑菌谱较广,抑酶作用较强。对质粒介导的 β-内酰胺酶包括超广谱酶抑制作用优于舒巴坦,对染色体介导的酶抑制作用不及三唑巴坦。目前有几种不同的青霉素与 β-内酰胺酶抑制药组成复方制剂在临床使用。见表 37-1。但必须注意,使用此类复方制剂仍要作皮试,以免变态反应发生。

表 37-1　β-内酰胺酶抑制药

药品名称	商品名	制剂	规格	给药途径
氨苄西林钠舒巴坦钠	欣安林	粉针剂	1.5g(氨苄西林钠 1.0g、舒巴坦钠 0.5g)	肌肉注射、静脉给药
阿莫西林钠舒巴坦钠	威奇搭	粉针剂	1.5g(阿莫西林钠 1.0g、舒巴坦钠 0.5g)	肌肉注射、静脉滴注
阿莫西林钠克拉维酸钾	阿西诺	粉针剂	1.2g(阿莫西林钠 1.0g、克拉维酸钾 0.2g)	静脉注射、静脉滴注
美洛西林钠舒巴坦钠	开林	粉针剂	1.25g(美洛西林钠 1.0g、舒巴坦钠 0.25g)	静脉滴注
哌拉西林钠舒巴坦钠	派纾	粉针剂	1.25g(哌拉西林钠 1.0g、舒巴坦钠 0.25g)	静脉滴注
哌拉西林钠他唑巴坦	凯伦	粉针剂	2.25g(哌拉西林钠 2.0g、他唑巴坦 0.25g)	静脉滴注
头孢哌酮钠舒巴坦钠	舒普深	粉针剂	1.5g(头孢哌酮钠 1.0g、舒巴坦钠 0.5g)	肌肉注射、静脉滴注
头孢哌酮钠舒巴坦钠	立健舒	粉针剂	2.0g(头孢哌酮钠 1.0g、舒巴坦钠 1.0g)	静脉滴注

Summary

- β-lactam antibiotics contain a β-lactam ring in their structure. They are classified into four subclasses: 1. Penicillins: ① Natural penicillins, e. g. benzylpenicillin. ② Semisynthetic penicillins including acid stable penicillins, penicillinase-resistant penicillins, broad-spectrum penicillins, anti-pseudomonal penicillins, anti-G^- bacilli penicillins. 2. Cephalosporins: They have four major generations. 3. Other β-lactam antibiotics. 4. β-lactamase inhibitors.
- β-lactam antibiotics act by inhibiting the synthesis of bacterial cell walls. The bacterial resistance to β-lactam antibiotics mostly comes from the inactivation of antibiotics by β-lactamase.
- Benzylpenicillin is active against Gram-positive and Gram-negative cocci and spirochete, it is widely used to treat infections caused by penicillin susceptible bacteria, but many staphylococci are now resistant to benzylpenicillin. The cephalosporins have a broad antibacterial spectrum, and are less susceptible to penicillinases.
- The toxicity of penicillins is very low. Hypersensitivity is the most important adverse effect of the penicillins, including rashes and anaphylaxis.

(吴宜艳)

第三十八章 大环内酯类、林可霉素类及其他抗生素

案例 38-1

患儿，男，1 岁 10 个月，发热咳嗽 5 天加重伴气促 2 天入院。入院前 5 天，患儿受凉后发热，体温 38～39℃，伴鼻塞，咳嗽，流涕，咳剧时伴呕吐，在当地医院予青霉素等治疗 3 天，效果不佳而入我院。查体：T 38.5℃，R 66 次/分，P 160次/分。急性重病容，烦躁不安，呼吸深大，鼻翼煽动，发绀，三凹征（+）。双肺可闻及中细湿啰音。心率 160 次/分，律齐。

辅助检查：血 WBC 16.5×10^9/L，N 0.72，L 0.38，Hb 120g/L，PLT 154×10^9/L，痰涂片找菌（可见 G^- 杆菌）。肝肾功能正常，肺炎支原体 IgM 抗体（+）。胸片：双肺纹理增多，模糊，可见散在斑片状阴影。

诊断：肺炎支原体肺炎。

问题：

1. 大环内酯类药物有哪些共同特点？
2. 第二代大环内酯类与第一代大环内酯类相比有何优点？
3. 肺炎支原体肺炎可选用哪些药物治疗，其用药依据是什么？

第一节 大环内酯类

大环内酯类（macrolides）是一类具有 14、15、16 元大环内酯环共同化学结构的抗生素。红霉素是 1952 年第一个用于临床的大环内酯类药物，疗效肯定，无严重不良反应，临床用于革兰阳性、革兰阴性球菌和厌氧球菌等感染及 β-内酰胺类抗生素过敏者。后因其对酸不稳定、抗菌谱窄、不良反应较多和耐药率高等问题，自 70 年代起又陆续发展了克拉霉素和阿奇霉素等第二代半合成大环内酯类抗生素。由于他们不仅抗菌活性增强、不良反应减少、半衰期延长、对酸稳定和口服吸收率增加，且具有良好的抗生素后效应（postantibiotic effect，PAE），现已广泛用作治疗呼吸道感染的药物。然而，由于细菌对大环内酯类耐药性日益盛行，促使人们加紧开发第三代大环内酯类抗生素，现已发现第一个不引起耐药的酮基大环内酯类抗生素，代表药有泰利霉素和喹红霉素。按化学结构大环内酯类抗生素可分为：

1. 14 元大环内酯类 包括红霉素（erythromycin）、竹桃霉素（oleandomycin）、克拉霉素（clarithromycin）、罗红霉素（roxithromycin）、地红霉素（dirithromycin）、泰利霉素（telithromycin，替利霉素）和喹红霉素（cethromycin）等。

2. 15 元大环内酯类 包括阿奇霉素（azithromycin）。

3. 16 元大环内酯类 包括麦迪霉素（medecamycin）、乙酰麦迪霉素（acetylmidecamycin）、吉他霉素（kitasamycin）、乙酰吉他霉素（acetylkitasamycin）、交沙霉素（josamycin）、螺旋霉素（spiramycin）、乙酰螺旋霉素（acetylspiramycin）、罗他霉素（rokitamycin）等。

一、大环内酯类药物的共性

【体内过程】

1. 吸收 红霉素不耐酸，易被胃酸破坏，口服吸收少，故临床一般服用其肠衣片或酯化物，其他各种红霉素制剂均能口服吸收，但肠溶型药物生物利用度较差。新大环内酯类不易被胃酸破坏，生物利用度提高，血药浓度和组织细胞内药物浓度均增加，如克拉霉素、阿奇霉素和罗红霉素对胃酸稳定且易吸收。食物干扰红霉素和阿奇霉素的吸收，但能增加克拉霉素的吸收。

2. 分布 大环内酯类能广泛分布到除脑脊液以外的各种体液和组织。大环内酯类是少数能扩散进入前列腺并聚积在巨噬细胞和肝脏的药物之一，分布较多，炎症可促进红霉素的组织渗透。阿奇霉素的血浆浓度较低，主要集中在中性粒细胞、巨噬细胞、肺、痰、皮下组织、胆汁和前列腺等。罗红霉素的血药浓度和细胞内浓度较其他药物高。

3. 代谢 红霉素主要在肝脏代谢，并能通过与细胞色素 P_{450} 系统相互反应而抑制许多药物的氧化。克拉霉素被氧化成仍具有抗菌活性的 14-羟基克拉霉素。阿奇霉素不在肝内代谢。

4. 排泄 红霉素和阿奇霉素主要以活性形式聚积和分泌在胆汁中，部分药物经肝肠循环被重吸收，大部分自胆汁排泄，小部分从尿排泄。克拉霉素及其代谢产物经肾脏排泄，肾功能不良患者应适当调整服

药剂量或延长给药间隔时间。

【抗菌作用】 大环内酯类抗菌谱较窄，第一代药物主要对大多数革兰阳性菌、厌氧球菌和包括奈瑟菌、嗜血杆菌及白喉棒状杆菌在内的部分革兰阴性菌有强大抗菌活性，对嗜肺军团菌、弯曲菌、支原体、衣原体、弓形虫、非典型分枝杆菌等也具有良好作用。对产生 β-内酰胺酶的葡萄球菌和耐甲氧西林金黄色葡萄球菌（MRSA）有一定抗菌活性。第二代药物扩大了抗菌范围，增加和提高了对革兰阴性菌的抗菌活性。大环内酯类通常只有抑菌作用，高浓度时亦可产生杀菌作用。

【抗菌机制】 大环内酯类抗生素能不可逆地结合到细菌核糖体 50S 亚基的靶位上，选择性抑制细菌蛋白质合成。其中 14 元大环内酯类可阻碍 mRNA 移位，16 元大环内酯类则抑制肽酰基的转移反应。近来研究证明，有的大环内酯类能与 50S 亚基靶位上的 L_{27} 和 L_{22} 蛋白质结合，促使肽酰基 t-RNA 从核糖体上解离，从而抑制蛋白质合成。由于细菌核糖体为 70S，由 50S 和 30S 亚基构成，而哺乳动物核糖体为 80S 亚基，由 60S 和 40S 亚基构成，因此，对哺乳动物核糖体几无影响。本类药物在细菌核糖体 50S 亚基上的结合点与林可霉素、克林霉素和氯霉素相同或相近，故合用时可能发生拮抗作用，并易产生耐药性。

【耐药性】 随着第一代大环内酯类抗生素在临床长期广泛应用，耐药菌逐渐增多，且本类药物间存在交叉耐药性。值得注意的是，细菌耐药性正在由单一耐药向多药耐药发展，如细菌可同时对大环内酯类-林可霉素类-链阳菌素耐药（macrolides-lincomycins-streptogramins resistance，MLSR），简称 MLS 耐药。细菌对其产生耐药的机制主要有以下几种：

1. 靶位结构的改变 由于细菌可以针对大环内酯类抗生素产生耐药基因，而合成一种甲基化酶，使核糖体的药物结合部位甲基化，导致本类药物不能与细菌核糖体 50S 亚基结合而呈耐药性。此为细菌对大环内酯类抗生素产生耐药性的主要机制。

2. 产生灭活酶 从大环内酯类抗生素诱导的细菌中分离出了多种灭活酶，包括酯酶（esterase）、葡萄糖酶（glycosidase）、磷酸化酶（phosphorylase）、乙酰转移酶（acetyltransferase）和核苷转移酶（nucleotidyltransferase），使大环内酯类抗生素水解、磷酸化、乙酰化或核苷化而失活。

3. 摄入减少和外排增多 对大环内酯类抗生素产生耐药性的细菌可以使膜成分改变或出现新的成分，导致大环内酯类抗生素进入菌体内的量减少，但药物与核糖体的亲和力不变。如表皮葡萄球菌由 PNE24 质粒产生的一种膜 6kDa 蛋白可对 14 元大环内酯中的红霉素和竹桃霉素呈现耐药性。金黄色葡萄球菌还可通过 PNE24 质粒产生能量依赖性的主动外排系统使 14、15 元大环内酯类抗生素呈现耐药性。大环内酯类抗生素对革兰阴性菌的耐药系由细菌脂多糖外膜屏障使药物难以进入菌体内而产生。

二、常用大环内酯类抗生素

红 霉 素

红霉素（erythromycin）是从链霉菌培养液中所提得，在中性水溶液中稳定，在酸性（pH<5）溶液中不稳定，易分解。红霉素对革兰阳性菌中的金黄色葡萄球菌（包括耐药菌）、表皮葡萄球菌、链球菌等抗菌作用强，对部分革兰阴性菌如脑膜炎奈瑟菌、淋病奈瑟菌、流感杆菌、百日咳鲍特菌、布鲁斯菌、军团菌等高度敏感。对某些螺旋体、肺炎支原体、立克次体和螺杆菌也有抗菌作用。红霉素的抗菌效力不及青霉素G，临床常用于治疗耐青霉素的金黄色葡萄球菌感染和对青霉素过敏者，以及上述敏感菌所致的其他各种感染，也能用于厌氧菌引起的口腔感染和肺炎支原体、肺炎衣原体等非典型病原体所致的呼吸道、泌尿生殖道感染。不良反应主要为胃肠道反应，使许多病人因不能耐受而被迫停药。少数病人可有肝损害，表现为转氨酶升高、肝大及胆汁郁积性黄疸等，一般于停药数日后可自行恢复。依托红霉素或琥乙红霉素引起的肝损害较红霉素强。个别病人可有药疹、药热等过敏反应，偶有耳鸣、暂时性耳聋等。琥乙红霉素能透过胎盘屏障，并能进入乳汁，孕妇和哺乳期妇女慎用。口服红霉素亦可引起伪膜性肠炎。

常用红霉素的其他剂型有：

依托红霉素（erythromycin estolate）：又称无味红霉素，耐酸，吸收好，口服后在体内释放出红霉素。胃肠道反应较红霉素轻，但肝损害较红霉素强。

乳糖酸红霉素（erythromycin lactobionate）：主要用做静脉滴注给药，用 5% 葡萄糖稀释后缓慢滴注，pH 保持在中性。高浓度滴注时可发生静脉炎。不可用盐溶液稀释，以免析出结晶。

硬脂酸红霉素（erythromycin stearate）：对胃酸稳定，口服后在十二指肠释放出红霉素。不良反应同红霉素。

琥乙红霉素（erythromycin ethylsuccinate）：无味，对胃酸稳定，口服后在体内释放出红霉素，能通过胎盘屏障，也能经乳汁分泌，肝损害较依托红霉素轻，孕妇和哺乳期妇女慎用。

红霉素有眼膏制剂和外用制剂。

大环内酯类抗生素中除克拉霉素、阿奇霉素外均与红霉素相似。

克 拉 霉 素

克拉霉素（clarithromycin）是由甲氧基取代红霉素内酯环 6 位羟基，以增加其对酸的稳定性，也称甲红霉素，是14元环半合成大环内酯类抗生素。它对革兰阳性菌、嗜肺军团菌、肺炎衣原体的抑制作用最强，对沙眼衣原体、流感杆菌、厌氧菌的作用也强于红霉素。口服吸收完全，且不受食物影响；分布广泛，且组织中浓度明显高于血中浓度；对金黄色葡萄球菌和化脓性链球菌的PAE也比红霉素长3倍，而且不良反应发生率和对细胞色素P_{450}影响均较红霉素为低。但此药首过消除明显，生物利用度仅55%。主要用于呼吸道、泌尿生殖道及皮肤软组感染的治疗。不良反应主要是胃肠道反应，偶可发生皮疹、皮肤瘙痒及头痛等。

阿奇霉素

阿奇霉素(azithromycin)是在红霉素内酯环中加入了一个甲基化的氮原子，是唯一用于临床的15元大环内酯类抗生素。主要特点是抗菌谱较红霉素广，增加了对革兰阴性菌的抗菌作用，对肺炎支原体的作用为大环内酯类中最强者，对红霉素敏感菌的抗菌活性与其相当，而对革兰阴性菌明显强于红霉素，对某些细菌表现为快速杀菌作用，而其他大环内酯类为抑菌药；口服吸收快、组织分布广、血浆蛋白结合率低、细胞内游离浓度较同期血药浓度高10～100倍，$t_{1/2}$长达35～48小时，为大环内酯类中最长者，具有明显的PAE，每日仅需给药一次；该药大部分以原形由粪便排出，少部分经尿排泄。不良反应轻，绝大多数患者均能耐受，轻、中度肝、肾功能不良者可以应用，且药代动力学特征无明显改变。

罗红霉素

罗红霉素(roxithromycin)是14元环半合成的大环内酯类抗生素。对革兰阳性菌和厌氧菌的作用与红霉素相近，对肺炎支原体和衣原体作用较强，但对流感杆菌较红霉素弱。口服生物利用度高、组织分布广、$t_{1/2}$长达8～16小时。临床上用于上、下呼吸道感染及皮肤软组织感染，也可用于非淋球菌性尿道炎。不良反应发生率较低，偶见皮疹，皮肤瘙痒、头痛、头昏等。

酮内酯类抗生素

将大环内酯进行结构改造得到的一类新抗生素，是将第3个碳原子(C-3)上的糖替换为羰基因而被称为酮内酯类抗生素(ketolides)，代表药有泰利霉素和喹红霉素。其作用机制同红霉素。泰利霉素对肺炎球菌、流感、黏膜炎莫拉菌等有强力活性。此外，对副流感、酿脓链球菌、衣原体、支原体、军团菌等也具有较高的活性。

口服后1小时达峰浓度，进食不影响吸收，生物利用度57%，血浆蛋白结合率为66%～89%。泰利霉素有较好的组织渗透性，特别是在白细胞、呼吸道组织及上皮组织中有较高的浓度。口服剂量的70%在肝脏被CYP_3A_4代谢为泰利醇、泰利酸、N-去甲脱氧酰胺衍生物和N-氧吡啶衍生物。13%以原形从尿中排泄，3%以原形从粪便排泄，代谢产物有37%从肝脏排泄。$t_{1/2}$为7.2～10.6小时，肝功能不良者的参数没有明显改变。主要用于治疗呼吸道感染，包括社区获得性肺炎(CAP)、慢性支气管炎急性加剧(AECB)、急性上颌窦炎(AMS)、扁桃体炎、咽炎等。每天口服泰利霉素800mg后的不良反应较少(约4%)，且为轻中度，最常见的是腹泻、恶心、头晕和呕吐。CYP_3A_4拮抗药可轻微增加泰利霉素的AUC，CYP_2D_6拮抗药和制酸药不影响其生物利用度。泰利霉素不影响华法林的药效学与药动学参数，也不影响口服避孕药的效果。

喹红霉素的抗菌机制同红霉素。抗菌范围同泰利霉素，但抗菌活性更强。本品口服后的生物利用度不受进食影响，血药浓度随剂量成比例增减。本品体内分布广泛，在肺中浓度最高，在大多数组织中的浓度高于血药浓度(除大脑外)。主要在肝、肺代谢，消除迅速，$t_{1/2}$为3.6～6.7小时。

第二节 林可霉素类

林可霉素类抗生素包括林可霉素(lincomycin，洁霉素，林肯霉素)和克林霉素(clindamycin，氯林可霉素，氯洁霉素)。林可霉素由链丝菌产生，克林霉素是林可霉素分子中第7位的羟基以氯离子取代的半合成品。两药具有相同的抗菌谱和抗菌机制，但由于克林霉素的口服吸收、抗菌活性、毒性和临床疗效均优于林可霉素，故临床常用。

【体内过程】

1. 吸收 林可霉素口服吸收差，生物利用度为20%～35%，且易受食物影响。克林霉素口服吸收完全，生物利用度为87%，受食物影响小，林可霉素的T_{peak}为2～4小时，$t_{1/2}$约4～4.5小时。克林霉素的T_{peak}为1小时，$t_{1/2}$约2.5小时。

2. 分布 两药血浆蛋白结合率高达90%以上。能广泛分布到全身组织和体液并达有效治疗浓度，骨组织可达更高水平，能透过胎盘屏障，乳汁中的浓度与血中浓度相当。两药均不易透过血脑屏障，但炎症时由于通透性增加，脑组织可达有效治疗浓度。

3. 代谢和排泄 在肝脏经氧化代谢成无活性的产物或经胆汁排入肠道或经肾小球滤过，约10%以原形通过肾脏排泄。停药后，克林霉素在肠道中的抑菌作用一般可持续5天，对敏感菌可持续2周。

【抗菌作用】 两药的抗菌谱均与红霉素相似，克林霉素抗菌活性比林可霉素强4～8倍。最主要特点是对各类厌氧菌有强大抗菌作用。对革兰阳性需氧菌有显著活性，对部分需氧革兰阴性球菌、人型支原体和沙眼衣原体也有抑制作用，但肠球菌、革兰阴性杆菌、MRSA、肺炎支原体对本类药物不敏感。

【抗菌机制】 抗菌作用机制与大环内酯类相同，能不可逆性结合到细菌核糖体50S亚基上，抑制细菌蛋白质合成。易与革兰阳性菌的核糖体形成复合物，而难与革兰阴性杆菌的核糖体结合，故对革兰阴杆性菌几乎无作用。

【耐药性】 林可霉素类耐药机制与大环内酯类相同，因此与大环内酯类存在交叉耐药性。大多数细菌对林可霉素和克林霉素也存在完全交叉耐药性。

【临床应用】 主要用于厌氧菌，包括脆弱类杆菌、产气荚膜梭菌、放线杆菌等引起的口腔、腹腔和妇科感染。治疗需氧革兰阳性球菌引起的呼吸道、骨及软组织、胆道感染及败血症、心内膜炎等。对金黄色葡萄球菌引起的急慢性骨髓炎及关节炎为首选药。

【不良反应及注意事项】

1. 胃肠道反应　表现为恶心、呕吐、腹泻，口服给药比注射给药多见。林可霉素的腹泻发生率为10%～15%，克林霉素为4%。长期用药也可引起二重感染、伪膜性肠炎。伪膜性肠炎是其最严重的不良反应，这与难辨梭状芽孢杆菌大量繁殖和产生外毒素有关，可用万古霉素与甲硝唑治疗。

2. 过敏反应　发生率约为10%，表现为轻度皮疹、瘙痒或药热；也可出现一过性中性粒细胞减少和血小板减少。

3. 其他　偶见黄疸及肝损伤。

第三节　万古霉素类

万古霉素类属糖肽类抗生素，包括万古霉素(vancomycin)、去甲万古霉素(norvancomycin)和替考拉宁(teicoplanin)。万古霉素是从链霉菌培养液中分离获得，化学性质稳定。过去使用较少，但近年却因能够杀灭MRSA和耐甲氧西林表皮葡萄球菌(MRSE)而得到广泛应用。去甲万古霉素是我国从诺卡菌属培养液中分离获得，化学性质同万古霉素。替考拉宁是从辐动菌属培养液中分离获得，脂溶性较万古霉素高50～100倍。

【体内过程】 口服难吸收，绝大部分经粪便排泄，肌内注射可致局部剧痛和组织坏死，全身性感染只能静脉给药。分布到各组织和体液，可透过胎盘，但不易透过血脑屏障和血眼屏障，炎症时透入增多，可达有效浓度。90%以上由肾排泄，万古霉素和去甲万古霉素的$t_{1/2}$约6小时，替考拉宁长达47小时。

【抗菌作用和机制】 万古霉素类对革兰氏阳性菌产生强大杀菌作用，尤其是MRSA、MRSE和肠球菌所致的感染。抗菌作用机制是与细胞壁前体肽聚糖结合，阻断细胞壁合成，造成细胞壁缺损而杀灭细菌，尤其对正在分裂增殖的细菌呈现快速杀菌作用。

【耐药性】 可诱导耐药菌株产生一种能修饰细胞壁前体肽聚糖的酶，使其不能与肽聚糖结合而产生耐药性。近年来，耐万古霉素肠球菌(VRE)正在增多。

【临床应用】 仅用于严重革兰阳性菌感染，特别是MRSA、MRSE和肠球菌属所致感染，如败血症、心内膜炎、骨髓炎、呼吸道感染等。可用于对β-内酰胺类过敏的患者。口服用于治疗伪膜性结肠炎和消化道感染。

【不良反应与注意事项】 万古霉素和去甲万古霉素毒性较大，替考拉宁毒性较小。

1. 耳毒性　血药浓度超过800mg/L且持续数天即可引起耳鸣、听力减退、甚至耳聋，及早停药可恢复正常，少数病人停药后仍有致聋危险，应避免与有耳毒性的药物同服。

2. 肾毒性　主要损伤肾小管，表现为蛋白尿和管型尿、少尿、血尿、氮质血症，甚至可致肾功能衰竭。应避免与其他有肾毒性的药物同服。

3. 过敏反应　偶可引起斑块皮疹和过敏性休克。快速静注万古霉素时，出现极度皮肤潮红、红斑、荨麻疹、心动过速和低血压等特征性症状，称为“红人综合征”(red man syndrome)。去甲万古霉素和替考拉宁发生率较低。

4. 其他　口服时可引起恶心、呕吐、金属异味感和眩晕，静注时偶发疼痛和血栓性静脉炎。

Summary

- Macrolides: e.g. erythromycin, clarithromycin, azithromycin and roxithromycin, contain a many-membered lactone ring in the structural formulas and can be given orally. The antibacterial spectrum of macrolides is similar to penicillin. They are bactericidal/ bacteriostatic agents that inhibit protein synthesis by binding reversibly to 50 S ribosomal subunits of sensitive microorganism. They are used primarily for treatment of respiratory tract infections because of their activity against Streptococcus pneumoniae and agents of atypical pneumonia (e.g. mycoplasma pneumonia infection). Clarithromycin and azithromycin are effective for prophylaxis and treatment of nontuberculous mycobacterial infections. The semisynthetic macrolides gradually take the place of erythromycin because of their wider spectrum, more effective antibacterial activity, less adverse reaction and ameliorated pharmacokinetics.

- Lincomycins: e. g. Clindamycin. Lincomycins have the same mechanism of action with macrolides by acting at sites within close proximity. Clindamycin can exert a potent bacteriostatic effect against streptococci, staphylococci, and anaerobic organisms, including Bacteroides fragilis. Especially for osteomyelitis due to Staphylococcus aureus infection, Clindamycin is the drug of first choice. Clindamycin also has been found to be useful in the treatment of Pneumocystis carinii and Toxoplasma gondii infections. But it cause pseudomembranous colitis that can be effectively treated with vancomycins.
- Vancomycins: Vancomycin is primarily active against gram-positive bacteria and its antibacterial spectrum is narrow. Strains resistant to methicillin, even MRSA and MRSE, are sensitive to vancomycin.

（刘　红　艾明仙）

第三十九章 氨基苷类抗生素

案例 39-1

患者,男,15 岁。

一月前因呼吸道疾病,经青霉素、链霉素注射治疗一周后,呼吸道疾病痊愈,但自觉听力明显减退。虽经服药治疗,听力却继续变弱。同时感头痛、耳胀不适,常闻沉闷雷声,口苦,夜寐多梦,小便不畅,来医院耳鼻喉科就诊。

听力检查:双耳表试验均为 0.5/100 厘米,口语听力 4 米,平均听阈左 25dB、右 30dB。

初步诊断:药源性听力减退

问题:

1. 为什么患者会出现听力损伤?氨基苷类抗生素有哪些主要不良反应?

2. 氨基苷类抗生素有哪些共同特点?

3. 链霉素、庆大霉素、妥布霉素、阿米卡星、奈替米星的主要用途有哪些?

氨基苷类(aminoglycosides)抗生素是临床上常用的一类抗生素,因其分子结构中均含有一个氨基醇环和一个或多个氨基糖分子,通过配糖键连接成苷而得名。氨基苷类抗生素主要抑制细菌蛋白质合成,是快速杀菌药,对静止期细菌有较强作用,可分为天然和人工半合成品两大类。天然的氨基苷类包括由链霉菌培养液中提取得到的链霉素(streptomycin)、卡那霉素(kanamycin)、妥布霉素(tobramycin)、大观霉素(spectinomycin)、新霉素(neomycin)等和由小单孢菌培养液中提取得到的庆大霉素(gentamicin)、西索米星(sisomicin)、小诺米星(micronomicin)、阿司米星(astromicin)等。半合成氨基苷类是对某些天然来源的氨基苷类进行结构改造而成,主要品种有卡那霉素B(bekanamycin)、阿米卡星(amikacin)、依替米星(etimicin)、奈替米星(netilmicin)、地贝卡星(dibekacin)、阿贝卡星(arbekacin)、异帕米星(isepamicin)等。

本类药物为有机碱,制剂为硫酸盐,除链霉素水溶液性质不稳定外,其他药物水溶液性质均稳定。与β-内酰胺类抗生素合用时不能混于同一容器,否则易使氨基苷类抗生素失活。

第一节 氨基苷类抗生素的共性

氨基苷类抗生素结构相似,因而在抗菌作用、作用机制、体内过程、临床应用、不良反应和耐药性等方面有着许多共性。

【体内过程】

1. 吸收 氨基苷类极性高,解离度大,因此在胃肠道不吸收或很少吸收(<1%),故可用于肠道感染和手术前胃肠道消毒用。肌内注射时吸收迅速而完全,达峰时间约为 0.5~2 小时。为避免血药浓度过高而导致不良反应,通常不主张静脉注射给药。新霉素因其严重肾脏毒性,不能采用注射给药。

2. 分布 氨基苷类的血浆蛋白结合率均较低,除链霉素约为 35%外,其他多在 10%以下。氨基苷类可渗入大多数体液中,在肾皮质和内耳内、外淋巴液中高度浓集,且药物浓度下降缓慢,半衰期长,因而容易引起肾脏毒性和耳毒性。氨基苷类不能渗入机体细胞,在大多数组织中浓度较低,其分布容积近似于细胞外液体积;也不能透过血脑屏障,甚至在脑膜炎时脑脊液也难以达有效治疗浓度;但可透过胎盘屏障并聚积在胎儿血浆和羊水中。

3. 代谢和排泄 氨基苷类在体内不被代谢,约 85%~95%以原形通过肾小球滤过,除奈替米星外,在肾小管均无吸收过程,故尿药浓度高,约为血药峰浓度的 30~100 倍,即使停药,尿药浓度仍可维持有效水平数天。$t_{1/2}$约为 2~3 小时,但在肾功能衰竭病人可延长 20~30 倍以上而致药物蓄积,此时应减小剂量或延长服药间隔时间(表 39-1)。

表 39-1 常用氨基苷类抗生素的药代动力学参数

抗生素	蛋白结合率	成人 $t_{1/2}$(h)		药物治疗范围峰浓度(μg/ml)	药物潜在中毒浓度(μg/ml)	
		正常	少尿		峰浓度	谷浓度
庆大霉素	0%~30%	1.7~2.3	48~72	4~10	>10~12	>2.0
妥布霉素	0%~30%	2.0~2.8	56~60	4~10	>10~12	>2.0
阿米卡星	0%~3.5%	2.2~2.5	56~150	16~32	>32	>10
奈替米星	0%~30%	2.2	33	6~10	>10~12	>2.0

【抗菌作用和机制】 氨基苷类抗生素对各种需氧革兰阴性杆菌包括大肠杆菌、铜绿假单胞菌、变形杆菌属、克雷伯菌属、肠杆菌属、志贺菌属、枸橼酸杆菌属具有强大抗菌活性；对沙雷菌属、沙门菌属、产碱杆菌属、不动杆菌属和嗜血杆菌属也有一定抗菌作用；对淋球菌、脑膜炎球菌等革兰阴性球菌作用较差；对 MRSA 和 MRSE 也有较好抗菌活性，对各组链球菌抗菌作用微弱。肠球菌和厌氧菌对氨基苷类不敏感。氨基苷类抗生素对革兰阴性杆菌和阳性球菌均有明显的抗生素后效应(PAE)；与β-内酰胺类抗生素合用，对肠球菌属、李斯德菌属、草绿色链球菌和铜绿假单胞菌可产生协同抗菌作用。

氨基苷类的抗菌作用机制主要是阻碍细菌蛋白质的合成。细菌蛋白质的合成过程与哺乳动物相类似，核蛋白体循环是蛋白质合成的中心环节，可分为始动、肽链延长和终止三个阶段。

1. 始动阶段 mRNA 与 30S 核蛋白体亚单位结合形成 30S 始动复合物，后者再与 50S 核蛋白体亚单位结合形成 70S 始动复合物。

2. 延长阶段 50S 亚基上有 A 位和 P 位，分别接受氨基酸和形成肽链。各 aa-tRNA 按照 mRNA 上核苷酸“三联密码”顺序依次接在 A 位上，此时 P 位上形成的肽链转移到 A 位。核糖体在 mRNA 上移位，将 A 位上的肽链移到 P 位，A 位继续接受下一个 aa-tRNA。如此循环使肽链延长。

3. 终止阶段 当 mRNA 分子的终止密码子(UAA，UAG，UGA)出现在核蛋白体的 A 位上时，由于没有相应的 aa-tRNA 与之结合，肽链合成终止。之后 70S 核蛋白体重新解离为 30S 与 50S 两个亚单位，进入新的肽链合成的核蛋白体循环。

氨基苷类抗生素抑制蛋白质合成的作用环节包括以下几个方面(图 39-1)：

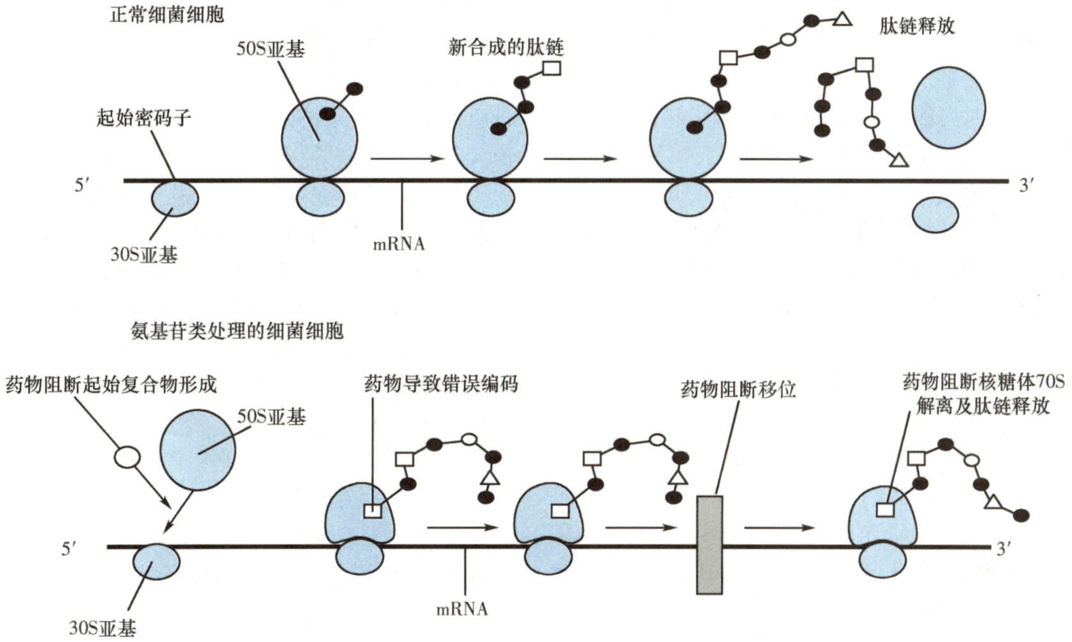

图 39-1 氨基苷类抗菌作用机制
(上图为细菌正常蛋白质合成示意图，下图为氨基苷类药物作用示意图)

(1) 与核糖体 30S 亚基上的靶蛋白(P10)不可逆的结合，抑制 30S 始动复合物的形成。

(2) 阻止氨酰 tRNA 在 A 位的正确定位，尤其是妨碍了甲硫氨酰 tRNA 的结合，进而干扰了功能性核蛋白体的组装，抑制 70S 始动复合物的形成。

(3) 诱导 tRNA 与 mRNA 密码三联体错误匹配，引起完整核蛋白体的 30S 亚基错读遗传密码，造成错误的氨基酸插入蛋白质结构，导致异常的、无功能的蛋白质合成。

(4) 阻碍终止密码子与 A 位结合，使已合成的肽链不能释放，并阻止 70S 核蛋白体解离。

(5) 阻碍核糖体的解聚和组装过程，可造成细菌体内的核蛋白体耗竭。

此外，氨基苷类抗生素还可能通过抑制细胞膜蛋白质合成，影响细菌细胞膜屏障功能，因而药物更易于进入胞质内而增强作用，最后膜结构破坏，导致细菌胞内成分外漏而死亡。

【耐药性】 病原菌对氨基苷类抗生素耐药性迅速增加，且在不同抗生素之间还存在交叉耐药现象。其耐药机制有：

1. 产生修饰氨基苷类化学结构的钝化酶 是细菌产生耐药性的最常见机制。耐药菌株产生钝化酶的基因由质粒介导合成，常见的钝化酶包括乙酰化酶(acetylase)、腺苷化酶(adenylase)和磷酸化酶(phosphorylase)，这些酶可将乙酰基、腺苷、磷酸连接到氨基苷类的氨基或羟基上，通过改变氨基苷类的结构从而阻断药物对蛋白质合成的抑制作用。不同类型的酶可灭活不同抗生素，但有些酶对多种抗生素均有灭活作用，因而氨基苷类抗生素之间存在交叉耐药性。

2. 膜通透性的改变　可能是由于菌体细胞外膜孔道蛋白结构发生改变，降低了细胞外膜对氨基苷类的通透性，也可能是由于改变了氧依赖性主动转运系统，抑制氨基苷类抗生素与细菌体内核蛋白体 30S 亚基结合，从而减少药物被细菌细胞膜摄取。

3. 靶位蛋白的修饰　由于细菌核蛋白体 30S 亚基上 S_{12} 蛋白质中一个氨基酸被替代，形成一个不能结合氨基苷类（为链霉素特有）的靶蛋白，致使 rRNA 对链霉素的亲和力降低而不能形成复合体。

【临床应用】　氨基苷类抗生素主要用于敏感需氧革兰阴性杆菌所致的全身感染，如脑膜炎、呼吸道感染、泌尿道感染、皮肤软组织感染、胃肠道感染、烧伤或创伤感染及骨关节感染等。单独应用氨基苷类抗生素治疗败血症、肺炎、脑膜炎等革兰阴性杆菌引起的严重感染时可能失败，需联合应用其他抗革兰阴性杆菌的抗菌药，如广谱半合成青霉素、第三代头孢菌素及氟喹诺酮类等。利用该类药物口服不吸收的特点，可以治疗胃肠道感染、肠道手术前准备、肝性脑病用药，如新霉素。制成软膏或眼膏或冲洗液治疗局部感染。此外，链霉素、卡那霉素可作为结核病治疗药物。

【不良反应和注意事项】　氨基苷类抗生素的主要不良反应是肾毒性和耳毒性，儿童和老人更易发生。毒性的产生与用药剂量和疗程有关，也因药物不同而异。有时在停药以后，也可出现不可逆的毒性反应。发现毒性反应的早期症状应立即停药，以避免或减少严重毒性的发生。因此用药期间宜同时监测血药浓度，并据此调整用量。

1. 耳毒性　耳毒性包括前庭功能损害和耳蜗听神经损害。前庭功能损害主要表现为眩晕并伴有头昏、视力减退、眼球震颤、恶心、呕吐和共济失调等，其发生率依次为新霉素＞卡那霉素＞链霉素＞西索米星＞庆大霉素＞妥布霉素＞奈替米星。听神经损害表现为耳鸣、听力减退和永久性耳聋，国内对 1039 例聋哑患者的调查结果表明，因应用氨基苷类药物引起的占 59.5%。其发生率依次为新霉素＞卡那霉素＞阿米卡星＞西索米星＞庆大霉素＞妥布霉素＞链霉素。氨基苷类抗生素均有不同程度的耳毒性，直接与其在内耳淋巴液中较高药物浓度有关，可损害内耳柯蒂器内、外毛细胞的能量产生及利用，引起细胞膜上 Na^+-K^+-ATP 酶功能障碍，造成毛细胞损伤。氨基苷类与高效利尿药或顺铂等耳毒性药物合用时耳毒性明显增强。耳毒性的许多自觉症状并不明显，应定期做听力检查，儿童和老人用药更要谨慎。

2. 肾毒性　约 8%～26%的患者在用药几天后发生中度的肾功能损害，其中大多数属可逆性。肾毒性通常表现为蛋白尿、管型尿、血尿等，严重时可产生氮质血症和导致肾功能降低。肾功能减退可使氨基苷类血浆浓度升高，这又进一步加重肾功能损伤和耳毒性。该类药物经肾小球滤过，且与肾组织亲和力极高，可通过细胞膜吞饮作用使药物大量积聚在肾皮质和髓质，特别是在皮质近曲小管上皮细胞溶酶体内，溶酶体因肿胀而破裂，使大量溶酶体酶和聚积的氨基苷类释放。前者造成线粒体的损害减少能量产生，后者与 Ca^{2+} 络合而干扰钙调节转运过程，轻则引起肾小管肿胀，重则导致急性坏死，但一般不损伤肾小球。各种氨基苷类抗生素的肾毒性取决于其在肾皮质中的聚积量和对肾小管的损伤能力。其发生率依次为新霉素＞卡那霉素＞庆大霉素＞妥布霉素＞阿米卡星＞奈替米星＞链霉素。年老、剂量过大以及合用两性霉素 B、杆菌肽、头孢噻吩、多粘菌素 B 或万古霉素可增加肾毒性的发生。

3. 神经肌肉接头的阻滞作用　这种作用可引起心肌抑制、血压下降、肢体瘫痪和呼吸衰竭。最常见于大剂量腹膜内或胸膜内应用后，也偶见于肌内或静脉注射后。肾功能减退、血钙过低及重症肌无力患者易发生。其原因可能是药物与 Ca^{2+} 络合，使体液内 Ca^{2+} 水平降低，或由于药物与 Ca^{2+} 竞争，抑制节前神经末梢释放乙酰胆碱并降低突触后膜对乙酰胆碱敏感性，造成神经肌肉接头处传递阻断，引起神经肌肉麻痹。服用葡萄糖酸钙或静注新斯的明能翻转这种阻断作用。不同氨基苷类抗生素引起神经肌肉麻痹严重程度的顺序依次为：新霉素＞链霉素＞卡那霉素＞奈替米星＞阿米卡星＞庆大霉素＞妥布霉素。氨基苷类抗生素不主张静脉注射给药，以避免因血药浓度骤然升高，引起呼吸骤停而死亡。

4. 过敏反应　氨基苷类抗生素发生变态反应会出现皮疹、发热、血管神经性水肿等常见症状，个别严重者可引起严重的过敏性休克，其发生率仅次于青霉素，防治措施同青霉素，另应静脉注射钙剂。接触性皮炎是局部应用新霉素最常见的反应。氨基苷类抗生素存在交叉过敏反应，故用药前应询问患者有无其他氨基苷类药物过敏史。

5. 其他反应　偶见血清转氨酶升高，面部及口周围发麻，周围神经炎，血小板减少，中性白细胞下降及贫血。

第二节　常用氨基苷类抗生素

链　霉　素

链霉素（streptomycin）是 1943 年由 *Selman A Waksman* 从链霉菌获得并用于临床的第一个氨基苷类抗生素，也是第一个用于治疗结核病的化疗药物。

【体内过程】 链霉素口服吸收极少，肌内注射吸收快，30～45分钟可达血药峰浓度，血浆蛋白结合率为35%。主要分布在细胞外液，容易渗入胸腔、腹腔，并达有效浓度。不易透过血脑屏障，只有在患脑膜炎时才能进入脑脊液。90%链霉素可经肾小球滤过从尿中排出体外，年老或肾功能不全者排泄减慢，如年轻患者的 $t_{1/2}$ 为2～3小时，在年龄超过40岁的患者延长至9小时，在肾功能衰竭的患者延长至50～110小时，故应根据患者具体情况而调整用药剂量。

【药理作用】 链霉素的抗菌谱较广，包括结核分枝杆菌、肠杆菌属、克雷伯菌属、沙门菌属、志贺菌属、流感嗜血杆菌、布氏杆菌属、巴斯德菌属、奈瑟菌属等。革兰阳性球菌中除少数敏感金黄色葡萄球菌和表葡菌外，各类链球菌均对链霉素耐药。除高度耐药肠球菌外，链霉素与青霉素联合对一般肠球菌感染有较好的协同治疗作用。链霉素是氨基苷类中对铜绿假单胞菌和其他革兰阴性杆菌抗菌活性最低的抗生素。

【临床应用】

(1) 链霉素是治疗土拉菌病(兔热病)和鼠疫的首选药，特别是与四环素联合用药可产生协同作用，是目前治疗鼠疫的最有效手段。

(2) 与青霉素联合可用于治疗溶血性链球菌、草绿色链球菌及肠球菌等引起的心内膜炎或肠球菌感染。

(3) 与其他抗结核药联合应用，治疗多重耐药的结核病。

(4) 也用于其他敏感菌感染性疾病，如与其他抗菌药联合用于治疗布鲁菌病等。

【不良反应】 链霉素常见的不良反应为耳毒性，其前庭反应较耳蜗反应出现为早，且发生率较高。其次为神经肌肉阻滞作用；少见肾毒性，其发生率较其他氨基苷类抗生素低。链霉素亦易引起眩晕、口周发麻和皮疹、发热、血管神经性水肿等变态反应，也可引起过敏性休克，通常于注射链霉素后10分钟内突然发作，且死亡率比青霉素G引起的过敏更高。

庆大霉素

庆大霉素(gentamicin)是1969年由小单孢菌的发酵液中提取获得并开始用于临床，其中含庆大霉素 C_1、C_{1a} 和 C_2 三种成分的混合物，通常用其硫酸盐。

【体内过程】 口服吸收很少，肌内注射吸收迅速而完全，血药浓度在1小时内达高峰。主要分布于细胞外液，可透过胎盘进入胎儿体内。庆大霉素极少在体内代谢，24小时内40%～65%以原型由肾脏排出，在肾皮质中的药物浓度比血浆浓度高出10～100倍，停药20天后仍能在尿中检测到本品。

【药理作用】 抗菌范围广，对肠杆菌属、变形杆菌(吲哚阳性与阴性杆菌)、摩氏杆菌属、克雷伯菌属、沙雷菌属、枸橼酸杆菌属、铜绿假单胞菌、沙门菌属、志贺菌属、金黄色葡萄球菌等抗菌作用强大。氨基苷类对肺炎链球菌属包括肺炎链球菌、溶血性链球菌、草绿色链球菌等和肠球菌天然耐药，因而抗菌作用差。庆大霉素与β-内酰胺类合用对肠球菌具有协同抗菌作用。

【临床应用】 庆大霉素是治疗各种革兰阴性杆菌感染的主要抗菌药，尤其对沙雷氏菌属作用更强。由于疗效确实，价格便宜，在氨基苷类中为首选药。也与青霉素或其他适当抗生素合用，治疗严重的肺炎球菌、铜绿假单胞菌、肠球菌、葡萄球菌或草绿色链球菌感染，亦可用于术前预防和术后感染，以及局部用于皮肤、黏膜表面感染和眼、耳、鼻部感染等。但需注意，由于β-内酰胺类能使庆大霉素的抗菌活性降低，应避免两药混合滴注。

【不良反应】 耳毒性是庆大霉素最重要的不良反应，其对前庭损伤大于耳蜗损伤，通常为双侧受累，症状常表现为耳鸣、头昏、眩晕、麻木、共济失调等，多在用药1～2周内发生，亦可在停药数周后出现。偶有听力损害，但有时也可出现不可逆性耳聋。庆大霉素也易引起肾毒性，表现为多尿和蛋白尿，停药后可恢复；少尿和急性肾功能衰竭少见，可部分恢复，但极个别患者可导致尿毒症而死亡。该药亦可引起恶心、呕吐、食欲减退等胃肠道反应，局部应用可致光敏性皮炎。

妥布霉素

妥布霉素(tobramycin)来自链丝菌培养液，亦可由卡那霉素B脱氧而成，临床制剂为其硫酸盐。

【体内过程】 口服难吸收，肌内注射吸收快，血药浓度可在30分钟内达高峰。主要分布于细胞外液，可渗入胸腔、腹腔、滑膜腔并达有效治疗浓度。极少在体内代谢，主要经肾小球滤过，24小时内约有80%～85%以原形从肾脏排出。可在肾脏中大量积聚，在肾皮质中的 $t_{1/2}$ 达74小时。

【药理作用】 抗菌作用与庆大霉素相似，突出的是对克雷伯菌属、肠杆菌属和变形杆菌属的抑菌或杀菌作用分别较庆大霉素强4倍和2倍，对铜绿假单胞菌的作用是庆大霉素的2～5倍，即使是耐药菌株仍有效。但对沙雷菌属和沙门菌属的作用较差。体外抗菌试验证明妥布霉素与β-内酰胺类抗生素有协同作用。妥布霉素与青霉素G联合对粪肠球菌有协同作用。

【临床应用】 临床应用与庆大霉素相近，主要用于治疗铜绿假单胞菌及其他敏感菌所致的各种感染，包括神经系统、呼吸道及泌尿系统感染，该药通常与抗铜绿假单胞菌的β-内酰胺类药物合用。妥布霉素也用于其他革兰阴性杆菌感染，但由于其抗菌活性不如庆大霉素，一般不作为首选药物。

【不良反应】 主要表现为耳毒性和肾毒性，但均较庆大霉素为轻，亦可引起恶心、呕吐、血清转氨酶升高等，偶见神经肌肉接头阻滞和二重感染。

卡那霉素

卡那霉素(kanamycin)是1957年从链霉菌培养液中分离所获得，含有卡那霉素A,B,C三种成分，以卡那霉素A为主，临床用其硫酸盐。

【体内过程】 口服吸收极差，肌内注射易吸收，1小时可达血药峰浓度。主要分布在细胞外液，在胸腔液和腹腔液中浓度较高。主要经肾小球过滤排泄，$t_{1/2}$约2小时。

【药理作用】 对多种革兰阴性杆菌均有不同程度抗菌作用，包括大肠杆菌、克雷伯杆菌属、变形杆菌属、沙门菌属，志贺菌属等。对抗酸杆菌也有一定抗菌作用。由于其毒性和耐药性多见，自20世纪70年代已逐渐被庆大霉素、妥布霉素等所取代。现已少用，仅与其他抗结核病药物合用治疗对第一线药物产生耐药性的结核病患者。也可口服用于肝性脑病患者或腹部术前准备，以代替耳肾毒性更大的新霉素。

【不良反应】 卡那霉素的常见不良反应为耳毒性，主要为耳蜗神经损害，前庭损害不多见。肾毒性仅次于新霉素。

阿米卡星

阿米卡星(amikacin)又名丁胺卡那霉素，是由卡那霉素A的C-1位上氮原子酰化得到的半合成衍生物，临床所用制剂为其硫酸盐。

【体内过程】 肌内注射吸收迅速，血药浓度1小时内达峰值，血浆蛋白结合率低于3.5%，主要分布于细胞外液，不易透过血脑屏障。经肾小球滤过，在给药后8小时内有91.9%的药物以原形经尿排出，24小时内可排出98%，$t_{1/2}$为2.2小时，但当肾功能减退时可延长至56～150小时。

【药理作用】 阿米卡星是抗菌谱最广的氨基苷类抗生素，对革兰阴性杆菌和金黄色葡萄球菌均有较强的抗菌活性，其他革兰阳性球菌对其不敏感，链球菌属对其耐药。对敏感细菌的作用与卡那霉素相似或略强，较庆大霉素为弱。该药的优点是对肠道革兰阴性杆菌和铜绿假单胞菌所产生的多种钝化酶稳定，故对一些氨基苷类耐药菌株所致感染仍能有效控制，常作为治疗此类感染的首选药物。但对阿米卡星耐药者均对其他氨基苷类耐药。该药与β-内酰胺类抗生素具有协同作用，如与羧苄西林或哌拉西林合用对铜绿假单胞菌有协同作用，与头孢菌素合用对肺炎杆菌有协同作用，与阿洛西林或头孢噻唑合用对克雷伯菌属、大肠杆菌和金葡球菌均有协同作用；当粒细胞缺乏或其他免疫缺陷患者合并严重革兰阴性杆菌感染时，阿米卡星与β-内酰胺类联合用药比其单独使用疗效更佳。

【临床应用】 主要用于对庆大霉素等氨基苷类耐药的革兰阴性杆菌所致的下呼吸道、腹腔、泌尿系统、生殖系统、骨、关节和软组织等部位的感染以及败血症等。

【不良反应】 阿米卡星的常见不良反应为耳毒性，主要为耳蜗神经损伤，发生率(13.9%)明显高于庆大霉素(8.3%)、妥布霉素(6.1%)和奈替米星(2.4%)；少数患者可出现前庭功能损害，发生率(3.2%～3.7%)与庆大霉素和妥布霉素相近。肾毒性较庆大霉素和妥布霉素低。

奈替米星

奈替米星(netilmicin，乙基西索霉素)是西索米星的2-脱氧链霉胺1位上的氨基发生甲基取代而生成的半合成衍生物，具有广谱抗菌作用，临床用其硫酸盐制剂。

【体内过程】 奈替米星肌内注射吸收迅速而完全，血药浓度达峰时间为0.5～1小时，血浆蛋白结合率极低，不易透过血脑屏障，主要分布于细胞外液，可渗入胸腔、腹腔、滑膜腔及胆汁中，极少在体内代谢，主要经肾小球滤过，$t_{1/2}$为2.5小时。由于在肾脏中大量积聚，末次给药后血中的药物可持续1周以上，终末$t_{1/2}$可长达198小时。

【药理作用】 奈替米星对肠杆菌科大多数细菌均具强大抗菌活性，对葡萄球菌和其他革兰阳性球菌的作用则强于其他氨基苷类抗生素。显著特点是对多种氨基苷类钝化酶稳定，因而对MRSA及对庆大霉素、西索米星和妥布霉素耐药菌也有较好抗菌活性。另外，奈替米星与β-内酰胺类联合用药对金葡菌、铜绿假单胞菌、肺炎杆菌和肠球菌属均有协同作用。

【临床应用】 奈替米星在临床主要用于治疗各种敏感菌引起的严重感染，也与β-内酰胺类联合用于儿童及成人粒细胞减少伴发热患者和病因未明发热患者的治疗。

【不良反应】 奈替米星的耳、肾毒性发生率较低，损伤程度较轻。如耳蜗毒性发生率仅为2.4%，在常用氨基苷类中最低；肾毒性也仅表现为管型尿、血尿素氮和肌酐值升高等，症状大都轻微而可逆。但仍需注意用药安全，不能任意加大剂量或延长疗程，若每日剂量大于6mg/kg，或疗程长于15天，或血药峰浓度和谷浓度分别超过10～12mg/L和2mg/L时，则有可能发生耳、肾毒性。奈替米星还可偶然引起头痛、视力模糊、恶心、呕吐、皮疹、瘙痒及血清转氨酶、碱性磷酸酶、胆红素增高等变化。

常用氨基苷类抗生素异同点的比较见表39-2。

表 39-2　常用氨基糖苷类抗生素异同点的比较

抗生素	主要作用特点	主要不良反应
链霉素	①对鼠疫杆菌、土拉热弗朗西斯菌等作用明显，是治疗鼠疫和土拉菌病的首选药 ②对结核分枝杆菌敏感，可与其他抗结核药联合应用，治疗多重耐药的结核病 ③与青霉素合用于敏感链球菌及肠球菌等引起的感染 ④氨基苷类中对铜绿假单胞菌和其他革兰阴性杆菌的抗菌活性最低的抗生素	①耳毒性常见，以前庭功能损害为主（+++） ②肾毒性发生率较其他氨基苷类低 ③可引起变态反应
庆大霉素	①是治疗各种革兰阴性杆菌感染的主要抗菌药 ②对沙雷氏菌属作用强，在氨基苷类中为首选药 ③与β-内酰胺类联合对肠球菌具有协同作用 ④对支原体亦有作用	①耳毒性常见，以前庭功能损害为主（++） ②肾毒性发生率较高
妥布霉素	①对铜绿假单胞菌、克雷伯菌属、肠杆菌属和变形杆菌属的抗菌作用较庆大霉素强，即使对耐药菌株仍有效 ②对其他革兰阴性杆菌的抗菌活性不如庆大霉素	耳毒性和肾毒性均较轻
阿米卡星	①是抗菌谱最广的氨基苷类抗生素，对革兰阴性杆菌和金黄色葡萄球菌均有较强的抗菌活性 ②对肠道革兰阴性杆菌和铜绿假单胞菌所产生的多种钝化酶稳定，常作为治疗此类感染的首选药物 ③与β内酰胺类联合具有协同作用	①耳毒性发生率高，以耳蜗神经损伤为主（+++），前庭功能损害与庆大霉素和妥布霉素接近 ②肾毒性较低
奈替米星	①对肠杆菌科大多数细菌均具强大抗菌活性，并对多种氨基苷类钝化酶稳定，对MRSA及对庆大霉素、西索米星和妥布霉素耐药菌也有较好抗菌活性 ②对葡萄球菌和其他革兰阳性球菌的作用则强于其他氨基苷类抗生素 ③与β内酰胺类联合有协同作用	①耳毒性在氨基苷类中最轻 ②肾毒性轻微、可逆

Summary

- Aminoglycosides, which contain amino-sugars linked to an aminocyclitol ring by glycosidic bonds, are bactericidal inhibitors of protein synthesis. Although relatively toxic compared with other classes of antibiotics, they remain useful primarily in the treatment of infections caused by aerobic gram-negative bacteria. The usual individual agents used for the therapy are streptomycin, kanamycin, gentamicin, amikacin, tobramycin and netilmicin in clinically.
- Aminoglycosides are broad-spectrum antibiotics (but with low activity against anaerobes, streptococci and pneumococci) given by injection. Resistance to aminoglycosides is gradually increasing and becoming a problem. It occurs by several mechanisms, the most important being inactivation by microbial enzymes. Bacteria that acquire resistance to one aminoglycoside may exhibit resistance to others. The main unwanted effects, a major limitation to the usefulness of the aminoglycosides, are doserelated nephrotoxicity and ototoxicity. Serum levels should be monitored.

（闵　清）

第四十章　四环素类及氯霉素

案例 40-1

患者，女，23 岁。主诉：持续高热 10 天伴食欲减退，全身乏力。

体检：高热病容，体温 39.7℃，脉搏 100 次/分，肝肋下 2cm，脾肋下 1cm，白细胞 4.2×10^9/L，中性粒细胞 72%，淋巴细胞 28%，嗜酸粒细胞直接计数为 0，肥达反应呈阳性，血培养呈阳性。

诊断：伤寒。

问题：

1. 可以选择什么药物进行伤寒的治疗？如果疗效不好怎么办？

2. 在使用药物治疗的过程中可能会出现哪些不良反应？如何处理？

四环素类(tetracyclines)及氯霉素(chloramphenicols)是一类抗菌谱广泛的抗生素，对其敏感的病原微生物有需氧及某些厌氧的革兰阳性菌和革兰阴性菌、立克次体、衣原体、支原体、螺旋体等，四环素类甚至对原虫都有效。但四环素类的不良反应较多，且多数革兰阳性菌已经对其产生了耐药性，加之现有更好的替代抗生素，现已少用。氯霉素可引起严重的骨髓造血系统毒性，使其应用受到极大的限制，应慎重选用。

第一节　四环素类药物

1948 年，Duggar 从链霉菌中提取出第一个四环素类药物——金霉素(chlorotetracycline)并应用于临床，后相继发现土霉素(oxytetracycline)、四环素(tetracycline)，1970～1980 年，经半合成改造，得到了一系列抗菌活性高、耐药菌株较少的四环素类新药。他们共同的化学结构特征是均含有氢化骈四苯母核(图 40-1)，依其 5、6、7 位上的取代基不同，形成多个药物(图 40-1)。

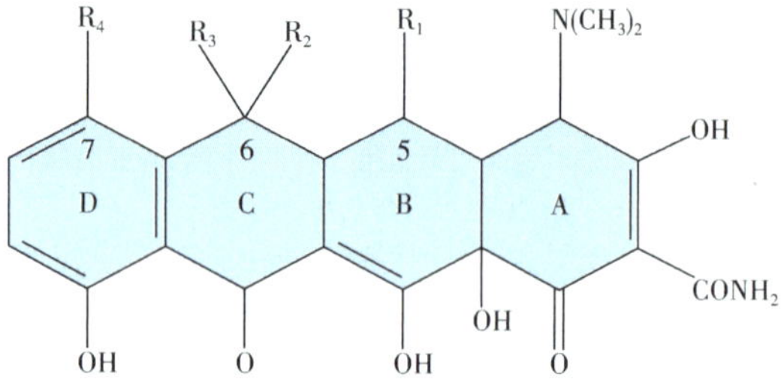

图 40-1　四环素类抗生素的基本化学结构

根据药物来源的不同，四环素类抗生素可分为天然品和半合成品两类。天然品有金霉素、四环素、土霉素、地美环素(demeclocycline)等，半合成品有多西环素(doxycycline)、米诺环素(minocycline)、美他环素(metacycline)等。根据药物代谢动力学特点，四环素类抗生素可分为短效、中效和长效三类(表 40-1)。

我国曾长期广泛使用金霉素、土霉素、四环素等药物，致使很多微生物产生了相当程度的耐受性，故现今金霉素仅限于外用，土霉素基本不用，四环素已少用，取而代之使用的是多西环素或米诺环素。

一、四环素类抗生素的共性

【体内过程】　四环素类抗生素口服可以吸收，但不完全。口服吸收率以多西环素和米诺环素最高，四环素居中，金霉素最低(约 30%)。由于四环素类药物能与 Mg^{2+}、Ca^{2+}、Al^{3+} 及 Fe^{3+} 等多价阳离子形成络合物而降低吸收，故吸收量受食物、药物、胃酸等因素影响较大。四环素类单剂口服后约 2 小时达到血药峰浓度。

四环素类药物的血浆蛋白结合率差异较大，组织分布广泛，能沉积于牙、骨骼等钙化组织及含钙量高的肿瘤(胃癌)中，也能较多地渗透到大多数组织和体液中，易进入细胞内。但除了高脂溶性的米诺环素

表 40-1　四环素类抗生素的不同取代基团及常用药动学参数

抗生素名称		取代基团				$t_{1/2}$(h)	口服吸收率	血浆蛋白结合率
		R_1	R_2	R_3	R_4			
短效类	四环素	H	CH_3	OH	H	6～12	77%	65%
	土霉素	H	CH_3	OH	H	9.6	58%	35%
中效类	地美环素	H	CH_3	OH	H	12	66%	91%
	美他环素	H	CH_3	$=CH_2$	OH	14	58%	90%
长效类	多西环素	H	CH_3	H	OH	15～25	93%	93%
	米诺环素	$N(CH_3)_2$	H	H	H	11～18	95%	76%

外，其他药物难以在脑脊液中达到有效治疗浓度。四环素类药物能透过胎盘屏障。

四环素类药物部分在肝脏代谢，可以原形和其代谢产物分泌到胆汁，其中绝大多数在小肠被重吸收形成肝肠循环，经肾小球滤过排泄，但多西环素约 90% 以代谢产物或络合物的形式经胆汁排出，对肠道细菌的影响很小。米诺环素与多西环素可治疗肾功能损害者的肾外感染，无需调整剂量。

【抗菌作用】 四环素类药物属于广谱抑菌药，对革兰阳性与革兰阴性的需氧和厌氧菌均有抗菌作用，对某些能产生耐药性的微生物如立克次体、肺炎支原体、伯氏柯克斯体（coxiella burnetii）、衣原体、军团菌、某些非典型分枝杆菌及疟原虫属等也有效，但对真菌无效。金霉素、土霉素、四环素等药物曾长期广泛应用于临床，现因常见细菌已产生严重耐药且交叉耐药明显，故前两药已基本弃用，仅四环素还应用于临床非典型病原菌如立克次体、支原体、衣原体及部分原虫所致感染的治疗。半合成四环素类如多西环素、米诺环素等由于抗菌谱广、抗菌活性较强、耐药菌株较少，且对部分耐四环素的菌株有效，已逐步取代四环素应用于临床。

【抗菌机制】 四环素类药物的抑菌机制为抑制细菌蛋白质的合成。药物进入细胞后，能特异性地与核蛋白体 30S 亚基在 A 位点结合，阻断 tRNA 进入 mRNA-核蛋白体复合物，从而抑制了肽链的延长，最终导致细菌蛋白质合成障碍（图 40-2）。四环素类药物还能引起细菌细胞膜通透性的增加，使胞内的核苷酸及其他重要物质外漏，从而导致细菌死亡。

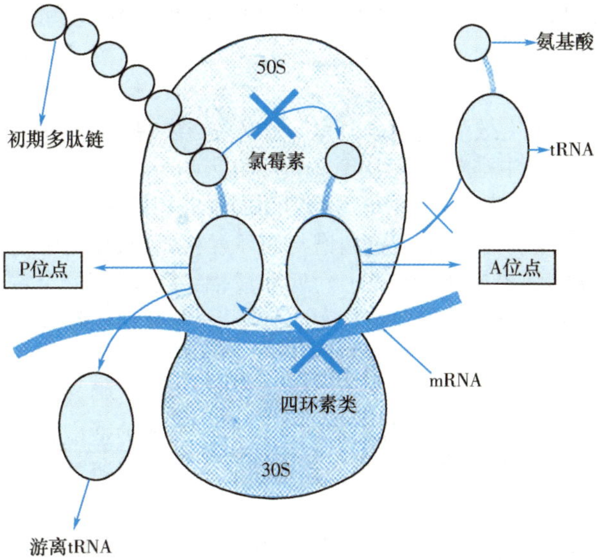

图 40-2 四环素类、氯霉素抑制细菌蛋白质合成示意图

由于哺乳类动物细胞缺乏转运四环素类药物的主动转运系统，而且核蛋白体对其敏感性也很低，故四环素类药物对哺乳类动物细胞几乎无作用。

【耐药性】 细菌对四环素类耐药性的形成为渐进型。近年来耐药菌株日益增多，而且四环素、土霉素、金霉素之间存在着完全交叉耐药性，但是对天然四环素耐药的菌株对半合成品可能仍然敏感。细菌对四环素类产生耐药性的机制主要有三种：①药物促进了细菌对排出因子（泵蛋白）的表达，促使药物排出细胞外，使四环素类难以在细菌体内聚集。②药物促进了细菌核蛋白体保护蛋白的表达，阻碍四环素类与核蛋白体的结合，保护了细菌的蛋白质合成过程。③细菌产生了灭活四环素类的酶类。

四环素类与细菌核蛋白体 30S 亚基在 A 位点特异性结合，氯霉素与细菌核蛋白体的 50S 亚基结合，阻断了氨酰 tRNA 进入 mRNA-核蛋白体复合物，从而抑制肽链延伸和蛋白质的合成。

【临床应用】 四环素类药物可以治疗多种感染性疾病。由于其他一些活性高、疗效好、毒性低的药物不断出现，其临床地位有所下降，目前主要用于立克次体、支原体和衣原体引起的感染性疾病。

1. **立克次体感染** 包括斑疹伤寒、鼠型斑疹伤寒、再燃性斑疹伤寒、洛基山斑疹热、恙虫病、立克次体病及 Q 热等，四环素类均可作为首选药。

2. **衣原体和支原体感染** 四环素类对治疗鹦鹉热衣原体引起的鹦鹉热，沙眼衣原体引起的非淋菌性尿道炎、子宫颈炎、性病淋巴肉芽肿、包涵体结膜炎和沙眼等，溶脲脲原体引起的非特异性尿道炎，肺炎衣原体引起的肺炎等无论口服或局部应用均有较好疗效，多西环素可作为首选药。

3. **螺旋体感染** 四环素类是治疗博氏疏螺旋体引起的慢性游走性红斑（莱姆病）和回归热螺旋体引起的回归热最有效的药物，多西环素为首选药。对雅司螺旋体引起的雅司病、梅毒螺旋体引起的梅毒和钩端螺旋体性脑膜炎等也有良好的疗效。

4. **细菌性感染** 四环素类对治疗肉芽肿鞘杆菌引起的腹股沟肉芽肿、霍乱弧菌引起的霍乱以及布鲁菌引起的布鲁菌病均具有突出疗效，可作为首选药。也可用于革兰阳性杆菌、革兰阴性球菌和杆菌感染以及衣氏放线菌引起的颈面部、腹腔和胸腔感染，但多作为次选药选用。

【不良反应】

1. **胃肠道反应** 四环素类药物可引起不同程度的胃肠道刺激症状，如恶心、呕吐、上腹部烧灼痛感、腹胀、腹泻等，口服易发生，刺激症状严重程度随用药剂量而加大，个别病人可导致食道和上消化道溃疡。减少用药量和小量多次服用可缓解症状。

2. **光敏反应** 服用四环素类药物的患者受到紫外线照射可导致皮肤发生不同程度的光敏反应，如红斑、晒伤或类似晒伤的反应。多西环素较四环素、米诺环素多见。

3. **肝毒性** 大剂量口服或静脉给药可造成肝损害，临床表现类似于急性肝炎，有厌食、乏力、黄疸、氮质血症等表现，个别严重者可出现肝性脑病、出血倾向等。大多数严重病例发生于孕妇。土霉素和四环素的肝毒性作用相对较低。

4. 肾毒性 四环素类可通过抑制蛋白质合成，加快分解代谢，使原有肾脏疾病患者的尿毒症症状恶化。服用地美环素的患者可发生肾性尿崩症。多西环素的肾毒性在四环素类中最低。

5. 对牙齿及骨骼发育的影响 四环素类能在胚胎和婴幼儿的骨骼及牙齿中与沉积钙结合，从而导致牙釉质发育不全并出现黄色沉积，引起畸形或生长抑制，药物对乳牙危害的最严重时期为妊娠中期至出生后4～6个月，对恒牙危害的严重时期为6个月至5岁，最严重时期为1岁以内。四环素类也可抑制骨质生成和婴幼儿的骨骼生长，造成短暂性生长障碍。对此应予高度重视。

6. 二重感染 长期大剂量应用四环素类药物(尤其是老幼及体弱患者)可引起二重感染，发生率为2%～3%。这是因为四环素类抑制了正常寄生于口腔、鼻咽、肠道中的某些敏感菌，打破了菌群间的平衡共生，使非敏感菌(或耐药菌)乘机得以生长繁殖而造成新的感染。以肠道感染最为常见，也可见念珠菌性口腔炎、肺炎、尿道感染等。

7. 其他 成年患者可出现以头痛、蓝视为特征的非恶性颅内压升高，停药后可恢复，也可出现头晕、眼花、复视、视力减退、恶心、呕吐等。常发生于最初几次用药，停药2天内多可恢复，米诺环素相对易发生。长期应用可引起血象改变。

【禁忌证】 除多西环素外，肾脏疾病患者禁用其他任何四环素类药物，以免加重氮质血症发生。孕妇、哺乳期妇女及8岁以下儿童禁用。

二、主要四环素类药物的特点及应用

四 环 素

四环素(tetracycline)最初是从金霉素催化加氢半合成而得，后来从特种链丝菌培养液中提取，归类为天然四环素类。

【抗菌特点】 对革兰阳性菌的抗菌活性较革兰阴性菌为高，但对革兰阳性菌的作用不如青霉素类和头孢菌素类，对革兰阴性菌作用不如氨基糖苷类和氯霉素。极高浓度时可产生杀菌作用。对伤寒、副伤寒杆菌、铜绿假单胞菌、结核分枝杆菌、真菌和病毒无效。

【体内过程】 口服吸收但不完全，空腹吸收较好，2～4小时血药浓度可达峰值，血浆蛋白结合率较低，组织分布广泛，能沉积于牙齿及骨骼组织中，也可进入乳汁和胎盘屏障，但不易透过血脑屏障。能在肝内积聚，通过胆汁经肠道排出，其胆汁浓度约为血药浓度的5～20倍，且能形成肝肠循环。口服给药主要以原形经肾脏排泄，$t_{1/2}$为6～9小时，尿中药物浓度较高，可达到治疗浓度。

【临床应用】 主要适用于立克次体感染、螺旋体病、支原体肺炎、衣原体感染如性病性淋巴细胞肉芽肿、非淋病性尿道炎、子宫颈炎、输卵管炎等，在无多西环素时可作为首选药。也可用于百日咳、痢疾、肺炎杆菌性呼吸道、尿道、胆道感染，但只作为次选用药。

【不良反应】 四环素的不良反应较多，口服剂量超过每日1g时，可出现恶心、呕吐、腹胀、腹泻等胃肠道刺激症状，反应程度随剂量增大而加剧。长期应用易发生二重感染，以念珠菌性口腔炎、难辨梭状菌性伪膜性肠炎多见，严重者可威胁生命，应口服万古霉素和甲硝唑治疗。孕妇、哺乳期妇女以及8岁以下儿童服用可导致牙釉质黄色沉积和骨骼生长抑制，故禁止使用。大剂量口服或静注可导致肝毒性。

美 他 环 素

美他环素(metacycline)的抗菌作用、临床应用及不良反应等与四环素相似。抗菌活性较四环素强，口服吸收率约58%，蛋白结合率为80%～95%，口服剂量的60%以原形经肾排出，$t_{1/2}$为14小时，有效血药浓度维持时间较长。

多 西 环 素

多西环素(doxycycline)又名强力霉素，易溶于水，遇光不稳定。

【体内过程】 口服吸收快而完全，较少受食物影响，吸收率可达90%～95%。口服2小时血药浓度可达峰值，$t_{1/2}$为14～22小时，有效治疗浓度可维持24小时以上，但与巴比妥类等肝药酶诱导剂合用，$t_{1/2}$可缩短到7小时。血浆蛋白结合率为80%～95%，组织分布广泛，在组织中的浓度较同类药物高5～10倍，脑脊液中可达到有效浓度。口服后，90%以络合物的无活性形式从粪便中排泄，故对肠道正常菌群影响小，肾功能不良者仍可使用。药物经肾脏和胆汁排泄时均存在重吸收。

【抗菌作用】 抗菌谱与四环素相似，其作用强度是四环素的2～10倍。对四环素、土霉素耐药的金黄色葡萄球菌及脆弱拟杆菌亦有作用，与其他四环素类药物之间存在交叉耐药性。

【临床应用】 由于多西环素具有速效、强效和长效的特点，现已取代天然四环素类作为各种适应证的首选或次选药物，也是治疗肾功能不全患者肾外感染最安全的四环素类药物。

【不良反应】 常见胃肠道刺激反应，如恶心、呕吐、上腹部不适、口腔炎、舌炎等。静脉注射时可出现舌麻木和口内特殊气味等。易导致光敏反应。其他不良反应较四环素少。

米 诺 环 素

米诺环素(minocycline)又名二甲胺四环素。

【体内过程】 口服吸收迅速而完全，且不受牛奶、食物等的影响，但能与抗酸药及含有铁、铝、钙等阳离子的药物形成络合物而降低吸收率。口服后2～3小时血药浓度达峰值，组织分布广，在组织中的浓度较同类药物高5～10倍。在脑脊液中浓度较其他四环素类高，胆汁及尿中浓度比血液中高10～20倍。排泄缓慢，主要经肾排除，$t_{1/2}$为16～18小时，体内存留时间长，给药后10天尿中仍可测出。

【抗菌作用】 抗菌谱与四环素相似，是抗菌作用最强的四环素类药物。对四环素耐药的金黄色葡萄球菌、链球菌和大肠埃希菌等仍对其敏感，但对耐药的肺炎球菌、变形杆菌、铜绿假单胞菌、克雷伯菌属和志贺氏菌无作用，是四环素类药物中唯一具有抗麻风分枝杆菌活性的药物。

【临床应用】 与多西环素基本相同。常作为四环素类中的首选药物用于治疗尿路感染、呼吸道感染如支气管炎、肺炎等，也用于胆道感染、骨髓炎、淋病以及沙眼衣原体性疾病等。因米诺环素极易穿透皮肤，特别适于痤疮、酒糟鼻等的治疗。

【不良反应】 不良反应与四环素相似，但更多见，发生率约为76%。因能引起可逆性前庭反应而出现运动失调，影响其使用。

第二节　氯　霉　素

案例 40-2

患者，女，63岁。现病史：因头痛、发热1天，被某诊所诊断为恙虫病，给予口服氯霉素（每片含氯霉素0.25 g）2片治疗。次日晨起床时感到头昏、乏力、全身出汗、心悸、精神萎靡，表情淡漠，不能站立而由家属急送入院。入院后经询问患者既往无氯霉素接触史。

体检：体温38.1℃，脉搏113次/分，呼吸26次/分，血压8.0/5.33 kPa，面色苍白，全身大汗，神志模糊，双眼结膜充血，咽部轻度充血，双肺呼吸音粗，未闻罗音，心界不大，心率113次/分，律齐，各瓣膜区未闻杂音，腹软无压痛，肝脾未及，右侧腹股沟可触及2粒大小如花生米样淋巴结，质软，活动，轻度触痛。

实验室检查：血常规红细胞系及血小板正常，白细胞 1.8×10^9/L，N 0.46，L 0.48，M 0.06，肝功能、肾功能、血糖正常。

诊断：恙虫病，急性粒细胞减少症并伴有休克，考虑为氯霉素所致。

问题：

1. 为什么患者服用氯霉素后会引起急性粒细胞减少？

2. 氯霉素常见的不良反应还有哪些？如何防治这些不良反应？

氯霉素（chloramphenicol）于1947年由委内瑞拉链丝菌（streptomyces venezuela）培养液中获取，化学上属对硝基苯氨类，分子中含有氯原子，在酸性和中性溶液中较稳定，遇碱易分解失效。因其结构简单，问世后的次年即能人工合成。1948年作为广谱抗生素广泛用于临床，但很快因其严重的毒性，特别是致死性再生障碍性贫血和灰婴综合征，限制了临床应用。70年代，由于一些耐青霉素菌株的出现，氯霉素在治疗需氧及厌氧菌混合感染、流感嗜血杆菌感染和细菌性脑膜炎方面重新受到重视。近年来，随着喹诺酮类和头孢菌素类抗生素的广泛应用，氯霉素的应用日渐减少，仅限于治疗某些严重感染。

【体内过程】 氯霉素有多种剂型，口服制剂有氯霉素和氯霉素棕榈酸酯，注射剂有氯霉素琥珀酸酯。后两者为前体药物，需在十二指肠经水解才能转化为活性药物。

氯霉素口服吸收迅速而完全，一次口服1g后2～3小时达血药峰浓度，$t_{1/2}$约为2.5小时。有效血药浓度可维持6～8小时。肌内注射琥珀酸钠盐吸收缓慢，血药浓度较低，仅为等量口服液50%～70%，且注射部位易形成硬结，故本品不易肌内注射给药。氯霉素吸收后能广泛分布到全身组织和体液，易透过血脑屏障进入脑脊液中和中枢神经系统，其药物浓度可达血药浓度的45%～99%。氯霉素亦能透过胎盘屏障而进入胎儿体内，也可分泌到乳汁，还能进入眼组织中，无论全身和局部用药均可达到有效浓度。约90%的药物在肝内与葡萄糖醛酸结合成无活性产物，经肾小管分泌排出，5%～10%的原形药物经肾脏排泄，可在尿中达到有效治疗浓度。

【抗菌作用】 氯霉素抗菌谱广，对革兰阴性及阳性菌都有抑制或杀灭作用。低浓度能杀灭流感嗜血杆菌、脑膜炎奈瑟菌和淋病奈瑟菌，对其他细菌仅有抑制作用。一般而言，氯霉素对革兰阴性菌的作用较革兰阳性菌强，如对大多数肠杆菌科细菌有较强的抑制作用，对链球菌、白喉棒状杆菌、炭疽芽孢杆菌等革兰阳性菌也有作用。氯霉素对厌氧菌如脆弱类杆菌、梭形杆菌、产气夹膜梭菌、破伤风杆菌等作用强大，对支原体、衣原体及立克次体有效，但其对分枝杆菌、真菌、各种病毒和原虫无作用。

【抗菌机制】 氯霉素可能通过易化扩散的方式渗透进入细菌细胞膜，与细菌70S核蛋白体的50S亚基可逆性结合，特异性地阻止tRNA进入受位（A位），抑制肽链延长，从而阻碍细菌蛋白质合成（图40-2）。由于人与哺乳动物某些细胞线粒体的70S核蛋白体与细菌70S的核蛋白体相似，其蛋白质合成功能也可被氯霉素所抑制，因此产生骨髓抑制作用。由于氯霉素与细菌核蛋白体50S亚基的结合区域和红霉素、林可霉素的结合区域相连，故两者可因竞争性结合而产生拮抗作用或交叉耐药性。

【耐药性】 各种细菌对氯霉素均可产生耐药性，其中以大肠埃希菌、痢疾杆菌、变形杆菌等较为多见。主要有三种机制：①由质粒介导（多为嗜菌 M_1 型），使细菌产生乙酰转移酶而产生耐药。在乙酰转移酶作用下，氯霉素转化为无抗菌活性的乙酰化衍生物。此种耐药性产生较缓慢。②由于细菌细胞膜通透性降低，使氯霉素不能进入菌体而产生耐药性，较常见于铜绿假单胞菌、大肠埃希菌、痢疾杆菌等。③细菌可通过基因突变获得耐药性，伤寒杆菌耐药性的发生可能与此有关。

【临床应用】 由于氯霉素具有脂溶性高，组织穿透能力强，能透过血脑屏障和血眼屏障等特点，曾广泛应用于临床。但由于对造血系统的严重毒性作用，目前临床应用已大大减少，仅用于治疗某些严重感染。

1. 伤寒、副伤寒 对于伤寒、副伤寒患者常用口服给药，待体温降至正常后继续用药 10 天，可减少并发症，降低病死率。病例复发率可达 10%～20%，但再用氯霉素仍有效。目前，伤寒、副伤寒患者首选快速、低毒、方便服药、复发率低的喹诺酮类和第三代头孢菌素类药物，氯霉素作为备选药物。

2. 细菌性脑膜炎和脑脓肿 氯霉素在脑脊液中的浓度对脑膜炎常见致病菌如流感嗜血杆菌、脑膜炎奈瑟菌、肺炎链球菌具有杀灭作用，但对肺炎球菌、脑膜炎双球菌、链球菌等所致的脑膜炎疗效不如青霉素和磺胺嘧啶。

3. 立克次体感染 用于洛基山斑点热和 Q 热等立克次体感染，疗效与四环素类相当。

4. 其他 氯霉素为治疗眼科感染如敏感菌引起的眼内炎、全眼球炎及沙眼的有效药物，也用于治疗回归热、鼠疫、布鲁菌病、鹦鹉热等。

【不良反应和注意事项】

1. 血液系统毒性 常见粒细胞降低，与用药剂量和疗程有关，用药剂量越大、疗程越长，血象变化越明显，肝功能不全者更易诱发。此种毒性反应较常见，及时停药可恢复。大剂量氯霉素对骨髓造血细胞线粒体中的核糖体 70S 亚单位有抑制作用，损害骨髓造血功能，产生不可逆性再生障碍性贫血。其发生与服用剂量和疗程无直接关系，虽发生率低，但死亡率高，且可发生于任何给药途径，应予特别注意。患者有药物造血系统毒性既往史或家族史者不宜使用。

2. 灰婴综合征 新生儿与早产儿用药剂量过大，多在用药后 2～9 天发生循环衰竭、呕吐、呼吸急促、紫绀、代谢性酸中毒等，称为灰婴综合征。40%的患儿在症状出现后 2～3 天死亡。其原因是新生儿的肝脏发育不全，缺乏葡萄糖醛酸转移酶，对氯霉素的代谢、解毒功能受到限制，导致药物在体内蓄积中毒。因此，氯霉素禁用于新生儿及早产儿，妊娠后期及哺乳期妇女也应避免使用。

3. 其他 氯霉素还可引起二重感染、皮疹、血管神经性水肿等，偶见视神经炎、视力障碍、幻视、幻听、中毒性精神病等，可引起消化道反应，肝、肾功能损害等。

【药物相互作用】 氯霉素抑制肝微粒体肝药酶，使苯妥英钠、双香豆素、磺丁脲、华法林等的代谢延缓，$t_{1/2}$ 延长，而苯巴比妥、利福平等因诱导肝药酶，使氯霉素的代谢加速。氯霉素与抗肿瘤药合用可增加抑制骨髓造血系统功能的作用。氯霉素与雌激素类避孕药合用，可能造成避孕失败。

Summary

- Many strains of organisms have become resistant to tetracyclines and this has decreased their usefulness.
- Doxycycline is the drug of first choice among tetracyclines.
- Tetracyclines are deposited in growing bones and teeth, causing staining and sometimes dental hypoplasia and bone deformities.
- Photosensitivity has been seen, more particularly with demeclocycline, and minocycline can produce vestibular disturbances (dizziness and nausea).
- Chloramphenicol can inhibit the bone marrow to make red cell production disturbances, and toxicity for newborn infants, resulting in the gray baby syndrome.

（闵 清）

第四十一章　人工合成抗菌药

案例 41-1

患者，男，52 岁，某大学教师，因发热、咳嗽、咳浓痰 6 天入院。

现病史：体温 39.2℃，伴寒战。曾在门诊静脉点滴阿奇霉素、头孢呋辛酯及左氧氟沙星 5 天，症状仍无缓解入院。

体检：体温 38.5℃，双肺呼吸音粗，双下肺可闻散在湿性啰音，以左肺明显。心率 78 次/分，律齐，未闻及杂音，血常规 WBC 11.92×10^9/L，中性粒细胞 78.2%，血沉 89 mm/h，痰涂片为革兰阳性球菌和革兰阴性杆菌，痰培养为肺炎克雷伯杆菌，胸部 CT 示左肺中下大片状模糊阴影。

诊断：左肺中、下叶肺炎。

治疗：入院后使用头孢哌酮他唑巴坦、阿奇霉素治疗 3 天，患者症状无明显改善，改用莫西沙星 400 mg，1 次/日，两天后体温降至 37.8 ℃，第 4 天体温恢复正常，临床症状明显好转，9 天后复查胸片提示炎症吸收，痊愈出院。

问题：

1. 新型喹诺酮类药物有哪些作用特点？它们的作用机制是什么？

2. 该患者为什么使用头孢哌酮、他唑巴坦、阿奇霉素等治疗无效？

第一节　喹诺酮类药物

一、喹诺酮类药物概述

【药物简史】　自 1962 年第一个喹诺酮类药物(quinolones)萘啶酸问世以来，喹诺酮类药物依据其发展史分为四代：①第一代即萘啶酸，对革兰阴性菌有抗菌作用，因口服吸收差、抗菌谱窄、不良反应多，现已弃用。②第二代为吡哌酸等，抗菌作用强于萘啶酸，对铜绿假单胞菌亦显示出较强的抗菌作用，口服吸收较好，尿液中浓度较高，临床上主要用于尿路感染或肠道感染。③第三代是 20 世纪 70 年代末期开发的含氟的氟喹诺酮类药物(fluoroquinolones)，代表产品为诺氟沙星(norfloxacin)、氧氟沙星(ofloxacin)、依诺沙星(enoxacin)、环丙沙星(ciprofloxacin)等。因对大多数革兰阴性菌和革兰阳性球菌均有良好的抗菌作用，抗菌作用强，体内药动学性质优良，不良反应少等诸多优点，已成为广泛应用于抗感染治疗领域的一线药物。④第四代为上世纪 90 年代后期开始研制的产品，目前已有若干产品上市。如加替沙星(gatifloxacin)、莫西沙星(moxifloxacin)、吉米沙星(gemifloxacin)等。第四代喹诺酮类在结构上有较大的改进，安全性也有很大提高。其抗菌谱扩大到革兰阳性菌、衣原体、支原体、厌氧菌及细胞内致病菌，且对革兰阳性菌和厌氧菌的活性作用显著强于第三代，对多重耐药菌株也有较强的抗菌活性。

【构效关系】　喹诺酮类药物是一类以 4-喹诺酮母核为基本结构的人工合成抗菌药，其化学结构与药理学特性、不良反应密切相关。如 C_6 位的-H 由氟取代能明显增加抗菌活性，扩大抗菌谱。而 C_8 位的-H 被甲氧基取代可大大降低药物的光敏反应，提高安全性。其基本化学结构及构效关系如图 41-1。

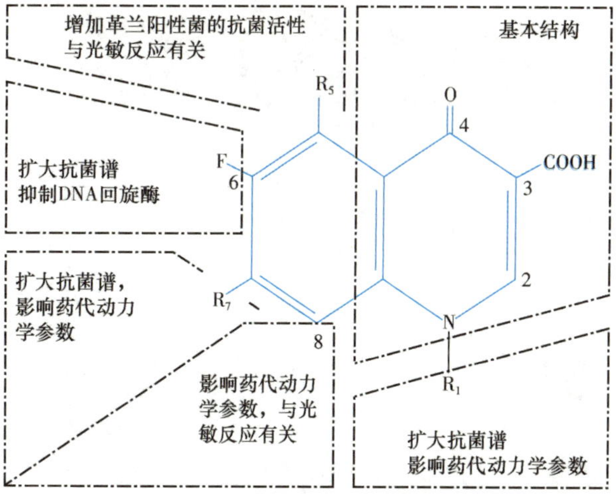

图 41-1　喹诺酮类药的基本结构及构效关系

【体内过程】　多数喹诺酮类药物的口服吸收良好，通常口服后 1～2 小时即达到血药峰浓度，血药浓度相对较高。早期开发的药物血浆 $t_{1/2}$一般在 3～7 小时。近年研发的新药中 $t_{1/2}$明显延长，如莫西沙星半衰期 12～15.2 小时。血浆蛋白结合率低，不超过 40%。氟喹诺酮类药物组织分布广，可分布于各种组织体液和器官，特别在肾、肝、肺及皮肤组织中分布良好，也可分泌于乳汁中，如左氧氟沙星具有很强的组织穿透性，在细胞内可达到有效抗菌浓度，培氟沙星等能通过正常或炎症脑膜进入脑脊液中并达到有效治疗浓度。大多数药物以原形经肾脏排泄，不同药物肾脏排泄差异较大。少数药物在肝脏代谢或由胆汁排泄。

【抗菌作用机制】 喹诺酮类药物通过以下机制发挥抗菌作用。

1. 抑制 DNA 回旋酶 这是喹诺酮类药物抗革兰阴性菌的主要机制。通过抑制革兰阴性菌 DNA 回旋酶，阻碍 DNA 复制达到杀菌作用。大肠埃希菌 DNA 回旋酶主要作用是将细菌 DNA 复制和转录过程中产生的正超螺旋 DNA 结构恢复为负超螺旋结构，它是由 2 个 α 亚基和 2 个 β 亚基构成的四聚体，α 亚基能将 DNA 链打开形成切口，β 亚基则结合 ATP，催化水解提供能量，然后在 α 亚基的参与下将切口重新连接形成 DNA 的负超螺旋结构。喹诺酮类药物通过作用于 DNA 回旋酶 α 亚基，形成药物-DNA-酶复合物，抑制 DNA 链的打开和闭合，阻碍细菌 DNA 合成，从而起到杀菌作用。哺乳类动物细胞内的拓扑异构酶Ⅱ（topoisomerase Ⅱ）在功能上类似于细菌 DNA 回旋酶，但一般治疗浓度的喹诺酮类药对此酶的作用不明显，故不影响机体细胞的正常生长代谢（图 41-2）。

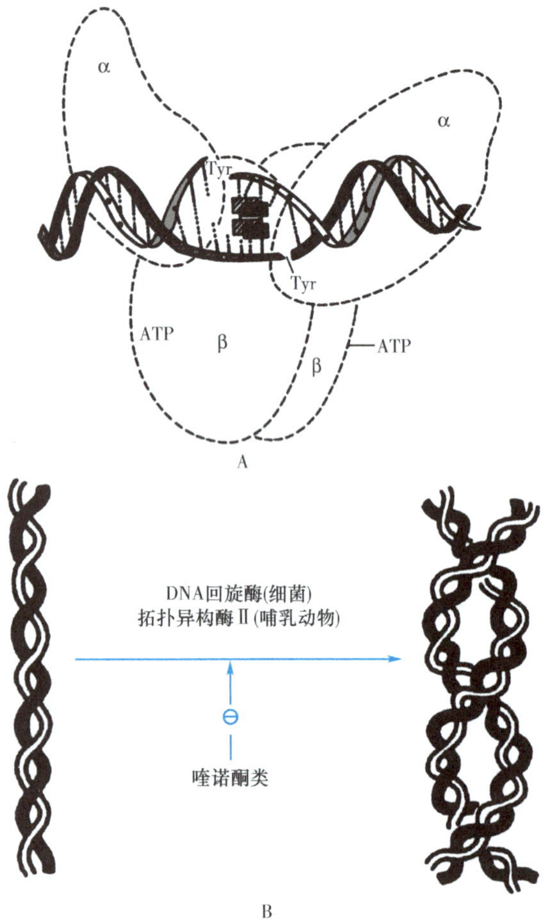

图 41-2 喹诺酮类药物抑制细菌 DNA 回旋酶作用示意图

A. α 和 β 为 DNA 回旋酶的两个亚基，长方形为药物分子。药物嵌入 DNA 双链中并与之配对碱基结合，阻碍 DNA 链的重新封接。B. 喹诺酮类药物抑制 DNA 形成负超螺旋结构

2. 抑制拓扑异构酶Ⅳ（topoisomerase Ⅳ） 这是喹诺酮类药物抗革兰阳性菌的主要机制。革兰阳性菌的拓扑异构酶Ⅳ也为四聚体，其中酶的 C 亚基负责 DNA 链的断裂和重接，E 亚基催化 ATP 水解和前链后移，在 DNA 复制后期姐妹染色体的分离过程中起重要作用。喹诺酮类药物通过抑制拓扑异构酶Ⅳ，阻碍革兰阳性菌的 DNA 复制，而达到杀菌作用。

3. 其他 喹诺酮类药物还可能通过改变细菌胞壁肽聚糖的成分，造成细菌自身溶解；也可以通过诱导细菌 DNA 的 SOS 修复，使药物发挥抑制 DNA 螺旋酶的作用，而导致细菌基因突变或死亡等。

【耐药性】 细菌对喹诺酮类药物先天性耐药频率极低，但后天获得性耐药却发展很快。临床常见的耐药菌株有金黄色葡萄球菌、肺炎球菌、大肠埃希菌及粪肠球菌等。细菌耐药性的出现主要有以下几方面机制：①DNA 回旋酶发生变异，主要由于 gyrA 基因突变所致，降低了对药物的亲和力。②细菌胞膜蛋白及多糖成分变异，通透性降低，药物难以进入菌体内。③某些金黄色葡萄球菌和大肠埃希菌能主动将药物泵出胞外，导致菌体内药物浓度降低。

喹诺酮类药物之间有交叉耐药性，与其他抗菌药物之间无交叉耐药现象。

【临床应用】 喹诺酮类药物由于具有广谱、高效、低毒、无交叉耐药性等特点，在临床上得到了越来越广泛的应用。

1. 呼吸系统感染 如革兰阴性杆菌性肺炎、支原体肺炎、衣原体肺炎等，如病例中的莫西沙星就是某些严重肺部感染治疗的首选药物。此外，喹诺酮类药物还可以广泛用于肺结核的预防、治疗和肺结核复发的再治疗，可替代大环内酯类用于支原体肺炎、衣原体肺炎、嗜肺军团菌引起的军团病。

2. 胃肠道感染 如细菌性肠炎、细菌性痢疾、胆道感染，也可有效治疗耐氯霉素的伤寒及其他沙门菌属感染。

3. 泌尿生殖系统感染 对多种单纯性和复杂性泌尿道感染、前列腺炎、宫颈炎、淋病和非淋病奈瑟菌性尿道炎等有明显疗效。

4. 骨骼系统和皮肤软组织系统感染 如革兰阴性杆菌性骨髓炎、关节炎等。

5. 其他 如化脓性脑膜炎，耳鼻喉系统感染、败血症等。

【不良反应】 第三、四代喹诺酮类药物的不良反应发生率低，且程度较轻。主要有：

1. 胃肠道反应 最为常见（发生率 2%～11%），主要表现为恶心、呕吐、腹痛、腹泻和其他症状，通常与使用剂量或与其他抗菌药物合用有关。

2. 中枢神经系统症状 比较常见，通常与使用剂量过大有关。可出现头痛、头晕、疲劳、失眠和噩梦等。严重的神经毒性反应则可表现为幻觉、抑郁和癫

痫发作等，但发生率极低（低于 0.5%），并且是可逆的。

3. 光敏反应 用药后可出现皮肤过敏反应，如发热、红斑、皮疹、瘙痒等，严重者甚至会出现皮肤脱落现象，尤其在日光（紫外线）照射的皮肤处，故用药期间应避免暴露在阳光或人工紫外光源下，晚间服药可降低光敏反应。

4. 软骨损害 对多种幼龄动物负重关节的软骨有损伤作用，临床研究发现儿童用药后可出现关节痛和关节水肿。

5. 其他反应 少数患者可出现肝肾功能异常、关节痛、关节炎、跟腱炎、心脏毒性等，停药后可恢复。喹诺酮类药物可分泌在乳汁中，故不宜用于儿童、孕妇及授乳母亲。

【药物相互作用】 喹诺酮类药物与含金属离子的抗酸药合用可减少自身在肠道的吸收。此外，依诺沙星、环丙沙星可抑制咖啡因、茶碱、华法林的代谢，使这些药物的血药浓度升高，增加不良反应。

二、常用氟喹诺酮类药物的特点及应用

1. 诺氟沙星（norfloxacin） 口服吸收差，生物利用度仅为 35%～45%，$t_{1/2}$ 为 3～4 小时，血药浓度低，但泌尿生殖系统、肠道内浓度高。对革兰阴性菌和阳性球菌抗菌作用较好，对革兰阳性杆菌作用一般，对结核杆菌、支原体、衣原体无效。主要用于敏感菌引起的肠道和泌尿生殖系统感染。

2. 环丙沙星（ciprofloxacin，又称环丙氟哌酸） 口服吸收快但不完全，生物利用度 38%～70%，$t_{1/2}$ 为 3～4 小时，体内分布广泛，在胆汁中的浓度可超过血药浓度，用于脑膜炎时脑脊液中浓度可达血药浓度的 37%。主要以原形经肾排泄，少量由肝脏代谢。抗菌谱广，对革兰阳性、阴性菌均有作用，为临床常用喹诺酮类体外抗菌活性最强的药物。对肠球菌、肺炎链球菌、耐药金黄色葡萄球菌、铜绿假单胞菌、嗜肺军团菌、淋病奈瑟菌有较强的活性。主要用于呼吸道、肠道、泌尿生殖系统感染，也用于口腔，皮肤及软组织感染的治疗。细菌对环丙沙星不易产生耐药性。

3. 氧氟沙星（ofloxacin）和左氧氟沙星（levofloxacin） 口服吸收迅速而完全，生物利用度约为 89%，$t_{1/2}$ 为 5～7 小时。体内分布广泛，在组织中的浓度高于血药浓度，胆汁中的浓度是血药浓度的 7 倍左右，尿中浓度居喹诺酮类药物之首，在脑脊液中浓度也很高。主要以原形从肾脏排泄。抗菌作用强，抗菌谱广，除保留了环丙沙星的抗菌特点和其良好的抗耐药菌特性外，尚对结核分枝杆菌、沙眼衣原体和部分厌氧菌有效，对耐氨基苷类和耐 β-内酰胺类抗生素的细菌均有效。氧氟沙星是第一个临床用于结核治疗的喹诺酮类药物，对结核病有肯定的疗效。左氧氟沙星（levofloxacin）是氧氟沙星的左旋光学异构体，口服生物利用度接近 100%。左氧氟沙星水溶性是氧氟沙星的 8 倍，抗菌活性是氧氟沙星的 2 倍，而临床用量是氧氟沙星的 1/2。左氧氟沙星的不良反应是已经上市的喹诺酮类药物中最小的，主要为胃肠道反应。

4. 依诺沙星（enoxacin） 抗菌谱和活性与氧氟沙星相似，但对厌氧菌作用较差。口服吸收好，生物利用度为 80～90%，$t_{1/2}$ 为 3.3～5.8 小时，临床主要用于呼吸道、泌尿生殖系统、胃肠道、皮肤和骨组织感染。不良反应以胃肠道反应多见，偶见过敏和中枢神经系统毒性反应，孕妇及婴幼儿禁用。

5. 莫西沙星（moxifloxacin） 莫西沙星是第四代喹诺酮类中抗菌活性最强的药物之一。口服生物利用度较高，$t_{1/2}$ 为 12～15.2 小时。莫西沙星分布广泛，组织渗透力强，抗菌谱广泛，对革兰阴性菌、革兰阳性菌、厌氧菌、结核杆菌、支原体、衣原体都有效，特别是对耐药金黄色葡萄球菌、肺炎球菌、厌氧菌、支原体和衣原体均有很强的抗菌作用。临床主要用于慢性支气管炎急性发作以及慢性阻塞性肺病细菌感染，也可用于泌尿生殖系统、皮肤和软组织感染等。不良反应很少，无光敏反应。

6. 吉米沙星（gemifloxacin） 吉米沙星对细菌拓扑异构酶 IV 有较强的亲和力，因此对革兰阳性菌的杀菌力更为显著，是目前对耐药肺炎链球菌活性最强的喹诺酮类口服药物，其杀菌作用优于莫西沙星。

表 41-1 常用喹诺酮类药物的比较

药名	抗 G^- 菌作用	抗 G^+ 菌作用	给药方式	不良反应	相互作用
诺氟沙星（norfloxacin）	－～＋＋＋	＋	口服		
环丙沙星（ciprofloxacin）	＋＋＋＋	＋＋	口服、静滴		
氧氟沙星（ofloxacin）	＋＋＋	＋＋＋	口服、静滴	较少	少
依诺沙星（enoxacin）	＋＋～＋＋＋	＋＋	口服	稍多	
培氟沙星（pefloxacin）	＋＋～＋＋＋	＋＋	口服	稍多	
莫西沙星（moxifloxacin）	＋＋＋＋＋	＋＋	口服、静滴	很少	极少

第二节 磺胺类药物和甲氧苄啶

1932年，德国化学家杜马克（Domagk）在寻找抗菌药物的筛选工作中，发现一种红色偶氮染料百浪多息（prontosil）有抗菌作用，后于1935年宣布，百浪多息可使感染致死量溶血性链球菌的小鼠不死亡或存活时间延长。从此结束了全身性细菌感染无药可治的历史，此后，开发出一系列磺胺类药物（sulfonamides）用于防治全身感染性疾病。磺胺类药物不良反应较多，随着耐药菌株的不断产生以及各种高效、低毒抗菌药物的相继出现，临床应用逐渐被其他抗菌药物取代，但磺胺类药物对流行性脑脊髓膜炎、鼠疫等仍有良好的疗效，且性质稳定，价格低廉、服用方便，尤其是甲氧苄啶（TMP）的出现以及与磺胺类药物的协同作用，使其抗菌谱扩大，抗菌活性增强，故磺胺类药物在临床仍有用武之地。

一、磺胺类药物的共同特点

【药物分类与体内过程】 磺胺类是以对氨基苯磺酰胺为基本化学结构的人工合成抗菌药物（图40-3），依据口服吸收的难易和应用不同，分为三类：①用于全身性感染的磺胺类药物，依据血浆半衰期又可分为短效、中效和长效三类（表41-2）。短效类$t_{1/2}$为2～8小时，中效类$t_{1/2}$为10～17小时，长效类$t_{1/2}$为30～48小时以上。这类药物可广泛渗入全身组织及胸膜液、腹膜液、房水、汗液、尿液、胆汁等细胞外液，能透过血脑屏障，脑膜炎时脑脊液中的药物浓度可达血药浓度的80%～90%。也能进入乳汁和通过胎盘屏障，但不能进入细胞内液。磺胺类药物主要在肝脏经乙酰转移酶代谢生成为无抗菌活性的乙酰化产物。药物主要经肾排泄，在中性或酸性环境下，乙酰化代谢产物易沉淀形成结晶尿，导致肾损伤。②用于肠道感染的磺胺类药物，口服吸收少，如柳氮磺吡啶。③外用磺胺类药物，如磺胺嘧啶银（sulfadiazine sliver，SD-Ag）、磺胺醋酰钠（sulfacetamide sodium，SD-Na）等。

【抗菌作用及机制】 磺胺类药物为广谱抑菌药，对大多数革兰阳性菌和阴性菌均有良好抗菌活性。以溶血性链球菌、肺炎链球菌、脑膜炎奈瑟菌、鼠疫耶氏菌、流感嗜血杆菌最为敏感，对大肠埃希菌、痢疾杆菌、沙眼衣原体、奇异变形杆菌、放线菌、卡氏肺孢菌等也有效，但对病毒、支原体、立克次体及螺旋体无效。

由于叶酸不能直接透过细菌细胞膜，许多细菌不能直接利用周围环境中的叶酸，只能在二氢叶酸（FH_2）合成酶的催化下，利用对氨基苯甲酸（PABA）和二氢蝶啶合成FH_2，再经FH_2还原酶作用还原为四氢叶酸（FH_4）。FH_4的活性型是一碳单位的传递体，在细菌合成嘌呤、嘧啶核苷酸中起重要作用。磺胺类药物和PABA化学结构相似，竞争性与FH_2合成酶结合，阻碍了FH_2的合成，从而抑制细菌的生长和繁殖（图41-4）。而人类可直接从食物中摄取叶酸，故磺胺类药物对人体叶酸代谢的影响较小。

【耐药性】 随着磺胺类药物的广泛应用，耐药菌株尤其是耐药的奈瑟菌属和革兰阳性球菌日益增多，目前很少单独使用磺胺类药物，常与甲氧苄啶或四环素类抗生素合用。耐药性的产生有以下原因：①细菌通过选择或突变而产生更多的PABA，导致磺胺类药物的竞争力下降。②细菌FH_2合成酶经突变或质粒转导而发生改变，导致细菌对磺胺类药物的亲和力下降。③细菌改变叶酸的合成途径，直接利用外源性叶酸。④细菌灭活药物的能力增强，如乙酰转移酶活力增强。⑤某些细菌胞膜及胞壁对磺胺类药物的通透性降低。

磺胺类药物之间有交叉耐药性，但与甲氧苄啶或其他抗菌药间没有交叉耐药性，与甲氧苄啶合用可减少、延缓耐药性的产生。

表41-2 用于全身性感染的磺胺类药物分类与药动学参数

分类	药名	$t_{1/2}$(h)	药物浓度比（脑脊液/血液）	蛋白结合率（%）	乙酰化率（%）		肾排泄率（%）
					血	尿	
短效	磺胺异噁唑	5～8	30～50	85～90	30	30	95
	磺胺二甲嘧啶	1.5～4	30～80	80～90	20	60	73～85
中效	磺胺嘧啶	17	57	20～25	40	15～40	57
	磺胺甲噁唑	10～12	50～60	65	38	58	50～60
长效	磺胺间甲氧嘧啶	36～48	57	85～90	5	10	50～60
	磺胺对甲氧嘧啶	30	30	85～90	15	32	57
	磺胺多辛	175	/	95	60	30	/

二、常用磺胺类药物

磺胺异噁唑

磺胺异噁唑(sulfafurazole,SIZ)抗菌谱广。口服吸收迅速,血药浓度达峰时间为1～2小时,排泄快,$t_{1/2}$为5～8小时,蛋白结合率为85%～90%。主要经肝脏乙酰化代谢,乙酰化代谢物在尿中的溶解度比其他磺胺类药物高,故当从尿中高浓度排泄时,有利于泌尿道感染的治疗,也不易形成结晶而损害肾脏。临床主要用于敏感菌所致的尿路感染、前列腺炎、化脓性扁桃体炎等。不良反应较多,一般为胃部不适、恶心、呕吐,严重可导致肝肾损害及核黄疸。适当增加饮水或碱化尿液可减少肾损害。

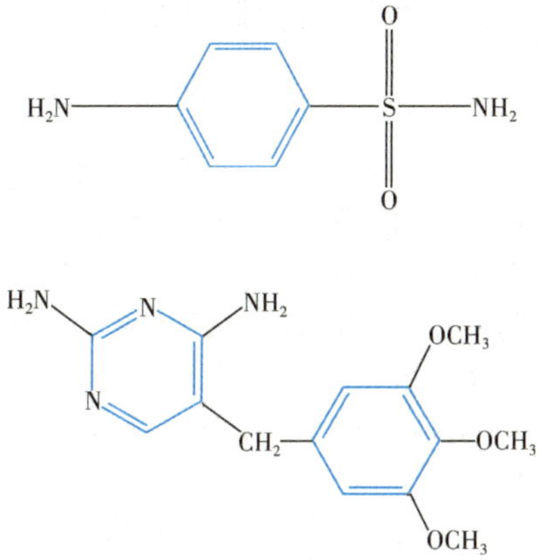

图 41-3 上图:磺胺类药物基本结构——对氨基苯磺酰胺 下图:甲氧苄啶化学结构

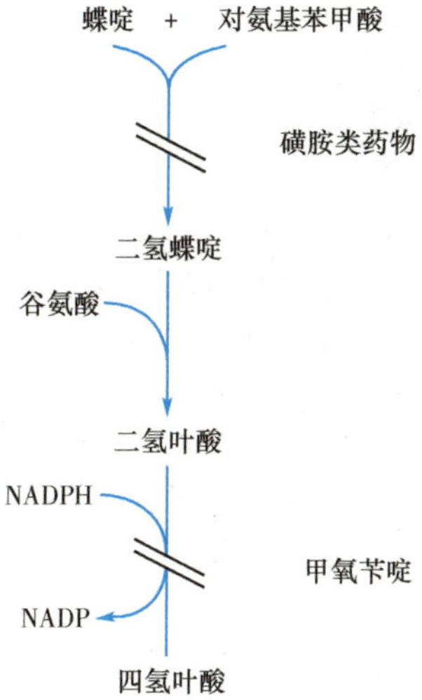

图 41-4 磺胺类药物和甲氧苄啶作用机制示意图

磺胺甲基噁唑

磺胺甲基噁唑(sulfamethoxazole,SMZ,新诺明)抗菌作用与SIZ相似,但吸收与排泄均较SIZ慢,血药浓度达峰时间为2～4小时,$t_{1/2}$为10～12小时,血浆蛋白结合率为60%～80%,组织分布广泛。主要经肝脏代谢而失活,60%以乙酰化物形式,其余以葡萄糖醛酸结合物形式经肾排泄。主要用于急性单纯型泌尿系统感染,也可用于敏感菌所致的呼吸道感染、伤寒等。因乙酰化产物在尿中的溶解度较低,服用本药时应注意增加饮水量和碱化尿液。

磺 胺 嘧 啶

磺胺嘧啶(sulfadiazine,SD)的抗菌谱与SIZ相似,敏感细菌有化脓性链球菌、脑膜炎奈瑟菌、肺炎链球菌及淋病奈瑟菌等。口服易吸收,3～6小时血药浓度达峰值,$t_{1/2}$为10～13小时,是磺胺类药物中血浆蛋白结合率最低和血脑屏障透过率最高的药物,因而是防治脑膜炎的首选药物之一,首剂应加倍。也可与乙胺嘧啶合用于弓形虫病的治疗。本药在尿中易结晶析出,故用药期间应多饮水,同时服等量碳酸氢钠,以碱化尿液。

柳氮磺吡啶和酞磺胺噻啶

柳氮磺吡啶(sulfasalazine,SASP)和酞磺胺噻啶(phthalysulfathiazole,PST)口服几乎不吸收,本身并无抗菌作用,但在肠道细菌作用下,前者水解为磺胺吡啶和5-氨基水杨酸,后者分解为磺胺噻啶而发挥抗菌活性。SASP对肠组织亲和力高,用于治疗溃疡性结肠炎及直肠炎、肠道术前预防感染、早期类风湿性关节炎。PST主要用于治疗肠炎和细菌性痢疾。

磺胺嘧啶银和磺胺米隆

磺胺嘧啶银(SD-Ag)和磺胺米隆(sulfamylon,SML)对铜绿假单胞菌均有强大的抑制作用,SD-Ag中的银离子还具有收敛、促进创面干燥、结痂与愈合的作用。SML在血中迅速灭活,故仅供局部应用,能迅速渗入创面和焦痂。SD-Ag和SML的抗菌活性几乎不受PABA的影响,均可用于外伤或烧伤创面的感染,促进愈合。局部应用SD-Ag存在一过性疼痛。SML的不良反应有创伤疼痛及烧灼感。

磺胺醋酰钠

磺胺醋酰钠(sulfacetamide sodium,SD-Na)对引起眼科感染的细菌和沙眼衣原体有较强抗菌活性,且水溶性大,穿透力强,能渗入晶体。适用于眼科感染性疾病结膜炎、角膜炎、沙眼等的治疗。本药对黏膜刺激性小,不良反应少。

三、甲氧苄啶

甲氧苄啶(trimethoprim,TMP)又称磺胺增效剂,通常与SMZ或SIZ合用。

【体内过程】 口服吸收迅速而完全,血药浓度达峰时间约为1～2小时,可迅速分布至全身组织和体液，$t_{1/2}$约为 11 小时。可透过血脑屏障，脑膜炎症时，脑脊液中药物浓度可达血药浓度的 50%～100%。在 SMZ 存在时，血浆蛋白结合率约 40%。脱甲基化为其主要代谢方式，大部分经肾脏排泄，尿中药物浓度可达血药浓度的 100 倍。

【抗菌作用】 TMP 抗菌谱与磺胺类药物相似，大多数革兰阳性菌和阴性菌对其敏感，抗菌作用较强。抗菌机制主要是通过抑制细菌 FH_2还原酶，阻碍 FH_4的合成，从而干扰细菌核酸的合成。当 TMP 和磺胺类药物合用时，具有以下特点：①分别作用于 FH_2还原酶与 FH_2合成酶，双重阻断细菌 FH_4的合成，从而干扰嘌呤和 DNA 的合成，使抗菌效果达十到数十倍，甚至出现杀菌作用。②减少耐药株的产生，对已经耐药的菌株可能仍有抑制作用。③药动学参数与 SMZ 接近，$t_{1/2}$均约 10 小时左右，吸收后药物可分布于全身，可在主要器官达到有效治疗浓度，这是临床应用复方新诺明（SMZ 与 TMP）的药理学基础。④可以减少不良反应，两类药合用可减少各自用量，从而减少不良反应的发生。

【临床应用】 通常与 SMZ 合用，主要治疗敏感菌所致的呼吸道、肠道、泌尿生殖道感染和脑膜炎等，也用于伤寒、痢疾、卡氏肺孢虫病等的治疗。与长效磺胺类药物合用可以防治耐药性恶性疟疾。

【不良反应】 少数人出现过敏反应和胃肠道反应，一般均较轻。当患者体内缺乏叶酸时，无论单用或与 SMZ 合用，均可出现叶酸缺乏症，如血小板及粒细胞减少、巨幼细胞性贫血等。停药或补充叶酸后可恢复，必要时可注射四氢叶酸治疗。

第三节 硝基呋喃类和硝基咪唑类

一、硝基呋喃类

硝基呋喃（nitrofurans）类是以 5-硝基呋喃为母核的一类人工合成抗菌药。这类药物抗菌谱广，不易引起耐药性。临床上常用药物有呋喃妥因和呋喃唑酮。

呋 喃 妥 因

【体内过程】 呋喃妥因（nitrofurantoin）又名呋喃坦啶（furadantin），口服吸收快且较完全，与食物同服可增加其吸收并减少胃肠道刺激。原形药物血浆浓度低，维持时间短，血浆 $t_{1/2}$为 30 分钟。约一半药物在组织中破坏而失效，另一半以原形迅速经肾小球滤过，尿中浓度高，原形药排出率可达 40%。在大多数组织中难以达到有效治疗浓度，仅骨髓中浓度与尿液中浓度接近。

【抗菌作用及机制】 呋喃妥因抗菌谱广，对多数革兰阳性菌和阴性菌有效，包括大肠埃希菌、肠球菌、腐生葡萄球菌、肺炎克雷伯杆菌和淋病奈瑟菌等，但对变形杆菌、沙门菌属及铜绿假单胞菌无效。其抗菌作用机制尚不完全清楚，可能是敏感菌在体内将呋喃妥因分子中的硝基还原成活性产物，后者抑制细菌乙酰辅酶 A 等多种细菌酶，从而干扰细菌糖代谢或损伤 DNA 等，最终导致细菌死亡。在酸性尿中杀菌作用增强。

【临床应用】 临床主要用于治疗敏感菌引起的急性下尿路感染、慢性菌尿症及反复发作的慢性尿道感染。

【不良反应】 不良反应少，常见恶心、呕吐、厌食、腹泻及腹痛等胃肠道反应，与食物或牛奶同服可缓解这些症状。偶见皮疹等过敏反应。长期大剂量应用或肾功能不全者可引起严重的周围神经炎。急性肺炎是其引起的严重并发症，长期应用可引起肺间质纤维化。葡萄糖-6-磷酸脱氢酶缺乏患者、新生儿及孕妇服用本药后可发生溶血性贫血，故禁用。

呋 喃 唑 酮

呋喃唑酮（furazolidone，痢特灵）对沙门菌属、志贺菌属、大肠埃希菌、霍乱弧菌和弯曲菌属均有抗菌作用。口服吸收约 5%，肠道内可保持较高的浓度。主要用于肠炎、菌痢及霍乱等肠道感染，对幽门螺杆菌所致胃窦炎也取得较好效果，也可用于治疗贾第鞭毛虫病等。不良反应与呋喃妥因相似，但轻而少见。

二、硝基咪唑类

甲 硝 唑

甲硝唑（metronidazole）为人工合成的 5-硝基咪唑类化合物。

【体内过程】 口服吸收迅速而完全。血药浓度达峰时间为 1～3 小时，生物利用度在 95%以上，$t_{1/2}$约为 8～14 小时。在体内分布广泛，药物在胎盘、乳汁及胆汁中的浓度均可达到与血药浓度相仿水平。脑膜无炎症时脑脊液药物浓度为同期血药浓度的 43%，脑膜炎症时，脑脊液药物浓度可达血药浓度的 90%以上。主要在肝脏代谢，其代谢物也有一定活性，代谢物与原形药主要由肾脏排泄，少量经粪排泄。

【药理作用及临床应用】

1. 抗厌氧菌作用 对革兰阳性厌氧芽孢杆菌、革兰阴性厌氧杆菌及其他所有的厌氧球菌，包括脆弱类杆菌、多形类杆菌、难辨梭菌等均有较好的抗菌作用，较少引起耐药性。主要用于防治厌氧菌引起的全身或局部感染，对败血症、破伤风、心内膜炎、脑膜感染以及使用抗生素引起的结膜炎也有效。

2. 抗滴虫作用 为阴道毛滴虫感染治疗的首选药。口服剂量即可杀死精液及尿液中阴道毛滴虫，但不影响阴道内正常菌群的生长，对感染阴道毛滴虫的男女患者均有较高的治愈率。

3. 抗贾第鞭毛虫的作用　甲硝唑是目前治疗贾第鞭毛虫病最有效的药物，治愈率在90%以上。

4. 抗阿米巴作用　甲硝唑对阿米巴大滋养体有直接杀灭作用。治疗急性阿米巴痢疾和肠外阿米巴病效果最好。但对肠腔内阿米巴小滋养体和包囊无明显作用。

【作用机制】　甲硝唑的作用机制未明，可能该药的硝基可被厌氧菌还原产生细胞毒物质，抑制了敏感菌的DNA合成，使细菌死亡。

【不良反应】　一般较少而轻。最常见的有恶心和口腔的金属味，偶见呕吐、腹泻、腹痛，少数患者出现荨麻疹、红斑、瘙痒、白细胞暂时性减少等。极少数患者出现头昏、眩晕、共济失调、惊厥和肢体感觉异常等神经系统症状，由于严重的感觉障碍恢复慢且不完全，故一旦发生应立即停药。甲硝唑干扰乙醛代谢，故用药期间应禁酒。肝功能不良者应酌情减量。动物实验证明，长期大量口服有致癌和致突变作用，妊娠早期禁用。

替　硝　唑

替硝唑(tinidazole)的抗菌谱、抗菌机制与甲硝唑相似。但其穿透力较甲硝唑强，抗厌氧菌作用约为甲硝唑的2倍，抗原虫作用是甲硝唑的8倍。口服吸收良好，血药浓度达峰时间为2小时，血浆蛋白结合率为12%，血浆$t_{1/2}$约为12～14小时。替硝唑分布广泛，各组织及体液中均可达到临床有效浓度，还通过血脑屏障，其脑脊液中浓度是血浆浓度的88%，这与替硝唑的脂溶性较高有关。主要经肾排泄，临床应用与甲硝唑相似。不良反应发生率约6%，显著低于甲硝唑，罕见过敏反应。

奥　硝　唑

奥硝唑(ornidazole)是一种继甲硝唑、替硝唑之后的第三代新型硝基咪唑类衍生物，具有良好的抗厌氧菌和抗滴虫作用。奥硝唑的原药和中间代谢物均有活性，作用于厌氧菌、阿米巴虫、贾第虫和毛滴虫细胞的DNA，使其螺旋结构断裂或阻断其转录复制而致死亡。临床用于厌氧菌感染引起的多种疾病，手术前预防感染和手术后厌氧菌感染的治疗。奥硝唑是治疗细菌性阴道病最有效药物之一，也用于治疗泌尿生殖道毛滴虫、贾第虫感染以及治疗消化系统阿米巴虫病。本品通常具有良好的耐受性，服药期间会出现轻度胃部不适，胃痛，头痛及困倦，偶尔会出现眩晕，颤抖，四肢麻木，痉挛等反应。

Summary

- The quinolone antibiotics have very broad spectrum of antimicrobial activity against aerobic gram-negative bacilli, staphylococci, and gram-negative cocci and their oral bioavailability. Therapeutic uses include treatment of urinary tract infections, prostatitis, several sexually transmitted diseases, osteomyelitis, and bacterial diarrhea. New agents with excellent activity against the organisms of atypical pneumonia, anaerobes, and pneumococci are available for single-agent treatment of pneumonia.
- Sulfonamides are used mainly in the treatment of urinary tract infections, incombination with trimethoprim, they also are frequently used for the treatment of otitis, bronchitis, sinusitis, and pneumocystis carinii pneumonia. Emergence of resistance has limited their usefulness in other settings.

（马世玉）

第四十二章 抗真菌药及抗病毒药

第一节 抗真菌药

案例 42-1

患者，女，20 岁。

因“头晕、乏力 1 年，发热 2 个月余”入院。患者 1 年前无诱因出现头晕、乏力、黑矇、皮肤青斑，血常规检查诊断为重型再生障碍性贫血，先后给予泼尼松、环孢素、司坦唑醇、氨肽素、红细胞生成素等治疗无效。2 个月前患者出现发热，体温最高达 40℃，伴畏寒、寒战、咳嗽，先后应用亚胺培南、万古霉素，但患者高热仍持续，体温高峰同前，故来院诊治。

检查：血培养及痰培养均有耐甲氧西林金葡菌，对万古霉素敏感。病理切片可见鼻窦黏膜组织中有大量 10～20 微米宽的不规则直角分支的菌丝侵入。

诊断：毛霉菌性侵袭性全鼻窦炎。

治疗：经鼻内镜下鼻窦开窗引流术及两性霉素 B 雾化吸入治疗 1 月后痊愈。

问题：

1. 泼尼松、环孢素等药物为什么对本例患者无疗效？

2. 本例患者的治疗上还可选择哪些抗真菌药物？

真菌感染依据感染人体的部位不同分为浅部真菌感染和深部真菌感染两类。浅部真菌感染常由各种癣菌引起，多侵犯皮肤、毛发、指(趾)甲等人体浅表部位，发病率高，但危险性小，临床常用治疗药物有灰黄霉素、咪康唑和克霉唑等。深部真菌感染常由假丝酵母菌(白色念珠菌)、新型隐球菌等引起，主要侵犯深部组织和内脏器官，发生率虽低，但危害性大，甚至可危及生命，临床常用治疗药物有两性霉素 B、制霉菌素和伊曲康唑等。近年来，深部真菌感染的发病率呈持续上升趋势，这与长期不合理应用广谱抗菌药物、免疫抑制药、肾上腺皮质激素和抗恶性肿瘤等药物有关。

抗真菌药物(antifungal agents)是指具有抑制真菌生长、繁殖或杀灭真菌的药物。根据化学结构的不同，抗真菌药物可分为抗生素类(antibiotics)、唑类(azoles)、丙烯胺类(allylamines)和嘧啶类(pyrimidines)。

一、抗生素类

两性霉素 B

【来源及化学】 两性霉素 B(amphotericin B，庐山霉素)是结节链霉菌(Streptomyces nodosus)的产物，属于多烯类抗深部真菌抗生素。

【体内过程】 两性霉素 B 口服、肌内注射均难吸收，且局部刺激性大，对全身性真菌感染必须静脉滴注。血浆蛋白结合率为 95%。不易透过血脑屏障，故真菌性脑膜炎时须鞘内注射。本药主要在肝脏代谢，经肾排泄，血浆 $t_{1/2}$ 约 24 小时，停药数周后，仍可在尿中检出。

【药理作用】 两性霉素 B 几乎对所有的真菌均有抗菌活性，为广谱抗真菌药。对新型隐球菌、白色念珠菌、芽生菌、荚膜组织胞质菌、粗球孢子菌、孢子丝菌等有较强的抑菌作用，高浓度时有杀菌作用。

【作用机制】 两性霉素 B 可选择性与真菌细胞膜中的麦角固醇结合，从而改变膜通透性，导致胞内重要物质如钾离子、氨基酸和核苷酸等外漏而致真菌死亡。由于细菌细胞膜不含固醇，故无抗细菌作用。哺乳动物的红细胞、肾小管上皮细胞的细胞膜含有固醇，故可致溶血、肾脏损害等毒性反应，但由于本品与真菌细胞膜上麦角固醇的亲和力大于对哺乳动物细胞膜固醇的亲和力，故对哺乳动物细胞的毒性相对较低。真菌很少对两性霉素 B 产生耐药性，其耐药机制可能与真菌细胞膜中麦角固醇含量减少有关。

【临床应用】 两性霉素 B 是治疗各种严重真菌感染的首选药之一，但因毒性较大，限制了其广泛应用。在临床上，两性霉素 B 常用于导入疗法给药，即开始用本药治疗，接着用其他抗真菌药继续治疗慢性真菌感染或防止复发。两性霉素 B 的新剂型如脂质体剂型、脂质体复合物、胶样分散剂型等可提高药物疗效，降低毒性。

【不良反应】 两性霉素 B 的毒性较大。静脉滴注可出现寒战、发热、头痛、恶心、呕吐、厌食、贫血、低血压、低钾血症、低镁血症、血栓性静脉炎、肝、肾功能损害等。为了减少药物急性毒性反应的发生，静脉滴注液应新鲜配制，滴注前预防性服用解热镇痛药和抗组胺药，并与小剂量氢化可的松或地塞米松合用。应定期进行血尿常规、肝肾功能和心电图等检查，并及时调整剂量。

制霉菌素

制霉菌素(nystatin)也属多烯类抗生素，抗真菌作用及其机制同两性霉素 B，对假丝酵母菌属的抗菌活性较高，且不易产生耐药性。因其毒性大，不宜作注射用，主要局部用药以治疗皮肤、口腔和阴道念珠菌病和阴道滴虫。口服吸收很少，仅适用于治疗肠道白色念珠菌感染。口服偶见胃肠反应。

灰黄霉素

【来源及化学】 灰黄霉素(griseofulvin)是从灰黄青霉菌中提取的抗生素。

【体内过程】 灰黄霉素口服易被吸收，吸收后分布广泛，在皮肤、毛发、指甲、脂肪及肝脏等组织中含量较高。主要在肝脏代谢，代谢产物从尿中排泄。$t_{1/2}$约为 24 小时。本药不易透过皮肤角质层，因此外用无效。

【药理作用】 能抑制或杀灭各种皮肤癣菌(表皮癣菌属、小芽孢菌属和毛癣菌属等)，对引起深部感染的真菌没有作用。对生长旺盛的真菌具有杀灭作用，而对静止状态的真菌只有抑制作用。本药仅能使新生的毛发或指(趾)甲免受癣菌感染，因此必须连续用药至被感染的皮肤、毛发或指(趾)甲脱落，病变才能痊愈。

【作用机制】 本药的作用机制尚未完全确定，可能是灰黄霉素沉积在皮肤、毛发及指(趾)甲的角蛋白前体细胞中，干扰侵入这些部位的敏感真菌的微管蛋白聚合成微管，抑制其有丝分裂。此外，还可能作为鸟嘌呤的类似物，竞争性抑制鸟嘌呤进入 DNA 分子中，从而干扰真菌细胞 DNA 合成。

【临床应用】 主要用于各种皮肤癣菌的治疗。对头癣疗效较好，指(趾)甲癣疗效较差，病变痊愈有赖于角质的新生和受感染角质层的脱落，故治疗常需数周至数月。由于该药毒性反应较大，目前临床已多被伊曲康唑或特比萘芬所取代。

【不良反应】 常见有过敏反应和毒性反应，前者包括发热、荨麻疹、白细胞减少和血清病型反应等，后者表现为头痛、恶心、呕吐、腹泻、肝损害、感光过敏和神经系统损害。对实验动物有致畸和致癌作用。

二、唑　类

唑类(azoles)为人工合成抗真菌药，分成咪唑类(imidazoles)和三唑类(triazoles)。咪唑类包括克霉唑(clotrimazole)、酮康唑(ketoconazole)、咪康唑(miconazole)、益康唑(econazole)等，其中酮康唑是治疗浅部真菌感染的首选药。三唑类包括伊曲康唑(itraconazole)、氟康唑(fluconazole)、伏立康唑(voriconazole)等，常用于治疗深部真菌感染。

唑类药的抗真菌作用机制与两性霉素 B 相似，通过干扰真菌细胞膜中麦角固醇的生物合成，使细胞膜缺损，通透性提高，胞内重要物质外漏，抑制了真菌细胞的生长繁殖，导致真菌死亡。

麦角固醇是真菌细胞膜的重要成分，其生物合成需要细胞色素 P_{450} 酶系统的参与。与咪唑类相比，三唑类对人体细胞色素 P_{450} 酶系统的亲和力较低，而对真菌细胞色素 P_{450} 酶系统亲和力较高，因此毒性较小，疗效较好。

克霉唑

克霉唑(clotrimazole)为广谱抗真菌药。由于口服吸收差，治疗深部真菌感染疗效差，毒性大，故仅局部用于治疗浅部真菌病和皮肤黏膜假丝酵母菌感染。

酮康唑

酮康唑(ketoconazole)口服易吸收，但生物利用度个体差异较大，因为酮康唑溶解和吸收均需要足够的胃酸，故与食品、抗酸药或抑制胃酸分泌的药物同服会降低酮康唑的生物利用度。血浆蛋白结合率为90%～95%，15%与红细胞结合，约 1%呈游离型，不易透过血脑屏障，$t_{1/2}$ 约 8 小时。酮康唑口服用药可有效治疗深部、皮下及浅表真菌感染，局部用药也可治疗浅表部真菌感染。不良反应常见的有胃肠反应及皮疹、头晕、嗜睡、畏光等，偶见肝毒性，应用时需定期复查肝功能。本药对动物有致畸作用，可分泌至乳汁中，使新生儿核黄疸发生率增加，故哺乳期妇女应慎用。

咪康唑

咪康唑(miconazole)为广谱抗真菌药，口服时生物利用度很低。目前临床主要为局部应用治疗阴道、皮肤或指甲的真菌感染。口服用于轻度食道真菌感染，静脉注射用于多种真菌感染，但静脉注射给药可引起发热、畏寒、心律不齐、血栓性静脉炎等不良反应。

氟康唑

氟康唑(fluconazole)为广谱抗真菌药。该药口服吸收良好，生物利用度约为 95%，血浆蛋白结合率仅11%，组织分布广泛，易透过血脑屏障，脑脊液药物较高，极少在肝脏代谢，$t_{1/2}$ 约为 35 小时，80%以上药物以原形随尿排出，肾功能不良时应减少用药剂量。

氟康唑的抗菌谱与酮康唑相似，体内抗菌作用较酮康唑强 5～20 倍，可口服也可静脉滴注，主要用于假丝酵母菌病、隐球菌病及真菌性脑膜炎等，是治疗艾滋病患者隐球菌性脑膜炎的首选药。不良反应的发生率较低，常见恶心、腹痛、腹泻、胃肠胀气、皮疹等。因氟康唑可能导致胎儿缺陷，故禁用于孕妇。

伊曲康唑

伊曲康唑（itraconazole）口服吸收良好，组织亲和力较高，在肺、脑和上皮组织中的浓度比血药浓度高2～5倍，$t_{1/2}$约17～24小时。

伊曲康唑抗菌谱较广，体内、外抗真菌活性较酮康唑强5～100倍，可有效治疗深部、皮下及浅表真菌感染，已成为治疗罕见的组织胞质菌感染和芽生菌感染的首选药物。该药不良反应发生率低，主要为胃肠道反应、头痛、低血钾、高血压、水肿和皮肤瘙痒等，肝毒性明显低于酮康唑。

伏立康唑

伏立康唑（voriconazole，UK-109496）可口服和静脉给药，口服生物利用度达90%，血浆蛋白结合率约60%，主要在肝脏代谢，仅有约1%以原形从尿中排出。

伏立康唑对多种条件性真菌和地方流行性真菌具有抗菌活性，抗真菌活性约为氟康唑的10～500倍，对于多种耐氟康唑、两性霉素B的深部真菌感染有显著治疗作用。不良反应主要为胃肠道反应，发生率较氟康唑低，患者更易耐受。

三、丙烯胺类抗真菌药

丙烯胺类抗真菌药包括萘替芬（naftifine）和特比萘芬（terbinafine），为鲨烯环氧酶（squalene epoxidase）的非竞争性、可逆性抑制药，使鲨烯不能转化为羊毛固醇，继而阻断羊毛固醇向麦角固醇的转化，影响真菌细胞膜的结构和功能。临床主要用于浅表部真菌感染。

特比萘芬

特比萘芬（terbinafine）抗菌谱广，抗浅部真菌如曲霉菌、镰孢和其他丝状真菌有良好的抗菌活性。可以外用或口服治疗由皮肤癣菌引起的浅表部真菌感染，其作用优于灰黄霉素。对深部曲霉菌感染、假丝酵母菌感染和肺隐球酵母菌感染并非很有效，但若与唑类药物或两性霉素B合用，可获良好结果。不良反应轻微，常见胃肠道反应。

四、嘧啶类抗真菌药

氟胞嘧啶

氟胞嘧啶（flucytosine；5-氟胞嘧啶，5-fluorocytosine）为人工合成的广谱抗真菌药。该药在真菌细胞内可转变为氟尿嘧啶，替代尿嘧啶干扰真菌RNA和DNA的合成，由于人体细胞中缺乏将本药转化为氟尿嘧啶的酶，故该药对人体细胞代谢的影响较小。该药口服吸收良好，生物利用度约为82%。血浆蛋白结合率不到5%，广泛分布于深部体液中，易透过血脑屏障，90%通过肾小球滤过由尿中排出，$t_{1/2}$约为3.5小时。主要用于念珠菌、有色霉菌和隐球菌感染。真菌对该药易产生耐药性，故常与两性霉素B合用。不良反应包括胃肠道反应、转氨酶升高、偶发生肝坏死及骨髓抑制等。本药对动物有致畸作用，孕妇和哺乳期妇女应慎用。

第二节 抗病毒药

案例 42-2

据2007年12月14日世界卫生组织的统计，已有340例患者感染高致病性禽流感病毒A（H5N1），感染病例的死亡率高达61%。H5N1复制的靶细胞包括肺泡Ⅱ型上皮细胞和巨噬细胞，导致患者出现典型的严重肺炎，并快速导致急性呼吸窘迫综合征。在感染H5N1患者的血浆水平中，可检测到巨噬细胞、中性粒细胞趋化因子、促炎性细胞因子和抗炎性细胞因子（IL-6、IL-2和IFN-γ）增多。

问题：

1. 对H5N1的治疗可以使用哪些药物联合用药？
2. 为什么病毒对抗病毒药物易产生耐药性，为什么临床上治疗病毒感染常推荐联合用药？

一、概　　述

病毒感染可引起多种疾病，如在全球迅速蔓延的艾滋病（AIDS）以及性病、区域性流感等。21世纪初爆发的严重急性呼吸综合征（非典型肺炎）传染性强，病死率高，严重危害人类健康和生命。

病毒无完整的细胞结构，由DNA和RNA组成核心，外包蛋白外壳。按照核酸组成的不同，病毒分为DNA病毒、RNA病毒、DNA或RNA逆转录病毒。病毒需寄生于宿主细胞内，利用宿主细胞代谢系统，以其基因组为模板，通过转录和（或）逆转录、翻译等过程，合成蛋白质，然后装配成病毒颗粒，最终从细胞内释放出来。病毒在不断的复制过程中极易产生错误而形成变异。病毒的这些分子生物学特点，使理想的抗病毒药物发展速度相对缓慢，临床上确实有效且对宿主细胞无损害的抗病毒药物十分匮乏。

现有的抗病毒药物主要通过阻断或抑制病毒繁殖的不同阶段而发挥抗病毒作用（图42-1），包括：①与病毒竞争细胞表面受体，阻止病毒的吸附。②阻碍病毒穿入或脱壳。③抑制病毒核酸的复制和合成。

④抑制病毒蛋白质合成。⑤抑制病毒的装配。⑥抑制病毒的释放。

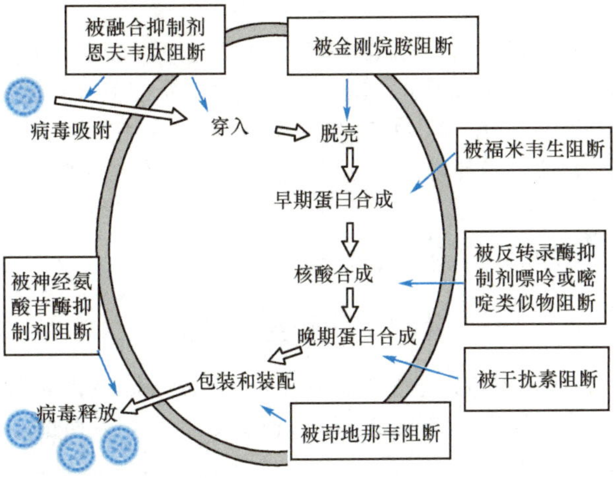

图 42-1　抗病毒药的作用靶点

二、分　　类

抗病毒药物有多种分类方法。根据病毒的种类可分为：广谱抗病毒药、抗脱氧核糖核酸(DNA)病毒药和抗核糖核酸(RNA)病毒药；根据抗病毒谱可分为：抗人类免疫缺陷病毒药、抗疱疹病毒药、抗巨细胞病毒药、抗流感病毒和抗乙型肝炎病毒药等；根据抗病毒药物的化学结构可分为：核苷类逆转录酶抑制药、非核苷类逆转录酶抑制药等。

三、常用抗病毒药

(一) 抗人类免疫缺陷病毒药

人类免疫缺陷病毒(human immunodeficiency virus, HIV)是一种逆转录病毒(retrovirus)，主要有HIV-1和HIV-2两型，其核心由两条系统的正链RNA、逆转录酶和蛋白质等构成。HIV主要侵犯CD_4^+ T淋巴细胞、巨噬细胞和单核细胞等CD_4^+受体细胞群。HIV由损伤的皮肤或黏膜进入血液后，以HIV RNA作为模板，在HIV逆转录酶(reverse transcriptase)催化下转录成为负链DNA，再以负链DNA为模板合成正链DNA，正链DNA进入宿主细胞基因组中形成前病毒。最后，病毒DNA被转录和翻译成多聚蛋白，再经HIV蛋白酶(protease)裂解成小分子功能蛋白，以芽生方式释放到细胞外。因此，目前体外筛选抗HIV药物的靶酶主要是HIV逆转录酶和HIV蛋白酶。

现有的抗HIV药主要包括以下药物：

1. 核苷类逆转录酶抑制药(nucleoside reverse transcriptase inhibitors，NRTIs)　该类药物需在细胞内被转化为有活性的三磷酸衍生物，以假底物的形式竞争性抑制HIV-1逆转录酶，阻碍前病毒DNA的合成，并掺入到正在合成的DNA中，终止病毒DNA链的延长，抑制HIV复制。该类药物包括嘧啶衍生物如齐多夫定(zidovudine)、司坦夫定(stavudine)和拉米夫定(lamivudine)等和嘌呤衍生物如去羟肌苷(didanosine)和阿巴卡韦(abacavir)等，该类药物均为天然核苷类的人工合成品。

齐多夫定

齐多夫定(zidovudine)为脱氧胸苷衍生物，是1987年上市的第一个用于治疗HIV感染的药物。该药口服吸收良好，生物利用度约52%～75%，血浆蛋白结合率约35%，能通过血脑屏障和胎盘屏障，在肝脏与葡萄糖醛酸结合后，主要经肾脏排泄，$t_{1/2}$约1小时。

齐多夫定是治疗AIDS的首选药，可降低HIV感染患者的发病率，延长其存活期，显著减少HIV从感染孕妇到胎儿的子宫转移发生率。为增强疗效，防止耐药性产生，齐多夫定常与拉米夫定或去羟肌苷合用。最常见的不良反应是骨髓抑制，表现为贫血、中性白细胞减少等，多发生于连续用药6～8周。本药有一定的骨骼肌毒性和心脏毒性，停药可恢复，也可引起胃肠道反应，头痛、焦虑、精神错乱和震颤等中枢症状及过敏反应。肝功能不全患者更易发生毒性反应。使用本药应定期检查血象和心电图。

去羟肌苷

去羟肌苷(didanosine)为脱氧腺苷衍生物，常与其他药物合用治疗对齐多夫定耐药或严重的晚期HIV感染患者。发生率较高的不良反应有外周神经炎、胰腺炎、肝炎、腹泻、皮疹、头痛、恶心等。有胰腺炎病史或嗜酒者慎用。

2. 非核苷类逆转录酶抑制药(non-nucleoside reverse transcriptase inhibitors，NNRTIs)　非核苷类逆转录酶抑制药已经批准上市的有地拉韦定(delavirdine)、奈韦拉平(nevirapine)和依法韦伦(efavirenz)等。该类药物不需要在细胞内转化为磷酸化衍生物，可直接与逆转录酶结合并破坏其催化点，导致酶失活，从而抑制病毒复制。因易产生耐药性，一般不单独应用于HIV感染，多与核苷类逆转录酶抑制药或蛋白酶抑制药合用治疗病情恶化的AIDS患者。

3. 蛋白酶抑制药(protease inhibitors，PIs)　HIV-1蛋白酶是病毒复制的关键酶，蛋白酶抑制药可选择性抑制此酶的活性，使未成熟的非感染性病毒颗粒堆积，进而产生抗病毒作用。近年批准上市的该类药物有利托那韦(ritonavir)、奈非那韦(nelfinavir)、沙奎那韦(saquinavir)等。该类药物口服生物利用度低，不良反应明显，易产生耐药性，单独应用效果不明显，且价格昂贵，目前应用较少。

4. 融合抑制药　2003年3月，美国FDA批准了一种新的抗艾滋病药物恩夫韦肽(enfuvirtide)上市。它通过阻止病毒与宿主细胞的接触、融合而阻止病毒进入细胞,达到抗病毒的目的。该药对已经产生耐药性的患者效果明显,但其长期作用还有待于在今后的临床应用中进行评估。该药最常见的不良反应为局部注射反应,其他包括胃肠道症状和外周神经病等。

(二) 抗疱疹病毒药

疱疹病毒分为单纯疱疹病毒(herpes simplex virus,HSV)和水痘-带状疱疹病毒(varicella-zoster virus,VZV)。目前的抗疱疹病毒药主要是核苷类药物,该类药物在体内经过病毒胸苷激酶磷酸化,生成三磷酸衍生物,后者与内源性三磷酸脱氧核苷竞争,抑制病毒DNA多聚酶,也可掺入病毒DNA中,与DNA末端连接,终止病毒DNA合成,从而发挥抗病毒作用。

阿 昔 洛 韦

【来源及化学】 阿昔洛韦(aciclovir,无环鸟苷)属于人工合成的嘌呤核苷类衍生物。

【体内过程】 阿昔洛韦口服生物利用度低,约为15%～20%,血浆蛋白结合率也较低,组织分布广泛,部分在肝脏代谢,$t_{1/2}$约为2～4小时,主要以原形经肾脏排泄。阿昔洛韦口服易进入眼内,也可进入胎盘和乳汁。

【临床应用】 阿昔洛韦是广谱、高效的抗病毒药。首选用于单纯疱疹病毒感染,对水痘-带状疱疹病毒、EB病毒(Epstein-Barr virus)、乙型肝炎病毒(HBV)等感染也有效。主要用于单纯疱疹病毒和带状疱疹病毒等所致的皮肤感染、单纯疱疹性角膜炎、单纯疱疹性脑炎以及严重免疫缺陷患者单纯疱疹感染的预防等。也可与免疫调节剂联合应用治疗乙型肝炎。

【不良反应】 较少,滴眼及外用可有局部轻微疼痛,静脉滴注偶见血尿素氮及肌酐水平升高,静脉滴注外漏可引起溃疡,静脉注射后部分患者可发生静脉炎。孕妇及哺乳期妇女需慎用。

伐 昔 洛 韦

伐昔洛韦(valacyclovir)为阿昔洛韦的二异酰胺酯,口服后可在体内迅速转化为阿昔洛韦,所达血药浓度为口服阿昔洛韦后的5倍,目前已取代阿昔洛韦成为治疗疱疹的首选药。

碘 苷

碘苷(idoxuridine,疱疹净)为脱氧碘化胸苷嘧啶核苷,在体内磷酸化后,可竞争性抑制胸苷酸合成酶,使DNA合成受阻,故能抑制DNA病毒如HSV和牛痘病毒的生长,对RNA病毒无效。该药全身应用毒性大,临床仅限于局部用药,治疗眼部或皮肤单纯疱疹病毒和牛痘病毒感染。局部应用时可引起瘙痒、疼痛、水肿、结膜炎等。

(三) 抗巨细胞病毒药

更 昔 洛 韦

更昔洛韦(ganciclovir)是治疗巨细胞病毒(cytomegalovirus,CMV)感染的首选药物,对CMV有较强的抑制作用,对HSV和VZV的抑制作用与阿昔洛韦相似。该药毒性大,可抑制骨髓并有潜在的致癌作用,故仅用于危及生命或视觉的严重巨细胞病毒感染。

(四) 抗流感病毒药

金刚烷胺和金刚乙胺

【来源与化学】 金刚烷胺(amantadine)为对称的三环癸烷,金刚乙胺(rimantadine)是金刚烷胺的α-甲基衍生物。

【体内过程】 金刚烷胺和金刚乙胺口服易吸收,生物利用度分别为75%和90%,体内分布广泛,鼻部分泌物及唾液中药物浓度接近于血药浓度。金刚烷胺的血浆$t_{1/2}$约为12～18小时,90%以原形经肾排泄。金刚乙胺的血浆$t_{1/2}$约为24～36小时,80%以代谢物形式经肾排泄。

【作用机制】 通过抑制甲型流感病毒(influenza A virus)的M2蛋白离子通道,干扰病毒穿入细胞后的脱壳和早期的转录阶段,也可通过影响血凝素(hemagglutinin)而干扰病毒的组装,从而发挥特异性抑制甲型流感病毒的作用。金刚乙胺抗甲型流感病毒的作用优于金刚烷胺,抗病毒谱也较广。

【临床应用】 用于甲型流感预防和治疗。发病后24～48小时内服用可减轻症状,缩短病程。对乙型流感病毒无效(因乙型流感病毒不携带M2蛋白)。

【不良反应】 常见有中枢神经系统症状和胃肠道反应,包括焦虑、头晕、眩晕、思维不集中、失眠、食欲不振和恶心等,停药后多消失。肾功能减退者慎用。金刚乙胺的脂溶性较低,不能通过血脑屏障,故中枢神经系统不良反应较少。

扎 那 米 韦

扎那米韦(zanamivir)为治疗甲、乙型流感病毒的新药。其抗病毒机制为抑制病毒神经胺酸酶(neuraminidase)活性,使病毒难以从感染细胞释放出来。本药对金刚烷胺和金刚乙胺耐药的病毒仍有抑制作用。临床一般采用鼻内给药或干粉吸入给药,也可静脉注射给药。用于流感的治疗和预防,早期治疗使病程缩短1～3天。本药的不良反应较少,有报道称可引起支气管哮喘、痉挛。

(五) 抗乙型肝炎病毒药

抗乙型肝炎病毒(hepatitis B virus,HBV)药包括拉米夫定(lamivudine)、泛昔洛韦(famciclovir)、阿得福韦(adefovir)、喷昔洛韦(penciclovir)等。

拉米夫定

拉米夫定(lamivudine)为胞嘧啶衍生物,其抗病毒作用及机制与齐多夫定相似,与其他核苷类逆转录酶抑制药有协同作用,通常与齐多夫定或司坦夫定合用治疗HIV感染。也能抑制HBV病毒的复制,是目前治疗慢性HBV感染的有效药物之一。

不良反应主要为头痛、失眠、疲劳和胃肠不适等。因该药主要以原形经肾脏排泄,肾功能不良患者应减少服用剂量。

(六)其他广谱抗病毒药

利巴韦林

【来源及化学】 利巴韦林(ribavirin, virazole, 三唑核苷,病毒唑)属于人工合成的鸟嘌呤类似物。

【体内过程】 口服吸收良好,1～1.5小时后血药浓度达到峰值,生物利用度约45%,$t_{1/2}$约27～36小时,主要经肾脏排泄。

【药理作用】 利巴韦林为广谱抗病毒药,对多种RNA和DNA病毒有效,包括甲型肝炎病毒(hepatitis A virus, HAV)和丙型肝炎病毒(hepatitis C virus, HCV)、A型和B型流感病毒、腺病毒、疱疹病毒和呼吸道合胞病毒等。利巴韦林进入细胞后,80%磷酸化为三氮唑核苷单磷酸利巴韦林,竞争性抑制肌苷5′-单磷酸脱氢酶,使细胞和病毒复制所必需的鸟嘌呤核苷在细胞中减少,从而抑制多种RNA、DNA病毒复制,也可抑制病毒mRNA的合成。本药对宿主细胞的核酸合成也有一定影响,选择性不强。

【临床应用】 主要用于治疗幼儿呼吸道合胞病毒肺炎和支气管炎、甲型和乙型流感、副流感病毒感染、小儿腺病毒性肺炎、流行性出血热和拉萨热、甲型及丙型肝炎、皮肤单纯疱病毒感染、麻疹、上呼吸道病毒感染、流行性结膜炎、鼻炎、咽峡炎、带状疱疹和生殖器疱疹等。

【不良反应】 口服或静脉给药时,部分患者可出现头痛、腹泻、乏力和血清胆红素增加等不良反应。长期大量应用可致贫血、白细胞减少。动物实验有致畸作用,故妊娠初期妇女应禁用。

阿糖腺苷

阿糖腺苷(vidarabine, Ara-A)为腺嘌呤核苷类衍生物,通过在细胞内转变成有活性的三磷酸阿糖腺苷,抑制DNA聚合酶而干扰DNA复制。对单纯疱疹病毒、水痘-带状疱疹病毒、乙型肝炎病毒等均有抑制作用,但对巨细胞病毒无效。临床主要用于静脉滴注治疗单纯疱疹病毒性脑炎、局部外用治疗疱疹病毒性角膜炎。不良反应较严重,主要为神经毒性,静脉滴注可出现消化道反应及血栓性静脉炎,偶见血清转氨酶升高。由于疗效差,毒性大,现已较少应用。

(七)免疫增强剂

干　扰　素

【来源及化学】 干扰素(interferon, IFN)是在病毒感染机体细胞后产生的一类抗病毒的糖蛋白。目前临床常用的是利用基因重组技术产生的干扰素。

【体内过程】 干扰素口服无效,需要注射给药。

【作用机制】 干扰素具有广谱抗病毒作用,对病毒穿过细胞膜、脱壳、mRNA合成、蛋白翻译、病毒颗粒的组装和释放均能产生抑制作用。对不同的病毒的作用环节不同,导致不同病毒对干扰素的敏感性差异较大。此外,干扰素的免疫调节作用较强,也能抑制和杀伤肿瘤细胞。

【临床应用】 临床主要用于急性病毒感染性疾病如流感、乙型肝炎、丙型肝炎、病毒性角膜炎、慢性宫颈炎、流行性腮腺炎、新生儿病毒性脑炎等,对于慢性丙型肝炎,干扰素α注射剂与利巴韦林口服剂联合应用是目前的标准疗法。

【不良反应】 首次使用可产生短暂的发热、寒战、全身不适、肌肉疼痛、头痛等症状,称为“流感样综合征”,一般不影响治疗,多次用药后症状减轻或消失。大剂量应用可引起嗜睡,也可发生骨髓暂时性抑制、低血压、胃肠道反应等。

聚　肌　胞

聚肌胞(polyinosinic polycytidylic acid, 聚肌胞苷酸)为一种合成的双链RNA,是一种高效干扰素诱导剂,具有增强免疫功能和广谱抗病毒作用。主要用于治疗慢性乙肝、流行性出血热、流行性乙型脑炎、病毒性角膜炎、带状疱疹、各种呼吸道感染等。不良反应少,注射给药可引起发热,个别有头痛、眩晕等现象,偶见过敏反应。

Summary

Antifungal agents are classified into superficial antifungal drugs and systemic antifungal drugs. Antifungal drugs are also divided into four groups by chemical structure: antibiotic antifungal drugs (the polyene antifungal antibiotics), azole antifungal drugs, allylamine antifungal drugs, pyrimidine antifungal drugs. The mechanism of action is mainly related to interfere with the biosynthesis of fungal membrane ergosterol, and pyrimidine inhibits both DNA and RNA synthesis of fungi.

(马松涛　刘冬恋)

第四十三章 抗结核病药及抗麻风病药

案例 43-1

患者，男，36 岁。

主诉：反复咳嗽、咳痰 3 个月，近 1 周加重，出现痰中带血，伴乏力、消瘦，偶有盗汗、气促。曾接受头孢类抗生素和氧氟沙星等药物抗感染治疗 3 周，但症状未见改善。遂入院就诊。

体检：体温 37.6℃，左锁骨上下叩诊稍浊，听诊呼吸音稍粗，咳嗽后闻及湿啰音。血象：白细胞 8.1×10^9/L，中性粒细胞 0.72，血沉增快达 40mm/h。痰涂片抗酸杆菌阳性(+++)。X 线胸片示：左上肺野可见小斑片状模糊阴影，密度不均，边缘不清。

诊断：浸润型肺结核。

问题：

1. 治疗结核病的一线药物有哪些？用药原则是什么？

2. 该患者宜采用何种化疗方案治疗？为什么？

3. 化疗方案中选用的抗结核药物作用特点各有哪些？

第一节 抗结核病药

一、概　　述

结核病是由结核分枝杆菌(*Mycobacterium tuberculosis*)引起的人畜共患慢性传染病，临床常见有肺结核、骨结核、淋巴结核及肾结核等。结核病曾在全球广泛流行，夺去了数亿人的生命，被称为白色瘟疫。现在还是一个影响我国人民健康的公共卫生问题。据世界卫生组织报道，全球每年新发生结核病人约 870 万例，目前有结核病人 2000 余万例，每年约 200 余万人死于结核病。经过几十年的有效预防和治疗，结核病得到了很好的控制，但近年来许多国家和地区的结核发病率又逐年增加，结核病疫情再呈蔓延趋势。由于部分病人治疗不规律，对抗结核药物耐药的菌株明显增多，特别是多重耐药菌株(multiple-drug resistance-TB，MDR-TB)的出现，有可能使结核病再度成为“不治之症”。

除了接种卡介苗预防结核病外，抗结核病药(antituberculous drugs)的发现和临床应用对结核病的控制起到了关键作用。目前抗结核病药物品种较多，其中疗效高、不良反应较少的如异烟肼、利福平、乙胺丁醇、吡嗪酰胺和链霉素等被列为一线抗结核药。其余抗菌作用弱、不良反应多的被列为二线抗结核药，如对氨基水杨酸、卷曲霉素、卡那霉素、阿米卡星、环丝氨酸及紫霉素等，仅在结核杆菌对一线药产生耐药或者患者对药物的不良反应不能耐受时作为替代药使用。

二、一线抗结核药

异　烟　肼

异烟肼(isoniazid，INH)又名雷米封(rimifon)，是异烟酸的肼类衍生物，性质稳定。由于其抗结核杆菌作用强，疗效高，毒性小，价廉和口服方便等特点，是目前最常用的抗结核药物之一。

【体内过程】 口服或注射均易吸收。吸收后广泛分布于全身组织、细胞和体液中，在脑脊液、胸水、腹水中的浓度相当高。异烟肼穿透力强，易透过细胞膜而进入细胞内，可作用于已被吞噬的结核分枝杆菌，也可渗透到纤维化或干酪样病灶以及淋巴结中。

异烟肼在体内主要经肝脏乙酰转移酶水解为无效的乙酰异烟肼和异烟酸。由于不同机体乙酰基转移酶活性的差异，异烟肼乙酰化率存在着明显的个体差异。人群据此可分为快代谢型和慢代谢型，前者乙酰基转移酶活性高，异烟肼 $t_{1/2}$ 平均为 70 分钟；后者肝中乙酰基转移酶少，$t_{1/2}$ 为 3.6 小时，异烟肼血药浓度高，尿中游离异烟肼较多。中国人中快代谢型者占 49.3%，慢代谢型者占 25.6%。据报道，若每日服药，异烟肼对这两型患者的疗效和毒性无明显差异。但若采用间隙给药方法，特别是每周一次给药时，异烟肼对快代谢型者的疗效较差，而慢代谢型者的不良反应较多。

口服异烟肼后，24 小时内约 75%～95%药物从尿中排出，大部分为代谢产物，少量为原形，其肾脏清除率与肾功能关系不大，因此肾功能不良时无需调整剂量。但慢代谢型患者若肾功能不良，则可能会引起蓄积中毒。此外，本品为肝药酶抑制药，可使其他经肝代谢的药物血药浓度增高，需注意药物相互作用。

【抗菌作用】 异烟肼对繁殖期结核分枝杆菌有

很强的杀灭作用，对静止期结核分枝杆菌有抑制作用。体外最低抑菌浓度（minimal inhibitory concentration，MIC）为 0.025～0.05mg/L。异烟肼对细胞内、外结核杆菌都有作用。结核杆菌对异烟肼易产生耐药性，但停用一段时间后可恢复其敏感性，同时致病力也降低。因与其他抗结核病药物之间无交叉耐药性，故常与其他抗结核病药合用，以增强疗效，延缓耐药性的发生。

【作用机制】 异烟肼抗结核分枝杆菌的作用机制至今尚未完全阐明。分枝菌酸（mycolic acid）为分枝杆菌细胞壁特有的成分，异烟肼可能是通过抑制分枝菌酸的生物合成，使细胞壁合成受阻而导致细菌死亡。因此，异烟肼对分枝杆菌具有高度选择性，而对其他细菌无作用。

【临床应用】 异烟肼可用于治疗各种类型的结核病。除早期轻症肺结核或预防结核病时可单用外，常需与其他抗结核药合用，以延缓结核杆菌耐药性的发生。案例 43-1 中的患者为浸润型肺结核，宜首选异烟肼治疗，为了增强疗效，延缓耐药性的发生，还应与利福平合用。这是目前治疗结核病标准 6 个月方案的最佳组合。对急性粟粒型结核和结核性脑膜炎应加大剂量，延长疗程，必要时注射用药。异烟肼也用于与患有活动性肺结核病人密切接触人群的预防用药。

【不良反应】 一般治疗量时不良反应的发生率约为 5.4%，毒性反应的发生率为 1.7%。异烟肼不良反应大部分与过敏或使用剂量过大有关，慢代谢型患者毒性发生率较高。

1. 神经系统毒性 慢代谢型病人比较容易出现。最常见的是周围神经炎，表现为手或脚麻木、震颤，随后可出现肌肉萎缩。中枢神经系统毒性可见头晕、失眠、反应迟钝、共济失调、神经兴奋等，甚至引起惊厥、多种精神异常。产生原因可能与异烟肼结构与维生素 B_6 相似，两者能竞争同一酶系，增加维生素 B_6 排泄，造成维生素 B_6 缺乏有关，临床表现与维生素 B_6 缺乏症相类似。此时中枢抑制性递质 γ-氨基丁酸（GABA）生成减少。用维生素 B_6 可治疗及预防周围神经炎和中枢神经系统毒性发生。

2. 肝脏毒性反应 单用异烟肼预防的患者约 15%在用药后 1～2 月出现转氨酶升高，多数患者无自觉症状，极少数人发生黄疸，严重者可引起死亡。若肝功能不全症状出现以后仍继续服药者，易加重肝损害，故用药期间应定期检查肝脏功能，肝病患者慎用。肝脏毒性机制目前尚不清楚，因多见于快代谢型者，因此有人推测肝毒性可能与代谢产物乙酰异烟肼有关。

3. 其他 偶见过敏反应，表现为口干、消化道反应、耳鸣、各种皮疹、药热等，葡萄糖-6-磷酸脱氢酶（G-6-PD）缺乏者可出现溶血性贫血。

利 福 平

利福平（rifampicin，甲哌力福霉素，RFP）是半合成利福霉素的衍生物，为橘红色结晶粉末，无臭、无味，易溶于氯仿，需避光保存。利福平具有高效低毒、口服方便等优点，为目前最有效的抗结核病药物之一。

【体内过程】 利福平口服吸收迅速而完全，1～2 小时血药浓度达峰值，$t_{1/2}$ 约 4 小时，有效血药浓度可维持 8～12 小时，生物利用度为 90%～95%。食物及对氨基水杨酸能影响其吸收，故应空腹服药。该药穿透力强，能渗透进入各种组织、细胞和体液中，而以肝、胆、肾、肺等组织器官中浓度较高。在有炎症发生时，胸腔渗出液、腹水、脑脊液也能达到有效浓度。药物主要在肝脏逐步被脱乙酰化，形成脱乙酰基利福平，脱乙酰基利福平具有与母药相同的抗菌谱，但抗菌活性仅为其 1/8～1/10，毒性降低。利福平能诱导药物代谢酶活性，加快自身及其他药物代谢，连续用药 1～2 周，利福平的 $t_{1/2}$ 可降至 2 小时，血药浓度也逐渐下降。肝功能损害时，血药浓度升高，$t_{1/2}$ 也相应延长，故肝功能不良者慎用。

利福平主要经胆汁排泄，其原形药可经肠道再吸收形成肝肠循环。利福平及其代谢物为橘红色，患者尿、粪、泪液、痰液和汗等均可染成橘红色，应事先告诉患者。

【抗菌作用】 利福平有很强的抗结核杆菌作用。低浓度抑菌，高浓度杀菌，对静止期和繁殖期细菌均有效，尤以对繁殖期结核分枝杆菌作用最强。利福平能渗透进入到细胞内，对细胞内、外结核分枝杆菌都有杀灭作用。本品单独使用易产生耐药性，常与异烟肼、乙胺丁醇合用，既可产生协同作用，又能延缓耐药性的发生。利福平为广谱抗生素，对多种革兰阳性和阴性球菌如金黄色葡萄球菌及凝固酶阴性葡萄球菌、肺炎链球菌、脑膜炎奈瑟菌、淋病奈瑟菌等均有强大的抗菌作用；对革兰阴性杆菌如铜绿假单胞菌（绿脓杆菌）、大肠埃希菌、变形杆菌、痢疾杆菌、流感杆菌等有抑制作用；对麻风杆菌也有作用。高浓度的利福平还对衣原体和某些病毒有作用。

【作用机制】 利福平能特异性地与微生物的 DNA 依赖性 RNA 多聚酶（DNA-dependent RNA polymerase，即转录酶，transcriptase）的 β 亚单位结合，抑制该酶的活性，从而抑制细菌 RNA 合成时 RNA 链的起始形成（但并不抑制 RNA 链的延伸）而产生杀菌作用。利福平对人和动物细胞的 RNA 多聚酶影响较小，故治疗量较少对人体造成损害。

【临床应用】 与其他抗结核药合用，治疗各种类型结核病，包括初治及复治病人。也用于耐药金黄色葡萄球菌及其他敏感细菌所致感染，如严重胆道感染等。还可用于治疗麻风病，对氨苯砜敏感或耐药的麻风病人均有显著的疗效。也可用于治疗沙眼等。

【不良反应】 患者对利福平耐受良好，不良反应发生率低。常见有恶心、厌食、呕吐、腹泻等胃肠道反应，一般不影响继续用药；少数患者可出现药热、皮疹；较严重者出现肝脏损害，出现黄疸、转氨酶升高、肝大等。慢性肝病、嗜酒、老年患者或与异烟肼合用者肝损害发生率增加。大剂量间歇疗法偶见“流感综合征”，表现为发热、寒战、头痛、肌肉酸痛等。

【药物相互作用】 本品为肝药酶诱导剂，能加速抗凝血药双香豆素、口服避孕药、口服降糖药甲苯磺丁脲、美沙酮、普萘洛尔、奎尼丁、地高辛、洋地黄毒苷、巴比妥类、氟烷和茶碱等药物的代谢，使这些药物的 $t_{1/2}$ 缩短，血药浓度降低，药效下降。

利福喷丁和利福定

利福喷丁(rifapenten)和利福定(rifandin)均为我国首先用于临床的半合成利福霉素衍生物。口服吸收迅速，$t_{1/2}$ 分别是 30 小时和 6 小时。抗菌谱、抗菌原理同利福平，对结核杆菌、麻风杆菌都有很强的抗菌作用。与抗结核药如异烟肼、乙胺丁醇、链霉素、对氨基水杨酸合用有协同作用。此外，它们对革兰阳性球菌如金黄色葡萄球菌和革兰阴性杆菌如大肠埃希菌也有较强抗菌作用。临床应用同利福平，因利福喷丁 $t_{1/2}$ 较长，更适用于短程疗法。不良反应与利福平相同，但少而轻。两者与利福平有交叉耐药，不适用于利福平治疗无效的病例。利福定的治疗剂量为利福平的1/3，利福喷丁剂量与利福平相同。目前临床对利福定疗效评价差异较大，尚需进一步研究总结，对利福喷丁也需更多病例观察与评价。

乙胺丁醇

乙胺丁醇(ethambutol)为人工合成的抗结核药，水溶性好，且遇热稳定。乙胺丁醇治疗结核疗效高，不良反应发生率低，现作为一线抗结核药应用。

【体内过程】 口服吸收良好，服药后 2～4 小时即达血药浓度高峰，吸收后广泛分布于全身组织和体液中，$t_{1/2}$ 为 3～4 小时。乙胺丁醇容易进入红细胞，红细胞中浓度约为血浆浓度的 1～2 倍，然后从红细胞内缓慢释放入血浆。本品不易进入脑脊液，但脑膜炎时，脑脊液浓度可达血浓度的 15%～50%。

约有 75%的药物以原形从尿液中排出，肾功能减退时有引起蓄积中毒的危险，故禁用或慎用。

【抗菌作用】 本品对细胞内、外结核杆菌均有较强杀灭作用，在中性环境时作用最强，对异烟肼或链霉素耐药的结核分枝杆菌也有效。单用本品时可产生耐药性，但较慢，与其他抗结核药物间无交叉耐药性。

抗菌作用机制尚未阐明。有人认为乙胺丁醇能与二价金属离子 Mg^{2+} 络合，干扰多胺及金属离子的功能，从而抑制细菌 RNA 的合成，产生杀菌作用。

【临床应用】 乙胺丁醇用于治疗各种类型结核。较少单独应用，目前临床上多取代对氨基水杨酸与异烟肼或利福平合用。

【不良反应】 口服常用剂量不良反应少见，且轻微。严重的毒性反应是球后视神经炎，表现为视野缩小或视觉模糊、弱视、红绿色盲或分辨能力减退等，发生率常与剂量大小、疗程长短有关。治疗期间应定期检查视力和视野。此外，可见胃肠道反应、过敏皮疹、血小板减少症及高尿酸血症等。

吡嗪酰胺

【体内过程】 吡嗪酰胺(pyrazinamide，PZA)为人工合成的烟酰胺的吡嗪衍生物。口服易吸收，2 小时后血药浓度达峰值，$t_{1/2}$ 为 9～10 小时，分布广泛，能渗入细胞内，也能进入脑脊液，脑脊液中的药物浓度与血药浓度相近。

【临床应用】 本品主要用于对异烟肼、链霉素、对氨基水杨酸耐药或不能耐受其他抗结核药的复治患者。吡嗪酰胺与其他抗结核药无交叉耐药现象，现作为一线低剂量、短疗程的三联或四联强化治疗方案中的组合用药。治疗结核病标准的 6 个月治疗方案最初两个月是采用异烟肼、利福平和吡嗪酰胺三个药物联合应用，既可产生明显协同作用，又能延缓耐药性的发生。

【不良反应】 长期大量使用后严重和最常见的毒性反应是肝损害，可出现转氨酶升高、黄疸，偶因肝坏死造成死亡，应定期检查肝脏功能，如有明显的肝脏损伤时应立即停药。此外，尚因抑制尿酸盐排泄，可引起高尿酸血症和诱发痛风。

链霉素

链霉素(streptomycin)是 1944 年从链霉菌中获得并用于临床的第一个有效抗结核药物，抗结核作用次于异烟肼和利福平，高浓度有杀菌作用。链霉素穿透力弱，不易渗入细胞、纤维化、干酪化及厚壁空洞病灶。由于链霉素需要注射给药，对第八对脑神经有损害和结核杆菌对其易产生耐药性，加之其他高效抗结核药物的不断问世，临床使用链霉素治疗结核病大为减少。目前，该药可在必要时作为联合用药方案中的一种药物使用。

三、二线抗结核病药

对氨基水杨酸

【性状】 对氨基水杨酸(para-aminosalicylic acid，PAS)常用其钠盐，水溶性好，在微碱性溶液环境下很少分解。见光易分解失效，水溶液需避光使用。

【体内过程】 对氨基水杨酸吸收迅速而完全，广泛分布于全身组织、器官和体液中，体内药物浓度以肾最高，其次为肝、血、肺与肌肉。组织及干酪坏死灶内浓度可接近血清浓度。脑脊液中浓度低，但在脑膜发炎时，可达到治疗浓度。本品大部分在肝内乙酰化而灭活，乙酰化的对氨基水杨酸易在酸性尿中析出结晶，碱化尿液可增加其解离，重吸收减少，排出量增加。肾功能不良时应慎用。

【抗菌作用及应用】 对氨基水杨酸抗菌谱极窄，仅对细胞外的结核杆菌有抑制作用。单独使用治疗结核病的价值很小。但细菌对对氨基水杨酸产生耐药性较链霉素、异烟肼缓慢，且无交叉耐药，与后两者联合应用能产生协同抗菌作用，并能延缓耐药菌的产生。对氨基水杨酸化学结构与 PABA 相似，抗菌机制可能与其竞争性抑制二氢叶酸合成酶，影响二氢叶酸合成，使结核分枝杆菌不能增殖有关。

【不良反应】 不良反应较多。最常见为胃肠道反应，饭后服药可减轻。其次为过敏反应，表现为药热、皮疹、全身不适、关节疼痛和过敏性肺炎等，常于用药后 3～4 周发生。其他不良反应有白细胞减少症、粒细胞缺乏症、嗜酸性粒细胞增多症、淋巴细胞增多症、非典型单核细胞增多综合征以及血小板减少症，某些病例可出现急性溶血性贫血。

其他二线抗结核病药

氨硫脲(thioacetazone，TB-1)、乙硫异烟胺(ethionamide)、丙硫异烟胺(protionamide)、对氨水杨酸异烟肼(isoniazid aminosalicylate)、卷曲霉素(capreomycin)、环丝氨酸(cycloserine)、司帕沙星(sparfloxacin)等也可用于结核病的联合治疗。

四、抗结核病药的应用原则

抗结核病药的应用基本原则如下：

1. 早期用药 对任何疾病都强调早诊断、早治疗。由于早期病变以炎性细胞浸润、渗出为主，病灶局部血液循环无明显障碍，有利于药物渗入病灶内，同时早期病灶内结核杆菌增殖旺盛，体内吞噬细胞活跃，机体防御功能好，抗结核药能发挥较好的疗效。

2. 联合用药 无论初治还是复治患者均需要联合用药，临床上治疗失败的原因之一往往是用药单一造成的。联合用药必须要联合两种或两种以上的药物治疗，以取得最佳疗效，缩短疗程，同时防止或延缓耐药性的产生。

3. 规律用药 结核杆菌是一种分裂周期长、生长增殖缓慢、杀灭困难大的顽固细菌，在治疗上必须规律用药。时用时停或症状缓解就停用，必然导致细菌耐药的发生，造成治疗失败。不规律用药或不坚持全疗程用药，也是结核病治疗失败的重要原因之一。

4. 适量用药 用药剂量过大，不良反应多而严重。而剂量过小，难以获得疗效，且易使细菌产生耐药性，导致治疗失败。

5. 适宜的疗程

(1) 短程疗法：结核病的疗程已由过去的 18～24 个月缩短为 6～9 个月(短程疗法)。由于利福平抗结核作用强，与现有的抗结核药之间无交叉耐药性，且与异烟肼具有不同抗菌机制，因此两药合用成为治疗结核病的最佳联合。大多用于单纯结核的初治。如病变广泛，病情严重(脑膜炎、肾结核等)，则应采用三联甚至四联用药。除利福平、异烟肼外，还需选用链霉素、乙胺丁醇或吡嗪酰胺等。目前常用的短程治疗方案，最初两个月每日给予异烟肼、利福平与吡嗪酰胺，以后四个月每日给予异烟肼和利福平(即 2HRZ/4HR 方案)。该方案的优点是疗效好、毒性小、病人用药量低。

(2) 长程疗法或间歇疗法：传统治疗方案先以链霉素、异烟肼和 PAS 组合治疗 6～9 个月，待临床症状消失、空洞关闭、结核分枝杆菌培养阴性后，继续用药 1 年，总疗程为 18～24 个月。由于疗程时间长、不良反应多、费用高，病员常难以坚持。因此，目前多主张在强化治疗阶段每日用药，而巩固阶段改用间歇疗法。间歇给药的依据是结核杆菌接触药物后，其生长期延缓，有一段休眠期。采用间歇疗法，用药次数减少，却能达到与长程疗法相同的效果。

第二节 抗麻风病药

麻风病又称为汉森病(Hensen disease)，由麻风分枝杆菌感染所致。麻风分枝杆菌与结核分枝杆菌同属分枝杆菌属，抗结核病药利福平对麻风病也有效。目前治疗麻风病药物中最重要是砜类化合物，最常用的是氨苯砜(diaminodiphenylsulfone，DDS)，还有苯丙砜(solasulfone)、阿地砜钠(aldesulfone sodium)等。

氨 苯 砜

【体内过程】 口服吸收迅速而完全，生物利用度为 95%，约 2～8 小时达血药浓度峰值，$t_{1/2}$ 约 20～30 小时。氨苯砜可分布于全身组织和体液中，皮肤、肌肉、肝和肾浓度较高。病变皮肤部位药物浓度远高于正常皮肤。氨苯砜在血循环及胆汁中持续时间较长，这与其肝肠循环有关。氨苯砜在肝脏乙酰化代谢，70%～80%代谢产物经尿排泄。

【作用和应用】 氨苯砜对麻风杆菌有较强的抑菌作用，但不是杀菌剂。本品是治疗麻风病首选药，可单用或与其他药物联合治疗各类麻风病。由于麻风病皮肤及神经损害的恢复及瘤型患者细菌消失需较长时间，本药又易导致耐药，因而需采用联合疗法(常与利福平或氯法齐明合用)以减少或延缓耐药性的发生。为减少和防止毒性反应，宜从小剂量开始，逐渐增至最适剂量。氨苯砜抗菌谱、抗菌机制同磺胺类，也为抑制叶酸合成的抗菌药，但由于毒性较大，故不作为一般抗菌药。氨苯砜还可用于预防或治疗AIDS患者卡氏肺包子虫病感染。

【不良反应】 较常见的是溶血与发绀，葡萄糖-6-磷酸脱氢酶（G-6-PD）缺乏者尤易出现。有时可出现食欲不振、恶心、呕吐等胃肠道反应。偶见头痛、失眠、感觉异常、药热等，剂量过大可致肝损害和剥脱性皮炎。治疗早期或剂量增加过快，可发生瘤型麻风病症状加重反应，表现为发热、全身不适、结节性红斑、多发性红斑、淋巴结肿大和贫血等，称为急性麻风反应。一般认为这与机体对菌体破裂产生的磷脂类颗粒所产生的异常免疫反应有关，可能是预后良好的表现，轻度反应不须停药，但症状明显时可酌情减量或停药或改用其他抗麻风病药，必要时采取沙利度胺（thalidomide，反应停）或糖皮质激素类来控制。用药期间应定期检查血象及肝肾功能。严重贫血、G-6-PD缺乏及肝肾功能减退者禁用。

其他抗麻风病药物见表43-1。

表43-1 其他抗麻风病药物

药名	作用	用途	不良反应
氯法齐明 clofazimine	杀菌作用弱、抗炎作用	对氨苯砜过敏或耐药患者、抗麻风反应	胃肠道反应、皮肤瘙痒、皮肤红染
利福平 rifampicin	杀菌作用	作为多药联合治疗方案中一种药物	肝损害
疏苯咪唑（麻风宁）(mercaptopheny-limidazole)	抗麻风作用强	对氨苯砜过敏或耐药患者	毒性低
培氟沙星 pefloxacin 氧氟沙星 ofloxacin 斯帕沙星 sparfloxacin	杀菌作用	各型麻风病	胃肠道反应、皮疹、头痛、眩晕、失眠
克拉霉素 clarithromycin 罗红霉素 roxithromycin	抗麻风作用强	各型麻风病	胃肠道反应

Summary

- The first-line antituberculous drugs include isonicotinyl hydrazide (INH), rifampicin, pyrazinamide, streptomycin, and ethambutol. The second-line drugs are para-aminosalicylic acid (PAS), prothionamide, aminoglycosides and others. INH is highly active against M. tuberculosis and is the first choice for most tuberculous diseases. The mechanism of INH is to inhibit the synthesis of mycolic acid in tuberculosis by affecting the enzyme mycolase synthetase and inhibiting mycobacterial cell wall synthesis.
- Rifampicin acts to inhibit bacterial RNA synthesis by interfering with DNA-directed RNA polymerase of sensitive bacteria. Rifampicin is lipid-soluble and therefore enters the center of infection and macrophages. Ethambutol is active against tuberculous strains resistant to INH and other commonly used antituberculous drugs. There is abundant evidence that short-term regimens are effective for most forms of tuberculous, the common short-term regimen is the initial combined use of rifampicin, INH, and pyrazinamide.

（叶少剑　艾永循）

第四十四章 抗寄生虫药

案例 44-1

患者，男性，23 岁。

主诉：因发热伴头痛、腹泻 3 天入院，患者 3 天前出现寒战、高热、出汗退热伴头痛、咽痛、双下肢痛，腹泻每日 3～4 次，为稀水样变，呕吐 2 次，自服感冒药、止泻药无效。既往曾有过疟疾病史。

查体：体温 39.8℃，血压 95/55mmHg，心率 118 次/分，急性病容，神差，无力，痛苦表情，心肺无异常，肝脾未及，肝肾区无叩痛。

实验室检查：血液检查，间日疟原虫阳性。

诊断：间日疟。

治疗：口服氯喹、伯氨喹，症状和血液中疟原虫消失后出院。出院后跟踪随访未见复发。

问题：

1. 对恶性疟疾的治疗应选用什么药物？治疗上应注意哪些问题？

2. 氯喹、伯氨喹治疗疟疾的药理学基础分别是什么？

3. 良性疟为何要联合应用氯喹、伯氨喹？

第一节 抗 疟 药

疟疾(malaria)是由疟原虫引起的雌性按蚊传播的寄生虫性传染病。临床表现以间歇性寒战、高热，继之大汗后缓解为特点。根据致病疟原虫的不同，疟疾分为间日疟、恶性疟、三日疟和卵形疟四种。间日疟和三日疟属良性疟，可反复发病，我国以间日疟最常见；恶性疟发作时病情凶险，常可危及病人的生命；卵形疟较为罕见。用于临床的抗疟药(antimalarial drugs)只针对疟原虫生活史中某一阶段发挥作用，尚无一种能对疟原虫生活史的各个环节都有杀灭作用的药物。因此，了解疟原虫生活史对于合理使用抗疟药，控制疟疾症状，阻止复发与传播及根治具有重要意义。

一、疟原虫生活史及抗疟药的作用环节

疟原虫生活史分为人体内无性生殖阶段和雌性按蚊体内有性生殖阶段。

(一) 人体内无性生殖阶段

人体内无性生殖阶段可分为以下三期。

1. 原发性红细胞外期 受感染的雌性按蚊叮咬人时，将其唾液中的子孢子(sporozoite)注入人体血液中，随即侵入肝细胞，开始发育和裂体增殖，形成大量裂殖体。此期不产生症状，为疟疾的潜伏期，一般为 10～14 天。

间日疟原虫和卵形疟原虫的子孢子在遗传学上存在速发型和迟发型两种亚型。进入肝细胞后，速发型子孢子在短期内迅速发育、繁殖成裂殖体，称为短潜伏期。迟发型子孢子，又称休眠子(hypnozoite)，则经过一段时间的休眠期后才发育、繁殖成裂殖体，休眠时间可达数月至数年，称为长潜伏期。迟发型子孢子是疟疾复发的根源。恶性疟和三日疟不存在迟发型子孢子，故无复发。乙胺嘧啶(pyrimethamine)对红细胞外期速发型子孢子发育、繁殖而成的裂殖体有杀灭作用，可发挥病因性预防。伯氨喹(primaquine)对红细胞外期迟发型子孢子(休眠子)有杀灭作用，可阻止间日疟复发(图 44-1)。

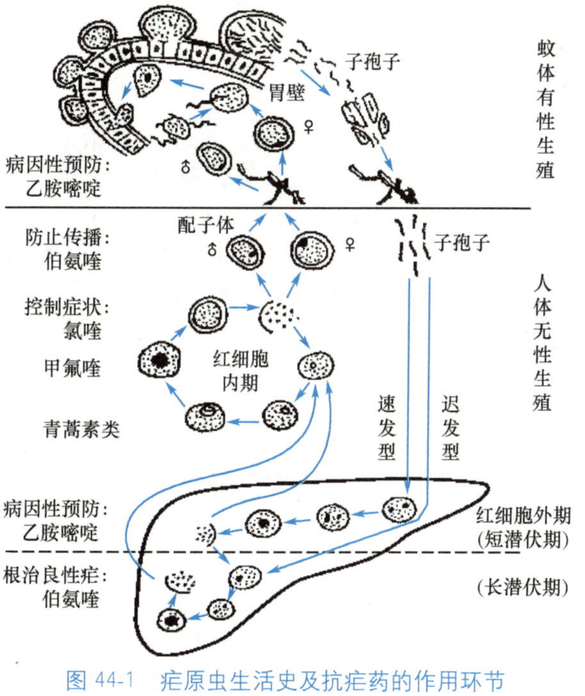

图 44-1 疟原虫生活史及抗疟药的作用环节

2. 红细胞内期 肝细胞内形成的裂殖体破裂，释放大量裂殖子进入血液，侵入红细胞，经滋养体发育成裂殖体，并破坏红细胞，释放大量裂殖子及其代谢产物，

以及红细胞破坏产生的大量变性蛋白，刺激机体，引起寒战、高热等症状。从红细胞所释放的裂殖子可再侵入其他正常红细胞，如此反复循环，每完成一个无性生殖周期，引起一次症状发作。不同种类疟原虫完成无性生殖周期所需时间不同，恶性疟约36～48小时，间日疟约48小时，三日疟约72小时。作用于此期的药物有氯喹(chloroquine)、奎宁(quinine)、青蒿素(artemisinin)等，这些药物能有效杀灭红细胞内期的裂殖体，从而控制临床症状和预防性抑制临床症状发作。

(二) 雌按蚊体内的有性生殖阶段

红细胞内疟原虫不断裂体增殖，经数个周期后，细胞内裂殖子部分发育成雌、雄配子体(gametocyte)。按蚊在吸食患者的血液时，雌、雄配子体随血液进入蚊体胃内，两者结合成为合子，进一步发育成子孢子，移行至按蚊唾液腺内，成为疟疾的传播根源。伯氨喹能杀灭配子体，乙胺嘧啶能抑制配子体在蚊体内发育，有控制疟疾传播和流行的作用。

二、常用抗疟药

(一) 主要用于控制症状的抗疟药

最早用于控制症状的抗疟药是奎宁，但不良反应多而严重，现在临床常用氯喹。青蒿素是我国自行研制的控制症状的抗疟药，青蒿素有效作用维持时间短，主要用于耐氯喹或耐多药的恶性疟的治疗。

氯 喹

氯喹(chloroquine)是人工合成的4-氨基喹啉类衍生物。

【体内过程】 口服吸收快而完全，血药浓度达峰时间为3～5小时，$t_{1/2}$达数天至数周，并随着用药剂量增大而延长。抗酸药可干扰其吸收。血浆蛋白结合率为55%。广泛分布于全身组织，在肝、脾、肾、肺组织中的浓度达血浆浓度的200～700倍，红细胞内的浓度比血浆浓度高约10～20倍，而被疟原虫入侵的红细胞又比正常红细胞高出25倍。这为迅速控制疟疾症状创造了良好的条件。因氯喹的分布容积较大，在控制疟疾急性发作时，必须给予负荷量才能有效杀灭裂殖体。氯喹50%经肝脏代谢，主要代谢产物去乙基氯喹仍有一定的抗疟作用。原形及代谢产物主要从尿中排出，酸化尿液可促进排泄。

【药理作用及临床应用】

1. 抗疟作用　对红细胞内期裂殖体有杀灭作用，能迅速有效地控制临床发作，通常用药后24～48小时内临床症状消退，48～72小时血中疟原虫消失。氯喹在红细胞内尤其是被疟原虫入侵的红细胞内的浓集特点，有利于杀灭疟原虫。氯喹大量分布于内脏组织，停药后缓慢释放入血，加之在体内代谢与排泄缓慢，因而作用持久，可预防性抑制疟疾症状发作，在进入疫区前1周和离开疫区后4周期间，每周服药一次即可。对间日疟和三日疟的配子体也有效，有助于防止疟疾传播。但对子孢子、休眠子和恶性疟的配子体无效，不能根治良性疟，不能用于病因性预防，也不能控制远期复发。

目前认为氯喹的抗疟机制可能如下：①疟原虫生长发育所需的氨基酸主要来自宿主红细胞的血红蛋白。疟原虫摄取血红蛋白，在酸性食物泡内被蛋白酶消化，释放出氨基酸供虫体利用。氯喹为弱碱性药物，可浓集于疟原虫内，升高食物泡内pH，影响蛋白酶的活性，从而抑制疟原虫对血红蛋白的消化和氨基酸的利用。②疟原虫在消化血红蛋白时释放血红素，后者对疟原虫具有膜溶解作用，但疟原虫的血红素聚合酶可催化血红素转变为对人体有害的疟色素。氯喹能抑制该酶活性，可致血红素堆积，从而使疟原虫细胞膜溶解破裂而死亡。③氯喹可插入疟原虫DNA双螺旋结构中，形成稳固的DNA-氯喹复合物，影响DNA复制和RNA转录，从而抑制疟原虫的生长繁殖。

敏感恶性疟原虫体内氯喹浓度高，而耐药恶性疟原虫体内氯喹浓度低。疟原虫对氯喹耐药的机制可能与药物从虫体排出增多或浓集能力降低有关。研究表明，氯喹敏感株与耐药株疟原虫体内药物的积聚速度相同，但耐药虫株的药物排泄速度是敏感虫株的40～50倍。

2. 抗肠道外阿米巴病作用　氯喹能杀灭阿米巴滋养体，在肝中浓度高，可用于治疗阿米巴肝脓肿，对阿米巴痢疾无效。

3. 免疫抑制作用　大剂量氯喹能抑制免疫反应，偶尔用于类风湿性关节炎、系统性红斑狼疮、肾病综合征等。但由于用量较大，易导致毒性反应。

【不良反应】 氯喹用于治疗疟疾时，不良反应较少，常见的不良反应有头痛、头晕、胃肠道反应、耳鸣、烦躁、皮肤瘙痒等，停药后可消失。长期大剂量应用时可见角膜浸润，表现为视力模糊，少数影响视网膜，可引起视力障碍，应定期作眼科检查。大剂量或快速静脉给药时，可致低血压、心功能受抑、心电图异常、心脏骤停等，给药剂量大于5g可致死。有致畸作用，孕妇禁用。

奎 宁

奎宁(quinine)为奎尼丁的左旋体，是从金鸡纳树皮中提取的一种生物碱。曾是上世纪20年代治疗疟疾的首选药，40年代以后氯喹代之成为控制症状的首选药。但当今氯喹的耐药性日趋严重，奎宁的应用又受到重视。

【体内过程】 口服吸收迅速，血药浓度达峰时间约3小时，$t_{1/2}$约11小时。主要在肝中被氧化分解而失效，其代谢物及原形药均经肾快速排泄，无蓄积性。在严重疟疾患者血中α-糖蛋白水平增高，奎宁与蛋白结合率增加，消除减慢，可延长半衰期。

【药理作用及临床应用】　奎宁抗疟作用及机制与氯喹相似，但疗效不及氯喹。由于奎宁控制临床症状较氯喹作用弱，且毒性较大，故一般疟疾症状控制不作首选。主要用于耐氯喹或耐多药的恶性疟，尤其是脑型疟，危急病例静脉滴注给予负荷量，之后口服维持血药浓度。除了抗疟作用外，奎宁还可抵制心肌收缩力、减慢传导、延长不应期、兴奋子宫平滑肌、抑制中枢神经系统，并有微弱的解热镇痛作用。

【不良反应】

1. 金鸡纳反应（cinchonism）　表现为恶心、呕吐、腹痛、腹泻、耳鸣、头痛、视力和听力减退等，多见于重复给药时，停药一般可恢复。个别患者对奎宁具有高敏性，小剂量单用即可出现上述反应。

2. 心血管反应　过量或静脉滴速过快可致严重低血压和致死性心律失常。故对危急病例静脉滴注时应注意慢滴，并密切观察病人心脏和血压变化。

3. 特异质反应　少数恶性疟患者尤其是缺乏葡萄糖-6-磷酸脱氢酶的患者，应用很小剂量也能引起急性溶血，出现寒战、高热、背痛、血红蛋白尿和急性肾衰，甚至死亡。某些过敏者可出现皮疹、瘙痒、哮喘等。

4. 其他　能刺激胰岛B细胞，引起高胰岛素血症和低血糖。对妊娠子宫有兴奋作用，故孕妇禁用。

甲　氟　喹

甲氟喹（mefloquine）是人工合成的4-喹啉-甲醇衍生物。

【体内过程】　口服吸收好，存在肝肠循环，血药浓度呈双相，约17小时达峰。在体内分布广，血浆蛋白结合率约98%，主要经粪便排泄，少量原形药从尿排泄，消除慢，半衰期约20天。

【药理作用及临床应用】　甲氟喹能有效杀灭红细胞内期滋养体，特别是对成熟裂殖体有强效杀灭作用。对红细胞外期疟原虫和配子体无效。主要用于耐氯喹或耐多药的恶性疟，与长效磺胺和乙胺嘧啶合用可增强疗效，延缓耐药性的发生。用于症状抑制性预防，每2周用药一次。

【不良反应】　甲氟喹常见恶心、呕吐、腹痛、腹泻、焦虑、眩晕等不良反应，呈剂量相关性。半数患者可出现中枢神经系统反应，如眩晕、头痛、共济失调、视力或听力紊乱等，通常较轻微，与血药浓度高低无关，停药可恢复。有神经精神病史者禁用。动物可致畸、影响发育，孕妇、2岁以下小孩禁用。

咯　萘　啶

咯萘啶（pyronaridine）为我国研制的一种抗疟药。对红细胞内期疟原虫有杀灭作用，对耐氯喹恶性疟也有效。可用于治疗各种类型的疟疾，包括脑型疟患者。作用机制与破坏疟原虫复合膜及食泡结构有关。治疗剂量时不良反应轻微、少见。一般病例可口服给药，脑型或危重病人采用缓慢静脉滴注。

青　蒿　素

青蒿素（artemisinin）是我国学者从黄花蒿中提取的倍半萜内酯类过氧化物。由于青蒿素具有高效、速效、低毒的抗疟特点，对耐药疟原虫也有效，受到国内外广泛重视。

【体内过程】　青蒿素口服、肌注及肛门给药均吸收快，口服1小时后血药浓度达峰，分布广泛，肝、肠及肾组织中分布较多。本品为脂溶性，易透过血脑屏障。在体内代谢很快，排泄也快，$t_{1/2}$为4～11小时。主要经肠道和肾排泄。

【药理作用及临床应用】　青蒿素能快速、有效杀灭各种红细胞内期疟原虫裂殖体，因而可迅速控制临床症状，48小时内疟原虫从血中消失。对红细胞外期无效。青蒿素抗疟作用机制尚未完全阐明，可能是血红素或二价铁催化青蒿素形成的自由基干扰疟原虫表膜和线粒体结构，导致疟原虫死亡。青蒿素有效血药浓度维持时间短，主要用于耐氯喹的恶性疟，对脑型疟的抢救有较好的效果。与甲氟喹合用可产生协同作用。

青蒿素也可诱发耐药性，但比氯喹慢。联合用药可延缓耐药性的产生，提高有效率。但青蒿素杀灭疟疾原虫不彻底，复发率高达30%，与伯氨喹合用可使复发率降至10%。

【不良反应】　不良反应少见，少数患者有轻度恶心、呕吐及腹泻等，偶有血清转氨酶轻度升高。动物实验发现有胚胎毒性，孕妇慎用。

蒿甲醚和青蒿琥酯

蒿甲醚（artemether）和青蒿琥酯（artesunate）分别为青蒿素的脂溶性和水溶性衍生物，前者可制成油针剂注射或油丸口服给药，后者可经口服、静脉、肌肉、直肠等多途径给药。能杀灭红细胞内期的裂殖体，具有速效、高效、低毒等特点。主要用于耐氯喹的恶性疟和危重病例的抢救。两药抗疟作用机制同青蒿素，抗疟效果强于青蒿素。近期复发率比青蒿素低，约为8%，与伯氨喹合用可进一步降低复发率。

双氢青蒿素

双氢青蒿素（dihydroartemisinin）为上述青蒿素及其衍生物的有效代谢产物。近年将其发展为抗疟药，治疗有效率达100%，复发率仅2%，不良反应少，少数病例出现皮疹、一过性网织红细胞下降等。

哌　喹

哌喹（piperaquine）的抗疟作用及作用机制与氯喹相似，能杀灭各种疟原虫红细胞内期的裂殖体，作用缓慢而持久。哌喹与氯喹两药间无交叉耐药性，用于耐氯喹和耐多药恶性疟的治疗。不良反应较少，偶见头痛、胃肠不适。严重肝、肾、心脏病者禁用。

（二）主要用于控制复发和传播的药物

伯 氨 喹

伯氨喹(primaquine)是人工合成的8-氨基喹啉类衍生物，是目前根治间日疟和卵形疟的唯一药物。

【体内过程】 口服吸收完全，血药浓度达峰时间为3小时，$t_{1/2}$约6小时，广泛分布于组织，肝中浓度较高。大部分在肝脏代谢为6-羟衍生物，小部分以原形从尿排泄。

【药理作用及临床应用】 对间日疟和卵形疟继发型红细胞外期迟发型子孢子(休眠子)有杀灭作用，可阻止间日疟复发。与红细胞内期的抗疟药合用，能根治间日疟和卵形疟，并能减少耐药性的产生，也能杀灭各种疟原虫的配子体，阻止各型疟疾的传播。对红细胞内期的疟原虫无效，故不能控制症状的发作。其抗疟作用机制可能是通过损伤线粒体以及代谢产物6-羟衍生物促进氧自由基生成或阻碍疟原虫电子传递而发挥作用。疟原虫对此药很少产生耐药性。

【不良反应】 毒性较大是其缺点。治疗量可引起头晕、恶心、呕吐、腹痛等，停药后可恢复。大剂量(60～240mg/天)时上述症状加重。严重的反应是缺乏葡萄糖-6-磷酸脱氢酶者可发生急性溶血性贫血和高铁血红蛋白血症。有蚕豆病史及家族史者以及有急性粒细胞缺乏倾向的患者禁用。

（三）主要用于病因性预防的抗疟药

乙 胺 嘧 啶

乙胺嘧啶(pyrimethamine)是目前用于疟疾病因性预防的首选药。

【体内过程】 口服吸收慢而完全，4～6小时血药浓度达峰，主要分布于肾、肺、肝、脾等。消除缓慢，血浆半衰期80～95小时，服药一次有效血药浓度可维持约2周。代谢物从尿排泄，母药可经乳汁分泌。

【药理作用及临床应用】 能杀灭恶性疟和间日疟原发性红外期裂殖体，对红内期疟原虫仅抑制未成熟裂殖体，故不能有效控制症状发作。常需在用药后的第二个增殖周期才起作用，故起效慢。一次服药25mg，作用可持续两周以上。每周服药一次，就可起到病因预防作用。不能直接杀灭配子体，但含药血液随配子体被按蚊吸食后，能阻止疟原虫在蚊虫体内的发育，起阻断传播的作用。

该药抑制二氢叶酸还原酶，使四氢叶酸生成减少，阻碍核酸合成，从而抑制疟原虫繁殖。与二氢叶酸合成酶抑制药(磺胺类和砜类)合用，双重阻断叶酸合成，既可增强防疟效果，又可延缓耐药性的产生。

【不良反应】 治疗量毒性小，偶可致皮疹。长期大剂量服药可干扰人体叶酸代谢，引起巨幼红细胞性贫血或粒细胞减少，及时停药或用甲酰四氢叶酸治疗可恢复。长期用药要定期检查血象。过量引起急性中毒，表现为恶心、呕吐、发热、紫绀、惊厥甚至死亡。严重肝肾功能损伤病人也应慎用。动物实验证实有致畸作用，孕妇禁用。

三、疟原虫的耐药性

当前防治疟疾所遇到的最大困难是恶性疟原虫对抗疟药(首先是对氯喹，其次是对奎宁、乙胺嘧啶等)产生耐药性，而且耐氯喹的虫株常对乙胺嘧啶和磺胺等有交叉耐药性。恶性疟流行广，对人类健康危害性大，亟待寻找新型的抗疟药。近来报道，钙通道阻滞药与氯喹合用，能部分恢复疟原虫对氯喹的敏感性。研究发现，钙通道阻滞药维拉帕米可逆转氯喹抗药性，促使人们考虑氯喹抗药性可能与哺乳动物肿瘤细胞多药抗药性(MDR)表型相似。肿瘤细胞产生MDR是由于一种ATP依赖性的、与药物外排相关的P-糖蛋白过量表达所致，它定位于细胞表面，与许多不同类型的化合物有亲和力。Krogstad等发现抗氯喹株疟原虫较敏感虫株排出氯喹的速率快40～50倍，这种排出是能量依赖性的，可被能量缺乏及ATP阻断药所抑制。

寻找针对耐药虫株的新型抗疟药是疟疾防治的重要发展方向。研究表明，天冬氨酸蛋白酶和半胱氨酸蛋白酶在疟原虫入侵红细胞和造成红细胞破裂的过程中起重要作用，蛋白酶抑制药可抑制此过程。此外，在疟疾疫苗、抗疟原虫转基因按蚊等的研究也取得较好的效果，为预防和控制疟疾的流行带来了新的希望。

第二节 抗阿米巴病药及抗滴虫病药

案例 44-2

患者，男，18岁。因发热2天，反复腹泻果酱样大便入院。2天前进食不洁食物，出现畏寒、发热，伴里急后重，用止泻药无效。

查体：体温39.7℃，心率110次/分，呼吸22次/分，血压110/70 mmHg。神清，精神差，轻度脱水貌，腹平软，下腹压痛，肠鸣音活跃。

实验室检查：白细胞3.0×10^9/L，中性粒细胞70.1%，淋巴细胞28.3%；酱红色稀便，白细胞(+)，红细胞(+++)，发现阿米巴滋养体。

诊断：急性阿米巴痢疾。

处理措施：入院口服甲硝唑、二氯尼特，症状消失后出院。出院后跟踪随访未见复发。

问题：

1. 甲硝唑、二氯尼特治疗阿米巴病的药理学基础分别是什么？
2. 急性阿米巴痢疾患者为何要联合使用甲硝唑和二氯尼特？

一、抗阿米巴病药

阿米巴病(amebiasis)是由溶组织内阿米巴原虫(*Entamebea histolytica*)感染所致,临床常见阿米巴痢疾,又称肠阿米巴病,是由致病性溶组织内阿米巴原虫侵入结肠壁后所致的以痢疾症状为主的消化道传染病。

溶组织内阿米巴原虫在体内有滋养体(trophozoite)及包囊(cyst)两种形式,前者为虫体的侵袭形式,后者为传播形式。人体感染主要是经口感染,阿米巴包囊经消化道进入小肠,在小肠下段脱囊形成能活动的滋养体,在结肠内与肠道菌群丛呈共生生活。在机体抵抗力低下时,滋养体可侵入结肠黏膜下层,使肠黏膜坏死和溃疡,从而引起阿米巴痢疾或肠炎,亦可血行播散到肝、肾、脑等组织,引起肠外阿米巴病,如肝脓肿、肺脓肿等。当机体抵抗力强时,滋养体在肠腔里形成包囊,随粪便排出体外,此时被感染者无症状,称为无症状排包囊者,是传播的根源。

抗阿米巴药(antiamoebic drugs)主要作用于滋养体,对包囊无直接作用。代表药有甲硝唑、二氯尼特等。甲硝唑对肠内、肠外阿米巴滋养体有强大杀灭作用,疗效好、毒副作用小,廉价安全,使用方便,且具抗厌氧菌作用,是目前治疗阿米巴病的首选药物。二氯尼特是目前最有效的肃清包囊药,可根治和预防阿米病复发。

甲　硝　唑

甲硝唑(metronidazole)为人工合成的5-硝基咪唑类化合物。

【体内过程】 口服吸收迅速,血浆蛋白结合率为20%。广泛分布于全身组织和体液,包括阴道分泌物、精液、唾液和乳汁;可透过胎盘和血脑屏障,脑脊液中药物也可达有效浓度。$t_{1/2}$为8～10小时,有效血药浓度可维持12小时。主要在肝脏代谢,代谢物与原形药经肾排泄,亦可经乳汁排泄。

【药理作用及临床应用】

1. 抗阿米巴作用　对肠内、肠外阿米巴滋养体有强大杀灭作用,治疗重症急性阿米巴痢疾与肠外阿米巴感染效果显著,对轻症阿米巴痢疾也有效。甲硝唑对无症状排包囊者疗效差,可能是肠道药物浓度较低之故。因此,为了降低复发率,根治阿米巴病,需合用肠腔内抗阿米巴病药。甲硝唑能被阿米巴原虫吸收,在铁氧化还原蛋白的作用下生成还原性产物,后者作用于阿米巴原虫细胞中大分子物质(DNA、蛋白质或膜结构),抑制DNA合成,促进DNA降解,从而干扰原虫的生长、繁殖,最终导致原虫死亡。

2. 抗厌氧菌作用　甲硝唑革兰阳性或阴性厌氧杆菌和球菌均有较强的抗菌作用,对脆弱类拟杆菌属尤为敏感。用于厌氧球菌和杆菌引起的产后盆腔炎、败血症和骨髓炎等治疗,也可与抗菌药合用防治妇科手术、胃肠外科手术时厌氧菌感染。对口腔、盆腔和腹腔内厌氧菌感染及由此引起的败血症和气性坏疽等,也有良好的防治作用。

3. 抗滴虫作用　甲硝唑是治疗阴道毛滴虫感染的首选药物,详见本章抗滴虫药。

4. 抗贾第鞭毛虫作用　甲硝唑是目前治疗贾第鞭毛虫病最有效的药物,治愈率达90%。

【不良反应】 常见的不良反应有头痛、恶心、呕吐、口干、金属味感等。偶有腹痛、腹泻。少数患者出现荨麻疹、红斑、瘙痒、白细胞减少等。极少数患者出现头昏、眩晕、惊厥、共济失调和肢体感觉异常等神经系统症状,一旦出现,应立即停药。

甲硝唑可干扰乙醇的氧化过程,引起体内乙醛蓄积,服药期间饮酒可致乙醛中毒,表现为恶心、呕吐、腹痛、腹泻甚至头痛,故用药期间应禁酒。急性中枢神经系统疾病者禁用。肝、肾疾病者应酌情减量。动物实验证明,长期大剂量使用有致癌作用,对细菌有致突变作用,妊娠早期禁用。

同类药物还有替硝唑(tinidazole)、奥硝唑(ornidazole)、尼莫唑(nimorazole)和塞克硝唑(secnidazole),药理作用与甲硝唑相似,但半衰期和有效血药浓度维持时间较长,疗效优于甲硝唑,且不良反应相对较少。

依米丁和去氢依米丁

依米丁(emetine,吐根碱)为茜草科吐根属植物提取的异喹啉生物碱。去氢依米丁(dehydroemetine)为其衍生物,药理作用相似,毒性略低。两药口服引起强烈恶心、呕吐,只能深部肌注。主要分布于肝、肾、脾和肺,以肝内浓度最高。经肾脏缓慢排泄,停药1～2月后仍可在尿中检出,连续用药可引起蓄积中毒。

【药理作用及临床应用】 两种药物对溶组织内阿米巴滋养体均有直接杀灭作用,可用于治疗急性阿米巴痢疾与阿米巴肝脓肿,能迅速控制临床症状。因毒性大,仅限于甲硝唑治疗无效或禁用者。对肠腔内阿米巴滋养体无效,不适用于症状轻微的慢性阿米巴痢疾及无症状的阿米巴包囊携带者。其作用机制为抑制肽酰基tRNA的移位,从而抑制肽链的延伸,阻碍蛋白质合成,干扰滋养体的分裂与繁殖。

【不良反应】 两药的选择性均低,也能抑制真核细胞蛋白质的合成,且易蓄积,毒性大。不良反应有:①心脏毒性,常表现为心前区疼痛、心动过速、低血压、心律失常,甚至心力衰竭;心电图改变表现为T波低平或倒置,Q-T间期延长。②神经肌肉阻断作用,表现为肌无力、疼痛、震颤等。③局部刺激,注射部位可出现肌痛、硬结或坏死。④胃肠道反应,恶心、呕吐、腹泻等。治疗应在医生监护下进行。孕妇、儿童和有心、肝、肾疾病者禁用。

二 氯 尼 特

二氯尼特(diloxanide)为二氯乙酰胺类衍生物,通常用其糠酸酯(diloxanide furoate)。是目前最有效的肃清包囊药。口服吸收迅速,1小时血药浓度达峰,分布全身。本药可直接杀灭阿米巴小滋养体,从而间接肃清包囊,对包囊无直接杀灭作用。单用对无症状的排包囊者有良好效果,也可用于治疗慢性阿米巴痢疾。对急性阿米巴痢疾疗效差,与甲硝唑合用,可防止复发。对肠外阿米巴病无效。不良反应轻,偶有恶心、呕吐和皮疹等。大剂量时可致流产,但无致畸作用。

巴 龙 霉 素

巴龙霉素(paromomycin)为氨基苷类抗生素,口服吸收少,肠道浓度高。巴龙霉素抑制蛋白质合成,直接杀灭阿米巴滋养体;间接作用为抑制肠内阿米巴共生菌,影响阿米巴生存与繁殖。临床用于治疗急性阿米巴痢疾。

卤化喹啉类

卤化喹啉类包括喹碘方(chiniofon)、双碘喹啉(diiodohydroxyquinoline)和氯碘羟喹(clioquinol),为8-羟基喹啉类的衍生物。可直接杀灭肠腔内阿米巴滋养体,对包囊无效。曾广泛用作肠腔内抗阿米巴病药,用于治疗轻症阿米巴痢疾或无症状的阿米巴包囊携带者,急性阿米巴痢疾宜与甲硝唑合用,对肠外阿米巴病无效。作用机制可能是抑制虫体内酶活性和肠内共生菌丛,从而抑制阿米巴原虫的分裂和繁殖。不良反应有恶心、腹泻,大剂量可引起肝功能减退等。碘过敏者、甲状腺肿大、严重肝、肾功能不全患者禁用。喹碘方疗效较差,现已少用。氯碘羟喹在日本曾见引起亚急性脊髓-视神经病,可致视神经萎缩和失明,许多国家已禁止或限制其使用。

氯 喹

氯喹(chloroquine)对阿米巴滋养体亦有杀灭作用。口服吸收迅速完全,肝中药物浓度远高于血浆药物浓度,而肠壁的分布量很少。对肠内阿米巴病无效,用于治疗肠外阿米巴病,仅用于甲硝唑无效的阿米巴肝脓肿,应与肠内抗阿米巴病药合用,以防复发。

二、抗滴虫病药

阴道毛滴虫(*trichomonas vaginalis*)主要寄居于女性阴道和泌尿道,引起滴虫性阴道炎和泌尿道炎症,也可寄居于男性泌尿道和生殖系统,造成相应部位的炎症病变。有阴道毛滴虫感染引起的疾病为性传播疾病。目前应用的抗滴虫药物(antitrichomonals)中甲硝唑是最有效的药物,应用简便、经济、安全。替硝唑也是高效低毒的抗滴虫药。偶有耐甲硝唑滴虫株感染时,可考虑改用乙酰砷胺局部给药。

乙 酰 砷 胺

乙酰砷胺(acetarsone)为五价砷剂,具有直接杀灭滴虫作用,其复方制剂称滴维净。本药有轻度局部刺激作用,可使阴道分泌物增多。

曲 古 霉 素

曲古霉素(trichomycin)对阴道滴虫、肠道滴虫、白色念珠菌等有抑制作用。治疗阴道滴虫病合并感染阴道念珠菌者的疗效较好,与甲硝唑合用,可提高疗效,防止复发。外用可引起阴道轻度烧灼感等局部刺激,个别病人会白带增加。

第三节 抗血吸虫病药及抗丝虫病药

案例 44-3

患者,男,31岁。

主诉:患者两个月前因工作需要去江南某地10天,由于天气炎热,多次在河湖边洗澡,足、手臂等处皮肤曾出现小米粒状的红色丘疹,瘙痒。一个月后开始发热,腹泻,便中有脓血,每天2~4次,上腹部疼痛不适,食欲减退,消瘦,按痢疾治疗服药后无效。患者曾经患过疟疾,经有效治疗后,未复发。现发热、腹痛、便脓血一周,来院治疗。

体检:体温39℃,发育尚可,消瘦病容,神智清楚,心、肺未见异常,腹部稍膨隆,肝剑突下3cm,有压痛,脾可触及,四肢未见异常。实验室检查:血常规WBC 10×10^9/L,L 35%,E 15%,尿常规正常。胸片:正常。

诊断:急性血吸虫病。

问题:

1. 应用何物治疗血吸虫病?疗效如何?
2. 治疗血吸虫病可能会有哪些不良反应?

一、抗血吸虫病药

血吸虫病(schistosomiasis)是继疟疾之后的全球第二大寄生虫病,全球至少有76个国家发现了血吸虫,主要分布在非洲、南美洲和亚洲,血吸虫有日本血吸虫、曼氏血吸虫、埃及血吸虫等,在我国流行的血吸虫病是日本血吸虫所致。抗血吸虫病药(anti-schistosomiasis drugs)能杀灭血吸虫,通过杀灭血吸虫成虫,杜绝虫卵的产生,消除传染源。吡喹酮(praziquantel)是目前治疗血吸虫病的首选药物,具有高效、低毒、疗程短、口服有效等优点，广谱抗蠕虫药硝硫氰胺(amoscanate)对日本血吸虫病也有较好的治疗效果。

吡 喹 酮

吡喹酮(praziquantel, pyquiton)是广谱抗吸虫药和驱绦虫药。

【体内过程】 口服吸收迅速，于服药后1～3小时达血药峰浓度。首关消除明显，生物利用度低。主要在肝内羟化而失活，代谢产物主要经肾和胆汁排出，24小时内排出用药量的90%，以原形药经肾排泄者不超过用药量的2%。消除 $t_{1/2}$ 健康人为1～3小时，晚期血吸虫病患者则明显处长。

【药理作用及作用机制】 吡喹酮对各种血吸虫的成虫有显著的杀灭作用，对童虫也有作用，但较弱。对其他吸虫如华支睾吸虫、姜片吸虫、肺吸虫有显著杀灭作用，对各种绦虫感染和其幼虫引起的囊虫症、包虫病也都有不同程度的疗效。

在体外实验中，吡喹酮能为血吸虫迅速摄取。在最低有效浓度(0.2～1.0μg/ml)时，可使虫体兴奋、收缩和痉挛。略高浓度时，则可使血吸虫体被形成空泡和破溃，粒细胞和吞噬细胞浸润，终至虫体死亡。整体实验结果表明，用药后数分钟内，肠系膜静脉内95%的血吸虫向肝转移，并在肝内死亡。

吡喹酮的这些作用可能与其增加表膜对 Ca^{2+} 的通透性，干扰虫体内 Ca^{2+} 平衡有密切关系。除去培养液中的 Ca^{2+} 或加入 Mg^{2+}，则可取消上述作用。由于虫体发生痉挛性麻痹，使其不能附着于血管壁，被血流冲入肝，即出现肝移。在肝内由于失去完整体膜的保护，更易被吞噬细胞所消灭。吡喹酮损伤虫体表膜也可引起一系列生化变化，如谷胱甘肽S-转移酶、碱性磷酸酶活性降低，抑制葡萄糖的摄取、转运等。吡喹酮的作用有高度选择性，对哺乳动物细胞膜则无上述作用。

【临床应用】 治疗各型血吸虫病，适用于慢性、急性、晚期及有并发症的血吸虫病患者。治疗慢性血吸虫病，单次口服剂量40 mg/kg或20 mg/kg，一日3次，远期疗效达90%以上。急性血吸虫病总剂量为120 mg/kg，每日量分2～3次服，连服4日；体重超过60kg者按60kg计算。也可用于肝脏华支睾吸虫病、肠吸虫病(如姜片虫病、异形吸虫病、横川后殖吸虫病等)、肺吸虫病等。

【不良反应】 不良反应少且短暂。口服后可出现腹部不适、腹痛、腹泻、头痛、眩晕、嗜睡等，服药期间避免驾车和高空作业。偶见发热、瘙痒、荨麻疹、关节痛、肌痛等，与虫体杀死后释放异体蛋白有关。少数出现心电图异常。未发现该药有致突变、致畸和致癌作用，但大剂量时使大鼠流产率增高，孕妇宜禁用。

硝 硫 氰 胺

硝硫氰胺(amoscanate)为二苯胺异硫氰酯类化合物，对血吸虫成虫有杀灭作用，麻醉虫体吸盘和体肌，给药后第2日可见虫体全部肝移。本品可干扰虫体三羧酸循环，致虫体缺乏能量供应，在肝内逐渐死亡。对童虫作用较成虫为弱，较大剂量才能阻止其发育为成虫。对成熟虫卵无抑制或杀灭作用。适用于各型血吸虫病包括脑型血吸虫病。

口服吸收快，2小时后血药浓度达峰值，在组织中分布广泛。主要由胃肠道排出，24小时粪中排出量为摄入量的65.6%。尿中排出量甚微，主要为葡糖醛酸结合物。

不良反应以神经系统和消化系统反应为主，反应轻重与剂量、疗程、年龄、性别有关。神经系统反应为头昏、头痛、记忆力减退、共济失调等，一般出现于治疗开始的第2～3日，持续3～7日消失，一般不影响治疗。其次为消化系统反应，约有30%～50%患者出现转氨酶升高，8%～12%患者可出现黄疸，一般出现于治疗后7～15日，肝活检提示肝内淤胆。此外，尚有发热、皮疹等副反应。

二、抗丝虫病药

目前已知寄生在人体的丝虫共8种，在我国流行的主要是班氏丝虫和马来丝虫两种，前者主要由库蚊传播；后者由中华按蚊传播。两者生活史基本相似，主要寄生于淋巴系统，早期表现为淋巴管炎和淋巴结炎，晚期出现淋巴管阻塞症状。乙胺嗪为20世纪40年代发现的有效抗丝虫病药(anthelmintic drug)，兼有杀微丝蚴和成虫的作用，为目前最常用的药物。1990年代伊维菌素(ivermectin)用于治疗人盘尾丝虫病，对班氏丝虫病也有一定疗效。

乙 胺 嗪

乙胺嗪(diethylcarbamazine)为哌嗪衍生物，其枸橼盐称海群生(hetrazan)。

【体内过程】 口服吸收迅速，1～3小时血药浓度达峰值，血浆半衰期为8小时。均匀分布各组织，大部分在体内氧化失活，30小时内大部分原形药及代谢物经肾排泄，反复给药无蓄积性，酸化尿液促进其排泄。

【药理作用及作用机制】 乙胺嗪对马来丝虫和班氏丝虫均有杀灭作用，对马来丝虫的作用强于班氏丝虫，对微丝蚴的作用强于成虫。乙胺嗪具有哌嗪样超极化作用，使微丝蚴的肌组织超极化，产生弛缓性麻痹，而脱离寄生部位，迅速"肝移"，并易被网状内皮系统拘捕。乙胺嗪也可破坏微丝蚴表膜的完整性，暴露抗原，使微丝蚴易遭宿主防御机制的破坏。

【临床应用】 治疗马来丝虫病的疗效优于班氏丝虫病。因本药对成虫作用弱，必须数年内反复用药才能治愈。

【不良反应】 药物本身引起的不良反应轻微、短暂，常见厌食、恶心、呕吐、头痛、乏力等。但因成虫和微丝蚴死亡释出大量异体蛋白引起的过敏反应则较明显，表现为皮疹、淋巴结肿大、血管神经性水肿、畏寒、发热、哮喘、心率加快以及胃肠功能紊乱等，用地塞米松可缓解症状。

伊维菌素

伊维菌素(ivermectin)是放线菌所产生大环内酯阿维菌素 B_1 的部分合成同类物，具有抗多种寄生虫作用。盘尾丝虫病患者应用伊维菌素后，皮肤和眼组织内微丝蚴快速而显著减少。班氏丝虫病患者给予伊维菌素后，血中微丝蚴快速转阴。与乙胺嗪比，本药疗效高，起效快，但对成虫无作用。主要用于盘尾丝虫病。伊维菌素对粪类圆线虫、蛔虫、鞭虫及蛲虫感染也有很好的疗效，但对钩虫病疗效差。抗虫机制可能通过增强或直接激活谷氨酸门控 Cl^- 通道，促进 Cl^- 进入肌细胞，引起虫体肌肉松弛性麻痹。伊维菌素的主要不良反应是微丝蚴死亡所致，表现为瘙痒、淋巴结肿大、疼痛等。偶见心动过速、低血压、虚脱、眩晕、头痛、肌痛、关节痛、腹泻、水肿等。

第四节　抗肠蠕虫药

肠道蠕虫分为肠道线虫和绦虫两大类，肠道线虫包括蛔虫、蛲虫、钩虫和鞭虫等。抗肠蠕虫药(anti-helminthiasis drugs)是驱除或杀灭肠道蠕虫类药物。不同蠕虫对不同药物的敏感性不同，因此必须针对不同的蠕虫感染正确选药。近几年来，高效、低毒、广谱抗肠蠕虫药不断问世，使多数肠蠕虫病得到有效治疗和控制。

甲苯达唑(mebendazole)是苯并咪唑类衍生物，为广谱驱肠虫药，对蛔虫、钩虫、蛲虫、鞭虫、绦虫和粪类圆线虫等肠道蠕虫均有效。甲苯达唑影响虫体多种生化代谢途径，与虫体微管蛋白结合抑制微管聚集，抑制虫体对葡萄糖的摄取，导致糖原耗竭；抑制虫体线粒体延胡索酸还原酶系统，减少 ATP 生成，抑制虫体生存及繁殖而死亡；还对虫卵及幼虫有杀灭和抑制发育作用。用于治疗上述肠蠕虫单独感染或混合感染，显效缓慢，给药后数日才能将虫排尽。甲苯达唑口服吸收少，首关过消除明显，无明显不良反应。驱虫后由于大量虫体排出可引起短暂的腹痛和腹泻。大剂量偶见过敏反应、粒细胞减少、脱发等。动物实验有胚胎毒性和致畸作用，故孕妇禁用。

阿苯达唑(albendazole，丙硫咪唑)为甲苯达唑的同类物，是高效、低毒的广谱驱肠虫药。能杀灭多种肠道线虫、绦虫和吸虫的成虫及虫卵，其抗虫机制同甲苯达唑，用于多种线虫混合感染。口服吸收后血药浓度比甲苯达唑高出 100 倍，肝、肺等组织中均能达到相当高的浓度，并能进入棘球蚴囊内。因此，对肠道外寄生虫病，如棘球蚴病(包虫病)、囊虫病、旋毛虫病，以及华支睾吸虫病、肺吸虫病等也有较好疗效，为甲苯达唑所不及。对脑囊虫症治疗作用缓和，比吡喹酮较少引起颅内压升高和癫痫发作等强烈反应，本品短期治疗胃肠道蠕虫病不良反应很少，偶有腹痛、腹泻、恶心、头痛、头晕等。少数患者可出现血清转氨酶升高，停药后可恢复正常，严重肝功能不全者慎用。动物实验有胚胎毒性和致畸作用，孕妇禁用。

哌嗪(piperazine)为常用驱蛔虫药，临床常用其枸橼酸盐(称驱蛔灵)。对蛔虫、蛲虫具有较强的驱虫作用，对钩虫、鞭虫作用不明显。其抗虫作用机制是通过改变虫体肌细胞膜对离子的通透性，引起膜超极化，阻断神经肌肉接头处的正常传导，导致虫体弛缓性麻痹，虫体随粪便排出体外。主要用于驱除肠道蛔虫，治疗蛔虫所致的不完全性肠梗阻和早期胆道蛔虫。对蛲虫病有一定疗效，但用药时间长，现少用。不良反应轻，大剂量时可出现恶心、呕吐、腹泻、上腹部不适等，甚至可见神经症状如嗜睡、眩晕、眼球震颤、共济失调、肌肉痉挛等。动物实验有致畸作用，孕妇禁用。有肝肾功能不良和神经系统疾病者禁用。

左旋咪唑(levamisole，驱钩蛔)为咪唑的左旋异构体。对多种线虫有杀灭作用，其中对蛔虫的作用较强。其作用机制为抑制虫体琥珀酸脱氢酶活性，影响虫体肌肉无氧代谢，减少能量生成，使虫体肌肉麻痹，失去附着能力而排出体外。用于治疗蛔虫、钩虫、蛲虫感染，对丝虫病和囊虫症也有一定疗效。左旋咪唑治疗剂量偶有恶心、呕吐、腹痛、头晕等。大剂量或多次用药，个别病例出现粒细胞减少、肝功能减退等。妊娠早期、肝肾功能不全者禁用。

噻嘧啶(pyrantel)为人工合成四氢嘧啶衍生物，为广谱抗肠蠕虫药，临床上常用其枸橼酸盐称驱虫灵。噻嘧啶抑制虫体胆碱酯酶，使神经肌肉接头处乙酰胆碱堆积，神经肌肉兴奋性增强，肌张力增高，随后虫体痉挛性麻痹，不能附壁而排出体外。对钩虫、绦虫、蛲虫、蛔虫等均有抑制作用，用于蛔虫、钩虫、蛲虫单独或混合感染。噻嘧啶治疗剂量时毒性低，偶有发热、头痛、皮疹和腹部不适。少数病人出现血清转氨酶升高，故肝功能不全者慎用。孕妇及 2 岁以下儿童禁用。因与哌嗪有拮抗作用，不宜合用。

恩波吡维铵(pyrvinium embonate，扑蛲灵)为青铵染料，口服不吸收，胃肠道药物浓度高，为蛲虫单一感染首选药。抗虫作用机制为选择性干扰虫体呼吸酶系统，抑制虫体需氧代谢，减少能量生成，导致虫体逐渐衰弱和死亡。不良反应少，仅见恶心、呕吐、腹痛、腹泻等。服药后粪便呈红色，需事先告知患者。

氯硝柳胺(niclosamide，灭绦灵)为水杨酰胺类衍生物。原为杀钉螺药，对血吸虫尾蚴和毛蚴也有杀灭作用，用于血吸虫病的预防。后发现对牛肉绦虫、猪肉绦虫、阔节裂头绦虫和短膜壳绦虫感染都有良好疗效，尤以对牛肉绦虫的疗效为佳。本品主要抑制绦虫线粒体内ADP的无氧磷酸化，阻碍产能过程，也抑制葡萄糖摄取，从而杀死其头节和近端节片。对虫卵无效，死亡节片易被肠腔内蛋白酶消化分解，释放出虫卵，有致囊虫症的危险，故在服用氯硝柳胺前先服镇吐药，服用本品2小时后再服用硫酸镁导泻，促进虫卵排泄。不良反应少，仅见胃肠不适、腹痛、头晕、乏力、皮肤瘙痒等。

吡喹酮为广谱抗吸虫药和驱绦虫药，不仅对多种吸虫有强大的杀灭作用，对绦虫感染和囊虫症也有良好效果。本药是治疗各种绦虫病的首选药。治疗脑型囊虫症时，杀虫作用迅速，可因虫体死亡后的炎症反应引起脑水肿、颅内压升高，宜同时使用脱水药和糖皮质激素以防意外。

Summary

- Antimalarial drugs are selected and administered in terms of the action against the different stages of the life cycle of the malaria parasite. No one available agent can reliable effect a radical cure, ie, eliminate both hepatic and erythrocytic stages. The commonly used agents to treating the acute attack include chloroquine, quinine, artemisinin, mefloquine, primaquine and pyrimethamine.
- Chloroquine is a very potent blood schizonticidal drug, effective against the erythrocytic forms of all four plasmodial species, but it does not have any effect on sporozoites, hypnozoites or gametocytes.
- Quinine is a blood schizonticidal drug that effect against the erythrocytic forms of all four species of plasmodium, but it has no effect on exoerythrocytic forms or on the gametocytes.
- Primaquine is available agent that reliably effect a radical cure.
- agents used for chemoprophylaxis are mainly those: chloroquine, mefloquine, pyrimethamine, which often used in combinations. Primaquine and pyrimethamine have the additional action of destroying the gametocytes, preventing transmission by the mosquito and thus preventing the increase of the human reservoir of the disease.
- Amebiasis is infection with Entameba histolytica, that present amebic dysentery and extraintestinal amebiasis. The commonly used agents to treating the acute attack include metronidazole, tinidazole, emetine, diloxanide and so on. The choice of antiamoebic drugs depends on the clinical presentation.
- Metronidazole is the effective treatment of choice for intestinal and extraintestinal tissue infection. It kills trophozoite but not cysts of Entameba histolytica caused severe amebic dysentery. Dehydroemetine and emetine are more toxic alternatives.
- Diloxanide is a effective antiamoebic agent that kills trophozoite and cyst.
- Praziquantel is a broad-spectrum antiparasitic. It is a choice drug for all species of schistosomes and effective in cysticercosis. It acts by increasing the permeability of the nematode to calcium, thereby causing contraction of the musculature and eventual paralysis and death of the worm. The drug affects not only the adult schistosomes but also the immature forms and the cercariae-the form of the parasite.
- Diethylcarbamazine can rapidly remove the microfilaria from the blood circulation of filariasis patient. It may also interfere with the parasite's arachidonate metabolism.

（李悦山）

第四十五章　抗恶性肿瘤药

问题

1. 抗恶性肿瘤药物主要通过什么途径发挥抗肿瘤作用的？

2. 抗恶性肿瘤药物除了对肿瘤细胞有一定的药理作用外，对正常的细胞是否有影响？如果有，那么影响的大小和产生的后果是什么？

3. 如何正确选取抗肿瘤药物以达到治疗效果和减少副作用？

恶性肿瘤是严重威胁人类健康的常见病、多发病。目前，除了三种主要的肿瘤治疗手段，即化学治疗（chemotherapy，简称化疗）、手术治疗和放射治疗外，还有生物治疗和中医中药治疗等方法。半个世纪以来，化学治疗有了迅速的发展，约17%的恶性肿瘤可通过化疗而治愈，配合手术和放射疗法等进行恶性肿瘤的综合治疗，可使治疗效果显著提高。但化疗仍然存在着对肿瘤选择性差、免疫抑制及不良反应多而严重等缺点，对大部分常见恶性肿瘤的治疗未能达到满意的疗效。近二十年以来，随着肿瘤生物学研究的进步，为恶性肿瘤的防治提供了新的理论和新的靶点，抗肿瘤药的研究不再局限于传统的细胞毒类药物，肿瘤细胞分化诱导剂、生物反应调节剂、肿瘤细胞凋亡诱导剂、抗肿瘤侵袭和转移药、新生血管抑制药以及肿瘤基因治疗药物相继出现，为恶性肿瘤的治疗展现了广阔的前景。

第一节　抗肿瘤药的药理与基础

一、抗肿瘤药的分类

现有的抗恶性肿瘤药可根据药物化学结构和来源、药物作用的生化机制、药物作用的周期或时相特异性进行分类。

（一）根据药物化学结构和来源分类

1. 烷化剂　氮芥类、乙烯亚胺类、亚硝脲类、甲烷磺酸酯类等。

2. 抗代谢物　叶酸、嘧啶、嘌呤类似物等。

3. 抗肿瘤抗生素　蒽环类抗生素、丝裂霉素、博来霉素类、放线菌类等。

4. 抗肿瘤植物药　长春碱类、喜树碱类、紫杉醇类、三尖杉生物碱类、鬼臼毒素类等。

5. 激素　肾上腺皮质激素、雌激素、雄激素等及其拮抗药。

6. 杂类　铂类配合物和酶等。

（二）根据抗肿瘤作用的生化机制分类

1. 干扰核酸生物合成的药物　如甲氨蝶呤、氟尿嘧啶、羟基脲、阿糖胞苷等。

2. 直接影响DNA结构与功能的药物　如氮芥、环磷酰胺等。

3. 干扰转录过程和阻止RNA合成的药物　如放线菌素D、柔红霉素等。

4. 干扰蛋白质合成和功能的药物　如长春新碱、紫杉醇类等。

5. 影响激素平衡发挥抗癌作用的药物　如己烯雌酚 氟羟甲酮等。

6. 其他　如维A酸、亚砷酸等。

（三）根据药物作用的周期或时相特异性分类

1. 周期非特异性药物　如烷化剂、抗肿瘤抗生素及铂类配合物等。

2. 周期特异性药物　如抗代谢药物、长春碱类药物等。

二、抗肿瘤药的作用机制

（一）抗肿瘤作用的细胞生物学机制

几乎所有的肿瘤细胞都有一个共同的特点，即与细胞增殖有关的基因被开启或激活，而与细胞分化有关的基因被关闭或抑制，从而使肿瘤细胞表现为不受机体约束的无限增殖状态。从细胞生物学角度出发，诱导肿瘤细胞分化、增殖或导致肿瘤细胞死亡的药物均可发挥抗肿瘤作用。

肿瘤细胞群包括增殖细胞群和非增殖细胞群。增殖细胞群与全部肿瘤细胞群之比称为生长比率（growth fraction，GF）。非增殖细胞群包括静止（G_0）期细胞、无增殖力细胞和已经分化、死亡的细胞。G_0期细胞有增殖能力，但暂处于静止状态，当肿瘤增殖细胞群中的细胞被药物杀灭后，该期细胞即可补充，因此G_0期细胞是肿瘤复发的根源。肿瘤细胞从一次分裂结束到下一次分裂结束的时间称为细胞周期。一个细胞周期又可以分为4期，即DNA合成前期（G_1期）、DNA合成期（S期）、DNA合成后期（G_2期）、有丝分裂期（M期）。

依据药物作用的周期或时相特异性，可将药物分为两大类：

周期非特异性药物（cell cycle nonspecific agents，CCNSA）。能杀灭处于增殖周期各期的细胞，甚至包括 G_0 期细胞的药物，如烷化剂、抗肿瘤抗生素以及铂类配合物等。此类药物对肿瘤细胞的作用较强，能迅速杀灭肿瘤细胞，剂量反应曲线接近直线，在机体能耐受的限度内，其对肿瘤细胞的杀灭能力随药物剂量的增加而成倍增加。

细胞周期特异性药物（cell cycle specific agents，CCSA）。仅杀灭增殖周期中某期细胞，而对 G_0 期细胞不敏感，如作用于 S 期细胞的抗代谢药物、作用于 M 期细胞的长春碱类药物等。此类药物对肿瘤细胞的作用往往较弱，需要一定时间才能发挥作用，剂量反应曲线是一条渐近线，即在药物小剂量时近似于直线，达到一定剂量时则效应不再增加。

（二）抗肿瘤作用的生化机制

1. 干扰核酸生物合成　药物分别在不同环节阻止 DNA 的生物合成。

2. 直接影响 DNA 结构与功能　药物分别破坏 DNA 结构或抑制拓扑异构酶活性，影响 DNA 复制和修复功能。

3. 干扰转录过程和阻止 RNA 合成　药物嵌入 DNA 碱基对之间，干扰转录过程，阻止 mRNA 的形成。

4. 干扰蛋白质合成与功能　药物可干扰微管蛋白聚合功能，干扰核蛋白体的功能或影响氨基酸供应。

5. 影响激素平衡　药物通过影响激素平衡而抑制某些激素依赖性肿瘤。

三、肿瘤细胞产生耐药性的机制

所谓耐药性是指病原体、肿瘤细胞对化学治疗药物敏感性降低，也称抗药性。

化疗过程中，肿瘤细胞对抗恶性肿瘤药产生耐药是化疗失败的重要原因，也是肿瘤化疗需要解决的难题。有些肿瘤细胞对某些抗肿瘤药物具有天然耐药性（natural resistance），如 G_0 期肿瘤细胞一般对多数抗肿瘤药不敏感。也有的肿瘤细胞原来对药物敏感，治疗一段时间后才产生不敏感现象，被称之为获得性耐药性（acquired resistance），其中最常见的是多药耐药性（multi drug resistance，MDR）或称多向耐药性（pleiotropic drug resistance）。多药耐药性是指肿瘤细胞在接触一种抗恶性肿瘤药后，产生了对多种结构不同、作用机制各异的其他抗恶性肿瘤药的耐药性。根据药物的特性和肿瘤类型设计联合化疗方案，不但可以提高疗效，降低毒性，而且可以延缓耐药性的产生。某些肿瘤耐药性逆转剂（如维拉帕米、环孢素）对减缓耐药性的发生可能起到一定的作用。

肿瘤细胞产生耐药性的原因十分复杂，耐药性的遗传学基础证明，肿瘤细胞在增殖过程中有突变，每次突变均可导致耐药瘤株的出现。因此，分裂次数愈多（即肿瘤愈大），耐药瘤株出现的机会愈大。耐药性的生化机制可能有多个方面，如肿瘤细胞内活性药物减少（摄取减少，活化障碍，灭活降低，灭活增加和外排增加）、药物作用的受体或靶酶改变、改变代谢途径和肿瘤细胞的 DNA 修复增加等。

多药耐药性多出现在天然来源的抗恶性肿瘤药，如长春碱类、鬼臼毒素衍生物等，其共同特点是：一般为亲脂性药物；相对分子量在 300～900 之间；药物经被动扩散进入细胞；药物在耐药细胞中的积聚比敏感细胞少；耐药细胞上多出现一种被称为 P-糖蛋白（P-glucoprotein，P-gp）的跨膜蛋白，P-gp 依赖 ATP 介导药物转运，降低细胞内药物浓度，又称为药物外排泵（drug efflux pump）。研究表明，多药耐药性的产生除与多药耐药性基因 mdrl 过度表达 P-gp 有关外，多药抗性相关蛋白（multidrug resistance associated protein）、谷胱苷肽及谷胱苷肽 S-转移酶、蛋白激酶 C（protein kinase C）和拓扑异构酶 Ⅱ 等也起重要作用。

第二节　常用的抗肿瘤药

一、干扰核酸生物合成的药

干扰核酸生物合成的药又称抗代谢药，主要作用于 S 期，属于细胞周期特异性药物。它们的化学结构与核酸代谢的必需物质如叶酸、嘌呤、嘧啶等类似。

（一）二氢叶酸还原酶抑制药

甲氨蝶呤

甲氨蝶呤（methotrexate，MTX）是叶酸的类似物，能竞争性抑制二氢叶酸还原酶，使二氢叶酸不能还原成四氢叶酸，从而使 5，10-甲基四氢叶酸不足，脱氧胸苷酸（dTMP）合成障碍，DNA 合成受阻，肿瘤细胞的增殖被抑制。还原型叶酸还是甘氨酸转变为丝氨酸、同型胱氨酸转变为甲硫氨酸的辅助因子，缺少后蛋白质合成也被抑制。临床用于小儿急性淋巴细胞性白血病及绒毛膜上皮癌的治疗，鞘内注射可安全地用于脑膜转移瘤的治疗。大剂量甲氨蝶呤同时加亚叶酸钙救援疗法可使 30％的转移性成骨肉瘤病人得到缓解，此法用于头颈部癌瘤及成骨肉瘤治疗效果较好。对甲氨蝶呤敏感的肿瘤还有乳腺癌、舌咽癌、膀胱癌和睾丸癌等。

甲氨蝶呤的主要不良反应是骨髓抑制，多在用药

7～14天出现粒细胞减少、血小板减少、贫血。还可引起严重的黏膜炎症，如溃疡性胃炎、出血性肠炎，甚至出现肠穿孔而致死。大剂量时可出现恶心、脱发，也可致肝、肾毒性。妊娠早期应用可致畸胎、死胎。为了减轻MTX的骨髓毒性，可先用MTX，经过一定时间后再肌注亚叶酸钙作为救援剂，以保护骨髓正常细胞。

（二）胸苷酸合成酶抑制药

氟尿嘧啶

氟尿嘧啶（fluorouracil，5-FU）是尿嘧啶5位上的氢被氟取代而成，结构与胸腺嘧啶相似。5-FU本身无生物活性，必须在体内转变成5-氟尿嘧啶脱氧核苷酸后发挥作用。5-氟尿嘧啶脱氧核苷酸抑制脱氧核苷酸合成酶，阻止脱氧尿苷酸甲基化转变为脱氧胸苷酸，影响DNA的合成。临床主要用于消化道肿瘤（如胃癌、结肠癌、直肠癌、肝癌）和乳腺癌等，对其他肿瘤如绒毛膜上皮癌、宫颈癌、卵巢癌、鼻咽癌、膀胱癌、前列腺癌和头颈部肿瘤也有效。

氟尿嘧啶口服吸收不规则，生物利用度低，一般静脉注射给药，$t_{1/2}$约为10～20分钟，在肝和肿瘤组织中的浓度较高。药物在肝脏先代谢为二羟氟尿嘧啶，再分解为氟丙酸、尿素和CO_2由尿液和肺排出。常见不良反应有消化道反应和骨髓抑制，如恶心、呕吐、食欲不振、口腔黏膜溃疡、腹痛和血性下泻、白细胞及血小板减少等，也可出现脱发、皮炎、甲床变黑，偶见急性小脑综合征。

（三）核苷酸还原酶抑制药

羟基脲

羟基脲（hydroxycarbamide，HU）抑制核苷酸还原酶的活性，阻止胞苷酸转变为脱氧胞苷酸，抑制脱氧胸苷渗入DNA中，抑制DNA的合成，选择性杀伤S期细胞。主要用于慢性粒细胞性白血病，对转移性恶性黑色素瘤有暂时缓解作用。用药后可使肿瘤细胞集中于G_1期，故常用作同步化药物配合放射治疗。

羟基脲口服吸收良好，2小时后血药浓度达高峰，$t_{1/2}$约3～4小时，易透过血脑屏障。主要不良反应是骨髓抑制，可出现白细胞、血小板减少，也可引起消化道反应，有致畸作用，孕妇禁用。肾功能不全、消化道溃疡患者慎用。

（四）DNA聚合酶抑制药

阿糖胞苷

阿糖胞苷（cytarabine，Ara-C）在体内转化成二磷酸或三磷酸胞苷后，抑制DNA聚合酶的活性，从而影响细胞DNA合成。主要作用于S期细胞，属于周期特异性药物。阿糖胞苷对成人急性粒细胞白血病疗效最好，对急性单核细胞白血病及急性淋巴细胞白血病也有效。单独使用效果差，常与蒽环类或巯嘌呤等药合用。对恶性淋巴肉瘤、消化道癌也有一定疗效，对多数实体瘤无效。

阿糖胞苷性质不稳定，进入体内后迅速被肝脏、肾脏、肠黏膜和红细胞等处的胞苷脱氨酶代谢为无活性的阿糖尿苷，由尿排出。静脉注射血浆$t_{1/2}$仅为10分钟。主要不良反应为骨髓抑制和消化道反应，可致脱发、皮疹、肝功能损害。

（五）嘌呤核苷酸互变抑制药

巯嘌呤

巯嘌呤（mercaptopurine，6-MP）结构与次黄嘌呤相似，进入体内后在磷酸核糖转移酶的作用下转变为有活性的6-巯基嘌呤核糖核苷酸，主要抑制酰胺转移酶，干扰嘌呤核苷酸合成的起始阶段，并抑制次黄嘌呤核苷酸转变为腺嘌呤核苷酸、黄嘌呤核苷酸和鸟嘌呤核苷酸，从而抑制DNA和RNA的合成，属于细胞周期特异性药，主要作用于S期。巯嘌呤适用于急性白血病（尤其是儿童白血病）及慢性粒细胞白血病、绒毛膜上皮癌、恶性葡萄胎和恶性淋巴瘤、多发性骨髓瘤等。不良反应常见食欲减退、恶心、呕吐、口腔炎、腹泻等，服药5～6天后可见白细胞、血小板减少等骨髓抑制，少数病人可出现黄疸等肝功能损伤，敏感者可出现高尿酸血症、肾功能下降。

二、破坏DNA结构和功能的药

（一）烷化剂

烷化剂（alkylating agents）是一类具有活泼的烷化基团（如β-氯乙胺基、乙撑亚胺基、磺酸酯基等）的化合物，这些烷化基团能与细胞中DNA、RNA或蛋白质分子中的氨基、巯基、羟基、羧基和磷酸基的氢原子起烷化反应，形成交叉联结或引起脱嘌呤，使DNA链断裂，或使碱基配对错码，造成DNA结构和功能损伤，属于细胞周期非特异性药物。

氮芥

氮芥（chlormethine）是最早用于恶性肿瘤治疗的药物，为双氯乙胺烷化剂的代表，属双功能基团烷化剂。目前主要用于霍奇金病、非霍奇金淋巴瘤。由于具有高效、速效的特点，也适用于纵隔压迫症状明显的恶性淋巴瘤病人。常见的不良反应为恶心、呕吐、骨髓抑制、脱发、耳鸣、听力丧失、眩晕、黄疸、月经失调及男性不育等。

环磷酰胺

环磷酰胺(cyclophosphamide,CTX)为氮芥与磷酰胺基结合而成的化合物,体外无活性,进入体内后在肝微粒体酶与细胞色素 P_{450} 作用下,生成中间产物醛磷酰胺(aldophosphamide),经血液循环转运到肿瘤细胞内,分解出有强大烷化作用的磷酰胺氮芥(phosphoramide mustard),与 DNA 发生烷化,形成交叉连结,影响 DNA 功能,抑制肿瘤细胞的生长繁殖。CTX 属于周期非特异性药物,但较其他烷化剂的选择性高,抗瘤谱广,毒性也较低,是目前广泛应用的烷化剂。对恶性淋巴瘤疗效显著,对急性白血病和慢性淋巴细胞白血病有一定疗效,对肺癌、乳腺癌、卵巢癌、多发性骨髓瘤、神经母细胞瘤和胸腺瘤等也有一定疗效。常见的不良反应为骨髓抑制、消化道反应和脱发等,大剂量可引起出血性膀胱炎,可能与大量代谢物丙烯醛经泌尿道排泄有关,同时应用美司钠可预防此反应的发生。

噻替派

噻替派(thiotepa,TSPA)结构中含三个乙撑亚胺基,性质非常活泼,抗肿瘤机制类似氮芥,抗瘤谱较广,刺激性小,对肿瘤的选择性较高,局部刺激小,可作静脉注射、肌肉注射及动脉内注射和腔内注射。主要用于乳腺癌、卵巢癌、肝癌、恶性黑色素瘤和膀胱癌等。主要不良反应为骨髓抑制,引起白细胞和血小板减少,但较氮芥轻,消化道反应少见。

卡莫司汀

卡莫司汀(carmustine,氯乙亚硝脲,卡氮芥,BCNU)为亚硝脲类烷化剂。除了烷化 DNA 外,对蛋白质和 RNA 也有烷化作用。BCNU 具有高度脂溶性,能透过血脑屏障。主要用于原发或颅内转移瘤,对恶性淋巴瘤、骨髓瘤有一定的疗效。主要不良反应有骨髓抑制、胃肠道反应及肺部毒性等。

白消安

白消安(busulfan,马利兰)在体内解离后发挥烷化作用。小剂量即可抑制粒细胞的生成,故对慢性粒细胞白血病有显著疗效,缓解率可达 80%~90%,对慢性粒细胞白血病急性病变和急性白血病无效。对肿瘤的疗效不明显。口服吸收良好,组织分布迅速,半衰期约为 2~3 小时,绝大部分代谢成甲烷磺酸由尿排出。主要不良反应为消化道反应、骨髓抑制,久用可致闭经或睾丸萎缩。

(二)破坏 DNA 的铂类配合物

顺铂

顺铂(cisplatin,顺氯氨铂)为二价铂与两个氯原子和两个氨基结合的重金属化合物。二价铂可与 DNA 上的碱基尿嘌呤、腺嘌呤和胞嘧啶形成交叉连接,破坏 DNA 的结构和功能。静脉注射后血浆蛋白结合率约 90%。主要分布于肝、肾、膀胱等,原形及其降解产物由肾脏排泄。顺铂为高效广谱抗肿瘤药,对非精原细胞性睾丸瘤有特效,对晚期卵巢癌、头颈部肿瘤也可明显缓解。顺铂与 5-FU、博来霉素、长春新碱等合用对宫颈癌、肺癌、胃癌、骨肉瘤有较好疗效。主要不良反应有消化道反应、骨髓抑制、周围神经炎、耳毒性等,大剂量或连续应用可致严重而持久的肾毒性。

卡铂

卡铂(carboplatin,碳铂,CBP)为第二代铂类配合物,作用机制与顺铂相似,但抗恶性肿瘤活性较强,毒性较低。对小细胞及非小细胞肺癌、卵巢癌、头颈部鳞癌及睾丸肿瘤等有效。主要不良反应为骨髓抑制。

(三)破坏 DNA 的抗生素类

丝裂霉素

丝裂霉素(mitomycin C,自力霉素,MMC)化学结构中有乙撑亚胺及氨甲酰酯基团,能与 DNA 的双链交叉连接,抑制 DNA 复制,也能使部分 DNA 断裂。抗瘤谱较广,对胃癌、结肠癌、胰腺癌以及头颈部的鳞腺癌等有一定的疗效,对肺癌、乳腺癌、宫颈癌、膀胱癌、骨及软组织肉瘤等也有效。主要的不良反应为迟发的骨髓抑制,约有 25%的患者有恶心、呕吐反应,腹泻的发生率为 10%,偶见皮疹、胃炎、发热、脱发等,较大剂量时约有 20%患者发生肾功能障碍。

博来霉素

博来霉素(bleomycin,BLM)是一类水溶性糖肽,可与 DNA 碱基反应,使 DNA 单链断裂,阻止 DNA 复制,干扰细胞分裂增殖。主要用于鳞状上皮癌,包括皮肤、鼻咽、食管、阴茎、肺、外阴部和宫颈癌等,也可用于淋巴瘤的联合治疗。对造血系统的影响轻微,常可出现发热、食欲不振、脱发、皮肤色素沉着等。最为严重的不良反应是间质性肺炎或肺纤维化,有肺部症状者应立即停药,并给予肾上腺皮质激素。

(四)拓扑异构酶抑制药

喜树碱类

喜树碱(camptothecin,CPT)是从我国特有的植物喜树中提取的一种生物碱。羟喜树碱(hydroxycamptothecine,10-OH-CPT)为喜树碱羟基衍生物。拓扑特肯(topotecan,TPT)和依林特肯(irinotecan,CPT-11)为正在进行临床试验的喜树碱人工合成衍生物。

喜树碱类能特异性抑制 DNA 拓扑异构酶 Ⅰ (DNA-topoisomerase Ⅰ, TOPO-Ⅰ)，破坏 DNA 结构，并抑制 DNA 的合成，为周期特异性药物，主要作用于 S 期。喜树碱对胃癌近期疗效显著，但缓解期较短(平均 2～3 个月)，对肠癌、肝癌、肺癌等有效，对绒毛膜上皮癌，急、慢性粒细胞白血病疗效较好。不良反应主要有消化道反应、骨髓抑制、泌尿道刺激等。羟喜树碱抗肿瘤作用较喜树碱更明显，毒性较低。喜树碱类与常用抗肿瘤药之间无交叉耐药性。

(五) 鬼臼毒素衍生物

鬼臼毒素衍生物

依托泊苷(etoposide, vepesid, VP-16, 鬼臼乙叉苷)和替尼泊苷(VM-26, teniposide, 鬼臼噻吩苷)是鬼臼毒素(podophyllotoxin)的半合成衍生物。

鬼臼毒素能与微管蛋白结合，使有丝分裂停止于中期，抑制肿瘤生长，但胃肠毒性太大，后经化学改造得 VP-16 和 VM-26，两药化学结构、作用和抗肿瘤谱相似，但抗肿瘤作用机制与鬼臼毒素完全不同，在细胞内的靶点不是微管蛋白，而是 DNA 拓扑异构酶 Ⅱ (DNA-topoisomerase Ⅱ, TOPO-Ⅱ)，可干扰拓扑异构酶 Ⅱ 的 DNA 链断裂重新连接反应(breakage reunion reaction)，从而导致 DNA 链断裂，染色体畸变，细胞死亡。

VP-16 对肺癌、睾丸癌、恶性淋巴瘤、急性白血病和神经母细胞瘤等有较好的疗效，对小细胞肺癌疗效尤为突出，有效率达 40%。VM-26 对肺癌、恶性淋巴瘤、急性白血病、神经母细胞瘤、乳腺癌、卵巢癌、膀胱癌等有较好的疗效，对脑瘤亦有一定疗效。两药的不良反应基本相同，常见为骨髓抑制和消化道反应。

三、干扰转录过程和阻止 RNA 合成的药

放线菌素 D

放线菌素 D(dactinomycin, DACT, 又称为更生霉素)为多肽类抗恶性肿瘤抗生素。低浓度时抑制以 DNA 为模板的 RNA 合成，高浓度时 DNA 的合成也受抑制。放线菌素 D 的发色团可嵌入 DNA 双螺旋中相邻的鸟嘌呤和胞嘧啶(G-C)碱基对之间，与 DNA 结合成复合物，抑制以 DNA 为模板的 RNA 多聚酶功能，阻止 RNA 特别是 mRNA 以及蛋白质的合成，抑制肿瘤细胞的生长。属于细胞周期非特异性药物，但对 G_1/S 期细胞作用较强，可阻止 G_1 期向 S 期转变。

放线菌素 D 口服吸收差，静脉注射后迅速分布至各组织，主要分布于肝、肾、颌下腺。一般在体内不被代谢，主要以原形经胆汁排泄，$t_{1/2}$ 约为 36 小时。放线菌素 D 对霍奇金病和神经母细胞瘤有突出疗效，对绒毛膜上皮癌、胚胎性横纹肌肉瘤、肾母细胞瘤等疗效也较好。常见不良反应有食欲下降、恶心、呕吐、腹泻、口腔溃疡、骨髓抑制、脱发、皮炎和畸胎等。

柔红霉素

柔红霉素(daunorubicin, DNR, rubidomycin, 红比霉素，正定霉素)为蒽环类抗生素。能与 DNA 碱基对结合，破坏 DNA 的模板功能，阻止其转录过程，从而抑制 DNA 和 RNA 的合成，对 S 期细胞作用最强，对 G_2/M 期细胞也有作用。主要用于治疗急性粒细胞性白血病和急性淋巴细胞性白血病。主要不良反应为骨髓抑制、消化道反应、脱发和心脏毒性等。

多柔比星

多柔比星(doxorubicin, DOX, adriamycin, 阿霉素, ADM)为蒽环类抗生素，化学结构与柔红霉素相似。多柔比星的药理作用及作用机制与柔红霉素相同，但抗肿瘤作用更强，抗瘤谱更广，属于细胞周期非特异性药物。主要用于治疗急性白血病、淋巴肉瘤，也用于骨肉瘤、乳腺癌、肺癌、胃癌、肝癌、膀胱癌等的治疗。不良反应似柔红霉素，主要为骨髓抑制，常见的还有消化道反应、口腔炎、脱发等，心脏毒性较柔红霉素轻。

四、干扰蛋白质合成和功能的药

(一) 微管蛋白活性抑制药

长春碱类

长春碱(vinblastine, VLB)和长春新碱(vincristin, VCR)是由夹竹桃科植物长春花分离得到的具有抗肿瘤活性的生物碱。长春地辛(vindesine, VDS)、长春瑞滨(vinorelbine, NVB)均为长春碱的半合成衍生物。

长春碱类抗肿瘤作用的靶点是微管，能与微管蛋白特异性结合，使细胞有丝分裂停止于中期，干扰纺锤丝微管蛋白的合成，影响微管蛋白质装配和纺锤丝形成，在细胞有丝分裂时不能正确地将染色体分开，最终导致细胞死亡。该类药属于细胞周期特异性药，主要作用于 M 期细胞。此外，此类药还可以干扰蛋白质合成和 RNA 多聚酶，对 G_1 期细胞也有作用。VLB 的作用较 VCR 强，主要用于治疗急性白血病、恶性淋巴瘤、霍奇金病及绒毛膜上皮癌。VCR 对儿童急性淋巴细胞白血病疗效较好，对霍奇金病、淋巴肉瘤、网状细胞肉瘤也有较好的疗效。VDS 主要用于治疗肺癌、急性白血病、恶性淋巴瘤、乳腺癌等。NVB 主要用于非小细胞肺癌、乳腺癌、恶性淋巴瘤等。

VLB 主要引起骨髓抑制，少数有脱发、恶心，偶有外周神经炎。静脉注射部位可发生静脉炎，漏出血管外可使局部组织坏死。VCR 对骨髓抑制不明显，但神经毒性突出，表现为指(趾)麻木、肌无力、腱反射抑制、外周神经炎等。

紫杉醇类

紫杉醇(paclitaxel，taxol)是化学结构新颖、作用机制独特的新型抗肿瘤药，能选择性促进微管蛋白聚合并抑制其解聚，从而影响纺锤体的功能，抑制肿瘤细胞的有丝分裂。对卵巢癌及乳腺癌有突出的疗效，对黑色素瘤、胃癌、食管癌、肺癌及白血病也有较好的疗效。主要不良反应是骨髓抑制、白细胞和血小板减少、周围神经性病变、脱发、消化道反应和过敏反应等。

（二）干扰核糖体功能的药

三尖杉生物碱类

三尖杉生物碱是三尖杉植物中提取的生物碱，临床应用的有三尖杉酯碱(harringtonine)和高三尖杉酯碱(homoharringtonine)。三尖杉生物碱类主要是抑制蛋白质合成起始阶段，使核蛋白体分解，释出新生肽链，但不能阻止 mRNA 及氨基酰 tRNA 与核糖体结合。此类生物碱还能抑制 DNA 合成聚合酶，干扰 DNA 合成，抑制蛋白质的合成。三尖杉生物碱类属于细胞周期非特异性药，对 G_1 期向 S 期移行有延迟作用，对 S 期有强烈的杀伤作用，对 G_0 期也有一定的影响。对急性粒细胞白血病疗效最好，也可用于急性单核细胞白血病、慢性粒细胞白血病、恶性淋巴瘤等的治疗。主要不良反应为骨髓抑制、消化道反应、脱发等。偶见心脏毒性反应、心动过速、胸闷、心悸甚至心力衰竭。

（三）影响氨基酸供应的药

L-门冬酰胺酶

门冬酰胺是某些肿瘤细胞自身不能合成、但生长所必需的氨基酸，依赖于细胞外摄取。L-门冬酰胺酶(L-asparaginase，ASP)能将门冬酰胺水解为门冬氨酸和氨，使肿瘤细胞缺乏门冬酰胺，抑制其生长。正常细胞能自身合成门冬酰胺，故影响较少。主要用于急性淋巴细胞白血病，缓解率在 50%以上，但不持久。不良反应为消化道反应、过敏反应和精神症状等，骨髓抑制少见。

五、调节激素平衡的药

某些肿瘤(如乳腺癌、前列腺癌、甲状腺癌、宫颈癌、卵巢癌、睾丸肿瘤等)的发生与相应的激素失调有关。因此，应用激素或其拮抗药改变激素平衡失调状态，干扰依赖于相应激素的肿瘤细胞生长，可以起到抑制肿瘤生长的作用，且无骨髓抑制等不良反应。但激素作用广泛，应用不当也能对机体产生不良影响。

雌激素类

雌激素抑制下丘脑及垂体，减少促间质细胞激素的分泌，从而使来源于睾丸间质细胞和肾上腺皮质的雄激素分泌减少，尚可直接对抗雄激素对前列腺癌组织生长的促进作用。临床上常用的雌激素类药物为己烯雌酚(diethylstilbestrol)，主要用于治疗前列腺癌，也可用于绝经 5～10 年以上的晚期乳癌。主要不良反应为恶心、呕吐、头昏、乳房胀痛、子宫出血等，长期大量应用引起水钠潴留。

雄激素类

临床上用于治疗恶性肿瘤的雄激素类药物有二甲睾酮(methyl testosterone)、丙酸睾酮(testosterone propionate)、氟羟甲酮(fluoxymesterone)。此类药物可抑制脑垂体前叶分泌促卵泡激素，使卵巢分泌雌激素减少，并有对抗雌激素的作用。雄激素对未绝经或绝经 5 年以内的晚期乳腺癌患者，尤其是骨转移者疗效较佳。

甲羟孕酮酯

甲羟孕酮酯(medroxyprogesterone acetate，乙酸甲羟孕酮，甲孕酮，MPA)为人工合成的黄体酮衍生物，作用类似天然黄体酮，主要用于不能进行手术或放疗的晚期子宫内膜癌，对晚期乳腺癌也有一定的疗效。

他莫昔芬

他莫昔芬(tamoxifen，三苯氧胺，TAM)为人工合成的雌激素受体部分激动药，具有雌激素样作用，但强度仅为雌二醇的 1/2，有抗雌激素的作用，从而抑制雌激素依赖性肿瘤细胞的生长。主要用于治疗晚期乳腺癌，疗效与肿瘤组织中雌激素受体水平有关，受体阳性者疗效达 50%，阴性者疗效仅为 10%。对前列腺癌及子宫内膜癌也有一定的疗效。

糖皮质激素类

临床上用于治疗恶性肿瘤的糖皮质激素主要有波尼松(prednisone)、波尼松龙(prednisolone)和地塞米松(dexamethasone)。糖皮质激素能促使淋巴细胞的脂肪代谢，阻止其再酯化与利用，从而使细胞内脂肪酸堆积，导致核破裂，细胞解体。对急性淋巴细胞白血病及恶性淋巴瘤的疗效较好，作用快，但不持久，易产生耐药性。与细胞毒类药物合用，对急性白血病、慢性淋巴细胞白血病及多发性骨髓瘤有较好的疗效。常与其他抗恶性肿瘤药合用治疗霍奇金病及非霍奇金淋巴瘤，对其他恶性肿瘤无效，而且可能因为抑制机体免疫功能而助长恶性肿瘤的生长。

氨鲁米特

氨鲁米特(aminoglutethimide，氨基导眠能，氨格鲁米特，AG)为镇静催眠药格鲁米特的衍生物。能特异性地抑制促进雄激素转化为雌激素的芳香化酶，阻止雄激素转变为雌激素，从而降低雌激素的水平。氨鲁米特还能刺激肝脏混合功能酶系，促进雌激素的体内代谢。用于绝经期后或卵巢切除后的晚期乳腺癌患者，约30%患者可获得一定的疗效，可使骨转移缓解，骨痛减轻，皮肤转移灶消失。

六、其　　他

三氧化二砷(arsenic trioxide，AsT，As_2O_3)是我国学者首次应用于治疗急性早幼粒细胞白血病(acute promyelocytic leukemia，APL)的砷类化合物。现已证实，三氧化二砷不仅对急性早幼粒细胞白血病有效，而且对多数其他肿瘤(包括实体瘤)也有抑制作用，研究表明，三氧化二砷可以促进细胞分化，诱导肿瘤细胞凋亡。该药为剧毒药，应在医生指导下使用。

第三节　抗肿瘤药的应用原则

目前常用的抗肿瘤药大多数为细胞毒类药物，有对肿瘤细胞选择性差、不良反应多而严重、可产生耐药性等缺点，如果应用不当，不仅不能获得预期的疗效，还可引起严重的毒性作用。因此，科学、合理地应用抗肿瘤药物是获得最佳疗效，最大限度地降低毒性，减少或延缓耐药性产生的重要保障。

一、联合用药的原则

联合用药是肿瘤化疗中极为常用的治疗策略之一，其目的是增加疗效、降低毒性、减少或延缓耐药性的产生。联合用药并非是几种药物的简单组合，也不是所有的联合用药都比单药治疗效果好。

1. 从细胞周期增殖动力学考虑　增长缓慢的实体瘤，GF不高，G_0细胞较多，一般先用CCNSA，杀灭增殖期及部分G_0期细胞，使瘤体缩小，促使G_0期细胞进入增殖周期，继而使用CCSA杀灭之。相反，对GF高的肿瘤(如急性白血病)，则先用杀灭S期或M期的CCSA，再用CCNSA杀灭其他各期细胞，待G_0期细胞进入增殖周期时，重复上述疗程。此外，肿瘤组织中的细胞往往处于不同时期，若将作用于不同时期的药物联合应用，可以收到分别打击各期瘤细胞的效果。

2. 从抗肿瘤药物的作用机制考虑　①序贯阻断：阻断合成同一代谢物的各个不同阶段，如MTX与6-MP合用治疗可增效，且使对6-MP有抗药性的白血病细胞对MTX更敏感。②同时阻断：阻断合成同一代谢物的不同途径，如Ara-C与6-MP合用，前者阻断DNA多聚酶，后者阻断嘌呤核苷酸互变，治疗急性粒细胞白血病疗效较好。③互补性阻断：直接损伤生物大分子的烷化剂与抑制核苷酸生物合成的Ara-C合用明显增效。

3. 从药物的毒性考虑　选用毒性不同的药物联合应用，如多数抗肿瘤药均可抑制骨髓，而泼尼松、长春新碱、博来霉素的骨髓抑制作用较轻，联合应用可以降低毒性并提高疗效。

4. 从肿瘤细胞对药物的敏感性考虑　氟尿嘧啶选择性地作用于肠黏膜细胞，对肠癌的疗效比其他药物好。博来霉素对鳞状上皮细胞有较高的亲和力，适用于治疗鳞癌。长春新碱对急性淋巴细胞性白血病有显著疗效，而长春碱则对霍奇金病，特别是网状细胞型更为有效。

二、给 药 方 法

1. 大剂量间歇给药　此给药方法适用于病期较早、健康状况较好的肿瘤患者。多数抗肿瘤药物，尤其是CCNSA，常主张在最大耐受量下采用大剂量间歇给药。采用大剂量间歇疗法比每日连续小剂量给药法好，原因是一次给予大剂量药物所能杀灭的癌细胞数，远远超过分次用药所能杀灭癌细胞数之和，而且一次给予大剂量药物能杀灭较多的增殖期细胞，诱导G_0期细胞转入增殖期，提高疗效。此外，大剂量间歇给药还有利于机体造血系统等正常组织的修复与补充，有利于提高机体的抗癌能力以及减少耐药性的产生。

2. 短期连续给药　此给药方法适用于快速增长的肿瘤，如绒毛膜上皮癌、霍奇金病等，一般相当于细胞增殖的1～2个周期(约5～14天)为一疗程，然后间隔2～3周重复疗程，可反复6～7个疗程。

3. 序贯给药　此给药方法是基于细胞周期增殖动力特点，根据肿瘤细胞群GF的高低，采用CCNSA与CCSA序贯应用的方法。此法可诱导G_0期细胞进入增殖期，增加肿瘤细胞对药物的敏感性，重复数个疗程可获得较好的疗效。

4. 同步化后给药　这是一种特殊的序贯给药方法。先使用作用于S期的CCSA药物，如羟基脲、Ara-C等，使细胞集中于G_1期，一旦药物作用解除，这些细胞同时进入S期，然后再使用作用于G_1期的药物，可提高疗效。

三、抗恶性肿瘤药的毒性反应

目前临床使用的绝大多数抗恶性肿瘤药物或多或少都有毒性反应，毒性反应已成为限制抗恶性肿瘤药物用量的关键因素，同时亦影响了患者的生命质量(quality of life)。

(一) 局部刺激性

某些抗癌药物注射时应防止外漏，如外漏可致局部红肿，疼痛，甚至溃烂。

(二) 血液系统的毒性

1. 骨髓抑制 大多数抗癌药物均可抑制骨髓及淋巴组织的细胞分裂，成为限制用量的因素。

2. 凝血障碍 抗肿瘤药除引起血小板减少症外，还有一部分可以导致凝血障碍，如普卡霉素，L-门冬酰胺酶。

3. 贫血及红细胞变化 贫血常为非限量性毒性，抗叶酸类可致巨幼红细胞血症，羟基脲亦常致巨幼红细胞血症，但常为非剂量依赖性，丝裂霉素可致溶血尿毒综合征。

(三) 消化系统毒性

1. 恶心、呕吐 抗肿瘤药物大多数能引起程度不同的恶心、呕吐。对同一药物来说，发生率及严重程度与剂量成正比，金属类(如顺铂)是目前致吐最剧者。

2. 消化道黏膜损害 表现为口炎、咽喉炎、胃肠黏膜水肿及炎症、腹泻甚至血便。严重者有生命危险。

3. 肝毒性 据报道，不少抗癌药物可引起肝静脉堵塞，若肝功能不良应适当减量。

(四) 皮肤及附属器的反应

大部分抗肿瘤药可引起皮肤及附属器反应，如荨麻疹、红斑、水肿、色素沉着症、皮疹、面部潮红、脱发。

多数抗恶性肿瘤的药物都能引起不同程度的脱发。在化疗时给患者带上冰帽，使头皮冷却，局部血管痉挛，减少药物到达毛囊而减轻脱发，停止化疗后头发仍可再生

(五) 其他毒性反应

抗肿瘤药物还可引起其系统的反应，如神经毒性、代谢性毒性、心脏毒性、肾和膀胱毒性、过敏反应等。另外，随着化疗的疗效提高，患者生存期的延长，一些新情况可能伴随发生，例如：可诱发第二原发恶性肿瘤，原因是一些抗恶性肿瘤药物(特别是烷化剂)具有致突变和致癌性以及免疫抑制作用；导致不育和致畸，这是因为许多抗恶性肿瘤药物特别是烷化剂可影响生殖细胞的产生和内分泌功能，产生不育和致畸作用。

Summary

- Anticancer therapy is aimed at killing dividing cells. Cells go through several cycles around cell division. DNA synthesis occurs during the S phase and the actual division takes place during the M phase.
- Drugs that kill cancer cells may be: (1) cell cycle-nonspecific agents that kill cells whether resting or actively cycling (e.g. alkylating agents, doxorubicin and allied anthracyclines); (2) cell cycle-specific agents that kill only cells that are actively cycling (often because their site of action is confined to one part of the cell cycle, e.g. antimetabolite drugs).
- Drug resistance to anticancer drugs is analogous to resistance to antimicrobials. Cancer cells already contain a mutation that allows unrestricted growth. They can also mutate in a way that makes them resistant to anticancer drugs.
- Drug combinations are frequently used for treatment of cancer. The drugs used together often target different phases of the cell cycle. This reduces the incidence of drug resistance. The adverse effects of anticancer drugs result from their effects on proliferating cells in the body, such as bone marrow toxicity, gastrointestinal toxicity, cardiotoxicity, pulmonary fibrosis and nervous systemic toxicity.

(陈正爱)

第八篇　其他治疗药物

第四十六章　作用于免疫系统的药物

案例 46-1

患者，男，43 岁。

主诉：因患慢性肾功能不全，于 2009 年 7 月 16 日进行同种异体肾移植术，术后恢复良好，应用环孢素、霉酚酸酯和泼尼松三联免疫抑制方案。10 月 18 日开始出现咳嗽、呼吸困难，遂入院治疗。

检查：胸片显示双肺感染；检测环孢素血药浓度峰值为 1600ng/ml。

诊断：肺部感染。

治疗：停用霉酚酸酯，改为低剂量环孢素联合雷帕霉素治疗，后检测环孢素血药浓度峰值为 1300ng/ml，给予亚胺培南、氟康唑和更昔洛韦三联抗感染治疗，持续吸氧维持血氧饱和度在 95%～99%，停用全部免疫抑制药后肺部感染仍未控制。病人数天后死亡。肺部感染期间，病人血肌酐一直在 60～100μmol/L。

问题：

1. 该病例发生肺部感染的原因何在？应如何处理？

2. 应用环孢素等免疫抑制药应注意什么问题？

第一节　概　　述

机体免疫系统是由参与免疫反应的各组织器官如胸腺、骨髓、淋巴结、脾脏、扁桃腺及分布在全身组织中的淋巴细胞、浆细胞等共同构成。免疫系统具有三种功能，即免疫防御（immunological defence）、免疫稳定（immunological homeostasis）和免疫监视（immunological surveillance）。免疫系统的组分及其正常功能是机体免疫功能的基础，任何因素的异常都可能导致免疫功能障碍。

一、免疫应答

免疫应答（immune response）是指机体免疫系统在抗原刺激下所发生的一系列变化，可分为三期，即感应期、增殖分化期和效应期。感应期是指巨噬细胞和免疫活性细胞对抗原的处理和识别阶段；增殖分化期是指免疫活性细胞被抗原激活后分化增殖并产生免疫活性物质；效应期是指淋巴细胞或抗体与相应靶细胞或抗原接触而发生细胞免疫或体液免疫过程。

二、免疫病理反应

正常的免疫应答在抗感染、抗肿瘤及抗器官移植排斥方面具有重要意义，免疫系统中任何环节发生异常都会导致免疫病理反应，包括变态反应（超敏反应）、自身免疫性疾病、免疫缺陷疾病、肿瘤及移植排斥反应等。作用于免疫系统的药物通过影响免疫系统的一个或多个环节而发挥免疫抑制或免疫增强作用，从而达到防治免疫功能异常所致疾病的目的。

第二节　免疫抑制药

免疫抑制药（immunosuppressive agents）是一类具有免疫抑制作用的药物，临床主要用于器官移植的排斥反应和自身免疫性疾病，但只能缓解症状，无根治作用，且长期应用可诱发感染、恶性肿瘤或发生致畸作用。免疫抑制药大致分为以下几类：①钙调磷酸酶抑制药如环孢素、他克莫司等；②肾上腺皮质激素类如泼尼松、泼尼松龙等；③抗增殖与抗代谢类如硫唑嘌呤、环磷酰胺等；④抗体类如抗胸腺细胞球蛋白、莫罗单抗-CD3 等。

一、钙调激酶抑制药

环　孢　素

环孢素（cyclosporin），又名环孢素 A（cyclosporin A，CsA），是从真菌的代谢产物中分离得到含 11 个氨基酸的中性环多肽，现已能人工合成。

【体内过程】　环孢素可口服和静脉注射给药。

口服吸收慢且不完全，生物利用度为20%～50%，首关消除可达27%，单次口服后3～4小时血药浓度达峰值。在血液中约50%被红细胞摄取，4%～9%与淋巴细胞结合，约30%与血红蛋白结合，血浆中游离药物仅占5%左右，主要在肝脏代谢，自胆汁排出，有明显的肝肠循环，0.1%药物以原形经尿排出，$t_{1/2}$为24小时。

【药理作用】 选择性抑制细胞免疫和胸腺依赖性抗原的体液免疫。主要作用于以下环节：选择性抑制T细胞活化，使Th细胞数量明显减少，但对Ts细胞影响小；对B细胞的抑制作用弱，可部分抑制T细胞依赖的B细胞反应；对巨噬细胞和自然杀伤(NK)细胞的抑制作用不明显，但可通过干扰素(interferon-γ，INF-γ)的产生而间接影响NK细胞的活力。

【作用机制】 当抗原与Th细胞表面受体结合时，引起细胞内Ca^{2+}浓度增加，Ca^{2+}与钙调蛋白结合从而激活钙调磷酸酶，进而活化相关因子，调节IL-2、IL-3、IL-4、INF-γ和TNF-α等细胞因子的基因转录。环孢素进入淋巴细胞内与环孢素结合蛋白结合，进而与钙调磷酸酶结合形成复合体，抑制钙调磷酸酶的活性，从而抑制T细胞活化及相关基因的表达。此外，环孢素还可增加T细胞内转化生长因子(transforming growth factor-β，TGF-β)的表达，TGF-β对IL-2诱导的T细胞增殖有强大抑制作用，并抑制抗原特异性细胞毒性T细胞的产生。

【临床应用】 环孢素主要用于器官移植排异反应和某些自身免疫性疾病。

1. 器官移植 近年来主要用于肾、肝、心、肺、角膜、皮肤及骨髓移植，以防止排异反应，常单独应用。新的治疗方案主张环孢素与小剂量糖皮质激素联合应用。

2. 自身免疫性疾病 适用于其他药物无效的难治性自身免疫性疾病如类风湿关节炎、系统性红斑狼疮、银屑病、皮肌炎等。

3. 其他 治疗血吸虫病，还可防治某些植物病害如苹果腐烂病等。

【不良反应及用药注意】 环孢素的不良反应发生率较高，其严重程度与用药剂量、用药时间及血药浓度有关。

1. 肾毒性 肾毒性是该药最常见的严重不良反应，发生率约70%～100%。用药时应控制剂量，并密切监测肾脏功能，若血清肌酐水平超过用药前30%，应减量或停用。避免与有肾毒性药物合用，如氨基苷类抗生素、两性霉素B等。用药期间应避免食用高钾食物、高钾药品及保钾利尿药。严重肾功能损害、未控制高血压者禁用或慎用。

2. 肝毒性 多见于用药早期，表现为高胆红素血症，转氨酶、乳酸脱氢酶、碱性磷酸酶升高。大部分肝毒性病例在减少剂量后可缓解。应用时注意定期检查肝功能，严重肝功能障碍者禁用或慎用。

3. 神经系统毒性 长期应用可引起震颤、惊厥、癫痫发作、神经痛、瘫痪、精神错乱、共济失调、昏迷等，减量或停用后可缓解。

4. 诱发肿瘤 有报道长期应用环孢素的患者肿瘤发生率约为一般人群的30倍，以淋巴瘤和皮肤瘤多见，故应用时应注意定期体检，恶性肿瘤患者禁用。

5. 继发感染 长期用药可引起病毒感染、肺孢子虫属感染或真菌感染，病死率高。治疗中如出现上述感染应及时停药，并进行有效的抗感染治疗。感染未控制患者禁用。

6. 其他 如胃肠道反应、嗜睡、乏力、震颤、过敏反应、齿龈增生、多毛症、闭经等。对本品过敏者、孕妇和哺乳期妇女禁用。

【药物相互作用】 下列药物可影响本品血药浓度，应尽量避免联合应用，必须合用时则应严密监测环孢素血药浓度并调整其剂量。

增加环孢素血药浓度的药物：大环内酯类抗生素、多西环素、酮康唑、口服避孕药、钙拮抗药、大剂量甲泼尼龙等。

降低环孢素血药浓度的药物：苯巴比妥、苯妥英、安乃近、利福平、异烟肼、卡马西平、二氧萘青霉素、甲氧苄啶及静脉给药的磺胺异二甲嘧啶等。

他克莫司

他克莫司(tacrolimus)，又名FK506，是日本学者于1984年从筑波山土壤链霉菌属分离而得，其化学结构属23元大环内酯类。

【体内过程】 可口服或静脉注射给药。口服吸收快，生物利用度约25%，达峰时间1～2小时，$t_{1/2}$为5～8h，99%经肝脏代谢后排出体外。

【药理作用】 作用与环孢素相似，通过与细胞内结合蛋白(FK506 binding protein，FKBP)结合形成复合物而抑制IL-2基因转录，产生强大的免疫抑制作用。

【临床应用】 用于防治器官移植排异反应，其存活率及抗排异时间优于环孢素；也可用于治疗自身免疫性疾病，对类风湿关节炎、肾病综合征等有一定疗效。

【不良反应】 与环孢素大致相似。肾毒性及神经毒性发生率更高，而多毛症的发生率较低，也可引起胃肠道反应、高血糖、高脂血症等，大剂量对生殖系统产生毒性。

二、肾上腺皮质激素类

肾上腺皮质激素类(adrenocortical hormones)免疫抑制药，常用泼尼松、泼尼松龙和地塞米松等，其作用广泛而复杂，本章从免疫抑制药的角度予以介绍。

【药理作用】 作用于免疫反应的各期，抑制免疫反应的多个环节。与环孢素相似，肾上腺皮质激素主要通过抑制 IL-2 基因转录从而抑制 T 细胞的克隆增殖发挥作用；还可抑制 AP-1 等转录因子的活性，抑制免疫反应诱导及效应期 INF-γ、TNF-α、IL-1 等多种细胞因子基因表达。

现已证明，糖皮质激素对各种免疫因子的抑制作用源于许多组织细胞的胞质中含有与糖皮质激素特异性结合的受体。这些受体是可溶性单链多肽组成的磷蛋白，糖皮质激素与受体结合后引起受体活化，形成的糖皮质激素-受体复合物迅速进入细胞核内，后者与糖皮质激素反应成分(glucocorticoid response element，GRE)或负性糖皮质激素反应成分(negative glucocorticoid response element，nGRE)结合，再通过与其他转录因子相互作用，影响靶基因的表达，改变靶组织蛋白合成。

【临床应用】 20 世纪 60 年代，肾上腺皮质激素类药物是治疗器官移植排异反应的主要免疫抑制药。目前，糖皮质激素类药物作为综合治疗的药物之一，用于器官移植排异反应、自身免疫疾病和过敏性疾病，但只能缓解症状，且停药后易复发。

1. 防治器官移植的排异反应 糖皮质激素用于肾、肝、心、肺、角膜和骨髓等组织器官的移植手术，以防止排异反应。糖皮质激素用于抗慢性排异反应时，常将泼尼松与环孢素、硫唑嘌呤等其他免疫抑制药合用，于器官移植前 1～2 天开始给药。用于抗急性排异反应时，多采用甲基泼尼松龙大剂量给药。若与环孢素等免疫抑制药合用，疗效更好，并可减少两者的剂量。

2. 治疗自身免疫性疾病 糖皮质激素类药物是治疗多发性皮肌炎、重症系统性红斑狼疮的首选药，对严重风湿热、风湿性心肌炎、结节性动脉周围炎、风湿性及类风湿性关节炎、自身免疫性贫血和肾病综合征等，一般采用综合疗法，若单独应用易引起毒性反应。

3. 治疗过敏性疾病 对于血清病、过敏性鼻炎、支气管哮喘、荨麻疹、过敏性休克、湿疹、输血反应、血管神经性水肿和过敏性血小板减少性紫癜等，主要应用抗组胺药和肾上腺素受体激动药。对严重病例或其他药物无效时，可用肾上腺皮质激素辅助治疗，以抑制抗原-抗体反应引起的组织损害性炎症反应。

【不良反应】 肾上腺皮质激素作为免疫抑制药，其主要不良反应是诱发感染，也可引起糖尿病、消化性溃疡、类肾上腺皮质功能亢进症和医源性肾上腺皮质萎缩等。

三、抗增殖与抗代谢类

雷帕霉素

雷帕霉素(rapamycin，Rapa)又称西罗莫司(sirolimus)是从 Easter 岛土壤吸水链霉菌中分离出来的一种抗真菌抗生素，其结构属于 31 元大环内酯类，呈白色结晶状，熔点为 183～185℃，难溶于水。1988 年发现 Rapa 具有免疫抑制作用，单独或与环孢素合用，能延长移植物的存活时间。

【体内过程】 口服给药吸收迅速，血药浓度达峰时间约 1h，生物利用度约 15%，高脂饮食可减少吸收。血浆蛋白结合率约 40%，经 CYP3A4 代谢，由粪便和尿液排泄。对于肾移植后肾功能稳定的患者，多次给药后血浆 $t_{1/2}$为 62 小时。

【药理作用】 与胞质内他克莫司结合蛋白(FKBP)结合形成复合物，抑制 T 细胞和 B 细胞活化。还可抑制 IL-2 和 INF-γ 的生成，并抑制膜抗原的表达，抑制 IL-2 和 IL-4 及生长因子诱导的成纤维细胞、内皮细胞、肝细胞和平滑肌细胞等增殖，阻断 IL-2 与 IL-2 受体结合后的信号转导。

【临床应用】 用于多种器官和皮肤移植引起的排异反应，尤其对慢性排异反应疗效更佳。与环孢素合用有协同作用，能延长移植物的存活时间，并减轻环孢素的肾毒性。由于与他克莫司作用的路径不同，故二者合用有协同作用。

【不良反应】 可引起厌食、呕吐、腹泻，严重者可出现消化性溃疡、间质性肺炎和脉管炎。联合用药和监测血药浓度是减少不良反应并发挥最大免疫抑制作用的有效措施。

霉酚酸酯

霉酚酸酯又名麦考酚吗乙酯(mycophenolate mofetil，MMF)，是一种真菌抗生素的半合成衍生物，具有独特的免疫抑制作用和较高的安全性。

【体内过程】 口服易吸收，生物利用度约 94%，达峰时间约 1 小时，在体内迅速水解为活性代谢产物霉酚酸(mycophenolic acid，MPA)，MPA 的血浆蛋白结合率高达 98%，只有少量游离型 MPA 发挥生物学活性。MPA 经肝脏葡萄糖醛酸转移酶转化为无活性的 MPA-葡萄糖醛酸酐，绝大部分经胆汁排入肠道，在小肠细菌作用下重新转化为 MPA 后再次被吸收，形成肝肠循环，约 10～12 小时出现第二次血药浓度高峰，$t_{1/2}$为 16～17 小时，MMF 代谢后主要经肾排泄。

【药理作用】 霉酚酸酯口服后在体内迅速水解为活性代谢产物 MPA，MPA 通过可逆性地抑制肌苷-磷酸脱氢酶(inosine monophosphate dehydrogenase，IMPDH)的活性而阻止鸟嘌呤核苷酸的合成，从而发挥免疫抑制作用。其主要作用包括：抑制 T 细胞和 B 细胞的增殖和抗体生成，抑制细胞毒性 T 细胞的产生；能快速抑制单核巨噬细胞增殖，减轻炎症反应；减少细胞黏附分子，抑制血管平滑肌细胞增生。

【临床应用】 临床主要用于肾脏和心脏移植，对银屑病、类风湿关节炎、系统性红斑狼疮和血管炎等也有一定疗效。此外，尚用于预防卡氏肺囊虫感染。

【不良反应及用药注意】 MMF最大的优点是无明显的肾脏和肝脏毒性，其常见的副作用为胃肠道症状、血液系统损伤、机会感染和诱发肿瘤。胃肠道症状如恶心、呕吐、腹泻等，通过减少剂量可以缓解；血液系统损伤包括贫血和白细胞减少，通常发生在用药30～120天，多为轻度，停药后大多可以缓解；动物试验表明MMF有致畸作用。

【药物相互作用】 含氢氧化铝或氢氧化镁的抗酸药可影响MMF吸收，降低其生物利用度；大剂量呋塞米和阿司匹林可使血浆游离型MPA水平升高；考来烯胺及其他改变肠肝循环的药物可降低MPA的血浆浓度；肾移植患者MMF与磺吡酮合用可增加MPA的毒性，应予注意。建议不与硫唑嘌呤合用。

环磷酰胺

环磷酰胺（cyclophosphamide，CTX）是一种常用的烷化剂，为氮芥和磷酸胺基结合而成的化合物。

【药理作用】 CTX的免疫抑制作用强而持久。不仅杀伤增殖期淋巴细胞，而且影响某些静止细胞，使循环中的淋巴细胞数目减少；选择性作用于B淋巴细胞，对T细胞作用较弱；明显降低NK细胞活性，从而抑制初次和再次体液与细胞免疫反应。但在免疫抑制药量下不影响已活化的巨噬细胞。

【临床应用】 用于防止移植排异反应与移植物抗宿主反应和长期应用糖皮质激素不能缓解的多种自身免疫性疾病，也常用于治疗恶性淋巴瘤等恶性肿瘤。此外，还可用于治疗流行性出血热，以减少抗体产生，减轻免疫复合物引起的病理损伤，从而阻止病情发展。

【不良反应】 常见的不良反应有骨髓抑制、恶心、呕吐、脱发等。大剂量应用可引起出血性膀胱炎，偶见肝功能损害。

硫唑嘌呤和甲氨蝶呤

硫唑嘌呤（azathioprine，Aza）、甲氨蝶呤（methotrexate，MTX）为抗代谢药，其中Aza最常用。二者药物通过干扰嘌呤代谢的各个环节，抑制嘌呤核苷酸合成，进而抑制细胞DNA、RNA及蛋白质合成，发挥抑制T、B淋巴细胞及NK细胞的效应，因而能同时抑制细胞免疫和体液免疫反应，但对巨噬细胞的吞噬功能无影响。主要用于肾移植排异反应和类风湿关节炎、系统性红斑狼疮等多种自身免疫性疾病的治疗。最主要的不良反应为骨髓抑制，也可引起恶心、呕吐、口腔食道溃疡、肝损害等毒性反应，用药时应注意监测血象和肝功能。

来氟米特

来氟米特（leflunomide）是一种具有抗增殖活性的异恶唑类免疫抑制药。口服吸收后，在肠道和肝脏迅速转化成活性代谢产物抑制二氢乳酸脱氢酶，阻断嘧啶的从头合成途径，从而影响DNA和RNA合成。其作用主要包括：选择性抑制活化的T细胞功能；阻断活化的B细胞增殖，减少抗体生成；还有明显的抗炎作用。其半衰期较长，约9天，血药浓度稳定，生物利用度较高。临床主要用于治疗类风湿性关节炎、器官移植排异反应及其他自身免疫性疾病。不良反应较少，主要有腹泻、可逆性转氨酶升高、皮疹等。

四、抗　体　类

抗胸腺细胞球蛋白

抗胸腺细胞球蛋白（antithymocyte globulin，ATG）系用人的胸腺细胞免疫动物得到的制品。

【药理作用】 ATG含有细胞毒性抗体，能与人T淋巴细胞结合，在血清补体的参与下，使外周淋巴细胞裂解，对T、B细胞均有破坏作用，但对T细胞的作用较强或封闭淋巴细胞表面受体，使受体失去识别抗原的能力。能非特异性抑制细胞免疫反应（如迟发型超敏反应、移植排异反应等），也可抑制抗体形成（限于胸腺依赖性抗原）。能有效抑制各种抗原引起的初次免疫应答，对再次免疫应答作用较弱。在抗原刺激前给药作用较强。

【临床应用】 临床用于防治器官移植的排异反应，与硫唑嘌呤或肾上腺皮质激素等合用预防肾移植排异反应，可延缓排异反应，减少皮质激素用量，提高器官存活率。临床还试用该药治疗白血病、多发性硬化、重症肌无力、溃疡性结肠炎、类风湿关节炎、系统性红斑狼疮等疾病。

【不良反应及用药注意】 常见的不良反应有寒战、发热、血小板减少、关节疼痛和血栓性静脉炎等，静脉注射可引起血清病及过敏性休克，还可引起血尿、蛋白尿，停药后消失。如重复肌内注射，肌注部位可发生剧烈疼痛，采用少量多次深部肌注可减少该副作用，或加用局部麻醉药，也可用理疗、超声波按摩等加速该药的分布及缓解疼痛。长期应用可使机体的免疫监视功能降低。注射前须做皮肤过敏试验，过敏体质或过敏性疾病者禁用，有急性感染者慎用。

莫罗单抗-CD3

莫罗单抗-CD3（muromondb-CD3，Orthocline OKT3，OKT3）是鼠单克隆抗体，其免疫抑制作用强于多克隆抗体（如抗胸腺细胞球蛋白）。

【药理作用】 通过与T细胞表面的CD3糖蛋白结合，并阻断抗原与抗原识别物结合，或活化T细胞，诱导细胞因子释放，从而抑制T细胞参与的免疫反应，抑制器官移植排异反应。

【临床应用】 临床主要用于防止肝、肾、心脏移植时的排异反应，特别是急性排异反应；也可用于骨髓移植前从供体骨髓中清除T细胞。可与环孢素、肾上腺皮质激素类合用。

【不良反应】 常见不良反应有细胞因子释放综合征、类变态反应、中枢神经毒性和因免疫抑制引起的副作用。细胞因子释放综合征常在初始剂量时产生，临床症状可从感冒样症状直至休克样反应，用药前预先应用大剂量的皮质激素可以减轻；类变态反应的发生与细胞因子释放有关，多发生于给药后1～4小时；中枢神经毒性表现为癫痫、脑病、脑水肿、无菌性脑膜炎、头痛等；其免疫抑制的副作用为诱发感染（多为病毒感染）和肿瘤（常见淋巴细胞增殖性病变和皮肤癌）。

第三节 免疫增强药

免疫增强药（immunopotentiating agents）是一类能增强机体免疫应答的药物，主要用于免疫缺陷病、慢性感染和肿瘤的辅助治疗。免疫增强药种类繁多，主要包括以下几类：①增强巨噬细胞功能的药物如卡介苗等；②增强细胞免疫功能的药物如左旋咪唑、转移因子及其他免疫核糖核酸、胸腺素等；③增强体液免疫功能的药物如丙种球蛋白等。

卡 介 苗

卡介苗（bacillus calmette-guerin vaccine，BCG，结合菌苗）是牛结核杆菌的减毒活菌苗，为非特异性免疫增强药。

【药理作用】 卡介苗具有免疫佐剂作用，能增强与之合用的各种抗原的免疫原性，加速诱导免疫应答，提高机体细胞和体液免疫功能。其作用环节包括：增强巨噬细胞的吞噬功能，促进IL-1产生，促进T细胞增殖，增强抗体反应和抗体依赖性淋巴细胞介导的细胞毒性，增强NK细胞的活性。给动物预先或早期应用卡介苗，可阻止自发、诱发或移植肿瘤的生长，使部分肿瘤消退，瘤内注射或向引流的淋巴结内注射效果较好，其抗肿瘤机制尚未阐明。

【临床应用】 除用于预防结核病外，主要用于肿瘤的辅助治疗，常用于恶性黑色素瘤、白血病及肺癌，也用于治疗乳腺癌、消化道肿瘤，可延长患者的存活期。近年来，也用于膀胱癌术后灌洗，可预防肿瘤复发。

【不良反应】 接种部位红肿、溃疡，亦可引起寒战、高热、全身不适等；瘤内注射偶致过敏性休克或肉芽肿性肝炎；严重免疫功能低下的患者，可出现播散性BCG感染；剂量过大，可降低免疫功能，甚至促进肿瘤生长。

左 旋 咪 唑

左旋咪唑（levamisole，LMS）是一种口服有效的免疫调节药。

【体内过程】 口服易吸收，主要在肝脏代谢，原形经肾脏排泄的比例不到口服量的5%。该药及其代谢产物的 $t_{1/2}$ 分别为4小时和16小时，但单剂的免疫调节作用往往可持续5～7天，故临床常采用每周一次的治疗方案。

【药理作用】 对免疫功能正常的人或动物几乎不影响抗体的产生，但对体液免疫功能低下者，可促进抗体的生成；能使低下的细胞免疫功能恢复正常，如增强或恢复免疫功能低下或缺陷者的迟发型皮肤过敏反应，促进植物血凝素（PHA）诱导的淋巴细胞增殖反应等；增强巨噬细胞和中性多形核粒细胞的趋化和吞噬功能。其机制可能与降低淋巴细胞和巨噬细胞内cAMP水平、提高cGMP水平有关。

【临床应用】 主要用于免疫功能低下或缺陷患者，以增强机体抗病能力；也用于恶性肿瘤的辅助治疗，可提高疗效，减少复发或转移，延长缓解期；还可用于改善自身免疫性疾病如类风湿关节炎、系统性红斑狼疮等免疫功能异常症状。

【不良反应】 不良反应发生率较低（<5%），主要有消化道、神经系统反应（如头晕、失眠）和变态反应（如荨麻疹）。长期连续用药时，可出现粒细胞减少症，停药后可恢复。偶见肝功能异常。肝炎活动期患者禁用。

白细胞介素-2

白细胞介素-2又称T细胞生长因子（interleukin-2，IL-2），是Th细胞产生的细胞因子，现已能应用基因工程生产，称人重组白细胞介素-2。

【药理作用】 与相应细胞的IL-2受体结合后，诱导Th、Tc细胞增殖；激活B细胞产生抗体，活化巨噬细胞；增强NK细胞和淋巴因子活化的杀伤细胞活性，诱导干扰素的产生。

【临床应用】 主要用于治疗黑色素瘤、肾细胞癌、何杰金淋巴瘤等，可控制肿瘤发展，缩小瘤体及延长生存时间。试用于治疗免疫缺陷病、自身免疫性疾病及抗衰老。

【不良反应】 较为常见。全身性反应如发热、寒战，胃肠道反应如厌食、恶心、呕吐等，神经系统症状如幻觉、妄想、定向障碍等，皮肤反应如弥漫性红斑等。

干 扰 素

干扰素（interferon，IFN）是一族可诱导的分泌糖蛋白，主要分为α、β、γ三类，是免疫系统产生的细胞因子。各种哺乳动物的细胞包括淋巴细胞、巨噬细胞或成纤维细胞均可因病毒感染或其他刺激而产生IFN。现已可采用DNA重组技术生产重组人干扰素。

【体内过程】 口服不吸收，常肌内或皮下注射。IFN-α吸收率约80%以上，IFN-β及IFN-γ的吸收率较低。一般在注射4～8小时后血药浓度达峰值。

IFN-γ吸收不稳定，全身给药后可分布至脑脊液、脑、眼和呼吸道分泌物，IFN-α干扰素不能透过血脑屏障；IFN-α、IFN-β和IFN-γ的血浆半衰期分别为2小时、1小时和0.5小时，主要在肝脏和肾脏代谢。

【药理作用】 干扰素具有抗病毒、抗肿瘤和免疫调节作用。IFN-α和IFN-β的抗病毒作用强于IFN-γ，其作用环节可能是蛋白质合成阶段。IFN-γ具有免疫调节作用，可调节抗体生成，增加或激活单核巨噬细胞的功能、特异性细胞毒作用和NK细胞的杀伤作用等。IFN对免疫应答的总效应与用药剂量和时间有关，小剂量增强细胞和体液免疫，大剂量则具有抑制作用。IFN的抗肿瘤作用在于其既可直接抑制肿瘤细胞的生长，又可通过免疫调节发挥作用。

【临床应用】 用于预防病毒感染性疾病，如呼吸道病毒感染、乙型肝炎、带状疱疹和病毒性角膜炎等；已试用于治疗肿瘤，对成骨肉瘤疗效较好，对多发性骨髓瘤、乳腺癌、肝癌及各种白血病有一定的辅助疗效，可改善患者的血象和全身症状。

【不良反应】 主要有发热、流感样症状、神经系统症状（如嗜睡、精神错乱）、皮疹及肝功能异常等。大剂量可致可逆性血细胞减少，以白细胞和血小板减少为主。注射局部可出现疼痛、红肿等。过敏体质、严重肝肾功能不全、白细胞及血小板减少者慎用。

转移因子

转移因子（transfer factor，TF）是从健康人的淋巴细胞或脾、扁桃体等淋巴组织提取的一种核酸肽，不被RNA酶、DNA酶及胰酶破坏，无抗原性。可将供体的细胞免疫信息转移给未致敏受体，使之获得供体样的特异性和非特异的细胞免疫功能，还可促进干扰素释放，其作用可持续6个月。但不转移体液免疫，不起抗体作用。

主要用于先天性和获得性细胞免疫缺陷病、免疫性血小板减少性紫癜、难治性病毒或真菌感染及肿瘤的辅助治疗，但对原发性淋巴细胞障碍、胸腺发育不全或T细胞活性完全缺失的患者单用无效。先天性低丙种球蛋白血症患者经TF治疗后，IgG的生成能得到改善。

TF不良反应较少，注射局部有酸、胀、痛感，个别病例出现风疹性皮疹、皮肤瘙痒，少数人有短暂发热。慢性活动性肝炎患者用药后可出现肝功能损害加重，然后逐渐恢复。

胸腺素

胸腺素（thymosin）是从胸腺分离得到的一组活性多肽，少数已提纯，现已成功采用基因工程技术合成。能促使T淋巴细胞分化成熟，还可调节成熟T细胞的多种功能，从而调节胸腺依赖性免疫应答反应。主要用于治疗胸腺依赖性免疫缺陷病如艾滋病及某些自身免疫性疾病和肿瘤。少数人可出现过敏反应。

异丙肌苷

异丙肌苷（isoprinosine）为肌苷与乙酰基苯甲酸和二甲胺基异丙醇酯以1∶3∶3组成的复合物。具有免疫增强作用，可诱导T细胞分化成熟，并增强其功能；增强单核巨噬细胞和NK细胞活性，促进IL-1、IL-2和干扰素的产生，恢复低下的免疫功能；对B细胞无直接作用，但可增加T细胞依赖性抗原的抗体产生。此外，还有抗病毒作用。用于治疗病毒性感染如急性病毒性脑炎和带状疱疹等，疗效较佳；也用于治疗类风湿性关节炎，可迅速缓解症状；还可用于肿瘤的辅助治疗及改善艾滋病患者的免疫功能。不良反应少，安全范围较大。

依他西脱

依他西脱（etanercept）是由肿瘤坏死因子（tumor necrosis factor）受体的P_{75}的膜外区与人IgG的Fc段融合形成的二聚体。可皮下注射，血浆半衰期为115小时。依他西脱通过与血清中可溶性的TNF-α和TNF-β结合，而阻断TNF-α和TNF-β与细胞表面的TNF受体结合，抑制由TNF受体介导的异常免疫反应及炎症过程。主要用于治疗类风湿性关节炎。不良反应主要是局部注射的刺激反应，其他仍有待于进一步观察。

免疫核糖核酸

免疫核糖核酸（immunogenic RNA，IRNA）是动物经抗原免疫后从其免疫活性细胞（如脾细胞、淋巴结细胞）中提取的核糖核酸，作用类似转移因子，可以传递对某抗原的特异免疫活力，使未致敏的淋巴细胞转化为免疫活性细胞，传递细胞免疫和体液免疫。临床应用与转移因子相似，主要用于恶性肿瘤的辅助治疗，试用于治疗乙型脑炎和病毒性肝炎。

Summary

- The drugs described in this chapter can regulate the bodily immune function by influencing normal immune response or immunopathogen-ic response. Drugs that suppress the immune system are called immunosuppressive agents, and those that augment the immune response are immunopotentiating agents. Immunosuppressive agents are currently used in organ transportation and autoimmune disorders, while the major uses of immunopotentiating agents are in immunodeficiency disorders, chronic infectious diseases, and cancers.

- Most immunosuppressants act in the induction phase of the immunological response, reducing lymphocyte proliferation; some also inhibit aspects of the effector phase. The drugs used for immunosuppression can be divided into agents that: ①Calcineurin inhibitors (e. g. cyclosporine). ②Adrenocortical hormones (e. g. prednisone, Methylprednisolone). ③ Antimetabolites and antiproliferative drugs (e. g. azathioprine). ④Antibodies (e. g. muromondb-CD3).
- Immunopotentiating agents can modulate the immune response rather than suppress it. They can enhance macrophage function, cellular immunity, or humoral immune.

（王垣芳）

第四十七章 影响自体活性物质的药物

通常将前列腺素、组胺、5-羟色胺、白三烯和血管活性肽类(P物质、激肽类、血管紧张素、钠尿肽、血管活性肠肽、降钙素基因相关肽、神经肽Y和内皮素等)以及一氧化氮和腺苷等称之为自体活性物质(autacoids)。这些不同种类的物质具有不同的生理和药理活性,都不同程度参与各种生理和病理反应过程。作为一些重要生理和病理现象的重要组成部分,这为药物治疗提供了合理依据,它们的存在为使用药物拟似或拮抗其作用、或干预其合成或代谢,提供了治疗干预的各种各样的可能性。这些物质存在时间通常短暂,仅作用于其合成部位附近,常称之为局部激素(local hormones)。自体活性物质与循环激素不同,它是由许多组织而非特定内分泌腺产生的,不需由血液循环运送到靶器官发挥作用。本章所描述的药物包括天然的和人工合成的自体活性物质以及抑制某些自体活性物质或干扰其与受体相互作用的自体活性物质拮抗药。

第一节 组胺和抗组胺药

一、组　　胺

组胺(histamine)是由组氨酸经特异性的组氨酸脱羧酶脱羧产生,广泛分布于体内的具有多种生理活性的非常重要的自体活性物质之一(图47-1)。天然组胺以无活性形式(结合型)存在,在组织损伤、炎症、神经刺激、某些药物或一些抗原抗体反应条件下,以活性(游离)形式释放。在大多数组织中,肥大细胞是组胺的主要储存部位。组胺本身无治疗用途,但其拮抗药却广泛用于临床。

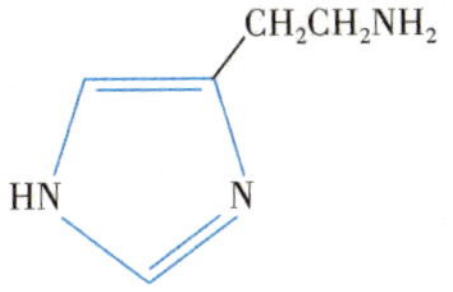

图47-1 组胺的结构

【药理作用及作用机制】 组胺一旦释放,与靶细胞膜的组胺受体结合产生生物效应,能对平滑肌和腺体起局部或播散的作用。组胺使许多平滑肌收缩,如支气管和肠平滑肌,但强有力地使另一些平滑肌松弛,其中包括细小血管的平滑肌。它对胃酸生成也是很强的刺激物。还有若干其他的作用,例如形成水肿和刺激感觉神经末梢。

目前已发现组胺受体有 H_1R、H_2R 和 H_3R 三种亚型。1966年Schild等将能被传统抗组胺药所阻滞的豚鼠平滑肌上的组胺受体称为 H_1R,而不被其阻滞的大鼠子宫和胃泌酸细胞上的组胺受体称为 H_2R,1983年Arrang等将存在于突触前膜的组胺受体命名为 H_3R。

1. 对心血管系统的作用 组胺对心血管系统的作用有剂量依赖性,而且种属差异性较大。组胺对较细血管产生特征性的扩张作用,结果引起潮红、总外周阻力降低和全身血压下降。此外,组胺有助于增加毛细血管通透性。

(1)对血管的影响:组胺激动血管平滑肌细胞 H_1R、H_2R,均能使血管扩张,回心血量减少。不同血管对组胺的敏感性、作用持续时间方面以及在机制方面存在差别。激动 H_1R 可使毛细血管扩张、通透性增加,引起局部水肿和全身血液浓缩。人类冠脉血管也有 H_1R、H_2R,两者功能平衡障碍可致冠状动脉痉挛。

注射大剂量组胺,可发生强而持久的降压,甚至发生休克。皮内注射小量组胺,可出现"三重反应":毛细血管扩张出现红斑;毛细血管通透性增加,在红斑上形成丘疹;最后,通过轴索反射致小动脉扩张,丘疹周围形成红晕。

(2)对心肌收缩性的影响:在人体及某些种属动物,组胺直接作用于心脏,影响收缩力和心电活动。组胺通过 H_2R 直接作用于腺苷酸环化酶,增加心肌细胞内cAMP水平,而产生正性肌力作用;但在豚鼠则表现为 H_1R 介导的负性肌力作用。近年研究还发现豚鼠心脏交感神经末梢上存在 H_3R,可能与反馈调节心交感神经末梢去甲肾上腺素的释放有关。

2. 对腺体的作用 组胺作用于胃壁细胞的 H_2R,激活腺苷酸环化酶,使细胞内cAMP水平增加,经过一系列生化反应最终激活 H^+-K^+-ATP酶,使胃壁细胞分泌胃液显著增加。组胺是强力的胃酸分泌刺激药,在尚不能引起心血管反应的小剂量下,便足以刺激胃腺分泌大量胃酸。H_2R 兴奋还可引起唾液、泪液、肠液和支气管腺体等分泌增加,但作用较弱。

3. 对血管以外平滑肌的作用 组胺使多种平滑肌表现兴奋收缩,很少松弛作用。收缩是由于激活 H_1 受体,而大部分松弛是由于激活 H_2 受体。组胺激动支气管平滑肌细胞 H_1R,使平滑肌收缩,引起呼吸困难,支气管哮喘者对此尤为敏感,健康人的支气管敏感性较低。对多种动物胃肠道平滑肌都有兴奋作用，以豚鼠回肠最为敏感，可作为组胺生物鉴定的标本。子宫平滑肌依动物的种属不同而敏感性各异，如人子宫不敏感，而豚鼠子宫收缩，大鼠子宫则松弛。

【临床应用】 组胺的实际应用限于用做诊断药物。组胺(磷酸组胺)被用于评价哮喘的非特异性支气管过敏性和在变应性皮肤试验期间用做阳性对照注射。

【不良反应及禁忌证】 常见不良反应有头痛、直立性低血压、颜面潮红等。支气管哮喘者禁用。

培他司汀

培他司汀(betahistine，抗眩啶)是组胺 H_1 受体激动药，具有扩张血管作用，可促进脑干和迷路的血液循环，纠正内耳血管痉挛，减轻膜迷路积水；还有抗血小板聚集及抗血栓形成作用。临床上用于：①内耳眩晕病，能减除眩晕、耳鸣、恶心及头痛等症状，近期治愈率较高；②多种原因引起的头痛；③慢性缺血性脑血管病。不良反应较少，偶有恶心、头晕等症状。溃疡病患者慎用，哮喘患者禁用。

(R)α-甲基组胺

(R)α-甲基组胺[(R)α-methylhistamine]是 H_3 受体激动药，有明显的立体结构选择性。对脑肥大细胞释放组胺有显著的抑制作用，但不影响脑肥大细胞和神经元中 5-HT 的分泌。

二、抗组胺药

案例 47-1

患者，女性，36 岁。

主诉：全身风团伴瘙痒 3 天，于 2006 年 1 月 18 日入院。

现病史：患者于 1 月 15 日食花蛤、鳝鱼后，1 月 16 日右上肢开始出现一红色丘疹，伴瘙痒，搔抓后皮疹增大呈风团样，并逐渐增多，扩散至全身，风团时隐时现，遂入院求治。

体检：神清，疲倦，全身泛发红色风团，痒痛不适，口干苦，咽痛。

专科检查：全身泛发红色风团，以头面及臀部为多，部分散在，部分融合成大片状，边界清楚，压之褪色，触之有灼热感，皮肤划痕征(+)。

辅助检查：Total IgE 升高，过敏原测试(+)。

诊断：急性荨麻疹。

问题：

1. 该疾病主要病理生理学机制与哪些细胞与炎症介质有关？

2. 组胺受体拮抗药对该疾病的治疗的药理学机制如何？

1920 年首次发现组胺是过敏性疾病的病理介质，1937 年发现组胺受体并由 Bovet 首先发现经典的抗组胺药(即 H_1受体阻断药)。迄今，已有“第一代抗组胺药”、“第二代抗组胺药”两代 50 余种 H_1 受体阻断药供临床应用。自从第一个 H_2 受体阻断药西咪替丁面市以来，相继开发了一批疗效高、副作用小的 H_2 受体阻断药如雷尼替丁、法莫替丁、尼扎替丁、罗沙替丁等，临床用于治疗消化道溃疡获得明显的疗效。

(一) H_1受体阻断药

所有 H_1受体阻断药是可逆性竞争组胺与 H_1受体相互作用的抑制药。组胺为乙基伯胺，而 H_1R 阻断药则具有与组胺分子类似的乙基叔胺结构，这是与组胺竞争结合受体的必需结构。常用的第一代药物如苯海拉明(diphenhydramine，苯那君)、异丙嗪(promethazine，非那根)、曲吡那敏(pyribenzamine，扑敏宁)、氯苯那敏(chlorpheniramine，扑尔敏)等，因对中枢活性强、受体特异性差，故有明显的镇静和抗胆碱作用，表现出“(困)倦、耐(药)、(作用时间)短、(口鼻眼)干”的缺点。为克服这些不足，第二代药物如西替利嗪(cetirizine，阿伐斯汀)、左卡巴斯汀(levocabastine，立复汀)及咪唑斯汀(mizolastine)等，具有①大多长效；②无嗜睡作用；③对喷嚏、清涕和鼻痒效果好，而对鼻塞效果较差的特点。第一、第二代 H_1受体阻断药的药理作用和临床应用基本相似，常用 H_1受体阻断药的比较见表 47-1。

【体内过程】 H_1受体阻断药口服或注射均易吸收，大部分在肝内代谢，代谢物从肾排出，药物以原形经肾排泄的甚少。口服后多数在 15～30 分钟起效，1～2小时作用达高峰，一般持续 4～6 小时，咪唑斯汀的 $t_{1/2}$长于 24 小时。阿司咪唑口服后达峰时间约 2～4h，排泄缓慢，且由于其去甲基代谢产物仍具有 H_1受体阻断活性，存在肝肠循环，故其 $t_{1/2}$ 可长达 10 天以上。有关这些药物在皮肤和黏膜中所达到浓度的信息现尚缺乏。然而，在使用某些长效 H_1受体阻断药后的 36 小时甚至更长的时间里，可显著抑制皮内注射组胺或变应原引起的反应，甚至当药物在血浆中的浓度降到很低时仍有作用。

【药理作用及作用机制】

1. 对平滑肌的作用 H_1受体阻断药抑制平滑肌对组胺的多数反应。对抗组胺对呼吸道平滑肌的收缩作用是容易用在体或离体实验证明的。例如，在豚鼠，很小量的组胺就可使它窒息死亡；但若给予 H_1受体阻断药，即使给予百倍于致死量的组胺，动物仍可存活下来。在血管平滑肌方面，H_1受体阻断药既抑制组胺的血管收缩作用，又在一定程度上抑制由内皮细胞上 H_1受体介导的较快的血管扩张作用。组胺拮抗药对组胺诱导的全身血压变化的影响与这些血管作用相平行。H_1受体阻断药有力地拮抗组胺增加毛细血管通透性和形成水肿、风团的作用。

表 47-1 常用 H_1 受体阻断药的比较

药物	持续(小时)	镇静催眠	防晕止吐	主要应用	单次剂量(mg)
乙醇胺类					
苯海拉明	4～6	+++	++	皮肤黏膜过敏、晕动病	25～50
茶苯海明	4～6	+++	+++	晕动病	25～50
吩噻嗪类					
异丙嗪	6～12	+++	++	皮肤黏膜过敏、晕动病	12.5～50
乙二胺类					
曲吡那敏	4～6	++		皮肤黏膜过敏	25～50
烷基胺类					
氯苯那敏	4～6	+		皮肤黏膜过敏	4
哌嗪类					
西替利嗪	7～10	+		皮肤黏膜过敏	10
哌啶类					
阿司咪唑	10(d)	－	－	皮肤黏膜过敏	10
其他					
阿伐斯汀	1.5	－	－	皮肤黏膜过敏	8～16
左卡巴斯汀	12	－	－	皮肤黏膜过敏	50μg 喷雾剂
咪唑斯汀	＞24	－	－	皮肤黏膜过敏、鼻塞	10

2. 对中枢的作用 此类药物多数可通过血脑屏障，可有不同程度的中枢抑制作用，尤以第一代药物苯海拉明和异丙嗪为甚，表现有镇静、嗜睡。中枢抑制作用产生的原因，可能是由于中枢 H_1 受体被阻断，拮抗了脑内源性组胺介导的觉醒反应之故。第二代药物阿司咪唑不易透过血脑屏蔽，故无中枢抑制作用；阿伐斯汀、左卡巴斯汀、咪唑斯汀等均无镇静、嗜睡的副作用。

3. 其他作用 苯海拉明、异丙嗪等具有阿托品样抗 M 胆碱受体作用，止吐和防晕作用较强，第二代 H_1 受体阻断药对 M 受体毫无作用。此外，咪唑斯汀对鼻塞尚具有显著疗效。

【临床应用】

1. 皮肤黏膜变态反应性疾病 H_1 受体阻断药对荨麻疹、过敏性鼻炎等疗效较好，可作为首选药物，现多用第二代 H_1 受体阻断药。对昆虫咬伤所致的皮肤瘙痒和水肿亦有良效。对血清病、药疹和接触性皮炎也有一定疗效。对支气管哮喘疗效差，对过敏性休克无效。

2. 晕动病、眩晕 H_1 受体阻断药常用于较轻的病例，抗晕动病应在乘车、乘船前 1 小时服用。也用于放射病等引起的呕吐，常用苯海拉明和异丙嗪。

3. 镇静 某些具有明显镇静作用的 H_1 受体阻断药产生嗜睡的倾向已使其用作催眠药，对一些敏感病人可产生明显效果。苯海拉明的镇静和轻微抗焦虑活性已使其用作弱抗焦虑药物。

【不良反应】

1. 中枢神经系统 第一代药物多见镇静、嗜睡、乏力等中枢抑制现象，以苯海拉明和异丙嗪最为明显，驾驶员或高空作业者工作期间不宜使用。第二代 H_1 受体阻断药多数无中枢抑制作用。

2. 消化道反应 食欲不振、恶心、呕吐、上腹部痛以及便秘或腹泻等。

3. 其他反应 过敏反应，口服较少，多见于局部用药；偶见粒细胞减少及溶血性贫血。

(二) H_2 受体阻断药

H_2 受体阻断药的问世，进一步证明了内源性组胺在调节胃液分泌上的重要性。这类药物主要用于消化性溃疡的治疗，目前临床常用的有西咪替丁（cimetidine）、雷尼替丁（ranitidine）、法莫替丁（famotidine）、尼扎替丁（nizatidine）和罗沙替丁（roxatidine）等，已在本书抗消化性溃疡药章节介绍。

(三) H_3 受体阻断药

H_3 受体是一种新型组胺受体，广泛分布于中枢和外周神经末梢。它是一种突触前受体，在突触后也有分布，既能调节组胺的合成与释放，又能调节其他神经递质的释放，进而调节中枢和外周器官的活动。鉴于 H_3 受体与阿尔茨海默病、注意力缺陷多动症、帕金森病等神经行为失调有关，H_3 受体激动药能够损害大鼠的目标认识能力及被动避免反应能力，而 H_3 受体阻断药则能改善大鼠的学习与记忆能力的研究发现，使得 H_3受体阻断药的应用前景看好。

第二节 5-羟色胺类和抗 5-羟色胺药

5-羟色胺（5-hydroxytryptamine，5-HT），又名血清素（serotonin），既是中枢神经系统中的一种神经递质，也是调节血小板、心血管平滑肌和胃肠道平滑肌功能的调质（图 47-2）。作为自体活性物质，约 90%合成和分布于肠嗜铬细胞，通常与 ATP 等物质一起储存于细胞颗粒内。在刺激因素作用下，5-HT从颗粒内释放、弥散到血液，并被血小板摄取和储存，储存量约占全身的 8%。5-HT 作为神经递质，主要分布于松果体和下丘脑，可能参与痛觉、睡眠、体温等生理功能的调节。中枢神经系统 5-HT含量及功能异常可能与精神病、偏头痛等多种疾病的发病有关。

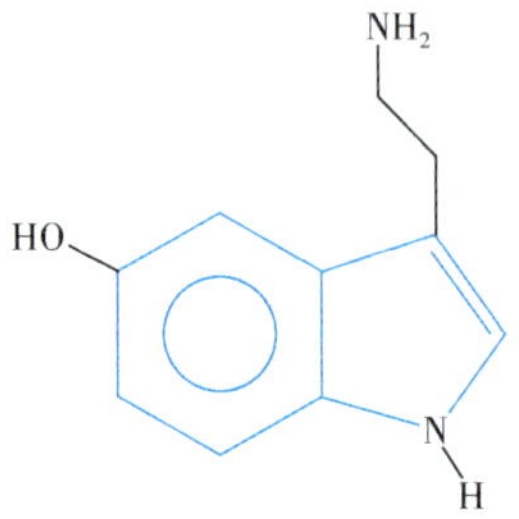

图 47-2 5-HT 结构

5-HT 必须通过相应受体的介导方能产生作用。5-HT 受体分型复杂，已发现 7 种 5-HT 受体亚型，大部分是 G 蛋白耦联受体，仅 5-HT_3受体与配体门控性离子通道有关。但迄今对 5-HT_{5-7}受体亚型的特异性结合配体的认识尚不一致。5-HT 通过激动不同的 5-HT受体亚型，可具有不同的药理作用（表 47-2）。

表 47-2 5-HT 受体亚型

亚型	分布	主要效应	选择性激动药	选择性拮抗药
5-HT_{1A}	海马，中缝核	行为变化，降低血压	8-OH-DPAT	WAY100635
5-HT_{1B}	黑质，基底神经节	抑制递质释放	CP-93129	CR55562
5-HT_{1D}	皮层，脑动脉	收缩脑血管，感觉	舒马普坦	—
5-HT_{1E}	皮层，纹状体	抑制腺苷酸环化酶	—	—
5-HT_{1F}	皮层，海马	抑制腺苷酸环化酶	LY334370	—
5-HT_{2A}	外周血管，血小板，CNS	血管收缩，血小板聚集	α 甲基 5-HT	酮色林
5-HT_{2B}	胃底	肌肉收缩	α 甲基 5-HT	SB204741
5-HT_{2C}	脉络膜丛，黑质	激活磷脂酶 C	α 甲基 5-HT	美舒麦角
5-HT_3	极后区，孤束核	痛觉，呕吐反射	m-氯苯双胍	昂丹司琼
5-HT_4	上、下丘脑，海马	胃肠分泌，蠕动	BIMU 8	GR113808

注：“—”表示尚缺乏

5-HT 的主要作用是调节胃肠运动，它在肠嗜铬细胞和血小板储存和分泌。尽管体内 5-HT 大部分储存在外周，但它也是 CNS 内的一种神经递质。

1. 平滑肌 食物或高渗盐等引起的机械扩张可增加小肠 5-HT 的基础释放，传出迷走神经刺激也可引起 5-HT 基础释放的增加。刺激性冲动通过肠肌丛时，5-HT 可能起着不同的作用，引起兴奋。5-HT激动胃肠道平滑肌 5-HT_2受体、激动肠壁内神经节细胞 5-HT_4受体均可引起胃肠道平滑肌收缩，使胃肠道张力增加，肠蠕动加快；5-HT 尚可兴奋支气管平滑肌，哮喘病人对其特别敏感，但对正常人影响甚小。

2. 心血管系统 5-HT 作用于血管的典型反应是收缩血管，特别是内脏、肾、肺、脑血管。5-HT 导致多种受体亚型的激活，从而引起心脏多种反应：自律活动的兴奋或抑制，或占优势的 5-HT 引起的反射活动。因此，5-HT 对心脏的正性肌力和负性频率作用被同时产生的压力感受器和化学感受器的传入神经的兴奋活动减弱。5-HT 作用于迷走神经末梢引起 Bezold-Jarisch 反射导致严重心动过缓和低血压。5-HT局部抑制动脉，它是 EDRF 和前列腺素的释放以及交感神经释放阻断药去甲肾上腺素共同作用的结果。另一方面，5-HT 协同去甲肾上腺素、组胺引起的血管收缩，从而增强自身止血作用。

3. 神经系统 中枢神经系统的多种功能，如睡眠、认知、感觉、运动活动（motor activity）、压力调节、痛觉、欲望、性行为、激素分泌都受 5-HT 影响。动物侧脑室注射 5-HT 后，可引起镇静、嗜睡和一系列行为反应，并影响体温调节和运动功能。虫咬和某些植物的刺可刺激 5-HT 释放，作用于感觉神经末梢，引起痒、痛。

5-HT 本身尚无临床应用价值。

常见 5-HT 受体激动药与拮抗药

直接作用于 5-HT 受体的激动药的化学结构存在极大差异，具有多种药理学特性（表 47-3）。5-HT_{1A}

受体选择性激动剂有助于阐明受体在脑中的功能，由此促使了一系列新型抗焦虑药（如丁螺环酮）的产生。$5\text{-}HT_{1D}$受体选择性激动药，如舒马普坦（sumatriptan）具有独特的收缩脑内血管的作用。舒马普坦是第一个用于治疗偏头痛的 5-HT 受体激动药。同类药还有佐米曲普坦（zolmitriptan，ZOMIG）、那拉曲坦（naratriptan，AMERGE）及雷扎曲坦（rizatriptan，MAXALT），都选择性作用于$5\text{-}HT_{1D}$和$5\text{-}HT_{1B}$受体。选择性$5\text{-}HT_4$受体激动药已经开发或正开发为治疗胃肠功能紊乱的药物。

表 47-3　5-羟色胺能药物的主要作用和临床应用

受体	作用	药物	疾病
$5\text{-}HT_{1A}$	部分激动	丁螺环酮，依沙兆隆	焦虑症，抑郁症
$5\text{-}HT_{1D}$	激动	舒马普坦	偏头痛
$5\text{-}HT_{2A/2C}$	拮抗	二甲麦角新碱（methysergide），曲唑酮（trazodone），利培酮（risperidone，利培酮），酮色林（ketanserin）	偏头痛，抑郁症，精神分裂症
$5\text{-}HT_3$	拮抗	昂丹司琼（ondansetron）	化疗引起的呕吐
$5\text{-}HT_4$	激动	西沙必利（cisapride）	胃肠功能紊乱
5-HT 载体	抑制	氟西汀（fluoxetine），舍曲林（sertraline）	抑郁症，强迫观念与行为紊乱，恐慌，社会恐怖症，创伤后应激反应

第三节　二十碳烯酸类药物

磷脂膜可衍生两大类自体活性物质：一类是二十碳烯酸类（eicosanoids），来源于多不饱和脂肪酸（主要是花生四烯酸），包括前列腺素类（prostaglandins，PGs）、前列环素（PGI_2）、血栓素 A_2（TXA_2）和白三烯类（1eukotrienes，LTs）；另一类是修饰后的磷脂，目前主要以血小板活化因子（platelet activating factor，PAF）为代表，具有广泛、高效的生物活性，构成了庞大的化合物家族。

一、花生四烯酸的生物转化

PGs、LTs 类物质统称为二十碳烯酸是由于它们的前体物质都是含有三个、四个或五个键的 20 碳必需脂肪酸。其中在人体内含量最丰富的花生四烯酸（arachdonic acid，AA）是人体的一种必需脂肪酸。该脂肪酸含有 20 个碳原子，4 个双键，故属于 n6 系列的多不饱和脂肪酸（图 47-3）。它直接来自于食物或由食物中的亚油酸（9，12-十八碳二烯酸）转变而来。二十碳烯酸的生物合成主要取决于可利用的花生四烯酸的量。花生四烯酸主要在酰基水解酶如磷酯酶 A_2 和人血小板中二酰甘油酯酶的作用下从细胞脂质库中释放出来。各种物理、化学和内源性刺激物都能增加二十碳烯酸的生物合成。

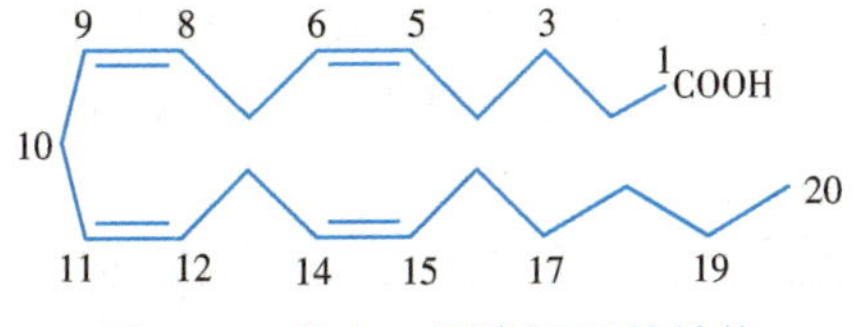

图 47-3　花生四烯酸（AA）的结构

细胞受到刺激时，细胞膜磷脂在磷脂酶 A_2（PLA_2）作用下释放出 AA 和 PAF，游离 AA 经两条途径被转化：①环氧酶（cyclooxygenase，COX）途径，AA 被催化生成前列腺素类（PGs）和血栓素类（thromboxans，TXs）；②脂氧酶（1ipoxygenase，LOX）途径，生成过氧化氢二十碳四烯酸、白三烯类（LTs）、羟化二十碳四烯酸和脂氧素（lipoxins，LXs）。其中 PGs 和 LTs 具有广泛的生物活性，参与了炎症、血栓形成和速发型过敏反应等多种病理过程，与心脑血管疾病、哮喘和休克等的发病有密切关系。AA 的生物合成和降解途径见图 47-4。

1. 环氧酶（COX）产物　前列腺素 E 和 D 系列是羟基酮类，而前列腺素 Fα 是 1，3-二醇类，它们是前列腺素环内过氧化物 PGG 和 PGH 的代谢产物。PGA、PGB 和 PGC 等不饱和酮类是在提取过程中由 PGE 经过非酶途径转变而来，它们都不是天然的生物产物。PGI_2 含有双环结构。血栓素类（TXs）含有一个六元环氧乙烷环代替前列腺素中的五元环。PGI_2 和 TXs 也都是 PGG 和 PGH 的代谢产物。根据侧链上的双键数可以再进一步分类，并可用下标 1、2 或 3 来表示其双键数或其前体物的类型。

前列腺素生成的各步都是在微粒体酶参与下完成的。合成途径中的第一个酶是环氧酶（COX）。该酶有两个异构体，环氧酶-1 和环氧酶-2，简写成 COX-1、COX-2，COX-1 在多数细胞里一直存在，而 COX-2 在正常情况下是不存在的，有些血清因子、细胞因子和生长因子能诱导其表达，而糖皮质激素如地塞米松则能抑制这些因子的诱导表达作用。

2. 脂氧酶（LOX）途径　5-LOX、12-LOX 和 15-LOX 三种脂氧酶催化生成不同的代谢产物，其中最重要的是 5-LOX 途径，可产生各种 LTs。5-LOX 在体

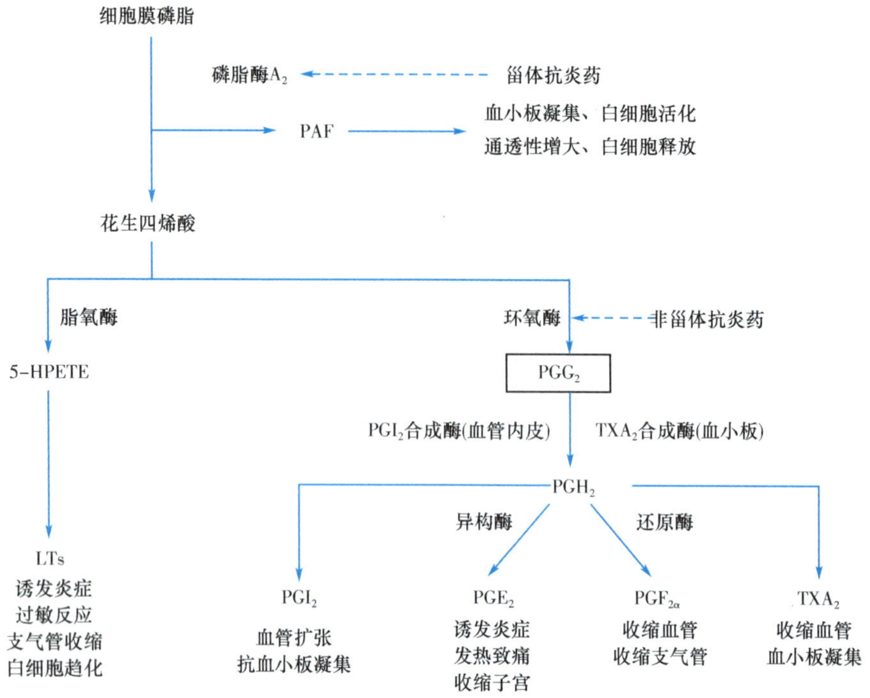

图 47-4　膜磷脂、花生四烯酸代谢途径及药物作用环节

内分布较局限，主要存在于白细胞、肺和气管等组织。LTs是一类具有三个共轭双键的无环碳羟酸，因其化学结构不同而分为LT_A、LT_B、LT_C、LT_D及LT_E等类。

二、前列腺素和血栓素

【药理作用】 前列腺素和血栓素的作用复杂多样，对血管、呼吸道、消化道和生殖器官平滑肌均有明显作用，对血小板、单核细胞、传出神经和中枢神经系统也有显著影响。

1. 心血管系统 PGEs具有扩张血管作用，包括小动脉、毛细血管前括约肌和毛细血管后小静脉，但大静脉不受PGEs的影响，在某些特定的部位也发现有血管收缩作用。PGD_2兼有血管扩张作用和血管收缩作用，但在多数血管(包括肠系膜血管、冠状血管和肾脏血管)床，低浓度的PGD_2主要表现为血管扩张作用。肺血管例外，PGD_2只能引起血管收缩作用。$PGF_{2\alpha}$是有效的血管收缩剂。

PGEs通常能使整体动脉血压下降，多数器官(包括心脏、肠系膜和肾脏)的血流量都有所增加，对某些高血压病人，上述效果更明显。PGEs和PGFs一般能使心排血量增加。静脉注射PGI_2能引起显著的血压下降，它的作用强度比PGE_2的强5倍，血压下降伴随着反射性的心率加快。

TXA_2是强效血管收缩剂，在体外能收缩血管平滑肌。对整体动物和离体血管床都有血管收缩作用。

2. 内脏平滑肌 PGFs和PGD_2收缩气管和支气管平滑肌，而PGEs则起松弛作用。TXA_2对支气管平滑肌起收缩作用。PGI_2在大多数物种中引起支气管舒张，人的支气管组织对其尤为敏感。人未孕子宫肌条能在PGFs和TXA_2的作用下收缩，在PGEs的作用下舒张，收缩反应在月经前最强，而舒张反应则在月经周期的中段最强。给孕妇静脉注射PGE_2或$PGF_{2\alpha}$可导致剂量依赖性子宫肌张力增强，并增加节律性收缩的频率和收缩力。PGs引起的子宫收缩反应越在妊娠后期越强，但远比催产素引起的收缩反应弱。PGEs和PGFs能使从胃到结肠的纵行肌收缩，PGFs还能使环行肌收缩，但PGEs使环行肌舒张。TXA_2和PGI_2能使胃肠道平滑肌收缩，但其作用弱于PGEs和PGFs。

3. 血小板 PGI_2和PGE_1能抑制人血小板聚集。PGI_2主要在血管内皮层产生，在体内能抑制血小板聚集并引起血管内抗血栓形成的作用。TXA_2是血小板聚集和血小板释放反应的强效诱导剂和生理介质。依赖于TXA_2生成的血小板聚集反应对阿司匹林的抑制作用敏感。

4. 中枢和外周神经系统 致热原使白细胞介素1(IL-1)释放，IL-1又可促进PGE_2的合成和释放。PGE_1和PGE_2特别是脑室给药，能使体温升高。多种动物，包括灵长类，脑室注入PGD_2可产生自然睡眠。PGE能促进生长激素、催乳素、甲状腺刺激素(TSH)、ACTH、卵泡刺激素(FSH)和黄体生成素(LH)的释放。

【临床应用】 PGs药物具有合成难、代谢快、作用广泛、易致不良反应等特点，部分合成PGs药已用于治疗心血管系统、消化系统和生殖系统疾病。

（一）作用于心血管 PGs 类药物

前列地尔

前列地尔（alprostadil，PGE_1）具有直接扩张血管作用和抑制血小板聚集作用，可增加血流量，改善微循环。后经肺循环迅速被代谢，经肾脏排泄，血浆 $t_{1/2}$ 为 5～10 分钟。PGE_1 与抗高血压药和血小板聚集抑制药有协同作用。阴茎注射用于诊断和治疗阳痿。不良反应有头痛、食欲减退、腹泻、低血压、心动过速、可逆性骨质增生和注射局部红肿热痛等。禁用于妊娠和哺乳期妇女。

依前列醇与依洛前列素

依前列醇（epoprostenol，PGI_2）具有明显的舒张血管和抑制血小板聚集作用，是最强的抗凝血药。PGI_2 的 $t_{1/2}$ 为 2～3 分钟，经肺循环时不被代谢。静脉滴注抗凝血作用可持续到停止滴入后数分钟，较高剂量[20μg/(kg · min)]可使聚集的血小板解聚。可替代肝素，用于体外循环和肾透析时防止血栓形成；尚可用于缺血性心脏病、多器官衰竭、外周血管病和肺动脉高压。依洛前列素（iloprost）是 PGI_2 的衍生物，作用和应用与 PGI_2 相同，但性质稳定。

（二）抗消化性溃疡的 PGs 类药物

PGs 在整个消化道均有分布，特别是胃和十二指肠含量较为丰富。人患溃疡病时，黏膜 PGs（主要是 PGE）含量或合成能力显著下降，特别是在溃疡急性期，胃体及胃窦黏膜以及胃液中 PGE 较正常显著减少，而在溃疡愈合时则升高。PGE 对胃黏膜有良好的保护作用，但作用时间短，副作用多。目前多用其结构类似物。

米索前列醇

米索前列醇（misoprostol）为 PGE_1 衍生物，能抑制基础胃酸分泌和组胺、五肽促胃液素等刺激引起的胃酸分泌。口服吸收迅速。用于治疗十二指肠溃疡和胃溃疡，治愈率与 H_2 受体阻断药近似，对 H_2 受体阻断药无效者也有效。对促进吸烟者的溃疡愈合有良好疗效。它不升高血清促胃液素水平，对防止溃疡复发较其他抗溃疡药更佳。

（三）PGs 类生殖系统药物

PGE_2 和 $PGF_{2\alpha}$ 药物及其衍生物可用于催产、引产和人工流产。地诺前列酮（dinoprostone，PGE_2）作为阴道栓剂催产药被批准应用于 2～3 个月妊娠的流产。卡前列素（carboprost，15-甲基-$PGF_{2\alpha}$）活性较 $PGF_{2\alpha}$ 高 10 倍，作用时间长、副作用小、安全简便，终止妊娠后能很快恢复月经和生育功能，对下丘脑-垂体-卵巢轴几乎无影响，主要用于终止妊娠和宫缩无力导致的产后顽固性出血。

三、白三烯及其拮抗药

白三烯

早在 1938 年，用眼镜蛇毒素灌注豚鼠肺组织时发现了一类可引起支气管收缩的物质，由于这类物质的作用缓慢而持久，故称之为过敏性慢反应物质（slow reacting substances-anaphylaxis，SRS-A），此后的一系列实验证实，所谓的 SRS-A 就是各种 LTs 与半胱氨酸结合形成的混合物（硫肽白三烯），包括 LTC_4、LTD_4、LTE_4、LTF_4。近年来，LTs 被公认为体内的重要炎症介质，在人体的多种疾病中起作用。

1. 呼吸系统　LTs 可引起支气管收缩、黏液分泌增加和肺水肿。LTC_4、LTD_4、LTE_4 对呼吸道都有强大的收缩作用，它们主要收缩小气道平滑肌，作用强度在体内和体外均为组胺的 1000 倍，且持续时间较长；LTA_4 和 LTB_4 则作用很弱。哮喘病人的哮喘症状的严重程度与血浆中 LTs 含量成正比。

2. 心血管系统　LTC_4 和 LTD_4 都能使人体血压下降，这一作用主要是循环血容量下降和心肌收缩力减弱的结果。心肌收缩力减弱主要与 LTs 引起的冠脉血流量显著下降有关。LTC_4 和 LTD_4 对多数大动脉和大静脉没有明显的影响，但它们在纳摩尔浓度下就能引起冠状动脉和远端肺动脉的收缩反应。LTs 对微循环血管有显著的影响，LTC_4 和 LTD_4 能作用于毛细血管后静脉的内皮层，引起血浆渗出，它们的这一作用比组胺强 1000 多倍。

3. 炎症与过敏反应　LTB_4 对单核细胞和巨噬细胞具有趋化作用，促进白细胞向炎症部位游走、聚集，产生炎性介质，释放溶酶体酶，在炎症反应中具有重要作用。LTC_4 和 LTD_4 使小动脉收缩，减低血流速度，减少肾小球滤过率；使小静脉扩张，微血管通透性增加，并与 PGs 有协同作用。因而 LTs 参与了多种炎性疾病的病理过程，与风湿性关节炎、肾小球肾炎、哮喘、缺血性心血管疾病、痛风、溃疡性膀胱炎发病有密切关系。

白三烯拮抗药

白三烯（LTs）受体组织分布广泛，但种属间差异较大，在许多组织和细胞中发现有 LTB_4 和半胱氨酰 LTC_4、LTD_4 受体。半胱氨酰的白三烯受体至少有两类，称为 *cys*LT_1 和 *cys*LT_2。白三烯受体与 G 蛋白耦联，激活该受体能增加细胞内 Ca^{2+} 浓度。

这些药物的研究大多数尚处于初始阶段，已发现的 LTs 拮抗药有：

1. 白三烯受体拮抗药　扎鲁司特（zafirlukast）和孟鲁司特（montelukast）是一类高选择性高亲和力的 *cys*LT_1 受体拮抗药，普鲁司特（pranlukast）是另一种

cysLT$_1$受体拮抗药，均主要用于哮喘的治疗。不良反应较少，极少患者出现嗜酸粒细胞增多症。扎鲁司特可使凝血酶原时间增加。

2. 白三烯合成抑制药 白三烯的生成取决于花生四烯酸被5-脂氧合酶的脂氧化作用；齐留通(zileuton)属铁离子干扰型5-脂氧酶(5-LOX)抑制药，预先口服齐留通600～800mg，4次/日，可预防或减轻支气管哮喘病人的发作，使严重病人的皮质激素用量明显减少。该药可减少茶碱稳态清除，使茶碱血药浓度升高。

第四节 一氧化氮及其供体与抑制药

一氧化氮(nitric oxide，NO)是近年来发现的一种新的细胞信使，其结构简单、半衰期短、化学性质活泼，广泛存在于生物体内各组织器官，由血管内皮细胞(EC)产生并释放，参与机体内多种生理及病理过程。

一、NO的合成

L-精氨酸(L-Arg)是合成NO的前体，一氧化氮合酶(nitric oxide synthase，NOS)是合成NO的关键酶。体内生物合成的反应式为：

$$\text{L-Arg} + O_2 \xrightarrow{\text{NOS}} \text{NO} + \text{胍氨酸}$$

在体内NO由L-Arg经NOS催化转变成L-胍氨酸的过程中产生，此过程由NADPH提供电子，由黄素腺嘌呤二核苷酸、四氢生物蝶呤、黄素单核苷酸及Fe^{2+}传递电子。NOS有多种异构体，根据酶的理化特性分为以下几种：诱生型NOS(inducible NOS，iNOS)，是一种NADPH依赖性酶，不依赖Ca^{2+}/调钙蛋白，主要分布在巨噬细胞、肥大细胞、中性粒细胞、成纤维细胞、肝细胞、胰细胞、胃肠黏膜、血管内皮细胞和平滑肌细胞。iNOS正常情况下不表达，当细胞受刺激时开始表达，催化L-Arg，引起NO大量、长时间释放，不仅能杀灭病原微生物和肿瘤细胞，还具有细胞毒作用，可造成组织细胞损伤。结构型NOS(constitutive NOS，cNOS)又分为内皮型NOS(endothelial NOS，eNOS)和神经元型NOS(neuronal NOS nNOS)，是NADPH依赖型酶，但它依赖于Ca^{2+}/调钙蛋白，eNOS主要分布在血管内皮和心肌内膜、血小板等组织中，nNOS主要存在于脑、脊髓等组织中。

内源性NO是一种含不成对电子的气体，具有高度脂溶性，易扩散通过细胞膜。其性质活泼、极不稳定，在有氧和水的环境中仅能存在数秒。NO与亚铁血红蛋白有很强的亲和力，因此在血液中，NO与血红蛋白结合形成亚硝酸盐血红蛋白失活。生理条件下NO与谷胱甘肽结合生成稳定的亚硝基谷胱甘肽，作为内源性NO载体；病理条件下(糖尿病、动脉硬化)血管内谷胱甘减少，内源性NO载体减少。某些药物(如：硝普钠、硝酸甘油、有机硝酸盐和亚硝酸盐等)可作为NO供体，可释放出NO。

精氨酸/NO通路可被L-精氨酸拟似物及其他化合物抑制，最常用的NOS抑制药为N^{ω}-单甲基-L-精氨酸(N^{ω}-monomethyl-L-arginine，L-NMMA)。

二、NO的作用和应用

NO与受体结合后，激活鸟苷酸环化酶，催化GTP生成cGMP，后者为第二信使分子，进一步刺激cGMP激酶，导致细胞内钙离子浓度下降，从而使血管平滑肌松弛，血管扩张，血压下降。

1. 舒张血管平滑肌 NO与内皮素保持动态平衡，共同调节血管张力，对维持正常血流与血压起重要作用。血管内皮细胞释放的NO，通过弥散作用于平滑肌细胞而引起血管平滑肌舒张；NO具有内皮细胞保护作用，可对抗缺血再灌对血管内皮的损伤。研究表明，妊娠高血压或先兆子痫患者的内皮细胞功能失调，血管内NO的含量降低。通过补充营养和提高L-精氨酸的水平来增加NO有一定疗效。NO能抑制血管内皮细胞合成胶原蛋白，抑制血管平滑肌细胞的增殖，有抑制血管损伤初期的血管平滑肌过度增生作用。

2. 神经系统 在中枢神经系统，NO作为神经递质或调质发挥作用，但NO的作用部位和性质尚不清楚。有资料表明，突触后释放的NO使突触前兴奋性谷氨酸释放，可能对脑发育和学习记忆发挥短时程或长时程的增强效应。高浓度的NO也可引起神经元退化。NO还参与一些行为调节以及维持与强化痛觉。在外周神经系统中NO有调节胃肠道、呼吸道等功能。在外周神经元释放的NO可使阴茎海绵体血管平滑肌舒张，引起阴茎勃起，NOS抑制药可抑制勃起反应。某些NO供体在治疗阳痿时有一定价值。

3. 其他 NO可抑制血小板黏附和聚集，减少血栓素A_2和生长因子的释放；抑制中性粒细胞与内皮细胞的黏附和血管平滑肌细胞增生；另外，NO还可作为抗氧化剂，抑制低密度脂蛋白的氧化，从而防止泡沫细胞的产生与动脉硬化形成。NO降低肺动脉压和扩张支气管平滑肌，吸入NO可对新生儿的肺动脉高压和呼吸窘迫综合征进行治疗，对成年呼吸窘迫综合征也有疗效。NO的不良反应还有待于评价。

第五节 血小板活化因子

血小板活化因子(platelet-activation factor，PAF)化学名称为1-O-烷基-2-乙酰基-S-甘油-3-磷酸胆碱，是一种强效生物活性磷脂，由白细胞、血小板、内皮细胞、肺、肝和肾多种细胞和组织产生。由于首先发现具有血小板聚集作用而命名。PAF 的前体物质是 1-O-烷基-2 酰基-甘油磷酸胆碱，这是一种以高浓度存在于多种细胞膜上的脂类，底物首先在磷脂酶 A_2 的作用下生成 1-O-烷基-2-溶血甘油磷酸胆碱（溶血 PAF）和游离脂肪酸（通常是花生四烯酸）。游离花生四烯酸进一步代谢生成 PGs 和 LTs，在溶血 PAF 乙酰转移酶和乙酰辅酶 A 的共同作用下，溶血 PAF 乙酰化生成 PAF，这是一步限速反应。抗原-抗体反应以及其他许多物质包括趋化因子、凝血酶、胶原、其他自体活性物质等都能刺激 PAF 的产生，PAF 本身也能促进其自身的合成。PAF 通过与靶细胞膜上的 PAF 受体结合而发挥作用，该受体属 G 蛋白耦联的受体家族，含 342 个氨基酸，有 7 个疏水的跨膜片段。其作用机制是通过激活磷脂酰肌醇、钙信使系统及相关蛋白激酶，使某些蛋白质发生磷酸化并产生广泛的生物学效应。

1. PAF 的生物效应　PAF 是由多种细胞在一定刺激下分泌出的一种磷脂，参与了临床多种疾病的病理生理过程。PAF 在动脉粥样硬化、血栓形成、缺血性心脑血管疾病、支气管哮喘、中毒性休克、肾脏疾病、变态反应、消化性溃疡等疾病的发病过程中具有重要作用。PAF 是强效血管扩张剂，静脉注射能降低外周血管阻力和整体动脉血压，是体外血小板聚集的强效诱导剂，能同时促进 TXA_2 的释放和血小板内颗粒的堆积。PAF 能刺激多形核白细胞聚集，释放 LTs 和溶酶体酶，产生超氧化物。PAF 是嗜酸粒细胞、中性粒细胞和单核细胞的趋化因子，能促进白细胞黏附于血管内皮细胞和血细胞渗出。PAF 通过其直接和间接的作用能收缩胃肠道、尿道平滑肌，增加自发性子宫收缩幅度，缩短静息平滑肌收缩期。PAF 还是已知的最强效的致溃疡剂。

2. PAF 拮抗药　PAF 通过与细胞膜受体结合发挥作用，PAF 受体拮抗药能阻止 PAF 与受体结合，因此对与 PAF 过量生成有关的疾病如哮喘、败血性休克等具有治疗意义。目前根据其来源，可分为天然和合成两大类，合成 PAF 受体拮抗药的化学结构类型繁多，主要是天然化合物的衍生物、含有季铵盐的 PAF 结构类似物和含氮杂环化合物三种；天然 PAF 受体拮抗药主要是一些萜类、木质素类等。银杏苦内酯 B（BN52021）是从银杏叶中提取出的一种萜内酯，临床研究表明，BN52021 对烧伤、顺铂诱导的肾毒性、多发性硬化、关节炎等具有治疗作用，对败血性休克效果尤好。天然化合物衍生的 PAF 受体拮抗药：以木脂素类化合物外拉樟桂脂素（veraguensin）为先导物，合成了一系列二芳基四氢呋喃类 PAF 受体拮抗药，其中最引人注目的是 MK287，它是一种强效的、特异性的且口服有效的 PAF 受体拮抗药。

第六节　多　肽　类

一、血管紧张素

肾素-血管紧张素系统（RAS）不仅是一个循环内分泌系统，而且在心脏、血管壁和肾上腺等组织以旁分泌、自分泌或胞内分泌的方式发挥重要作用。

肾素（renin）是一种天冬氨酰或酸性丝氨酸蛋白水解酶，血浆中肾素主要来自肾脏。血管紧张素原（angiotensinogen）为肾素的底物，主要在肝脏合成，由 14 个氨基酸组成：Asp-Arg-Val-Tyr-Ile-His-Pro-Phe-His-Leu-Leu-Val-Tyl-Ser。血管紧张素原经肾素水解形成血管紧张素Ⅰ（angiotensin Ⅰ，Ang Ⅰ）。Ang Ⅰ在血管紧张素转化酶（angiotensin converting enzyme，ACE）等酶作用下，代谢为血管紧张素Ⅱ（angiotensin Ⅱ，Ang Ⅱ），Ang Ⅱ由 8 个氨基酸组成：Asp-Arg-Val-Tyr-Ile-His-Pro-Phe，具有收缩血管、引起心血管病理性重构等广泛生物学作用。

血管紧张素转化酶抑制药（angiotensin converting enzyme inhibitor，ACEI）以及 Ang Ⅱ受体拮抗药的成功研制，已在抗充血性心力衰竭和抗高血压等方面得到了广泛应用。

二、激　肽　类

1. 激肽（kinin）分为缓激肽（bradykinin）和胰激肽（kallidin）两种　包括组织损伤、变态反应、病毒感染和其他炎症事件在内的各种因素可激发一系列蛋白裂解反应，在组织内产生缓激肽和胰激肽。这些肽类是自体活性物质，可作用于局部，产生疼痛，扩张血管，增加血管渗透性和合成前列腺素。缓激肽是一种九肽（Arg-Pro-Pro-Gly-Phe-Ser-Pro-Phe-Arg）。胰激肽在缓激肽的氨基端位置上有一个加上的赖氨酸残基（Lys-Arg-Pro-Pro-Gly-Phe-Ser-Pro-Phe-Arg），两种激肽都由激肽原的 α_2 球蛋白裂解而来。激肽原在激肽释放酶作用下生成激肽。缓激肽由血浆中高分子量激肽原（HMW）经血浆激肽释放酶催化裂解而成，主要存在于血浆中；胰激肽由组织中低分子量的激肽原（LMW）经组织激肽释放酶催化裂解而成，主要存在于组织、腺体。激肽生成后很快被组织或血浆中的激肽酶降解失活。激肽酶分为激肽酶Ⅰ和激肽酶Ⅱ两型，其中激肽酶Ⅰ存于血浆中，激肽酶Ⅱ（血管紧张素转化酶）同时存在于血和组织中。因此，激肽酶既可使激肽（血管扩张剂）失活，又可使血管紧张素（血管收缩剂）激活。

缓激肽和胰激肽具有类似的生物学作用。激肽是强致痛剂。当用于暴露的水疱底层时，引起强烈的、烧灼性疼痛。缓激肽激发第一级感觉神经元，使 P 物质、神经激肽 A 和调钙蛋白基因相关肽等神经肽类释放。激肽能扩张血管、收缩平滑肌和提高毛细血管通透性，其扩张心、肾、肠、骨骼肌和肝内血管的作用，比组胺强 10 倍。激肽可引起呼吸道平滑肌、子宫平滑肌和大多数胃肠平滑肌收缩，因此激肽是引起哮喘的因素之一。激肽还可促进白细胞的游走和聚集，为重要炎症介质之一。

激肽通过靶细胞膜表面的激肽受体 B_1 和 B_2 结合产生作用，其机制可能与激活 PLA_2，释出 AA，产生 PGs 及对靶组织的直接作用有关。

2. 影响激肽释放酶-激肽系统的药物

（1）激肽释放酶抑制药：抑肽酶（aprotinin）是一种提取自牛肺由 58 个氨基酸组成的天然蛋白酶抑制药，使激肽原不能形成激肽。此外，对胰蛋白酶、糜蛋白酶等蛋白水解酶也有抑制作用。抑制许多炎症反应、纤维蛋白溶解和心肺旁路手术后凝血酶产生过程的介质，包括激肽释放酶和胞质素。临床用于治疗急性胰腺炎、中毒性休克、心肺旁路手术。

（2）激肽受体拮抗药：艾替班特（icatibant），通过阻断 β_2 受体治疗支气管哮喘，已进入Ⅱ期临床试验，但尚无药物上市。NPC17731 也是一种选择性 β_2 受体拮抗药，主要用于镇痛研究。

三、钠　尿　肽

钠尿肽可分为心房钠尿肽（ANP）、脑钠尿肽（BNP）和 C 型钠尿肽（CNP），具有排钠利尿、舒张血管等作用。其中，ANP 可使肾小球滤过率增加，近曲小管 Na^+ 重吸收减少，具有很强的排钠利尿、舒张血管、降低血压的作用，并能抑制肾素、加压素和醛固酮的分泌。其机制与作用于 ANP 受体有关。ANP 与 ANP 受体结合，兴奋鸟苷酸环化酶，使 cGMP 增加而产生作用。

四、P　物　质

P 物质（substance P，SP）是一种由 11 个氨基酸组成的多肽，作用广泛。SP 具有强大的血管舒张作用，特别是对小动脉，从而产生显著的降压作用。与其他血管舒张药不同，SP 可收缩静脉血管；P 物质具有强烈的内脏平滑肌兴奋作用，引起支气管平滑肌强烈收缩和胃肠道及子宫平滑肌的节律性收缩；P 物质可刺激唾液分泌和排钠利尿；P 物质可刺激肥大细胞脱颗粒以及巨噬细胞合成、释放溶酶、LTC_4、PGD_2、TXB 等花生四烯酸代谢物。

五、内　皮　素

内皮素（endothelins，ETs）是由内皮细胞释放的 21 个氨基酸多肽，有 3 种异型体，分别称为 ET_1、ET_2、ET_3。ET_1 主要在内皮细胞表达，ET_2 主要在肾脏表达，ET_3 则多在神经系统和肾小管上皮细胞表达。ET 是至今发现的最强的缩血管物质，在体内外均可产生强而持久的血管收缩作用。

1. ET_S 的合成与受体　前内皮素原（preoro-ET）在内皮细胞合成后，在内肽酶作用下生成大内皮素，然后再在内皮素转化酶（endothelin converting enzyme，ECE）作用下生成 ETs。某些化学（凝血酶、肾上腺素）和机械（血流）因素通过影响 ETs 的合成过程来促进 ETs 的释放，ETs 的释放不是通过脱颗粒过程实现的。

ET 受体分为 2 种亚型：ET_A 受体、ET_B 受体。心肌和血管平滑肌（动、静脉）以 ET_A 受体为主；在肝、肾、子宫和脑以 ET_B 受体为主；肺和胎盘 2 种受体亚型表达都很高。ET 通过与 ET 受体作用产生广泛的生物学效应。

2. ETs 的生物学作用　①收缩血管作用：静脉给予 ET_1 先出现短暂降压，然后是持久的升压。ET_1 对冠状血管有极强的收缩力，给动物注入 ET_1 常导致心律失常而死亡。在重度原发性高血压、妊娠高血压、肺动脉高血压动物模型均发现血浆 ETs 浓度的升高，因此 ETs 可能与高血压的产生和维持有关。ET_S 的收缩血管作用可能还与其他心血管（心肌缺血、心肌梗死、脑血管（脑缺血、脑卒中）及肾功能衰竭等疾病有关。②促进平滑肌细胞分裂：ET_S 可促进血管平滑肌细胞 DNA 的合成，促进有丝分裂，增加血管平滑肌的增殖，从而促进动脉粥样硬化。研究发现，血浆 ET_S 浓度的高低与动脉粥样硬化灶的数目和动脉硬化病人的症状呈正相关。③收缩内脏平滑肌：ET_S 与支气管哮喘有密切关系。④正性肌力作用：增强心脏（心房肌、心室肌）收缩力作用强大持久，使心肌耗氧量增高，加重心肌缺血。

3. 内皮素拮抗药

（1）内皮素受体阻断药：可分为肽类及非肽类内皮素受体阻断药两种。①肽类内皮素受体阻断药：对 ET_1 的构效关系研究结果表明，ET_1 1-15 肽片段为非活性部分，而 ET_1 16-21 肽片段对受体结合和生物学效应都具有重要的意义。以此为模板合成了肽类内皮素受体拮抗药，包括：线性六肽类如 PD156252、TTA386，环肽类如 BE1827A、BQ162、TAKO44 及线性三肽类如 BQ788、BQ928、FR139371 等，因在体内代谢快，口服生物利用度低，多作为工具药使用；②大量肽类内皮素受体阻断药：基本克服了口服生物利用度低、代谢快的缺点，包括：羟丁内酯类 ET 受体拮抗药如 PD156707，磺酰胺 ET 受体拮抗药如 RO470203、BMS182874，芳基茚羧酸类 ET 受体拮抗药如 SB217242 及其他结构 ET 受体拮抗药如 CGS278300 等，正在进行临床试验，尚未上市。

（2）内皮素转化酶抑制药（ECE inhibitor，ECEI）：被认为是一类具有良好开发前景的心血管类药物，正在研究之中。

六、其　他

降钙素基因相关肽（CGRP）广泛存在于外周和中枢神经系统，作用于中枢产生抑制食欲和血压升高效应，作用于外周产生强大的血管舒张作用。神经肽 Y（NY）分布在外周和中枢神经系统，经常与 NA 一起存在于去甲肾上腺素神经元。作用于突触前，减少 NA 的释放；作用于突触后引起血管收缩。

第七节　腺苷与药理性预适应

缺血预适应作用（ischemic preconditioning）最初指心脏对缺血性损伤（ischemia injury，IR）的短暂的适应反应，这种适性反应表现在随后的长时间持续性缺血中细胞死亡的减轻，源于有报道认为反复短暂阻断冠状动脉可减小随后长时间缺血所致的心肌梗死体积。尽管诱发缺血性预适应的方法（反复阻断冠状动脉血流）很难应用于临床治疗，但缺血预适应的发生机制却蕴含着重要的临床意义。药理性预适应是在缺血预适应的基础上发展起来的，通过药物激发或模拟机体自身内源性保护物质而呈现的保护组织作用。它经过了从“缺血预适应—缺血预适应机制分析—药理性预适应”的发展过程。其中，腺苷/腺苷受体机制最为深入，被认为十分重要。

腺苷是一种局部的内分泌激素，广泛存在于身体各部。对心血管系统、神经系统及内分泌系统有调节作用。

腺苷通过腺苷受体发挥作用，腺苷受体可分为 A_1、A_{2A}、A_{2B}和 A_3 4 种亚型，其中 A_1、A_2受体与“预适应”关系最为密切。一般认为，A_1介导的作用与其心脏保护作用有关。A_2介导的作用则与冠状动脉血流的增加有关。

1. A_1受体　腺苷对心脏的作用主要是通过激动 A_1受体发挥的。A_1受体参与激活 K_{ATP}，K^+ 内流增加，使膜电位超极化，抑制 L 型 Ca^{2+} 通道的开放，使自律性降低，发挥抗心律失常和对缺血再灌注损伤的保护作用，其作用机制可能与下列因素有关：①激活百日咳毒素敏感性 G 蛋白（Gi），使与 Gi 耦联的 K_{ATP} 开放；②激活蛋白激酶 C（PKC）。

2. A_2受体　腺苷经 A_2受体介导对多数血管如冠脉血管的扩张作用，增加冠脉流量；其机制为激活腺苷酸环化酶，调节 NO 信号及血管平滑肌细胞 K_{ATP}。此外，A_2受体尚参与调节以下效应：①抑制内皮素释放，抑制血小板聚集；②抑制中性粒细胞激活；③减少超氧阴离子生成。

腺苷“预适应”的心肌保护机制目前认为主要是：①因 K_{ATP}阻断药格列本脲（glibenclamide，优降糖）可取消腺苷诱导的“预适应”效应，故腺苷/K_{ATP}被认为是重要机制之一；②因腺苷受体激动药甲氧明（美速胺）可使 5′-核苷酸酶活性增加，发挥“预适应”效应；而 5′-核苷酸酶抑制药可取消美速胺的心肌保护作用，因此认为腺苷的释放和 5′-核苷酸酶的激活是“预适应”的机制之一；③用利血平耗竭递质后，腺苷的“预适应”效应消失，因此认为去甲肾上腺素的释放及其对心肌细胞 α_1 受体的激动，是腺苷发挥“预适应”作用的重要途径。其他研究显示乙酰胆碱也介导了“预适应”效应。由此可见，机制是复杂的、多方面的。

应激、缺血缺氧等刺激诱导的预处理性保护作用也可用外源性的药物来诱导，这些药物包括与缺血性预处理产生相关的 K_{ATP}受体激动剂、腺苷受体激动剂、NO 供体、乙酰胆碱等。而一些与缺血性预适应机制无关的的物质甚至一些毒物，也能通过激发与缺血性预处理形成相关的因素来诱导缺血性预处理的形成，从而对心脏起保护作用。单磷酸酯 A（monophosphoryl lipid A，MLA）是一种内毒素的衍生物，其结构中含有内毒素的有效结构。研究表明，MLA 有较强的心脏保护作用，其机制可能与 K_{ATP}通道开放有关。3-硝基丙酸（3-nitropropionic acid，3-NPA）是一种由自然界植物和菌类产生的自然毒物。3-NPA 不仅能诱导心脏的预适应的形成，也能诱导脑的预适应的形成，其机制可能与自由基产生及蛋白合成有关。

Summary

- Histamine is an endogenous substance that is widely distributed throughout the body. The action of histamine is mediated through three receptors, H_1, H_2 and H_3. Intestinal and bronchial smooth muscles contain mostly H_1 receptors. Gastric secretion is mediated by H_2 receptors. H_1 receptor antagonists (such as diphenhydramine, chlorpheniramine, loratadine) competitively block H_1 receptor and are used to treat cases of allergic rhinitis, motion sickness, and sometimes induce sleep. H_2 receptor antagonists (such as cimetidine, famotidine) competitively inhibit histamine actions at all H_2 receptors, but their main clinical use is as inhibitors of gastric acid secretion for peptic ulcer and reflux esophagitis.

- The main effects of serotonin (5-HT) are neural inhibition and vasoconstriction. 5-HT receptor agonists are used in clinical conditions associated with disturbed 5-HT function including migraine, carcinoid syndrome, mood disorders and anxiety. Ondansetron prevents nausea and vomiting after chemotherapy and radiotherapy. It probably acts by blocking the actions of 5-HT on vagal afferent pathways.

（罗健东）

第四十八章　治疗良性前列腺增生及男性勃起功能障碍的药物

第一节　治疗良性前列腺增生的药物

案例 48-1

患者，男性，68 岁。

主诉：进行性排尿困难八年，小便不能自解三天。

现病史：患者近八年无明显诱因开始出现排尿困难，尿前等待，尿线变细，尿末滴沥，小便费力，有尿不尽感，伴有尿频、尿急，夜尿 2～3 次。两月前排尿困难症状加重，费力，夜尿 3～4 次，口服前列康等药物治疗，效果不佳。两天前出现小便不能正常自解，排尿滴沥，下腹部胀痛，遂来我院求治。

体格检查：T 36.6℃，P 74 次/分，R 18 次/分，BP 138/87mmHg。发育正常，营养中等，神志清楚，精神尚可，自主体位，查体合作，全身皮肤黏膜无黄染，浅表淋巴结未触及肿大，头颅无畸形，五官端正，心肺腹未见阳性体征，专科情况：双侧肋脊角平坦，无压痛及叩击痛，双侧输尿管走行区无压痛，耻骨上膀胱区无充盈及压痛，阴茎成人型，包皮不长，尿道口无红肿及狭窄，阴囊无红肿，双侧睾丸附睾大小形态正常，双精索无增粗，双侧输精管无串珠样改变。前列腺指诊：前列腺Ⅲ°增大、变硬、压痛(＋)，中央沟消失。

实验室检查：前列腺液常规提示：WBC：＋＋＋，卵磷脂：(＋＋＋)；PSA：1.9ng/ml。

B 超检查：前列腺 5.2×4.0×4.2cm，且向膀胱内突出，残余尿 80ml。

诊断：1. 良性前列腺增生；2. 慢性前列腺炎

问题：

良性前列腺增生的药物治疗种类？

良性前列腺增生（benign prostatic hyperplasia，BPH）简称前列腺增生，亦称良性前列腺肥大，是引起中老年男性排尿障碍原因中最为常见的一种良性疾病。主要表现为组织学上的前列腺间质和腺体成分的增加、解剖学上的前列腺增大（benign prostatic enlargement，BPE）、下尿路症状（lower urinary tract symptoms，LUTS）为主的临床症状以及尿流动力学上的膀胱出口梗阻（bladder outlet obstruction，BOO），见图 48-1。

随着人类平均寿命的延长，良性前列腺增生（BPH）的发病率逐年上升。BPH 是病理组织学上的名称，60 岁男性患病率为 50％，80 岁则高达 83％。并不是 BPH 都会引起症状需要治疗，而只有引起梗阻（尿线变细、排尿费力、排尿等待等）和排尿症状（尿频、尿急、尿痛等），以及出现并发症（急性尿潴留、尿路感染、肉眼血尿、膀胱结石、肾功能受损）需要处理。BPH 的排尿症状和并发症的出现与增大的前列腺压迫后尿道（静力因素）和前列腺及周围组织内平滑肌张力增强（动力因素）有关。目前，所有前列腺增生症的治疗针对的是前列腺动力因素和静力因素（见图 48-1）。药物治疗的短期目标是缓解患者的下尿路症状，长期目标是延缓疾病的临床进展，预防并发症的发生。在减少药物治疗副作用的同时保持患者较高的生活质量是 BPH 药物治疗的总体目标。

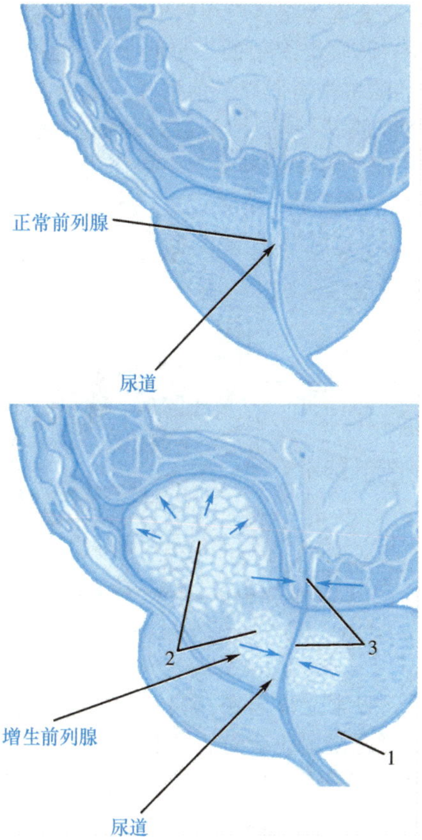

图 48-1　前列腺动力因素和静力因素

目前治疗药物有三种类型：1）α 受体阻断药；2）5-α 还原酶抑制药；3）中药及植物制剂

一、α 肾上腺素受体阻断药

根据尿路选择性可将 α 肾上腺素阻断药分为非选择性 α 肾上腺受体阻断药(酚苄明，phenoxybenzamine)、选择性 α_1受体阻断药(多沙唑嗪 doxazosin，阿夫唑嗪 alfuzosin，特拉唑嗪 terazosin)和高选择性 α_1受体阻断药(坦索罗辛 tamsulosin，萘哌地尔 naftopidil)。α 肾上腺素受体阻断药适用于有下尿路症状的 BPH 患者。推荐坦索罗辛、多沙唑嗪、阿夫唑嗪和特拉唑嗪用于 BPH 的药物治疗。可以选择萘哌地尔应用于 BPH 的治疗。因不良反应多，不推荐哌唑嗪(prazosin)以及非选择性 α 肾上腺素受体阻断药酚苄明治疗 BPH。

(一) 坦索罗辛

【体内过程】 坦索罗辛(tamsulosin)0.2mg 口服后，血浆药物浓度 3.7 小时后达最高值，8 小时后血药浓度仍维持在较高水平。原药尿中排泄率 12%～14%，在体内无蓄积性。

【药理作用】 McNeal 将前列腺分为外周带、中央带、移行带和尿道周围腺体区(图 48-2)。所有 BPH 结节发生于移行带和尿道周围腺体区。早期尿道周围腺体区的结节完全为间质成分；而早期移行带结节则主要表现为腺体组织的增生，并有间质数量的相对减少。间质组织中的平滑肌也是构成前列腺的重要成分，这些平滑肌以及前列腺尿道周围组织受肾上腺素能神经、胆碱能神经或其他酶类递质神经支配，其中以肾上腺素能神经起主要作用。在前列腺和膀胱颈部有丰富的 G 受体，尤其是 α_1受体，亚型中以 α_{1A}为主，激活这种肾上腺素能受体可以明显提高前列腺尿道阻力。

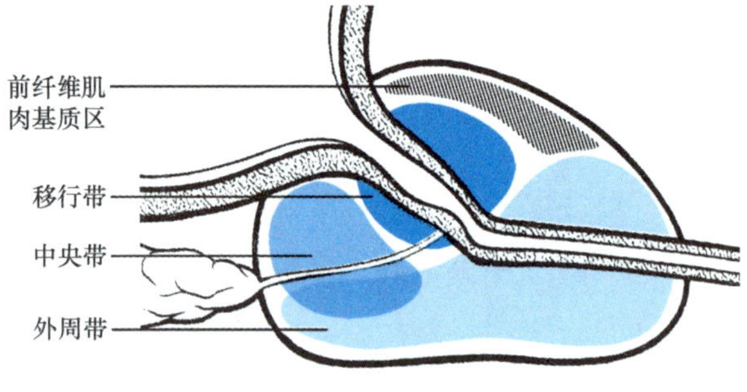

图 48-2　前列腺分区示意图

α 肾上腺素受体阻断药是通过阻滞分布在前列腺和膀胱颈部平滑肌表面的肾上腺素能受体，松弛平滑肌，达到缓解膀胱出口动力性梗阻，改善梗阻症状，达到排尿通畅，残余尿量减少的作用。

实验证实，BPH 组织的基质成分以及 α_1-受体密度较正常前列腺组织明显增加。目前认为基质组织中含有三种不同的 α_1-受体亚型，分别为 α_{1A}、α_{1B}和 α_{1D}，其中 α_{1A}占 70%左右。而在正常前列腺组织、尿道、膀胱三角区组织中，三种亚型组成比为 63∶6∶31。坦索罗辛为选择性 α_1受体阻断药，其对 α_1受体的亲和力较 α_2受体强 5400～24000 倍。α_1受体可被克隆成 α_{1A}、α_{1B}、和 α_{1D}亚型，其中 α_{1A}、α_{1D}受体主要存在于前列腺及尿道平滑肌，α_{1B}主要存在血管平滑肌。坦索罗辛对各种受体亚型亲和力的大小顺序为 $\alpha_{1A}>\alpha_{1D}>\alpha_{1B}$。坦索罗辛是 α_{1A}受体阻断药，其与前列腺平滑肌收缩相关的 α_{1A}受体选择性是与血管平滑肌收缩相关的 α_{1B}受体的 20 倍，因此可以超选择性地阻断尿道、膀胱颈及前列腺平滑肌 α_{1A}、α_{1D}受体，降低平滑肌张力，减少下尿路阻力，改善排尿状态，以达到治疗前列腺增生症的目的。本品抑制尿道内压上升的能力是抑制血管舒张压上升能力的 13 倍，因此本品可减少服药后发生直立性低血压的几率。本品可改善排尿障碍，实践证明本品可降低尿道内压曲线中的前列腺部压力，而对节律性膀胱收缩和膀胱内压曲线则无影响。

【临床应用】 用于治疗前列腺增生所致的异常排尿症状，如尿频、夜尿增多、排尿困难等。由于坦索罗辛是通过改善尿道、膀胱颈及前列腺部位平滑肌功能而达到治疗目的，并非缩小增生腺体，故适用于轻、中度患者及未导致严重排尿障碍者，如已发生严重尿潴留时不应单独服用。

【不良反应】 不良反应发生率低，在进行安全评估的 551 例中出现不良反应 15 例。偶见头晕、血压下降、心率加快等；偶尔出现恶心呕吐、胃部不适、腹痛、食欲不振等消化道症状及血 GOT、GPT、LDH 升高及鼻塞、水肿、吞咽困难、乏力等症状。罕见过敏者，出现皮疹时应停止服药。

【注意事项】 ①本品主要针对尿道、膀胱颈及前列腺平滑肌，并无缩小前列腺体积之作用，如前列腺体积过大，梗阻症状明显时，要与 5α 还原酶抑制药同时服用，待 3～6 个月前列腺体积明显缩小后，再根据症状决定服药与否；②如治疗效果不明显时宜及时更换治疗方法；③体位性低血压患者慎用；④同用降压药时，须注意血压变化，以免发生低血压；⑤对坦索罗辛有过敏史及肾功能不全者禁止使用。

(二) 特拉唑嗪(doxazosin)

【体内过程】 特拉唑嗪溶解度好，口服后基本完全吸收。特拉唑嗪首次经肝代谢很少，几乎以原形进行循环。服药后 1～1.7 小时血浆浓度达到峰值，口服后生物利用度大于 90%，药物作用持续时间约 18 小时，半衰期约为 12 小时。药物原形自尿中排出约占口服剂量的 19%，大便排出约占 20%，其余以代谢产物排出。

【药理作用】 特拉唑嗪是长效选择性 α_1肾上腺素能受体阻断药，其作用于血管平滑肌，扩张血管和阻力血管，从而降低体循环血管阻力，使立、卧位收缩压和舒张压均降低。不兴奋交感神经，不促使去甲肾上腺素能释放，不会引起反射性心动过速；不增加肾素活性，对肾血流量和肾小球滤过率无影响，长期使用能增加人体组织对胰岛素的敏感性，改善糖代谢；降低血总胆固醇和三酰甘油，使高密度脂蛋白（HDL）升高，有预防动脉粥样硬化和冠心病的作用，故有利于伴糖尿病和血脂代谢紊乱的患者。特拉唑嗪也作用于膀胱颈、前列腺和尿道平滑肌，使其松弛，而不影响逼尿肌的功能，故特拉唑嗪能改善 BPH 的临床症状。

【临床应用】 适用于高血压，亦可单独用于治疗轻、中度患者及未导致严重排尿障碍的良性前列腺增生症引起的排尿障碍。

【不良反应】 临床上不良反应发生率为 10%左右。在规定剂量范围内，不良反应有头晕、乏力、鼻塞、心悸、恶心、嗜睡及直立性低血压等，这些反应通常轻微，继续治疗多可自行消失，必要时可减量。

【注意事项】 ①晕厥：特拉唑嗪像其他 α 受体阻断药一样，可引起直立性低血压，并可致晕厥。为防止低血压剂晕厥发生，患者必须注意：首次剂量必须应从 1mg 开始，并在睡前服用；剂量应逐步缓慢增加；②高血压伴有 BPH 应用特拉唑嗪时，应防止发生明显的低血压，注意调整用药剂量；③因服用特拉唑嗪偶有瞌睡或嗜睡，驾驶员及高空作业人员慎用；④特拉唑嗪对妊娠的安全性及胎儿的影响缺乏研究，故对妊娠及哺乳妇女不推荐使用。

(三) 阿夫唑嗪(alfuzosin)

【体内过程】 阿夫唑嗪半衰期为 5 小时，口服后约 1.5 小时血浆浓度达高峰，生物利用度为 64%，药物 90%与血浆蛋白结合。

【药理作用】 阿夫唑嗪是一种选择性 α_1 受体阻断药，对 α_1 受体的亲和力较对 α_2 受体的亲和力强 1000 倍。药理研究已经证实，阿夫唑嗪对于前列腺、膀胱三角区和尿道部位的 α_1 受体有特异性选择性作用，可降低尿道压力，因而改善排尿症状，明显减少残余尿量。对性功能没有危害。

【临床应用】 用于轻、中度患者及未导致严重排尿障碍的良性前列腺增生症（BPH）引起的排尿障碍。

【不良反应】 常见不良反应有直力性低血压、胃肠道反应、头晕、头痛等。

【注意事项】 ①对本品有过敏、有直立性低血压且服用其他 α 受体阻断药者禁忌使用；②为了避免或减少引起直立性低血压，剂量首次应从小剂量开始，逐渐增加剂量；③应避免与拮抗药合用，否则导致严重低血压；④对冠心病者不应单独使用阿夫唑嗪。

(四) 萘哌地尔(naftopidil)

【体内过程】 萘哌地尔口服吸收好，T_{max} 分别为 0.75 小时，血清蛋白结合率可达 98.5%，给药后 24 小时内，尿中累积药物排泄率都在 0.01%以下。

【药理作用】 萘哌地尔具有 α_1 受体阻断作用（$\alpha_{1D}>\alpha_{1A}$），能够缓解该受体兴奋所致的前列腺和尿道的交感神经性紧张，降低尿道内压，改善良性前列腺增生症所致的排尿障碍等症状。

【临床应用】 适用于良性前列腺增生症引起的排尿障碍以及高血压病的治疗。

【不良反应】 偶见头昏、起立性眩晕、头重、头疼、耳鸣、便秘、胃部不适、水肿、寒战、AST 升高和 ALT 升高。

【注意事项】 ①肝功能损伤者慎用，重症心脑血管疾病患者初次使用本品时应慎重。②本品服用初期及用量剧增时能引起体位性低血压，导致头昏，起立性眩晕，故高空作业及机动车驾驶员应慎用。③服用期间，应注意血压变化，发现血压降低时应酌情减量或停止使用。

二、5α-还原酶抑制药 (5 alpha-reductase inhibitor，5ARI)

BPH 的发生必须具备两个条件：①老年；②正常功能的睾丸。前列腺为雄激素依赖器官，它的成长、发育、解剖结构与功能的维持都需睾丸供予适当水平的雄激素。血液中的雄激素以睾酮为主，睾酮经 5α-还原酶作用转化为双氢睾酮（DHT），在前列腺组织中以 DHT 为主。随着年龄的增加，血液中的皋酮水平下降，而前列腺的 DHT 维持在正常水平。人体中的 5α-还原酶分为 1 型、2 型两种，1 型 5α-还原酶分布于皮肤、肝脏，2 型 5α-还原酶主要分布在附睾、前列腺、精囊和肝脏，应用 5α-还原酶抑制药治疗 BPH 是通过一类假两性畸形遗传性疾病的研究而得到启发的。目前在我国国内应用的 5α-还原酶抑制药包括非那雄胺（finasteride）和依立雄胺（epristeride）。

(一) 非那雄胺(finasteride)

【体内过程】 非那雄胺口服生物利用度 63%，不受食物影响。2 小时达血浆最高浓度，6～8 小时完全吸收。$t_{1/2}$ 为 6 小时，蛋白结合 93%，血浆清除率 165ml/分钟。非那雄胺口服，39%从尿中排泄其代谢物，57%从粪中排出。在 45～60 岁的人中平均半衰期为 6 小时；在大于 70 岁的人中为 8 小时。在高龄患者也不需调节剂量，即使在肾功能损害尚未行透析的患者也不必调整剂量，其原因可能是由于粪便中排出代谢产物的增加量相当于尿中排出减少的量。非那雄胺也可在脑脊液、精液内发现。

【药理作用】 前列腺的生长发育和良性前列腺增生的发生都依赖于强有力的双氢睾酮。睾酮是由睾丸（约占 90%）和肾上腺（约占 10%）分泌，经过前列腺、肝、皮肤 5α-还原酶的作用变为双氢睾酮（DHT），DHT 的生理活性强，大于前者数倍。见图

48-3。5ARI通过与甾体的和NADP形成三元复合物，抑制睾酮转化为DHT、降低前列腺中的DHT浓度，增加最大尿流率(peak urinary flow rate，Q_{max})、减小前列腺体积(prostate volume，V)，抑制前列腺的增长，降低血清前列腺特异抗原水平(PSA)，改善尿梗阻症状和减少并发症。5α-还原酶抑制药通过抑制体内睾酮向双氢睾酮的转变，进而降低前列腺内双氢睾酮的含量，达到缩小前列腺体积、改善排尿困难的治疗目的。但起效较慢，一般要3～6个月才见效。

5α-还原酶有两种同工酶形式，2型酶主要存在于前列腺组织中。非那雄胺是一种竞争性的5α-还原酶抑制药，缓慢地形成一个稳定的酶复合体。复合物的转换非常缓慢，$t_{1/2}$为30天，是5α-还原酶(不通顺)，和雄激素受体无亲和力，也没有雄激素样、抗雄激素样、雌激素样、抗雌激素样或促孕作用。

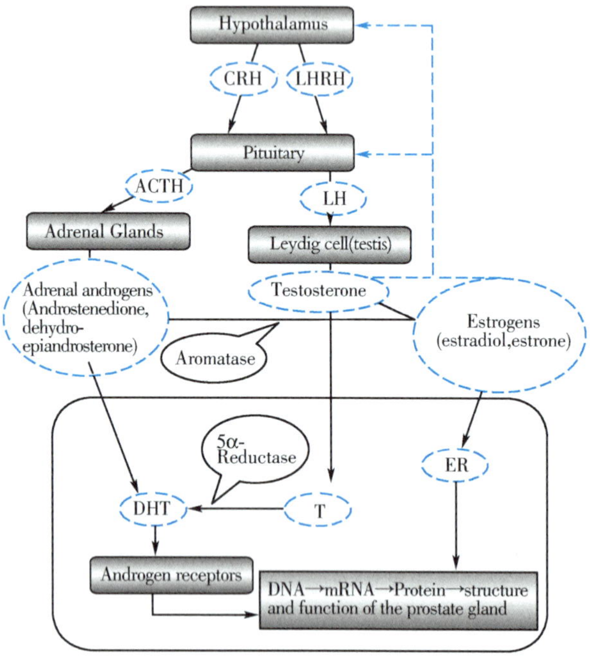

CRH-Corticotropic releasing hormone; LHRH-leutinizing hormone releasing hormone
ACTH-adrenocorticotropic hormone; LH-leutinizing hormone
T-testosterone; DHT-dihydrotestosterone; ER-estrogen receptor;
Thick line-steps in release and regulation of androgens from different organs; dashed line-feed back control

图48-3 睾酮转变为双氢睾酮的过程及相关药物的作用部位示意图

良性前列腺增生病人服非那雄胺5mg/日，12个月，可减少血循环中双氢睾酮浓度70%，伴有前列腺体积缩小约20%。前列腺特异抗原PSA降低50%。而血循环中睾酮的量增加10%左右，在正常生理范围内。如果在前列腺切除前给非那雄胺7～10天，前列腺组织的双氢睾酮下降80%，而前列腺内的睾酮比治疗前增至10倍。在健康人，非那雄胺治疗14天，停止治疗后约2周双氢睾酮可以恢复至原水平。如治疗3月，停药后经3个月前列腺体积复原。非那雄胺与安慰剂相比，并不影响循环中的氢化可的松、雌二醇、催乳素、甲状腺刺激素、甲状腺素，也不影响总胆固醇、低密度脂蛋白、高密度脂蛋白、三酰甘油。治疗12个月可增加促黄体激素15%、滤泡刺激素9%。但这些变化仍在生理范围内。非那雄胺治疗12周，健康人不影响精液中精子数、活力和形态。

Ⅱ型5α-还原酶也存于毛囊内，在男性秃发患者的秃发区头皮内毛囊变少，并且双氢睾酮增加。给予非那雄胺可使这些患者头皮及血清中的双氢睾酮浓度下降。先天性缺乏Ⅱ型5α-还原酶的男子不会患男性秃发。目前临床研究的结果证实非那雄胺能抑制头皮毛囊变小，逆转脱发过程。

【临床应用】 ①治疗良性前列腺增生，使增大的前列腺缩小，改善尿流，使最大尿流率增加；②男性脱发。

【不良反应】 非那雄胺具有良好的耐受性，不良反应多轻微、短暂。常见不良反应主要是：①主要为性欲减退、阳痿、射精量减少，发生率略多于安慰剂。这种不良反应随着疗程延长而减少，半数以上性功能受影响者于继续治疗时不良反应逐渐消失；②偶见过敏反应口唇肿胀和皮疹，乳房增大和压痛。

【禁忌证】 妊娠、可能怀孕以及哺乳妇女、儿童和对本品过敏者禁用。当怀孕妇女服用后，可引起男性胎儿外生殖器异常。由于存在吸收非那雄胺后，继而对男性胎儿产生危险的可能性，当服用怀孕或可能受孕时，不应触摸本药的碎片和裂片，避免接触其活性成分，孕妇须避免与服本品者的精液接触。

【注意事项】 ①必须在较长时间治疗后方可见效，因此不适用于良性前列腺增生症状较重，尿流率严重下降和有多量残余尿量者。②可以降低血清PSA水平，长期服药者下降50%左右，有怀疑前列腺癌者不宜服用，以免影响对疾病的判断。

(二) 依立雄胺(epristeride)

【体内过程】 依立雄胺吸收迅速较完全，绝对生物利用度为90%～93%，血浆药物浓度达峰时间为3～4小时。在体内分布广泛，呈二室分布，血浆蛋白结合率95%～97%，在体内主要通过肝脏代谢，$t_{1/2\alpha}$ 2.4～3.1小时，$t_{1/2\beta}$ 6～7.5小时。10%～22%由尿液中排除出，69%～80%由粪便中排出。

【药理作用】 依立雄胺为高选择性和非竞争性5α-还原酶抑制药(5 alpha-reductase inhibitor)。它可与5α-还原酶、还原型辅酶Ⅱ($NADP^+$)形成三元复合物，从而非竞争性地抑制5α-还原酶活性，抑制睾酮向双氢睾酮转化。依立雄胺可选择性和专一性地抑制Ⅱ型酶，对Ⅰ型酶作用微弱，因而仅作用于前列腺，使其双氢睾酮含量下降，而对循环血液中睾酮和双氢睾酮影响不大。长期服用可使前列腺体积缩小，从而减轻膀胱流出道梗阻以提高尿流率，减少残余尿量，改善症状。同时也减少大鼠精子的数量，但不影响其生育能力。

【临床应用】 用于治疗和控制良性前列腺增生(BPH)。

【不良反应】 常见有性欲降低、阴茎勃起功能障碍、增大和压痛(不通顺)、阳痿、精液量减少等症状;偶见有过敏、皮疹、耳鸣、恶心、呕吐、食欲不振、失眠、髋关节疼痛、口唇肿胀等过敏反应。且伴随着疗程而渐少,半数性欲和勃起功能障碍者的反应可渐消失。

【禁忌证】 妊娠妇女服用后可引起男性胎儿的外生殖器官异常,对儿童、妊娠或可能妊娠的妇女禁用。

【注意事项】 依立雄胺起效较慢,见效时间为3～6小时,对前列腺增生症状严重者、尿流率严重减慢者、残余尿量较多者不宜选用,推荐应用度他雄胺。服用5ARI期间在使用血清PSA指标检测前列腺癌时,应提示医师注意考虑,有可能导致血清PSA下降的因素。

三、联合用药

联合用药是指联合应用α-受体阻断药和5α-还原酶抑制药治疗前列腺增生。联合治疗适用于前列腺体积增大、有下尿路症状的前列腺增生患者。具有临床进展高危性的前列腺增生患者更加适合。临床进展高危性的内容包括:①年龄≥62岁;②血清PSA≥1.6ng/ml;③前列腺体积≥30ml;④最大尿流率<10.6ml/s;⑤残余尿量≥39ml;⑥症状评分:I-PSS>7分的前列腺增生患者发生急性尿潴留的风险是I-PSS<7分者的4倍等。

目前的研究结果证实了联合治疗的长期临床疗效,MTOPS的研究结果显示前列腺体积>25ml时联合治疗(非那雄胺+多沙唑嗪)优于多沙唑嗪或非那雄胺单药治疗。由于MTOPS研究涉及患者的平均前列腺体积为31ml,其中前列腺体积小于40ml的患者占69%,因此进一步分析不同前列腺体积患者的治疗效果与临床进展的风险有助于BPH的治疗选择。采用联合治疗前应充分考虑具体患者BPH临床进展的危险性、患者的意愿、经济状况、联合治疗带来的费用增长等。

四、中药和植物制剂

常用的有:①前列康,为花粉制剂,含有多种生物活性酶、微量元素和氨基酸等,通过调节性激素代谢以缩小前列腺体积和改善有关症状。②舍尼通(普适泰),为裸麦花粉提取物,可抑制双氢睾酮与其受体的结合。舍尼通在缓解前列腺相关下尿路症状方面获得了一定的临床疗效,在国内外取得了较广泛的临床应用。③伯泌松,可同时抑制5α-还原酶和磷脂酶A2,可缩小前列腺体积,可抗炎抗水肿。④通尿灵,为非洲臀果木提取物,是成纤维细胞及其生长因子(bFGF)抑制药。通尿灵具有同时作用于前列腺和膀胱的双重功效。既能有效抑制前列腺中纤维组织的增生,又能抑制膀胱壁纤维化,改善膀胱壁弹性,实现对膀胱功能的保护,因此有着特殊的临床价值。

鉴于中药和植物制剂的成分复杂,具体生物学作用机制尚未清晰阐明,因此积极开展对包括中药在内各种药物的基础研究,有利于进一步巩固中药和植物制剂的国际地位。同时,以循证医学原理为基础的大规模随机对照研究对进一步推动中药和植物制剂在前列腺增生治疗中的临床应用有着积极的意义。

第二节　治疗勃起功能障碍的药物

案例48-2

患者,男,28岁,已婚,工人。

主诉:勃起无力2年。

现病史:患者于2年前结婚,婚后同居,性生活不和谐,同房前戏时阴茎可勃起,但硬度不够,持续时间不长,插入阴道困难,或勉强插入后便射精,心理压力较大,自觉有晨勃现象,但硬度不够。婚前有手淫史(一周1～2次),病程中无尿频,尿急,尿痛,尿后滴白病史。睡眠,饮食均正常。无手术及外伤病史。

体格检查:一般情况可,第二性征发育明显。专科体检:外生殖器发育正常,双侧睾丸体积约20ml,质地正常,双侧附睾,输精管未及异常。肛诊:前列腺中央沟变浅,质韧、光滑,无结节,触压痛不明显。

特殊检查:①海绵体内药物注射(ICI):注射PGE_1 10μg,10分钟后阴茎胀大明显,血流峰值30cm/s,勃起角度大于90度,20分钟后阴茎仍胀大,血流峰值37cm/s,勃起角度90度,30分钟后阴茎硬度可,血流峰值31cm/s,勃起角度90度,提示:心因性勃起功能障碍。②夜间阴茎胀大试验(NPT):连续3晚NPT检查,最大张力值:240(g),最大持续时间:1814(s),平均张力值:100(g),平均持续时间:481(s),提示:心因性勃起功能障碍。③性激素水平:FSH 8.6mU/ml(参考值1.27～19.26),LH 4.2mU/ml(参考值1.24～8.62),Pro 18.4ng/ml(参考值2.60～13.13),E_2 23pg/ml(参考值20.0～75.0),T 4.13ng/ml(参考值3.50～10.70)。血清泌乳素水平稍高,2周后再次复查,FSH 7.9mU/ml(参考值1.27～19.26),LH 5.1mU/ml(参考值1.24～8.62),Pro 13.0ng/ml(参考值2.60～13.13),E2 28pg/ml(参考值20.0～75.0),T 4.09ng/ml(参考值3.50～10.70);④EPS常规:卵磷脂小体3+,白细胞+。⑤血糖,血脂,肝功,肾功,血压均未见异常。

问题：

1. 治疗ED的药物分类？

2. 选择性磷酸二酯酶5抑制药治疗ED的作用机制？

勃起功能障碍(erectile dysfunction，ED)是指过去3个月中，阴茎持续不能达到和维持足够的勃起以进行满意的性交。ED是男性最常见性功能障碍之一。尽管ED不是一种危及生命的疾病，但与患者的生活质量、性伴侣关系、家庭稳定密切相关，也是许多躯体疾病的早期预警信号。

阴茎的正常勃起功能需要血管、神经、心理、激素及海绵体等因素的协调。其中任一因素的异常均可导致勃起功能障碍。通常根据病因将勃起功能障碍分为三类：器质性ED(动脉性、静脉性、神经性和内分泌性等)、心理性ED及混合性ED(器质性病因和心理因素同时存在)。既往人们多认为ED主要由心理因素引起，越来越多近代研究资料显示，50%以上的ED是器质性因素所致。我国由于受传统观念的影响，ED患者多混杂有心理因素。

除心理治疗外，目前ED的一线治疗多采用口服药物。口服药物的优点是：使用方便、安全、有效、易被多数患者接受。依据药物的作用机制及其发挥生物学效应的作用部位，ED的口服治疗药物主要有：

一、选择性磷酸二酯酶5型抑制药(PDE5i)

阴茎勃起的分子生物学机制(见图48-4)是，各种性刺激作用于阴茎海绵体中非肾上腺素能非胆碱能(NANC)神经的神经元型一氧化氮合酶(nitric oxide synthase，NOS)及血管内皮细胞的内皮型一氧化氮合酶(endothelial niteic oxygen synase，eNOS)，后者分解L-精氨酸生成一氧化氮(nitric oxide，NO)。NO弥散进入海绵体及血管平滑肌细胞内，激活鸟苷酸环化酶，后者催化三磷酸鸟苷生成第二信使环磷酸鸟苷cGMP)。而cGMP可活化蛋白激酶G (cGMP - dependent protein kinase，PKG)，使钾、钙通道磷酸化并超极化，胞质内钙离子浓度降低，从而使肌原蛋白与肌动蛋白解离，平滑肌舒张。

除NO-cGMP通路外，其他数种神经递质(如血管活性肠多肽VIP)和药物(如前列地尔)与膜受体竞争结合，并激活环磷酸腺苷(cAMP)通路，后者也能使离子通道磷酸化，平滑肌舒张，使海绵体充血。相反，去甲肾上腺素、肾上腺素和内皮素似乎能活化激酶C，生成三磷酸肌醇和二酰甘油，使胞质内钙离子浓度增加，平滑肌收缩，降低海绵体血供。

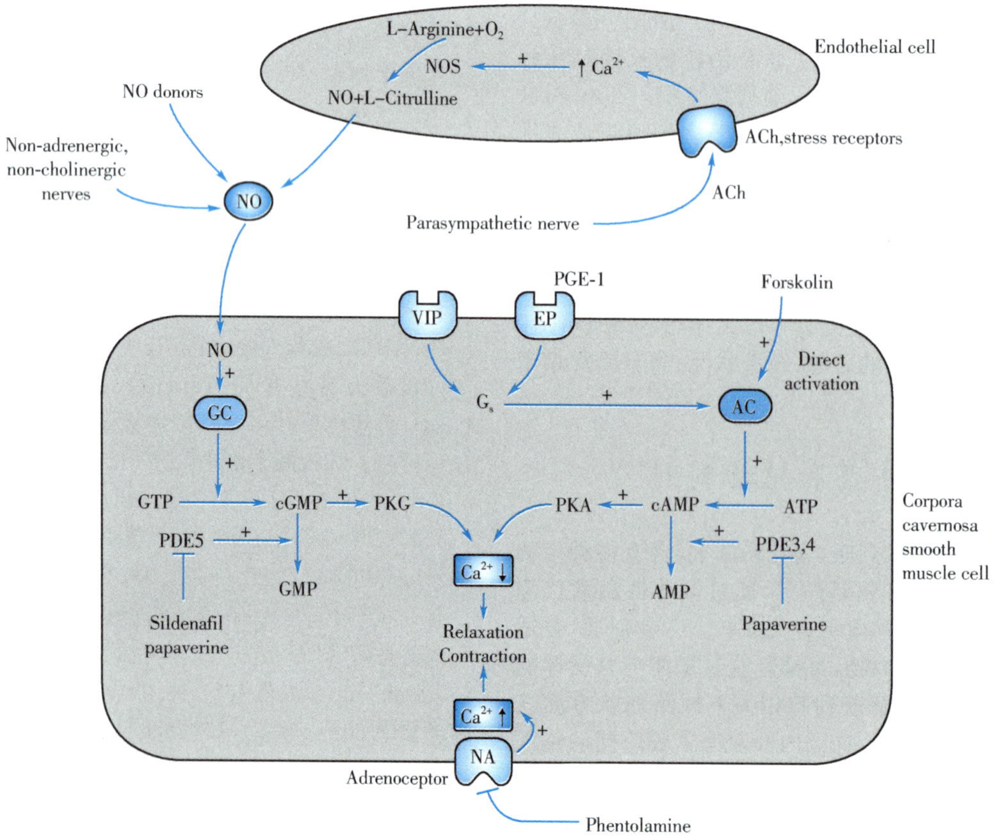

图48-4　阴茎勃起的分子生物学机制示意图

勃起的消退有赖于 cGMP 和 cAMP 分别被特异性磷酸二酯酶(phosphodiesterase,PDE)水解,变为无活性的 GMP 和 AMP。截至目前,已有 11 型磷酸二酯酶被确认。阴茎富含 GMP 特异性的 5 型磷酸二酯酶(PDE5),因而 PDE5 特异性抑制药可以改善 ED 患者的阴茎勃起功能。目前临床主要应用的 PDE5 抑制药有西地那非、伐地那非和他达那非。

大量的临床研究证明,PDE5i 治疗 ED 安全有效,是目前治疗 ED 的第一线药物。3 种 PDE5i 药理作用机制相同,口服后有足够性刺激才能增强勃起功能,对 ED 患者总体有效率 80%左右。一种 PDE5i 药物治疗无效,可尝试另一种 PDE5i 治疗;一次治疗无效,继续治疗也可能会有效;PDE5i 无效者,可改用其他治疗或联合其他药物或方法治疗。由于 PDE5i 对周围血管具有轻度扩张作用,因此服用硝酸酯类药物者禁忌使用;伴有心血管危险因素的 ED 患者限制使用 PDE5i。

西地那非(sildnafil):西地那非对不同年龄、不同病因及不同严重程度的 ED 患者都有效,尤其对心理性 ED 患者的疗效最佳,对前列腺癌根治术后 ED 患者的疗效稍差。西地那非一般口服剂量为 50mg,于性交前 1 小时服用,基于药效和耐受性的差异,剂量可降至 25 mg 或增至 100 mg,总有效率高达 82%。对 ED 病史较长且合并多种疾病如糖尿病及高血压的患者,西地那非的疗效较差或无效,这可能是由于该类患者内源性一氧化氮减少或缺乏所致。值得注意的是,高脂饮食可降低西地那非的吸收,导致其疗效下降或作用延迟。其不良反应有头痛、潮红及胃肠道反应等症状,但以上不良反应的强度可随时间的延长而下降,较易耐受。需强调的是,西地那非有降压作用,禁忌与硝酸酯类药物合用,否则可发生严重低血压,此外冠状动脉粥样硬化性心脏病、充血性心力衰竭患者也不宜使用西地那非。

伐地那非(vatdenafil):伐地那非为另一种新型选择性 PDE5 抑制药,其结构与西地那非结构有轻微差异,增强了对 PDE5i 活性的抑制作用,临床总体疗效和西地那非类似,但其起效时间较西地那非快。口服伐地那非在性刺激下,10 分钟起效,50%以上的人服用 25 分钟内起效,药效最长达 12 小时。伐地那非 5、10 和 20mg 的有效率分别为 66%、76%和 80%,临床研究结果显示伐地那非可以显著提高国际勃起功能指数(ILEF)、性生活日记(sEP)2 和综合评价问题(GAO)和满意度评分;伐地那非临床推荐起始剂量为 10mg,应根据疗效与不良反应调整剂量。伐地那非对合并糖尿病、抑郁症以及前列腺切除术后的 ED 患者有较佳的疗效,伐地那非可使 72%的糖尿病患者勃起功能得到改善;对于双侧神经保留的根治性前列腺切除术患者。用伐地那非 20mg 后。轻中度 ED 患者和重度 ED 患者性交成功率分别为 74%和 28%。其与食物或乙醇的相互作用极少,不良反应均较轻微而短暂,因此患者的耐受性较好。

他达拉非(tadalafil):他达那非与西地那非的作用机制、疗效、不良反应类似,但其不良反应比西地那非轻,半衰期长达 17.5 小时,可在服药后 30 分钟到 36 小时进行性生活,令患者在一定时间内能实现按自己意愿享受性愉悦的最初治疗愿望,缓解了患者感到性活动时间由药物操控的压力。无论从患者心理还是伴侣心理上以及性活动行为本身更趋向于接近自然。他达那非适用于不同种族的人群,口服剂量一般为 10mg 或 20mg,耐受性好,不受饮食影响,但需避免与治疗其他疾病的药物同服,饮食对药效影响不大。服用他达拉非 10 和 20 mg 的患者,临床有效率分别为 67%和 81%;统计显示:他达拉非可以显著提高患者的 LIEF、sEP2、sEP3、GAQ 和满意度评分。他达拉非可使 64%的糖尿病性 ED 患者勃起功能得到改善;对于双侧神经保留的根治性前列腺切除术患者亦有一定疗效。获得足够插入勃起硬度和性交成功率分别为 54%和 41%。

二、睾　　酮

雄激素对阴茎组织的生长、发育和维持勃起功能都有重要作用。雄激素缺乏可引起阴茎发育不良、性兴趣丧失,也可使阴茎夜间勃起的频率、幅度和持续时间减少。前列腺癌和 BPH 经药物手术去势或抗雄激素治疗之后的勃起功能丧失。动物实验研究结果发现,睾酮缺乏可损害勃起组织的解剖结构及其生理功能。阴茎海绵体内压、α 肾上腺素能受体表达、nNOS 活性和 PDE5 的功能均是雄激素依赖性的。人阴茎海绵体平滑肌和内皮 PDE5 对雄激素的依赖性已被证实,性腺功能低下使阴茎海绵体 PDE5 基因和蛋白的表达均下降,而睾酮补充治疗可逆转上述变化。雄激素替代治疗可改善性腺功能低下患者的性功能和 NPT,还能改善初次对 PDE5 抑制药无反应患者的勃起功能,还可以使睾酮水平低下老年男性的心境、体力和性功能得到改善。雄激素补充治疗是伴 ED 的性腺功能低下患者的一线用药。但对于前列腺癌或怀疑前列腺癌的患者,禁忌应用雄激素补充疗法。因此,在补充雄激素前,应常规进行前列腺直肠指检(DRE)和 PSA 测定,以及肝功能检测。接受睾酮补充治疗的患者应定期进行肝脏功能、前列腺癌指标的检测。

三、α 肾上腺素能受体阻断药

酚妥拉明为 α_1 肾上腺素能受体阻断药,是周围促进型药物。主要通过抑制肾上腺素和去甲肾上腺素的作用,令血管平滑肌舒张,促进或增强勃起功能,对性中枢和外周均有作用。口服有效率为40%～60%，主要不良反应为鼻塞。酚妥拉明对前列腺增生并发下尿路症状以及ED的患者有双重的疗效作用，多与其他类型药物（如PDE5抑制药）联合应用以加强疗效，单独应用的适应证不多。

育亨宾（yohimbine）是从西非洲植物 *Cory nante Yohimbe* 的树皮中提取的生物碱，系双向性 α_2 肾上腺素受体阻断药，是中枢启动型药物。本品可选择性阻断神经节突触前 α_2 肾上腺素受体，使血管平滑肌舒张，增强外周副交感神经张力，降低交感神经张力，因此扩张阴茎动脉，增加阴茎海绵窦血流量，致使阴茎勃起；同时，由于可选择性阻断神经节突触前膜 α_2 肾上腺素受体，却不干扰突触后膜 α_1 肾上腺素受体，因而使阴茎海绵体神经末梢释放更多的去甲肾上腺素（NA），减少阴茎静脉回流，利于阴茎勃起。本品常用剂量为15～30mg/天，分3次服用，连服4～8周，副作用较少，偶见心悸、尿频、消化不良等。口服本品治疗心因性ED的有效率为46%，安慰剂组为16%；治疗器质性ED的有效率为25%，安慰剂组为11%。本品常与曲拉唑酮合用，但患者的总体满意度较低。

四、多巴胺受体激动药

阿扑吗啡（apomorphine，去水吗啡）属于 D_2 多巴胺受体激动药，为吗啡衍生物，是中枢启动型药物。主要作用于下丘脑的性活动中枢，通过增加NO-cGMP信号通路的活性而增强阴茎勃起功能。用法为2～3 mg舌下含服，起效快，19分钟左右即起效，有效率为28.5%～55%。临床研究表明其疗效低于西地那非。目前认为其最佳适应证为轻度到中度ED以及精神因素导致的ED患者有一定疗效。常见不良反应为恶心、呕吐、嗜睡以及头痛。

溴隐停（bromocriptine，溴麦角隐停）是人工合成的麦角生物碱溴代衍生物，为强的多巴胺受体激动剂。本品适用于血清在正常范围内的高催乳素症伴ED者。本品常用剂量为2.5～7.5 mg/天，副作用有呕吐、恶心和低血压等。

左旋多巴（levodopa，L-dopa）是DA的直接前体，是中枢性调节剂。口服后可透入血脑屏障而脱羧为DA与NA。自1960年始，L-dopa被广泛用于帕金森氏综合征治疗时，发现其具有性欲激发作用（the aphrodisiac effects）而引人注目。本品常用剂量为250～500 mg/天，主要不良反应有呕吐、恶心和精神行动异常等。

五、5-羟色胺（5-HT_2）受体阻断药

曲唑酮（trazodone，氯哌三唑酮）是5-羟色胺（5-HT_2）受体阻断药，既能阻滞中枢的5-HT_2受体，又能阻断外周突触前5-HT_2的再摄取；还是 α_2 肾上腺素受体阻断药，使阴茎疲软的交感神经管制受阻，是中枢启动性药物。本品常用剂量为100～200mg/d，睡前口服。口服本品治疗ED的有效率为65%，安慰剂组为13.6%。主要不良反应为异常勃起和嗜睡等，与育亨宾联用有协同作用。精神类药物曲唑酮可引起严重的副反应阴茎异常勃起，但是不多见，临床应用须谨慎。

六、中 药 制 剂

目前国内市场上有多种中药制剂用于治疗ED，但这类药物由于所含成分复杂，现代医学实验方法难于验证其作用机制，临床应用可参照国家中医药管理部门相关规定，并按照循证医学原理不断总结，规范用药。

Summary

- Benign prostatic hyperplasia (BPH) is the most common condition in aging men, associated with lower urinary tract symptoms (LUTS). A better understanding of the prostate physiology, function, and pathogenesis has led to the development of promising agents, useful in the management of LUTS in men. The specific approach used to treat BPH depends upon number of factors like age, prostrate size, weight, prostate-specific antigen level, and severity of the symptoms. 5α-reductase inhibitors decrease the production of dihydrotestosterone within the prostate, which results in decreased prostate volume, increased peak urinary flow rate, improvement of symptoms, decreased risk of acute urinary retention, and need for surgical intervention. α(1)-adrenergic receptor (α(1)-AR) antagonists decrease LUTS and increase urinary flow rates in men with symptomatic BPH, but do not reduce the long-term risk of urinary retention or need for surgical intervention. Clinical efficacy of either 5α-reductase inhibitor or α(1)-AR antagonist has been further improved by using combination therapy; however, long-term outcomes are still awaited. Many more potential new therapies are under development that may improve the treatment of BPH.

- Erectile dysfunction (ED), the consistent inability to achieve and/or maintain an erection sufficient for satisfactory sexual performance or intercourse, affects over 50% of men between 50 and 70 years of age, and 40% of men aged about 40 years suffer from some form of erectile dysfunction. ED, with more than 100 million sufferers in the world, has become a serious disease besetting the male patients. Great strides have been achieved in understanding the pathogenesis and potential therapeutics of ED over the past two decades. At present, first-line oral pharmacotherapy for most patients with ED is a phosphodiesterase type 5 (PDE-5) inhibitor, of which three are currently available worldwide. Sildenafil, tadalafil and vardenafil have very satisfactory efficacy-safety profiles in all patient categories.

（谭　艳）

第四十九章 治疗骨质疏松的药物

案例 49-1

患者，女性，64 岁。

因“腰背痛十年，加重 2 周”入院。患者 43 岁绝经，平时活动少。

实验室检查：β-crossl(E)0.98ng/ml(↑)，骨钙素 BGP(R)1.1 ng/ml(↓)，晨尿/肌酐比：0.5mmol/L(↑)，血清钙磷均正常。骨密度测量结果：前臂 0.460g/cm²，腰椎 0.524g/cm²，左侧股骨 0.487 g/cm²，X 线测量结果：骨质疏松症，腰椎 3、4 压缩性骨折。无其他代谢性疾病，无激素等药物使用史。

诊断：原发性骨质疏松症。

治疗过程：一般治疗：嘱患者适量运动，多饮牛奶，吃绿色蔬菜和骨头汤。药物治疗：①倍美力，口服 0.625mg qd(服 3 周，停 1 周)；②罗盖全 0.25mg qd；③钙尔奇-D 片 600mg qd；④密钙息鼻喷剂 qod。4 周后复诊，患者诉腰痛减轻，改用①罗盖全 0.25mg qd；②钙尔奇-D 片 600mg qd；③密钙息鼻喷剂 qod。12 周后患者诉腰痛明显好转。复查骨密度结果：前臂 0.561g/cm²，腰椎 0.720g/cm²，左侧股骨 0.511g/cm²。24 周后患者复诊，查骨密度前臂 0.589g/cm²，腰椎 0.776g/cm²，左侧股骨 0.636g/cm²。现在患者继续使用①罗盖全 0.25mg/d；②钙尔奇-D 片和③福善美 70mg，qw 治疗。

问题：

1. 该病人为什么诊断为“原发性骨质疏松症”，主要根据什么症状和体征？

2. 采用药物治疗后症状明显改善，特别是骨密度明显增高，为什么？

2. 倍美力、罗盖全和密钙息分别是什么药？如何起作用？

3. 福善美是什么药？病人的后期治疗改为福善美，停用密钙息，为什么？

4. 钙尔奇-D 片对本病人起什么作用？

【骨质疏松症定义】 1994 年 WHO 对骨质疏松症(osteoporosis 简称 OP)定义为以骨量减少，骨组织微细结构破坏，骨脆性增加，从而导致骨折危险性增加为特征的一种系统性、全身性骨骼疾病。临床表现和体征主要是骨骼疼痛，其次为身长缩短、驼背、骨折及呼吸系统障碍。随着老龄人口的增加，骨质疏松及骨质疏松性骨折的发生率逐年上升。据统计，我国目前 65 岁以上的老年人口已达 2 亿，而潜在骨质疏松症危险性人群及骨质疏松症患者在这些人群中占 90%，如果没有得到及时治疗，因骨质疏松导致骨折的发生率在女性可达 80%，而髋骨骨折的患者在 1 年内将有 12%～40%死于各种并发症，其中的 50%患者终将致残。因此，骨质疏松症的治疗和预防十分重要。

临床上骨质疏松症分为三类，第一类为原发性骨质疏松症，又可分为两个型：Ⅰ型为绝经后骨质疏松症，由于妇女绝经后雌激素减少导致的高骨转换型骨质疏松症；Ⅱ型为老年性骨质疏松症，包括男性骨质疏松症，为年龄相关骨丢失，一般发生在 65 岁以上的老年人，国外把 70 岁以上的老年妇女骨质疏松症也列为Ⅱ型骨质疏松症。第二类为继发性骨质疏松症，它是由其他疾病或药物等因素所诱发的骨质疏松症。最常见的是糖皮质激素引起的骨质疏松症(glucocorticoid induced osteoporosis，GIOP)。第三类为特发性骨质疏松症，多见于 8～14 岁的青少年，多伴有遗传家族史，女性多于男性。妇女妊娠及哺乳期所发生的骨质疏松也可列入特发性骨质疏松症。

【骨质疏松的发病机制及药物治疗】 骨质疏松的骨量减少包括骨基质和骨矿物的等比例减少。骨量的调节通过骨建造(bone modeling)和骨重建(bone remodeling)过程，是骨组织更新和代谢的两个基本调控机制。骨建造阶段，骨量不断增加，大约到 18～20 岁。成年期骨组织主要进行骨重建。骨重建仅仅是骨的转换，不改变骨构筑、大小，不增加骨量。随着骨重建周期增加，如年龄的增长，骨重建的结果可以引起骨丢失。骨重建的过程是一个有序的活动，最先是激活(activation)，随之出现骨吸收(resorption)，最后为骨形成(formation)，简称 ARF 现象。这一过程由基本多细胞单位(basic multicellular units，BMU)来完成。这些细胞群包括破骨细胞(osteoclast，OC)、成骨细胞(osteoblast，OB)、骨细胞(osteocyte)、骨祖细胞(osteoprogenitor cell)和骨衬细胞(lining cell)。BMU 呈周期性活动，包括破骨细胞激活及骨吸收活动，成骨细胞激活及骨形成活动，这是两个动态平衡的过程，该动态平衡的过程导致骨的新旧交替。这种骨质的更新替代常称为骨转换(bone turnover)。任何原因由于破骨细胞激活骨吸收活动增强，导致骨量的丢失增加，可产生骨质疏松。或由于成骨细胞功能受到抑制，骨形成活动降低，形成骨量不足，也可导致骨质疏松（图 49-1）。

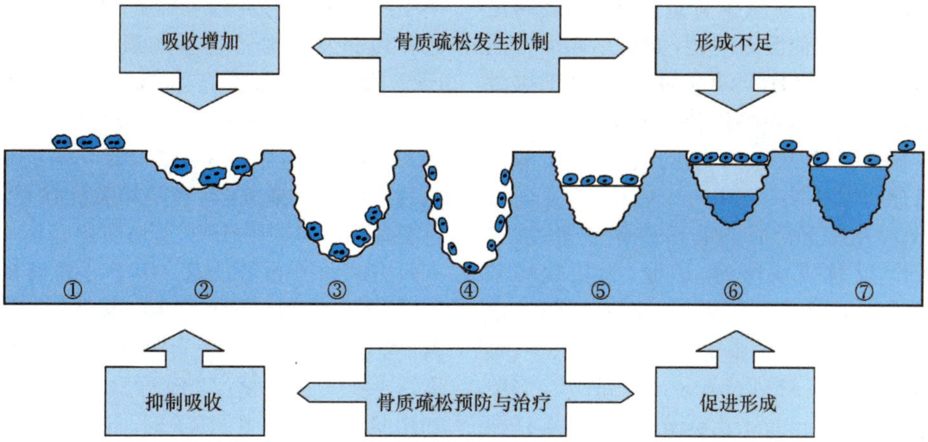

图 49-1　骨重建过程与药物作用环节

①静止的骨表面；②破骨细胞激活：向裸露的骨表面迁移，分化和融变成成熟的破骨细胞，首先形成 20μm 的骨吸收陷窝；③骨吸收与骨陷窝形成：成熟的破骨细胞（具有吸收功能的多核巨细胞）与骨表面接触，开始吸收骨组织，骨组织被吸收后在骨表面形成 60μm 的 Howship 陷窝；④骨细胞耦联：由破骨细胞介导的成骨细胞成熟过程的耦联期。在此过程中，成骨前体细胞开始增殖、分化和成熟，启动了骨形成的过程；⑤类骨质分泌：成骨细胞在破骨细胞吸收的骨表面上开始分泌类骨质带；⑥继续分泌类骨质，并开始有矿物质沉积和结晶；⑦新基质的完全矿化：类骨质分泌与矿物质沉积两个过程称为骨形成期

有多种激素和细胞因子调节破骨细胞和成骨细胞的功能，它们与骨质疏松的产生密切相关。雌激素缺乏可直接导致破骨细胞增殖分化，破骨细胞功能活跃，同时抑制破骨细胞凋亡。由成骨细胞或骨髓基质细胞产生破骨细胞分化因子（ODF），VitD 受体通路，甲状旁腺激素（PTH）、前列腺素（PGE），白介素-1（IL-1）、白介素-6（IL-6）、巨噬细胞集落刺激因子（M-CSF）、和肿瘤坏死因子（TNF），是刺激破骨细胞增殖与分化、激活成熟破骨细胞和抑制破骨细胞凋亡的激素和细胞因子。甲状旁腺激素（PTH），VitD 和雌激素同时也调节成骨细胞的分化、成熟。这些激素通过调节转化生长因子-β（TGF-β）、胰岛素样生长因子-1（IGF-1）、胰岛素样生长因子结合蛋白-5（IGFBP-5）等，刺激成骨细胞的增殖分化，增加Ⅰ型胶原合成，碱性磷酸酶的活性以及骨钙素的产生，抑制胶原降解，从而促进骨基质和骨矿化的形成。

骨质疏松症的药物治疗可通过抑制骨吸收、促进骨形成和骨矿化，达到缓解骨痛，增加骨量，降低骨折发生率的目的（图 49-1）。早期预防和治疗比后期治疗有更好的疗效。治疗骨质疏松的药物主要分为骨吸收抑制药（antiresorptive drug）、骨形成促进药（anabolic agent）和骨矿化促进药（mineralization drugs）。骨吸收抑制药有雌激素（estrogen）及选择性雌激素受体调节剂（selective estrogen receptor modulator，SERMs）、双膦酸盐（bisphosphonates）和降钙素（calcitonin）等；骨形成促进药有甲状旁腺激素（parathyroid hormone，PTH）及 PTH 类似物、活性维生素 D、氟制剂和同化类固醇（anabolic hormone）等；骨矿化促进药，包括钙剂、维生素 D 及其活性代谢物。随着对骨质疏松的发病机制深入研究，不断发现新理论、新的药物作用靶点，提出了新的治疗方法。如化学药物锶制剂、新靶点药物护骨素（osteoprotegerin，OPG）、组织蛋白酶 K（cathepsin K）、抗硬化蛋白抗体（sclerostin antibody）、胰岛素样生长因子（insulin-like growth factor，IGF）和基因治疗（gene therapy）等。

第一节　骨吸收抑制药

骨吸收抑制药（antiresorptive drug）能减少破骨细胞的产生（如雌激素类）和降低破骨细胞的活性（如二磷酸盐类），促进破骨细胞的凋亡，从而抑制骨吸收和过度骨重建，减缓骨吸收，降低骨转换率，减少骨的丢失，维持骨量，但不能高效刺激骨形成和大幅增加骨量。

一、雌　激　素

雌激素（estrogen）替代治疗（estrogen replacement therapy，ERT）长期被认为是预防女性骨质疏松症的一线治疗药物。大量的临床和实验研究已证明，雌激素缺乏是绝经后妇女骨质疏松症（postmenopausal osteoporosis，PMOP）的首要病因。由于雌激素缺乏而导致骨质吸收增加，特别是小梁骨吸收加速，超过骨合成的增长，造成骨合成和吸收之间的失衡，结果骨质减少，破坏骨小梁微小结构的完整性，骨骼承受正常压力的功能减弱，因此即使轻度创伤也可导致骨折。补充雌激素抑制骨高转换，降低骨重建的激活速度，预防或减少骨量丢失，并能纠正与雌激素不足有关的其他健康问题，如更年期综合征等。目前认为，雌激素治疗PMOP主要是由于雌激素可以抑制妇女绝经后出现的骨转换加快，减少破骨细胞数量和抑制其破骨活性。常用于治疗骨质疏松的雌激素制剂有己烯雌酚(diethylstibestrol)，又名乙底酚(stilbestro)，为人工合成的非甾体雌激素；尼尔雌醇(nylestriol)，又称戊炔雌醇、E_3醚，为长效雌激素；替勃龙(tibolone)，又名利维爱(Livial)，系新型甾体化合物，针对不同的靶组织器官分别具有雌、孕、雄三种激素样活性；普瑞马林(premarin)，商品名倍美力，又名结合雌激素(conjugated estrogen)，是从妊娠马的尿中提取的一种水溶性天然妊马雌酮，含有雌酮硫酸钠与马烯雌酮硫酸钠。

【抗骨质疏松药理作用及机制】

1. 影响骨吸收因子，抑制骨吸收过程 雌激素缺乏使某些生长因子和白细胞介素激活。白细胞介素6(IL-6)是骨吸收的高效刺激剂，参与破骨细胞的形成及活化，并可促进PGE_2的释放；白介素-6(IL-6)、肿瘤坏死因子(TNF)可募集破骨细胞，刺激骨吸收。雌激素可抑制破骨细胞的IL-6的合成，阻断IL-6受体，降低PGE_2活性，抑制IL-1、IL-6和TNF的释放等，从而抑制由细胞因子激活引起的骨吸收增加。

2. 影响钙调节激素，间接减少骨吸收 雌激素可抑制甲状旁腺激素(PTH)对血钙波动的反应性，抑制PTH分泌，延缓PTH的骨吸收效应；雌激素可促进降钙素(calcitonin)分泌，抑制骨吸收；雌激素还可增强肝25-羟化酶、肾1α羟化酶活性，提高1α,25-$(OH)_2D_3$水平，促进肠钙吸收。

3. 直接作用于雌激素受体，增加破骨细胞凋亡 现已证明人类成骨细胞和破骨细胞有雌激素受体，雌激素可通过对骨的靶细胞雌激素受体作用于破骨细胞，可缩短破骨细胞的寿命，增加破骨细胞凋亡，减少破骨活动，进而维持骨钙含量。

4. 促进成骨细胞的增殖和骨胶原合成，还可促进活性维生素D_3生成，有促骨形成作用。

5. 对骨转换率的影响 雌激素由于明显抑制了骨的吸收过程，由于耦联作用，成骨细胞骨形成下降，骨形成率降低，于是骨的转换率降低。

【雌激素替代疗法及其治疗骨质疏松的进展】

雌激素替代疗法(ERT)是指给绝经后妇女补充适量雌激素，以缓解雌激素缺乏造成的绝经后症状的一种疗法。雌激素与孕激素(progestogens)合用称为激素替代疗法(HRT)，加用孕激素的目的是为防止子宫内膜增生。ERT和HRT是目前已知疗效最为确切的抗骨吸收治疗方法。研究显示，雌激素可防止80%～90%的绝经后妇女的骨丢失，保持骨量，预防骨质疏松。然而随着应用病例的增多，HRT的副作用逐渐暴露，其使乳腺癌的发病率提高了26%，使脑卒中和心脏病的发病率提高了40%和29%，并使下肢和肺部发生血管栓塞的概率增加了1倍。因此，ERT治疗骨质疏松有引起妇女生殖系统肿瘤的风险。绝经过渡期和绝经后激素治疗的临床应用指南(2006)指出：应用HRT是针对与绝经相关的健康问题的必要医疗措施，绝经及相关症状是应用HRT的首要适应证，应用HRT是预防绝经后骨质疏松症的有效方法。不推荐HRT用于心血管疾病的一级预防，且不应该用于冠心病的二级预防。对于有完整子宫的妇女，在应用雌激素时，应同时应用适量的孕激素以保护子宫内膜，对于已经切除子宫的妇女则不必加用孕激素。应用HRT时，应在综合考虑治疗目的和危险的前提下，采用最低有效剂量；在出现与绝经相关的症状时，即可开始应用HRT，根据个体的情况选择HRT方案；应用HRT应至少于每年进行1次个体化危险与受益评估，应根据评估情况决定疗程的长短，并决定是否继续或长期应用；出现绝经相关症状并存在其他疾病时，在排除禁忌证后，可于控制并发疾病的同时应用HRT。植物雌激素不能作为雌激素治疗的替代物。HRT有其正反两方面的作用，在预防疾病发生的同时也会带来一定的副反应。因此，在临床应用中要同所有药物一样，严格掌握其适应证和禁忌证。遵循个体化的原则，根据每个妇女绝经后的具体情况，评估治疗是否能有效地改善症状，存在患相应疾病的风险指数，用药剂量、途径、时间个体化的原则，定期随访，尽早发现并预防副反应的发生，更好地改善和提高绝经后妇女的生活质量。

二、选择性雌激素受体调节剂

选择性雌激素受体调节剂(selective estrogen receptor modulator，SERMs)是一类人工合成的非激素类化合物。它能与雌激素受体结合，但兼有雌激素受体激动剂和拮抗药的作用，这种作用取决于其作用的靶组织和受体亚型，并与雌激素体内水平有关。选择性雌激素受体调节剂可以通过选择性结合于不同组织的雌激素受体(ER)，分别产生类雌激素(如骨骼、心脏)或抗雌激素(如子宫、乳腺)的作用，从而达到保护绝经后妇女骨质量和提高骨量，而不易引起子宫、乳腺等生殖器官肿瘤不良反应的目的。早年用于乳腺癌辅助治疗的雌激素受体拮抗药他莫昔芬(tamoxifen，三苯氧胺，TAM)，具有抗骨质疏松的作用，可抑制骨吸收，保存骨质，并可降低血清总胆固醇浓度，但缺点是因刺激子宫内膜而使绝经后妇女子宫内膜癌发生率增加，故限制了其长期使用。新近开发和研究的新药代表有雷洛昔芬(raloxifene)、屈洛昔芬(droloxifene)、吲哚昔酚(idoxifene)、左美洛昔芬(levormeloxifene)等，具有明显的骨量保持作用，同时还可降低血脂，对心血管系统具有保护作用，而不具有雌激素样的副作用。

雷洛昔芬

【药理作用】 雷洛昔芬(raloxifene)，也称易维特(Evista)，是第一个被美国FDA批准用于预防和治疗绝经后骨质疏松症的SERMs。它在骨组织中具有雌激素样作用，在乳腺组织和子宫内膜中则有抗雌激素样作用，可用于治疗绝经后妇女骨质疏松症，临床研究发现它还有预防浸润性乳腺癌的作用。

【临床应用】 推荐用法每日一次60mg/片口服用于预防或治疗绝经后妇女骨质疏松症，可以在一天中任何时候服用不受饮食的限制，如果饮食中钙或维生素D摄入不足，应当补充，并且可以同时服用。

【不良反应】 其常见的不良反应主要有流感样症状、潮热、小腿痉挛、外周水肿、宫腔积液及胆囊疾病等，长期使用雷洛昔芬治疗对冠心病患者的突发事件危险无显著影响，也不会增加患子宫内膜癌的风险。严重的不良反应有静脉血栓栓塞和致死性卒中。禁用于有活动性或陈旧性静脉血栓性的病人，如深静脉栓塞、肺栓塞和视网膜静脉栓塞。

三、双膦酸盐类

双膦酸盐(bisphosphonates)是一类与含钙晶体有高度亲和力的人工合成化合物，是目前临床应用较广泛的、也是较重要的一类骨吸收抑制药物。双膦酸盐的结构与内源性骨代谢调节剂焦膦酸盐(pyrophosphate，P-O-P)类似，但双膦酸盐与两个磷相连的是碳原子(P-C-P)而不是氧(图49-2)。它与焦膦酸盐具有共同的性能，均能抑制破骨细胞介导的骨吸收，但与焦膦酸盐不同的是双膦酸盐可抵抗酶的水解，稳定地吸附于骨表面，不仅能抑制内源性的骨吸收，还能抑制由甲状旁腺激素(PTH)、前列腺素(PG)、维生素D_3(1,25-$(OH)_2D_3$)等诱导的骨吸收。

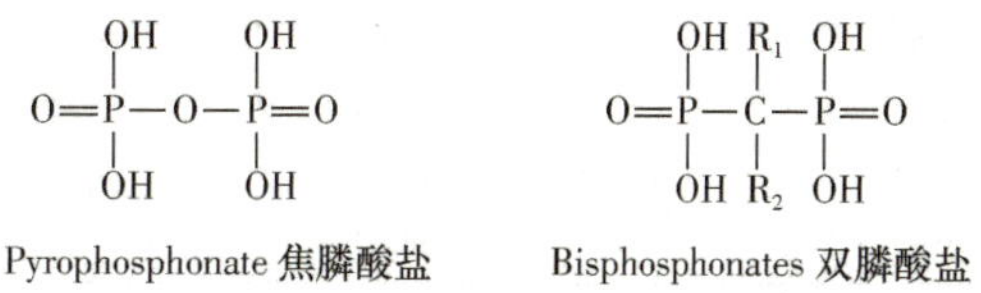

图49-2 焦磷酸盐和双膦酸盐的化学结构比较

临床上常用的双膦酸盐有四代：第一代产品为羟乙膦酸盐(etidronate，依膦，又名邦得林)，其抗骨吸收特异性较差。第二代产品氯膦酸盐(clodronate，骨膦)、帕米膦酸盐(pamidronate)和替鲁膦酸盐(tiludronate)都具有较高的抗骨吸收特异性，副作用也明显减少。第三代产品包括阿仑膦酸盐(alendronate，福善美又名固邦，Fosamax)和利塞膦酸盐(risedronate)等。第四代有伊班膦酸钠 ibandronate(Boniva)，唑来膦酸 zoledronic acid(Reclast)(图49-3)。双膦酸盐的副作用包括肾脏、血液和肝脏的毒副作用、胃肠道副作用以及免疫抑制等。目前，为了减少双膦酸盐的给药次数，制成注射用控释制剂，每年只需使用一次，如双磷膦酸盐长效制剂 Adasta，可有效控制疗效，减少药物副作用。

【药理作用与作用机制】 双膦酸盐实际上是一类骨转换抑制药，对成骨和破骨细胞均有抑制，在发挥抗骨吸收作用的同时也抑制骨的形成和钙化。

1. 抑制骨吸收 双膦酸盐是骨吸收的强抑制药。它与羟磷灰石有很强的亲和力，在骨表面形成一个浓度梯度，阻止磷酸盐晶体的生长和溶解，干扰其他细胞对破骨细胞的激活。双膦酸盐也可改变骨基质的活性，影响骨基质对破骨细胞的激活，并直接干扰成熟的破骨细胞功能，抑制破骨细胞活性，减少骨吸收和减慢骨丢失的速度。也有研究认为双膦酸盐可通过细胞毒效应直接损伤破骨细胞，在低浓度时可导致破骨细胞凋亡。

2. 对骨形成的影响 第一代的依替膦酸盐长期使用可阻滞正常的骨矿化，抑制骨形成。对骨形成的作用是继发于对骨吸收的原发作用，药物抑制了骨吸

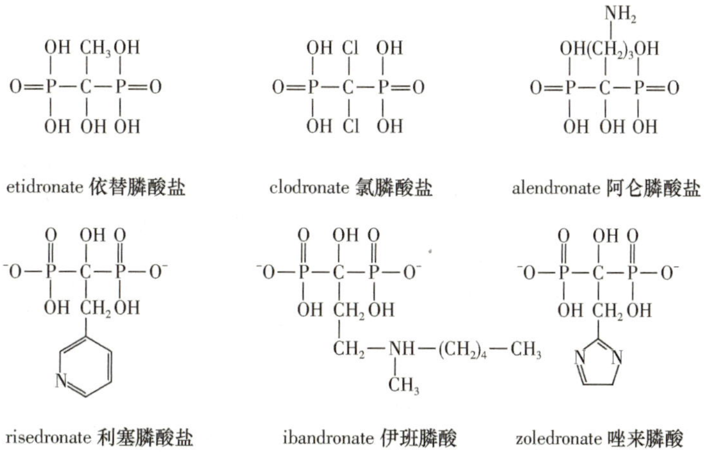

图49-3 各代双膦酸盐的化学结构

收，由骨吸收增加耦联骨形成增加的作用也被抑制，认为药物引起的骨量增加是对现有骨吸收腔的填充而非真正对骨形成的同化作用。第二代氯屈膦酸二钠和第三代产品阿仑膦酸钠，研究认为有增强成骨细胞骨形成的同化作用，能增加骨和软骨胶原的合成，但机制仍不清楚。

双膦酸盐可降低骨丢失率，但对骨结构的恢复目前了解不多。某些双膦酸盐的骨质疏松的治疗作用优于降钙素，而且作用持久。本类药长期应用对骨量远期效果和安全性还有待进一步观察。

【临床应用】 第一、二代产品主要用于 Paget's 病，多发性骨髓瘤引起的骨痛和高血钙症，异位钙化综合征（syndromes of ectopic calcification）等。用于骨质疏松治疗的双膦酸盐类主要有阿仑膦酸盐（alendronate，Fosamax）、利塞膦酸盐（risedronate）和伊班膦酸钠（ibandronate，Boniva）。

（1）骨质疏松症：高转换型骨质疏松症，特别是绝经期后骨质疏松症有雌激素替代治疗禁忌症的患者。对男性骨质疏松儿童期发病的特发性骨质疏松症，可作为候选药物。对糖皮质类固醇性骨质疏松症可选用第三代的制剂。

（2）可用于多发性骨髓瘤，各种恶性肿瘤骨转移造成的骨痛和高血钙症等。

依替膦酸二钠

依替膦酸二钠（etidronate disodium）为第一代双膦酸类药物，又名羟乙基膦酸钠，洛迪，依膦。依替膦酸二钠具有双向作用，小剂量（每日 5mg/kg）时抑制骨吸收。不良反应较多而典型，主要有腹部不适、腹泻、便软、呕吐、口炎、咽喉灼热感、皮肤瘙痒、皮疹等。肾功能损害者、孕妇及哺乳期妇女慎用。若出现皮肤瘙痒、皮疹等过敏症状时应停药。我国学者也有关于该药致黄疸和严重肝损害的报道。一般不适用于骨质疏松症的治疗。

氯屈膦酸二钠

氯屈膦酸二钠（clodronate disodium）为第二代双膦酸盐类药物，又名骨膦，洛屈，氯甲双膦酸二钠等。本品主要作用于骨组织，防止羟基磷灰石结晶溶解并直接抑制破骨细胞活性，从而抑制骨吸收过程。氯屈膦酸二钠的理化性质与依替膦酸二钠相似，但其潜在的抑制破骨细胞活性的功能比后者强 10 倍，而对骨矿化作用则无影响。在一般用量范围内，不影响骨组织中矿物质的正常代谢过程。临床主要用于治疗恶性肿瘤骨转移所致的疼痛和高钙血症，避免或延迟由肿瘤引致的溶骨性骨转移，并减少这种骨转移所引起的骨折。10%左右的病人可发生轻度的恶心、呕吐或腹泻，但多见于大剂量给药时。可使甲状旁腺激素和血清转氨酶水平暂时性升高，血清碱性磷酸酶的水平也可能有改变，无症状的低血钙有时发生于静脉治疗期间。静脉给药剂量显著高于推荐剂量时可能引起严重的肾功能损害，尤其在输注速度过快时。不得用于妊娠和哺乳妇女，对双膦酸盐过敏者禁用。可与二价金属阳离子形成复合物，故本品与牛奶、抗酸剂及含二价阳离子的药物合用时，会显著降低其生物利用度。与非甾体类抗炎镇痛药同时使用，有引起肾功能不全的报告。由于有增加低钙血症的危险，本品与氨基糖苷类同时使用时应谨慎。

帕米膦酸二钠

帕米膦酸二钠（pamidronate sodium）为第二代双膦酸盐类药物，又名丙氨膦酸钠，阿可达，博宁等。本药是破骨细胞性骨溶解抑制药，能牢固地吸附在骨小梁表面，形成一层保护膜，选择性地阻挡破骨细胞的骨溶解作用，并有抑制破骨细胞发育成熟，抑制其向骨表面移动的作用，其抗骨溶解效力为依替膦酸二钠的 100 倍，氯屈膦酸二钠的 10 倍，可强烈抑制羟磷灰石的溶解和破骨细胞的活性，对骨质的吸收具有十分显著的抑制作用，是目前常用的有修复骨溶解病灶作用的双膦酸盐制剂，具有较广泛的临床适应证。用于多种原因引起的骨质疏松症，对癌症的溶骨性骨转移所致的疼痛有止痛作用，亦可用于治疗癌症所致的高钙血症，也可用于甲状旁腺功能亢进症。有时出现一过性感冒样症状，一般在输液后 3～24 小时内发生，持续 24 小时。但再次输入时，很少再发生同样症状。此外还可见发热、寒战、头痛、肌肉酸痛和胃肠道反应，如：厌食、腹痛、便秘或腹泻等。偶可发生过敏反应和静脉滴注部位的局部反应。淋巴细胞、血小板减少和低钙血症也有发生。严重肾功能损害者、心血管疾病患者及驾驶员慎用。

阿仑膦酸钠

阿仑膦酸钠（alendronate sodium）为第三代羟基二膦酸盐类骨吸收抑制药，又名福善美，固邦，天可等。

【体内过程】 口服后主要在小肠内吸收，吸收程度较差，食物和矿物质可显著减少其吸收。本品血浆蛋白结合率约为 80%，血浆半衰期短，吸收后的药物大约 20%～60%被骨组织迅速摄取，骨中达峰时间约为用药后 2 小时，其余部分迅速以原形经肾脏排泄消除。服药后 24 小时内 99%以上的体内存留药物集中于骨组织，在骨内的半衰期约为 10 年以上。

【药理作用与作用机制】 阿仑膦酸钠是破骨细胞介导的骨吸收的抑制药，而对骨矿化没有抑制作用。

1. 对破骨细胞具有直接抑制作用，同时还可以作用于成骨细胞分泌的抑制破骨细胞活化因子，来阻

断破骨细胞的骨吸收作用 阿仑膦酸钠主要通过降低成熟破骨细胞溶酶体酶的释放，而干扰其骨吸收作用。在阿仑膦酸钠作用下破骨细胞发生细胞骨架和形态改变，具有破骨细胞能力的皱褶缘消失，特别是与破骨细胞功能密切相关的纹状缘消失，破骨细胞脱离骨面，骨吸收能力大大降低，细胞缩小，与周围组织的黏附力下降，最终凋亡。

2. 增强健康骨小梁结构特性的作用 阿仑膦酸钠治疗后能增加骨小梁的体积分数，骨小梁厚度显著增加，但骨小梁间距保持恒定；骨小梁各向异性下降，骨表面积体积比率显著降低，而骨表面密度增高。

阿仑膦酸钠抗骨吸收作用较依替膦酸二钠强1000倍，并且没有骨矿化抑制作用。使用本品治疗的病人中，96%的患者脊椎的骨量增加，绝经后有骨质疏松的妇女椎体畸变、身高缩短、骨折发病率（包括髋骨、脊椎骨、腕骨）等均获得改善。

【临床应用】 临床主要用于绝经后骨质疏松症。

【不良反应】 少数病人可见胃肠道反应，如恶心、腹胀、腹痛，便秘，消化不良，如不按规定服用方法者可有食道溃疡，偶有血钙降低，短暂白细胞升高，尿红细胞、白细胞升高。偶有头痛，骨骼肌疼痛，罕见皮疹或红斑。

四、降 钙 素

降钙素（calcitonin，CT）是甲状腺内的滤泡旁细胞（C细胞）分泌的一种32肽的激素。由Hirsh首次发现并证明它在体内具有调节钙-磷代谢的功能。目前，降钙素在治疗骨质疏松症、高血钙、甲状旁腺机能亢进、变形性骨炎及骨骼愈合等方面都显示了良好的疗效。

人工合成的降钙素有4种，即鲑鱼降钙素（sCT）、鳗鱼降钙素（eCT）、人降钙素（hCT）和猪降钙素（pCT），临床应用的降钙素主要为鲑鱼降钙素和鳗鱼降钙素，它们的活性比人降钙素强数十倍，其商品名又称依降钙素、密钙息、益钙宁。

【体内过程】 肌内注射或皮下注射1小时内血药浓度达到峰值，$t_{1/2}$ 70～90min，血浆蛋白结合率30%～40%，大部分以代谢物从肾排泄。

【药理作用与作用机制】

1. 降血钙作用 降钙素主要参与钙及骨质代谢。甲状腺C细胞分泌降钙素受血Ca^{2+}水平的调节，当血Ca^{2+}升高时，降钙素即被释放，血浆降钙素浓度也升高；相反，血Ca^{2+}降低时，降钙素的分泌减少，血降钙素水平降低。在正常情况下，降钙素对血钙的影响很弱，但高钙血症时降钙素分泌增加，降钙素能抑制骨钙释放入血液和细胞外液，而血钙仍继续进入骨内，从而降低血钙。

2. 抑制破骨细胞活性 破骨细胞具有丰富的降钙素受体，降钙素能够直接与受体结合，刺激cAMP的产生，再激活蛋白激酶，短时间内迅速抑制破骨细胞的活性，长期作用则抑制其增殖，减少破骨细胞数量，并强烈抑制成熟的破骨细胞的骨吸收和溶骨作用，从而降低骨转换，对骨骼起保护作用。降钙素还可使破骨细胞分裂为单核细胞，使破骨细胞寿命缩短，或通过阻止骨髓单核细胞（即前破骨细胞）的融合而降低破骨细胞的形成率。

3. 调节钙磷代谢 抑制肾脏近曲小管对钙、磷的重吸收，使尿钙、磷排泄增加，血钙、磷降低，还可以增加钠、镁和氯的排泄；小剂量可抑制肠钙的吸收，而大剂量则能增加肠钙吸收。此外，已证明，降钙素可以刺激1α羟化酶，增加1，25-双羟维生素D_3生成。

4. 止痛作用 降钙素具有止痛作用，特别是对于与骨骼相关的疼痛，如骨质疏松骨折、肿瘤骨转移等的疼痛效果较好。降钙素止痛的机理目前尚不清楚。有人认为止痛作用可能与其能抑制前列腺素的合成有关；另外，降钙素能降低血钙进而调节疼痛受体的敏感性，从而提高痛阈。还有人认为能通过中枢神经系统直接导致中枢性镇痛作用，也有人认为其止痛作用与其具有β_2内啡肽作用有关。除此以外，尚能抑制枸橼酸和乳酸溶酶体酶等疼痛诱导因子的释放，并能增强其他止痛剂的效果。

5. 对成骨细胞的作用 目前还不能证明成骨细胞上有降钙素受体，但研究显示降钙素可直接作用于人成骨细胞，刺激成骨细胞增殖和分化。研究还显示人成骨肉瘤细胞和人成骨细胞可表达降钙素、降钙素基因相关肽（CGRP）。降钙素对体外培养大鼠成骨细胞的增殖、分化和矿化功能具有刺激作用，也可阻止成骨细胞的凋亡。

6. 对骨代谢其他作用 降钙素可增加大鼠生长板厚度，生长板细胞柱的软骨细胞数目，胫骨长度及体重。降钙素能刺激软骨内骨化，增加软骨性骨痂并加快成熟，临床应用治疗四肢骨骨折，X线显示骨痂形成加快。对骨移植，骨囊肿充填植骨及骨折迟延愈合局部注射能取得一定疗效，特别是对发生不久的椎体骨折止痛效果更为明显。

【临床应用】 主要用于骨质疏松症的预防和治疗，对骨质疏松症、骨折伴有疼痛效果较好。可降低骨质疏松骨折的发生率。降钙素对骨质的作用主要在腰椎，可预防绝经期的骨小梁的丢失，延缓绝经后骨质疏松症的发生。还可用于各种高钙血症及其危象和变性骨炎等。

【不良反应】 有面部潮红、发热感、恶心、呕吐、食欲减退、口干、头晕等。非人来源的降钙素可引起过敏性皮疹，有过敏史的病人使用前应做皮试。

五、植物雌激素

植物雌激素(phytoestrogen)来源于植物,其结构与雌激素相似,主要包括三类化合物:异黄酮类(isoflavone)、香豆素类(coumestans)和木脂素类(lignans)。由于异黄酮类化合物为植物雌激素主要组成成分,目前研究较多,其中,依普黄酮(ipriflavone)已证明是一种骨吸收抑制药和骨形成增强剂,已应用于骨质疏松的防治(图 49-4)。

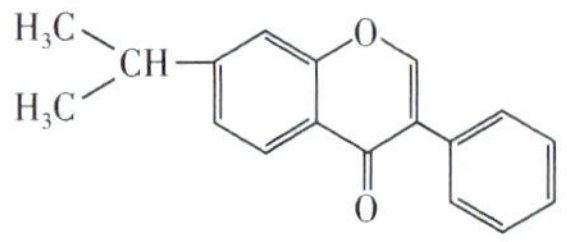

图 49-4　依普黄酮的结构式

依普黄酮(ipriflavone)为 7-异丙氧基异黄酮(图 49-4),是 20 世纪 60 年代后期匈牙利合成的一种异黄酮衍生物。依普黄酮在动物和人体中均不具有雌激素对生殖系统的影响,但却能增加雌激素的活性,具有雌激素样的抗骨质疏松症作用,对各种实验性骨质疏松症均能减少骨丢失。其作用机制主要是促进成骨细胞的增殖,促进骨胶原合成和骨基质的矿化,增加骨量;减少破骨细胞前体细胞的增殖和分化,抑制破骨细胞的活性,降低骨吸收;通过雌激素样作用增加降钙素的分泌,间接产生抗骨吸收作用。依普黄酮口服在小肠形成 7 种代谢物与原形一起吸收,其中 4 种代谢物具有生物效能,原形的达峰时间约 1.3 小时。吸收后主要分布在胃、肠、肝和骨中,主要在肝脏代谢。单剂量 200mg 口服,$t_{1/2}$ 为 9.8 小时。连续服药后原形及代谢物无体内蓄积,血药浓度不再升高。临床适用于改善原发性骨质疏松症的症状,提高骨量减少者的骨密度。

不良反应:少数病人可见食欲不振、胃部不适、恶心、呕吐、口腔炎、口干、舌炎、味觉异常、腹胀、腹痛、腹泻和便秘等;可出现消化性溃疡、胃肠道出血或恶化原有消化道症状。偶见红细胞、白细胞减少,血胆红素、LDH、血清氨基转移酶和 BUN 升高,皮疹和瘙痒,眩晕、倦怠和舌唇麻木等。

六、骨 保 护 素

骨保护素(osteoprotegerin,OPG)是一种分泌型糖蛋白和缺乏跨膜结构域的 TNF 受体(TNFR)家族成员,含有 380 个氨基酸,属可溶性假受体。其作用是结合或中和破骨细胞分化因子(RANKL),减少前体破骨细胞的分化及成熟破骨细胞的活性,抑制骨吸收,因此,OPG 也叫破骨细胞抑制因子。OPG 还可拮抗各种促进骨吸收因子引起的骨吸收。TANKL 和 OPG 的比率决定骨量吸收的多少。在骨骼,OPG 主要由成骨细胞系的各种细胞产生,并随细胞的分化而增加。体外试验显示 OPG 转基因导致骨硬化病,骨小梁增加和破骨细胞的显著减少,而 OPG 去基因则引起小鼠严重骨质疏松和动脉硬化。临床资料亦显示,老年骨质疏松患者常伴有动脉硬化和血管钙化,说明血管壁的钙化与骨的矿化存在某些内在联系。近期发现 OPG 可能是维持内皮细胞成活的重要因子。应用 OPG 可预防骨质疏松和血管钙化及逆转骨质疏松。注射用的 OPG 是一种经基因重组的融合蛋白(重组人骨保护素,OPG Fc),与天然的 OPG 具有相似的结合 RANKL 的能力。目前一种全人单克隆抗体,特异性靶相结合 RANKL 的药物 Denosumab(商品名 Prolia),已获美国 FDA 获批用于骨质疏松症的治疗。OPG 的临床应用前景广泛,但临床疗效及不良反应需进一步观察。

第二节　骨形成促进药

骨形成促进药(anabolic agents)指通过促进成骨细胞的活性,进而促进骨基质形成的药物。促骨形成药可诱导成骨前体细胞变为成骨细胞,增加成骨细胞数量,提高成骨细胞的活性,阻止成骨细胞的凋亡,延长成骨细胞的生命周期,从而促进骨形成,增加骨量。促骨形成药包括甲状旁腺激素(parathyroid hormone,PTH)及 PTH 类似物、氟化物(fluoride)、雄激素(androgen)及同化激素(anabolic hormone),活性维生素 D 及其类似物,以及锶制剂等。多数促骨形成药既促进成骨细胞活性,也刺激破骨细胞骨吸收,后两者(表达不清)因既有抑制骨吸收又能促进骨形成,故又称脱耦联促骨合成药。此外,一些合成代谢激素和生长因子有促骨形成的作用,如胰岛素样生长因子(IGF)、碱性成纤维细胞生长因子(bFGH)等。

一、甲状旁腺激素及其类似物

甲状旁腺激素(parathyroid hormone, PTH)是一种单链多肽激素,由 84 个氨基酸组成。PTH 在甲状旁腺内生成前体,通过甲状旁腺的主细胞分泌。

【生理功能】 PTH 的生理功能主要对低钙血症做出反应,并抵抗降钙素作用,升高血钙。PTH 作用于骨、肾和小肠,升高血 Ca^{2+} 而调节钙磷代谢。PTH 可激活肾远曲小管细胞基膜侧的二氢吡啶敏感的 Ca^{2+} 通道,增强管腔侧 Na^{+}-Ca^{2+} 交换,增加 Ca^{2+} 的重吸收,PTH 还能显著抑制远端近曲小管对磷的重吸收,减低肾脏对钙的排泄。PTH 还促进近曲小管 1,25-$(OH)_2D_3$ 的合成,降低其代谢降解和失活,后者能促进肠道吸收 Ca^{2+},升高血 Ca^{2+}。当血 Ca^{2+} 低时,刺激甲状旁腺分泌 PTH;而当血 Ca^{2+} 高时,能负反馈抑制 PTH 释放。血 Ca^{2+} 水平对 PTH 分泌负反馈调控是维持血 Ca^{2+} 浓度相对恒定的主要机制。

【对骨代谢作用】 PTH 对骨代谢的作用是首先作用于成骨细胞，成骨细胞膜和肾小管细胞膜均有 PTH 受体，能与 PTH_{1-84} 和 PTH_{1-34} 片段结合。PTH 通过成骨细胞调节成骨基因表达，通过后者分泌各种细胞因子，向破骨细胞传递信号。如成骨细胞受 PTH 刺激分泌的白介素-1(IL-1)和白介素-6(IL-6)，能通过成骨细胞-破骨细胞之间联系，活化破骨细胞。破骨细胞骨吸收增多，使骨组织的钙进入血液，血 Ca^{2+} 升高。因此，PTH 既作用于成骨细胞又作用于破骨细胞，小剂量 PTH 激动成骨细胞膜 PTH 受体，通过腺苷酸环化酶系统，促进骨骼重建，使新的骨组织沉积在骨膜、表皮内层和小梁的表面，增加骨强度，改善骨的微观结构，减少骨折。大剂量 PTH 通过 PTH 受体激活磷酯酶 C 系统，加强破骨细胞功能，使骨吸收效应超过成骨效应，导致骨量丢失。

【药理作用】 PTH 能通过作用于成骨细胞受体，刺激成骨细胞增值，增加成骨细胞的数目，促进成骨细胞释放骨生长因子，促进骨基质形成和骨矿化，从而促进骨形成，增加骨量，这是 PTH 治疗骨质疏松症的作用基础。另一方面，PTH 也能增加破骨细胞的数目及活力，促进骨吸收，增加骨转换率，总效应是骨形成大于骨吸收，增加已丢失的骨量。因此，PTH 治疗骨质疏松作用的机制异于骨吸收抑制药(如双膦酸盐、雌激素和降钙素)。PTH 促进正常骨的形成，而骨吸收抑制药抑制破骨细胞活性，防止骨量的进一步丢失(图 49-4)。

【临床应用】 PTH 过去主要用于原发性甲状旁腺功能减退症，现在用于治疗骨质疏松症，特别是严重的低骨量患者。重组人 PTH_{1-34}，Teriparatide(特立帕肽)，商品名 Forteo，其注射剂是 2003 年美国第一个被 FDA 批准的刺激骨形成的促骨合成药，用于治疗骨折高危的绝经后骨质疏松症女性病人和骨折高危的男性病人。在欧洲使用的是重组 PTH_{1-84} Preotact。临床试验证明特立帕肽能降低骨重建空间，改善骨结构，减少骨吸收空洞，增加骨密度和骨强度，增加骨量，降低骨折发生率。使用 PTH 治疗的病人，只能持续服用 2 年(欧洲 18 个月)，并应同时加服维生素 D 和钙制剂，以补充在骨形成和矿化过程中所需要的矿物质。

二、氟化物和氟制剂

氟(fluorin)是人体所必需的微量元素之一，特别是维持骨骼、牙齿健康所必需的一种微量元素。氟对人体的健康效应具有双面性，决定于摄取各种氟化物的浓度和量。人类对氟化物每天用量是 1.5～4mg，低于此量可致儿童生长发育迟缓，易患龋齿，成人则骨密度降低及患有骨质疏松症。高于此量可致急性和慢性毒性反应，尤其对骨组织和牙齿的毒性作用。由于氟化物具有高度亲骨性，一定剂量的氟化物对骨组织有刺激作用，因此人们提出了低剂量的氟化物可用于骨质疏松症的治疗。临床上应用的氟化物有氟化钠(sodium fluoride)、一氟磷酸二钠(sodium monofluorophosphate)、一氟磷酸谷氨酰胺(glutamine monofluorophosphate)。

【体内过程】 氟化物主要在胃肠道吸收，不同制剂其生物利用度不同。水溶性的氟化钠生物利用度可达 100%。氟化物的吸收受肠道内容影响，能与饮食中和补充的钙剂中的钙离子生成不溶于水的氟化钙，从而影响生物利用度。单氟磷酸盐(MFP)则不受上述因素的影响，也不刺激胃部。氟离子不与血浆蛋白和其他大分子物质结合，也不透过血脑屏障，主要分布在骨组织，在所吸收的药物剂量中，50%进入骨，其余随尿排出。一次静脉注射氟化物后，终末半衰期约为 4.5 小时。肾功能不良时可导致氟化物的积蓄。

【药理作用与作用机制】 氟化物对骨骼发育和矿化促进作用主要有两个作用机制：一是氟取代羟磷灰石中的羟离子生成氟磷灰石，增加其晶体性以抵抗破骨细胞的作用；二是直接刺激成骨细胞增殖形成新骨。氟化物具有强烈的亲骨性，氟与骨组织中羟磷灰石结晶中的 OH^- 发生置换，形成体积较大的氟磷灰石结晶，导致骨与细胞外液可交换面积缩小，阻碍骨钙的动员和移出。骨的溶解度降低，使骨对 PTH 的作用产生抵抗，破骨细胞活动减弱。同时，氟化物又是一个很强的骨形成促进剂，对成骨细胞有明显的刺激作用，直接刺激成骨细胞增殖。此外，氟化物也是体内几种催化酶的抑制药，可阻断物质代谢呼吸链和糖酵解；在体外可因结合 Ca^{2+} 而作为有效的抗凝剂；一定剂量的氟化物还产生免疫毒性作用，抑制 T 淋巴细胞的增殖和代谢，从而抑制细胞免疫；氟化物还被认为对哺乳类卵细胞是一种潜在诱变剂，但还没有证据证明氟化物可以致癌。所有氟化物的作用与剂量密切相关，合适低剂量对机体是有益作用，稍高剂量有骨合成作用，再高剂量对机体带来不良影响，可导致氟骨症(skeletal fluorosis)，包括了骨硬化(osteosclerosis)和骨软化(osteomalacia)。

1. 对成骨细胞的作用 氟化物促进成骨细胞在组织形成阶段的生长速度，使成骨细胞数量增多、功能增强。氟化物促进大量成骨细胞的生成和补充是特异的，而且依赖于以下条件：①对介质中磷酸盐浓度的改变敏感；②有骨细胞生长因子的存在，如胰岛素样生长因子-Ⅰ(IGF-Ⅰ)或转化生长因子β(TGFβ)；③对骨细胞生长因子起反应的骨原细胞或未分化的成骨细胞，氟化物能通过促进骨细胞生长因子的活动，从而促进骨原细胞的增殖来增加骨形成。氟化物对骨细胞增殖作用的分子机制，主要是通过作用于成骨细胞内丝裂活化蛋白激酶(MAPK)信号传导的有关途径,从而促进成骨细胞的有丝分裂。浓度过高的氟化物可抑制成骨细胞的增殖。

2. 对破骨细胞的作用 氟化物对破骨细胞的作用机制还不清楚。一般情况下氟化物对破骨细胞作用不明显。过量的氟对破骨细胞有促进作用。研究发现过量氟可造成骨转换增高,破骨性骨吸收增强。

3. 对骨质量和骨强度的影响 骨组织有松质骨和皮质骨,松质骨具有更高的骨转换率,因而在骨小梁表面有更多的成骨细胞,骨髓中也存在可分化成为成骨细胞的骨原细胞,氟化物主要作用于松质骨。骨组织形态学显示氟化物治疗可提高松质骨的类骨质骨量,使骨小梁增厚。由于氟化物激活大量成骨细胞合成类骨质,如果钙质相对不足,就会使矿化延迟,从而导致骨质软化,影响骨质量和骨强度,这与氟化物的剂量、作用时间和是否补充足够的钙有关(图49-5)。氟化物对中轴骨和四肢骨的影响是不同的。氟化物治疗中,骨量增加主要体现在中轴骨(脊椎)的小梁骨,股骨近端骨矿密度亦增加,但四肢骨的皮质骨并不增加,较大剂量时尚可减少,这可能与全身骨量重新分布有关,推测由于氟化物刺激中轴骨骨小梁,需要钙矿化增加,使血钙减少,继发甲状旁腺素增加,导致钙重新分布所致。

【临床应用】

(1) 原发性骨质疏松症,包括绝经后骨质疏松症(Ⅰ型)和老年性骨质疏松症,前者的骨丢失主要发生在小梁骨,后者则小梁骨和皮质骨均可受累。氟化物主要增加小梁骨的骨密度,对皮质骨无明显改善,甚至有可能减少,因此它一般适于治疗绝经后骨质疏松症骨量很低的病人。

(2) 继发性骨质疏松,研究较多的是治疗类固醇激素诱发的骨质疏松症。

(3) 其他类型的骨质疏松症,如成骨不全症亦有一定效果。

为了提高氟化物的临床治疗效果,掌握剂量是非常重要的。最好能进行血药浓度监测,使血药浓度控制在5~10μM水平。同时,常规补充足够的钙剂和维生素D制剂。

【不良反应】 胃肠刺激,外周关节疼痛,低钙症,压力骨折和髋骨折。胃肠刺激发生率25%,可出现胃痛、恶心、呕吐和腹泻。极少数有胃出血等不良反应。10%~40%的患者可出现四肢关节(如膝、踝或足)的疼痛,有时须中断治疗,疼痛常在停药后数天消失。氟化物最容易引起低钙血症,低钙血症又引起继发性甲状旁腺亢进症,使骨吸收增加,外周骨质溶解和骨质软化,继而引起压力性骨折。钙缺乏还可以提高氟化物在骨中的蓄积,骨质软化可损害骨的修复从而导致更严重的骨损害。

【禁忌证】 下列病人应该禁用氟化物治疗,如①新的骨折未愈合的患者;②骨质软化症病人;③严重肾功能不全的患者;④高血钙症及高尿钙症;⑤儿童或生长发育期;⑥妊娠或哺乳妇女。

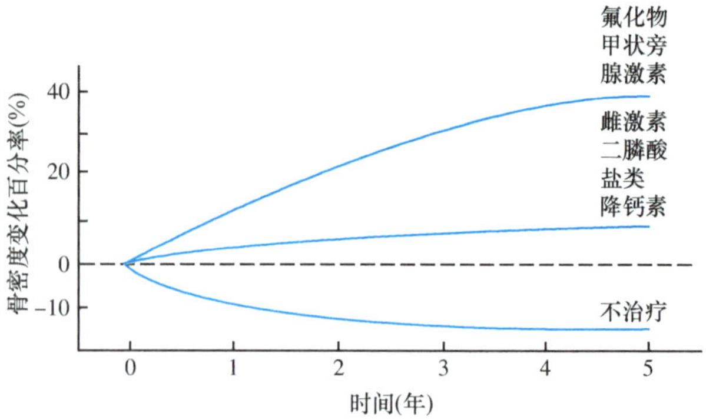

图49-5 抗骨吸收药与促骨形成药对骨密度变化百分率的影响

三、活性维生素 D_3

动物组织来源的维生素D是维生素 D_3。皮肤维生素 D_3 的前体7-脱氢胆固醇(7-dehydrocholesterol)经阳光中紫外光(波290~315nm)照射后转化为维生素 D_3 前体,经过变构而成为维生素 D_3,维生素 D_3 在肝中羟化为1,25-(OH)D_3(骨化二醇),$t_{1/2}$ 2~3周。1,25-(OH)D_3 在肾脏羟化酶的作用,转化为生物活性形式1,25-$(OH)_2D_3$(骨化三醇),$t_{1/2}$ 约6h。1,25-$(OH)_2D_3$ 受血钙或血磷调节,当低血钙或低血磷时,可刺激1,25-$(OH)_2D_3$ 产生。相反,高血钙和高血磷则抑制1,25-$(OH)_2D_3$ 的产生。

骨化二醇(别名阿法骨化醇,Alfacalcidol)和骨化三醇(别名钙三醇 Calcitriol、罗盖全 Rocalirol)又称活性维生素D代谢物,他们通过促进胃肠道钙吸收,直接和间接抑制PTH的释放,抑制骨吸收,同时刺激成骨细胞,促进骨形成,增加骨量和骨强度,因此活性维生素 D_3 又被称为抗骨分解、促骨合成药。

【骨药理作用】 体内实验证实阿法骨化醇(Alfacalcidol)能抑制破骨细胞的形成,增加成骨细胞的数量,刺激成骨细胞的活性,直接促进骨形成。同时提高骨小梁的连接性,改善骨微结构,增加肌肉强度。这是活性维生素D治疗骨质疏松的药理基础。临床研究证实活性维生素D能增加绝经后和老年性骨质疏松病人的骨密度,减少骨折。它不仅降低骨转换,增加骨强度而且还提高骨质疏松病人的肌强度。此外,骨化三醇(Calcitriol)能增加小肠吸收饮食中钙和磷,与PTH一道通过骨矿物质和骨基质溶解,促使钙从骨钙库释放,升高血钙,维持钙磷平衡。

【临床应用】 ①原发性骨质疏松症和继发性骨质疏松症,后者如糖皮质激素性骨质疏松症。可单独应用，也通常与其他的抗骨质疏松药物联合应用，以提高钙吸收；②慢性肾功能不全、甲状旁腺机能减退；③治疗维生素 D 缺乏症，包括佝偻病、骨软化病、手足抽搐症等。Ⅰ型佝偻病（依赖维生素 D）和甲状旁腺功能减退症的病人常合并有 1,25-(OH)D_3转化为 1,25-$(OH)_2D_3$障碍，骨化三醇治疗有效。

【不良反应】 长期大量口服可引起高血钙、食欲不振、呕吐、腹泻甚至软组织异位骨化等。若肾功能受损，可出现多尿、蛋白尿、肾功能减退等，应及时停用。孕妇使用过量，可致胎儿主动脉狭窄、脉管受损、甲状旁腺功能抑制而使新生儿长期低血钙抽搐。

四、锶 制 剂

锶是一种与钙代谢密切相关的微量元素，锶具有钙类似的化学性质，在肠道钙吸收和钙运输的研究中被用作钙的标记物。研究表明，在骨重建的部位锶的含量最高。由于锶在骨代谢中的作用，目前已被应用于骨质疏松症的治疗。

雷尼酸锶（strunium ranelate）是一种有机锶制剂，锶盐分子由 2 个稳定性锶原子和 1 个有机单位组成，其化学结构见图 49-6。作为一种抗骨质疏松新药，2004 年 11 月在爱尔兰首次上市，随后在欧洲、澳大利亚等国被批准作为治疗绝经后骨质疏松症的药物，以降低椎骨和髋骨骨折的危险。锶盐的特点是可以保持骨更新的速度，在保持骨形成的同时减少骨吸收，改善骨骼的机械强度，但不影响骨骼的矿化及不改变骨结构的晶体。所以锶盐是一种对骨代谢具有双向调节作用的药物，也称为解耦联剂。

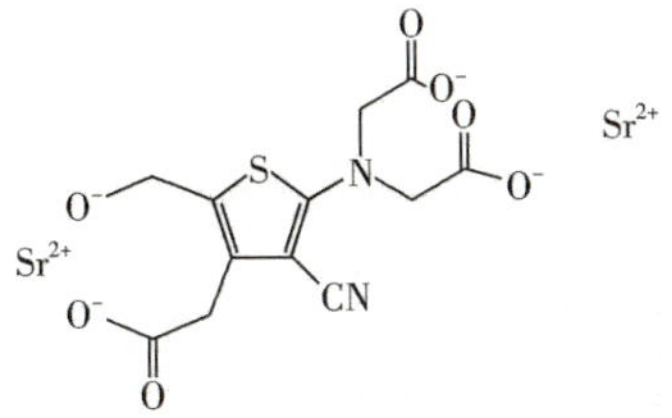

图 49-6 雷尼酸锶的结构

【体内过程】 雷尼酸锶极性较强，其口服生物利用度与血浆蛋白的结合率均很低。锶的生物利用度随着剂量的增加而减少，锶的绝对生物利用度约为 27%。3～5 小时达血药浓度峰值。雷尼酸锶与钙或食物同服，可降低锶的生物利用度。口服维生素 D 对锶的生物利用度没有影响。锶的表观分布容积约为 1 L·kg^{-1}，血浆蛋白结合率约为 25%，对骨组织有很高的亲和性。锶的消除为非时间和剂量依赖性，锶的 $t_{1/2}$约为 60 小时，雷尼酸锶主要以原形经肾和胃肠道排泄，其血浆清除率约为 12ml·min^{-1}(CV22%)，肾清除率约为 7ml· min^{-1}(CV 28%)。

【药理作用】 锶具有双向调节作用，能诱导骨重建的解耦联，增加骨形成，减少骨吸收，具有双重药理作用。

1. 对骨细胞作用 雷尼酸锶一方面在成骨细胞富集的细胞中，能增强胶原蛋白与非胶原蛋白的合成，通过增强前成骨细胞的增殖而促进成骨细胞介导的骨形成。另一方面，能剂量依赖的抑制前破骨细胞的分化，从而抑制破骨细胞介导的骨吸收。目前，锶对骨细胞的作用机制尚未完全阐明，可能与下面假说有关：①锶可以活化某些类型细胞的钙感受器，导致三磷酸肌醇的产生和丝裂原信号的激活；②一些锶敏感受体有可能对骨细胞产生作用；③锶通过激活成骨细胞的胞外激酶调节信号，诱导环氧化酶 2 和前列腺素 E2 的产生，锶盐的这些作用有可能对骨形成产生作用。

2. 对骨量与骨强度的影响 研究表明，锶盐对正常动物有抗骨吸收与增加骨形成的作用。锶盐可以增加腰椎骨与股骨的骨量，增加胫骨干骺端骨小梁厚度和数量，减少骨小梁分离度，改善骨的微结构，提高骨的机械性能。对于卵巢切除的大鼠，锶盐减少了由于雌激素缺乏导致的松质骨丢失。这是由于锶盐在减少骨吸收的同时维持了骨的形成。锶盐无论是对正常的骨组织或骨质丢失时都有增加骨量与骨强度的作用。

【临床应用】 雷尼酸锶提高腰椎和其他部位的骨密度，多项临床试验表明雷尼酸锶使骨折发生率减低 41%，非脊柱骨折降低 16%和股骨颈骨折降低 36%，对于年龄大于 74 岁骨质疏松患者，雷尼酸锶作为单一疗法对脊柱和股骨颈骨折预防治疗是安全有效的。本品主要用于预防和治疗绝经期妇女骨质疏松症。

【不良反应】 常见的不良反应有恶心、腹泻，与安慰剂组无明显差异，且一般为轻度、暂时性的。这些症状大约在开始治疗后 3 个月就会自行消失。服用雷尼酸锶与 1 年期发生静脉血栓栓塞事件增多有关，包括肺部血栓，但原因未明，因此使用时应注意发生静脉血栓的危险性。不宜用于严重肾损害患者。

五、雄激素及其同化激素

雄激素（androgen）减少是男性老人发生骨质疏松的重要原因之一。雄激素可促进蛋白质和骨胶原的合成，刺激骨形成。雄激素还有保留钙、磷、钾等作用，因此已有学者用雄激素治疗男性骨质疏松症，但因其副作用较大，治疗方法和剂量及利弊关系仍在进一步研究之中。

同化激素（anabolic hormone）为雄激素衍生物，通过蛋白同化作用促进骨形成，增加皮质松质骨骨量，对骨折的影响尚在研究中。该类药物因有肝脏损害，男性化及对血脂的不利影响而较少应用。此类药如诺龙（nandrolone），司坦唑醇（stanozolol），睾酮（testosterone）的药理作用可促进机体蛋白质合成及抑制蛋白质异生，减少钙、磷排泄，减轻骨髓抑制。同化激素在促进骨合成的同时，还有抗骨吸收的作用。

六、其他合成代谢激素与生长因子

胰岛素样生长因子(insulin-like growth factor, IGF)是由3个二硫键交连的单链多肽，具有胰岛素样生物活性，能促进细胞分化和增生，能介导生长激素(GH)的促进骨生长作用。GH受体广泛存在于人体成骨细胞、软骨细胞和胰岛细胞内，GH作用于受体产生IGF。IGF的血浓度受GH的调控，垂体功能过高时血液中IGF增加，反之则IGF降低。体内其他物质对IGF亦有调节作用，如甲状旁腺素、雌二醇(E2)及骨形态发生蛋白(BMP)等可刺激成骨细胞产生IGF，而血小板源性生长因子(PDGT)、碱性成纤维细胞生长因子(bFGH)及糖皮质激素等，则抑制IGF的产生。IGF主要有IGF-I和IGF-II两种，都能促进成骨细胞增生、胶原合成和骨矿化的速率，并能抑制内生胶原酶的产生而抑制胶原降解，从而保护骨基质。

第三节　骨矿化促进药

骨矿化促进药(mineralization drugs)，主要包括钙剂和维生素D，两者是人体钙磷代谢的重要物质。钙是构成人体矿物质的重要元素，是骨矿的主要组成成分，而维生素D是调节钙的吸收和代谢的必要激素。两者在预防和治疗骨质疏松时主要发挥补充骨矿物质，并促进骨矿物质沉积，这些作用有利于骨的形成。

维生素D在体内经代谢生成活性维生素D_3。维生素D_3(1,25-$(OH)_2D_3$)能增加小肠吸收饮食中钙和磷，维持钙磷平衡。在骨重建过程中，维生素D_3可增加成骨细胞活性。足量钙和维生素D的摄入能补充矿物质，预防骨量丢失和减少骨折的发生。但单纯补钙和维生素D只是作为一种与不同的促骨形成药物或抗骨吸收药物合用的基础治疗。对已确诊的骨质疏松症仅通过单纯补钙无法纠正骨骼对钙的利用障碍。钙剂和维生素D有蓄积作用，长期服用可导致高血钙症及高尿钙症，需定期测量血钙以及时调节药量。维生素D活性代谢物的骨药理作用请参考第三节“促骨形成药”。

钙　制　剂

钙制剂(calcium)是构成人体矿物质的重要元素，正常人需钙量平均500mg/日以上，儿童、孕妇、哺乳期妇女需要得更多。为摄取足量的钙，不少国家建议每天食物供给元素钙1000mg，而青少年、孕妇、哺乳妇女、骨质疏松症高危人群推荐增至1500mg。目前临床应用的钙很多，含元素钙的量也相差甚远，应强调不管补充何种钙剂，均应以每日所服的元素钙为准。

【体内过程】 钙的吸收主要在空肠，最适条件下吸收为食物中含钙的60%，酸性环境利于钙的吸收，食物中过多的磷酸盐、草酸盐、大量脂肪影响钙吸收。钙进入细胞内外液，沉积于骨组织。钙的吸收通过主动转运和被动转运两个途径。前者依赖维生素D存在，后者主要通过钙的浓度梯度扩散。钙的生物利用度受很多因素影响，一方面与人体本身状况有关，如婴儿的吸收率高于成人，而老年人的吸收率较差；另一方面与摄入钙剂量、体内钙状况和同服的食物成分有关。一般来说，钙摄入量低，机体吸收钙比例高；体内缺钙时吸收率高；因钙与草酸形成难溶性草酸钙，食物中含草酸多(如菠菜、笋、苋菜等)，能使钙吸收率降低。

【药理作用】

(1) 补充骨矿物质，促进骨矿化，利于骨和牙齿的形成。

(2) 维持神经、肌肉组织的正常兴奋性，增强心肌收缩力。

(3) 降低毛细血管通透性，并有消炎抗过敏作用。

【临床应用】

(1) 可用于急、慢性低钙血症，手足抽搐症。

(2) 预防和治疗各种原因所致的佝偻病，骨软化症，骨质疏松症，肾性骨病，甲状旁腺功能减退和假性甲状旁腺功能减退。

(3) 钙剂是预防和治疗骨质疏松症的基础药物。

(4) 还可作为镁中毒的抗毒剂。

【不良反应】 口服大量钙可致轻度胃部不适，严重者可引起胃酸增多、厌食。过量可导致高血钙症，而出现相应症状如恶心、呕吐、腹泻等。静脉注射时，有全身发热感，过快可引起心律失常，甚至室颤或心脏骤停。

Summary

- Drugs available for the prevention and treatment of osteoporosis are divided into three types in terms of their actions on calcification and bone turnover.
- The first group is antiresorptive agents that mainly inhibit bone resorption and decrease the rate of bone loss through inhibiting the activity of osteoclasts. Bisphosphonates are potent inhibitors of bone resorption, they increase bone density and reduced the risk of fractures in hip, spine and other location. Calcitonin has been shown to increase bone mass and reduced fracture but only in spine. Estrogen replacement therapy is valuable for treatment of postmenopausal osteoporosis, concern

that it increase the risk of breast cancer and fails to reduce the development of heart disease has reduced enthusiasm for this form of therapy. Selective estrogen receptor modulators SERMs have been developed and approved for treatment of osteoporosis, such as raloxifene.

- The second group is anabolic agent that mainly promote bone formation and increase bone mass by stimulating the activity of osteoblasts. Fluoride, a potent stimulator of osteoblast activity, remains controversial for its toxicity and uncertain reduction of fracture rate. Parathyroid hormone (PTH), the recombinant form of PTH1-34, has been approved for treatment of osteoporosis, it stimulate new bone formation which appears structurally normal and is associated with a substantial reduction in the incidence of fracture.
- The third group consists of agents that improve bone mineralization or slow bone resorption or stimulate new bone formation, they includes calcium and vitamin D as well as its metabolites.

（崔 燎）

第五十章　基因治疗的药物

基因治疗(gene therapy)是指采用分子生物学的方法和原理将正常或有治疗价值的目的基因或核酸分子(DNA 或 RNA)导入靶细胞,从而在基因水平来干预疾病的发生、发展和进程来达到治疗疾病的一种方法。例如通过纠正功能上的错乱的基因、抑制异常基因表达等。随着基因治疗相关研究的深入,基因治疗的概念已扩展到反义核苷酸技术、RNA 干扰等。可以说基因治疗是一种从根本性的治疗疾病的一种手段,因此基因治疗又被称为“分子外科”。有人称这种能在人体内产生特定的功能,携带目的基因或核酸分子的载体或是遗传物质的体细胞叫基因药物(gene medicine)。因为基因治疗虽然不同于基因工程药物治疗,但从基因治疗的实际效果看,它是通过转入体内的基因产生特定的功能分子(如细胞因子、蛋白质等)而起作用,这相当于向人体导入一个具有治疗作用的给药系统,因此,可将导入的基因看作广义的基因药物。而基因工程药物(gene engineering drug)则是指将有治疗价值的目的基因导入宿主细胞,如细菌、酵母或哺乳动物细胞或转基因动植物细胞,进行表达,并经分离和纯化获得蛋白质产物(包括活性蛋白质和多肽药物、重组疫苗及单克隆抗体等)。

基因治疗是近二十年来随着现代分子生物学技术的发展而诞生的新的生物医学治疗技术。1968 年,美国科学家迈克尔·布莱泽首次在医学界提出了基因治疗的概念。1990 年 9 月,美国科学家 Anderson 等对一例腺苷脱氨酶缺乏所致的重症联合免疫缺陷病患者进行了基因治疗,获得了初步成功。这是首例真正意义上的基因治疗临床试验。基因治疗的研究和应用起源于对基因遗传病的治疗,近年来基因治疗在基础研究和临床试验方面取得了显著进展,其适应证也从遗传病扩展至肿瘤、传染病(AIDS)、血管疾病和代谢病等多种疾病。基因治疗技术是一种全新的治疗手段,是当今生物医学发展中的重大突破。尽管在有效性、安全性和可操作性等方面仍存在诸多问题,但随着人类基因组计划(human genomic project, HGP)的完成和后基因组研究的开展,及新的先进的分子生物学技术的发现和应用,大大加速了将基因治疗从实验研究转向临床应用的步伐。基因治疗有望取得突破性进展,并为人类健康做出巨大的贡献。

第一节　基因治疗的策略

基因治疗是在 DNA 和 mRNA 水平的改变,根据患者发病机制的不同,基因治疗所采用的治疗策略也不同,但主要的思路是通过各种方法上调低表达基因和下调高表达基因。目前应用于基因治疗的方法主要有基因置换、基因矫正、基因增补、基因失活等。

1. 基因置换(gene replacement)　就是通过同源重组即基因打靶(gene targeting)技术将外源正常的基因在特定的部位进行重组,从而使缺陷基因在原位特异性修复,而不涉及基因组的其他任何改变。此法为单基因遗传病达到治愈的最佳疗法。这一方法虽然理想,由于目前同源重组频率太低,目前的技术很难满足基因治疗中基因置换技术的要求,因此目前基因置换尚不能用于临床治疗人的遗传病。并且此方法在生殖细胞中进行,因此会涉及一系列伦理道德问题。

2. 基因修复(gene correction)　也称原位修复和基因修正,是指按照野生型基因的结构将致病基因的突变碱基序列加以纠正,而正常序列部分予以保留,从而在质和量上使突变的致病基因得到正常的表达,而恢复正常功能。这是一种理想而直接的基因疗法,但目前尚无基因修正的有力措施。

3. 基因修饰(gene augmentation)　又称基因添加疗法或基因增补,是指将目的基因导入病变细胞或其他细胞,目的基因的表达产物可修饰和改变缺陷细胞的功能,使原有的功能得到加强。目前基因治疗多采用这种方式,如 1990 年美国对 ADA(腺苷酸脱氨酶)缺乏症的基因治疗及利用抑癌基因对癌症的基因治疗等。但异常的致病基因本身并未得到改变,仍保留在细胞中,此法导入的基因并非原位导入,因此,表达水平和调控难以取得理想的结果。

4. 基因失活(gene inactivation)　又称为基因封闭,是应用核酶、反义 RNA、核酸或肽核酸等反义技术及 RNA 干涉技术等特异性地抑制某些有害基因表达,从而达到治疗疾病的目的。如利用反义癌基因对恶性肿瘤的治疗或应用 siRNA 使癌基因沉默从而调节特定蛋白功能。

第二节　基因治疗的条件

基因治疗通过外源性物质(目的基因)导入人体靶细胞,并使之在靶细胞中适时适量表达,从而达到治疗疾病的目的。因此,目的基因的选择和制备、靶细胞的选择以及基因转移的途径是基因治疗的必备条件。

一、目的基因的准备

基因治疗首先必须获得目的基因，根据基因治疗不同需要，基因治疗中选择的目的基因可以来自染色体基因组（genomic DNA），也可以选择互补 DNA（complementary DNA，cDNA）；可以是人体正常的基因，也可以人体基因组所不存在的野生型基因。目的基因本身一般不含启动子等调控序列，导入靶细胞后很难进行表达。因此为使体外表达产物有活性，目的基因必须置于合适的启动子控制之下，将目的基因重组于含有调控序列的质粒或病毒的表达载体（expression vector）的合适位置，再导入细胞，以确保基因产物在特定调控序列指导下进行表达。用于基因治疗的目的基因选择原则应为供转移的目的基因必须保持结构及功能的完整性，并能适时适量表达功能性蛋白质。为了监测体内转导细胞的位置、寿命、功能以区别体内自身细胞，除目的基因以外，一般还选用一个标记基因（marker gene；reporter gene）。

二、靶细胞的选择

基因治疗按靶细胞类型又可分为生殖细胞（germ line cell）基因治疗和体细胞（somatic cell）基因治疗。广义的生殖细胞基因治疗以精子、卵子、早期胚胎细胞作为治疗对象。从理论上讲，直接对生殖细胞进行基因治疗是可行的，并能彻底根除遗传病，但由于目前基因治疗技术限制和利用生殖细胞进行基因治疗会产生伦理道德问题，生殖细胞作为基因转移的靶细胞仅在动物中进行，用来生产治疗药物或建立疾病动物模型等。因此基因治疗仅限于用体细胞作为靶细胞，即基因型的改变只限某一类体细胞，其影响也只限某个体的当代。基因治疗的合适靶细胞应容易从体内取出和回输，能在体外增殖并能在体外培养和传代，易于外源基因的导入和稳定表达，并经得起体外基因操作，能高效表达外源基因以及具有较长的存活期。靶细胞可以是表现疾病的细胞，也可以是在此疾病的发生、发展中起主要调控作用的细胞，如免疫细胞等。目前基因治疗常用的细胞如干细胞、淋巴细胞、上皮细胞、内皮细胞、角质细胞、成纤维细胞、肝细胞、肿瘤细胞等。对于某些遗传性疾病，要求对特定细胞的功能缺陷进行纠正，它对靶细胞的要求较高。还有不少疾病对靶细胞的依赖性也不强，只要求基因转移到细胞中，能够产生外源蛋白，通过血液循环到达全身既可。总体上讲，根据疾病的性质、基因治疗的策略，可以选择不同的靶细胞。

三、基因治疗的途径

基因治疗主要有两种途径：即回体基因治疗（*ex vivo*）和体内基因治疗（*in vivo*）。两种途径可更根据不同疾病和导入基因的不同性质来选择。目前研究和应用较多的是回体基因治疗。

1. *Ex vivo* 途径　*Ex vivo* 法也叫体外细胞介导法、体外基因疗法或间接体内疗法，是一种间接的基因转移与治疗途径，即先在体外把含目的基因的表达载体转染至载体细胞，然后将基因转染后的细胞回输给受者，使携有外源基因的载体细胞在体内表达治疗产物，以达到治疗目的。通常把通过移植携带靶基因的细胞称为基因修饰细胞或工程细胞。因为人体细胞尤其是自体细胞，一般来说，易于解决安全性问题，因此这种方法易操作、安全、效果较为可靠，故在临床试验中较常使用。如 1990 年转移 ADA 基因和现在的大部分基因治疗临床试验都属体外基因疗法。缺点是这种途径在把细胞植入机体之前，可能发生细胞的遗传性改变，大部分在体内不能长期生存等。并且此种途径存在操作步骤多、技术复杂、难度大及若采用人类胚胎细胞则涉及伦理学问题，故不易推广。在 *ex vivo* 途径中靶细胞的筛选是至关重要的，既要易于获得、容易转染及稳定表达，又要避免发生免疫反应和转化为肿瘤。一般用于 *ex vivo* 转基因的表达载体是真核表达质粒和反转录病毒。

2. *In vivo* 途径　*In vivo* 途径即体内直接转染法或体内疗法，此法不需要细胞移植直接把遗传物质（外源基因）装配于特定的真核细胞表达载体，导入受体体内有关的器官组织和细胞内，以达到治疗目的，是体内基因治疗的直接途径。*In vivo* 可以是原位（in situ）基因，也可以是全身性基因转移，其中原位基因转移是将遗传物质直接导入人体局部区域；全身性基因转移时，基因传递的部位可能与某种形式的靶位无关，只要治疗分子最终到达作用部位。*In vivo* 载体的导入可以是非病毒介导途径即通过物理法、化学法或融合法直接将目的基因导入体内；也可以通过病毒载体介导途径。*In vivo* 途径因不需要特殊细胞培养设施；并可通过物理方法实现靶向性转移（如基因枪等），并且没有 *ex vivo* 可能造成的致病性，一般较为安全等。由于 *in vivo* 难以接近靶组织，基因转染率较低，直接导入的 DNA 通常难以整合入基因组，注入 DNA 的稳定整合水平也较低，因此基因表达存在不稳定性、疗效持续时间短、免疫排斥及安全性等一系列问题，使其应用受到限制。但它是基因转移的方向，只有 *in vivo* 基因转移途径成熟了，基因治疗才能真正走向临床，同时意味着基因药物时代的全面的到来。

第三节 基因治疗载体

基因治疗是将目的基因传递到特定的组织细胞(靶细胞)内进行适当表达以治疗疾病。然而外源基因引入细胞的过程中,DNA会被体内的核酸酶降解成小分子核苷酸,失去治疗作用。因此在基因治疗过程中就要求选择恰当的转移方法或载体,这种运载或携带治疗性遗传物质的工具称之为载体(vector)。载体的选择直接关系到基因治疗的成败。基因治疗载体系统主要由两部分组成,即载体和基因。基因治疗载体应具备以下条件,即不破坏基因的活性;能被高效导入靶细胞;载体带有合适的调控序列,可以有效地转导、调节目的基因在特定细胞或组织有规律的、充分的及持续的表达;载体成分在导入后不激活宿主的免疫反应;整个过程应安全无毒性,对人体以及环境无危害;有效并具有选择性;载体对导入的遗传物质的大小没有限制;载体对分裂和未分裂细胞的感染;并具有高度稳定,容易制备,可浓缩和纯化,易于大量生产。目前采用的载体还没有一种能具备上述所有的条件。

目前在遗传性疾病基因治疗中使用的载体系统有十余种,根据载体不同可分为病毒基因治疗载体系统(viral vector)和非病毒基因治疗载体系统(non-viral vector)。前者包括逆转录病毒、腺病毒、腺相关病毒、慢病毒和痘苗病毒等;后者包括裸质粒、阳离子脂质体-DNA复合物、DNA-配体复合物等。不同类型的载体具有不同特点,病毒载体比非病毒载体具有更高的转染效率,体外均有很高表达性,然而病毒载体目的基因容量小,病毒滴度不易提高,制备复杂,成本高,不能体内反复使用;并且免疫原性、细胞毒性和基因突变这些由病毒载体带来的问题限制了病毒载体在人类基因治疗中的广泛应用。非病毒载体的转染效率相对较低,但是其突出的优点是不会造成基因的永久性表达,无抗原性,体内应用安全、简单易大量制备,而且化学结构多样和巨大的携带外源基因的容量,因此许多科学家把目标放在非病毒载体的研究。在实际基因治疗研究和应用中可根据不同的靶细胞和转移系统的特点来选择不同的转移方法,如处于分裂象的肿瘤细胞可用逆转录病毒载体转移系统;肌肉组织可用于裸DNA直接注射法等。随着生物学、化学、物理学等学科的高速发展以及它们之间的交叉渗透,使设计和研制新的理想载体成为可能。

一、病毒载体

病毒是在漫长的自然进化过程中存活下来的无细胞结构的最小、最简单的生命寄生形式。病毒已进化了上亿年,在进化中获得了适应机体的完备机制,它们有着自己的一套侵染细胞并使自身的遗传信息表达的策略。病毒通常可以高效率地进入特定的细胞,从而可将自身的遗传物质带至宿主细胞,表达自身蛋白,产生新的病毒粒子。由于大多数野生型病毒对机体都有致病性,因此,必需对其进行改造后才能用于基因治疗。将病毒基因中与致病相关的基因去除,而保留其携带基因进入人体的功能,再组装成理想的外源基因,这种病毒即可成为病毒载体(viral vector)。病毒载体结构简单易于改造和操作,有高转染率和良好的靶向性,已经成为一种有效的载体系统广泛应用,现在约85%基因治疗临床项目采用病毒载体,为治疗遗传性和获得性疾病的临床实践奠定了良好的实验基础。由于多数野生型病毒具有致病性且对其生活周期、分子生物学、与疾病发生发展的关系的认识尚不足,因此到目前为止,只有少数几种病毒被成功地改造为基因转移载体。这些病毒载体有各自特点,同时也存在各自局限性。

1. 逆转录病毒载体 逆转录病毒为RNA病毒,感染细胞后RNA经反转录为DNA并整合至细胞染色体中,再经转录、翻译生成结构蛋白。逆转录病毒基因组的最大特点是基因排列顺序是固定不变的,即5′-gag-pol-env-3′。逆转录病毒载体即是将结构基因去掉换成外源基因,在体外的包装细胞内组装成含有目的基因的重组逆转录病毒,该重组逆转录病毒不具致病性。这类载体感染细胞后能够有效整合至宿主基因组中,其基因组不会发生重排,因此所携带的外源基因也不会改变,感染细胞不产生病变,可建立细胞系长期持续表达外源基因;其引起的机体免疫反应较低;对细胞的感染率高,可高达100%;宿主转染范围广,能够感染包括胶质细胞、神经前体细胞、骨髓淋巴细胞、肝细胞、血管内皮细胞等各种分裂细胞。目前逆转录病毒载体是基因治疗中应用最多的一种靶向性基因载体。在目前批准临床前研究的数百种基因治疗方案中,约80%是运用的逆转录病毒性载体。世界上第一例基因治疗的病例,即用于治疗由于腺苷脱氨酶(ADA)缺陷导致的复合免疫缺陷综合征(SCID)的女孩所使用的载体就是逆转录病毒载体。根据报道利用逆转录病毒作为载体来进行血友病A的基因治疗已经有了很大的进展。

但其在应用中仍存在一些令人担忧的问题,逆转录病毒的DNA复制中间体在整合入细胞染色体中时为随机整合,则外源基因也会随机插入细胞染色体中,其表达会受插入位点两侧的DNA序列影响,并有可能导致插入突变和激活癌基因的可能,从而引起癌变;载体在辅助细胞中有可能发生同源重组,产生具有致瘤性的野生型病毒;逆转录病毒载体只感染增殖细胞,不能感染非分裂的细胞,故在应用上有一定局限性。所以它不适于作为肺细胞、肌肉细胞、神经元等细胞的基因导入载体。并且其可插入外源基因较小只能容纳 8～10kb 的外源基因片段，由于包装产生的病毒子非常容易失活，不能纯化，病毒滴度低，因此在临床实践应用中受到了限制。

2. 腺病毒载体　腺病毒(adenovirus，Ad)为线性的双链 DNA 无包膜病毒，可以携带长达 7.5kb 的外源基因。人类是腺病毒的自然宿主，其复制不依赖于宿主细胞的分裂，所以比较安全；感染效率高，可高效地转导不同类型的人组织细胞，其基因转染效率可以高达 90%以上；靶细胞范围广，不仅能感染复制分裂细胞，也能感染非分裂细胞；可经不同途径进入不同组织，可进行原位感染，如由静脉注射、肠道吸收或气管内滴注等多种方式给予，特别是肺，可经口服、喷雾、气管内滴注等途径进行治疗；该载体没有包膜，不易被其补体所灭活，可直接在体内应用；重要的是由于腺病毒不能将外源基因整合到细胞染色体，它所介导的基因只能短暂表达，潜在的致癌危险小，对人类比较安全；插入外源基因容量大，可插入大片段外源基因，最多可达 35kb；病毒繁殖滴度高，在体外稳定，可抵抗物理操作，易于制备与纯化；腺病毒载体可以被浓缩并可被冻存相当一段时间。此外，腺病毒载体还可以采用特异启动子(包括肿瘤特异或组织特异启动子等)来启动插入的目的基因的表达。由于具有以上特点，腺病毒载体成为继逆转录病毒载体之后广泛应用的载体系统，尤其在 *in vivo* 基因治疗和研究方面更为突出。近年来腺病毒载体主要用于肿瘤基因治疗，并已成为肿瘤临床基因治疗试验中最常用的载体。

但腺病毒基因组为 DNA，复制过程中不整合至细胞基因组，因此这类载体转染宿主细胞为一过性的，不能使外源基因在体内长期有效地表达，若要得到理想的治疗效果，必须反复给药；而且腺病毒感染率高，人体内存在对其的免疫力，腺病毒载体可引起强烈的免疫反应；机体的免疫反应对腺病毒载体有清除作用，故外源基因不能在体内长期表达。由于受体免疫系统的记忆效应，再次应用相同腺病毒载体时可导致更为强烈的炎症反应，这也阻碍了对腺病毒载体的重复应用。该载体具有较大的细胞毒性，高滴度可将细胞致死。这些缺陷限制了这类载体的使用。

3. 腺病毒相关病毒载体　腺相关病毒(adeno-associated virus，AAV)是目前发现的最小、结构最简单的 DNA 病毒，含有一条线状单链 DNA，其复制依赖于辅助病毒(腺病毒或单纯疱疹病毒)。AAV 载体是一种非病原性的人类病毒，无致病性；AAV 能感染的细胞类型范围较广，可以感染分裂期和非分裂期细胞；野生型 AAV 能选择性整合入人类 19 号染色体的特定部位，建立溶源性感染，基因表达稳定；AAV 是一种无包膜病毒，对各种理化处理稳定，易于分离纯化；它具有转染效率高；无免疫性可以向同一细胞引入两种不同的基因，或对同一细胞反复感染。这类病毒已在肿瘤基因治疗中得到应用并有逐步取代腺病毒载体之势。

腺相关病毒载体的主要缺点是其包装容量相对较小，仅 5kb；腺相关病毒只有依赖于辅助病毒才可能增殖，所以进行体内基因治疗必须先将 AAV 进行纯化去除辅助病毒，以避免腺病毒产生的免疫原性和细胞毒性；此外，腺相关病毒载体具有基因表达明显的"滞后性"；并且在构建的载体实际应用时很难达到定向整合。

4. 单纯疱疹病毒载体　单纯疱疹病毒(herpes simplex vires)为双链有包膜的病毒，具有嗜神经性，可逆轴突传递，可在神经元内呈潜伏感染状态。它的基因组以附加体的形式位于细胞核内，且不被人体免疫系统所识别，潜伏期可持续至终生。经某些刺激，可以再度激活并进入裂解细胞周期，这一特性特别适合用于脑和神经系统的肿瘤基因治疗。单纯疱疹病毒载体容量大，是各种病毒载体之最，可容纳高达 50kb 的外源 DNA，因此可以同时装载多个目的基因，达到联合治疗的目的；单纯疱疹病毒载体除可感染神经细胞外，还可感染肌肉、肿瘤、肺、肝、胰岛等多种细胞；有较高的滴度；病毒免疫原性低；易于操作。但病毒不整合至细胞基因组中，因此表达短暂，并且单纯疱疹病毒载体具有神经细胞毒性作用和免疫反应，可引起较明显的局部炎症和坏死，能够从潜伏状态激活，所以目前仅限于某些神经系统恶性肿瘤的临床治疗试验。

5. 慢病毒(lentivirus)载体　慢病毒(lentivirus)属逆转录病毒亚属，是一类非鼠源性逆转录病毒，目前研究最多的为人类免疫缺陷病毒(human immunodeficiency virus，HIV)病毒载体。对于慢病毒来说，最关心的是它是否会发生重组产生野生型病毒的问题。虽然使用缺陷型病毒时靶细胞不表达病毒蛋白，然而，人们对其安全性还是存有一定疑虑。如果能够在不影响病毒转染功能的前提下，尽可能地删除病毒序列，这种更加安全的慢病毒载体必将得到更为广泛的应用。慢病毒载体具有一个明显的优点，那就是它既能感染分裂期细胞，也能感染非分裂期细胞如肝细胞、骨骼肌细胞、神经元及角膜细胞；它能将外源基因整合入非分裂细胞的基因组内，可长期的转基因表达；无明显免疫反应。因此慢病毒载体在基因治疗中的应用极具潜力，它为有丝分裂后神经元转基因治疗提供了一个潜在的传递系统，应用慢病毒载体向脑内引入基因已取得了明显的治疗结果，因此慢病毒载体有可能成为未来 CNS 基因治疗的最佳载体。

如上所述，各种病毒载体，不论是逆转录病毒、腺病毒、腺相关病毒、还是慢病毒载体，都有各自的优点和缺点。从目前来看，病毒载体系统在基因治疗中占有绝对优势，其作用不可替代。因此我们有理由相信通过科学家的不懈努力，原有的病毒载体将不断得到改进，并且更多更安全、高效的新病毒载体也会不断被发现。

二、非病毒基因治疗载体

尽管基因治疗临床项目中约有85%采用病毒载体，但由于病毒载体存在许多不足，如毒性大，潜在的致癌性、自身免疫原性、目的基因容量小、靶向特异性差等限制其临床应用。而非病毒载体的生物安全性较好，具有低毒性、无传染性、低免疫反应，具有靶向性，外源基因随机整合率低，目的基因容量大，不受基因插入片段大小的限制，以及使用简单、制备方便、便于保存和检验等优点而被广泛开展和应用，已成为基因治疗中的热点和当前药剂学研究的前沿课题。在表达质粒、反义寡核苷酸或反义表达质粒真核细胞的靶向转移中，有着病毒载体不可替代的作用。非病毒载体的本质是将基因治疗中基因看作为药物，然后从药剂和药理学的角度将基因导入靶细胞或组织、器官并进行表达。此类载体被一些特异性配基修饰后，可使它具有一定亲嗜性，并提高稳定性和转染率，可成为一种较为理想的基因载体。尽管非病毒载体具有相当的优势，但其缺点也不容忽视，非病毒载体介导的基因转移存在外源基因转移率低、稳定性差，表达时间短以及对某些载体的物理化学性质和转染机制不十分清楚等问题。目前常用的非病毒载体包括裸DNA/质粒DNA、脂质体载体及阳离子多聚物载体等，非病毒载体基因转染的方法有DNA磷酸钙共沉淀、电穿孔、显微注射、脂质体介导、受体介导转移、DNA直接注射、基因枪等。

1. 裸DNA/质粒DNA 裸DNA（naked DNA）/质粒DNA将目的基因连接在表达质粒或噬菌体中直接注射而不依赖其他物质介导，是最简单的非病毒载体系统，也是非病毒载体中最常用的载体。裸DNA能够转染大多数细胞，具有制备简便、廉价且安全性较高等优点。然而，裸DNA转染效率低且基因表达短暂，传统的质粒DNA一般不整合到基因组，而且不随细胞增殖而复制，在细胞复制增殖中很容易丢失。它极易被组织清除，难以全身转运。因此在临床应用上受到较大的限制。质粒载体要求不仅包含哺乳动物细胞表达的调控元件，还要包含在细胞内包装并能进行复制和表达的元件，又称穿梭载体（shuttle Vetor）。将质粒直接导入动物组织，诱导动物的免疫系统对所表达的蛋白质产生体液免疫或细胞免疫，即基因疫苗。裸DNA/质粒载体一般采用物理法、化学法及融合法导入靶细胞，电穿孔（electroporation）技术和微粒子轰击法（microparticle bombardment，即基因枪）的出现，大大提高了裸DNA的转染效率，而且可使DNA直接到达细胞核，避免了各种酶对DNA的降解。除了在DNA导入技术上的改进外，裸DNA/质粒DNA本身的构造也有了一些进展。这些改进不仅对裸DNA，对其他非病毒载体系统也同样有利。裸DNA/质粒DNA主要用于一些浅表部位肿瘤，如黑色素瘤、头颈部肿瘤及其他能局部用药的肿瘤（如通过腹腔注射可用于膀胱癌和卵巢癌），也可用于体内表达某些细胞因子，改善机体对肿瘤的免疫抵抗。

2. 阳离子聚合物载体 阳离子高聚物（cationic polymer）载体是可以利用带正电荷的多聚阳离子通过电荷之间的相互作用，与DNA形成稳定的多聚复合物，浓缩DNA使得DNA不易被核酸酶降解，再通过静电作用结合细胞膜或通过导向配体与细胞受体结合，并可以与细胞表面带负电荷的受体结合，从而有效地被内吞摄入介导基因转移。将目的基因从胞质转入细胞核，从而表达目的基因。

阳离子多聚物具有易合成、无免疫原性、能与DNA紧密结合、保护DNA免受核酸酶的降解、便于进行靶向性及生物适用性等诸多优点。为了提高基因转染率，许多可用于体内实验的新型阳离子聚合物载体相继问世，常见的有聚乙烯亚胺、多聚赖氨酸和壳聚糖以及树状高分子等。

（1）聚乙烯亚胺：聚乙烯亚胺（polyethylenimine，PEI）是首个用于组织培养和体内试验的阳离子聚合物。PEI最显著的特点是具有较高的正电荷密度，其结构中的氨基可结合DNA不仅能够很好地包装DNA，而且可以促进DNA从内吞小体释放，氮原子质子化后有很强的缓冲作用，能保护DNA在细胞溶酶体中不被核酸酶降解，从而进入胞核；具有较好的转染效率，PEI已用于不同给药途径的基因转移如吸入、肾动脉内给药、脑内注射和静脉注射等。但其基因表达较短暂，给药后14天已不能检出，并且许多因素如分子量、离子强度、溶解能力和分枝情况等均对聚乙烯亚胺的转染效率有影响。

（2）多聚赖氨酸：多聚赖氨酸（PLL）及其衍生物是广泛用于基因传递的阳离子多肽，是最早用于基因转运系统的聚合物之一。多聚赖氨酸为线性分子聚合物，其中含有赖氨酸重复单位，使其能够被生物降解。因多聚赖氨酸转染效率较低，为了获得较高的转染率，可经聚乙烯乙二醇修饰使其转染效率提高，且可延长在体内的半衰期。

（3）壳聚糖（chitosan）：壳聚糖是来源于甲壳类动物的生物可降解性多糖，与结构复杂的合成非病毒基因传递载体（PEI，PLL）不同，壳聚糖是仅含有少量多聚阳离子的天然物质，它是自然界中广泛存在的甲壳类动物中的甲壳质（chitin）进行脱乙酰化后得到的多糖类物质，有良好的组织相容性，并带有正电荷可通过静电吸引与DNA结合，为天然的阳离子型基因治疗载体。形成稳定的纳米颗粒，在体内或者体外皆可以将DNA有效地导入细胞内或者体内组织。作为一种新的基因导入平台，它最大的特点是安全性好、无毒，但导入效率尚有待提高。

(4) 树状高分子载体：树状高分子是一类新型高分子聚合物。树状高分子介导外源基因入胞机制与一些非病毒基因载体，如脂质体、脂精胺、聚氯丙淀的机制相似。树状高分子在有血清存在时仍保持较高的转染活性，且在干燥后仍有转染能力。常规使用的转染浓度无细胞毒性作用，但浓度增大，有较强的细胞毒性。

3. 阳离子脂质体 脂质体是基因治疗常用的非病毒载体，为脂质双分子层组成的环形封闭泡。它可通过被宿主细胞融合、内吞等方式将其所携带的核酸分子送入细胞。脂质体载体根据包裹 DNA 的方式将脂质体分为阳离子脂质体、阴离子脂质体、pH 敏感脂质体及融合脂质体等。阳离子脂质体是目前最常用的脂质体，它带正电荷，通过静电作用与 DNA 形成复合物，并且可以在脂质体上接上特定靶向性基团，使其具有靶向性。操作简单快速、重复性好、无免疫原性、可被细胞生物膜利用、且转运能力强、可运载不同大小的基因片断、可直接应用于病变部位。此外，通过脂质体的修饰及改进、可提高其转染能力、还可运载质粒 DNA、不受宿主限制，能将基因引入动物细胞、植物细胞和细菌，脂质与细胞膜融合后，重组基因导入细胞，脂质体被降解，对细胞无毒副作用，可反复给药，脂质体易于制备，具有很高的生物相容性并能负载多种药物，如 DNA 和诊断药物等。它作为药物载体，具有靶向、缓释、降低药物毒性、保护药物免受体内生物酶降解等优点。脂质体作为基因转移载体，在所有已用于临床试验的方法中仅次于病毒载体居第二位，是最有发展前景的非病毒载体，现在已被美国癌症协会批准为临床基因治疗的第一方案。

第四节 基因治疗临床应用

疾病是影响人类健康的大敌，特别随着生物医学技术研究的不断提高，遗传病及恶性肿瘤的致病机理的研究进展，使基因治疗的应用成为现实。研究表明，人类的各种疾病都直接或间接与基因有关。人类疾病可分为单基因病，多基因病和获得性基因病，如腺苷脱氨基酶(ADA)缺陷症等这类疾病是由一个基因缺陷引起，多基因病如糖尿病、高血压等疾病，这类疾病的病因比较复杂，不但涉及多个基因病变，而且还与环境因素有关。获得性基因病如艾滋病、乙型肝炎等则是由病原微生物入侵所致。因此，理论上讲人类所有的疾病都可采用基因治疗。

随着基因治疗研究的发展和基因治疗安全高效性、靶向性和调控性的进展，以及疾病相关基因的克隆和功能基因组研究深入，极大地推动了基因治疗应用的进展。基因治疗对象和范围不再只局限于遗传缺陷病，还扩展到肿瘤和病毒性传染病、心血管疾病、血液病、中枢神经系统疾病、内分泌疾病等。

一、遗传病基因治疗

遗传病是遗传物质(DNA)发生变化而引起的疾病，现已发现的遗传病有 6～7 千种，绝大多数缺乏有效治疗手段。由单基因缺陷所造成的遗传病，由于其缺损的基因已经明确，而且其致病基因的结构、功能(如定位、测序、调控)和蛋白质产物等都有了较深入的研究和认识，因此单基因遗传病成为基因治疗的首选对象，因为只要纠正缺陷的基因就可以改善症状。遗传性疾病基因治疗临床试验在如下疾病中取得了重要进展，如 1990 年，美国科学家 Andersond 等首次对因腺苷酸脱氨酸(ADA)基因缺陷而导致严重免疫缺损(SCID)的女孩子进行了基因治疗，获得了令人满意的结果；1991 年，血友病(hemophilia)成为世界上第二个进入遗传病基因治疗临床试验的病种；2003 年薛京伦等又研制成功“重组 AAV-2 人凝血因子Ⅸ注射液”，将腺病毒载体介导的Ⅸ因子基因直接肌肉注射到体内，方法简单，易于推广。2003 年美国进行了囊性纤维化(CF)基因治疗的临床试验，结果表明试验中没有任何显著的不良反应，病人对治疗具有很好的耐受性；将患者肝脏进行体外肝细胞培养，然后向这些体外培养的肝细胞中导入细胞表面低密脂蛋白受体(LDLR)基因，再将已经被导入基因的肝细胞植回到家族性高胆固醇血症患者(familial hypercholesterolemia，FH)体内，病人的症状明显好转。其他疾病如次黄嘌呤磷酸核糖转移酶(HPRT)缺乏所致自毁容貌(Lesch-Nyhan)、编码葡糖脑苷脂酶(GC)的基因突变所致 Gaucher 病(戈谢病)和地中海贫血(thalassernia)等疾病在临床上也取得一定的疗效。然而根据外源基因导入细胞类型的不同，基因治疗可分为体细胞基因治疗和生殖细胞基因治疗，尽管生殖细胞基因治疗是遗传病的最终目标，但由于目前基因治疗理论和技术不完备以及伦理学问题，遗传病基因治疗仅限于体细胞。

二、肿瘤基因治疗

从临床角度和肿瘤发病机制来看，理想的肿瘤基因治疗模式无非是将有突变的基因修复或用正常的基因替换即病因性基因治疗。目前治疗癌症的基因疗法种类颇多，如抑癌基因治疗、癌基因治疗、自杀基因治疗、多药耐药基因治疗、免疫性基因治疗、肿瘤血管基因治疗、溶瘤腺病毒基因治疗和辅助性基因治疗等。但是，就目前的技术手段实际上尚难以实现肿瘤的治愈。在过去的十年里，随着细胞生物学和分子生物学理论和技术的飞速发展，肿瘤的基因治疗已取得初步的成果。尽管目前还没有哪一种肿瘤基因治疗方法的作用是比较理想的，但都显示出了良好的应用前景。

1. 免疫性基因治疗 免疫性基因治疗是通过增强免疫反应而获得有效的抗肿瘤效应。可通过导入细胞因子、肿瘤相关抗原和其刺激分子来实现。免疫基因治疗常用方法有：

（1）细胞因子基因治疗：细胞因子基因治疗是将某些细胞因子的基因转染到机体免疫细胞中，使其在肿瘤局部少量缓慢释放，或用细胞因子制剂直接瘤内注射以增加疗效，以提高机体免疫系统对肿瘤细胞的识别和反应能力。自 20 世纪 80 年代基因工程技术可以大量生产细胞因子以来，已有多种细胞因子（如 IL-2、TNF 等）基因经不同载体转染到机体免疫细胞（如 LAK 细胞及细胞毒淋巴细胞）中，这些细胞因子的基因治疗在一定程度上克服了细胞因子注射疗法需反复多次应用、副作用严重等缺点，疗效也有提高。肿瘤免疫细胞因子基因治疗因其简单、有效、安全，已成为肿瘤免疫基因治疗研究的最常用方法。但因步骤多、技术复杂、难度大，不容易推广。

（2）肿瘤抗原基因免疫治疗：由于肿瘤细胞本身的免疫性不强或抗原递呈细胞不能提供足够的共刺激信号，或者机体免疫因子分泌不足等，是肿瘤的发生发展过程中存在着机体免疫系统对肿瘤细胞的免疫耐受状态。因此可以将某些肿瘤抗原基因如 MHC 基因等转染肿瘤细胞，或一些与免疫识别有关的基因（如 HLA、B7 等）转染到体外培养的肿瘤细胞，经钴照射灭活其致瘤性后再植入肿瘤患者体内；或者将表达 HLA-B7 的病毒载体或质粒 DNA 与脂质体复合物直接注射到瘤体内，增强肿瘤细胞免疫原性，诱导宿主的免疫反应。

（3）肿瘤 DNA 瘤苗：肿瘤 DNA 瘤苗即将编码特异抗原的基因直接注入人体，通过其在机体内的表达从而可以激发机体对编码抗原的免疫反应。如应用癌胚抗原制备的肿瘤 DNA 瘤苗接种后可明显降低肿瘤的复发和转移率，延长生存期，对其他常规治疗方法无效的患者仍可收到较好治疗效果。

（4）树突状细胞（dendrite cell）：树突状细胞是由美国学者 Steinman 于 1973 年发现的，是目前所知的功能最强的抗原提呈细胞，因其成熟时伸出许多树突样或伪足样突起而得名。树突状细胞具有极强的捕获和提呈抗原的能力，广泛分布于除脑以外的全身各脏器，能提取、加工抗原，表达高水平 MHC 分子、共刺激分子、黏附分子。基因治疗技术可应用于树突状细胞疫苗，将遗传物质引入树突状细胞可为抗原的递呈提供重新合成抗原的原料。用肿瘤抗原编码基因修饰树突状细胞、肿瘤 mRNA 刺激树突状细胞、细胞因子修饰树突状细胞等方法增强树突状细胞的抗原提呈能力是近年来肿瘤免疫基因治疗研究的热点。

2. 肿瘤的基因治疗 肿瘤的发生与某些原癌基因的激活、抑癌基因的失活及凋亡相关基因的改变有关。恶性肿瘤本质是一种基因病，肿瘤的发生、发展与复发均与基因的改变密切相关，因此基因治疗针对的是肿瘤发生的根源——在基因水平上对肿瘤进行根治。肿瘤的基因治疗是根据肿瘤发生的遗传学背景，将外源基因引入肿瘤细胞或其他细胞以纠正过度活化基因或补偿缺陷的基因，病因性基因治疗的策略是抑制、阻断癌基因的表达或者替代、恢复抑癌基因功能从而达到治疗目的。

（1）针对癌基因治疗：癌基因是指细胞基因组中具有能够使正常细胞发生恶性转化的一类基因，这种基因在人的正常细胞中就已存在。在绝大部分情况下，这类潜在的癌基因处于不表达状态，或其表达水平不足或野生型蛋白的表达不具有恶性转化作用。肿瘤发生是由原癌基因的异常活化所致，如 Ras、Myc、Src 等基因。采用反义寡核苷酸、核酶和 siRNA 抑制原癌基因的转录、翻译及干扰转运有可能使肿瘤的基因调控回复到正常并使细胞重新分化或者诱发凋亡。因此抑制癌基因过表达是抑制肿瘤一种策略。

（2）针对抑癌基因治疗：抑癌基因（tumor suppressor gene）又称抗癌基因（antioncogene），研究表明，抑癌基因的丢失或突变将导致细胞发生恶变，抑癌基因治疗就是将正常的野生型的抑癌基因导入肿瘤细胞去替代或恢复由于缺失或突变而丢失的抑癌基因，从而抑制肿瘤的生长，达到治疗肿瘤的目的。p53 基因是目前研究最广泛和深入的抑癌基因。肿瘤抑制基因治疗这方面研究最多的也是野生型 p53 基因疗法。重组腺病毒 p53 抗癌注射液（今又生）已在我国批准用于头颈部肿瘤等治疗，能使肿瘤缩小，与放疗和化疗联合应用产生协同作用。在达到相同疗效的前提下还能降低腺病毒或药物的使用量，减少化疗药物等引起的毒性反应。常用于基因治疗的抑癌基因有 p53、p21、p16、APC 等。在体内由于肿瘤体积较大，内环境又十分复杂以及基因转移效率的限制，其确切疗效尚有待进一步观察。

（3）溶瘤病毒：溶瘤病毒属肿瘤裂解性病毒。理论上是基于一些病毒在细胞内复制增殖需要某些仅在肿瘤细胞表达的基因，而这些基因在正常细胞内不表达。溶瘤病毒由于只能在肿瘤细胞中复制增殖且导致肿瘤细胞裂解，从而感染周边的肿瘤细胞形成一个杀伤肿瘤细胞的连锁反应，溶瘤病毒具有复制性，病毒颗粒小，作用的范围较广，可产生溶瘤和抗肿瘤免疫反应，正常细胞却可以免于受损等特点。溶瘤病毒包括溶瘤腺病毒、溶瘤单纯疱疹病毒Ⅰ型（oncolytic HSV-1）、溶瘤呼肠孤病毒（oncolytic reovirus）、溶瘤痘病毒（oncolytic poxvirus）、水泡性口炎病毒（vesicular stomatitis virus，VSV）、麻疹病毒（measles virus)等。溶瘤腺病毒由于能够复制也就存在不安全因素。近年来对腺病毒生物学的研究取得突破性的进展,目前已研究出能够选择性地在肿瘤细胞中专一复制的溶瘤腺病毒。

(4) 自杀基因治疗:其原理是将前体药物转换基因直接或间接导入肿瘤细胞中,利用在肿瘤细胞内产生的酶将原先对哺乳动物细胞无毒或毒性极低的前药转换成毒性产物,影响肿瘤细胞的DNA合成,或增加肿瘤细胞对放射治疗、化疗的敏感性,从而杀伤肿瘤细胞。这类基因称为"自杀基因"(suicide gene)或"药物敏感基因",这种治疗方式称为自杀基因治疗(suicide gene therapy)。因为常以病毒作为载体进行基因转导,故也称为病毒介导的酶解药物前体治疗(VDEPT)。由于当前对肿瘤形成的分子机制尚未完全阐明,很难发现特异性的肿瘤靶基因和设计肿瘤细胞特异性自杀基因治疗方案。

1) 酶和前体药物(pto-drug):由质粒介导,将一些编码前体药物转换酶的基因定向导入肿瘤细胞,在给予相应的非病毒前体药物,上述酶既可把前体药物转换成为对细胞有毒性的物质,进而杀伤肿瘤细胞。酶/前体药物基因治疗的关键就是寻找有疗效的转换酶/前体药物组合。纯疱疹病毒胸腺激酶基因/丙氧鸟苷系统(HSVtk/GCV)是最为广泛应用的自杀基因/前体药物系统。这些转换酶可以是哺乳动物酶或非哺乳动物酶。目前大多采用非哺乳动物酶,由于机体正常组织没有相应的转换酶,因而就不会受到药物作用。

2) 自杀基因的特异性控制:自杀基因的载体在肿瘤基因治疗中发生的高效及特异表达是肿瘤自杀基因疗法的应用首先解决的问题。自杀基因必须局限于肿瘤细胞以选择性杀伤肿瘤细胞,或对肿瘤细胞和正常细胞细胞周期具有差别,或在自杀基因的上游安插特异的转录调节系统,则可实现自杀基因的特异性表达,从而克服传统化疗药物非选择性问题。如利用免疫脂质体,受体介导法等进行定向基因转移或直接瘤内注射可能解决肿瘤基因治疗的特异性问题。

3) 旁观者效应:自杀基因治疗肿瘤过程中,不仅转导自杀基因的肿瘤细胞可被杀灭,未转染细胞也可被杀灭,这种现象称之为旁观者效应(bystander effort)。如将外源性自杀基因HSV-TK基因转染肿瘤细胞后,然后全身给予GCV,肿瘤出现明显消退,且部分(10%～70%)肿瘤细胞带有这个基因肿瘤仍可被完全抑制,此效应称为旁观者效应。目前TK/GCV系统的旁观者效应比较明显和确定,旁观者效应为自杀基因疗法提供了一个新思路,此效应很有可能基于机体的免疫机制。但还需进一步阐明。

(5) 抗血管生成基因治疗方法:促血管生成因子和抑制血管生成因子形成一种"开关"效应,抑制效应大于促进效应时,血管生成遭到抑制。由于肿瘤新生血管已成为抗肿瘤靶点,破坏或抑制肿瘤血管生成将成为非常有潜力的控制肿瘤生长的治疗方法。抗血管生成基因治疗的研究主要包括:针对血管形成生长因子及其受体、血管形成抑制因子、肿瘤血管内皮细胞的自杀基因治疗等。肿瘤新生血管生成抑制药(TAI)不易产生耐药性,且毒性较低,但对大型肿瘤或晚期癌症病人无很好的治疗效果,因此,TAI基本上是与化疗药物联合应用,能够预防肿瘤的复发和远处转移。

(6) 其他辅助性基因治疗:在治疗中可联合应用其他的一些反义RNA技术和基因过表达技术,如RNA干扰技术或反义核酸技术抑制异常活化的p-gp(MDR,MPR)基因,从而达到逆转肿瘤细胞化疗耐药的作用;或利用基因过表达技术如使干细胞等过表达抑癌基因,然后将这些细胞输入到体内,达到抑制肿瘤的目的。

3. 其他疾病的基因　基因治疗技术的发展同时也为其他疾病的治疗提供了新的思路。如艾滋病的基因治疗研究已受到广泛重视,将艾滋病毒抗原基因导入靶细胞,激活机体的免疫系统提高对艾滋病毒的免疫能力;或利用在靶细胞内表达反义核酸或者核酶,从而直接阻断HIV的复制增殖或破坏HIV基因组。帕金森病(Parkinson's disease,PD)是一种多发生于中老年期神经系统退化性疾病,PD主要是由于黑质多巴胺使神经元变性,导致纹状体系统多巴胺(DA)含量降低,病人出现一系列症状。对于PD的常规治疗多采用药物治疗,但药物长期疗效不理想,目前PD尚无有效的药物,但PD病变和发病机制明确,因此基因治疗是PD治疗未来最有前途的治疗方法,如将TH基因或营养因子(GDNF)导入脑细胞内,可预防DA能神经元病变,或使病变的DA能神经元结构和功能得到恢复。但目前对PD的各种基因方法还都处于动物试验阶段。此外,基因治疗在组织修复、心血管疾病、脑缺血、肝纤维化和肝硬化等疾病的治疗中也已开展了广泛的研究。基因治疗的有效性已在动物实验和部分临床试验亦取得了证实。但是基因治疗作为一种新的治疗手段,还有许多问题有待解决。

第五节　基因治疗问题和前景

基因治疗这一全新的医学治疗方法的问世,其研究进展非常迅速,在很短的时间内就从实验室过渡到临床。但要实现真正意义上的基因治疗,仍面临着许多的问题:

1. 目的基因　基因治疗是导入外源性目的基因以达到治疗疾病的新型医学方法。目前,可用于临床试验的治疗基因主要集中在少数基因,可用于治疗的基因太少。主要因为许多基因缺陷病的早期诊断还有困难，所以对大部分疾病如恶性肿瘤、高血压、糖尿病、冠心病、神经退行性疾病大多数疾病致病基因有待阐明。

2. 基因转移载体 一个理想的基因转移载体需要有高效基因转移率，能将外源性基因定向导入靶细胞。目前基因治疗载体转移基因的效率低，导入的基因缺乏可控性，目的基因在体内不能持续表达和表达水平不高，技术还不成熟，使基因治疗效果受到很大的影响。因此构建转移效率高和表达水平高的载体是目前基因治疗必须解决的问题。

3. 基因治疗的靶向和表达调控 要使外源基因能按需表达，最理想的方法是使导入的外源基因在人体特异组织和细胞中进行长期有效的表达，并能受生理信号的调控。目前基因治疗导入的基因表达缺乏可控性，有一定的随机性，因此基因在体内表达的时间、空间和表达水平的调控是基因治疗应用中的关键问题。

4. 基因治疗简便性 无论任何疾病治疗方法都要求简便性和可行性，基因治疗也不例外。但目前基因治疗都很复杂，如 ex vivo 法，在临床应用中必须把病人的靶细胞取出，在离体情况下进行遗传加工，然后输回病人体内。因此基因治疗临床应用的可行性和简便性也是目前急需解决的问题。

5. 基因治疗的安全性 基因治疗的安全性是目前基因治疗争论最为激烈的问题，因为人类目前还没有完全解释人类基因组的运转机制和了解基因调控机制和疾病的分子机理。如 1999 年美国一位 18 岁的患鸟氨酸转甲酰酶缺乏症的病人死于基因治疗。目前用于导入基因治疗的载体一般为病毒载体，然而病毒通常感染不只是一种细胞；而且当基因被加入 DNA 中时，存在新基因加错地方的可能，因而可导致癌症或其他损害的危险，如法国几名儿童因采用逆转录病毒载体进行治疗而患上白血病；另外当转入的基因"过分表达"，合成过多原先没有的蛋白质，可能引起严重免疫反应；特别是当试验重复时，病人的病毒会感染其他人或进入外界的可能。因此基因治疗的安全性是基因治疗用于临床治疗疾病的关键。

6. 伦理学问题 人体基因治疗作为一种医疗手段，存在着普遍意义上的伦理学问题，如基因取舍、基因歧视、基因隐私、基因设计、基因改造等。基因治疗对基因组的改变、补充、修复等直接关系到人的健康，同时人类对基因结构及其变化规律的复杂性的认识还有待深化，因此作为改变人体遗传物质的非常规医疗手段存在着特殊的伦理学问题。

Summary

Gene therapy is a novel approach to treat, cure, or ultimately prevent disease by changing the expression of a person's genes or correcting defective genes that are responsible for disease development. Gene therapy is 'the use of genes as medicine'. Gene therapy may be classified into the two following types: germ line gene therapy and somatic gene therapy. There are two well-defined approaches: ex vivo gene therapy-*including* cells removed, genetically modified, transplanted back into a patient and in vivo gene therapy—direct transfer of genetic material into patient. In general, a gene cannot be directly inserted into a person's cell. It must be delivered to the cell using a vector that delivers the therapeutic gene into a patient's target cell. The most common types of vectors used in gene therapy are viral vectors including retroviruses, adenoviruses, adeno-associated viruses and herpes simplex viruses; and non—viral DNA transfer-namely naked DNA, liposomes and molecular conjugates. Although gene therapy is a promising treatment option for a number of diseases (including inherited disorders, some types of cancer, and certain viral infections), the technique remains a lot of problems such as risky, short-lived, gene delivery and multigene or multifactorial disorders such as high blood pressure, Alzheimer's disease, arthritis, and diabetes, these would be especially difficult to treat effectively using gene therapy.

（包金风）

参考文献

"百万药师关爱工程"系列教材编委会. 2011. 临床药理学. 北京:北京科学技术出版社
陈建国. 2010. 药理学. 北京:科学出版社
耿洪业. 2003. 实用治疗药物学. 第2版. 北京:人民卫生出版社
古德曼,金有豫(译). 2005. 治疗学的药理学基础. 第11版. 北京:人民卫生出版社
顾键人. 2002. 基因治疗. 北京:科学出版社
何伋. 2000. 神经病学. 北京:中国中医药出版社
江明性. 2003. 新编实用药物学. 第3版. 北京:科学出版社
江明性. 2005. 新编实用药物学. 第2版. 北京:科学出版社
金有豫. 2005. 药理学. 第5版. 北京:人民卫生出版社
李端. 2008. 药理学. 第6版. 北京:人民卫生出版社
李士通. 2008. 局部麻醉药. 北京:世界图书出版公司
廖二元. 2003. 代谢性骨病学. 北京:人民卫生出版社
林志彬. 2008. 医用药理学基础. 第6版. 北京:世界图书出版公司
刘耕陶. 2008. 当代药理学. 北京:中国协和医科大学出版社
刘俊田. 2004. 药理学. 郑州:郑州大学出版社
刘忠厚. 2006. 骨矿与临床. 北京:中国科学技术出版社
潘家祜. 2001. 生化药理学. 上海:复旦大学出版社
潘启超. 2000. 肿瘤药理与化学治疗学. 郑州:郑州大学出版社
沈渔邨. 2001.神经病学.北京:人民卫生出版社
万选才. 1999. 现代神经生物学. 北京:北京医科大学中国协和医科大学联合出版社
王怀良. 2007. 临床药理. 北京:人民卫生出版社
王学铭. 2002. 精神与精神病的生物化学. 北京:人民卫生出版社
王肇炎. 2008. 肿瘤药物治疗探索. 北京:军事医学科学出版社
吴铁. 2010. 药理学. 北京:科学出版社
吴希如 1995. 神经系统疾病的分子生物学基础. 北京:北京医科大学中国协和医科大学联合出版社
吴新民. 2009. 麻醉学-前沿与争论. 北京:人民卫生出版社
向继洲. 2002. 药理学. 北京:科学出版社
谢惠民. 2008. 合理用药. 第5版. 北京:人民卫生出版社
徐叔云. 1996. 现代实用临床药理学. 北京:华夏出版社
许绍芬. 1999. 神经生物学. 上海:上海医科大学出版社
颜光美. 2004. 药理学. 北京:高等教育出版社
杨宝峰. 2003. 药理学. 北京:北京大学医学出版社
杨宝峰.2009. 药理学. 第7版. 北京:人民卫生出版社
杨吉成. 2008. 现代肿瘤基因治疗实验研究方略. 北京:化学工业出版社
杨藻宸. 2005. 医用药理学. 第4版:北京:人民卫生出版社
周宏灏. 2007. 药理学. 北京:科学出版社
邹仲之. 2002. 组织学与胚胎学. 北京:人民生出版社
Aartsma-Rus A, den Dunnen JT, van Ommen GJ. 2010. New insights in gene-derived therapy: the example of Duchenne muscular dystrophy. Ann N Y Acad Sci. 1214:199-212
Antonini A, Barone P, Ceravolo R et al. 2010. Role of pramipexole in the management of Parkinson's disease. CNS Drugs, 24:829-841
Bertram G.Katzung. 2009. Basic and clinical Pharmacology.11th edition. New York:The McGraw-Hill Companies
Bertram GK. 2001. 基础与临床药理学. 北京:人民卫生出版社
Brugada P. 2000. Magnesium: an antiarrhythmic drug, but only against very specific arrhythmias. Eur Heart J. 21:1116
Cars O, Hedin A, Heddini A. 2011. The global need for effective antibiotics-Moving towards conerted action. Drug Resist Updat.14:68-69
Conti JB, Belardinelli L, Utterback DB, *et al*. 1995. Endogenous adenosine is an antiarrhythmic agent. Circulation, 91:1761-1767
de Jesus Perez V, Kudelko K, Snook S, et al. 2011. Drugs and toxins-associated pulmonary arterial hypertension: lessons learned and challenges ahead. Int J Clin Pract Suppl, 169:8-10
Dhingra N, Bhagwat D. 2011. Benign prostatic hyperplasia: An overview of existing treatment. Indian J Pharmacol, 43:6-12

Frishman WH. 2003. Cardiovascular pharmacotherapeutics. New York: McGraw-Hill Professional

Fusco F, Razzoli E, Imbimbo C, et al. 2010. A new era in the treatment of erectile dysfunction: chronic phosphodiesterase type 5 inhibition. BJU Int., 105:1634-1639

Hardman J.G., and Limbird L.E. 2006. Goodman & Gliman's the Pharmacological basis of Therapeutics. 11th edition. New York: The McGraw-Hill Companies

Hurdle JG, O'Neill AJ, Chopra I, et al. 2011. Targeting bacterial membrane function: an underexploited mechanism for treating persistent infections. Nat Rev Microbiol, 9:62-75

Lönnqvist PA. 2010. Regional anaesthesia and analgesia in the neonate. Best Pract Res Clin Anaesthesiol, 24:309-321

Lauterbach EC, Victoroff J, Coburn KL. 2010. Psychopharmacological neuroprotection in neurodegenerative disease: assessing the preclinical data. J Neuropsychiatry Clin Neurosci, 22:8-18

Li GR, Dong MQ. 2010. Pharmacology of cardiac potassium channels. Adv Pharmacol, 59:93-134

Mathew SJ, Manji HK, Charney DS. 2008. Novel drugs and therapeutic targets for severe mood disorders. Neuropsychopharmacology, 33:2080

McGwin G Jr. 2010. Phosphodiesterase type 5 inhibitor use and hearing impairment. Arch Otolaryngol Head Neck Surg, 136:488-492

Morales AM, Casillas M, Turbi C. 2011. Patients' preference in the treatment of erectile dysfunction: a critical review of the literature. Int J Impot Res, 23:1-8

Nantel P, René de Cotret P. The evolution of angiotensin blockade in the management of cardiovascular disease. Can J Cardiol. 2010 Dec; 26 Suppl E: 7E-13E

Park K, Hwang EC, Kim SO. 2011. Prevalence and medical management of erectile dysfunction in Asia. Asian J Androl, 13:543-549

Parsons BA, Hashim H. 2011. Emerging Treatment Options for Benign Prostatic Obstruction. Curr Urol Rep. 12:247-254

Parsons JK. 2010. Benign Prostatic Hyperplasia and Male Lower Urinary Tract Symptoms: Epidemiology and Risk Factors. Curr Bladder Dysfunct Rep, 5:212-218

Patricia K. Sonsalla. 2004. Drugs Used in Neurodegenerative Disorders. Sixth Edition. Philadelphia: Lippincott Williams & Wilkins.

Poewe W, Antonini A, Zijlmans JC, et al. 2010. Levodopa in the treatment of Parkinson's disease: an old drug still going strong. Clin Interv Aging., 5:29-38

Pommier Y, Leo E, Zhang H, et al. 2010. DNA topoisomerases and their poisoning by anticancer and antibacterial drugs. Chem Biol. 17: 421-433

Potter PE. 2010. Investigational medications for treatment of patients with Alzheimer disease. J Am Osteopath Assoc. 110:S27-S36

Rang. &. Dale's. 2007. Pharmacology. Sixth edition London: Churchill Livingstone

Richard A. Harvey and Pamela C. Champe. 2006. Lippincott's Illustrated Reviews: Pharmacology. 3rd ed. New York: A Wolters Kluwer Company

Simola N, Pinna A, Fenu S. 2010. Pharmacological therapy of Parkinson's disease: current options and new avenues. Recent Pat CNS Drug Discov. 5:221-238

Stieger K, Lorenz B. 2010. Gene therapy for vision loss—recent developments. Discov Med. 10:425-433

Takayanagi I, Koike K, Satoh M, Okayasu A. 1997. Drug receptor mechanisms in smooth muscle: beta-chloroethylamine-sensitive and -resistant receptor mechanisms. Jpn J Pharmacol, 73:1-22

Takayanagi I, Koike K, Satoh M. 1992. Transition of drug receptor mechanisms. J Smooth Muscle Res, 28:35-54

Vieta E, Sanchez-Moreno J. 2008. Acute and long-term treatment of mania. Dialogues Clin Neurosci, 10:165

Weiss JN, Nivala M, Garfinkel A, et al. 2011. Alternans and arrhythmias: from cell to heart. Circ Res., 108:98 -112

Zhang A, Neumeyer JL, Baldessarini RJ. 2007. Recent progress in development of dopamine receptor subtype-selective agents: Potential therapeutics for neurological and psychiatric disorders. Chem Rev, 107:274

中英文药物索引

C

D

E

F

G

H

J

T

W

X

Y

Z

其 他